DIE ZWEI

Manfried Rauchensteiner

DIE ZWEI

Die Große Koalition
in Österreich 1945–1966

ÖBV

Österreichischer Bundesverlag, Wien

Manfried Rauchensteiner, Dr. phil., 1942 in Villach geboren, ist Militärhistoriker und Dozent für Österreichische Geschichte an der Universität Wien. Er ist Autor zahlreicher Bücher und Artikel und arbeitete wiederholt bei Sendungen in Rundfunk und Fernsehen mit. Von ihm erschienen im Bundesverlag u. a. „Spätherbst 1956", „Der Luftangriff auf Wiener Neustadt am 13. August 1943" und „Der Krieg in Österreich 1945".

Satz: Fotosatzzentrum Süd-Ost Gesellschaft m.b.H., Graz
Schrift: Times 9/11 Punkt
Druck: Leykam Universitätsbuchdruckerei Ges.m.b.H., Graz
Gedruckt auf holzfrei Offset, 100 g
ISBN 3-215-**06433**-2

Inhalt

ABBILDUNGEN

Einleitung: Der Friedhof der Namenlosen

Es war fünf Minuten vor sieben Uhr abends, am Montag, dem 18. April 1966, acht Tage nach Ostern, als sich der Vorsitzende der Sozialistischen Partei Österreichs und Vizekanzler einer „mit der Fortführung der Geschäfte betrauten" Bundesregierung, DDr. Bruno Pittermann, in seiner Parteizentrale mit dem Bundeskanzleramt verbinden ließ. Es war ein kühler Frühlingstag. Wien versank in der Dämmerung. Wer politisch interessiert und zu Hause war, machte sich bereit, die Abendnachrichten zu hören oder zu sehen. Es war bekannt, daß an diesem Tag die Entscheidung fallen sollte, ob es zur Fortsetzung der Großen Koalition und damit zur Fortsetzung der Zusammenarbeit von Österreichischer Volkspartei und sozialistischer Partei kommen sollte oder nicht. Als Pittermann mit dem Bundeskanzleramt verbunden war und sich dort der amtierende Bundeskanzler und Bundesparteiobmann der Österreichischen Volkspartei, Dr. Josef Klaus, meldete, sagte ihm Pittermann im Grunde genommen einen einzigen lapidaren Satz: „Ich muß Ihnen leider mitteilen, daß auch das zuletzt gemachte Angebot der ÖVP, als dem Auftrag des Sozialistischen Parteitages nicht Rechnung tragend, mit 30:10 Stimmen abgelehnt wurde."[1] Pittermann wird sich zwar grammatikalisch nicht gar so gewunden, gewissermaßen partizipiell, ausgedrückt haben, wie das dann in der „Wiener Zeitung" vom darauffolgenden Tag geschrieben wurde. Doch der Sachverhalt war präzise wiedergegeben worden: Dreißig Delegierte des Sozialistischen Parteitags hatten sich gegenüber zehn Delegierten durchgesetzt und damit einen folgenschweren Entschluß gefaßt: Die SPÖ würde sich nicht mehr an der Regierung beteiligen, sondern in die Opposition gehen. Die Große Koalition von Volkspartei und Sozialisten in Österreich war – zumindest vorderhand – zu Ende.

Der Entschluß war keine Sensation. Man hatte ihn kommen sehen. Und während die SPÖ noch den Formalakt setzte und den Parteitag befragte, hatte die ÖVP bereits an der Fertigstellung ihrer Ministerliste gearbeitet. Es war aber nicht eine Art wilder Entschlossenheit, die beide großen Parteien befallen hatte. Es war eher eine Form der Resignation. Allerdings hielt sich auch das Bedauern in Grenzen, denn die Zusammenarbeit der vorangegangenen Jahre war so zermürbend gewesen, das Bild, das „die Zwei" geboten hatten, so unerfreulich, daß kaum jemand den Wunsch hegen konnte, das Wort des k. k. Ministerpräsidenten Graf Taaffe vom „Fortwursteln" in dieser späten Form zu übertrumpfen. Und dennoch! So recht wohl war keinem ums Herz, weder den Verantwortlichen in der SPÖ noch jenen in der ÖVP. In beiden Parteien gab es auch gewichtige Stimmen, die sich trotz allem für die Fortsetzung der Zusammenarbeit ausgesprochen hatten. Sie waren freilich in der Minderheit geblieben. Die Gegner der Großen Koalition hatten zwischen dem Wahltag, dem 6. März 1966, und dem 18. April beträchtlich aufgeholt. Und schließlich hatte Bruno Pittermann den Schlußstrich zu ziehen gehabt. Klaus würde nicht nur Bundeskanzler, sondern auch Kanzler einer ausschließlich von der ÖVP zu bildenden Regierung sein.

Liest man die wenigen überlieferten Worte Pittermanns durch, dann springt vor allem ein Wort in die Augen, nämlich „leider". Und dieses „leider" Pittermanns ließ wenigstens andeutungsweise erkennen, wie sehr der Inhalt der Mitteilung jenem, der sie zu machen hatte, zusetzte. Pittermann exekutierte nicht nur ganz einfach das Votum des Parteitags der SPÖ. Mit dem „leider" kommentierte er es auch und ließ erkennen, daß er über das Ende der Zusammenarbeit alles andere als froh war.

Nicht nur an diesem Tag, sondern auch in den Wochen zuvor war die Geschichte auf die SPÖ eingestürmt, und zwar die Geschichte der Zwischenkriegszeit. Immer wieder war auf die zwanziger und dreißiger Jahre verwiesen worden, und es waren Ängste aufgebrochen und in die Diskussion geworfen worden, daß das Ende der Zusammenarbeit mit der ÖVP ähnliche Entwicklungen auslösen könnte wie in der Ersten Republik. Stand nicht zu befürchten, daß die SPÖ, wenn sie einmal nicht mehr in der Regierung vertreten war, immer mehr an politischem Einfluß verlieren würde? Stand nicht zu befürchten, daß sie schließlich, wie in der Ersten Republik, ihres politischen Einflusses gänzlich beraubt würde? Wo würde das enden? Hinweise darauf, daß sich in der Geschichte nichts wiederholt und daß die Verhältnisse in der Ersten und in der Zweiten Republik nicht vergleichbar wären, wurden zwar immer wieder vorgebracht, aber doch nicht recht geglaubt. Zumindest stand zu befürchten, daß eine siegreiche ÖVP alle jene immer wieder zurückgestellten Themen aus der Zeit der Großen Koalition aufgreifen und nunmehr entgegen den Interessen der SPÖ einer Lösung zuführen würde. Es war aber wohl nicht nur die Sorge, die in diesen Wochen und schließlich am 18. April 1966 zum Ausdruck kam, es war auch das Bedauern darüber, daß eine Zeit zu Ende ging, die wohl keine Parallelen hatte.

Wer aber nun glaubte, die ÖVP hätte ganz einfach einen Strich ziehen wollen und aus der Tatsache, daß sie bei den Nationalratswahlen die absolute Mehrheit erlangt hatte, erstmals seit 1945, ableitete, daß diese Partei um jeden Preis berufen sei, eine Alleinregierung zu bilden, der täuschte sich. Denn auch bei der ÖVP war um die Vorgangsweise gerungen worden, waren Kräfte und Parteigrößen am Werk gewesen, die für die Fortsetzung der Großen Koalition plädierten, so daß schließlich eine Situation entstand, in der die Geschichte eine ebenso große Rolle spielte. Die ÖVP hatte nämlich in den Verhandlungen jene Situation wiederherstellen wollen, wie sie nach den Novemberwahlen 1945 geherrscht hatte. Das heißt, sie wollte unter einem ÖVP-Bundeskanzler eine Regierung bilden, bei der ÖVP und SPÖ ungefähr jene Zahl von Ministerien besetzten, wie sie das auch 1945 getan hatte. Es sollte keinen großartigen Koalitionspakt und keinen Proporz, allerdings auch keine Zusagen über die Dauer der Zusammenarbeit geben. Eine Koalition ohne „Kündigungsschutz".

Doch auch das lief darauf hinaus, in Kategorien historischer Wiederholbarkeit zu denken. Konnte denn wirklich jemand ernstlich annehmen, das Rad der Geschichte ließe sich zurückdrehen und die unwiederholbare Zeit des November/Dezember 1945 würde abermals zum Ausgangspunkt genommen werden können? Als Anspruch hatte diese Formel sicherlich einige Attraktion. Denn ein Zurückgehen auf die politische Situation des Jahres 1945 hätte ja bedeutet, daß man wieder an den Anfang der Zweiten Republik zurückkehren wollte und daß mit diesem Neuanfang abermals ein oder gar mehrere Jahrzehnte einer positiven und immer aufwärts führenden Entwicklung eingeleitet werden konnten. Wie immer, wenn es gilt, einen neuen Anfang zu setzen, ließ sich davon träumen, sich selbst dort zu wiederholen, wo es richtig und gut war, und alles das zu vermeiden, was fehlerhaft und schlecht war.

Am 18. April war es das letztemal, daß sich die Ängste einerseits und die Hoffnungen nach einem Neubeginn anderseits unter bereits bekannte Vorzeichen mischten. Doch dann kam das endgültige Aus. In beiden Parteien unterlagen die „Historiker". Bei der SPÖ jene, die eine Wiederholung der Ersten Republik befürchteten, und bei der ÖVP jene, die die Wiederholung der ersten Jahre der Zweiten Republik erhofften. Stellvertretend für die erste Gruppe kann der spätere Bundeskanzler Dr. Bruno Kreisky genannt werden. Und stellvertretend für die andere der damalige Präsident des Nationalrates, Dr. Alfred Maleta. Wie sehr sie damals, 1966, von Ängsten und Hoffnungen beherrscht waren und doch auch Gefangene ihrer selbst und ihrer Parteien, zeigte sich 1980 bei der Einleitung einer wissenschaftlichen Tagung mit dem Thema „Koalitionsregierungen in Österreich". Bruno Kreisky war sich bei seiner Analyse durchaus bewußt, daß die Große Koalition 1966 ihrer politischen Substanz beraubt war.[2] Doch dann sagte er: „Als die Koalition endgültig zerbrochen war . . . habe ich das zutiefst bedauert, aber nur aus einem einzigen Grund: Nicht weil ich geglaubt hätte, daß noch viel gemeinsam erledigt hätte werden können, was nicht auch zwischen Regierung und Opposition erledigt werden kann, sondern weil ich Angst gehabt habe vor dem Aufbrechen alter Gegensätze, vor Reminiszenzen in der Innenpolitik, deren Konsequenzen sich nur schwer abschätzen ließen. Das war der einzige Grund, warum ich in meiner Partei vor einer allzu schroffen Haltung gewarnt habe. Aber das ist dann alles sinnlos geworden, weil ja unser Verhandlungspartner eine so schroffe Haltung eingenommen hat, daß auch ich zugeben mußte, daß unter diesen Bedingungen weitere Verhandlungen keinen Sinn hätten. Die Koalition ist auseinandergebrochen im Jahre 1966, nachdem sie spätestens seit 1960 ihren politischen Sinn verloren hatte."

Maleta sah die Zusammenhänge etwas anders.[3] Er nahm für sich in Anspruch, in seiner Partei „wahrscheinlich der einzige" gewesen zu sein, der für die Fortsetzung der Koalition eintrat, was nicht ganz der Fall war, da es auch eine Reihe anderer gab. Wohl aber meinte er noch 1980, die ÖVP habe gar nicht anders handeln können, da sie unter einem unerhörten Druck gestanden sei. Der Druck sei ein doppelter gewesen, denn einerseits forderte das Parteivolk eine Ausnützung des Wahlsieges, und anderseits sei die Koalition so diskreditiert gewesen und vor allem von Journalisten „zur Sau gemacht" worden, daß sich eine Fortsetzung der Zusammenarbeit zumindest unter den vorherigen Bedingungen einfach nicht bewerkstelligen ließ. Maleta galt als der „Packler", die Große Koalition als „Packelei" und als „Faulbett". Eine andere Form der Zusammenarbeit wurde von den allermeisten gewünscht, gleichzeitig freilich der Abschied vom „Gestern" gefürchtet.

Jahre und Jahrzehnte nach dem Ende der Nachkriegskoalition ließ und läßt sich natürlich ganz anders über den April 1966 urteilen. Doch das ist eine Folge der Erfahrung. Dazwischen liegt ein langer Lernprozeß. Mittlerweile hat sich die Fragestellung geändert, und es verwundert eher, daß sich die Große Koalition so lange halten konnte, als daß nach den Gründen für ihr Ende geforscht wird. Waren da wirklich nur Gewohnheit und Angst im Spiel, ehe der Schritt ins Unbekannte gemacht wurde? Ließ der Druck der öffentlichen Meinung, der Journalisten, wie Alfred Maleta meinte, einfach nicht mehr zu, daß sich die „Packler" in das „Faulbett" legten? Oder waren die Weichen doch schon längerfristig gestellt worden, so daß es nur noch eines verhältnismäßig kleinen Anstoßes bedurfte, um das alte Bündnis zu zerbrechen? Waren diejenigen, die den entscheidenden Schritt setzten, Treibende oder Getriebene?

Zunächst einmal gilt es, den Rahmen abzustecken. Der Zeitraum, der hier dargestellt werden soll und für den die Große Koalition als Synonym steht, umfaßt etwa die ersten zwei Jahrzehnte der Zweiten Republik. Die Strukturen der Großen Koalition bildeten sich noch während des Zweiten Weltkriegs und der nationalsozialistischen Herrschaft heraus. „Linke" und „rechte" Sammelbewegungen formierten sich unmittelbar nach dem Ende der Kampfhandlungen zu politischen Parteien, die sich schließlich als die Träger bescheidener politischer Macht in einem befreiten und besetzten Österreich etablierten. Zu dem, was sich zunächst noch etwas uneinheitlich Sozialistische Partei und Österreichische Volkspartei nannte, kam als noch unbekannte Größe die Kommunistische Partei. Ungeachtet der schließlich bis 1947 dauernden Zusammenarbeit mit den Kommunisten regierten aber de facto und von Anfang an die „großen Zwei". Und sie stimmten sich immer mehr aufeinander ab. Von Ende November 1947 bis April 1966 teilten ausschließlich sie sich die Macht, und dies ungeachtet dessen, daß es mittlerweile mit dem Verband der Unabhängigen und dessen Nachfolgepartei, der Freiheitlichen Partei, neue Kombinationsmöglichkeiten gab, seien dies eine kleine Koalition oder eine Dreiparteienregierung. – Soweit der erste äußere Befund.

Die Große Koalition hat aber nicht nur einen zeitlichen Rahmen, sie gliedert sich auch in mehrere Abschnitte. Diese können in rascher Aufeinanderfolge oder aber auch in längeren Perioden gesehen werden. Eines freilich wird notwendig sein: Die Zeit „der Zwei" wird anders gegliedert werden müssen als die bisher nur in Besatzungszeit und Nach-Besatzungszeit gegliederte Geschichte Österreichs, da das Epochenjahr 1955 für die Große Koalition zwar ein Höhepunkt, aber keine Zäsur war. Es bietet sich eine Dreiteilung an, die den Anfang der Zusammenarbeit und den Gewöhnungsprozeß, den Höhepunkt der Zusammenarbeit und schließlich die Stagnationsphase und das Ende markieren. Auch das gehört noch zum äußeren Befund.

Nun sollte aber auch noch der Begriff der Koalition und sollten einige weitere Gesichtspunkte überlegt werden. Das Wort Koalition wird entweder aus dem klassisch-lateinischen Wort „coalescere", zusammenwachsen, oder dem mittellateinischen „coalitio", das Zusammenwachsen, abgeleitet. Auf jeden Fall wird damit ein dynamischer Prozeß bezeichnet, der – wie es in historischen und rechtswissenschaftlichen Lexika heißt – ein „zweckgerichtetes, befristetes oder unbefristetes Bündnis unabhängiger Partner" begründet.[4] In der Staatengeschichte des 19. Jahrhunderts begegnen uns Koalitionen als Bündnisse, und zwar meistens als Kriegskoalitionen. In der Sozialgeschichte sind Koalitionen Zusammenschlüsse zur Durchsetzung von materiellen und sozialen Forderungen. Als solches findet sich das Koalitionsrecht seit 1867 unter den österreichischen Grundrechten. Die Bezeichnung Koalition als Terminus für die Zusammenarbeit politischer Kräfte innerhalb eines Landes mit dem Ziel gemeinsamer Regierungsführung ist hingegen jünger. Eine solche Koalition geht über das reine Zweckbündnis hinaus und zielt auf die Zusammenarbeit nach genau bezeichneten Regeln, für eine vorher ins Auge gefaßte Dauer und zur Erreichung von bestimmten Zielen. Meistens sind Koalitionen dadurch bedingt, daß die Erreichung dieser Ziele oder die Bildung einer Regierung einer einzigen Partei oder Gruppe nicht möglich ist. Die österreichische Große Koalition nach dem Zweiten Weltkrieg zeichnete sich jedoch durch zusätzliche Aspekte aus. Zunächst einmal durch einen Machtverzicht. Denn das Zusammengehen einer großen mit einer kleinen Partei sichert dem Großen immer noch mehr Machtstellung als das Zusammengehen mit einem zweiten Großen. Zeitweilig, nämlich zwischen 1945 und 1949 war der Machtverzicht noch ein weitergehender, da eine Partei, die Österreichische Volkspartei, im Parlament eine absolute Mehrheit an Mandaten hatte. Sie hätte also auch eine Alleinregierung bilden können. Zum Machtverzicht kam zumindest während der Besatzungszeit bis 1955 ein Druck von außen, wenn man die Besatzungsmächte als etwas „Äußeres" bezeichnen kann. Genausogut freilich könnte man im Hinblick auf die Besatzungsmächte von einem Druck von innen oder von außerparlamentarischen Gruppierungen sprechen, die diesen Machtverzicht forderten und mit unterschiedlichen Mitteln erzwangen.

An die Phase des Machtverzichts schloß sich eine solche an, in der auf die bewußte Verlängerung der bewährten Zusammenarbeit hingearbeitet wurde. Das geschah zwar nicht ohne taktische Winkelzüge, die immer auch darauf abzielten, andere politische Faktoren ins Spiel zu bringen, vor allem eine dritte Partei, sei es als Partner in einer Dreierkoalition oder als Juniorpartner einer kleinen Koalition. Doch es blieb bei den Scheingefechten und beim Schattenboxen. Schließlich folgte eine letzte Periode, in der das Ende der Zusammenarbeit immer wieder angekündigt und heraufbeschworen wurde.

Die Große Koalition wurde aber auch von anderem in Gang gehalten als von Machtverzicht, Zwang, Zweckmäßigkeitsüberlegungen und Endstimmung. Das hob auch Bruno Kreisky in seinem erwähnten Referat hervor, als er meinte, daß diese Form der Zusammenarbeit ja in ein soziales System eingebettet gewesen sei und von diesem buchstäblich getragen wurde. Dieses soziale System und vor allem die Sozialpartnerschaft hätten schließlich eine derartige Stabilität entwickelt, daß das

Regierungssystem an sich sein konnte, welches es auch wollte: Es änderte nichts am System der sozialen Einbettung; zumindest hätte auch die erste Alleinregierung, nämlich jene des Bundeskanzlers Klaus von 1966 bis 1970, unter genau denselben wirtschafts- und sozialpolitischen Grundvoraussetzungen funktioniert wie auch die Koalitionen vorher. Kreisky konstatierte trotz des Bruches 1966 eine Kontinuität, die es anscheinend nicht mehr geben mußte. Doch zum einen hatten die Dinge bereits ein Eigenleben entwickelt, und zum anderen sind wir hier recht unvermutet jenem Phänomen in der Geschichte begegnet, wonach das Ende einer Epoche nicht mit dem eigentlichen Datum, sondern zeitversetzt mit dem Anfang der übernächsten Periode zusammenfällt. Mit diesem Phänomen werden wir uns noch an anderer Stelle auseinanderzusetzen haben.

Für Existenz und Dauer der Großen Koalition wurde aber außer der politischen und sozialen Notwendigkeit noch anderes ins Treffen geführt, nämlich ein rechtsphilosophisches Phänomen. Die österreichische Verfassung sei, so Felix Ermacora,[5] koalitionsfreundlich, ganz im Gegenteil etwa zur amerikanischen Verfassung, die koalitionsfeindlich ist. Die Gründe dafür lägen wohl darin, daß die österreichische Bundesverfassung ja auch von einer großen Koalition geformt und verabschiedet worden sei, nämlich von der großen Koalition von Christlichsozialen und Sozialdemokraten 1920. Und auch die Verfassungsnovelle von 1929 war das Ergebnis einer Einigung der ehemaligen Koalitionspartner. In der Verfassungswirklichkeit der Zweiten Republik ist dieser koalitionsfreundliche Grundton dadurch erhalten geblieben, daß Verfassungsgesetze de facto der Zustimmung beider großen Parteien bedürfen. Auch in den Jahren einer kleinen Koalition oder einer Alleinregierung war daher immer dann die „stille" Große Koalition am Werk, wenn es um Grundfragen des Staates ging. Solcherart ist die Große Koalition manifest geworden und wurde politischer Alltag.

Im Rückblick gibt es kaum jemanden, der nicht der Überzeugung wäre, die Große Koalition hätte zumindest in der ersten Nachkriegszeit anerkennenswerte Leistungen erbracht. Immer wieder wurden und werden das Zustandekommen des Grundkonsenses der Zweiten Republik, die Erhaltung der Einheit Österreichs und die Erreichung des Staatsvertrags in einen engen Zusammenhang mit der Zweiten Republik gebracht. Und auch nachher hätte sie ihren Sinn gehabt, bis sie dann – Kreisky meinte von innen, Maleta meinte von außen, von Kritikern und einflußreichen Gruppen – ausgehöhlt worden sei. Ihr Ende war unaufhaltsam. Der Beginn kann somit als eine politische Tat, das Fortleben und das Ende als gesellschaftlicher Prozeß beschrieben werden.

Die Zeit „der Zwei", die Große Koalition, war allerdings mehr als nur ein zwanzigjähriger Abschnitt, in dem Regierende und Regierte, einige wenige und die große Masse eines Volkes, voll von dem in Anspruch genommen worden wären, was gerade für das Zusammenleben wichtig war. Es gab zwar Zeiten, in denen die Regierungsform und das Funktionieren der Zusammenarbeit ausführlich diskutiert wurden, doch das war letztlich die Ausnahme. Die Geschichte der Großen Koalition zwischen dem Ende des Zweiten Weltkriegs und 1966 ist weit mehr als das bohrende Fragen, warum die großen politischen Kräfte zusammenarbeiteten, was die Zusammenarbeit gerade störte, wer einmal diesen oder jenen politischen Faktor ins Spiel brachte, der sich dann oder auch nicht auswirkte: Die Geschichte der Großen Koalition kann von der Geschichte Österreichs nicht getrennt werden und wird über weite Strecken mit dieser Geschichte gleichzusetzen sein. Erfolge und Mißerfolge sind dem Handeln und dem Erleben aller zuzuschreiben. Die wesentlichen Akteure sind bekannt; die vielen Personen aber, die nebenher agierten, scheinbar nur Statisten, tatsächlich jedoch ebenso wichtig für den Ablauf des Ganzen, sind namentlich kaum mehr zu fassen. Die einen waren und sind Kandidaten für Ehrengräber. Von den anderen, den vielen aber, sind Hunderttausende auf jenem Gottesacker gelandet, den man als den Friedhof der Namenlosen bezeichnen kann. Sie, die Namenlosen, haben aber Unvergleichliches zur Bewältigung dessen beigetragen, was wir so unpräzise als Nachkriegszeit bezeichnen. Irgendwann einmal ist sie zu Ende gegangen. Das wahrscheinlichste Datum ist der 18. April 1966.

DIE VERLOBUNG

1 Kennenlernen im Untergrund

Der Blick zurück in die Anfänge des neuen Österreich wird durch vieles verstellt. Da ist einmal die zeitliche Distanz, da sind die zahlreichen größeren und kleineren Ereignisse und vor allem die handelnden Personen, die sich diesem Blick in den Weg stellen. Zudem ist das, was einem zunächst als eine gleichmäßige und kaum gegliederte Zeit entgegentrat, mittlerweile strukturiert und läßt sich in bedeutsamere und weniger bedeutsame Abschnitte trennen. Je nachdem aber, mit welcher Frage wir an die Vergangenheit herangehen, gewinnt dieses oder jenes an Bedeutung und an Größe. Größe wiederum beeinträchtigt wie nichts anderes die Sicht. Der Mensch ist schließlich, wie Alfred Heuss so nachdenklich schrieb, ein „Virtuose des Vergessens". Längst abgetane Irrtümer erleben mannigfache Reprisen, und auch schon vor geraumer Zeit erworbene Einsichten entschwinden immer wieder gänzlich aus dem Bewußtsein. Es ist aber nicht nur die Zeit, und es ist nicht nur die Vielzahl der Menschen und Ereignisse, die dem Blick zurück hinderlich sind; es sind auch die Begriffe.

Läßt man etwas mehr als zwei Jahrzehnte österreichischer Geschichte nach 1945 oberflächlich Revue passieren, dann scheinen diese Jahre eine Einheit zu bilden. Die Zusammenarbeit aller oder doch der allermeisten am Wiederaufbau des Staatswesens und bei der Schaffung von Grundvoraussetzungen jeglicher Art, auf denen dann unsere jeweilige Gegenwart aufgebaut werden konnte, mutet geradlinig an. Die Handlungen scheinen logisch und selbstverständlich. Doch nichts davon stimmt: Der Zeitraum wird durch Ereignisse und Entwicklungen zergliedert, die Menschen gingen ohne allzu bestimmte Ziele an die Arbeit; der Zufall war wie so oft eine beherrschende historische Größe. Das Ergebnis aber war auf jeden Fall vorzeigenswert, und jene Generation, der dann vor allem von den Nachlebenden der Vorwurf gemacht werden sollte, sie hätte ein unterschiedlich großes Maß an Mitverantwortung an der Katastrophe des Nationalsozialismus und am Zweiten Weltkrieg, konnte darauf verweisen, daß sie einiges getan hatte, um einen neuen Anfang zu setzen. Diejenigen, die am Zusammenbruch eines Staatswesens und an seinem Weg in die

Katastrophe mitverantwortlich waren, haben ein neues Staatswesen aufgebaut. Sie haben nicht nur Scherben gekittet, sondern Neues geschaffen. In die Bühnensprache und in den Theateraberglauben übertragen, läßt sich zur österreichischen Geschichte nach 1918 sagen: Die Generalprobe von 1918 bis 1938 ist danebengegangen, doch die Aufführung ab 1945 ist geglückt. Zumindest der erste Akt wurde ordentlich, ja manchmal mitreißend gespielt.

Als vorhin Umstände erwähnt wurden, die uns den Blick zurück verstellen, wurden auch die Begriffe genannt. Und sie sind es besonders, die hinderlich sind. Dabei ist es vor allem ein Wort, das unser Denken und Erinnern in eine bestimmte Richtung drängt, nämlich das Wort „Lager“. Es ist ein sehr vieldeutiges Wort.

In Österreich, so heißt es in einem nach wie vor gültigen Erklärungsmodell der politischen Abläufe vom 19. Jahrhundert bis in die Gegenwart,[1] habe es immer bestimmte politische „Lager“ gegeben. Innerhalb derselben entwickelte sich eine „Lagermentalität“. In der Zwischenkriegszeit standen sich die „Lager“ größtenteils feindselig, ja haßerfüllt gegenüber. Und der Doppeldeutigkeit des Wortes „Lager“ entsprechend, wird es transponiert und mit der Feststellung verknüpft, daß die Vertreter des einen „Lagers“ dafür sorgten, daß die Exponenten der anderen „Lager“ in „Anhaltelager“ kamen. Nach dem Anschluß 1938 gewann die Doppelzüngigkeit des Lagerbegriffs in der Bedeutung von „Konzentrationslager“ eine grauenhafte Präzisierung. Doch am Beginn der Zweiten Republik standen wieder politische „Lager“, und auch die Vergangenheit spielte eine beträchtliche Rolle, und zwar dadurch, daß der Geist der „Lagerstraße“ als eine der wesentlichen Voraussetzungen für die funktionierende Zusammenarbeit vor allem der beiden großen politischen Lager, des christlich-konservativen und des sozialdemokratischen, beschworen wurde.

Damit dürfte aber ein falsches Bild entstanden sein, denn was später als Große Koalition wie nichts anderes für den geglückten Wiederaufbau des Staates und für den Ausgleich zwischen den politischen Lagern und Feinden von einst verantwortlich gemacht wurde, entstand ganz sicher nicht auf den Lagerstraßen der Konzentrationslager. Dieses Bild trügt. In Dachau, Mauthausen, Auschwitz oder wo immer wurde zwar Bilanz über Vergangenes gezogen, aber häufig wurden nicht einmal alte Feindschaften begraben. Einer, der den Geist der Lagerstraße ganz intensiv erlebt hatte und später in der Großen Koalition eine wichtige Rolle spielte, Dr. Fritz Bock, relativierte dieses Basiserlebnis auch gehörig, wenn er meinte, es sei in der Politik etwas sehr Schätzenswertes und Nützliches, wenn sich Leute kennen und nicht gleichgültig sind. Genau das habe das gemeinsame Erlebnis auch bewirkt. Doch man hätte sich keineswegs so dick angefreundet, daß dann die Bildung einer gemeinsamen Regierung schon beschlossene Sache gewesen sei.[2]

Wenn sich die politischen Lager also über Formen einer späteren Zusammenarbeit einigten, dann muß das anderswo geschehen sein. In Dachau und Mauthausen entstand sehr viel an Kompromißfähigkeit. Auf der Suche nach jenen Linien, die von der Idee eines neuen Österreich zur Realität desselben führten, müssen wir aber doch noch weiter sehen.

Nach Jahren des vereinzelten Widerstandes und nach Jahren, in denen auf Grund der Verhaftung der proösterreichischen Eliten Österreich weit mehr in der Emigration als im Inland gedacht worden war, setzte mit 1943 eine sich rasch beschleunigende Trendumkehr ein. Dabei spielte Stalingrad eine beträchtliche Rolle, da in der Aufopferung der deutschen 6. Armee vor allem sogenannte bürgerliche Kreise, die mit den ehemaligen großdeutschen, aber auch mit christlichsozialen Gruppierungen identisch waren, ihr Damaskus-Erlebnis hatten. Plötzlich kam die Erkenntnis, daß man einer falschen Idee nachgejagt und falschen Führern gefolgt war.

Die militärischen und politischen Entwicklungen des Jahres 1943 beschleunigten dann den Prozeß der inneren Loslösung von Deutschland und verstärkten den Widerstand. Dabei kam sicherlich auch dem Beginn des Luftkriegs gegen Österreich eine besondere Bedeutung zu.[3] In dieser Situation und in dieser Atmosphäre nahmen jene politischen Kräfte, die einmal Österreich wiederaufbauen sollten, Gestalt an. Dabei muß man sich freilich der Tatsache bewußt sein, daß es sich nicht um einen Prozeß handelte, der unter Einbeziehung aller regional wirksam werdenden Kräfte vor sich ging. Denn was sich nach und nach als christlich-bürgerliche Sammelbewegung bzw. als sozialdemokratische und revolutionäre Arbeiterbewegung herausbildete, entstand ausschließlich im Osten Österreichs. Eine Teilnahme von – man könnte sie eigentlich Dissidenten nennen – aus den Gebieten südlich des Semmering und westlich der Enns gab es zunächst nicht. Vielleicht deutet sich hier schon die in der Nachkriegszeit immer wieder deutlich werdende österreichische Situation an, die nicht nur durch Unterschiede, sondern durch regelrechte Spannungen zwischen Ost und West charakterisiert wurde. Diese Spannungen lassen sich nicht nur aus der Ersten Republik, aber auch nicht aus irgendwelchen persönlichen Sympathien oder Antipathien oder dem Besatzungsalltag zwischen 1945 und 1955 erklären: Der Unterschied lag in den Ideen von einem neuen Österreich und in den Leuten, die diese Ideen artikulierten.

Die Menschen, die zur Gründergeneration der Zweiten Republik gehören sollten, waren wohl an den Fingern von zwei Händen abzuzählen. Und die Grundforderungen, die an sie gestellt wurden, waren auch fast immer dieselben: Es sollten weitgehend unbekannte Leute sein, also nicht Menschen, die auf Grund ihrer politischen Ämter und Funktionen exponiert waren und dadurch automatisch die Aufmerksamkeit der deutschen „Gestapo" auf sich lenkten. Die zweite Grundforderung war die, daß es sich dabei um relativ junge Leute handeln sollte. Ganz jung konnten sie jedoch nicht sein, denn dann wären sie ja zur Deutschen Wehrmacht eingezogen worden. In Frage kamen somit Menschen einer mittleren Altersgruppe, Leute, die zwar im Konzentrationslager gewesen sein konnten, nach ihrer Entlassung aber nicht mehr auffielen, Invalide oder aus irgendeinem Grund körperlich Gebrechliche, besser aber solche Leute, die aus welchen Gründen auch immer weder von der Deutschen Wehrmacht noch von einer Organisation der NSDAP „vereinnahmt" wurden. Doch auch wenn es solche Gruppen gab, bedurften sie immer noch einer Integration und eines oder mehrerer Menschen, die sie mit einem einheitlichen Willen versahen.

Auf der Seite der christlich-konservativen Bürgerlichen war es zunächst Alois (Lois) Weinberger, der mit Zustimmung Leopold Kunschaks zum neuen Obmann der illegalen christlichen Arbeiterbewegung wurde.[4] Kunschak selbst, Christlichsozialer und lupenreiner Antifaschist, wollte zwar mitmachen, war aber zu exponiert und zu alt, als daß er noch eine große Rolle hätte spielen können. Nach seiner Entlassung aus dem Konzentrationslager stieß Dr. Felix Hurdes zu der noch sehr kleinen Gruppe um Weinberger. Weinberger und Hurdes beschlossen, ihre Kontakte in zwei Richtungen auszudehnen: erstens zu den Bauern und Gewerbetreibenden und zweitens zu den Sozialdemokraten. Letzteren Kontakt wollte vor allem Hurdes hergestellt wissen, der aus seinen Gesprächen – und hier kommt die Lagerstraße von Dachau ins Spiel – zu wissen glaubte, daß die Zusammenarbeit mit dem einstigen politischen Gegner möglich wäre. Weinberger und Hurdes gingen von allem Anfang davon aus, daß es sich, sollte es je wieder ein Österreich geben, bei der neu zu gründenden Partei, für die einstweilen nur sie standen, um eine rechte Integrationspartei auf christlicher Grundlage handeln sollte. Aus den Gesprächen mit Vertretern aus Gewerbe und Handel, mit Arbeitern, Angestellten, Bauern und Freiberuflern mußte sich die bündische Struktur einer derartigen Integrationspartei wie von selbst ergeben, wenngleich Robert Kriechbaumer in seiner Gründungsgeschichte der Österreichischen Volkspartei (ÖVP) ausdrücklich darauf hinweist, daß gerade auf der Lagerstraße hinsichtlich der Öffnung der neuen rechten Integrationspartei stärkere Auffassungsunterschiede zutage traten.[5]

Hurdes legte eine deutlich antiliberale Einstellung an den Tag, während beispielsweise Dr. Alfred Maleta, der wegen der räumlichen Distanz von Oberösterreich zum Zentrum Wien zunächst keine Rolle spielte, einer Öffnung zum Liberalismus das Wort redete. Schließlich übernahm in der Gründungsphase dessen, was intern schon sehr früh „Österreichische Volkspartei" genannt wurde, Julius Raab die Rolle des Befürworters einer Öffnung zum Liberalismus, was dann prompt zu erheblichen Spannungen führte.

Vorderhand existierte aber nur einmal der Kern einer christlichen Arbeiterbewegung. Als nächstes suchte diese Gruppe den Kontakt zur Bauernschaft. Auch das konnte sich natürlich nur auf den engeren Bereich Ostösterreichs beschränken. Erste Kontakte mit dem ehemaligen Landeshauptmann von Niederösterreich und Bauernführer Josef Reither brachten noch keine konkreten Ergebnisse. Aber mit der Entlassung Dipl.-Ing. Leopold Figls aus dem Konzentrationslager im Mai 1943 änderte sich die Situation. Figl kam dabei in eine kuriose und für die spätere Zeit nicht uninteressante Lage, denn als erstes wurde ihm vom ehemaligen Landbundfunktionär und damaligen Gaubauernführer Dipl.-Ing. Anton Reinthaller eine Anstellung geboten. (Reinthaller wurde 1956 der erste Bundesparteiobmann der Freiheitlichen Partei Österreichs = FPÖ.) Figl wollte jedoch nicht so recht und konnte schließlich über Vermittlung seines Jugendfreundes Julius Raab und – das ist ebenso bemerkenswert – auf Grund einer direkten Intervention des Gauleiters von Niederdonau und Arztes Dr. Hugo Jury bei einer Baufirma unterkommen, bei der auch Raab beschäftigt war. Von Maustrenk im Weinviertel aus begann Figl damit, den illegalen Bauernbund zu organisieren. Auftrag und Legitimation dazu erhielt er von Josef Reither. Bei dieser Gründung einer neuen Bauernorganisation spielte sicherlich schon die Überlegung eine Rolle, diese Organisation in eine neue bürgerliche Sammelpartei einzubringen. Ob es allerdings gelingen würde, auch das Erbe des früheren Landbundes anzutreten und diese doch sehr an den Deutschnationalismus angelehnt gewesene Partei, die starke Affinitäten zum Nationalsozialismus entwickelt hatte, zu integrieren, das war noch mehr als fraglich und blieb bis in den Sommer 1945 offen.[6]

In der solcherart aber schon klarer erkennbar werdenden rechten Sammelpartei übernahm der Unterrichtsminister der letzten Regierung unter Dr. Kurt Schuschnigg, Dr. Hans Pernter, eine Art Vorsitz. Pernter war wohl nur eine Verlegenheitslösung, weil man zwar aus Überlegungen zur Kontinuität einen Repräsentanten der letzten nichtnationalsozialistischen österreichischen Regierung mit dem Vorsitz betrauen wollte, sich bei der Suche nach einer solchen Persönlichkeit aber außer Pernter niemand anbot. Bei dieser Feststellung erhebt sich wie von selbst die Frage nach Julius Raab, dem letzten Handelsminister der Regierung Schuschnigg, der ja rein äußerlich die Bedingungen für einen neuen Parteiobmann genauso wie Pernter erfüllte, von seinen politischen Fähigkeiten und von seiner Dynamik her aber zweifellos besser geeignet gewesen wäre. Doch Raab stieß wegen seiner Heimwehrvergangenheit einerseits auf die Ablehnung von Weinberger und Hurdes, denen er wohl zu sehr Vertreter des autoritären Regimes gewesen war, wie Raab seinerseits auf Distanz zu den christlichen Arbeitern blieb und deren antiliberale Haltung kritisierte. Raab nahm in der Folge nicht an der Ideologiedebatte der rechten Sammelpartei teil, wohl aber verwendete er alle Energie, um eine Organisation für Handel, Gewerbe und Industrie, den späteren Wirtschaftsbund, vorzubereiten. Dabei sah er leichten Herzens darüber hinweg, daß für ihn und seine Organisation nur wenig Platz übriggelassen wurde, und soll einmal trocken gemeint haben: „. . . man kann eine Partei ohne Geld nicht machen, und das Geld wird immer von mir kommen.“[7] Bei seiner Weigerung, an der Ideologiediskussion teilzunehmen, spielte aber sicherlich auch die später bei Raab immer stärker zum Durchbruch kommende Abneigung gegen Theoretisches und gegen Intellektuelle eine Rolle. Auf eine Kurzformel gebracht: Raab hat die ÖVP nicht gedacht – er hat sie (mit) gemacht. Noch etwas erklärt die Distanz Raabs zu den Intellektuellen und umgekehrt: Er verfügte über sehr gute und wahrscheinlich freundschaftliche Beziehungen zu Hugo Jury, dem Gauleiter von Niederdonau, und wollte diese nicht durch eine allzu intensive Untergrundtätigkeit aufs Spiel setzen.

Sehen wir uns nun die auf der linken Seite angesiedelte Vätergeneration der Zweiten Republik an. Die österreichische Sozialdemokratie verfügte zwangsweise über eine längere Tradition des Untergrunds und der Illegalität als die ehemaligen Christlichsozialen und Vertreter des Ständestaates. Seit dem Februar 1934 war diese Untergrundorganisation aufgebaut worden. Ihre ersten Monate und Jahre waren durch Richtungskämpfe und Abspaltungen gekennzeichnet gewesen, wobei es insbesondere einen Abbröckelungsprozeß nach links gab, der auch durch die stärkere Betonung des revolutionären Sozialismus nicht zu stoppen war.[8] Außer dem Abbröckelungsprozeß nach links, zu den Kommunisten, gab es die Spaltung der Sozialdemokratie in die nach den Grundsätzen der Kaderpartei ausgerichteten Revolutionären Sozialisten und in die Anhänger der sozialdemokratischen Massenpartei, die auf den Tag hofften, an dem sie wieder aus der Illegalität treten konnten. Beide Parteiflügel unterhielten bereits vor 1938 Kontakte auf gewerkschaftlicher Ebene zum Arbeitnehmerflügel der ehemaligen Christlichsozialen, und gerade hier bildete sich in der gemeinsamen Ablehnung des Nationalsozialismus und in der Herausarbeitung der demokratischen Grundlagen für einen österreichischen Staat eine Gemeinsamkeit aus, die im Grund genommen schon vor 1938 koalitionäre Verhältnisse schuf.[9] Man sieht also, daß es eine Reihe von Fäden gab, die aus der Ersten Republik bis in die Zeit nach 1945 liefen.

Als dann – und auch in diesem Fall wird auf das Jahr 1943 zu verweisen sein – eine Kontaktaufnahme mit der Sozialdemokratie versucht wurde (die Initiative dazu dürfte von der Gruppe Weinberger-Hurdes ausgegangen sein), ergab sich primär die Möglichkeit der Verbindung mit Sozialdemokraten und weniger mit Revolutionären Sozialisten. Erleichternd für diese Verbindungsaufnahme war, wie Robert Kriechbaumer sicherlich zutreffend bemerkte, daß sich der austromarxistische Flügel der noch ungeborenen linken Partei zum größten Teil in der Emigration befand und daher keinen Einfluß auf die Entwicklung dieses Kontaktes nehmen konnte. Dr. Julius Deutsch, Dr. Friedrich Adler, Karl Czernetz, Dr. Oscar Pollak waren in England oder in den USA, auf jeden Fall weit vom Schuß. Und Dr. Otto Bauer war schon in Frankreich gestorben.

Bei der Frage, wer für eine Kontaktaufnahme in Frage kam, mußten wie von selbst die Namen von Dr. Karl Renner und Karl Seitz fallen, der eine ehemaliger Staatskanzler und zuletzt, 1933, Erster Präsident des Nationalrates, der andere bis zum Februar 1934 Bürgermeister von Wien. Doch der Kontakt zu beiden erwies sich als schwierig, da sie von der Gestapo überwacht wurden. Seitz ließ sich daher für keine Aussprache gewinnen.[10] Im Falle Renners wurde der Kontakt aber gar nicht recht gesucht, da er mit seinem bekannten Votum für den Anschluß 1938 als belastet, wenn nicht als untragbar galt. Schließlich kam ein Kontakt mit Dr. Alfred Migsch zustande.[11] Es war also dasselbe Problem, das sich auch bei der Bildung der illegalen rechten Integrationspartei ergab: Nur ein kleiner und verhältnismäßig genau zu bezeichnender Personenkreis kam für den Aufbau einer neuen Organisation und für permanente Kontakte in Frage. Innerhalb dieses Kreises wurde der Rechtsanwalt Dr. Adolf Schärf zur Integrationsfigur. Die Verweisung auf Schärf erfolgte für die Weinberger-Hurdes-Gruppe natürlich mit aller Vorsicht. Soviel war aber schon nach den ersten Kontakten mit Vertretern der illegalen Sozialdemokratie klar: Eine Bereitschaft zur Zusammenarbeit war vorhanden. Schärf avancierte vielleicht nur deshalb so rasch zur Integrationsfigur, weil er während des Krieges sowohl für illegale Revolutionäre Sozialisten wie z. B. Franz Olah als auch für Sozialdemokraten eine Reihe von Rechtsvertretungen übernommen hatte. Schärf selbst besaß allerdings kaum permanente Kontakte zu den Revolutionären Sozialisten.[12]

Seitens der rechten Integrationspartei wurde Felix Hurdes mit der Verbindungsaufnahme zu Schärf betraut. Dies deshalb, weil beide Rechtsanwälte waren und daher unter der sehr plausiblen Tarnung von Rechtsfällen Gespräche geführt werden konnten. – Doch lassen wir einmal kurz die Personen außer acht und schauen wir auf die Situation, in der ein neues Österreich gedacht wurde. Emigration und Konzentrationslager schufen besondere Bedingungen. Aber auch die Geschichte der Verbindungsaufnahme jener Menschen, die später großen Einfluß haben sollten, ist ein Abbild der Zeit, wo zwar immer Größe im Raum steht, aber wo mit geradezu beschämender Kleinheit und Kleinlichkeit Probleme angegangen werden mußten.

Es war über weite Strecken nicht der Intellekt, der dominierte, es waren die Fragen nach einem oder zwei vertrauenswürdigen Menschen, nach einer Unterkunft, nach einer Existenz – und wie meistens im Leben dominierte das Banale. Größe und Großzügigkeit sind die Ausnahmen.

Doch zurück zu Hurdes und Schärf. Zum Zeitpunkt, da sie ihre Verbindung aufnahmen, hatten beide schon Kontakte mit der deutschen Opposition um Dr. Carl Goerdeler gehabt. Hurdes war mit Goerdeler und Jakob Kaiser zusammengetroffen, dann sagte sich bei ihm auch der deutsche Sozialdemokrat Wilhelm Leuschner an, der aber den Weg zu Adolf Schärf gewiesen bekam. Im Gespräch mit Leuschner will Schärf sein Damaskus-Erlebnis gehabt und es mit den Worten „Der Anschluß ist tot" zum Ausdruck gebracht haben.[13] Doch zweifellos stellte es für die Sozialdemokratie ein wesentlich größeres Problem dar, sich von der Vision eines Österreich einschließenden Deutschen Reiches zu lösen, als für die Weinberger-Kunschak-Hurdes-Gruppe. Schärf stellte es selbst dann so dar, daß sich in Gesprächen mit Renner und Seitz erst langsam die Auffassung herauskristallisierte, den Anschluß wirklich als tot anzusehen. Dabei war aber nicht nur ein allmählicher Bewußtseinswandel im Spiel. Vielmehr richteten sich die Vorbehalte gegen Renner selbst, und es ist nicht von der Hand zu weisen, daß sich der von Schärf in seinen Erinnerungen niedergeschriebene Satz: „Ich habe aber vom ersten Tag daran festgehalten, daß man bei der Wiederaufrichtung der [sozialdemokratischen] Partei Personen, die sich nicht ununterbrochen gut benommen haben, an irgendeiner einflußreichen Stelle nicht als Vertreter der Partei verwenden dürfe" auf Karl Renner bezog.[14] Renner wurde zwar informiert, doch er blieb am Rande. Wohl aber verdichteten sich noch in dieser Phase der Bewußtseinsbildung die Kontakte zu Hurdes. Und das war nun der entscheidende Schritt: Auf der Lagerstraße wurden zwar bisweilen persönliche Feindschaften begraben, wurde in langen Gesprächen versucht, den Ursachen des Auseinanderlebens und des Hasses in der Zwischenkriegszeit nachzugehen, und wurde eine Hoffnung artikuliert, doch die konkreten Ansätze für das, was dann einmal als Große Koalition bezeichnet werden sollte und eine „geschlossene politische Gesellschaft" bildete, diese Vorarbeiten wurden im Untergrund und teilweise im aktiven Widerstand geleistet. Es kam allerdings nicht zur Verschmelzung der Lager. Es gab Kontakte, die auch Monarchisten, Revolutionäre Sozialisten und Kommunisten einschlossen, doch es gab keinen gemeinsamen Widerstand.

Vielleicht wäre auch der Kontakt zu den Kommunisten mehr gepflegt worden, und das insbesondere unmittelbar vor dem Herankommen der Sowjets, doch nicht nur Weinberger mußte feststellen, daß er bei den Kommunisten keinen wirklich kompetenten Gesprächspartner fand, da solche entweder in Moskau, in Jugoslawien oder in den Konzentrationslagern und Gefängnissen saßen. Dieselbe Erfahrung machte auch Schärf.[15]

Die erste von den beiden illegalen politischen Lagern zwar unabhängig voneinander, doch gleicherweise getroffene Entscheidung war die, sich aus der großen deutschen Verschwörung zur Ausschaltung Hitlers herauszuhalten. Der Aufstand in Wien am 20. Juli 1944 wurde dann lediglich von der militärischen Widerstandsbewegung des Majors Carl Szokoll getragen, die jedoch damals zur proösterreichischen politischen Widerstandsbewegung noch keine Verbindung hatte und daher auch ganz den Intentionen der Goerdeler-Gruppe entsprechend davon ausging, daß Österreich im Rahmen des Deutschen Reiches verbleiben sollte. Obwohl aber weder die illegale Sozialdemokratie noch die Weinberger-Hurdes-Figl-Gruppe mit dem 20. Juli unmittelbar zu tun hatten, wurde letztere komplett und von den Sozialdemokraten unter anderen Schärf und Seitz verhaftet. Schärf blieb nur kurz in Haft, doch die Repräsentanten der rechten Sammelpartei blieben bis zum April 1945 in Konzentrationslagern und Gefängnissen, daher fielen sie so gut wie vollständig für weitere Absprachen und Vorbereitungen aus.

Nun könnte man meinen, das Wichtigste sei ja wohl schon gesagt worden. Beide Gruppen hätten ihre grundsätzliche Bereitschaft zur Zusammenarbeit erkennen lassen. Doch es waren eben nur Gespräche gewesen. Es war nichts Konkretes vorbereitet worden, ja wahrscheinlich ließ sich auch gar nichts Konkretes vorbereiten, denn bis zum Sommer 1944 konnte man nicht einmal wissen, ob der Weltkrieg nicht doch noch durch einen Verhandlungsfrieden beendet werden würde. Damals ließ sich nicht erahnen, wer wann das Territiorium des früheren und künftigen Österreich – wenn überhaupt – besetzen würde. Und über die alliierten Absichten war man auch nicht informiert. Wenn es zutrifft, was Adolf Schärf rückblickend schrieb, dann war nicht einmal die Kenntnis von der Moskauer Deklaration weit verbreitet. Denn als es dann darum ging, sie in die österreichische Unabhängigkeitserklärung einzubauen, da wußte weder Karl Renner noch Adolf Schärf über ihren Wortlaut Bescheid.[16] Insbesondere wußten sie nicht, daß darin auch eine „Mitschuldklausel" enthalten war. Weiters hatte die Unterbrechung der Kontakte zur Folge, daß die „österreichische Verschwörung" eine ostösterreichische Verschwörung blieb und weder im Westen noch im Süden Österreichs mitgedacht, geschweige denn mitvollzogen werden konnte. Die Verhaftung der Proponenten eines neuen bürgerlichen Lagers hatte noch eine weitere Folge: Es gab kein Gespräch mit jenem Mann, der in Gloggnitz auf seine Stunde wartete, nämlich Karl Renner.

Schließlich konnten sich die Befürworter einer rechten Sammelpartei auch nicht mehr mit der österreichischen Widerstandsbewegung verständigen, die allmählich doch auch politische Strukturen erkennen ließ und über Spontanaktionen hinauswuchs. Die Widerstandsbewegung hatte ein Provisorisches Oesterreichisches Nationalkomitee (POEN) formiert.[17] Innerhalb des POEN spielte die Gruppe O5 zweifellos die größte Rolle, aber auch hier wollten die Kontakte nicht so recht klappen. Wohl aber konnte die O5 Verbindungen zum Ausland und vor allem zu den Westalliierten herstellen. Das war primär das Verdienst von Fritz Molden und Dr. Ernst Lemberger. Molden und Lemberger konnten schließlich auch Kontakte zwischen den illegalen Sozialdemokraten, dem POEN und kommunistischen Kreisen herstellen. Sie fanden aber nach dem Juli 1944 keine wirklich geeigneten Gesprächspartner im ehemals christlichsozialen Lager. Die Kontakte, die Molden und Lemberger aufbauten, vor allem ihre Auslandsverbindungen, hatten eine zusätzliche Wirkung: Dem POEN wurde auf diese Weise suggeriert, daß es dazu ausersehen sei, in der Stunde „X" Regierungsverantwortung zu übernehmen. Und auch wenn dann schließlich das POEN am 2. März 1945 durch die Verhaftung seiner maßgeblichen Leute praktisch zerschlagen wurde, blieb dennoch genügend Potenz, vor allem aber der Anspruch, daß hier ein weiteres politisches Kraftzentrum existierte.

Die illegalen Parteien und das aus Angehörigen unterschiedlicher Weltanschauungen zusammengesetzte POEN bzw. dessen aus der Not geborene Nachfolgeorganisation, die sich mit einem Siebenerkomitee behalf, hatten eines gemeinsam: Sie gingen von der Annahme aus, daß es letztlich Sache der Österreicher sein würde, einen neuen Anfang zu setzen, eine neue politische Führung zu bestimmen und eine neue Verwaltung auf allen Ebenen aufzubauen. Damit waren sie jedoch zumindest teilweise an der Realität vorbeigegangen. Denn im alliierten Konzept einer Restauration des Staates Österreich hatten die Österreicher selbst nur ganz wenig Platz gefunden.[18] Auch dabei kann man nicht pauschal urteilen, auch da heißt es zu differenzieren: Im sowjetischen Konzept hatten die Österreicher mehr Platz eingeräumt bekommen als im westalliierten. Die Sowjets wollten zum frühest möglichen Zeitpunkt Österreichern Verantwortung übertragen und sie dann dafür haftbar machen, daß die Restauration im alliierten – und in diesem Fall im sowjetischen – Sinn vorgenommen würde. Die Westalliierten wiederum, Amerikaner, Briten und Franzosen, waren auf ein anderes Konzept eingeschworen, nämlich auf die Errichtung einer totalen Kontrolle und auf eine erst allmähliche Einbindung von Österreichern in die Verantwortung für das Neugeschaffene.

Bei diesen Überlegungen spielte sicherlich auch eine Rolle, daß vor allem Briten und Amerikaner an der Möglichkeit eines historischen Kompromisses der beiden großen „Lager“ zweifelten. Daher wollten sie die Verantwortung zunächst ganz an sich ziehen.[19]

Voraussetzung für all das war aber natürlich der Einmarsch von alliierten Armeen sowie die Besetzung und Aufteilung des Landes gemäß Vereinbarungen, die auch Anfang 1945 noch nicht feststanden. Die Alliierten hatten sich zwar grundsätzlich auf ein gemeinsames Vorgehen in der Österreichfrage geeinigt, doch im entscheidenden Moment fehlte dann die Übereinstimmung. Die Sowjets, die als erste an der Grenze Österreichs anlangten, versuchten einen Alleingang, und die Westalliierten sahen besorgt zu.

Nun sollte man zumindest kurz die alliierten Konzeptionen für ein neues Österreich streifen, und zwar abseits der Aufteilung und Kontrolle des Landes, nämlich da, wo zu fragen ist: Wem trauten die Alliierten zu, Österreich in ihrem Sinn zu führen? Doch da gibt es keine klare Antwort. Sie alle hatten Kenntnisse über Einzelpersonen und Gruppen im Widerstand gesammelt. Sie waren eher zögernd bereit gewesen, auf das Vorhandensein einer Widerstandsbewegung einzugehen, und verdächtigten diese eher, als daß sie ihr trauten. Da es keine diesbezüglichen Absprachen gab, waren Sowjets wie Westallierte davon ausgegangen, daß zunächst vor allem die Nationalsozialisten eliminiert werden sollten. Aber wie es weitergehen konnte und sollte, war unklar und mußte so lange unklar bleiben, bis man dann im Land selbst eine Art Bestandsaufnahme machen konnte. Die Sowjets taten sich bei ihren Überlegungen etwas leichter, da sie ja eine Gruppe österreichischer Exilkommunisten beherbergten, die sie zum geeigneten Zeitpunkt einsetzen konnten, während Briten und Amerikaner zwar auch und sogar noch über sehr viel mehr Exilpolitiker verfügten, sie ihnen aber pauschaliter nicht zutrauten, Österreich zu führen und wieder hochzubringen.[20] Da man aber außer den Nationalsozialisten keine politische Kraft vollständig ausschalten wollte, liefen die westlichen wie die östlichen

Konzepte letztlich darauf hinaus, alle anderen politischen Kräfte zu irgendeinem Zeitpunkt einzubinden. Das hatte noch überhaupt nichts mit Koalitionsüberlegungen zu tun, vor allem ging es noch weit an jeglicher Spekulation über Kräfteverteilungen vorbei. Doch grundsätzlich war davon auszugehen, daß jeder, der nicht ausgeschlossen werden sollte, mitmachen konnte, der Bürgerliche genauso wie der Sozialist und der Kommunist.

Bei der Verwirklichung des noch nicht ausgereiften Konzepts spielte schließlich ein Mann die entscheidende Rolle, der weder durch die Lagerstraße geprägt war noch einen direkten Anteil an den Vorgesprächen der illegalen Parteien gehabt hatte, nämlich Karl Renner.

Die Sowjets waren nirgendwo in Ostmitteleuropa darauf vorbereitet gewesen, eine eigene Militärregierung zu installieren. Sie schufen zwar Abhängigkeiten zwischen den besetzten Gebieten einerseits und den jeweiligen Militärbefehlshabern bzw. politischen Kommissaren, den „Mitgliedern der Kriegsräte", anderseits, darüber hinaus aber stützten sie sich ausschließlich auf die lokalen Repräsentanten. Nichts anderes war für Österreich vorgesehen. Gesucht wurden Leute, denen Moskau vertrauen konnte.

Mitte März 1945, als die sogenannte Wiener Angriffsoperation der Russen begann, wurde der Kommandierende General des VI. Garde-Schützenkorps, Generalleutnant Aleksej Blagodatov, informiert, daß er zum Stadtkommandanten von Wien ernannt würde. Alles andere wurde einer Regelung an Ort und Stelle vorbehalten, für die das Mitglied des Kriegsrates der 3. Ukrainischen Front, Generaloberst Aleksej Želtov verantwortlich sein sollte. Auch Želtov wußte bis zum März 1945 nicht, daß ihm die Rolle der für die Sowjets zentralen politischen Instanz zufallen würde. Bis Mitte März war man ja davon ausgegangen, daß nicht die 3. Ukrainische Front südlich der Donau auf Wien vorstoßen würde, sondern die 2. Ukrainische Front nördlich der Donau. Erst infolge der letzten deutschen Großoffensive am Plattensee wurde umdisponiert.[21] Ansonst wäre eben nicht Želtov, sondern Generalmajor A. N. Tevčenkov der maßgebliche Politoffizier für Österreich geworden. Es war das eine ganz andere Besatzungsphilosophie als bei den Westalliierten, die schon eineinhalb Jahre Österreichplanung betrieben und große Militärregierungsstäbe gebildet hatten.

Rückblickend stimmt es nachdenklich, wenn man sich die östlichen und die westlichen Vorüberlegungen und Vorbereitungen für die Restauration Österreichs ansieht. Wären die Westmächte früher in Wien gewesen als die Sowjets – es hätte wohl nie eine Regierung Renner gegeben. Wie aber wäre die Entwicklung dann gewesen? Nun waren es aber die Sowjets, die nach Ostösterreich vorstießen und die nicht nur die ersten Proklamationen mitbrachten, aus denen man die Absicht der Alliierten zur Wiedererrichtung Österreichs herauslesen konnte. Die Sowjets taten noch mehr. Sie suchten einen Mann, der für sie eine Art Zentralregierung bilden konnte. Bei einer Besprechung im obersten sowjetischen Kommando, der Stavka, war Stalin wahrscheinlich am 29. oder 30. März 1945 auf dieses Problem zu sprechen gekommen und hatte die Frage aufgeworfen, ob man nicht dafür Karl Renner heranziehen könnte. Dazu die entsprechende Stelle in den Erinnerungen des sowjetischen Generals Sergej M. Štemenko.[22]

„Während eines Vortrags fragte Stalin, ohne sich an jemand persönlich zu wenden – wie er es übrigens häufig tat: ‚Wo befindet sich eigentlich jetzt dieser Sozialdemokrat Renner, einer der Schüler Kautskys? Er gehörte jahrelang zur Führung der österreichischen Sozialdemokratie und war, soviel ich weiß, Präsident des letzten österreichischen Parlaments.‘

Niemand wußte eine Antwort auf die überraschende Frage. ‚Einflußreiche Kräfte, die gegen den Faschismus Stellung bezogen haben, darf man nicht übergehen‘, fuhr Stalin fort. ‚Hitlers Diktatur wird auch die Sozialdemokraten einiges gelehrt haben.‘

So erhielten wir den Auftrag, uns um Renner zu kümmern und, falls er noch am Leben war, seinen Aufenthaltsort zu ermitteln. Die 3. Ukrainische Front erhielt fernmündlich den Befehl, entsprechende Recherchen einzuleiten.

Am 4. April endlich meldete der Kriegsrat der 3. Ukrainischen Front, daß Karl Renner aus eigenem Antrieb im Stab der 103. Garde-Schützen-Division erschienen sei.

Auf die Frage unserer Offiziere, was er jetzt zu tun gedenke, erklärte Renner, daß er trotz seines hohen Alters bereit sei, ‚nach bestem Wissen und Gewissen‘ an der Errichtung eines demokratischen Regimes in Österreich mitzuarbeiten. ‚Kommunisten und Sozialdemokraten haben jetzt das eine Ziel, den Faschismus zu beseitigen‘, sagte er.“

Wir wissen seit 1972 über den Vorgang Bescheid, wie Renner erstmals namhaft gemacht wurde, und können daher auch mit einiger Bestimmtheit sagen, daß die Initiative zur Bildung einer österreichischen Regierung nur bedingt von Renner ausgegangen ist. Was am wesentlichsten war: Renners Wunsch nach einer Betrauung durch die Sowjets entsprach genau dem, was nur wenige Tage zuvor von Stalin in der Stavka angeregt worden war. Nicht freilich erst seit 1972, sondern schon viel länger fragt man sich: Warum gerade Karl Renner? Rein äußerlich war er natürlich ein logischer Kandidat. Er war bereits nach dem Ersten Weltkrieg in der Situation gewesen, eine Regierung für ein noch chaotisches und hinsichtlich seiner äußeren Grenzen nicht feststehendes Österreich zu bilden. Er hatte maßgeblichen Anteil am politischen Geschehen der Ersten Republik gehabt, doch ebenso war natürlich nicht vergessen worden, daß Renner in einem Interview für das „Neue Wiener Tagblatt“ am 3. April 1938 ausführlich begründet hatte, weshalb er für den Anschluß war. Das war es ja auch, was ihn, den Anschlußbefürworter, in den Augen der christlichsozialen Anschlußgegner und der politischen Opfer des Anschlusses diskreditierte und was sie hatte zögern lassen, das Gespräch mit Renner zu suchen. Aus der Kürze des Vorganges in der Stavka wird man jedoch den Schluß ziehen können, daß für Stalin zu diesem Zeitpunkt keine komplizierten Überlegungen und kein taktisches Abwägen in Frage kam, daß man mit Renner womöglich einen Mann an der Hand hätte, der, weil politisch mittlerweile diskreditiert und daher auch immer wieder desavouiert, eine ideale Figur abgäbe, um mit ihm ein politisches Spiel zu spielen. Dergleichen sind wohl spätere Interpretationen. Stalin nannte mit Renner den so gut wie einzigen ihm namentlich bekannten österreichischen Sozialdemokraten. Er war ihm vermutlich auch nicht von der kommunistischen Emigration genannt worden, denn diese Emigration wußte von der Suche nach Karl Renner nichts. So war es wahrscheinlich ein spontaner Einfall Stalins, der sich der historischen Rolle Renners innerhalb der Sozialdemokratie und innerhalb Österreichs erinnerte.[23] Wir könnten aber auch fragen: Wen sonst hätte Stalin nennen sollen?

Am 3. April 1945, exakt sieben Jahre nach Renners „Ja“ zum Anschluß, kam es zur vieles entscheidenden historischen Begegnung Renners mit dem Politoffizier der sowjetischen 103. Garde-Division, die in Gloggnitz, dem damaligen Wohnsitz Renners, einmarschiert war. Die Sowjets kamen sehr schnell zur Erkenntnis, jenen Mann gefunden zu haben, den zu suchen sie ein Befehl der Stavka aufgefordert hatte. Jetzt kam es nur darauf an, die Bereitschaft Renners zu testen, eine österreichische Verwaltung für die Sowjets aufzubauen. Damit war Renner prinzipiell einverstanden.[24] Was er wissen wollte – diese Gespräche fanden in Hochwolkersdorf statt –, war, inwieweit er unabhängig oder bloß im Auftrag der Sowjets handeln konnte. Mit der Einwilligung der Sowjets, daß Renner seine Aufrufe und seine Korrespondenz im eigenen Namen und nicht bloß im Auftrag der Sowjets zeichnen konnte, hatte sich der 75jährige Staatsmann einen ersten wesentlichen Freiraum geschaffen. Als nächsten Schritt nahm Renner mit der alten Sozialdemokratie wie mit den ehemaligen Christlichsozialen Verbindung auf. Zu diesem Zweck schrieb er dem ehemaligen christlichsozialen Bürgermeister von Baden, Josef Kollmann.[25] Dies wohl deshalb, weil Kollmann wie Renner in dem bereits von sowjetischen Truppen besetzten Gebiet war und Renner in ihm einen Mann sah, mit dem man politische Kontakte pflegen konnte. Was Renner offenbar nicht wußte, war, daß Kollmann bei den Absprachen der neuen rechten Sammelpartei fast keine Rolle gespielt hatte.

Renner lud in dem Schreiben an Kollmann das „bürgerliche Lager“ zur Zusammenarbeit ein. Der rüde Ton des Briefes aber mußte jeden dazu veranlassen, sich das Zusammengehen mit einer von Renner geführten und demonstrativ links angesiedelten Koalition zweimal zu überlegen. In dem Schreiben Renners an Kollmann hieß es unter anderem:

> „Ich weiß nicht, wie weit Ihnen bekannt ist, daß ich als letzter Präsident eines freien Parlaments und als erster Staatskanzler ... mit den Befehlsstellen der Roten Armee und durch sie mit Moskau in Verbindung getreten bin und mich bereit halte, wie im Jahre 1918 die erste, so die zweite Republik Österreich zu organisieren. Ich nehme als sicher an, daß die Arbeiterschaft (sowohl die Sozialdemokratie wie die Kommunistische Partei) mir dabei folgen wird und daß sie bereit ist, in erster Linie mit der Bauernschaft ... wie auch mit den aufrichtigen christlichsozialen Arbeitern und Bürgern zusammenzuarbeiten, in dem Sinne, daß alle politischen Auseinandersetzungen für die später zu erwartenden allgemeinen Wahlen vertagt bleiben.
>
> Aber das kann man der sozialdemokratischen Arbeiterschaft nicht zumuten, zu vergessen, daß der Faschismus in Österreich ein von Mussolini aufgezwungenes Dollfußgewächs gewesen ist, daß die österreichischen Arbeiter aller ihrer selbstgeschaffenen Einrichtungen durch keinen anderen als Dollfuß beraubt worden sind, daß alle führenden Männer der Partei durch Dollfuß eingekerkert und nicht wenige von ihnen hingerichtet worden sind ...“

Das alte christlichsoziale Lager konnte sich von einer Zusammenarbeit unter diesen Vorzeichen nicht zu viel erhoffen. Renner wartete aber eine Antwort auf seinen Brief gar nicht ab. Er wartete nicht einmal, bis er mit seinen eigenen Parteifreunden in Wien Kontakt bekam, sondern fing sofort an, eine eigenständige und eigenwillige Politik zu machen. Schnelligkeit war alles, denn morgen schon konnte die Gunst des Augenblicks vorbei sein.

Schon zwei Tage bevor er an Kollmann geschrieben hatte, nämlich am 15. April, hatte sich Renner in einem Brief direkt an Stalin gewandt.[26] Dieser Brief warf und wirft mindestens so viele Fragen auf wie die Berufung Renners an sich. Renner schrieb:

„Sehr geehrter Genosse!

In der Frühzeit der Bewegung haben mich mit vielen russischen Vorkämpfern enge persönliche Beziehungen verknüpft, es war mir jedoch bisher nicht vergönnt, Sie, werter Genosse, persönlich kennenzulernen.

Mit Lenin traf ich auf der Stockholmer sozialistischen Friedenskonferenz 1917 zusammen, mit Trotzki verkehrte ich durch die Jahre seines Wiener Aufenthaltes ständig, mit Rjasanow arbeitete ich gemeinsam in der Wiener Arbeiter Zeitung; viele vor dem Zarismus flüchtende Genossen wohnten oder nächtigten wenigstens in meiner Wohnung auf der Durchreise in die Schweiz, manche von mir mit einem Paß ausgerüstet.

Nun fügt es das wechselvolle Spiel der Geschichte, daß ich in einem Alter, wo ich mit meiner öffentlichen Tätigkeit abgeschlossen zu haben glaubte, auf so ungewöhnliche und bedeutungsvolle Weise zu Ihnen in persönliche Berührung gerate:

Die Rote Armee hat mich und meine Familie bei ihrem Einmarsch in meinen Wohnort Gloggnitz (nächst Wiener Neustadt) angetroffen, wo ich mit den Parteigenossen vertrauensvoll die Besetzung abwartete. Die zuständigen Kommandanten haben mich sogleich auf das achtungsvollste in Schutz genommen und mir die volle Handlungsfreiheit wiedergegeben, die ich seit 1934, während der Herrschaft des Dollfuß- und Hitlerfaschismus, schmerzlich entbehren mußte.

Dafür danke ich der Roten Armee und Ihnen, deren ruhmbedecktem Obersten Befehlshaber, im persönlichen wie im Namen der Arbeiterklasse Österreichs aufrichtigst und ergebenst . . .

Uns hier hat das Hitler-Regime in absoluter Hilflosigkeit zurückgelassen; hilflos werden wir vor den Schranken der Weltmächte stehen, wenn die Neuordnung Europas erfolgt. Schon heute bitte ich Sie, im Rate der Großen Österreichs wohlwollend zu gedenken und uns, soweit es die tragischen Umstände gestatten, in Ihren mächtigen Schutz zu nehmen.

Uns drohen im Augenblick Hungersnot und Seuchen, uns droht bei der Auseinandersetzung mit den Nachbarn Gebietsverlust. In unseren steinigen Alpen haben wir schon jetzt zu wenig Ackerland, uns nur kümmerlich das täglich Brot zu schaffen – verlieren wir noch weiter Gebiet, so werden wir nicht leben können! Es kann nicht in der Absicht der Sieger liegen, uns hilflos verkommen zu lassen. Der Westen aber kennt, wie 1919 gezeigt, unsere Verhältnisse zu wenig und bringt uns nicht genug Interesse entgegen, um uns die Voraussetzungen der Selbständigkeit zu sichern.

Doch will ich Sie, verehrter Genosse, nicht vorzeitig mit späteren Fragen behelligen; nur so viel bitte ich Sie schon jetzt zur Kenntnis zu nehmen:

Dank Rußlands erstaunlicher Machtentfaltung hat unser ganzes Volk die Verlogenheit zwanzigjähriger nationalsozialistischer Propaganda völlig durchschaut und ist voll Bewunderung für die gewaltigen Leistungen der Sowjets. Das Vertrauen der österreichischen Arbeiterklasse insbesondere in die Sowjetrepublik ist grenzenlos geworden. Die österreichischen Sozialdemokraten werden sich mit der K.P. brüderlich auseinandersetzen und bei der Neuregelung der Republik auf gleichem Fuß zusammenarbeiten. Daß die Zukunft des Landes dem Sozialismus gehört, ist unfraglich und bedarf keiner Betonung."

Weitere Schreiben richtete Renner an den sowjetischen Außenminister Vjačeslav Molotov und das Präsidium der Volkskommissare. Auf die Besonderheiten, vor allem des ersten Schreibens, ist – seit es bekannt geworden ist – wiederholt hingewiesen worden: Auf den „Genossen Stalin" oder auf die Verweisung auf Trotzkij, die gerade Stalin äußerst merkwürdig vorkommen mußte, wenngleich er wohl auf Grund der Berichterstattung über den Gesundheitszustand und die Geistesverfassung Renners nicht annehmen konnte, daß Renner senil geworden sei. Renner schrieb auch nichts von Befreiung, wohl aber von „Besetzung". Die nächste wichtige und gleichzeitig zu Kommentaren herausfordernde Passage war jene, in der Renner Stalin bat, Österreich in seinen persönlichen „mächtigen Schutz" zu nehmen. Dann kam die Passage von der „brüderlichen" Auseinandersetzung von Sozialdemokraten und Kommunisten, die von Liebe bis zum Kain-und-Abel-Verhältnis alles offenließ. Das Bekenntnis zur Zusammenarbeit mit den Kommunisten war aber dann doch eindeutig, und ebenso eindeutig mußte der sowjetischen Diktion nach der Satz klingen, der davon sprach, daß die „Zukunft des Landes dem Sozialismus gehört".

Diese Formulierungen können aber nicht nur als taktisch klug, sondern geradezu als machiavellistische Überhöhungen einer Danksagung angesehen werden. Dies beweisen Aufzeichnungen, die Renner zur selben Zeit, nämlich auf dem ihm von den Sowjets zugewiesenen Schloß Eichbüchl, machte. In diesen „Eichbüchler Aufzeichnungen"[27] variierte Renner die in den Schreiben an Stalin wie an Kollmann angeklungenen Themen. Er skizzierte die Zusammenarbeit zwischen der sozialdemokratischen und kommunistischen Arbeiterschaft auf der einen und den christlichsozialen Bauern auf der anderen Seite. Damit wurde eine Frage angesprochen, die nie ganz aus der bisherigen Geschichte der Zweiten Republik verschwunden ist, ob es nämlich die Möglichkeit einer direkten Verständigung der Arbeiterschaft mit den Bauern geben könnte, über die Köpfe einer nichtbäuerlichen Bürgerschaft hinweg. Die Bürgerschaft wollte Renner zumindest zeitweilig von der Mitwirkung am Staat ausgeschlossen wissen, zumindest so lange, bis der zentralistische Aufbau des Staates beendet sei. Renner ging es keinesfalls um die Restauration des Staates oder auch nur um Wiedergutmachung und Sühne. Die konsequente Verwendung des Begriffes „Zweite Republik" machte das auch ganz deutlich: Da sollte eben nichts wieder aufgerichtet, nichts restauriert werden. Es sollte etwas Neues geschaffen werden.

Renner plante daher den „Aufbau einer neuen Ordnung [und] die Verwirklichung des Sozialismus". Dazu wollte er sich, wie er auch Kollmann schrieb, der Verfassung von 1920 bedienen und die Novelle von 1929 außer Kraft setzen. Zentralismus war sein Credo! Ehemalige Heimwehrangehörige, Kleriko- und nationale Faschisten sollten zehn Jahre lang von Wahlen ausgeschlossen bleiben. An die Stelle der nationalsozialistischen Reichsstatthalter sollten Landeshauptleute treten, die jedoch primär den Willen des zentralistischen Staates umsetzen sollten. Als nächstes spielte Renner mit dem Gedanken einer Einteilung der Länder in Kreise. Auf dem Gebiet des Polizeiwesens plante er die Überführung der Polizeidirektion Wien in ein „Ministerium für öffentliche Sicherheit". Die Polizei sollte gegebenenfalls durch eine Zahl „entschlossener Mannschaften" in der Art des Republikanischen Schutzbundes oder durch einen beträchtlichen Bevölkerungsanteil, das sogenannte „Aufgebot", ergänzt werden. Zumindest die Sozialdemokratie wollte Renner so organisiert sehen, daß sie sich „räumlich, sachlich und personell" mit der Polizei- und Verwaltungsorganisation deckte. – Auf dem Sektor des Unterrichtswesens forderte Renner in diesem mit „Probleme I: Politik" bezeichneten Papier schließlich die vorübergehende Schließung der Universitäten, ein eigenes Statut für den akademischen Lehrkörper und die Auflösung der studentischen Verbindungen.

Aus alldem geht hervor, daß Renner keineswegs etwas nur wiederaufleben lassen wollte. Es kann auch keinen Zweifel daran geben, daß Renner das, was er Stalin und Kollmann schrieb, vollkommen ernst meinte. Er ging davon aus, daß diese „Zweite Republik", die außer ihm noch niemand so benannte, ein Staat der Linken mit einer stark zentralistischen Verfassung sein würde.

Am 20. April, eine Woche nach dem Ende der Schlacht um Wien, übersiedelte Renner von Schloß Eichbüchl in die ehemalige und zukünftige Bundeshauptstadt. Noch am selben Tag traf er mit Adolf Schärf zusammen.[28] Das diente wohl dazu, Renner einen ersten Überblick über die Situation in Wien zu geben. Dabei dürften aber weniger die baulichen Schäden und die Versorgungsprobleme im Vordergrund gestanden sein: Was Renner am meisten interessierte, war die politische Situation. Dabei erlebte wohl jeder seine Überraschungen.

Die Wiener Genossen erfuhren – was ihnen bis dahin nur vom Hörensagen bekannt war –, daß Renner von den Sowjets ein Mandat zur Regierungsbildung bekommen hatte. Und Renner erfuhr, daß es nicht nur eine neue Sozialistische Partei, sondern auch eine Österreichische Volkspartei und eine Kommunistische Partei gab. Damit waren alle mit einer anderen Wirklichkeit konfrontiert worden als jener, von der sie geglaubt hatten, ausgehen zu können. Was da ein neuer Staat werden sollte, hatte also nicht nur eine, dem starken Willen und der Erfahrung eines einzigen entspringende Wurzel, sondern deren mehrere. Wie sah nun die Wirklichkeit aus, mit der sich Renner plötzlich konfrontiert sah? Am 14. April war in Wien die offizielle Neugründung der Sozialistischen Partei erfolgt.[29] Der Geburtsakt war nicht ohne Schwierigkeiten vor sich gegangen. Im Roten Salon des Wiener Rathauses saßen Revolutionäre Sozialisten und Sozialdemokraten jeweils an getrennten Tischen weit auseinander, und Adolf Schärf pendelte zwischen ihnen hin und her und suchte zu vermitteln. Die einen wollten die Diktatur des Proletariats, und die anderen wollten an 1933 und 1934 anknüpfen. Letztlich erfolgte der Beitritt der

Revolutionären Sozialisten zu einer Partei, die sich dann Sozialistische Partei Österreichs (Sozialdemokraten und Revolutionäre Sozialisten = SPÖ) nannte, unter Zugrundelegung der Möglichkeit, diese Partei auch um die Kommunisten zu erweitern und somit das revolutionäre Element in der Partei zum dominierenden werden zu lassen. Gemäß diesen Überlegungen erfolgten schon wenige Tage später, ohne Autorisierung durch den Parteivorstand, Gespräche mit den Kommunisten über die Bildung einer Einheitsfront.[30] Doch das Gewicht innerhalb der SPÖ, das in dieser Gründungsphase sicherlich sehr weit links gelegen war, verlagerte sich innerhalb weniger Tage weiter zur Mitte und an den rechten Flügel, der von Schärf angeführt wurde. Vieles hing davon ab, auf welche Seite sich Renner schlagen würde.

Als Renner nach Wien kam, war aber nicht nur bereits die SPÖ, sondern auch die ÖVP gegründet worden. Sie hatte bis zuletzt nur in Teilen existiert, und diese Teile, nämlich Bauernbund, Wirtschaftsbund und Arbeitnehmerbund, traten unabhängig voneinander und früher als die neue Partei in Erscheinung. Ab dem 10. April wurden die Bünde gegründet. Am 17. April wurde daraus die Gesamtpartei,[31] die sich im Wiener Schottenstift einrichtete. Das sollte jedoch nicht auf eine abermalige enge Beziehung der Österreichischen Volkspartei, wie sie sich ab dem 17. April nannte, zur katholischen Kirche hinweisen. Es wurde zwar sofort und ausdrücklich auf die zwar christliche Grundlage, jedoch ebenso auf die Distanz zur Kirche hingewiesen. Das Schottenstift bot sich deshalb an, weil in einer Zeit, in der Büroräume extrem knapp waren und die Stadt zu einem erheblichen Teil in Trümmern lag, dorthin ausgewichen werden mußte, wo es Räume gab. Teile des Schottenstifts waren von der Deutschen Wehrmacht beschlagnahmt gewesen; die waren nun frei. Darum fing die ÖVP im Schottenstift zu existieren an.

Diese Partei wies aber auch schon ein deutliches Profil auf. Viele ihrer Repräsentanten waren bereits in der ständestaatlichen Zeit Funktionäre gewesen und erfüllten solcherart nicht jene von Renner im Schreiben an Josef Kollmann genannten Bedingungen, wonach eine Zusammenarbeit der Sozialisten nur mit solchen Leuten möglich wäre, die nicht durch die Dollfuß- und Schuschniggzeit belastet wären. Freilich konnten gerade Leute wie Figl, Hurdes, Weinberger, Eduard Heinl und etliche andere ins Treffen führen, daß sie in den vorangegangenen sieben Jahren schwer gelitten hatten. Blieb nur abzuwarten, ob das in Renners Augen genügen würde.

Die KPÖ hatte ihre Gründung als erste vornehmen können, denn diese Gründung war bereits in Moskau abgesprochen worden, wo ein Teil der KP-Emigranten auf die Rückkehr gewartet hatte.[32] Die Zustimmung der dann aus Jugoslawien kommenden Kommunisten konnte als sicher vorausgesetzt werden. Rücksicht auf den kommunistischen Untergrund wurde jedoch nicht genommen. Das kennzeichnet aber nicht nur die Einstellung der KP-Führung; sie entsprach auch vollkommen dem, was sich bei der SPÖ und bei der ÖVP abspielte. In allen Parteien war man sofort auf Distanz zum „frei agierenden" Untergrund gegangen. Auch dieser Prozeß war fast abgeschlossen, als Karl Renner nach Wien kam: Die sich neu konstituierenden politischen Parteien begannen in einer – man muß schon sagen – Blitzaktion, die Widerstandsgruppe O5 als politischen Faktor auszuschalten. Dieser Vorgang war noch durch die Gestapo eingeleitet worden, die dafür gesorgt hatte, daß das

Provisorische Oesterreichische Nationalkomitee ebenso wie die O5 oder zuletzt der militärische Widerstand in sich zusammenfielen. Die anschließende Auseinandersetzung zwischen dem „Siebenerausschuß“ des Widerstandes und den neuen politischen Vorhuten gehörte nichtsdestoweniger zu den unerbittlichsten und kompromißlos ausgefochtenen Machtkämpfen, die diese Republik bisher erlebt hat. Daß diese Auseinandersetzung so rasch entschieden wurde, kann freilich außer mit der Schwäche der O5, die eine sowohl organisatorische als auch personelle Schwäche war, auch mit deren Instinktlosigkeit und grenzenloser Naivität erklärt werden.

Der Siebenerausschuß setzte sich aus Raoul Bumballa als Vorsitzendem sowie Dr. Viktor Müllner und Dr. Franz Sobek für die christlichsoziale Seite, Gustav Fraser und Eduard Seitz für die Sozialdemokratie, Hermine Hrdlicka für die Kommunisten und Emil Oswald für das sogenannte liberale Bürgertum, tatsächlich aber für die Legitimisten, zusammen.[33] Er wurde zunächst im Palais Auersperg eingerichtet, man begann aber gleich nach dem Durchzug der Front damit, in Regierungsgebäude zu übersiedeln. Der Siebenerausschuß sah sich nämlich als durchaus befugt an, eine erste Regierung zu bilden. Der Konflikt mit den neuen Parteien konnte nicht ausbleiben. Lois Weinberger schilderte seine Eindrücke so, daß in seinen Erinnerungen die O5 taxfrei als eine von den Russen anerkannte Widerstandsbewegung erscheint: „Im Palais Auersperg trieben sich die verschiedensten Elemente um. Es ging wahrhaft wüst zu . . . Es fällt mir wahrhaft nicht im Schlafe ein, irgendein ehrliches Verdienst um die Befreiung Österreichs zu schmälern. Aber gefallen konnte uns das, was wir dort gesehen und zum Teil auch erlebt haben, wirklich nicht.“ Oskar Helmer, Sozialist der Gruppe um Schärf und späterer Innenminister, traf im Niederösterreichischen Landhaus am 16. April auf die O5, wohin ein Teil von ihr übersiedelt war. Er schrieb dazu: „Im Landhaus traf ich Leute der sogenannten ‚Widerstandsbewegung O5‘, die unter der Leitung eines Herrn Dr. Bumballa stand und deren Ausschuß sich aus Vertretern aller demokratischen Parteien zusammensetzte. Für die christlichsoziale Partei zeichnete Viktor Müllner, als Sozialdemokrat bezeichnete sich ein gewisser Josef [!] Seitz, außerdem gab es Kommunisten und Parteilose, die sich im Landhaus breit machten und große Worte sprachen.“ Dr. Ernst Fischer, ein aus dem Moskauer Exil heimgekehrter Kommunist, notierte in seinem Tagebuch nach dem Zusammentreffen mit dem Siebenerausschuß, es handle sich dabei um eine Bande von „Gaunern, Schwindlern und naiven Leuten“. Er sei davon überzeugt, daß „die Schwätzer von der O5“ ausgebootet werden müßten.

Schließlich findet sich auch in den Memoiren von General Štemenko eine Darstellung, eigentlich mehr ein Zerrbild der O5, mit der deren Beurteilung abgerundet werden kann.[34] Štemenko berichtet von zwei Vertretern der O5, die nach dem Ende der Schlacht am 15. April beim sowjetischen Stadtkommandanten von Wien, Blagodatov, erschienen seien. Der eine hätte sich als der Vorsitzende, der andere als Mitglied der Widerstandsbewegung vorgestellt. Der erstere muß also wohl Raoul Bumballa gewesen sein. Štemenko fährt dann fort, daß die Organisation in einem Haus untergebracht gewesen sei, das einem Baron gehörte, ein anderes Mitglied der Bewegung sei Angehöriger des höchsten Adels gewesen. „Es gab noch eine ganze Reihe weiterer zweifelhafter Gestalten, doch niemand hatte Verbindung zu Widerstandsgruppen in Betrieben oder zur Aufstandsbewegung . . . Wie sich später noch herausstellte, war die Organisation mit Wissen und mit Hilfe des Chefs des US-Geheimdienstes, Allan Dulles, geschaffen worden. Die Leiter der Organisation hatten sich der Unterstützung der Macht versichert, die Dulles repräsentierte, um sich an die Spitze der örtlichen demokratischen Kreise und der Widerstandsbewegung in dem von der Roten Armee befreiten Wien zu setzen."

Nun, jetzt war ja eigentlich alles klar. ÖVP, SPÖ und KPÖ waren sich in der Ablehnung der O5 einig, und sie waren nur zu dem Zugeständnis bereit, jenen Mitgliedern der O5 eine politische Heimstätte zu bieten, die sich ideologisch an eine der neuen Parteien gebunden fühlten und bereit waren, den Primat dieser Partei anzuerkennen. Die Sowjets assistierten bei der Abhalfterung der O5. Wenn vorhin von Instinktlosigkeit gesprochen wurde – und das ist mehr als Naivität und in der Politik besonders unentschuldbar –, dann läßt sich diese Qualität der O5 an einem Beispiel überaus deutlich demonstrieren. Die O5 begann bereits am 10. April, an jenem Tag also, an dem die Kämpfe in der Wiener Innenstadt verstummten und die Schlacht in Richtung Donau weiterwanderte, sich regierungsähnliche Funktionen zuzuschanzen. Wie von selbst ergab sich dabei auch das Bedürfnis, eine Art Verteidigungsministerium einzurichten. Und ebenso wie von selbst wurde der ranghöchste Berufsoffizier, der Beziehungen zur O5 hatte, General Eugen Luschinsky, vom Siebenerausschuß mit der Einrichtung des Verteidigungsressorts betraut. Luschinsky sammelte einige Leute um sich, die Masse gemaßregelte oder 1938 pensionierte Berufssoldaten. Diese suchten sich ein Amtsgebäude, glaubten es in der Herrengasse im Amt der Niederösterreichischen Landesregierung gefunden zu haben und zogen dorthin. Nun muß man aber wissen, daß Luschinsky im Februar 1934 Stadtkommandant von Wien gewesen war und als solcher maßgeblichen Anteil an den Februarkämpfen gehabt hatte. Es konnte daher auch wohl nicht ausbleiben, daß Luschinksky und die Seinen in der Herrengasse mit Brachialgewalt, und zwar von kommunistischen Funktionären, die auf der Suche nach Räumen für die Staatspolizei waren, delogiert wurden. Derjenige, der den Auftrag dazu gegeben hatte, war aber nicht vielleicht der sowjetische Stadtkommandant oder einer der führenden Kommunisten. Es war der eben erst nominierte provisorische Bürgermeister von Wien, Theodor Körner, also ein Opfer des Februar 1934, der wohl keinen Augenblick gezögert haben dürfte, Luschinsky hinauswerfen zu lassen.[35]

Dieses Intermezzo mit dem „Verteidigungsressort" der O5 beleuchtet wahrscheinlich am besten, mit welcher Instinktlosigkeit und welcher grenzenlosen Naivität die O5 ans Werk ging. Fritz Molden meinte später dazu:[36] Die jungen Leute der O5 (nun, jung waren sie sicherlich nur zum Teil) „waren abseits politischer Ideologien mit viel Idealismus zum Kampf gegen den übermächtigen Diktator und sein Regime angetreten, sie dachten dabei nicht an politische Parteien, nicht an zukünftige Machtpositionen und auch nicht daran, nach welchem Schlüssel die zurückzuerobernden Ämter dann aufzuteilen wären. Sie dachten im Grund genommen nur an Österreich, das ihnen wie ein reichlich romantisches Traumbild à la Wildgans vorschwebte. Untragbar sowohl für Parteiideologen wie auch für Praktiker der Politik. Daher waren sich alle ‚alten' Politiker von Renner bis Schärf, Raab und Kunschak, bis Koplenig und Fischer einig: Hinaus mit der Widerstandsbewegung!" Das ist wohl sehr verkürzt dargestellt, da es die strukturelle Schwäche, den personellen Engpaß und die schweren Fehler außer acht läßt, die der organisierte Widerstand in Wien im April 1945 aufzuweisen hatte. Doch anderseits springt geradezu ins Auge, wie entschlossen und mit welcher kalten Routine der Widerstand als potentielle Konkurrenz auf dem politischen Feld ausgeschaltet wurde. Möglicherweise kam der letzte Anstoß von Renner, denn 24 Stunden nachdem er Wien betreten hatte, am ersten Tag seiner Wiener Tätigkeit – es war der 21. April –, verkündete der Befehl Nummer 4 des sowjetischen Stadtkommandanten die Auflösung der O5.[37]

Renner war über die Existenz und die personelle wie fraktionelle Zusammensetzung der politischen Parteien nicht informiert gewesen. Die Parteien ihrerseits waren über die Rolle Renners und seine Abmachungen mit den Sowjets nicht unterrichtet. Soviel wissen wir schon. Vollkommen unerwartet kam Renner jedoch für die KPÖ. In Moskau wußte man zwar am 11. April 1945, als die Prominenz der österreichischen KP-Emigranten mit Ernst Fischer und Johann Koplenig an der Spitze in ein Flugzeug gesetzt wurde, um nach Österreich zurückzukehren, daß Renner ausgesucht worden war, eine österreichische Regierung zu bilden, und sich auch schon an die Vorarbeiten gemacht hatte. Doch niemand hielt es für nötig, Fischer und Koplenig davon zu erzählen. Es gehört daher auch zu den Treppenwitzen der Republikgründung, daß die KP-Spitze glaubte, Renner wäre ohne Wissen Moskaus und letztlich gegen den Willen Stalins ausgezogen, eine österreichische Regierung zu bilden. Umgehend setzte sich daher einer der eben heimgekehrten Kommunisten, Leo Stern, in ein Flugzeug nach Moskau, um dort von dem „Skandal“ zu berichten, daß jener krasse Opportunist namens Karl Renner die Sowjets, die KP und die Volksmeinung brüskiere, da er, ausgerechnet er, seelenruhig darangegangen sei, eine österreichische Regierung zu bilden.[38] – Den Erfolg des Mannes in Moskau kann man sich vorstellen.

Mittlerweile hatte Renner alles in die Wege geleitet, um eine provisorische Regierung auf der Basis einer Allparteienbeteiligung zu bilden. Hatte es in dem Schreiben Renners an Stalin und im Brief Renners an Kollmann noch so ausgesehen, als ob Renner seine Regierung vornehmlich aus Sozialisten und Kommunisten bilden wollte, so präsentierte sich Renner nach den ersten Gesprächen mit Schärf und Kunschak von einer ganz anderen Seite und soll eine mehr oder weniger symbolische Beteiligung der Kommunisten vorgeschlagen haben.[39] Diese Kehrtwendung war also augenscheinlich das Ergebnis des Zusammentreffens von Renner mit den Vertretern der neuen Parteien. Dabei mußte ins Auge springen, daß ÖVP und SPÖ eine schon wesentlich stärkere Konsolidierung aufwiesen als die KPÖ und daß letztere kaum über wirklich qualifizierte Leute verfügte. Vor allem aber hatte Renner feststellen können, daß offenbar seitens der sowjetischen Vertreter (für die Parteigründungen und die Fragen der Zusammensetzung der provisorischen Verwaltungen waren Želtov und Blagodatov verantwortlich) kein Druck hinsichtlich einer überproportionalen Vertretung der KPÖ ausgeübt wurde. Das zeigte sich, folgt man Ernst Fischers Erinnerungen,[40] bei der Bildung einer provisorischen Wiener Landesregierung: Ein noch von der Widerstandsbewegung gemachter Vorschlag sah den Schlüssel 5 SPÖ : 4 KPÖ : 1 ÖVP vor; dieser wurde von Blagodatov glatt abgelehnt. Er und Fischer gaben sich mit dem sehr viel bescheideneren Schlüssel 1 : 1 : 1 zufrieden.

Über diese Renner zwangsweise unbekannten Vorgänge wurde der designierte

Kanzler wohl noch im Verlauf des 21. April aufgeklärt. Daraufhin klammerte Renner sehr rasch die Kommunisten aus seinen Überlegungen aus und schickte Schärf einen ersten Entwurf einer Kabinettsliste, die Renner so kommentierte: „Nachdem ich einen Kommunisten als Verbindung und einen ins Cabinet genommen, glaubte ich, [in] dieser Richtung genug getan zu haben.“[41] Doch mit einer so bescheidenen Vertretung in der Provisorischen Staatsregierung wollten sich die Kommunisten keineswegs zufriedengeben. Noch dazu stellte Renner ihnen die Sache so dar, als ob die Kommunisten als Ersatz für die ehemalige Großdeutsche Partei fungieren sollten. Dagegen legte Koplenig sofort Protest ein.[42]

Ernst Fischer, der gewiß auf Grund seiner intellektuellen Fähigkeiten der prädestinierte Sprecher der aus der Sowjetunion und Jugoslawien kommenden kommunistischen Führungsgruppe (Johann Koplenig, Franz Honner, Friedl Fürnberg und – eben – Fischer) war, forderte von Renner den Posten eines stellvertretenden Regierungschefs und die Staatssekretariate für Inneres sowie für Unterricht und Volksaufklärung.[43] Renner wollte vor allem das Staatssekretariat für Inneres nicht in kommunistischer Hand wissen. Doch nachdem er Honner kennengelernt hatte und sich vor allem Helmer für diesen einsetzte,[44] änderte Renner seine Meinung. In den Gesprächen mit den Kommunisten erhielt Renner den Eindruck, daß Koplenig und Co. von der „wahnsinnigen Vorstellung“ ausgingen, die Sozialdemokratie sei tot.[45] Aus all dem ergaben sich lange Verhandlungen an drei Tagen, wobei die Einigung zwischen Sozialisten und Volkspartei weniger Zeit beanspruchte als die Beteiligung der Kommunisten. Vielleicht war das auch darauf zurückzuführen, daß Leopold Kunschak nicht mehr in der Lage war, den Verhandlungen immer zu folgen, und so sehr den Konsens in den Mittelpunkt stellte, daß er nie wirklich Härte zeigte. Er war schließlich damit einverstanden, für die Bildung der Regierung zwar seinen Namen herzugeben, dann aber sofort für einen anderen, nämlich Leopold Figl, Platz zu machen.[46]

Die Parteienvertreter einigten sich zunächst auf eine zusätzliche politische Instanz neben der Provisorischen Regierung in Form eines Parlamentsersatzes. Doch die Sowjets waren dagegen.[47] Kaum war das ausgestanden, ging es wieder um die künftige Stellung der Kommunisten. Renner wertete sie wieder auf. Er überarbeitete den gesamten Entwurf, da er durchaus zu Recht erkannte, daß die Kommunisten ihre Regierungsbeteiligung von der Erfüllung ihrer Forderungen abhängig machten. Renner (andere meinen Schärf)[48] fand eine zwar schwerfällige, aber letztlich brauchbare Konstruktion: Die Provisorische Staatsregierung mit Renner als Staatskanzler an der Spitze sollte zunächst aus einem Kabinettsrat bestehen, in den SPÖ, ÖVP und KPÖ je einen Vertreter im Rang von Staatssekretären ohne Portefeuille entsenden sollten. Dabei wurde abermals eine Reihe von wesentlichen Personalentscheidungen gefällt. Für die SPÖ war die Entsendung von Adolf Schärf und für die KPÖ jene von Johann Koplenig problemlos. Doch die ÖVP entsandte schließlich mit Leopold Figl einen Mann, an den vorerst nicht gedacht worden war. Zunächst war nämlich Kunschak für den Kabinettsrat vorgesehen gewesen, doch der lehnte ab. Als nächstes wurde dann Hurdes nominiert, der jedoch ebenfalls nicht annahm, und zwar mit der Begründung, sein Bruder sei in sowjetischer Kriegsgefangenschaft. Offenbar glaubte er, daß sich die Tätigkeit in der Provisorischen Staatsregierung zwangsweise gegen die Sowjets richten würde, und um sämtliche denkbaren Repressalien für seinen Bruder auszuschließen, verzichtete Hurdes.[49] Damit rückte Leopold Figl auf. Zu diesem engeren Kabinett kamen dann zunächst 9 Staatssekretäre und 16 Unterstaatssekretäre. Für sie galt im großen und ganzen ebenfalls der Dreierproporz. Doch die Konstruktion sollte noch komplizierter sein. Noch war nicht allen Eventualitäten Genüge getan. Insbesondere sollte auch vorgesorgt werden, daß die Provisorische Staatsregierung zum frühestmöglichen Zeitpunkt Vertreter aus dem übrigen Österreich aufnehmen konnte. Von den zunächst 29 Mitgliedern der Provisorischen Staatsregierung waren 11 Sozialisten, 9 wurden als „Christlichsoziale" ausgewiesen. 7 Staatssekretäre und Unterstaatssekretäre waren Kommunisten. 2 waren Parteilose, und zwar die Staatssekretäre für Finanzen (Dr. Georg Zimmermann) und Justiz (Dr. Josef Gerö).[50] Der spätere Vizekanzler Fritz Bock meinte einmal, die hohe Zahl von Staatssekretären und Unterstaatssekretären sei ein Ausdruck des Mißtrauens gewesen.[51] Doch diese Erklärung reicht wohl nicht aus, um die Zusammensetzung der Provisorischen Staatsregierung zu erklären. Sicherlich stand der Gedanke der gegenseitigen Kontrolle bei den Beweggründen weit vorne. Doch letztlich war es mehr ein Kompromiß, der zu der Überbesetzung führte, als Mißtrauen. Kompromisse und gemeinsame Anstrengungen mußte es wie nie zuvor – und nie mehr danach – geben.

Gedanklich aber war noch viel weiter gegangen worden, und zwar nicht nur in Richtung Erweiterung der Staatsregierung durch Einbeziehung von Vertretern aus den nicht von Sowjets besetzten Gebieten, sondern auch im Hinblick auf das Parteienspektrum. Renner glaubte ja, und es dürfte ihm in diesem Punkt von den ÖVP-Vertretern nicht widersprochen worden sein, daß es auch den Landbund wieder geben würde. Also waren zwei Sitze für den Landbund frei gelassen worden, und zwar ein Staatssekretärsposten im Politischen Beirat und ein Unterstaatssekretärsposten. Als noch unbesetzt wurden auch zwei Posten von Christlichsozialen und von zwei Kommunisten sowie von drei parteilosen Unterstaatssekretären im Staatsamt für Finanzen ausgewiesen.[52] Die Vertreter aus der amerikanischen, der britischen und der französischen Zone hätten also insgesamt maximal neun Posten besetzen können. Tatsächlich wurden dann nur sieben zusätzliche Posten besetzt.

Die eingeplanten Veränderungen lassen also auf eine noch weitergefaßte Konzentrationsregierung schließen. Dabei sollen aber ein weiteres Mal die numerischen Verhältnisse überlegt werden. Die Sozialisten hatten sofort alle für sie reklamierten Posten besetzt. Es sollte also kein einziger Sozialist aus den westlichen und südlichen Bundesländern dazukommen. Dadurch, daß es dann den Landbund doch nicht gab und diese früher bestandene Partei der Volkspartei zufiel, erhöhte sich deren Anteil in nicht vorgesehener Weise. Nach der Erweiterung der Regierung im September 1945 überflügelte die Volkspartei schließlich die Sozialisten stärkemäßig. Nichtsdestoweniger war dies eine Regierung unter sozialistischer Führung. Noch eine Besonderheit ist aber erwähnenswert: Die Kommunisten entsandten in das Staatssekretariat für Volksernährung als Unterstaatssekretärin Helene Postranecky. Sie war somit die erste Frau, die jemals einer österreichischen Regierung angehörte. Vor ihr hatte es kein weibliches Regierungsmitglied gegeben. Und nachher gab es ebenfalls bis 1966 keine Frau in der Regierung.

Noch einmal sollte man allerdings die Grundstruktur und die Tendenz dieser Regierung herausstreichen: Sämtliche bereits existierenden und denkbaren politischen Gruppierungen, aber auch die politisch Ungebundenen waren in ihr vertreten. Im Idealfall hätte es bei dieser Konzentration von „Männern und Mächten" ein Verhältnis des Ostens (Wien, Niederösterreich, Burgenland) zum Westen in der Größenordnung von 3:1 gegeben. Das war wohl der Pferdefuß an dieser Konstruktion. Es wurde stillschweigend vorausgesetzt, daß „Restösterreich" das akzeptieren würde.

Schärf kritisierte später, daß den Kommunisten die Sicherheit des Staates und die öffentliche Meinung, der Volkspartei die Wirtschaft und den Sozialisten die angesichts der damaligen Verhältnisse schwierigsten Ressorts übertragen worden wären.[53] Aber diese Kritik war wohl unbillig: 1945 war nichts, aber auch wirklich nichts einfach in diesem Staat. Was im Untergrund gedacht worden war, drängte Ende April 1945 ans Tageslicht. Doch es waren nur wenige Repräsentanten des aktiven Widerstandes, die den Weg in die Legalität mitmachten. Die Provisorische Staatsregierung war vor allem eine Regierung der Opfer, nicht aber eine der Kämpfer.

2 Die Provisorische Regierung

Mit der zahlenmäßig größten Regierung, die die Republik Österreich je hatte, war vorausgedacht und vorausorganisiert worden, denn für den „Stadtstaat Wien", in dem diese Provisorische Staatsregierung ihre Konstituierung vorbereitete, war sie natürlich viel zu groß. Für diejenigen, die an ihrer Bildung mitwirkten, waren wegen der Geschwindigkeit, in der alles abgewickelt wurde, wohl nicht alle Aspekte erfaßbar gewesen. Im Grunde genommen entstand innerhalb einer Woche etwas, das unter einigermaßen normalen Umständen Monate gebraucht hätte. So aber war innerhalb einer Woche in eine politische Wüste eine Fata Morgana hineinprojiziert worden. Ob sie auch nur einigermaßen die Realität widerspiegelte, mußte erst die Zukunft weisen. Am meisten Beachtung fanden aber sicherlich die kommunistischen Mitglieder dieser Regierung. Renner hatte, wie erwähnt, zunächst einen überragenden Einfluß der Kommunisten und eventuell ein Zusammengehen, wenn nicht sogar ein Verschmelzen mit den Sozialisten in den Raum gestellt. Dann wollte er die Kommunisten mit zwei Posten in der Staatsregierung abspeisen, und schließlich nahm er drei Staatssekretäre und vier Unterstaatssekretäre der KPÖ in seine Regierung auf.

Ernst Fischer schrieb dazu, daß Renner, diese erstaunliche Persönlichkeit, mehr war als der Repräsentant der „biederen Verlogenheit", wie ihn Friedrich Adler genannt hatte, und mehr als ein „Quartalspolitiker", als den ihn Friedrich Austerlitz abgestempelt hatte. Fischer meinte, daß er vielmehr die Fähigkeit besaß, „für Österreich in heiklen Augenblicken das Beste herauszuholen. . . Es war nicht Herrschsucht, die ihn trieb, vielmehr die Lust an der Rolle, die es zu spielen galt".[1] Renner spielte aber nicht nur die Rolle des Staatsmanns, er war es auch. Allerdings wird man kaum jemanden finden, der Politik derart als die Kunst des Möglichen behandelte wie Renner. Denn er exekutierte mit Meisterschaft, was sich als notwendig herausstellte, revidierte seine Meinung und vertrat mit ebensolcher Entschiedenheit die Auffassung eines anderen, wenn dieser über mehr Einfluß oder mehr Macht verfügte.

Da Renner selbst auf die SPÖ keinen großen Einfluß mehr nahm, vielleicht auch gar nicht nehmen konnte, hielt er sich an das, was ihm Adolf Schärf als die Meinung der Partei offerierte. Renner fand zunächst für die ÖVP als Nachfolgepartei der Christlichsozialen nur harte Worte und sprach über sie ein Verdikt. Eine Woche später dämmte er mit Hilfe der ÖVP den kommunistischen Einfluß ein und konstruierte innerhalb der Allparteienregierung eine SPÖ-ÖVP-Achse. Renner schmeichelte Stalin und unterhielt beste Beziehungen zu den Sowjets, doch als dann die Westalliierten nach Wien kamen, versicherte er ihnen, wie sehnsüchtig er auf sie gewartet hätte, wie sehr er die USA bewunderte und überzeugt sei, daß in Österreich eine westliche Einstellung vorherrsche. Der damalige Zentralsekretär der SPÖ, Erwin Scharf, kritisierte, daß Renner zwar immer wieder von den „ewigen Wahrheiten" des Klassenkampfes gesprochen habe, das aber 1945 wegen seiner „Burgfriedenspolitik" außer acht ließ.[2] Nichtsdestoweniger besaß Renner Autorität und vermochte sich durchzusetzen. Er wurde respektiert. Kritik gerade an seiner rasch wechselnden Haltung in grundsätzlichen Fragen wurde nur hinter vorgehaltener Hand ausgesprochen. Renners Pochen auf seine Erfahrung fand ebenso Zustimmung, wie man ihm vertraute, daß er auf Grund dieser Erfahrung der kaum konsolidierten Zweiten Republik zu einer gesicherten Existenz verhelfen würde. Der alte Wiener Bürgermeister Karl Seitz kritisierte einmal im sozialistischen Parteivorstand die Vollmachten der Provisorischen Staatsregierung.[3] Er meinte: „In der kaiserlichen Zeit wurden Gesetze mit der Klausel verlautbart ‚Mit Zustimmung beider Häuser des Reichsrates finde ich anzuordnen wie folgt. . .', aber jetzt: die Vollmachten des Kaisers hat der Renner, die Vollmachten des Abgeordnetenhauses hat die Regierung Renner, und die Vollmachten des Herrenhauses hat wieder die Regierung Renner." Schärf soll darauf geantwortet haben: „Ja, so ist es, und so wird es bleiben, bis Wahlen durchgeführt werden."[4] Es wurde also durchaus und auch von Parteigenossen Renners dessen autoritärer Führungsstil kritisiert. Doch an der Person Renners hatte an sich niemand etwas auszusetzen, wenn wir von der kurzen Periode der Unsicherheit bei den Kommunisten absehen.

Renner bestimmte die ersten Schritte des neuen Staates, und er tat das mit der Routine desjenigen, der diese Dinge schon zum zweitenmal machte. Es hatten sich zwar die Voraussetzungen gegenüber 1918 gewandelt, doch die Abläufe blieben oftmals gleich. Und Renner wußte genau – oder er erahnte es –, was zu tun war. Nach der Einigung der drei damals zugelassenen politischen Parteien, eine gemeinsame Regierung nach dem Konzentrations- und Konkordanzprinzip zu bilden, wurde die Zustimmung der Sowjets eingeholt. Die Zusammenarbeit in der Regierung sollte unter Einbeziehung aller zugelassenen politischen Kräfte und obendrein unter Zugrundelegung von weitestgehender Einigkeit erfolgen. Den Sowjets wurde auch die Unabhängigkeitserklärung und die Regierungserklärung vorgelegt.[5] Sie fanden daran nichts auszusetzen. Das verwundert weniger bei der zweiteren. Doch die Unabhängigkeitserklärung – im übrigen die erste der Republik, da es dergleichen 1918 nicht gegeben hatte – wies einige Besonderheiten auf.

Sie war in vielerlei Hinsicht der erste und zukunftsweisende Schritt in Richtung dessen, was dann Vergangenheitsbewältigung genannt werden sollte, eine Darlegung und Interpretation des österreichischen Weges mit all seiner Verstrickung, Täuschung und dem dadurch bedingten Leiden. Die Unabhängigkeitserklärung wurde zum größten Teil von Renner entworfen. Sie wurde aber nicht nur in dürre Worte gefaßt, sondern in eine Proklamation eingebettet. Darin hieß es, daß der Anschluß 1938 „ durch militärische Bedrohung von außen und den hochverräterischen Terror einer nazifaschistischen Minderheit eingeleitet, einer wehrlosen Staatsleitung abgelistet und abgepreßt" worden sei. Das Land sei kriegsmäßig besetzt worden. Die Annexion hätte sofort dazu geführt, daß das Land mißbraucht worden sei. Die staatlichen Einrichtungen wurden aufgelöst; „Österreichs Hauptstadt Wien, die vielhundertjährige glorreiche Residenzstadt, zu einer Provinzstadt degradiert". Die Annexion sei weiters zur wirtschaftlichen und kulturellen Beraubung mißbraucht worden. Schließlich sei ein macht- und willenlos gemachtes Volk in einen sinn- und aussichtslosen Krieg geführt worden, „den kein Österreicher jemals gewollt hat" und in dem „viele Hunderttausende der Söhne unseres Landes, beinahe die ganze Jugend- und Manneskraft unseres Volkes bedenkenlos hingeopfert" wurden. Angesichts der Tatsache aber, daß insbesondere die Moskauer Deklaration den Anschluß als null und nichtig bezeichnete und ein freies Österreich wiederhergestellt sehen wollte, erließen die Vertreter der antifaschistischen Parteien Österreichs die Unabhängigkeitserklärung. Sie proklamierten die Wiederherstellung der demokratischen Republik Österreich und ihre Einrichtung im Geist der Verfassung von 1920, erklärten den Anschluß für null und nichtig, kündigten die Einsetzung einer Provisorischen Staatsregierung an und sprachen davon, daß alle Staatsbürger wieder in ein Pflicht- und Treueverhältnis zur Republik Österreich genommen würden. Schließlich wurde auf die Mitschuldklausel der Moskauer Deklaration verwiesen, wonach bei der endgültigen Lösung der Österreichfrage auf den Beitrag Rücksicht genommen werden sollte, den Österreich zu seiner Befreiung leisten würde. Doch gleich danach wurde darauf verwiesen, daß dieser Beitrag angesichts der Entkräftung des Volkes und der „Entgüterung unseres Landes" ein bescheidener sein müsse. Die Passage über die Mitschuld Österreichs war auf Verlangen Ernst Fischers aufgenommen worden, und wahrscheinlich war das die einzige Formulierung, die nicht Renner zum Autor hatte. Doch Renner wußte bezeichnenderweise überhaupt nicht, daß es eine sogenannte Mitschuldklausel in der Moskauer Deklaration gab. Auch Schärf kannte die genaue Formulierung nicht. Daher wurde jemand losgeschickt, um irgendwo in Wien die exakte Formulierung aufzutreiben.[6]

Die Proklamation mit der Unabhängigkeitserklärung wurde von den führenden Vertretern der damals existierenden drei Parteien, von Renner, Schärf, Kunschak und Koplenig unterzeichnet, womit deutlich gemacht wurde, daß sie alle mit der Darlegung des österreichischen Weges einverstanden waren und auf dieser Grundlage die neue demokratische Republik aufbauen zu können glaubten. Die Unabhängigkeitserklärung trägt das Datum vom 27. April 1945.

Zwei Tage später war auch alles vorbereitet, um den nächsten Schritt zu setzen: Die Sowjets hatten der Bildung der Staatsregierung zugestimmt. Sie hatten auch über Ersuchen Renners die Westmächte verständigt und sie über die Absicht informiert, die Bildung einer österreichischen Regierung zuzulassen. Die Provisorische Staatsregierung konstituierte sich, und zwar im Wiener Rathaus. Unabhängigkeitserklärung, Regierungserklärung und Regierungslisten wurden kundgemacht. Der

Geburtsakt der Zweiten Republik schien vollzogen und geglückt. Doch plötzlich brachen die hochgespannten Erwartungen über die Installierung eines neuen Staatswesens in sich zusammen. Die Westmächte, zunächst Briten und Amerikaner, hatten sich dahingehend verständigt, daß sie schärfstens gegen die Konstituierung einer Regierung in Wien protestierten, während der größte Teil Österreichs noch nicht einmal besetzt war. Sie sahen darin eine Verletzung der gemeinsamen Vorgangsweise, bezeichneten Renner als sowjetische Marionette und nahmen daher die formelle Notifikation Renners von der vollzogenen Regierungsbildung nicht zur Kenntnis.[7]

Auf die entschiedene Ablehnung des Westens, Renner anzuerkennen, reagierten nun auch die Sowjets vorsichtiger und gestatteten der Provisorischen Staatsregierung lediglich, im Bereich der 3. Ukrainischen Front wirksam zu werden. Damit reichte der Einfluß der ersten österreichischen Nachkriegsregierung Ende April von Wien bis St. Pölten und bis zum Semmering; er endete an der Donau und erstreckte sich auf das Burgenland und auf das südliche Niederösterreich. Vor allem das Burgenland war aber auch nur theoretisch in den Wirkungsbereich der Staatsregierung einbezogen, da es noch Hinterland der Front war und von Wien aus nicht einmal erreicht werden konnte. Die Regierung verfügte über zwei Autos. Zug verkehrte keiner, es gab weder Post noch Rundfunk, kaum irgendwo brannte Licht. Die Nahrungsmittel reichten nur für Wochen. Und dennoch war es Österreich, das hier zu existieren begann. Nach der bedingungslosen Kapitulation Deutschlands stieß die Rote Armee noch einmal weit nach dem Westen vor und verdoppelte damit ihr Besatzungsgebiet in Österreich. Danach konnte die Provisorische Staatsregierung ihren Wirkungsbereich auf fast ganz Niederösterreich und den Großteil der Steiermark ausdehnen.

Nachdem Österreich bis Mitte Mai 1945 total besetzt war,[8] zeichnete sich langsam ab, wie die Westalliierten das Problem einer „Wiederinbetriebnahme“ Österreichs angingen. Es zeigte sich aber auch, wie man in den westlichen – oder besser gesagt: in den nicht von den Sowjets besetzten Bundesländern – das Problem der Restauration anpackte. Da aber weder die Westalliierten einen einheitlichen Willen entwickeln konnten, ja nicht einmal einheitliche Modelle zum Aufbau einer Zivilverwaltung mitbrachten, sie aber anderseits durch die Nichtanerkennung der Regierung Renner erfolgreich verhinderten, daß deren Vorstellungen als einheitlicher Wille wirksam werden konnten, mußte sich jedes Bundesland sein eigenes Demokratiemodell bauen. Diese Zeit, die sich in jedem Bundesland auf jeweils wenige Tage beschränkte, gibt daher wie kaum etwas anderes Auskunft über die Grundeinstellung derjenigen, die mit dem politischen Wiederaufbau begannen. Das vorherrschende Prinzip war dabei aber sicherlich eines: Zusammenarbeit. Es gab zwar so gut wie überall kleinere oder größere Auffassungsunterschiede, welche Stärke die einzelnen politischen Lager aufwiesen, doch über die Notwendigkeit der Zusammenarbeit gab es eigentlich keine Zweifel. Im Osten und im Westen, wenn wir bei dieser verallgemeinernden Terminologie für das von Sowjets bzw. das von Westalliierten besetzte Gebiet bleiben, gab es nur insofern Unterschiede, als sich die Sowjets für die österreichischen Kommunisten sicherlich als eine stärkere und breitere Anlehnungsmacht entpuppten als etwa Amerikaner oder Briten im Hinblick auf die politischen Lager der ehemaligen Sozialdemokraten oder Christlichsozialen. Da es aber nicht möglich ist, eine für alle Länder gleichmäßig gültige und einheitliche Beschreibung des politischen Wiederaufbaus und des dabei zwar nicht theoretisch entwickelten, wohl aber spontan und praktisch angewandten Konkordanzprinzips zu geben, muß man länderweise vorgehen. Dabei wird aber noch etwas anderes erkennbar: Die Handlungen liefen auf mehreren Ebenen ab. Auf der Ebene der Alliierten wurde über die grundsätzliche Einstellung zur Provisorischen Staatsregierung Renner gerungen. Gleichzeitig richtete jede Besatzungsmacht ihre Zone politisch ein. Ebenfalls gleichzeitig begann ein Zusammenschluß der westlichen Länder, und zudem wurde versucht, eine Einigung mit der Provisorischen Staatsregierung unter Ausklammerung der Alliierten zu erzielen. Bei letzterem ist es geradezu vergnüglich zu sehen, wie trickreich die Kontrollversuche der Besatzungsmächte zunichte gemacht wurden. Alkohol spielte eine beträchtliche Rolle. Doch gehen wir einmal stufenweise vor.

Für die sowjetische Besatzungsmacht lagen in WIEN die Verhältnisse insofern klar, als sie für die Stadt einen Stadtkommandanten, General Blagodatov, vorgesehen hatte. Im Grunde genommen war er der einzige sowjetische Offizier, der sich längerfristig auf seine Aufgabe vorbereiten konnte.[9] Er installierte noch Bezirkskommandanten, delegierte aber in Entsprechung der grundsätzlichen sowjetischen Politik die Verantwortung möglichst rasch an österreichische Vertreter. Daß bei diesem Vorgang Kommunisten eine größere Rolle spielten, ist wohl nicht weiter verwunderlich.

Im wesentlichen aber wiederholte sich nur, was von der Einsetzung der Provisorischen Staatsregierung schon bekannt ist: Man suchte zunächst einen Repräsentanten und verließ sich dabei gewissermaßen auf das österreichische Angebot. Dabei verwarfen die Sowjets – auch das in Entsprechung ihrer sonstigen Politik – den Vertreter der Widerstandsbewegung, Rudolf Prikryl, und machten sich statt dessen einen Vorschlag Ernst Fischers zu eigen, der auf Theodor Körner verwies.[10] Körner kam in Begleitung Raoul Bumballas zu Blagodatov. Der Russe akzeptierte ihn. Körner war als Mann der Linken ausgewiesen. Er besaß die Zustimmung der SPÖ und hatte noch zusätzlich den Vorteil, hoher Offizier gewesen zu sein. Auch der weitere Vorgang der Bildung einer Wiener Stadt- und Landesverwaltung ist interessant. Die Österreichische Volkspartei, die es offiziell noch nicht gab, tat sich offenbar sehr schwer bei der Einschätzung der politischen Verhältnisse, aber auch ihrer eigenen Position im politischen Kräftespiel. Die ÖVP war zunächst sogar bereit, sich nach der KPÖ einreihen zu lassen.[11] Wieder war es Fischer, der die Dimensionen zurechtrückte und Leopold Kunschak zum Ersten Stellvertreter des provisorischen Bürgermeisters machte, während Erwin Steinhart, der Kommunist, erst nach Kunschak in die Hierarchie eingereiht wurde.

Es ist aber nicht von der Hand zu weisen, daß die anfängliche „Rückversetzung" des bürgerlich-konservativen Lagers auf Sympathien Theodor Körners stieß. Er hatte ja durchaus ausgeprägte Meinungen und Vorurteile. Daher machte er auch kein Hehl daraus, daß er lieber ohne als mit der ÖVP regieren wollte. Schließlich verblüffte er damit, daß er in der Zusammenarbeit mit Vertretern des ehemaligen Ständestaates ein größeres Problem sah als in der Behandlung der Nationalsozialisten. Diese seien in Summe alle „arme Teufel". In der Wertung Körners wogen die Anhaltelager des Ständestaates schwerer als die Konzentrationslager (!), in denen, wie Körner damals meinte, die Hälfte der Insassen tatsächlich Verbrecher gewesen seien.[12] Es war also wohl nicht Körner, der die politischen Kräfteverhältnisse in Wien zunächst einmal ausbalancierte; das machten andere.

Sicherlich, man konnte sich sagen, daß das alles nichts Endgültiges war, doch es besaß deshalb große Bedeutung, weil von jedem dieser Vorgänge Signale ausgehen mußten. Das Signal, das auszusenden Sowjets und österreichische Kommunisten bemüht waren, lautete, daß die alten demokratischen Parteien wieder in ungefähr jene Positionen einrücken sollten, die sie vor dem Beginn des autoritären Regimes in Österreich innegehabt hatten, und daß die Kommunisten eine gleichwertige dritte Kraft darstellten. Sie wollten auch auf Landesebene nicht im Vordergrund stehen, verstanden sich aber als demokratische Partei, die gleichberechtigt mit SPÖ und ÖVP am Wiederaufbau der politischen Strukturen und an der Verwaltung Österreichs mitwirken wollte. Die Sowjets hätten dabei gerne eine Quotenregelung im Verhältnis 1:1:1 angewendet gesehen.

Nach demselben Schlüssel wurde auch in NIEDERÖSTERREICH und im Burgenland verfahren. So wie Ernst Fischer eine Zuständigkeit für Wien hatte und bei der Nominierung und Bestellung das vorletzte Wort vor dem Stadtkommandanten zu sprechen hatte, ebenso war die Zuständigkeit für Niederösterreich geregelt. Hier war es Johann Koplenig, der Empfehlungen abzugeben hatte.[13] Der Vertreter der ÖVP, Leopold Figl, und jener der SPÖ, Oskar Helmer, hatten sich aber offenbar zunächst über ein Zusammengehen ohne Kommunisten geeinigt. Damit drangen sie nicht durch. Sie wurden zwar beide von Koplenig akzeptiert, doch es wurde auch die Einbeziehung eines Kommunisten gefordert; das war Ing. Otto Mödlagl. Erst dann war der sowjetische Stadtkommandant von Wien, General Blagodatov, der auch die Geschäfte für Niederösterreich mitzuführen hatte, bereit, die politische Führungsgarnitur Niederösterreichs anzuerkennen. Figl wurde provisorischer Landeshauptmann; Helmer und Mödlagl seine Stellvertreter. Die Installierung einer politischen Führung für das – zwischen 1938 und 1945 nicht existierende, sondern aufgeteilte – BURGENLAND verzögerte sich zunächst noch, da hier einige Probleme zusammentrafen. Zum einen wurde erst im Juli die Zugehörigkeit des Burgenlands zur sowjetischen Besatzungszone endgültig geregelt – und bis dahin machten die Sowjets keine Anstalten, klare politische Zuständigkeiten zu schaffen. Zum anderen wurde auch von der KPÖ kein Verantwortlicher für das Burgenland nominiert. Daher blieben die Dinge in diesem Bundesland in Schwebe, und die Diskussion ging weiter, ob das Burgenland nicht aufgeteilt bleiben konnte, ob es vielleicht eine Erweiterung um Ödenburg erfahren würde und dergleichen mehr.[14] Die Provisorische Staatsregierung und die Niederösterreichische Landesregierung, aber auch das südliche Burgenland sprachen sich mehr oder weniger deutlich gegen eine Wiederverselbständigung des Landes aus. Im Augenblick aber, da Anfang Juli Klarheit über die Besatzungszonen herrschte, wurde auch im Burgenland auf eine Wiedervereinigung und einen Wiederbeginn hingearbeitet. Politisch wurde dann die bekannte „Troika"-Lösung praktiziert: Die Machtverhältnisse wurden wieder annähernd im Verhältnis 1:1:1 geregelt. Wie schwierig die Anfänge im Burgenland waren, zeigte sich aber nicht zuletzt daran, daß ein erheblicher Teil der Sitzungen der provisorischen Landesregierung in Wien stattfand.[15] Landeshauptmann wurde über Betreiben Renners der Sozialist Ludwig Leser.

Noch ein weiteres Mal konnten die Sowjets ihr System der Machtverteilung praktizieren, und zwar in der STEIERMARK. Als die Russen nach Graz kamen, fanden sie dort – im Gegensatz zu allen anderen Landeshauptstädten, in die sie bis dahin gekommen waren – bereits eine provisorische Landesregierung vor. Sie war unter dem Sozialisten Reinhard Machold gebildet worden und wies ein Verhältnis von 5 SPÖ:2 ÖVP:2 KPÖ auf. Die Sowjets lösten diese Landesregierung unverzüglich auf.[16] Nach einer Woche intensiver Verhandlungen, in die dann als Abgesandter der KPÖ Friedl Fürnberg eingriff, präsentierte sich eine neue Landesregierung mit einer völlig paritätischen Besetzung. Damit waren die Sowjets einverstanden. Die „steirische Lösung“ wurde unbeschadet der Tatsache erzwungen, daß nach Plänen der Alliierten die Steiermark in die britische Zone fallen sollte. Aber noch war es nicht so weit. Daher handelten die Sowjets so, wie sie es auf Grund der vorgefundenen Verhältnisse und der damaligen Lage für richtig hielten.

Die von westlichen Truppen besetzten Bundesländer boten selbstverständlich Variationen über dieses Thema. Als die Briten in KÄRNTEN einrückten, fanden sie bereits eine provisorische Landesregierung vor. Sie war zunächst so gebildet worden, daß in ihr Kommunisten ebensowenig wie deutschnationale Vertreter aufschienen. Zwischen den Repräsentanten der ehemaligen Sozialdemokraten und Christlichsozialen gab es jedoch eine stille Vereinbarung, sofort nach dem Ende der nationalsozialistischen Herrschaft auch Kommunisten in die Regierung aufzunehmen.[17]

Die „Kärntner Lösung“ wurde aber schließlich noch viel aufwendiger und kann für sich beanspruchen, die facettenreichste gewesen zu sein. Nach längeren Gesprächen, die im Untergrund Ende 1944 begonnen hatten und erst in den Tagen des Zusammenbruchs der nationalsozialistischen Herrschaft abgeschlossen werden konnten, zeichnete sich zunächst eine Lösung ab, die vom designierten provisorischen Landeshauptmann, Hans Piesch, und den Sozialisten vertreten wurde. Danach sollte die erste Regierung sechs marxistische (SPÖ und KPÖ) und vier bürgerliche Vertreter haben. Doch da meldete sich der Vertreter des Landbundes, Dipl.-Ing. Stephan Tauschitz, der, anders als dies Vinzenz Schumy in Wien getan hatte,[18] den Landbund als eigene politische Kraft wiederbegründen wollte. Also wurde die Regierung aus drei Sozialisten, zwei Christlichsozialen, zwei Landbündlern, zwei Kommunisten und einem parteilosen Widerstandskämpfer zusammengesetzt.

Die slowenische Volksgruppe war zunächst nicht vertreten, wohl aber versuchten die in Kärnten eingedrungenen jugoslawischen Truppen eine eigene Regierung für den von ihnen beanspruchten Landesteil zu installieren. Das wurde schließlich durch die Haltung der Briten verhindert. Sie drängten auch die Jugoslawen aus dem Land. Kaum aber war das geschehen, erzwangen sie am 6. Juni 1945 die Umwandlung der provisorischen Landesregierung und eine Änderung der Zusammensetzung. Daraufhin gab es vier Sitze für die SPÖ, zwei für die Christlichsozialen, je zwei für Landbund und Kommunisten und je einen für Slowenen und Parteilose. Dann kam es zur Umbenennung der Christlichsozialen und zum Aufgehen des Landbundes in der ÖVP. Als schließlich die Briten den Landesausschuß wieder in „Provisorische Landesregierung" umbenannten, setzte sich diese ab dem 24. Juli aus vier Sozialisten, drei ÖVP-Vertretern, einem Kommunisten und einem Slowenen zusammen.[19] Die „Kärntner Lösung" kam also auf Umwegen zustande.

Die „französischen" Länder, VORARLBERG und Tirol, wiesen wieder andere Verhältnisse auf und lassen sich deshalb nicht gleichmäßig darstellen, da Tirol zunächst größtenteils von Amerikanern besetzt war, sich also die französische Haltung lediglich in Vorarlberg verdeutlichte. Die französischen Besatzer waren vorerst überhaupt nicht darauf eingestellt, eine provisorische Landesregierung zu installieren.[20] Die diesbezüglichen Bemühungen von Vorarlberger Politikern wurden erfolgreich eine Woche lang ignoriert. Dann aber akzeptierten die Franzosen ohne weiteres die österreichischen Vorschläge. Dabei verfuhr man nach den gefühlsmäßigen Mehrheitsverhältnissen; den ehemaligen Christlichsozialen wurde die Führung und den Sozialdemokraten eine Vertretung zugebilligt. Sie teilten sich Macht und Verantwortung im Verhältnis 5:3. Ulrich Ilg wurde provisorischer Landeshauptmann. Da die Kommunisten in Vorarlberg aber nie eine Rolle gespielt hatten, wurden sie zunächst nicht berücksichtigt. Erst später sollte es auch ein kommunistisches Regierungsmitglied geben.[21] Wohl aber behielt in Vorarlberg die Widerstandsbewegung eine quasipolitische Funktion,[22] was auch durchaus dem entsprach, was die Franzosen von „zu Hause" kannten.

Die Amerikaner, die sicherlich bemüht waren, es besonders gut zu machen, stolperten in TIROL, Salzburg und Oberösterreich, also in allen drei Bundesländern, für die sie zunächst Verantwortung übernahmen, in beträchtliche Schwierigkeiten. Im Gegensatz zu allen anderen Bundesländern, in denen es eigentlich niemanden gab, der aus dem aktiven Widerstand kam, waren diejenigen, die sich den Amerikanern in Innsbruck als provisorische Landesregierung präsentierten, so gut wie ausschließlich Vertreter der Widerstandsorganisationen. Der Führer derselben, Dr. Karl Gruber, gründete die „Demokratische Staatspartei", die die Anliegen der früheren Christlichsozialen, bzw. überhaupt der konservativen Kräfte vertrat. Daneben konstituierte sich die Sozialistische Partei.[23] Kommunisten gab es nur wenige. Die Amerikaner machten auch nicht deutlich, daß sie von sich aus den Kommunisten eine Rolle zuweisen wollten, wohl aber hatten die beiden anderen Parteien das Empfinden, zumindest einen Kommunisten in der provisorischen Landesregierung zu benötigen. Die Erweiterung um diese dritte Kraft – in Tirol mehr eine Schwäche – geschah also über Betreiben der beiden großen politischen Lager. Dazu muß freilich gesagt werden, daß zwar bei den Sozialisten eine Identität mit der in Wien gegründeten Partei bestand, daß aber die Wiener ÖVP keineswegs mit der lokalen ÖVP gleichgesetzt werden konnte. Hier war etwas anderes entstanden, und hier wurde schließlich auch anders gedacht. Die Widerstandsbewegung blieb in ihrer Form als „Tiroler Freiheitsbewegung" bestehen und stellte – mehr noch als in Vorarlberg – eine reale politische Macht dar.[24]

Auch in SALZBURG fanden die Amerikaner eine Gruppe von Leuten vor, die als Vertreter der Vorkriegsparteien an den Aufbau einer Landesverwaltung gehen wollten. Die Amerikaner lehnten deren Berufung aber schließlich ab, da ihnen die Installierung einer Landesregierung noch als verfrüht erschien.[25] Der Vertreter der

Christlichsozialen Volkspartei, wie diese Nachfolgepartei der Christlichsozialen hieß, Dr. Adolf Schemel, der auch im Auftrag der Salzburger Sozialisten handelte, bemühte sich wochenlang, die amerikanischen Widerstände zu überwinden, was erst in der zweiten Maihälfte gelang. Schließlich wurde Schemel gefragt, ob er auch Kommunisten in die provisorische Salzburger Landesregierung einbauen wolle, was er verneinte. Die Amerikaner drangen jedoch darauf, zumindest einen Kommunisten einzubeziehen. Erst nach dieser Erweiterung stimmten sie der Bestellung der Regierung zu.[26]

In Linz schließlich, hatten die Amerikaner eine Art provisorischer Landesregierung für OBERÖSTERREICH vorgefunden, die unter der Führung des Sozialisten Alois Oberhummer stand und einen ehemaligen Christlichsozialen und einen Kommunisten einschloß. Da von ehemals christlichsozialer Seite aber die Meinung vertreten wurde, diese Regierung würde nicht nach den tatsächlichen politischen Verhältnissen zusammengesetzt sein, da den Sozialdemokraten keinesfalls die Führung zukomme, wurde die provisorische Landesregierung von österreichischer Seite diskreditiert und von den Amerikanern in Frage gestellt. Sie setzten darauf eine Beamtenregierung unter Dr. Adolf Eigl ein und schoben das Problem der Verteilung des politischen Einflusses und der politischen Macht auf die lange Bank. Dagegen formierten sich die zur Unwirksamkeit verurteilten Parteien.[27] Unter der Führung von Ludwig Bernaschek und Dr. Alfred Maleta, aber auch unter Teilnahme eines parteiunabhängigen Linken, nämlich Dr. Christian Brodas, wandten sie sich gegen das Vorgehen der Amerikaner, denen sie nur zu leicht Ahnungslosigkeit vorwerfen konnten, da in der Beamtenregierung mehrere ehemalige Nationalsozialisten saßen. Der Konflikt konnte nicht ausbleiben. Die Koalition wartete dennoch bis zum Sommer „vor der Tür".

Die Schilderung der ersten Maßnahmen zum Aufbau einer österreichischen Friedensverwaltung geschah hier nicht nur aus Gründen der Übersichtlichkeit länderweise. Dieser Vorgang entspricht auch den damaligen Gegebenheiten, da zwischen den einzelnen Ländern und natürlich auch zwischen den einzelnen Besatzungsgebieten so gut wie keine Verbindung bestand. Jede Besatzungsmacht ergriff in ihrer Zone Maßnahmen. Bei den Sowjets rührte eine gewisse Einheitlichkeit in der Zonenverwaltung daher, daß sie sich um die Einsetzung der Staatsregierung und um die Ernennung von Bürgermeistern gekümmert hatten. Darüber hinaus überließen sie jedoch alles den Österreichern. Bei den Westalliierten war es anders. Erstens gab es drei besetzende Mächte. Dann waren die Besatzungsgebiete voneinander isoliert, und wenn, wie im Falle der Amerikaner, von allem Anfang an zwei Bundesländer in ein Gebiet fielen, dann waren die Bundesländer dennoch voneinander separiert. Für Österreich hatte sich daher der Wandel von der NS- zur Nachkriegszeit in mancher Beziehung gar nicht so deutlich abzuzeichnen begonnen, wie man das vielleicht annehmen würde. Die Länder führten ein isoliertes Dasein, waren noch nicht nach Wien ausgerichtet und hatten ein lediglich historisches Gefühl für den Gesamtstaat. Österreich gab es daher nach wie vor nur im Untergrund, und es wurde nach genau denselben Methoden wie vor dem April/Mai 1945 verfahren, wenn es galt, die Botschaft von einem neuen Österreich weiterzugeben.

Insgesamt aber vollzog sich in den Ländern die Bildung der ersten Regierungen offenbar viel unkomplizierter als auf der gesamtstaatlichen Ebene. Das hatte zwei Gründe. Zum einen waren die Länder auch während der nationalsozialistischen Zeit intakt geblieben (ausgenommen das Burgenland und Vorarlberg) und außerdem hatte das Kriegsende in den Ländern bei allen Zerreißungen doch weniger nachhaltige Trennungen bewirkt als für den Staat. Zum anderen aber waren der Kompromiß und der politische Ausgleich auf Landesebene auch in der Zwischenkriegszeit etwas Selbstverständliches gewesen. Mithin wurde nur etwas wiederaufleben gelassen, das in den Ländern eine ganz andere Tradition hatte als im Staat. In jedem einzelnen Fall war aber auch auf Landesebene zu beobachten gewesen, wie sich die jeweilige Besatzungsmacht in den Prozeß der Bildung einer Landesverwaltung einschaltete und dabei ihren eigenen Vorstellungen von dem Anteil, den Österreich an seiner Wiederherstellung haben sollte und von den politischen Kräften, die daran mitwirken sollten, Ausdruck verlieh. Teillösungen waren somit erzielt, doch die große Lösung, nämlich jene für den Gesamtstaat stand noch aus.

Die Westalliierten hatten die Bildung der Rennerregierung verurteilt, sie hatten Renner keiner Antwort gewürdigt. Sie weigerten sich, mit ihm Verbindung aufzunehmen, und sie hinderten auch die Länder, mit Wien in Kontakt zu treten. Aber so wie in der NS-Zeit Informationen Verbreitung fanden, die nicht zur Verbreitung gedacht waren, so ließ sich auch jetzt der Kontakt nicht unterbinden. Ja manchmal kann man sich des Eindrucks nicht erwehren, daß der Kontakt zwischen den österreichischen Ländern und dem Zentrum Wien von den Alliierten ganz bewußt nicht konsequent unterbunden wurde. Auf diese Weise ließ sich nämlich in Erfahrung bringen, wie die Ländervertreter der Provisorischen Staatsregierung gegenüber eingestellt waren. Daraus ließen sich für die Alliierten Schlußfolgerungen ableiten. Dabei zeigte es sich sehr rasch, daß die westlichen Länder den Vorgängen in Wien mit beträchtlicher Skepsis begegneten. Sie ließen zwar, wie z. B. Oberösterreich, die grundsätzliche Bereitschaft zur Zusammenarbeit erkennen, doch man war nicht dazu bereit, die Regierung auch für die westlichen Länder als repräsentativ anzusehen.[28] Die SPÖ zeigte zwar – zumindest nach außen hin – Geschlossenheit, doch die ÖVP in den westlichen Ländern akzeptierte ihre neue Parteispitze in Wien keineswegs.

Am 17. Mai macht sich daher der junge Mediziner Herbert Braunsteiner als Abgesandter der Wiener ÖVP-Spitze auf den Weg, um im Westen von der Existenz der Partei zu berichten.[29] Er hatte ein Schreiben Kardinal Innitzers mit, das ihm den Weg ebnen sollte. Braunsteiner durchschwamm die Enns. Er informierte und warb um Verständnis für die innerhalb der sowjetischen Zone notwendig gewesenen Maßnahmen. Er beschwichtigte und erklärte, doch das Mißtrauen blieb. In Oberösterreich war man noch am ehesten bereit, sich der Wiener Gangart anzuschließen. In Salzburg, wo bemerkenswerterweise auch der Brief Innitzers nichts bewirkte und Erzbischof Dr. Andreas Rohracher Braunsteiner die Unterstützung verweigerte, faßte die dortige Christlichsoziale Volkspartei zwar den Beschluß, sich in Österreichische Volkspartei umzubenennen, doch man blieb auf Distanz.[30] Und in Innsbruck, wo Bischof Dr. Paulus Rusch den Emissär unterstützte, scheiterte Braunsteiner an Karl Gruber und dessen Staatspartei. Es war daher keineswegs Ausdruck einer neuen Gemeinsamkeit, daß für Salzburg die Bildung eines eigenen Generalsekretariats West der ÖVP in Aussicht genommen wurde, auch wenn darin noch keine regelrechten Spaltungstendenzen zu sehen sind.[31] Offenbar zögerte man einen Zusammenschluß zu einem einheitlichen bürgerlichen Lager hinaus. Erst am 23. Juni gestatteten die Amerikaner Figl, Raab und Weinberger eine Fahrt nach Salzburg, um das Problem der Einheit zu besprechen. Es geschah dies im Rahmen der ersten von insgesamt drei ÖVP-Länderkonferenzen. Dabei kam es zwar zu einer Annäherung, doch weder die Provisorische Staatsregierung noch die ÖVP-Spitze in Wien erhielt eine definitive Anerkennung.[32]

Man muß also wohl diese Entwicklung mit berücksichtigen, wenn man dann wieder auf die alliierte Politik überblendet und sich fragt, wie denn die Alliierten und vor allem die Westalliierten an das Problem der Provisorischen Staatsregierung herangingen. Angesichts der abwartenden Haltung auch der westösterreichischen politischen Kreise und gerade der dortigen ÖVP, die ja durchaus glaubhaft machen konnte, daß sie die Mehrheit der Bevölkerung zu vertreten hatte, konnten sich die Westalliierten ohne weiteres im Abwarten üben. Es gab ja auch noch eine Reihe offener Fragen.

An erster Stelle stand das Problem eines Zonen- und eines Kontrollabkommens für Österreich. Beide waren bis Anfang Juli ausständig. Erst danach gab es eine solide Basis für ein Zusammenleben der Besatzungsmächte im geteilten Österreich.[33] Die Abkommen datierten vom 9. bzw. 4. Juli 1945 und waren das Ergebnis eineinhalbjähriger Beratungen. Die Einigung über die beiden Abkommen für Österreich fiel in die Zeit der Potsdamer Konferenz. Gemäß dem Zonenabkommen fand ein Zonentausch statt, der jeder Besatzungsmacht eine abgerundete Zone in Österreich bzw. in Wien bringen sollte. „Sollte" deshalb, weil die Aufteilung Wiens zwar feststand, sich die Briten aber plötzlich weigerten, nach Wien zu gehen und ihren Sektor zu übernehmen, ehe nicht die Versorgung Wiens langfristig geregelt war. Amerikaner und Franzosen handelten – wenngleich ohne Überzeugung – solidarisch und wollten auch erst dann nach Wien kommen, wenn die Versorgung der Stadt sichergestellt war. Als die Regierungsschefs der „Großen Drei" (Frankreich war nicht vertreten) sich in Potsdam des Problems annahmen, meinte Stalin, es wäre doch das einfachste, die Kompetenz der Regierung Renner auf ganz Österreich auszuweiten, dann würde das Versorgungsproblem am leichtesten zu lösen sein. Das wollten die Westmächte aber nicht. Und erst als die Sowjets versprochen hatten, die Versorgung Wiens zumindest bis Ende August 1945 sicherzustellen, willigten die Westmächte ein, ihre Zonen in Wien zu übernehmen.[34] Auch das nicht sofort, doch später halt. Im Gegenzug ließen sich die Russen wieder garantieren, daß nach dem Einzug der Westalliierten in Wien die Frage der Kompetenzausweitung der Rennerregierung erörtert werden würde.

Mittlerweile war es August geworden. Und am 20. August hielt die ÖVP in Salzburg, wo es bis dahin tatsächlich schon ein Generalsekretariat West gab, ihre dritte Länderkonferenz ab.[35] Dabei zeigten sich zwei verschiedene Standpunkte: Eine kleinere, aber sehr rührige Gruppe stimmte für die Bildung einer Gegenregierung. Und die andere, die größere Gruppe, versuchte die Gefahr einer Teilung durch die Aufstellung eines Forderungsprogramms, das einschneidende Änderungen an der Staatsregierung anstrebte, zu unterlaufen. Die zweite Gruppe war schließlich die stärkere, doch es ging, wie man sich denken kann, nicht ohne größere Kämpfe ab.[36]

Was man im Westen so besonders schwer verstand, war die Versicherung, daß es schlichtweg notwendig gewesen war, die Staatsregierung zu bilden, daß sie unter den gegebenen Umständen auch die beste Zusammensetzung aufzuweisen hatte, und daß es vor allem auch seitens der ÖVP richtig war, in diese Regierung hineinzugehen und sogar den einen oder anderen optisch weniger attraktiven Posten anzunehmen. Denn erstens war der Wiederaufbau der Demokratie nicht dadurch möglich, daß man Opposition und Obstruktion übte, und zweitens war das Ingangsetzen eines einigermaßen normalen Lebens nur durch größte gemeinsame Anstrengungen möglich. Hier unterschied sich nämlich die Situation Österreichs von der Deutschlands erheblich: In Deutschland wiesen der Westen und der Osten gleich starke Zerstörung auf. In Österreich war es der Bevölkerung im Westen unvorstellbar, wie es in Ostösterreich aussah. Daher war es auch für die neuen Führungsschichten im Westen nur schwer verständlich, unter welchen Voraussetzungen man im Osten ans Werk gegangen war. Und es dauerte daher sehr lange, ehe man überhaupt bereit war, jene Signale zu deuten, die die Provisorische Staatsregierung in einem fort aussandte. Das wichtigste davon war wohl die Verabschiedung der notwendigen Verfassungsgesetze gewesen.

Ohne sich um die Beschränktheit ihres Wirkungsgrades zu kümmern und ohne eine Möglichkeit der Kontaktaufnahme mit den von westlichen Truppen besetzten Bundesländern abzuwarten, hatte die Provisorische Staatsregierung ihre Tätigkeit begonnen. Sie wurde dabei von den Sowjets in einer geradezu auffallenden Weise gefördert, ohne daß die Sowjets allerdings direkten Einfluß auf Entscheidungen oder Handlungsweisen der Rennerregierung genommen hätten. Sie wollten nur informiert werden. Eines lehnten die Russen freilich ab: Nachdem sie mit der Einsetzung der Regierung auf derart massiven Protest der westlichen Alliierten gestoßen waren, einen Protest, mit dem sie offenbar nicht gerechnet hatten, vermieden sie es peinlichst, in dieser Frage einen weiteren Vorstoß zu unternehmen, der auf Druck hätte schließen lassen. Und sie übten schließlich doch Einfluß auf Renner aus, als dieser einen neuerlichen Versuch unternahm, den Westmächten seine Notifikation zuzusenden. Renner wollte diesen zweiten Versuch am 9. Mai machen, doch nach mehreren Gesprächen mit Marschall Fedor I. Tolbuchin wurden die entsprechenden Schriftstücke auf Weisung des Staatskanzlers in der Staatskanzlei „asserviert".[37]

Der wichtigste Komplex, den die Provisorische Staatsregierung unverzüglich in Angriff genommen hatte, war die Frage der verfassungsmäßigen Grundlage der neuen Republik. Renner hatte, wie erinnerlich, ursprünglich nur die Verfassung von 1920 im Sinne, wie er überhaupt die Zeit zwischen Ende 1918 und 1920 als die Präfiguration der Zweiten Republik ansah. Auch in der Unabhängigkeitserklärung wurde ja der „Geist der Verfassung von 1920" beschworen. – Beim Aufrollen der Verfassungsfrage spielte es eine verhältnismäßig geringe Rolle, daß in der ersten sowjetischen Proklamation angekündigt worden war, die Rote Armee würde zur Wiederherstellung jener Zustände in Österreich beitragen, wie sie bis 1938 geherrscht hatten. Damit hatten die Sowjets ganz gewiß nicht einer Wiederinkraftsetzung der Verfassung des Ständestaates das Wort reden wollen. Dennoch gab es in der Verfassungsfrage unterschiedliche Positionen: Renner mit seinem Wunsch nach der nichtnovellierten Verfassung des Jahres 1920 und die Kommunisten mit ihrem Wunsch nach einer völlig neuen Verfassung. Diese wäre aber sicherlich nicht rasch auszuarbeiten gewesen. Weil sich Renner ein weiteres Mal der Haltung des rechten SPÖ-Flügels und der in diesem Punkt sehr zurückhaltenden ÖVP unterwarf, machte er sich allmählich deren Argumente zu eigen und überwand schließlich den Widerstand der Kommunisten.[38]

Da im Kabinettsrat wie in der Provisorischen Regierung Einstimmigkeit gelten sollte, stellte Renner die Kommunisten vor die Alternative, dem Verfassungsüberleitungsgesetz zuzustimmen oder die Regierung zu verlassen. Die Kommunisten schwiegen – und blieben. Am 13. Mai wurde daher das Verfassungsüberleitungsgesetz beschlossen und auf den 1. Mai zurückdatiert. Von da an galten die Verfassung der Ersten Republik mit der Novelle von 1929 sowie alle Bundesgesetze mit Verfassungsbestimmung bis zum 5. März 1933. Die Wirksamkeit wurde zeitlich so begrenzt, daß das Verfassungsüberleitungsgesetz spätestens sechs Monate nach Zusammentritt einer frei gewählten Volksvertretung außer Kraft gesetzt werden sollte. Mit einer „vorläufigen Verfassung" sicherte sich die Staatsregierung zudem ihre enorme Machtfülle ab: Sie hatte die Kompetenzen von Nationalrat, Bundesrat, Landtagen und Volksabstimmungen. Zusätzlich übte der Kabinettsrat die Funktion des Bundespräsidenten aus. Die Regierung kontrollierte sich selbst. Und dennoch: Es war eine Scheinmacht, denn letztlich bestimmten die Alliierten alles.

Auch im Sommer 1945 hatte Österreich für die Alliierten noch nichts von seiner Ambivalenz und hatte die alliierte Politik noch nichts von ihrem temporären Charakter verloren. Wo man hinsah, gab es territoriale Probleme. Es wird vielleicht überhaupt zu wenig beachtet, daß dieser Staat alles andere als fixe Grenzen besaß. Und wo nicht die Nachbarn wie z. B. Jugoslawen und Tschechen das Staatsgebiet in Frage stellten, tat dies Österreich selbst und hoffte dabei auf Veränderungen.[39]

Das markanteste Beispiel dafür war Südtirol, für das sich schließlich der Gesamtstaat einsetzte. An der Südtirolfrage wird noch darzustellen sein, wieweit gerade dieses Problem dazu geführt hat, daß es einen raschen Integrationsprozeß gab. Schon im Frühjahr und Sommer 1945 wurde ja der Gesamtstaat von den westlichen Bundesländern primär unter diesem Gesichtspunkt gesehen und erwartet, daß dann dieser Gesamtstaat für Südtirol eintreten und damit dem Bemühen um seine Rückgliederung wesentlich mehr Gewicht geben könnte. Der Gesamtstaat wurde von Kärnten gesucht, da es ihn zum Schutz und zur Abwehr jugoslawischer Gebietsforderungen brauchte. Der Gesamtstaat wurde von Oberösterreich gesucht, da es nur mit Hilfe des Gesamtstaates die im Juli erfolgte Teilung in eine sowjetische und eine amerikanische Zone überwinden konnte. Das (sowjetische) Mühlviertel war ja zunächst nicht von Linz, sondern nur von Wien aus zu verwalten. Salzburg suchte mit einigem Zögern den Gesamtstaat, weil es auf den Rupertiwinkel und das Berchtesgadener Land schielte und daraus einen regelrechten Anspruch machen wollte. Die Steiermark suchte den Gesamtstaat, weil sie ebenfalls jugoslawischen Gebietsforderungen ausgesetzt war. Das Burgenland suchte den Gesamtstaat, nicht weil es von ihm vielleicht in der Wiederverselbständigungsfrage so gefördert worden wäre, sondern weil die Rückgliederung des 1921 abgetrennten Ödenburger Gebietes zum zentralen Anliegen hochstilisiert wurde. Niederösterreich suchte den Gesamtstaat, weil nur er vor der Teilung in ein Ost- und Westösterreich schützen konnte, weil nur er Hilfe für die Notstandsgebiete auftreiben konnte und weil schließlich nur der Gesamtstaat das Grenzproblem im Norden lösen und die Versorgung der in das Land einströmenden Vertriebenen aus der Tschechoslowakei sicherstellen konnte. Und das zum „Reichsgau" aufgeblasene Wien suchte den Gesamtstaat, weil es damit hoffen konnte, aus seinem Provinzdasein wieder herauszukommen und wieder Hauptstadt zu werden. Blieb noch Vorarlberg, bei dem außer historischer Zugehörigkeit und der Unmöglichkeit eines anderen Verbleibens kein weiterer Grund anzuführen ist, warum es wieder Anschluß an Österreich suchte. Oder doch? Vorarlberg war 1938 zu Tirol geschlagen worden. Und da der Mensch bekanntlich nichts verbinden soll, was Gott getrennt hat, suchte Vorarlberg wieder seine Selbständigkeit. Auch dafür war letztlich das neue Österreich zuständig.

Sieben von neun Bundesländern hatten mehr oder weniger große territoriale und alle zusammen hatten strukturelle Probleme. Sie konnten nur gelöst werden, wenn sich die Länder wieder dem Staat verpflichteten. Die im Sommer 1945 aufbrandende Diskussion über das Territorium des österreichischen Staates war jedoch nicht nur so zu sehen, daß sich partikularistische Interessen kurioserweise zu einer Suche nach dem Gesamtstaat auswuchsen und dadurch integrative Auswirkungen hatten. Diese Entwicklung konnte auch in die entgegengesetzte Richtung gehen. Denn wenn dann – und hier bot die Erste Republik genügend Beispiele – ein Bundesland seine Interessen vom Gesamtstaat nicht entsprechend unterstützt fand, konnte es sehr leicht zu einem Stimmungsumschwung und zur Absage an den Staat kommen.

Renner und mit ihm die Provisorische Staatsregierung waren dabei in einer schwierigen Situation. Sie konnten ja nicht hergehen und gewissermaßen Prioritäten setzen: Dieses Anliegen wird mitgetragen und jenes nicht, denn im Grunde genommen mußte die Staatsregierung noch beträchtlich werben und durfte kein Bundesland, vor allem kein westliches, zurückstoßen. Sie hatte darüber hinaus aber nicht nur den binnenösterreichischen Aspekt im Auge zu behalten, sondern mußte sich sagen, daß ihre Haltung auch nicht ohne Auswirkungen auf die Einstellung der Alliierten zur Provisorischen Regierung bleiben würde. Daher ließ Renner im Amt für Auswärtige Angelegenheiten, das ja seiner eigenen Staatskanzlei zugehörte, im Zusammenhang mit der Propaganda für dic Angliederung der verschiedensten Grenzgebiete an Österreich ein Gutachten ausarbeiten.[40] In ihm wurde einmal klar festgestellt, daß Österreich nicht daran denken dürfte, unter Ausnützung einer augenblicklichen Situation seine Nachbarn zu berauben oder zu verstümmeln. „Die Erhebung solcher Forderungen in der Öffentlichkeit erschüttert die moralischen Grundlagen unseres Staatswesens und seiner Politik", hieß es daher. Österreich müsse dafür eintreten, daß die Staatsgrenzen des Jahres 1919 in Mitteleuropa grundsätzlich unveränderlich seien. „Wenn wir selbst sozusagen aus heiterem Himmel Teile von Bayern, Ungarn u. dgl. beanspruchen, mit welchem Recht wollen wir dann Ansprüchen Jugoslawiens auf Kärnten, allenfalls der Tschechoslowakei auf das nordwestliche Niederösterreich mit dem wertvollen Erdölgebiet oder auf das oberösterreichische Mühlviertel entgegentreten?" Im Fall des Berchtesgadener Landes wurde dann im Detail ausgeführt, würde nur eine starke Anschlußbewegung in dem fraglichen Gebiet eine entsprechende Bereitschaft zum Aufgreifen dieses Problems nach sich ziehen dürfen. Im Fall Südtirols, wo ein klares moralisches und politisches Recht vorliege, dürfe man wiederum nicht von Wien aus mit einer lärmenden Propaganda vorprellen. Das sei in erster Linie Sache Tirols. In Ödenburg sei 1921 abgestimmt worden. Wenn man eine neue Volksabstimmung fordere, dann dürfe man sich anderseits nicht einer gleichen Forderung im Falle Kärntens widersetzen.

Was Renner nicht in dieses Gutachten einfließen ließ, war der Wortlaut eines Telegramms Stalins an Renner, vom 12. Mai 1945,[41] aus dem Renner und das Außenamt die sowjetische Versicherung herauslasen, daß die Sowjetunion die jugoslawischen Forderungen gegenüber Kärnten nicht unterstützen würde. Nun wäre es denkbar, daß Renner und das Außenamt aus diesem Telegramm und insbesondere aus dem einen Wort „célostnosti“ zu viel oder gar Falsches herauslasen. Das Wort wurde mit „Gänzlichkeit“ übersetzt. 1980 wurde es in einer Übersetzung der Wiener Büros der Nachrichtenagentur „Nowosti“ mit „Integrität“ übersetzt.[42] Doch es heißt ebenso Unteilbarkeit oder Ungeteiltheit. Und das ergibt wahrscheinlich viel mehr Sinn. Stalin wird sich wohl nicht gegen noch gar nicht absehbare jugoslawische Gebietsforderungen ausgesprochen haben. Er mußte ja damit rechnen, daß sein Telegramm an Renner, in dem das Wort „célostnosti“ vorkam, auch den Jugoslawen bekannt würde, und hatte damals wohl alles andere im Sinn, als Josip Broz Tito gewissermaßen öffentlich in die Schranken zu weisen. „Ungeteiltheit“ ergibt jedoch einen anderen und wohl wesentlich besseren Sinn: Stalin wollte Renner versichern, daß es ihm darum zu tun sei, Österreich nicht in einen westlichen und einen östlichen Teil zerfallen zu lassen, und daß er einer Aufteilungsdiskussion abhold sei. Der Provisorischen Staatsregierung sollte einen Monat nachdem Renner sein langes Schreiben an Stalin geschickt hatte und angesichts der mittlerweile erfolgten Ablehnung der Rennerregierung durch die Westmächte signalisiert werden, daß die Sowjets nichts dazu beitragen würden, um aus der temporären eine dauernde Teilung werden zu lassen, daher das Wort „célostnosti“ – ungeteilt.

Damit kommen wir wiederum auf die Ebene der „großen“ Politik, auf der das Verhältnis der Alliierten zur österreichischen Zentralregierung geregelt wurde. Die Alliierten hatten Besetzung und Kontrolle vereinbart. Sie hatten ihre Zonen und in diesen wieder die Bundesländer so schlecht und recht in Gang gebracht. Jetzt konnten sie sich mit Renner beschäftigen. In Potsdam war schon gesagt worden, daß man der von ihm geführten Regierung dann Aufmerksamkeit widmen würde, wenn die Alliierten die gemeinsame Kontrolle in Wien übernommen hätten. Das war ab dem 11. September 1945 der Fall. An diesem Tag trat der Alliierte Rat zu seiner ersten offiziellen Sitzung zusammen. Von diesem Tag an begann der riesige Apparat der Alliierten Kommission für Österreich in seiner viergliedrigen Zusammensetzung zu arbeiten und zu funktionieren.[43] Ab dann gab es für Wien die vorgesehene Interalliierte Kommandantur mit ihrem gemeinsamen Exekutivorgan, den „Vier im Jeep“. Und an diesem 11. September erließen die alliierten Besatzungsmächte schließlich ihre erste gemeinsame Proklamation, in der sie auch die Rennerregierung ansprachen. Wie das geschah, verstand aber wohl außer den Alliierten so gut wie niemand. Denn da die Westalliierten Renner und seine Leute offiziell nach wie vor nicht zur Kenntnis nahmen, hieß es in der Proklamation an das österreichische Volk lediglich kryptisch: „Der Alliierte Rat ist angesichts der Bedingungen der Erklärungen der Berliner Konferenz betreffend Österreich übereingekommen, die Angelegenheiten einem eingehenden Studium zu unterziehen und den in Frage kommenden Regierungen Vorschläge zu unterbreiten."[44] Daß mit „Angelegenheiten" die Frage der Anerkennung und Kompetenzausweitung der Provisorischen Regierung gemeint war, konnte freilich nicht herausgelesen werden. Das mußte man wissen.

Und jetzt kam es nun wirklich darauf an, dieses Problem, das man vor sich hergeschoben hatte, zu lösen. Seit die Besatzungsmächte ihre Ausgangspositionen bezogen hatten, hatte sich an ihrer grundsätzlichen Einstellung nicht allzuviel geändert. Die Sowjets waren ein wenig auf Distanz zur Rennerregierung gegangen, während sich die Amerikaner in etwa demselben Maß mit ihr abgefunden hatten. Es hatte gerade zwischen Sowjets und Amerikanern ein stilles Einverständnis dazu geführt, daß Rücksicht auf die Interessen des anderen genommen wurde, was im Verhältnis zwischen Briten und Sowjets keineswegs der Fall war. Die Amerikaner hatten beispielsweise darauf gedrängt, daß in den von ihnen kontrollierten Bundesländern – also zunächst auch in Tirol – nicht nur ehemalige Christlichsoziale und Sozialdemokraten zum Zug kamen, sondern auch Kommunisten. Sie hatten, und das war wohl in erster Linie ein Verdienst des amerikanischen Militärkommissars und Oberbefehlshabers, General Mark W. Clark, gewesen, jene klimatischen Bedingungen geschaffen, die für die Arbeit in der Alliierten Kommission gedeihliche Voraussetzungen schufen. Die Sowjets ihrerseits akzeptierten amerikanische Erkundungsmissionen, die vor allem nach Wien führten und zeigten sich allenthalben kooperationsbereit.[45] In der „Aufwärmzeit" der Alliierten, knapp vor dem Zusammentreten der Alliierten Kommission, Anfang September, also zu einer Zeit, da die ersten inoffiziellen Kontakte zwischen den westlichen Alliierten und der Provisorischen Staatsregierung zustande kamen, drohte eine einzige Aktion der Sowjets nicht nur die Beziehungen der Alliierten untereinander, sondern auch zur Provisorischen Regierung abzuwürgen.

Die Sowjets hatten Renner vorgeschlagen, die Ausbeutung der zum damaligen Zeitpunkt von den Russen beschlagnahmten Erdölbetriebe einer gemeinsamen sowjetisch-österreichischen Gesellschaft zu übertragen. Dabei wollten die Sowjets die von ihnen beschlagnahmten Betriebe als 50-Prozent-Beteiligung einbringen, und Österreich hätte seinen Anteil in Form von Maschinen und Geldbeträgen allmählich beisteuern sollen.[46] Renner fand den Gedanken attraktiv genug, um ernsthaft darüber zu verhandeln. Der Vorgang fand seine Entsprechung in allen von den Sowjets besetzten Gebieten, wo es zur Bildung von gemischten Gesellschaften kam, von der deutschen Ostzone über Polen, Ungarn und Rumänien bis Jugoslawien. Dabei brachten die Sowjets überall das ein, was ihnen in Potsdam als eine Art Kriegsbeute zugesprochen worden war, nämlich das „Deutsche Eigentum" in den von ihnen besetzten Gebieten. Der Gedankengang Renners dürfte vergleichsweise simpel gewesen sein: Akzeptierte man eine gemeinsame Gesellschaft, dann hatte man zumindest eine Mitsprache- und Nutzungsmöglichkeit. Akzeptierte man das nicht, dann konnten die Sowjets mit dem beschlagnahmten Gut nach Belieben verfahren. Diese

Sicht der Dinge stellte ausschließlich pragmatische Überlegungen in den Vordergrund, obwohl dabei ebenso ideologische Fragen wie solche der künftigen Ausrichtung eines wesentlichen Zweiges der österreichischen Grundstoffindustrie eine Rolle spielen konnten. Die Frage der Verfügung über die Erdölbetriebe ging aber weit über die österreichischen Interessen hinaus. Es gab ja eine Reihe westlicher Firmen, die auf Grund von Vorkriegsbeteiligungen Eigentumsrechte anmeldeten. Wurde nicht mit einer derart irreversiblen Maßnahme der Gesamtstaat präjudiziert, der von der Provisorischen Staatsregierung zu repräsentieren war? Und schließlich – ganz banal – blieb zu bedenken, ob man sich auf diese Weise nicht einen langfristigen Einfluß der Sowjets einhandelte, etwas, woran nicht zuletzt wegen der ja noch lange nicht gelösten strategischen und machtpolitischen Fragen einfach kein Interesse bestehen konnte.

Die Gründung der unter dem Namen „Sanaphta" in Aussicht genommenen österreichisch-sowjetischen Firma wurde von zwei Seiten bekämpft. Im Kabinettsrat bezogen der Staatssekretär ohne Portefeuille, Adolf Schärf, und ebenso der Staatssekretär für öffentliche Bauten, Übergangswirtschaft und Wiederaufbau, Julius Raab, Gegenposition. Außerhalb der Regierung wurden vor allem die Amerikaner massiv und machten schließlich die Weiterbehandlung der Anerkennungsfrage davon abhängig, daß es nicht zur Bildung der sowjetisch-österreichischen Erdölgesellschaft kam. Renner, der bis zuletzt im sowjetischen Sinn argumentierte, drang mit seinen Vorschlägen und mit dem Verweis, daß die Russen dann eben eine Beschlagnahme durchführen würden und daß ein Handelsvertrag mit der Sowjetunion, an dem Österreich interessiert war, platzen würde, nicht durch. Es wurde zwar nicht grundsätzlich „nein" zu der bilateralen Gesellschaft gesagt. Die Bildung derselben wurde aber schließlich von der Anerkennung der Regierung durch alle vier Mächte und von der Billigung eines derartigen Vertrages durch den Alliierten Rat abhängig gemacht.[47] – Das war das „Aus" für die „Sanaphta"; nur so aber konnte überhaupt die Diskussion über die Anerkennung weitergeführt werden. Kurz darauf präsentierte sich Renner als bedingungsloser Gegner einer sowjetisch-österreichischen Erdölgesellschaft und meinte, der Vertrag wäre unakzeptabel gewesen, da Österreich für 50 Schilling 50 Russen bekommen hätte. Man begegnete also wiederum dem „ambivalenten" Karl Renner!

Die Ablehnung einer sowjetisch-österreichischen Erdölgesellschaft zeigte den Amerikanern wie nichts anderes, daß die Provisorische Staatsregierung keineswegs eine russische Marionette war. General Clark traf sich – gewissermaßen um diese Erkenntnis zu honorieren – wenige Stunden vor dem ersten offiziellen Zusammentreten des Alliierten Rates mit Renner zu einem ersten informellen Gespräch. Dabei war er von der Person des Staatskanzlers sichtlich beeindruckt und nahm dessen weitere Absichten zur Kenntnis: Abhaltung einer Länderkonferenz, um den Konsens mit den westlichen Ländern zu finden und Abhaltung von Wahlen zum frühestmöglichen Zeitpunkt.[48] Am 14. September gab Renner bekannt, daß die Länderkonferenz am 24. September in Wien beginnen sollte. Damit war etwas datumsmäßig fixiert – wenngleich nur mit den Sowjets vorher im Detail besprochen –, was seit April im Raum stand und was mittlerweile von allen Bundesländern und von allen Alliierten im Prinzip als der wichtigste Schritt zur Wiedervereinigung Österreichs erkannt und bezeichnet worden war. – Im Westen legte man die Latte jedoch hoch. Ehe es noch zur gesamtösterreichischen Länderkonferenz kommen sollte, wurde nicht nur eine letzte ÖVP-Vorkonferenz in Salzburg abgehalten, sondern auch eine solche der SPÖ, und schließlich kam es zu engen Kontakten der Bundesländerpolitiker beider Lager in Salzburg. Dabei wurde die Verhandlungsposition Westösterreichs, also aller Länder außerhalb der sowjetischen Zone, besprochen, und es wurden die Forderungen formuliert, die vor allem der Sprecher des Westens, der provisorische Landeshauptmann von Tirol, Karl Gruber, vorbringen sollte.[49] Die Latte wurde deshalb so hoch gelegt, weil es nicht nur galt, dem Westen Gehör zu verschaffen, sondern vor allem weil es galt, den noch verbliebenen separatistischen Tendenzen den Wind aus den Segeln zu nehmen. Dazu genügte es nicht, auf die geringe Überlebenswahrscheinlichkeit eines Staates Westösterreich hinzuweisen. Der Westen wollte in Wien vertreten sein und wollte – und das war sicherlich eine legitime Forderung – seinen Vorstellungen im Rahmen der Regierung Gewicht verleihen können.

Für den Gesamtstaat und seinen Fortbestand gab es kaum etwas, das mehr not tat, als ein ausgiebiger Lokaltermin in Wien. Denn erst wenn man Ostösterreich gesehen und die Schwierigkeiten des täglichen Lebens und des Umgangs mit vier Besatzungsmächten erlebt hatte, bestand die Chance, daß die westlichen Länder Abstriche machten und erkannten, daß der Osten weder politisch noch materiell etwas geben konnte, was er einfach nicht hatte.

Als dann die erste Länderkonferenz tatsächlich am 24. September begann,[50] die Delegationen unter enormen Schwierigkeiten und oft grotesken Begleitumständen in Wien angekommen waren (die Briten hatten z. B. bis zuletzt die Regierung Renner so wenig zur Kenntnis nehmen wollen, daß sie sich geweigert hatten, die Einladung zur Konferenz an die provisorischen Landesregierungen in der Steiermark und in Kärnten auszuhändigen. Zum Schluß hatten sie die Mitglieder der steirischen Delegation noch regelrecht vergattert, den britischen Standpunkt zu vertreten; Renner mußte zweimal eröffnen, da die Vorarlberger am 24. noch nicht angekommen waren, und dergleichen mehr), fing ein drei Tage währender Kampf um im Grunde ein Thema und um einen Mann an: Der Westen hatte sich auf die Person des kommunistischen Staatssekretärs Franz Honner „eingeschossen". In der politischen Kommission, die von der Länderkonferenz als eine von drei Kommissionen gebildet worden war, wurde zwar sehr rasch Einigung darüber erzielt, daß zum frühestmöglichen Zeitpunkt Wahlen abgehalten werden sollten; vor allem sollten das auch keine Winterwahlen sein, die dann in gebirgigen Regionen eine geringe Wahlbeteiligung nach sich gezogen hätten. Der springende Punkt war aber der, daß der Staatssekretär für Inneres die Aufsicht über die Hauptwahlbehörde hatte. Nun wurde damit argumentiert, daß unter einem kommunistischen Staatssekretär keine Gewähr für die Durchführung absolut korrekter, freier Wahlen gegeben sei. Das Argument mußte durchaus nicht zutreffen, doch bot es sich an. Honner war ja auch in den vorausgegangenen Monaten die Zielscheibe Nummer eins gewesen. Ein kommunistischer Staatssekretär für Inneres wurde mit volksdemokratischen Zuständen gleichgesetzt. Er verfügte über die Exekutive, hatte also als einziger „Gewalt", und das hatte in einem entmilitarisierten Land etwas zu bedeuten.

Die Beteiligung von Kommunisten an der Provisorischen Staatsregierung wurde als Haupthindernis für eine Anerkennung oder auch nur die Akzeptanz der Provisorischen Staatsregierung hingestellt. Da sich die westlichen Länder einmal auf einschneidende personelle Änderungen in der Regierung eingeschworen hatten, ohne die sie keiner Erweiterung zustimmen und damit keine Mitverantwortung übernehmen wollten, war es auch klar, daß damit jene ja schon auf den ÖVP-Vorkonferenzen in Salzburg erkennbar gewordene „hohe Latte" Honner hieß. Renner hatte das kommen sehen. Daher strich er immer wieder und bis zum Beginn der ersten Länderkonferenz die geringen Möglichkeiten der Kommunisten und das Konsensklima in der Regierung hervor. Er charakterisierte seine Regierung so, daß in ihr die Übereinstimmung das alles beherrschende Prinzip sei, und glaubte voraussagen zu können, daß dieses Prinzip eine solide Arbeitsgrundlage bilde und auch weiterhin funktionieren würde. Nicht Widerstand war alles: Konsens war die Grundlage des Staates.[51]

Doch die Beschwichtigungsversuche fruchteten nichts. Der „Westen" forderte Honners Kopf. Da Renner in dieser Frage jedoch nicht nachgab und wohl auch nicht nachgeben konnte, denn dann wäre es mit dem sowjetischen Wohlwollen und wahrscheinlich auch mit der kommunistischen Regierungsbeteiligung vorüber gewesen, versteiften sich die Fronten. Allerdings gab es keine wirkliche Krise. Die westlichen Delegierten drohten zwar mit der Abreise, und es wurde geschrieen und auf den Tisch gehaut. Doch das brauchte man wahrscheinlich und hatte es in einer weisen und vorausschauenden Regie eingeplant. Denn jeder mußte sein Gesicht wahren. Die „Westler" und vor allem Gruber mußten mehr erreichen, als in die für sie frei gehaltenen Positionen in der Provisorischen Staatsregierung einzurücken. Renner wieder durfte keine an den ausgewogenen Machtverhältnissen grundsätzlich rührenden Veränderungen vornehmen. Die Kommunisten wollten sich in der Regierung erhalten, denn das war ihnen doch auch von den Sowjets aufgetragen worden. Zudem konnten sie aber nicht auf 50 Prozent der bisherigen Machtpositionen verzichten. Sie verschanzten sich hinter Renner. Nach einem Vermittlungsvorschlag des Linzer Bürgermeisters Dr. Ernst Koref wurde schließlich das Ei des Columbus gefunden: Honner blieb im Amt. Er erhielt jedoch einen ÖVP-Unterstaatssekretär, Dr. Josef Sommer, der die Wahlen vorzubereiten und durchzuführen hatte. Zusätzlich sollte dieser neue Unterstaatssekretär noch durch eine viergliedrige Kommission unterstützt werden. Bei den Sicherheitsdirektoren wurden politische Beiräte aus Vertretern aller drei Parteien eingerichtet, so daß auch dort, wo es kommunistische Sicherheitsdirektoren gab, diese von ÖVP und SPÖ majorisiert werden konnten. Schließlich wurde Karl Gruber selbst noch dadurch „entschärft", daß ihm das Unterstaatssekretariat für Äußeres übertragen wurde.[52] Das war freilich eine Entscheidung, die noch einen zusätzlichen Aspekt hatte. Denn für das Außenamt hatte es zwei ernsthafte Bewerber gegeben: Den Salzburger Dr. Josef Rehrl, den vehementesten Verfechter eines Anschlusses des Berchtesgadener Landes, und Gruber, den vehementesten Verfechter der Rückkehr Südtirols. Auch ein Kärntner Außenminister war diskutiert worden. Mit der Ernennung Grubers war klar, daß nur die Südtirolfrage in der österreichischen Politik einen namhaften Platz erhielt.

Am 26. September waren die Arbeiten der juridischen, der ökonomischen und der politischen Kommission der ersten Länderkonferenz zu Ende. Die gemeinsame Schlußsitzung gestaltete sich zu einem eindrucksvollen Bekenntnis zum Gesamtstaat, für den nunmehr tatsächlich die Voraussetzungen geschaffen worden waren. Diese Einigkeit und die substantiellen Ergebnisse der Länderkonferenz waren es dann auch, die dazu führten, daß der Alliierte Rat am 20. Oktober 1945 der Ausweitung der Kompetenz der Provisorischen Staatsregierung zustimmte. Dabei hatten bis zuletzt die Briten verzögert und obstruiert.[53] Doch sie sahen sich allein gelassen und gaben sich schließlich mit der Zusicherung, daß es noch 1945 Wahlen geben sollte, zufrieden. Die Regierung Renner wurde allerdings nicht de jure, sondern nur de facto anerkannt.

Die Ankündigung von Wahlen für ganz Österreich, bei denen ein neues Parlament und neun Landtage gewählt werden sollten, und die Fixierung der Wahl mit dem 25. November veränderten die politische Landschaft in Österreich blitzartig. Denn wie das vor Wahlen immer der Fall ist, dient der Wahlkampf ja nicht dazu, die Gemeinsamkeiten herauszuarbeiten, sondern dazu, das Trennende, das Andere hervorzukehren: Da verschärfen sich die Gegensätze, da wird im ideologischen Fundus gekramt. 1945 gab es zudem derartig viele Unwägbarkeiten, daß die Selbsteinschätzung der Parteien und die Fremdeinschätzung beträchtlich differierten. Die letzten allgemeinen Wahlen auf demokratischer Grundlage hatte es 1930 gegeben. Mittlerweile war es zu beträchtlichen Bevölkerungsverschiebungen gekommen. Rund eine viertel Million Österreicher war gefallen oder galt als vermißt. 600.000 Österreicher waren noch in Kriegsgefangenschaft. Dazu kam dann, daß sich die Parteien darauf einigten, alle Österreicher, die eine NS-Parteimitgliedschaft gehabt hatten (und das war wieder rund eine halbe Million), von der Wahl auszuschließen. Von der Wahl sollten aber auch alle jene ausgeschlossen werden, die als sogenannte „Heimwehrfaschisten" belastet waren[54] – und im Grunde genommen war man mit der Frage, wer überhaupt wählen dürfen sollte, schon mitten im Wahlkampf. Denn einer Milchmädchenrechnung zufolge konnte die Ausschaltung aller im weitesten Sinne „rechten" Wählergruppen nur den im weitesten Sinne „Linken" zugute kommen.

Die besondere Bedeutung der ersten Wahlen war wohl allen politischen Parteien und darüber hinaus allen Menschen dieses Landes bewußt. Es mußte dies eine grundlegende Orientierung sein. Und es wurde auch – zumindest bis heute – die wichtigste Wahl der Zweiten Republik. Eigentlich konnte man gar nichts voraussagen: Weder das Abschneiden der Parteien noch deren Wille zur Zusammenarbeit. Denn gerade letzteres, das Zusammenwirken von SPÖ, ÖVP und KPÖ war etwas völlig Unhistorisches. Aber auch das Zusammenwirken von ÖVP und SPÖ bzw. ihrer Vorgänger in den Jahren 1918 bis 1920 war etwas, das kaum als Präzedenzfall gewertet werden konnte. Trotz allen guten Willens traute wohl niemand so recht dem innenpolitischen Frieden. Renner hatte den disparaten Kräften schon am 29. August im Kabinettsrat eine Ansprache gewidmet, in der er unter anderem sagte: „Ich möchte nicht erleben, daß sich die Parteien selbst von unten und von auswärts her in ihrem Bestande zerfasern lassen, daß also die Parteien obenzu erklären ‚wir sind für Frieden und Eintracht', und von unten brechen gegenteilige Parolen aus und werden in die Öffentlichkeit getragen – und darin ist gar keine Partei ausgenommen.

Ich sehe solche Erscheinungen in allen Parteien. Ich sehe, daß zum Beispiel in der

Volkspartei der rechte Flügel über die Linie der offiziellen Partei vorstößt und Heimwehrtendenzen wach werden. Ich sehe, daß in der Kommunistischen Partei radikale Elemente über die Parolen der Zentrale weit hinausgehen; ich sehe auch in der Sozialdemokratie sich eine Spannung entwickeln zwischen denen, die die Regierung mit vollem Vertrauen unterstützen und solchen, die sie mit unzeitgemäßer Kritik plagen. Ich sehe also einen Zustand, der für die Parteien selber nicht günstig ist, und ich sehe nach den Erfahrungen von Rumänien und Bulgarien die Gefahr, daß wir genötigt werden könnten, in zwei oder drei Monaten unvorbereitet, unorganisiert und bei unvollendeten Aufgaben Wahlen machen zu müssen."[55]

Ein solcher Appell konnte wohl auch nur für den Augenblick etwas bewirken, nicht aber eine grundsätzliche Änderung ideologisch besetzter Positionen herbeiführen. Und gerade in Sachen Ideologie tat sich einiges. Zum wenigsten vielleicht bei der ÖVP, wo Renner Heimwehrtendenzen zu orten geglaubt hatte und Adolf Schärf in der Hereinnahme der Tiroler Volkspartei einen ersten Rechtsruck verspürte.[56] Doch natürlich begann auch die ÖVP damit, ihre Positionen zu bestimmen. Figl tat das, indem er betonte, die Volkspartei sei eine neue, revolutionäre Partei. Gleichzeitig stellte er sich jedoch vor Dr. Engelbert Dollfuß, den er als lupenreinen Demokraten sah. Um ihre Positionen klar zu machen, wurden von der ÖVP 15 programmatische Leitsätze ausgegeben und damit das erste Parteiprogramm der Zweiten Republik verfaßt.[57] Mit ihm konnten sich zwar nicht alle anfreunden, doch die meisten, die den Weg zur ÖVP gefunden hatten, glaubten, dieses Programm mittragen zu können. In Gesprächen wurde bereits im Oktober 1945 der Wille zur Fortsetzung der Zusammenarbeit innerhalb einer Konzentrationsregierung bekräftigt. Allerdings befürchtete Figl, daß die Sowjets mit dem deutlich gemachten Wunsch nach Kontinuität einer bestimmten Regierungsform auf eine Parteienverschmelzung abzielten. Und dafür wollte sich die ÖVP nicht hergeben.[58]

Listenkoppelung und wahltaktische Bündnisse waren aber überhaupt ein beliebtes Thema, und es gab auch einige Vorstöße in dieser Richtung. In der Provisorischen Staatsregierung gab es beispielsweise eine Zusammenarbeit von SPÖ und KPÖ, von der die ÖVP, scheint's, nichts gewußt hatte.[59] Vor Ministerratssitzungen fanden nämlich regelmäßig Aussprachen zwischen Vertretern beider Linksparteien statt, bei denen das gemeinsame Vorgehen abgesprochen wurde. Erst nachdem man sich geeinigt hatte, wurden die Vertreter der ÖVP mit dem gemeinsamen Standpunkt von SPÖ und KPÖ konfrontiert. Es gab allerdings auch Kontakte von ÖVP und SPÖ, über die dann die KPÖ nicht Bescheid wußte. Die Zusammenarbeit zwischen ÖVP und SPÖ bezog sich primär auf das Faktische. Jene zwischen SPÖ und KPÖ bezog sich jedoch vor allem auf das Ideologische.

Am 26. Juli 1945 war der Antrag des SPÖ-Zentralsekretärs Erwin Scharf, eine Aktionsgemeinschaft von Sozialisten und Kommunisten zu bilden, vom sozialistischen Parteivorstand grundsätzlich angenommen worden.[60] Wenige Tage später wurde das Zusammengehen im Detail fixiert. In dem Abkommen wurde davon gesprochen, daß die SPÖ „als stärkste Partei Österreichs" von der Möglichkeit der Bildung einer einheitlichen Arbeiterbewegung überzeugt sei. Sie habe sich daher entschlossen, den Kommunisten ein gemeinsames Vorgehen in der Verstaatlichung, bei der Behandlung des Naziproblems und bei der Wiedergutmachung für 1934 vorzuschlagen. Schließlich sollten sich beide Parteien verpflichten, „keine unkameradschaftliche oder gehässige Kritik gegeneinander aufkommen zu lassen". Die Kommunisten akzeptierten sofort. Sie wollten aber noch um einen Schritt weitergehen. Sie zielten auf die Schaffung einer Einheitspartei ab.[61]

Der Regierung sollte ein Zentralrat mit Vertretern aller drei antifaschistischen Parteien – SPÖ, ÖVP und KPÖ – zur Seite gestellt werden. Der Zentralrat sollte, diesen Vorstellungen zufolge, eine enge Zusammenarbeit nicht nur auf Regierungs-, sondern auch auf Parteiebene sicherstellen, wozu es jedoch nicht kam. Im September ging es dann nur um eine Aktionsgemeinschaft zwischen Kommunisten und Sozialisten.[62] Es wurde ein Verhandlungskomitee gebildet, in dem drei Vertreter der Sozialdemokratie und drei Vertreter der Revolutionären Sozialisten sowie sechs Kommunisten saßen. Doch noch vor Beginn der Länderkonferenz war klar geworden, daß auch die Aktionsgemeinschaft zumindest in der von der KP vorgeschlagenen Form nicht zustande kommen würde. Die SPÖ lehnte wohl unter dem Einfluß des sozialdemokratischen Flügels ein gemeinsames Vorgehen auf der Länderkonferenz ab, auch wenn es eine gemeinsame Plattform gab.[63] Das Ende der Verhandlungen über die Bildung einer Volksfront kam dann am 1. Oktober 1945, als Schärf einen Beschluß seines Parteivorstandes erwirkte, wonach bis nach den Wahlen keine weiteren Sitzungen des SPÖ-KPÖ-Verhandlungskomitees mehr stattfinden sollten.[64]

Zur Ablehnung des Bündnisses mit der KPÖ trugen wohl gleichermaßen ideologische wie taktische Überlegungen bei. Eine ideologische Affinität im Sinne des Bauerschen „integralen Sozialismus" und radikal-demokratische Tendenzen vertraten zwar linkssozialistische Gruppen und vor allem der Flügel um den Zentralsekretär Erwin Scharf; die rechten sozialdemokratischen Sozialisten nahmen jedoch eine ganz andere Position ein und wandten sich gegen eine Aktionsgemeinschaft, die über die Zusammenarbeit wie z. B. in der Gewerkschaft, die am 30. April 1945 als Einheitsgewerkschaft begründet worden war, hinausging.[65] Dieses taktische und ideologische Element bei der Ablehnung einer Aktionsgemeinschaft war bereits auf einen stärkeren Einfluß bzw. stärkere Rücksichtnahme auf die britische Politik zurückzuführen. In Großbritannien regierte seit dem Juli 1945 die Labour Party, und seitens der SPÖ wurde alles getan, um ein Einvernehmen mit der Labour Party herzustellen. Aus London aber kam das Signal zur strikten Trennung. Und der Chefredakteur der „Arbeiter Zeitung", Oscar Pollak, gab dem beredt Ausdruck.[66]

Das Ende der Aktionsgemeinschaft und damit die Absage an die KPÖ hatte freilich nicht zu besagen, daß die SPÖ eine Hinwendung zur ÖVP vorgenommen oder daß die Auseinandersetzung mit der ÖVP an Schärfe verloren hätte. Ganz im Gegenteil, notierte einer der klügsten amerikanischen Beobachter dieser Zeit, Martin Herz, am 8. Oktober 1945:[67]

> „Die österreichischen Sozialisten haben die faschistische Überlieferung der Christlichsozialen Partei, der Vorläuferin der jetzigen Volkspartei, nicht vergessen und sind auch nicht bereit, sie zu vergessen. Bereits auf der Salzburger Parteikonferenz hat die SPÖ gegen ‚heimwehrfaschistische Einflüsse' in der Volkspartei gewettert und hat die Ausmerzung des Austrofaschismus noch vor die

Ausmerzung des Nationalsozialismus gereiht [siehe „Arbeiter Zeitung" vom 22. September]. Damit ist die Eliminierung aller Personen der Volkspartei gemeint, die in der Zeit der Repression zwischen 1934 und 1938 eine Rolle gespielt haben. – Dem begegnet die Volkspartei mit dem eher irrelevanten Einwand, daß die Sozialisten bzw. deren Vorgänger, die Sozialdemokraten, den Anschluß befürworten und daß die Partei in ihren Reihen prominente Personen habe, deren Anschluß-Akte sie als Leute ausweist, denen der wahre österreichische Patriotismus mangle. So weit es die Volkspartei betrifft, also jene Partei, die mehr zu verlieren hat, so hat sie sich als die konziliantere erwiesen und hat erkennen lassen, daß die alten Parteiengegensätze begraben werden sollten. Demgegenüber vertreten die Sozialisten die Haltung, daß die Akten so lange nicht geschlossen werden können, als Persönlichkeiten, die über die Liquidierung der Demokratie in Österreich entschieden haben und die befohlen haben, mit Kanonen auf Arbeiterwohnungen zu schießen, als Demokraten posieren, ohne gleichzeitig ausdrücklich und öffentlich die Dollfuß-Schuschnigg-Periode als einen fatalen Fehler ihrer Partei zu verurteilen."

Herz meinte dann, daß diese Konfrontation, bei der die Geschichte als Waffe verwendet werde, den Wahlkampf beherrschen und belasten würde. Eine Lösung könnte notfalls von den Besatzungsmächten herbeigeführt werden, wenn die Österreicher schon unfähig wären, sich diesbezüglich selbst zu bescheiden.

Um ein fortwährendes Handicap für die österreichische Demokratie zu vermeiden, sollten die Sozialisten dahin gebracht werden, die Anschlußidee als einen Fehler einzugestehen, und zwar auch für die Periode von 1918 bis 1932, anstatt diese Idee als gerechtfertigt und erst ab 1933 als tot zu verteidigen. Die Volkspartei sollte dazu gebracht werden, sich klar und öffentlich vom antidemokratischen Erbe der Christlichsozialen Partei zu trennen. Wenn nötig, sollte der Alliierte Rat eine unmißverständliche öffentliche Stellungnahme über diese Periode herausgeben, in der das tödliche Element des totalitären Staates klar zum Ausdruck komme. Mehr noch: In dem Augenblick, da sich die Alliierten aus Österreich zurückziehen würden, sollten sie ein feierliches Dokument zurücklassen, eine Art „Charta der Österreichischen Demokratie", in der ein kurzer Überblick über die Geschichte der österreichischen Demokratie gegeben wird und in der die österreichischen Parteien ermahnt werden, die Prinzipien der Demokratie nicht neuerlich zu gefährden. Dieses Dokument oder diese Charta, die eine Art österreichische Unabhängigkeitserklärung sein könnte, sollte so abgefaßt sein, daß sie Respekt gebietet und über einen langen Zeitraum hinweg zur Grundlage für den Schulunterricht und für öffentliche Darstellungen genommen werden könnte. Es wäre zudem nützlich, wenn diese Charta eine kurze Darstellung der Menschenrechte, der bürgerlichen Freiheiten, der Behandlung von Minderheiten und der Vorzüge des parlamentarischen Systems enthielte.

Noch eine Passage in dieser Ausarbeitung des Martin Herz ist von Interesse. Er faßte die amerikanischen Erhebungen und Stimmungsberichte zusammen und stellte eigentlich entgegen den damaligen Erwartungen der Alliierten, aber auch entgegen dem, was wir meistens in diese Zeit hineindenken und -interpretieren, fest, daß es keine besondere Begeisterung über die wiedererlangte Demokratie gäbe, daß ganz im Gegenteil eine „Parteimüdigkeit“ (er verwendete das deutsche Wort) herrsche. Es wäre nichts von einem politischen Enthusiasmus zu erkennen.

Ernst Fischer wollte etwas Ähnliches beobachtet haben und strich vor allem heraus, daß der Zulauf zu Partei- und Wahlveranstaltungen der ÖVP und der SPÖ kein besonderer war.[68] 300 bis 400 Leute wären das Maximum, wohingegen die Kommunisten bei ihren Veranstaltungen einen enormen Zulauf von durchschnittlich 1200 Menschen hätten. (Nun, vielleicht gingen nicht alle ganz freiwillig hin, doch wie auch immer: bei den anderen Parteien waren es jedenfalls weniger.) Herz wiederum wollte auch festgestellt haben, daß es einen Trend zur Schaffung überparteilicher Organisationen gäbe, daß sich die alte Widerstandsbewegung in diesem Sinne wieder zu organisieren und zu betätigen suche, daß es auch schon eine Partei, die „Demokratische Union“ gebe, die mit dem Anspruch der Überparteilichkeit auftrete. Aber auch die Volkspartei repräsentiere eine Art Überpartei, vertrete alle Klassen und sei ein Miniaturständestaat. Die Zukunft gehöre den Überparteilichen.[69]

Die Briten beobachteten selbstverständlich ebenso aufmerksam wie alle anderen den Wahlkampf und schenkten den Erscheinungen dieser Wochen nicht nur Aufmerksamkeit im Hinblick auf Parteipräferenzen. Vielmehr bemühten sie sich, die Hintergründe auszuleuchten. Mag sein, daß sie dabei einen begrenzten Blickwinkel hatten, weil sie nicht daran glauben wollten, daß sich Österreich so rasch von den politischen Folgen der NS-Zeit erholen würde. Die vom britischen Chefberater, William Mack, aufgeworfenen Aspekte[70] geben nichtsdestoweniger zu denken: Trotz der Parteiveranstaltungen, der öffentlichen Versammlungen, der Plakate und der Tatsache, daß dies die ersten freien Nationalrats- und Landtagswahlen seit 15 bzw. 13 Jahren seien, vermißte Mack im Großteil der österreichischen Bevölkerung ein Gefühl persönlicher Verantwortlichkeit für den Ausgang der Wahlen. Er machte aber nicht sosehr die Menschen dafür haftbar, als vielmehr eine Reihe von Umständen. Zunächst einmal die Furcht vor dem Hunger und vor Krankheiten (wie nach dem Ersten Weltkrieg). Zum zweiten die Teilung in vier Besatzungszonen. Ferner das Gefühl vorheriger Koalitionsabsprachen zwischen den Parteien, wodurch die Stimme des einzelnen entwertet würde. An den Parteien wurde ausgesetzt, daß sie ihre Programme mit hochgestochenen Plattitüden umschrieben und keine echten Ziele nannten, und schließlich würden in Ostösterreich die Kommunisten, die belasteten Nationalsozialisten, die Habenichtse und die Kleinmütigen von den Russen ermuntert, sich vor deren Wagen spannen zu lassen. Die jüngere Generation sei überdies von der Lebensfähigkeit Österreichs um nichts mehr überzeugt als vor 1938.

Greifen wir einige dieser Aspekte auf und sehen wir auch noch kurz in den Westen. Dazu schrieb der langjährige Vorarlberger Landeshauptmann Ulrich Ilg in seinen Lebenserinnerungen: „So sehr die Leute im Jahre 1945 glücklich waren, daß nun die nationalsozialistische Diktatur zu Ende war und wieder demokratische Formen sich anbahnten, so wenig bestand trotzdem ein Verlangen nach parteipolitischer Tätigkeit. Die Befürchtung, man könnte sich durch den Beitritt zu einer Partei wieder einmal die Finger verbrennen, war bei einem Großteil der Bevölkerung und besonders bei Heimkehrern so stark vorhanden, daß nur ein kleiner Kreis von Leuten es wagte, sich politisch zu betätigen. Die Leute hatten vielfach die Vorstellung, es müßte eine Demokratie ohne politische Parteien geben.

Aus diesem Grund wurde im Westen Österreichs zum Unterschied von der Ostzone mit Parteiveranstaltungen sehr Zurückhaltung geübt, und es fanden vorerst nur interne Kontakte statt."[71]

Es waren also sehr ähnliche Beobachtungen, die von Amerikanern, Briten aber auch Österreichern angestellt wurden, und sie liefen auf eines hinaus: auf eine Politik- und Parteienverdrossenheit. Die Reaktionen konnten nicht ausbleiben. Sie äußerten sich aber nicht im Werben um die Wähler, sondern in einer fatalen Gleichsetzung: Wer Zweifel an den Parteien hegte, war ein Antidemokrat.

Als wäre der politische Alltag – von den privaten Bereichen ganz zu schweigen – noch nicht facettenreich genug gewesen, begann sich im Oktober und dann vor allem im November das Karussell immer schneller zu drehen, und fast jeden Tag blitzten neue Ideen, neue Spekulationen und Trends, aber auch Verdächtigungen und Vorwürfe auf.

Da war zunächst einmal der Wahltermin. Er war zwar auf der zweiten Länderkonferenz einvernehmlich festgelegt worden, entsprach aber vor allem den Wünschen von ÖVP und SPÖ. Die Kommunisten waren nur ungern bereit gewesen, zuzustimmen, da sie sich bewußt waren, daß sie mit dem Aufbau ihrer Organisation noch stark nachhinkten.[72] Außerdem rechneten sie sich aus, daß die Zeit für sie arbeiten würde. Es waren aber auch jene beiden ÖVP-Politiker, die die Verhandlungen zur Bildung der Provisorischen Regierung geführt hatten, Leopold Kunschak und Eduard Heinl, gegen den Termin gewesen, da sie meinten, so verhältnismäßig früh angesetzte Wahlen würden zu einem Chaos führen und verfälschte Ergebnisse zeitigen.[73] Da und dort klang auch einiges an persönlicher Diffamierung an. Bei der SPÖ, wenn sie die „heimwehrfaschistische Vergangenheit" des einen oder anderen ÖVP-Politikers apostrophierte. Doch auch Figl hatte schließlich aus seinem Herzen keine Mördergrube gemacht und sich über die sozialistische Führung mokiert, die immer von ihrem opfervollen Weg sprach, mit Ausnahme von Oskar Helmer aber niemanden in der Regierung hatte, der im KZ gewesen war. Auch bei Helmer sei das eine Übertreibung, denn er habe nach dem 20. Juli 1944 nur drei Tage im KZ verbracht.[74] Was sei das im Vergleich zu den mehr als fünf Jahren, die Figl gelitten hatte. (Dabei übersah Figl, daß auch Johann Böhm nach dem 20. Juli 1944 im KZ und eine Reihe von sozialistischen Regierungsmitgliedern im Gefängnis gewesen war. Und was war vorher zwischen 1934 und 1938?) Das Aufrechnen war aber immer eine zweischneidige Sache – und es wird dennoch immer praktiziert.

Im Wahlkampf spielte auch die Verstaatlichungsfrage eine Rolle, die sich entgegen den getroffenen Vereinbarungen vom 5. September und jenen der Länderkonferenzen durchaus zur Herausarbeitung von Parteistandpunkten eignete. Sozialisten und Kommunisten verwarfen die Argumente der ÖVP, wonach die Privatunternehmer, Gewerbetreibenden, aber auch Arbeiter durch eine zu weit gehende Verstaatlichung gefährdet wären und daß durch diese die zu verstaatlichenden Betriebe verbürokratisiert und leistungsunfähig würden. Sie verwiesen statt dessen auf die Vorteile der Verstaatlichung und griffen die ÖVP als Partei des Kapitals an.[75]

Zahlreiche Möglichkeiten zur Auseinandersetzung bot auch die Entnazifizie-

Vorderste Reihe (von links): Vinzenz Schumy, Johann Böhm, Eduard Heinl, Dr. Georg Zimmermann, Dr. Ernst Fischer, Johann Koplenig, Dipl.-Ing. Leopold Figl, Dr. Karl Renner, Dr. Adolf Schärf, Franz Honner, Dr. Josef Gerö, Josef Kraus, Andreas Korp, Julius Raab.

REGIERUNG RENNER IV
Provisorische Staatsregierung
(27. 4. 1945–20. 12. 1945)

Aufnahme vom 19. 12. 1945
Foto: US Army

rungsfrage, obwohl auf der zweiten Länderkonferenz (9.–11. Oktober 1945) volle Einigkeit darüber erzielt worden war, ehemalige Nationalsozialisten vom aktiven und passiven Wahlrecht auszuschließen. Böses Blut machte vor allem bei der ÖVP eine Maßnahme der Amerikaner, die einige Kategorien von Angehörigen der Heimwehr und des Ständestaates mit Nationalsozialisten gleichsetzten und in das Anhaltelager Glasenbach (Camp Marcus W. Orr) einlieferten. Die Reaktion in Salzburg: Es wurde zum Boykott der Wahlen aufgerufen. Der neue Staatssekretär für Auswärtige Angelegenheiten, Karl Gruber, wandte sich daraufhin an die Amerikaner und konnte zumindest eine Aussetzung der Maßnahmen erwirken.[76]

Schließlich zeigten sich auch Ansätze für eine „vierte Partei“. Der seinerzeitige Vorsitzende des Siebenerausschusses der O5, Raoul Bumballa, der bei der ÖVP Aufnahme gefunden hatte, war weder mit dem ideologischen Programm dieser Partei einverstanden, noch wollte er die Ausschaltung der Widerstandsbewegung hinnehmen. Deshalb drohte er mit Abspaltung. Daraufhin wurde er dadurch „unschädlich“ gemacht, daß er zum stellvertretenden Parteiobmann der ÖVP aufrückte.[77] Doch das währte nur wenige Wochen. Zumindest aber hatte es zur Folge, daß nicht Bumballa als Gründer der dann als „Demokratische Union“ bezeichneten Neuformierung in Erscheinung trat, sondern DDDr. Karl Rössel-Majdan und Dr. Bruno Schmitz, Sohn des ehemaligen Bürgermeisters von Wien, Dr. Richard Schmitz.[78]

Trotz aller Gegensätze, die betont und trotz aller Vorwürfe, die gemacht wurden, blieb der Wahlkampf maßvoll, denn es war wohl jeder politischen Gruppierung bewußt, daß es nicht nur galt, für sich selbst zu werben und die Wahlwerbung der Gegner zu unterlaufen. Mehr noch galt es, bei den Alliierten den Eindruck zu erwecken, daß Österreich zu normalen Formen demokratischen Zusammenlebens zurückgefunden hatte. Daher klang auch immer wieder die Bereitschaft zur Zusammenarbeit an, und daher wurden die vor allem bei Amerikanern und Sowjets laut gewordenen Wünsche nach Fortsetzung der Zusammenarbeit auch nicht als etwas angesehen, das als Einmischung in ureigenste österreichische Angelegenheiten empfunden wurde.[79] Es war freilich nach wie vor nichts zu finden, das auf historische Kompromisse schließen ließ oder gar darauf, daß vielleicht überhaupt daran gedacht worden wäre, eine Allparteienregierung oder auch nur eine große Koalition verfassungsmäßig zu verankern. Die Reminiszenzen an die „Lagerstraße“ spielten in diesem Zusammenhang schon überhaupt keine Rolle mehr, und es wurde lediglich die durch Besetzung und Not abgeleitete Zweckmäßigkeit einer engen Zusammenarbeit herausgestrichen.

Vor den Wahlen wurden die tollsten Prognosen gestellt. Insbesondere die Amerikaner erforschten die Stimmung, die Parteienpräferenzen und die Absichten der politischen Führer sämtlicher Parteien.[80] Häufig bekamen sie wohl nur zu hören, was sie gerade hören wollten. Dabei erging es ihnen wie auch dem sowjetischen Generaloberst Želtov, der ebenso sorgsam wie besorgt auf das Stimmungsbarometer blickte. Die Sowjets sahen voraus, daß infolge der Plünderungen, Vergewaltigungen und Morde, die von Rotarmisten bei Kriegsende begangen worden waren, die KPÖ als die „Russenpartei“ eine schlechte Ausgangsposition hatte. Die KPÖ hatte dafür dank einer besonders großzügigen Papierzuteilung durch die Russen wieder mehr

Propagandamöglichkeiten als die anderen Parteien. Das mochte ihr Handikap ausgleichen. Der zu erwartende Anteil der KP an den Stimmen wurde in der Regel mit 10 bis 30 Prozent angegeben. Man sprach von 15 bis 25 der damals zu vergebenden 165 Nationalratssitze. Mehrheitlich wurde ein Abschneiden der SPÖ mit einer relativen Mehrheit erwartet.[81] Dann kam der Wahltag. Und am 26. November 1945, am „Tag danach", sah alles anders aus. Die ÖVP hatte mit knapp 50 Prozent der Stimmen eine absolute Mandatsmehrheit geschafft, die SPÖ hatte 45 Prozent erhalten und die KPÖ überraschenderweise nur 5 Prozent. (Der Mandatsstand betrug 85:70:4.) Landesweit waren 63 Prozent der Wähler Frauen gewesen, in Wien sogar bis zu 68 Prozent. – 1945 war daher wirklich das „Jahr der Frau".

Ein Leopold Figl, von dem man im Inland mittlerweile oft gerade nur die richtige Schreibung seines Namens kannte und über den man im Ausland kaum Bescheid wußte, wurde mit der Regierungsbildung beauftragt. Zur Überraschung vieler beließ es Figl bei der Konzentrationsregierung.

Möglicherweise war wirklich schon alles vor den Wahlen vereinbart gewesen.[82] Bereits im September soll Renner der britischen Regierung mitgeteilt haben, daß die SPÖ mit der ÖVP eine Vereinbarung getroffen habe, wonach sie nach den Wahlen eine Koalition bilden wollten. Doch die Frage der Bildung einer großen Koalition bzw. einer Konzentrationsregierung dürfte nicht nur auf diese etwas mystifizierende Weise erörtert und die Absicht streng vertraulich deponiert worden sein. Die diesbezüglichen Erörterungen waren auch nicht auf ÖVP und SPÖ beschränkt gewesen, denn auch die KPÖ war nicht nur voll informiert, sondern auch schon vor den Wahlen in der Lage gewesen, detaillierte Auskünfte zu geben. Am 11. November sagte Ernst Fischer zu dem bereits erwähnten amerikanischen politischen Vertreter in Wien, Martin Herz: „Es steht unumstößlich fest, daß es eine Koalitionsregierung geben wird." Und Fischer tippte auch schon zwei Wochen vor der Wahl auf Figl als den nächsten Kanzler.[83] Figl seinerseits äußerte sich vor der Wahl genauso wie die Sozialisten zur Zusammenarbeit, wurde aber noch nicht konkret. Einen Tag nach Verkündung des Wahlergebnisses, am 27. November, skizzierte er aber schon ganz klar eine Konzentrationsregierung, die im wesentlichen eine große Koalition sein würde. Er machte jedoch deutlich, daß auch den Kommunisten der Eintritt in die Regierung ermöglicht werden sollte.[84]

Diese Haltung entsprach bis ins Kleinste den an diesem Tag von General Clark formulierten Bedingungen. Clark und dessen politischer Berater, John Erhardt, waren von Washington angewiesen worden, notfalls direkt auf die österreichischen Parteiführer einzuwirken, um ihnen die Notwendigkeit einer Koalitionsregierung vor Augen zu führen.[85] Eine solche wäre bis zum Ende der militärischen Besetzung Österreichs opportun, meinte das State Department. Vor allem aber sollte auch eine kommunistische Vertretung im Kabinett gewährleistet sein, um die guten Beziehungen unter den vier Alliierten zu erleichtern und um nicht den Eindruck entstehen zu lassen, daß der Sieg der Volkspartei automatisch eine antisowjetische und antikommunistische Politik mit sich bringen würde. Ungeachtet des Wahlausganges mit Siegern und Verlierern, solle man sich der gemeinsamen Interessen bewußt sein. Es stehe zu hoffen, daß die Sozialisten mit der Volkspartei auch weiterhin zusammenarbeiten würden, und es wäre wünschenswert, wenn nach der Neubildung der Regierung Karl Renner zum Bundespräsidenten gemacht oder ihm ein vergleichbarer Posten angetragen würde. Das sei schon deshalb nötig, um die Kontinuität zur Provisorischen Regierung zu wahren. Washington hoffe auch, daß Renners neues Amt seinen Einfluß auf die Staatsgeschäfte nicht mindern würde.

Die ÖVP war durchaus bereit, in dem skizzierten Sinn zu handeln. Das einzige Fragezeichen, das Figl über die Große Koalition im Rahmen der Konzentrationsregierung stellte, war eine ihn offenbar zutiefst empörende Äußerung von sozialistischer Seite am Tag nach der Wahl, in der es um Faschisten im Zusammenhang mit der Volkspartei gegangen war.[86] Tatsächlich wurde auch mit dem Argument des (Heimwehr-)Faschismus die Regierungsbildung belastet. Diejenigen, die das taten, waren aber nicht die Sozialisten, sondern Sowjets und Amerikaner. Dabei ging es jedoch nicht um die grundsätzliche Zustimmung zu einer auf so breiter Basis gebildeten Regierung, sondern um einzelne Personen, denen der Eintritt in das Kabinett unmöglich gemacht werden sollte.

Amerikaner und Sowjets verständigten sich dahingehend, daß sie in der von Figl vorgelegten Regierungsliste die Namen Julius Raab und Vinzenz Schumy bei der ÖVP sowie Andreas Korp bei der SPÖ strichen und das, obgleich alle drei Mitglieder der Provisorischen Regierung gewesen waren.[87] Raab und Schumy wurde ihre Rolle im Ständestaat, Korp seine Mitgliedschaft bei der NSDAP vorgeworfen. Verhandeln half da nichts. Österreich hatte zwar gewählt. Österreichs politische Parteien durften auch eine Regierung bilden und einem frei gewählten Parlament vorstellen. Doch wer in die Regierung aufgenommen werden durfte, wurde von den Alliierten entschieden. Die Große Koalition begann unter der Aufsicht von vier Vormunden.

3 Die Rückkehr der Ideologie

Unter den Verhältnissen der totalen Besetzung und Kontrolle war es sicherlich richtig, die Frage, wer der ersten gewählten Regierung der Zweiten Republik angehören sollte, nicht zu einer Kraftprobe mit den Alliierten werden zu lassen, sondern nach Persönlichkeiten zu suchen, die die Zustimmung der Alliierten fanden. Man war ja von den Besatzungsmächten in jeder Weise abhängig und hatte insbesondere auch anzuerkennen, daß die Alliierten und vor allem die Amerikaner mittlerweile ein Hilfsprogramm hatten anlaufen lassen, das der österreichischen Bevölkerung das Überleben ermöglichte. Daher war nach einem Aufflackern des politischen Gegensatzes in den Wochen vor der Wahl das Bestreben erkennbar, danach tunlichst alle Auseinandersetzungen hintanzureihen und dem Prinzip „primum vivere deinde politicare" zum Durchbruch zu verhelfen. Das kam dann auch am ersten Parteitag der SPÖ, Mitte Dezember 1945, zum Ausdruck, wo lediglich ein Redner, Karl Czernetz, die Prinzipien der Zusammenarbeit zwischen ÖVP und SPÖ in Zweifel zog.[1] Auch die Äußerung Dr. Bruno Pittermanns, daß die Zusammenarbeit so lange dauern würde als verstaatlicht würde, konnte nicht als Terminisierung oder gar als Drohung verstanden werden, da mit der ÖVP in der Verstaatlichungsfrage ja schon grundsätzlich Übereinstimmung herrschte.

Am 19. Dezember 1945 gab die Provisorische Staatsregierung ihren Rechenschaftsbericht.

Am 20. Dezember wählte die Bundesversammlung unter Aufhebung der diesbezüglichen Verfassungsbestimmungen über die Volkswahl Karl Renner zum Bundespräsidenten. Diese Wahl war zwischen ÖVP und SPÖ abgesprochen worden und an sich eine Selbstverständlichkeit. Ernst Fischer meinte zwar, daß man damit der großen Integrationsfigur und des größten parlamentarischen Routiniers verlustig ginge.[2] Doch wie sich dann zeigte, zog Renner noch eine Zeitlang und eigentlich bis zu seinem Tod die Fäden. Mit der Wahl Renners zum Bundespräsidenten ging aber auch eine SPÖ-interne Veränderung und eine kleine Tragödie vor sich. Denn der frühere Wiener Bürgermeister und Vorsitzende der Partei, Karl Seitz, hatte damit gerechnet, zum Bundespräsidenten nominiert zu werden. Statt dessen wurde ihm sogar nahegelegt, den Vorsitz in der Partei an Adolf Schärf abzugeben und sich mit der Stellung eines Ehrenvorsitzenden auf Lebenszeit zu begnügen.[3]

Am 21. Dezember trat die Provisorische Regierung formell zurück. Tags darauf stellte Leopold Figl sein Kabinett dem Nationalrat vor.

Die Parteien hatten sich geeinigt, eine Regierung auf der Basis jener Zusammenarbeit zu bilden, wie sie in der Provisorischen Staatsregierung begonnen worden war. Die Funktionsmechanismen waren abgesprochen, wenngleich nicht regelrecht schriftlich fixiert worden.* Nicht aber wohl, weil sich jemand scheute, das niederzuschreiben, sondern deshalb, weil doch noch alles sehr im Fluß schien. Festgelegt worden waren unter anderem die Verteilung der Ressorts sowie das Prinzip der proportionalen Aufteilung des politischen Einflusses auf Bundes- und Landesebene. Damit war der „Proporz" geboren, der schließlich zu einem der Synonyme für die negativen Seiten der Großen Koalition werden sollte. Da die Kommunisten bei strikter Anwendung der Verhältnismäßigkeit auf Bundesebene keinen Anspruch auf ein Ministerium erheben konnten, wurde die Einbeziehung eines kommunistischen Ministers, Dr. Karl Altmanns, ausdrücklich als Konzession an die Kommunisten bezeichnet. Da im Ministerrat Einstimmigkeit herrschen sollte, die kommunistische Regierungsbeteiligung aber offenbar von vornherein als ein gewisses Hemmnis für die Einstimmigkeit gesehen wurde, einigte man sich schließlich über Vorschlag des designierten Bundesministers für Vermögenssicherung und Wirtschaftsplanung, Dr. Peter Krauland, darauf, daß Gesetze, für die im Ministerrat keine Einstimmigkeit zustande kommen sollte, an das Parlament weitergegeben werden konnten. Dort war dann ein Verhandlungsausschuß einzusetzen. Wenn der zuständige Ressortminister das Verhandlungsergebnis dieses Ausschusses akzeptierte, sollte die Angelegenheit als bereinigt gelten. Die Einsetzung dieser Vorform eines Koalitionsausschusses wurde nach ihrem Initiator als „Formula Krauland" bezeichnet. Ungeachtet der Rücksichtnahme auf die kleine Kommunistische Partei war aber von allem Anfang an deutlich zu sehen, daß es primär darauf ankam, die Interessen der beiden großen Parteien, „der Zwei", zur Übereinstimmung zu bringen. Der Nationalrat begann seine fünfte Gesetzgebungsperiode und strich damit etwas heraus, das so unlogisch nicht war, nämlich die Kontinuität der Republik.

Das erste, was diese Regierung zu tun hatte, war Überlebenswillen zu demonstrieren. In einem Punkt durfte es nämlich keine Kontinuität geben, nämlich dort, wo an der Lebensfähigkeit Österreichs gezweifelt wurde. Und das war unsagbar schwer. Was hatte denn diese 45er-Generation an Hoffnungen und Aussichten?

Österreich, ein Land von etwas mehr als sechs Millionen hier Heimatzuständigen, mit einer auf- und abkletternden Zahl von Flüchtlingen und Heimatlosen, einer Zahl, die aber kaum einmal unter eine halbe Million sank, mit zunächst rund einer Million und zu Jahresende noch immer 337.000 Soldaten der Besatzungsmächte . . . dieses Österreich hatte natürlich seine annähernd sieben Millionen Einzelschicksale, die zu würdigen aber unmöglich und unhistorisch wäre. Nachdem einmal

---

* Siehe Anhang 3/1

gewählt und damit das wesentlichste politische Problem ausgestanden war, konzentrierte sich das Interesse wieder vorwiegend auf die Alltagssorgen. In Anlehnung an das Wort vom Alltagsfaschischmus könnte man vom Alltagsdemokratismus des Jahres 1945 sprechen. Er drückte sich darin aus, daß allmählich die Entnazifizierung in Gang kam, und zwar mittels Registrierung, Berufsverbot, Gehaltskürzungen, aber auch mittels der gelegentlichen Verpflichtung zum Besuch von Volkshochschulkursen über Demokratie. Der nachweisliche Besuch solcher Kurse galt z. B. in Wien in einer Reihe von Berufen als Anstellungserfordernis.[4] Die ersten Kriegsverbrecherprozesse fanden statt. Der Alltagsdemokratismus drückte sich aber auch im Schulwesen aus. Es gab ja kaum Lehrbehelfe, die zugelassen waren. Teils über Geheiß der Besatzungsmächte, teils dann schon durch die wiedererrichtete österreichische Schulverwaltung sollten alle jene Lehrbücher, in denen nationalsozialistisches Gedankengut zum Ausdruck kam, vernichtet werden. Sämtliche Geschichte-, Geographie-, Biologie-, Lese- und Gesangsbücher sollten verbrannt oder eingestampft werden. Neue Bücher gab es noch nicht. Im Schuljahr 1945/46 wurde lediglich nach provisorischen Lehrplänen unterrichtet. In einigen Ländern standen kaum Lehrer zur Verfügung, und häufig mußten schon längst pensionierte Lehrer wieder angestellt werden, um wenigstens einen notdürftigen Unterricht zu organisieren. Die wenigen Richter und Ärzte waren überlastet. Die Zahl der Beamten ging stark zurück, da eine Zeitlang nicht eine bestimmte Qualifikation, sondern der Nachweis einer demokratischen Gesinnung erforderlich war.[5] – Es genügte auch eine volksdemokratische.

Das größte Problem bei der Wiedereinführung der Demokratie war aber nicht etwa ein nationalsozialistisches Restbekenntnis oder – wie Martin Herz gemeint hatte – eine Parteimüdigkeit. Es war auch nicht die Ablehnung der Besatzungstruppen oder stellenweiser Haß auf dieselben. Das Hauptproblem war der Hunger. Denn wenn es dem neuen Staat nicht gelang, seine Bevölkerung zu versorgen, und wenn es den Alliierten nicht gelang, ihre Besatzung als einen konstruktiven Beitrag zur materiellen Sanierung Österreichs erscheinen zu lassen, dann verloren die nicht immer leicht darstellbaren Begriffe wie Befreiung, Freiheit und Demokratie jegliche Bedeutung und jeglichen Kredit.

In Wien lagen die Rationen im Mai 1945 bei 350 Kalorien. Durch die Maispende und die – zu bezahlende – Maihilfe der Roten Armee,[6] die bis zum 31. August 1945 reichten, wurde die Versorgung auf 833 Kalorien angehoben. Nach der Übernahme der vorgesehenen Besatzungszonen durch die Westalliierten und die Vereinheitlichung der Versorgung von Wien kletterte die Kalorienkurve rasch an und hielt zu Jahresende bei 1550 Kalorien. Dann sackte sie wieder ab.[7] Doch Wien war untypisch, da es zunächst besonders schlecht versorgt war, dann aber von allen Besatzungsmächten als Prestigeobjekt behandelt wurde. In Oberösterreich und Salzburg lag die Ausgangsbasis bei 700 bis 900 Kalorien. Die Amerikaner versorgten zu Jahresende ihre Zone mit denselben Mengen wie Wien. Tirol und Vorarlberg wurden bis November 1945 von den Amerikanern mitversorgt, da sich die Franzosen zunächst außerstande sahen, die benötigten Lebensmittel aufzutreiben. Nach einigen Schwankungen und vor allem dadurch, daß die Länder der französischen Zone eine streng rationierte eigene Lebensmittelversorgung aufwiesen, spielte sich die

Ernährung bei rund 1000 bis 1200 Kalorien ein. Die Versorgung der britischen Zone, Steiermark und Kärnten, konnte bis Jahresende auf etwas über 1200 Kalorien täglich angehoben werden. Die sowjetische Zone war jedoch im großen und ganzen auf Eigenaufbringungen angewiesen. In Niederösterreich und im Burgenland kam man daher über 700 bis 800 Kalorien kaum einmal hinaus.[8]

Nun barg die Uneinheitlichkeit der Versorgung außer der Gefahr für das Leben der Menschen auch die des Auseinanderlebens in sich, denn die besser versorgten Länder waren von sich aus nicht bereit, etwas abzugeben und auf etwas zu verzichten. „Sacro egoismo" auf österreichisch! Die hungernden Länder drohten, da Aggressivität gegenüber den Besatzungsmächten nichts nützte, den politischen Führern ihrer Länder, aber auch der Zentralregierung nicht nur buchstäblich, sondern tatsächlich mit der Faust. Eine ausreichende Versorgung insbesondere der Hungergebiete wurde also zum zentralen Problem. Die USA waren angesichts einer Welternährungskrise und einer weltweit drohenden Nahrungskatastrophe die einzigen, die nicht nur über große Nahrungsmittelreserven, sondern auch über die benötigten Transportmittel verfügten, um die Nahrung in die Krisenregionen kommen zu lassen. – Als die Amerikaner ein Hilfsprogramm auch für Österreich anlaufen ließen, dachte wohl noch niemand daran, daß mit der Nahrung auch Demokratie importiert würde, und zwar vor allem die amerikanische Demokratie. Ein Jahr später war das aber wohl schon evident. Als die amerikanische Lebensmittelhilfe anlief, erhielt sie das Kürzel „disease und unrest formula", da damit erklärtermaßen der Ausbruch von Seuchen und Unruhen verhindert werden sollte.[9] Doch diese amerikanische Hilfe wurde nur im Westen und in Wien wirksam. Dem Osten drohte eine Katastrophe, nicht zuletzt deshalb, da die Sowjets ihren Sektor in Wien hauptsächlich aus Niederösterreich und aus dem Burgenland versorgten und auch noch für ihre Truppen Nahrungsmittel aus diesen Ländern zogen.

Der Silberstreif am Horizont war das Anlaufen einer nominell von den Vereinten Nationen zu gewährenden Hilfe, der UNRRA-Hilfe (United Nations Relief and Rehabilitation Administration).[10] Das UNRRA-Abkommen war schon am 9. November 1943 geschlossen worden. Die weitgehend von den Amerikanern und von Großbritannien gelieferten Hilfsgüter wurden bereits 1944 verteilt. Der springende Punkt war jedoch der, daß UNRRA-Hilfe nicht in Feindstaaten geliefert werden durfte. In diesem Zusammenhang war zu fragen: Was war Österreich? Das erste Land, das Opfer der Angriffspolitik Hitlers wurde, oder das Land, das mitschuldig war und Verantwortung für den Krieg trug? Interessanterweise trat schon bei einer UNRRA-Tagung im Oktober 1944 die tschechische Delegation für die Aufnahme Österreichs in die Hilfslieferungen ein. Die Tschechen zogen ihren Vorschlag allerdings später zurück. Angeblich, wie die Amerikaner zu berichten wußten, über sowjetischen Wunsch, da „die Sowjets der Idee einer Hilfe an Österreich kühl und kalt gegenüberstanden, vornehmlich aus dem Grund, da Österreich keine ausreichende Anstrengung zu seiner Befreiung gemacht hätte".[11] Als die Hilfe dann aber auf breiter Basis diskutiert wurde, und das war Ende August 1945 der Fall, stimmten fast alle Staaten, auch die Sowjetunion und die Tschechoslowakei, dafür, Österreich aus der Feindstaatengruppe herauszunehmen und es in das UNRRA-Programm einzubeziehen. Ein einziges Land stimmte dagegen: Jugoslawien.[12]

Die Reaktion auf die Ankündigung, daß die UNRRA-Hilfe auf Österreich ausgedehnt würde, war enorm. Sie wurde allerdings sehr rasch erwartet und konnte doch erst nach Monaten, nämlich im März 1946, anlaufen. Aber dennoch: Wahrscheinlich war dieses Signal das größte Element der Hoffnung. Der Hinweis, daß Österreich nicht mehr Feindstaat sei, beflügelte. Und die Menschen, gerade in den unterversorgten und in den Hungergebieten, klammerten sich an die Zusage der Hilfe und hofften. Sie zögerten buchstäblich den Hungertod hinaus, weil ihnen Hilfe in Aussicht gestellt worden war.

Dennoch stand es auch in den ersten Monaten des Jahres 1946 nicht zum besten mit Österreich. Die Alliierten übten einen besonders starken Druck aus und versuchten, alles und jedes zu kontrollieren. Sie – vor allem Briten und Amerikaner – steckten Tausende in Anhaltelager. Vorübergehend festgenommen wurden unter anderen auch der ehemalige provisorische Landeshauptmann der Steiermark, Machold, und der Sicherheitsdirektor der Steiermark, Alois Rosenwirth, die beschuldigt wurden, im Auftrag Renners am Aufbau einer österreichischen Armee gearbeitet zu haben. Die Regierung Figl wurde ermahnt, Zeitungen wurden gerügt, und Binnengrenzen wie Verkehrswege wurden minutiös überwacht.[13] Die Gründe dafür waren mannigfach.

Nach der De-jure-Anerkennung der Regierung Figl am 7. Jänner 1946 und in Anrechnung der Tatsache, daß Österreich hinsichtlich seiner politischen und verbandsmäßigen Strukturen (Gewerkschaftsbund, Arbeiterkammern, Interessenvertretungen) mittlerweile voll funktionsfähig war, hatten sich die wichtigsten Gründe für die Besetzung und Teilung eigentlich erübrigt. Aber es hatte keiner der Alliierten weiter gedacht als bis zu diesem Punkt, der zunächst imaginär, ja in weitester Ferne schien. Begreiflich also, daß sie aus Unkenntnis und Unsicherheit heraus nervös reagierten und einmal deutlich machen wollten, daß sie nicht daran dächten, auch nur einen Fußbreit Bodens aufzugeben. Die Entwicklung war für die Alliierten zu rasch abgelaufen, und da sie bei weitem noch nicht alle Nachkriegsprobleme bedacht hatten oder sich auch nur über ihre eigenen Interessen klar geworden wären, brauchten sie Zeit. Grundsätzlich glaubten sie nach wie vor nicht an die Lebensfähigkeit Österreichs[14] und wollten daher einfach an Ort und Stelle bleiben.

Dabei gab es eine Reihe von Tendenzen. Sie alle liefen darauf hinaus, das Völkerrechtssubjekt Österreich in bestimmten Bereichen gar nicht erst groß werden zu lassen. Einer der wichtigsten Bereiche war dabei die Sicherheitspolitik. Mit dem allmählich stärker werdenden Druck auf das von Karl Renner ganz bewußt in sein Kabinett, ja mehr noch: direkt in seine Staatskanzlei eingegliederte Unterstaatssekretariat für Heerwesen hatten sich die Besatzungsmächte bereits im September 1945 jene Einrichtung aufs Korn genommen, die an sich den bemerkenswertesten Platz im temporären Kompromiß zwischen ÖVP und SPÖ eingenommen hatte: die Keimzelle für ein neues Heer.[15] Da es vor allem Amerikaner waren, die ihre Kritik gegen das Heeresamt richteten, versuchte noch Renner zu erläutern, warum er dieses Amt geschaffen hatte und wie sehr sich das Heeresamt zu einem Gegengewicht gegen die von Kommunisten beherrschte Polizei in der sowjetischen Zone ausgewachsen hätte. Der Unterstaatssekretär für Heerwesen, Franz Winterer, war Sozialist, er war von Theodor Körner vorgeschlagen worden und sollte wohl die grundsätzlich positive Einstellung der Sozialisten der Zweiten Republik zu einem neuen Heer signalisieren. Nach dem Wahlsonntag vom 25. November 1945 blieb Winterer mit der übrigen Provisorischen Regierung noch bis zum 21. Dezember im Amt. Mittlerweile langte ein von den Alliierten gemeinsam erzielter Beschluß zur Liquidierung des Heeresamtes und seiner Nebenstellen in ganz Österreich ein. Der Regierung Figl gehörte also kein Politiker mehr an, der wehrpolitische Aufgaben wahrgenommen hätte. Die Liquidierung des Heeresamtes wurde allerdings einem ÖVP-Vertreter, dem mittlerweile zum Generalmajor avancierten Mathias Gruber, übertragen. Winterer ließ es sich jedoch nicht nehmen, einen bemerkenswerten Abschiedsbefehl[16] zu erlassen, in dem es unter anderem hieß:

„Den österreichischen Berufsmilitärpersonen, den heute im Zivilrock steckenden Soldaten, denen ich seit 1914 in ununterbrochener Treue zu Österreich mit meiner ganzen, stets das *ganze* Volk Österreichs umfassenden Liebe und Hingabe angehöre, sage ich – und wie ich überzeugt bin, sage ich es im Namen des ganzen österreichischen Volkes: ‚Treten Sie jederzeit als geistig und moralisch geschlossenes Korps mit so viel Hingabe und Treue Ihrer der Staatsführung unentbehrlich gewordenen Qualitäten für die demokratische Republik Österreich ein – wohin Sie auch in der nächsten Zeit gestellt werden mögen – so wie dies das ehemalige k. und k. Offizierskorps bedingungslos für den Kaiser und die Monarchie tat‘."

Was da hier aber mit einem sentimentalen Beigeschmack behaftet scheint, war nichts anderes als der Schlußstrich, der von seiten der Provisorischen Staatsregierung unter ein Problem der Anknüpfung gezogen wurde. Und es verdient wohl auch in diesem Fall hervorgehoben zu werden, daß die Kommunisten in der Konzentrationsregierung das Heeresamt mitgetragen und die geplanten Gesetze, wie z. B. das Berufsmilitärpersonengesetz, mitverabschiedet hatten. Als sich daher Franz Honner in der parlamentarischen Debatte über die Auflösung des Heeresamtes 1946 zu Wort meldete und das Heeresamt verurteilte, konnte sich der Sozialist Ernst Koref nicht den Zwischenruf verkneifen: „Sie müssen aber während ihrer Mitgliedschaft in der Provisorischen Regierung einen langen Winterschlaf getan haben."[17]

Die Auflösung des Heeresamtes war lediglich ein Indiz für die weitere Vorgangsweise der Alliierten. Andere sollten folgen. Es gab ganz konkrete materielle Interessen. Und da es sonst noch nirgends zu einem Rückzug auch nur einer alliierten Macht aus einem der im Kriegsverlauf besetzten Länder gekommen war, lag es auf der Hand, in einem in jeder Weise instabil scheinenden Land wie Österreich zu bleiben. Österreich *schien* aber nicht nur instabil zu sein – es *war* instabil. Und der Übergang von Renner zu Figl, von einer SPÖ-KPÖ-dominierten Regierung zu einer ÖVP-SPÖ-dominierten Regierung, war bei weitem nicht so klaglos abgelaufen, wie es zunächst den Anschein hatte. Was im Wahlkampf hochgekommen war, das verschwand trotz aller Bemühungen nicht mehr aus der Politik. Man beginnt eigentlich am sogenannten Grundkonsens der Zweiten Republik zu zweifeln, wenn man sich die politische Auseinandersetzung etwas genauer ansieht.

Bundespräsident Renner war offenbar nicht bereit, sich mit einem lediglich repräsentativen Posten zufriedenzugeben und sich ins präsidentschaftliche Ausgedinge zurückzuziehen. Er handelte über den Kopf Figls hinweg. Denn ein Schreiben wie jenes an den Verfassungsrechtler Dr. Ludwig Adamovich, in dem Renner anregte, der Bundespräsident, der Kanzler, der Vizekanzler und der Außenminister sollten eine Staatsvisite in den Hauptstädten der Besatzungsmächte machen, um dort über die tatsächliche Befreiung Österreichs zu verhandeln, oder wenn das nicht ginge, die UNO einladen, eine Art Treuhandschaft über das – fast möchte man sagen: „Entwicklungsland Österreich" auszuüben, dieses Schreiben hat Figl nie gesehen.[18] Renner fürchtete, daß Figl nicht in der Lage sein könnte, die Koalitionsregierung zusammenzuhalten und sie wirklich zu führen. Daher bereitete er sich auf eine permanente Übersteuerung vor. Renner warf Figl vor, er sei schwach, seine Regierung sei bürokratisch. Er predigte immer Geduld, doch gerade das sei bei den Verhandlungen mit den Russen falsch; ihnen gegenüber müsse man hart auftreten. Renner war also mit der Regierungsführung durch Figl nicht einverstanden.[19]

Bereits im Jänner 1946 breitete sich Verstimmung zwischen den beiden großen Koalitionspartnern aus. Die schon im Wahlkampf erhobenen gegenseitigen Vorwürfe des Antidemokratismus und des Annexionismus wurden wiederholt.

Sie wurden aber auch noch mit zusätzlichen Aspekten verbrämt. Sozialisten warfen Figl Parteiwirtschaft vor, da er im Kanzleramt zwei Versetzungen erzwang. Dabei wurde der Vorwurf nationalsozialistischer Affinitäten geltend gemacht, doch die Sozialisten vermuteten – wohl zu Recht –, daß es um die Schwächung ihres Einflusses ging. Auch der ehemalige Unterstaatssekretär Franz Winterer sorgte für Aufregung, da er als Anwärter auf die Stellung als Polizeipräsident galt, aber auf den Widerstand der ÖVP stieß. Die Volkspartei ihrerseits warf den Sozialisten Parteiwirtschaft in der Wiener Stadtverwaltung vor. Doch dann kam es faustdick. Raab wurde als die Verkörperung antidemokratischer Tendenzen hingestellt. Dem Tiroler VP-Obmann, Dr. Hans Gamper, wurde die Äußerung nachgesagt, die Demokratie wäre nach wie vor keine geeignete Staatsform, und er ziehe den Ständestaat vor. Es wurde scharf kritisiert, daß der seinerzeitige Kommandant des Anhaltelagers Wöllersdorf, Emanuel Stillfried-Ratowitz, Oberst der niederösterreichischen Gendarmerie geworden war. In Oberösterreich wiederum seien liberale Ansätze bei der ÖVP durch einen gewissen Adam zunichte gemacht worden, der der „böse Geist" des Landeshauptmanns Dr. Heinrich Gleißner sei. Schließlich wurde der Slogan geboren: Faschismus bleibt Faschismus, egal ob Heimwehr oder Nazi![20]

Sozialistische Politiker sollen schließlich im Gespräch mit Amerikanern so weit gegangen sein, die Anwesenheit von Besatzungstruppen als so lange wünschenswert zu bezeichnen, bis das Problem des Austrofaschismus geregelt sei.

In einer sehr ähnlichen Weise äußerte sich der als Sozial- und Presseattaché der österreichischen Vertretung in London zugeordnete Dr. Walter Wodak, der den vertraulichen Kontakt zur Labour Party herzustellen und zu unterhalten hatte, am 29. Jänner 1946 in einem Schreiben an den Chairman der britischen Labour Party, Professor Harold Laski.[21] Wodak regte die Entsendung einer Delegation der Labour Party nach Wien an, wollte sie aber vor ihrer Abreise über den Austrofaschismus und den Charakter der Österreichischen Volkspartei aufklären. Die Briten sollten wissen, daß ehemalige österreichische Klerikofaschisten, die nun in sehr hohen Positionen in der Volkspartei seien, trotz der Tatsache, daß sie dann später von den Nazis verfolgt worden waren, mitverantwortlich für die Beseitigung der Demokratie im Jahr 1934 (hier liegt offenbar Verwechslung mit 1933 vor) waren; und sie hätten mitgeholfen, sozialistische Parlamentarier und Funktionäre zu verhaften und sie in Gefängnisse und Konzentrationslager zu schicken. Solcherart seien die Kräfte paralysiert worden, die die Österreicher vor dem Nationalsozialismus hätten schützen können. – Wenn man dies der Labour-Delegation rechtzeitig beibringe, würden viele Mißverständnisse gar nicht erst aufkommen. – Nun traf die Beschreibung von Klerikofaschisten in sehr hohen Positionen, denen trotz späterer Verfolgung mißtraut werden müsse, in erster Linie auf Leopold Figl zu, und es sollte durch die in London erhobenen Vorbehalte wohl in erster Linie seine Position geschwächt werden. Es wäre zwar auch noch Gleißner als Landeshauptmann von Oberösterreich oder auch Raab, der Präsident des Wirtschaftsbundes und Klubobmann der ÖVP, in Frage gekommen, doch beide waren nicht so sehr im Vordergrund. Raab wurde freilich in einem anderen Zusammenhang nochmals erwähnt, und zwar in einem Schreiben des SPÖ-Nationalrates Bruno Pittermann an Walter Wodak vom 21. Februar 1946, in dem Raab mit einer in Graz gefallenen Äußerung zitiert wurde, wonach die „Demokratie nur für die Roten gut“ sei. Anhand des Entwurfs des Wirtschaftskammergesetzes versuchte Pittermann den Nachweis zu führen, daß Raab „eine faschistische Ideologie nur mit einem demokratischen Mäntelchen zu bekleiden“ suche.[22]

Läßt man diese Dinge Revue passieren, dann scheint der Grundkonsens der Zweiten Republik zumindest damals in Frage gestellt gewesen zu sein, und der „Geist der Lagerstraße“ zeigte wenig Wirkung. In dieser durchaus kritischen Phase der österreichischen Nachkriegspolitik bewährte sich erstmals die Zusammenarbeit von Figl und Schärf. Denn während einige sozialistische Politiker schon vom Sturz des Kabinetts Figl berichtet haben sollen, sprachen Schärf, Helmer und Paul Speiser Figl schließlich demonstrativ das Vertrauen aus. Sie konnten und wollten aber nur zusagen, daß die Sozialisten der Koalition zumindest ein Jahr die Treue halten würden. Die Zusage galt also nur bis Anfang 1947.

Figl war in einer besonders schwierigen Situation. Er sah sich in Frage gestellt, fand zunächst keinen nennenswerten Kontakt zu den Besatzungsmächten, und weit und breit zeichnete sich kein Erfolg oder auch nur die Verringerung des Druckes ab. Die Alliierten, die in den ersten Monaten des Jahres 1946 offenbar selber überfordert waren, blockierten, obstruierten, leisteten auch vorübergehend keine substantielle Hilfe. Alles sackte ab, und in den alliierten Gremien wurde über eine neue Gewerkschaftsordnung und über eine neue österreichische Verfassung gesprochen. Häufig ging es jedoch buchstäblich um letztklassige Nebensächlichkeiten.

Wahrscheinlich wußten die Vertreter in der Alliierten Kommission zu diesem Zeitpunkt selbst noch nicht, daß sie die langfristige Lösung des österreichischen Problems praktisch schon in der Hand hatten. Noch vor Jahresende 1945 hatte sich nämlich das britische Foreign Office auf die neue Situation in Österreich eingestellt, oder zumindest einzustellen versucht. Was dafür ausschlaggebend war, ist nach wie vor schwer feststellbar. War es eine gewisse Eigendynamik der britischen Planer, die einfach nicht aufhören konnten, jene Themen, die sie einmal aufgegriffen hatten, weiter zu bearbeiten? Oder war es auch bei den Briten ein gewisser Ehrgeiz, eine Position, die man einmal durch die Formulierung der Moskauer Deklaration, aber auch des Zonen- und des Kontrollabkommens errungen hatte, nicht aufzugeben? So wie die Sowjets ihren Vorsprung im Verkehr mit den Österreichern zunächst durch die Einsetzung der Rennerregierung geschaffen hatten und diesen dann mit einem Handelsabkommen und der Bildung einer bilateralen Gesellschaft ausbauen und mit dem Austausch von Gesandten festigen wollten, genauso kann auch bei den Briten der Ehrgeiz maßgeblich gewesen sein, jene Macht zu bleiben, die die Österreichplanung vornahm und immer wieder die grundlegenden Papiere produzierte, auf Grund derer dann alliierte Vereinbarungen getroffen werden konnten. – Wie auch immer: Noch vor Jahresende 1945 kursierten im Foreign Office erste Überlegungen, wie nun, nachdem offensichtlich die für die politische Organisation Österreichs nötigen Bedingungen erfüllt worden waren, die alliierte Kontrolle weitergehen und wie – und das war vermutlich auch der Kernpunkt der Überlegungen – die alliierte Präsenz begründet werden konnte, obwohl ja viele der Grundvoraussetzungen bereits weggefallen waren.[23]

Was war es wirklich, das die Briten zu diesem Schritt drängte? Versuchen wir doch einmal die Probleme aufzulisten:

1. Großbritannien wollte seine Mittel- und Südosteuropapolitik noch keinesfalls aufgeben. Die Briten saßen wie die Amerikaner auch in den Alliierten Kommissionen in Bukarest und in Budapest. Dort hatten sie allerdings nichts, das hinter ihren jeweiligen Militärkommissaren gestanden wäre. In Österreich hatten sie doch etwas. Es war ihnen zunächst wohl wichtig, die Truppen und eine große Militärmission in Österreich zu belassen, weil es in Wien auch um Ostmitteleuropa ging.

2. Die Briten trauten der Haltbarkeit der österreichischen Lösung noch keineswegs. Da auch die Amerikaner einen Fortbestand Österreichs an Grundvoraussetzungen knüpften, vor allem daran, daß ein funktionierendes Wirtschaftssystem gefunden werden müsse, sahen sich die Briten in ihren Vorbehalten bestätigt.

3. Im britischen Außenministerium war man an sich nicht besonders österreichfreundlich. Der persönliche Sekretär von Außenminister Ernest Bevin und „Superintending Under Secretary", Oliver Harvey, ging so weit, daß er in einem Akt notierte: „Ich fürchte, die Österreicher sind schon recht lächerliche Menschen ("I am afraid the Austrians are rather ridiculous people")."[24] Lächerlich freilich nicht im Sinn von klein und herzig, sondern gefährliche, kleine Renitente, die vor allem auch immer die Behauptung in die Welt setzten, sie hätten nie gegen Großbritannien gekämpft . . . ("they go on pretending that they never fought against us at all").

4. Das Aufbrechen innenpolitischer Differenzen und die Suche nach Unterstützung für die jeweilige Parteihaltung ließen befürchten, daß es mit der Zusammenarbeit der österreichischen Parteien nicht weit her sei.

5. Und das ist jetzt besonders spekulativ: Wenn die Besatzungsmächte aus Österreich abgezogen wären, was an sich im Bereich der Möglichkeit gewesen wäre, dann hätte dies vielleicht als ein Signal für Deutschland verstanden werden können.

6. Keine der anderen Besatzungsmächte hatte bis dahin die Absicht erkennen lassen, die Besetzung in Österreich zu beenden.

Es galt also weiterhin, daß jene Mächte, die sich zur Besetzung zusammengefunden hatten, weiter Verantwortung tragen wollten, daß sie weiterhin die Position Österreich besetzt lassen wollten, jene Position nämlich, die eine strategische war und die über die Anliegen der philantropischen Hilfeleistung für ein kleines Land weit hinausging. Aus allen diesen Gründen resultierte dann die zunächst nicht einmal mit den westlichen Alliierten abgesprochene Absicht der Briten, ein neues Kontrollabkommen für Österreich zu entwerfen.

Das sich damit abzeichnende Zweite Kontrollabkommen hatte aber nicht nur eine britische, es hatte auch eine amerikanische Wurzel. Der Leiter der Political Division des amerikanischen Elements der Alliierten Kommission, Ware Adams, war offenbar völlig unabhängig von den Briten ans Überlegen gegangen und kontaktierte unter anderem die Politische Abteilung der Alliierten Kommission, nur um festzustellen, daß keiner seiner Kollegen übermäßig zufrieden mit der Arbeitsweise dieser Kommission war, und um weiters festzustellen, daß noch keiner Weisungen seines Militärkommissars oder seiner Regierung erhalten hatte, wie dem unbefriedigenden Zustand in Österreich ein Ende zu bereiten sei.[25] Adams hatte als „Desk Officer", der im Washingtoner State Department für Österreich zuständig gewesen war, ehe er in die Alliierte Kommission für Österreich entsandt wurde, die Entstehung des Kontrollabkommens miterlebt. Nach eigenen Angaben will er sich nun ein Wochenende lang hingesetzt und an einem Entwurf für ein neues Kontrollabkommen gearbeitet haben. Dabei schien ihm insbesondere jene Bestimmung revisionsbedürftig, die sich mit der österreichischen Gesetzgebungsmaterie befaßte. Denn es hatte sich schon zweierlei gezeigt, daß nämlich die Alliierte Kommission mit der Bearbeitung dieser Materie erstens heillos überfordert war und bereits nach wenigen Wochen einen beträchtlichen Rückstand aufwies. Zweitens war abzusehen, daß die Einstimmigkeit der Beschlüsse auf Dauer wohl nicht zu erreichen war. Ohne Einstimmigkeit konnte aber kein gültiger Beschluß des Alliierten Rates gefaßt werden. Und ohne Beschluß konnte kein österreichisches Gesetz in Kraft treten. Der Zusammenbruch des Systems war also programmiert. Für diesen speziellen Bereich überlegte sich nun Adams eine Änderung und wollte in seinem Entwurf im Hinblick auf die Behandlung der vom österreichischen Parlament verabschiedeten Gesetze nur eine nachträgliche Zustimmung des Alliierten Rates vorsehen. Wenn es dann innerhalb einer bestimmten Frist keine einstimmige Annahme im Alliierten Rat gab, sollte das Gesetz dennoch in Kraft treten können.[26] Eine alliierte „Formula Krauland" gewissermaßen!

Diese Darstellung Ware Adams ist – bedauerlicherweise – nicht nachprüfbar. Denn seine eigenen Bemühungen wie auch diejenigen etlicher österreichischer Historiker, die Akten der Politischen Abteilung des amerikanischen Elements der Alliierten Kommission für Österreich in den National Archives oder im National Record Center in Suitland zu finden, scheiterten bisher. Die Akten sind bis heute unauffindbar geblieben. Es ist daher auch so gut wie unmöglich, genau und historisch belegbar auseinanderzuhalten, welche Stränge das Zweite Kontrollabkommen hatte und wie die einzelnen Stränge dann verknüpft wurden. Belegbar ist jedoch eines, daß nämlich das Foreign Office in London bereits am 28. Dezember 1945 den Entwurf für ein neues Kontrollabkommen fertig hatte.[27] In dem diesbezüglichen Memorandum heißt es einleitend: „Genau genommen ist Österreich auch gegenwärtig kein selbständiger Staat und noch viel weniger ein souveräner und unabhängiger. Seine Existenz als selbständiger Staat kann nur durch einen Akt der Siegermächte oder durch einen Friedensvertrag wiederhergestellt werden." Es ginge also darum, Österreich möglichst rasch als eigenen Staat anzuerkennen. Das ist ein interessanter Hinweis, denn man hätte ja meinen können, diese Anerkennung wäre bereits längstens erfolgt. In diesem Zusammenhang kann man fragen, wozu dann eigentlich die Moskauer Deklaration und die alliierten Folgeerklärungen und Abkommen gut gewesen waren?

Doch lassen wir es zunächst dabei: Das Britische Außenministerium konstatierte zu Jahresende 1945, Österreich sei noch kein selbständiger Staat und noch viel weniger ein souveräner und unabhängiger. Es ginge also darum, Österreich so rasch wie möglich als separaten Staat anzuerkennen. In der Folge würden sich die Formen der Kontrolle ändern, doch Österreich brauche weiterhin die alliierte Führung. Der zentrale Punkt in diesem Dezemberentwurf war der, daß das Foreign Office den Alliierten Rat als Beraterstab der österreichischen Regierung erhalten wollte, und zwar mit vergleichsweise vielen Kompetenzen, und daß die österreichische Gesetzgebung weiterhin von der vorherigen schriftlichen Genehmigung durch den Alliierten Rat abhängig gemacht werden sollte.

Am 2. Jänner 1946 begannen in London interministerielle Beratungen über den Entwurf, und im Verlaufe dieser Beratungen erfuhr der Entwurf eine Reihe substantieller Abänderungen, vor allem auch in dem wichtigen Artikel über die österreichische Gesetzgebung, wo genauso wie dies Ware Adams vorgeschlagen hatte, für einfache Gesetze nur eine nachträgliche Zustimmung des Alliierten Rates vorgesehen wurde. Der Weg dahin könnte daher so gewesen sein, wie ihn Ware Adams beschreibt. Nachdem er einmal seine Überlegungen zu Papier gebracht hatte, sandte er jedem amerikanischen Mitglied der damals 14 Abteilungen der Alliierten Kommission ein Exemplar seines Entwurfs zu. Keiner soll einen Änderungsvorschlag gemacht haben. Als nächstes wurden John Erhard, der politische Berater, und der Oberbefehlshaber General Clark informiert. Beide willigten ein, daß Adams die übrigen Alliierten, also auch die Sowjets, mit seinen Überlegungen vertraut machen solle. Der britische Vertreter in der politischen Abteilung soll sich enthusiastisch geäußert haben. Franzosen und Russen wollten das Papier studieren.[28] Möglicherweise hatte das Papier Adams dann seine Auswirkungen auf die interministeriellen Beratungen der britischen Regierung. Die Briten handelten jedoch sehr rasch, denn bereits im Februar leitete der britische Militärkommissar, General Sir Richard L. McCreery, seinen Kollegen im Alliierten Rat den revidierten Entwurf zu.[29] Eile hatte aber nicht vielleicht deshalb not getan, weil man Österreich besonders rasch helfen wollte, sondern weil die Briten im Februar den turnusmäßigen Vorsitz im Alliierten Rat übernahmen und es bereits damals zu den Usancen des Verkehrs in der Alliierten Kommission gehörte, daß die Besatzungsmächte wichtige Vorschläge in jenen Monaten unterbreiteten, in denen sie den Vorsitz innehatten.

Die Schnelligkeit des Foreign Office führte jedoch dazu, daß Amerikaner, Sowjets und Franzosen noch nicht darauf vorbereitet waren, zum britischen Entwurf Stellung zu nehmen. Überrascht war aber sicherlich keine der Besatzungsmächte worden. Sie hatten nur noch keine Instruktionen. Im März lagen auch diese vor. Alle Regierungen willigten ein, die Verhandlungen über das neue Kontrollabkommen innerhalb der Alliierten Kommission in Wien zu führen.[30] Und alle vier Elemente dieser Kommission hatten offenbar Schweigen gegenüber den Österreichern vereinbart. – Das geschah aber wohl nicht deshalb, weil man die Österreicher freudig überrascht sehen wollte, sondern, weil für die Alliierten der Ausgang der Verhandlungen noch völlig unklar war, weil sie Interventionen österreichischer Stellen vorbeugen wollten und weil auf diese Weise eindrucksvoll unterstrichen werden sollte, daß niemand, auch wirklich niemand außer den Alliierten über Österreich zu entscheiden hatten. Diese Denk- und Handlungsweise war es dann, die den deutschamerikanischen Politikwissenschafter und Philosophen Carl J. Friedrich in seinem Buch über den Verfassungsstaat der Neuzeit schreiben ließ, daß es sich bei den Besatzungsregimen à la Österreich um „konstitutionelle Militärdiktaturen" handelte.[31]

Im April 1946, als die Sowjets den Vorsitz in den Gremien der Alliierten Kommission innehatten, deponierte der sowjetische Militärkommissar, Marschall Ivan S. Konev, daß die Sowjets mit dem britischen Entwurf für ein neues Kontrollabkommen grundsätzlich einverstanden seien und lediglich zwei geringfügige Änderungen vorzuschlagen hätten. Bis zum Mai waren die Beratungen in der Politischen Abteilung abgeschlossen. Alle waren sich darüber einig, daß der österreichischen Regierung ein etwas größerer Freiraum gegeben werden sollte, dies allerdings bei vollster Wahrung der alliierten obersten Autorität. Die Sowjets ließen erkennen, daß sie – eigentlich ähnlich wie die Briten und anders als die Amerikaner – nur einen langsamen Abbau der Kontrolle beabsichtigten. Noch ehe sich die Besatzungsmächte aber über die Erleichterungen für Österreich im klaren waren, schrieben sie einmal einvernehmlich fest, welche Kompetenzen der Alliierten Kommission vorbehalten werden sollten. Es waren dies: Entmilitarisierung, Schutz der alliierten Streitkräfte in Österreich, Schutz des Eigentums juristischer und physischer Personen der Vereinten Nationen, Verfügung über das Deutsche Eigentum, Obhut über die Kriegsgefangenen und Heimatlosen sowie Kontrolle des Reiseverkehrs von und nach Österreich. Auf französischen Wunsch wurde dann noch hinzugefügt, daß es Aufgabe der Alliierten Kommission bleiben sollte, Kriegsverbrecher auszuforschen, zu verhaften und auszuliefern. Die Briten fügten dafür wieder ein, daß nach der Unterzeichnung des Abkommens die Beschränkungen im Interzonenverkehr wegfallen sollten: Nicht die Kontrollen – nur die Beschränkungen! Keine Einigung konnte die Politische Abteilung über die Artikel 6, 8 und 13 erzielen. Artikel 6 war der schon skizzierte Artikel über die Gesetzgebung. Im Artikel 8 sollte über Truppenreduktionen gesprochen werden, wobei den britischen Vorstellungen entsprechend bis zum 30. Juni 1946 eine bedeutende Truppenreduktion vorzusehen gewesen wäre. Und im Artikel 13 hätte eine Terminfestlegung enthalten sein sollen, bis wann die Wiener Interalliierte Kommandantur ihre Kompetenzen zur Gänze an die Wiener Stadtverwaltung übertragen sollte.[32]

Am 21. Mai beriet das Exekutivkomitee die noch offenen Fragen, änderte einige Passagen ab, so jene über die Truppenreduktion, zu der dann nur mündlich vereinbart wurde, daß keine Macht mehr Truppen in Österreich stationieren würde, als zur Erfüllung ihrer Besatzungsaufgaben unbedingt erforderlich sei. Zum Artikel 13 wurde vereinbart, daß die Kompetenzen der Wiener Interalliierten Kommandantur sukzessive und so rasch wie möglich an den Wiener Magistrat übertragen werden sollten. Für den Artikel 6 über die Gesetzgebung lagen aber so unterschiedliche Formulierungen und Inhalte vor, daß auch das Exekutivkomitee keine Einigung erzielen konnte. Dieser Artikel ging also an die höchste Instanz, den Alliierten Rat weiter. Möglicherweise war dabei auch ein gewisses Ritual im Spiel. Zwischen den von Amerikanern und Briten vorgelegten Formulierungen gab es einen wesentlichen Unterschied, und zwar den, daß die Briten Österreich die Möglichkeit zum Abschluß bilateraler Verträge einräumen wollten, während die Amerikaner strikt dagegen waren. Beide wollten aber eine lediglich nachträgliche Zustimmung des Alliierten Rates zu österreichischen Gesetzen festgelegt wissen. Die französischen Vertreter in der Alliierten Kommission wollten an der vorherigen Begutachtung österreichischer Gesetze festhalten. Die Sowjets befürworteten wie die Briten die Möglichkeit des Abschlusses von bilateralen Verträgen. Die Franzosen und die Amerikaner waren dagegen. – Die Wochen von Mitte Mai bis Mitte Juni waren also von weiteren Konsultationen erfüllt. Vor allem ging es auch um eine Vereinheitlichung des westalliierten Standpunktes. Die Pariser Regierung wurde vom Foreign Office bearbeitet, auf die britische Linie einzuschwenken, und man hielt der französischen Botschaft in London vor Augen, daß es doch nicht angehe, „die Österreicher vor sich selbst zu schützen", wenn sie sich Gesetze geben wollten. Was die bilateralen Abkommen anlange, so sei ein zweites Kontrollabkommen doch wohl auch ein gewisses Risiko wert. Frankreich hätte ja damit die Möglichkeit zu bilateralen Abschlüssen.

Paris schwenkte auf die Linie Londons ein. Schließlich machten aber auch die Amerikaner und die Sowjets Abstriche. In Artikel 6 wurde nur die Möglichkeit eines nachträglichen einstimmig gefaßten alliierten Vetos gegen vom Nationalrat verabschiedete einfache Gesetze eingebaut. Verfassungsgesetze sollten wie bis dahin einer vorherigen Zustimmung aller Alliierten bedürfen.[33]

Als die Alliierte Kommission so weit gekommen war, also schon alles „gelaufen" schien, verzögerten plötzlich die Amerikaner den Abschluß des Abkommens. Nicht aber weil sie gegen dessen Inhalt etwas einzuwenden gehabt hätten. Die Amerikaner glaubten jedoch kurze Zeit, daß es eine Möglichkeit geben könnte, im Rahmen der gerade im Mai 1946 tagenden Außenministerkonferenz die Sowjets zum Abschluß eines österreichischen Friedensvertrags zu bewegen. Damit hätte sich die Herausgabe eines zweiten Kontrollabkommens erübrigt. – Aber die Sowjets wollten über Österreich auf Außenministerebene noch nicht verhandeln. Sie bezeichneten die österreichische Situation als noch zu wenig reif, die Vorarbeiten als noch zu wenig gediehen, als daß sie schon an einen Österreichvertrag gehen wollten. Daraufhin wurde der amerikanische Militärkommissar, General Mark Clark, ermächtigt, das Zweite Kontrollabkommen zu unterzeichnen. Es trug das Datum vom 28. Juni 1946.[34]

Der Alliierte Rat blieb in seiner Struktur erhalten. Er wurde allerdings aufgewertet, und die Militärkommissare erhielten nunmehr den Titel von Hochkommissaren. Die alliierte Kontrolle wurde etwas eingeschränkt, im großen und ganzen aber nur gewissermaßen „con sordino" neu verlautbart. Die wirklich substantielle Änderung

Vorderste Reihe (von links): Ferdinand Graf, Dr. Karl Altmann, Dr. Peter Krauland, Karl Maisel, Eduard Heinl, Dr. Georg Zimmermann, Karl Mantler, Dr. Adolf Schärf, Dipl.-Ing. Leopold Figl, Oskar Helmer, Dr. Josef Gerö, Josef Kraus, Otto Sagmeister, Vinzenz Übeleis, Erwin Altenburger, Dr. Felix Hurdes. Am Rednerpult: Dr. Karl Gruber.

REGIERUNG FIGL I
(20. 12. 1945–8. 11. 1949)

Aufnahme vom 7. 5. 1947
Foto: Croy

war im Artikel 6 enthalten. Die Laufzeit des Abkommens war mit sechs Monaten befristet worden. Es hätte also bis zum Jahresende 1946 auslaufen sollen. Statt dessen galt das Abkommen bis zum 27. Juli 1955, bis zur Hinterlegung der letzten Ratifikationsurkunde des Staatsvertrags und zu der am selben Tag erfolgten Auflösung der Alliierten Kommission.

Von der Ausarbeitung des Zweiten Kontrollabkommens hatte man in Österreich nur andeutungsweise erfahren. Am 21. Februar 1946 hatte der britische Außenminister Ernest Bevin im Londoner Unterhaus verlauten lassen, daß an einem Abkommen gearbeitet würde, das Österreich wesentlich mehr Rechte einräumen sollte, doch diesbezügliche Vorschläge wären noch nicht im Alliierten Rat behandelt worden.[35] Am 5. Juni informierte der britische Minister John Hynd den Presseattaché der österreichischen Vertretung in London, Walter Wodak, davon, daß die Sowjets einer neuen Vereinbarung grundsätzlich zugestimmt hätten. Aber auch zu diesem Zeitpunkt ließ Hynd nichts Näheres verlauten.[36] In Wien war man auch nicht besonders neugierig. Denn offenbar erwarteten sich die österreichischen Politiker nichts von einem neuen Kontrollabkommen. Zumindest aber nichts Gutes, denn abgesehen vom Anlaufen der UNRRA-Hilfe hatte Österreich im ersten Halbjahr 1946 nur Enttäuschungen hinnehmen müssen und wurde von Krisen geschüttelt.

Hatte Außenminister Gruber noch im Februar 1946 dem österreichischen Vertreter in Washington vertraulich mitgeteilt, der Sturz Figls stünde wegen der katastrophalen Lebensmittelversorgung unmittelbar bevor,[37] so sah sich Gruber selbst und mit ihm die ganze Regierung in Gefahr, als sich im April und Mai die Gerüchte immer mehr verdichteten, daß die österreichischen Wünsche nach der Rückkehr Südtirols kein Gehör finden würden und die Außenministerkonferenz der „großen Vier" nicht einmal kleinen Grenzberichtigungen zustimmen wollte. In einer Art Verzweiflungsreaktion wurde daraufhin versucht, nunmehr die Rückgabe Ödenburgs (Soprons) als das zentrale Anliegen der österreichischen Außenpolitik hochzuspielen. Der außenpolitische Sprecher der SPÖ, Julius Deutsch, schrieb diesbezüglich am 21. Mai 1946 an den österreichischen Vertreter in Paris, Ernst Lemberger: „Die Überlegungen, die wir bei der Aufwerfung der Frage Ödenburg hatten, waren sowohl rechtlich wie taktisch. Rechtlich: Der Friedensvertrag von St. Germain hat uns Ödenburg gegeben, die Banditen haben es uns wieder genommen. Taktisch: Nachdem man uns Südtirol nicht gibt bzw. nur einen ganz kleinen Teil, wird man vielleicht auf einem anderen Punkt geneigt sein, uns entgegenzukommen. Auf alle Fälle wird unser Kampf um Südtirol verstärkt werden, wenn wir gleichzeitig andere Forderungen anmelden. Wir haben, wie Du weißt, alle anderen territorialen Forderungen abgelehnt. Wir treten weder für Berchtesgarden ein noch für die Rückkehr der niederösterreichischen Orte Feldsberg und Gmünd, die uns die Tschechoslowakei weggenommen hat. Um so berechtigter scheint es uns, Ödenburg zu verlangen."[38]

Kurz darauf gab es auch nicht einmal mehr den Schimmer einer Hoffnung nach der Rückkehr Südtirols oder auch nur von Teilen des Kanaltals. Blieb also nur noch Ödenburg, ohne daß dafür, wie das kurz darauf die österreichischen Vertretungen in London und Paris meldeten, auch in diesem Fall nur die geringste Chance bestanden hätte.[39] Beide großen Parteien, ÖVP und SPÖ, suchten geradezu verzweifelt nach einem Halt. Denn die Bedeutung des Mißerfolgs kann nur aus der damaligen Situation verstanden werden: Südtirol war das einzige große gemeinsame Ziel Österreichs, das darüber hinausging, wie man den nächsten Tag überlebte. Es war ein Ziel, das alle politischen Parteien irgendwie geeint hatte, die erste Vision des neuen Österreich. Und nun gab es keine Hoffnung mehr. Innenpolitische Misere, groteske Streite um das Anbringen von Kruzifixen in den Klassenzimmern[40] und damit ein drohender Kulturkampf, Hungerrationen, kein Südtirol und jetzt auch noch ein neues Kontrollabkommen, was konnte das Gutes bringen? Man erwartete nichts mehr, weder von den Alliierten noch von den eigenen Führungspersönlichkeiten.

Da das Kontrollabkommen mit einem noch zu beschreibenden anderen Vorgang, nämlich der Beschlagnahme des sogenannten „Deutschen Eigentums" zusammenfiel und dann bis Ende Juli 1946 keine Zeit war, um sich der vollen Bedeutung des Abkommens bewußt zu werden, ging es in der Berichterstattung, aber auch im Bewußtsein der Politiker zunächst unter. Erst allmählich wurden die Dimensionen des Abkommens und seine Möglichkeiten deutlich. Schließlich passierte allerdings etwas Eigenartiges: Jeder schrieb sich das Verdienst zu, das Zweite Kontrollabkommen erfunden, gemacht oder zumindest betrieben zu haben. Da war einmal Ware Adams. Er selbst sah seine Rolle so, daß er sich vor allem zugute hielt, den Artikel 6 erfunden zu haben. Karl Gruber sieht Adams Rolle allerdings noch größer, als sie der Amerikaner selber sah, da Gruber sich erinnerte, Adams hätte jenes Kompensationsgeschäft vorgeschlagen, das da hieß: Gib den Russen das Deutsche Eigentum und handle Dir dafür die sowjetische Zustimmung zu Artikel 6 ein. Gruber meinte, daß die Sowjets gegen den stillschweigenden Verzicht auf die vorherige Zustimmung zur österreichischen Gesetzgebung die ebenso stillschweigende Einwilligung der Westmächte in der Frage der Beschlagnahme des Deutschen Eigentums erhalten hätten. Wie aber sei Adams darauf gekommen? Karl Gruber habe es ihm gesagt![41] Die nächsten, die sich das Zustandekommen des Zweiten Kontrollabkommens zuschrieben, waren die Briten. Ihnen kommt auch tatsächlich das größte Verdienst zu. Sie hatten mit diesem Abkommen etwas wirklich Neues geschaffen, im Gegensatz zum Zonen- und zum Ersten Kontrollabkommen sowie zum ebenfalls auf mehrheitlich britische Vorarbeiten zurückgehenden Staatsvertragsentwurf, bei welchem doch immer auf parallele Dokumente und bewährte Formulierungen zurückgegriffen worden war. Das Zweite Kontrollabkommen für Österreich hatte etwas Singuläres an sich.

Die Franzosen, die sich letztlich nur über britisches Drängen mit den westlichen Bestimmungen einverstanden erklärten, wollten plötzlich den Artikel 6 initiiert haben. General Emile Marie Béthouart, der französische Hochkommissar, schrieb in seinem Buch „Die Schlacht um Österreich", daß es sein Stellvertreter, General Paul D. R. Cherrière, gewesen sei, der im Exekutivkomitee der Alliierten Kommission den Vorschlag gemacht habe, nur eine nachträgliche Begutachtung bei einfachen Gesetzen des österreichischen Nationalrates vorzusehen.[42] Neuen Forschungen über die französische Österreichpolitik ist auch zu entnehmen, daß die Franzosen einen wesentlich größeren Anteil am Zustandekommen des Zweiten Kontrollabkommens hatten, als dies auf Grund der bisher zur Verfügung gestandenen britischen und amerikanischen Akten festgestellt werden konnte.[43] Gerade in der entscheidenden Frage gingen die Franzosen allerdings nicht so weit wie von General Béthouart behauptet, denn sie trafen nur eine sehr allgemeine Unterscheidung hinsichtlich der österreichischen Gesetzgebungsmaterie in wichtige und unwichtige Gesetze und wollten bei allen wichtigen gesetzlichen Maßnahmen eine schriftliche alliierte Zustimmung. Wichtig konnte aber etwas sein, das deshalb noch lange kein Verfassungsgesetz sein mußte. Sicherlich spielten jedoch auch die Franzosen beim Zustandekommen der Bestimmungen des Zweiten Kontrollabkommens eine gewisse Rolle. In der sowjetischen Literatur wird die Sowjetunion als „Initiator des Kontrollabkommens" bezeichnet.[44] Ludwig Reichhold schrieb das Abkommen Figl zu, dessen persönlicher Erfolg das Zustandekommen gewesen sei.[45] Adolf Schärf meinte schließlich, das Abkommen wäre das Ergebnis der Reise einer sozialistischen Delegation nach London im April 1946 gewesen. Aus der Schärf-Biographie von Karl Stadler geht auch hervor, daß Schärf tatsächlich in der Frage der Begutachtung der österreichischen legislativen Maßnahmen einen Vorschlag machte, der genau in die Richtung des späteren Artikels 6 ging.[46] Doch die Briten verhandelten zu diesem Zeitpunkt schon länger in genau diesem Sinn.

Es kann also wohl beim besten Willen nicht gesagt werden, wie die Abläufe und die Einflußnahmen exakt beschaffen waren. Die nachträgliche Zuschreibung spielt einfach eine zu große Rolle. Manches lag wohl auch in der Luft, vielleicht auch die Regelung des Artikels 6. Manches wurde erst allmählich deutlich: Dieses Dokument stellte erstmals eine solide „Geschäftsbasis" für den Verkehr der Besatzungsmächte mit Österreich her. Es wurde Österreich als ein Territorium angesprochen, in dem man – wenngleich noch immer eine Portion Ungewißheit darin verpackt war, weil es im Abkommen hieß „bis zur endgültigen Festlegung der Grenzen" – doch schon eine einigermaßen stabile Größe sah. Es enthielt den Hinweis auf das Ende der Besetzung, da ja spätestens nach sechs Monaten über neuerliche Änderungen – das sollte wohl heißen Erleichterungen oder Beendigung – der alliierten Kontrolle beraten werden sollte. Es spricht auch einiges dafür, daß dieses Abkommen zwar unmittelbar das Verhältnis der Alliierten zu Österreich behandelte, mittelbar aber auch für die österreichische innenpolitische Entwicklung wie nichts anderes bedeutsam wurde. Denn da sich der eine Partner, die Alliierten, zu bestimmten Handlungen verpflichtete, war davon auszugehen, daß sich auch der andere Partner, das nicht gefragte, aber doch immer mitberücksichtigte Österreich, zu bestimmten Handlungen verpflichtet fühlen würde. Änderungen des einen oder am Instrumentarium des einen konnten Veränderungen des anderen oder seines Instrumentariums nach sich ziehen; das wurde befürchtet. Und diese Furcht war es auch, die schließlich zu einer sehr raschen Erstarrung führte und dazu beitrug, daß sich die Alliierten in genau dem im Zweiten Kontrollabkommen vorgegebenen Rahmen bewegten. Österreich anderseits wurde in diesen Rahmen gepreßt. Jede Veränderung wurde daher in der Folge nicht nur mit Aufmerksamkeit, sondern mit Argwohn gesehen.

Hand in Hand mit der Ausarbeitung des Zweiten Kontrollabkommens ging jedoch, wie erwähnt, noch etwas anderes, das viel weniger öffentlich vorbereitet worden war, nämlich die Beschlagnahme des gesamten Deutschen Eigentums in der sowjetischen Besatzungszone und die Übernahme der Verwaltung dieses Eigentums durch Organe der sowjetischen Besatzungsmacht.[47] Bei Kriegsende war rund ein Fünftel der österreichischen Industrie in der Hand deutscher juristischer oder physischer Personen, darunter die wesentlichsten Teile der Schwer- und Grundstoffindustrie, fast die gesamte Elektrizitätswirtschaft und große Teile des Bankenwesens. Dieses Deutsche Eigentum hatten sich die Alliierten in Potsdam zugesprochen. Um diese Tatsache kam man nicht herum, auch wenn natürlich dargelegt werden konnte, wie aus österreichischen Besitzungen „deutsche" geworden waren. Die Sowjetunion hatte in mehreren Verhandlungsrunden versucht, sich dieses sogenannten Deutschen Eigentums in anderer Weise als durch Beschlagnahme zu versichern. Doch es scheiterten Projekte wie die „Sanaphta" und auch alle anderen Versuche. Daraufhin dehnten die Sowjets die Beschlagnahmen aus. Wieder haben wir es mit dem Problem der Handlung auf zwei Ebenen zu tun. Der Entschluß zur Beschlagnahme dürfte annähernd so lange zur Reifung benötigt haben wie das Zweite Kontrollabkommen. Und es war wohl auch ein Beschlagnahmebefehl bis Ende Mai 1946 vorbereitet gewesen. Doch er war, wohl um die Verhandlungen über das Zweite Kontrollabkommen nicht zu gefährden, von den Sowjets nicht veröffentlicht worden.

In Österreich wußte man mittlerweile sehr wohl um die Problematik, doch da schon zu Zeiten der Provisorischen Staatsregierung die stille Parole ausgegeben worden war, daß Beschlüsse der Alliierten, an denen Österreich selbst nicht mitgewirkt hatte, formell nicht zur Kenntnis genommen werden sollten, hatte man die Augen vor der Realität immer fester zu schließen versucht. Wie mittlerweile aber durchaus bekannt war, hatten die Sowjets auf der Potsdamer Konferenz von Österreich Reparationen in der Höhe von 250 Millionen Dollar verlangt.[48] Das war von den Westmächten zurückgewiesen worden, denn von einem befreiten Staat waren billigerweise keine Reparationen zu verlangen. Statt dessen durften sich die Sowjets – wie auch die westlichen Besatzungsmächte in Österreich – des Deutschen Eigentums zur Schadensabdeckung bedienen. Und damit begann eine Zeitbombe zu ticken. Es ging ja auch um keine Kleinigkeit.

Das Deutsche Eigentum in Österreich machte 62,03 Prozent des deutschen (Auslands-)Vermögens in ganz Europa aus. Verglichen damit war das, was die Sowjets in Ungarn, Rumänien oder wo immer in Ostmitteleuropa beschlagnahmen konnten, geringfügig. Bezogen auf die Kaufkraft 1938/39 stellte das Deutsche Eigentum in Finnland, Polen, Ungarn, Rumänien, Bulgarien und Jugoslawien einen Wert von 188 Millionen Dollar dar, während es in Österreich mit 1,5 Milliarden Dollar beziffert wurde.

Die Sowjets konnten sich auch in den Verhandlungen über das Zweite Kontrollabkommen volle Handlungsfreiheit in allen das Deutsche Eigentum betreffenden Fragen sichern. Allerdings entstand im Frühjahr 1946 eine merkwürdige Situation, in der man sich gegenseitig regelrecht belauerte. Dabei spielten aber weniger die westlichen Alliierten eine Rolle als vielmehr Österreich. Denn parallel zu den Vorgängen innerhalb der Alliierten Kommission und jenen innerhalb der sowjetischen Zone wickelte der Nationalrat eine zähe Debatte über die Frage einer Verstaatlichung von Betrieben ab. Dabei konnte niemand übersehen, daß sich ein Teil dieser Diskussion auf Besitz erstreckte, über den die Sowjets bzw. die Westalliierten verfügten. Von letzteren erwartete man aber kaum Widerstand.

Die Verstaatlichungsfrage wiederum war aber nichts, was sich einfach auf den Nenner reduzieren ließ, es gelte, den Sowjets das Deutsche Eigentum vorzuenthalten. Hier kam doch auch ein gehöriges Stück Ideologie ins Spiel.[49] Gerade aber in dieser Frage wurde die Konsensbereitschaft der beiden Großparteien in besonderem Maße deutlich. Neu war das Problem ja an sich nicht. Nur die Dimensionen hatten sich gewandelt.

Verstaatlichung war schon vor dem Ersten Weltkrieg eine sozialdemokratische Forderung gewesen, die ideologisch untermauert wurde. Das Problem fand sich allerdings genauso in der katholischen Soziallehre. Die Verstaatlichung war während der kurzen Zeit der großen Koalition zwischen 1918 und 1920 diskutiert worden. Es war allerdings zu keiner Einigung gekommen, nicht zuletzt deshalb, weil die Bundesländer ihr Verfügungsrecht über Standorte nicht hatten preisgeben wollen. Das zeigte auch die vergleichsweise starke Position der Länder in der Ersten Republik. Nach dem Zweiten Weltkrieg war das anders. Die Länderautonomie war geschwächt, teilweise verzichteten die Länder auch auf eine extensive Auslegung ihrer Rechte. Schließlich kam es im Juli 1945 in der Steiermark zu einer Dreiparteieneinigung über die Verstaatlichung. Der Gewerkschaftsbund übertrug das Problem dann auf die Bundesebene. Nach wie vor gab es aber keinen grundsätzlichen Widerstand, ja es gab bereits am 5. September 1945 ein Verstaatlichungsgesetz der Provisorischen Staatsregierung, das allerdings am sowjetischen Veto scheiterte.[50] Die Sowjets hatten natürlich erkannt, daß auch ihre Interessen unmittelbar betroffen waren. Die Verstaatlichung war auf der ersten und der dritten Länderkonferenz im September und Oktober 1945 behandelt worden. Bei der Erweiterung der Staatsregierung wurde Vinzenz Schumy Staatssekretär für Vermögenssicherung. Nach ihm übernahm Dr. Peter Krauland das Bundesministerium für Vermögenssicherung und Wirtschaftsplanung, das sich vorrangig mit Fragen des Deutschen Eigentums und der Verstaatlichung zu beschäftigen hatte. Im Jänner 1946 begannen die Verhandlungen zwischen den großen Koalitionsparteien in einem parlamentarischen Ausschuß. Ab dem März wurde abermals und intensiv mit den Sowjets verhandelt. Ergebnislos. Während die Sozialisten ein Modell der direkten Verstaatlichung verfolgten, präzisierte die Volkspartei im Mai ihre Haltung dahingehend, daß sie eine Verstaatlichung im Wege von Betriebsgenossenschaften vorschlug. Nicht die Überführung in den Staatsbesitz sei das Wichtigste, meinte sie, sondern eine Veränderung des Verhältnisses von Arbeit und Kapital. Die Verhandlungen kamen nicht vom Fleck und scheiterten schließlich an der Frage der Einbeziehung von Großbanken. Während man aber im Parlament glaubte, genügend Zeit zu haben, machten die Sowjets kurzen Prozeß und verkündeten mit dem Befehl Nummer 17 des sowjetischen Militärkommissars Generaloberst Vladimir V. Kurasov die Beschlagnahme des Deutschen Eigentums innerhalb der sowjetischen Zone. Der Befehl, obwohl nach dem Zweiten Kontrollabkommen verlautbart, war auf den 27. Juni 1946 vordatiert worden, damit er mit diesem Abkommen ja nicht kollidierte.

Die Beschlagnahme des Deutschen Eigentums rief eine Katastrophenstimmung in ganz Österreich hervor. Dem westlichen Landesteil schien der Osten verloren, der Osten demonstrierte Selbstaufgabe. Die Regierung tagte so gut wie in Permanenz. Man erbat von den Sowjets eine Definition des Komplexes, eine Abgrenzung desselben, denn noch war ja nicht gesagt worden, welche Einzelbetriebe von der Beschlagnahme betroffen wären. Die Sowjets definierten, und zwar nach drei Gruppen. Die Beschlagnahme erstreckte sich

a) auf das Eigentum deutscher juristischer oder physischer Personen vor 1938,

b) auf das Eigentum deutscher juristischer oder physischer Personen aus der Zeit zwischen 1938 und 1945 und

c) auf solche Besitzungen, die auf Grund von angemessenen Entschädigungen im Weg der Beschlagnahme nach 1938 Deutsches Eigentum geworden waren (Arisierung).

Diskutiert werden konnte eigentlich nur noch über den Begriff „angemessene Entschädigung". Doch der Erfolg oder vielmehr der Mißerfolg war absehbar. Betroffen waren 419 Einzelbetriebe mit rund 55.000 Beschäftigten. Diese Betriebe machten etwa 30 Prozent der Industrieproduktion der sowjetischen Zone aus und umfaßten teilweise Monopolunternehmungen, die wichtigsten Betriebe der Elektroindustrie, bedeutende Bergwerks- und Hüttenbetriebe, Werke der Maschinen-, Stahl-, Glas- und Lederindustrie sowie andere. Sie wurden als „Upravlenije Sovetskovo Imuščestva Avstrii" oder kurz: USIA-Betriebe zusammengefaßt. Zu ihnen gesellten sich dreizehn Erdölunternehmungen, die mit 8000 Beschäftigten unter die Kontrolle der Sowjetischen Mineralölverwaltung (= SMV) kamen. Und schließlich beschlagnahmten die Sowjets noch die Donau-Dampfschiffahrtsgesellschaft DDSG mit allem schiffbaren Material und allen Anlagen sowie Patenten, Handelsmarken und Bankguthaben.

Österreich hatte keine Zugriffsmöglichkeit mehr und versuchte mit einem wahrscheinlich mehr demonstrativ gemeinten denn tatsächlich erfolgversprechenden Akt zu reagieren. Am 26. Juli lag dem Nationalrat ein plenumsreifer Entwurf für ein erstes Verstaatlichungsgesetz vor. Er war von ÖVP und SPÖ ohne Beiziehung von Kommunisten beraten worden. Die Zustimmung der beiden Großparteien stand daher von allem Anfang an fest. Wie aber sollten sich die Kommunisten verhalten? Sie hatten mehr noch als die Sozialisten in der Verstaatlichung eine grundsätzliche Frage gesehen. Sie wußten wie jeder andere, daß sich die Verstaatlichung auf Konzerne und Einzelbetriebe erstrecken sollte, die von den Sowjets mittlerweile beschlagnahmt worden waren. Stimmten sie gegen die Verstaatlichung, dann brachen sie mit ihren eigenen Prinzipien und wurden unglaubwürdig. Stimmten sie dafür, dann mußten sie sich den Vorwurf des Antisowjetismus gefallen lassen. Zu diesen Erwägungen kam noch ein dritter Punkt: Eine Ablehnung des Verstaatlichungsgesetzes mußte wohl auch als Bruch des zumindest mündlich fixierten Arbeitsübereinkommens der Regierung gewertet werden und die Kommunisten vor die Frage nach dem Verbleib in der Regierung stellen. Doch sie wollten in der Regierung bleiben. Also beklagte der kommunistische Hauptredner, Abgeordneter Honner, daß die Verstaatlichung zu wenig weit ginge. Er stellte den Zusatzantrag, daß auch alle Versicherungen, die gesamte Hüttenindustrie, die Elektro- und Radioindustrie, die Steyrwerke und alle anderen Fahrzeugindustrien, Papier-, Leder- und Brauereiindustrien verstaatlicht werden sollten. Der Antrag fand keine Unterstützung. Nichtsdestoweniger gaben die Kommunisten dem Gesetz ihre Zustimmung, so daß es einstimmig verabschiedet werden konnte.[51]

Erstmals versuchte der Nationalrat auch, das Zweite Kontrollabkommen auszunützen, und beschloß das Verstaatlichungsgesetz als einfaches Gesetz, gegen das die Alliierten einstimmig Einspruch erheben mußten, wenn sie es zu Fall bringen wollten. Das war nicht der Fall, da die Westalliierten nichts gegen das Gesetz unternahmen. Dennoch konnte das Gesetz in der Sowjetzone nicht vollzogen werden, da die Russen mit einem Verbot der Anwendung reagierten.

In den westlichen Zonen konnte das Verstaatlichungsgesetz hingegen angewendet werden, und zwar auch auf jene Betriebe, die ebenfalls auf Grund des Potsdamer Abkommens den Alliierten als Deutsches Eigentum zugefallen waren. Amerikaner, Briten und schließlich Franzosen verzichteten vorderhand auf eine Verwertung und übertrugen Österreich eine treuhändische Verwaltung.

Zweites Kontrollabkommen, Beschlagnahme des Deutschen Eigentums in der sowjetischen Besatzungszone, aber auch das Verstaatlichungsgesetz hatten Österreich innerhalb von wenigen Tagen von Grund auf verändert. Wieder einmal war so vieles parallel gegangen, daß man darüber den Überblick verlieren konnte. Daher wurde auch die Bedeutung der drei „Paukenschläge“ des Juni/Juli 1946 erst später erkannt. Es brauchte auch noch verhältnismäßig lange, ehe man damit wirklich zu leben lernte. Zunächst herrschte nur Verworrenheit. Und Adolf Schärf, sicherlich kein Mann, der zu Panikreaktionen neigte oder der nicht den nötigen Überblick gehabt hätte, brachte die Situation auf die knappe Formulierung: „Damit ist die Lebensfrage Österreichs aufgeworfen.“[52]

Zu dieser Zeit passierte aber noch etwas ganz anderes: Plötzlich sahen sich ÖVP und SPÖ gemeinsam, und nicht jeder für sich in Frage gestellt. Denn was da gekommen war, der Hunger, die außenpolitische Erfolglosigkeit, die mittels des Zweiten Kontrollabkommens in Aussicht gestellte Fortdauer der Besetzung und schließlich die Beschlagnahme des Deutschen Eigentums, das alles waren Probleme, die beide Parteien unmittelbar betrafen, wo keiner kneifen und die Schuld auf den anderen schieben konnte und wo sich dann beide große Parteien im Frühsommer und Sommer unvermittelt aufeinander angewiesen sahen. Entweder überlebten beide gemeinsam oder sie würden „gemeinsam gehenkt werden“. Im Anblick des Galgens fand man zusammen.

War noch im Frühjahr 1946 das Krampfhafte an der Koalition und das Mißvergnügen über die politischen Zustände deutlich geworden, so flaute das nach dem Juni 1946 in auffallender Weise ab. Die fundamentale Not und die Herausforderung durch die Alliierten ließen etwas deutlich werden, was im Frühjahr 1946 offenbar monatelang außer acht gelassen worden war: daß nicht nur Ost- und Westösterreich aufeinander angewiesen waren, sondern auch die großen sozialen Gruppen und die politischen Gruppen überhaupt. Nur dann konnte dieser Staat weiter erhalten werden, wenn sie zu einer neuen Form der Zusammenarbeit gelangten. Und da war es genauso töricht, eine Wiederverwendung Schuschniggs im diplomatischen Dienst zu fordern, wie dies Figl tat, oder immer wieder den Begriff des Klerikofaschisten zu strapazieren.[53] Es hatte zwar eine Re-Ideologisierung gegeben, und es waren auch eminente Fragen, die mit der Grundhaltung der Parteien zusammenhingen, aufgeworfen worden, vor allem die Verstaatlichungsfrage. Gleichzeitig aber hatte es sich gezeigt, daß „die Zwei“ imstande waren, politische Geschäfte abzumachen. Es war junktimiert und Verstaatlichung mit Werksgenossenschaft gekoppelt worden. Damit hatten Regierung und Parteien Zutrauen zu sich selbst gewonnen. Und wer Zutrauen zu sich selbst hat, kann leicht auf Mißtrauen dem anderen gegenüber verzichten. Mit einiger Bestimmtheit läßt sich daher sagen, daß der Sommer 1946 einen Strich unter Österreichs Vergangenheit ziehen half. Die Zusammenarbeit konnte sich nicht an den Taten, Unterlassungen, Untaten und Sünden der Zwischenkriegszeit orientieren. Das hätte eigentlich schon aus der NS-Zeit bekannt sein müssen.

4 Das Ende der Illusionen

Ernst Fischer verwendet in seinem Buch „Das Ende einer Illusion“ Heinrich von Kleists Novelle „Das Erdbeben in Chili“ zur Darstellung der politischen Situation Österreichs nach dem Krieg. Er meinte jene Stelle, wo es heißt: „Es war, als ob die Gemüter seit dem fürchterlichen Schlag, der sie durchdröhnt hatte, alle versöhnt wären.“ Erst mit der Wiederherstellung der Ordnung kehrten die alte Zwietracht, der alte Haß und der Mord wieder. Die Stelle trifft tatsächlich auf die ersten Nachkriegsjahre in besonderer Weise zu. Es gab aber nicht nur eine, sondern mehrere Erdbebensituationen; diejenige vom Sommer 1946 gehört jedoch sicher zu denen, die die größte Nachwirkung hatten. Es war, als ob die Dimensionen und die Verhältnisse der Besatzungszeit, die vorübergehend „außer Evidenz“ geraten waren, wieder ins Bewußtsein gerückt worden wären.

Als man im Herbst 1946 an das Aufarbeiten ging, stellte sich eine weitgehend veränderte Situation dar. Im Osten war ein riesiger, gewissermaßen exterritorialer Wirtschaftskomplex entstanden, der von den Sowjets immer mehr abgerundet wurde, da der ersten Welle der Beschlagnahmen noch weitere gefolgt waren. Die Westalliierten, voran die Amerikaner, hatten auf die sowjetischen Maßnahmen zur Beschlagnahme des Deutschen Eigentums damit geantwortet, daß sie das gemäß den Potsdamer Beschlüssen ihnen zugefallene Deutsche Eigentum in den westlichen Zonen freigaben. Bei dieser Maßnahme war zwar erkennbar gewesen, daß Briten und Franzosen nur zögernd mitgegangen waren. Aber immerhin. Die Optik war perfekt: Der Osten beschlagnahmte, der Westen gab zurück.

Die Amerikaner waren ja wirklich nicht auf das Deutsche Eigentum in Österreich angewiesen. Und bedingungslos waren die Besitzungen ohnedies nicht zurückgegeben worden. Wo private Interessen im Spiel waren, konnte immer noch darauf hingewiesen werden, daß Österreich nur die Treuhandschaft ausüben durfte. Dem ersten Verstaatlichungsgesetz sollte noch ein zweites für die Elektrizitätswirtschaft folgen. Damit waren die wesentlichsten wirtschaftlichen Weichen gestellt. Im politischen Bereich ließen sich im Herbst allmählich die Vorteile des Zweiten Kontrollabkommens erkennen. Diese beschränkten sich nicht auf die Bundesverwaltung, sondern erstreckten sich ebenso auf die Zonen- und und Landesverwaltung, da auch dort Kontrollen abgebaut und Schwierigkeiten beseitigt wurden. Außenpolitisch hatte mit der Unterzeichnung des Gruber-De Gasperi-Abkommens vom September 1946, wie erwartet, die Südtirolfrage mit einem weitgehenden österreichischen Mißerfolg geendet.[1] Das einzig Erreichbare war eine in diesem Abkommen enthaltene Autonomiezusage, für die es allerdings keine ausreichende territoriale Umschreibung gab. Das ermöglichte es Italien, den Geltungsbereich des Gruber-De Gasperi-Abkommens freizügig zu interpretieren. Darüber wird aber noch ausführlicher zu berichten sein.

Alle Ersatzziele der österreichischen Außenpolitik, Ödenburg, Berchtesgaden oder was auch immer, waren schließlich nicht aufgegriffen worden, weil sie aussichtslos waren, von der österreichischen Bevölkerung anderer Bundesländer nicht verstanden und wohl kaum als vorrangige außenpolitische Anliegen akzeptiert worden wären. In der Außenpolitik zeichneten sich ohnedies große Veränderungen ab, die es gar nicht zuließen, sich über Südtirol noch allzu sehr zu verbreiten. Da im Herbst 1946 bereits die Friedensverträge mit Italien, Finnland, Rumänien, Bulgarien und Ungarn verhandelt wurden, stieg die Wahrscheinlichkeit, daß auch ein Österreichvertrag in absehbarer Zeit verhandelt werden würde. Interessant war dabei, daß offenbar keine der Besatzungsmächte die Initiative ergreifen wollte, zumindest nicht nach außen. Österreich schlug daher vor, das China Tschiang Kai-scheks sollte einen Vorstoß unternehmen, um Österreich auf die nächste Außenministerkonferenz zu bringen.[2] Das bezeichneten die Briten als absurd. Doch Neuseeland und sein Ministerpräsident Peter Fraser hätten die entsprechenden Initiativen ergreifen können, wenn nicht die „großen Vier" selbst initiativ geworden wären. Der – wie es in Österreich, aber auch schon in einigen alliierten Dokumenten hieß – „Staatsvertrag", mußte das nächste große außenpolitische Ziel werden.[3] Hier wurde eine neue Vision aufgebaut.

Beim Zusammenfassen der großen Problembereiche des Herbstes 1946 bleibt einer übrig, nämlich die Versorgung mit Nahrungsmitteln. In diesem Bereich war die Krise gewissermaßen vorprogrammiert und datumsmäßig fixiert: Das UNRRA-Programm, das zwar noch lief, war limitiert. Wenn man mit Mindestrationen von 1250 Kalorien das Auslangen fand, dann war eine gleichmäßige Unterversorgung bis März 1947 möglich. Setzte man die Kalorienmenge für den Normalverbraucher hinauf, dann mußten die Reserven zu einem errechenbar früheren Zeitpunkt aufgebraucht sein.[4] Nun kam jedoch der Blick über die Grenzen in die westlichen Zonen Deutschlands. Dort waren die Durchschnittswerte mittlerweile auf 1550 Kalorien hinaufgesetzt worden, weil es ja in Deutschland etwas nicht gab, was in Österreich die niedrigeren Sätze verursachte, nämlich eine absolut zentral gelenkte Nahrungsmittelversorgung aller Zonen. Nach dem Grundsatz: Wenn gehungert wird, dann vom Bodensee bis zum Neusiedler See, und wenn die Leute etwas zu essen haben, dann ebenso hier wie dort. Die sowjetische Zone war voll in die Versorgungspläne integriert und nicht sich selbst bzw. den Sowjets überlassen worden. Das Motto: „Jeder füttert seine Zone" galt in Deutschland, nicht aber in

Österreich. In den westlichen Bundesländern verlangte man jedoch überdeutlich eine Erklärung, warum Österreichs Versorgung hinter der der deutschen Westzonen nachhinkte. Also wurde die Ration für den Normalverbraucher auch in Österreich auf 1550 Kalorien/Tag angehoben.[5] Im Westen wäre sie dabei leicht auf 2000 Kalorien anzuheben gewesen, doch es galt – wie erwähnt – die Gleichmäßigkeit, daher wurden sämtliche Überschüsse in den Osten geschickt. Aber auch das Hinaufsetzen der Rationen konnte nichts daran ändern, daß die Bevölkerung Not litt. Das Hinaufsetzen der Rationen bewirkte nur, daß die Vorräte früher zu Ende gehen mußten. Fallfrist war Jänner 1947. Es gab aber schon vorher Demonstrationen und Streiks. Für den 24. Oktober 1946 war ein Generalstreik anberaumt worden, der dann allerdings nicht eingehalten wurde, da die Parolen vor allem von Kommunisten ausgegeben worden waren. Es war aber auch eine nachhaltige Agitation gegen die Regierung begonnen worden. Kommunisten agitierten besonders stark gegen Figl, Außenminister Gruber, den Bundesminister für Vermögenssicherung und Wirtschaftsplanung, Peter Krauland, sowie den Staatssekretär im Innenministerium, Ferdinand Graf, alle ÖVP-Mandatare.[6] Noch war freilich die Stoßrichtung nicht ganz klar.

Doch im Jänner 1947 wußte man zumindest schon soviel, daß für die Kommunisten beide großen Parteien zur Zielscheibe geworden waren, daß es nach wie vor den Versuch gab, die SPÖ zu spalten, und die KPÖ meinte, auf Neuwahlen drängen zu sollen. Diese Wahlen würden, meinten die Kommunisten, bereits ein ganz anderes Bild ergeben als jene des Jahres 1945.[7] Eines war sicher: Die Stimmung in der Bevölkerung sank ständig weiter ab. Es war eine Mischung aus Niedergeschlagenheit, Hoffnungslosigkeit und Ohnmacht, die sich breitmachte. Zu dieser Stimmung trug außer der Not auch die zur gleichen Zeit anderweitig ins Rollen gekommene politische Abrechnung bei. Der seinerzeitige Versuch von ÖVP und SPÖ, die Erste Republik aufzuarbeiten und auf Kosten des jeweils anderen bewältigen zu wollen, hatte Politikverdrossenheit nach sich gezogen. Mit der nicht nur Österreichs wegen, sondern auch der Alliierten wegen in Angriff genommenen Entnazifizierung wurde jedoch ein ungleich größeres und auch hautnaher empfundenes Problem angegangen. Die großen Koalitionsparteien hatten sich auf ein Nationalsozialistengesetz geeinigt, das für sie gerade noch tragbar und exekutierbar schien.[8] Im Juli 1946 lag es vor. Dabei war es jedoch nicht damit getan, ein einfaches Gesetz zu verabschieden. Es wurde den Alliierten zugeleitet. Die Entnazifizierung lag auch in ihrer Kompetenz. Die Alliierten erhoben denn auch Einspruch und einigten sich schließlich innerhalb der Alliierten Kommission darauf, wie dieses Gesetz verschärft werden sollte. Insgesamt verlangte der Alliierte Rat rund 200 Abänderungen. Gemäß seinen Vorstellungen sollte die Registrierung nicht nur in Kategorien von Belasteten und Unbelasteten erfolgen, sondern unter die Belasteten auch einen erheblich größeren Personenkreis einreihen, als dies von österreichischer Seite vorgesehen war. Jede einzelne Gruppe von Belasteteten hatte eine höhere Buße auf sich zu nehmen, was von einer Strafsteuer über Berufsverbot zu Sühnefolgen wie Zwangsarbeit und vermehrtem Verfolgungsdruck der Volksgerichte reichen konnte. Regierung und Parlament nahmen diese Verschärfungen hin. Die Kommunisten stimmten ihnen vorbehaltlos zu und hoben die Rolle der Sowjets hervor, auf deren Initiative in der

Abteilung für Inneres tatsächlich die meisten Abänderungen zurückgingen.[9] Die Auswirkungen zeigten sich allerdings auch sehr bald, da unterschiedlich 10 bis 25 Prozent der Erwerbstätigen unter irgendeine Bestimmung des Nationalsozialistengesetzes fielen und Buße zu leisten hatten. Daß die großen Parteien dem Gesetz zustimmten, geschah sicherlich zum wenigsten aus einem Gefühl der Vergangenheitsbewältigung heraus oder aus dem Bedürfnis zu strafen, sondern aus einer klaren politischen Notwendigkeit. Einer doppelten Notwendigkeit sogar, die sich aus der alliierten Besetzung und aus den bevorstehenden Staatsvertragsverhandlungen ergab, von denen man zumindest wußte, daß die Frage der Entnazifizierung eine Rolle spielen würde. Das war es auch, was ÖVP und SPÖ zwar über ein Diktat der Kommunisten murmeln ließ, sie aber geradezu zwang, das Gesetz mit den alliierten Abänderungen passieren zu lassen.[10]

Ein wenig mag die Großparteien auch die Wahltaktik beeinflußt haben: Wenn das Gesetz das Parlament rasch passierte und in Kraft trat, dann war davon auszugehen, daß bei einem normalen nächsten Wahltermin, 1949, die große Gruppe der Minderbelasteten bereits wählen konnte. Diese Gruppe (rund 470.000) galt es daher auch besonders im Auge zu behalten. Es spielte noch ein zusätzlicher und wohl nur damals verständlicher Aspekt eine Rolle. Die politisch Handelnden und Verantwortlichen, genauso wie diejenigen, die auf welche Weise immer Zuseher oder Betroffene waren, hatten nur zu gut in Erinnerung, wie Österreich in den Anschluß geschlittert war und wie sich letztlich auch die Masse der Bevölkerung mit diesem Faktum mehr oder weniger bereitwillig abgefunden hatte. Daß dann Schreckliches geschehen war und entsetzliches Unrecht – sofern es ging – gutgemacht werden sollte und mußte, war mittlerweile ebenfalls den allermeisten klargeworden. Mit Haß und Rache ließ sich jedoch kein neuer Staat aufbauen. Es galt daher bei aller Abrechnung mit der Vergangenheit auch maßvoll zu bleiben. Theodor Körner hatte im Sommer 1945 gesagt, die Masse der ehemaligen Nationalsozialisten seien „arme Teufel" gewesen. Das war eine spontane Äußerung gewesen. Diejenigen, die schuldig geworden waren, sollten büßen; die Mitläufer und diejenigen, die auch auf irgendeine Weise Opfer geworden waren, weil sie getäuscht oder aus Existenzgründen gezwungen worden waren, sich mit dem nationalsozialistischen Regime zu arrangieren, waren zur Verantwortung zu ziehen. Doch nicht dadurch, daß man sie ausstieß und verfemte, sondern dadurch, daß man sie in besonderem Maß für den Wiederaufbau des Gemeinwesens heranzog, zu dem sie sich letztlich wieder, und gar nicht ungern, bekannten. Bekennertum war da nicht erforderlich. Letztlich war Bundespräsident Renner selbst ein Beispiel dafür, wie man schuldig werden konnte und diese Schuld dann gutmachte.

Im übrigen hatte Bundespräsident Renner Anfang 1947 in einer Ansprache vor der Bundesregierung schon einen deutlichen Fingerzeig gegeben. Renner hatte ausgeführt: „Als Bundespräsident sage ich Ihnen: Die Verfassung gibt mir das Recht, den schlimmsten Kriminellen zu begnadigen. Und auch der Mitbürger, der ganz tief gefallen ist, ist für mich ein Österreicher. Ich glaube nicht an den Ostracismus" (also das Scherbengericht). Renner legte damit eine klare Linie vor, und er blieb seiner eigentlichen Linie treu, die ihn zwar dem Austrofaschismus, weniger dem Nationalsozialismus gegenüber als unversöhnlich erscheinen, aber auch in keinem Fall

Abrechnung fordern ließ. Er wollte, wie er das ja schon im April 1945 an Bürgermeister Kollmann geschrieben hatte, daß die politisch belasteten und untragbaren Leute in der Versenkung verschwanden. Doch er wollte sie gerade aus diesem Grund auch nicht mehr an die Öffentlichkeit eines Prozesses gezerrt oder gar zu Märtyrern gemacht wissen. Das war der Grund, weshalb Renner den Volksgerichtsprozeß gegen den ehemaligen österreichischen Außenminister Dr. Guido Schmidt nicht geführt sehen wollte.[11] In diesem wie in den Fällen der ehemaligen Nationalsozialisten diktierten jedoch besondere Erwägungen die Haltung der Regierung: Deren Handlungsspielraum war extrem eingeengt und wurde mehrheitlich von den Erwägungen der Außenpolitik und der ersten Staatsvertragsrunde geleitet sowie von dem Bestreben, die Besatzungsmächte in keiner Weise herauszufordern, denn das konnte vielleicht Auswirkungen auf deren Hilfsbereitschaft haben.

Die Situation der Bundespolitik war alles andere als gut. Die Besetzung hätte es an und für sich erforderlich gemacht, den Besatzungsmächten gegenüber Härte zu zeigen, denn die Bevölkerung konnte wohl von einer verantwortlichen Regierung erwarten, daß sie energisch auftrat und die Eigenständigkeit hervorkehrte. Da konnten dann Reminiszenzen an die Provisorische Staatsregierung aufkommen, die ja aus Gründen, die natürlich nicht jedermann einsichtig waren, viel mehr Entschlossenheit demonstriert hatte. Statt dessen wurde von der Regierung Figl–Schärf Kooperationsbereitschaft und Gehorsam gezeigt.

Im Falle der registrierten Nationalsozialisten, immerhin 547.000 Personen, waren einer amerikanischen Erhebung zufolge vier Fünftel der Bevölkerung für eine mildere Form der Bestrafung und eine weitgehende Pardonierung eingetreten, und nur ein Fünftel der Bevölkerung trug die Nationalsozialistengesetze mit.[12] Auch in diesem Fall ließ sich dann leicht die Feststellung treffen, daß die Regierung zu nachgiebig gewesen sei. Dabei wird übersehen, wie sehr dic Regierung von allen Seiten bedrängt war. In Österreich gab es keine Möglichkeit, die Energieversorgung zu sichern. Im Osten gab es etwas Öl, im Westen etwas Strom. Für ganz Österreich reichte keines. Also mußten Betriebe und ganze Industriezweige stillgelegt und der Schulbetrieb wochenlang eingestellt werden; es gab keine Möglichkeit, mehr Nahrungsmittel zu verteilen als nach dem mühsam den Alliierten 1946 abgerungenen Verteilerschlüssel. Letztlich wurde die Entnazifizierung mit der Versorgungskrise gleichgesetzt: Keine Entnazifizierung, kein Strom, kein Öl, kein Brot. Es sollte aber noch einmal betont werden: All dies geschah auch, weil stur an der Einheit Österreichs festgehalten wurde. Bei einer zonenweisen Behandlung der Probleme wären diese Dinge ganz anders gelaufen. Doch die großen Koalitionen hielten, sowohl die der beiden Großparteien als auch – und das war noch wichtiger – die große innerösterreichische Koalition von Ost und West.

Sieht man sich die österreichische Situation im Frühjahr 1947 zur Zeit der ersten Staatsvertragsverhandlungen an, und zwar mit amerikanischen Augen, dann ergab sich dabei folgendes Bild:[13] Politik stand nicht im Vordergrund jener Probleme, die den Bürger beschäftigten. 54 Prozent der von den Amerikanern im Zuge demoskopischer Erhebungen befragten Österreicher stellten die Sorge um die tägliche Nahrung an die erste Stelle. An zweiter Stelle kam dann die Entnazifizierung, gefolgt von Heizung und Kleidung. In das Entnazifizierungsproblem, von dem 25 Prozent der Befragten meinten, es wäre das wichtigste, weil es ja so viele unmittelbar betraf, mischte sich allerdings auch die Frage nach den rund 80.000 österreichischen Kriegsgefangenen, vornehmlich in der Sowjetunion und in Jugoslawien. – Aber auch jene, die die Sorge um das tägliche Brot nicht an die erste Stelle gereiht hatten, waren von dieser Sorge mehr oder weniger stark betroffen. Denn 87 Prozent der Befragten bezeichneten sich als unterversorgt bis hungernd. In diese Passage fügten die auswertenden Beamten des amerikanischen Hochkommissariats in ihrem Bericht an das Außenministerium in Washington die Bemerkung ein, daß es angesichts der Unterversorgung und der sonstigen Probleme geradezu erstaunlich sei, daß der politische Radikalismus nicht an Boden gewinnen konnte. Bei den Parteipräferenzen erhoben die Amerikaner in Wien einen kontinuierlichen Popularitätsverlust der Volkspartei und einen ebensolchen Gewinn der SPÖ, während die KPÖ gleichblieb. 43 Prozent der Befragten meinten, die Alliierten würden den Wiederaufbau Österreichs hindern, 23 Prozent waren gegenteiliger Ansicht und glaubten, daß die Alliierten für den Wiederaufbau Österreichs notwendig wären und ihn förderten. Dabei war auffallend, daß vor allem Angehörige niederer Einkommensschichten schärfere Kritik an der Anwesenheit und Rolle der Alliierten übten, als dies Leute der Mittel- und Oberschicht taten. Allerdings wurde die Regierung generell für die Misere mehr verantwortlich gemacht als die Alliierten.

Auch die Einschätzung der Sowjets verdient Beachtung, da sie sich mit ähnlich erhobenen Einschätzungen vergleichen ließ. Und dabei zeigte sich freilich, daß die Sowjets, verglichen mit ihrer Einschätzung in den USA, Canada, Großbritannien, Frankreich, Dänemark und Schweden, in Wien am schlechtesten wegkamen.

Aber wer war schon gerne gesehen im Österreich dieser Tage? Die Alliierten waren nicht gerne gesehen, die Deutschen waren nicht gerne gesehen, die Reichsdeutschen genausowenig wie die Volksdeutschen oder Sudetendeutschen. Die Heimatvertriebenen und Staatenlosen waren nicht gerne gesehen, unter diesen kamen wieder die Juden am schlechtesten weg, gefolgt von Polen, Jugoslawen und Russen. Sie alle wurden so klassifiziert, daß sie Österreichs Nahrungsmittel aufaßen, zur Kriminalität neigten und den Schwarzmarkt betrieben. 71 Prozent der Bevölkerung hielten Österreich für unschuldig am Krieg, 15 Prozent neigten einer Teilschuld zu, und nur 4 Prozent hielten es für schuldig, weil Österreich 1938 mit „Ja“ gestimmt hatte. In den 71 Prozent Anhängern des „Nicht-schuldig“ sahen die Amerikaner auch einen Grund für Österreichs Separatismus und Nationalismus, denn man wollte sich vom eindeutig schuldigen Deutschland trennen, um nicht auch alle Folgen des Krieges mittragen zu müssen. Der Krieg sei schlimm genug gewesen. Es war also nackter Opportunismus, der die Österreicher beherrschte. Und wie wurde Österreichs Zukunft gesehen? 78 Prozent der Bevölkerung befürworteten eine strikte Neutralität nach dem Vorbild der Schweiz. Nur 5 Prozent neigten einem Bündnis mit einem Nachbarstaat zu. Allerdings meinten auch sie, daß Österreich nach der Wiedererlangung seiner vollen Freiheit wirtschaftliche Bündnisse eingehen müsse, um zu überleben, und das ungeachtet der damit wahrscheinlich verbundenen politischen Gefahren.

Schließlich noch die Regierung. Die Regierung Figl, so hieß es in der amerikanischen Auswertung, hätte wenig Prestige in Österreich und würde als noch unfähiger angesehen werden, als sie es offenkundig sei. Figl hätte zwar die Unterstützung der Landbevölkerung, würde aber von der städtischen Bevölkerung als komische Figur abgetan, und das, obwohl es keinerlei Presseangriffe gegen ihn gegeben habe. In den Kinos lachte man, wenn Figl in einer Wochenschau auftauchte. Doch den Österreichern mangle es generell am Selbstbehauptungswillen, man mache sich über Österreich lustig und witzle über seine Schwäche, seine Inkompetenz und seine Ohnmacht. – Nun sind die Amerikaner bei dieser letzten Feststellung aber ganz sicher über das Ziel hinausgeschossen, da sich die Schlußfolgerung, daß man sich in Österreich über Österreich lustig machte, auf Kabarettnummern und ähnliche Sketches bezog, und die konnten einem Amerikaner wohl nicht verständlich sein. Der politische Witz ist ihnen ja weitgehend fremd, seine Funktion für sie daher auch schwer zu verstehen. Beachtung verdient freilich eine letzte Beobachtung: In den Ländern beginne sich allmählich der Unmut zu regen. Bund und Länder bildeten eine wesentliche Nahtstelle: Österreich hielt so lange, solange die Zusammenarbeit der beiden großen Parteien und die Ost-West-Koalition der Länder hielt. Der staatspolitische Ausgleich sah also etwa so aus, daß die SPÖ Wünsche ihrer Anhänger und vor allem des linken Flügels nach Neuwahlen im Zaum hielt und die ÖVP auf die von ihr regierten Länder – das waren mit Ausnahme von Wien und Kärnten alle anderen – einwirkte, den Separatismus hintanzuhalten. Vorderhand funktionierte der Ausgleich auch, doch es war immer noch ein Staat auf Abruf!

Anfang 1947 ließ sich für den Zustand der Großen Koalition – oder richtiger: der Allparteienregierung – am ehesten ein Vergleich mit jener großen Koalition anstellen, wie sie nach dem Ersten Weltkrieg existiert hatte. Diese erste Form einer zielgerichteten und aus einer Notsituation geborenen Zusammenarbeit in einer Republik (Deutsch-)Österreich hatte als wesentliches Antriebselement die Verhandlungen über den Friedensvertrag. Sie war also zumindest bis zum Vertrag von St. Germain vom 10. September 1919 sinnvoll und wurde auch als solches empfunden. Nach Erreichen dieser Ziele hatte sie ein jähes Ende. Jetzt gab es wieder die Zusammenarbeit. Ab dem Augenblick, da von den Alliierten Verhandlungen über einen Österreichvertrag in Aussicht gestellt wurden, sahen sich daher die Parteien, vor allem die großen, immer mehr der Argumentation gegenüber, daß die Große Koalition so lange beibehalten werden müsse und absolut sinnhaft sei, bis es diesen Vertrag gebe.[14] Diese Begründung für die Notwendigkeit der Zusammenarbeit konnten auch die Alliierten in den Vordergrund stellen. Doch das waren lediglich Paraphrasen über das bereits angeklungene Thema. Auf jeden Fall wurde sowohl von den beiden großen Parteien, die sich innerhalb der Konzentrationsregierung zu einer „stillen" Großen Koalition zusammengefunden hatten, wie auch vom größten Teil der Bevölkerung verstanden, daß es für eine bestimmte Zeit hieß, mit der Zusammenarbeit fortzufahren, da es gelte, ein Ziel zu erreichen. Dieses Ziel aber erforderte ein Maximum an Kooperation und geschlossenem Auftreten.

Sicherlich war diese Forderung nicht mehr gänzlich ident mit jener noch sehr unpräzise umschriebenen Absicht der ersten Stunden und Monate, in denen es um die „Wiederinbetriebnahme" Österreichs gegangen war. Damals war viel mehr vom Kompromiß und von der Bedeutung der Stunde zu hören gewesen als später. Gerade in die Phase der Wiedergeburt der Republik floß ein gewisses Maß an Geschichtslast ein, zumindest aber stand über der Provisorischen Staatsregierung das Fragezeichen, ob die Zusammenarbeit klappen und ob auch das Gefüge von zentralistischen und partikularistischen Interessen funktionieren würde. Diese Phase war vorbei. In der daraufhin einsetzenden Phase, sie begann sich um die Jahresmitte 1946 abzuzeichnen, gewann ein anderes Motiv an Bedeutung, spielten die Geschichte und die Sorge vor dem Eingeholtwerden durch die Vergangenheit eine geringere Rolle. Statt dessen wurde ein Ziel angesprochen, das in der Zukunft lag, nämlich der Abschluß des Staatsvertrags und der Abzug der Besatzungstruppen, mithin das Ende der Besetzung. Diese inhaltliche Änderung trug vielleicht auch dazu bei, daß sich das Zusammenleben der beiden großen Parteien auf zwei Ebenen abzuspielen begann. Auf der einen Ebene wurde über Fragen der großen Politik gesprochen, da gab es verhältnismäßig wenig Differenzen. Auf der anderen Ebene wurden Fragen nach der Führung des Staates, nach Machtpositionen und wohl auch zahllose Probleme des Alltags behandelt, behielten Ideologen und Funktionäre der zweiten Linie ihre „Spielwiesen", auf denen dann auch durchaus nicht nur von Konsens und Kompromiß die Rede war. Wichtig wurde dabei nur eines: daß sich die beiden Ebenen nicht so vermischten, daß die Querelen und Konflikte der unteren auf die obere Ebene durchschlugen.

Schließlich brachte auch das Jahr 1947 mit seinem Auf und Ab wieder mehrere Krisen. Die eine, buchstäblich die Dauerkrise, kam in der Nahrungsmittelfrage, wo es durch das raschere Aufbrauchen der UNRRA-Lieferungen auf Grund höherer Versorgungssätze früher zur Zuspitzung der Lage gekommen war, als noch 1946 zu erwarten stand. Dabei spielte sicherlich auch eine Rolle, daß die Sowjets größere Ländereien beschlagnahmt hatten und deren Ertrag dadurch der Versorgung Ostösterreichs entzogen war. Die Sowjets versorgten ihre Truppen mit dem, was sie auf diesen Gütern anbauten und ernteten. Das bedeutete anderseits, daß Ostösterreich nur dann überleben konnte, wenn weiterhin aus dem Westen Nahrung zugeführt wurde. Und das wurde zunehmend problematisch. Zum einen schwand allmählich das Verständnis der westlichen Bundesländer dafür, daß es der dortigen Bevölkerung noch lange nicht so gut gehen konnte, wie dies auf Grund der massiven amerikanischen Zuschübe eigentlich schon hätte der Fall sein müssen. Und zum anderen waren die Amerikaner nicht mehr bereit, mit den für ihre Zone vorgesehenen Mengen auch die sowjetische Zone mitversorgen zu sollen. Dabei taten sich der amerikanische Hochkommissar, zunächst noch General Clark und ab Mai 1947 General Geoffrey Keyes, mit der Argumentation freilich etwas schwer. Denn einerseits stellten sie fest, daß sie in Österreich volle Sympathien genossen und die Regierung in jeder Weise kooperationsbereit wäre. Sie billigten und unterstrichen auch den von Österreich erhobenen und praktizierten Grundsatz der gleichmäßigen Versorgung und der zentralen Steuerung der Lebensmittelversorgung durch bundesstaatliche Organe.[15] Anderseits aber brach immer öfter der Unmut hervor, wie man dazu komme, auch gleich die Sowjets mitzuversorgen und auf Grund der Lebensmittelmisere jedes Hilfsprogramm scheitern zu sehen. Denn statt daß ein größerer Teil der Hilfe in Investitionsgüter ginge und den Wiederaufbau der österreichischen Wirtschaft bewirkte, wurden die Hilfsmittel buchstäblich aufgefressen.

Nun gab es in den USA eine ausführliche Debatte über die Nach-UNRRA-

Hilfe.[16] Diese Debatte endete schließlich damit, daß die Amerikaner nur noch ihre Zone versorgen wollten. Das schließlich von Senat und Repräsentantenhaus verabschiedete „Public Law 84", das die Kongreßhilfe für eine bestimmte Gruppe von Ländern vorsah, fiel allerdings mit einer Neuorientierung der amerikanischen Außenpolitik im ersten Halbjahr 1947 zusammen. Während in Moskau gerade die Außenministerkonferenz tagte, auf der erstmals auf dieser Ebene über den österreichischen Staatsvertrag beraten wurde (10. März bis 24. April), manifestierte sich diese neue Politik der USA in der sogenannten Trumandoktrin, der Verkündung von Militär- und Wirtschaftshilfe für die Türkei und Griechenland, und in dem britisch-amerikanischen Beschluß, definitiv auf eine Deutschlandlösung aller vier Mächte zu verzichten. Am Beginn der Planung für eine US-Kongreßhilfe war gedacht gewesen, diese Hilfe China, Italien, Griechenland, Polen, Ungarn und Österreich zukommen zu lassen. Nach einer stufenweisen Anpassung der Planung und unter Einrechnung der politischen Veränderungen in diesen Ländern bekamen einige mehr, andere – wie Ungarn und Polen – nichts. Aber auch Österreich wurde als Problemzone gesehen.

Der Kernpunkt der Überlegungen war folgender: Wenn Österreich eine gesunde Wirtschaft bekommen bzw. aufbauen könnte, stünden die Chancen günstig, daß auch die Wirtschaftsform eine demokratische bliebe. Die Wirksamkeit ausländischer Hilfe hänge allerdings von mehreren Faktoren ab, und zwar von der Durchführung von wirtschaftlichen Reformen, von der Aufnahme von Handelsbeziehungen mit dem Ausland, von niederen Zöllen, von der Konvertibilität der Währung und vor allem von der drastischen Erhöhung des Handelsvolumens.[17] In diesem Zusammenhang war 1946 wiederholt darauf hingewiesen worden, daß Österreich seine Handelsbeziehungen hauptsächlich nach dem Osten ausbauen sollte, daß es von den östlichen Handelspartnern nicht abgeschlossen werden dürfte, daß es aber auch den östlichen Ländern gegenüber konkurrenzfähig sein müsse, um nicht absorbiert zu werden. 1947, hieß es, diese ostmitteleuropäischen Länder wären mittlerweile mehr oder weniger in die Sowjetsphäre geraten, und das habe ihre politische und wirtschaftliche Struktur verändert. Für Österreich würde es daher immer schwieriger werden, den Handel mit diesen Ländern auszubauen. Wenn der Handel also nicht entsprechend auszuweiten sei bzw. nur um den Preis unerwünschter politischer Konzessionen, müßte das gesamte Außenhandelssystem Österreichs neu ausgerichtet werden, und zwar nach dem Westen und nach dem Süden. Die Handelsbeziehungen mit Italien müßten erheblich vermehrt und auch der Handel mit den USA angekurbelt werden. Auch ein Handel mit der deutschen Westzone sei – auf einer bescheidenen Ebene – für den Wiederaufbau Österreichs unerläßlich. Unter diesen Voraussetzungen würde dann die Kongreßhilfe auch ihre Wirkung tun.[18] Sie sollte Österreich also nicht nur „durchfüttern", sondern letztlich politisch stabilisieren.

Was jetzt begann, war jedoch ein Balanceakt. Im April 1947 wurde in Moskau über den österreichischen Staatsvertrag vehandelt. Auf der Grundlage eines weitgehend britischen Dokuments, das dann mit Amerikanern und Franzosen einer gewissen Vereinheitlichung zugeführt worden war, wurde die Regelung der Österreichfrage überlegt. Es gab über weite Strecken eine Einigung, doch in den wesentlichen Punkten, und das waren zwei, nämlich die jugoslawischen Gebietsforderungen gegenüber Österreich und die sowjetischen Forderungen nach dem Deutschen Eigentum, gab es – fast wie erwartet – keinen Konsens. Österreich war bei der Vorkonferenz der Außenminister in London wie dann auch bei der Konferenz in Moskau durch Regierungsdelegationen vertreten. In London war es eine, die durchaus der Zusammensetzung der Konzentrationsregierung entsprach, da auch Ernst Fischer mit von der Partie war. Das war in Moskau nicht mehr der Fall. Während aber noch verhandelt wurde, und während noch Außenminister Gruber in Moskau versuchte, die Amerikaner auf eine konziliantere Haltung einzuschwören, steuerte Österreich auf eine neue innenpolitische Krise zu. Dabei gab es merkwürdige Frontbildungen. Einige ÖVP-Spitzenfunktionäre hatten sich mit der SPÖ-Spitze über ein regelrechtes politisches Stillhalteabkommen geeinigt, das ein weitgehend einheitliches Auftreten gewährleisten sollte.[19] Die entsprechenden Zusicherungen waren im Jänner anläßlich eines Gespräches bei Renner gegeben und schriftlich fixiert worden. Bei dieser Vorgangsweise, die wohl sicherstellen sollte, daß gerade während der Staatsvertragsverhandlungen die innere Geschlossenheit Österreichs demonstriert werden konnte, wurde der Koalitionspakt von 1945 erweitert. Dabei war es wohl vor allem der ÖVP um ein funktionierendes Gesprächs- und Arbeitsklima zu tun, da sie mit beträchtlichen Problemen zu kämpfen hatte. Einige drangen nach außen, die meisten Krisen brodelten im Inneren.

Bei dem im April 1947 abgehaltenen Bundesparteitag der Volkspartei brach schließlich der Unmut mit aller Macht hervor.[20] Ein Großteil der Beratungen fand hinter verschlossenen Türen statt, um die Differenzen nicht allzu bekannt werden zu lassen. Zunächst sah sich Generalsekretär Hurdes schweren Vorwürfen und der Forderung vor allem des Arbeiter- und Angestelltenbundes gegenüber, das Entnazifizierungsgesetz abzuändern und jene Leute auszunehmen, die Kriegsversehrte oder beim Eintritt in die NSDAP noch minderjährig gewesen waren. Schließlich mußte Figl im politischen Ausschuß erscheinen und mit seiner ganzen Beredsamkeit die Rücknahme der Forderung erwirken. Beim Verlesen der Anwesenheitsliste stellte sich heraus, daß es keine Tiroler Delegation gab. Die ferngebliebenen Tiroler wollten ihr Nichterscheinen als eine Demonstration für Südtirol verstanden wissen, mehr aber wohl noch als eine Demonstration dessen, daß sie Außenminister Gruber für das Südtiroldebakel verantwortlich machten. An Gruber rieben sich auch eine Reihe von Vertretern anderer Länder und Bünde, so daß in der ÖVP schon deutlich gesagt wurde, nach dem Ende der Moskauer Konferenz würde Gruber wohl zurücktreten müssen.

Es gab jedoch noch eine andere interessante Entwicklung hin zu einer Neuverteilung der politischen Macht, denn zum erstenmal sprach man in der ÖVP von der Möglichkeit einer vierten Partei und davon, daß eine solche wünschenswert wäre.[21] Mehr noch, es gab schon konkrete Gespräche mit einigen Leuten, vor allem mit dem Grazer Universitätsprofessor und früheren Bundesminister für soziale Verwaltung, Dr. Josef Dobretsberger, dem früheren steirischen Landeshauptmann Dr. Karl Maria Stepan und dem früheren Landwirtschaftsminister Dr. Ludwig Strobl, alles Repräsentanten der Ersten Republik. Die neue Partei, die in diesen Gesprächen skizziert wurde, sollte zwischen ÖVP und SPÖ angesiedelt sein und einen intellektuellen wie liberalen Hintergrund haben. Mit ihr wollte man die intellektuelle

Gruppe der früheren Großdeutschen und Nationalsozialisten, aber auch jüdische liberale Rückkehrer ansprechen. Figl, von dem diese Gespräche angeblich ausgingen, hatte diesbezüglich auch bei der SPÖ angeklopft und bei deren außenpolitischem Sprecher, Julius Deutsch, durchaus Sympathien für eine solche vierte Partei geortet. Wenn es gelänge, Dobretsberger als Führer einer solchen Partei zu gewinnen, dann könnte sie in der Steiermark und Kärnten eventuell Grundmandate schaffen und insgesamt vier oder fünf Sitze im Nationalrat erobern, lautete die Prognose.

Aus den Parteitagsdebatten und den Überlegungen zu einer vierten Partei sollte man einige Punkte in Evidenz nehmen: Gruber war politisch schwer gefährdet. Sein Sturz wurde vorausgesagt. Bei den Gesprächen über eine Ausweitung der Parteienlandschaft spielten auf der einen Seite Figl und ein enger Kreis um ihn sowie Julius Deutsch eine Rolle, auf der anderen Seite wurde Josef Dobretsberger als jener Mann bezeichnet, der eine neue Partei begründen helfen und führen sollte.

Es gab auch noch eine andere Entwicklung. Die SPÖ geriet zunehmend unter den Druck ihres linken Flügels, vor allem der Gruppe um den Zentralsekretär der SPÖ, Erwin Scharf. Auf das hin begann die Mehrheit, und es war wieder Adolf Schärf, der als Parteivorsitzender Sprecher dieser Mehrheit war, eine Annäherung an die Amerikaner.[22] Die SPÖ, die sich bis dahin vornehmlich an der britischen Labour Party orientiert hatte, begann sich also – wohl auch aus einer gewissen Enttäuschung über die Briten – den Amerikanern zuzuwenden. Das mußte auf der anderen Seite den Konflikt mit Scharf und seiner Gruppe anheizen. Aber Schärf wollte es nicht nur bei einer bloßen Zuwendung belassen, er stellte eine Reihe von Forderungen auf und formulierte Wünsche, an erster Stelle den nach der Einstellung der Zahlung von Besatzungskosten an die Amerikaner. Notfalls sollten die Amerikaner eine einseitige Aktion setzen und keine Besatzungskosten mehr fordern. Das würde, so meinte Schärf, die übrigen Besatzungsmächte in eine schwierige moralische Situation drängen.[23] Schärf ging aber weiter und verlangte, so wie dies auch auf einem außerordentlichen Parteitag der SPÖ angeklungen war, die Einschränkung der Zensurmaßnahmen, die Erleichterung des Zonenverkehrs und die Bewaffnung der österreichischen Polizei.[24] Die geänderte Haltung der SPÖ den Amerikanern gegenüber wurde noch dadurch unterstrichen, daß in der SPÖ kaum Stimmen laut wurden, die das Scheitern der ersten Staatsvertragsverhandlungsrunde in Moskau den Amerikanern anlasteten oder zumindest mitanlasteten, wie das z. B. Außenminister Gruber tat. Der war aus Moskau kommend zu einer Art Vorwärtsverteidigung übergegangen und hatte die Amerikaner unverhohlen beschuldigt, in Moskau mit zuwenig Fachleuten vertreten gewesen zu sein und zuwenig flexibel verhandelt zu haben.[25] Gruber meinte, es wäre ja nicht wichtig gewesen, mit welchen Kosten der Staatsvertrag verbunden sei, wichtig wäre nur, daß einmal die Besatzungstruppen abzogen. In der SPÖ teilte außer dem Scharf-Flügel nur Alfred Migsch, einer der Energie- und Wirtschaftsfachleute der Partei, den Standpunkt Grubers.[26] Der Großteil des rechten Flügels der Partei kreidete aber den Amerikanern nicht nur nicht das Scheitern in Moskau an, sondern ging so weit, ihnen zu bescheinigen, daß es vielleicht ganz gut sei, wenn sie noch etwas länger in Österreich blieben.[27]

Während solcherart in der ÖVP wie in der SPÖ Spaltungstendenzen wirksam wurden, die in beiden Fällen ideologische wie personelle Gründe hatten, schickten sich die Kommunisten an, die Spaltung weiterzutreiben und auszunützen. Ernst Fischer, der ehemalige Staatssekretär für Unterricht und Volkserziehung und damalige Abgeordnete zum Nationalrat, ging davon aus, daß eine Grundvoraussetzung für eine funktionierende Koalition aller Parteien sei, daß die ÖVP und die SPÖ aufhörten, die KPÖ als Russenpartei auszuspielen. Dann erst könnte statt der Koalition, die nur „dem Schein nach" existierte, eine tatsächliche Koalition zu funktionieren beginnen. Ein solcher „new deal" in der österreichischen Innenpolitik könnte Neuwahlen nach sich ziehen, doch es sei auch bereits deutlich, daß der KPÖ wesentlich mehr Gewicht zukomme, als auf Grund der vier Abgeordnetenmandate. „Hätten wir 12 oder 15 Abgeordnete im Parlament", meinte Fischer, „dann würden wir mit mehr Autorität sprechen und dann würde es uns auch möglich sein, konstruktiver zu arbeiten als gegenwärtig."[28] Bei einer stärkeren Vertretung der KP in der Regierung würde es möglich sein, Österreich aus seiner Misere herauszuführen. Wenn einmal eine neue Regierung am Werk sei, dann hätte Österreich auch die Chance, die ungeheuren wirtschaftlichen Möglichkeiten wahrzunehmen, die sich im Donauraum anböten. Diese Möglichkeiten seien jedoch begrenzt, sagte Fischer, und wenn es sich Österreich leiste, in einen nächsten Winter mit all seinen Desastern, Unruhen und mit dem Hunger zu schlittern, „dann wird auch seine wirtschaftliche Zukunft verspielt sein". Das Land werde nicht untergehen, meinte Fischer, denn Länder gehen nie unter, weil die Bevölkerung immer wieder irgendwie überlebt, doch statt ein gesunder industrieller Umschlagplatz im Herzen Europas zu werden, würde Österreich nichts anderes sein „als ein altmodischer Touristentreff, voll mit Kellnern und geilen Lüstlingen, die die Wünsche betuchter Ausländer erfüllten". Was in diesem mit Martin Herz geführten Gespräch[29] nur zart anklang und von den Amerikanern zu diesem Zeitpunkt auch nicht erkannt und interpretiert werden konnte, waren die gerade zur selben Zeit laufenden Bemühungen Fischers, das ÖVP-SPÖ-Lager zu sprengen und eine Regierungsumbildung zu erreichen. Als Fischer das Gespräch mit Herz führte, hatte er bereits ein Abendessen im kleinen Kreis hinter sich, zu dem der ÖVP-Abgeordnete Rudolf Kristofics-Binder eingeladen hatte. Bei dieser Gelegenheit war Fischer mit Julius Raab und Handelsminister Eduard Heinl zusammengetroffen. Fischer versuchte im Anschluß an ein Abendessen „im Bratendunst konventioneller österreichischer Gemütlichkeit" (wie er nachträglich schrieb)[30] Raab von der Notwendigkeit einer einschneidenden Änderung in der Zusammensetzung der Regierung zu überzeugen. Gruber müßte natürlich gehen, denn mit ihm würde Österreich nie einen Staatsvertrag bekommen, auch Helmer wäre zu ersetzen, andere wohl auch. Ersatz würde sich finden: Es fielen die Namen des Linzer Bürgermeisters Ernst Koref, des ehemaligen steirischen Landeshauptmannes Machold, des außenpolitischen Sprechers der SPÖ Julius Deutsch und natürlich auch der Name Ernst Fischer. Sieht man von letzterem ab, dann hat es fast den Anschein, als wollte Fischer nichts anderes, als der SPÖ zu einer stärkeren Regierungsbeteiligung verhelfen. Wir wissen aber nach wie vor zuwenig über diese Gespräche, als daß hier schon Endgültiges gesagt werden könnte.

Ende Mai hatte Fischer dann eine Unterredung mit Julius Deutsch, die sich allerdings im Büro von Deutsch und nicht in der privaten Atmosphäre eines Wiener

Wohnhauses abspielte. Über dieses Gespräch sind wir noch schlechter informiert und wissen im großen und ganzen nur, daß es stattgefunden hat.[31] Schließlich folgte am 5. Juni die dritte Runde. Sie fand wieder in der Wohnung von Kristofics-Binder statt. Diesmal war Leopold Figl der Gesprächspartner von Fischer. Neben Figl waren noch der ÖVP-Landwirtschaftsminister Josef Kraus und der Sekretär des Kanzlers, Dr. Johann Dorrek, dabei. In diesem Gespräch ging es allerdings nicht mehr darum, ob der eine oder andere Minister seinen Platz räumen, sondern vor allem darum, ob Figl zurücktreten sollte. Der Darstellung Fischers zufolge hatte er den Kanzler auch schon so weit; als möglicher neuer Kanzler wurde jener Josef Dobretsberger genannt, der Wochen zuvor als Begründer einer vierten Partei diskutiert worden war.[32] – Dann ging die Runde auseinander.

Am nächsten Tag war die Abendunterhaltung aber schon kein Geheimnis mehr. Minister Kraus hatte Minister Krauland davon erzählt, dieser informierte Gruber. Und Karl Gruber tat nun das einzig mögliche, um seinen Kopf zu retten: Er informierte die Amerikaner und ohne weitere Rückfragen die Öffentlichkeit.[33] Damit hatte Gruber zumindest einmal erreicht, daß er selbst politisch überlebte, denn es war doch nicht möglich, jenen Mann, der dieses Stück Geheimpolitik aufgedeckt hatte und der vor allem die Kommunisten dabei schwer angriff, dann zum Rücktritt zu zwingen; das hätte ja bedeutet, daß man ihn gewissermaßen den Kommunisten opferte.

Beim parlamentarischen Nachspiel dieser „Figl-Fischerei“ wurde wohl nur die halbe Wahrheit gesagt und hielt sich insbesondere die ÖVP zurück. Es übte aber auch die SPÖ Zurückhaltung, wohl weil sie gerade etwas führerlos war (Schärf war im Ausland), und weil sie nach wie vor den stillen Koalitionspakt einhielt.

Im Parlament stellte Figl einleitend die Unterredung als privat und informativ hin; er ging jedoch bewußt auf keine Details ein.[34] Fischer lieferte dafür um so mehr. Seiner Darstellung nach sei die Initiative von der ÖVP ausgegangen. Beim ersten Treffen waren außer dem Gastgeber und Fischer noch Raab, Heinl und Gorbach dabeigewesen. Zunächst habe man die separatistischen Tendenzen vor allem in Tirol, Vorarlberg und Salzburg besprochen, von denen Raab sagte, es handle sich lediglich um „unernste Spielereien“. Doch dann sei die Regierung einer Kritik unterzogen worden. Dabei fielen in unterschiedlichen Zusammenhängen die Namen Dobretsberger, Dr. Wilhelm Taucher, Gleißner, Machold, Koref und wohl auch Franz Popp und Fischer. Raab wollte mit den Sozialisten Verbindung aufnehmen. Zum zweiten Abendessen wußte Fischer zu sagen, daß Figl fragte, ob die ganze Regierung zurücktreten sollte und ob Neuwahlen vor dem Winter opportun wären. Die Frage Fischers, ob schon mit der SPÖ gesprochen worden wäre, verneinte Figl. Der Antrag Fischers auf Einsetzung eines parlamentarischen Untersuchungsausschusses fand keine Unterstützung.

Der sozialistische Redner war der Linzer Bürgermeister Ernst Koref. Er witzelte und ätzte mehr, als daß er die Angelegenheit als besonders tragisch hingestellt hätte. Und wenn er attackierte, dann vor allem die KPÖ und nicht die Volkspartei, der er empfahl, „keine naturwidrige Bettgenossenschaft mit erwiesenen Pseudodemokraten“ zu pflegen. Schließlich tat noch Raab die Angelegenheit mit dürren Worten ab. In ihren Abschlußbemerkungen betonten allerdings Koref wie Raab den Willen zur

Fortsetzung der Dreiparteienkoalition. Im Parlament war also so getan worden, als wäre das ganze ein Sturm im Wasserglas gewesen. Doch die Angelegenheit war wohl viel heikler, als man sich selbst eingestehen wollte.

Auch Adolf Schärf neigte erst allmählich dazu, den Vorfall als bedeutsamer anzusehen, als das zunächst der Fall war. Da hatte Schärf im Hinblick auf Gruber und seinen Gang in die Öffentlichkeit gemeint: „Ich halte die Enthüllung für eine wirkliche Tat ... Ich glaube, Raab und Gorbach [von Heinl wußte Schärf zu diesem Zeitpunkt offenbar noch nichts] wollten Fischer nur anhören, und der Kanzler wollte dies ebenfalls nur tun, um ihm zu sagen, daß man nichts mit ihm zu tun haben wolle. Die Wirkung auf unsere Partei und auf die Volkspartei war arg, sowohl Gruber als auch der Kanzler haben schwer gelitten, der Kanzler vor allem deshalb, weil er nicht verstand, daß solche geheime Besprechungen gerade in der jetzigen Zeit mißdeutet werden können."[35] Daß die Wirkung auch der SPÖ Schwierigkeiten bereitete, verwundert wohl nur dann, wenn man die „Figl-Fischerei" ausschließlich im Zusammenhang mit der ÖVP sieht. Worauf Schärf mit den Worten „in der jetzigen Zeit" anspielte, war mehreres: Zunächst einmal die österreichische Situation generell, dann aber auch die ungarische, wo sich die Kommunisten Ende Mai 1947 mit Hilfe der Sowjets zur führenden Macht emporgeschwungen und die der ÖVP vergleichbare „Kleinlandwirte-Partei" politisch vernichtet hatten. Auch wenn die „Figl-Fischerei" letztlich ausging wie das Hornberger Schießen, so war dennoch festzustellen, daß mit ihr und mit den Gesprächen Fischer–Deutsch der ernsthafteste Versuch der Kommunisten unternommen wurde, die Große Koalition innerhalb der Konzentrationsregierung zu schwächen, wenn nicht überhaupt zu sprengen. Die volle Bedeutung dessen, was damals versucht wurde und was scheiterte, war aber kaum jemandem bewußt geworden. Für die SPÖ war damit allerdings ein weiterer Grund gegeben, sich den Amerikanern anzunähern, und zwar weniger, weil Schärf vielleicht befürchtete, daß die SPÖ einem stärkeren Druck von links ausgesetzt sein würde, als vielmehr deshalb, weil die Amerikaner die einzigen waren, die auch entsprechenden Druck auf die ÖVP ausüben konnten.

Es nahmen aber nicht nur die Minister und Parlamentarier sowie die Besatzungsmächte zur „Figl-Fischerei" Stellung, auch der Bundespräsident schaltete sich ein, und das in einer bemerkenswerten Art.[36] Renner bat den Präsidenten des Nationalrates, Leopold Kunschak, zu sich und sagte ihm, daß er mit der Taktik der beiden großen Parteien voll einverstanden gewesen sei. Den Kommunisten und vor allem Fischer dürfe nicht der Triumph gegönnt werden, einen Ministersturz herbeigeführt zu haben. Da hieße es eben, gemeinsame Front zu machen, auch wenn das vielleicht schwer fiel. Nun sei die Sache ausgestanden, und der Fall Gruber wäre von einer anderen Seite zu sehen, nämlich so, daß hier ein Minister seinen Regierungschef und ein ÖVP-Mandatar seinen Parteiführer bloßgestellt hätten. Die Autorität des Kanzlers habe schwere Einbuße erlitten und das dürfte nicht ungesühnt bleiben. (Renner teilte also durchaus nicht die Ansicht Schärfs von der staatsmännischen Tat Grubers.) Weiters hatte Renner gehört, daß die Absicht bestünde, den Handelsminister Eduard Heinl zu ersetzen. (Heinl war, wie erinnerlich, bei der ersten Besprechung mit Fischer zusammen mit Raab bei Kristofics-Binder gewesen.) Es wäre aber nicht gut, meinte Renner, wenn immer Einzelauswechslungen vorgenommen würden.

Wenn, dann sollte es zu einem genau erwogenen Zeitpunkt eine große Kabinettsumbildung geben. In jedem Fall aber würde es erforderlich sein, über Neu- und Umbesetzungen mit ihm, dem Bundespräsidenten, zu reden. Renner sagte noch, er habe Gruber, der um einen Termin ersucht habe, noch keinen solchen gegeben, weil er nicht wisse, ob es der ÖVP überhaupt recht sei, daß er Gruber empfange. Kunschak hatte allerdings dagegen keine Bedenken.

Wenige Tage später spann Renner in einem Gespräch mit dem früheren christlichsozialen Minister Rudolf Buchinger, der Figl besonders nahestand, das Gespräch fort.[37] Renner sagte ihm, daß er in der ÖVP vor allem die Vertreter der Bauernschaft schätze; die würden am besten mit der SPÖ zusammenarbeiten. Sollte Figl ausgewechselt werden, dann sollte der neue Kanzler doch auch vom Bauernbund gestellt werden. Figl aber sollte um jeden Preis in der Politik bleiben, und sei es als Landeshauptmann von Niederösterreich.

Was in diesen Gesprächen von Renner mit Kunschak und Buchinger zum Ausdruck kam, war die schon bekannte und auch an anderen Beispielen verfolgbare Absicht Renners, sich weiterhin stark in die Politik einzumischen und der heimliche Führer der nicht ganz so heimlichen Großen Koalition innerhalb der Konzentrationsregierung zu sein. Da war nichts von Zurückhaltung zu erkennen: Gruber sollte bei der ersten Gelegenheit gehen. Heinl sollte zumindest noch so lange bleiben, bis dann im Herbst 1947 das Kabinett im Zuge einer größeren Umbildung verändert würde. Figl sollte bleiben, doch wenn das die ÖVP nicht wolle, dann sollte man ihn zum Landeshauptmann von Niederösterreich machen. Dafür sollten der Nationalratspräsident und Renners alter Freund Buchinger sorgen.

Diese Vorgangsweise des Bundespräsidenten stieß interessanterweise nicht auf den Widerstand der ÖVP, sondern auf den Schärfs, der den Bundespräsidenten in einem langen und sehr vorsichtig abgefaßten Brief vom 23. Juni 1947 in seine verfassungsmäßigen Schranken wies.[38] Schärf führte die Schwierigkeiten an, die auftreten konnten, wenn ein Abgeordneter im Hinblick auf Äußerungen des Bundespräsidenten die Frage stellte, ob dessen Aussagen mit dem zuständigen Ressortminister abgesprochen und abgestimmt worden wären. Die Antwort könne in den meisten Fällen nur „Nein" sein. Was aber die Gespräche mit Kunschak und Buchinger angehe, so wären sie einfach nicht mit der Verfassung in Einklang zu bringen. Buchinger sei Privatmann, und daher käme einem Gespräch mit ihm hinsichtlich einer Regierungsumbildung keine wie immer geartete Bedeutung zu. Und schon überhaupt nicht käme dem Bundespräsidenten eine Rolle bei der Bestellung eines Landeshauptmannes zu. Daher wären alle Spekulationen wegen Figl auch völlig haltlos. Renner hätte wenn, dann mit den zuständigen Instanzen der Parteien sprechen müssen. So aber habe er Handlungen gesetzt, die, Schärf wörtlich, „nicht den Gepflogenheiten entsprechen, die etwa ein englischer König einhält". Und genau in dieser politischen Funktion siedelte Schärf das Amt des Bundespräsidenten an.

Der Brief enthält aber noch ein paar Kernsätze, die es wert sind, zitiert zu werden: „Ich habe den Eindruck", schreibt Schärf, „daß manche Veröffentlichung und manche Besprechung der letzten Zeit als der Beginn einer Abweichung von der konstitutionellen Funktion des Bundespräsidenten in der Richtung eines persönlichen Kurses oder eines autoritären Regimes ausgelegt werden könnte . . .

Ich weiß mich der Zustimmung meiner Parteifreunde sicher, wenn ich da erkläre ‚principiis obsta' und wenn ich von vornherein erkläre, daß ich als Vorsitzender der SPÖ die Schaffung der Präjudizien in dieser Richtung nicht unwidersprochen lassen könnte."

Eine direkte Reaktion Renners auf diesen Brief und auf die Vorhaltungen Schärfs gab es wohl nicht. Schärf aber machte sich in der Folge daran, eine größere Ausarbeitung über das Amt des Bundespräsidenten zu machen, in der er die Befugnisse des Präsidenten und vor allem seine Stellung in der Verfassung erörterte. Dabei wandte er der Verhinderung des Bundespräsidenten besonderes Augenmerk zu und sah das auch in Verbindung mit einem Vorfall und mit Überlegungen, die Figl angestellt und am 12. Juli Schärf mitgeteilt hatte.[39] Was würde geschehen, wenn die Regierung von einer kleinen Gruppe gefangengenommen oder beseitigt würde? Figl hatte das gefragt, weil eine Gruppe von Kommunisten am 5. Mai 1947 in das Kanzleramt eingedrungen war und plötzlich dem Kanzler gegenüberstand. Was würde sein, wenn es einen dem 25. Juli 1934 vergleichbaren Vorfall gäbe? – Rund ein Jahr später führten diese Überlegungen und die Denkschrift Schärfs dazu, daß dann für die Verhinderung sowohl des Bundespräsidenten als auch des Bundeskanzlers gesetzliche Vorsorge getroffen wurde.

Renner dürfte, wie erwähnt, auf die Vorhaltungen Schärfs nicht unmittelbar geantwortet haben. Doch am 13. August 1947 ließ Renner in einen Brief am Ende eine Art Erklärung für seine Handlungsweise einfließen, als er schrieb: „Wer hätte 1945 voraussetzen können und vorausgesetzt, daß wir in eine solche Lage geraten und so lange unfrei sein werden. Das versetzt mich oft in eine seelische Depression, wie ich sie mein ganzes Leben lang nicht gekannt habe. Sie trägt wohl auch dazu bei, daß ich mich körperlich nicht so gut fühle, obschon irgendein akuter Zustand außer der chronisch gewordenen Herzschwäche nicht nachweisbar ist."[40]

Aber Renner war trotz der Vorhaltungen Schärfs nicht aus der aktiven Politik zu verdrängen. Er wählte offenbar nur seine Wege und Mittel sorgsamer. Und nachdem ihn Oskar Helmer informiert hatte, daß für den Spätherbst und Winter Unruhen zu befürchten seien und die KPÖ Großaktionen plane, die, von den Sowjets unterstützt, die öffentliche Ordnung schwerstens gefährden würden, schaltete sich Renner abermals ein und regte am 17. September 1947 an, daß ÖVP und SPÖ streng vertraulich zwei Gesetzesvorlagen absprechen sollten, um sie dann schlagartig im Parlament durchzubringen. Die eine Vorlage sollte die äußere Sicherheit und die andere die innere Ordnung der Republik betreffen.[41] Es kam freilich nicht zu diesem dramatischen Schritt. Der Grund, weshalb Renner ihn setzen wollte, war aber der ewig wiederkehrende in diesen ersten Jahren der Zweiten Republik: Nach wie vor wurde gehungert, nach wie vor gab es eine beträchtliche Unterversorgung, und nach wie vor war die sowjetische Zone das Sorgenkind Nummer eins. Daß die einheitliche Versorgung und das Mitversorgen der Ostzone überhaupt noch gelingen konnten, war ohnedies ein Wunder, zumindest aber ein Kunststück, von dem man nicht wußte, wie lange es wiederholbar sein würde.

Bei ihren Überlegungen, wie die USA eine Nach-UNRRA-Hilfe für Österreich leisten könnten, hatte sich noch vor dem Sommer, wie erwähnt, die sogenannte Kongreßhilfe abgezeichnet. Der Haken dabei war der, daß vom amerikanischen

Gesetzgeber keine Rücksicht auf besondere Situationen genommen wurde, sondern die Hilfe auf Grund eines bilateralen Abkommens zur Verfügung gestellt werden sollte. Allerdings mußte jedes Empfängerland, also auch Österreich, den USA Kontrollmöglichkeiten hinsichtlich der Verteilung und des Wirksamwerdens der Hilfslieferungen zugestehen.[42] Das sollte kein Problem sein, doch die Sowjets dachten da anders. Auf die Ankündigung Figls, daß Österreich amerikanische Hilfe in der Größenordnung von 85 Millionen Dollar annehmen würde und auf die formelle Ankündigung im Alliierten Rat, daß die USA und Österreich ein bilaterales Abkommen abgeschlossen hätten, reagierte der sowjetische Hochkommissar, Generaloberst Kurasov, mit Ablehnung. Er sah in der Auflage des Abkommens bezüglich der Kontrolle bis zu den Endverbraucherorganisationen eine Verletzung des Zweiten Kontrollabkommens und kündigte an, daß die UdSSR den amerikanischen Kontrollbeamten keine Einreise in die sowjetische Zone gewähren würde.[43] General Keyes versuchte daraufhin, den Sowjets eine goldene Brücke zu bauen, und teilte Kurasov in einem Brief mit, die Amerikaner wären auch durchaus einverstanden, wenn sich die Sowjets an der Kontrolle der korrekten Abgabe der Güter beteiligen würden. Die Sowjets gaben ihm keine Antwort. Schließlich wurde sich Keyes der gründlich verrutschten Optik bewußt, daß nunmehr die Sowjets den Anschein erweckten, sie würden darüber zu entscheiden haben, ob Österreich Hilfe bekommen durfte oder nicht. Da Keyes aber an der 1946 ohnedies mühsam genug erkämpften Einheitlichkeit der Versorgung in irgendeiner Weise festhalten wollte, nannte er schließlich einen Ausweg. Die Kongreßhilfe war für ein halbes Jahr berechnet worden. Für sie war primär das State Department zuständig. Doch es gab ja auch noch andere Kanäle. Keyes verlangte daher vom amerikanischen Kriegsministerium, daß seine eigenen Versorgungsdepots voll aufgefüllt würden.[44] Die Kongreßhilfe konnte dann im Westen verteilt und die Verteilung kontrolliert werden, wenn gleichzeitig aus den Militärkanälen genug in den Osten ging, dabei nicht kontrolliert werden mußte und damit zumindest die Optik dieselbe blieb. Nach außen hin würde es nicht anders aussehen als früher. Denn was würde wohl sein, meinte Keyes, wenn die Amerikaner stur nur noch die drei westlichen Zonen versorgen würden? Erstens könnten dann auch die Sowjets ihre Zone dichtmachen. Damit würden auch jene Austauschmengen wegfallen, die immer noch den Weg von Ostösterreich nach dem Westen fanden, und die USA müßten zusätzliche Versorgungsmengen in den Westen liefern. Zweitens könnte die Versorgung der westlichen Zonen Wiens gefährdet sein, da es die Russen in der Hand hätten, die Zufuhren zu blockieren. Drittens könnte das den Sturz der Regierung Figl–Schärf bedeuten, da diese der Bevölkerung des Ostens augenscheinlich nicht helfen konnte. Das wäre das Ende der Großen Koalition in der Konzentrationsregierung. Viertens könnten die Sowjets jegliche Erdöllieferung nach dem Westen einstellen; diese waren ja trotz der Beschlagnahme weitergegangen, auch wenn der Erlös ausschließlich den Russen zugute kam.[45]

Keyes beendete also die Diskussion, ließ die Kongreßhilfe im Westen und die Armeehilfe im Osten wirksam werden. Doch ganz reichte das nicht, und vor allem konnten von der Armee bestimmte Mangelwaren gar nicht angeliefert werden. Da gab es z. B. keinen Kunstdünger in den Armeelieferungen. Wie auch? Doch in diesem zweiten Halbjahr 1947 kam Österreich ein weiterer Umstand zu Hilfe. Vier

Tage vor der Unterzeichnung des bilateralen Abkommens über die Kongreßhilfe hatten die USA einen Vertrag unterschrieben (21. Juni 1947), in dem sie sich verpflichteten, keine Besatzungskosten mehr zu fordern und die vom 9. April 1945 bis Ende Juni 1947 erhaltenen Beträge zurückzuzahlen.[46] Die aufgelaufenen Beträge betrugen rund 309 Millionen Dollar. Ein Vorschlag zur Übernahme der Besatzungskosten durch die USA war, wie erinnerlich, im Frühjahr 1947 von Schärf gemacht worden. Und die Amerikaner reagierten prompt. Keine andere Besatzungsmacht folgte ihnen. Die Maßnahme war wirksam. Figl sprach emphatisch und nicht ganz unbegründet davon, daß die Amerikaner nunmehr als „zahlende Gäste" in Österreich wären.[47] Auf jeden Fall konnte Österreich damit über ein recht ordentliches Konto verfügen. Von diesem Konto wurden dann jene Geldmittel abgehoben, die der Osten des Landes benötigte, um die fehlenden Güter zu beschaffen. Sie wurden ganz einfach importiert und bezahlt.

Nach außen hin blieb also scheinbar alles beim alten, und es gab eine gleichmäßige Versorgung. Die Unterschiede zwischen dem Osten und dem Westen wurden zumindest nicht größer, und hinsichtlich der Versorgung mit Nahrungsmitteln hielten sie sich in Grenzen. Es wurde ja schließlich auch alles mit Lebensmittelmarken einheitlich bewirtschaftet. Die Inflation lag allerdings bei 30 Prozent und mehr. Diese hohe Inflation machte nach der im Dezember 1945 durchgeführten ersten Währungsreform, bei der die Schillingwährung wieder eingeführt worden war, eine zweite Währungsreform notwendig. Als die Amerikaner die Bedingungen diskutiert hatten, unter denen die Kongreßhilfe auf Österreich auszudehnen sei, war von ihnen eine Währungsreform gefordert worden, die zur Konvertibilität des Schilling führen sollte. Die Konvertibilität wiederum war Bedingung für Österreichs Teilnahme am nächsten großen Hilfsprogramm, dem Marshallplan.

Die Entstehungsgeschichte des Marshallplans war, kurz skizziert, folgende:[48] Ausgelöst durch den Niedergang der europäischen Wirtschaft und vor allem durch die Krise des britischen Pfundes, das nicht mehr konvertibel war und den ganzen Pfund-Sterling-Block mitzureißen drohte, waren in Amerika schon lange vor Amtsantritt George C. Marshalls im State Department Überlegungen angestellt und Pläne ausgearbeitet worden, wie die europäische Wirtschaft saniert werden könnte. Mit der „Eindämmungspolitik" und der Übernahme des State Department durch General Marshall im Frühjahr 1947 erhielt das zunächst rein wirtschaftlich gesehene Projekt seine politischen Dimensionen als ein wesentliches Element der Zurückdrängung des sowjetischen Einflusses. Nach der Moskauer Außenministerkonferenz fielen in Reden des früheren amerikanischen Außenministers Dean Acheson wie in jenen George Marshalls bereits eine Reihe von Andeutungen, bis dann am 5. Juni 1947 Marshall seine berühmte Rede hielt und in ihr alles das subsumierte, was es an gedanklichen Vorarbeiten gegeben hatte, einschließlich jener Überlegung, die besagte, daß alle Staaten Europas eine theoretische Beitrittsmöglichkeit zum Europäischen Wiederaufbauprogramm (European Recovery Program = ERP) haben sollten, auch die Sowjetunion. Das aber nicht, weil an eine tatsächliche Teilnahme der Sowjetunion oder auch der ostmitteleuropäischen Länder gedacht war, sondern weil es nicht die Amerikaner sein wollten, die diese Staaten ausschlossen. Die Schuld für das Nichtbeitreten sollte den anderen zugespielt werden. Es ist jedoch auf Grund der amerikanischen Vorgespräche und Entwürfe unzweifelhaft, daß an den Marshallplan solche Bedingungen geknüpft wurden, von denen zu erwarten war, daß sie zumindest für die Sowjetunion nicht annehmbar waren. Die Sowjetunion kam jedoch der Einladung zur Teilnahme an einer Konferenz nach Paris nach. Und erst in Paris verließ dann Außenminister Molotov demonstrativ und mit einer geharnischten Absage die Gruppe der Außenminister. Der Großteil der osteuropäischen Länder hatte freilich teilnehmen wollen und mußte nun von der Sowjetunion regelrecht gezwungen werden, die Nichtteilnahme zu erklären. Das stiftete enorme Verwirrung und führte zu schweren Problemen in Polen, in der Tschechoslowakei, aber auch in einem so loyalen Satelliten Moskaus wie Bulgarien: Noch bevor in Sofia ein diesbezüglicher Beschluß gefaßt wurde, hatte Moskau verkündet, daß Bulgarien nicht am ERP-Programm teilnehmen würde . . .[49] Doch kehren wir nach Österreich zurück.

Die Ankündigung eines neuen amerikanischen Hilfsprogramms fiel genau in die Zeit, in der die Debatte um die amerikanische Kongreßhilfe losging. Die Schwierigkeiten, die von der sowjetischen Besatzungsmacht wegen der amerikanischen Kontrollwünsche gemacht wurden, waren noch gar nicht absehbar, da sollte schon wieder eine Entscheidung hinsichtlich des Beitritts Österreichs zu einem amerikanischen Hilfsprogramm gefällt werden. Es war wohl Ausdruck der besonderen österreichischen Notsituation, daß Österreich, noch ehe überhaupt die Einladung zur ERP-Konferenz nach Paris ausgesprochen war, seine Bereitschaft erklärte, an diesem Hilfsprogramm teilzunehmen. Der diesbezügliche Ministerratsbeschluß am 28. Juni 1947 erfolgte einstimmig; der kommunistische Minister Dr. Karl Altmann, stimmte mit.[50] Am 3. Juli reiste Außenminister Molotov aus Paris ab, und in den folgenden Tagen zogen die Staaten des sowjetischen Einflußbereichs ihre Zusagen zur Teilnahme am Marshallplan notgedrungen zurück.

Am 8. Juli tagte in Wien abermals der Ministerrat. Und obgleich sich die kommunistische Presse bereits auf den Marshallplan eingeschossen hatte, stimmte Minister Altmann abermals für die österreichische Teilnahme. In der entsprechenden Regierungsverlautbarung konnte es daher heißen: „Die Regierung war der einhelligen Auffassung, daß sich Österreich im Hinblick auf seine eigene schwierige Lage und die günstigen Rückwirkungen, die eine Gesundung der gesamtösterreichischen Wirtschaft auf die eigenstaatliche Wirtschaft ausüben müßte . . . dem vorgeschlagenen Programm nicht entziehen könne."[51] Tags darauf schränkte Altmann seine Zustimmung zwar ein und führte in der KP-Zeitung „Volksstimme" aus, daß er nur für die Teilnahme an der Pariser Konferenz gestimmt habe und daß in den von Marshall genannten Rahmenbedingungen die Nichteinmischung in innere Angelegenheiten und die ausdrückliche Zusicherung enthalten gewesen seien, daß die Bereitstellung von Informationen an die Freiwilligkeit jedes Teilnehmers gebunden sein würde.[52] Diese Interpretation, daß Altmann nicht dem Marshallplan prinzipiell zugestimmt habe, sondern nur der Teilnahme an der Pariser Konferenz, spielte im weiteren Verlauf des Jahres und vor allem zu Jahresende 1947 noch eine große Rolle. Doch wie immer man dann auch die Sache ansah, eines war auffallend: Nachdem Molotov das Signal zur Nichtteilnahmc des Ostblocks schon gegeben hatte und diejenigen ostmitteleuropäischen Staaten, die zunächst vorbehaltlos für das ERP gestimmt hatten, sich wieder zurückziehen mußten, trug in Österreich der kommunistische Minister einen Beschluß zur Teilnahme mit. Und das war weitaus mehr als nur die Bereitschaft, Österreich in Paris vertreten zu sehen.

Nun kann man natürlich Überlegungen anstellen, ob das auch eine Ausformung des ja immer wieder sichtbar werdenden Austrokommunismus war, ob Altmann falsch „programmiert" war oder ob nicht doch von der Sowjetunion den österreichischen Kommunisten ein Zeichen gegeben worden war, daß sie nicht auf sturen Ablehnungskurs gehen sollten. Das führt weiter zur Frage, welche Politik die Sowjetunion in Österreich verfolgte, und ohne die diesbezügliche Diskussion im einzelnen aufrollen zu können (das ist schon an anderer Stelle geschehen[53]), sollte doch unterstrichen werden, daß es der Sowjetunion auch damals nicht um die Einbeziehung Österreichs in den osteuropäischen Staatenblock ging und daß sie in erster Linie daran interessiert war, Österreichs wirtschaftliche Kapazität zur Beseitigung ihrer Kriegsschäden zu nützen. Erst wenn man von dieser vergleichsweise undramatischen Annahme ausgeht, erhalten die Politik der Sowjetunion gegenüber Österreich und das manchmal schizophren erscheinende Verhalten der Sowjets einen Sinn. Dieses Verhalten weist vor allem dort Besonderheiten auf, wo es um das Zusammenwirken der Sowjets und der österreichischen Kommunisten in wirtschaftlichen Fragen geht. – Im Fall der ERP-Teilnahme Österreichs ist zumindest einmal festzuhalten, daß die Sowjets keinen ihrer Vorgangsweise innerhalb ihres Einflußbereiches vergleichbaren Druck auf die KPÖ ausübten. Die österreichischen Kommunisten aber waren unorthodox genug, um einmal der ERP-Hilfe grundsätzlich zuzustimmen. Die Amerikaner hatten ganz im Gegenteil Außenminister Gruber im Verdacht, heimlich gegen den Marshallplan zu sein, da Gruber darin eine weitere Erschwernis für den österreichischen Staatsvertrag sah.[54]

Die im Zusammenhang mit dem österreichischen ERP-Beitritt angestellten Überlegungen waren im wesentlichen deckungsgleich mit den Überlegungen zur US-Kongreßhilfe. Es war zu fragen, ob eine forcierte und gegenüber den Sowjets regelrecht ertrotzte Teilnahme nicht zu sowjetischen Gegenmaßnahmen und zur Trennung Ost- und Westösterreichs führen würden. Es mußte daher eine sehr zurückhaltende Vorgangsweise gesucht werden, und es kam auf eine Fülle von Signalen an, die in ihrer Gesamtheit erst eine politische Generallinie ergeben konnten.

Da waren einmal die Verhandlungen über die Kongreßhilfe, bei denen letztlich nichts gewaltsam geschah und wo das Abbrechen der Verhandlungen von amerikanischer Seite wohl auch den Grund hatte, daß dieses Programm ja nur auf ein halbes Jahr präliminiert war und dann ohnedies von dem ungleich größeren ERP-Programm abgelöst werden sollte. Das Ende der Zahlung von Besatzungskosten war als eine isolierte Aktion zu sehen, da nicht nur die Sowjets, sondern auch die Briten und die Franzosen nicht mitgezogen hatten. Sie hatten also keinswegs den von Adolf Schärf erwarteten moralischen Druck verspürt, um selbst auch ihre Forderungen zu reduzieren. Aber es gab noch andere Zeichen.

Von SPÖ- wie von ÖVP-Vertretern, und zwar durchaus von Spitzenpolitikern, wurde immer wieder unterstrichen, daß man sich mit der Annahme der amerikanischen Hilfe und mit der Teilnahme am ERP-Programm keinesfalls eine Minderung der Beziehungen zu den osteuropäischen Staaten oder gar eine Verschlechterung der Beziehungen zur Sowjetunion einhandeln wollte. Es entsprach daher durchaus der von den Amerikanern erhobenen 78 Prozent Präferenz für eine österreichische Neutralität, daß immer öfter Äußerungen zur De-facto-Neutralität des Landes gemacht wurden. Auch von Adolf Schärf, der später in der Neutralitätsfrage einige Vorbehalte hatte, fielen 1947 positive Äußerungen hinsichtlich der Neutralität.[55]

Es gab weitere Signale. Auf die amerikanischen Andeutungen hin, eine Neutralisierung der USIA ins Auge zu fassen[56] (das hatte mit Neutralität nicht das mindeste zu tun und sollte die Monopolstellung der USIA brechen und durch den Aufbau moderner Konkurrenzbetriebe in Westösterreich die Betriebe in der Ostzone praktisch wertlos machen, „neutralisieren"), gab es österreichischerseits ein striktes Nein. Ganz im Gegenteil wurde – und das war dann das Signal – versucht, in neuerlichen Verhandlungen eine Lösung des USIA-Problems wie auch jenes der mittlerweile von den Sowjets gegründeten Bank zu finden. Während Dr. Hans Igler für die Wirtschaft und im weiteren als ÖVP-Exponent über eine Einbeziehung der USIA in die österreichische Wirtschaft und über eine einigermaßen legale Basis für diese Betriebe verhandelte, führte der Direktor der Länderbank und SPÖ-Experte, Dr. Franz Landertshammer, Verhandlungen mit dem Direktor der sowjetischen Militärbank, Cyrullik, über die Zulassung dieser Bank als legales Bankinstitut.[57] Das bei weitem deutlichste Signal aber war der im Zuge der Expertengespräche über den Staatsvertrag im Rahmen der Wiener Staatsvertragskommission gemachte Vorschlag, den Sowjets das Deutsche Eigentum abzulösen. Dieser Vorschlag, der von österreichischen und amerikanischen Experten gemeinsam ausgearbeitet worden war, wurde den Sowjets im Umweg über den unverdächtigeren französischen stellvertretenden Hochkommissar, General Cherrière, unterbreitet und hieß deshalb Cherrièreplan.[58] Die Sowjets erklärten ihre Verhandlungsbereitschaft auf der Grundlage des Cherrièreplans. Das österreichische Angebot belief sich auf 100 Millionen Dollar. Die Sowjets forderten das Doppelte. Doch darüber konnte man verhandeln.

Es entstand also in keiner Phase der Gespräche darüber, unter welchen Voraussetzungen sich Österreich am Marshallplan beteiligen könne, der Eindruck, Österreich würde eine einseitige Zuwendung zum Westen vornehmen und einer bedingungslosen Westintegration das Wort reden. Im Rahmen des Möglichen wurden immer Zugeständnisse an den einen wie den anderen gemacht. Im politischen Bereich erforderte dies jedoch mehr als nur eine Koalition, die sich auf die gemeinsame Bedrohung berufen konnte. Dieses Mehr wurde auf dem im Oktober 1947 stattfindenden SPÖ-Parteitag formuliert.[59]

Fragen der Außen- und der Koalitionspolitik bildeten bei diesem die Hauptthemen. Es gab lange Diskussionen um den von Julius Deutsch vorgeschlagenen strikten Neutralitätskurs. Der Konflikt brach schließlich bei der Frage nach der Großen Koalition aus. Es war mittlerweile wohl jedem klar geworden, daß es sich bei der innerhalb der Konzentrationsregierung bestehenden Großen Koalition nicht um eine kurzfristige Notlösung zur Erlangung des Staatsvertrags, sondern um eine längerfristige Perspektive handelte. Es war ja auch schon das Wort von der Schicksalsgemeinschaft gefallen. In dem dem SPÖ-Parteitag vorliegenden Aktionsprogramm herrschte zwar noch der verbale Radikalismus vor, der wohl eine Konzession an die Linken in der Partei war. Tatsächlich wurde aber keine einzige der radikalen Forderungen dann auch nur weiterverfolgt. Die Forderung nach Verstaatlichung der Baustoffindustrie, der Lokomotiv-, Waggon- und Autoindustrie, der Magnesit- und Aluminiumproduktion, des Brückenbaus, der Stickstoff- und Kautschukerzeugung, der Papier- und Lebensmittelindustrie und die Forderung nach staatlicher Lenkung des Außenhandels, Verstärkung der Wirtschaftsbeziehungen mit Osteuropa, Erhöhung der Vermögenssteuer, Erfassung der Kriegs- und Spekulationsgewinne usw. wurden zwar vorgebracht, aber später gar nicht mehr diskutiert. Die Redner sparten ihre Kräfte für das Thema „Koalition oder Klassenkampf" auf. In den Diskussionsbeiträgen der Linken wurde von „widernatürlicher Koalition mit der Partei der kapitalistischen Restauration" gesprochen, von Sabotage der wichtigsten wirtschaftlichen und politischen Reformen und von der Phrase des Solidarismus, der mit der Österreichphrase von 1934 bis 1938 und mit der nationalsozialistischen Volksgemeinschaft gleichzusetzen sei. Und schließlich hieß es ganz klar: Der Feind steht rechts!

Was auf diesem Parteitag von der Parteilinken artikuliert wurde, richtete sich zwar vordergründig gegen die ÖVP, tatsächlich aber gegen die Mehrheitssozialisten. Das wurde in dem Augenblick klar, als die Parteilinken die sogenannte „Resolution der 44", die von 44 Delegierten unterzeichnet war, einbrachten. Bei den Unterzeichnern gab es interessanterweise keinen einzigen niederösterreichischen oder burgenländischen Delegierten. Die Resolution wurde abgelehnt, doch die Kampfansage war nun einmal da. Die Proponenten der Mehrheitssozialisten und vor allem auch die Befürworter eines Zusammengehens mit der ÖVP, Dr. Otto Tschadek und Oskar Helmer, der eine späterer Justiz-, der andere amtierender Innenminister, wollten eine klare Trennung gegenüber den Linkssozialisten und vor allem auch die Maßregelung der Initiatoren der Resolution, Erwin Scharf und Hilde Krones. Eine Streichungsaktion gegen Krones schlug fehl, doch bei der Wahl der Parteivertretung teilte Schärf mit, daß es die neuen Zentralsekretäre der Partei, Otto Probst und Dipl.-Ing. Karl Waldbrunner, ablehnten, mit Erwin Scharf zusammenzuarbeiten. Am 13. Februar 1948 wurde die Absetzung Scharfs mit der Begründung der Illoyalität formell bestätigt.[60]

Die KPÖ sah die Spaltung der SPÖ begreiflicherweise mit einiger Sympathie und kommentierte den SPÖ-Parteitag und seine Folgen als Beweis dafür, daß sich die Führung von der Masse entfernte. Die KPÖ sah sich seit längerem von den Rechtssozialisten scharf attackiert und betrachtete vor allem Innenminister Oskar Helmer als ihren Erzfeind. Helmer hatte schon 1946 begonnen, den kommunistischen Einfluß in der Polizei und im gesamten Bereich des Innenministeriums zurückzudrängen. Den Anfang machte die Ernennung von Josef Holaubek zum Wiener Polizeipräsidenten. Den kritischen Abschluß dieser Aktion bildete dann die Kaltstellung des kommunistischen Leiters der staatspolizeilichen Abteilung, Dr. Heinrich Dürmayer. Er erhielt zwar rechtzeitig Wind von seiner in Aussicht genommenen Versetzung nach Salzburg und konnte auch noch die Masse seiner Unterlagen in die sowjetische Stadtkommandantur in die Wiener Bellaria bringen, doch das änderte nichts an seiner Kaltstellung und Ersetzung durch Dr. Oswald Peterlunger.[61] Die

Sowjets enthoben im Gegenzug den stellvertretenden Sicherheitsdirektor von Niederösterreich, Dr. Franz Baier, und die Chefs der Bundespolizei in St. Pölten, Baden und Wiener Neustadt ihrer Posten, doch das waren nur vorübergehende Maßnahmen; sie änderten nichts mehr daran, daß die Kommunisten eine Bastion nach der anderen verloren. Das Vorgehen gegen die Polizeichefs und den Sicherheitsdirektor hatte allerdings noch ein kurioses Nachspiel, da in einer Sondersitzung der Regierung über Protestmaßnahmen wegen der genannten Enthebungen beraten wurde und der diesbezügliche Entschließungsantrag wiederum von Minister Altmann mitgetragen wurde.[62] War es eine Demonstration dafür, daß die KPÖ auch bereit war, gegen die Sowjets Stellung zu beziehen oder war es eine Panne? Wer weiß es! Die Lage spitzte sich erheblich zu.

Im August 1947 hatte die Regierung das erste Lohn- und Preisabkommen verabschiedet. Es war erforderlich geworden, um das Niveau von Löhnen und Preisen wieder ins Gleichgewicht zu bringen.[63] Die Preise für Grundnahrungsmittel wurden angehoben und gleichzeitig die Löhne hinaufgesetzt. Da im Zusammenhang mit der Kongreßhilfe der Amerikaner strenge Preiskontrollen verlangt worden waren und auch der Geldumlauf vermindert werden sollte, wurde ein Währungsschutzgesetz beraten und schließlich im November verabschiedet. Das war aber nun jene Maßnahme, die die Kommunisten auf keinen Fall mittragen wollten. Sie glaubten sich dabei wohl im Einklang mit den Sowjets, die aus grundsätzlichen Überlegungen und wegen des Kontrollmechanismus gegen die US-Kongreßhilfe waren und ja auch schon ihre Ablehnung des Marshallplans mehr als deutlich deponiert hatten. Der Bundesminister für Elektrifizierung und Energiewirtschaft, Karl Altmann, schied am 20. November 1947 aus der Regierung aus.[64]

Ab diesem Tag gab es keine Konzentrationsregierung mehr, sondern nur noch eine Regierung der Großen Koalition. Der Bruch war kalkuliert und wurde im Grunde genommen herbeigeführt. Allerdings war gar nicht vorauszusehen gewesen, daß die Konzentrationsregierung so lange halten würde. Minister Altmann war immer mehr in eine Position gedrängt worden, in der er lediglich zustimmen konnte, um bei Ministerratsbeschlüssen nicht die notwendige Einstimmigkeit zu verhindern, er hatte aber schon geraume Zeit keine Möglichkeit der Einflußnahme auf die Beschlüsse mehr gehabt. Schließlich wurde auf ihn auch keine Rücksicht mehr genommen, und es hat fast den Anschein, als wären ÖVP und SPÖ nur noch neugierig gewesen, wann dies den Kommunisten endlich zuviel wäre.

Die Parlamentsdebatte vom 19. November 1947, in der Altmann seinen Rücktritt angekündigt hatte, offenbarte die Vorgangsweise nur zu deutlich. Altmann bat um das Wort und begann zum Währungsschutzgesetz zu sprechen. Präsident Kunschak ermahnte in dreimal, daß er als Ressortminister ohne Abgeordnetenmandat nur zu Angelegenheiten seines Ressorts sprechen könne. Altmann hielt sich nicht daran. Daraufhin wurde ihm das Wort entzogen, und Ernst Fischer mußte Altmanns Rede fortsetzen. Er sagte: Das Gesetz sei Altmann erst einen Tag vor dem Ministerrat zugegangen. Folglich wäre fast keine Zeit mehr gewesen, den Text zu prüfen. Dann wurde im Ministerrat der Entschluß, das Gesetz sofort dem Parlament zur Behandlung zuzuweisen, gegen Altmanns Stimme gefaßt. „Damit wurde mit einer Gepflogenheit gebrochen, die in Österreich seit eh und je bestanden hat und deren

Einhaltung für eine sogenannte Konzentrationsregierung selbstverständlich ist ..." Nach Fischer sprachen noch Raab und Alfred Migsch. Ersterer streifte nur kurz die Kommunisten und erwähnte ihre Demagogie. Migsch meinte zur KPÖ, sie hätte „zweieinhalb Jahre davon gelebt, daß sie weit mehr Bedeutung für sich in Anspruch genommen" habe, als ihr nach der Kräfteverteilung zugekommen sei. Das war ein lapidarer Abschluß einer zweieinhalbjährigen Epoche, und niemand ließ auch nur andeutungsweise erkennen, daß es sich bei der 64. Sitzung der fünften Gesetzgebungsperiode des österreichischen Nationalrates um einen historischen Einschnitt handelte. Altmann wurde vom Bundespräsidenten „Dank und Anerkennung" ausgesprochen.[65] Und Migsch, der Schlußredner in der Währungsschutzdebatte, wurde Altmanns Nachfolger.

Das Lohn-Preis-Abkommen und das Währungsschutzgesetz waren lediglich zwischen ÖVP und SPÖ ausgehandelt worden, ebenso wie die Verstaatlichungsgesetze. Dabei waren die Kommunisten durchaus nicht gegen eine Währungsreform, sie polemisierten freilich gegen die damit verbundenen Lasten für den sogenannten kleinen Mann. Damit waren sie allerdings nicht allein. Auch der Herausgeber der „Salzburger Nachrichten", schon damals einer der einflußreichsten Journalisten, Dr. Gustav Canaval, schrieb gegen das Gesetz. Die ÖVP war schließlich nur nach einer massiven Intervention des Präsidenten des Wirtschaftsbundes, Julius Raab, zur Zustimmung bereit gewesen. Auch Raab war gegen die Belastungen gerade für die kleinen Wirtschaftstreibenden gewesen; aus Gründen der Stärkung der Großen Koalition riet er aber zum Nachgeben.[66] Er schilderte seine eigene Situation so, daß er im Parlament, wenn er aufstand, um die Haltung der ÖVP darzulegen, eine sozialistische Pistole auf seinen Kopf gerichtet sah.

Die Währungsreform und die damit verbundene Schillingabwertung auf ein Drittel des vorherigen Wertes (3 Schilling wurden 1 Schilling) waren nicht populär. Und im Grunde genommen mußte man froh sein, daß die Kommunisten das Währungsschutzgesetz in Grund und Boden verdammten und daß der kommunistische Minister die Konzentrationsregierung aufkündigte, denn damit wurde die Optik gewahrt, daß die Abwertung und vor allem die abermalige Abwertung der nach wie vor gesperrten Sparguthaben nur von den radikalen Linken abgelehnt würden. Die staatstragenden Kräfte aber seien alle dafür. Die Sozialisten verteidigten die Reform damit, daß sie noch immer sehr viel harmloser ausgefallen sei als die Seipelsche Sanierung 1926, bei der 20.000 Kronen 1 Schilling geworden waren, oder die 1947 in Ungarn durchgeführte Währungsreform, bei der 400 Milliarden (!) Pengö ein Forint wurden.[67]

Die Währungsreform hatte aber auch ihre Auswirkungen auf die Alliierten. Zunächst sah es so aus, als ob die Westalliierten dem Gesetz ihre Zustimmung geben würden, die Sowjets aber die Anwendung innerhalb ihrer Zone, so wie schon die Verstaatlichungsgesetze, verhindern würden. Damit wäre eine Teilung in zwei Währungsbereiche erfolgt. Wollte man diese Katastrophe nicht, dann wäre wohl nichts anderes übriggeblieben, als die Abwertung auszusetzen und eine galoppierende Inflation in Kauf zu nehmen. In den Verhandlungen mit den Sowjets zeichnete sich aber bald eine Lösung ab. Die Sowjets wollten zunächst eine Schuld des Jahres 1945 anerkannt wissen: Sie hatten aus den von ihnen beschlagnahmten Reichsmarkbeständen Österreich 400 Millionen zur Verfügung gestellt, damit überhaupt Zahlungsmittel vorhanden waren. Dazu kamen dann noch 200 Millionen, die als Anleihe gewährt worden waren. Zusammen also 600 Millionen Reichsmark. Österreich hatte sich bis Ende 1947 geweigert, diese Reichsmarktransaktion als Schillingschuld anzuerkennen. Jetzt aber konnte man sich die sowjetische Zustimmung zum Währungsschutzgesetz und zur Abwertung buchstäblich erkaufen. Statt wie den übrigen Alliierten ihre Schillingguthaben auch im Verhältnis 3:1 abzuwerten, wurden die sowjetischen Guthaben nur im Verhältnis 1,75:1 abgewertet. Damit erhielten die Sowjets fast das Doppelte von dem gutgeschrieben, was die Westalliierten bekamen. Die Amerikaner zögerten. Doch Außenminister Marshall fällte dann die rein politische Entscheidung, wonach Washington den Modalitäten des Umtausches zustimmte.[68]

Damit ließ sich folgende Bilanz ziehen: Die Kommunisten, die das Gesetz massiv bekämpft hatten, waren aus der Regierung ausgeschieden und bildeten nunmehr eine vierköpfige Opposition im Parlament, zu wenig, um Anträge einzubringen. Die Konzentrationsregierung war beendet und zur reinen Großen Koalition geworden, und zwar ohne Neuwahlen, ohne Regierungskrise, durch einen reinen Verwaltungsakt. Die Sowjets aber hatten sich keineswegs zu Verteidigern der kommunistischen Haltung aufgeschwungen oder gar versucht, Druck auf die großen Parteien wegen der Beibehaltung der Konzentrationsregierung auszuüben. Sie hatten nur getrachtet, ihre Konten in Sicherheit zu bringen und waren nicht Leidtragende, sondern Nutznießer der Währungsreform geworden. Sie waren auch ganz zufrieden, daß die amerikanische Kongreßhilfe Österreich über den Winter half und daß im Anschluß daran unter sehr ähnlichen Bedingungen eine sogenannte Interimshilfe wirksam wurde, die die Zeitspanne überbrücken sollte, bis der Marshallplan anlief.[69] Die Sowjets hatten auch keinen Einfluß darauf zu nehmen versucht, daß Kongreß- wie Interimshilfe nicht (wie man denken würde) in den westlichen Zonen verteilt, sondern größtenteils verkauft wurden. Man hatte also für die Waren zu zahlen, die dem einzelnen in einem Lebensmittelgeschäft oder einem Gewerbetreibenden im Großhandel verkauft wurden. Der Erlös aus dem Verkauf aber wurde – nach Abzug der Spesen – auf ein Konto eingezahlt, wo sich solcherart Gelder ansammelten, die dann für Investitionen verwendet werden konnten. Was wir als Counterpartmittel aus der Geschichte des Marshallplanes kennen, findet sich folglich schon vorher. Und solcherart wurden die Kongreß- und die Interimshilfe zu Tests für die Abwicklung der Marshallplanhilfe.[70] Die Sowjets taten nichts dagegen.

Bis sich der Marshallplan eingespielt hatte und seine Auswirkungen auf die österreichische Wirtschaft und auf die österreichische Politik voll erkennbar waren, wurde es 1949. Und immer wieder wurde gefragt, wie sich die Sowjetunion zur Teilnahme Österreichs am Marshallplan stellen würde. Es gab auch immer wieder kleinere Krisen, verschärfte Kontrollen, Einschränkungen von Lieferungen aus der Sowjetzone in den Westen, vor allem bei den Erdölprodukten oder auch das Geltendmachen von noch nicht erfüllten Forderungen durch die Sowjets, etwa dann, wenn die Sowjets 36 Millionen Schilling forderten, die noch aus der Lieferung von Nahrungsmitteln nach Wien im Jahr 1945 offen waren. Diese Forderung wurde im Frühjahr 1948 erhoben und spielte dann ab 1949 eine Rolle bei den Staatsvertragsverhandlungen.[71] Doch der große Konflikt blieb aus. Und als die Amerikaner, die offenbar erstaunter als die Österreicher über die vergleichsweise schwache und teilweise überhaupt ausgebliebene Reaktion der Sowjets waren, die Gründe dafür resümierten, stellten sie folgende vier Punkte zusammen:[72]

1. Ein sowjetischer Versuch, Österreich wirtschaftlich zu penetrieren und kommunistisch zu infiltrieren, sei wegen der Schwäche der KPÖ und wegen der Präsenz der westlichen Alliierten nicht durchführbar. Daher hätten sich die Sowjets zurückgehalten.
2. Eine massive Vorgangsweise der Sowjets in Österreich hätte vielleich das Vordringen der Kommunisten in Italien und Frankreich gestört.
3. Ein Maßnahme zur Unterbindung des ERP-Programms hätte die Teilung des Landes herbeigeführt, was aber von den Sowjets nicht gewünscht werde, nicht zuletzt deshalb, da Österreich für die Sowjetunion und für den Ostblock insgesamt als Mittlerland und als wirtschaftliche und verkehrsmäßige Drehscheibe Vorrang hätte, eine Art östlicher Schweiz.
4. Die Sowjets würden erheblich an der ERP-Hilfe profitieren, weil bestimmte, für die gesamtösterreichische Wirtschaft benötigte USIA-Betriebe indirekt ERP-Hilfe erhielten und weil die Sowjets über normale Handelskanäle ERP-Güter erwerben könnten, die sie sogar unter Umgehung der österreichischen Exportkontrolle in den Osten exportieren würden.

Stichhältig waren wohl nur die beiden letzten Punkte, denn Punkt eins, die Sowjets wären zu schwach gewesen, um Österreich zu penetrieren und zu infiltrieren, steht ja in einem klaren Widerspruch zur Feststellung, daß sie allen Grund gehabt hätten, Österreich als Land des Westens und mit einer zumindest einigermaßen freien Marktwirtschaft zu erhalten. Die Rücksichtnahme auf Italien und Frankreich scheint auch nicht unbedingt zwingend zu sein. Aber die anderen zwei Feststellungen leuchten ein: Österreich als eine Art Bank-, Börsen- und Umschlagplatz für den Osten und als Möglichkeit, an westliche Technologie und an Güter heranzukommen, das hatte etwas für sich. Genauso aber hatte es etwas für sich, wenn die Amerikaner die Feststellung trafen, daß über Österreich eine – wenngleich sicherlich schwach dimensionierte – Pipeline nach dem Osten führte, und die Sowjets solcherart die einzige Möglichkeit hatten, am Marshallplan zu partizipieren. Dieser Fluß von Westen nach Osten rann fernab der kleinen Wirbel und Stromschnellen. Einige wußten davon, doch sie machten kein Aufhebens.

Ende 1947 hatte es also etwas gegeben, das man im weitesten Sinn als Flurbereinigung bezeichnen kann. Die SPÖ hatte eine Spaltung eingeleitet, sie aber auch zu überstehen gewußt und stand daher konsolidierter da als noch einige Monate zuvor. Die ÖVP hatte im Verlauf der Währungsreform etliche Schwierigkeiten zu meistern gehabt und schließlich nur deshalb ihre Einigkeit gewahrt, weil der opponierende Wirtschaftsbund von seinem eigenen Präsidenten, Julius Raab, majorisiert worden war. Es war wie die Vorwegnahme eines späteren Bonmots, als Raab als einzelner gegen seine Parteifreunde stimmte und dann sagte: Der Vorschlag ist einstimmig – also nur mit seiner Stimme – abgelehnt! Raab, der Präsident des Wirtschaftsbundes und Klubobmann der ÖVP, hatte sich nicht als Funktionär, sondern als Politiker und Staatsmann präsentiert. Dadurch war auch die ÖVP stärker geworden, und eigentlich erstmals hatten Figl und seine engere Mannschaft Führungsqualitäten bewiesen. Auch dabei spielte freilich Julius Raab eine beträchtliche Rolle. Von ihm hieß es schon 1947 in den amerikanischen Beurteilungen ganz unmißverständlich, er wäre der starke Mann im Hintergrund und *der* Berater Figls.[73] Die KPÖ war zu einer Quantité négligeable abgesunken. Die Besatzungsmächte aber hatten dort, wo es nötig war, Übereinstimmung erzielt und dort, wo es keine Übereinstimmung geben konnte, sich gegenseitig geschont. Allen Vorhersagen zum Trotz und auf Grund der amerikanischen Lebensmittelhilfe aus den diversen Kanälen war es zu keiner Krise in der Versorgung gekommen, ja es konnte sogar an die Anhebung der Durchschnittsrationen auf zunächst 1700 und dann 1880 Kalorien gedacht werden. Wenn man das alles einrechnet, dann ist es wohl nicht mehr so sehr verwunderlich, daß Österreich auch das Krisenjahr 1948 verhältnismäßig gut überstand. Die Schicksalsgemeinschaft legte eine komplette Bewährungsprobe ab.

5 Bündnis auf Widerruf

Das Jahr 1948 begann mit einem Umsturz. Mitte Februar rissen die Kommunisten in der Tschechoslowakei die Macht an sich. Jenes Land, das in der Zwischenkriegszeit noch als Musterland der Demokratie inmitten von totalitären Regimen gegolten hatte, wurde zum Musterland einer Volksdemokratie. In Österreich herrschte vorübergehend Katastrophenstimmung.

Der kaltblütige Weg zur Macht, wie ihn die tschechischen Kommunisten beschritten hatten, die Ausnützung einer parlamentarischen Ungeschicklichkeit, die Willfährigkeit eines linken Sozialisten wie Zdĕnek Fierlinger, und das Alter und die krankheitsbedingte Handlungsunfähigkeit eines Präsidenten Edvard Beneš ließen gleich die Frage auftauchen, ob sich derartiges in Österreich wiederholen konnte. Nota bene, da in der Tschechoslowakei keine sowjetischen Truppen stationiert waren. ÖVP wie SPÖ suchten zu beruhigen. Die SPÖ, indem sie auf die bereits vollzogene Kaltstellung ihres linken Flügels hinwies, die ÖVP, indem sie ihre Stärke und Konsensbereitschaft betonte.[1] Adolf Schärf meinte zwar zunächst in einem Schreiben an Walter Wodak in London, daß die ÖVP dazu neige, die Ereignisse in der Tschechoslowakei zu verharmlosen. Doch dann fing die ÖVP an, ihre eigene Rolle auf Kosten der Sozialisten zu überzeichnen, was von den Amerikanern als denkbar unzweckmäßig angesehen wurde. Schärf, Deutsch und der Chefredakteur der „Arbeiter Zeitung", Oscar Pollak, trachteten daher auch, im Umweg über die Amerikaner die ÖVP von einer Politik abzuhalten, bei der gleichzeitig mit den Kommunisten auch die demokratischen Sozialisten gegeißelt wurden. Schärf ging in seinen Beschwichtigungsbemühungen noch weiter und sprach sich schließlich dafür aus, die Wahlen auf unbestimmte Zeit zu verschieben, und womöglich erst nach dem Abzug der Besatzungstruppen in Österreich zu wählen.[2] Renner wiederum meldete sich mit der Äußerung zu Wort, daß der Umsturz in der Tschechoslowakei zur Festigung der Zusammenarbeit von ÖVP und SPÖ geführt habe. Man würde sich zwar in sekundären Fragen Meinungsverschiedenheiten leisten können, nicht aber bei den vorrangigen Problemen.[3] Innerhalb der ÖVP tat sich bei den Kalmierungsbemühungen vor allem Raab hervor, der alle jene Heißsporne zur Räson brachte, die unterschiedslos KPÖ und SPÖ angriffen. Raab folgte als nächster Staatssekretär Graf, der zu einem gemeinsamen Vorgehen aufrief, und schließlich sagte Figl am 10. März: „Es kann keinen Kompromiß mit dem Kommunismus geben. Den Sozialisten aber strecken wir unsere Hand zu einer ehrenwerten und loyalen Zusammenarbeit entgegen und zu einem gemeinsamen Kampf um die Erhaltung des Staates. Wir sind bereit, das Parteiprestige dem Wohl des Landes unterzuordnen."[4] Bei der Darstellung der österreichischen innenpolitischen Situation Anfang 1948 kann aber nicht übersehen werden, daß sich die amerikanischen Repräsentanten, Hochkommissar, Stellvertreter, politischer Berater und andere, intensiv bemühten, auf beide Parteien einzuwirken und sie zur verbalen Enthaltsamkeit wie zu substantiellen Gesprächen und einer Zusammenarbeit auf lange Sicht zu bewegen. Sozialisten und Volkspartei gaben denn auch eine offizielle Erklärung ab, in der sie sich gegen die Bildung sogenannter Aktionsgemeinschaften mit den Kommunisten aussprachen. Dabei hätte man meinen können, dieses Problem sei schon längst tot. Der Gewerkschaftsbund drohte mit dem Ausschluß von Mitgliedern, die sich an Aktionsgemeinschaften beteiligten.[5] Anschließend gab es in Linz Geheimverhandlungen von ÖVP und SPÖ, bei denen die Grundzüge der weiteren gemeinsamen Politik festgelegt wurden. Und nach dem Arbeitsübereinkommen von 1945 und nach dem Stillhalteabkommen vom Jänner 1947 wurde Ende März 1948 ein neuer Koalitionspakt geschlossen. In diesem wurde festgelegt, daß die Legislaturperiode voll auslaufen sollte und daß die beiden Großparteien gewillt waren, eine Koalition ohne die Beteiligung Dritter zu führen.[6] Es kam zur Neufestlegung der Preise für landwirtschaftliche Produkte und zu Preisstützungen, womit dann schon ein zweites Lohn- und Preisabkommen vorbereitet wurde. Danach konnte es eigentlich keinen Zweifel mehr darüber geben: In Österreich drohte nicht nur keine Gefahr einer Wiederholung der tschechischen Vorgänge, vielmehr klammerten sich die Regierung und die beiden großen Parteien fest aneinander und wußten den allergrößten Teil der Bevölkerung hinter sich. Das machte es auch etwas leichter, das Scheitern der nächsten Runde der Staatsvertragsverhandlungen zur Kenntnis zu nehmen.[7] Die Sowjets hatten zwar den Cherrièreplan akzeptiert, und man war auch bei der Festlegung der Ablösen und dessen, was weiterhin von den Sowjets kontrolliert werden sollte, schon sehr weit gekommen. Doch die Westalliierten wollten den Vertragsabschluß nicht und waren daher sehr erleichtert, daß die Sowjets sich weiterhin den Anschein gaben, die jugoslawischen Gebietsforderungen zu unterstützen. Das nahmen dann Amerikaner, Briten und Franzosen zum Anlaß, eine Vertagung der Verhandlungen zu fordern.

Für den Westen war jedoch nicht die Haltung der Sowjets in der Österreichfrage ausschlaggebend, wohl aber sahen sich die nichtkommunistischen Staaten Europas allenthalben mit den Sowjets konfrontiert. Die Briten büßten überdies weltweit ihre Positionen ein, die die Sowjetunion in irgendeiner Weise zu übernehmen trachtete. Was lag also näher, als auch für Österreich die Wiederholbarkeit von Vorgängen wie in der Tschechoslowakei oder dann analog zur Berlinblockade eine Wienkrise anzunehmen. Zudem steuerte die Entwicklung in Jugoslawien auf einen Bruch mit

Moskau hin. Damit drohte auch der Balkan wieder zum Pulverfaß zu werden. Es schien also überall Gefahr im Verzug. In Österreich freilich blieb die Krise aus, Österreichs Politiker fanden rasch wieder zur Realität zurück und suchten offenbar auch auf die Vertreter der Besatzungsmächte beruhigend einzuwirken, eine geradezu groteske Situation, wenn man es recht betrachtet.

Am einprägsamsten gab der französische Hochkommissar, General Béthouart, die sehr unterschiedliche Betrachtungsweise von Alliierten und Österreichern in seinen Memoiren wieder, wenn er schrieb:[8]

„Zur selben Zeit erhielten wir in Wien ziemlich verläßlich Meldungen über sowjetische Truppenkonzentrationen in Ostdeutschland und Ungarn; auch in Jugoslawien wurden Truppen zusammengezogen. Die Nachrichtendienststellen wiesen auf einen möglichen Angriff der Sowjets hin, dessen Hauptstoß gegen die norddeutsche Ebene gerichtet war, während eine jugoslawisch-russische Entlastungsoffensive auf Norditalien zielte. Das Ganze war wahrscheinlich nur eine wilde Phantasie, aber man mußte trotzdem Vorsichtsmaßnahmen ergreifen. Das Mißverhältnis zwischen den sowjetischen Besatzungstruppen und denen der drei Westmächte war beträchtlich und verschob sich durch die Tatsache, daß den Sowjets die Einheiten in Ungarn unmittelbar zur Verfügung standen, noch mehr zu unseren Ungunsten. In jener kritischen Situation wurden wir von der österreichischen Regierung in keiner Weise unterstützt. Sie war sich offenbar nicht klar darüber, welche Gefahr ihrem Lande drohte, und verlangte in Deklarationen und öffentlichen Reden unablässig den Abzug oder wenigstens die Verminderung der Besatzungstruppen, ohne zu erkennen zu geben, daß sie damit die Russen meinte."

Die allgemeine Nervosität steckte aber natürlich auch Regierung, Parlament und Gewerkschaften an. Es wurden heimlich Überlegungen angestellt, wohin die Bundesregierung ausweichen sollte, wenn sie sich gezwungen sehen sollte, Wien aufzugeben, eine Spekulation, die ja auch 1956 und 1968 auftauchte. 1948 war der Hintergrund allerdings ein ganz anderer. Es wurden Maßnahmen zur Finanzierung einer Exilregierung getroffen und der Gewerkschaftsbund verschob Gelder in die USA.[9] Gleichzeitig sprach man sich gegenseitig Mut zu und redete sich ein, daß es eigentlich nichts gab, aus dem eine Krise abgelesen werden konnte.

Die Unsicherheit über Bedrohung oder Nichtbedrohung Österreichs ging aber so weit, daß immer häufiger die Meinung zu hören war, ein rascher Abschluß des Staatsvertrags sei momentan gar nicht so sehr erwünscht. Diese Stimmen mehrten sich besonders bei der SPÖ und führten schließlich dazu, daß Vizekanzler Schärf – wenngleich inoffiziell, so dennoch mit Nachdruck – in London dementieren ließ, daß er es sei, der gegen den Abschluß des Staatsvertrags wäre.[10] Wohl aber befürwortete Schärf jegliche Maßnahme zur internationalen und zur nationalen Konsolidierung. Er plädierte auch für eine bessere Bewaffnung und Ausbildung der Exekutivkräfte. In diesem Augenblick zeigte sich abermals, daß der sonst ja kaum irgendwo tiefgehende Kompromiß der beiden Großparteien dort stattgefunden hatte, wo es vielleicht am wenigsten zu erwarten gewesen war, nämlich bei der Sicherheitspolitik. Seit 1947, als von den Alliierten im Zuge der ersten Staatsvertragsrunde die militärischen Bestimmungen eines Österreichvertrags weitgehend einvernehmlich niedergeschrieben worden waren, gab es eine lebhafte Diskussion um die österreichische Wiederbewaffnung. Wie so oft spielten sich aber die eigentlichen Weichenstellungen unbemerkt und vertraulich ab.

Eine öffentliche Diskussion konnte unter den gegebenen Umständen ohnedies nur bedingt geführt werden. Das schloß aber inoffizielle, rein private Erörterungen nicht aus. Man mußte ganz einfach darüber nachdenken – und zwar in allen Lagern – welcher Weg beim Aufbau neuer Streitkräfte beschritten werden sollte, um nicht wieder in eine Entwicklung hineinzustolpern, die jener der Ersten Republik ähnelte. Darüber waren sich alle im klaren. Dr. Oskar Regele, Offizier und Historiker, nach 1946 Direktor des Kriegsarchivs und später Leiter des Haus-, Hof- und Staatsarchivs, stellte daher – um einen solchen Diskussionsbeitrag herauszugreifen – in einer Studie fest, daß es vor allem einmal notwendig sei, vom Wehrsystem der Jahre 1920 bis 1938 abzurücken, da es kostspielig und dennoch unzureichend gewesen sei.[11] Er nannte als zweite wesentliche Forderung das Verbot sämtlicher paramilitärischer Verbände, da er sehr gut erkannt hatte, daß nicht zuletzt hier die Wurzel des Übels gelegen war. Das kleine (und viele Jahre hindurch die vom Friedensvertrag von St. Germain bewilligten 30.000 Mann bei weitem nicht erreichende) Bundesheer war genauso wie zuvor die Volkswehr als Instrument einer Partei angesehen worden. Zu klein, zu schwach, zu sehr lenkbar, war es nicht imstande gewesen, wirklich Schutz zu garantieren. Schließlich hatte es mehr als genug Wehrfähige und Kriegsgediente gegeben, die als Basis paramilitärischer Verbände herhalten konnten. Die Bildung paramilitärischer Verbände aber barg den Keim des Bürgerkriegs in sich. Regele sah das neue österreichische Heer im Dienste der UNO. Damit dachte er unwissentlich in dieselbe Richtung, in die auch Karl Renner gedacht hatte, der den Amerikanern 1946 ein ganz konkretes Angebot unterbreitet hatte, wonach der Sicherheitsrat der UNO über eine neue österreichische Streitmacht verfügen sollte. In Ergänzung dazu wäre auch eine Stelle aus einer berühmt gewordenen Nationalratsrede des sozialistischen Abgeordneten Paul Speiser vom 22. Mai 1946 anzuführen, in der Speiser in Übereinstimmung mit der Politik der großen Parteien sagte: „Wir werden, solange man uns keine eigene Militärmacht bewilligt – und wir wollen eine solche nur über Auftrag der UNO erhalten – . . . durchaus begreifen, daß man uns durch die Besatzungsmächte eine kleine Wehrmacht beistellt."[12]

Nach dem Scheitern des Heeresamtes war der Moment gekommen gewesen, etwas gründlicher über die Heeresproblematik nachzudenken. Und wenn man sich – bei aller Respektierung der Grundtendenz des Heeresamtes – dessen schon fast kuriose Auswüchse (wie die Aufstellung einer Heeresmusik oder die Beförderung eines Offiziers zum Feldmarschalleutnant) ansah, dann wird man nachträglich feststellen müssen, daß es wahrscheinlich ganz gut war, daß die Anknüpfung nicht gelungen ist. Das Heeresamt war zu sehr Versorgungseinrichtung, war zu sehr Wiedergutmachungsinstitut und Ausläufer einer nicht nur traditionsreichen, sondern vor allem traditionsbeladenen Gesinnung. Die Institution wäre früher oder später höchstwahrscheinlich und unter noch viel unangenehmeren Umständen gescheitert. Im Grunde genommen wollte nämlich kaum jemand diese starke Anknüpfung an das Vergangene, weil es einfach zu viele schreckliche Erinnerungen barg.

Auslösend für die dann plötzlich sehr lebhaft werdende Debatte wurden deutliche Hinweise des französischen Hochkommissars und Oberbefehlshabers in Österreich, General Béthouart, daß Frankreich seine Truppen erst dann aus Österreich abziehen würde, wenn die Republik imstande sei, sich selbst zu verteidigen, und vor allem die Staatsvertragsverhandlungen zum Abschluß gebracht wären.[13] Nach eher zufälligen Wortmeldungen griff auf sozialistischer Seite jener Mann in die Debatte ein, der wie kaum ein anderer zum Wehrsprecher seiner Partei legitimiert war, nämlich Julius Deutsch. Er, der Staatssekretär für Heereswesen in der Ersten Republik gewesen war, dann maßgeblich am Aufbau des Republikanischen Schutzbundes mitgewirkt hatte, Schlüsselfigur des Bürgerkriegs 1934, später General im Spanischen Bürgerkrieg, Emigrant in Frankreich und Amerika gewesen und 1946 wieder nach Österreich zurückgekehrt war, wurde von Renner sehr gefördert und gegen Widerstände in der eigenen Partei zu deren außenpolitischem und Wehrsprecher.

Anfang März 1947 setzte der sozialistische Parteivorstand ein Heereskomitee ein, als dessen Mitglieder die Nationalräte Hans Brachmann, Körner, Schärf und Winterer genannt wurden. Den Vorsitz hatte Julius Deutsch. Zwei Wochen später verabschiedete das Heereskomitee seine Beratungsergebnisse in Form eines Grundsatzpapiers.[14] Als erstes wurde die Forderung nach einer Miliz erhoben, mit einer sechsmonatigen Dienstzeit für die nichttechnischen und einer einjährigen Dienstzeit für die technischen Truppen. Die Kommandostrukturen sollten möglichst einfach sein. Da es nur eine sehr kleine Gruppe von im Sinn der SPÖ demokratisch verläßlichen Offizieren und Unteroffizieren zu geben schien, wollte die SPÖ auf strengste Parität bei der Besetzung der Kommandostellen dringen. Strikt abgelehnt wurde auch der Vorschlag einer Entpolitisierung des Heeres.

Julius Deutsch hatte schon am Beginn der Beratungen des von ihm geleiteten Heereskomitees den Kontakt zur ÖVP gesucht und gefunden. In der ÖVP war es aber nicht – wie man vermuten könnte – der Staatssekretär im Innenministerium, Ferdinand Graf, der sich über die Zielvorstellungen der ÖVP äußerte, sondern die graue Eminenz der Partei, Julius Raab.[15] Er stimmte den Überlegungen des sozialistischen Heereskomitees weitgehend zu und wollte sich auch gegen Tendenzen in seiner Partei wenden, etwas anderes als ein Heer der allgemeinen Wehrpflicht zu schaffen. Die Dienstzeit sollte schon im Interesse der Bauern nicht lange sein.

Nun kann man freilich einwerfen: Waren die beiden Gesprächspartner Raab und Deutsch überhaupt autorisiert, einen solchen Gedankenaustausch zu pflegen? Gaben Raab und Deutsch damit die offizielle Meinung ihrer jeweiligen Parteien wieder oder doch mehr ihre Privatmeinung? Beide standen mit ihren Auffassungen sicherlich nicht unumstritten da. Und wenn man aus den Äußerungen Raabs die Passage herausfiltert, wonach die ÖVP nicht dem Druck einer Lobby nachgeben würde, die für eine Berufsarmee eintrete (was damals im übrigen den Bestimmungen des Staatsvertragsentwurfes durchaus entsprochen hätte), wenn er meinte, die ÖVP würde sich im Parlament gegen eine Armee von mehr als 25.000 Mann aussprechen, und zwar aus Kostengründen, dann deutete er damit wohl an, daß diesbezüglich in seiner Partei keine unbedingt einhellige Auffassung herrschte. Anderseits muß, wenn man die Haltung von Deutsch untersucht, in Rechnung gestellt werden, daß auch er mit seinem Standpunkt nicht ungeteilte Zustimmung fand. Daher hieß es in dem Bericht des SPÖ-Heereskomitees auch sehr deutlich: „Das Heeres-Komitee fühlt sich verpflichtet darauf hinzuweisen, daß die Vermeidung reaktionärer Gefahren nur gelingen kann, wenn die demokratischen Kräfte nicht abseits stehen, sondern positiv am Aufbau des Heeres mitarbeiten. Es wird nötig sein, daß sich unsere Organisationen sehr eifrig um die einrückenden Soldaten kümmern ... Wenn man dagegen den Heeresdienst als eine Art von anrüchigem Gewerbe betrachtet, von dem sich ein guter Sozialist am besten fernhält, dann überläßt man diesen entscheidenden Machtapparat den anderen ... Eine pazifistische Agitation, die den Dienst im Heer lächerlich macht oder herabsetzt, ist ein Scheinradikalismus, der in seiner Wirkung eine Hilfeleistung für die Reaktion bedeutet ..."[16]

Vergleicht man die schließlich ausführliche und stürmische Debatte der SPÖ in der Heeresfrage mit den wenigen Äußerungen, die von ÖVP-Seite vorliegen, dann gewinnt man den Eindruck, die ÖVP würde dieser Frage wenig bis kaum Bedeutung beigemessen haben. Dieser Eindruck ist vielleicht nicht ganz zutreffend, doch sicherlich ist innerhalb der SPÖ mehr zu diesem Problem geschrieben und geredet worden als anderswo. Das ist auch verständlich. Gerade die SPÖ hatte an dem Trauma des Bürgerkriegs des Jahres 1934 zu tragen. Daher war es auch ein bemerkenswerter Schritt, daß jener Mann, der mit dem Februar 1934 engstens verbunden war, nämlich Julius Deutsch, Hauptverantwortlicher für die SP-Wehrpolitik wurde und alles daransetzte, um die Traumata auszuräumen.

Nach dem politischen Umsturz in der Tschechoslowakei im Februar 1948, der, wie wir wissen, einen Schock auslöste, wurde der Ruf nach österreichischen Sicherheitskräften laut. Am deutlichsten formulierte es vielleicht wieder Bundespräsident Renner. Er stellte am 1. März 1948 fest, daß es im österreichischen Interesse liege, noch vor Abschluß des Staatsvertrags die Sicherheitsfrage in einer unzweifelhaften Weise zu lösen. „Wir haben nun", meinte Renner, „in Ergänzung zur Erlangung unserer Unabhängigkeit und nationalen Souveränität eine größere Notwendigkeit denn jemals zuvor, nach Grenzschutz und Selbstverteidigung, wobei die Aufstellung einer österreichischen Armee mit dem Abzug der fremden Streitkräfte Hand in Hand gehen muß."[17]

Die neue Weichenstellung schlug sich in einigen konkreten Maßnahmen nieder. Dazu zählten die Einsetzung eines Verhandlungskomitees durch die beiden Großparteien, die Vorarbeiten zur Bildung von Alarmformationen der Gendarmerie und eine regelrechte Pressekampagne, in der für die Aufstellung von Streitkräften plädiert wurde.[18] Zur Untermauerung der dabei zutage tretenden Intentionen ließ sich eine Untersuchung der Amerikaner anführen, die in Salzburg, Linz und Wien durchgeführt worden war und die Einstellung der dortigen Bevölkerung zur Heeresfrage testen sollte. Diese von Ende März bis Anfang April 1948 durchgeführte Befragung hatte das Ergebnis gebracht, daß nur 12,9 bis 16,4 Prozent der Befragten gegen die Aufstellung eines Heeres waren. 67 bis 72,5 Prozent (also zwei Drittel bis drei Viertel) der Befragten sprachen sich für ein Heer aus und schwankten nur, ob sie einer Berufsarmee oder der allgemeinen Wehrpflicht den Vorzug geben sollten.[19]

Im Juni 1948 richtete Bundeskanzler Figl ein Schreiben an den amerikanischen Hochkommissar, General Keyes, in dem er ersuchte, in Salzburg, Oberösterreich und im amerikanischen Sektor Wiens für je 200 Gendarmen im Bedarfsfall Waffen zur Verfügung zu stellen und die Ausbildung österreichischer Gendarmen an diesen Waffen zu ermöglichen.[20]

Wahrscheinlich Anfang Juli 1948 faßte der Ministerrat den Beschluß, ein Komitee einzusetzen, das die Beratung der Heeresfrage vorantreiben sollte. Als Vertreter wurden in dieses Komitee nominiert: Bundeskanzler Figl, Vizekanzler Schärf, Außenminister Gruber, Innenminister Helmer, Julius Deutsch, Generalsekretär Wildner vom Außenministerium und der Hofrat der Pensionsabteilung des Finanzministeriums, Emil Liebitzky. Das war aber kein einfacher Hofrat, sondern einer der führenden Militärdiplomaten der Ersten Republik, der mittlerweile zum Nachfolger Mathias Grubers als Militärberater des Bundeskanzlers avanciert war. In diesem Zweiparteienkomitee sollte versucht werden, den Standpunkt der Regierungsparteien in der Heeresfrage auf einen Nenner zu bringen. Deutsch drängte dabei auf eine rasche Einigung, weil er wie wohl viele glaubte, daß es nur mehr einige Schwierigkeiten auszuräumen gelte, ehe der Staatsvertrag unterschriftsreif sei.[21]

Das Bedrohungsbild war für beide in der Planungsgruppe vertretenen Parteien weitgehend ident. Die vorgeschlagenen Lösungen, betreffend die Gliederung des Heeres, die Dienstzeit und das Präsenzdienstalter der Soldaten, die politischen Rechte und die Kontrolle des militärischen Instruments, gingen allerdings weit auseinander. Doch der Grundkonsens bestand.

Da Österreich aber nach wie vor keine Anstalten traf, konkrete Schritte zur Wiederbewaffnung zu unternehmen und nur mit der Exekutive herumexperimentierte, begann man im Hauptquartier der US-Streitkräfte in Österreich damit, die Zukunftsplanung durch eine Ad-hoc-Planung zu ersetzen.[22] Damit schien aber auch ein Punkt erreicht, bei dem man nicht mehr sagen konnte, Österreich war der Treibende gewesen: Österreich war der Getriebene! Aber es „bremste".

Die Konfrontation von West und Ost, die dann unter dem Schlagwort „Kalter Krieg" geführt wurde, hatte sicherlich ihre Auswirkungen auf Österreich, doch es wäre falsch, in Österreich eine der Wurzeln des Kalten Krieges zu suchen oder das Land auch nur als Kriegsschauplatz desselben zu sehen. Amerikaner und Sowjets waren gerade 1948 in Österreich bemüht, nicht nur den Anschein der Zusammenarbeit und der Verständigung zu wahren, sondern führten diese Zusammenarbeit auch effektiv weiter. Es kam zu keiner Krise im Alliierten Rat, ja die gesamte Alliierte Kommission für Österreich funktionierte wie eh und je. Es gab offizielle und inoffizielle Treffen. Am Höhepunkt der Berlinkrise lud General Kurasov seinen Kollegen Keyes zu einer Aussprache ein, in der dann beide ihre Absicht bekräftigten, Spannungen und Zwischenfälle möglichst zu vermeiden.[23] Als über eine Wienblockade gemunkelt wurde und Vorbereitungen für eine Notversorgung Wiens getroffen wurden, gestanden sich die Amerikaner im selben Augenblick ein, daß einige Schwierigkeiten, die ihnen wie den Briten an den Zufahrten nach Wien gemacht wurden, nämlich verschärfte Kontrollen und zeitraubende Ausweisüberprüfungen, nichts anderes als Repressalien waren.[24] Die Amerikaner hatten nämlich eine sowjetische Repatriierungskommission aus der amerikanischen Zone hinausgeworfen, weil die Sowjets Druck auf nicht heimkehrwillige Displaced Persons ausüben wollten. Aber ein wenig Schikane und Gegenschikane waren doch etwas ganz anderes als die hermetische Abriegelung einer Stadt nach einer einseitig durchgeführten deutschen Währungsreform und nach dem Auseinanderbrechen des Alliierten Kontrollrates für Deutschland. Im österreichischen Besatzungsalltag ging es sicherlich nicht ohne Friktionen ab, und auch die wirtschaftliche Konfrontation darf nicht übersehen werden, doch es gab keine Krise in den alliierten Beziehungen, und es wäre falsch, die Nervosität in einem Land, um das herum der Kalte Krieg geführt wurde, mit dem Kalten Krieg gleichzusetzen. In Österreich blieb dieser platonisch, und man jagte und jagt den Schatten nach.[25] Nervosität und Hysterie sind freilich ansteckend, und die Haltbarkeit der Österreichlösung war auch nicht absehbar, da konnte man nur hoffen. Daher gab es alle möglichen Planungen, besonders auf alliierter Seite, wo der Eventualfall geprobt wurde. Dabei erhielten insbesondere die Franzosen eine Rolle zugewiesen, die sie für die Verteidigung der Alpen verantwortlich machte.[26] Sie arbeiteten schließlich auch Pläne aus, wer vorrangig aus Wien zu evakuieren wäre und wer erst mit dem zweiten und dem dritten Transport die Stadt verlassen sollte.[27] Die Franzosen gingen aber noch weiter und führten in Tirol Meinungsbefragungen durch, mit deren Hilfe sie herausfinden wollten, wie sich die Tiroler die Zukunft Österreichs im Falle einer Teilung vorstellten. Sie wollten die Präferenz erkunden, ob sich Tirol lieber Bayern oder Italien anschließen wollte.[28] Die Landeshauptleute von Vorarlberg, Salzburg und Tirol, Ulrich Ilg, Josef Rehrl und Dr. Alfons Weißgatterer, stellten gemeinsame Überlegungen an, was passieren würde, wenn die Alliierten Österreich teilen würden oder wenn die Bundesregierung, um dem sowjetischen Druck zu entgehen, ihren Sitz von Wien nach Salzburg verlegen würde.[29] Dann sollten die westlichen Länder in der Regierung natürlich stärker vertreten sein, es sollte wohl eine stärker ÖVP-dominierte Regierung sein als zuvor; daher wurden die sozialistischen Minister Migsch, Helmer und Otto Sagmeister in Frage gestellt. Aber weil man gerade so schön im Planen war, wurden gleich einige andere Namen genannt und wurden auch einige ÖVP-Minister bereits in Gedanken ersetzt, nämlich Zimmermann, Krauland und Gruber.

Die Bundesregierung blieb aber in Wien. Das Ganze waren Hirngespinste. Doch die Nervosität führte dazu, daß nach außen besondere Härte gezeigt wurde und vor allem auf Verhaftungen, die die Sowjets immer wieder vornahmen, heftigst reagiert wurde. Dem Westen war das nicht recht, und ein britisches Dokument unterstreicht in sehr eindrucksvoller Weise die Bemühungen, Österreich aus dem Kalten Krieg herauszuhalten. Der politische Berater des britischen Hochkommissars, Sir William Mack, übergab am 17. Juni 1948 dem Außenminister ein Aide-mémoire der britischen Regierung,[30] das unter anderem folgende Passagen enthielt: „Mister Bevin [der britische Außenminister] hat mich beauftragt, zu erklären, daß, so sehr er es begrüßt, wenn die österreichische Regierung eine feste Haltung einnimmt, er doch der Meinung sei, daß eine gewisse Gefahr bestehe, daß die österreichische Regierung in dieser Hinsicht zuviel des Guten tue . . . Unser [also der britische] Wunsch muß es sein, für die Dauer der Besetzung ein arbeitsfähiges Viermächtesystem zu erhalten, da davon nicht nur unsere Stellung in Wien, sondern auch die Einheit des Landes abhängig ist. Die Regierung Seiner Majestät wünscht keinesfalls eine unnötige Verschlechterung der Beziehungen zu den Sowjets in Österreich, in einer Zeit, in der sie gleichzeitig mit allen Kräften in anderen Teilen der Welt bemüht ist, ein Aufflammen der Leidenschaften zu verhindern.“ In Berlin schien ein Funken zu genügen, um das dortige Pulverfaß zur Explosion zu bringen; nach dem Bruch zwischen Stalin und Tito gab es eine schwere Krise um Jugoslawien, da sich Tito ja nicht damit begnügte, dem östlichen Lager den Rücken zu kehren, sondern sich in einem Ruck dem Westen zuwandte. Im Nahen Osten gab es Krieg, einen Krieg, in dem die Sowjets den jungen Staat Israel unterstützten. In London, Paris, Washington und Moskau sprach und schrieb man von Krieg, doch in Wien wollte der sowjetische Hochkommissar eine Entscheidung des Alliierten Rates herbeiführen, wonach es der österreichischen Presse verboten werden sollte, sich über eine drohende Kriegsgefahr zu äußern.[31] Das und anderes sind klare Indizien dafür, daß Österreich ruhiggestellt werden sollte, daß niemandem damit gedient war, wenn auch hier der Bruch zwischen Ost und West vollzogen wurde. Und es waren vor allem die Sowjets, die sich immer wieder mit Maßnahmen und Äußerungen einstellten, die als Beweis für eine Normalisierung herhalten konnten. Dessenungeachtet gab es Willkür und Menschenraub.

Die Sowjets witterten überall Spionage und verhafteten immer wieder Leute. Einzelne davon waren tatsächlich nachrichtendienstlich tätig gewesen, andere nicht. Auf der anderen Seite war die Repatriierung der österreichischen Kriegsgefangenen nahezu abgeschlossen. Und schließlich brachten die Sowjets im Alliierten Rat den Antrag ein, die österreichische Regierung zu einer Amnestie der minderbelasteten ehemaligen Nationalsozialisten aufzufordern, eine Amnestie, die für 487.000 Menschen gelten sollte.[32]

Das Muster, das die Alliierten und das vor allem Amerikaner und Sowjets in Österreich zeichneten, unterscheidet sich so stark von den klassischen Kriegsschauplätzen des Kalten Krieges, daß es wohl nicht zulässig ist, Österreich als Schauplatz desselben zu bezeichnen. Es war nicht einmal ein Nebenkriegsschauplatz, sondern wäre vielleicht am ehesten mit jenem Haus am 38. Breitengrad bei Panmunjon zu vergleichen, wo Ost und West und vor allem die beiden Korea seit 1953 verhandeln: Ein Haus, das auf jeder Seite eine Front hat, in dem auch immer wieder harte Worte fallen und in dem dennoch zusammengekommen und verhandelt wird.

Daß Amerikaner und Briten Österreich aus dem Kalten Krieg heraushalten wollten, geht aus diesbezüglichen Äußerungen klar hervor. Die Sowjets waren ebenso auf Ausgleich bedacht, was gerade auf Grund der Erfahrungen des Jahres 1947 deutlich wurde. Denn was sollte es sonst für einen Sinn gehabt haben, wenn sie sogar die österreichischen Kommunisten im Stich ließen? Sie akzeptierten den Marshallplan für Österreich und die Währungsreform, verhandelten über den Cherrièreplan und waren 1948 bereit, den Staatsvertrag abzuschließen. Parallel dazu blieben sämtliche Gesprächs- und Verhandlungsebenen zwischen den Alliierten einerseits und Österreich andererseits intakt. Im Ost-West-Verhältnis schien sich die österreichische politische Landschaft mit einiger Übersteigerung wiederzufinden, und wahrscheinlich sollte man den Begriff der Großen Koalition abermals weiter fassen und auch auf das Bündnis der Alliierten zur Regelung des Österreichproblems anwenden. Auch dabei waren „die Zwei“ am Werk, größere eben.

Unsere heutige Sicht des Kalten Krieges und der Verwobenheit Österreichs in diesen Konflikt ist noch immer sehr stark von der Selbstinterpretation und ideologischen Mobilisierung der ausgehenden vierziger und fünfziger Jahre geprägt.[33]

Aber schon in der traditionellen Auffassung des Kalten Krieges war Österreich eigentlich nicht unterzubringen. Deshalb haben die amerikanischen Repräsentanten im Österreich der damaligen Zeit, wie z. B. Martin Herz, die These vom Kalten Krieg im Zusammenhang mit Österreich als nicht anwendbar bezeichnet, jene These vom sowjetischen Expansionsdrang und von der Absicht der Eingliederung möglichst aller Staaten, in denen sowjetische Truppen standen.[34]

Österreich hat aber auch im revisionistischen Erklärungsmodell vom Kalten Krieg keinen Platz, da es nicht in das Schema von der skrupellosen amerikanischen liberal-ökonomischen Unterwerfung paßte, auf Grund der dann eine volksdemokratische Umwandlung notwendig wurde. Traditionellen und revisionistischen Interpretationsversuchen folgten dann Mitte der siebziger Jahre postrevisionistische Modelle, die nach These und Antithese in bester Hegelscher Manier eine Synthese suchten. Als Wilfried Loth, einer der sicherlich wichtigsten Interpreten des Phänomens Kalter Krieg am Ende seines Buches „Die Teilung der Welt" ein Resümee zog,[35] da paßte Österreich abermals nicht in das Modell, denn Loth identifizierte den Kalten Krieg mit dem Prozeß der Blockbildung, der 1955 seinen Abschluß fand – und Österreich gehörte keinem Block an. Letztlich reduzierte sich der Kalte Krieg in Österreich darauf, daß man Angst hatte, er würde übergreifen, so daß man alle möglichen Szenarios entwarf, Katastrophen- und Eventualplanungen in der Tischlade bereithielt und vielleicht auch überrascht war, daß dann nichts passierte. Die Alliierten sprachen den Österreichern Mut zu, diese wiederum versuchten, einigermaßen normal zu scheinen, und ihrerseits wiederum die Alliierten zu beruhigen. Zum Normalwirken gehörte sicherlich, daß gegen Verschleppungen der Sowjets protestiert wurde, daß aber auch Briten und Amerikaner wegen einer Sondergesetzgebung für ihre Zonen angegriffen wurden; dazu gehörte das Auflisten der Beschlagnahmen und das Feststellen des Preises, um den die Besatzungsmächte Österreich räumen würden. Doch insgesamt war gerade das Jahr 1948, das Jahr also, in dem die Frage Krieg oder Frieden in Europa auf des Messers Schneide zu stehen schien, genau jenes Jahr, in dem Österreich mehr noch als zuvor zu sich fand, vielleicht erstmals wirklich zu sich fand und die Not der Nachkriegszeit überwunden wurde.

Am 16. April 1948 unterzeichnete Österreich den Beitritt zur OEEC (Organization for European Economic Cooperation), zur Organisation für wirtschaftliche Zusammenarbeit in Europa, der Marshallplan-Organisation. Und ab dem Sommer 1948 war Österreich aus dem Schwersten heraußen. Noch im selben Jahr wurden rund zwei Milliarden Schilling für Investitionen und zur Verringerung der Staatsschuld verfügbar.[36] Das setzte zwar zum wenigsten den Wohnungswiederaufbau in Gang, da die Amerikaner die Ansicht vertraten, der Wiederaufbau sei eine letztlich unproduktive Investition, genauso wie ja die Bezahlung von Nahrungsmitteln aus ERP-Geldern immer mehr zurückgedrängt werden sollte, da hier zwar Menschen am Leben erhalten, aber nicht investiert wurde. Doch auch das spielte sich ein, da infolge der großen Geldmittel, die für Investitionen zur Verfügung standen, für die Preisstützung von Lebensmitteln und für deren Ankauf die Mittel des normalen Budgets ausreichten.

Die Intention des Marshallplans war sicherlich zum wenigsten dahin gegangen, einen Wirtschaftskrieg mit der Sowjetunion zu beginnen, und es dauerte noch bis

1949, ehe die USA dazu übergingen, der ERP-Organisation eine politische und vor allem auch eine militärische Organisation zur Seite zu stellen, aus der sich dann die NATO entwickelte. An diesem Punkt hatte jedoch die Westintegration Österreichs trotz einiger Überlegungen ihr Ende. Österreich nützte lediglich die Vorteile des Marshallplans, ohne die Folgen mitzumachen, aber wohl auch, ohne die Folgen zu bedenken. Als diese Folgen Gestalt annahmen und Österreich noch weiter in die amerikanische Umarmung zu geraten drohte, da hatte man einige Zeit damit zu tun, die Amerikaner an ihre eigenen Maximen vom ungeteilten Österreich und vom Konvivium mit den Sowjets zu erinnern.

Wenn man dieses Verhalten kritisch und wenig wohlwollend bewertet, dann präsentiert sich wieder ein Österreich, das den „sacro egoismo" noch größer schrieb, als das angeblich Italien tat. Entwerfen wir doch einmal dieses andere Bild. Da entstand ein Nationalismus unter anderem deshalb, weil man die Schuld Deutschlands nicht mittragen wollte, wie die geschilderte US-Umfrage ergeben hatte. Mehr noch: Im einzigen österreichischen Entwurf für einen Staatsvertrag wurde eine beträchtliche Wiedergutmachung durch Deutschland verlangt. In Österreich waren Reichs-, Volks- und Sudetendeutsche genauso wie Staatenlose aus Ostmittel-, Ost- und Südosteuropa nicht nur nicht gerne gesehen, sondern mitunter verhaßt. Toleranz war in Österreich offenbar ein zartes Pflänzchen. In der Besatzungszeit war es eine beliebte Taktik, die Alliierten gegeneinander auszuspielen. Es war auch Ausdruck dieses „sacro egoismo", daß der Staatsvertrag 1947 bis 1949 auf die Formel zu bringen versucht wurde: Egal was es kostet, wir brauchen ihn, und letztlich zahlen ohnedies die Amerikaner dafür, weil sich sonst ja keiner den sowjetischen Preis leisten konnte, am wenigsten Österreich. Und dann hieß es zum Marshallplan: Ja, weil Hilfe notwendig ist und Österreich Anrecht auf Hilfe hat; alles Weitere nein. Die Amerikaner sollten das Land gegen die Sowjets in Schutz nehmen, die Briten wehrten die Jugoslawen ab, die Franzosen galten einerseits als die einzige Kulturnation unter den Besatzungsmächten, wurden aber anderseits sehr unschön als „parfümierte Russen" bezeichnet. Es gab kein einziges Nachbarland, mit dem Österreich mehr als nur korrekte Beziehungen unterhielt – nicht einmal mit der Schweiz. Kurzum, es bewahrheitete sich das Wort vom Staat, der keine Freunde, sondern nur Interessen kennt. Das gilt aber offenbar nicht nur für Groß- und Weltmächte, sondern auch für Staatenzwerge, die ums Überleben kämpfen. In dieses Bild paßt auch jene allmählich zu beträchtlicher Könnerschaft gesteigerte Fähigkeit, jeder Besatzungsmacht gerade so viel zuzugestehen, daß sie ihre grundsätzliche Haltung nicht revidierte. Die Sowjets erhielten Geld- und Wirtschaftskraft, den Amerikanern und dem Westen konnte man nicht Geld und Wirtschaftskraft geben; sie erhielten Sicherheit.

Nach einigem Zögern erklärte die Regierung ihre Bereitschaft und ihr Interesse an der Errichtung von drei mobilen Gendarmeriebataillonen von zusammen 1500 Mann, 500 Mann in jeder der drei westlichen Zonen.[37] Das war das mindeste, was die Westmächte veranschlagt hatten und mit dem nun geschäftsmäßig und egoistisch Politik gemacht wurde. Da die Amerikaner Sicherheit forderten, wurden 1948/49 eben minimale Anstalten in der Sicherheitsfrage gemacht. Sie wurden zögernd gemacht und dabei den Amerikanern in dieser für sie sehr wichtigen Frage genau dasselbe signalisiert wie den Sowjets bei der diese besonders interessierenden Frage der Wiedergutmachung: Man machte ausgewogene, in jedem Fall aber möglichst geringe Zugeständnisse. Denn die „große Koalition der Besatzungsmächte" sollte genausowenig gefährdet werden wie die Große Koalition der Österreicher.

Diese Politik des Austarierens und Interessenabwägens funktionierte aber so gut, daß sich zumindest die Amerikaner eingestanden, daß es unzulässig wäre, Österreich mit den Maßstäben des Kalten Krieges zu messen. Daher hieß es auch in einem Bericht des amerikanischen Gesandten und politischen Beraters Erhardt wörtlich: „Eine Interpretation der internationalen Ereignisse würde unvollständig sein, ohne sorgfältige Einschätzung der geradezu fremdartigen Atmosphäre der Zusammenarbeit, die es in Österreich gibt, in der Mitte eines in Schlachtordnung aufgestellten Europa."[38] Das stellte den österreichischen Egoismus gewissermaßen auf eine höhere internationale wie ethische Ebene: Um den Preis einer Absage an Deutschland, um den Preis der Isolation, um den Preis ausgewogener Konzessionen an Ost und West, auch um den Preis einer raschen Abrechnung mit der Vergangenheit und letztlich um den Preis einer Zurückstellung ideologischer und machtpolitischer Positionen war Österreich zu einem Land geworden, in dem es eine – wie schrieb doch Erhardt – „fremdartige Atmosphäre der Zusammenarbeit" gab.

6 Bilanz der ersten Saison

Es ist wahrscheinlich nicht mit Bestimmtheit zu sagen, zum wievielten Mal in Österreich 1949 Bilanz gezogen worden ist. Es könnte das drittemal gewesen sein, daß in der Zweiten Republik über die Zweite Republik Rechenschaft abgelegt wurde. Das erstemal war 1945 gewesen, als über die Tätigkeit der Provisorischen Staatsregierung Inventur gemacht wurde, eine positive versteht sich. Dann war – 1946 – der erste Jahrestag der Wiedergeburt der Republik Anlaß, sich über das Erreichte zu freuen und die damals aktuellen Probleme zu skizzieren. Schließlich rüstete man in Österreich 1949 dazu, abermals Bilanz zu ziehen, und zwar über die erste Legislaturperiode der Nachkriegszeit. Daß dabei trotz einer grundsätzlich positiven Darstellungsweise auch viel Kritisches einfloß, nimmt nicht wunder. Das Kritische beschränkte sich allerdings vornehmlich auf den politischen Gegner: Österreich hat sich positiv entwickelt, nicht aber „weil“, sondern „trotz“.

Was zunächst, 1946 und 1947, noch als Utopie gegolten hatte, daß sich die beiden großen österreichischen Parteien zur Zusammenarbeit über die volle Legislaturperiode bereitfinden würden, war mittlerweile selbstverständliche Erfahrung geworden. Die Koalition hatte währenddessen auch eine inhaltsreichere Begründung gefunden als jene, die ihr Pate gestanden war. Damals hatte es nur geheißen, die Parteien, die sich bei der Überwindung des Nationalsozialismus zusammengefunden hatten, sollten auch den Aufbau der Zweiten Republik gemeinsam bewerkstelligen. Mittlerweile war eine Partei aus der Regierung ausgeschieden, nämlich die Kommunistische Partei. Für die anderen galt aber, daß sie sich indessen der besonderen Verbindung bewußt geworden waren, die Arbeiterschaft sowie christlich-konservatives Bürgertum und Bauerntum eingegangen waren. Zwar wurde dieser Kompromiß noch terminisiert, denn es hieß, die Große Koalition würde solange beibehalten werden, als Besatzungsmächte in Österreich wären. Aber allmählich floß auch schon mehr und Substantielleres in die Interpretation der Notwendigkeit und der Wünschbarkeit der Fortsetzung der Großen Koalition ein. Es waren nicht nur die gemeinsamen Lasten, die da angeführt wurden, sondern auch das gemeinsame Ziel, nämlich der Abschluß des Staatsvertrags und die Überwindung der Besetzung. Aber es gab ja auch noch anderes, das gemeinsam leichter zu regeln war. In der Verstaatlichungsfrage war erst ein Schritt gemacht worden; Lohn- und Preisfragen erforderten einen jährlichen Ausgleich; der Wiederaufbau machte den gezielten Einsatz von Geldmitteln und die Innovation den ebenso gezielten Einsatz von Krediten notwendig.

Ansatzweise war auch schon ein neues Selbstbewußtsein zu spüren. Das hing vielleicht ein wenig mit der Feier „950 Jahre Österreich" zusammen, die schon 1946 durchgeführt worden war. Insbesondere aber wurde wieder der alten Idee von der Brückenfunktion zwischen Ost und West Aufmerksamkeit geschenkt. Diese Rolle schien am besten zu Österreich zu passen. Darin ließ sich nämlich auch ein bißchen Schaukelpolitik unterbringen, indem man dem Osten signalisierte, Österreich hätte schon immer besonders enge Beziehungen zum Osten gehabt, während dem Westen mehr das Bollwerk der Christenheit vor Augen zu halten war. Lord Harold Caccia, der britische Hochkommissar, kommentierte diese Attitüde allerdings nur mit der dürren Bemerkung, in Österreich hätte sich eine neuromantische Stimmung breitgemacht, und mit der Darstellung von Wien als „Bollwerk gen Osten" würde nur zu untermauern versucht, daß es am Westen liege, einer Stadt und einem Land, die der westlichen Zivilisation so viel gegeben hätten, nun auch wirkungsvoll unter die Arme zu greifen.[1] Durch Lord Caccias Kommentar wurde wieder einmal deutlich, daß die Selbstdarstellung und die eigene Sicht der Dinge nicht unbedingt mit dem Verständnis der anderen Hand in Hand gehen müssen. – Wie auch immer!

Am Vorwärtsblicken hätte auch das Bilanzziehen an sich nichts geändert, wenn nicht Österreich wieder einmal von seiner Vergangenheit eingeholt worden wäre. – Möglicherweise ist dies sogar eines der besonderen Charakteristika Österreichs, daß es immer wieder von seiner Vergangenheit eingeholt wird. Vielleicht ist das auch ein Grund dafür, weshalb die Universitäten über das historische Interesse und die Notwendigkeit der Geschichtsvermittlung hinaus Heerscharen von Historikern produzieren.

1949 wurde Österreich dadurch von seiner Geschichte überrascht, daß die Sühnefolgen für die minderbelasteten Nationalsozialisten beendet wurden. Rund eine halbe Million ehemaliger Nationalsozialisten würden an den 1949 fälligen Wahlen teilnehmen. Eine Wählergruppe dieser Größenordnung war aber für ein damals wie heute vor allem in innenpolitischen Dimensionen denkendes Österreich und für seine politische Landschaft eine derart wichtige Sache, daß davon auch die Politik rund ein Jahr lang beherrscht wurde.

Schon 1948 begann das Werben um die ehemaligen Nationalsozialisten. Es ging allerdings Hand in Hand damit, daß von beiden großen Parteien ein Bekenntnis zur Großen Koalition abgelegt wurde und die Fortsetzung derselben als beschlossene Sache hingestellt wurde. Es wurde auch schon vor Jahresende 1948 von einem Wahlkampf gesprochen, der keinerlei Auswirkungen auf die Außenpolitik haben dürfe, und bei dem es keine Diffamierungen und persönliche Attacken geben sollte.[2] Es wurde also schon ein Jahr vor den Wahlen eine Art Fairneßzusage gegeben. Ob sie halten würde, mußte sich aber erst zeigen.

Wie sehr die Wahlen die österreichische Politik beherrschten, war für den Durchschnittsbürger zunächst noch so gut wie nicht erkennbar. Da dominierten ganz andere Probleme, und zwar regional unterschiedlich. An erster Stelle stand dabei nicht, wie man vielleicht annehmen würde, die Gegenwart der Besatzungsmächte, eine Gegenwart, die im Osten ungleich stärker als im Westen und Süden empfunden wurde. Selbst mit den rund 45.000 sowjetischen Besatzungssoldaten hatte man sich mittlerweile einigermaßen arrangieren können, noch dazu, da sie meist rigoros kaserniert waren und nur selten Ausgang erhielten. Die Präsenz von Briten und Franzosen fiel kaum mehr ins Gewicht, und auch die Amerikaner waren in Salzburg und Oberösterreich mit rund 10.000 Soldaten relativ wenig spürbar. Sorgen machten die Besatzungsmächte also generell nicht mehr allzuviel; man hatte sich an sie gewöhnt. Daher wurde der Fortgang der Staatsvertragsverhandlungen keineswegs immer als das zentrale Problem und als die vordringlichste Sorge gewertet. Da stand oft anderes im Vordergrund.

Im Burgenland machte sich immer mehr Rückständigkeit bemerkbar. Der Großgrundbesitz war zu einem erheblichen Teil beschlagnahmt, die Landwirtschaft beschränkte sich auf verhältnismäßig kleine Betriebe, Industrie gab es keine, ein Pendeln nach Wien war selten und schwierig, ein solches nach Graz oder auch nur in die Oststeiermark so gut wie unmöglich. Fremdenverkehr gab es keinen. Niederösterreich hatte einige dem Burgenland vergleichbare Probleme. Der Wiederaufbau kam nicht in Gang, allmählich begann es sich auszuwirken, daß angesichts der zahlreichen sowjetischen Beschlagnahmen Marshallplangelder nur in geringem Ausmaß den Weg nach Niederösterreich fanden. Auch die politischen Strukturen machten zu schaffen. Denn die Sowjets drängten darauf, in ihren Ländern die Konstruktion der Provisorischen Staatsregierung beizubehalten, das heißt, den Einfluß zwischen ÖVP, SPÖ und KPÖ zu dritteln. Auf Landesebene war das nicht mehr möglich: Wenngleich in der Niederösterreichischen Landesregierung wie im Burgenland auch ein kommunistischer Landesrat saß, wurden ihm mit einigen administrativen Tricks die Kompetenzen entzogen. Er hatte Sitz und Stimme, durfte aber nichts entscheiden.[3] Auf Gemeindeebene war es schwieriger, dem sowjetischen Drängen Widerstand zu leisten. Es hatte ja noch keine Gemeinderatswahlen gegeben und daher konnte die Fiktion einer stärkeren kommunistischen Vertretung in den kommunalen Bereichen noch aufrecht erhalten werden. Die Sowjets forderten denn auch, daß zumindest in den größeren Orten, also vor allem in den Bezirkshauptorten, ein kommunistischer Vizebürgermeister im Amt bleibe. Dieser wurde zwar mit mindestens einem Vizebürgermeister einer der beiden Großparteien egalisiert, aber ein bestimmter Einfluß blieb den Kommunisten, und vor allem blieb ihnen (noch!) die Optik.

In der britischen Zone war Normalität eingekehrt. Der Wiederaufbau war angelaufen, die Briten hatten sich weitgehend aus der Steiermark zurückgezogen und konzentrierten ihre Besatzungstruppen und zivilen Besatzungsorgane in Kärnten, also näher ihren Basen in Italien. Was aber in der Steiermark und vor allem in Kärnten Sorgen bereitete, war die Unsicherheit der Grenze zu Jugoslawien, wo nach wie vor kaum eine Woche verging, in der es nicht zu Schießereien kam – nur zu oft gab es dabei Tote.[4] Osttirol war 1947 durch eine britisch-französisch-österreichische Absprache wieder an Tirol angegliedert worden. Die Briten behielten jedoch wesentliche Kontrollfunktionen, die ihnen auf Grund des Zonenabkommens in Osttirol zustanden. Und wenn vielleicht auch eine entsprechende britische Bereitschaft vorhanden war, diese Kontrolle an die Franzosen zu übertragen, dann konnte dieser Schritt nicht gesetzt werden, weil damit das Zonenabkommen als Ganzes betroffen gewesen wäre, und mittlerweile wollte keiner der Alliierten mehr die Basisübereinkommen für Österreich ins Gespräch bringen. Zum einen, weil man doch annehmen konnte, daß eine baldige Einigung über den Staatsvertrag zu erzielen war und zum anderen, weil nicht an die sehr sensible Konstruktion gerührt werden sollte.

Tirol und Vorarlberg, also die Länder der französischen Zone, waren den Druck der Besatzungsmacht schon fast vollständig los. Das führte dazu, daß nicht nur die räumliche Entfernung, sondern auch die geänderte Haltung gegenüber der Besatzungsmacht dazu führten, die Vorgänge in Ostösterreich mit einem gewissen Unverständnis zu verfolgen. Südtirol spielte natürlich in der Politik Nordtirols nach wie vor eine beträchtliche Rolle. Die diversen Hilfsorganisationen, über die auch Geld- und Propagandamittel flossen, waren im Aufbau.[5]

Schließlich wäre noch die amerikanische Zone zu streifen, die sich zeitweilig zum Kerngebiet von Teilungstendenzen, mehr aber noch zum Kernland und zur Hexenküche von Teilungsgerüchten ausgewachsen hatte. Im Burgenland oder in Niederösterreich wurde an eine Teilung Österreichs nicht gedacht, denn das hätte für diese Länder ja die Katastrophe bedeutet. Wohl aber bosselte man in Salzburg nur zu gerne an dergleichen Überlegungen herum. Dafür gab es zwei Gründe. Der eine war der, daß in Salzburg schon 1945 alle antizentralistischen Tendenzen einen Kristallisationspunkt gefunden hatten, und sich vor allem die Salzburger ÖVP bei der Einrichtung eines Generalsekretariats West hervorgetan hatte, wenngleich damals noch unter der Führung von Tiroler ÖVP-Kreisen. Hier war also einmal eine gewisse Basis geschaffen worden. Dann aber reduzierte sich das Teilungsproblem auf eine lapidare personalpolitische Entscheidung, die der Bundesparteiobmann der ÖVP, Leopold Figl, sicherlich nicht mit großem Takt getroffen hatte.[6] Der Salzburger Landeshauptmann, Albert Hochleitner, wurde mit einer Paßfälschungsgeschichte in Verbindung gebracht, zu Unrecht, wie sich im nachhinein herausstellte. Nachdem man ihn von Wien aus wochenlang zum Rücktritt als Landeshauptmann aufgefordert hatte, griff Leopold Figl schließlich am 30. November 1947 zum Telefon und verlangte in einem Gespräch den sofortigen Rücktritt, widrigenfalls mit Sanktionen zu rechnen sei. Hochleitner trat zurück. Die Salzburger ÖVP jedoch zeigte Trotz und einigte sich schließlich mit der SPÖ auf Josef Rehrl als neuen Landeshauptmann. Josef Rehrl war aber jener Mann, der am nachhaltigsten für die Angliederung des Berchtesgadener Landes plädiert hatte und auch nicht zu den persönlichen Freunden Figls zählte. In gewissen Drohungen an die Wiener Adresse, daß Westösterreich auch ganz gut ohne Wien leben könne, war also auch ein gerüttelt Maß an persönlichen Animositäten verpackt.

Es waren menschliche Probleme besonderer Art. Sie unterschieden sich zwar weitgehend von jenen, die den sogenannten kleinen Mann begleiteten. Doch auch ihm war deutlich zu machen, worum es bei der nächsten Nationalratswahl ging, nämlich um die Integration von rund einer Million Neuwähler, die sich aus minderbelasteten Nationalsozialisten, Heimkehrern und Rückwanderern zusammensetzte.

Ein Viertel der österreichischen Wähler also. Die alles dominierende Frage war die, ob es bei den drei bisher zugelassenen Parteien bleiben würde oder ob die Alliierten weitere Parteien genehmigen würden. Es gab zwar die Möglichkeit, Parteien zu begründen, ohne das Einvernehmen mit den Alliierten herzustellen, aber das wäre unsinnig gewesen, da die Alliierten beschlossen hatten, Parteien nur gemeinsam zuzulassen und jede Besatzungsmacht für sich zudem die Tätigkeit von Parteien in der jeweiligen Besatzungszone verbieten konnte.[7] Dazu kam, daß jede neue Partei, die nur mit einiger Aussicht auf Erfolg auftreten wollte, auch die politische Vertretung ehemaliger Nationalsozialisten versprechen mußte. Da aber fand sofort der Artikel 3 des Zweiten Kontrollabkommens Anwendung, der als vornehmste Aufgabe der Alliierten Kommission die Unterstützung der österreichischen Regierung bei der Schaffung eines gesunden demokratischen Lebens nannte.

Von den Alliierten lehnten erstaunlicherweise nicht primär die Sowjets, sondern die westlichen Alliierten die Zulassung weiterer Parteien ab. Seit 1945 waren immer wieder Versuche gemacht worden, die Genehmigung für weitere politische Parteien zu erreichen. Einige Gruppierungen hatten sich dabei zu Testfällen ausgewachsen. Da war einmal in Kärnten bei den Wahlen 1945 die Österreichische Demokratische Partei gewesen. Sie war damals von den Briten zugelassen worden, wurde aber von ihnen schon im Jänner 1946 – vermutlich nicht aus eigenem, sondern über Betreiben von Kärntner Sozialisten – verboten. Der Parteiführer wurde verhaftet, und zwar zunächst wegen Waffenbesitzes; als er 1948 freikam, wurde er neuerlich, diesmal wegen Nichtregistrierung als Nationalsozialist, eingesperrt. Die Briten ließen in der Folge auch eine nationalslowenische Partei nicht zu, wobei sie abermals wohl nicht ganz unbeeinflußt handelten. Und wann immer im Alliierten Rat die Zulassung einer neuen Partei zur Diskussion stand, wurde sie von den Alliierten einstimmig abgelehnt.[8]

Ab 1947 waren die sowjetischen Vertreter aber immer mehr geneigt, neue Parteien zuzulassen. Die Gründe dafür lagen auf der Hand. Bei einer Aufsplitterung der österreichischen Parteienlandschaft konnte die Stellung der großen Parteien geschwächt werden. Das konnte dazu führen, daß die KPÖ eine andere Stellung erhielt, vielleicht auch eine stärkere Stellung in einer Koalitionsregierung erobern würde, mit allen Auswirkungen, die so etwas nicht zuletzt auch auf die Staatsvertragsverhandlungen haben konnte. Dazu kam dann nach dem Bruch der SPÖ mit ihrem linken Flügel, daß die Linkssozialisten ja ganz gut als eigene Partei auftreten konnten, was zu fördern war. Noch aber waren die Westmächte strikt gegen weitere Parteien. Allerdings gerieten sie allmählich ins Trommelfeuer. Da war einmal die ÖVP, die zeitweilig mit der Idee kokettierte, Josef Dobretsberger sollte eine neue Partei begründen, die zum Sammelbecken von Intellektuellen, Großdeutschen und Juden werden sollte. Vor allem in Kärnten rührten sich etliche frühere Landbundfunktionäre, die schon 1945 deutlich gemacht hatten, daß sie mit der Entscheidung Vinzenz Schumys, den Landbund in der ÖVP aufgehen zu lassen, nicht einverstanden waren. Sie waren seither von ihrer kritischen Haltung nicht abgerückt und dachten nach wie vor an eine eigene Partei.[9]

Als nächstes waren große Gruppen von Unzufriedenen zu orten, die auch mehrheitlich eher der ÖVP als anderen zuzuzählen waren. Ihrer aller Aufhänger war das

Währungsschutzgesetz, von dem das erste Lohn- und Preisabkommen begleitet und durch das der Marshallplan möglich gemacht worden war. Dobretsberger war strikt dagegen gewesen, der sogenannte „Quiritenklub" der ÖVP (Fritz Molden, Kunata Kottulinsky und andere) war dagegen gewesen, der Wirtschaftsbund und die Industriellenvereinigung waren zumindest teilweise dagegen gewesen. Schließlich hatte der Herausgeber der „Salzburger Nachrichten", Gustav Canaval, den „Schutzverband für Staatsbürgerrechte" gegründet, der 65.000 Unterschriften gegen das Währungsschutzgesetz sammelte. Hier war also wohl ebenfalls ein gewisses Potential vorhanden, doch es fand keinen Kristallisationspunkt. Es war eine „Koalition der Frustrierten".[10] Doch diese Leute waren bereits größtenteils in bestehende Parteien integriert. Sie übten zwar Kritik an der politischen Entwicklung, an der Dominanz der Parteien, an der undemokratischen Vorgangsweise derselben und auch an der personellen Zusammensetzung der Parteigremien. Doch sie sprachen nicht für jene Unzufriedenen, die nicht oder noch nicht integriert waren, also eben die minderbelasteten Nationalsozialisten und die Heimkehrer. Diese fanden ihren Sprecher im Herausgeber der in Salzburg erscheinenden Zeitschrift „Berichte und Informationen", Dr. Herbert Kraus, der 1947 mit einer scharfen Verurteilung des NS-Verbotsgesetzes hatte aufhorchen lassen.[11] Schon in der zweiten Jahreshälfte 1948 war es ÖVP und SPÖ klar, daß sich hier ein anderes als nur unzufriedenes Potential angehäuft hatte. Hier bildete sich eine schon parteiähnliche Gruppe aus. Man konnte darüber sinnieren, wie dies der frühere Fremdenlegionär und spätere Botschafter beim Heiligen Stuhl, Dr. Hans Reichmann, getan hat, der in seinen Erinnerungen so köstlich schreibt: „Auf den ersten Blick scheint es erstaunlich, daß sich bei der damaligen Weltlage in einem besetzten Staat Personen fanden, die bereit waren, das Risiko der politischen Betätigung in einer neuen Partei einzugehen. Dies könnte vielleicht durch die oft beobachtete Tatsache erklärt werden, daß die menschliche Fähigkeit zum Genuß recht begrenzt, die Genugtuung durch Befriedigung der Geltungssucht aber fast unbegrenzt ist . . . Die Bestätigung des eigenen Einflusses und der eigenen Bedeutung, ob an höchster oder auch nur bescheidener Stelle, erfreut immer wieder, und die Weltgeschichte kennt nur zwei Beispiele des freiwilligen Verzichtes auf die Illusion der Macht, nämlich Sulla und Karl V."[12] Man konnte das Problem der Gründung einer oder mehrerer neuer Parteien aber auch anders sehen, nämlich von der Warte der bestehenden Parteien aus, und das tat man bei ÖVP und SPÖ ausgiebig.

Ihnen waren wahrscheinlich die schon auf das Jahr 1947 zurückgehenden Untersuchungen in der Salzburger Zeitschrift „Berichte und Informationen" bekannt, die nicht nur die Parteipräferenzen zum Gegenstand, sondern auch die Zusatzfrage gestellt hatten: „Heute gibt es in Österreich drei Parteien, die Österreichische Volkspartei, die Sozialistische Partei und die Kommunistische Partei. Stimmen Ihre politischen Wünsche und Ansichten mit dem Programm und der Tätigkeit einer dieser drei Parteien überein?" 53,3 Prozent der Befragten antworteten mit „Nein". Gefragt, ob man die Gründung einer neuen Partei wünsche, antworteten 49 Prozent mit „Ja". Nach Berufsgruppen aufgeschlüsselt waren sogar fast 67 Prozent der Beamten und Angestellten und gegen 80 Prozent der Freiberufler unzufrieden mit den bestehenden Parteien.[13]

Es war wohl auch gelesen worden, was Herbert Kraus in den „Berichten und Informationen“ als wichtigste Punkte der Kritik am damals bestehenden Parteiensystem herausgefunden zu haben glaubte:[14]

1. Das unbewußte Diktaturstreben aller drei zugelassenen Parteien.
2. Den totalen Machtanspruch in der Verwaltung. Die Parteien hätten sich in der Praxis des täglichen Lebens so viele Machtpositionen gesichert, daß man ohne Parteibeziehungen schon kaum mehr leben konnte.
3. Den Parteieinfluß auf die Vergabe staatlicher Stellungen.
4. Die Exklusivität der entscheidungsbefugten Parteileitungsgremien. Die gesamte Machtfülle balle sich in den Händen von jeweils fünf bis sechs Menschen zusammen.
5. Der Fraktionszwang im Parlament.
6. Die Dürftigkeit der Parteiprogramme.

Zur Beseitigung der Übel wurden vier Punkte genannt:[15]

1. Abschaffung des Koalitionsausschusses, in dem die Ministerratsentscheidungen vorbesprochen wurden.
2. Übertragung der Entscheidungsbefugnisse auf regionale Instanzen.
3. Einführung des Persönlichkeitswahlrechtes.
4. Schaffung eines parteifreien Behördenapparates, dabei Festsetzung der Gehälter nicht nach Dienstjahren, sondern nach Leistung, sowie Reduktion des Beamtenapparates.

Die Überlegungen der Koalitionsparteien gingen aber nicht dahin, die Richtigkeit oder Unrichtigkeit der kritischen Anmerkungen darzutun, sondern vielmehr, das Problem der Unzufriedenheit dadurch zu bewältigen, daß man es vom Tisch fegte. Die ÖVP sprach sich schließlich dafür aus, alle Anstrengungen zu unternehmen, um das Potential von rechts anzuziehen und in die ÖVP zu integrieren. Diesbezüglich äußerten sich überaus deutlich der oberösterreichische ÖVP-Abgeordnete Alfred Maleta und der steirische ÖVP-Abgeordnete Dr. Alfons Gorbach. Besonders Gorbach konnte auf eine damals unvergleichliche Legitimation verweisen, denn er, der Kriegsversehrte des Ersten Weltkriegs, war ja schließlich beim ersten Mauthausen-Transport gewesen. Wenn er, der Verfolgte und Mißhandelte den ehemaligen Nationalsozialisten die Hand zur Versöhnung entgegenstreckte, so hatte das mehr Bedeutung, als daß man es auf das „Buhlen um die Stimmen der Ehemaligen“ reduzieren konnte. Gorbach forderte schließlich die ehemaligen Nationalsozialisten auf, mit und innerhalb der ÖVP gegen die „Milchbrüder-Sozialisten“ und Kommunisten Front zu machen.[16] Er appellierte als schwerverwundeter Frontoffizier an die ehemaligen Soldaten und sprach sicherlich vielen aus der Seele, wenn er sagte: „Nirgendwo im Geschehen der letzten Jahre hat es so viel echte Anständigkeit, so viel selbstverleugnende Pflichterfüllung gegeben wie eben bei den Soldaten dieses Krieges . . . Da mögen die Herren Emigranten noch soviel Moralinsäure verspritzen; jene, die draußen in härtester Prüfung ihren Mann gestanden haben, wissen besser, was anständig ist, als jene, die sich beim ersten Kräuseln des blauen Ozeans auf Übersee in Sicherheit gebracht haben ... Ich spreche den Emigranten auch das Recht ab, in der NS-Frage mitzureden."

Kurzum, die ÖVP stellte sich darauf ein, eine sogenannte „vierte Partei" dadurch zu verhindern, daß sie sich selbst anbot und öffnen wollte. Daraufhin verließ Josef Dobretsberger die ÖVP und wurde Aushängeschild der KPÖ für einen historischen Kompromiß ohne Hintergrund, denn Dobretsberger folgte niemand oder fast niemand. Der Katholik, Jurist und Pazifist Josef Dobretsberger war damit als Gründer einer koalitionsfähigen ÖVP-Abspaltung ausgefallen.

Die SPÖ ging einen anderen Weg. Dieser andere Weg begann damit, daß vor allem Innenminister Helmer einer Gruppe mit dem klangvollen Namen „Vereinigung der Verfassungstreuen" seinen Schutz angedeihen ließ.[17] Deren Publikationsorgan, der „Alpenländische Heimatruf" war aber so deutlich neonazistisch, daß die Alliierten einschritten. Außerdem soll von ÖVP-Seite angeklungen sein, daß die ÖVP in der Unterstützung dieser Rechtsgruppe einen so bedenklichen Vorgang sehe, daß sie mit dem Bruch der Koalition drohte. Es soll sogar mit der Bildung einer Alleinregierung kokettiert worden sein, was der ÖVP damals von der Mandatszahl her noch durchaus möglich gewesen wäre. Daraufhin ließ die SPÖ die Unterstützung der Verfassungstreuen fallen. Doch der Gedanke, eine neue Rechtspartei zu fördern, fand auch in der Folge bei der SPÖ deutliche Sympathien. Zwei Überlegungen führten sie dorthin. Erstens wäre die ÖVP nur dann so entscheidend zu schwächen, daß sie nicht nur die absolute, sondern auch die relative Mehrheit verliere, wenn es eine weitere Rechtspartei gäbe. Auch wenn die SPÖ zur Fortführung der Großen Koalition bereit war, so hatte das ja nicht zu besagen, daß sie dies als Juniorpartner einer Regierung tun müßte. Der Bundeskanzler konnte genausogut Adolf Schärf heißen. Zweitens meinte Schärf, eine Stärkung der ÖVP durch die Minderbelasteten könnte dazu führen, daß die SPÖ von der Parteibasis zum Ausstieg aus der Koalition gedrängt würde. Doch wenn die „Ehemaligen" eine eigene Partei bildeten, könnte man mit der ÖVP weiter koalieren.[18] Sicherlich wäre den Parteilinken in der SPÖ die Notwendigkeit der Fortführung der Großen Koalition mit einer ÖVP, die einen Rechtsruck durchgemacht hätte, nicht unbedingt plausibel zu machen gewesen. Vergleicht man die beiden Gründe miteinander, dann scheint aber der erste wohl der stichhaltigere gewesen zu sein. Die zweite Begründung wurde dann auch vor allem dazu verwendet, um ab 1949 verstärkt im Ausland, und hier wiederum vornehmlich in Großbritannien, Stimmung für die Zulassung einer vierten Partei zu machen. Auch die Amerikaner zeigten sich schließlich von diesem Argument beeindruckt. Der Grund für die verhältnismäßig früh einsetzende Debatte um eine weitere demokratische Partei war auch der, daß auf sozialistischer Seite nicht damit gerechnet wurde, daß die Legislaturperiode ganz auslaufen würde. Vielmehr sollte es Frühjahrswahlen 1949 geben. Dafür spielte allerdings nicht ein vielleicht plötzlich einsetzendes Gefühl der Unmöglichkeit einer weiteren Zusammenarbeit mit der ÖVP eine Rolle, sondern die Hoffnung auf einen Abschluß des Staatsvertrags in der zweiten Jahreshälfte 1949. Um aber nicht unmittelbar nach Vertragsabschluß, inmitten eines alliierten Truppenabzugs und in einer auf jeden Fall sicherheitspolitisch sehr heiklen Zeit wählen zu müssen, sollten die Wahlen vorverlegt werden.[19]

Das Thema „vierte Partei“ spielte von Jänner bis August 1949 in der Korrespondenz der SPÖ-Zentrale in Wien mit dem sozialistischen Vertreter in London, Walter Wodak, die zentrale Rolle.[20] In den Verhandlungen mit den Engländern und bei der Beeinflussung britischer Parlamentarier und Regierungsmitglieder wurden so gut wie alle Register gezogen.

Die britische Labour-Abgeordnete Barbara Ayrton-Gould kehrte beispielsweise im Jänner von einer Wienreise zurück und notierte, daß ein gutes Wahlresultat der ÖVP eine gesetzliche Stärkung der Stellung der katholischen Kirche zur Folge haben würde. Insbesondere würde die ÖVP dafür sorgen, den Einfluß der Kirche auf die Schulen wieder auszudehnen und sämtliche staatlichen Schulen zu katholischen Schulen zu machen. Desgleichen würde nach einem Wahlsieg der ÖVP das Dollfußkonkordat wieder volle Geltung erhalten, es würde nur noch kirchliche Trauungen geben, und die Kinder aus nicht kirchlich geschlossenen Ehen wären allesamt unehelich. Aber, so die Abgeordnete, es gäbe in Österreich auch eine starke antiklerikale Gruppe unter den Nichtsozialisten und die würde für eine Rechtspartei stimmen, um nicht ÖVP wählen zu müssen. Insbesondere wären das die 500.000 minderbelasteten ehemaligen Nazis. Der britische Gesandte und politische Berater des Hochkommissars in Wien, Sir Bertrand Jerram, hätte auch schon klar zu verstehen gegeben, daß er es nur als demokratisch ansähe, wenn es mehr Parteien gäbe. Außerdem wäre das doch eine rein österreichische Angelegenheit, darüber zu befinden, wie viele Parteien zuzulassen wären. Und schließlich hatte Adolf Schärf die britische Abgeordnete darauf aufmerksam gemacht, daß die Existenz von nur drei Parteien in Österreich ausgesprochen unhistorisch sei. Schärf hatte auch gemeint, daß – siehe oben – die SPÖ mit einer ÖVP, die einen klerikalen Rechtsruck durchgemacht habe, nicht mehr koalieren könne.[21]

Hier traten sich die Argumente wohl schon etwas auf den Fuß, denn man konnte nicht auf der einen Seite davon sprechen, daß es gelte, der antiklerikalen Gruppe zu einer Parteibildung zu verhelfen und auf der anderen Seite in Aussicht stellen, daß die ÖVP durch Absorption ebendieser Gruppe einen klerikalen Rechtsdruck durchmachen würde. – Doch wie auch immer: Die SPÖ ließ einige Stoßrichtungen erkennen, weshalb und wie sie eine neue Parteibildung proponierte. Sie bediente sich angesichts der in Großbritannien regierenden Labour Party vor allem dieser Kanäle, um bei den westlichen Alliierten zum Ziel zu gelangen.

Am 21. Jänner 1949 kam Schärf nach London, um die Angelegenheit der vierten Partei persönlich zu betreiben.[22] Er sprach vor allem mit Außenminister Bevin, traf die führenden Labour-Parlamentarier im House of Commons und setzte ihnen das Problem auseinander. Allerdings gelang es auch Schärf nicht, die Widerstände zu überwinden, die vor allem der Unterstaatssekretär im Foreign Office, Lord William Watson Henderson, und einige sehr linke Labour-Abgeordnete den Schärfschen Überlegungen entgegenbrachten. Aber warum sollte es in der Labour Party weniger kontrovers zugehen als in der SPÖ? Als Henderson Anfang Februar nach Wien kam, hielt beispielsweise den Chefredakteur der „Arbeiter Zeitung“, Oscar Pollak, nur die Parteidisziplin davon ab, vom Leder zu ziehen (was Schärf mit Dankbarkeit vermerkte). Helmer entpuppte sich als Vorreiter der vierten Partei, Julius Deutsch wieder ließ Skepsis durchblicken, blieb jedoch auf der Parteilinie.[23] Aber auch die scheinbare Einigkeit konnte Lord Henderson nicht überzeugen. Dennoch war das britische Kabinett Anfang März schon bereit, die Bildung neuer Parteien als eine ausschließlich österreichische Angelegenheit zu sehen. Der britische Hochkommissar sollte angewiesen werden, eine entsprechende Erklärung im Alliierten Rat abzugeben, verbunden mit der Einladung an die anderen Besatzungsmächte, eine diesbezügliche gemeinsame Entschließung zu verabschieden. Im letzten Augenblick wurde die Sache jedoch abgeblasen,[24] da vom britischen Hochkommissariat in Wien dem Foreign Office eiligst depeschiert worden war, Franzosen und Amerikaner würden in dieser Frage nicht mitziehen wollen.[25]

Daraufhin wurde der britische Hochkommissar, General Sir Alexander Galloway, vom Foreign Office angewiesen, seinen Kollegen, General Keyes und General Béthouart, gleichlautende Noten auszuhändigen, in denen die Gründe für die britische Haltung dargelegt wurden. Gleichzeitig wurden Keyes und Béthouart aufgefordert, ihre Haltung zu ändern.[26] – Die beiden waren zwar vom britischen Vorstoß überrascht worden, anderseits wußten sie aber nur zu gut, worum es ging, und hatten sich wohl auch schon ihre Meinung gebildet. Beide hatten sich offenbar die Haltung der Volkspartei zu eigen gemacht. Zu dieser Haltung aber schrieb Schärf am 16. März 1949 an Wodak: „In der Sache der 4. Partei werde ich heute mit dem amerikanischen Gesandten sprechen. Aus dem geheimen Material aus den Reihen der Volkspartei wissen wir, daß sie die Verhinderung einer 4. Partei geradezu als Lebensaufgabe betrachten. Es ist zweifellos, daß sie nunmehr mindestens behaupten, mit dem Vatikan irgendeine Abmachung zu haben, die ihnen eine Unterstützung durch die Kirche sichert. Die Infiltration durch Nazis ist aber größer als man glaubt, sie denken sogar daran, alle Abgeordneten, die sich durch Reden gegen Nazi mißliebig gemacht haben, zu entfernen. Dies in Eile . . ."[27]

Schärf sprach auch noch am 16. März 1949 mit dem amerikanischen Gesandten Erhardt, doch der Hochkommissar, General Keyes, blieb bei seiner ablehnenden Haltung. Schärf wandte sich sodann an den amerikanischen Außenminister, Dean Acheson, der zunächst voll auf der Linie Keyes' lag.[28] Acheson meinte, daß er sich bewußt wäre, die Ablehnung einer vierten Partei könnte als undemokratisch hingestellt werden. Folgende Gründe sprächen aber für die amerikanische Haltung: Erstens ginge es nicht an, nur eine einzige Partei neu zuzulassen. Wenn, dann müßten alle antinazistischen neuen Parteigründungen gestattet werden. Das würde aber zu einer Aufsplitterung der Parteien führen und würde die bestehenden stabilen Verhältnisse und den Fortbestand der Großen Koalition gefährden. Und zweitens würde ein Votum für die Zulassung neuer Parteien als Stellungnahme gegen die ÖVP gewertet werden, die ja eine solche Neubildung ablehnte. Ein positives Votum würde als unzulässige Unterstützung der SPÖ gelten. (Daß die Ablehnung der Neuzulassungen als unzulässige Stellungnahme gegen die SPÖ und als Unterstützung der ÖVP gelten konnte, kam ihm, scheint's, nicht in den Sinn.)

Doch die SPÖ ließ nicht locker und benützte den britischen Kanal noch intensiver; so hatte Außenminister Bevin die Frage der Zulassung einer vierten Partei in Österreich in seinem Reisegepäck für Amerika und begann direkt auf Dean Acheson einzuwirken. Bevin erreichte auch prompt, daß in Washington ein Stimmungsumschwung einsetzte.[29] Offiziell tat sich allerdings noch nicht sehr viel, außer daß die Frage zunehmend komplizierter wurde. Die ÖVP verabschiedete im Parlament gemeinsam mit der SPÖ ein Gesetz, wonach politische Gruppen nach Vorweisung von hundert Unterschriften von Wahlberechtigten als wahlwerbend zugelassen würden. Dieses Gesetz hatte ausnahmsweise eine Verfassungsklausel, um schon von weitem deutlich zu machen, daß man an einer einstimmigen Entschließung des Alliierten Rates interessiert sei. Der Alliierte Rat stimmte auch zu, allerdings mit einem Vorbehalt, der in einem Brief festgehalten wurde. Darin hieß es, daß sich der Alliierte Rat allerdings auch weiterhin das Recht vorbehalte, in Entsprechung eines Beschlusses vom 11. November 1945 allein über die Zulassung von politischen Parteien zu befinden.[30]

Ganz wohl war keinem dabei, am allerwenigsten der ÖVP, aber auch nicht der SPÖ, da ja die Befassung des Alliierten Rates mit österreichischen Materien, entsprechend dem österreichischen Selbstverständnis, nie mehr substantiell hätte werden sollen. Man hatte es immer vermeiden wollen, die Alliierten über Verfassungs- und Demokratiefragen beraten und beschließen zu lassen, weil das ja genau jene Einmischung bringen mußte, die nicht gewünscht wurde. – Als nächstes zeigte sich, daß die Briten auch vorsichtig geworden waren und sich dann herausredeten, sie hätten nicht gewußt, daß für die SPÖ diese Sache so wichtig sei. Außerdem: Warum habe denn Innenminister Helmer nicht schon längst den Proponenten neuer Parteien ein demokratisches Leumundszeugnis ausgestellt?[31]

Nun gab es mittlerweile schon eine Reihe von möglichen neuen Parteigründungen, doch das Hauptinteresse konzentrierte sich auf jene Gruppe, die von Dr. Herbert Kraus und Dr. Viktor Reimann geführt wurde. Der Kontakt zwischen der Kraus-Reimann-Gruppe und den Sozialisten war auch schon längst hergestellt, da der Klubobmann der SPÖ, Bruno Pittermann, Anfang April 1949 ein Treffen mit Schärf arrangiert hatte.[32] Nun kam aber von anderer Seite Bewegung in die Angelegenheit, und es war wieder einmal Raab, der diese Bewegung hervorrief. Raab, den ideologische Fragen nie besonders interessiert hatten, Raab, der mit der „Figl-Fischerei" die Parteistrukturen getestet hatte und wohl bereit gewesen war, eine andere Machtverteilung vorzunehmen, Raab auch, der an einer von Josef Dobretsberger zu gründenden Partei interessiert gewesen war, – dieser Raab also initiierte ein Treffen von ÖVP-Politikern und Vertretern des sogenannten „nationalen Lagers". Dieses teilt sich grob gesprochen in zwei Gruppen, eine Salzburger und eine Wiener Gruppe, wobei letztere an einem Zusammengehen mit der ÖVP interessiert schien, während die Salzburger Gruppe, die sich mittlerweile im „Verband der Unabhängigen" (VdU) eine vereinsmäßige Basis gegeben hatte, ein solches Zusammengehen strikt ablehnte.

Im Haus von Alfred Maleta in Oberweis kam man am 28. Mai zusammen,[33] Raab, Maleta, Karl Brunner und Dr. Theodor Hornbostel, Manfred Jasser, Friedrich Heiß, Hermann Raschhofer und Dr. Taras Borodajkewycz nahmen an den Gesprächen direkt teil. Wilhelm Höttl, ehemaliger Abwehroffizier, und Theodor Wührer, ein Mann, der gute Kontakte zum oberösterreichischen Landeshauptmann Heinrich Gleißner unterhielt, waren ebenfalls in der Nähe und schließlich soll noch der ehemalige Generalarbeitsführer des Reichsarbeitsdienstes, Dipl.-Ing. Viktor Band, involviert gewesen sein. In Oberweis wurde darüber gesprochen, unter welchen

Voraussetzungen die Vertreter des nationalliberalen Lagers bereit sein würden, die ÖVP zu unterstützen. Es wurde von 25 Nationalratsmandaten für diese Gruppe, von der Aufhebung des Klubzwangs, von einem gemeinsamen Kandidaten für die Nachfolge Renners als Bundespräsident und über anderes mehr gesprochen. Und wie nach der „Figl-Fischerei“ ging die Runde ergebnislos auseinander.

Was man getan hatte, war letztlich Wolkenschieberei, denn die Bildung einer vierten Partei ließ sich nicht mehr verhindern, den VdU gab es ja schon seit März 1949. Es konnte bestenfalls das Auftreten des VdU als wahlwerbende Gruppe verhindert werden. Doch der Preis war unangemessen hoch, noch dazu für eine so vage Sache.

Figl hatte offenbar wieder einmal nichts von der Zusammenkunft gewußt, denn wie sonst wäre es erklärbar, daß er den Chef der Wiener Staatspolizei und Parteifreund des Kanzlers, Oswald Peterlunger, aufforderte, einem Gerücht nachzugehen, einige ehemalige Nazis würden bei einem konspirativen Treffen in Oberösterreich sein. Peterlunger informierte den Innenminister und begann dann mit Hilfe der Staatspolizei zu recherchieren. Und schon einer der ersten, mit dem er sich unterhielt, nämlich Taras Borodajkewycz, fragte ihn entgeistert: „Ja wissen Sie denn nicht, mit wem wir uns in Oberweis getroffen haben?“[34] Peterlunger wußte es nicht, wurde aufgeklärt, informierte Helmer und den Kanzler und war dann eifrig bemüht, die Sache zu vertuschen. Die „Nazi-Fischerei“ in Oberweis blieb ohne Folgen, sieht man vom immerhin beträchtlichen Sturm in der Presse ab. Es war eine Episode, die ohne Auswirkungen auf die Zulassung einer vierten Partei blieb. Allerdings konnte man wieder einmal Raab als politischen Taktiker in Aktion sehen. Am 22. August fand in Leoben ein weiteres Treffen zwischen ÖVP-Politikern und Vertretern der „dritten Kraft“ statt. Es brachte ebenfalls kein konkretes Resultat.[35] Wohl aber ließ sich eines schon mit Sicherheit sagen: Die „großen Zwei“ taten alles, um ihr Kräfteverhältnis zu ändern, ohne die Zusammenarbeit aber wirklich in Frage zu stellen.

Mittlerweile glaubten die Sozialisten, einer neuen Taktik der ÖVP auf der Spur zu sein. Im Frühjahr 1949 wurden die Staatsvertragsverhandlungen sehr konstruktiv weitergeführt. Trotz einer nach wie vor erkennbaren Unterstützung der Sowjets für die jugoslawischen Gebietsforderungen war man auf Grundlage des Cherrièreplans weitergekommen, und schließlich warteten die alliierten Außenminister und Experten nur mehr darauf, daß die Sowjets die Unterstützung Belgrads fallen ließen und im Gegenzug dann westliche Konzessionen in der Frage des Artikels 35 (Deutsches Eigentum) forderten.[36]

Der Tag kam auch, und dann ergaben sich in den meisten noch ausstehenden Punkten so weitgehende Einigungen, daß schließlich der 1. September 1949 als Tag genannt wurde, an dem ein unterschriftsreifer Staatsvertrag vorliegen sollte. Gruber soll nun versucht haben, im Umweg über die Staatsvertragsverhandlungen die vierte Partei zu verhindern. Er bewirkte zumindest, daß im Foreign Office die Meinung vertreten wurde, man sollte zweckmäßigerweise den Alliierten Rat nicht mit der Aufhebung des Verbots weiterer Parteien beschäftigen, bis eine Einigung in der Staatsvertragsfrage erzielt sei. Das, so Wodak in einem Brief an Schärf vom 13. Juni 1949, könne nur bedeuten, daß man den Termin der Bildung einer neuen Partei so weit hinausschieben wolle, damit dann die Zeit einfach zu kurz sei, um noch die erforderlichen Formalitäten abzuwickeln und vor allem auch einen effektiven Wahlkampf in ganz Österreich zu führen.[37]

Mittlerweile war aber das State Department in Washington anderen Sinns geworden, und Außenminister Acheson telegrafierte General Keyes, daß er seine Vorbehalte gegen neue Parteien zurückziehen sollte. Keyes aber hatte sich schon so festgelegt, daß er sich weigerte und Minister Acheson noch einmal alles vorhielt, was in seinen (Keyes') Augen gegen eine neue Partei sprach. Schließlich mußte der General von Verteidigungsminister Louis Johnson regelrecht zurechtgewiesen und „zurückgepfiffen" werden.[38] Es sei um eine politische Frage gegangen, und daher wäre es auch vom zuständigen Ministerium entschieden worden. An Keyes liege es, zu gehorchen. – Der General war schon so weit gegangen gewesen, mit Bundeskanzler Figl das Verbot des VdU in der amerikanischen Zone zu erörtern.[39]

Nachdem auch die Franzosen ihren Widerstand aufgegeben hatten – auch dabei waren die Bemühungen Schärfs erkennbar – kam es im Alliierten Rat zu einer Zustimmung zum Wahlgesetz. Die Formulierung, daß auch weiterhin der Alliierte Rat über neue Parteizulassungen zu entscheiden habe, blieb bei den Akten und wurde dort protokolliert.[40]

Die Gründung einer vierten Partei (der dann gleich noch weitere folgten, so daß bei den Wahlen am 9. Oktober 1949 elf Parteien zugelassen waren) war mit einem unerhörten Aufwand betrieben worden. Demokratie und Pluralismus hatten in den Erwägungen der Großparteien so gut wie überhaupt keine Rolle gespielt, es ging lediglich um die Mehrheit und um die Führung in der Großen Koalition. Und da nun einmal die ehemaligen Nationalsozialisten eine große Rolle spielten, wurde auch bis zuletzt ein Großteil des Wahlkampfes auf die Gewinnung dieser halben Million Menschen abgestimmt. Die ÖVP hatte schließlich doch einen Teilerfolg erzielt, da sie eine Heimkehrerorganisation unter dem Namen „Junge Front" anziehen konnte, die, wenn sie schon nicht Teil der ÖVP wurde, sich doch mit deren Zielen einverstanden erklärte und daher für die ÖVP warb. Der Bundesleiter der Jungen Front, Dr. Ernst Strachwitz, wurde von der Führung der Volkspartei allerdings von vornherein als Außenseiter empfunden, während sich der Stellvertretende Bundesleiter der Jungen Front und Wiener Obmann, Dr. Wilfried Gredler, auf eine breitere Zustimmung von ÖVP-Kreisen stützen konnte. Daß es ein Zweckbündnis und keine Liebesheirat war, stand aber von allem Anfang an fest. Und wenn Gredler verlauten ließ, daß die Leute in der Steiermark „noch die nazistischen Eierschalen hinter den Ohren hätten", ohne von dieser Behauptung ÖVP-Mitglieder auszunehmen, so ließ das doch auf einige Turbulenzen – zumindest in der Zukunft – schließen.[41]

Schärf hatte am Höhepunkt des Verwirrspiels um die vierte Partei ausdrücklich betont, daß die SPÖ an der Absicht, zusammen mit der ÖVP nach den Wahlen die Große Koalition fortzusetzen, unverbrüchlich festhalte.[42] Ebenso aber peilte Schärf die Führung in der Koalition an. Später meinte er dann, was hätte die SPÖ denn sonst für Ziele haben sollen. Eine Partei, die 45 Prozent der Stimmen habe, müsse ganz einfach trachten, 50 Prozent zu erreichen. – Für die ÖVP ging es genauso um die Macht. Es war um die ehemaligen Nazis gebuhlt worden, wobei sich gerade die ÖVP schwer tat, denn immer, wenn sie als christlichsoziale Nachfolgepartei auftrat, mußte sie sich der Gegnerschaft der ehemaligen Nationalsozialisten bewußt werden. Figl war gegen das Liebeswerben um das nationale Lager gewesen, Raab hatte einen Trapezakt versucht: Einerseits wollte er dieses Lager – wie er sagte – „inhalieren“, anderseits war er durchaus bereit, eine neue Partei zu akzeptieren. Er war es ja später sogar, der um den Erhalt des national-liberalen Lagers kämpfte.[43]

Auf einen ganz knappen Nenner gebracht, läßt sich allerdings sagen: Der Verband der Unabhängigen (VdU), der dann als „Wahlverband der Unabhängigen“ (WdU) die Wahlen bestritt und auf diese Weise jeder Behinderung durch die Alliierten auswich – es ging ja nur um eine wahlwerbende Gruppe –, wurde von Sozialisten sehr wesentlich mitgeschaffen. Die SPÖ vermittelte dem VdU/WdU sogar bei der SPÖ-nahen Papierfabrik Steyrermühl einen 100.000-Schilling-Kredit, mit dem er Wahlzettel drucken lassen konnte. Diese Förderung einer ganz bestimmten vierten Partei geschah jedoch nicht aus Sympathie oder Affinität, sondern um den Koalitionspartner zu schwächen.

7 Der Katzenjammer

Am 9. und 10. Oktober 1949 wurden zum zweitenmal nach dem Ende des Krieges in Österreich Stimmzettel ausgezählt. Auch diesmal blieb die Überraschung nicht aus. Der Wahlverband der Unabhängigen hatte völlig unerwartet 16 Mandate erreicht. Die ÖVP bekam 77 und die SPÖ 67. KPÖ und Linkssozialisten als „Linksblock" erreichten 5. Zu den zuvor 4 kommunistischen Abgeordneten kam noch der Linkssozialist Erwin Scharf. Die ÖVP hatte also 8, die SPÖ hingegen 9 Mandate eingebüßt. 1 SPÖ-Mandat war zum Linksblock gewandert; es blieben somit ebenfalls 8 Mandate, die von der SPÖ zum WdU gewandert waren. Folglich hatten ÖVP und SPÖ gleiche Verluste an die vierte Partei hinnehmen müssen. Der Katzenjammer war entsprechend. Die beiden „Großen" waren daher recht zufrieden, eine Große Koalition bilden zu können.

Erstmals wurden die Richtlinien für die Zusammenarbeit ausführlicher diskutiert und schließlich zur Grundlage eines detaillierten Arbeitsübereinkommens gemacht.* 1945 hatte eine mündliche Vereinbarung genügt; mehr war vielleicht auch wegen des kommunistischen Partners in der Regierung gar nicht beabsichtigt und möglich gewesen. Nunmehr sollte aber einmal präzise festgeschrieben werden, wie die Zusammenarbeit zu gestalten und wie der Einfluß zu teilen waren. „Die Zwei" wollten die Regierung allein, das heißt unter Ausschluß einer dritten Partei bilden. Damit waren wohl primär die „Unabhängigen" und weniger die Kommunisten gemeint. SPÖ und ÖVP wollten auf vier Jahre zusammenarbeiten und dabei das durch die Wahlen festgelegte Kräfteverhältnis (= Proporz) in der Praxis anwenden. Dieser Proporz sollte auch für Landesregierungen und Gemeinden über 10.000 Einwohner gelten, sofern nicht „höhere Gewalt", also eine Besatzungsmacht, das unmöglich machte. Schließlich sollte es drei Verbindungsausschüsse geben, nämlich je einen der Parteien, der Regierungsfraktionen und der National- bzw. Bundesratsfraktionen. Die Bundesministerien für Volksernährung sowie für Vermögenssicherung und Wirtschaftsplanung wurden aufgelassen. Das Bundesministerium für

* Siehe Anhang 3/2

Energiewirtschaft und Elektrifizierung wurde ebenfalls aufgelöst. Seine Kompetenzen wanderten vor allem in das neue Bundesministerium für Verkehr und verstaatlichte Betriebe; ein geringerer Teil wurde dem Bundesministerium für Handel und Wiederaufbau zugeschlagen. Damit hatte die SPÖ erstmals ein Wirtschaftsministerium zu führen, und der neue Minister für Verkehr und verstaatlichte Betriebe, Karl Waldbrunner, rückte automatisch zu einem der mächtigsten Männer auf.

Das daraufhin kursierende Bonmot von einer SPÖ, die die Wahlen verloren, die Regierungsverhandlungen aber gewonnen hatte, wurde von Adolf Schärf behaglich weitergegeben. Er hatte den Erfolg auch fast notwendiger als Figl. Denn schließlich war die Abspaltung des linken Flügels der Sozialisten ja nicht nur auf Zustimmung in seiner Partei gestoßen. Paktierte er nicht zu sehr mit dem Klassenfeind? War das Bemühen um eine vierte Partei, nämlich eine Rechtspartei, nicht ein entwürdigendes Taktieren gewesen, eine Prinzipienlosigkeit sondergleichen? Aber Schärf war nicht nur ideologisch einiges vorgeworfen worden, er hatte auch etliche Personalprobleme verursacht; kein geringes darunter war der schwere Konflikt mit Bundespräsident Renner. Schärf hatte Renner beschuldigt, ein willenloses Werkzeug der Präsidentschaftskanzlei zu sein. Dabei bezog er sich wohl auf den Kabinettschef, Dr. Wilhelm Klastersky. Renners Antwort: „Ich protestiere daher mit allem Nachdruck gegen Deine ganz deplacierten Anschuldigungen, die Du (gestern) gegen mich erhoben hast, und ich werde werde mir derlei Dinge in Hinkunft überhaupt nicht bieten lassen." In der Folge wurden zwar die schlimmsten Dinge soweit bereinigt, daß Bundespräsident und Vizekanzler wieder miteinander sprechen konnten. Renner akzeptierte auch, daß ihn Schärf 1949 vor der Herausgabe einer von Renner verfaßten und sehr polemischen Broschüre mit dem Titel „Stehen wir vor einem Wandel im Inneren der Volkspartei?" warnte, aber vertraut und herzlich war das Verhältnis beileibe nicht mehr. Und es wurde auch nicht besser, als Renner – er konnte es nicht lassen – Schärf den Vorschlag machte, doch einen „Unabhängigen" an der Regierung zu beteiligen, und zwar dadurch, daß ein VdU-Staatsschreiber die Entnazifizierung durchzuführen hätte und dann einmal Justizminister würde.[1] Schärf lehnte kategorisch ab.

Er kommentierte denn auch seinen Erfolg bei den Regierungsverhandlungen nicht nur damit, daß man etwas von der Wahlniederlage wiedergutgemacht habe, sondern ergänzte noch in einem Schreiben an den österreichischen Presseattaché in London, Wodak: „Im Nachziehverfahren haben wir etwas aufgeholt, was bei den Verhandlungen 1945 vom damaligen Hauptverhandler zu schlecht behandelt wurde."[2] 1945 war der Hauptverhandler Renner gewesen, der Seitenhieb war also nur zu deutlich. Schärf fand zwar durchaus Gründe für das schlechte Abschneiden der Sozialisten, nichtsdestoweniger mußte er sich am außerordentlichen SPÖ-Parteitag Anfang November 1949 einiges sagen lassen. Schärf wies bei seiner Verteidigung vor allem darauf hin, daß die SPÖ in Wien bei weitem nicht das gebracht hatte, was man von ihr hätte erwarten können. Das war möglicherweise ein Angriff auf Körner. Schärf brachte das Wiener Problem aber auch mit der Wohnungsfrage in Zusammenhang. Bei Kriegsende, so führte er dann in einem Privatschreiben am 16. November 1949 aus, seien die Menschen in Scharen vor den herannahenden Russen geflohen, bei weitem nicht nur Nationalsozialisten. War eine Wohnung unbewohnt, weil etwa Mutter und Säugling evakuiert worden waren, so wurden die Wohnungsinhaber taxfrei zu Nationalsozialisten erklärt, und die Wohnung verfiel. Neue Mieter wurden eingewiesen, und schließlich übertrug der erste sowjetische Stadtkommandant, General Blagodatov, die Einrichtungsgegenstände dieser Wohnungen samt und sonders der Gemeinde Wien. „Stellen Sie sich vor", schrieb Schärf, „was es für eine Stadt wie Wien bedeutet, wenn etwa 24.000 Familien nicht nur um ihre Wohnung kämpfen, sondern auch um die Kücheneinrichtung, um die Wäsche und um das Geschirrtuch, das in dieser Wohnung zurückgelassen worden ist. Die Kraft zu einer Lösung dieser Frage, die uns von den Kommunisten eingebrockt worden ist, haben wir nicht gewonnen, vor allem deshalb nicht, weil auch ein Teil unserer Vertrauensmänner in Besitz solcher Wohnungen und Einrichtungen gekommen ist, und eine solche Wohnungseinrichtung, die den Eigentümern entzogen ist, bedeutet Feindschaft mit der ganzen Verwandtschaft." 300.000 Menschen seien wieder nach Wien zurückgekehrt und kämpften um Wohnung und Hausrat. Und „solange dieses Geschwür nicht aufgebrochen ist, werden wir daran zu leiden haben".[3] Diese Erklärung allein reichte wohl nicht aus, um das verhältnismäßig schlechte Abschneiden der Sozialisten zu erklären. Vor allem traf es ja auch auf die ÖVP-Funktionäre zu: auch sie hatten sich leerstehende Wohnungen angeeignet. Die Verantwortung in Wien trugen aber primär die Sozialisten, daher war das Problem grundsätzlich richtig erfaßt worden, und insbesondere wurde damit ein interessantes Schlaglicht auf die Wiener Situation geworfen.

Auch die ÖVP hatte ihre Probleme. Sie waren zwar nicht neu, wohl aber durch das Auftreten des VdU und die Wahl des WdU ins Parlament verstärkt worden. Das auch nicht besonders gloriose Abschneiden wurde wieder einmal zum Anlaß genommen, Leopold Figls Führungsqualitäten in Frage zu stellen. Dabei war es vor allem Lois Weinberger, der Wiener Vizebürgermeister und Obmann des Arbeiter- und Angestelltenbundes, der sich hervortat.[4] Aus seiner Warte hatte er auch allen Grund dazu. Denn bei den Regierungsverhandlungen war die Anzahl der Ressortministerien auf acht reduziert worden; vier davon wurden von der ÖVP besetzt, zusätzlich stellte sie noch den Minister ohne Portefeuille, Gruber, der die Auswärtigen Angelegenheiten wahrzunehmen hatte, sowie den Kanzler. Kein einziges Regierungsmitglied gehörte jedoch dem Arbeiter- und Angestelltenbund an. Die Wiener ÖVP unter der Führung Weinbergers und des Arbeiter- und Angestelltenbundes hatte aber den einzigen nennenswerten ÖVP-Erfolg bei den Wahlen erzielt.[5] Weinberger meinte auch, die Volkspartei könnte sich nur in Richtung Arbeiter und Angestellte entwickeln, denn bei den Wirtschaftstreibenden und bei den Bauern wäre diese Partei an ihren Grenzen angelangt. Und das stimmte zweifellos.

Die ÖVP existierte im Umweg über ihre Bünde. Dazu kam noch die Frauenbewegung. Drei Regierungsmitglieder (Figl, Kraus und Graf) gehörten zum Bauernbund und vier (Gruber, Kolb, Hurdes, Margarétha) dem Wirtschaftsbund an. Der Arbeiter- und Angestelltenbund aber konnte nur auf die früheren Minister Krauland und Erwin Altenburger verweisen. Und das, obwohl der ÖVP-interne Schlüssel der Machtverteilung 41:27:32 für Bauern-, Wirtschafts- und Arbeiter- und Angestelltenbund lautete. Die Entscheidungen wurden aber von Figl und den ÖVP-Ministern, ferner von Raab und Weinberger herbeigeführt. Da die Partei nur wenige Mitglieder hatte, die nicht einem Bund angehörten, waren die direkten Mittel der ÖVP äußerst bescheiden. Sie bekam ihr Geld vor allem von den Bünden. Die Bauern entrichteten eine Abgabe entsprechend der Größe ihrer Güter an den Bauernbund; die Industrie und die Großunternehmen zahlten beachtliche Beiträge an den Wirtschaftsbund, doch der Arbeiter- und Angestelltenbund fand keinen Weg, solche einzuheben, und das war letztlich ausschlaggebend gewesen, weshalb er eine sekundäre Rolle spielte.[6]

Das System der Bünde wurde wiederholt kritisiert. Seine Gegner, die sogenannten Reformer, die eine lose zusammenhängende Gruppe bildete und aus Männern wie dem Landeshauptmann von Salzburg, Dr. Josef Klaus, dem Obmann der Tiroler Volkspartei, DDr. Alois Lugger, oder dem Vorsitzenden der Wiener Jungen Front, Dr. Robert Krasser, bestanden, verfügten bundespolitisch (noch) über keine Macht. Die drei genannten Reformer galten als Klerikale. Andere, wie die Nationalräte Dr. Franz Gschnitzer und Maleta galten als antiklerikale Liberale und einige, vor allem Strachwitz, der Bundesführer der Jungen Front, waren Nationalisten. Alle Reformer waren sich darin einig, daß die ÖVP für Außenseiter, die nicht einem der Bünde angehörten, zu wenige Aufstiegsmöglichkeiten bot. Reformansätze gab es einige. Zunächst war da einmal Raoul Bumballa gewesen, der einen vierten Bund gründen wollte. Er scheiterte. Dr. Eduard Ludwig begann ähnlich, wurde aber dann von außenpolitischen Problemen so in Anspruch genommen, daß er nicht weitermachte. Mittlerweile hatte Rolf West mit der Gründung einer „Organisation D" begonnen, aber er fand damit wenig Resonanz.[7]

Die Junge Front war schon vor den Wahlen 1949 anerkannt worden. Sie ging von keiner ideologischen Position aus, ja bekämpfte sogar die schmale ideologische Basis der ÖVP. Damit hatte sie keinen Erfolg. Daraufhin trat die Junge Front zur Parteireform an und wollte eine saubere Trennung zwischen bündischen und Parteiämtern sowie zwischen Partei- und Staatsämtern. Es war aber wohl jedem klar, daß die Junge Front die Antwort der ÖVP auf die Bedrohung durch den VdU war. Nicht von ungefähr hatte die ÖVP Kandidaten der Junge Front auf wählbare Plätze gereiht, hatte sie der Jungen Front Eingang in die Bundesparteileitung verschafft und sie finanziell unterstützt. Man hoffte, dadurch den Erfolg des Wahlverbands der Unabhängigen noch im letzten Augenblick zu verhindern. Erfolglos, wie man gesehen hatte. Der Aufstieg der Jungen Front war aber auch Ausdruck eines Auseinanderrückens der Bünde.

Keiner der Bünde, ausgenommen der Bauernbund, wäre in der Lage gewesen, bei einer separaten Kandidatur gleich viele Mandate zu erringen wie im Rahmen der Gesamtpartei. Allerdings war in den Bünden das Unbehagen mit der Gesamtpartei gewachsen und führte dazu, daß der Abgeordnete Karl Aichhorn im Winter 1949/50 lieber auf seine Funktionen verzichten wollte, als weiter gezwungen zu sein, mit der Partei zu stimmen. Er wurde allerdings von der Mehrheit der Funktionäre des Wiener Wirtschaftsbundes unterstützt, und es bedurfte schließlich des Einsatzes von Julius Raab, um Aichhorn wieder auf Parteilinie zu bringen.[8] Doch der Wirtschaftsbund war so sehr mit der Gesamtpartei unzufrieden, daß er die finanzielle Unterstützung des offiziellen Parteiorgans „Wiener Tageszeitung", zurückzog und von da an seine eigene Zeitung, die „Neue Wiener Tageszeitung", herausgab. Der österreichische Arbeiter- und Angestelltenbund, zweitstärkster, aber wenig beachteter

Bund, war schließlich bereit, auf das Werben der Reformer zu reagieren und wurde Zentrum von reformistischen Bestrebungen. Der stellvertretende Landesparteiobmann von Wien, Fritz Polcar, und Fritz Zink, der Chef der Organisationsabteilung, traten daraufhin der Jungen Front bei.[9] Der Enttäuschung innerhalb des Österreichischen Arbeiter- und Angestelltenbundes (ÖAAB) wegen der Nichtbeachtung bei der Regierungsbildung wurde dadurch zu begegnen gesucht, daß der Arbeiter- und Angestelltenbund die Leitung der Wiener ÖVP übernehmen konnte und in Aussicht gestellt bekam, daß dieser Bund bei der nächsten Besetzung eines Ministeramtes wieder zum Zug kommen sollte. Zum Bruch kam es aber in Tirol, wo die ÖVP eine Zweidrittelmajorität hatte, das Argument der Notwendigkeit einer geschlossenen Front gegen die Kommunisten nicht zog und der ÖAAB eine eigene Fraktion im Landtag bildete. Er wollte schließlich auch bei den Kommunalwahlen mit einer eigenen Liste kandidieren.[10]

Der Bauernbund war nach wie vor das Rückgrat der ÖVP, wenngleich auch hier in den westlichen Ländern eine Tendenz zu den „Unabhängigen“ bestand. Der VdU hatte z. B. in Oberösterreich in ländlichen Regionen besonders viele Stimmen gewonnen. Zwischen Bauernbund und Wirtschaftsbund gab es an der Spitze (Figl/Raab) keinen Konflikt, wohl aber wandten sich die unabhängigen Kaufleute zunehmend gegen die Raiffeisenorganisation, die sie in ihrer Existenz bedrohte. Hier bauten sich neue Konflikte auf.

Die Bünde waren so sehr darauf bedacht, sich gegenseitig zu kontrollieren, daß da und dort Außenseiter zum Zug kommen konnten. Landeshauptmann Rehrl war z. B. seinerzeit in Salzburg durch einen Kompromiß der Bünde an die Macht gekommen, was von den Reformern scharf verurteilt wurde. Er wurde durch Josef Klaus ersetzt, der keinem Bund zugerechnet wurde. In Tirol war es Lugger, der auf diese Weise als Angehöriger der Jungen Front Tiroler Parteiobmann wurde. In Kärnten wieder war es Nationalratsabgeordneter Hermann Gruber, der dem Bauernbund angehörte, aber mit den Reformern sympathisierte. Es sammelte sich sich also im Grund genommen schon Stunden und Tage nach der Wahl Sprengstoff. Doch Weinbergers Versuch, Figl aus dem Sattel zu heben, scheiterte an Julius Raab.[11] Und Raab trieb die Verpolitisierung Österreichs voran.

Die großen Parteien teilten sich Österreich auf und wollten es proporzmäßig durchdringen. Das konnte mit vielem erklärt werden, z. B. mit der Zunahme des Einflusses der Parteien und mit einer adäquaten Präsenz im öffentlichen Leben. Denn in Österreich wurde nach dem Zweiten Weltkrieg nicht nur eine Partei gewählt, man trat ihr auch bei. Das mochte ein Erbe des Ständestaates und der NS-Zeit sein. Mittlerweile waren aber schon wesentlich mehr Menschen den beiden großen Parteien beigetreten, als es je NS-Parteimitglieder gegeben hatte. Die SPÖ zählte damals an die 600.000 Parteimitglieder und die ÖVP nicht viel weniger. In der Mitgliedschaft bei einer Partei wurde ein Bekenntnis zur demokratischen Republik gesehen, was manchem sicherlich guttat. Eine solche Mitgliedschaft wurde aber auch als Rückversicherung betrachtet und mit der Möglichkeit in Verbindung gebracht, etwas zu werden oder etwas zu erhalten. Die Parteien zogen daraus die Konsequenz, penetrierten das Land und teilten es auf. Dort, wo die Kommunisten Möglichkeiten hatten, und das waren nicht mehr viele, nahmen sie ebenfalls den Einfluß, den sie noch bekommen konnten. Mit dem VdU machte man allerdings nicht viel Federlesens. Er hatte zwar einen Überraschungserfolg erlangt. Er setzte ihn sogar fort und wurde z. B. bei den Betriebsratswahlen der VOEST stärkste Fraktion. Aber dem VdU billigte man kein allzu langes Leben zu. Er sei zu inhomogen, hieß es.

Weinberger klassifizierte die Repräsentanten der im VdU vertretenen drei Gruppen folgendermaßen:[12] Herbert Kraus, der Bundesparteivorsitzende des VdU, und seine Anhänger seien „naive Träumer, Schriftsteller, Intellektuelle, keine praktischen Politiker, eine harmlose und unwirksame Fraktion". Karl Hartleb, stellvertretender Vorsitzender und Führer des früheren Landbundes, sowie seine Gefolgsleute gehörten dem liberalen Mittelstand an, antiklerikal, demokratisch, prinzipientreu, eine kleine Gruppe, die es in Österreich immer gegeben habe, die aber niemals bedeutend gewesen sei. Und schließlich Dr. Fritz Stüber und seine Gefolgsleute, in Weinbergers Augen „gefährlich und eine Gruppe faschistischer Gangster", gegen die man bald etwas unternehmen sollte, damit sich nicht die Sowjets ihrer in der Neonazismus-Propaganda bemächtigten. Stübers Immunität wurde sogar kurzzeitig aufgehoben, da er die ehemaligen KZ-Häftlinge als „wahre Plage" verunglimpft hatte. Weinberger prophezeite dem VdU kein langes Leben, und wenn man sich die innerparteilichen Kämpfe Ende 1949 und Anfang 1950 ansah, dann konnten einem wirklich Bedenken kommen. Herbert Kraus spielte die Probleme zwar herunter und verneinte, daß es die Gefahr gebe, der VdU würde von seinem rechten Flügel überholt werden. Die meisten Exnazis gäbe es in der ÖVP, meinte Kraus. So ganz geheuer war ihm, scheint's, die Sache aber doch nicht, und wenn er schließlich in einem Gespräch mit dem amerikanischen Geschäftsträger in Wien, Walter Dowling, die Verhältnisse so hinstellte, als ob in der besten aller Parteien, dem VdU, alles zum besten stünde,[13] dann war er sich der Problematik seiner Aussage wohl nur zu sehr bewußt. Der Amerikaner fügte in seiner Gesprächsnotiz auch an, daß dieses optimistische Bild wohl nicht der Wirklichkeit entsprach. Man müßte sich nur die Landesparteien von Oberösterreich und von der Steiermark ansehen.

Der VdU wollte sich nach den Wahlen auf die Gewerkschaften konzentrieren, stieß dort aber auf den vereinigten Widerstand von SPÖ und KPÖ. Nichtsdestoweniger waren die „Unabhängigen" entschlossen, ihre Positionen zu festigen und auszubauen.

Nach der Verteilung der Macht konnte man wieder zur Tagesordnung übergehen. Das aktuellste Problem war dabei sicherlich die Frage, ob es doch noch zum Abschluß des Staatsvertrags kommen würde oder nicht. Den Sommer über, aber auch im Herbst 1949 hatte es den Anschein gehabt, als ob der Vertrag nur noch eine Frage von Wochen, wenn nicht von Tagen sei, und das ungeachtet der enormen Lasten, die Österreich auferlegt werden sollten. Minister Gruber war von der Außenministerkonferenz im Triumph heimgekehrt. Die Rückkehr des Minister war aber wohl auch wegen der damals noch bevorstehenden Nationalratswahlen so besonders gefeiert worden. Liest man die Berichte aus Paris, dann erscheint der große Optimismus eigentlich nicht mehr ganz gerechtfertigt; ein Optimismus, der allerdings auch von den Alliierten eine Zeitlang genährt worden ist. Für innenpolitischen Zündstoff war insofern gesorgt, als Gruber mit seiner Ansicht nie hinter dem Berg gehalten hatte, die Kosten des Vertrages würden die Amerikaner tragen. Doch diesbezüglich gab es nicht nur keine Zusagen, die Sache war zudem mehr als fraglich. Der amerikanische Chefunterhändler, Samuel Reber, war von Walter Wodak im Juli 1949 direkt darauf angesprochen worden.[14] Reber hatte sich äußerst überrascht gezeigt, daß man derartiges annehmen konnte. Bevin hatte überhaupt nichts davon gehört. Wo also sollte das Geld herkommen? Auf die Ankündigung des sowjetischen Außenministers – das war damals gerade Andrej J. Višinskij –, die Sowjets würden bei der Bezahlung der Ablöse für das Deutsche Eigentum auch das Äquivalent von stolzen 150 Millionen Dollar in Schweizer Franken entgegennehmen, war es wohl Samuel Reber, der die witzige Bemerkung machte: „Austria should invade Switzerland."[15]

Schärf brachte die Angelegenheit in den Ministerrat, wo eine lange geheime Debatte stattfand. Gruber soll „sehr rot" geworden sein. Die Debatte endete, wie Schärf notierte, damit, „daß selbst Hurdes erklärte, er sei erschüttert".[16] Je klarer es aber wurde, daß der Staatsvertrag buchstäblich eine Preisfrage sei, um so kontroversieller wurden die Meinungen und um so mehr schien sich in der Großen Koalition die Spaltung zu vertiefen; es hieß: die Sozialisten wären gegen den Vertrag und die Volkspartei dafür. Diesbezüglich äußerte sich auch der französische Zentrumspolitiker Eduard Bonnefous nach einem Besuch in Wien.[17] Vizekanzler Schärf tat alles, um zu dementieren, doch offenbar war man weder in Paris noch in London oder Washington bereit, seine Erklärungen zu akzeptieren. Möglicherweise sollte dieses Hervorstreichen der gespaltenen Haltung innerhalb der österreichischen Koalition kaschieren, daß Franzosen wie Amerikaner mittlerweile von einem Vertragsabschluß wieder abgerückt und auch sicherlich nicht unglücklich über die Verzögerungen und Zusatzforderungen der Sowjets waren.

Und tatsächlich stellten vor allem die Sozialisten den Abschluß des Vertrages zum damaligen Zeitpunkt als bedingt wünschenswert dar. Auch Schärf meinte ja nur, daß er aus staatspolitischen Überlegungen doch abgeschlossen werden sollte. Bundespräsident Renner sprach 1949 bei zwei Gelegenheiten sehr kategorisch davon, daß er den Abschluß zu den damaligen Bedingungen als eine Katastrophe ansehen würde.[18] Die Unterzeichnung des Vertrages würde für ihn die Ausrufung eines „Staatstrauertages" nach sich ziehen. In seiner Neujahrsansprache 1950 wiederholte er seine Sorge, allerdings in einer sehr gemäßigten Form. Wenn von der Gegnerschaft der Sozialisten gegen den Staatsvertrag die Rede war, dann wurde auch immer wieder der außenpolitische Sprecher der SPÖ, Julius Deutsch, genannt, der zwar eine Verbesserung des Kontrollabkommens, aber keinen Staatsvertrag wollte.[19] Das alles war Grund genug für Schärf, um eine Art authentischer Interpretation der Haltung der Sozialisten zu geben. Er schrieb am 30. Dezember 1949 an den Chef der französischen Sozialisten, Léon Blum, einen langen Brief, der dann im Jänner und Februar 1950 sowohl Briten als auch Amerikanern bekannt gemacht wurde.[20]

Auszüge des Briefes wurden schon Mitte der fünfziger Jahre publik. Die heikelsten Passagen kennen wir allerdings erst seit kurzem. Nach der Darlegung des offiziellen Standpunktes der SPÖ, wonach die Partei klar und unmißverständlich für den Abschluß des Vertrages auch zu den harten Bedingungen des Jahres 1949 sei, fuhr Schärf fort:

„Ich höre, daß man über österreichische Äußerungen verwundert ist, wonach wir für die Zeit nach der Befreiung an politische Neutralität denken wollen. Wir sind uns darüber im klaren, daß ein militärisch schwaches Österreich – und Österreich muß militärisch schwach bleiben – ein Vakuum vorstellt, durch das man binnen weniger Tage aus der ungarischen Tiefebene bis an den Bodensee gelangen kann; wir wissen, daß wir die Einordnung in ein größeres politisches und vermutlich auch militärisches System brauchen; aber ich glaube, es wäre unmöglich, in einem Zustand der Viermächtebesetzung etwa öffentlich zu erklären, wir wollen dem Atlantikpakt beitreten, wenn wir frei sind – da die Russen den Atlantikpakt als gegen sich gerichtet ansehen, wäre eine solche österreichische Erklärung der erwünschte Vorwand, um die Räumung zu vereiteln."

Und an anderer Stelle hieß es: „Sind wir frei, dann wird eine Verletzung der österreichischen Grenzen von auswärts, wenn es die Weltlage zuläßt, ein Kriegsfall sein oder wir werden einer Aggression zum Opfer fallen, wenn in der Welt eine Kapitulationsstimmung herrscht. Eine Änderung des österreichischen Status wird aber, wenn die Besetzung aufgehört hat, irgendein Risiko für den Angreifer bedeuten. Heute hängt die österreichische Unabhängigkeit und Einigkeit vom Wohlwollen einer Besatzungsmacht ab – denn beim gegenwärtigen Zustand der Bewaffnung der österreichischen Polizei können 2000 Mann mit Hilfe der Russen einen Staatsstreich in der Ostzone unternehmen, ohne daß die Besatzungsmacht etwas riskiert und ohne daß die Putschisten ein Risiko für den Fall des Mißerfolges laufen – sie würden dann schon von den Russen, sei es im Ausland, sei es im Inland, geschützt werden. Nach dem Abzug der Russen bricht der Kommunismus zusammen, der heute seine Stützpunkte vor allen in den von den Russen besetzten Betrieben hat, die an uns übergeben werden sollen."

Die Äußerungen Schärfs befriedigten sichtlich Franzosen, Briten wie Amerikaner. Zum anderen wurde ihnen damit aber auch ein Argument genommen, mit dem sie ihr wachsendes Desinteresse am Abschluß des Vertrages vertuschen konnten. Je deutlicher wurde, daß die Vertragsverhandlungen scheitern würden und es entgegen den Erwartungen doch nicht zum Abschluß des Vertrages kommen würde, um so nervöser wurden die politischen Kreise in Österreich. Der Brief Schärfs an Blum war nur ein Indiz gewesen. Der Obmann des VdU, Herbert Kraus, alarmierte Ende Jänner 1950 die Amerikaner, weil er glaubte, einem besonders gefährlichen Spiel auf die Spur gekommen zu sein.[21] Ein enger Freund von Kraus wollte im österreichischen Außenamt einen Brief des österreichischen Gesandten in Moskau, Dr. Norbert Bischoff, an Außenminister Gruber gesehen haben. Darin hieß es, die Sowjets würden nicht mehr mit dem Westen über den Staatsvertrag weiter verhandeln wollen, sondern wünschten sich bilaterale Verhandlungen. Sie wollten 50 Prozent der USIA auf Dauer bekommen und würden dann „nur" noch 25 Millionen Dollar verlangen, dazu Ölrechte in ganz Österreich und das Recht, die österreichische Armee auszurüsten. Sollte Österreich darauf nicht eingehen, würden die Sowjets ihre Zone so wie in Deutschland „konsolidieren".

Adolf Schärf, der als erster gefragt wurde, was er von diesem sowjetischen Vorstoß halte, relativierte das Problem, indem er sagte, das Kabinett wäre von nichts dergleichen informiert worden. Man würde auch mit den Sowjets sicherlich nicht auf dieser Basis verhandeln.[22]

Gruber dementierte in Paris und sagt, daß dieses Gerücht von einem „linken" Journalisten käme; doch die Amerikaner glaubten ihm nicht.[23] Sie waren sich zu sehr bewußt, daß die Koalition beim Scheitern der Staatsvertragsverhandlungen schwere Stunden durchmachen würde und jeder einen Weg suchte, um möglichst nicht die Schuld am Scheitern aufgerechnet zu bekommen. Solange sich aber nicht die beiden Großparteien über einen gemeinsamen Schritt in Richtung Sowjets einigten, bestand für die westlichen Interessen tatsächlich keine Gefahr. Doch genauso mußte jedem bewußt sein, daß die Aussicht auf den Vertragsabschluß auch noch während des Wahlkampfs dazu geführt hatte, daß politische Forderungen zurückgestellt worden waren und daß es zunächst hieß, es sollte nichts an den wesentlichen Strukturen des Staates verändert werden, ehe nicht die Sache mit dem Vertrag gelaufen wäre. Alles, was da zurückgestaut worden war, im politischen, im wirtschaftlichen und sozialen Bereich mußte sich irgendwann einmal Luft machen. Zudem war abzusehen, daß die Regierung gezwungen sein würde, bei Nichtabschluß des Vertrages Front gegen die Alliierte Kommission zu machen, denn auf irgendeine Weise mußte ja versucht werden, eine Erleichterung des Besatzungsdruckes zu erwirken.

Österreich hatte einen solchen Vorsprung an Staatlichkeit gegenüber Deutschland gehabt, daß man hätte meinen können, dieser Vorsprung würde nie mehr einzuholen sein. Deutschland war zwar mittlerweile geteilt worden, aber in Westdeutschland, der sogenannten Bi- und dann Trizone, die allmählich zum alleinigen Maßstab für Österreich wurde, war auch kräftig aufgeholt worden. Schon 1947 war die Versorgung besser als in Österreich, der Wiederaufbau kam kräftiger voran, die Investitionen wurden ungeschmälert eingesetzt. Winston Churchill sprach im Wahlkampf für die Unterhauswahlen 1950 von der Möglichkeit einer deutschen Wiederbewaffnung, der französische Außenminister Robert Schuman präsentierte seinen „Schumanplan", der ein Zusammenrücken Westeuropas einschließlich der deutschen Trizone in Aussicht nahm. Und Österreich? Das hinkte nach, mühte sich mit allen vier Besatzungsmächten gleichzeitig ab, zahlte kräftig für die Stationierung von Besatzungstruppen, nahm Schwundmengen beträchtlichen Ausmaßes bei den Hilfslieferungen in Kauf und verfügte zu einem Gutteil nicht über seine Bodenschätze. Der Vorsprung an Staatlichkeit war zwar immer noch vorhanden, weil Österreich eben ein Staat mit einer einzigen Regierung und einem funktionierenden Behördenapparat sowie zentralen Interessenvertretungen war. Aber die Substanz dahinter war eine abnehmende.

Als daher im Februar 1950 das Scheitern der Staatsvertragsverhandlungen deutlich wurde, überlegten die Amerikaner, was an der Besatzungsstruktur in Österreich verändert werden konnte, um eine Erleichterung zu bringen und einen Fortschritt zu signalisieren.[24] Dabei dachten sie vor allem an die Ernennung von zivilen Hochkommissaren statt der bisherigen militärischen. Zivile Hochkommissare würden andeuten, daß die militärische Besetzung vorüber sei. Die Auswirkungen auf Österreich würden zweifellos positiv sein. Vor allem würden die politischen Parteien davon berührt werden. Es müßte ja doch auch gewürdigt werden, wie sehr die SPÖ die Gewerkschaft zurückhielt, die keinen Streikbewegungen das Wort redete und einen Ruck nach links verhinderte. Die SPÖ-Führung wie die Gewerkschaften seien aber gleichermaßen besorgt über die militärische Kontrolle und die Führung durch die alliierten Militärs. Die ÖVP sei zwar eher bereit, die militärische Kontrolle als Tatsache hinzunehmen, meinte aber, die fast ausschließliche militärische Zusammensetzung der Alliierten Kommission würde die Kritikanfälligkeit der Regierung erhöhen und auch den Stand der ÖVP gegenüber der SPÖ erschweren. Beide würden folglich die Ernennung ziviler Hochkommissare begrüßen, ungeachtet dessen, daß sie bis zum Abschluß des Staatsvertrags auch westliche Truppen in Österreich wünschten. Die Amerikaner wollten mit den Briten und Franzosen Verbindung aufnehmen und die militärischen Hochkommissare ersetzen.

Doch lange bevor dieser Plan realisiert werden konnte, richtete die österreichische Bundesregierung ein Memorandum an die westlichen Besatzungsmächte, das allerdings vor allem Briten und Franzosen zu Adressaten hatte.[5] Darin wurde gefordert:

1. Übernahme der Besatzungskosten durch Briten und Franzosen ähnlich wie 1947 durch die Amerikaner.
2. Verzicht auf einen erheblichen Teil der beschlagnahmten Unterkünfte. Eine große Zahl von Österreichern wäre durch fünf Jahre nicht in der Lage gewesen, in ihre Wohnungen und Häuser zurückzukehren. Die Westmächte sollten ihre Truppen in Kasernen und ihr Verwaltungspersonal in separat zu errichtenden Gebäuden unterbringen. Schulen, Krankenhäuser und öffentliche Gebäude müßten zurückgegeben werden.
3. Abschaffung der Militärgerichtshöfe für Österreich.
4. Keine Verhaftung von Österreichern, es sei denn, sie wurden auf frischer Tat ertappt.
5. Unterstellung aller Ausländer – ausgenommen die Besatzungsmächte – unter österreichisches Recht. (Das bezog sich auf die zahlreichen „Versetzten Personen", die im Dienst der Besatzungsmächte standen.)
6. Das Recht der österreichischen Behörden, auch uniformierte Besatzungsangehörige zu verhaften, wenn sie bei einem Verbrechen ertappt würden. In solchen Fällen sollte die österreichische Exekutive auch von der Waffe Gebrauch machen dürfen.
7. Kompletter Stop des Abtransports von Maschinen und Anlagen unter dem Vorwand der Entmilitarisierung.
8. Verzicht auf jeglichen Einfluß beim Vollzug österreichischer Gesetze.
9. Einschränkung der Forderungen nach Auskünften, und Einholung derselben lediglich im Wege der österreichischen Bundesregierung.
10. Verstärkte Hilfe bei der Ausrüstung und Ausbildung der österreichischen Gendarmerie und Polizei.
11. Verminderung der westlichen Besatzungstruppen mit Ausnahme technischer Truppen, die beim österreichischen Wiederaufbau helfen konnten.
12. Aufhebung der Beschlagnahme von österreichischem Auslandsvermögen, das in einigen Ländern (gemeint war vor allem Großbritannien) noch als Feindvermögen deklariert war.

Außerdem sollten die Alliierten Jagd und Fischerei einschränken und die österreichischen Lokalbehörden nicht behindern; dem Bundespräsidenten sollte das Recht auf Begnadigung von Österreichern zugestanden werden, die durch alliierte Militärgerichtshöfe verurteilt worden waren. Größtmögliche Beschränkung bei der Benützung von Einrichtungen der Post, komplette Abschaffung der Zensur, Verzicht auf die Beschlagnahme von Büchern und Zeitschriften, Verzicht auf Einmengung in die Belange des Straßen- und Brückenbaus und einiges mehr wurde gefordert.

Irgendwer ließ es jedoch an der nötigen Diskretion fehlen, denn ehe noch die Adressaten dieses Memorandums, nämlich die westlichen Besatzungsmächte, reagieren konnten, las man von der Existenz der Denkschrift in der Presse. Daraufhin war die österreichische Regierung gezwungen, eine zweite Fassung anzufertigen, die nicht nur den Westmächten, sondern auch den Sowjets zuging.[26] Allerdings wurden in dieser zweiten Fassung einige Passagen weggelassen, vor allem die, daß man die Alliierten um ihre Hilfe beim Aufbau von Polizei und Gendarmerie ersuchen wollte und die Forderung nach einem Stop der Demontagen. Dergleichen schien in einem Memorandum, das die Sowjets zum Adressaten hatte, nicht unbedingt am Platz zu sein. Die USA bekamen allerdings – auf vertraulichem Weg – noch eine zusätzliche Wunschliste.

Die Reaktion auf diesen Vorstoß kam unerwartet. Denn nicht Amerikaner oder Sowjets reagierten als erste, sondern die Briten. In London tat man höchlichst verstimmt und gekränkt.[27] Als Reaktion darauf erhielten die Briten noch eine Art Sonderbehandlung, bei der dann sämtliche britische Sünden von der Nichtanerkennung der Provisorischen Staatsregierung bis zur Aufrechterhaltung des Kriegszustandes mit Österreich auch noch im Jahr 1950 aufgezählt wurden. Erst jetzt waren die britischen Verantwortlichen einsichtig genug, das österreichische Problem zu erkennen, ohne daß sich freilich jemand das österreichische Memorandum wirklich zu Herzen genommen hätte. Das österreichische Problem war aber nicht, wie die Briten meinten,[28] an einzelnen Dingen zu messen, etwa ob die Mautner-Markhof-Brauerei in Abessinien zurückgegeben werden sollte oder nicht. Dieses Problem lag allmählich darin, daß man in Österreich nicht zum erstenmal das Gefühl hatte, die Zeit würde davonlaufen. Und je mehr sie lief, um so mehr würden sich Ost- und Westösterreich voneinander entfernen. Um so mehr auch würden Krisen, die es in der Allianz der beiden österreichischen Großparteien immer wieder gab, zum Auseinanderleben und vielleicht zum Bruch führen. Jede Veränderung, ob das nun eine außen-, eine innen-, eine wirtschafts- oder sozialpolitische Veränderung war, mußte zwangsweise ihre Befürworter und ihre Gegner haben. Und so wie es ja auch schon wiederholt vorgekommen war, daß eine Parteiführung, die zwar grundsätzlich zur Zusammenarbeit bereit war, plötzlich unter innerparteilichen Druck geriet, konnte dergleichen immer wieder auftreten. Die Bereitschaft zur Zusammenarbeit sank.

Schärf, der zumindest für die Amerikaner 1949/50 zum wichtigsten Interpreten der österreichischen Politik wurde, stellte seine Sicht der Dinge um die Jahresmitte 1950 so dar:[29] Die Außenpolitik Karl Grubers sei schlecht. Man könne nicht versuchen, die eine Großmacht gegen die andere auszuspielen. Und Gruber spielte mitunter sogar die sowjetische Karte, auch wenn das wohl nicht sehr glaubhaft sei.

Die Beziehungen zwischen den Sozialisten und der Volkspartei hätten sich verschlechtert. Der Kanzler sei in einer schwierigen Situation. Die Aufnahme früherer Nazis und der sogenannten Kriegsgeneration habe dazu geführt, daß von den ursprünglichen Werten der ÖVP nicht mehr viel vorhanden sei. Die innerparteilichen Gegner griffen Figl auch direkt an, äußerten sich abfällig über die „Ostmärkischen Sturmscharen“, für die er einstmals eingetreten war, über den Cartellverband, dem er mit Leib und Seele angehörte, ja sie bezweifelten auch seine KZ-Jahre. Seine Gegner bezichtigten ihn des Nachgebens gegenüber den Sozialisten. Figl sei daher gezwungen, sich stärker in Szene zu setzen und die Sozialisten zu attackieren, doch das ginge nicht auf Dauer ohne Schaden für die Beziehungen. Hauptangriffspunkt der Volkspartei sei das Ministerium Waldbrunners. Es wäre falsch zu sagen, die Sozialisten hätten es nur in Verhandlungen gewonnen. Vielmehr sei ein Ausgleich geschaffen worden. Denn nach den Wahlen 1945 habe die SPÖ auf vieles verzichtet, da dies als Kompensation dafür gedacht war, daß die Volkspartei Renner als Bundespräsidenten zustimmte. Die Position des Bundespräsidenten hätte aber bei weitem nicht jenes politische Gewicht bekommen, das man zunächst erhofft hatte. Daher sei die Korrektur vorgenommen worden. Und wenn die ÖVP weiter auf Waldbrunner herumreite, dann wollte Schärf die Aufmerksamkeit der Öffentlichkeit auf die Korruption lenken, die der Vizekanzler in den ÖVP-Ministerien und im Bundeskanzleramt zu orten glaubte.[30] Nun darf man aus einer solchen Äußerung wohl nicht allzuviel herauslesen wollen. Doch daß es nicht zum besten stand, war klar. Und daß auch eine handfeste Drohung ins Spiel kam, ebenso.

Der Tendenz zur Krise wurde im Sommer 1950 ein weiterer Impuls gegeben. Am 25. Juni 1950 brach der Koreakrieg aus. Das hatte unendlich viele Auswirkungen auf Österreich: Die Preise für etliche Rohmaterialien und für Nahrungsmittel schnellten hinauf, die Amerikaner signalisierten das Ende der direkten Hilfslieferungen und wollten den Marshallplan nur noch über die Counterpartmittel abwickeln. Die unmittelbaren Auswirkungen des Koreakriegs waren auch in einer erhöhten Nervosität zu spüren, da ja allenthalben die Überlegung im Raum stand, der Krieg in Korea wäre der falsche Krieg, am falschen Platz, zur falschen Zeit; der wirkliche würde in Europa geführt werden.[31] Die Auguren, unter ihnen Karl Gruber, prophezeiten die Krise für Europa und für Österreich im Zeitraum von September 1950 bis Jänner 1951.[32] Vorbereitungen auf diese Krise könne man aber nur im Westen Österreichs treffen. Dort wären Lebensmittellager anzulegen, Waffendepots und Stellungen. Wenn es zum Krieg komme, könne Österreich nicht ausgeklammert bleiben. Es müsse auch Widerstand leisten, denn 1938 sei eine Lehre gewesen. Notfalls müsse man auch eine österreichische Exilregierung installieren. Die Vorbereitungen für den Ernstfall könnten nicht von der Bundesregierung allein getragen werden, da müßten auch die Landesregierungen mitwirken – damit waren die westlichen Landesregierungen gemeint.

Auch Innenminister Helmer prophezeite Düsteres.[33] Er, der ein ausgeprägter Antikommunist und mitunter regelrechter Russenhasser war, zerbrach sich den Kopf darüber, wie Österreich im Falle einer akuten Krise und eines möglichen Einsatzes alliierter Truppen in einem Ost-West-Konflikt bestehen könnte. Angesichts dieser Szenarios verloren etwelche Querelen der beiden Großparteien an

Bedeutung. Denn Helmer ging es nicht mehr um eine geringfügige politische Zerrüttung, ob West- und Ostösterreich noch zusammenhalten würden, wenn es weiterhin keinen Staatsvertrag gäbe. Das Szenario des Oskar Helmer war viel kompletter und fügte sich in jene Szenarios, die von alliierten Strategen fallweise entworfen wurden. Dabei ging es um den großen Krieg in Europa, der an der Ost-West-Bruchlinie entbrennen mußte. Die Franzosen hatten mittlerweile ihren Plan „Renault" vervollständigt, der die Evakuierung Wiens vorsah. Im April wurde dieses Projekt durch den Plan „Wagram I" ergänzt, der die Verteidigung Wiens projektierte.[34]

Westliche Planer waren aber noch einen Schritt weitergegangen und hatten im Zuge einer Katastrophenplanung eine mögliche österreichische Wiederbewaffnung weitergedacht und ihr dabei einen anderen Charakter gegeben. Seit dem Ausbruch des Koreakriegs ging es nicht mehr so sehr um die Planung für die Nach-Staatsvertragszeit. Nunmehr ging es darum, daß jetzt und da etwas entstand, das notfalls auch im Rahmen einer europäischen Auseinandersetzung eine Rolle spielen konnte. Am 11. August 1950 beendete in Washington eine westliche Expertengruppe ihre Beratungen über österreichische Militärfragen.[35] Dabei war es zu klaren Aussagen über die Wünschbarkeit einer österreichischen Wiederaufrüstung gekommen. Über das Grundsätzliche, nämlich eine möglichst rasche Militarisierung Österreichs, waren sich alle einig geworden. Schwierigkeiten gab es nur dort, wo dann konkretisiert werden sollte. So wäre es den Briten zugefallen, Österreich mit einer Grundausstattung für die Luftwaffe zu versehen, wozu die Briten jedoch nur dann bereit gewesen wären, wenn Österreich NATO-Mitglied geworden wäre. Die Amerikaner waren in diesem Punkt pragmatischer und meinten, die Verteidigung Österreichs sei eine strategische Angelegenheit und von unmittelbarer Wichtigkeit für die NATO-Länder. Das rechtfertige es, vorausgesetzt Österreich wäre bereit, seinen eigenen Beitrag zu leisten, dem Land auch militärische Hilfe in großem Ausmaß zukommen zu lassen. Die westlichen Repräsentanten in Wien sollten daher auf die Bundesregierung einwirken, ihr die westlichen Konzeptionen erläutern und die Zusammenarbeit in die Wege leiten.

Wahrscheinlich wurzelte in dieser Entscheidung auch eine Maßnahme, die wie nichts anderes die Sackgasse der alliierten Österreichpolitik und die Krise der internationalen Beziehungen kennzeichnete. Amerikanische Stellen begannen – wir wissen allerdings noch immer nicht genau wann – die Spitze der Großen Koalition auf eine Katastrophenplanung einzuschwören. Sollte es zum europäischen Krieg kommen, dann war daran gedacht, möglichst viele kriegsgediente männliche Österreicher außer Landes zu bringen und zur militärischen Komponente einer österreichischen Exilregierung werden zu lassen. 200.000 Mann sollten solcherart in Italien oder – wie es dann später hieß – eventuell in Nordafrika (!) zu einer österreichischen Armee zusammengefügt werden, mit der gegebenenfalls an die Wiedereroberung Österreichs gegangen werden konnte. Da die Spitze der Koalition (mehr als eine Handvoll Leute dürfte davon nicht gewußt haben) zustimmte, begannen die Vorarbeiten für die Erfassung des sogenannten „Aufgebots". Die Hauptarbeit wurde dezentral bei den Landesregierungen begonnen. Die Katastrophenplanung nahm ihren Anfang.

An diesem Punkt wird deutlich, wie sehr die Amerikaner die Große Koalition im Falle einer Wiederbewaffnung Österreichs begrüßen mußten, denn selbst bei ihrer Realisierung in kleinen Schritten war das Wollen einer breiten politischen Basis nötig. Es wäre so gut wie undenkbar gewesen, auch nur eine Aufstockung der Gendarmerie gegen den Willen einer der Großparteien zu versuchen. In Oskar Helmer hatten die westlichen Alliierten schließlich einen beständigen Förderer gefunden. Er sprach im September 1950 sogar davon, daß man auch die 300.000 Volksdeutschen in Österreich nicht außer acht lassen sollte, die ein beträchtliches Potential darstellten, das vielleicht sogar militärisch genutzt werden könnte.[36]

Unter den geschilderten Voraussetzungen, dem Krieg in Korea, einer auf Österreich überspringenden Kriegshysterie und angesichts zunehmender innenpolitischer Spannungen, erhielt jedes Ereignis seine besondere Optik. Und jedesmal schien der Staat auf dem Spiel zu stehen. Als es wieder einmal so weit war, konnte eigentlich niemand überrascht sein.

Der Anlaß war ein – man könnte fast sagen – alljährlicher. Seit 1947 wurde in Jahresabständen eine Anpassung von Löhnen und Preisen vorgenommen. Als nun das vierte Lohn- und Preisabkommen ausgehandelt wurde, wirkte sich der Koreakrieg insofern aus, als im Marshallplan nicht mehr die Mittel gefunden werden konnten, um Preisstützungen bei den Grundnahrungsmitteln im bisherigen Ausmaß vorzunehmen. Die Bauern verlangten zudem Weltmarktpreise (heute müssen sie vor den Weltmarktpreisen in Schutz genommen werden). Das bedeutete, daß die Preise dort, wo amtlich reguliert wurde, kräftiger hinaufgesetzt werden sollten. Der Lohnausgleich fiel hingegen schmal aus. Die Gewerkschaften waren empört. Sie spürten den Druck von der Basis und kündigten für den Tag der Verabschiedung des Abkommens, für den 26. September 1950, Streiks an.[37] Das Abkommen wurde dennoch verabschiedet. VdU und KPÖ waren strikt dagegen. Die Große Koalition war dafür. Und jeder wußte, daß er dem anderen viel, wenn nicht zuviel zumutete. Das Fatale war, daß es in diesem Fall keinen Ausweg gab. Der Weg zum vierten Lohn- und Preisabkommen war schon nicht normal gewesen. Den Sommer über war intensiv und mit sich verhärtenden Fronten verhandelt worden. Die Kommunisten konnten sich genauso längerfristig vorbereiten. Sie begannen schon früh über einen Betrug an den Arbeitern, über gigantische Preisanstiege, Geheimkonferenzen etc. zu sprechen und versuchten, die Gewerkschaft von der SPÖ-Spitze zu trennen.

Härte und Erbitterung des Disputs machten es auch den Verhandlern schwer, ihren Gefolgsleuten etwas Befriedigendes anzubieten. Man konnte nicht gut sagen, das wäre das letztemal, denn es war ja schon das viertemal. Warum sollte es diesmal das letztemal sein; Sozialisten sagten, es würden keine Konzessionen mehr gemacht werden, während die Unternehmer sagten, jede weitere Konzession ihrerseits würde wegen zu hoher Löhne zur Arbeitslosigkeit führen.

Alle rechneten mit Streik. Sie rechneten ebenso damit, wie sie voraussetzten, daß die Demonstrationen einigermaßen geordnet sein und die Exekutive Herr der Lage bleiben würde.[38]

Am 26. September 1950 setzte der Streik ein. An sich war auch das Routine, denn bei jedem Lohn- und Preisabkommen war es zu kleineren Streiks und zu Demonstrationen gekommen. Bis dahin waren sie allerdings fast ausschließlich von Kommunisten getragen gewesen. Nun war plötzlich eine große Streikbewegung da. Und die Kommunisten konnten nicht nur auf ihre schon langjährige Ablehnung der Abkommen, sondern auch auf ihre lange Streikpraxis verweisen. Die Bevölkerung wurde am Montag, dem 25. September, auf die Möglichkeit von Streiks und Demonstrationen vorbereitet. Am selben Tag noch gab es auch schon Warnstreiks, Versammlungen und eine beträchtliche Unruhe, vor allem in der Steiermark, wo bei den Firmen Waagner-Biró, Alpine-Montan, in Donawitz und Leoben, aber auch in Oberösterreich bei der Kugellagerfabrik von Steyr und bei der VOEST und in den Stickstoffwerken in Linz die Wogen hochgingen.[39] Am 26. September sammelten sich in Wien ab 5 Uhr früh die Streikwilligen. Die USIA-Betriebe stellten sich voll auf die Seite der Streikenden und transportierten diese mit Autos zu den Sammelpunkten. 10 Uhr war die Fallfrist, dann sollten die Aktionen beginnen. Wien, die Industriegebiete Niederösterreichs, Oberösterreichs und der Steiermark wurden voll erfaßt.[40] Die Sowjets waren in der Weise beteiligt, daß sie sich weigerten, der Polizei ihrer Zone die Erlaubnis zu geben, in einer anderen Zone eingesetzt zu werden. Diesbezügliches war dem Wiener Polizeipräsidenten Holaubek aber schon am 13. September gesagt worden. Der sowjetische Stadtkommandant weigerte sich, an einer Sondersitzung der Wiener Interalliierten Kommandantur teilzunehmen, die der damals gerade im Vorsitz befindliche amerikanische Stadtkommandant einzuberufen bemüht war. Da und dort schlossen sich auch die Angestellten sowjetischer Einrichtungen den Streikenden an, wie z. B. jene der sowjetischen Zensurstelle am Südbahnhof. Aber es gab sicherlich keine größere sowjetische Beteiligung, da schon in kürzester Zeit evident werden mußte, daß die Sowjets davon überrascht waren, daß sie selbst Leidtragende der Streikbewegung wurden.[41] In Wien wandte sich die Hauptdemonstration der Inneren Stadt zu. Alles in allem sollen es 6000 bis 8000 Menschen gewesen sein. Doch die meisten wanderten nur mit und machten einen Tag „blau“. Sofern dies USIA-Arbeiter waren, kam die Ernüchterung am nächsten Tag, als ihnen gesagt wurde, daß für den Streiktag kein Lohn gezahlt würde. Den Streikenden stellte sich da und dort die Polizei entgegen. Sie war mit fast 3000 Polizisten geradezu unmäßig stark. Die Polizei war angewiesen worden, nur dort einzugreifen, wo sich die Streikenden dem Regierungsviertel nähern wollten. Schließlich begannen die Streikenden, sich über die Herrengasse Zugang zum Ballhausplatz zu verschaffen. Der war zwar von Polizei in dichten Kordons versperrt, doch wie sich dann zeigte, war die Polizei weder geschult noch in der Lage, dem Ansturm einer dichten Masse zu widerstehen. Die Polizisten hatten keine Gummiknüppel, noch waren sie bewaffnet oder auch nur zum eigenen Schutz ausgerüstet. Schließlich brachen die Streikenden durch und hatten damit einen Erfolg erzielt, den sie selbst wohl gar nicht erwartet hatten.[42]

Es wurde dann erklärt, die doch sehr stark der SPÖ zuzuordnende Polizei hätte versagen müssen, weil hier Arbeiter und darunter auch genügend Sozialisten auf sie losgegangen wären. Doch das dürfte keine ausreichende Erklärung sein. Mangelnde Übung und Ausrüstung spielten eine größere Rolle.[43]

Als das Innenministerium direkt gefährdet schien, wurden die Streikenden jedoch gegen das Kanzleramt dirigiert. Dieses war kurz darauf umzingelt, und es soll einige nicht unbedingt heroische Szenen gegeben haben. Figl wußte fast nichts über den

Polizeieinsatz, soll Helmer verdächtigt haben, wohl alles zum Schutz des Innenministeriums, doch nichts zum Schutz des Kanzleramtes unternommen zu haben. Der Kanzler ließ nach der amerikanischen Militärpolizei telefonieren. Die Amerikaner riefen Helmer an, der jedoch meinte, es wäre keinerlei Hilfe nötig, und der Kanzler sei ganz sicher nicht gefährdet. Figl weigerte sich, eine Delegation der Streikenden zu empfangen. Jetzt wäre wohl nur ein Sturm auf das Kanzleramt möglich gewesen, um eine weitere Eskalation zu bewerkstelligen, doch niemand unternahm ihn, ganz im Gegenteil wurde jetzt mäßigend auf die Hitzköpfe und Streikführer eingewirkt. Und in den frühen Nachmittagsstunden begannen sich die Scharen zu zerstreuen.[44]

In Niederösterreich konzentrierte sich der Streik auf Neunkirchen, Wiener Neustadt, St. Pölten und Korneuburg; kurzzeitig waren West- und Südbahn blockiert. Das Burgenland, Tirol und Vorarlberg blieben von den Streiks verschont. In Kärnten und Salzburg gab es kleinere Aufläufe. Die Steiermark und Oberösterreich wurden jedoch ebenfalls voll vom Streik erfaßt und lieferten so auch den Beweis, daß es sich dabei keineswegs um einen lediglich kommunistischen Streik handelte, denn Kommunisten hatten z. B. keinerlei Möglichkeit, in Linz das Bestreiken sämtlicher kommunaler Einrichtungen einschließlich des Standesamts und der Begräbnisverwaltung zu bewirken oder gar die VOEST lahmzulegen. Das war Sache des VdU.

In Linz waren 10.000 Arbeiter der VOEST auf der Straße. Sie besetzten die Arbeiterkammer und verlangten die Absetzung der Gewerkschaftsführung sowie etlicher sozialistischer Politiker und Parlamentarier.[45] Die Sozialistische Jugend probte ihrerseits den Aufstand gegen die Parteiführung. Man konnte also wirklich nicht sagen, die Streiks vom 25. und vor allem vom 26. September wären eine kommunistische Angelegenheit gewesen. Alle waren beteiligt. Jede Partei war aber auch in irgendeiner Weise überrascht worden, und alle mußten ihre Positionen überdenken. Der VdU etwa, der davon überrascht worden war, daß seine Betriebsräte und Gewerkschafter bei den VOEST plötzlich mit Kommunisten gemeinsame Sache machten; die SPÖ, die unter enormen Druck der mehrheitlich sozialistisch organisierten Arbeiterschaft geraten war sowie von der Parteijugend unter Beschuß genommen wurde; die ÖVP, die sich zwar sagen konnte, daß die christlichen Gewerkschafter nur mitmarschiert waren. Aber letztlich trug natürlich der ÖVP-Kanzler sehr wesentlich mit an der Verantwortung für die unpopulären Maßnahmen. Unter ganz besonderen Druck gerieten jedoch die Kommunisten. Sie, die geglaubt hatten, jetzt eine historische Chance bekommen zu haben, die in Transparenten und in so gut wie allen verbalen Kundgebungen wie in ihrer Presse darauf hingewiesen hatten, daß sie schon immer gegen die Lohn- und Preisabkommen gewesen seien, daß sie schon immer versucht hätten, einer verblendeten und von ihren Gewerkschafts- wie Parteiführern irregeführten Arbeiterschaft die Augen zu öffnen: diese Kommunisten sahen sich noch am 26. September düpiert und wußten wohl nicht mehr so recht, wie ihnen geschah. Denn die Sowjets hatten an diesem Tag ihre Linie gefunden und wandten sich schärfstens gegen die Bestreikung der USIA, ja überhaupt gegen den Streik.[46]

Ernst Fischer beschreibt sehr anschaulich, wie die kommunistischen Führer zum sowjetischen Chef der USIA-Verwaltung zitiert wurden und ihnen ultimativ aufgetragen wurde, die Arbeiter wieder in die Betriebe zurückkehren zu lassen. Dabei wurde mit der schwierigen internationalen Situation argumentiert – eine Anspielung auf den Koreakrieg –, in der man keinen weiteren Unruheherd brauchen konnte, schon gar nicht in Europa. Und schließlich würden mit der Bestreikung der USIA ja ausschließlich sowjetische Interessen getroffen. Daher: Ende der Streiks bei der USIA. Die Ernüchterung für die Arbeiter dieser Betriebe muß enorm gewesen sein, noch dazu, da ihnen ja tags darauf gesagt wurde, daß ihnen für den 26. September der Lohn abgezogen würde. – Die KPÖ war also knapp daran, jegliche politische Reputation auch bei ihren eigenen Leuten zu verlieren, wenn sie jetzt komplett kapitulierte. Daher wurde alles daran gesetzt, eine Umlenkung sämtlicher Energien und aller Feindschaft, allen Hasses auf die Parteien der Großen Koalition, auf die Regierung und auf die nichtkommunistischen Gewerkschafter zu lenken. Es sollte eine gesamtösterreichische Betriebsrätekonferenz stattfinden, auf der einheitliche Forderungen bei Androhung des Generalstreiks erhoben würden. Am Samstag, dem 30. September, sollte diese Konferenz abgehalten werden.

Nun begannen jedoch die Gegenmaßnahmen zu laufen. Die Parteien der Großen Koalition erlangten Übereinstimmung wie schon lange nicht. Sie sprachen von einem Anschlag auf Österreichs Freiheit, von der Gefahr eines kommunistischen Putsches. Allmählich gelang es der Gewerkschaftsführung, sich Gehör zu verschaffen und sich durchzusetzen. Am 30. September waren bei der „gesamtösterreichischen" Betriebsrätekonferenz nur noch Kommunisten anwesend. Sie formulierten ihr Forderungsprogramm: 20 Prozent Lohnerhöhung, keine Besteuerung dieses Mehreinkommens, Bezahlung des Streiks aus Gewerkschaftsmitteln (was angesichts der Erfahrungen der USIA-Arbeiter nur zu verständlich war), niederere Preise und Preiskontrollen und Verbot einer Schillingabwertung. Diese Forderungen wurden ultimativ gestellt. Sollten sie bis zum 4. Oktober nicht angenommen sein, würde es Generalstreik geben.[47]

Die Sammlung der nichtkommunistischen Kräfte dauerte bis zum 3. Oktober. Erst bis dahin gelang es beispielsweise dem VdU und seinen Betriebsräten, die VOEST-Arbeiter wieder an die Arbeit zu bringen. Bei der VOEST wurde bis zum 3. Oktober gestreikt. In Steyr, wo zwei kommunistischen zwei sozialistische Betriebsräte gegenüberstanden, wurde schon am 2. Oktober gearbeitet. Es war also gar nicht leicht gewesen, außerhalb der USIA den Streik zu beenden. Doch am 4. Oktober zeigte das nichtkommunistische Lager Geschlossenheit. Bereits am 29. September hatte die Regierung den Amerikanern eine Liste übergeben, auf der die zusätzlichen Erfordernisse für Polizei und Gendarmerie zusammengefaßt waren.[48] Unter der Voraussetzung, daß sie selbst nicht involviert würden, übergaben die Amerikaner daraufhin 100 Gasmasken, 200 Tränengasgranaten und 400 aus der französischen Zone angelieferte Bajonette. Die Polizei hatte Stahlhelme und war im Bilden undurchdringlicher Absperrungen geschult worden. Die Zeitungen hatten massiv Stimmung gegen eine Wiederaufnahme des Streiks gemacht und schließlich Ratschläge gegeben, wie man sich verhalten sollte. Es war alles eingekauft worden, um am 4. Oktober nicht auf die Straße zu müssen. Und als es dann an diesem Tag tatsächlich zu Streiks und Demonstrationen und örtlich auch zu Gewalt kam, da war dies eine Auseinandersetzung zwischen Kommunisten und der Exekutive sowie gewerkschaftlichen Kampftrupps, etwa den Bau- und Holzarbeitern Franz Olahs.

Überall verpuffte die Gewalt nach zwei Tagen. Ausschlaggebend dafür war die Haltung der Sowjets, die alles daransetzten, die Gewalt nicht eskalieren zu lassen. Sie sorgten für Ordnung in ihrer Zone und trugen damit wie nichts anderes zum Ende der Streiks bei.

Die Kommunisten waren unter Zugzwang gewesen. Sie konnten nach dem Pyrrhussieg vom 26. September gar nicht anders als weitermachen. Doch es ist müßig, über einen kommunistischen Putschversuch zu sprechen. Die wahre Auseinandersetzung war hinter den Kulissen über die Bühne gegangen. Die Paarung hieß: KPÖ gegen Sowjets. Über den Sieger konnte es keinen Zweifel geben.

Das Regierungslager war geeint und schien klar gesiegt zu haben. Nachher wurde freilich alles getan, um dem Lohn- und Preisabkommen seine größten Härten zu nehmen. Es hatte viele Episoden gegeben und einige Erkenntnisse. Die nachhaltigste war wohl die, daß der Kanzler die Situation nicht immer überblickt hatte und am 26. September nur zu leicht bereit gewesen war, sich in der Lage Dollfuß' zu sehen. Doch wer hatte in diesen beiden Wochen schon den nötigen Überblick und reagierte ausschließlich kühl und überlegt? Festigkeit zeigten die Verantwortlichen dort, wo sie als Gruppe in Erscheinung traten, insbesondere im Rahmen des „Kollektivorgans" Österreichische Bundesregierung. Vieles hatte freilich seinen ausschließlich demonstrativen Charakter und war nicht nur Ausdruck unmittelbarer Sorge oder gar handfester Befürchtungen. Als daher die Regierung Klage wegen der Passivität des Alliierten Rates führen wollte und zudem die Haltung der Sowjets kritisierte, da bekam Außenminister Gruber zwar den Auftrag, ein Telegramm an den amerikanischen Außenminister Dean Acheson zu richten, doch Gruber sollte keine konkreten Forderungen stellen. Folglich hieß es in dem (französisch abgefaßten) Telegramm:[49]

„Als Ergebnis eines neuen Lohn- und Preisabkommens haben kommunistische Gewerkschafter, die während der letzten Tage von der Österreichischen Kommunistischen Partei zusammengerufen worden waren, versucht, die österreichischen Arbeiter zu einem Generalstreik anzustiften. Dieser Versuch fand jedoch unter den österreichischen Arbeitern keinen Widerhall. Nichtsdestoweniger wurde es bald augenfällig, daß innerhalb der sowjetischen Zone kommunistische Elemente, die von dieser Reaktion der arbeitenden Bevölkerung enttäuscht waren, zu Akten der Gewalt schritten und versuchten, die öffentliche Ordnung in verschiedenen Bezirken der sowjetischen Zone zu stören. Die öffentlichen Polizeiorgane waren nicht stark genug, die Unruhestifter von einer Reihe von Bundesgebäuden zu vertreiben, die sie illegal besetzt hatten. Angesichts dieser Situation beschloß die Bundesregierung, Polizei- und Gendarmerieabteilungen von Wien aus zu den bedrohten Plätzen zu schicken. Diese Kräfte vertrieben die kommunistischen Streikenden erfolgreich aus den Bundesgebäuden. Später erhielten sie von der örtlichen Sowjetkommandantur den Befehl, die Gebäude wieder zu räumen, nach Wien zurückzukehren und solcherart den Status quo wiederherzustellen, d. h. die Unruhestifter wieder die fraglichen Gebäude besetzen zu lassen. Durch ihr Vorgehen hinderte die sowjetische Kommandantur die Bundesregierung daran, mit ihren eigenen Sicherheitsorganen öffentliche österreichische Einrichtungen zu schützen und Ordnung und Sicherheit gegenüber illegalen Aktivitäten aufrechtzuerhalten. Infolgedessen sah sich die Bundesregierung vor die Notwendigkeit gestellt, heute an den Alliierten Rat das dringende Ersuchen zu richten, unverzüglich geeignete Maßnahmen zu ergreifen, um der Bundesregierung die Ausübung ihrer verfassungsmäßigen Pflicht zu ermöglichen. Die Bundesregierung richte unter einem einen eindringlichen Appell an die Regierung der Vereinigten Staaten, in deren Eigenschaft als Besatzungsmacht, sie in ihren Bemühungen um die Aufrechterhaltung der Ordnung im Lande zu unterstützen. Empfangen Sie bitte, Exzellenz, den Ausdruck meiner vorzüglichsten Hochachtung."

Tags darauf antwortet Unterstaatssekretär James E. Webb im Namen von Dean Acheson noch um einen Grad unverbindlicher:[50] „Die von der österreichischen Regierung ergriffenen Maßnahmen finden die volle Zustimmung der USA. Die USA werden gewiß zu ihren internationalen Verpflichtungen stehen und dazu beitragen, in den Gebieten Österreichs, für die sie verantwortlich sind, für die Aufrechterhaltung von Gesetz und Ordnung zu sorgen."

Nach dem Ende der Streikbewegung im Herbst 1950 war festzustellen, daß entgegen den Intentionen von kommunistischer Seite die Große Koalition fester gefügt schien denn je. Auf jeden Fall war man zusammengerückt. Es war damit aber keine wie immer geartete Abstimmung ideologischer Ziele oder gar die Aufgabe von irgendwelchen Positionen verbunden gewesen. Da sich an den Grundvoraussetzungen der Koalition nichts geändert hatte und deren Handeln nach wie vor von jenem der disparaten Gruppen beherrscht wurde, war es nur eine Frage der Zeit, bis sich die zentrifugalen Kräfte wieder zu Wort melden würden.

Die Bewegung im Zentrum der großen Parteien war minimal. Nur an den Flügeln, da gab es immer wieder Veränderungen. Am linken Flügel, bei den Kommunisten, gab es außer einer Ernüchterung auch einen Aufweichungsprozeß und personelle Veränderungen. Sie waren zum Teil Folgen der Streiks, zum anderen aber wurde die Integration der Linkssozialisten der Scharf-Gruppe abgeschlossen. Neu hereingenommen wurde der Kreis um Josef Dobretsberger, der eine Öffnung zu christlichen Fundamentalisten und Pazifisten ermöglichen sollte.[51] Im linken Spektrum gab es aber auch so merkwürdige Erscheinungen wie das Auftreten eines Nationaldemokratischen Verbandes, vor allem aber die Nationale Liga, deren Führer ein Herr Figl und ein Herr Krupicka waren. Tatsächlich wurde die Nationale Liga von einem früheren SS-Hauptscharführer, namens Adolf Slavik, kontrolliert. Er wurde als der personifizierte Verstoß gegen die österreichische NS-Gesetzgebung angesehen, da er aber sowjetischen Schutz genoß, war ihm kaum beizukommen. Slavik, der nationalsozialistische Ideen nur in ein neues Gewand verpackte, verstieg sich zu Behauptungen wie denen, daß der nächste Krieg über kurz oder lang kommen müsse. Am Sieg der Sowjets wäre nicht zu zweifeln, daher wären sie für alle jene, die die deutsche Volkssubstanz in Österreich retten wollten, die natürlichen Verbündeten. Die Sowjets würden auch ein starkes Deutschland als Handelspartner brauchen, daher sei es nicht nur notwendig und sinnvoll, die sowjetische Österreichpolitik, sondern auch deren Deutschlandpolitik zu unterstützen. Slavik wandte sich mit seiner Propaganda vor allem an jene ehemaligen Nationalsozialisten, die in der Jungen Front bei der ÖVP oder beim VdU Zuflucht gefunden hatten.[52]

Die Folgen des Streiks waren bei den Kommunisten und extremen Linken auch daran zu messen, daß sie sich politisch und propagandistisch zurückhielten und man erst wieder im Frühjahr 1951 mit gesteigerten Aktivitäten rechnete. Die Bundesregierung wies in dem Zusammenhang darauf hin, daß es Sache der Amerikaner sei, einer kommunistischen Agitation den Wind aus den Segeln zu nehmen, und zwar durch die Freigabe von Counterpartmitteln. Mit zusätzlichen 150 Millionen Schilling glaubte man genügend Mittel zu haben, um die Winterarbeitslosigkeit erfolgreich bekämpfen zu können. Und wenn es keine Arbeitslosigkeit gab, dann war den Kommunisten eines der wesentlichsten Argumente genommen, um die kapitalistische Politik zu geißeln.[53]

Seit im Dezember 1950 das Argument auftauchte, die Amerikaner hätten es in der Hand, mit Hilfe der Counterpartmittel die Politik zu beeinflussen und insbesondere auf die Große Koalition stabilisierend zu wirken, verschwand dieses nicht mehr aus der Politik.

Doch der Prozeß der Veränderung, des Abbröckelns und „Andockens" war durchaus nicht auf die Linken beschränkt. Ebenso, ja stärker noch war dieser Prozeß im rechten Spektrum zu beobachten.

Wie erinnerlich, hatte sich noch vor den Wahlen 1949 am rechten Flügel der ÖVP die Junge Front formiert. Ihr Obmann war Ernst Strachwitz, der mittlerweile in den Nationalrat gewählt worden war, ebenso wie sein Stellvertreter Wilfried Gredler. Die Junge Front war komplett inhomogen und vereinigte junge und aufstrebende Talente genauso wie Liberale und ehemalige Nationalsozialisten. Als eine Organisation, die das rechts angesiedelte Potential, das den Weg nicht oder nur noch nicht zum VdU gefunden hatte, war die Junge Front der ÖVP aber immer noch willkommen. Es taten sich freilich Klüfte auf, und schließlich weigerten sich die Salzburger und die Wiener Organisation der Jungen Front, den im November 1950 stattfindenden Jahreskongreß zu beschicken, da sie meinte, der Antikommunismus allein sei zu wenig, sie würden eine christliche Basis suchen. Die sei zwar bei der ÖVP gegeben, nicht aber in weiten Kreisen der Jungen Front. Die Rebellion dieser beiden Untergruppen, die vor allem vom Wiener Hans Krasser geführt wurde, hatte zur Folge, daß die ÖVP einige Tage vor der Jahreshauptversammlung der Jungen Front die bis dahin völlig unbedeutende „Organisation D" des Rolf West aufwertete und sie in den „Österreichischen Bund" umwandelte. Diese Gründung fand die Unterstützung von Raab und Figl aber auch von Erzbischof-Koadjutor Dr. Franz Jachym.[54] Damit wurde der Jungen Front eine Rute ins Fenster gelegt und gleichzeitig eine Art Auffangorganisation geschaffen, sollte die Junge Front zerbrechen.

An sich wäre dieser Prozeß des Abbröckelns und Neugründens kaum beachtenswert, hätte er nicht einen erbitterten Kampf widergespiegelt, den die ÖVP sowohl um ihre Identität als auch, und vor allem, um ihre Wähler ausfocht. Es war nicht zu übersehen, daß der VdU, nachdem er zunächst ein beträchtliches Wählerpotential von der SPÖ abgezogen hatte, nunmehr genau jene Rolle zu spielen begann, die ihm in sozialistischen Augen eigentlich zugedacht war, nämlich die ÖVP zu konkurrenzieren. Wenn also Unruhe in die Politik kam und wenn in den folgenden Monaten und Jahren die Große Koalition in Frage gestellt schien, dann war dies so gut wie ausschließlich darauf zurückzuführen, daß die ÖVP in ihrer Auseinandersetzung mit dem VdU immer wieder Hin- und Abwendungen erkennen ließ, ein mitunter verzweifeltes Taktieren an den Tag legte und sich in einem beträchtlichen Ausmaß verbrauchte.

Während sich Österreich darauf einrichtete, den Besatzungsalltag als etwas mehr oder weniger Selbstverständliches hinzunehmen, keine Aussicht auf den Abzug der Besatzungstruppen oder auch nur auf ein Weiterverhandeln des Staatsvertrags bestand und während Regierung und politische Parteien sich auf „Fortwursteln" einstellten, starb Bundespräsident Renner im Alter von 81 Jahren. Er war körperlich zusehends verfallen und zuletzt nur noch wenig in Erscheinung getreten. Dennoch war es wie immer beim Tod eines Souveräns oder alten Staatsmanns: Man war vom Ende überrascht und erschüttert.

Da Renner am Silvesterabend 1950 starb und vermieden werden sollte, daß die öffentlichen Veranstaltungen abgesagt werden mußten, wurde mit der Verkündung der Todesnachricht zugewartet. Sie war dann gewissermaßen der Paukenschlag, mit dem das Jahr 1951 anfing. Schon tags darauf ließen jedoch die Koalitionsparteien abermals den Willen zu gemeinsamem Handeln erkennen. Sie wollten wie schon 1945 die Volkswahl des Bundespräsidenten aussetzen und die Wahl in der Bundesversammlung durchführen. Bereits am 2. Jänner wurden amerikanische Vertreter in Wien von dieser Absicht informiert, und es wurde hinzugefügt, man hoffe, die Sowjets würden sich diesem Verfahren nicht widersetzen.[55]

Die Gründe, die für ein erneutes Abgehen von der in der Verfassungsnovelle von 1929 vorgesehenen Volkswahl sprachen, wurden folgendermaßen zusammengefaßt:[56] Die Volkswahl wäre ein komplizierter Vorgang und würde bedeuten, daß es erst in einigen Monaten einen Bundespräsidenten gebe. Außerdem wären die Kosten hoch, denn man müßte ja eine regelrechte Präsidentschaftskampagne führen. Lediglich andeutungsweise wurde dann in den Presseorganen beider Koalitionsparteien davon gesprochen, daß eine Auseinandersetzung ein Jahr nach den letzten Nationalratswahlen nur geeignet sei, die Beziehungen der beiden Parteien nicht nur abermals zu belasten, sondern weiter zu erschüttern. Von den Sowjets erwarteten die „Großen Zwei" deshalb keinen allzu großen Widerstand gegen eine Wahl in der Bundesversammlung, weil damit zu argumentieren war, daß – damals – in Europa kein Land seinen Präsidenten direkt wählte; auch die Sowjetunion wählte ihren Präsidenten nicht direkt.

Eine deutliche Zurückhaltung der kommunistischen Presse wurde als ermutigend dafür angesehen, daß es eine einvernehmliche Einigung über das Aussetzen einer verfassungsrechtlichen Bestimmung geben würde. Die Koalition hatte auch schon einen Kandidaten in petto, der gemeinsam gekürt werden sollte, nämlich Leopold Figl.[57] Der ließ erkennen, daß er geneigt wäre, sich als gemeinsamer Kandidat der Wahl zu stellen. Sollte es allerdings zu einer Volkswahl kommen, wollte Figl nicht kandidieren.

Die Reaktion der parteiunabhängigen Presse war aber eine solche, daß bereits nach der ersten Jännerwoche die Wahrscheinlichkeit einer abermaligen Wahl in der Bundesversammlung schwand. Der VdU hatte sich als einzige Partei von allem

Anfang an unmißverständlich für die direkte Wahl ausgesprochen, und er erhielt auch diesmal die Unterstützung der parteiunabhängigen Presse, vor allem der „Salzburger Nachrichten" und der „Presse".[58] Ganz tot war der Gedanke des gemeinsamen Kandidaten noch immer nicht, wobei vorausgesetzt wurde, daß diesmal die ÖVP zum Zug kommen sollte. Außer Figl tauchte bald der Name des oberösterreichischen Landeshauptmannes Heinrich Gleißner auf.[59] Er wurde zwar im selben Atemzug wegen einer angeblichen Zugehörigkeit zur NSDAP attackiert, nichtsdestoweniger wollten ihn auch die Sozialisten akzeptieren. Sie erwarteten sich ein politisches Geschäft, wie sie ja die Auffassung vertraten, sie hätten sich nur deshalb bei den Regierungsverhandlungen 1945 mit weniger zufrieden gegeben als ihnen zustand, da dies durch die Wahl Renners kompensiert werden sollte. Nun wäre es also an der ÖVP gelegen, für die Zustimmung zum gemeinsamen Kandidaten Gleißner einen politischen Preis zu zahlen. Schließlich wurde auch ein Kompromißkandidat in der Person des Präsidenten des Österreichischen Verfassungsgerichtshofes, Professor Ludwig Adamovich, genannt, der ein enger Vertrauter des verstorbenen Bundespräsidenten war, aber der Volkspartei zugezählt wurde.[60]

Es dauerte Wochen, bis sich die Situation zu klären begann. Dabei dürfte mehreres eine Rolle gespielt haben. Zunächst einmal die eingangs erwähnten Überlegungen, daß ein Wahlkampf zu viel koste, aber auch eine sozialistische Überlegung, wonach die Verfassungsnovelle von 1929 überhaupt außer Kraft gesetzt werden sollte. Dazu kam, daß sich die Sozialisten wenig Chancen ausrechneten, einen eigenen Kandidaten durchzubringen und eher geneigt waren, im Gegenzug zu einer Zustimmung zu einem ÖVP-Kandidaten politisches Terrain innerhalb der Bundesregierung zu gewinnen.[61] Da sich jedoch immer mehr Einwände gegen die indirekte Wahl regten und eine Verfassungsänderung auf jeden Fall einer alliierten Zustimmung bedurfte, die Besatzungsmächte also mit genau jener Materie befaßt würden, die man ihnen vorenthalten wollte, begann schließlich Ende Jänner und Anfang Februar eine ernsthaftere Suche nach Kandidaten.

Es waren aber auch die Unabhängigen und die großen Zeitungen, die Stimmung in Richtung Volkswahl machten. Der VdU kündigte an, daß er einen unabhängigen Kandidaten unterstützen würde, und zwar nur jemanden, der nicht durch irgendeine Phase der Politik nach 1933 belastet wäre. Herbert Kraus verwies in diesem Zusammenhang auf den Innsbrucker Universitätsprofessor Dr. Eduard Reut-Nicolussi, der sich schon unter Dollfuß und Schuschnigg wegen der Preisgabe von Südtiroler Interessen zu Wort gemeldet hatte und aus denselben Gründen ein konsequenter Gegner des Nationalsozialismus gewesen war.[62] Der Chefredakteur der Salzburger Nachrichten, Gustav Canaval, griff wieder dadurch in die Politik ein, daß er am 20. Jänner zart, aber unübersehbar gegen eine Kandidatur Gleißners schrieb und eine Woche darauf vier Leute nannte, die für ihn mögliche Kandidaten wären. Einer davon war ebenfalls Reut-Nicolussi, der andere der Präsident des Roten Kreuzes, Dr. Burghart Breitner, und schließlich der Leiter des österreichischen ERP-Büros, Wilhelm Taucher. Canaval präsentierte noch einen vierten Kandidaten, nämlich den Bürgermeister von Artstetten, Dr. Max Hohenberg, den Sohn des 1914 ermordeten österreichischen Thronfolgers Franz Ferdinand. Hohenberg war im Krieg im Konzentrationslager gewesen, stünde über den Parteien, trete bei Veranstaltungen der

Wiener „Jungen Front“ auf und würde anderseits sogar in extrem linken Kreisen respektiert.[63]

Die sozialistische Kandidatensuche begann in einer Dreiergruppe, in der sich der Wiener Bürgermeister Theodor Körner, der Linzer Bürgermeister Ernst Koref und Innenminister Oskar Helmer fanden.

In der zweiten Februarhälfte standen dann die Kandidaten der Großparteien fest. Theodor Körner sollte für die Sozialisten antreten. Dabei war sein Bekanntheitsgrad ins Treffen zu führen und die Anerkennung, die er sich mittlerweile erworben hatte. Außerdem wurde bei seiner Nominierung berücksichtigt, daß er im Falle einer Niederlage wieder als Bürgermeister weiterarbeiten konnte, während Helmer nicht zunächst als Minister zurücktreten und dann vielleicht wieder als Minister angelobt werden konnte. – Für die Volkspartei war Gleißner der Kandidat. Es wurden aber noch Gespräche geführt, ob nicht zumindest die Unterstützung eines Teils des VdU für Gleißner zu bekommen wäre. Dabei ging es wiederum nicht nur um den Kandidaten, sondern um das Schicksal der Großen Koalition, da eine stille Hereinnahme der Unabhängigen zwar momentan eine Stärkung der ÖVP bedeutet hätte, auf Dauer aber die Zusammenarbeit mit den Sozialisten gefährden mußte. Man zögerte.

Am 16. März präsentierte schließlich ein „Komitee der 44“ den unabhängigen Kandidaten Burghart Breitner.[64] Diesem Komitee gehörten 23 Persönlichkeiten des VdU an, darunter Dr. Egbert Mannlicher, der ehemalige Linzer Bürgermeister Franz Langoth, der Mediziner Universitätsprofessor Dr. Franz Hamburger, ferner Professor Hermann Raschhofer und der Schriftsteller Bruno Brehm. Die restliche Gruppe wurde von Gustav Canaval angeführt. Man erwartete von allem Anfang an, daß es Breitner gelingen würde, eine hohe Zahl von Protestwählern zu mobilisieren. ÖVP und SPÖ hatten sich darauf geeinigt, einen kurzen Wahlkampf mit wenig Aufwand zu führen. Sie wurden aber von Breitner noch „unterboten“, da er überhaupt keine öffentlichen Wahlreden halten wollte und meinte, daß ein Kandidat, der sich um das Amt des Bundespräsidenten bewerbe, nicht für sich Propaganda machen dürfe.[65]

Es gab noch einen weiteren Kandidaten, der unsere Aufmerksamkeit verdient, nämlich den Grazer Theologen und Universitätsprofessor Dr. Johannes Ude. Dieser engagierte Pazifist und wie kaum ein anderer in der Ersten und Zweiten Republik politisierende Theologe verstieß mit seiner Kandidatur gegen ein ausdrückliches Verbot der katholischen Kirche und seiner Oberen. Wie er auch in der Ersten Republik immer wieder Lehrverbote riskierte – und auch auferlegt bekam –, riskierte er das wieder. Allerdings ging er von einer irrealen Annahme aus, in der ihn noch etliche Freunde bestärkten, daß er tatsächliche Chancen besitze. Die Folgen seiner Kandidatur und seines Ungehorsams waren, daß er suspendiert wurde.[66]

Nach den Vorgaben, unter denen die Wahl des Bundespräsidenten zustande kam und bei denen immer wieder sehr weitgehende Überlegungen hinsichtlich der künftigen Zusammensetzung und Arbeit der Regierung angestellt wurden, war es auch nicht weiter verwunderlich, daß sich ein Gären in der Koalition auch während des tatsächlich kurzen Wahlkampfes bemerkbar machte. Da die ÖVP im Zusammenhang mit einem Prozeß, der gegen den früheren ÖVP-Minister Peter Krauland vorbereitet wurde, immer wieder angegriffen wurde, setzte sie sich nicht nur damit zur Wehr, daß sie Krauland aus der Partei ausschloß, sondern auch damit, daß sie den Nachfolger Kraulands, Karl Waldbrunner, immer schärfer attackierte. In Salzburg schließlich, wo die ÖVP einen Parteitag abhielt, kam die Kritik an der Koalition wieder einmal zum Durchbruch, und es wurde sowohl deren Zweckmäßigkeit generell in Frage gestellt als auch Kritik daran geübt, daß sich die Regierungsmannschaft der Volkspartei von den Sozialisten alles bieten lasse.[67] (Von der sozialistischen Seite klang das dann seitenverkehrt.) Es wurde über mögliche Neuwahlen gesprochen, was deshalb nicht sehr überzeugend klang, da die Volkspartei dabei nicht sehr viel zu gewinnen hatte. Auch ein mögliches Zusammengehen mit den Unabhängigen wurde in Betracht gezogen. Und diese Varianten einer Koalition, also nicht mehr groß, sondern klein oder eine neue Konzentrationsregierung mit den Unabhängigen, wurden allmählich zum beherrschenden Thema.

Die Sozialisten schienen ein wenig in der Defensive zu sein. Vor dem 6. Mai, an dem der erste Wahlgang der Bundespräsidentenwahlen stattfinden sollte, wurde immer wieder vorsichtig darauf hingewiesen, daß die Sozialisten auch dann gleichwertig und gleichberechtigt im Staat sein würden, wenn die ÖVP schließlich den Bundespräsidenten, den Bundeskanzler und den Nationalratspräsidenten stellen würde. Die Sozialisten bekamen unzweifelhaft jene gewissen Äußerungen mit, wonach Gleißner als Exponent der reformistischen und westlerischen Gruppe der ÖVP anzusehen wäre, die nicht unbedingt an der Großen Koalition festhalten wollte. Es wurde angedeutet, daß ein Bundespräsident Gleißner sein Amt aktiver ausüben und korrigierend auf das Verhältnis der Parteien einwirken würde. Die ÖVP wollte schließlich bei einem Wahlsieg bei der Bundespräsidentenwahl ihre Position in der Bundesregierung dadurch stärken, daß sie einen zusätzlichen Staatssekretärsposten, und zwar im Ministerium Waldbrunner, forderte.[68]

Der Wahlgang am 6. Mai zeigte jedoch, daß der ÖVP-Kandidat Gleißner doch nicht so glatt durchzubringen war, wie man zunächst gedacht hatte. Gleißner erhielt zwar eine relative Mehrheit, doch Burghart Breitner war mit 662.501 Stimmen ein Erfolg geglückt, der weit mehr als nur ein Achtungserfolg war. Körner schließlich hatte sich mit 1,683.000 Stimmen alle Chancen gewahrt. Für die Stichwahl wurden die Karten neu gemischt. Kraus und Canaval konnten in das Lager Gleißners gezogen werden, sie gaben schließlich eine Empfehlung für den ÖVP-Kandidaten ab. Die Kommunisten, die entgegen den ersten Erwartungen nicht mit Dobretsberger oder Universitätsprofessor Dr. Karl Brandweiner, sondern mit dem Gewerkschafter Gottlieb Fiala in die Präsidentenwahlen gegangen waren, empfahlen ihren Wählern, für Körner zu stimmen.

Auch Johannes Ude, der katholische Theologe und unabhängige Präsidentschaftskandidat, der im ersten Wahlgang nur rund 4000 Stimmen erhalten hatte, gab eine Wahlempfehlung für Körner ab. Die ÖVP war weiterhin siegessicher. Sie rechnete damit, daß zu den Gleißnerwählern aus dem ersten Wahlgang noch ein erheblicher Teil, wenn nicht der Großteil der Breitnerwähler kommen mußte. Es war vielleicht ein Fehler gemacht worden, daß man – anders als die Sozialisten – Breitner im Wahlkampf heftig attackiert hatte. Doch das sollte schon wieder vergessen sein. Und genau das war es nicht und anderes wohl auch nicht. Als daher feststand, daß Theodor Körner die Stichwahl am 27. Mai 1951 gewonnen hatte und neuer Bundespräsident würde, konnte man sagen, daß eine Demokratie immer noch gut für Überraschungen ist und daß die ÖVP eine ganz unerwartete Niederlage erlitten hatte.

Nun gibt es in einer Demokratie und in der Geschichte einer politischen Partei immer wieder Erfolge und Mißerfolge. Keiner ist gänzlich ohne Konsequenzen. Während des Wahlkampfs für die Bundespräsidentenwahlen hatte man zwar kaum einmal den Eindruck gehabt, der Ausgang derselben würde über mehr entscheiden als eben darüber, wer Bundespräsident sein würde. Schließlich aber hatte dieser Wahlgang erhebliche Fernwirkungen, und es hieß, sich auf Neues einzustellen.

8 Die Schicksalsgemeinschaft

Erfolge und Mißerfolge werden gerne personalisiert. Das ist nicht nur in der Politik so, sondern kann in vielen Bereichen des menschlichen Zusammenlebens beobachtet werden. Auch Manager erfüllen vielleicht jahrelang die in sie gesetzten Erwartungen und sehen sich dann plötzlich auf die Straße gesetzt, weil der Betrieb mit einem Mal weniger Gewinn macht oder gar in die roten Zahlen gekommen ist. Trainer von Sportvereinen stellen sich darauf ein, einen Tag das „Hosianna" und anderntags das „Crucifige" zu hören. Auch wenn in dergleichen Projektion von Erfolg und Mißerfolg etliche Kurzsichtigkeit steckt, wird dennoch immer davon auszugehen sein, daß besondere Aufgaben und besondere Verantwortung immer nur von wenigen Menschen getragen werden. Und gerade in der Politik wird es besonders augenfällig, wohin Verantwortungsbewußtsein und Verantwortungslosigkeit führen und wie sehr Erfolg und Mißerfolg an den Personen „kleben".

Leopold Figl hatte für den Mißerfolg der ÖVP bei den Bundespräsidentenwahlen geradezustehen. Seine erste Reaktion auf das Ergebnis der Wahlen bestand darin, daß er betonte, die Große Koalition würde bleiben. Er schränkte zwar sofort ein, daß es von seiner Partei abhänge, ob er Kanzler bliebe, doch selbstverständlich hoffte er es.[1] Und Adolf Schärf, der ebenfalls sofort für die Beibehaltung der Großen Koalition plädierte, übte sich in Zurückhaltung und betonte, daß die Sozialisten keinerlei Forderungen hätten. Er dämpfte sogar die Hochstimmung in der eigenen Partei dadurch, daß er herausstrich, es wäre zwar ein Votum für Körner, nicht aber für die Sozialisten abgegeben worden.[2] Das war deshalb notwendig, um nicht Gefahr zu laufen, von kommunistischer Seite unter Druck zu geraten. Die Kommunisten stellten es ja so dar, daß es nur ihnen zu verdanken sei, daß der SPÖ-Kandidat gewonnen hätte. Damit wäre aber eine der SPÖ-Führung nicht angenehme Verknüpfung von SPÖ und KPÖ im Raum stehen geblieben. Und genau das wollte Schärf nicht.

Figl war aber in einer ungleich schwierigeren Situation. Schon Ende Mai wurde deutlich, daß jene Gruppe, die für einen härteren Kurs gegenüber den Sozialisten und für ein Zusammengehen mit dem VdU plädierte, keineswegs verstummt war. Der Tiroler Gschnitzer rief schon einen Tag nach der Wahl nach Reformen und meinte, seine Partei sollte mit anderen mittelständischen Gruppen zusammenarbeiten. Das konnte nur auf die Breitnerwähler abzielen. Er forderte unverblümt den Austausch von Ministern, ohne sie zu benennen. Aus früheren parteiinternen Angriffen wußte man, daß es um Felix Hurdes, Eugen Margarétha und Josef Kraus ging, daß aber auch Figl gemeint sein konnte, denn was da angesprochen wurde, lief ja auf einen kompletten Austausch der Regierungsmannschaft hinaus. In einer Sitzung der ÖVP-Bundesparteileitung war es dann Gleißner, der zur Einigkeit aufrief. Raab stieß ins selbe Horn und wollte die Sitzung vertagen. Er wurde aber niedergestimmt. Karl Gruber, Dr. Ernst Kolb und Ferdinand Graf stimmten gegen Raab. Gschnitzers Appell wurde zum Beschluß erhoben.[3] Bei der Kritik hatten aber auch noch andere eine Rolle gespielt. Die Junge Front forderte unverblümt die Ablösung der KZ-Generation. Der Generaldirektor der Veitscher Magnesitwerke, Dr. Hans Lauda, der auch Präsident der Industriellenvereinigung war, wollte ein Arrangement mit dem VdU. Die Landeshauptleute der Steiermark, von Vorarlberg und von Tirol, Krainer, Ilg und Alois Grauß, traten für substantielle Veränderungen in ihrer Partei ein, da sie Einbrüche des VdU in ihren Ländern befürchteten. Der Salzburger Landeshauptmann Klaus konnte zwar nicht befragt werden, da er zu dieser Zeit gerade in den USA war, doch da Breitner in Salzburg als einzigem Bundesland mehr Stimmen erhalten hatte als der ÖVP-Kandidat Gleißner, mußte gerade Klaus die Stärke des VdU als bedrohlich empfinden. Solcherart bekam die Bundespräsidentenwahl von 1951 den Charakter einer Denkzettelwahl, weil starke Gruppen innerhalb der ÖVP glaubhaft machen konnten, der Ausgang sei darauf zurückzuführen, daß die ÖVP-Führung jeglicher Reform abhold sei.[4]

Es dauerte auch nur zwei Wochen, bis es dann tatsächlich zu wesentlichen personellen Änderungen kam. Julius Raab wurde zum amtierenden Bundesparteiobmann bestellt und ersetzte Figl in dieser Funktion; Alfred Maleta ersetzte Felix Hurdes als Generalsekretär der ÖVP. Es wurden zwar noch weitergehende Veränderungen diskutiert, doch die eine, um die es dann ging, nämlich die Ersetzung Figls als Kanzler, fand dann doch nicht statt. Gleißner wie Gruber, der schon seit längerem ein unabhängiges Spiel begonnen hatte, scheuten sich, als Kampfkandidaten aufzutreten.[5]

Den Sozialisten war die Entwicklung innerhalb der Volkspartei nicht recht, doch sie konnten sie natürlich nicht direkt beeinflussen. Unübersehbar waren freilich die wiederholten Versuche, die Schärf und Helmer unternahmen, um indirekt jene Kreise und Personen zu stärken, die für die Große Koalition eintraten.[6] Sie wetterten dagegen, daß immer wieder Personen und Personengruppen von außen in die Regierungsarbeit eingriffen und dadurch Beschlüsse, die im Kabinett bereits gefaßt waren, wieder zu Fall brachten. Dabei wurde von sozialistischer Seite der Beschluß über die Einführung von Ministerpensionen sowie die Einführung eines fleischlosen Tages in der Woche angeführt. Beides wäre von der neuen ÖVP-Führung zu Fall gebracht worden. Und mit Leuten, die nicht zu Vereinbarungen stünden, könnte man doch nicht zusammenarbeiten.

Im September 1951 wurde Schärf dann ganz deutlich, als er dem amerikanischen Hochkommissar und Botschafter Walter J. Donnelly gegenüber meinte, Figl überlebe als Kanzler nur mit sozialistischer Hilfe.[7]

Auch die Amerikaner betonten ihr Interesse am Fortbestand der Großen Koalition, und man hätte durchaus meinen können, es gäbe so viele Probleme aufzuarbeiten, daß allmählich die Personaldiskussion wieder einer Sachdiskussion weichen sollte. Schließlich waren ja Grundprobleme des Staates nach wie vor nicht gelöst. Es gab nach dem vierten Lohn- und Preisabkommen am 10. Juli 1951 ein fünftes. Es war bei weitem besser vorbereitet worden als das vorhergehende. Sämtliche Einzelheiten waren breit diskutiert und der Termin des Inkrafttretens bekanntgegeben worden. Dadurch wurden Streiks oder auch nur größere Demonstrationen vermieden. Doch das Abkommen änderte noch nichts an der Inflation.[8] Die zweite Grundfrage war die nach der Fortsetzung der Staatsvertragsverhandlungen. Und da sich hier seit dem Herbst 1950 kein Fortschritt ergeben hatte, waren von amerikanischer Seite Verhandlungen mit Österreich aufgenommen worden, ob nicht ein gänzlicher Neuansatz gesucht werden sollte. Die USA schlugen vor, sieben fertige, das heißt mit den Sowjets übereinstimmend festgelegte Artikel aus dem alten Vertrag zu nehmen und ihnen einen weiteren anzuhängen, in dem Österreich das Deutsche Eigentum übertragen würde. Die Amerikaner führten dabei ins Treffen, daß mittlerweile die Friedensverträge mit Italien, Japan und Westdeutschland fertiggestellt worden seien, die bei weitem nicht so viele Lasten enthielten, wie sie von Österreich gefordert werden sollten. Der österreichische Außenminister wollte aber in eine andere Richtung gehen und die UNO einschalten. Dem stimmten die Amerikaner halbherzig zu, meinten aber, es hätte erst einen Sinn, wenn der von ihnen vorgeschlagene „Kurzvertrag" bereits vorliege.[9]

Es war jedoch zu wenig bedacht worden, wie sehr die unklare innenpolitische Situation auf sämtliche Fragen der Außen- und Wirtschaftspolitik einwirkte. Daher kehrten die Überlegungen immer wieder zur Frage des Fortbestandes der Koalition zurück, und man grübelte über notwendige oder auch nur zu erwartende Änderungen in der Zusammensetzung der Regierung. Sechs Jahre nach dem Krieg schien eine Art Lähmung das Land ergriffen zu haben. Man konnte zwar eine geläufige Feststellung wiederholen, wonach Österreich in seinen Ländern lebte und diese auch ganz gut eine Art Eigenleben führten, doch letztlich kam man natürlich nicht an der Frage über den weiteren Weg des Gesamtstaates vorbei und diskutierte sie ein ums andere Mal.

Als sich Ende Oktober 1951 einer der besten Österreichkenner des amerikanischen Hochkommissariats, Johannes Imhof, daranmachte, den Zustand Österreichs zu beschreiben, stellte er zunächst fest, daß die Große Koalition eine unnatürliche Allianz sei.[10] Sie würde nur durch Druck von außen, und zwar durch die Besetzung und vor allem durch die Anwesenheit von sowjetischen Truppen aufrechterhalten. Eine derartige Feststellung wäre wohl auch nur zwei Jahre vorher nicht in dieser Schärfe getroffen worden. Anscheinend war wieder einmal nichts vom historischen Kompromiß zu spüren. Immer mehr Politiker drückten ihre Zweifel an der Fortdauer, ja sogar an der Zweckmäßigkeit der Koalition aus. Es waren nicht nur die bekannten ÖVP-Gruppen, sondern auch Sozialisten, die im Aufwind der gewonnenen Bundespräsidentenwahlen nach Neuwahlen und nach einer anderen Form der Zusammenarbeit riefen. Dabei entpuppte sich Franz Olah als einer derjenigen, der am konsequentesten auch gegen die eigene Parteiführung votierte. Währenddessen taktierte die ÖVP. Jeder Zeitgewinn bedeutete Fortsetzung der Großen Koalition. Mittlerweile konnten Raab und Maleta darangehen, zumindest einige Reformmaßnahmen zu setzen. Doch jede Reform lief letztlich auf den Austausch von Personen und auf ein Gespräch mit der Rechten hinaus. Es wurde gehofft, ja erwartet, daß sich eine weitere Rechtspartei herausbilden würde, die durch die Spaltung des VdU entstehen konnte. Karl Gruber kam dabei wieder einmal ins Gerede, da er den Kontakt zu Kraus gesucht hatte und ihm immer wieder nachgesagt wurde, er hätte selbst Kanzlerambitionen und würde eine Zusammenarbeit mit dem VdU oder auch nur Teilen desselben suchen.

Der schon erwähnte Imhof aus dem amerikanischen Hochkommissariat meinte nicht unkritisch, das bei der ÖVP am häufigsten mißbrauchte Wort sei „Reform". Mit dem Ruf nach Reform würde der Wunsch nach mehr Einfluß bzw. nach einem anderen Kurs verbunden. Nach den Präsidentschaftswahlen sei dieser Ruf dadurch beantwortet worden, daß Raab auf den Schild gehoben worden sei. Doch er sei ja durchaus als Vertreter der alten Parteihierarchie anzusehen und kein Reformer. Und der neue Generalsekretär Alfred Maleta habe in den Österreichischen Monatsheften, der theoretischen Zeitschrift der ÖVP, das Wort Reform dahingehend erläutert, daß er meinte, es sei das nur eine Art Grundauffassung, ja weniger noch, Reform sei lediglich ein taktisches und organisatorisches Konzept. Raab brachte das Problem schließlich auf eine seiner bekannten Kurzformeln: „Wer nicht pariert, fliegt hinaus!"

Derartiges war mittlerweile der Jungen Front passiert. Das wurde zwar als etwas erklärt, das durchaus nicht als politische Weichenstellung zu verstehen sei. Es wäre vielmehr darauf zurückzuführen, daß die Junge Front eine Vertretung in sämtlichen Parteigremien gefordert habe, sich aber anderseits nicht an Parteibeschlüsse binden wollte. Also hätte man kurzen Prozeß gemacht. Doch da stand wohl mehr dahinter, vor allem die Erkenntnis, daß die Junge Front der ÖVP politisch nichts gebracht hatte und man das Gespräch mit dem VdU lieber direkt als im Umweg über so zweifelhafte Kantonisten suchte.

Raab und Maleta wollten den Einfluß der Bünde innerhalb der ÖVP zurückdrängen, sie wollten die Möglichkeit von Volksabstimmungen aufgreifen, was von den Sozialisten gar nicht gut geheißen wurde. Die hohen Kosten und administrativen Schwierigkeiten von Volksabstimmungen wurden zwar auch von Raab nicht verkannt, doch die Frage der Wiedereinführung der Todesstrafe und die Frage der Ehegesetzgebung, beides Probleme, in denen es keine Annäherung zwischen Sozialisten und der Volkspartei gab, wurden als „plebiszitfähig" angesehen.[12] Immer wieder wurde über den Einfluß des einen oder anderen Ministers und Parteigranden auf die Gesamtpartei gerätselt und gefragt, wer von wem gegen wen gehalten würde. Eines war jedoch unwidersprochen: Figl war ein Mann Raabs, und da niemand in der ÖVP an Raab vorbeikam, bestimmte er die Politik der Volkspartei. Als daher Raab im November bei den Landesparteitagen der ÖVP in Niederösterreich und Wien mit Bestimmtheit die Fortdauer der Koalition, keine Änderung in der Regierung und auch keine Nationalratswahlen in naher Zukunft voraussagte,[13] wollte man ihm gerne glauben.

Einen Monat später tauschte die ÖVP fast ihre gesamte Regierungsmannschaft aus. Nur Figl und Gruber blieben. Der bisherige Unterrichtsminister, Felix Hurdes, wurde Nachfolger Kunschaks als Präsident des Nationalrates. Statt ihm kam dann Ernst Kolb ins Unterrichtsressort. Franz Thoma ersetzte Josef Kraus als Landwirtschaftsminister, Josef Böck-Greissau wurde statt Kolb Bundesminister für Handel und Wiederaufbau, und schließlich wurde Eugen Margarétha durch Dr. Reinhard Kamitz im Finanzministerium abgelöst. Das Revirement hätte sogar noch ein größeres sein sollen, da auch Gruber um ein Haar abgelöst worden wäre. Er wurde mit einer Stimme, nämlich der Figls, im Amt belassen.[14] Um aber auch den ÖAAB zum Zug kommen zu lassen – und das war Weinberger ja nach den Wahlen 1949 mehr oder weniger bindend zugesagt worden – war zunächst Fritz Bock für das Unterrichtsministerium vorgesehen gewesen. Er scheiterte jedoch bemerkenswerterweise an einem Einspruch der katholischen Kirche.[15] Daher wurde Bock, der damals Generalsekretär des ÖAAB war, schließlich mit dem neugeschaffenen Posten eines Staatssekretärs im Ministerium für Handel und Wiederaufbau ausgestattet. Er sollte sich um die öffentlichen Bauten kümmern. Als Ausgleich für den zusätzlichen ÖVP-Staatssekretärposten wurde auch ein zusätzlicher SPÖ-Staatssekretärposten im Innenministerium geschaffen. Er wurde mit dem bisherigen Obmann der Konsumvereine, Andreas Korp, besetzt, der schon der Provisorischen Staatsregierung angehört hatte. Er konnte dann, wie bereits erwähnt, nicht in das erste Kabinett Figl eintreten, da er wegen seiner früheren Zugehörigkeit zur NSDAP von Amerikanern und Sowjets beeinsprucht worden war. Nunmehr gab es, scheint's, keine Einwendungen mehr. Die ÖVP hatte in Verhandlungen mit der SPÖ zwar auch versucht, ihren Partner in der Koalition dazu zu bringen, daß sie Justizminister Tschadek durch einen anderen Politiker ersetzte. Tschadek wurde von der ÖVP vorgeworfen, daß er sein Ressort nach parteipolitischen Gesichtspunkten führte. Die ÖVP hatte jedoch kein Glück mit ihrem Vorstoß.[16]

Vieles an der Regierungsumbildung vom 23. Jänner 1952 war bemerkenswert. Da war einmal die Tatsache, daß die ÖVP einen Großteil ihrer Mannschaft austauschte. Mit neuen Leuten an bestehende Aufgaben heranzugehen, war schon immer ein bewährtes Rezept, um Kritik zu unterlaufen, aber auch um neue Impulse zu setzen. Dazu kam dann, daß zusätzliche Staatssekretäre ernannt wurden, die dann in Ministerien ihrer eigenen Couleur eintraten. Der Staatssekretär wurde solcherart nicht als Kontrollorgan für einen „andersfärbigen" Minister gesehen, sondern als jemand, dem eigenständige Aufgaben übertragen wurden, ohne daß ein eigenes Ministerium geschaffen wurde. Schließlich verdiente die Ernennung von Andreas Korp noch besondere Beachtung, da er als Präzedenzfall zu sehen war. Erhoben die Alliierten gegen ihn keinen Einwand, dann würden sie wohl auch gegen einen anderen keinen Einwand erheben, den sie selbst – aus welchen Gründen immer – schon einmal abgelehnt hatten oder noch immer ablehnten. Sie hätten auf Grund des Zweiten Kontrollabkommens zwar nicht mehr direkt eingreifen können, doch es gab ja auch noch andere Möglichkeiten des Drucks. Noch dazu, da dem einen oder anderen die Entwicklung generell in eine falsche Richtung zu gehen schien.

Von den Bedenken und der mitunter massiven Kritik drang zwar nur in den selteneren Fällen etwas nach Österreich durch. Doch heute sind wir in der Lage nachzuvollziehen, wie sich die Meinungsbildung vollzog, und daraus läßt sich doch einiges ablesen. Eine der bemerkenswertesten Analysen der österreichischen Verhältnisse war im Oktober 1951 in den USA entstanden und hatte den Sohn des aus dem Zweiten Weltkrieg bekannten Henry Morgenthau, Hans, zum Verfasser,[17] der im State Department arbeitete.

Hans Morgenthau unterzog die alliierte und vor allem die amerikanische Politik gegenüber Österreich einer detaillierten Kritik und ging dabei auch ausführlich auf die Verhältnisse des koalitionären Landes ein. Die großen Parteien, meinte er da, hätten unter den Verhältnissen des Jahres 1951 keine Chance zur Alleinregierung, und dabei würde es wohl auch, zumindest eine Zeitlang, sein Bewenden haben. Die ÖVP wäre allerdings in der Lage, zusammen mit dem VdU eine kleine Koalition zu bilden, wogegen die SPÖ keinen anderen Koalitionspartner habe. Die Folgen der Großen Koalition seien allerdings bedenklich.

Die Wähler sähen in den Großparteien vor allem Organisationen zur wirtschaftlichen Absicherung, da man ganz einfach zur Kenntnis nehmen mußte, wie sehr man die Parteien brauchte, um seinen Weg zu machen. Die Mitgliedschaft bei einer Partei sei notwendig, um Lehrer zu werden, um eine Stelle als Putzfrau zu bekommen oder die Konzession zur Eröffnung eines Friseurladens zu erhalten. Die Parteien griffen in alle Lebensbereiche ein und hätten für alles und jedes ihre Organisationen. Das Resultat sei ein „quasifeudales“ Verhalten der Parteien und einzelner Parteiführer. Und die Konsequenz: Ein Stagnieren des politischen und wirtschaftlichen Lebens, Korruption sowie Apathie und Zynismus innerhalb der Bevölkerung. Die Korruption gäbe es allerdings weniger im öffentlichen Dienst, der sich bemerkenswert immun zeige, um so mehr dafür auf Gemeinde- und Landesebene, aber auch in der verstaatlichten Industrie. Eine weitere Auswirkung der Großen Koalition und der Parteienherrschaft entstehe dadurch, daß Kleinbetriebe wie auch manche Industriestandorte durch staatliche Subventionen am Leben erhalten würden. Dazu kämen ein unzulängliches Steuersystem und zuviel Dirigismus. Die Folge sei, daß die Bevölkerung gleichgültig würde und in der Koalition etwas sähe, das man halt nicht ändern könne. Das Fazit: Die Stabilität in Österreich sei eine scheinbare, meinte Hans Morgenthau, die Demokratie weiterhin schwach und das ganze beruhe nicht auf tieferer Einsicht, sondern darauf, daß niemand das Risiko eines Wechsels auf sich nehmen wolle. Wie also sollte es anders und besser werden?

Die Regierungsumbildung fiel in eine Zeit, in der Österreich wieder, wie so oft, von seiner Vergangenheit eingeholt worden war. Und wie meistens in diesen Jahren und schließlich Jahrzehnten war es nicht die unmittelbare Vergangenheit, sondern die weiter zurückliegende, die zum Problem wurde. Am 5. Jänner 1952 hatte der Verfassungsgerichtshof in einem vom früheren Vizekanzler (1934–1936) und Heimwehrführer Ernst Rüdiger Starhemberg angestrengten Prozeß entschieden, daß 82 bereits vom NS-Staat konfiszierte Güter von der Republik Österreich zurückzugeben waren.[18] Die meisten lagen in Ober- und Niederösterreich und wurden als Deutsches Eigentum behandelt. Die Koalitionsparteien waren in einer verzwickten Situation. Schlagartig setzten sozialistische Angriffe auf die ÖVP ein, in denen von

Klerikofaschismus gesprochen und die ÖVP attackiert wurde. Die ÖVP ihrerseits wollte keineswegs zum Verteidiger der Ansprüche Starhembergs werden, verwies aber darauf, daß der Spruch von einem Höchstgericht gefällt worden sei. Und das sollte doch in der Demokratie etwas gelten. Sozialisten riefen für Montag, den 7. Jänner, zu Streiks und Protestversammlungen auf. Wie man im nachhinein erfuhr, waren aber die überschäumenden Reaktionen deshalb „passiert", weil die gemäßigten Parteiführer, vor allem Schärf, noch ihren Weihnachtsurlaub außerhalb von Wien verbrachten.[19] Schärf dämpfte denn auch am 7. Jänner seine Heißsporne, und die „Arbeiter Zeitung" schrieb überdeutlich, daß die Fehler von 1934 nicht die Koalition zersplittern dürften. Daraufhin schlug die ÖVP eine zeitweilige öffentliche Verwaltung der Güter vor, worüber dann die Verhandlungen begonnen wurden.

Die Aufregung um die Starhemberggüter und die Bedrohung der Koalition durch ein letztlich historisches und rechtliches Problem ließen jedoch ein anderes Ereignis etwas in den Hintergrund treten, nämlich die Jungfernrede des neuen Finanzministers Kamitz. Was dabei ausgeführt wurde, barg – wie sich bald darauf zeigen sollte – einigen Sprengstoff in sich. Kamitz, ein Mann Raabs, Finanz- und Wirtschaftswissenschafter von Format, wollte das wirtschaftspolitische Steuer dadurch herumreißen, daß er die Konsumgüterindustrie forcieren und weniger Mittel für den Bereich der öffentlichen Bauten wie überhaupt die direkten staatlichen Ausgaben bereitstellen wollte.[20] Kamitz sprach einem Wirtschaftsliberalismus das Wort, wie er in der Bundesrepublik Deutschland schon zu erheblichen Erfolgen geführt hatte, doch da er damit Grundfragen der Wirtschaftspolitik ansprach und vor allem auch andeutete, daß er für einige Bereiche, die der sozialistischen Domäne zugezählt wurden, weniger Geld bereithalten würde, war zu erwarten, daß sich darüber die Koalitionsfrage stellen würde.

Vizekanzler Schärf brachte die Frage eines neuen wirtschaftspolitischen Kurses denn auch in Washington zur Sprache, allerdings dürfte er nur vorsichtig die amerikanische Haltung erkundet haben und nicht, wie es dann Kanzler Figl berichtet worden ist, gesagt haben, die Amerikaner sollten es nicht zulassen, daß in Österreich die langfristigen Investitionen zugunsten kurzfristiger Maßnahmen aufgegeben werden.[21]

Kamitz handelte zwar nach ihm eigenen wirtschaftstheoretischen Grundsätzen. Er war allerdings nicht gänzlich frei, da er zudem einem immer stärkeren Drängen der Amerikaner nach wirtschaftlichen Reformen ausgesetzt war. Da die Amerikaner aber ein ums andere Mal deutlich machten, daß sie von der Erfüllung ihrer Forderungen auch die Ausschüttung der Counterpartmittel abhängig machten, war der Freiraum des österreichischen Finanzministers eingeengt. Auch hierbei gab es freilich so etwas wie das Streben nach Ausgewogenheit, denn wenn auf amerikanischer Seite zum einen eine Wirtschaftspolitik verlangt wurde, die sozialistischen Interessen zumindest teilweise zuwiderlief, dann wurde das dadurch gewissermaßen ausgeglichen, daß die Amerikaner auch eine Untersuchung bei den staatlichen Großbanken forderten, die die ERP-Mittel verwalteten, weil sic glaubten, Unregelmäßigkeiten auf der Spur zu sein. Die Amerikaner wollten nämlich schon im Juli 1951 herausgefunden haben, daß die Großbanken ERP-Lieferungen verschoben, wie z. B. Tabak um 3 Millionen Dollar nach Westdeutschland, anderes wohl auch nach dem Osten.[22] Die Großbanken waren damals wiederum ÖVP-Domäne. Somit wurde der Druck annähernd gleichmäßig verteilt. Da Minister Kamitz seine Pläne zur Budgetsanierung aber konsequent weiterverfolgte und damit die wirtschaftlichen Reformen nicht nur ein Lippenbekenntnis blieben, die ÖVP anderseits etwas zähneknirschend einer Untersuchung der Großbanken durch Beiziehung amerikanischer Experten zustimmte, gaben die Amerikaner schließlich einen Betrag von 11 Millionen Dollar und zusätzlich 1,5 Milliarden Schilling, also insgesamt 1,77 Milliarden Schilling an Counterpartmitteln frei.[23]

War solcherart nicht nur das Funktionieren des österreichisch-amerikanischen Verhältnisses demonstriert worden, sondern auch die Absicht der Amerikaner, zu beiden Koalitionsparteien ein korrektes Verhältnis zu unterhalten und die materielle Basis für ein klagloses Funktionieren der Großen Koalition zu schaffen, so war doch auch dieses Verhältnis nicht frei von Spannungen. – Aktueller Anlaß dazu war das Amnestiegesetz für ehemalige Kriegsgefangene. Es sollte die Heimkehrer von Sühnefolgen auf Grund der Entnazifizierungsbestimmungen befreien. Davon war eine Personengruppe von damals etwa tausend Personen betroffen. ÖVP und VdU hatten im Dezember 1951 im Parlament einen diesbezüglichen Initiativantrag eingebracht. Er war behandelt und schließlich einstimmig verabschiedet worden. Da diesem Gesetz eine Verfassungsklausel vorangestellt worden war, bedurfte es der vorherigen Zustimmung des Alliierten Rates. Die Briten waren uneingeschränkt dafür, die Franzosen meinten nur, daß das Gesetz kompliziert zu handhaben sei, waren jedoch ebenfalls dafür. Schließlich stimmte auch der sowjetische Hochkommissar zu und nur der amerikanische Vertreter im Alliierten Rat, Botschafter Donnelly, stimmte dagegen und brachte das Gesetz zu Fall.[24] Donnelly meinte, dies wäre eine prinzipielle Frage, und die USA würden auch einer teilweisen Aufweichung der Nazigesetzgebung ihre Zustimmung verweigern. Dem Amerikaner blies der Wind jedoch ganz heftig ins Gesicht. Staatssekretär Graf geißelte die amerikanische Entscheidung als unklug und falsch. Kabinett und Parlament legten offiziellen Protest gegen die Behinderung der österreichischen Gesetzgebung ein.[25] Die Schuld für die amerikanische Haltung wurde zwar auch in anderen Personenkreisen, vor allem bei österreichischen Emigranten gesucht. Die Auseinandersetzung verlor allerdings lange nichts von ihrer Schärfe und ließ sich auch dadurch nicht bagatellisieren, daß auf amerikanischer Seite die Sache so interpretiert wurde, daß es hier zu einem Zusammengehen von ehemaligen Nazis beim VdU und von Kommunisten gekommen sei.[26] Bei der ÖVP waren es schließlich nur Figl und Gruber, und bei den Sozialisten wieder Schärf, die zur Mäßigung rieten. Figl glaubte die Angelegenheit so lösen zu können, daß er auf die Möglichkeit verwies, herrenlosen Besitz der jüdischen Gemeinde Österreichs als Entschädigung zu übergeben und Israel eine Anleihe zu günstigen Bedingungen zu gewähren. Wenn das geschehen sei, dann, meinte Figl, könnte das Gesetz wieder eingebracht werden und würde wohl auch die amerikanische Zustimmung finden.[27] Doch die Amerikaner blieben hart und deuteten damit an, daß dies ein Problem sei, bei dem sie notfalls auch eine Krise in den Beziehungen zu Österreich hinnehmen wollten.

Als im Herbst 1952 der neue amerikanische Botschafter und Hochkommissar, Llewellyn E. Thompson, seinen Antrittsbesuch bei Figl machte, kam er nach allgemeinen Höflichkeitsfloskeln sofort auf die strittigen Fragen zu sprechen.[28] Er erwähnte, daß er vor seiner Abreise von jüdischen Vertretern in den USA aufgesucht worden sei, die ihm ihren Standpunkt klarmachten. Infolgedessen wollte er Österreich empfehlen, die Lösung dieses Problems unverzüglich anzugehen. Es würde sich letztlich um vergleichsweise kleine Beträge handeln, doch die amerikanische Politik könne an der Nationalsozialistenfrage ebensowenig vorbeigehen wie an der Frage einer Entschädigung für die jüdischen Opfer des Dritten Reiches. Figl versprach, daß noch im Herbst 1952 eine Lösung gesucht würde. Wenige Stunden später absolvierte Thompson seinen Antrittsbesuch bei Schärf und sagte diesem genau dasselbe. Schärf deutete an, daß er über die Entwicklung in dieser Sache alles andere als glücklich sei, doch auch die SPÖ könne an 400.000 Wählern nicht einfach vorbeigehen. Ein Teil des jüdischen Eigentums falle unter die Potsdamer Bestimmungen. Österreich hätte daher nur eingeschränkte Möglichkeiten, und es würde wohl erst dann zu einer generellen Regelung kommen können, wenn die Frage des Deutschen Eigentums geklärt sei. Dann aber sagte Schärf, es herrsche Vorwahlstimmung.

Damit wurde mehreres klar. Die Parteien der Großen Koalition bereiteten sich darauf vor, die Legislaturperiode vorzeitig zu beenden und das, obwohl noch kein konkreter Anlaß dafür vorlag. Zum anderen wurde damit gesagt, daß in derartigen Zeiten die Klärung von so heiklen Fragen inopportun und daher nicht möglich sei.

Es war aber nicht nur diese Frage und auch nicht die gewandelte Finanz- und Budgetpolitik, die die Zusammenarbeit stagnieren und die Lösung mancher Fragen unmöglich erscheinen ließ. Es war die Fülle der Friktionen und der fast tagtäglichen Unerfreulichkeiten, die sich allmählich so summierten, daß auch die Lust an der Suche nach Lösungen schwand. Der Klein- und Grabenkrieg forderte ständig Opfer, so Justizminister Tschadek, der am 16. September 1952 seinen Rücktritt anbot, allerdings war für diesen auch am selben Tag angenommenen Rücktritt mehr ein Zerwürfnis mit Tschadeks eigener Partei, der SPÖ, maßgeblich als etwas anderes.[29] Es standen einige Prozesse heran, die der ÖVP nicht sehr angenehm sein konnten, darunter der Kraulandprozeß. Die SPÖ soll nun von Tschadek verlangt haben, diese Prozesse gewissermaßen aufzuheben und erst während des Wahlkampfs aufzurollen. Des weiteren war von Tschadek verlangt worden, er sollte etwas niederschlagen, das seinen eigenen Fraktions- und Regierungskollegen Helmer belastet hätte. Er sollte gegen seine Überzeugung dem Bundespräsidenten die Amnestierung von Leuten vorschlagen, die sich neonazistisch betätigt hatten, Tschadek weigerte sich. Schließlich verstand er sich mit Schärf überhaupt nicht, wobei auch Tschadeks Katholizismus eine Rolle spielte. Tschadeks Nachfolger wurde der parteilose Josef Gerö. Der Austausch von Personen konnte wohl nur wenig an den Querelen und an dem unerfreulichen Kleinkram ändern. Also schleppte man sich und die Probleme weiter.

Am augenfälligsten wurde das mühsame Einerlei des Koalitionsalltags in jenen Bereichen, die auf Grund des Koalitionspaktes von 1949 eine komplizierte und lediglich auf Parität und Proporz abzielende Regelung erfahren hatten. Da sollte es beispielsweise beim Bundesministerium für Verkehr und verstaatlichte Betriebe einen Sechserausschuß geben, ebenso wie im Finanzministerium.[30] Die Ausschüsse konnten aber zunächst nicht mit der Arbeit beginnen, da es über die im Koalitionspakt festgelegten Regelungen Meinungsverschiedenheiten gab. Die Minister waren auf Grund der Bestimmungen des Koalitionspaktes an die Vereinbarungen des Sechserausschusses gebunden. Also wurde darüber verhandelt, was nun im Oktober 1949 wirklich gemeint gewesen war. Bis Anfang 1951 war keine Lösung zu erzielen gewesen. Erst im Jänner 1951 fand dann wieder eine Sitzung statt, und nun sollte es monatlich eine solche geben, denn auch das war ja im Koalitionsabkommen gestanden. Ehe jedoch in substantiellen Bereichen weiterverhandelt werden konnte, waren Fragen wie die Besetzung von Direktoren- und Aufsichtsratsposten zu besprechen. Da die Besetzung aber, wie es in einem Schreiben des Generalsekretärs der ÖVP, Maleta, an ÖVP-National- und Bundesräte ausdrücklich hieß, „eine Frage der Gesinnung und nicht der fachlichen Eignung, die deshalb aber nicht vernachlässigt werden soll" war, lief die Arbeit der Sechserausschüsse weiterhin primär auf die Postenbewirtschaftung hinaus. Nachdem dann das Sechserkomitee im Verkehrsministerium etwa ein Jahr lang regelmäßig zusammengetreten war und gearbeitet hatte, fand die 16. Sitzung wiederum nicht statt, weil es in einer Personalfrage unterschiedliche Auffassungen gab. Da es zeitgleich Schwierigkeiten im Sechserkomitee des Finanzministeriums gab, drohte in der 18. Sitzung beim Verkehrsministerium die sozialistische Fraktion mit dem Fernbleiben, solange nicht das andere Sechserkomitee wieder einberufen worden sei. Dann ging es noch bis zur 21. Sitzung, ehe die Arbeit abgebrochen wurde. Es gab einfach keine Einigung mehr.

Dabei war die Koalition dort, wo es um tatsächlich essentielle Fragen und im Grunde genommen heikle Materien ging, nach wie vor durchaus leistungsfähig. Das zeigte sich am deutlichsten in der Frage der „Remilitarisierung" Österreichs, in der es 1952 eine entscheidende Weichenstellung gab. Da die seit 1949 bestandenen Gendarmerie-Alarmformationen weder den österreichischen Bedürfnissen noch gar den amerikanischen Vorstellungen von jener Streitmacht entsprachen, die nötig wäre, um Österreich im Falle eines Staatsvertragsabschlusses innerhalb von drei Monaten verteidigungsfähig zu machen, wurde eine Neukonstruktion mit Freiwilligen und mit kriegsgedienten Offizieren gesucht. Sie sollte B-Gendarmerie heißen.[31] Anfang Mai 1952 wurden die Details ausgehandelt und ein Abkommen mit den Amerikanern bezüglich der Bewaffnung, Ausbildung, Unterbringung und der Finanzierung dieser Formation geschlossen. Am 1. August 1952 begann die B-Gendarmerie zu existieren, und es war unschwer in der Regierung darüber Einigung zu erzielen gewesen, daß die Angelegenheiten der B-Gendarmerie in den Zuständigkeitsbereich des Innenministeriums und damit des Sozialisten Oskar Helmer fallen sollte. Doch das konnte über andere Probleme der Koalition nicht hinwegtäuschen.

Im Oktober 1952 war klar, daß es tatsächlich zu vorgezogenen Neuwahlen kommen würde. Der Finanzminister hatte sein Budget vorgelegt. Es entsprach der von ihm eingeschlagenen und schon in seiner ersten Rede im Parlament angeklungenen Linie. Die Sozialisten nahmen das zum Anlaß, von einer grundsätzlichen Krise in den Beziehungen zu sprechen und die Forderung nach Neuwahlen zu stellen. Wieder, wie bei der Causa Starhemberg, schien der Zufall Regie geführt zu haben, da Bundeskanzler Figl in den USA und Vizekanzler Schärf in Mailand waren. Sie wurden eiligst zurückgeholt. Doch sie konnten diesmal nichts mehr reparieren. Es

Stehend (von links): Vinzenz Übeleis, Dipl.-Ing. Karl Waldbrunner, Dr. Felix Hurdes, Dr. Ernst Kolb, Dr. Otto Tschadek, Karl Maisel, Ferdinand Graf, Josef Kraus.

Sitzend: Oskar Helmer, Dr. Adolf Schärf, Dipl.-Ing. Leopold Figl, Dr. Eugen Margarétha, Dr. Karl Gruber.

REGIERUNG FIGL II
(8. 11. 1949–28. 10. 1952)

Aufnahme vom November 1949
Foto: Votava

war der 22. Oktober. An diesem Tag mußte eine Einigung über das Budget zustande kommen. Doch die Parteien blieben uneins. Da gab es eine „Erweiterung" der Großen Koalition: Als sich die Unmöglichkeit zur rechtzeitigen Verabschiedung des Budgets abzeichnete, auch alle Versuche von Figl, Schärf und Körner nichts fruchteten, schalteten sich Briten und Franzosen ein. Der britische Boschafter, Lord Caccia, rief den Generalsekretär für die Auswärtigen Angelegenheiten an und sagte unumwunden, daß das Foreign Office die Fortsetzung der Großen Koalition erwarte. Die Parteien hätten auch Außenminister Eden bei seinem Besuch in Österreich zugesichert, daß es zu keiner Änderung kommen würde, was sollte also der plötzliche Bruch? Der Generalsekretär beruhigte. Doch Lord Caccia war die Sache nicht geheuer. Er meldete nach London, daß dies keine der üblichen Turbulenzen sei, sondern ein Zerfall, der durch das Aufwerfen von Grundsatzfragen ausgelöst worden sei.[32] Die Franzosen gingen einen anderen Weg und riefen den Leiter des Bundespressedienstes, Dr. Fritz Meznik, an, um ihm zu sagen, was man in Frankreich in einem solchen Fall tun würde: Wenn die Frist nicht ausreiche, würden eben die Uhren angehalten und würde weiterverhandelt werden. Meznik meinte jedoch, dergleichen wäre in Österreich unüblich.[33] Schließlich hatte jedoch der Bundespräsident einen begrenzten Erfolg und konnte wenigstens eine der berühmten Denkpausen bewirken. Als Figl und Schärf Körner anriefen, um ihm den Rücktritt der Regierung bekanntzugeben, nahm er ihn nicht an. Sinngemäß sagte Körner: „Ich bin ein alter Mann und muß darüber nachdenken. Nach dem Wochenende, am 27., werde ich Euch meine Entscheidung bekanntgeben." Sprach's und verließ die Präsidentschaftskanzlei.[34]

Tatsächlich wurden die Denkpause und das Wochenende dazu genützt, um einen Weg zu finden, den Bruch in Übereinstimmung mit dem Koalitionsübereinkommen und einigermaßen geordnet vorzunehmen. Figl und Schärf erreichten nämlich, daß nicht einfach gebrochen, sondern ein Übereinkommen darüber erzielt wurde, daß man, wie es auch im Koalitionspakt stand, gemeinsam den Beschluß zu Neuwahlen faßte, daß noch ein Notbudget beschlossen wurde und erst dann die Auflösung des Parlaments folgte. Jede politische Kraft in Österreich hatte nun ausreichend Zeit, ihre Chancen zu kalkulieren. Sie sahen, wie es Lord Caccia ausdrückte, „über ihre Schultern auf ihren Schwanz".[35] Wie schon bei den Wahlen 1949 gab es dabei regional erhebliche Unterschiede und eine große Unwägbarkeit, nämlich die Stärke des VdU.

In Ostösterreich, genauer gesagt in den Ländern der sowjetischen Besatzungszone und Wien, war damit zurechnen, daß der VdU nicht sehr viel anders abschneiden würde als dreieinhalb Jahre zuvor. Da auch die Ablehnung der sowjetischen Besatzungsmacht und auf der anderen Seite die Identifikation von Kommunisten und Sowjets um nichts anders geworden war, schien von den Ländern Ostösterreichs keine größere Änderung auszugehen. Im Falle Niederösterreichs und des Burgenlandes war das Problem nicht so sehr in den Nationalratswahlen zu sehen als vielmehr in den Landtagswahlen. Die Sowjets hatten im Fall des BURGENLANDES dem Landtagswahlgesetz schon einmal ihre Zustimmung verweigert und damit verhindert, daß es zu Landtagswahlen kam. Die Landtagswahlen wurden daraufhin an die Nationalratswahlen gekoppelt. Doch das Burgenland war überhaupt „archaisch" geblieben.[36] Seit dem Ende des Zweiten Weltkriegs hatten sich nur wenige Änderungen ergeben, der Wiederaufbau kam nur schleppend in Gang, es wurde kaum investiert. Was in den westlichen Ländern mit ERP-Geldern in den Straßenbau, in Industrie- und Anlagenbau investiert wurde, fehlte im Burgenland zur Gänze. Dabei machten sich die schwierigen Verkehrsprobleme immer wieder bemerkbar, da das langgestreckte Land mit einer erst allmählich bewußt werdenden Hauptstadt nur wenige Möglichkeiten zur Kommunikation aufwies und daher in die durch die Bezirke geschaffenen Räume zerfiel. Dazu kam die nach wie vor größtenteils landwirtschaftliche Struktur mit ihren durch den (beschlagnahmten) Esterházyschen Großgrundbesitz gegebenen zusätzlichen Problemen. Das Burgenland hatte wie die beiden anderen östlichen Bundesländer, Wien und Niederösterreich, eine Bevölkerungswanderung und Abnahme zu verzeichnen, weshalb ein Nationalratsmandat nach dem Westen „gewandert“ war.

NIEDERÖSTERREICH sollte zwei Mandate an den Westen abgeben. Das Land war zwar nicht so weit zurückgeblieben wie das Burgenland und stand vor allem auch wegen der starken Vertretung niederösterreichischer Politiker in der Bundespolitik stärker im Mittelpunkt. Aber auch die niederösterreichischen Probleme waren beträchtlich und wurden durch das allmähliche Zurückbleiben gegenüber dem Westen immer größer und brennender. In Niederösterreich hatte es ebenfalls den Versuch der Sowjets gegeben, Landtagswahlen zu verhindern, doch man hatte die Besatzungsmacht, wie es so schön heißt, „nicht einmal ignoriert“. Die Bemühungen, mit den Sowjets einen Modus vivendi zu finden, waren anderseits durchaus von Erfolgen begleitet. Es wurden ihnen – im Grunde genommen als Ausdruck der Vorsicht und Rücksichtnahme – die Landesgesetze vor ihrer Verlautbarung zur Kenntnis gebracht.[37] Landespolitiker suchten immer wieder den Kontakt zu den Sowjets und vor allem zur sowjetischen Kommandantur für Niederösterreich. Das war größtenteils Aufgabe von Politikern der Volkspartei. Die Sozialisten gingen auf größere Distanz, und der VdU mied den Kontakt bzw. beschränkte ihn auf das Zufällige. Im Umgang mit den Sowjets bildete sich ein besonderer Politikertyp heraus. Da man in der Auseinandersetzung mit den Sowjets immer auch eine gewisse Gefahr sah und das Unberechenbare der Russen voraussetzte, wurden häufig Leute zu Mittlern, die Unerschrockenheit zeigten und schließlich im Umgang mit den Sowjets etwas von deren Willkür und Skrupellosigkeit lernten. Viktor Müllner, der niederösterreichische Landesrat, war die vielleicht ausgeprägteste Persönlichkeit dieses Zuschnitts.

WIEN hatte auf Grund der Bevölkerungsabnahme und der Westwanderung einen Schwund von sechs Mandaten zu verzeichnen. Das war ein schon alarmierendes Zeichen, da es von der schwindenden Bedeutung Wiens zeugte. Das Abwandern von Menschen war mit einem Schwund an Intelligenz, an wirtschaftlicher Kraft und arbeitender Bevölkerung verbunden. Wien begann zu „vergreisen“, da ja die ältere Bevölkerung nicht nach dem Westen ging. Die politische Struktur der Bundeshauptstadt war atypisch und besonders zugleich. Die schon traditionelle Mehrheit der Sozialisten war praktisch nicht zu gefährden. Dazu kam eine relative Stärke der Kommunisten, die in den Industriebetrieben des sowjetischen Sektors ihre „Bastionen“ hatten. In Wien zeigte sich die Zusammenarbeit der Großen Koalition und deren Funktionieren am deutlichsten und in mancher Hinsicht am reinsten. Der VdU spielte in Wien keine besondere Rolle. Die Kommunisten nahmen an der Stadtverwaltung unmittelbar keinen Anteil; sie waren jedoch in einigen Bezirken präsent und hatten noch einen gewissen Einfluß im sicherheitspolitischen Bereich, das heißt vor allem bei der Polizei. Die beiden Großparteien dominierten alles. Sie wiesen zwar das umgekehrte Verhältnis zur Bundespolitik auf, da in Wien ja die Sozialisten die Mehrheit hatten und die Volkspartei der Juniorpartner war, doch das wurde dann wieder durch die bundespolitischen Einflüsse und ganz einfach durch die Präsenz eines erheblichen Teils der Bundespolitiker aufgewogen. Seit dem Krieg hatte sich in Wien keine neue politische Kraft herausgebildet, und ebenso hatten die Neubildungen an den Flügeln der großen Parteien und die Absplitterungen so gut wie keine größeren Auswirkungen auf Wien.

Ganz anders in den westlichen Bundesländern. Sie waren gewissermaßen Schauplatz einer sich fast täglich verändernden Politszene und stellten in ihrer Verschiedenheit alles in den Schatten, was sich im Osten, in der sowjetischen Zone, tat. Als die ersten seriöseren Spekulationen angestellt wurden, wie die Wahlen ausgehen könnten, wurde vor allem ein deutlicher Verlust der ÖVP prognostiziert und überlegt, ob die ÖVP nicht von der SPÖ überholt werden würde. Dafür ausschlaggebend wäre aber nicht die besondere Stärke der SPÖ, sondern die Schwäche der ÖVP und vor allem deren Verluste an den VdU.[38] Das große Fragezeichen war daher das Abschneiden des VdU, der ganz allgemein, und dann auch unter Zugrundelegung des Ergebnisses der Bundespräsidentenwahlen, im Aufwind gesehen wurde. Eine weitere Unwägbarkeit, aber auf jeden Fall eine Stärkung für den VdU, war die Junge Front, die sich nach ihrem Ausschluß aus der ÖVP zu einem beträchtlichen Teil in einer Vereinigung mit dem Namen „Aktion zur politischen Erneuerung“ wiederfand. Die „Aktion“ aber verschmolz allmählich mit dem VdU. Der sei, hieß es darauf in amerikanischen Kommentaren, salonfähig geworden.[39] Schwierig war nur weiterhin die Struktur des VdU, die sich sehr unterschiedlich darstellte. Die eine Gruppe, mit Fritz Stüber und Dr. Fritz Ursin, verkörperte die „städtische“ Gruppe. Die zweite Gruppe unter Karl Hartleb, die den ultrakonservativen Teil der Bauern und Grundbesitzer vertrat, stand wiederum für den ländlichen Bereich. Beide genannten Gruppen hatten verhältnismäßig viele ehemalige Nationalsozialisten in ihren Reihen. Die dritte Gruppe wurde von Herbert Kraus geführt, sie repräsentierte das liberale Element. Nach einer Art Palastrevolution war Kraus nicht mehr bereit, als Parteivorsitzender zu kandidieren. Er wurde durch den ehemaligen Oberst Max Stendebach ersetzt.[40] Die Zentren der Unabhängigen waren weiterhin die Länder Oberösterreich, Salzburg und Kärnten. Aber auch da gab es beträchtliche Unterschiede. Zumindest für die beiden letzteren ließ sich freilich etwas sagen – und es galt in abgeschwächter Form auch für alle anderen Länder der westlichen Besatzungszonen –: Sie waren primär mit ihren eigenen Problemen beschäftigt und zeigten kaum einmal wirkliches Interesse für bundespolitische Fragen. Das lokale Interesse dominierte. Doch sehen wir uns auch die von Westmächten besetzten Bundesländer im Detail an.

Die STEIERMARK spiegelte im großen und ganzen den Österreichtrend in der Politik wider. Allerdings wurden in der Steiermark die jüngeren Politiker aller

Parteien zunehmend unruhig, da es kaum personelle Wechsel gab und sich daher jüngere Leute mit politischen Ambitionen enttäuscht aus der Politik zurückzogen. Das führte dazu, daß sich dann wieder zu wenige junge Leute in der Politik engagierten.[41]

Es wurde z. B. ein Nachfolger für den Landeshauptmannstellvertreter und SPÖ-Spitzenmandatar Machold gesucht – und vorderhand nicht gefunden. Für die steirische Situation war vor allem das Arbeitslosenproblem von Bedeutung, das nicht zuletzt deshalb im Auge behalten werden mußte, da ja die Kommunisten unter den steirischen Arbeitern einen Anteil von mehr als fünf Prozent hatten und immer auch für Unruhen gut waren. Die Kommunisten hatten durch Josef Dobretsberger einen zusätzlichen Akzent bekommen, waren aber wohl nicht um Anhänger reicher geworden. Am anderen Ende des politischen Spektrums zeigte der VdU in der Steiermark nicht zuletzt dadurch, daß Karl Hartleb, der Klubobmann des VdU, hier seine Anhängerschaft hatte, eine deutlich nationale Färbung. Einige radikale Elemente, wie z. B. der Generalsekretär Gordon Gollob, waren ersetzt worden, doch der Konflikt schwelte.

KÄRNTEN zeigte wiederum ein ganz anderes Bild.[42] Es war – außer Wien – das einzige von Sozialisten geführte Land, und das, obwohl Kärnten kaum größere Industriebetriebe hatte, wohl aber eine ausgeprägte landwirtschaftliche Struktur. Dafür hatte Kärnten den höchsten Anteil an Protestanten, und aus der immer wieder anzutreffenden Identifikation von katholischer Kirche und Volkspartei erwuchs die Nähe von Protestanten und Sozialisten. Dazu kam als weitere Besonderheit die slowenische Volksgruppe, die zunächst sehr starke Affinitäten zu den Kommunisten aufwies, mittlerweile aber sehr viel stärker zur SPÖ tendierte. Es gab auch eine der ÖVP nahestehende Slowenenorganisation. Die Hinwendung der Slowenen zur SPÖ hing sicherlich auch mit der Person des Landeshauptmannes Ferdinand Wedenig zusammen, der selbst slowenische Verwandte hatte und eine bewußt auf Ausgleich und Besserstellung der slowenischen Volksgruppe abzielende Politik betrieb. Das Hauptproblem war dabei die Schulfrage, da der im gemischtsprachigen Gebiet obligatorische Slowenischunterricht für deutschstämmige Kinder bei deren Eltern häufig auf Ablehnung stieß. Ebenso wurde in den Mittelschulen Klagenfurts und Villachs Slowenisch als obligatorische Fremdsprache gelehrt, was von vielen nicht gern gesehen wurde. In dem Reservoir der Unzufriedenen und bei den durch die Volksgruppenpolitik unmittelbar Betroffenen konnte der VdU viele Anhänger gewinnen. Das zwang ÖVP und SPÖ dazu, in der Vorbereitung des Wahlkampfs anzukündigen, daß sie die Schulfrage neu überdenken würden. Obwohl der VdU in Kärnten eine starke Basis und einen wesentlichen Rückhalt hatte, war er gespalten. Kärntner Delegierte hatten bereits 1951 gegen Kraus gestimmt und hätten ihn fast zu Fall gebracht. Daraufhin mußte der Landesparteiobmann des Kärntner VdU, Dipl.-Ing. Robert Scheuch, zurücktreten und wurde durch den Nervenfacharzt Dr. Otto Scrinzi ersetzt. Scheuch behielt jedoch sein Nationalratsmandat und trug das Seine dazu bei, Kraus als Parteivorsitzenden zu stürzen. Schließlich widersetzte sich der Kärntner VdU dem Zusammengehen mit der ÖVP-Abspaltung „Aktion zur politischen Erneuerung“. Das Bündnis konnte jedoch nicht verhindert werden. Als es zum Sturz Herbert Kraus' kam, wurde er durch den naturalisierten Kärntner Max

Stendebach ersetzt. Anders als im übrigen Österreich bekam der Kärntner VdU kein Geld aus der Industrie. Dafür zahlten die begüterten Bauern in die Parteikassa, die zudem mit Mitteln aus Westdeutschland aufgefettet worden sein soll. Bei den Bauern gab es wieder ein Problem. Sie billigten nur zum Teil die Rolle des VdU im Kärntner Landtag, die auf Obstruktion ausgerichtet war. Außerdem witzelten sie über Stendebach, der sich in Kärnten als Bauer versucht hatte, aber gescheitert war. Er beschloß daraufhin, sich auf einen steirischen Listenplatz setzen zu lassen, um Witzeleien und Sticheleien über den gescheiterten Bauern zu entgehen.

Die Kärntner ÖVP plädierte unmißverständlich für ein Zusammengehen mit dem VdU und für eine Konzentrationsregierung. Die Kärntner SPÖ war dagegen.

TIROL, Kernland der französischen Zone, hatte eine solide Mehrheit der Volkspartei.[43] Zwischen den Bünden gab es freilich Reibereien. Von der einstigen Demokratischen Staatspartei waren nur noch Splitter innerhalb der ÖVP erhalten geblieben, daher dürfte sich der ehemalige Tiroler Landeshauptmann Karl Gruber wohl einigen Illusionen hingegeben haben, wenn er meinte, daß er mit Tirol und seiner ehemaligen Parteigründung so etwas wie den „vierten Bund" der ÖVP darstellte. Gruber machte seine Politik denn auch an der Tiroler ÖVP vorbei. Er hatte sogar zu kämpfen, um überhaupt einen sicheren Platz auf der Liste der Tiroler Nationalratskandidaten zu bekommen. Das hinderte ihn freilich nicht, eine Anwartschaft auf den Posten des Bundeskanzlers anzumelden. Dies vor allem für den Fall, daß es zu einer Regierung auf Konzentrationsbasis kam, da sich Gruber intensiv um Kontakte zum VdU bemühte. VdU und SPÖ fielen in Tirol nicht besonders ins Gewicht.

In VORARLBERG präsentierten sich die Parteien verhältnismäßig festgefügt.[44] Sie fanden in vielen Fragen so große Übereinstimmung, daß sie es fast schwer hatten, eine ideologische Position und andere Auffassungen geltend zu machen. Als Musterland für kleinere, aber effiziente Industrien, prosperierendes Gewerbe und einen fast sprichwörtlichen Fleiß hatte Vorarlberg auch keine besonderen Probleme. Das einzige, was immer wieder aufleuchtete, war die Stellungnahme des Vorarlberger Landeshauptmannes Ilg in der Frage separatistischer Strömungen, aber auch einer ÖVP-Parteireform. Hier bezog Ilg klar Position. Er war für die Reform, und er war ein „Westler".

Für OBERÖSTERREICH war es besonders schwer, irgendwelche Prognosen zu stellen.[45] 1949 hatte die ÖVP schwere Verluste erlitten und war bei den gleichzeitig abgehaltenen Landtagswahlen und Gemeinderatswahlen sogar in Städten wie Linz, Steyr und Wels vom VdU überholt worden. Da die Sozialisten ebenfalls Einbußen erlitten und in der Folge bei Betriebsratswahlen etwa der VOEST auch ihrerseits vom VdU überholt wurden, ergab es sich fast von selbst, daß die beiden großen Parteien wie auf Bundes- so auch auf Landesebene eng zusammenarbeiteten. Dabei achtete insbesondere die SPÖ darauf, nicht wie 1945 oder auch noch 1949 die Zeit des Bürgerkriegs heraufzubeschwören und die ÖVP mit der Vergangenheit zu bedrängen. Die Situation des VdU war mittlerweile freilich eine ganz andere als 1949. Es hatte ein rapider Zerfall eingesetzt. Führende Parteifunktionäre wie Oskar Huemer waren ausgetreten, der Streik von 1950 hatte plötzlich gezeigt, daß die VdU-Betriebsräte weder über die Erfahrung noch über den politischen Hintergrund verfügten, um als wirkliche Arbeiterführer in Erscheinung zu treten. Daß es in Linz buchstäblich erst Stunden vor Ausbruch der zweiten Streikwelle gelang, die erste zu beenden, wurde als Zeichen des Zusammengehens mit den Kommunisten gewertet. Dann wurde der oberösterreichische Landesobmann Gustav Adolf Neumann abgesetzt. Immer mehr wurde der VdU in Oberösterreich von ehemaligen Nationalsozialisten beherrscht, und das ließ voraussagen, daß er viel an Anhängern verlieren würde. Die Kommunisten spielten trotz der Stärke der Industriearbeiterschaft in Oberösterreich eine sehr bescheidene Rolle. Letztlich sollte ihnen auch der Oktoberstreik 1950 nicht genützt haben.

SALZBURG schließlich schien besonders schwer zu kalkulieren, da es immer wieder für Überraschungen gut war.[46] Die ÖVP schaffte es, ihre Personalprobleme dadurch zu lösen, daß der Landeshauptmann, Josef Klaus, im Dezember 1952 auch die Geschäfte des Landesparteiobmanns übernahm. Die Partei, die insbesondere Probleme mit dem früheren Landeshauptmann Josef Rehrl hatte, präsentierte sich zumindest für den Wahlkampf als Einheit. Nichtsdestoweniger fühlten sich die Sozialisten im Aufwind. Sie meinten, die ÖVP würde zumindest stärker als sie selbst an den VdU verlieren. Als Beispiel, wie sehr die ÖVP unter die Räder kommen konnte, führten Sozialisten die Betriebsratswahlen in Kaprun an, bei denen sechzig Prozent für die SPÖ und dreißig Prozent für den VdU votiert hatten. Fraglich war die Rolle der Aktion zur politischen Erneuerung. Sie sollte dem VdU auf jeden Fall Mandate bringen. Doch die Verschmelzung mit dem VdU war ein Werk von Kraus. Seine Kaltstellung wurde vom Salzburger Führer der Aktion, Kunata Kottulinsky, als Alarmzeichen gesehen, daß die ehemaligen Nationalsozialisten an Einfluß gewannen. Und das war zumindest einem Teil der Aktion nicht sympathisch.

In Salzburg wurde aber nicht nur das Gewicht der Parteien, deren Einfluß und ihre Politik zur Darstellung des politischen Ist-Zustandes gewesen. Ebenso wurde gerade in Salzburg die Rolle der katholischen Kirche und vor allem des Salzburger Erzbischofs beachtet. Diesbezüglich sorgte Erzbischof Dr. Andreas Rohracher immer noch für unerwartete Äußerungen und Signale. In der Christmette 1952 fand er Worte, die aufhorchen ließen. Er wünschte „Weihnachten zu Hause, euch, die ihr auch acht Jahre nach dem Krieg nicht mit euren Familien Weihnachten feiern könnt, weil ihr aus politischen Gründen in Kerkern und Gefängnissen seid. Von dieser Stelle gehen unsere Gedanken und Wünsche überallhin, sie gehen zu den Städten, in denen Österreicher gefangen sind, sie gehen nach Landsberg, wo manch einer von uns darauf wartet, daß sich die Gefängnistore öffnen, und wir gedenken all jener, die in österreichischen Gefängnissen auf ihre Amnestierung warten. Mögen die Führer unseres Staates, mögen unser verehrter Bundespräsident und die verantwortlichen Beamten dafür sorgen, daß diese einstmals politisch Irregeleiteten bald Weihnachten zu Hause verbringen".[47] Die politische Reaktion darauf war deutlich. Es war ja so herausgekommen, als ob es in Österreich politische Gefangene gäbe. Schließlich wurde Rohracher auch unmißverständlich bedeutet, er solle sich nicht in die Politik einmischen.[48] Was Rohracher gemeint hatte, war aber wohl nicht, daß er den einen oder anderen als Kriegsverbrecher verurteilten Menschen in Erinnerung rief. Er brachte auf besondere Weise einen Appell vor, das Kapitel Zweiter Weltkrieg und erste Nachkriegsjahre abzuschließen. Die Zukunft hatte ja schon begonnen.

DIE HOCHZEIT

9 Der Machtwechsel

Zwischen den Worten „Es lebe Österreich!" des alten Präsidenten des Nationalrates, Leopold Kunschak, bei der Schließung der sechsten Gesetzgebungsperiode am 20. November 1952 und der Anrede „Hohes Haus!", mit der Bundeskanzler Raab am 15. April 1953 seine Regierungserklärung begann, lag einer der entscheidendsten und faszinierendsten Machtwechsel in der jüngeren österreichischen Geschichte. Es war nicht einfach der Übergang von einer Regierung auf die andere, von einem Kanzler auf den anderen. Im Wahlkampf und vor allem in den fünf Wochen dauernden Verhandlungen zur Bildung einer neuen Bundesregierung wurde ein politisches Instrumentarium angewendet und wurden Weichen gestellt, wie sie kaum einmal in der Geschichte dieser Republik ihre Entsprechung finden.

Dieser Wechsel hatte spezielle österreichische Voraussetzungen, wenngleich gewisse Rahmenbedingungen durchaus dem entsprachen, was es auch anderswo gab. Die 45er-Generation – die „Väter des Vaterlandes" – hatte sich weltweit verbraucht. Und es war nicht immer eine Aufbruchsstimmung, die diese Ablöse begleitete. Sebastian Haffner konstatierte beispielsweise in einem Rückblick auf das Jahr 1952[1] den Übergang vom Kalten Krieg zum „Kalten Frieden". Aber er stellte auch anderes fest: „Die großen symbolischen internationalen Schöpfungen von 1945, die Vereinten Nationen und ihre Unterorganisationen, begannen im Jahr 1952 ein schwächliches, schwindsüchtiges Aussehen zu bekommen." Nüchterne, buchhalterische, geschäftsmäßige Regierungen traten an die Stelle der idealistischen, reformschaffenden. „Wirtschaftlich war es eine Zeit der Desinflation mit all der Nachfeiertagsnüchternheit, die dazugehört. Sozial war es eine Zeit der beginnenden Enttäuschungen und blaß werdender Ideale. Politisch war es eine Zeit des Wiederauflebens des Einzelnationalismus." Von dieser Entwicklung war Österreich nicht verschont geblieben. Wie so oft wurde es aber erst allmählich von der Gegenwart eingeholt und mußte ansetzen, das zu tun, was Heimito von Doderer dann als die „Wiedereroberung der Wirklichkeit" bezeichnete.

Nun könnte man meinen, die Besatzungsmächte und die ungelösten Fragen des weiteren Schicksals wären Wirklichkeit genug gewesen. Im Grunde genommen aber wurde durch die Alliierten der Blick auf die Wirklichkeit verstellt. So viel war aber schon klar geworden: Mit den alten Methoden ging es nicht. Natürlich konnte man auf eine stärkere Veränderung der internationalen Situation oder auch auf ein Wunder warten. Besser war es aber immer noch, durch eine geänderte eigene Politik und mit neuen Leuten neue Ansätze zu finden. Das galt für die Besatzungsmächte wie für die Parteien der Großen Koalition. Sie hatten sich ein Mandat für Veränderungen geben lassen wollen. Und sie bekamen es!

Am Abend des 22. Februar 1953 stand die Entscheidung fest: Die SPÖ war stimmenstärkste Partei geworden. Sie hatte um rund 37.000 Stimmen mehr als die ÖVP erhalten, der jedoch die Wahlarithmetik zu Hilfe kam, so daß sie mit 74 Mandaten gegenüber 73 der SPÖ in den Nationalrat einziehen konnte. Der VdU war von 16 auf 14 Mandate geschrumpft. Die Volksopposition aus Kommunisten und Linkssozialisten hatte knapp die Hürde des Grundmandats gemeistert und stellte in der Folge 4 Abgeordnete. Bei den gleichzeitig abgehaltenen Landtagswahlen hatte die SPÖ in Kärnten, in der Steiermark und im Burgenland ihren Mandatsstand ebenfalls verbessern können.[2]

Nach der bis dahin geübten Praxis und einer doch erheblichen Anzahl von Äußerungen stand zu erwarten, daß ÖVP und SPÖ wieder eine Koalition eingehen würden. Und auch die ersten Maßnahmen deuteten in diese Richtung. Die ÖVP nominierte abermals Leopold Figl als Kanzlerkandidaten. Doch dann liefen die Verhandlungen in eine ganz andere Richtung. Es zeigte sich, daß nach diesen Wahlen mehr getan werden sollte, als nur irgend etwas fortzusetzen. Es ging um einen Machtwechsel. Der Mann, der das alles inszenierte, war Julius Raab. Sein primäres Ziel wird es wohl von Anfang an gewesen sein, selbst die Kanzlerschaft zu übernehmen. Da der Wahlausgang aber erwarten ließ, daß die ÖVP etliches an die Sozialisten verlieren würde, setzte Raab ein politisches Spiel in Gang, das bis dahin nur zwei Entsprechungen in der Geschichte dieser Republik gehabt hatte: einmal die sogenannte „Figl-Fischerei" vom Mai 1947, bei der es darum gegangen war, den innenpolitischen Spielraum durch eine mögliche stärkere Beteiligung von Kommunisten zu erweitern. Es war beim Abtasten geblieben. Das zweite große politische Pokern hatte 1949 stattgefunden, als die ÖVP versuchte, die Bildung des VdU zu verhindern. Auch das war ergebnislos geblieben, wie wir wissen. Beide Male war es aber im Grunde genommen ein einziger Mann gewesen, der die Fäden gezogen hatte, nämlich Julius Raab. Und nun zog er sie wieder.

Erste Andeutungen, daß etwas im Gange wäre, waren schon vor den Nationalratswahlen gefallen. Die steirische ÖVP-nahe Zeitung „Süd-Ost Tagespost" hatte am 13. Februar 1953 gemeldet, daß Raab und Kamitz im Oktober 1952, nach dem Bruch der Koalition, die Möglichkeit der Bildung eines Minderheitskabinetts ventiliert hätten. Das setzte aber zumindest die stille Unterstützung des VdU voraus. Raab hatte noch ein übriges getan und ebenfalls vor der Wahl angedeutet, daß der VdU vom Standpunkt der ÖVP regierungs- und koalitionsfähig wäre. Nach den Wahlen wollte aber Bundespräsident Theodor Körner möglichst rasch klarmachen, daß er den Spekulationen über ein Minderheitskabinett oder einer Einbeziehung des

VdU nichts abgewinnen konnte. Daher schrieb er am 25. Februar an den noch amtierenden Bundeskanzler Figl: „Lieber Freund! Ich habe das Bedürfnis, einem kleinen Kreis maßgeblicher Politiker meine Ansichten über die durch die Wahl entstandene Lage zur Kenntnis zu bringen. Zu diesem Zweck bitte ich Dich, mir am Freitag, den 27. Februar d. J. um 10 Uhr vormittags das Vergnügen Deines Besuches zu machen. Ich habe gleichzeitig auch Bundesminister a. D. Ing. Julius Raab, Vizekanzler Dr. Schärf und Bundesminister Helmer zu mir geladen. Mit besten Grüßen Dein Körner."[3]

Anläßlich dieses Gesprächs soll Körner seinen Standpunkt erläutert haben. Es war das erstemal, daß er als Bundespräsident eine Regierungsbildung mitmachte, und da Körner bestrebt war, seine Kompetenzen in jeglicher Weise wahrzunehmen, war in dem Gespräch nicht nur die Vermittlung eines Standpunkts, sondern eine grundsätzliche Frage der Rolle des Bundespräsidenten zu sehen. In einer noch am selben Tag herausgegebenen Aussendung der Präsidentschaftskanzlei machte Körner deutlich, daß er keinen Grund sehe, von der Zusammenarbeit von ÖVP und SPÖ abzugehen. Er drängte auf deren Fortsetzung.

Körner machte aber noch mehr. Er forderte am 25. Februar den sofortigen Rücktritt des Übergangskabinetts. Als dann bekannt wurde, die ÖVP würde die Verhandlungen nicht mit Figl an der Spitze führen wollen, verlangte er, daß der designierte Kanzler sein Mandat auch persönlich ausübe. Doch Raab wich dahingehend aus, daß er meinte, Figl würde die Verhandlungen selbstverständlich nominell führen, doch immer wieder andere und vor allem ihn entsenden wollen. Schließlich sagte Körner am 27. und am 28. Februar auch zu Raab, daß er einer Einbeziehung des VdU seine Zustimmung verweigern würde.[4]

In allen diesen Schritten wurde eine Haltung an den Tag gelegt, die an Deutlichkeit nicht zu überbieten war. Körner ging schließlich so weit, die Westmächte über seine sämtlichen Schritte im Zusammenhang mit der Aufnahme der Regierungsverhandlungen zu informieren, was dann den britischen Hochkommissar, Lord Caccia, nach London berichten ließ, Körner wolle offensichtlich nicht die Rolle Hindenburgs spielen und zuwarten, wer schließlich an die Macht kam.[5] Der Vergleich war aber wohl weit hergeholt.

Als jedoch am 3. März 1952 die Verhandlungskomitees von ÖVP und SPÖ zu ihrer ersten Sitzung zusammentraten, legte die Volkspartei ungeachtet der Stellungnahmen des Bundespräsidenten den Vorschlag zur Bildung einer Dreierkoalition auf den Tisch. Nicht unerwartet, wie man weiß. Raab erklärte gleich eingangs, daß eine Absprache mit dem VdU über ein gemeinsames Vorgehen bei der Regierungsbildung bestünde. – Das sollte die Sozialisten unter Druck setzen. Doch diese dürften ohnedies gewußt haben, was auf sie zukam, denn es soll ja auch einen Versuch des VdU gegeben haben, mit der SPÖ ins Gespräch zu kommen, und Vizekanzler Schärf soll im nachhinein gemeint haben, der VdU hätte nur auf das falsche Pferd gesetzt.[6]

Bei den beginnenden Regierungsverhandlungen wurde dann von Raab die Ausgangsposition so skizziert, daß der VdU in einer Dreierkoalition das Handelsministerium leiten und den Dritten Nationalratspräsidenten stellen sollte. Ferner wäre der Präsident des Rechnungshofes von dieser Partei zu besetzen gewesen, und schließlich sollten mit legistischen Maßnahmen letzte Härten in der Nationalsozialistengesetzgebung beseitigt werden.[7] Auffallend an diesem Angebot ist, daß die ÖVP alles das zugestehen wollte, indem sie auf bis dahin von ihr selbst wahrgenommenen Funktionen zu verzichten bereit war. Das sollte wohl als Indiz für die Ernsthaftigkeit der Absicht zur Bildung einer Dreierkoalition gelten können.

Die Sozialisten antworteten mit einem kategorischen „Nein!" Damit fraßen sich im Grunde genommen die Verhandlungen schon bei der ersten Sitzung fest und kamen in den folgenden Wochen nicht mehr vom Fleck. Figl mußte sich im Auftrag der Parteiführung immer wieder mit denselben Vorschlägen zu Wort melden. Am 12. März schaltete sich abermals Theodor Körner in die Verhandlungen ein. Vergeblich. Sechs Tage später informierte der französische Botschafter in London das Foreign Office, daß Paris beabsichtige, beide österreichischen Großparteien „diskret aber nachdrücklich" davon zu verständigen, daß man über die Verzögerungen bei der Regierungsbildung und über den Stillstand in den Verhandlungen schon sehr besorgt sei. Im Foreign Office teilte man diese Besorgnis, und auch Lord Caccia wurde angewiesen zu intervenieren.[8] Die Amerikaner bereiteten sich auf etwas Ähnliches vor. Da es am 20. März aber hieß, die Große Koalition würde nun doch zustande kommen, wurden die Demarchen verschoben. Wohl aber wetterte das Presseorgan der Sowjetischen Besatzungsmacht, die „Österreichische Zeitung", gegen eine mögliche Einbeziehung des VdU in die zukünftige österreichische Regierung. Damit wird wieder einmal deutlich, wie sehr alle vier Besatzungsmächte die Große Koalition als etwas schätzen gelernt hatten, das nicht nur Österreich, sondern auch der jeweiligen Besatzungspolitik und der alliierten Präsenz insgesamt am besten zu entsprechen schien.

Die Westmächte hatten die Vorzeichen aber wohl falsch gedeutet. Einen Monat nach den Wahlen, am 22. März 1953, kamen fünf Leute ins Kanzleramt, die Figl sprechen wollten, darunter Julius Raab, der Generalsekretär der ÖVP, Alfred Maleta, und der steirische ÖVP-Obmann, Alfons Gorbach. Sie eröffneten Figl, daß er sein Mandat zur Regierungsbildung zurücklegen müsse. Figl, so die Schilderung des damaligen Außenministers Karl Gruber, „wurde blaß und blässer. Er hat nicht dagegen argumentiert, er hat nicht gekämpft, sondern seinen Hut genommen".[9] Tags darauf wurde Julius Raab vom Bundespräsidenten mit der Regierungsbildung betraut. Und es war eigentlich unnötig, daß der Bundespräsident nochmals öffentlich darauf hinwies, daß er den VdU nicht als koalitions- und regierungsfähig ansehe, und daß er schließlich am 26. März in einem vom damaligen Kabinettsvizedirektor des Bundespräsidenten, Dr. Bruno Kreisky, aufgezeichneten Gespräch mit Raab drohte, einen SPÖ-Politiker mit der Regierungsbildung zu beauftragen.[10] Am 27. März kam es zu einer Demarche der Westalliierten. Auch sie war eigentlich schon unnötig, denn Raab wollte die Regierung ohnedies zustande bringen und hatte nun alle Voraussetzungen geschaffen.

Figl war zurückgetreten. Es war zwar alles andere als eine schmerzfreie oder gar schöne Ablöse gewesen, aber man konnte zumindest darauf hinweisen, daß es ihm in vier Wochen nicht gelungen war, eine Regierung zu bilden. Das massive Eingreifen des Bundespräsidenten wiederum hatte Raab die Möglichkeit an die Hand gegeben, dem VdU eine Absage zu erteilen und sie damit zu begründen, daß es der

Bundespräsident gewesen sei, der sein Veto eingelegt habe. Ein Bürgerblock käme nicht in Frage, also müsse es bei der Großen Koalition sein Bewenden haben. Die SPÖ war wiederum durch das Taktieren zermürbt worden und ließ sich in ihren Forderungen auf relativ bescheidene Personalwünsche herunterdrücken. Am 1. April war die Einigung perfekt. Das Taktieren hatte sich – zumindest für die ÖVP – gelohnt. Um dem VdU wenigstens ein Trostpflaster zu geben, verzichtete die ÖVP zugunsten des Klubobmannes der „Unabhängigen", Karl Hartleb, auf den Posten des Dritten Nationalratspräsidenten. Die SPÖ konnte den Präsidenten des Rechnungshofs stellen und erhielt zwei neue Staatssekretärsposten zugestanden. Dies aber im Austausch, da sie in den ohnedies von Sozialisten geführten Ministerien für Inneres sowie für Verkehr und verstaatlichte Industrie künftig keinen Staatssekretär mehr stellte, dafür aber in den von ÖVP-Ministern geführten Ministerien für Handel- und Wiederaufbau sowie für Äußeres. Damit wurde gerade in diesen Ministerien die Einrichtung der „kontrollierenden Staatssekretäre" wirksam, etwas, das sich später zur totalen Kontrolle ausweitete. Staatssekretär im Handelsministerium wurde Dipl.-Ing. Raimund Gehart. Den Posten im Außenministerium aber sollte jener Mann besetzen, der neben Vizekanzler Schärf maßgeblich an der Meinungsbildung und an den Formulierungen des Bundespräsidenten Anteil gehabt hatte, nämlich Bruno Kreisky.

Für die ÖVP gab es keinerlei Zuwachs oder gar Verlust von Regierungsfunktionen, wenn man davon absieht, daß nun Julius Raab der Kanzler war und in den Folgejahren die österreichische Politik bestimmte. Der Machtwechsel war vollzogen. Der Regisseur des Wechsels war an der Macht.

„Eigentlich war es schon immer da gewesen, nun verließ er endgültig die Kulisse", schrieb Kurt Skalnik, als er sich mit der Parteiengeschichte der Zweiten Republik auseinandersetzte.[11] Und das ist eine sehr zutreffende Bemerkung. Eigentlich war er schon immer da gewesen, der 1891 geborene Julius Raab! Er stammte aus einer Baumeisterfamilie, besuchte im Stift Seitenstetten das Gymnasium und anschließend die Technische Hochschule in Wien. In diesen Jahren eignete er sich ein Allgemeinwissen und ein humanistisches Wissen an, von dem er Zeit seines Lebens zehrte. Man kann Raab aber keineswegs als einen intellektuellen Typ beschreiben. Seine Abneigung gegen andere als reine Zweckwissenschaften konnte später so weit gehen, daß er ausgesprochen abfällige Bemerkungen über die „Büachlschreiber" fallen ließ. Eines hatte er freilich: Ein besonders ausgeprägtes Urteilsvermögen und eine grenzenlose Aufnahmsfähigkeit für alle Formen von Informationen. Er war ein „Macher". Im Ersten Weltkrieg war Raab Pionieroffizier gewesen. 1918 führte er seine Kompanie vom Piave nach St. Pölten zurück, wo er sie am elterlichen Bauhof verabschiedete. In den Folgejahren setzte er sein Studium an der Technischen Hochschule fort, schloß das Studium aber nicht ab, wandte sich der Politik zu, wurde niederösterreichischer Heimwehrführer und war von 1927 bis 1934 christlichsozialer Nationalratsabgeordneter. Seine Hauptarbeit galt der Organisation von wirtschaftlichen Verbänden. 1934 schuf er mit dem Österreichischen Gewerbebund die erste einheitliche Organisation der österreichischen Gewerbetreibenden. Aus dieser ständestaatlichen Organisation wurde er 1938 als Bundesminister für Handel und Verkehr in das letzte Kabinett Schuschniggs berufen. Er hatte aber das Glück, während der nationalsozialistischen Zeit trotz seiner vorher innegehabten Funktionen und der Führerschaft bei der niederösterreichischen Heimwehr nie in ein Gefängnis oder Konzentrationslager gebracht zu werden. Allerdings durfte er seine Firma nicht weiter führen, sondern mußte in einem Straßenbauunternehmen arbeiten. Dort bot er, wie erinnerlich, zeitweilig seinem Bundesbruder und Freund Leopold Figl Arbeit und Unterschlupf. 1945, nach der Gründung der Volkspartei, wurde er deren Stellvertretender Obmann und von Renner als Staatssekretär für öffentliche Bauten in die Provisorische Staatsregierung berufen. Nach den Wahlen am 25. November 1945 wollte ihn Figl in sein Kabinett aufnehmen, doch Raab scheiterte am Veto der Alliierten. So mußte er sich also auf den Posten eines Klubobmanns der ÖVP-Fraktion im Nationalrat beschränken. Im Bereich des Wirtschaftslebens setzte er seine Tätigkeit der dreißiger Jahre fort und ergriff die Initiative zur Schaffung der Bundeskammer der gewerblichen Wirtschaft, deren Präsident er wurde. Raab lehnte es in den Folgejahren ab, in die Industrie zu gehen und Aufsichtsratspräsident oder dergleichen zu werden. Seine Stellung als Präsident des Österreichischen Wirtschaftsbundes und der Bundeskammer der gewerblichen Wirtschaft gab ihm jedoch ein solches Gewicht, daß er maßgeblichen Einfluß auf die Wirtschaft hatte. Auf diese Weise wurde er einer der Baumeister der Republik, ohne je wirklich Baumeister gewesen zu sein.

Seine ideologische Grundlage war über die allgemeinen Zielsetzungen der ÖVP hinaus eine starke religiöse Bindung, die – von ihm wohl nicht ganz unbeeinflußt – in seiner ebenso betont katholischen Umgebung den Glauben aufkommen ließ, Raabs Rolle in der Politik wäre eine geradezu göttliche Fügung.[12] Es fällt auf, wie oft Raab den „Allmächtigen" in seinen Erklärungen und Ansprachen anrief. Nicht vielleicht, weil er Gott in seinen politischen Entscheidungen einen besonderen Platz einräumte. Vielmehr sah er sich selbst als jemand, dem Verantwortung übertragen war, und er war sich dessen bewußt, daß er diese Verantwortung nur mit der Hilfe Gottes tragen konnte. Seine Religiosität, die ihn den Frühgottesdienst um 5 oder 6 Uhr morgens besuchen und abends Gewissenserforschung halten ließ, war allerdings ganz anderer Natur als jene des späteren Unterrichtsministers Heinrich Drimmel: Raab war zwar religiös mit der Intensität und Schlichtheit des 18. Jahrhunderts, ohne jedoch davon auszugehen, daß es seine Bestimmung sei, das Böse in der Welt aufzuspüren und es zu bekämpfen.

Trotz seiner langjährigen Zugehörigkeit zum Nationalrat war Raab kein großer Parlamentarier. Die innenpolitischen Verhältnisse, der Proporz der Großen Koalition, förderten das auch ungemein, so daß es eine Gewohnheit wurde, Lösungen außerhalb des Parlaments vorzubereiten. Raab hatte häufig eine etwas rücksichtslose Art der Machtausübung und führte – auch als Kanzler – Gespräche nach dem Schema: Ich bin der Vorgesetzte, und die anderen, einschließlich des sozialistischen Vizekanzlers Schärf, sind die Untergebenen. Da konnte er sich dann vor einem Gegenüber aufstellen – und er war ja recht groß – und den anfahren. Sehr häufig hatte er mit dieser Methode auch Erfolg.[13]

1953 war Raab 61 Jahre alt. Er wurde wohl auch schon etwas ungeduldig, da er allmählich in ein Alter kam, in dem die physische Leistungsfähigkeit rapid abzunehmen droht. Seit 1951 waren die Weichen gestellt, und Raab griff immer häufiger über seine Partei- und Wirtschaftsfunktionen hinausgehend in das politische Geschehen ein. Bei seiner zweifellos vorhandenen Ambition, das Kanzleramt zu übernehmen, wurde er von maßgeblichen Wirtschaftskreisen nicht nur unterstützt, sondern geradezu gedrängt. Doch er zögerte lange. Wahrscheinlich zögerte er auch noch zu Beginn der Koalitionsverhandlungen. Er wußte, daß ihm seine Heimwehrvergangenheit zum Vorwurf gemacht werden konnte.[14] Prompt wurde auch von sowjetischer Seite nach seiner Designierung von Heimwehr und Faschismus gesprochen. Dann trat etwas ein, das für Raab den letzten Ausschlag gab. Am 5. März 1953 starb Josef Stalin. So lange dieser Mann lebte, das hatte Raab schon zuvor gesagt, sehe er keine Chance für den Abschluß des Staatsvertrags.[15] Doch nach seinem Tod wäre die Zeit für ein Experiment reif. Nun war es so weit, und Raab trat endgültig aus den Kulissen heraus.

Man muß sich natürlich fragen, ob das, was Julius Raab und die Mitglieder der neuen Bundesregierung seit April 1953 auszuüben begannen, wirklich Macht – zumindest Macht im landläufigen Sinn – war. Denn wenn auch die schlimmsten Jahre der Nachkriegszeit vorbei waren, wenn auch die Masse des Schuttes beseitigt und der ärgste Hunger überstanden war, konnte man doch nicht übersehen, daß letztlich alles auf Widerruf geschah. Ganz Österreich war ein Staat auf Widerruf, in dem weder österreichische Stellen die höchste Autorität besaßen, noch der Bundespräsident der höchste Repräsentant war. Alles das behielten sich nach wie vor die Alliierten vor. Und was immer von ihrer Seite aus geschah, hatte den Charakter von Zugeständnissen, wurde erlaubt und gewährt.

Wo man hinsah, gab es nach wie vor künstliche Trennungen. Das Instrumentarium, mit dem die Alliierten ihre Macht ausübten, blieb ebenso vielfältig, wie es anfänglich gewesen war. Daran hatte auch die 1950 erfolgte Ernennung von zivilen Hochkommissaren durch die Westmächte nichts geändert. Die Rechtstitel, aus denen Besetzung und Kontrolle abgeleitet wurden, waren nach wie vor das Zonenabkommen vom 9. Juli 1945 und das Zweite Kontrollabkommen vom 28. Juni 1946. Von der beschränkten Souveränität des Landes war nicht abgegangen worden. Es galt daher unverändert jene Bestimmung des Zweiten Kontrollabkommens, in der festgehalten worden war, daß die Alliierte Kommission insgesamt und jede Besatzungsmacht für sich in einer nicht zu knapp bemessenen Zahl von Fällen das Recht hatten, über die Köpfe der österreichischen Regierung und Hoheitsverwaltung hinweg einseitige Maßnahmen zu setzen.

Wie weit das gehen konnte, war nicht leicht vorauszusagen, da sich die Alliierten an manche Beschlüsse selbst nicht mehr hielten. Aber daß sie noch immer sehr weitgehende Rechte besaßen, war unbestritten. Es war ja schon zu fragen, ob es nicht die eine oder andere Besatzungsmacht durchaus in der Hand hatte, Raab als Kanzler zu beeinspruchen. Es sollte wohl nicht mehr geschehen, sieht man sich vor allem auch den „Fall Korp" an. Doch wer wußte denn schon genau, wie in Moskau, Washington, London oder Paris gedacht wurde? Einseitige Maßnahmen konnten gesetzt werden, wenn es galt, Recht und Ordnung in einer der Besatzungsmacht genehmen Weise zu interpretieren, und wenn irgendeine der Besatzungsmächte meinte, österreichische Organe würden die Aufrechterhaltung von Recht und Ordnung aus eigenem nicht schaffen. Eingeschritten wurde, wenn nach der Meinung der jeweiligen Besatzungsmacht österreichische Behörden, Dienststellen und Einzelpersonen gegen irgendeine der alliierten Weisungen verstießen. In solchen Fällen wurde auch mit Verhaftungen nicht gegeizt. So war beispielsweise auch während des Wahlkampfs 1952/53 ein niederösterreichischer Bürgermeister festgenommen worden, und wurde von sowjetischer Seite laufend die Abberufung oder Versetzung von Beamten gefordert.[16] Außerdem stand den Besatzungsmächten das Recht zu, überall dort Maßnahmen zu ergreifen, wo sie eine militärische Notwendigkeit sahen oder wo es um Vermögenswerte von physischen oder juristischen Personen ging, die einem der Mitgliedstaaten der Vereinten Nationen zugehörten.

Zu den zentralen administrativen Überwachungsgremien kamen noch die Zonenbehörden. Und schließlich waren noch die Militärbehörden dazuzurechnen. Jede Zone hatte ihren militärischen Zonenkommandanten, der vor allem den Befehl über die jeweiligen Kontingente der Besatzungstruppen zu führen hatte. In den drei westlichen Zonen waren zu diesem Zeitpunkt schon deutlich weniger als 20.000 Mann stationiert, während der sowjetische Zonenkommandant, damals noch ident mit dem Hochkommissar, über rund 50.000 Mann verfügte. Es ist schon auf Grund der Truppenstärke klar, daß in der sowjetischen Zone die Besetzung viel augenfälliger sein mußte, als in den drei westlichen Zonen. Zudem hatte die Sowjetunion einen Großteil jener Erleichterungen nicht mitgemacht, die seit 1946 in den westlichen Zonen sukzessive Platz gegriffen hatten. Am weitesten waren die Amerikaner bei der Lockerung des Besatzungsstatus gegangen. Am wenigsten weit – innerhalb der westlichen Zonen – wohl die Briten. Generell spürte aber der Durchschnittsösterreicher in den westlichen Zonen nur noch wenig von der Besetzung, während sie im Osten als besonders bedrückend und als bedrohend empfunden wurde. Es wäre jedoch unsinnig, die Sache so darstellen zu wollen, als ob man beispielsweise in Niederösterreich permanent in Angst gelebt hätte. Es regte sich ja auch immer wieder so etwas wie ein Widerstand gegen die Besatzungsmacht. Manch düstere Schilderung hatte aber vor allem den Zweck, den nicht betroffenen Bevölkerungsteilen immer wieder vor Augen zu halten, wie sehr hier die Willkür waltete und wie sehr gemeinsame Anstrengungen nötig wären, um eine Änderung herbeizuführen. Die Besatzungsmacht als „Vehikel" der österreichischen Innenpolitik hatte überhaupt Aspekte, die nicht so ohne weiteres erkennbar waren. So erteilte beispielsweise Innenminister Oskar Helmer im Jänner 1952 dem Sicherheitsdirektor von Niederösterreich die Weisung, in Anbetracht einer damals schleppenden Verhandlung über die Bildung einer Niederösterreichischen Landesregierung dem amtierenden Landeshauptmann, Johann Steinböck, einen Bericht zuzuleiten, in dem detailliert angeführt werden sollte, welch eine „bedrohliche Lage" die langdauernden Koalitionsverhandlungen geschaffen hätten.[17] „Gerade in der russischen Zone wären ein Streik oder auch nur geringe Demonstrationen besonders gefährlich." Der Zweck eines derartigen Vorgehens lag auf der Hand: Der Innenminister, der auch gleichzeitig niederösterreichischer Landesparteivorsitzender der SPÖ war, wollte Druck auf die Verhandlungen zur Bildung der Niederösterreichischen Landesregierung ausüben. Und der indirekte Hinweis auf die Sowjets und die besondere Situation Niederösterreichs waren dazu wie nichts anderes geeignet. So wurden die Sowjets zum Vorwand.

Stehend (von links): Dr. Bruno Kreisky, Karl Maisel, Dr. Fritz Bock, Ferdinand Graf, Dr. Josef Gerö, Dr. Reinhard Kamitz, Dr. Ernst Kolb, Dipl.-Ing. Raimund Gehart, Dipl.-Ing. Karl Waldbrunner.

Sitzend: Dr. Karl Gruber, Oskar Helmer, Julius Raab, Dr. Adolf Schärf, Franz Thoma.

REGIERUNG RAAB I
(2. 4. 1953–29. 6. 1956)

Aufnahme vom 2. 4. 1953
Foto: Votava

Sie hatten sich aber auch noch im Wahlkampf Blößen gegeben, die ganz einfach ausgenützt werden konnten. Die Sowjets hatten ein Verbot des VdU in der sowjetischen Zone angedroht, die Enfernung antisowjetischer Plakate verlangt und als alles nichts fruchtete, Figl wie Schärf und vor allem Minister Helmer ein ums andere Mal protestierten, forderten die Sowjets, daß die Gendarmerie ihre Gummiknüppel abgebe.[18] Holzknüppel waren zwar erlaubt worden, aber die Gummiknüppel hatten keine Einzelgenehmigung erfahren. Da sich Helmer weigerte, schritten die Sowjets selbst ein, und das ausgerechnet am 24. Dezember 1952. Helmer aber hatte alle Postenkommandanten angewiesen, die Gummiknüppel nicht freiwillig abzugeben, sondern sie sich nehmen zu lassen. Das bot natürlich zahlreiche Gelegenheiten, Widerstand gegen die Besatzungsmacht zu demonstrieren. Für die Bewohner der westlichen Zonen waren das lediglich schaurige Schilderungen. Für die im weitesten Sinn Betroffenen war das aber viel mehr. Und es hatte letztlich auch seine politischen Auswirkungen: Politiker, die Mut gegenüber der Besatzungsmacht demonstrierten, konnten damit rechnen, daß ihnen und ihren Parteien dieser Mut in den Wahlzellen honoriert würde. Der Mut hatte so auf jeden Fall seinen Preis.

Wenn man einmal von den skizzierten Beschränkungen und Sonderrechten absieht, wurden die Folgen der Besetzung wohl am ehesten an den Besatzungskosten, die das Budget belasteten, deutlich. Da die Amerikaner schon 1947 auf die Zahlung von Stationierungskosten verzichtet hatten, waren zwar nur noch jene Summen übriggeblieben, die für Franzosen, Briten und Sowjets aufzuwenden waren, sie betrugen 1952 aber allemal noch 453 Millionen Schilling.[19] Insgesamt waren bis 1952 rund 7 Milliarden Schilling oder – nach dem damaligen Kurs – 350 Millionen Dollar aufzubringen gewesen. Allein der Ausfall von Steuern und Zöllen bei den von den Sowjets beschlagnahmten Betrieben betrug bis 1952 weitere 3,5 Milliarden Schilling oder 175 Millionen Dollar, also weit mehr als der in den Staatsvertragsverhandlungen als Ablösesumme für das Deutsche Eigentum genannte Betrag. Diese Summe wird allerdings erst dann greifbar, wenn man sie in Relation zu anderen Budgetposten setzt, etwa den Aufwendungen für Hochschulen und wissenschaftliche Anstalten, die 1952 mit 168 Millionen Schilling veranschlagt waren, oder den Straßen- und Brückenbau (und es war ja die Zeit des Wiederaufbaus), für die 395 Millionen aufgewendet werden konnten.

Die Besatzungskosten wurden durch eine eigene Steuer gedeckt. Jedermann zahlte. Ebenfalls für jeden sichtbar war die Demarkationslinie zwischen Ost- und Westösterreich, sichtbar zumindest für jene, die diesen etwas schleißigen „Eisernen Vorhang“ zu passieren hatten. Die Kontrolle des Bahn- und Straßenverkehrs war langwierig und immer wieder schikanös. Auf der Donau, die im Grunde genommen ab Passau ein ausschließlich sowjetischer Wasserweg war, gab es kaum Schiffsverkehr, sieht man von osteuropäischen Frachtkähnen ab. Und schließlich gab es einen letzten Bereich, in dem die Last der Besetzung für jeden sichtbar wurde, und zwar in Ost- wie in Westösterreich, das war die Zensur.[20] Zu jener der Druckmedien und der Rundfunkanstalten kam noch die Brief-, Telegramm- und Telefonzensur, von der fast niemand ausgenommen war außer dem Bundespräsidenten, dem Bundeskanzler, dem Außenminister und dem Generalsekretär für Auswärtige Angelegenheiten sowie dem diplomatischen Korps und der amtlichen Korrespondenz österreichischer Behörden. Wenn aber beispielsweise der Innen- oder Handelsminister, ein Landeshauptmann oder wer auch immer außer den genannten Personen nichtamtlich korrespondierte, telegraphierte oder telefonierte, mußte er gewärtigen, daß seine Mitteilungen abgehört und zensuriert wurden. Außer der von den Alliierten gemeinsam ausgeübten Zensur, die in der Wiener Zensurstelle durchgeführt wurde (750 Personen waren 1952 dort beschäftigt), gab es noch eine eigene sowjetische Zensurstelle, in der 170 Bedienstete gezählt wurden. Reste von Zensurstellen gab es aber auch in den westlichen Besatzungszonen. Bei normalen Postsendungen hatte das Verfahren der Zensur, die ja nur stichprobenweise durchgeführt werden konnte, kaum mehr Verzögerungen zur Folge. Hatte ein Brief keinen Absender, mußte er automatisch acht Tage liegenbleiben, ebenso wenn er in einer Fremdsprache abgefaßt war, für die sich kein Übersetzer fand.

Die Telefonzensur wiederum war so organisiert, daß sämtliche Gespräche ins Ausland über die Wiener Telefonzentrale geschaltet werden mußten. Wollte also jemand von Bregenz nach Lindau oder Vaduz telefonieren, dann ging das Gespräch über Wien, und der Teilnehmer hatte statt den Kosten für eine Gesprächsdistanz von 20 km solche von 800 km zu tragen. Zudem wurde ein Teil der Telefongespräche auf Band aufgezeichnet.

All diese Komponenten, die eingeschränkte Souveränität, die Besatzungssoldaten, die großen finanziellen Lasten der Besetzung, die ja nicht nur in den direkten Besatzungskosten ihren Ausdruck fanden, sondern auch daran zu messen waren, daß die Marshallplanhilfe durch die sowjetischen Entnahmen beim sogenannten Deutschen Eigentum annähernd aufgewogen wurde, die Kontrollen an der östlichen Zonengrenze, die eigene Identitätskarten erforderten, die Verhaftungen, Verschleppungen, Zensurmaßnahmen und über all dem die Angst, daß es doch einmal zur Teilung des Landes kommen oder die Besetzung unabsehbar lange dauern würde, das zusammen läßt erahnen, welche Probleme den österreichischen Alltag im April 1953 belasteten. Ein derartiges politisches Erbe anzutreten war auch sicherlich nichts, was leichtfertig getan werden konnte. Und wenn es in der Politik so etwas geben würde, wie das bedingte Antreten einer Erbschaft, dann wäre es damals zweifellos am Platz gewesen.

Natürlich gab es auch etliches, das zur Hoffnung berechtigte. Da war vor allem einmal die Tatsache, daß die Alliierten in all den Jahren der Besetzung nie den Versuch gemacht hatten, Österreich tatsächlich zu teilen oder auch nur ein Auseinanderleben der östlichen und der westlichen Zonen zu fördern. Zur Hoffnung berechtigte auch, daß die Alliierte Kommission nach wie vor funktionierte und mittlerweile einzigartig in ihrer Zusammensetzung und Funktionsweise war. Dies veranlaßte dann 1953 beispielsweise den schon erwähnten Sebastian Haffner, in der englischen Zeitung „The Observer" einen großen Artikel über Österreich zu schreiben, der die Überschrift hatte „Between the Cold-War-Front" (Zwischen den Fronten des Kalten Krieges).[21] Wien, so Haffner, wäre die einzige Hauptstadt Europas, die eine furchtlose und unabhängige Rolle im politischen Handeln spielte. London, Paris und Rom hätten diese Rolle an Washington abgetreten; Prag und Budapest an Moskau. Doch Wien liege zwischen den Fronten und achte auf seine eigenartige und auch einzigartige Rolle.

Die Alliierte Kommission für Österreich gehörte aber wohl in besonderer Weise zu diesem Erscheinungsbild von diesem Land „dazwischen". Mit unveränderter Regelmäßigkeit trafen sich die vier Hochkommissare alle zwei Wochen, jeweils an Freitagen, und erledigten die durch die Instanzen der Alliierten Kommission vorbereiteten Fragen. Allein die Tatsache des Gesprächs war einzigartig, denn zu diesem Zeitpunkt gab es nirgends sonst, auch nicht bei der UNO, eine derartige Gesprächsmöglichkeit wie in Wien. Die alliierte Truppenpräsenz zeigte außerdem seit langem fallende Tendenz, und irgendwann einmal, so stand zumindest zu hoffen, würden auch die unterbrochenen Staatsvertragsverhandlungen wieder aufgenommen werden. Alles das gab zur Hoffnung Anlaß. Mehr als Hoffnung konnte aber niemand haben, auch nicht der neue Bundeskanzler.

Die Eröffnungsbilanz im außenpolitischen Bereich war alles andere als rosig. Der Staatsvertrag dominierte jedoch das außenpolitische Handeln wie das Denken. Anfang 1953 lagen zwei Staatsvertragsentwürfe auf dem Tisch: Der noch nicht gänzlich ausgehandelte Langvertrag, bei dem vor allem die Frage der Abgeltung des Deutschen Eigentums an die Sowjetunion und die künftige Stellung Österreichs im europäischen Kräftefeld Schwierigkeiten machte. Zum anderen lag der Kurzvertrag vor, und es drehten sich die Diskussionen anscheinend nur noch um diesen. Doch ein Ergebnis zeichnete sich nicht ab.[22] Was wunder, daß man in Österreich dachte, der Staatsvertrag würde nie abgeschlossen werden. In den Worten des Lageberichts der Sicherheitsdirektion für Kärnten vom April 1953 ausgedrückt: „Die Bevölkerung selbst ist aber wegen des Staatsvertragsabschlusses sehr pessimistisch und hat fast jede Hoffnung auf den Abschluß des Vertrages verloren . . ."[23] Nun war eine solche monatlich erhobene „Volksstimmung" nicht unbedingt gleichzusetzen mit einer demoskopisch erarbeiteten Tendenz, aber als Indiz mochte sie gelten.

Schließlich war für alles Weitere noch der Stand der österreichischen Innenpolitik zu bedenken. Der Wechsel von Figl auf Raab wurde zunächst einmal als nicht so sehr gravierend angesehen. Raab, so meinte man, sei auch schon vorher sehr einflußreich gewesen und habe Figl gelenkt, so daß dieser bei der Ausübung seiner Kanzlerschaft ganz von Raab abhängig gewesen sei.[24] Doch es sollte sich sehr rasch zeigen, daß mit Raab nicht nur ein anderer Stil in die Regierung gekommen war. Auch die Inhalte verschoben sich. Die Jahre von 1950 bis 1952 waren weitgehend von der Innenpolitik beherrscht gewesen, und es hatte manchmal den Anschein gehabt, daß nichts anderes mehr wichtig war als Fragen wie: Zerfällt der VdU in drei oder vier Gruppen? Gelingt es der SPÖ, Figl gegen dessen eigene Partei zu halten? Spielt Minister Gruber ein doppeltes Spiel? Wer hat die größeren politischen Skandale? und ähnliches mehr. Raab kündigte sehr rasch eine Verlagerung der politischen Inhalte an.

Er begegnete daher gerade bei links stehenden Sozialisten einiger Skepsis. Sie sahen in ihm, der ja ein unverkennbarer Repräsentant des Großbürgertums war, wohl auch den „Klassenfeind". Allerdings wurde diese Ablehnung und Skepsis dadurch wettgemacht, daß Raab gute, ja sehr gute Kontakte zum Präsidenten des Gewerkschaftsbundes, Johann Böhm, zu Innenminister Helmer und auch zum sozialistischen Klubobmann, Bruno Pittermann, hatte. Vizekanzler Schärf begegnete Raab zunächst abwartend. Er wollte erst sehen, wie sich Raab in der praktischen politischen Arbeit zeigen würde.[25] Daß Schärf, der Figl jahrelang unterstützt hatte, anderseits aus der Schwäche Figls auch etliches Kapital geschlagen hatte, von dem Wechsel nicht unbedingt begeistert war, ist aber nicht weiter verwunderlich.

Die Wahlen vom 22. Februar hatten recht deutlich gezeigt, daß trotz der Verschiebungen in der Parteilandschaft keinerlei Neigung vorhanden war, groß zu experimentieren. Ganz im Gegenteil hatte auch jene Partei, die noch vier Jahre zuvor als eine Partei der Protestwähler angetreten war, der VdU, einiges Terrain verloren und drohte nach den Wahlen zu zerbrechen.

So wie er auch auf Bundesebene nicht recht zur Kenntnis genommen und mehr spielerisch als ein innenpolitisches Element verwendet wurde, genauso blieb der VdU auch aus dem auf allen Ebenen wirksam werdenden Proporzsystem ausgeklammert. Der Proporz hatte zwar nicht reibungslos funktioniert, doch im wesentlichen war die Parteienvereinbarung vom 9. November 1949 eingehalten worden. Die Schwierigkeiten mit den Beiräten waren eigentlich das einzige größere Problem gewesen, ansonst konnten „die Zwei" mit der Aufteilung der Macht aber ganz zufrieden sein.

1953 wurde abermals ein vertrauliches Koalitionsabkommen* geschlossen, das erst durch eine Indiskretion im Jahr darauf dem VdU in die Hände gespielt und in einer Zeitschrift dieser Partei veröffentlicht wurde. Im Vergleich zu 1949 gab es etliche interessante Änderungen. Zunächst war wieder nur die Aufteilung von Macht und Einfluß der beiden Großparteien festgeschrieben worden. Der Proporz sollte sich aber nicht mehr auf die Landes- und Gemeindeverwaltungen erstrecken. Darin konnte eine wohl abermals von der ÖVP initiierte geringfügige Verbesserung für den VdU gesehen werden. Mehr hatte jedoch der VdU nicht mehr zu erwarten.

Sieht man sich das neue Arbeitsübereinkommen der Großparteien an, dann war als Erfolg der SPÖ zu werten – dabei dürfte sich vor allem Vizekanzler Schärf durchgesetzt haben –, daß entgegen von ÖVP-Wünschen keine kulturpolitischen Vereinbarungen im Koalitionsübereinkommen enthalten waren. Schließlich wurde als ein Relikt aus den Verhandlungen über eine Dreierkoalition ein sogenannter „koalitionsfreier Raum" in Aussicht genommen und ebenso eine beschränkte Freigabe der Abstimmung im Nationalrat. Dazu sollte es aber in der gesamten Legislaturperiode nicht kommen. Deutete somit das Koalitionsabkommen vom 2. April 1953 schon auf eine Erstarrung der österreichischen Innenpolitik hin, was damals freilich vor allem als Ruhigstellung und Vermeidung innenpolitischer Konfliktsituationen verstanden wurde, so unterlagen sowohl die Wirtschafts- wie die Außenpolitik einer beträchtlichen Dynamik.

Eine ganze Reihe von Problemen hatte sich ergeben. Und nicht nur die österreichischen Parteien reagierten nach den Wahlen wochenlang mit einer gewissen Nervosität; auch die Alliierten waren sich über den weiteren Weg, den die österreichische Politik einschlagen würde, alles andere als klar. Es blieb aber wohl nicht nur beim Rätselraten, es wurde auch handfest Einfluß genommen. Dabei ist die Vorgangsweise der amerikanischen Verantwortlichen in Wien besonders gut zu verfolgen. Am 9. und 10. April traf der amerikanische Botschafter, Llewellyn Thompson, mit dem neuen Kanzler zusammen und erkundete dessen Intentionen. Minister

* Siehe Anhang 3/3

Gruber hatte schon etwas Vorarbeit geleistet und dabei die Abneigung Raabs gegen den sogenannten Kurzvertrag anklingen lassen. Raab relativierte diese Frage und ließ sich seinerseits die Gründe der USA für deren Absicht, das „Räumungsprotokoll" nicht zurückzuziehen, darlegen. Dann aber ging Thompson auf die heikle Frage der Wiedergutmachung für Juden ein und verwies auf die amerikanische Haltung, daß zunächst den Opfern der Nazis zu helfen sei, bevor man an die Amnestierung der „Ehemaligen" gehe. Raab verwies darauf, daß die Regierung ein Dreierkomitee einsetzen würde, das mit den jüdischen Organisationen über die Entschädigungen verhandeln sollte. Thompson drängte Raab zu einer Stabilisierung von Währung und Wirtschaft und rannte gerade damit bei Raab eine offene Tür ein. Delikat wurde es bei der amerikanischen Forderung nach einer Kontrolle bei den verstaatlichten Banken bezüglich der Verwendung der ERP-Mittel. Raab verstand sehr wohl, was Thompson meinte, und stimmte mit ihm grundsätzlich auch überein. Auf der anderen Seite verwies er verklausuliert darauf, daß er langfristige Kontrollmöglichkeiten der Sozialisten über die Großbanken unbedingt vermeiden wollte.[26]

Ähnlich wie Thompson wurden wohl auch die anderen Botschafter bzw. Hochkommissare vorinformiert, ehe Raab am 15. April 1953 im Nationalrat die Regierungserklärung abgab. Als er es tat, nahmen die wirtschaftspolitischen Passagen rund die Hälfte der Zeit in Anspruch. Sie fanden auch überall Beachtung. Denn letztlich waren es ja wirtschaftspolitische Fragen gewesen, über die das Kabinett Figl/Schärf gestolpert war und die dann die Neuwahlen notwendig gemacht hatten. Für Raab gab es aber gerade in diesem Bereich einige Grundsätze, von denen er nicht abgehen wollte. Bei aller Rücksichtnahme auf den Koalitionspartner war er gewillt, jenes Maß an Wirtschaftsliberalismus zu verwirklichen, das schon im Sommer und Herbst 1952 vorgezeichnet worden war und für das Finanzminister Kamitz eintrat. Es galt, wie Raab auch in der Regierungserklärung sagte, von einem inflationistischen Kurs auf Stabilität umzusteigen. Für diese Politik wurde dann das Schlagwort vom Raab-Kamitz-Kurs geprägt, eine sicherlich treffende Bezeichnung, da Raab nicht nur die Rahmenbedingungen mit schuf, sondern auch in Wirtschaftsfragen immer wieder eingriff. Man muß auch der Wirtschaftsentwicklung ab 1952 ein besonderes Augenmerk zuwenden, denn letztlich werden alle außenpolitischen Maßnahmen der Folgejahre, die relative Stabilität in der Innenpolitik, aber auch die Bereitschaft, langfristige Lasten zu übernehmen, nur vor dem Hintergrund der enormen Prosperität dieser Jahre verständlich. Die Entwicklung setzte 1952 ein, und zwei Zahlen verdeutlichen den Sprung, den Österreich von einem Jahr auf das andere machte, eindrucksvoll: 1951 betrug der Zuwachs der Spareinlagen 77 Millionen Schilling; 1952 bereits über eine Milliarde! Diese Tendenz galt es auszunützen.[27]

Der wirtschafts- und finanzpolitische Kurs der neuen Regierung war zunächst einmal durch eine drastische Senkung der staatlichen Ausgaben gekennzeichnet sowie durch eine Forcierung des Außenhandels. Dabei kam es zum Zusammenwirken des Finanzministers mit dem neuen Kanzler an einer Nebenfront, da sie sich für die handelspolitische Offensive der Bundeswirtschaftskammer bedienten. Sie war es, die erstmals seit dem Krieg Handelsdelegierte entsandte und den Exporten damit neue Wege öffnete. Als nächstes wurde die Parität des Schillings gegenüber dem Dollar mit 26:1 neu festgelegt, was zwar eine Abwertung bedeutete, das Verhältnis der beiden Währungen aber in eine dem Kaufwert entsprechende Relation brachte. Diese Parität blieb dann auch bis 1971 fast unverändert. Die Finanzoperationen und die Veränderungen bei der Investitionspolitik dienten dazu, ein sechstes Lohn- und Preisabkommen zu vermeiden. Die Lebenshaltungskosten wurden stabilisiert, sie gingen sogar geringfügig zurück. Was sich Kamitz vorgenommen hatte, wozu er aber die Zustimmung und Unterstützung der sozialistischen Seite und vor allem jene von Minister Waldbrunner brauchte, war die Ankurbelung der Finalindustrie, um nicht nur Ausgangsmaterialien, sondern möglichst auch die Endprodukte zu fabrizieren. Ferner eine Verlagerung der Investitionstätigkeit auf den Kraftwerksbau, auf die Elektrifizierung der Eisenbahn sowie auf den Autobahnbau. Im ERP-Büro, das dem Bundeskanzleramt eingegliedert war, wollte zwar dessen Leiter, Dr. Hans Igler, noch um einiges weiter gehen und zusätzlichen Anreiz für private Unternehmer schaffen. Doch damit stieß er auf den Widerstand Waldbrunners, und für Kamitz wie für Raab war das Verhältnis zu den Sozialisten zu wichtig, als daß sie sich für Igler stark gemacht hätten.[28] Der neue Kurs zeigte auch so seine Wirkung. Die Zahlungsbilanz wurde aktiv, und der Staatshaushalt war ausgeglichen.

Es kann freilich kein Zweifel daran bestehen, daß Kamitz die internationale Entwicklung bei seinen Maßnahmen entgegenkam, denn es setzte ja weltweit eine Konjunktur ein. Gerade wenn man in die Bundesrepublik Deutschland sieht, wird klar, daß in Wien nicht isoliert gedacht und Wirtschaftspolitik gemacht wurde, denn die Politik von Reinhard Kamitz entsprach durchaus jener, die in Deutschland von Wirtschaftsminister Ludwig Erhard betrieben wurde und zum Schlagwort vom deutschen Wirtschaftswunder führte. Der Ableger davon war der sicherlich zutreffende Begriff des österreichischen Wirtschaftswunders. Letztlich kam der Aufschwung in Österreich jedoch unter erheblich schwierigeren Bedingungen zustande, denn schließlich erstreckte sich in Österreich jede wirtschaftliche Maßnahme auch auf die Ostzone mit ihren Enklaven von sowjetischen Besitzungen, für die Österreich wenig tun konnte und die dennoch immer mit in die Überlegungen einzubinden waren. Und es mußte selbstverständlich auch in der sowjetischen Zone investiert werden, selbst wenn da der Anreiz nicht so groß war. Daher war es ein Positivum, ja eine Voraussetzung, daß gerade in diesen Jahren Politik von Leuten gemacht wurde, die ihrer Herkunft nach Ostösterreich eng verbunden waren. Und das galt für Figl und Raab genauso wie für Schärf, Helmer oder Waldbrunner.

Die Weichen, die in der Wirtschaftspolitik gestellt wurden, waren absehbar gewesen. In diesem Bereich war auch der neue Kanzler eine kalkulierbare Größe und konnten seine Maßnahmen kaum überraschen. Wenn jemand über mögliche Bruchstellen der neuen Großen Koalition zu grübeln bereit war, dann am ehesten angesichts des wirtschaftlichen Wandels mit allen seinen gesellschaftspolitischen Auswirkungen. Daß Raab aber seine spektakulärsten Schritte in der Außenpolitik setzen würde und daß er sich dabei nur bedingt der vollen Unterstützung beider Koalitionsparteien sicher sein konnte, das ahnte zunächst wohl niemand. Die Große Koalition steuerte unbemerkt dem Höhepunkt ihrer Existenz zu.

In der Regierungserklärung vom 15. April 1953 glich das, was der neue Kanzler über Außenpolitik und Staatsvertrag zu sagen hatte, zunächst mehr einer Pflichtübung. Er sprach von der Fortsetzung der Politik seines Amtsvorgängers und davon, daß auch die neue Regierung „an die Spitze ihre Bemühungen wieder die Verwirklichung unseres Freiheits-Ideals setzen und die Einlösung feierlich gegebener, in internationalen Verträgen festgelegter Versprechungen auf Wiederherstellung eines freien und unabhängigen Österreich verlangen“ wollte.[29] Ein Satz, einige Worte nur, hätten allerdings aufhorchen lassen sollen, denn mitten in seinen Ausführungen über den Staatsvertrag sagte Raab „Nicht die Form dieses Vertragsinstrumentes ist entscheidend . . .“ Damit war nichts anderes ausgedrückt worden, als daß Österreich bereit war, den Kurzvertrag, der auf massive Ablehnung durch die Sowjetunion gestoßen war, fallen zu lassen.

„Nicht die Form des Vertragsinstruments ist entscheidend“, das also war der außenpolitische Kernsatz, und mit ihm leitete Raab seine außenpolitischen Aktivitäten ein, die zunächst fast ausschließlich die Sowjetunion zum Adressaten hatten. Stalin war tot und damit, wie Raab es selbst ausgedrückt hatte, „die Zeit für ein Experiment“ gekommen. Der Tod des sowjetischen Staatsführers war nicht einfach damit zu quittieren, daß man sagte, es würde einen neuen Regierungschef und andere Männer geben. Mit Stalins Tod fiel auch eine wesentliche psychologische Schranke weg, da die Sowjetunion mit Stalin identifiziert worden war, und man schon gebannt wie das Kaninchen auf die Schlange gestarrt hatte, ohne zu einer Regung fähig zu sein. Die Gleichsetzung von Stalin und der Sowjetunion hatte jede Hoffnung schwinden lassen. Der Andeutung Raabs in der Regierungserklärung folgte eine ebenso kleine Geste der Sowjetunion, als der sowjetische Hochkommissar bekanntgab, daß sich die aus Anlaß des 80. Geburtstags von Bundespräsident Körner von diesem ausgesprochene Amnestie auch auf die in der sowjetischen Zone und auf Grund von Verurteilungen durch ein sowjetisches Militärgericht Inhaftierten erstrecken könne.

Der nächste Schritt erfolgte auf diplomatischer Ebene und dürfte wohl auch nicht unbedingt zu den Gepflogenheiten gezählt haben. Raab hatte den österreichischen Botschafter in Moskau, Norbert Bischoff, anläßlich eines Aufenthalts in Wien zum Essen eingeladen und mit ihm ausführlich über das österreichisch-sowjetische Verhältnis gesprochen. Bischoff, dem es wohl irgendwann einmal zu Ohren gekommen sein muß, daß er und seine Berichte meistens mit der Bemerkung „Pravda“ abgetan wurden, fand in Raab einen Mann, wie er ihn bis dahin vermißt haben mußte. Und Bischoff setzte seine Eindrücke in einem Schreiben um, das er außerhalb der normalen diplomatischen Korrespondenz an Molotov richtete, um diesen von den Veränderungen in Wien zu informieren. Er schilderte darin Raab als einen Mann, der der Sowjetunion aufgeschlossen gegenüberstehe, einen neuen Zug in die Politik bringen wolle und dem daher die Verbesserung des Verhältnisses zu Moskau dringendstes Gebot wäre. Eine ähnliche Mission, wie sie Botschafter Bischoff auf höchster Ebene übertragen bekam, erfüllte der stellvertretende Landeshauptmann von Niederösterreich, August Kargl, der den sowjetischen Besatzungsorganen in Österreich den Wandel vor Augen zu führen und Raab näherzubringen hatte. Beide Aktionen taten ihre Wirkung, und es folgte das, was wohl am besten mit „Russische Wochen“ umschrieben werden kann.[30]

In einem Expreß-Nachholverfahren brachte die Sowjetunion so gut wie alles von dem zum Verschwinden, was ihr Besatzungssregime wesentlich von den westlichen unterschieden hatte, ja die Sowjetunion ging sogar weiter und setzte Maßnahmen, wie sie vor allem in der britischen und der französischen Zone noch nicht einmal ins Auge gefaßt worden waren. Kurz, die Raabsche Politik, die genau im richtigen Zeitpunkt einsetzte, als sich in der Sowjetunion eine neue Führungsgarnitur zu artikulieren suchte, trug unerwartet schnell Früchte. Raab sah sich daher bestätigt und begann an jenem grammatikalisch unschönen Bandwurmsatz zu arbeiten und ihn auch immer wieder anzuwenden, der zum Leitmotiv der österreichischen Politik in den Folgejahren werden sollte: Der Satz vom russischen Bären . . .

10 Der Schwanz des russischen Bären

„Es nützt nichts, wenn man den russischen Bären, der mitten im österreichischen Garten steht, immer wieder durch laut tönende Sonntagsreden in den Schwanzstummel zwickt, sondern es ist viel zweckmäßiger, daß sich die Öffentlichkeit und die österreichische Presse einmütig darum bemühen, überflüssige Spitzen zu vermeiden, wobei grundsätzlich immer wieder betont werden muß, daß das österreichische Volk als Kulturvolk geachtet und gewertet werden will, daß der heutige unwürdige Zustand ein Ende finden und ihm seine Freiheit gegeben werden muß."

Dieser Bandwurmsatz hatte mehrere Väter.[1] Den ersten Teil diktierte Bundeskanzler Raab dem stellvertretenden Generalsekretär der ÖVP, Josef Scheidl, nachdem Raab gemeint hatte, er würde gern etwas Freundliches über die Russen sagen. Die Einfügung mit den „laut tönenden Sonntagsreden" war offenbar eine Spitze gegen die berühmtesten Sonntagsredner der Besatzungszeit, Innenminister Oskar Helmer und seinen ÖVP-Staatssekretär, Ferdinand Graf. Der komplette Nachsatz mit der österreichischen Presse (mit dem vor allem die sozialistische „Arbeiter Zeitung" apostrophiert wurde) und dem österreichischen Kulturvolk stammte von Scheidl. Ein Bonmot war geboren. Am 12. Juni 1953 spickte Raab damit seine wöchentliche Radiorede. Raab wollte es aber nicht beim Bonmot bewenden lassen. Er agierte und reagierte und brachte die erstarrten Fronten in Bewegung. Innerhalb weniger Wochen gab es eine Entkrampfung des Verhältnisses zur Sowjetunion und zur sowjetischen Besatzungsmacht. Gehen wir nun einmal dem Datum nach durch, wie sich dieser Prozeß abspielte:[2]

Am 24. April 1953 verfügt die sowjetische Besatzungsmacht die Freilassung der in sowjetischen Gefängnissen festgehaltenen politischen Gefangenen auf Grund der vom Bundespräsidenten erlassenen Amnestie.

Am 8. Juni heben die Sowjets die ständige Kontrolle an den Demarkationslinien für den Personen- und Lastenverkehr auf.

Am 26. Juni wird der Wirkungsbereich des bisherigen sowjetischen Hochkommissars und Oberbefehlshabers auf die Befehlsgewalt über die sowjetischen Besatzungstruppen beschränkt. Neuer sowjetischer Hochkommissar wird erstmals ein Diplomat, nämlich Botschafter Ivan I. Il'ičev.

Am 27. Juni amnestieren die Sowjets 610 Österreicher, die sich auf Grund von Urteilen sowjetischer Militärgerichte in der Sowjetunion in Haft befinden.

Am 17. Juli überlassen die Russen Österreich die Anlagen des bis dahin als Deutsches Eigentum behandelten Donaukraftwerks Ybbs-Persenbeug, das nunmehr weiter- und fertiggebaut werden kann.

Am 30. Juli erhält die Bundesregierung eine Note der Sowjetunion, nach der die Regierung der UdSSR ab 1. August 1953 auf die Bezahlung der Besatzungskosten durch Österreich verzichtet.

Am 11. August teilt der sowjetische Hochkommissar mit, daß die Sowjetbehörden tags darauf die Zonenzensur innerhalb der Sowjetzone aufheben würden.

Nachdem das bis dahin geübte sowjetische Veto entfällt, beschließt der Alliierte Rat auf Antrag des sowjetischen Hochkommissars, die Viermächtezensur über die internationalen Post-, Telegraphen- und Fernschreibverbindungen aufzuheben und auch die Rundfunkanstalten nicht mehr zu zensurieren (wirksam ab 1. September).

Am 20. August bewilligen die Sowjets in ihrer Zone das bis dahin verbotene Segelfliegen.

Am 22. August lösen sie einige Kommandanturen in ihrer Zone auf.

Am 29. August übersiedelt die Wiener Interalliierte Stadtkommandantur vom Justizpalast, wo sie seit 1945 untergebracht worden war, in das Haus der Industrie auf dem Schwarzenbergplatz (der damals noch Stalinplatz hieß) und wurde solcherart mit den übrigen Teilen der Alliierten Kommission für Österreich räumlich vereinigt.

Am 11. September genehmigt der Alliierte Rat (nachdem ein bis dahin wirksames sowjetisches Veto gefallen war) die Übertragung des Rechts an die österreichische Bundesregierung, Reisepässe auszustellen und Sichtvermerke zu erteilen, und hebt die Beschränkungen im Personen- und Güterverkehr innerhalb Österreichs auf.

Am 12. September wird die niederösterreichische Landeskommandantur aufgelöst bzw. umbenannt. Sie nennt sich in der Folge „Amt des Vertreters des Hochkommissars der UdSSR für Niederösterreich".

Am 1. Oktober geben die Sowjets 178 bis dahin besetzt gehaltene Gebäude frei.

Damit war im wesentlichen die Lockerung des Besatzungsregimes in der sowjetischen Zone und in jenen Bereichen vollzogen, in denen die Sowjets bis dahin das Kriegsmäßige der Besetzung nur zu deutlich gemacht hatte. Der Abbau der Zwangsmaßnahmen erfolgte so schnell, daß man auf österreichischer Seite gar nicht nachkam, sich für jedes einzelne Entgegenkommen zu bedanken. Dabei wurde das Sichbedanken eine Frage, an der sich die Geister schieden, denn Vizekanzler Schärf vertrat die Ansicht, Österreich müßte sich nicht groß dafür bedanken, daß es ein wenig den Charakter einer alliierten Kolonie verlor. Vielmehr wäre dies eine Selbstverständlichkeit und ändere nichts daran, daß diese Schritte viel zu spät und vor allem auch noch immer nicht vollständig gemacht worden wären.[3]

Der britische Hochkommissar und Botschafter, Lord Caccia, teilte diese Ansicht und nannte die von Raab eingeleitete Politik schlichtweg „Dankeschön-Politik".[4] Die etwas gehässigen Kommentare dazu sollten wohl über das britische Unbehagen und eine gewisse Ratlosigkeit in der Beurteilung hinweghelfen.

Raab sah in der Auseinandersetzung um den auszusprechenden oder nicht auszusprechenden Dank aber wiederum eine Gelegenheit, eine deutliche Geste zu setzen, und sprach daher am 31. Juli 1953 bei der Eröffnung der Dornbirner Messe davon, daß es eine Frage der guten Kinderstube wäre, daß man sich in jenen Fällen, wo man etwas bekommt, auch dafür bedanke. Raab wörtlich: Ich habe mich bedankt, „weil ich, in einem bürgerlichen Haus erzogen, der Meinung bin, wenn man etwas bekommt, so muß man erst einerseits darum bitten und muß sich andererseits dafür bedanken". Schärf aber meinte dazu auch noch später in seinen Erinnerungen: „Es ging nicht um ein Geschenk, es ging um ein Recht."[5] Es hatten wohl beide Standpunkte etwas für sich. Jener Schärfs hatte vor allem die Vergangenheit vor Augen und die noch immer unbefriedigende Situation Österreichs als besetztes und der Willkür ausgeliefertes Land. Für Raab wiederum war seine Bemerkung etwas, das zu der größeren und auf die Zukunft ausgerichteten Politik gehörte und ja letztlich nur die Begleitmusik für jene Dinge abgab, die nicht öffentlich abgehandelt wurden, sondern Bestandteil der stillen und geheimen Diplomatie waren.

Die stille Diplomatie nahm ihren Anfang mit einem Besuch Außenminister Grubers und des neuen Staatssekretärs im Außenamt, Bruno Kreisky, in Bonn.[6] Es war der erste Besuch dieser Art nach dem Krieg. Er sollte dazu beitragen, das deutlich verkrampfte Verhältnis, das Österreich zu Deutschland hatte, zu lockern. Es gab ja noch keine Gesandtschaften oder Botschaften, nur Geschäftsträger und Delegierte. Nach dem Krieg hatte man im Westen Deutschlands ausgesprochen unfreundlich auf Österreich geschaut. Gerhard Ritter, der große deutsche Historiker, hatte beispielsweise verlauten lassen, daß der Nationalsozialismus eine typisch bayrisch-österreichische „Entartung des deutschen Nationalismus" gewesen sei.[7] Jenes Land, das jahrelang den Anschluß an Deutschland gesucht hatte, wäre in der Stunde des Zusammenbruchs Großdeutschlands mehr oder weniger fahnenflüchtig geworden und hätte Deutschland im Stich gelassen. Ja, nicht nur das! Österreich hatte es sich, wie es schien, auch recht rasch „richten" können: Es wurde zunächst von den Alliierten ganz anders behandelt, hatte die Chance zu einem Wiederaufbau der Staatlichkeit erhalten, war von den UNO-Mitgliedern und vor allem von den USA irgendwie über die erste fundamentale Note gebracht worden, hatte sich der reichsdeutschen- und eines Teils der volksdeutschen Flüchtlinge entledigen können: alles Dinge, die in Westdeutschland nicht möglich gewesen waren.

Wenn auch von diesen Ressentiments der ersten Nachkriegszeit bis 1953 nichts oder fast nichts mehr zurückgeblieben war, so war das Verhältnis der beiden Staaten doch alles andere als ungetrübt. Vor allem die Behandlung der Frage des Deutschen Eigentums wurde in Bonn mit Unbehagen und Mißtrauen verfolgt. Hier wenigstens eine erste Verständigung herbeizuführen, war daher das Ziel des Besuches von Gruber und Kreisky in Bonn. Mehr als ein Kennenlernen und ein Gedankenaustausch war es aber wohl nicht, denn das Kernproblem konnte ja im Grunde genommen gar nicht diskutiert werden, nämlich die Zukunft des Deutschen Eigentums, da es diesbezüglich noch viel zu viele Unklarheiten gab. Daß hier auch weiterhin nicht alles zum besten stand, erhellt eine Bemerkung, die Gruber Monate später, nämlich am 1. Oktober 1953, machte, als er in einer Rede vor dem Wirtschaftsbund meinte: „Ich verhehle nicht, daß, je mehr wir die Hand auf das Deutsche Eigentum legen können, je mehr werden wir in Konflikt mit der deutschen Öffentlichkeit kommen."[8]

Dem Besuch in Bonn, einem Akt der stillen Diplomatie, folgte ein Akt der Geheimdiplomatie, der zeigte, daß Raab in der Außenpolitik nicht nur abermals Akzente zu setzen bestrebt war, sondern auch die Außenpolitik selbst machen wollte. Das deutete der österreichische Botschafter in London, Dr. Lothar Wimmer, dem Foreign Office auch mehr oder weniger unverblümt an, und er fügte hinzu, daß Raab wohl unweigerlich größeren Problemen mit Minister Gruber entgegengehe.[9] Der Minister wurde zum ausführenden Organ.

Zu einem Zeitpunkt, da die „Russischen Wochen" gerade angelaufen waren und sich die Verbesserung des Verhältnisses zur sowjetischen Besatzungsmacht in Österreich bemerkbar machte, wollte Raab einen direkten Vorstoß in der Staatsvertragsfrage machen. Es ging also nicht mehr darum, in einem versteckten Nebensatz österreichische Konzessionen anzudeuten. Es ging um etwas anderes. Raab griff die ja schon längere Zeit latente Neutralitätsfrage auf und wollte herausfinden, ob die Sowjetunion unter der Voraussetzung der Neutralisierung Österreichs bereit sein würde, den Abschluß des Staatsvertrags in Form des fertig zu verhandelnden Langvertrags herbeizuführen.

Nun war der Gedanke, Österreich zu neutralisieren, natürlich nicht ganz neu. Abgesehen von Äußerungen, die noch in der Zwischenkriegszeit gemacht worden waren, begleitete die Frage einer möglichen österreichischen Neutralität die Zweite Republik auf ihrem Weg. Es wurde davon gesprochen, daß sie wünschenswert wäre (Renner 1947), ein Aktivum für Europa darstellen (Körner 1951) und sich von selbst verstehen würde (Gruber 1952). Es wurde auch schon deutlich auf die Schweiz verwiesen, als ein neutralitätspolitisches Ideal, dem es nachzueifern gelte.[10]

Im Wahlkampf 1952/53 hatten die österreichischen Kommunisten nachhaltig die Neutralisierung Österreichs gefordert, und als sie schließlich nach den für sie enttäuschend ausgegangenen Wahlen Bilanz zogen, maßen sie nur der Neutralitätsfrage einen wirklichen Stellenwert in der künftigen Parteiarbeit bei.[11]

Schließlich hatte es eine Episode gegeben, die ausgesprochen ungewöhnlich war. Am 11. September 1952 lud der sowjetische Botschaftsrat Nikolaj K. Grigorev Legationsrat Dr. Wilfried Platzer von der österreichischen Botschaft in Washington zum Mittagessen ein. Nachdem Grigorev und Platzer über den „small talk" hinausgekommen waren, meinte Grigorev, es gebe verschiedene Entwicklungen, die unnatürlich seien, wie z. B. die Besetzung Österreichs. Aber die Sowjetunion könnte nie dem Abzug ihrer Truppen aus Österreich zustimmen, wenn danach die Amerikaner ihre Truppen dort beließen und Österreich in die NATO einbezogen würde. Österreich sollte eine Politik der strikten Neutralität verfolgen, ähnlich wie Schweden oder die Schweiz. „Wenn Österreich eine klare und eindeutige derartige Erklärung abgeben und in dieser Frage endlich eine Initiative ergreifen würde, so könne dies die gegenwärtige Situation wesentlich ändern", meldete Platzer den Wortlaut

Grigorevs nach Wien.[12] Kein Beitritt zum Atlantikpakt und keine Handelsdiskriminierungen sowie eine Garantie gegen das Wiederaufleben des Faschismus und des Nationalsozialismus, das seien die Voraussetzungen für die sowjetische Bereitschaft zu einem Vertragsabschluß. Nach Vorliegen dieser Meldung erteilte der Ballhausplatz Legationsrat Platzer „auf besonderem Wege" die Weisung, sich möglichst rasch mit Grigorev nochmals zu treffen und dessen Äußerungen zu verifizieren. Am 26. September gab es das nächste Mittagessen. Platzer lud ein und Grigorev wiederholte: „Österreich sollte eine Politik der strikten Neutralität verfolgen, ähnlich wie Schweden oder die Schweiz. Wenn Österreich eine klare und eindeutige derartige Erklärung abgeben und in dieser Frage endlich die Initiative ergreifen würde, so könnte dies die gegenwärtige Situation wesentlich ändern."[13] Es war dies sicherlich keine offizielle Äußerung und da nichts Weiteres nachkam, konnte man darüber rätseln, ob Grigorev eine private Meinung kolportiert oder im Auftrag der dritten europäischen Abteilung des sowjetischen Außenministeriums gehandelt hatte. Da man aber in Wien grundsätzlich zur Ansicht neigte, ein sowjetischer Diplomat habe keine Privatmeinung, gab der Vorfall sicherlich zu denken. Es war daher durchaus angebracht, jetzt einmal einen wesentlich direkteren Vorstoß zu versuchen.

Was aber dann am 16. und 17. Juni 1953 in der Schweiz geschah, ist nach wie vor nicht ganz geklärt und erfuhr so gegensätzliche Darstellungen, daß man sich zunächst damit begnügen muß, diese zu referieren. Tatsache ist, daß in jenen Tagen der österreichische Bundesminister für Auswärtige Angelegenheiten, Karl Gruber, im Hotel am Bürgenstock, einer Nobelherberge am Vierwaldstättersee, mit dem indischen Ministerpräsidenten Jawaharlal Pandit Nehru und mit dem indischen Botschafter in Moskau, Shiwasankara Menon, zusammentraf.[14] Die Frage ist dabei die, ob dieses Zusammentreffen auf Weisung Raabs erfolgte, das heißt, ob Gruber eine normale Auslandsdienstreise unternahm, die im Ministerrat beschlossen werden mußte und über die der Bundespräsident zu informieren war, oder ob Gruber aus eigenem in die Schweiz fuhr. Die Sache ist deshalb – vorderhand – nicht aufzuklären, weil zwar sowohl von Raab als auch von Gruber Äußerungen dazu vorliegen, diese sich jedoch widersprechen. Minister Gruber stellte die Sache so dar, daß er – ausgestattet mit einem Ministerratsbeschluß und begleitet von zwei Herren des Außenamts – in die Schweiz gereist sei, die Fahrt zu Lasten der Republik gegangen sei und er nach seiner Rückkehr dem Ministerrat Bericht erstattet habe. Raab gab aber noch 1962 unmißverständlich zu Protokoll, daß er von der Reise Grubers nichts gewußt habe.[15] Das könnte man nun als extrem kontroversielle Erinnerungen auf sich beruhen lassen, wenn es nicht recht wichtig wäre und wenn es nicht noch an eine Reihe zusätzlicher Aspekte rühren würde.

Die Sache scheint so geheim gewesen zu sein, daß sie die Beteiligten schließlich vor sich selbst geheim hielten! Soweit bis jetzt feststellbar, ist nämlich in den Ministerratsprotokollen über diese Reise nichts – oder fast nichts – enthalten. Das würde also die Aussage von Raab erhärten. Noch 1953 wußte allerdings Vizekanzler Schärf dem britischen Labour-Abgeordneten Richard Crossman zu erzählen, daß es Raab gewesen sei, der die ersten Kontakte mit Indien geknüpft habe, und zwar ohne Wissen der SPÖ, aber auch ohne Wissen des Außenministers.[16] Das bestätigt auch Gruber. Die Kontakte liefen dabei über den österreichischen Gesandten in New

Delhi, Clemens Wildner.[17] Da Gruber aber schließlich in die Schweiz gefahren ist und auf ein Gespräch mit Ministerpräsident Nehru vorbereit war, der Termin mit den Indern auch abgesprochen sein mußte und auf normalen diplomatischen Wegen fixiert wurde, spricht sehr viel dafür, daß Raab Gruber in die Schweiz geschickt hat. Dies geschah aber wahrscheinlich immer noch ohne Wissen der SPÖ und daher auch ohne die Sache ausführlich im Ministerrat zu besprechen. Gruber dürfte allerdings mit dieser seiner Mission nicht ganz glücklich geworden sein. Er kann zwar nicht als ein Gegner der österreichischen Neutralität angesehen werden, doch man darf mit Recht annehmen, daß er gegen eine derartige Vorgangsweise war, die die Westmächte und insbesondere die Amerikaner aus dem Entscheidungsprozeß ausklammerte. Nun war es aber sicherlich nicht so, daß Österreich bis dahin nie zur Geheimdiplomatie Zuflucht genommen hätte. Allerdings hatten sich vertrauliche Verbindungen meistens zu den Amerikanern ergeben, so daß die Sowjets von einer Reihe von Überlegungen erst spät – wenn überhaupt – erfuhren. Diesmal aber waren es offenbar die Westalliierten, die zumindest kurzzeitig über die Aktionen und Absichten Raabs nicht informiert wurden.

Gruber absolvierte also seine Reise auf den Bürgenstock. Nehru und Menon hatten sich auf das Gespräch, das ja längerfristig geplant war, gut vorbereitet. Es konnte also nicht überraschen, daß sie auch etwas zu Österreich zu sagen hatten. Schließlich wurden sie gebeten, ihre Dienste in einer ganz bestimmten Sache zur Verfügung zu stellen: Es sollte ein direkter Vorstoß in Moskau gemacht werden, der zum Ziel hatte, den Russen das Wort „Neutralität" zu präsentieren. Gruber erhielt von Nehru und Menon die Zusage, daß sie sich in der von Gruber – wohl im Auftrag Raabs – skizzierten Weise an den sowjetischen Außenminister Molotov wenden würden.[18]

Nun sollte man aber wohl innehalten und überdenken, weshalb ausgerechnet Nehru, weshalb ausgerechnet die Inder für eine derartige Aktion ausgesucht wurden, denn das erklärt wahrscheinlich einiges aus dem Verwirrspiel um diesen Besuch. Nehru war damals schon der anerkannte Führer der Neutralisten Asiens und hatte sich und Indien eine Stellung sichern können, die zweifellos bemerkenswert war. Nach der Verkündung der unabhängigen Republik, 1950, war Indien im Verband des Britischen Commonwealth geblieben und erhielt von den USA eine beträchtliche Wirtschaftshilfe. Der Ministerpräsident seinerseits, Jawaharlal Nehru, der Pandit, hatte seit den späten zwanziger Jahren Sympathien für die Sowjetunion erkennen lassen und war mit seinem neutralistischen Kurs bis zum Tod Stalins eigentlich nur deshalb nicht so recht auf die Sympathien Moskaus gestoßen, weil es für den Stalinismus keinen Platz für Länder gab, die sich nicht einem der beiden großen Blöcke anschließen wollten. Wer nicht für uns ist, ist gegen uns, war da die klassische Maxime oder, wie es einer der begabtesten Schüler Stalins, Mao Tse-tung, ausdrückte: „Neutralität ist ein Ausdruck, um die Leute zu betrügen."[19] Der Tod Stalins schuf auch darin raschen Wandel, daher nahm der indische Ministerpräsident bald einen besonderen Platz in der Politik des Kreml ein.

Jetzt heißt es aber ein weiteres Mal innehalten: Warum mußte es wirklich der indische Botschafter in Moskau sein, der eine entsprechende Frage über Ersuchen Raabs bzw. Grubers in Moskau stellen sollte? Wäre es nicht auch möglich gewesen, den finnischen oder gleich den Schweizer Botschafter in Moskau um eine derartige Mission zu bitten? Finnland wäre doch in den Augen der Sowjets ein mindestens ebenso unverdächtiger Vermittler gewesen wie Indien! Und wenn, wie erwähnt, die Schweiz schon damals als ein Idealtypus hingestellt worden ist und gerade Julius Raab durch seinen in der Schweiz lebenden Bruder Heinrich, der ihn mit ellenlangen Briefen über die Vorzüge der Schweizer Neutralität bombardierte,[20] über die schweizerische Auffassung von Neutralität zumindest gut informiert sein mußte, dann ist die Inanspruchnahme Nehrus und Menons noch viel merkwürdiger. Sicherlich ist da einzuwenden, Finnland wäre deshalb nicht als Vermittler in einer derartigen Mission in Frage gekommen, weil es bei den Westmächten als zu moskauabhängig angesehen wurde. Indien stand in keinem direkten Abhängigkeitsverhältnis. Die Schweiz wiederum erfreute sich in Moskau damals keiner besonderen Beliebtheit, daher wäre auch sie nicht in Frage gekommen. Beides kann freilich nicht so recht überzeugen. Möglich, daß man auf diese Weise auch einer vorzeitigen Bekanntgabe, einem Durchsickern von Informationen begegnen wollte, indem man einen „Exoten" an einem unauffälligen Ort in der Schweiz ansprach. Oder aber – und auch diese Frage muß noch offen bleiben – Raab wollte die Sowjetunion auf den „indischen Weg" hinweisen und fragen, ob Moskau diesen im Falle Österreichs goutieren wollte.

Mit dem Vorbringen dieses Problems durch den indischen Botschafter in Moskau mußte ja unweigerlich eine Assoziation mit dem indischen Weg erfolgen. Die Sache hatte aber durchaus nichts Anrüchiges an sich. Erst später wurde der Neutralismus im Westen als etwas Fragwürdiges hingestellt. Man darf aber nicht übersehen, daß Indien, Indonesien und Ägypten damals Länder waren, die durchaus der westlichen Welt zugezählt werden konnten. Und wenn wir uns vollends den Begriff des Neutralismus hernehmen, dann war die Überlegung nicht so abwegig, Österreich auf den Weg der Neutralisten zu bringen. Das Land war damals in halbkolonialer Abhängigkeit der Alliierten. Warum sollte ein Weg so unmöglich sein, wie ihn diejenigen gegangen waren, die soeben ihre Kolonialherren losgeworden waren? Was war denn, ist schließlich zu fragen, der Inhalt des Neutralismus? Es war das die Tendenz, sich einer Parteinahme in der Weltpolitik im weitesten Sinn zu enthalten, also in einem Konflikt neutral sein zu wollen. Neutralismus wurde sehr gut als „die Suche nach Symmetrie und Äquidistanz zwischen Konfliktmächten" beschrieben.[21] Neutralismus war ein außenpolitisches Verhaltensmuster, und das im Gegensatz zur späteren Blockfreiheit, die eine politische Doktrin einer wechselhaft zusammengesetzten Staatengruppe war und ist. – Neutralismus, so könnte man definieren und der völkerrechtlichen und politologischen Definition eine historische anfügen, war „Neutralität im Kalten Krieg". In dieser Form gibt es den Neutralismus nicht mehr.

Die Spekulationen über das, was in der Schweiz besprochen worden war, setzten schon unmittelbar nach der Rückkehr Grubers ein. Offenbar um ersten Gerüchten zu begegnen, erfolgte eine Aussendung der Austria Presse Agentur, die im Auftrag des Bundeskanzleramts/Auswärtige Angelegenheiten meldete, daß Außenminister Gruber auf dem Bürgenstock bei Luzern eine Unterredung mit dem indischen Ministerpräsidenten Nehru hatte. Gruber, so hieß es, „setzte ein Gespräch mit Nehru fort, das vor kurzem in London begonnen wurde. Gegenstand der Unterredung war, wie verlautet, die Verstärkung des Handelsverkehrs zwischen Indien und Österreich. An der Unterredung nahmen auch der indische Botschafter in Moskau, Menon, und der neue indische Gesandte in Wien, Gundevia, teil".[22] Unter Bezugnahme auf diese wohl von den wenigsten als Bombe erkannte Meldung schrieb Adolf Schärf in seinen Erinnerungen: „Seitdem haben wir Sozialisten die außenpolitischen Neigungen Raabs mit einigem Mißtrauen beobachtet."[23] Hier trennten sich also die Wege. Schärf mißtraute dem neutralistischen Weg. Am 17. Juni 1953, also am zweiten Tage des Schweizbesuchs Grubers, noch bevor der indische Botschafter Menon seine Mission antrat, berichtete der Legationssekretär an der österreichischen Botschaft in Moskau, Dr. Gerhard Gmoser, über die Verbesserung der österreichisch-sowjetischen Beziehungen und schrieb nach Wien: „Dieser letzte, in hiesigen Kreisen sehr stark beachtete move des Kreml gegenüber Österreich soll nach Ansicht vieler Diplomaten ein zu ausgeprägtes Interesse Österreichs an der Integration Europas verhindern, bzw., was noch schlimmer wäre, enge politische oder wirtschaftliche Bindungen an Deutschland. In der Tat hat die sowjetische Presse in der letzten Zeit besonders laute Kommentare über ‚Remilitarisierung, Anschluß und Übergabe des Deutschen Eigentums an die Ruhrmagnaten' gegeben, und die von der österreichischen Regierung geduldeten Veteranen- und Soldatenrallyes sind sehr unfreundlich kritisiert worden. Die nunmehrige sowjetische Initiative soll die Potsdamer Signatarmächte zur Schaffung eines unabhängigen und neutralen Österreich veranlassen, welches dann als Modellösung für das weit schwierigere Deutschlandproblem dienen kann. Die große Sorge der Sowjetmachthaber ist ein österreichischer Staat, der nach dem Abzug der Besatzungstruppen Bindungen militärischer Art eingehen könnte, die sich mit den Interessen der Sowjetunion und ihrem 150prozentigen Sicherheitsstreben nicht vereinen und auch innenpolitisch gegenüber der Bevölkerung nicht rechtfertigen ließen. Der gegenwärtige Augenblick scheint günstig, auf dem von den Sowjets vorgeschlagenen Weg über diesen Punkt zu verhandeln."[24]

Legationssekretär Gmoser, der in der eben zitierten Weise nach Wien berichtete, wollte als temporärer Vertreter des Gesandten Bischoff aus Anlaß der Ernennung eines sowjetischen Botschafters für Wien, Ivan Il'ičev, ein Abendessen geben und zu diesem Abendessen einige Diplomaten neutraler Staaten einladen. Dabei war er allerdings so vorsichtig, den amerikanischen Botschafter in Moskau, Charles Bohlen, um dessen Meinung zu befragen. Bohlen konterte sehr rasch und äußerte schwerste Bedenken gegen eine österreichische Neutralität. Österreich würde in diesem Fall vom Westen ausgestoßen und wahrscheinlich nicht einmal Mitglied der OEEC bleiben können, meinte er und sprach sich schließlich auch gegen die Einladung von Neutralen zu einem Abendessen in der österreichischen Botschaft aus.[25] An dieser Episode erkennt man nicht nur die Mühsal eines Diplomatendaseins, sondern vor allem auch die über das Normalmaß hinausgehende Rücksichtnahme auf die USA.

Am 30. Juni war Botschafter Menon bei Molotov und entledigte sich seiner Mission. Der Inhalt seiner Rede war mittlerweile von beiden österreichischen Koalitionsparteien gutgeheißen worden. Molotov entwickelte einen langen Monolog über die Geschichte der Staatsvertragsverhandlungen und wollte vor allem einmal den Kurzvertrag zurückgezogen wissen. Als dann Botschafter Menon, scheinbar spontan, fragte, ob es nützlich wäre, wenn Österreich irgendeine feierliche Neutralitätserklärung abgebe, antwortete Molotov: „Nützlich wäre es gewiß, aber nicht genug. Erklärungen werden heute gemacht und morgen widerrufen.“[26] Mehr war aus Molotov nicht herauszubekommen. Die Absicht, mit dem Verweis auf die mögliche Neutralisierung die Staatsvertragsverhandlungen wieder flott zu bekommen, schien vorerst gescheitert. Und es war nicht so ohne weiteres erkennbar, ob und wie die Neutralitätsdebatte fortgesetzt werden sollte, denn sie hatte sehr heterogene Wurzeln und war auch sonst durch die vielfältigsten Aspekte gekennzeichnet. Da war die weit zurückreichende österreichische Wurzel, die wenig Ertrag gezeitigt hatte und immer auch mit einem außenpolitischen „eher nein“ versehen wurde. Die Neutralität stand jedoch auch in Parteiprogrammen, z. B. dem der SPÖ von 1947, und wurde wieder beiseite geschoben. Sie entsprach aber auch einer demoskopisch erhobenen Grundhaltung der Durchschnittsösterreicher. Doch was nützte es! Menon berichtete seiner Regierung, daß seiner Meinung nach die Russen auch in der neuen Ära nicht bereit seien, den Staatsvertrag zu finalisieren, und dahin tendierten, den österreichischen Staatsvertrag mit der Deutschlandfrage zu verknüpfen oder als Pfand für noch weiterreichende Gespräche zurückzubehalten.[27] Im Osten also nichts Neues!

Der Westen schien mit seiner Politik aber mindestens ebenso festgefahren. Im Nein waren sich viele einig, nicht zuletzt auch lange Zeit die österreichischen Kommunisten. Es hätte vielleicht mehr Beachtung verdient, daß die Kommunisten im Wahlkampf, also noch vor Stalins Tod, auf die Neutralitätswelle überwechselten. Bei jenen aber, die diesen Wechsel beobachteten, weckte der Schwenk Mißtrauen, weil man dahinter ja eine gewisse Absicht des „Großen Bruders“ im Kreml vermutete. Als dann Raab die Neutralität ins Spiel bringen wollte, suchte er sich keinen gewachsenen Neutralen, sondern einen Neutralisten als Vermittler aus. Und als schließlich die Invention Menons vorbei war, mußte man enttäuscht sein. Denn die Reaktion Moskaus war mehr als kühl gewesen.

Von den Äußerungen Botschafter Bohlens in Moskau konnte man nur hoffen, daß sie nicht der offiziellen Politik des State Department entsprachen, man befürchtete aber wohl zu Recht, daß die Amerikaner mit der Neutralisierung Österreichs wenig Freude haben würden. Und schließlich war der österreichische Außenminister, Karl Gruber, der die neutralen Sphärenklänge zu instrumentieren und zu intonieren hatte, auch nicht so ganz glücklich über die Entwicklung. Auf jeden Fall wurde Gmoser in Moskau darauf hingewiesen, daß er nicht befugt gewesen wäre, aus eigenem Neutralitätspolitik zu betreiben.[28]

Während also wieder der Alltag in den Beziehungen Österreichs zu seinen Besetzern einkehrte, wirkte die Neutralitätsproblematik subkutan weiter. Sie erfuhr dabei insbesondere in jenem Land eine ausführliche Würdigung, das zu den striktesten Gegnern einer österreichischen Neutralität gehörte, nämlich in den USA. Auch wenn die Amerikaner die eine oder andere Information erst nachträglich bekamen, konnten sie doch zwei und zwei zusammenzählen. Da aber bereits so viele Äußerungen gefallen waren, so viele versteckte Andeutungen gemacht worden waren und im Frühjahr 1953 ganz offensichtlich die Neutralitätsfrage auch Eingang in die große Linie der österreichischen Außenpolitik gefunden hatte, wollten sich die Amerikaner über die Dimensionen einer möglichen österreichischen Neutralität klarwerden.

Das erste Papier, das in diesem Zusammenhang entstand, war eine „Secret Security Information" vom 22. April 1953.[29] Sie war offenbar eine Reaktion auf die damals aktuellen Veränderungen in Österreich sowie auf die von der KPÖ gestartete Propagandaoffensive mit dem Generalthema Neutralität. Zu fragen war einmal, warum es überhaupt für die Sowjetunion ein Interesse an der österreichischen Neutralität geben konnte. Als Beweggründe wurden schließlich drei wichtigere herausgearbeitet. Erstens könnte es, so meinte man im State Department, der Sowjetunion darum gehen, einen Pufferstaat, einen Cordon sanitaire oder irgend etwas zu schaffen, das zwischen Westeuropa und dem sowjetischen Block läge. Die zweite Möglichkeit, die die Sowjetunion im Auge haben könnte, wäre jene, Österreich zu „finnlandisieren". Weniger bevorzugt würde von der Sowjetunion wohl eine Erklärung der Neutralität Österreichs ähnlich jener Schwedens oder der Schweiz werden – meinte man. Und drittens könnte es der Sowjetunion darum gehen, die österreichische Souveränität in einigen ganz bestimmten Punkten einzuschränken, nämlich dort, wo es um die europäische politische und wirtschaftliche Einigung ginge und darum, die westlichen Wirtschaftssanktionen gegenüber dem Sowjetblock nachhaltig zu unterstützen. Schließlich könnte es der Sowjetunion auch darum gehen, durch eine Beschränkung der österreichischen Souveränität die amerikanischen Programme, die in Österreich wirksam geworden wären – gedacht war vor allem an den Marshallplan –, zu beenden.

Daß eine derartige sowjetische Politik in Österreich durchaus Aussicht auf Erfolg haben könnte, wurde im weiteren ausgeführt. Denn Österreich wäre seit 1945 zunehmend unglücklich über seine exponierte Situation, es gäbe starke Ressentiments gegenüber der Anwesenheit ausländischer Truppen auf österreichischem Gebiet, und der Verlust der Souveränität würde als immer drückender empfunden. Und dann hieß es wörtlich: „Um diese Situation zu beenden, steht zu erwarten, daß Österreich womöglich noch drückendere Bestimmungen auf sich zu nehmen bereit sein könnte, als diese im Langvertrag des Staatsvertrages enthalten sind. In diesem Zusammenhang könnte der Neutralismus als etwas erscheinen, das eher als ein Segen denn eine Bürde empfunden würde."

Drei Monate später ging man der Sache noch weiter auf den Grund. Die amerikanische Botschaft in Wien wurde am 15. Juli 1953 vom State Department aufgefordert, eine ausführliche Information zum Gegenstand Neutralität oder Neutralisierung Österreichs auszuarbeiten.[30] Die Botschaft ging denn auch prompt in ihrer mit 26. August datierten Information davon aus, daß die Sowjetunion – auch wenn das bis zum August nicht der Fall gewesen war – in absehbarer Zukunft einen Vorstoß in Richtung Neutralisierung Österreichs machen könnte.

Gefragt wurde nun in diesem Grundsatzpapier, was Neutralisierung bedeuten könnte, und es wurden sämtliche Varianten der Neutralität und des Neutralismus überlegt. Auf amerikanischer Seite glaubte man um so eher an die Möglichkeit eines sowjetischen Vorstoßes in Richtung österreichischer Neutralität, als Moskau zu diesem Zeitpunkt bereits einen ganz gezielten Vorstoß in der Frage einer Neutralität Deutschlands gemachte hatte. Die österreichische Einstellung zur Neutralitätsfrage wurde ähnlich wie vier Monate zuvor vom State Department abgehandelt. Bei der

Erwägung der westlichen Standpunkte kamen die Amerikaner zwar zu dem Schluß, daß es weder im amerikanischen noch im britischen oder französischen Interesse gelegen wäre, wenn es zu einer Neutralisierung Österreichs käme. Auch für Österreich würde ein solcher Schritt Probleme mit sich bringen, da solcherart seine Souveränität eingeschränkt würde. Doch dann hieß es: „Es würde für die Vereinigten Staaten äußerst schwierig sein, in Österreich eine öffentliche und auch von der Bevölkerung getragene Unterstützung bei der Zurückweisung eines sowjetischen Vorschlags zur Neutralität zu erhalten, wenn ein solcher Vorschlag sowjetischerseits mit der Bereitschaft zum Abschluß des Staatsvertrags gekoppelt wäre." Sollte also die amerikanische Regierung dahin gelangen, daß sie die Neutralität Österreichs als Voraussetzung für den Staatsvertrag akzeptieren müßte, dann wäre daran zu denken, mit dieser Frage eine Reihe von Forderungen zu verknüpfen:

1. Sollte die Neutralisierung („neutralization") Österreichs in einer Form geschehen, daß seine Beteiligung an der politischen, wirtschaftlichen und kulturellen Einigung Europas nicht in Frage gestellt wäre.
2. Sollte die Neutralisierung Österreichs in einer Form geschehen, die es ihm nicht verbiete, zu Verteidigungszwecken militärische Hilfe von den Vereinigten Staaten und generell vom Westen anzunehmen.
3. Sollte die Neutralisierung Österreichs in einer solchen Form geschehen, daß sie als ausschließlich österreichischer Akt erscheine, anstelle einer von allen vier Besatzungsmächten auszusprechenden Garantie der Neutralität.
4. Sollte die Neutralisierung Österreichs nicht durch Bestimmungen erzwungen werden, die es dann der Sowjetunion ermöglichen würden, die österreichische Souveränität einzuschränken.
5. Sollte die westliche Zustimmung zur Neutralisierung Österreichs Teil eines Abkommens sein, bei dem die Sowjetunion in eine Revision des Artikels 35 (Deutsches Eigentum) des Langvertrags einwilligen sollte. „Ganz bestimmt würde eine Neutralisierung Österreichs unmöglich sein, sollte die Sowjetunion auf der Beibehaltung ihres exterritorialen Status bestehen, der ihr im Artikel 35 der vorliegenden Fassung des Vertragsentwurfs zugestanden wurde."

In diesen Grundsatzpapieren des State Department bzw. der amerikanischen Botschaft in Wien, die dann noch durch ein weiteres Dokument vom September 1953 ergänzt wurden,[31] zeichnete sich die Verhandlungsrichtung und zeichnete sich der weitere Gang der Dinge im Grunde genommen schon zur Gänze ab. Zu fragen wäre noch, ob die amerikanische Botschaft bzw. das State Department ihre Überlegungen zur Neutralisierung Österreichs und zur Verknüpfung von Neutralität und Staatsvertrag im Zusammenhang mit dem Artikel 35 des Vertrages mit oder ohne österreichisches Wissen entworfen haben. Auf Grund einer im Aprildokument enthaltenen Bemerkung, daß man die österreichischen Stellen bis zum Vorliegen eines formellen sowjetischen Vorstoßes in der Neutralitätsfrage über die westliche Entscheidungsfindung und über die westlichen Vorstellungen zu dieser Frage nicht informieren wollte, kann man den Schluß ableiten, daß sich Vertreter der amerikanischen Botschaft in Wien und des State Department zwar für die österreichische Haltung interessiert hatten, daß sie ihr Konzept aber ausschließlich unter Zugrundelegung ihrer eigenen Interessensabwägungen entwarfen. Eher scheint der Weg sogar der gewesen zu sein, daß einiges von dem, was dann in Österreich zwischen 1953 und 1955 konkret gedacht und gesagt worden ist, auf direkte amerikanische Beeinflussungen zurückzuführen war. In wenigen Worten zusammengefaßt war das amerikanische Konzept somit ab dem August 1953 jenes, daß man amerikanischerseits einer Neutralisierung Österreichs (und hier sollte man noch einmal auf das bereits im April herangezogene Beispiel der Schweiz oder Schwedens verweisen) zustimmen würde, daß die österreichische Neutralität als etwas gesehen wurde, das instrumental zur Herbeiführung des Staatsvertrags verwendet werden könnte und das insbesondere auch dazu dienen sollte, eine Änderung der sowjetischen Haltung in der Frage des Artikels 35 (Deutsches Eigentum) zu erreichen. Was ebenfalls auffällt, ist die Tatsache, daß auf amerikanischer Seite bereits darauf verwiesen worden ist, daß die Frage der österreichischen Neutralität nicht zum Gegenstand staatsvertraglicher Bestimmungen gemacht werden sollte, daß eine Neutralitätserklärung vielmehr unabhängig vom Staatsvertrag abgegeben werden sollte und daß eine derartige einseitige Neutralitätserklärung einer vierseitigen Garantie der österreichischen Neutralität absolut vorzuziehen sei.

Unabhängig von den Amerikanern waren auch die Briten ans Überlegen gegangen. Sie wurden ebenfalls im April 1953 auf das Problem einer möglichen Neutralität für Österreich aufmerksam. Doch sie schoben es als unaktuell wieder beiseite.[32] Von den Sowjets war kein diesbezüglicher Vorstoß unternommen worden, daher glaubte man in London zuwarten zu können. Dann wurde die Frage erst wieder im Oktober 1953 aktualisiert, doch sah man in Großbritannien nach wie vor keine Notwendigkeit, sich mit der Frage detaillierter zu befassen.[33] Warum auch?

Zum Zeitpunkt, als dies alles gedacht und geschrieben worden ist, war ja wirklich zu fragen, ob damit nicht weit über das Ziel hinausgeschossen wurde, denn nach der kalten Abweisung des österreichisch/indischen Vorstoßes durch Außenminister Molotov und angesichts des Umstandes, daß Österreich im Gegensatz zu Deutschland von den Sowjets nie ein Neutralitätsangebot gemacht worden ist, schien das Durchdenken der Neutralitätsproblematik nur von akademischem Interesse zu sein. Die Tagespolitik ging vorderhand an dieser Frage vorbei. Nun sollte man aber nochmals den Terminkalender der „Russischen Wochen“ zu Rate ziehen. Die Neutralitätsepisode fiel in den Juni und konnte Anfang Juli 1953 als abgeschlossen gelten. Doch bei der Erleichterung des Besatzungsstatus standen die eigentlichen Höhepunkte erst bevor, nämlich der Verzicht auf Bezahlung von Besatzungskosten, die Aufhebung der Zensur und die drastische Reduktion der Zonenkommandanturen.

Es wäre gewiß falsch, diese Maßnahmen als unmittelbare Auswirkungen der Neutralitätsepisode zu werten. Diese nützte zwar den bilateralen Beziehungen. Die sowjetischen Maßnahmen beim Abbau der Zwangsmaßnahmen können aber nicht isoliert als beispiellose Besserstellung Österreichs gesehen werden, denn es war überall im Ostblock etwas Ähnliches zu registrieren. Die sowjetische Besatzungszone in Österreich war lediglich die einzige, wo es beim Abbau der stalinistischen Maßnahmen nicht zu Aufständen und Demonstrationen kam, weil hier auch die politischen Voraussetzungen andere waren. Die Ersetzung des militärischen Kommissars durch einen zivilen Botschafter fand jedoch ihre Entsprechung in Ostdeutschland, wo der Vorsitzende der sowjetischen Kontrollkommission, Marschall

Vasilij Tšuikov, am 28. Mai durch den Hohen Kommissar Botschafter Vladimir Semjonov ersetzt worden war (also rund eineinhalb Wochen bevor die „Pravda" die Ernennung eines zivilen Hochkommissars für Österreich bekanntgab). Ähnlich wie in Österreich und im Falle jener 610 in der Sowjetunion inhaftierten Österreicher, die entweder am 24. April oder am 27. Juni 1953 amnestiert worden waren, erließen die Sowjets auch Amnestien für die Staaten ihres unmittelbaren Einflußbereichs. Rumänien machte dabei am 4. April den Anfang. Ungarn schloß den Reigen am 25. Juli ab. Die in Österreich gesetzten Maßnahmen paßten also ganz gut in ein wesentlich größeres Konzept.[34]

Als weiterreichend entpuppte sich folglich nur der Abbau der Zensur- und der allgemeinen Kontrollmaßnahmen sowie die Übernahme der Stationierungskosten durch die Sowjetunion. Gerade dieser Punkt machte jedoch zwei Besatzungsmächten besonders zu schaffen, nämlich Frankreich und Großbritannien. Die Sowjets erzielten also mit ihrer Maßnahme gleich mehrfachen Erfolg: Sie erleichterten Österreich die Besetzung und brachten Frankreich und Großbritannien in Verlegenheit. Beide hatten schon lange keinen Zweifel daran gelassen, daß sie ihre Truppenpräsenz nur dann aufrechterhalten konnten, wenn Österreich voll für die Truppenstationierungen zahlte. Jetzt aber waren ausgerechnet diese beiden Staaten, also europäische Mächte, mit denen Österreich im Rahmen der Marshallplan-Organisation, der Montanunion und des Europarates vielerlei Bindungen eingegangen war und die auch im Denken eine ganz andere Stellung einnahmen als die Sowjetunion, die einzigen geblieben, die auf der Bezahlung von Besatzungskosten beharrten. Es war daher nicht nur eine Frage der Optik, die hier zur Debatte stand, sondern auch eine substantielle Frage des Verhältnisses. Österreichische Politiker und Diplomaten wurden es in der Folge nicht müde, auf die unhaltbare Situation hinzuweisen, die ja auch von der sowjetisch beeinflußten Presse weidlich ausgenützt wurde. Es war daher wohl mehr als eine diplomatisch gewundene Erklärung, wenn der Unterstaatssekretär im Londoner Außenministerium, Sir Frank Roberts, dem österreichischen Botschafter Lothar Wimmer am 13. August 1953 versicherte: „Hinsichtlich der Besatzungskosten zerbreche man sich gegenwärtig im Foreign Office eingehend die Köpfe. Es sei noch zu früh, hierüber Konkretes zu sagen oder gar Versprechungen zu geben, aber er könne . . . versichern, daß man diesem Problem größte Aufmerksamkeit widme."[35]

Der Bericht Botschafter Wimmers dürfte allerdings noch nicht einmal in Wien vorgelegen sein, als Bundeskanzler Raab von Hochkommissar Lord Caccia verständigt wurde, daß Großbritannien ab dem 1. Jänner 1954 auf die Bezahlung von Besatzungskosten durch Österreich verzichte.[36] Damit hatten sich die Briten wenigstens noch ein halbes Jahr herausgeschlagen. Die Franzosen waren die allerletzten, die noch auf der Bezahlung beharrten. Für Briten und Franzosen reduzierte sich das Problem, wie erwähnt, darauf, daß sie glaubten, für den Unterhalt von Truppen in Österreich nicht mehr aufkommen zu können. Da sich damit aber ein militärisches Problem in einem wesentlich größeren Rahmen verband, erhielten beide interessanterweise indirekte Unterstützung aus den USA. Großbritannien wie Frankreich wollten nämlich den Wegfall von Stationierungskosten dadurch kompensieren, daß sie ihre Truppen in Österreich drastisch reduzierten. Das rührte aber wiederum an

Sicherheitsinteressen der USA und betraf die gesamte NATO. Die Londoner Regierung hatte zwar vorderhand offiziell noch nicht mehr gesagt, als daß sie ab Jänner 1954 keine Besatzungskosten mehr einheben wollte. Aber es gab genügend Andeutungen, wie es weitergehen würde. Die Franzosen überraschten am 7. September 1953 den NATO-Oberbefehlshaber in Europa, General Alfred M. Gruenther, mit der Mitteilung, daß sie ihre Truppen in Österreich auf einen repräsentativen Rest von nominell einem Bataillon reduzieren wollten. Die Engländer sprachen zu diesem Zeitpunkt ebenfalls schon von Reduktion auf ein Bataillon. General Gruenther meldete das sofort nach Washington und bezeichnete es als eine Frage, die sofort die Einschaltung höchster amerikanischer Regierungsstellen erfordere. Denn, so Gruenther, was konnte der Abzug der Briten und Franzosen für Folgen haben: Die amerikanischen Streitkräfte würden isoliert und exponiert stehenbleiben. Das könnte aus rein militärischen Überlegungen einen ebensolchen Abzug der amerikanischen Truppen erforderlich machen, mit all den Gefahren, die sich daraus für die NATO-Bereiche Mitte und Süd ergäben.[37]

Der Abzug der westlichen Truppen könnte einen solchen der Russen zur Folge haben und damit eine Situation schaffen, wie sie in Korea vor Ausbruch des Krieges geherrscht habe, wo weder Amerikaner noch Russen stationiert gewesen waren. In dieser Situation könnte dann ein von der Sowjetunion inspirierter Bürgerkrieg vom Zaun gebrochen oder eine Invasion von einem der Satellitenstaaten Moskaus begonnen werden, oder aber es würde ein Marionettenregime an die Macht kommen. Der Abzug der Briten würde ferner Auswirkungen auf Jugoslawien haben, da es dann nicht mehr auf die Verteidigung seiner Nordflanke durch westliche Truppen zählen könne. Schließlich würde eine Gefährdung Italiens eintreten usw., usw.

Die Argumentation konnte wohl gar nicht wirklich durchdacht sein, denn wenn man die hier angeführten Konsequenzen mit der tatsächlichen Stärke von Engländern und Franzosen vergleicht und bedenkt, daß ja geringe Kontingente verbleiben sollten, dann handelte es sich um den Abzug von 8000 Mann, und das war denn ohnedies bestenfalls eine symbolische Streitmacht. General Gruenther und die Vereinigten Stabschefs konnten daher auch trotz der Einschaltung von Außenminister Dulles und Präsident Dwight D. Eisenhower keine Änderung der britischen und französischen Absichten herbeiführen. Die Engländer blieben dabei, daß sie zum Stichtag 1. Jänner 1954 ihr Kontingent auf ein Bataillon reduzieren wollten, und schließlich teilte am 19. September 1953 das französische Außenministerium dem österreichischen Botschafter in Paris, Alois Vollgruber, mit, daß auch die Franzosen ab Jänner 1954 keine Besatzungskosten mehr einheben würden. Die Franzosen räumten allerdings schon im Oktober 1953 ihre Zone und ließen in Tirol und Vorarlberg nur noch einige Gendarmen. Rund 400 Mann blieben in Wien und versahen den Routinedienst im Rahmen der Alliierten Kommission. (Am Rande sei angemerkt, daß die Franzosen in den vorangegangenen Jahren schon weit mehr an Besatzungskosten erhalten hatten, als sie auf Grund ihrer Truppenstärke verbrauchten. Mit der Einhebung eines Teils der Besatzungskosten für 1953, ohne überhaupt noch nennenswerte Truppen in Österreich zu unterhalten, wurde nur ein weiteres Mal unterstrichen, daß die Besetzung Österreichs ihre kolonialen Facetten hatte und auch ein „Geschäft“ sein konnte.)

Wenn wir nun abermals Zwischenbilanz ziehen, dann zeichnet sich folgendes Bild ab: Innerhalb von sechs Monaten hatte sich der Charakter der Besetzung in Österreich erheblich gewandelt. Nach den ersten Maßnahmen der Sowjetunion, wieder eine Vereinheitlichung der Besatzungsnormen herbeizuführen, hatten die Sowjets schließlich mit den Amerikanern hinsichtlich der Nichteinhebung der Besatzungskosten gleichgezogen. Dadurch waren die Briten und Franzosen unter Druck gekommen und hatten schließlich den weitgehenden bis vollständigen Abbau der militärischen Seite der Besetzung eingeleitet. Hatten die „Russischen Wochen" ursprünglich die Begleitmusik für die Neutralitätsoffensive Österreichs abgegeben, so gaben mittlerweile neue Initiativen in der Staatsvertragsfrage die Begleitmusik für den Abbau der Besatzungsmaßnahmen ab. Die Maßnahmen der Russen brachten Erleichterungen für ihre ganze Zone, wurden dort aber doch nicht so unmittelbar empfunden wie die Erleichterungen, die eine bundesweite Auswirkung hatten. Ja, vielleicht empfand man trotz einer doch auch meßbaren Verbesserung des Verhältnisses von Russen und Österreichern ab dem Herbst 1953 die Anwesenheit der Sowjets in Niederösterreich und im Burgenland noch unmittelbarer und stärker: Es war den sowjetischen Soldaten jahrelang verboten gewesen, die Kasernen zu verlassen und beispielsweise Gaststätten aufzusuchen; nun durften die russischen Soldaten wieder hinaus, und das brachte mit sich, daß die Sowjets sichtbarer waren als vorher.

Die Absicht der Briten und Franzosen, ihre Kontingente zu kürzen bzw. ganz aufzulassen, brachte Erleichterungen für die südlichen und westlichen Bundesländer. Dort hatte man aber mittlerweile einen solchen Modus vivendi gefunden, daß es abgesehen von kleineren Zwischenfällen ohnedies so gut wie keine Probleme gegeben hatte. Im Spiegel der Lageberichte der Sicherheitsdirektion für Kärnten hieß es im September: „Die Bevölkerung hat den Schritt des britischen Elements lebhaft begrüßt und erwartet vom französischen Element, daß es dem Beispiel der drei anderen Besatzungsmächte ehestens folgen wird." Und im Oktober: „Die Stimmung der Bevölkerung ist als gut zu bezeichnen, da man mit der gegenwärtigen Entwicklung der politischen und wirtschaftlichen Verhältnisse in Österreich im allgemeinen zufrieden ist. Vor allem hat hierzu die Nachricht beigetragen, daß nun auch Frankreich dem Beispiel der anderen Besatzungsmächte folgt, indem es mit Beginn des kommenden Jahres auf die Besatzungskosten verzichten und seine Streitkräfte reduzieren wird. Zufolge dieser Erleichterungen wird eine Senkung der Steuerlasten sowie eine weitergehende Behebung der Wohnungsnot durch Errichtung von Wohnungsbauten aus öffentlichen Mitteln erwartet."[38]

Die Verbesserung im Besatzungsstatus wurde also in den Ländern außerhalb der sowjetischen Zone in erster Linie darin gesehen, daß finanzielle Lasten wegfielen, und nicht etwa darin, daß der Druck der Besatzungsmacht und das Militärische der Besetzung weniger oder gar nicht mehr zu spüren waren. Zwischen Niederösterreich, das weiterhin von rund 30.000 Sowjetsoldaten besetzt war, und Vorarlberg, das nunmehr überhaupt keine fremden Soldaten mehr beherbergte, war der Gegensatz also nur noch größer geworden.

Für die amerikanische Zone gab es so gut wie keine unmittelbare Veränderung, da ja das, was Russen, Briten und Franzosen machten, im wesentlichen nur ein

Nachziehverfahren war. Und wie wir gesehen haben, waren die Amerikaner auch gar nicht so froh über die Entwicklung. In den Bemühungen der österreichischen Regierung, das Verhältnis zu den Sowjets zu verbessern, sahen die Amerikaner einen gefährlichen Flirt und im Abzug britischer und französischer Truppen eine Gefährdung ihrer eigenen Sicherheit und darüber hinaus der Sicherheit West- und Südeuropas. Schließlich staute sich bei den Amerikanern ein derartiger Unmut auf, daß einer der leitenden Beamten des State Department, einer der wichtigsten Leute im amerikanischen Außenministerium, Douglas McArthur II., gegenüber dem österreichischen Botschafter in den USA, Dr. Max Löwenthal-Chlumecky, Ende Oktober 1953 vom Leder zog: Österreich hätte – so meinte er – „in letzter Zeit Handlungen gesetzt, die seine Freunde gewundert hätten". Und er sagte in dieser von Botschafter Löwenthal wiedergegebenen Unterredung weiter: „Wenn wir Österreicher es besser wüßten, wie man mit den Russen verhandeln soll, wenn wir glaubten, über deren Absichten besser informiert zu sein, wenn wir unsere eigenen Wege gehen wollten und meinten, mit der Sowjetunion allein fertig werden zu können – gut; dann würden unsere Freunde uns Glück wünschen, aber nicht mehr mit uns zusammenarbeiten können."[39]

Das war aber nicht, wie McArthur dazusagte, lediglich seine Privatmeinung. Sie entsprach durchaus der offiziellen Linie Washingtons. Dort hatte man auf vielen Ebenen begonnen, die Grundlinien der amerikanischen Österreichpolitik zu überdenken und hatte sich insbesondere mit der Frage einer möglichen Neutralisierung Österreichs beschäftigt.

Was würde sie für die USA, was würde sie für die westliche Verteidigung, was würde sie für Europa und vor allem auch für Deutschland bedeuten? Wie würde sie sich auf den weiteren österreichischen Weg auswirken? Im Nationalen Sicherheitsrat der USA hielt man beispielsweise den Kompromiß, den die Große Koalition vergegenwärtigte, weiterhin nicht für wirklich solid. Denn in einer Stabsstudie des Sicherheitsrats hieß es sehr simpel, daß Volkspartei und Sozialisten ihre Gegensätze nur angesichts der sowjetischen Bedrohung und dank der ausländischen Hilfe von bis dahin 1,6 Milliarden Dollar überbrückt hätten.[40] Von Haltbarkeit war in dieser Stabsstudie nicht die Rede. Allmählich wurde aber auch deutlich, daß bei den Überlegungen nicht Österreich im Mittelpunkt stand, sondern anderes und nicht zuletzt Deutschland. Das war auch ein Punkt, über den sich Amerikaner und Briten sehr rasch verständigten.

Innerhalb der amerikanischen Regierung wurde die österreichische Neutralität im Oktober 1953 ausschließlich um den Preis einer Isolierung des Landes gehandelt. Was aber in den ersten Papieren des Außenministeriums noch sachlich und vergleichsweise freundlich geklungen hatte, gewann in den späteren Ausarbeitungen, vor allem aber in jenen des amerikanischen Verteidigungsministeriums zunehmend an Schärfe und Ablehnung.

„Eine österreichische Neutralität oder die Neutralisierung Österreichs unter irgendeiner Bezeichnung würde verheerend auf die Sicherheitsinteressen der USA wirken", hieß es im Annex A zum GrundsatzpapierPTS-D-20a „Neutralization" des amerikanischen Außenministeriums vom 26. September 1953.[41] Damit war eigentlich schon alles gesagt. Das amerikanische Außenministerium war durch die österreichischen Vorstöße in der Neutralitätsfrage zutiefst beunruhigt, ja aufgewühlt. Das State Department nahm die sich in und um Österreich verändernde Situation im Herbst zum Anlaß, in drei Grundsatzpapieren die amerikanische Österreichpolitik einer Neubewertung zuzuführen. Dabei wollte man besonders auf die militärischen Implikationen Rücksicht nehmen. Die höchsten militärischen Planungsstäbe der USA berieten das Österreichproblem: das Joint Strategic Survey Committee, das Joint Strategic Plans Committee und die Joint Chiefs of Staff, ehe das Ergebnis dieser Neubewertung dem amerikanischen Verteidigungsminister, Charles E. Wilson, übergeben wurde.[42] Hatte es im Grundsatzpapier des Außenministeriums geheißen, „das endliche Ziel der Sowjets bleibt die Einbeziehung Österreichs in den Sowjetblock mit Mitteln der Subversion", so bekräftigten die Vereinigten Stabschefs einen Satz, den sie schon am 18. November 1952 in einem Memorandum niedergelegt hatten:

„Auch für den Fall, daß die UdSSR einem Vertrag zustimmen würde, der Garantien für die Unabhängigkeit und territoriale Integrität Österreichs enthielte, kann angenommen werden, daß die UdSSR alle Möglichkeiten ausschöpfen würde, die neue Regierung zu unterwandern, indem sie keine Gelegenheit außer acht lassen würde, deren Autorität und die Stabilität zu untergraben, mit dem alleinigen Zweck, Österreich einer von Moskau gesteuerten kommunistischen Kontrolle zu unterwerfen." Drei Ziele müßten daher die USA im Auge behalten: erstens ein unabhängiges Österreich zu schaffen, mit einer starken Bindung an den Westen und mit der Fähigkeit, für seine eigene interne Sicherheit zu sorgen, zweitens einen maximalen Beitrag Österreichs zu seiner eigenen Verteidigung bei Angriffen von auswärts zu fordern und drittens eine effektive und andauernde Zusammenarbeit mit Österreich bei den gemeinsamen Anstrengungen zur Verteidigung des Westens gegen die Bedrohung einer kommunistischen Aggression sicherzustellen.

Davon ausgehend müßte also jeder Regelung entgegengetreten werden, die Österreich die Möglichkeit nähme, sich nach Abschluß des Staatsvertrags engstens an den Westen anzulehnen. Besondere Beachtung würde auch verdienen, setzten die Vereinigten Stabschefs fort, der Kreml könnte möglicherweise der Regelung des Österreichproblems zustimmen, um damit einen Präzedenzfall für die Lösung der deutschen Frage zu schaffen. Schließlich bezogen die höchsten amerikanischen Militärs aber noch einen wesentlich härteren Standpunkt verglichen mit jenem des Außenministeriums. In dem Papier des Außenministeriums war über die Neutralisierung Österreichs doch auch angemerkt worden, daß sich die USA möglicherweise genötigt sehen könnten, ein „nicht unbeträchtliches Maß an Neutralisierung zu akzeptieren", und zwar in der Form, daß Österreich die Teilnahme an Verteidigungsbündnissen (sprich: der NATO) verboten würde oder daß Österreich Beschränkungen hinsichtlich der Annahme westlicher Unterstützung bei der Aufstellung einer österreichischen Armee auferlegt würden. Die Vereinigten Stabschefs äußerten nun, sie könnten sich zwar vorstellen, daß Österreich der direkte Beitritt zur europäischen Verteidigungsgemeinschaft (wie sie damals geplant war) oder zur NATO verwehrt bleiben sollte, doch von der totalen Ausklammerung Österreichs aus der gemeinsamen Verteidigung des Westens oder von einem Verbot, Österreich bei der Aufstellung entsprechender Streitkräfte massiv zu unterstützen, wollten die Vereinigten

Stabschefs nichts wissen und stärkten Verteidigungsminister Wilson in dieser Hinsicht den Rücken.

Bei den weiteren Ausarbeitungen zu diesem Thema wurde dann folgende Formel gefunden: Der Abzug von Briten und Franzosen aus Österreich ist von entscheidender Bedeutung für die NATO. Insbesondere die Verteidigung der Zugänge nach Italien aber auch der Schutz der jugoslawischen Nordgrenze seien in Frage gestellt. Sollte nun auch noch die Neutralisierung Österreichs ins Auge gefaßt werden, dann würde das bedeuten, daß eine Verteidigung ostwärts der Basislinie Rhein-Ijssel nicht mehr in Frage käme. Damit wäre eine Grundfrage der NATO-Strategie angeschnitten. Die einzige gerade noch erträgliche Lösung wäre gegeben, wenn Österreich selbst das Vakuum mit genügend Streitkräften füllen würde und der Westen die Möglichkeit hätte, den Aufbau dieser Streitkräfte zu fördern.

Aus dieser amerikanischen Haltung ging schon klar hervor, daß die USA eine Neutralität Österreichs nur unter der Voraussetzung einer starken militärischen Komponente zuzugestehen bereit waren und daß für die Amerikaner die Neutralität mit der Aufrüstung Österreichs stand und fiel. Unter einer anderen Voraussetzung waren sie offenbar nicht einmal bereit, über die Neutralisierung Österreichs zu reden.

Die hier zur Anwendung gebrachte Formel war nun nicht ganz so neu, denn es hatte schon 1948 geheißen, die USA würden nur dann dem Staatsvertrag und dem Abzug der Alliierten zustimmen, wenn sie die Garantie hätten, daß sich Österreich auch gegen etwaige Umsturzversuche oder Bandeneinfälle zur Wehr setzen könnte. Seit damals wußte man in Österreich auch, daß beide Supermächte ihren Preis forderten: Die Sowjets wollten sich die Rückgabe des Deutschen Eigentums mit horrenden Summen bezahlen lassen und dann noch immer einen Fuß in der Tür lassen; die Amerikaner waren nur dann bereit, Österreich sich selbst zu überlassen, wenn sich Österreich verteidigen könnte und vor allem auch, wenn die dafür benötigten Truppen bereits vor Abzug der Besatzungstruppen vorhanden wären. Mit dem verstärkten Aufwerfen der sicherheitspolitischen Komponente in Ost und West war ein entscheidendes Moment in die Staatsvertrags- und Neutralitätsdebatte gekommen. Zwar sagte man sich am Ballhausplatz – und Außenminister Gruber hat das auch in seinem Beitrag für die „Wiener Zeitung“ vom 15. Oktober 1953: „Die Wahrheit liegt in der Mitte“ (als Reaktion auf französische Äußerungen) ausführlich getan – daß es seitens der Sowjetunion unsinnig wäre, zu glauben, daß Österreich nicht wirklich ein neutrales Verhalten an den Tag legen würde oder gar den Anschluß an Deutschland anstrebe. Genauso wäre es unsinnig, in Washington weiter annehmen zu wollen, daß die Sowjetunion nichts anderes im Auge hätte als eine Agression. Doch auch die schönsten verbalen Klarstellungen nützten nichts, wenn von Ost und West nach eindeutigen Beweisen für ein bestimmtes Verhalten gefragt wurde. Das Angebot an den Osten, Österreich neutral werden zu lassen, konnte wiederholt werden, auch wenn es vorderhand kein Echo hervorzurufen schien. Den USA aber mußte gezeigt werden, daß Österreich bereit war, ernsthafte militärische Vorbereitungen zu treffen. Plötzlich bekam daher die Remilitarisierung Österreichs einen neuen Impuls.

Gerade die Entwicklung auf sicherheitspolitischem Gebiet zeigte aber wieder einmal die Situation der Großen Koalition in aller Deutlichkeit. Die Zustimmung zur „amtlichen Remilitarisierung", also zur Aufstellung von militärisch bedingt verwendbaren Formationen im Rahmen der Gendarmerie, war von zwei Männern gegeben worden, nämlich Figl und Schärf, die zum wenigsten als Militaristen bezeichnet werden konnten. Ganz im Gegenteil waren beide dem Pazifismus gegenüber aufgeschlossen und daher für Fragen des „Aufgebots" viel eher zu haben als für alles andere. Mit Raab, der zwar Offizier gewesen war, dem Militär aber mittlerweile ablehnend gegenüberstand, änderte sich in diesem Fall wenig.

Die Militarisierung von einigen hundert Gendarmen war gewiß kein genialischer Einfall gewesen, denn auch die „kasernierte Volkspolizei" in Ostdeutschland und ähnliche Einrichtungen waren auf diese Art zustande gekommen. Aber sehr viel mehr war wohl auch im Falle Österreichs zunächst nicht zu machen gewesen.

Dazu kam, daß auch die prinzipielle Zustimmung Österreichs zur Durchführung des B-Gendarmerie-Programms nicht bedeutete, daß man wirklich mit Feuer und Flamme bei der Sache gewesen wäre. Zwar wurden dem Pacht- und Leihvertrag des Zweiten Weltkriegs ähnliche Abkommen geschlossen, durch die Österreich von den USA alle benötigten Waffen, Ausrüstungsgegenstände und Verbrauchsgüter bis hin zum Treibstoff zur Verfügung gestellt wurden.[43] Sehr bald zeigte es sich aber in aller Deutlichkeit, daß – abgesehen von einigen wenigen führenden Politikern Österreichs – die meisten Verantwortlichen wohl nur eine Alibihandlung setzen wollten und lediglich froh waren, die Sache einmal vom Tisch zu haben, um die Staatsvertragsverhandlungen fortsetzen zu können.

Ab August 1952 wurde also in den drei westlichen Besatzungszonen die B-Gendarmerie aufgestellt. Sie ist vergleichsweise schwer zu qualifizieren, da sie weder regelrechtes Militär noch Gendarmerie, noch paramilitärische Formation gewesen ist. Das offizielle Österreich verschloß freilich die Augen vor der Realität, die hier geschaffen worden war. Denn man trachtete nach außen hin bis 1955, die Fiktion aufrechtzuerhalten, daß es sich bei der B-Gendarmerie um ganz normale Gendarmerieeinheiten handelte.

Die Führung der B-Gendarmerie oblag dem Innenministerium. Minister Helmer war also jener Mann, der die B-Gendarmerie ressortmäßig betreute. Aber Helmer tat sicherlich mehr. Da seine politische Grundhaltung ein strikter Antisowjetismus war, stand ihm die B-Gendarmerie auch emotional nahe. Helmers Ablehnung der Sowjets – die Ausrottung der Familie seines Bruders bei Kriegsende hatte zweifellos prägende Eindrücke hinterlassen – war so deutlich, daß er damit insbesondere den Unwillen des Bundespräsidenten Körner hervorrief. Die B-Gendarmerie war aber ganz gewiß kein Instrument des Innenministers und seines ÖVP-Staatssekretärs Ferdinand Graf, der ähnlich über die Russen dachte wie Helmer. Die B-Gendarmerie erfüllte ganz andere Funktionen: Erstens war sie notwendig, um die amerikanische Bereitschaft zum Abschluß des Staatsvertrags weiterhin aufrechtzuerhalten. Man könnte so weit gehen, zu sagen: Kein Staatsvertrag ohne B-Gendarmerie. Zweitens kam diese Truppe sicherlich nicht nur einem amerikanischen Bedürfnis entgegen, sondern entsprach durchaus der österreichischen sicherheitspolitischen Konzeption und der in den Jahren der Besetzung erkannten Notwendigkeit. Das „Nie-wieder" hatte sich ja mittlerweile zu einem Dreigestirn ausgewachsen: Zum

Nie-wieder-Krieg kam das Nie-wieder-Anschluß, aber auch das Nie-wieder-Besetzung. Die Opfer der Besatzungszeit, gerechnet vom Ende der Kampfhandlungen im April und Mai 1945, beliefen sich ja auf viele Hunderte, wahrscheinlich Tausende Menschen, ganz abgesehen von allen anderen Verlusten und Schäden. Drittens entsprach die B-Gendarmerie in ihren Strukturen weitgehend dem, was in den bereits ausgehandelten militärischen Bestimmungen des Staatsvertrags enthalten war. Daraus konnte man die Bereitschaft der Besatzungsmächte entnehmen, Österreich letztlich eine Remilitarisierung, und zwar in Form einer kleinen Berufsarmee, zu gestatten. Viertens war die B-Gendarmerie der wohl einzig mögliche Kompromiß der beiden österreichischen Regierungsparteien, die sich trotz einer jahrelang geführten Wehrdebatte in einigen grundsätzlichen Fragen noch nicht nähergekommen waren und daher wenig Spielraum hatten, innerhalb dessen sie der Wiederbewaffnung nähertreten konnten. Die B-Gendarmerie bot dabei auch einen idealen Anschauungsunterricht.

Die Aufstellung der B-Gendarmerie war in vielfacher Weise ein Kompromiß gewesen. Zunächst war damit der Frage der Aufstellung eines Heeres noch einmal ausgewichen worden. Dann aber war die B-Gendarmerie auch ein innenpolitischer Kompromiß, über den offenbar einige Leute in der ÖVP alsbald nicht mehr besonders glücklich waren, denn Staatssekretär Ferdinand Graf, der natürlich maßgeblich an der Meinungsbildung innerhalb seiner Partei beteiligt war, legte seine wachsenden Bedenken schließlich in einem Schreiben nieder, in dem er recht deutlich das Ende der B-Gendarmerie forderte. Diese wäre zwar als erster Schritt zu begrüßen gewesen, um einmal überhaupt vom Fleck zu kommen. Doch die Nachteile überwogen die Vorteile.[44] Schließlich führte Graf aus: „Politische [Nachteile]: Die der SPÖ erwünschte Lösung wird weitergeführt, verstärkt und verbessert. Man hilft, eine politische Position der SP untermauern und läuft Gefahr, eines Tages sich damit als unabänderlich abfinden zu müssen." Die B-Gendarmerie sei auch sachlich eine unzureichende Lösung. Ihr militärischer Wert sei gering, man habe sämtliche Nachteile eines „überbezahlten Berufskörpers" in Kauf zu nehmen, es bildeten sich keine Reserven. „Ein solcher bewaffneter Körper", so Graf, „kann heute nicht einmal ernstlich einen Partisanenkampf mit Erfolg führen. Außerdem ist ein solcher Körper, einmal ausgespielt, sofort verbraucht, ohne Ersatz und Reserven zu haben. Also unnütze Kosten ohne Zweckerfüllung, nicht zu rechtfertigen."

Graf ging allerdings mit dieser Ansicht auch innerhalb seiner eigenen Partei einen einsamen Weg, bei dem ihm wenige folgten. Und zwar nicht nur deshalb nicht folgten, weil man es bei der getroffenen Lösung belassen wollte, sondern wohl viel banaler deshalb nicht, weil sich innerhalb der Führungsgremien der ÖVP so gut wie niemand außer Graf für militärische Dinge interessierte. Für Bundeskanzler Raab war daher auch nur die Vorarbeit für das „Aufgebot" von einigem Interesse. In der B-Gendarmerie sah er aber nur den politischen Preis, der den Amerikanern zu zahlen gewesen war, und etwas, das der Ruhigstellung im Innern diente, da offenbar die SPÖ, die in der Heeresfrage von Anfang an besonders sensibel gewesen war, in der B-Gendarmerie eine Lösung sah, die sie akzeptieren konnte. Also wollte auch Raab sie akzeptieren.

Im Herbst 1953 war die B-Gendarmerie in sechs Grundschulen und zwei Abteilungen gegliedert, was ungefähr acht Bataillonen entsprach. Der Abzug der Franzosen und der Teilabzug der Briten boten Gelegenheit zu weiteren Aufstellungen. Hier wird das Grundkonzept deutlich: Fremde Truppen sollten durch eigene ersetzt werden. Im Oktober 1953 lief auch die Offiziersausbildung an, und die Versorgung und der Nachschub, die von den Amerikanern übernommen worden waren, spielten sich voll ein.[45]

Den Sowjets war die Existenz dieser Verbände, die im Herbst 1953 erst wenig mehr als 4000 Mann umfaßten, natürlich nicht verborgen geblieben. Angesichts ihrer eigenen Stärke von allein 44.000 Mann an Bodentruppen, also dem elffachen der B-Gendarmerie, konnte deren Existenz klarerweise nicht als bedrohlich empfunden werden, noch dazu, da die Russen ja der Wiederbewaffnung grundsätzlich zugestimmt hatten und noch einige Jahre zuvor, nämlich 1949, offenbar damit einverstanden gewesen waren, daß Österreich nach Abschluß des Staatsvertrags ganz in das westliche Lager hinüberwechseln würde.

Nun blieb abzuwarten, ob und wie die beiden Elemente der österreichischen Politik, Neutralitätsangebot einerseits und Bereitschaft zur Verteidigung anderseits, zusammenpassen würden. Aufgabe der Innenpolitik war es, stabil zu sein. Aufgabe der Außenpolitik war es, Österreich im Bewußtsein der Welt und insbesondere der Besatzungsmächte zu halten, Sympathien zu gewinnen und keine Chancen zu vertun. 1953 und 1954 waren daher Jahre einer erhöhten Reisetätigkeit österreichischer Regierungsmitglieder. Dabei war es das Bestreben Raabs, sich bekannt zu machen, während es das Bestreben Außenminister Grubers und des Staatssekretärs im Außenministerium, Kreisky, sein mußte, die Haltung Österreichs zu präzisieren.

Raab schlug sich gewiß noch lange mit einigen Vorurteilen herum, die gegen ihn im Ausland bestanden. Er war als politischer Taktiker eingeschätzt worden und hatte etliche negative Kommentare erhalten. Aus dem Ausland waren, als man noch an die Regierungsbildung durch Figl glaubte, dem Altbundeskanzler Glückwünsche zugegangen,[46] die dann nach der Betrauung Raabs nicht mehr erneuert wurden. In der Presse, auch der des Auslandes, war auf seine Heimwehrvergangenheit hingewiesen worden. Besonders negativ war seine Rolle bei der berühmten „Figl-Fischerei", also bei der Anbiederung nach ultralinks, in Erinnerung geblieben. Allgemein wurde ein Ruck nach rechts erwartet, und – interessanterweise – war auch schon anläßlich der Regierungsbildung davon geschrieben worden, daß Raab Österreich neutralisieren wollte.[47]

In den ersten Monaten der Kanzlerschaft hatte es Entwicklungen gegeben, die offenbar nicht erwartet worden waren. Vor allem mußte man doch aus dem Werdegang Raabs und aus dem von ihm wesentlich mitbestimmten Wahlkampf den Schluß ziehen, daß sein Hauptaugenmerk der Innen- und Wirtschaftspolitik gelten würde. Das tat es zunächst auch. Doch gerade in den beiden genannten Bereichen fand Raab das Feld schon besetzt vor. Dafür mußte es gerade ihn reizen, das begonnene Experiment mit den Russen fortzusetzen und in jenen Mischungsbereich von Besatzungs- und Außenpolitik einzudringen, in dem sich vielleicht überhaupt grundlegende und neue Ansätze finden ließen. Nun war das Außenministerium als ein Ministerium des Kanzleramtes Raab zwar direkt unterstellt, doch die personelle Besetzung entsprach wohl nicht so ganz seinen Vorstellungen. Konkret ging es um die Person des Bundesministers Gruber. Gruber hatte zwar seit April 1953 kaum einen Anlaß geboten, auf Grund dessen man ihm womöglich Illoyalität hätte vorwerfen können. Das Stagnieren der Staatsvertragsverhandlungen war sicherlich nicht seine Schuld, aber er informierte wenig und wollte die Außenpolitik eigenverantwortlich machen. Auch betontes Wohlverhalten konnte nicht verhindern, daß sich schließlich Unheil über dem Haupt des Außenministers zusammenbraute. Es gab Objektives und weniger Objektives, was gegen ihn ins Treffen geführt wurde: Bei der Betrauung Grubers mit der Leitung des Außenamtes hatte es geheißen, es wäre opportun, für die Dauer der Verhandlungen über eine Rückkehr Südtirols zu Österreich einen Tiroler am Ballhausplatz zu haben. – Mit dem Abschluß des Gruber-De Gasperi-Abkommens war dieser Grund weggefallen, aber Gruber blieb. Was ihm weiters vorgeworfen wurde, war seine Bindung an die USA, die allerdings nie verhindert hatte, daß gerade Gruber harte bis abfällige Worte über die amerikanische Österreichpolitik fällte. Für Raab besonders unangenehm war es sicherlich auch gewesen, daß Gruber 1947 die „Figl-Fischerei" publik gemacht und damit einen innenpolitischen Wirbel heraufbeschworen hatte, der gerade Raab als einem der Initiatoren dieses Techtelmechtels nicht gleichgültig sein konnte. Über dem Haupt Grubers begann sich also Unheil zusammenzuballen.

Dabei stellte sich wieder die Frage: Hatte Gruber so etwas wie eine Hausmacht? Er selbst sprach gerne von einem „vierten Bund" innerhalb der ÖVP und meinte damit jene Tiroler Gruppe der Volkspartei, die aus der 1945 kurze Zeit bestandenen Demokratischen Staatspartei hervorgegangen war. Aber gerade diese Gruppe war auf Gruber nicht besonders gut zu sprechen. In Tirol war doch die Meinung sehr weit verbreitet, daß Gruber bei den Verhandlungen mit Alcide De Gasperi nicht im mindesten alle erreichbaren Konzessionen Italiens erhalten hatte. (Das war auch von den Amerikanern ziemlich unverblümt ausgesprochen worden.) Schließlich machte man Gruber in Tirol besonders zum Vorwurf, daß er aus der Regelung der Triestfrage kein Kapital geschlagen hatte.[48] Bei dem von Amerikanern und Briten angestrebten Kompromiß über Triest war Österreich 1952 von Jugoslawien wie von Italien hofiert worden. Im Zusammenhang mit einem Besuch Grubers bei Tito im Juni 1952 war auch deutlich angeklungen, daß Jugoslawien eine österreichische Unterstützung in der Triestfrage damit honorieren wollte, daß man Österreich hinsichtlich Südtirol Hilfestellung gab.[49] Gruber habe nun, so meinte man, die Chance ausgelassen, Italien die Unterstützung seiner Ansprüche auf Triest nur im Tausch gegen Konzessionen in der Südtirolfrage angedeihen zu lassen, und das wurde als politische Todsünde gewertet.

In dieser für ihn ohnedies nicht günstigen Situation trat Gruber die Flucht nach vorne an und beging politische Selbstverstümmelung. Er hatte schon seit längerem an Erinnerungen geschrieben, die sich mit dem Zeitraum 1945 bis 1953 beschäftigten. Die letzten Kapitel des Buches „Zwischen Befreiung und Freiheit" kamen im Sommer 1953 in den Verlag. „Die Presse" brachte Vorabdrucke, und Gruber wurde plötzlich jene Passage zum Verhängnis, die sich mit der „Figl-Fischerei" beschäftigte. Dabei ist nicht ganz klar, weshalb das so gekommen ist, denn zum einen war die Sache ja schon längst, nämlich seit 1947, bekannt. Sie war ja auch parlamentarisch behandelt worden. Im Wahlkampf 1953 hatte Adolf Schärf die Dinge abermals aufs

Tapet gebracht, doch da konnte man sagen, es handelte sich um eine Aktion des politischen Gegners. Gruber will – seinem zweiten Erinnerungsband zufolge – das Manuskript seines Buches Raab sogar zur Lektüre gegeben haben.[50] Es sei nicht beanstandet worden. Doch im Augenblick, da die Vorabdrucke erschienen und sich „Die Presse“ der „Figl-Fischerei“ in sensationeller Aufmachung bediente, war das Maß voll.

Es gehört aber wohl nicht allzuviel Phantasie dazu, die Veröffentlichung des Memoirenwerks als einen Vorwand für all das zu begreifen, das dann folgte. Gruber wurde parteischädigendes Verhalten vorgeworfen. Der Parteivorstand nominierte einen Fünferausschuß. Gruber suchte sich noch einmal Rückendeckung zu verschaffen und erhielt diese auch zumindest zeitweilig beim Salzburger Landeshauptmann Josef Klaus.[51] Doch gerade die Tiroler Gruppe, der „vierte Bund“, ließ ihn im Stich, und es blieb nur noch darüber zu verhandeln, wie Grubers Abgang zu arrangieren war. Schließlich wurde ihm der Botschafterposten in den USA angeboten, und ehe noch über seine in Buchform erschienenen Erinnerungen endgültig der Stab gebrochen werden konnte, demissionierte Gruber am 14. November 1953.

Friedrich Funder faßte in der „Furche“ das Urteil über Gruber in einem Leitartikel zusammen.[52] Darin schrieb er unter anderem: „Die Erfahrungen und Wahrnehmungen, die ein Minister in seinem Wirkungsbereich macht, sind nicht sein freies Privateigentum und nicht seiner beliebigen Verfügung anheimgestellt.“ Gruber sei als „Erzähler aus seinem Amte vor die Öffentlichkeit“ getreten. Die Gründe dafür habe der Minister selbst so dargestellt, daß er mit seinem Buch erstens falschen Darstellungen über die Nachkriegsentwicklung Österreichs entgegentreten wollte, und zweitens sei das Buch geschrieben worden, weil der aus dem Amt geschiedene Außenminister gemeint habe, das Österreichproblem drohe auf die lange Bank geschoben zu werden, und es sei daher darum gegangen, das Interesse der Weltöffentlichkeit an Österreich lebendig zu erhalten. Funder fand allerdings, ein Buch sei dazu das schlechteste Mittel gewesen, und gerade der Außenminister hätte andere Möglichkeiten gehabt und hätte sie nutzen können, wenn er die Welt aufrütteln wollte. Mit seiner Darstellung der „Figl-Fischerei“ habe Gruber ein persönliches Unrecht an seinem langjährigen Kanzler Figl und an jener Partei begangen, die ihn in sein hohes Amt berufen habe. – Funder ließ bei dieser Wertung allerdings – und das sollte wohl nochmals betont werden – außer acht, daß die Gründe für die von Raab gewünschte, ja erzwungene Demissionierung nur zum Teil, vielleicht nicht einmal zum größeren Teil, in den Erinnerungen des Ministers gelegen waren. Bei der Sammlung von Minuspunkten hatte anderes eine wohl größere Rolle gespielt, und letztlich wurden ja schon seit längerem Grundlinien der österreichischen Politik in Frage gestellt.

War in den Jahren zuvor so ziemlich jedes Thema der Innenpolitik geeignet gewesen, Meinungsdifferenzen zwischen den Koalitionsparteien hervorzurufen, so waren grundsätzliche Auffassungsunterschiede in der Außenpolitik doch eine Seltenheit geblieben. Mit Raab hatte es da einen Wandel gegeben. Als er im Sommer 1953 zum Ausdruck gebracht hatte, wie sehr er sich auf das Gebiet der Außenpolitik werfen wollte, waren ihm Schwierigkeiten prophezeit worden. Dabei wurde an Gruber gedacht. Die noch wesentlich größeren Probleme entstanden jedoch in der

Auseinandersetzung mit den Sozialisten. Fast schien es, als betreibe die Große Koalition keine gemeinsame Außenpolitik mehr. Bildete sich hier eine neue Bruchlinie?

Die Politik Raabs war von allem Anfang an nicht ohne Gegner geblieben. Im wirtschaftlichen Bereich ging es um Fragen der Verstaatlichung und der schwerpunktmäßigen Investitionen, bei denen bereits das nächste Budget zu größeren Auseinandersetzungen führen konnte. Für die Große Koalition waren die Innen- und die Wirtschaftspolitik aber keine wirkliche Bedrohung. Noch im Sommer war von maßgeblichen ÖVP- und SPÖ-Politikern die Situation der Koalition als durchaus gut bezeichnet worden. Kontroversielles gab es jedoch im Bereich der Außenpolitik, und hier häuften sich die Schwierigkeiten. Dabei hatte sich abermals eine gemeinsame Linie zwischen Amerikanern und Sozialisten ergeben, da von beiden immer wieder sehr kritische Äußerungen über die Vorstöße Raabs und die Frage der Neutralität fielen. Staatssekretär Graf, Generalsekretär Maleta und andere ÖVP-Politiker wurden daher nicht müde darauf hinzuweisen, daß die amerikanische Botschaft primär die Sozialisten unterstütze und daß der „Wiener Kurier" und der amerikanische Rundfunksender Rot-Weiß-Rot bereitwilligst die sozialistische Propaganda weitergäben.[53] Schließlich floß in die Kritik an den amerikanischen Medien und an den amerikanischen Repräsentanten generell auch etwas Antisemitismus ein, da vor allem Graf das Wirken von Emigranten, und da wieder von jüdischen Emigranten, bei den Amerikanern kritisierte.[54] Doch dergleichen Äußerungen paßten eher in den Bereich „Atmosphärisches", als daß ihnen konkrete Bedeutung zugekommen wäre.

Deutlicher wurden die Zweifel an der Richtigkeit des von Raab eingeschlagenen Weges dann, wenn Staatssekretär Kreisky im Auftrag seines Parteivorsitzenden, Schärf, den amerikanischen Botschafter aufsuchte, um diesem zu verstehen zu geben, daß die Sozialisten zwar ebenso wie die Volkspartei für eine Zurücknahme des Kurzvertrags seien, daß sie aber im übrigen besonderen Wert darauf legen würden, ihre Politik mit jener der Amerikaner abzustimmen. Botschafter Thompson berichtete, Kreisky hätte ihm gesagt, die Sozialisten seien über Raabs Vorstöße in die internationale Szene ebenso verärgert wie über das Gewicht, das er mittlerweile in dieser Szene bekommen habe.[55] Das war ja nun wirklich ein unübersehbarer Hinweis auf eine sozialistische Ablehnung der Politik des Kanzlers und primär seiner diversen Alleingänge in Richtung Sowjetunion.

Ebenso deutlich fielen dann sozialistische Äußerungen anläßlich der Ablösung von Gruber aus. Der SPÖ-Klubchef Bruno Pittermann äußerte deutliche Sympathien für Karl Gruber und bezeichnete ihn als einen der ganz wenigen Führer der Volkspartei, der sich der großen Gefahren bilateralen Verhandelns mit der Sowjetunion bewußt sei. Bezüglich der Nachfolge Grubers deutete schließlich der steirische SPÖ-Mandatar Alfred Migsch härtesten Widerstand für den Fall an, daß Raab selbst das Außenministerium übernehmen wollte.[56] Dabei konnte aber nicht nur Rücksicht auf den sozialistischen Staatssekretär Bruno Kreisky genommen worden sein: Die Sozialisten wollten Raab wohl nicht noch mehr in der Rolle des alleinigen Außenpolitikers sehen. Doch Raab beschritt ohnedies einen anderen Weg.

Er wollte sicherlich vom Kanzleramt aus Außenpolitik betreiben. Das konnte er aber nur, wenn ihm aus dem Außenministerium kein Widerstand entgegengesetzt wurde, noch dazu von einem Mann seiner eigenen Partei. Und dann brauchte er jemanden, der die Grundlinien willig umsetzte. Daher war es eigentlich nur eine Frage der Zeit gewesen, ehe es zur Entlassung des Außenministers kam. Schon vor Grubers Demission stand freilich fest, wer sein Nachfolger werden würde: Leopold Figl.

Es ist durchaus glaubhaft, daß Raab wegen seiner Vorgangsweise bei der Regierungsbildung im März 1953 Skrupel geblieben waren. Vielleicht hatte gerade der stille Abgang Figls, der es einfach hinzunehmen schien, daß man ihn beiseite schob, dazu geführt, daß Raab etwas gutmachen wollte. Doch eingedenk dessen, was Raab von seinem bisherigen Außenminister getrennt hatte und was er für Anforderungen an den Mann an der Spitze des Außenamtes stellte, war die Berufung Figls kein Akt, der verwunderte. Gruber demissionierte am 14. November. Elf Tage später wurde Leopold Figl zum Minister für Auswärtige Angelegenheiten ernannt. Zwar gab es einige Kommentare, die meinten, die Wahl wäre nicht glücklich, denn Figl wäre gerade einer derjenigen, die durch die Erinnerungen Grubers über die „Figl-Fischerei" belastet worden wären.[57] Doch die so urteilten, verwechselten eben bei der Demission Grubers Anlaß mit Ursache. Figl war ganz im Gegenteil eine in mehrfacher Beziehung ideale Besetzung auf dem Posten des Außenministers: Durchaus angesehen im Westen, wo man ja eher Raab mißtraut hatte und in Figl eine bekannte Größe vorgesetzt bekam, mit vielen persönlichen Bindungen und der Ausstrahlung des typisch Österreichischen. Ebenso aber erfreute sich Figl bei den Sowjets einiger Beliebtheit. Auch dort zählte die Kalkulierbarkeit.

Der österreichische Botschafter in Moskau, Norbert Bischoff, nahm die Demission Grubers zum Anlaß, so wie er schon Raab in einer etwas ungewöhnlichen Art den Sowjets präsentiert hatte, nun auch den Abgang Grubers ohne entsprechende Weisung zu kommentieren.[58] In einem Brief an Molotov war daher auch weniger von Gruber die Rede als von Raab, der wie Bischoff schrieb, „seine politische Zukunft an den Glauben gebunden" habe, daß es ihm gelingen werde, „mit der Sowjetunion jene guten Beziehungen herzustellen, welche zutiefst den ständigen Interessen Österreichs entsprechen". Bischoff faßte den Rücktritt Grubers als Sturz auf (was den Tatsachen wohl sehr nahe kam) und wies auf die Kontinuität der Außenpolitik der Regierung Raab hin. Innenpolitisch war Figl zwar etwas verbraucht, aber das spielte auf dem neuen Posten keine Rolle. Was zählte, waren auch hier die Kontakte, und Figl, der von den Sozialisten mitunter mehr Unterstützung erhalten hatte als von seiner eigenen Partei, hatte dabei einiges vorzuweisen, nicht zuletzt die Beziehungen zu Schärf und Bundespräsident Körner. Ein Blick in die diesbezügliche Korrespondenz sagt eigentlich alles über den jeweiligen Grad der Vertrautheit und der persönlichen Bindungen aus.[59] Mit Figl war auch deutlicher zu unterstreichen, daß in der österreichischen Politik die Komponente des „Opfer des Nationalsozialismus" nichts an Gültigkeit verloren hatte. Der neue Außenminister war wie kein anderes Regierungsmitglied geeignet, diesen Aspekt deutlich zu machen und den Alliierten tagtäglich als „lebender Zeuge" vor Augen zu stehen. Mehr als fünf Jahre Konzentrationslager ließen sich immer dann ins Treffen führen, wenn es galt, die Glaubwürdigkeit der neuen österreichischen Politik zu unterstreichen, und wenn die

Alliierten auf die bekannte Passage der Moskauer Deklaration über die Mitverantwortung Österreichs am Zweiten Weltkrieg verwiesen.

Klarer wohl als die diversen Kommentare zur Ernennung Figls schildert ein vertraulicher Bericht aus dem Büro des französischen Hochkommissars vom Dezember 1953 die Situation, in der Figl das Außenamt übernahm.[60] Österreich hatte bis Jahresende alle Forderungen erfüllt, um die Staatsvertragsverhandlungen flott zu bekommen. Es war auf direktes sowjetisches Verlangen der Kurzvertragsentwurf fallen gelassen worden und von Österreich eingewilligt worden, daß weiter über den alten (Lang-)Vertragsentwurf verhandelt würde. Österreich hatte das formelle Ersuchen gestellt, bei der nächsten Außenministerkonferenz der Großmächte auch die Frage des Vertragsabschlusses auf die Tagesordnung zu setzen, und hatte gebeten, bei der für Jänner/Februar 1954 anberaumten Außenministerkonferenz der „großen Vier" in die Verhandlungen einbezogen zu werden, also nicht nur Beobachterstatus zu besitzen. Österreich hatte einen weiteren Vorschlag an die Adresse Moskaus gerichtet, um in der Frage des Deutschen Eigentums eine Lösung herbeizuführen. Es war angeboten worden, die sowjetischen Besitzungen (USIA, DDSG, Erdöl) durch Warenlieferungen abzulösen. Alles deutete darauf hin, daß die Vertragsverhandlungen in eine „heiße" Phase eintreten könnten. In der erwähnten Vorlage des französischen Hochkommissariats wurde daher, mit besonderem Interesse und auch gestützt auf die notwendigen (wohl geheimdienstlichen) Informationen, die Reaktion der KPÖ auf die Ernennung Figls untersucht. Dabei wurde zum einen die „Entfernung des USA-Agenten Nr. 1 [gemeint Gruber] aus der Regierung" als eine Schwächung der imperialistischen Position gewertet. Dann aber wurde in KP-Kreisen ganz klar formuliert, daß keine Stellungnahme zur neuen Außenpolitik abgegeben werden sollte. Die Politik Figls würde sich erst im Frühjahr 1954 entfalten, woraus von französischer Seite abgeleitet wurde, daß sich bis dahin eine Entscheidung in der Staatsvertragsfrage anbahnen müßte. Die KPÖ war sich offenbar über die Politik der Sowjetunion nicht ganz klar und wollte stillhalten.

Ein weiterer Satz in dem vertraulichen Bericht verdient unsere Aufmerksamkeit: „Inzwischen hat sich der Kontakt zwischen österreichischer Regierung und österreichischer Industrie auf der einen Seite und der sowjetischen Besatzungsmacht andererseits intensiviert. Als eine der treibenden Kräfte der Intensivierung des Kontakts stehen nunmehr fast geschlossen der österreichische Industriellenbund [die Vereinigung österreichischer Industrieller], hauptsächlich die Vorarlberger und Salzburger Sektionen und Mayer-Gunthof hinter den Bestrebungen für größere Konzessionen gegenüber der UdSSR." Schließlich wurde noch registriert, daß über Vermittlung der Industriellenvereinigung auch Kontakte zwischen westdeutschen Industriegruppen und der USIA bzw. den sowjetischen Außenhandelsstellen geknüpft worden seien. – Faßt man das abermals zusammen, dann zeichnet sich noch deutlicher ab, daß die neue Politik der österreichischen Regierung, als deren Initiator und Exponent Julius Raab anzusprechen ist, nicht nur eine Entkrampfung des Verhältnisses zur Sowjetunion gebracht hatte. Hier waren innerhalb von wenigen Monaten auch entscheidende Weichenstellungen erfolgt, die gerade im wirtschaftlichen Bereich zukunftsweisend waren. Jede einzelne Komponente dieser neuen Politik hatte ihre Aus- und Rückwirkungen auf das Verhältnis Österreichs zum

Osten wie zum Westen. Es kann jedoch ausgeschlossen werden, daß dabei dem einen wie dem anderen wesentliche Dinge verborgen blieben. Die Entfernung Grubers aus der Regierung hatte sicherlich nicht dazu beigetragen, die Skepsis der Westmächte und vor allem der Amerikaner gegenüber der neuen österreichischen Politik, die eigentlich nichts anderes als eine Ostpolitik war, abzubauen. Figl war zwar eine vertraute Erscheinung und wurde akzeptiert, doch daß die Außenpolitik von Raab konzipiert wurde, schien nach einem Dreivierteljahr seiner Kanzlerschaft wohl außer Zweifel zu stehen. Dafür sprach die starke Einbeziehung wirtschaftspolitischer Fragen, die nicht zuletzt darin wurzelten, daß Österreich schon 1950 von den USA verpflichtet worden war, als Empfängerland der ERP-Hilfe an Embargomaßnahmen gegen den Osten, besonders gegen die Sowjetunion, teilzunehmen. Von österreichischer Seite wurde neben der Wirkungslosigkeit dieser Maßnahme der Umstand kritisiert, daß sich andere westliche Länder und auch die USA selbst schon längst nicht mehr an die Embargomaßnahmen hielten. Auch wirtschaftspolitisch drängte somit Österreich auf eine Veränderung und gewissermaßen auf eine Lösung von der allzu engen amerikanischen Bindung.

Was anders geworden war, konnte in einem einzigen Satz zusammengefaßt werden: Österreich konnte sich eine Neuorientierung leisten. Es sollte aber wohl hinzugefügt werden, daß Österreich auch eine bemerkenswerte innenpolitische Stabilität aufwies, die von Vertretern beider großen politischen Lager so charakterisiert wurde, daß sie meinten, es sei kaum einmal besser gewesen.[61] Der ÖVP war es gelungen, in einer nicht unbedeutenden Frage die Zustimmung der Sozialisten zu bekommen, nämlich für die Übernahme der Besoldung von Lehrern katholischer Schulen durch die öffentliche Hand. Im Gegenzug hatte die ÖVP wieder Zugeständnisse für das Budget 1954 gemacht. Alles keine großartigen Sachen, aber dennoch das Wichtigste, was angefallen war. Dieses klaglose Funktionieren der Zusammenarbeit war auch dadurch nicht zu stören gewesen, daß die „Arbeiter Zeitung", für die ÖVP überraschend, Kritik an Außenminister Figl übte und dessen Reputation in Zweifel zog. Doch gleichzeitig waren sich Oscar Pollak von der „Arbeiter Zeitung" und Hermann Mailler von der „Neuen Wiener Tageszeitung", dem Sprachrohr Raabs, darüber im klaren, daß derartiges die Arbeitsbedingungen der Großen Koalition nicht im mindesten beeinträchtigen konnte.[62] Auch wenn das nur für den Augenblick gesagt wurde, hatte gerade eine solche Äußerung ihre besondere Bedeutung. Geschlossenheit, war sie nun zufällig, selbstverordnet oder auch nur auf die immer wieder zu hörenden Mahnungen der Amerikaner zurückzuführen, wurde nämlich deshalb gebraucht, weil die Staatsvertragsverhandlungen in die „heiße" Phase einzutreten schienen.

11 Berlin und die Folgen

Mit Beginn des Jahres 1954 war – eigentlich überraschend schnell – eine erste Frucht der Entspannungspolitik greifbar geworden. Die Außenminister der „großen Vier" wollten sich dreieinhalb Jahre nach ihren letzten konstruktiven Gesprächen wieder zu einer großen Konferenz treffen. Daß von der Kriegsallianz und von der einstigen Vertrautheit nichts mehr übriggeblieben war, konnte man schon daran ablesen, daß man sich in Berlin treffen wollte, denn seit der Potsdamer Konferenz, die ja gleichzeitig eine Siegesfeier gewesen war, hatten sich die alliierten Außenminister turnusmäßig in ihren jeweiligen Hauptstädten getroffen. Nun ging man wieder zurück nach Berlin, nicht aber, um die Kriegsallianz neuerlich zu beschwören, sondern darum, weil Berlin Ausdruck des ganzen politischen Dilemmas der Großmächte war, nach wie vor okkupiertes und den Alliierten unterworfenes Gebiet. Jeder fand sich gewissermaßen auf eigenem Boden und auf dem Boden der jüngsten Geschichte, nämlich im Berliner Kontrollratsgebäude. Die Westmächte hatten zwar ursprünglich nach Lugano einladen wollen, sich aber letztlich doch dem sowjetischen Vorschlag gebeugt.

Österreich hatte sich für diese Konferenz viel vorgenommen. Zunächst hatte man nur eine inoffizielle Delegation nach Berlin entsenden wollen, die Gesandter Josef Schöner vom Außenministerium anführen sollte. Am 4. Jänner 1954 war in einer Note an die Großmächte die Erwartung ausgesprochen worden, daß der Behandlung der Österreichfrage „jener Platz eingeräumt würde, der ihre endgültige und zufriedenstellende Lösung ermöglicht".[1] Inoffiziell wurde aber schon mehr getan. Inoffiziell wurde vorgefühlt, ob die Besatzungsmächte nicht der vollen, das heißt offiziellen Teilnahme Österreichs an den Verhandlungen über den Staatsvertrag zustimmen würden. Als Gesandter Schöner am 22. Jänner in Berlin noch im Rahmen der inoffiziellen Delegation die vier Außenminister kontaktierte, lag die grundsätzliche Zustimmung bereits vor, so daß das formelle Ersuchen zur gleichberechtigten Teilnahme nur noch ein letzter diplomatischer Akt war. Am 9. Februar reiste dann die

Regierungsdelegation, bestehend aus Außenminister Figl und Staatssekretär Kreisky, nach Berlin. Damit hatte Österreich wenigstens eines erreicht: Es wurde als vollwertiger Verhandlungspartner akzeptiert und mußte nicht mehr buchstäblich im Vorzimmer abwarten, welche Entscheidungen fielen. Das hatte auch den Vorteil, daß schneller reagiert werden konnte, wenn es darum ging, auf Vorschläge, Einwände und Forderungen mit entsprechenden Konzessionen oder Präzisierungen zu reagieren.

Abseits des offiziellen Österreich, in der breiten Bevölkerung, wußte man nicht so recht, wie man sich zur Wiederaufnahme der Staatsvertragsverhandlungen stellen sollte. Im zusammengefaßten Lagebericht des Innenministeriums für Jänner heißt es: „Die Sicherheitsbehörden beurteilen die Gesamtstimmung der Bevölkerung durchwegs als gut. Die Sicherheitsdirektion für Tirol bezeichnet sie sogar als die beste seit den Umbruchstagen des Jahres 1945. Soweit festgestellt werden kann, beruht diese Tatsache zum Teil auf dem Umstand, daß die Bevölkerung im allgemeinen bisher aus ihrer persönlichen Lage keinen Anlaß fand, die hoffnungsvollen Berichte über den unerwarteten Aufschwung der österreichischen Wirtschaft im Jahre 1953 als unrichtig anzusehen und daher Hoffnungen auf eine weitere Verbesserung ihrer eigenen Lage nicht für unberechtigt hält. Eine gewisse Rolle spielte auch das Zustandekommen der Berliner Konferenz der vier Großmächte. Wenn auch fast die Gesamtheit der Bevölkerung aus diesem bloßen Ereignis keine konkreten Erwartungen auf den Abschluß des Staatsvertrages ableitete, so wirkte doch stimulierend, daß die Besprechungen wieder in Fluß gekommen sind und mindestens weitere Erleichterungen des Besatzungsregimes, ja auch die Wiedergewinnung der österreichischen Freiheit zumindest in den Bereich des Möglichen gerückt sind.“[2]

Vom 12. bis zum 18. Februar 1954 wurde in Berlin über Österreich beraten. Allerdings nicht allein, sondern gleichsam im Paket, und zwar in einem Paket, das aus der deutschen Frage und der europäischen Sicherheit gebildet und dem dann der österreichische Staatsvertrag als zusätzlicher Inhalt einverleibt worden war. Vielleicht hatte sich Außenminister Figl durch die Tatsache, daß erstmals eine österreichische Delegation gleichberechtigt am Verhandlungstisch sitzen durfte, sowie durch den freundlichen Empfang täuschen lassen. Er ging voll Optimismus in die Verhandlungen. Doch schon am ersten Tag der Beratungen über den Österreichvertrag machte der sowjetische Außenminister Molotov den sowjetischen Standpunkt klar: Die Sowjetunion wollte weiterhin die österreichische Frage mit der deutschen verknüpft lassen. Die Sowjetunion reagierte zwar erstmals stärker auf das erneuerte österreichische Angebot der militärischen Bündnisfreiheit, indem sie die Forderung nach Nichtbeteiligung Österreichs an Koalitionen oder Militärpakten bzw. das Verbot von militärischen Stützpunkten als unabdingbar nannte. (Ähnliches wurde aber auch für Deutschland vorgeschlagen.) Unbeschadet der Neutralisierung sollten aber so lange zumindest kleine alliierte Kontingente in Österreich stationiert bleiben, bis auch ein Friedensvertrag mit Deutschland abgeschlossen wäre.[3]

Als dann Figl am 16. Februar diese Punkte aufgriff und die Bereitschaft Österreichs betonte, sich an keinen militärischen Bündnissen zu beteiligen und keine ausländischen militärischen Stützpunkte in Österreich zuzulassen, schloß er, indem er meinte, daß man auch der Beibehaltung von Stützpunkten der Alliierten nach

Abschluß des Staatsvertrags folgerichtig nicht zustimmen könnte. Da sich aber an der sowjetischen Haltung nichts zu ändern schien, versuchte Figl neue Konzessionen zu machen. Er schlug vor, die Räumungsfrist für die alliierten Truppen nach Unterzeichnung des Vertrages statt mit 90 Tagen mit dem 30. Juni 1955 zu terminisieren. Molotov bezeichnete das als nicht zufriedenstellend. Daraufhin machte Figl einen letzten Vorschlag, der darin bestand, die bis dahin im Vertragstext vorgesehene Frist zur Kontrolle über die Durchführung und Auslegung des Staatsvertrags von 18 Monaten zu streichen (Artikel 56 und 57) und dafür eine zeitlich nicht begrenzte Frist anzunehmen. Alles das war in den Verhandlungsrichtlinien nicht enthalten gewesen und machte ein ständiges Depeschieren und Telefonieren mit Wien notwendig. Trotz dieser dann von Raab und Schärf mit den westlichen Hochkommissaren vereinbarten Konzessionen waren sie für Molotov nicht ausreichend. Am Abend des 19. Februar 1954 waren sich dieDelegationen der Alliierten nur darüber einig, daß sie sich über Deutschland, Österreich und die europäische Sicherheit uneinig seien. Die österreichische Delegation reiste aus Berlin ab. Ihr Leiter, Außenminister Figl, war zum einen von der Atmosphäre und dem Verhalten der Politiker und Diplomaten der Großmächte den Österreichern gegenüber nach wie vor äußerst angetan. Anderseits konnte er sich und jenen, denen er dann über die Konferenz Rechenschaft abgab, nicht verhehlen, daß er zutiefst enttäuscht war.[4]

So sagte Figl am Ende seines diesbezüglichen Berichts an den Nationalrat am 24. Februar: „Wenn wir heute hier die Bilanz der Berliner Konferenz ziehen, dann müssen wir offen und freimütig zugeben, daß diese Bilanz vor allem Enttäuschung und Erbitterung ausweist. Es wäre gelogen, wollten wir heute im Zeichen der Erfolglosigkeit der Berliner Konferenz behaupten, daß wir ohne jeden Optimismus und ohne den Wunsch nach einer Lösung nach Berlin gegangen sind . . . Die Erwartungen des österreichischen Volkes wurden in Berlin nicht erfüllt."

Vielleicht überzeichnete Figl dabei bewußt; wahrscheinlich aber empfand er wirklich so und ließ dabei jene Andeutungen außer acht, die sowohl in den Wortmeldungen des amerikanischen Außenministers Dulles wie auch im Schlußwort von Außenminister Molotov Beachtung verdient hätten. Dulles hatte gemeint: „Die Schweiz hat den Weg der Neutralität gewählt und hat es als neutrales Land verstanden, einen Ehrenplatz in der Geschichte der Völker einzunehmen. Die Republik Österreich hätte nach dem Staatsvertragsentwurf die Möglichkeit, die Neutralität als Ehrenstatus so wie die Schweiz zu wählen. Es könnten die Vereinigten Staaten eine solche Wahl ebenso honorieren, wie sie seinerzeit die Neutralität der Schweiz anerkannt haben."[5] Dulles merkte aber auch an, daß eine von außen aufgezwungene Neutralität nicht annehmbar sei. In dieser Formulierung war ein deutliches Indiz zu sehen, daß sich die Amerikaner mit einer Neutralisierung Österreichs abzufinden begannen. Dulles bezog sich dabei allem Anschein nach auf die Ausarbeitungen der US-Botschaft in Wien und des State Department vom August und September 1953.

Die Enttäuschung über die Ablehnung aller österreichischen Konzessionen hatte es mit sich gebracht, daß auch eine Bemerkung Molotovs unterging, die in dessen Schlußwort gefallen war. Molotov hatte zwar gesagt, daß die Sowjetunion darauf beharren müsse, auch nach dem Staatsvertrag so lange Truppen in Österreich stationiert zu lassen, bis ein Friedensvertrag mit Deutschland unterzeichnet worden sei.

Er hatte aber auch klarzumachen versucht, daß die Verhandlungen weitergingen und daß das letzte Wort noch nicht gesprochen sei. Das kam in dem Satz zum Ausdruck: „Nichtsdestoweniger drückt die Sowjetregierung die Überzeugung aus, daß es eine Möglichkeit der Lösung dieser Frage in naher Zukunft gibt. Es ist erforderlich, daß die österreichische Regierung dies in Betracht zieht und das österreichische Volk dies richtig versteht.“[6] Doch für den Augenblick schien es beim alten zu bleiben.

Figl hatte den ihm vorgegebenen Spielraum in den Verhandlungen so weit es ging ausgenützt. Das erhellt aus den Vorbereitungen und den unmittelbar im Zusammenhang mit der Berliner Konferenz an ihn ergangenen Weisungen. Doch Figls Spielraum war, wie erwähnt, nicht allzu groß gewesen. Abgesehen von den Problemen, die sich im Zusammenhang mit dem Deutschen Eigentum ergaben und die nach wie vor als besonders schwierig anzusehen waren, hatte sich Figl auf zwei Bereiche vorbereitet: Erstens die Neutralitätsfrage und zweitens die aus der Moskauer Deklaration herrührende Präambel des Staatsvertrags, wo von der Mitverantwortung Österreichs am Krieg gesprochen wurde. Hinsichtlich der Neutralität sollte zunächst darauf hingewiesen werden, daß die Bundesregierung schon zu wiederholten Malen erklärt hätte, daß sich Österreich keinem militärischen Bündnis anschließen würde. Eine Neutralitätsklausel im Staatsvertrag wäre jedoch unerwünscht und käme nur in Frage, wenn gleichzeitig eine entsprechende unzweideutige Garantieerklärung der vier Mächte für Österreich abgegeben würde. Bei der Mitverantwortungsformel war darauf hinzuweisen gewesen, daß sie unzeitgemäß sei, doch wäre daraus kein Grund zur Ablehnung eines vielleicht sonst fertigen Vertrages abzuleiten.[7]

Zu dieser Verhandlungsdirektive kamen aber noch zusätzlich Dinge, Tendenzen eigentlich, die zumindest nachträglich Zweifel aufkommen lassen, ob die österreichische Delegation überhaupt in weiterreichende Verhandlungen hätte eintreten können. Im Vorfeld der Berliner Konferenz hatte es zahlreiche Besprechungen, Klein- und Vorkonferenzen gegeben, in denen mehr zutage gefördert wurde als eine verhältnismäßig einfache Verhandlungsrichtlinie. Da waren einmal Gespräche gewesen, die Minister Figl mit den drei westlichen Hochkommissaren geführt hatte. Dabei ging es unter anderem um die Frage einer österreichischen Neutralität, und es zeigte sich, daß es zwischen dem amerikanischen und dem österreichischen Standpunkt noch relativ wenig Gemeinsamkeiten gab. Figl betonte nämlich, die Frage einer österreichischen Neutralität wäre zunächst einmal etwas, das unter den vier Besatzungsmächten abgesprochen gehörte. Österreich würde eine Neutralität nur dann akzeptieren, wenn sie von einer förmlichen Garantie der österreichischen Unabhängigkeit begleitet würde. Schließlich sagte Figl zu, daß die österreichische Delegation die Neutralitätsfrage von sich aus nicht anschneiden und im Falle einer Debatte darüber engste Fühlung mit den Westmächten halten würde.[8]

Bei einer Reihe anderer Gespräche, die von Amerikanern mit sozialistischen Publizisten und Spitzenpolitikern geführt wurden, zeigte sich darüber hinaus, daß auf sozialistischer Seite noch immer einige Vorbehalte hinsichtlich des Abschlusses des Staatsvertrags bestanden. Sie erwarteten sich auch nichts von einem Vertragsabschluß, noch dazu mit den schon ausgehandelten Bedingungen für das Deutsche Eigentum, wonach den Sowjets langfristig Rechte im Erdölbereich einzuräumen gewesen wären. Dieser Punkt wurde schließlich auch mit westlichen Experten eingehend besprochen und ein Schlüssel für die Ablöse des Deutschen Eigentums im Erdölbereich gesucht. Der Klubobmann der SPÖ, Pittermann, der besonders skeptisch hinsichtlich der Berliner Verhandlungen und des von Österreich einzuschlagenden Weges war, vertrat jedoch die Ansicht, Österreich sollte sich gar nicht mehr groß um die Besatzungsmächte kümmern, schlicht seine Freiheit verkünden und dem Europarat beitreten. Er verwies auf einen dementsprechenden bereits im Dezember 1953 im Parlament eingebrachten Entschließungsantrag. Der Hauptausschuß des Nationalrates sollte möglichst rasch und noch vor dem Ende der Berliner Konferenz damit befaßt werden, und das ungeachtet eines opponierenden Bundeskanzlers Raab.[9] Überhaupt Raab! Die Koalition funktionierte ja tadellos, meinte Pittermann, doch es würden zweifellos beträchtliche Schwierigkeiten dadurch auf sie zukommen, da Raab die Absicht habe, „Österreich ein zweites Finnland werden zu lassen". Helmer nannte Raab und Figl naiv und verdächtigte sie, eine ausschließlich „russische" Politik zu betreiben und zahlreiche Geheimkontakte mit den Russen zu pflegen.[10] Beweise blieb er freilich schuldig. Auf sozialistischer Seite mißtraute man vehement der „Ostpolitik" Raabs. Auch Staatssekretär Kreisky machte unmittelbar vor seiner Abreise nach Berlin diesbezügliche Andeutungen, die er mit der Person des niederösterreichischen Landeshauptmannstellvertreters, August Kargl, verknüpfte. Kargl sei „übertrieben unterwürfig" gegenüber den Sowjets und wurde von Kreisky auch verdächtigt, die Energie des im Bau begriffenen Donaukraftwerks Ybbs-Persenbeug lieber nach Ungarn als nach Wien verkaufen zu wollen.[11]

Es gab also eine Reihe von Kerben, in die gehaut werden konnte. Schließlich wurde die sozialistische Haltung von den Amerikanern auch während der Konferenz beobachtet. Dabei sagte der SP-Zentralsekretär Otto Probst ganz unverblümt, daß er persönlich gegen einen Vertragsabschluß zum damaligen Zeitpunkt wäre. Pittermann und Pollak blieben bei ihren Äußerungen zurückhaltender und meinten insbesondere, der Vertragsabschluß würde auch eine große Gefahr in sich bergen, daß nämlich die Große Koalition bald darauf zerbrechen würde. Die ÖVP wurde verdächtigt, diesbezüglich einiges im Schilde zu führen. Kreisky hatte dabei eine besondere Variante in petto: Raab würde versuchen, meinte er, den Gewerkschaftsbund auf seine Seite zu ziehen und eine Alleinregierung zu bilden. Jeder Versuch zur Bildung einer solchen oder auch einer kleinen Koalition würde aber zu sofortiger Instabilität und zu einer Abfolge von Ein-Wochen-Kabinetten führen.[12]

Der stellvertretende Hochkommissar, Charles W. Yost, versicherte Kreisky denn auch, daß er seine Sorgen durchaus verstehe. Kreisky könne jedoch darauf zählen, daß die Amerikaner jeglichen Einfluß geltend machen würden, um den Bestand der Großen Koalition zu sichern. Besonders deutlich äußerte sich Innenminister Helmer. Für den Fall, daß die Verhandlungen in Berlin scheiterten, prophezeite er, daß die Koalition weiter funktionieren würde. Bei einem positiven Verlauf der Konferenz würde es aber Neuwahlen und eine ÖVP-VdU-Regierung geben. Raab und die ÖVP würden die Gefahr nicht erkennen, die auf Österreich zukomme, wenn es eine Position ähnlich jener Finnlands wählte.[13]

So war also im Schatten von Berlin einiges deutlich geworden, was zuvor nicht so klar ersichtlich gewesen war, nämlich Ängste und Befürchtungen, was den österreichischen Weg sowohl in einem weiteren Umfeld als auch im Inneren anlangte. Nach dem Ende der Konferenz war wieder einiges klarer; nicht aber weil es eine Lösung gegeben hätte, sondern weil sich am Status quo nichts änderte. Angesichts der Befürchtungen gerade von sozialistischer Seite, aber auch bei den Westmächten, kann jedoch daran gezweifelt werden, ob Figl einen ausreichenden Verhandlungsspielraum gehabt hatte. Er hatte immer wieder in Wien anfragen müssen, und es war letztlich Raab, der dann die Direktiven gab. Man konnte also schon damals zu dem Schluß kommen, daß es nur dann möglich sein würde, wirklich entscheidende Verhandlungen zu führen, wenn jene am Verhandlungstisch saßen, die nicht immer rückfragen mußten. Und das konnten nur Kanzler und Vizekanzler sein.

Österreich wollte in Berlin gewiß kein Alles-oder-nichts-Spiel spielen, doch erstens konnte man von Souveränität wirklich nicht sprechen, wenn es weiterhin Besatzungstruppen gab. Zweitens hatten die Erleichterungen, die Österreich im Verlauf des Jahres 1953 zugestanden worden waren, dazu geführt, daß man leichter warten konnte. Es gab aber noch einen dritten Grund: Die Kontakte mit den Westmächten hatten gezeigt, daß es aussichtslos gewesen wäre, darauf zu hoffen, daß die Westmächte in die Neutralisierung Österreichs bei Aufrechterhaltung von Truppenstationierungen eingewilligt hätten. Im Grunde genommen war die sowjetische Taktik in Berlin auch auf nichts anderes ausgelegt gewesen, als zwar in Gespräche einzutreten, sie jedoch abermals nicht zum Abschluß zu bringen. Und fatalerweise konnte niemand so recht unfroh darüber sein.

Auch die Bundesrepublik Deutschland hatte schon vor der Berliner Konferenz erkennen lassen, daß sie an der Regelung des österreichischen Staatsvertrags nicht vorrangig – wenn überhaupt – interessiert war.[14] Schon im Jänner und dann am Tag bevor die österreichische Regierungsdelegation nach Berlin reiste, war gemunkelt worden, daß sich die Bundesrepublik nicht nur nicht für den Staatsvertrag interessierte, sondern seine Behandlung wie seinen Abschluß als den deutschen Interessen nicht förderlich betrachtete. Gesandter Schöner, der Leiter der österreichischen inoffiziellen Delegation, berichtete schließlich noch aus Berlin, daß die deutsche Bundesregierung Pressevertreter vertraulich in geringschätziger und ablehnender Art über den österreichischen Staatsvertrag informierte. Und von der deutschen Delegation in Berlin war zu hören, daß der Abschluß des Staatsvertrags gar nicht so dringend wäre, solange die deutsche Frage ungeregelt sei. Außerdem wäre es besser, alle europäischen Probleme gemeinsam zu lösen.[15] Wenn man sich schließlich ansieht, was in den USA gedacht worden war, dann kann man wohl pauschaliter sagen, daß zwar die Sowjets das meiste dazu beigetragen haben, daß die Berliner Konferenz in der Österreichfrage keinen greifbaren Fortschritt brachte, daß aber allen – auch einigen in Österreich – die Erleichterung ins Gesicht geschrieben war. Der Vorsitzende der Vereinigten US-Stabschefs, Admiral Arthur W. Radford, hatte noch am 27. Jänner im Hinblick auf die Behandlung der Österreichfrage an Verteidigungsminister Wilson geschrieben, daß die österreichische Regierung bei einem Eingehen auf die sowjetischen Neutralitätswünsche, ohne die Möglichkeit später die Hilfe des Westens in Anspruch zu nehmen, jegliches Anrecht auf westliche Sympathie und Unterstützung verwirkt hätte. Ganz im Gegenteil würde ein militärisches Vakuum in Österreich schwerste Folgen haben. Daher würden auch die Joint Chiefs of Staff dazu raten, nichts zu übereilen und lieber abzuwarten.[16] Abgesehen von diesen wenig ermutigenden Stellungnahmen kam in dem Memorandum Admiral Radfords jedoch abermals klar zum Ausdruck, welche europäische Dimension die Regelung der Österreichfrage haben würde.

Wenn wir einmal davon absehen, daß die Bundesrepublik Deutschland den Abschluß des Staatsvertrags deshalb nicht befürwortete, weil sich daraus unabsehbare Folgen ergeben würden, nannte Radford abermals den NATO-Bereich Mitte, also außer der Bundesrepublik, die Beneluxstaaten und Frankreich, als unmittelbar Betroffene. Er fügte den NATO-Bereich Süd, also vor allem Italien an und ergänzte das mit einem Hinweis auf Jugoslawien. Auf der anderen Seite schnitt Radford das Schicksal Rumäniens und Ungarns an, da die Sowjets ja auf Grund der Friedensverträge mit diesen Ländern dort nur so lange Truppen stationieren durften, als sie damit ihre Nachschublinien nach Österreich sicherten. Das, so meinte der Admiral, würde wohl auch keine Änderung erfahren, wenn der Österreichvertrag unter Dach und Fach gebracht werden könnte. Es wäre jedoch inopportun, die Frage überhaupt aufzuwerfen, da sie nur neue Schwierigkeiten und letztlich keinerlei Erfolg bringen würde. Aber es war abzusehen, daß irgendwann einmal die militärische Einbindung Ostmitteleuropas in den sowjetischen Machtbereich mit Hilfe eines anderen Instrumentariums als mit ausschließlich österreichbedingten Stationierungsverträgen erfolgen würde.

In Österreich war man sich freilich der europäischen Dimension der Probleme nicht oder nur sehr schwach bewußt. Der Durchschnittsbürger interessierte sich natürlich für das Schicksal des Staates; noch mehr aber für den engen Bereich des täglichen Lebens. Daß dabei in Wien und in den Bundesländern mit anderen Maßen gemessen wurde, kann aus den abschließenden Lageberichten für Februar herausgelesen werden, denn die Beamten der Bundespolizeidirektion Wien reagierten auf den Jännerbericht und vor allem auf die in Tirol gemachten Beobachtungen sehr heftig und hielten fest: „Es ist nach der sehr genauen Beobachtung der Stimmung der Bevölkerung auch unrichtig, von einer guten oder gar besten Stimmung der Bevölkerung seit dem Jahr 1945 zu sprechen. Es ist, nüchtern gesehen, in politischer Hinsicht, eine völlige Lethargie, ein Desinteressement an Politik festzustellen." Und zu den kommunistischen Vorwürfen, Österreich hätte in Berlin amerikanische Politik gemacht, merkte der innenpolitische Kommentator sehr deutlich an: „Die Kommunistische Partei Österreichs ist trotz ihrer Bezeichnung keine österreichische Partei und wird nie eine sein. Sie ist eine Landesorganisation der KPdSU und dient nicht österreichischen, sondern sowjetischen Interessen."[17] Im Gegensatz zu den in Wien gemachten Beobachtungen registrierte man in den Bundesländern zwar stellenweise Erbitterung und Depression, konnte aber auf der anderen Seite sogar ein gesteigertes Selbstvertrauen feststellen. Eine weitergehende Reaktion wäre durch das Scheitern in Berlin nicht eingetreten.

Las man dann im zusammenfassenden Lagebericht des Innenministeriums, was die Menschen bewegte, dann ergab sich vollends eine andere Reihung der Probleme, da jene der Außen- und Besatzungspolitik weit hinter die Probleme der Innen- und Wirtschaftspolitik zurücktraten.[18] Zum einen wohl deshalb, weil man abgestumpft war, weil schon zu viele Hoffnungen aufgebaut und wieder zerstört worden waren, weil aus dem Fortbestand der Besetzung keine unmittelbaren Folgen mehr für die Prosperität, aber auch für die Sicherheit des einzelnen abgeleitet wurden. Der Besatzungsalltag war schon längst zu dem geworden, was Kurt Skalnik später das „Besatzungsbiedermeier" nannte,[19] eine Situation, in der man sich der wahren Verhältnisse nicht mehr so recht bewußt war und Gefahren, Mißstände und Unannehmlichkeiten einfach verdrängte.

Was beschäftigte damals die Gemüter? Die Arbeitslosigkeit. Im Februar 1954 zählte man in Österreich 308.000 Arbeitslose. Die Erhöhung der Papierpreise und die Forderungen der Bauarbeiter erregten die Leute, sofern sie sich wegen der Erhöhung der Zigarettenpreise schon beruhigt hatten. Der Prozeß gegen den früheren Wirtschaftsminister Peter Krauland fand nur noch in Ostösterreich Beachtung, wo man ihn als einen Prozeß gegen die Koalition bezeichnete. Krauland, dem strafbare Praktiken bei der Umleitung von Geldern in ÖVP-Kassen vorgeworfen wurden, hatte sich damit zu rechtfertigen versucht, daß er auf ähnlich gelagerte Praktiken der SPÖ hinwies und behauptete, daß ihm wohl wegen der Belastung des Koalitionsklimas von Innenminister Helmer noch vor Prozeßbeginn der Antritt einer Auslandsreise empfohlen worden sei. Der Konflikt zwischen Ärzteschaft und Bundeskrankenkasse war dann noch als des Vermerkens wert empfunden worden. Alles in allem ging man aber sehr rasch wieder zum Besatzungsalltag über.[20]

Genau das war aber das Problem! Denn die Regierung konnte nur dann mit ihrer Politik durchdringen, wenn sie die Unzufriedenheit mit dem Besatzungsregime, wenn sie Zorn und Auflehnung gegen die Besatzungsmächte und insbesondere gegen die Sowjetunion lenkte. Es bedarf daher wenig Phantasie, um festzustellen, wie beide großen Parteien bewußt emotionalisierten und auf eine Verschärfung des Klimas hinarbeiteten. Schon die ersten Interviews, die Figl noch in Berlin gegeben hatte, waren alles andere als zaghaft im Ton. Die Parteipresse konnte sich naturgemäß noch sehr viel mehr auf ein Schwarzweißgemälde beschränken. Im Anschluß an den Bericht Figls vor dem Nationalrat sprachen unter anderen die Abgeordneten Pittermann und Gorbach.[21] Schon während des Berichts von Figl hatte es aber erste Anzeichen dafür gegeben, daß das Scheitern der Berliner Konferenz nicht ganz einfach als ein gemeinsamer Rückschlag empfunden wurde, sondern daß im Zuge der Emotionalisierung auch das Verhältnis der beiden Parteien einer Belastung unterlag. Figl und Gorbach versuchten, trotz der sicherlich nicht nur verbal geäußerten, sondern persönlich tief empfundenen Verbitterung und einer klaren Schuldzuweisung an die Adresse der Sowjetunion, den Fortschritt herauszustreichen. Es wurde die Tatsache gewürdigt, daß Österreich scheinbar gleichberechtigter Verhandlungspartner gewesen war und daß die Behandlung der Österreicher durch die alliierten Außenminister eine solche gewesen sei, daß man sich künftig von einem lokalen Besatzungspotentaten nicht mehr den Befehlston gefallen lassen würde und dergleichen mehr. Pittermann freilich sah die Sache anders und quittierte den Fortschritt lediglich mit Bitternis. Was aber wichtiger war: Er sah in Berlin auch das Scheitern der Raabschen Annäherungspolitik an die Sowjetunion. Pittermann: „Der Verlauf der Berliner Konferenz hat hoffentlich den einzelnen Illusionisten in den Reihen der anderen Parteien gezeigt, daß die rauhe Wirklichkeit anders ist als gewisse Wunschträume. Sowenig Verhandlungen mit den Kommunisten über die

Innenpolitik die Kommunisten von ihren Plänen abbringen, sowenig vermögen Gesten des Entgegenkommens oder der übertriebenen Höflichkeit die Außenpolitik der Sowjetunion zu beeinflussen. Es hat sich erwiesen, daß das Bestehen auf dem österreichischen Recht mehr Eindruck macht als höfliche Danksagungen für bescheidene Gefälligkeiten der Russen." (Beifall bei der SPÖ.) ÖVP und SPÖ brachten zwar noch einen gemeinsamen Entschließungsantrag ein, der dann mehrheitlich verabschiedet wurde, doch es war neuerlich klargeworden, daß die SPÖ und in erster Linie ihr Vorsitzender Adolf Schärf, aber auch Innenminister Helmer und andere den außenpolitischen Kurs Raabs nicht mitmachen wollten. Wie schrieb doch Schärf in seinen bald nach Berlin begonnenen Erinnerungen: „Seit damals [Bürgenstock] verfolgten wir die außenpolitischen Aktivitäten Raabs mit Mißtrauen."

Ganz auf dieser Linie lag auch, daß Sozialisten in Wien eine große Demonstration organisierten, die sich zu einer deutlich antisowjetischen Kundgebung entwickelte. Raab freilich hatte es abgelehnt, daß sich auch die ÖVP daran beteilige, weil daraus eine Kundgebung der Koalition geworden wäre.[22]

Doch auch die ÖVP wollte demonstrieren, daß sie die Sowjets keinesfalls aus der Verantwortung für das Scheitern in Berlin entließ, nur weil diese Konferenz am Ende einer mehr als halbjährigen Annäherungsphase gestanden war. Die ÖVP ließ Plakate affichieren, die im Hintergrund einen Konferenztisch zeigten. Quer darüber geschrieben war „njet". An sich, würde man meinen, keine besonders aufregende Sache. Doch die Sowjets machten daraus eine Staatsaffaire, durch die das Plakat erst seine volle Wirkung erzielte.

Das „Amt des Vertreters des Hochkommissars der UdSSR für Niederösterreich" verlangte vom niederösterreichischen Sicherheitsdirektor die unverzügliche Entfernung der Plakate und machte ihn für die Durchführung dieser Weisung persönlich haftbar.[23]

Sicherheitsdirektor Martin Schobel schaltete die Landesregierung, diese das Innenministerium ein. Von überall kam Gegenweisung: Die Plakate verstießen gegen kein österreichisches Gesetz, also hätten sie zu bleiben. Die Sowjets verstärkten den Druck. Nun machten sie eine Prestigeangelegenheit daraus. Die einzelnen Polizeiwachzimmer und Gendarmerieposten wurden angewiesen, die Plakate zu entfernen. Es wurde mit härtesten Strafen gedroht. Doch die Sowjets hatten fast nirgends Erfolg damit. Die Plakate wurden erst nach Wochen überklebt. Doch auch der Plakatkrieg, der eine einheitliche Abwehrfront gegen die sowjetischen Wünsche erfordert hatte, vermochte nur stellenweise die Sprünge in der Großen Koalition zu kitten.

Anfang März sprach man von einem „eisigen Wind in der Koalition".[24] Es hatte aber eigentlich nicht viel dazu gehört, um dieses kalte „Märzlüfterl" aufkommen zu lassen. Wochenlang, monatelang war immer wieder über Korruptionsaffairen berichtet worden und hagelte es gegenseitige Beschuldigungen. Als dann im Verlauf des Prozesses gegen den früheren Minister für Vermögenssicherung, Peter Krauland, deutlich wurde, daß auch die SPÖ bei der Parteienfinanzierung krumme Wege gegangen war, konnte man fragen, wer mehr schuldig geworden war. Die Koalition erschien plötzlich als eine solche der Nehmer. Das brachte wieder den VdU als die Partei der „Saubermänner" ins Spiel. Auch Wahlen taten das Ihrige, um den Wind eisig werden zu lassen, denn bei den für den 14. März angesetzten Gemeinderatswahlen in Kärnten war es in 155 der 234 Gemeinden zu einer Listenkoppelung von ÖVP und VdU gekommen, was zwar der SPÖ mehr nützte als schadete, doch ihr tiefstes Mißtrauen hervorrief.[25]

Einige Schwierigkeiten hier, ein paar unbedachte Äußerungen da, die Enttäuschung über den Ausgang der Berliner Konferenz auf der einen Seite und ebenso unverhohlene Erleichterung über die Fortdauer der Besetzung anderseits, und plötzlich schien, was im Jänner noch als absurd bezeichnet worden wäre, die Große Koalition in der Krise zu stecken. Wenn man es recht betrachtet, war das aber der Normalzustand. Ja, vielleicht waren die Krisen der eigentliche Motor der Großen Koalition, denn nur der Widerspruch, nur unterschiedliche Auffassungen, die zum Ausgleich zwangen, belebten das tägliche Einerlei. Wichtig war lediglich, daß dann auch immer der Wille zur Verständigung vorhanden war, daß der eine wie der andere bereit war, Abstriche zu machen. Aber mehr als ein Interessenausgleich war für das Zusammenleben „der Zwei" zum einen unnatürlich und zum anderen gar nicht förderlich. Erst im nachhinein schienen manche Perioden von gemeinsamen Auffassungen und einem im Gleichschritt zurückgelegten Weg gekennzeichnet zu sein.

Als Adolf Schärf zum „eisigen Wind" Stellung nahm, wollte er die innenpolitischen Vorgänge nicht überbewertet wissen.[26] Lohnforderungen und Streiks, meinte er, ließen sich nicht gänzlich vermeiden. Immer wieder auch gäbe es Wahlen, die zu Polarisierungen führten. Für ihn lag das Hauptproblem der Koalition im besatzungs- und außenpolitischen Bereich, und er merkte noch im März 1954 an, daß er es nicht verwunden hätte, nur von ausländischen Diplomaten über Raabs und Grubers Vorstoß bei Nehru bzw. in Moskau informiert worden zu sein. Schärf erwähnte in diesem Zusammenhang auch ein interessantes Detail, wonach er von sowjetischer Seite zweimal daraufhin angesprochen worden sei, daß die SPÖ doch eine Minderheitsregierung bilden sollte, die die Unterstützung der Sowjets genießen würde. Schärf hatte entschieden abgewunken. Wann diese Avancen gemacht worden sein sollen, geht aus der Gesprächsnotiz des amerikanischen Gesandten, dem gegenüber Schärf diese Äußerung machte, leider nicht hervor.

Da die Stimmung in der Koalition an einem Tiefpunkt angelangt war, suchte schließlich Raab den Bundespräsidenten zu einem Gespräch unter vier Augen auf und dürfte sich bitter über den politischen Stil der SPÖ beklagt haben.[27] Vieles dürfte dabei angeklungen sein. Die Auseinandersetzungen, die sich an außenpolitischen Fragen entzündet hatten, waren immer mehr auf das innenpolitische Gebiet übertragen worden. Raab wurde wieder als Rabe, als der „Hungerrab" bezeichnet und in einem SPÖ-Plakat als solcher dargestellt.[28] Es wurden ihm persönlich die über 300.000 Arbeitslosen vorgeworfen. Und das, fand Raab, wäre illoyal in einer Koalitionsregierung. Bundespräsident Körner sah ebenfalls die Verschärfung der Auseinandersetzung und wollte sich vermittelnd einschalten. Er bereitete für ein Abendessen, das er den Regierungsmitgliedern und Landeshauptleuten am 16. März gab, eine Rede vor, die dann als „Kapuzinerpredigt" bekannt geworden ist. Ihr Inhalt war dem Kanzler und wohl auch dem Vizekanzler vorher zur Kenntnis gebracht worden und entsprach zunächst nicht den Vorstellungen Raabs. Ganz im Gegenteil hatte der ursprüngliche Text Passagen enthalten, die Raabs Teilnahme an dem Essen in Frage stellten.[29] Doch nachdem die inkriminierenden Stellen entschärft worden waren, las Körner beiden Koalitionsparteien die Leviten.[30] Er erwähnte die von Raab apostrophierte politische Eiszeit und sprach dann vom Geist der Koalition, wobei er sagte: „Zum Wesen einer echten Koalition, oder besser einer Kooperation, gehört es nämlich, daß nicht der eine Partner alle positiven Errungenschaften als sein Verdienst in Anspruch nimmt, weil dann der andere dazu gedrängt wird, die Schuld an dem unvermeidlich Negativen von sich abzuwälzen. Nein! Beide zusammen müssen in den Erfolgen des Fortschritts wie in der Verantwortlichkeit für das Unerfüllte verbunden bleiben, immer wieder muß der Weg zum Ausgleich gefunden werden, immer wieder muß der Wille da sein, den Partner zu verstehen und seine Argumente zu würdigen. Ein starres Nein nützt dem Land ebensowenig wie ein einseitiges Ja . . . die überwältigende Mehrheit unseres Volkes begreift die Notwendigkeit sachlicher Diskussion, aber sie findet keinen Geschmack an einer Polemik, die in das Persönliche und Beleidigende abirrt."

Die Kapuzinerpredigt war aber nicht imstande, die Sprünge in der Koalition zu kitten und eine Klimaverbesserung herbeizuführen, denn auch noch so berechtigte Vorwürfe des Bundespräsidenten über den politischen Stil konnten nichts daran ändern, daß nicht zuletzt wegen der im Herbst stattfindenden Wahlen die Konfrontation gesucht wurde. Zu der Verschärfung der Auseinandersetzung trug auch der Zerfall des Verbandes der Unabhängigen bei, denn hier wurden ja potentielle Wähler frei, die es zu gewinnen galt.

Bis zum Frühjahr 1954 war klar geworden, daß der VdU in seiner alten Form nicht mehr weiterbestehen würde. Der Gründer des VdU, Kraus, scharte kaum mehr ein Drittel seiner Parteianhänger um sich. Der Schriftsteller Fritz Stüber, der einen betont deutschnationalen Kurs steuerte und aus dem VdU ausgetreten war, sammelte zumindest für einige Zeit mehr Anhänger um sich als bei Kraus verblieben, und ein letztes Drittel strebte eine neue Parteigründung an. Wie sehr auf diese Veränderungen reagiert wurde und welches neuerliche Werben um das nationale und liberale Lager einsetzte, zeigten wohl am besten zwei Prozesse im Jänner 1954, die gegen VdU-Funktionäre geführt wurden, die der Korruption angeklagt waren. Die VdU-Presse schlug schärfste Töne an, während die Parteipresse von ÖVP und SPÖ denkbar zart mit den Angeklagten umging.[31] Und dabei wurde wieder nur der eigene Vorteil bedacht.

Die Differenzen über den weiteren außenpolitischen Weg, die wirtschaftliche Situation, die durch eine erstmals seit Bestehen der Republik aktive Handels- und Zahlungsbilanz, aber auch durch eine hohe Arbeitslosenzahl gekennzeichnet war und zu Umverteilungsfragen führte, die innenpolitische Polarisierung und das Werben um die durch den Zerfall des VdU frei werdenden Wählerschichten trugen somit allesamt nicht dazu bei, die Einheit der Koalitionsparteien wieder herzustellen. Was jedoch dem Bundespräsidenten nicht gelungen war, erreichte der sowjetische Hochkommissar mühelos.

Die Russen hatten sich nach dem Ende der Berliner Konferenz zunächst einmal zurückgehalten. Lediglich in der Plakataffaire waren sie vorgeprescht und hatten sich als Kontrahenten exponiert. Sie wollten nicht als die allein Schuldigen dastehen. Auf die anderen Versuche zur Emotionalisierung hatten sie aber wieder kaum reagiert. Die Sowjets versuchten vielmehr, den Westen als den für das Scheitern in

Berlin Schuldigen hinzustellen. Doch da die Sowjets zwar bei der Deutschlandfrage wie auch bei jener der europäischen Sicherheit, nicht aber im Falle Österreichs auf die Ablehnung des Westens hinweisen konnten, überzeugte ihre Argumentation nicht. Nun begann die Emotionalisierung aber erst so richtig.

Die Gründe dafür lagen zum einen in der Enttäuschung und Ernüchterung, zudem aber in einer gewissen Überreaktion, bei der ein bereits museumsreif geglaubtes Feindbild, der „häßliche Russe", wieder aufgestellt wurde. Eine der Maßnahmen, die von den Sowjets – und von sonst niemandem – als Signal verstanden werden mußte, war z. B. die Weisung der Bundesregierung zum 13. April 1954, daß die öffentlichen Gebäude Wiens nicht mehr zu beflaggen seien. Der 13. April war der Jahrestag der Einnahme der Stadt durch die Sowjets 1945 und war acht Jahre hindurch mit Gepränge begangen worden. Nun aber, hieß es in der amtlichen Aussendung, läge kein Grund mehr vor, mehr zu tun, als der Opfer der Schlacht um Wien zu gedenken.[32] Zu dieser von der Großen Koalition gemeinsam gesetzten Maßnahme kamen dann solche der Parteien, wie die SPÖ-Demonstration und das ÖVP-Plakat. Die Sowjets blieben noch immer vergleichsweise ruhig.

Doch auch bei ihnen waren die Freundlichkeiten wie weggewischt. Bis dann im Mai, also in einem Monat, in dem die Sowjets nicht mehr die Vorsitzenden in der Alliierten Kommission stellten und insbesondere nicht den Vorsitzenden des Alliierten Rates, Botschafter Il'ičev scheinbar unvermittelt heftige Angriffe gegen Österreich richtete. Es entsprach einer langjährigen sowjetischen Praxis, immer dann, wenn die Russen die Vorsitzenden stellten, für ein möglichst gutes Klima in den alliierten Gremien zu sorgen. Es wurde daher der Mai gewählt und Il'ičev, der gewiß über entsprechende Richtlinien des Kreml verfügte, demonstrierte die Möglichkeit eines Rückfalls in die stalinistische Zeit. Es war also durchaus nicht das eingetreten, was Figl noch am 24. Februar als unmöglich bezeichnet hatte, daß nämlich eine lokale sowjetische Größe den Gesprächsstil und die Höflichkeit Molotovs während der Berliner Konferenz außer acht lassen könnte. Hochkommissar Il'ičev legte zunächst im Alliierten Rat los.[33] Die Schärfe seiner Wortmeldung ließ aufhorchen: Die österreichische Regierung dulde und unterstütze faschistische und militaristische Organisationen, die eine intensive Anschlußpropaganda betrieben. Damit sei klar erwiesen, wer die Schuld am Scheitern der Staatsvertragsverhandlungen hätte. Der sowjetische Außenminister hätte nicht von ungefähr in Berlin auf die Anschlußgefahr hingewiesen. Nun lägen die Beweise offen, und Österreich hätte sich die Folgen seiner antisowjetischen Politik selbst zuzuschreiben. Düstere Aussichten also für die Zukunft. Von den „Russischen Wochen" blieb nur noch der Ausverkauf.

Die Begleitmusik zu dieser Anschuldigung des sowjetischen Hochkommissars war zweifacher Art: Die kommunistische Presse startete eine Kampagne, in der die neue Anschlußgefahr beschworen wurde. Dabei wurde jedoch schon nuanciert und nicht eine einfache Angliederung Österreichs an die Bundesrepublik als Möglichkeit skizziert. Vielmehr wurden die wirtschaftlichen Verflechtungen Österreichs mit Deutschland und die österreichischen Bestrebungen, Eingang in die sich gerade herausbildenden europäischen Institutionen zu finden, verurteilt.[34] Die Angriffe richteten sich besonders gegen sozialistische Politiker, etwa Karl Czernetz, der ein

„europäisches Bewußtsein" gefordert hatte. Der Vorsitzende der SPÖ, Schärf, habe auf einem Sozialistenkongreß in Brüssel für die Schaffung der europäischen Verteidigungsgemeinschaft (EVG) gestimmt. Warum, so wurde er gefragt, habe er das getan, wenn Österreich doch angeblich selbst nicht den Anschluß und die Aufnahme in die EVG wolle? Nach Zusammentritt des neuen Nationalrates sei 1953 kein außenpolitischer Parlamentsausschuß gewählt worden, sondern ein „Europaausschuß", dessen Vorsitzender, Bruno Pittermann, sich nicht mehr damit begnügen wollte, daß Österreich lediglich Beobachterstatus beim Europarat hatte. Pittermann wollte geprüft wissen, ob Österreich nicht Vollmitglied des Europarates werden könne. Österreich sollte also durch diese und ähnliche Machenschaften „Schritt für Schritt in die Organisation des amerikanischen Militärblocks in Westeuropa" eingegliedert werden, wie wenig später der Grazer Professor Karl Brandweiner in seiner Broschüre „Die Anschlußgefahr" schrieb.[35]

Begleitmusik machten aber auch die Sowjets selbst. Am 17. Mai 1954 rief Il'ičev Raab und Schärf ins Hotel Imperial. Der sowjetische Hochkommissar war flankiert von seinen beiden Stellvertretern, S. M. Kudrjavcev und Viktor M. Kraskevič. Die Atmosphäre war so deutlich frostig, daß man auf das Nachfolgende schon vorbereitet war. Il'ičev las Raab eine lange Note vor, in der schwerste Anschuldigungen enthalten waren.[36] Österreich hätte sich direkter Angriffe auf die sowjetische Besatzungsmacht schuldig gemacht. Die Zeitungen berichteten haßerfüllt. Feindliche und subversive Aktionen würden geduldet. Der Innenminister unterstützte den Schmuggel von militaristischer und antisowjetischer Literatur in die sowjetische Zone und lohne damit auf schlechteste Weise die Aufhebung der Zonenkontrolle und der Zensur. Die Instruktion Innenminister Helmers, wonach die Polizei das „Njet"-Plakat über die Berliner Konferenz nicht entfernen sollte, sei ein illegaler Akt gewesen. Schließlich wurde in ausgesprochen drohendem Ton ausgeführt: „Die sowjetischen Besatzungsbehörden, die Funktionen erfüllen, die sich aus dem Kontrollabkommen sowie anderen Abkommen aller vier Besatzungsmächte herleiten, und die mit der Kontrolle der Tätigkeit der österreichischen Zentralverwaltung sowie jener der lokalen Behörden befaßt sind, werden nachhaltigst jeden Versuch – und käme er auch von Vertretern der österreichischen Bundesregierung – verhindern, durch den die genannten Abkommen verletzt werden sollten." Wenn die österreichischen Behörden nicht sofort einlenkten, würde die sowjetische Besatzungsmacht alle notwendigen Maßnahmen ergreifen. Il'ičev weigerte sich anschließend, Raab die Note auszuhändigen. Er weigerte sich außerdem, irgendein auch noch so nebensächliches Thema zu besprechen.[37] Die Vorladung war zu Ende. Am nächsten Tag wurde der gesamte Wortlaut der Demarche von der sowjetischen Nachrichtenagentur TASS verlautbart. Das war eine regelrechte Ohrfeige, da Kanzler und Vizekanzler in der Zeitung nachlesen mußten, was ihnen der sowjetische Botschafter und Hochkommissar zu sagen gehabt hatte.

Schon tags darauf befaßte sich das österreichische Kabinett mit den Anschuldigungen und ließ dabei vollste Einmütigkeit erkennen. Am 19. Mai wurde dann das Parlament damit beschäftigt.[38] – Über den Wortlaut der Erklärungen und Meldungen sind wir vollständig informiert. Da jedoch in den Anschuldigungen Il'ičevs nichts gesagt worden war, was einigermaßen konkret gewesen wäre, da auch nichts gesagt worden war, woraus man schließen konnte, wie diese Beschuldigungen, die sich ausdrücklich auf die Zeit nach Berlin bezogen, in den Kontext der sowjetischen Politik paßten, war es verständlich, daß man auf österreichischer Seite etwas die Orientierung verlor. Als sich dann wieder Zwischenfälle mit sowjetischen Besatzungssoldaten häuften, als es abermals Tote gab und die Sowjets im Juni wieder damit begannen, stichprobenartig Kontrollen des Fahrzeug- und Personenverkehrs an den Demarkationslinien durchzuführen, da hatte es den Anschein, die Periode vom Frühjahr 1953 bis Ende Frühjahr 1954 wäre nur eine Episode gewesen.

In irgendeiner Weise waren jedoch die „Großkoalitionäre" wie die Sowjets Gefangene eines politischen Rituals. Denn es konnte gar nicht ausbleiben, daß sich die Sowjets in dem Augenblick, als die Emotionalisierung in Österreich so weit ging, daß massiv Front gegen die Russen gemacht wurde, zur Wehr setzten. Daß sie das in recht ungeschickter Weise taten, machte für sie die Situation allerdings nicht viel besser. Die Anschuldigungen wegen eines drohenden Anschlusses und wegen einiger Veteranentreffen waren einfach keine glaubwürdigen Argumente. Noch dazu, da die Sache nicht mehr aktuell war, nachdem Bundeskanzler Raab sich schon Anfang Mai durchgesetzt hatte und erreichte, daß die größte geplante Veranstaltung, ein Kameradschaftstreffen in Wien, abgesagt wurde. Innenminister Helmer ging daraufhin noch weiter und verbot kurzerhand eine Veranstaltung in Graz. Das einzige, was für diese Art der sowjetischen Propaganda sprach, war die Tatsache, daß auf diese Weise Gründe für die Vorgangsweise Außenminister Molotovs in Berlin nachgereicht wurden. Zur Erklärung der plötzlich wieder harten sowjetischen Haltung wird jedoch auch die Führungssituation im Kreml mit den noch nicht ausgetragenen Diadochenkämpfen herangezogen werden können. Molotov zählte ja dabei der stalinistischen Gruppe zu. Schließlich gab es noch eine Geheimdienstaffaire, die wahrscheinlich beträchtliche Auswirkungen auf die sowjetische Haltung hatte. Ein hoher sowjetischer Geheimdienstoffizier, Oberst Nikolaj Chochlov, war in den Westen abgesprungen und hatte mit ungeheuren Enthüllungen für Aufregung gesorgt.[39] Unangenehmerweise aber war Chochlov mit einem in St. Pölten ausgestellten Reisepaß in den Westen gelangt.

Nach neun Jahren Besetzung mußte Österreich abermals zur Kenntnis nehmen, daß es auf unbestimmte Zeit ein halbsouveräner Staat bleiben würde und daß die höchste Autorität nach wie vor vier Hochkommissare waren. Unter diesem Eindruck festigte sich die aus der Not geborene Große Koalition wieder. An ihrer Berechtigung, ja mehr noch an ihrer Notwendigkeit konnte es nunmehr wieder keinen Zweifel geben. Dies war nach innen wie nach außen von Bedeutung. Die Zusammenarbeit der beiden Großparteien, deren von den Sowjets ja mitgelegte Wurzel sie als unzweifelhaft demokratisch erscheinen ließen, war wie nichts anderes geeignet, zu demonstrieren, daß Österreich den Nationalsozialismus überwunden hatte. Auf das Konto der Großen Koalition gingen Erfolge, die nichts Gleichartiges in irgendeinem anderen Staat hatten. Österreich war nicht wie Deutschland geteilt worden, es hatte einen enormen wirtschaftlichen Aufschwung genommen, und es konnte durchaus glaubhaft gemacht werden, daß alles das von keiner anders zusammengesetzten Regierung erreicht worden wäre. Die Kehrseite der Medaille, der Preis gewissermaßen, war freilich auch zu zahlen. Keine Partei hatte ihr Konzept rein durchgebracht. Beide waren geneigt, ja gezwungen, mit Rücksicht auf große Wählerschichten Konzessionen zu machen. Der politische, aber auch der wirtschaftliche Einfluß war proporzmäßig aufgeteilt worden, und es zählte selten das Verdienst, mehr die Parteizugehörigkeit. Das stieß ab und schloß aus.

Jahrelang hatten es die Maßnahmen der Bundesregierung und der Landesregierungen sowie eine bewußt herbeigeführte Vereinheitlichung der Lasten und Sorgen vermocht, den Loslösungsprozeß von Ost- und Westösterreich zu verhindern. Da jedoch jeder Rückschlag in gemeinschaftlich vorgebrachten Anliegen eines Staates ein Quentchen Politikverdrossenheit mit sich bringt, war auch im Frühjahr 1954 ein Zunehmen der zentrifugalen Kräfte zu verzeichnen. Dazu gesellte sich eine neue Politikverdrossenheit, die nichts mehr mit jener des Jahres 1945 zu tun hatte, sondern andere und frische Ursachen hatte. Es war nicht das Interesse an der Politik generell geschwunden, wohl aber breitete sich Skepsis gegenüber der Arbeit der Parlamentarier aus. Schon im März 1954 mehrten sich die Stellungnahmen prominenter Parlamentarier, die von den Problemen des Parlamentarismus und vom schlechten Verhältnis zwischen Parlament und Verwaltung sprachen sowie die Ohnmacht des Parlaments gerade im Zeichen der Großen Koalition herausstrichen.[40] Es wurde ein allgemeines Unbehagen skizziert. Dazu kam noch als letztes, daß es in Zeiten wirtschaftlichen Aufstiegs und wachsenden Wohlstands kein sehr ausgeprägtes und vor allem auch kaum zu steigerndes Interesse für politische Fragen gibt. Das führt dazu, daß man zwar nach Führungspersönlichkeiten sucht, von ihnen aber meist nicht mehr als die Absicherung der momentanen Verhältnisse und die Fortsetzung des wirtschaftlichen Aufstiegs und die Vermehrung des Wohlstands fordert. Die persönliche Anteilnahme am Politischen ist damit aber in der Regel beendet.

Neben allen Problemen, die ein derartiges Verhalten nach sich zog, hatte aber gerade der auch von Wirtschafts- und Finanzfachleuten als „unerwartet, ja erstaunlich“ qualifizierte Aufstieg Österreichs eine weitere Auswirkung: Die Frage nach der Lebensfähigkeit Österreichs erschien in einem neuen Licht. Nach dem Wiedererstehen der Republik und auch in den Jahren danach war zwar die Absicht vorhanden gewesen, den neuen alten Staat irgendwie vorwärtszubringen und seine Existenz zu sichern. Das konnte allerdings nicht verhindern, daß gerade die wirtschaftliche Überlebensfähigkeit nicht hoch eingestuft wurde. In den ersten Jahren verstummten die Stimmen nicht, die an der Lebensfähigkeit Österreichs zweifelten. Es war daher ein entscheidender Moment gewesen, als im Sommer 1953 die direkte ERP-Hilfe aufhörte und Österreich erstmals beweisen mußte, daß es auf eigenen Füßen stehen konnte. Der Erfolg schien für sich zu sprechen und stattete alle jene, die sich diesen Erfolg zuschreiben zu können glaubten, mit einem erhöhten Selbstgefühl aus. Es ist erstaunlich, daß nicht einmal die hohen Arbeitslosenzahlen 1954 nennenswerte Unruhe mit sich brachten oder den Glauben an die Zukunft erschütterten. Die „Stabilisierungskrise“ hatte ja nicht sehr viel weniger Arbeitslose im Gefolge als die späten zwanziger und die ersten dreißiger Jahre unseres Jahrhunderts. Anfang der fünfziger Jahre wurden aber alle – und das auch mit Recht – von der Hoffnung aufrechterhalten, daß es eine rasche Wendung zum Besseren geben würde. Was 1954 einsetzte, das war lediglich der Kampf um den Anteil am rasch wachsenden Sozialprodukt. Es hatte aber sicherlich einige Bedeutung, wenn gerade ein Mann wie

Viktor Kienböck, der die Stabilisierung der Währung in der Ersten Republik und eine Neuordnung der Wirtschaft versucht hatte, davon sprach, daß die Lebensfähigkeit Österreichs in einem neuen Licht erschien.[41] Dieses gesteigerte Selbstgefühl und die kaum mehr beeinträchtigte Normalität im täglichen Leben kennzeichneten die letzten eineinhalb Besatzungsjahre. Und schließlich wurden gerade dieses Selbstgefühl und die Normalität im Kampf gegen die Besetzung eingesetzt und damit verhindert, daß der Loslösungsprozeß unkontrolliert voranging.

Das Scheitern in Berlin hatte natürlich auch zur Folge, daß man darüber nachdenken mußte, ob der von Raab eingeschlagene Weg der richtige war. Er selbst war von seiner Richtigkeit zwar weiterhin überzeugt und widersetzte sich vehement dem sozialistischen Drängen auf einen raschen Beitritt Österreichs als Vollmitglied des Europarates. Die diesbezügliche – und schon erwähnte – parlamentarische Initiative wurde zwar in der Regierung beraten, scheiterte aber am strikten Einspruch Raabs.[42] Einstimmigkeit war in der Frage sicherlich nicht zu erzielen. Also wurde die Behandlung der Frage abgesetzt. Raab wollte also auch weiterhin nichts unternehmen, um das Gesprächs- und Verhandlungsklima mit den Russen ernstlich zu gefährden. Dabei stand ihm aber die bittere Enttäuschung über das Scheitern in Berlin wochenlang buchstäblich ins Gesicht geschrieben. Möglicherweise wurde Raab seine Haltung dadurch erleichtert, daß er weiterhin aus Wirtschaftskreisen deutliche Zeichen erhielt, daß man auch dort nicht bereit war, so schnell die Flinte ins Korn zu werfen. Die Erschließung der Ostmärkte schien doch noch einiger zusätzlicher Anstrengungen wert. In dieser Auffassung ließen sich letztlich die Wirtschaftstreibenden genausowenig beirren wie Raab selbst, und dies, obwohl sich auch in der ÖVP eine Gruppe formierte, die Raabs Ostpolitik ablehnte. Zu dieser Gruppe gehörten vor allem Staatssekretär Graf sowie die Herausgeber der katholischen Wochenzeitung „Die Furche“, die Abgeordneten Barthold Stürkgh und Dr. Franz Gschnitzer. Sie wollten, wie auch etliche prominente Sozialisten – man denke nur an Pittermann –, eine sofortige und stärkere Zuwendung zum Westen und erst danach wieder Verhandlungen mit den Sowjets.[43]

Die Haltung der ÖVP und vor allem Raabs war daher nach wie vor geeignet, nicht unbedeutende Vorbehalte zu wecken, und insbesondere in den amerikanischen Dokumenten spürt man Skepsis auf der einen und Sympathie für den antisowjetischen Kurs der SPÖ auf der anderen Seite heraus. Allerdings dürfte das Büro des amerikanischen Hochkommissars manche Dinge zu einfach gesehen haben. So dann, wenn die sozialistische Haltung und die deutlich gemachten Sympathien für eine rasche und möglichst vollständige Bindung an, ja Einbindung in den Westen so verstanden wurde, daß die Sozialisten in jedem Vorstoß der Sowjets in Österreich einen casus belli und einen direkten Angriff auf die NATO sahen. Der sozialistische Antisowjetismus drückte sich zwar darin aus, daß es ein Parteivorstandsbeschluß Funktionären und Regierungsmitgliedern untersagte, Reisen – auch offizielle – in die Sowjetunion zu unternehmen.[44] Dieses Verbot bezog sich allerdings nicht nur auf die Außenpolitik, sondern insbesondere auch auf die Innenpolitik, denn mit einer ablehnenden Haltung den Sowjets gegenüber ließen sich quer durch Österreich immer noch Stimmen gewinnen.

Bei der Beurteilung der Parteienhaltung, der Situation der Großen Koalition und der Situation im Gefolge der Berliner Konferenz war auch zu fragen, welche Überlegungen die Besatzungsmächte in den Raum stellten, um allen denkbaren Eventualitäten zu begegnen. Die amerikanische Botschaft in Wien schätzte die Situation folgendermaßen ein:[45]

Die *Sowjets* würden unter Umständen geneigt sein, die Schrauben wieder fest anzuziehen. Auf der anderen Seite sollten sie nach wie vor keine wie immer geartete Neigung haben, eine Teilung Österreichs herbeizuführen.

Briten und Franzosen tendierten dazu, still zu halten und alles zu vermeiden, was die Sowjets provozieren konnte. Sie würden auch nicht sehr nachhaltig gegen die Sowjets und für Österreich Partei ergreifen und verfolgten auch die Annäherung Österreichs an das sich einigende Westeuropa mit Reserviertheit. Briten und Franzosen würden auch keine weiteren militärischen Anstrengungen Österreichs vor Abschluß des Staatsvertrags gutheißen.

Die *Amerikaner* selbst hätten drei Möglichkeiten:

a) dem britisch-französischen Standpunkt beizutreten und nichts verändern zu wollen. Insbesondere würde das auch zur Voraussetzung haben, daß man das Kontrollabkommen als sakrosankt ansehe;

b) in Verhandlungen mit den Sowjets über Besatzungserleichterungen einzutreten. Schließlich könnte man noch

c) versuchen, die Sowjets mit friedlichen Mitteln aus Österreich hinauszudrängen. Im Zusammenhang mit letzterem wurden Überlegungen angestellt, die nicht ohne Witz waren.

Die Amerikaner zogen eine Charmeoffensive gegenüber den Sowjets in Betracht. Vor allem die Rotarmisten sollten durch intensive Freundlichkeiten und jegliche Form westlicher bzw. österreichischer Dekadenz dazu gebracht werden, daß sie desertierten bzw. einfach militärisch nicht mehr führbar waren. Die Amerikaner meinten, man könnte das noch durch eine gezielte Finanzhilfe an Österreich unterstützen. Damit sollte die Ostzone in jeder Weise attraktiv zu machen gesucht werden, so daß den Rotarmisten der Unterschied zur Armseligkeit von „Mütterchen Rußland" geradezu ins Auge springen mußte. Wiener Neustadt z. B. sei eine noch so zerstörte und armselige Stadt, daß die sowjetischen Soldaten keinen Unterschied zu ihrer Heimat sehen könnten. Was aber, wenn Wiener Neustadt so ausgebaut würde und so attraktiv wäre wie Salzburg? Könnten die Sowjets diesen Reizen widerstehen? – Der Verfasser des Memorandums hatte offenbar den Film „1. April 2000" gesehen. Viel realistischer, wenngleich charmeloser, war ein anderer amerikanischer Vorschlag, der darauf hinauslief, den Sowjets ihren Aufenthalt in Österreich dadurch zu vermiesen, daß man zusätzliche amerikanische Truppen nach Österreich brachte und auch die Briten wieder zu mehr militärischem Engagement in Österreich animierte.

Am sinnvollsten schien es jedoch der amerikanischen Botschaft, eine Kombination aller vorgeschlagenen Maßnahmen vorzunehmen und sich dabei insbesondere auf die Erhaltung des Zustands der Vorjahre, auf die Einhaltung des Kontrollabkommens bei gleichzeitiger Bloßstellung sowjetischer Verstöße dagegen, auf den Ausbau der B-Gendarmerie und des „Aufgebots" sowie auf die Förderung der österreichischen Bestrebungen nach Anschluß an das westliche Europa, ausgenommen dessen militärischen Zusammenschluß, zu konzentrieren. Alles das setzte natürlich auch ein gewisses Maß an österreichischer Mitwirkung voraus. Und dabei gab es mehrere Probleme. Beim weiteren Ausbau der B-Gendarmerie machten die Österreicher Schwierigkeiten. Raab und Schärf hatten schon 1953 Ausreden gebraucht, um nicht zusätzliche finanzielle Lasten der B-Gendarmerie übernehmen zu müssen. Sie fanden auch keinen Gefallen daran, daß die B-Gendarmen an schweren Waffen ausgebildet würden.[46] Hier bestand volle Übereinstimmung zwischen den Koalitionsparteien. Für den Fall, daß die Verhärtung so weit gehen sollte, daß auf seiten der sowjetischen Besatzungsbehörden gezielte Maßnahmen gesetzt würden, um wieder auf den Zustand vor dem Mai 1953 zurückzufallen, ja noch eine Verschärfung und regelrechte Sowjetisierung Ostösterreichs zu versuchen, spielte in den amerikanischen Überlegungen abermals der Zusammenhalt der beiden Großparteien eine besondere Rolle. Nur die Geschlossenheit der beiden großen politischen Lager ließ den Erfolg von Maßnahmen, wie aktiven und passiven Widerstand, erwarten. Nur die Geschlossenheit der Großen Koalition konnte ein „Auseinanderdividieren" Österreichs verhindern. Nur die Geschlossenheit der Großen Koaliton ließ auch erwarten, daß die unter Umständen notwendigen zusätzlichen Lasten auch getragen wurden. Die Amerikaner überlegten wiederum im Detail die Vorbereitungen, die im Falle einer Blockade Wiens zu treffen waren, und es ist auffällig, wie sehr in diesen Überlegungen das Militär eine immer größere Rolle zu spielen begann. Ganz klar wurde auch zum Ausdruck gebracht, daß die Amerikaner beabsichtigten, den Sowjets zu signalisieren, sie würden in Wien und Österreich nicht anders reagieren als in Berlin und Korea.

Eines schätzen die Amerikaner jedoch als unvermeidlich ein: Sollte es wider Erwarten doch eine sowjetische Verhandlungsbereitschaft geben, würden die österreichischen Verantwortlichen aus deutlicher Enttäuschung über die fruchtlosen Verhandlungen der „großen Vier" einer sowjetischen Einladung zu bilateralen Verhandlungen sofort folgen. Sollte dies auf der Basis der Berliner Gespräche geschehen, so müßten zumindest eine Reihe von Modifikationen überlegt werden, ehe die Amerikaner dem Vertrag zustimmen wollten: Anders als es die Sowjets vorgeschlagen hatten, sollten nicht nur außerhalb von Wien, sondern auch in der „geteilten Stadt" symbolische Kontingente der Besatzungsmächte verbleiben. Für die restlichen Truppen müßte es ein Sonderabkommen geben, das vertraglich fixiere, daß sie sich nicht in österreichische Angelegenheiten einmischten. Auf jeden Fall aber wären im Tausch gegen diese Zugeständnisse solche der Sowjets bei der Ablöse des Deutschen Eigentums erforderlich. Die Alternativen waren also ausgearbeitet und abrufbereit.

Mit dem Rückschlag, ja Rückfall in die finsterste Besatzungszeit war gewissermaßen einem Stereotyp gefolgt worden, das das Dezennium von 1945 bis 1955 kennzeichnete. Es war ein dialektischer Prozeß, der sich da abwickelte. Diesem Stereotyp entsprach es durchaus, daß schon im März 1954 auch auf österreichischer Seite damit begonnen wurde, intensiv an Überlegungen zu basteln, wie der Rückschlag ausgeglichen und vor allem eine weitere Milderung des Besatzungsregimes erreicht werden konnte. Aber es war nicht leicht, diese Sache anzugehen. Irgend jemand (wir wissen nicht wer) bemühte sich daher, einen Diplomaten als Testperson zu gewinnen, und wählte dazu den neuen schwedischen Gesandten in Wien, Sven Allard, aus.[47] Allard, der vorher in Prag und Budapest akkreditiert gewesen war, mußte sich Mitte März, ehe er seine Tätigkeit in Österreich aufnehmen konnte, dem Alliierten Rat vorstellen. Ihm wurde nun vorgeschlagen, den Termin beim Alliierten Rat nicht wahrzunehmen, um einen Präzedenzfall zu schaffen. Es entsprach dies ungefähr einem schon früher gemachten Vorschlag Oskar Helmers, ab einem bestimmten Tag einfach so zu tun, als ob es keine Alliierten mehr in Österreich gäbe.

Doch Allard konnte und wollte sich zu diesem Vorgehen nicht hergeben, da er ja richtigerweise von der Auffassung ausging, er hätte in Wien die schwedische Regierung und nicht österreichische Interessen zu vertreten. Es wäre denkbar – leider schweigt sich Allard darüber aus –, daß der ihm gemachte Vorschlag von sozialistischer Seite gekommen war, denn allmählich kristallisierten sich die Grundlinien in den außen- und besatzungspolitischen Konzeptionen der beiden großen politischen Lager immer deutlicher heraus. Während die ÖVP, die ja mehr Grund hatte, das Berliner Scheitern als einen Rückschlag zu empfinden, doch im großen und ganzen die eingeschlagene Linie beibehalten wollte, also grundsätzlich an der neutralistischen bis neutralen Konzeption festhalten und auch die Sowjets nicht herausfordern wollte, richtete die SPÖ ihre außen- und besatzungspolitischen Maßnahmen auf die Verstärkung der Europapolitik, auf die überdeutliche Verurteilung der Russen und auf die Grundsätze des gewaltlosen Widerstandes aus. Was in sozialistischen Kreisen gedacht wurde, orientierte sich auf andere Weise an Indien, dort nämlich, wo es galt, den passiven Widerstand Mahatma Gandhis als Vorbild zu nehmen. Über die mögliche Wirkung konnten freilich keine konkreten Aussagen gemacht werden. Doch in jedem Fall ließ sich spekulieren. Oscar Pollak meinte dazu 1954 im Märzheft der „Zukunft“: Was könnte eine Besatzungsmacht tun, wenn ein vom Parlament verfassungsmäßig beschlossenes Gesetz „nicht mehr dem Alliierten Rat vorgelegt, sondern einfach ordnungsgemäß kundgemacht“ würde? Mehr als papierenen Protest könnten die Alliierten auch nicht erheben. Was würde geschehen, ginge Österreich den indischen Weg und kämpfte es mit den Formen des zivilen Ungehorsams gegen die Besetzung an? Pollak verwarf diesen Weg zwar wieder teilweise, da er sich den Unterschied zwischen britischen Gefängnissen und sowjetischen Anstalten ähnlichen Typs vor Augen hielt. Doch die von Pollak angestellten Überlegungen hatten zweifellos einige Tragfähigkeit. Daß sie sich zum geringsten gegen den Westen richten sollten, lag auf der Hand. Ebenso hatten andere Vorschläge, die im Verlauf dieser Diskussion gemacht wurden, nicht den Westen zum Adressaten, wie z. B. die Anrufung des Weltsicherheitsrats (welchen Erfolg man sich davon versprach, ist nicht klar) oder die Anrufung des Haager Internationalen Gerichtshofs. Besonders nachdrücklich wurde vorgeschlagen, gegen die Verkaufsläden der USIA vorzugehen und systematisch deren Verstöße gegen die Zoll- und Verbrauchssteuerverordnungen zu ahnden. Die 186 USIA-Läden (Stand Jänner 1954) boten z. B. ostdeutsche Fahrräder zu einem niedrigeren Preis an, als nur der österreichische Zoll ausgemacht hätte, der auf Fahrräder aufgeschlagen werden sollte. Oder aber: 20 bulgarische Zigaretten wurden in den USIA-Läden um 2,50 Schilling angeboten, während etwa die gleiche Qualität österreichischer Zigaretten 7 Schilling kostete.[48]

Was auffällt ist, daß es Raab weiterhin vermied, den russischen Bären in den

Schwanzstummel zu zwicken. Er hatte es zwar verstanden, daß seine engsten Mitarbeiter gleichsam Dampf abgelassen hatten. Raab war auch sicherlich damit einverstanden, daß an alternativen Konzepten gearbeitet wurde, mit denen weitere Erleichterungen des Besatzungsstatuts erwirkt werden sollten. Aber an der Grundlinie wollte er zweifellos festhalten. Dasselbe meinte auch Außenminister Figl, der Mitte Mai die Grundzüge der österreichischen Außenpolitik einem amerikanischen Korrespondenten damit umriß, daß er sagt: „Nach wie vor bleibt unser Hauptziel die Erreichung des Staatsvertrages ... Bis zu diesem Zeitpunkt bleibt uns nur der Versuch, das Besatzungsregime so weit wie möglich zu erleichtern, um unseren Bürgern die Zwischenzeit so erträglich wie möglich zu gestalten."[49] Was hier angedeutet wurde, kann als das letzte große Intermezzo vor dem Staatsvertrag bezeichnet werden. Es war der Versuch, für Österreich ein drittes Kontrollabkommen zu erhalten.[50]

Das Erste Kontrollabkommen für Österreich hatte noch die Europäische Beratende Kommission in London am 4. Juli 1945 verabschiedet. Das Zweite Kontrollabkommen, das von den alliierten Militärkommissaren ausgehandelt worden war, trug das Datum 28. Juni 1946. Es sollte sechs Monate in Geltung bleiben, wurde aber ein dauerhaftes Provisorium. Schon 1949 und 1950 hatte es konkrete und mehrheitlich von Amerikanern angestellte Überlegungen gegeben, ob man nicht ein weiteres Kontrollabkommen für Österreich ausarbeiten sollte. Die damit zusammenhängenden Vorstöße waren von Österreich nicht ausschließlich positiv gewertet worden, und die Zustimmung zu dergleichen Vorüberlegungen kam lediglich halbherzig und hatte keine österreichische Mitwirkung zur Folge. Am 4. Februar 1952 fand sich dann im Konferenzraum der amerikanischen Botschaft in Wien eine Expertengruppe der drei westlichen Besatzungsmächte zusammen, um die Möglichkeiten eines neuen Abkommens zu besprechen. Dabei wurde nur zu augenfällig, daß die britischen und französischen Verantwortlichen nicht mitziehen wollten. Sie waren lediglich bereit, den einen oder anderen Punkt des Kontrollabkommens zu revidieren und darüber in Verhandlungen mit den Sowjets einzutreten. Eine gänzliche Neubearbeitung sollte aber nach dem Grundsatz vom „Spatzen in der Hand" vermieden werden. Trotz eines gewissen amerikanischen Drängens blieb es dabei, und es wurde nur vereinbart, sich von Zeit zu Zeit wieder zu treffen. – Als im November 1953 die Frage abermals erörtert wurde, hatte sich an der Einstellung von Briten und Franzosen nichts geändert. Und auch die Vertreter der Großen Koalition, mit denen Angehörige der amerikanischen Botschaft die Sache besprachen, neigten zu Zurückhaltung und Vorsicht. Das war allerdings kein Wunder, da ja gerade die „Russischen Wochen" zu Ende gegangen waren und sich Österreich auf die Berliner Konferenz vorbereitete. Nun aber, unter geänderten Voraussetzungen, wollte Österreich von sich aus initiativ werden.

Die ersten Überlegungen stammten noch aus dem Februar 1954. Im März waren die wesentlichen Wünsche formuliert worden, und ab April wurde bei den Westmächten sondiert, wie diese eine entsprechende Initiative auffassen würden. Vor allem war das deshalb wichtig, da sich Österreich auf den Standpunkt stellte, daß die Kontrollabkommen völkerrechtswidrig wären. Eine Abänderung hätte daher auch aus formalen und völkerrechtlichen Gründen von den Alliierten auszugehen.

Obgleich es nie zum Abschluß eines dritten Kontrollabkommens kam, ist es doch wert, daß man sich die Vorstellungen ansieht, die auf österreichischer Seite entwickelt wurden. Primär wurde festgelegt, daß der viergliedrige Kontrollapparat und die Einheitlichkeit der alliierten Gremien beibehalten werden sollten. Das viergliedrige System bot noch immer die beste Gewähr zur Verhinderung von Willkürakten einer einzelnen Besatzungsmacht. Darüber hinaus galt es aber, die Befugnisse der Alliierten weiter einzuschränken. An erster Stelle wurde eine rasche Zustimmung des Alliierten Rates zu den bereits verabschiedeten Verfassungsgesetzen gefordert, da sich das uneingeschränkte Vetorecht der Alliierten in Verfassungsfragen doch als hinderlich erwiesen hatte. Zweitens sollten alle mittlerweile überholten Entscheidungen des Alliierten Rates aufgehoben werden und eine Wiederverlautbarung der noch geltenden Bestimmungen erfolgen, da es mittlerweile schon eine Reihe widersprüchlicher Bestimmungen gab. Die Wiederherstellung der österreichischen Lufthoheit, die Einschränkung der alliierten Militärgerichtsbarkeit und die Beschränkung der Immunität der Besatzungstruppen kamen als nächstes. Es folgte als Punkt 5 die volle Wiederherstellung sowohl der Verfügungsgewalt der österreichischen Behörden über Polizei und Gendarmerie als auch der österreichischen Grenzkontrolle. Interessanterweise sollte aber im Rahmen dieses Kontrollabkommens auch eine Teillösung der Frage des Deutschen Eigentums versucht werden. Die Westmächte sollten nämlich gebeten werden, eine Erklärung der Bundesrepublik Deutschland herbeizuführen, welches Eigentum endgültig an Österreich übergehe. Der Rest sollte von den Westmächten in ihrer Zone entweder an die deutschen Voreigentümer zurückgegeben oder aber weiter der westlichen Aufsicht unterstellt werden. Damit wäre Österreich ein gewaltiges Problem losgeworden. Wörtlich hieß es dann weiter: „Bilaterale Verhandlungen Österreichs mit der Bundesrepublik Deutschland im Gegenstande wären zu vermeiden, insbesondere angesichts der sowjetischen Ausführungen über eine neue Anschlußgefahr.“ Gleichzeitig sollte aber auch mit der Sowjetunion über eine Ablöse und Übernahme der USIA-Betriebe verhandelt werden, wonach die Verstaatlichungs- und Rückstellungsgesetze auch in der Sowjetzone zur Anwendung gebracht werden könnten. Sollten die Alliierten verhandlungsbereit sein, dann würden weitere Wünsche präsentiert werden. Neun zusätzliche Punkte wurden in petto gehalten.

Dieses neue Kontrollabkommen sollte also zwei Ziele verfolgen: Erstens sollte ein auch in Übereinstimmung mit den Ergebnissen der Berliner Konferenz stehender Abbau des Besatzungsregimes durchgeführt werden, wodurch die Besatzungsmächte tatsächlich mehr auf eine symbolische Rolle beschränkt worden wären. Keine Erwähnung wurde allerdings in den Hauptpunkten im Hinblick auf die Stärke der militärischen Kontingente getan, da dies ja eine Frage war, die sich die Alliierten ausdrücklich vorbehalten hatten. Das zweite Ziel, das mit diesem Abkommen erreicht werden sollte, war, daß eine der schwierigsten Materien des Staatsvertrags, nämlich die des Deutschen Eigentums, vorweg entschieden würde. Das war der wichtigste Punkt. In diesem Zusammenhang hätte das Abkommen die Funktion eines Umwegs zum Staatsvertrag oder eines Teilvertrags gehabt.

Doch, wie schon erwähnt, Österreich konnte und wollte von sich aus und offiziell keinen Vorstoß unternehmen. Wohl aber war daran zu denken, daß die Hochkommissare wie schon beim Zweiten Kontrollabkommen auch bei einem dritten Kontrollabkommen die Beratungen führen würden. Dazu boten ebenfalls die in Berlin von Molotov gemachten Vorschläge einen Anhalt, da Molotov die weitere Behandlung der Österreichfrage durch eine in Wien einzurichtende Kommission vorgeschlagen hatte. Die diesbezüglichen Kontakte in London ergaben Ende April, daß die britische Regierung der Einrichtung einer solchen Kommission nicht abgeneigt war und auch schon darüber mit dem State Department verhandelt hatte. Briten und Amerikaner stimmten also grundsätzlich zu. Der Österreichexperte des Foreign Office, Geoffrey Harrison, meinte jedoch, daß die Kompetenzen einer derartigen Konferenz ganz genau umschrieben werden müßten, um zu verhindern, daß Fragen aufgerollt würden, deren Beantwortung die Konferenz überfordern müßte.[51] Vorsicht war sicherlich angezeigt. Doch Harrison konnte auch so verstanden werden, daß den Briten natürlich nicht das Aufwerfen von Problemen recht sein konnte, die ihren eigenen Interessen zuwiderliefen.

Bis 1954 hatten sich die Sowjets völlig uninteressiert an einem neuen Kontrollabkommen gezeigt, und es war fraglich, ob sie unter den geänderten Umständen mehr Gesprächsbereitschaft zeigen würden. Wie von Geoffrey vorgeschlagen, wurden in Wien auch mit den Franzosen Gespräche geführt, die – das können wir allerdings vorderhand nur schließen – das Ergebnis brachten, daß alle drei Westmächte der Einsetzung einer Kommission der alliierten Botschafter unter Beiziehung eines österreichischen Vertreters zustimmten. Am 22. Juli wurde daher österreichischerseits bekanntgegeben, daß die Bundesregierung an die Regierungen der vier Besatzungsmächte eine Note gerichtet habe, in der Besprechungen über weitere Erleichterungen des Besatzungsregimes angeregt wurden. Zu diesem Zweck sei die Bildung eines Komitees vorgeschlagen worden, das sich aus den Wiener Botschaftern der vier Besatzungsmächte und aus österreichischen Vertretern zusammensetzen sollte.[52]

Nun hieß es zuzuwarten. – Diese Zeit des Wartens, der Sommer 1954, zeigt uns ein interessantes Phänomen: Im März, April und Anfang Mai, also zur Zeit erhöhter Spannungen und einer deutlichen Nervosität, hatten sich die Berichte über Verbrechen, an denen sowjetische Besatzungsangehörige beteiligt waren, gehäuft. Ende Mai wich diese Berichterstattung jener, in der von Wirtschaftsdelikten der Sowjets berichtet wurde. Und Ende Juni, im Juli und in der ersten Augusthälfte war so gut wie kein kritisches Wort über die Russen zu hören oder zu lesen. Das konnte Zufall sein, konnte aber auch damit zusammenhängen, daß Verbrechen tatsächlich gehäuft auftreten. Oder aber die Publizistik stellte sich mehr oder weniger freiwillig in den Dienst der Staatspolitik und emotionalisierte dann, wenn es opportun war und stellte die Berichterstattung um, wenn Österreich ein Interesse daran haben mußte, atmosphärische Verbesserungen Platz greifen zu lassen.

Nach den ausführlichen Vorgesprächen wußte man über die voraussichtliche Reaktion der Westmächte Bescheid. Was jedoch völlig unklar war, war die sowjetische Reaktion. Doch gerade sie konnte Aufschluß darüber geben, wie es weitergehen würde und ob die Sowjets ihre in Berlin ja ausdrücklich bekundete Gesprächsbereitschaft einlösen würden oder nicht.

Am 6. August erklärten sich Briten, Amerikaner und Franzosen in seperaten Noten bereit, den österreichischen Vorschlag anzunehmen.[53] Die Sowjetunion reagierte etwas später. Doch am Abend des 12. August 1954 wurde der österreichische Botschafter in Moskau, Norbert Bischoff, in die dritte europäische Abteilung gebeten, um auch diese Antwort in Empfang zu nehmen: Die Russen lehnten Verhandlungen über die Erleichterungen der Besetzung als nicht zielführend ab und wollten nur ihren schon in Berlin gemachten Vorschlag erneuern, im Rahmen einer Botschafterkonferenz in Wien über den Abschluß des Staatsvertrags weiter zu beraten.[54] Die ohnedies mühsam genug aufgebaute Initiative mündete also abermals im Nichts. Seit Ende Februar war daran gearbeitet worden, doch mit der sowjetischen Antwort war wieder einmal die Hoffnung eines halben Jahres zunichte geworden. Oder sah man das falsch? Konnte nicht gerade das Nichteingehen der Sowjetunion auf die Vorschläge Österreichs als ein Indiz dafür gewertet werden, daß es doch nicht sinnvoll wäre, über ein drittes Kontrollabkommen zu verhandeln, wenn damit ja nichts anderes als ein neues Instrument zur Fortsetzung der Okkupation geliefert wurde?

Moskau war nach wie vor dabei, seine politische Linie zu finden, und die war im Fall Österreichs nicht ganz geradlinig. Nach dem Paukenschlag im Mai und der Wiedereinführung einer stichprobenartigen Zonenkontrolle im Juni gab es keine weiteren spektakulären Maßnahmen, allerdings gab es auch nichts, was darauf schließen ließ, daß es zu einer ähnlichen Periode der Annäherung kommen könnte wie 1953. Kleine Gesten blieben freilich nicht aus. Am 8. Juli überraschte der stellvertretende sowjetische Hochkommissar, Gesandter Kraskevič, Bundeskanzler Raab mit der Mitteilung, daß die Sowjetunion bereit sei, den in Niederösterreich gelegenen Teil der Autobahntrasse Wien–Salzburg, die als Trasse der deutschen Reichsautobahn ebenfalls unter den Begriff Deutsches Eigentum gefallen war, wieder Österreich zu übergeben. In der Folge konnte mit dem Ausbau der Autobahn begonnen werden. Als Geste konnte auch gewertet werden, daß sich die sowjetischen Truppen bei einer in den Juni und Juli fallenden Hochwasserkatastrophe im Donautal und den Tälern der großen Zubringerflüsse nachhaltig an den Hilfsmaßnahmen beteiligten. Mehr als eine Geste war es, daß die Sowjets am 11. Juni im Alliierten Rat ihre Zustimmung zu einem Verfassungsgesetz gaben, dem sie seit 1946 die Billigung verweigert hatten, jenem Verfassungsgesetz nämlich, durch das 84 Gemeinden, die 1938 zu Groß-Wien geschlagen worden waren, wieder zu Niederösterreich kamen. Damit reduzierte sich Wien von 26 auf 23 Bezirke.[55] Das war von grundsätzlicher Bedeutung, da mit Wien auch Fragen des Abkommens über die Besatzungszonen verbunden waren.

Den Sowjets kam die Zustimmung zum sogenannten Randgemeindengesetz vielleicht deshalb ganz gelegen und fand daher die Billigung Moskaus, weil auch in diesem Fall an die Berliner Konferenz angeknüpft werden konnte. Dort hatte Molotov nämlich nicht nur einfach vorgeschlagen, symbolische Kontingente auch nach Abschluß des Staatsvertrags in Österreich zu belassen. Er hatte auch gemeint, daß diese Kontingente außerhalb Wiens zu stationieren gewesen wären, um in Wien die Erinnerung an die Besatzungszeit vollends zu beseitigen. Seit 1945 hatten sich die Russen bemüht, Wien eine Sonderstellung einzuräumen. Es war besser verpflegt worden, es hatte in Wien zwar in absoluten Zahlen mehr, prozentuell aber weniger Übergriffe gegeben. Das Verhältnis zwischen dem sowjetischen Stadtkommandanten und dem Wiener Bürgermeister, damals noch Körner, war häufig ein besseres gewesen, als das Verhältnis des sowjetischen Militär- und später Hochkommissars zur Spitze der Bundesregierung. Es war daher auch nur folgerichtig, diesen Sonderstatus der Hauptstadt weiter zu berücksichtigen. Daher gab es für Wien die Lösung in einer wichtigen Frage, während alle anderen wichtigen Fragen aufgeschoben blieben.

Alles in allem hatte es aber den Anschein, als würde sowohl die Österreichpolitik der Sowjets wie jene des Westens auf der Stelle treten. Es wurden vorderhand nur die alten Argumente wiederholt. Ja, es wiederholten sich auch die Handlungen und es wurde an alle möglichen Stationen der Besatzungszeit anzuknüpfen versucht. Aus all diesen Stereotypen wurde klar, daß die innerösterreichische Entwicklung keine Änderung der alliierten Politik bringen würde, ja daß nicht einmal Vorstöße in der Außenpolitik, wie sie immer wieder versucht wurden, daß aber auch nicht kosmetische Operationen am Staatsvertragsentwurf, wie sie der neue französische Ministerpräsident Pierre Mendès-France vorschlug,[56] eine Änderung bewirken würden. Es hieß also weiterhin zuzuwarten und Vor- und Nachteile der Besetzung aufzurechnen. Von den Nachteilen sind uns mittlerweile schon eine ganze Reihe bewußt geworden. Es ist aber doch sicherlich zumindest einer Überlegung wert, ob die Besatzungszeit nicht auch Vorteile mit sich gebracht hat. Sie lagen vielleicht nicht immer auf der Hand, doch sie waren da. Und die Existenz und Fortdauer der Großen Koalition war nicht der geringste Faktor.

Sehen wir uns einmal folgende Bereiche an:
1. Die große Politik
2. Die Innenpolitik
3. Die Parteipolitik
4. Die Wirtschaftspolitik

1. Für die große Politik ist eines der Lieblingsworte Heinrich Drimmels, der ab 1. November 1954 Unterrichtsminister war, anwendbar, nämlich das „Transitorium". Kein Zweifel, ein Besatzungsregime, wie jenes in Österreich, aber auch das in Deutschland errichtete, kann lediglich ein Durchgangsstadium sein. Nicht das deutsche freilich bestand länger, sondern das österreichische, denn Deutschland zerbrach schon 1948, während Österreich in diesem Jahr erst so richtig zusammenwuchs. Daß dieses Zusammenwachsen aber nicht bloß darin bestand, daß einfach Teile aneinandergefügt und gemeinsam regiert und verwaltet wurden, ist in der österreichischen Geschichte begründet. Die Besatzungsmächte hatten schon seit 1944 vorgesorgt, daß Österreich nicht in einen Schock der Stunde Null verfallen würde, denn von allem Anfang an war das Ziel, die Wiedererrichtung der Republik, klar umrissen gewesen. Damit war von allem Anfang an auch die Frage der Zuwendung beantwortet: Nur der Gesamtstaat hatte eine Chance bekommen, nicht aber einzelne Teile. Es war aber auch den Alliierten die Gelegenheit geboten, eine Neubewertung dieses Teils von Mitteleuropa vorzunehmen, denn in ihren ersten Konzepten war ja noch ein solches Maß an Unsicherheit verpackt gewesen, daß beispielsweise die Zonenteilung Österreichs nicht primär nach den österreichischen Gegebenheiten fragte, sondern danach, wie diese Zonen geographisch lagen und wie sie an die eigentlichen Machtbereiche angrenzten.

In der Folge mußten die Alliierten immer mehr und unter sich wandelnden Gesichtspunkten und Machtverhältnissen den Stellenwert Österreichs in Europa überdenken. Die starke Verknüpfung der Besatzungsmächte mit Österreich ließ bei ihnen daher auch ein ganz anderes Wissen um strategische und politische Gegebenheiten entstehen als beispielsweise bei einer raschen Wiederverselbständigung des Landes. Österreich wiederum hatte auf Grund der Besetzung die Möglichkeit, zu den damals die Weltpolitik weitgehend bestimmenden Ländern einen ständigen Kontakt zu unterhalten, der über die tatsächliche Bedeutung des Landes weit hinausging. Die aus der Not geborene Maxime der österreichischen Außenpolitik, Österreich nicht aus dem Bewußtsein der Mächte schwinden zu lassen, hatte absolut positive Auswirkungen, denn jeder handelnde Politiker und jeder Diplomat mußte sich buchstäblich täglich den Kopf darüber zerbrechen, wie er das Interesse an den österreichischen Problemen wachhalten und notfalls wieder wecken konnte. Die umfangreiche diplomatische Berichterstattung dieser Jahre, die meist viel inhaltsreicher ist als die vergleichbare der Ersten Republik, aber auch die der Zeit nach 1955 zeigt, wie sehr die Außenpolitik in den Dienst des zentralen Anliegens, nämlich der Unabhängigkeit dieses Staates, gestellt wurde.

Mit der Erlangung der vollen Unabhängigkeit im Weg des Staatsvertrags stand der österreichischen Politik ein klares Ziel vor Augen, und das war wiederum etwas ganz anderes als beispielsweise der Versuch vor 1938, Österreich das Überleben zu sichern und es unabhängig zu erhalten. Die Auseinandersetzung um die österreichische Unabhängigkeit, permanent und öffentlichkeitswirksam geführt, ohne zu Mitteln zu greifen, die schon immer die klassischen Mittel eines Befreiungskampfes waren, nämlich jene der Gewalt, wurde gerne mit dem Vergleich von David und Goliath belegt. 1954 tauchte ein neuer Gesichtspunkt auf: Österreich, so schrieb der spätere Außenminister Lujo Tončić-Sorinj,[57] „ist das klassische Beispiel . . ., daß zur Führung eines geordneten Staates totale Souveränität nicht nötig ist". Das konnte freilich so und so gedeutet werden. Ließ man es beim Sich-Bescheiden, und das meinte Tončić sicherlich nicht, dann hätte der Zustand der Besetzung dort geendet, daß Österreich gewissermaßen Protektorat der Besatzungsmächte geblieben wäre. Etwas ähnliches hatte zwar Karl Renner 1946, also ziemlich am Beginn der Besatzungszeit, auch tatsächlich überlegt. Tončić meinte freilich anderes, und zwar, daß man in Österreich gezwungenermaßen einen Lernprozeß durchmachte und damit gleichsam künstlich auf jenem Stand gehalten würde, der für die Integration in ein vereintes Europa ideal wäre. Es kann auch kaum zweifelhaft sein, daß Österreich bei einem anderen Geschichtsverlauf mit der Bereitschaft auf partiellen Souveränitätsverzicht den vollen Anschluß an Europa gesucht hätte. Auf dem Feld der großen Politik hatte somit Österreich Weltgeltung, weil es ein Problem war. Es hatte einen hohen Stellenwert in der alliierten Politik, weil Österreich ein doch vergleichsweise unkompliziertes Demonstrationsobjekt war, das vom Westen wie von der Sowjetunion immer wieder benützt wurde, um Signale zu setzen. Das gipfelte schließlich in der Auffassung, am Beispiel Österreichs könnte die Sowjetunion am besten ihre politische Linie demonstrieren. Aber Österreich war sich auch seines hohen Stellenwerts bewußt geworden, ja überschätzte ihn vielleicht sogar, denn die schon mehrfach angedeutete Steigerung des Selbstverständnisses führte dazu, daß Lujo Tončić-

Sorinj in dem schon erwähnten Beitrag über „Die Entwicklung der österreichischen Außenpolitik seit 1945“ schreiben konnte (und mit dieser Meinung stand er nicht allein da): „Mit fortschreitender Konsolidierung wird ein Angriff auf die Einheit und Unabhängigkeit Österreichs immer riskanter. Während nach dem Krieg eine gewaltsame Aktion in Österreich nur das internationale Echo der seinerzeitigen Besetzung Wiens im Jahre 1938 ausgelöst hätte, muß man sich heute fragen, ob eine derartige Maßnahme nur die Folge der Besetzung Prags oder bereits jene der Eroberung von Danzig nach sich ziehen würde“, also den Abschluß von Kriegsbündnissen oder den Krieg selbst.

2. Sehen wir uns als nächstes die positiven Auswirkungen der Besetzung auf die österreichische Innenpolitik an. Österreich, so kann man gelegentlich lesen, lebt aus seinen Ländern. Und daran ist sicherlich sehr viel Wahres. Denn die historische Ländermasse ist älter und organischer als der Staat. Der konnte 1938 untergehen, ohne daß deshalb auch die Länder ihre Individualität eingebüßt hätten. Lediglich das Burgenland, also eine nicht gewachsene historische Größe, war zeitweilig aufzuteilen gewesen. Der Rolle der Länder im Werden des neuen Staates wurde seitens der Alliierten auch durchaus Rechnung getragen, und zwar früher und teilweise konsequenter, als dies von der neuen Staatsführung gewollt war. Zum einen wurde die Teilung Österreichs unter Zugrundelegung der alten Bundesländergrenzen vorgenommen. Größere Abweichungen gab es lediglich im Fall Osttirols, das zunächst von den Briten mitverwaltet wurde, und im Fall des Mühlviertels, das aus militärstrategischen Gründen der sowjetischen Zone zugeschlagen wurde. Entgegen den Vorstellungen und manchen Wünschen der Staatsführung wurde aber das Burgenland wieder verselbständigt, denn an der historischen Länderteilung sollte unbedingt festgehalten werden.

Als unmittelbare Folge der Besetzung kann gewertet werden, daß die Konsolidierung des Staatswesens schon im Zuge der Länderkonferenzen 1945 vorgenommen wurde. Als unmittelbare Folge der Besetzung kam es auch zu stärkeren überregionalen Ausprägungen, denn wie selbstverständlich schlossen sich die Länder einer Besatzungszone zu neuen Individualitäten zusammen. Nach ersten Auswüchsen der Isolierung – und die Länder einer Zone wurden ja zunächst ziemlich separiert – wuchs die Bereitschaft auf einen teilweisen Autonomieverzicht, der dann in Vorarlberg auch ausgesprochen wurde: Vorarlberg verzichtete ausdrücklich und für die Dauer der Besetzung darauf, seine Länderautonomie stärker hervorzuheben und delegierte Kompetenzen an den Staat.[58] Vorarlberg ist hier deshalb zu zitieren, weil es als Vorreiter der Länderautonomie galt und gilt. Die ab 1951 stärker werdende Tendenz, Bundesgesetze zu beeinspruchen und den Verfassungsgerichtshof anzurufen, stellte daher ein erstes Anzeichen für eine schwindende Bereitschaft der Länder dar, die zentralistischen Tendenzen der Besatzungszeit weiter mitzumachen. Es gab aber bis zum Schluß keine großen Probleme oder nachhaltigen Störungen.

Um Friktionen zu vermeiden, war bei der Niederösterreichischen Landesregierung eine „Verbindungsstelle der österreichischen Bundesländer“ eingerichtet worden, die tatsächlich eine Verbindungsstelle zu den Bundesbehörden war (nur konnten solche aus verfassungsrechtlichen Gründen nicht eingerichtet werden). Diese Verbindungsstelle wurde in den fünfziger Jahren besonders stark frequentiert. Bei den jährlich stattfindenden Landesamtsdirektorenkonferenzen waren Kärnten und Vorarlberg am aktivsten. 1953 ist allerdings auch schon von Theodor Veiter festgestellt worden,[59] daß, vielleicht mit Ausnahme des Burgenlandes, die erstarkende Tendenz zur Länderautonomie keineswegs die Bereitschaft nach sich zog, den föderalistischen Gedanken auch weiter nach unten wirken zu lassen. Von einer Gemeindeautonomie wollten die Länder nichts wissen. Die Landesstrukturen waren der Dezentralisation oft auch hinderlich. Ohne jetzt in den Streit zwischen Zentralisten und Förderalisten eingreifen zu wollen, kann man aber wohl feststellen, daß die Tatsache der Besetzung dem Zentralismus vor allem Ostösterreichs förderlich war. Gerade in der sowjetischen Zone wurde immer wieder getrachtet, einem Einschreiten der Besatzungsmacht damit zu begegnen, daß auf die Kompetenz des Bundes, das heißt, der Ministerien und ihrer nachgeordneten Dienststellen, hingewiesen wurde. Da für die Bundesregierung aber nicht der einzelne Hochkommissar, sondern der Alliierte Rat insgesamt die zuständige Stelle war, konnte auf diese Weise überall dort gegengesteuert werden, wo Länderinteressen in Mitleidenschaft gezogen werden sollten.

Wuchs somit im Osten die Bereitschaft, den Bund zur Miterledigung der legislativen und exekutiven Aufgaben der Länder heranzuziehen, so hatten die Länder der westlichen Zonen eine andere Funktion. Sie, die weniger aus dem Zwang als aus freien Stücken Souveränität abgaben, erhielten das Gefühl, viel mehr staatstragend zu sein als jemals zuvor in der österreichischen Geschichte. Die Besatzungszeit erhöhte damit aber nicht nur den Eigenwert dieser Bundesländer. Es setzte auch eine tatsächliche Verlagerung ein, die im Aufbau von neuen Industriebetrieben und in einer sehr starken Bevölkerungswanderung ihren Ausdruck fand. Der „freie Westen" war nur das Schlagwort, unter dem diese Verlagerung ablief. Salzburg hatte beispielsweise mit einer Bevölkerungszunahme von 31,9 Prozent im Zeitraum 1945 bis 1954 die relativ größte Bevölkerungszunahme aller Bundesländer, während Wien und Ostösterreich auch in absoluten Zahlen eine Abnahme verzeichneten. Damit verlagerte sich auch die Verantwortung für den Gesamtstaat stärker auf den Westen, was den Gegensatz zwischen Wien und den Bundesländern, nach wie vor ja etwas präpotent „Provinz" genannt, abbauen und verschwinden lassen half.

Die Innenpolitik war weiters von einer bemerkenswerten Stabilität gekennzeichnet, die von den Alliierten nicht nur gewünscht und gefördert, sondern manchmal auch durch direkte Einflußnahme erzwungen wurde. Die Beispiele dafür wurden bereits mehrfach angeführt. Daß Stabilität und innenpolitische Ruhe sogar den Sowjets gelegen kamen und sie jeder härteren Konfrontation ausweichen ließ, beweist ihr Verhalten während der Oktoberstreiks 1950, bei denen es ja nur dem Einschreiten der Sowjets zuzuschreiben war, daß es nicht zu den von den kommunistischen Streikführern gewünschten und gesuchten schweren Zwischenfällen kam. Letztlich zielte die gesamte alliierte Politik und nicht zuletzt die der Sowjets darauf ab, den status quo in Österreich zu erhalten. Das konnte schließlich auch so weit gehen, daß keine Veränderungen am Besatzungsstatut mehr vorgenommen werden sollten. Diese erzwungene und nach der Ersten Republik und nach dem Krieg auch nötige Ruhe trug erheblich zur Konsolidierung der innenpolitischen Verhältnisse bei. Allerdings förderte sie auch die Erstarrung im System.

3. Nun zur Parteipolitik. Der Alliierte Rat hatte sich in den beiden Kontrollabkommen das Recht gesichert, Parteien zuzulassen oder zu verbieten. Und wenn es, wie bei der Gründung des VdU, keine Einstimmigkeit gab, dann hatte noch immer jeder Zonenkommandant das Recht, eine Partei in seiner Besatzungszone zu verbieten. Die jahrzehntelang starren Zuschnitte der Parteienlandschaft in Österreich sind daher nicht nur eine Folge eines bestimmten Wählerverhaltens, sondern auch die Auswirkung einer gezielten alliierten Einflußnahme auf das politische Leben. Die einzige Besatzungsmacht, die zunächst stärker auf die Neuzulassung von Parteien gedrängt hatte, war die sowjetische, die damit wohl hoffte, den relativen Einfluß der KPÖ zu erhöhen. Die Konzentration der politischen Macht in den beiden großen Parteien stellte aber schließlich eine Gewähr für die Stabilität der Innenpolitik dar, noch dazu, da sich ja der Verband der Unabhängigen neben den Kommunisten nicht als die „dritte Kraft", sondern bisweilen als die „zweite Schwäche" entpuppt hatte. Die großen Parteien hatten sich von allem Anfang an bemüht, alle Schichten zu vertreten, was den Gegensatz zwischen ihnen abnehmen ließ. Bedeutsamer wurden die Fraktionskämpfe innerhalb der Parteien. Die bereits vollzogene Verteilung der Macht bestätigte sich auch bei den Landtagswahlen bzw. Gemeinderatswahlen am 17. Oktober 1954, bei denen rund die Hälfte der Österreicher zu den Wahlurnen gerufen war. Das Ergebnis, das von allen Parteien, aus welchen Gründen auch immer, mit Genugtuung zur Kenntnis genommen wurde, ließ auch für die Zukunft keine größeren Veränderungen erwarten. Daß jene Besatzungsmächte, die dem Auftreten des VdU seinerzeit wenig Sympathie entgegengebracht hatten, seinen 1954 deutlich gewordenen Niedergang betrauerten, kann ausgeschlossen werden. Die Besatzungsmächte erhielten jedoch bei diesen Herbstwahlen 1954 einen neuen Beweis dafür, daß die Parteienlandschaft in Österreich festgefügt war.

Die beiden Koalitionsparteien hatten vom Beginn der Zweiten Republik an den Kontakt zu Schwesterparteien im Ausland gesucht und waren im Laufe der Jahre so akzeptiert worden, daß sich eine ganze Reihe von politischen Anknüpfungen und Vorschlägen leichter über die diversen Parteikanäle vornehmen ließ als über die diplomatischen Kanäle. Umgekehrt bekam Österreich auf diese Weise eine ganze Reihe von Signalen, wenn z. B. die britische Labour Party den österreichischen Presseattaché in London, Walter Wodak, mit Informationen über laufende Verhandlungen versorgte. Es ist auch immer wieder versucht worden, eine Identifikation der Parteien mit einzelnen Besatzungsmächten vorzunehmen. So war die KPÖ als Russenpartei abgestempelt, während zunächst die Volkspartei die amerikanische und die SPÖ die britische Komponente stärker anzusprechen schienen. 1954 waren außer bei der KPÖ solche Zuordnungen nicht mehr möglich und auch nicht mehr sinnvoll. Bedeutsamer war, daß die österreichischen Parteien eine stärkere Rolle in den supranationalen Parteizusammenschlüssen wie der Sozialistischen Internationale und der – allerdings nicht sehr langlebigen – Vereinigung der christlichen Parteien Europas (der NEI) – spielten. Wenn vorhin erwähnt wurde, daß der Staat aus seinen Ländern lebt, dann kann im Bezug auf die Parteien nicht nur die Feststellung von Adam Wandruszka erwähnt werden, daß die Geschichte der österreichischen Parteien älter ist als die der Republik; bei den Parteien zeigte sich zusätzlich, daß sie schon zu einer Zeit, da der Gesamtstaat noch in Unfreiheit verharrte, jegliche Zurücksetzung überwunden hatten.

4. Sehen wir uns nun die positiven Auswirkungen der Besatzungszeit auf die Wirtschaft an. Nach der Überwindung der ersten noch kriegsbedingten Notsituation und der Herstellung der wichtigsten Verkehrsverbindungen mittels alliierter Hilfe stagnierte der Wiederaufbau. Auch der Marshallplan brachte keine sofortige Änderung, da wesentliche Teile der Lieferungen in Nahrungsmitteln bestanden, also letztlich unproduktiv bleiben mußten. Erst durch die anwachsenden Counterpartmittel, die Kreditvergaben zu günstigen Bedingungen ermöglichten, sowie durch eine Umstellung der Lieferungen ab 1950 bis Sommer 1953 wurde eine stärkere Investitionstätigkeit möglich. In wirtschaftlicher Hinsicht gab es aber bis zum Ende der Besatzungszeit zwei Extreme. Das eine war im Osten angesiedelt und erwuchs aus dem Vorhandensein der USIA-Betriebe, deren Ertrag vorwiegend der Sowjetunion zugute kam. Das andere Extrem war die hohe Investitionsbereitschaft der Amerikaner, die jedoch auch eine direkte Einflußnahme der USA auf die Wirtschaftslenkungsmaßnahmen nach sich zog. Als Positivum der USIA-Betriebe und der sowjetischen Mineralölverwaltung (SMV) kann lediglich genannt werden, daß sie von der Sowjetunion ziemlich rasch in Gang gebracht wurden, um den gewünschten Ertrag abzuwerfen und daß auf diese Weise schon 1946 gegen 50.000 und 1954 noch mehr Menschen Arbeit fanden.[60]

Indirekt trug aber gerade die sowjetische Politik der Nutzung der Betriebe des Deutschen Eigentums dazu bei, daß außerhalb der sowjetischen Zone Ersatzbetriebe aufgebaut wurden. Als Ersatz für die fast ausschließlich von USIA-Betrieben hergestellten elektrischen Industriegeräte und -maschinen wurde in Deuchendorf bei Kapfenberg mit dem Aufbau eines großen Werkes begonnen, Elin Weiz expandierte, AEG, Siemens-Schuckert und Siemens-Halske bauten ihre Werke außerhalb der sowjetischen Zone groß aus. In Mitterberg bei Bischofshofen wurde eine Glasfabrik gebaut, um von Brunn am Gebirge unabhängig zu werden. Die USIA hatte ein Monopol auf die Herstellung von Schwefelsäure, also wurde in Gailitz in Kärnten ein neues Werk gebaut, das 1952 bereits den Inlandsbedarf decken konnte. In Gmunden entstand eine Glühlampenfabrik. Es wurde an den Neuaufbau einer Lokomotivenfabrik gedacht, an die Verlegung der Werke Berndorf und Enzesfeld, kurz: Das Bestreben, die USIA-Monopole zu brechen, diese Betriebe zu konkurrenzieren und von den Lieferpraktiken der sowjetischen Betriebe unabhängig zu werden, führte zum raschen Aufbau neuer Industriezweige im Westen. Dazu kam der Rückgriff auf die dort schon vorhandenen und größtenteils aus der NS-Zeit stammenden Schlüsselindustrien wie die VOEST, die Stickstoffwerke in Linz, die Aluminiumwerke Ranshofen usw. Die Besatzungszeit trug also nicht unerheblich dazu bei, die schon seit 1938 eingeleitete Westverlagerung der industriellen Wirtschaft fortzusetzen. Damit schwanden die dort noch sehr starken landwirtschaftlichen Strukturen, und aus dem einstmals vorhandenen Ost-West-Gefälle wurde ein West-Ost-Gefälle. Daß nach der Reaustrifizierung der USIA dann in vielen Sparten Überkapazitäten entstanden, die nur teilweise über den Export abgeleitet werden konnten, war sicherlich ein Problem, wurde aber erst später deutlich. Gerade diese Überkapazitäten zwangen aber dazu, dem Export höchste Aufmerksamkeit zu widmen. Und so gingen Besatzungszeit und Wirtschaftswunder Hand in Hand.

Nun könnte man wohl noch ausführlichst darüber schreiben, in welchen Sparten die Besatzungszeit ihre auch durchaus positiven Auswirkungen hatte. Die Kultur würde z. B. ein wichtiges Kapitel sein. Man könnte dem gewandelten Österreichbild in einer ganzen Reihe von zusätzlichen Bereichen nachgehen. Doch das würde den Rahmen dieser Darstellung sprengen.

Volkspartei und Sozialisten hatten nach den Turbulenzen des Frühjahrs 1954, nach „eisigem Wind“ und „Kapuzinerpredigt“ wieder zusammengefunden. Nicht zuletzt wurde ein gutes Verhältnis auch wegen der Hoffnungen auf ein drittes Kontrollabkommen gesucht. Doch dann funktionierte vor allem einer der Mechanismen der Großen Koalition, nämlich das „Junktim“, die Interessenkoppelung. Noch vor dem Sommer wurde Einigung über die Marktordnungsgesetze und die Wirtschaftskontrolle erzielt, was sich die ÖVP zugute hielt, während die SPÖ die Anhebung der Pensionen und die Zahlung einer 13. Pension als ihr Hauptverdienst ansah. Die Wirtschaft florierte. Bis 1954 waren 54 Prozent der Importe liberalisiert worden. Mit 1. Jänner 1954 war eine Senkung der Lohn- und Einkommenssteuer im Ausmaß von 11 bis 27 Prozent wirksam geworden. Im Herbst setzte sich die gute Zusammenarbeit fort, und es mochte nicht nur dem britischen Hochkommissar, Sir Geoffrey Wallinger, scheinen, daß sich in der Großen Koalition eine „Flitterwochenstimmung“ breitmachte.[61] Sir Geoffrey hatte aber noch andere Beobachtungen parat. Er war noch nicht einmal ein Jahr in Österreich, kannte das Land allerdings aus der Zwischenkriegszeit und zog daher immer wieder Vergleiche. „Ich war von dem vollständigen Wechsel der Atmosphäre gegenüber jenen Erfahrungen, die ich auf diesem Posten zwischen 1929 und 1931 machte, tief beeindruckt“, schrieb er. „Damals glaubte niemand an die Lebensfähigkeit des Landes, und beide Parteien hatten die Hand am Griff des Dolches.“ Doch nunmehr sei das alles anders. Das Land sei konsolidiert, und es herrsche nicht nur ein billiger Stolz, sondern wirklicher Patriotismus.

Raab, meinte Sir Geoffrey, sei eine eindrucksvolle Führungspersönlichkeit; die Fähigkeiten von Reinhard Kamitz seien augenscheinlich. Die Sozialisten hielten in ihren Reihen hervorragend Disziplin und hätten vor allem auf dem Gebiet der Sozialgesetzgebung beträchtliche Erfolge zu verzeichnen. Die Kommunisten verfügten zwar noch über einen harten Kern, spielten aber sonst keine Rolle mehr, und die Unabhängigen hätten mittlerweile stark an die Großparteien verloren. – Doch ganz geheuer war dem Briten die Lage nicht. Die Wirtschaft zögere noch mit längerfristigen Invesititonen, was Sir Geoffrey zu der Mutmaßung verleitete, die Wirtschaft glaube noch nicht an die Dauerhaftigkeit der österreichischen Entwicklung. Und auch der Parteienkonsens sei etwas eher Merkwürdiges: Die Gesetzgebungsmaschinerie wird mit Materien gefüttert, die auch bei sehr divergierenden Standpunkten Kompromißcharakter tragen. Es gäbe dann kurze Debatten, bei denen es schwer ist, mitzubekommen, daß die beiden großen Parteien des Hauses eine Koalition formten. Doch die tatsächliche Arbeit würde in kleinen Ausschüssen geleistet, wo es einen wilden Roßhandel geben müsse. Die Parteiführer verstünden es, in ihren Äußerungen die grundsätzliche Bejahung der Koalition mit fast balkanischen Angriffen auf ihren Koalitionspartner zu kombinieren. Die fundamentalen Unterschiede der beiden Großparteien seien also nur kaschiert worden, und man mache mitunter die merkwürdigsten Erfahrungen. So wußte Sir Geoffrey zu berichten, daß Bundeskanzler Raab eine Einladung nach Großbritannien angenommen habe, allerdings nur für sich, und das habe Vizekanzler Schärf geärgert, der daraufhin dem britischen Botschafter gegenüber Worte über Raab fallen ließ, die Wallinger „die Haare zu Berg stehen ließen".[62]

Auch eine Flitterwochenstimmung konnte verfliegen, und es ahnte wohl niemand, daß „die Zwei" dem absoluten Höhepunkt ihrer jahrzehntelangen Verbindung entgegensteuerten.

12 Ein prächtiger Frühlingstag

Ende 1954 war die zentrale Frage, wie es in Österreich weitergehen sollte, nicht zu beantworten. Soviel war freilich sicher, daß man in beiden Parteien drauf und dran war, den Wert des Staatsvertrags zu relativieren. Bei der SPÖ waren entsprechende Äußerungen schon während des ganzen Jahres 1954 zu verfolgen. Im September 1954 schrieb dann Lujo Tončić auch für die ÖVP sehr deutlich: „Österreich fordert den Staatsvertrag nur aus der Überlegung, daß er nach der Lage der Dinge den geeignetsten Weg zur Souveränität darstellt. Würde das Ziel auch ohne Staatsvertrag erreicht werden, um so besser."[1] Auch der Vorstoß in der Frage eines dritten Kontrollabkommens hatte gezeigt, daß nach der Berliner Konferenz der Gedanke auftauchte, einen Staatsvertrag weitgehend unnötig zu machen. Von den Besatzungsmächten wollte im Grunde nur noch die Sowjetunion diesen Vertrag, weshalb sie auch die österreichische Initiative zu Verhandlungen über die Erleichterung der Besetzung folgendermaßen beantwortete: Gespräche ja, aber mit dem Ziel des Abschlusses des Staatsvertrags. Im Oktober wurden „von besonderer Seite" (dahinter dürfte sich wohl ein hoher Beamter des Außenministeriums oder Minister Figl verborgen haben) in der ÖVP-Zeitschrift „Österreichische Monatshefte" Überlegungen angestellt, was die Sowjets dazu bewogen haben könnte, so beharrlich auf dem Staatsvertrag zu bestehen. Sollte, wurde da überlegt, mit dem Vorschlag der Einberufung einer Staatsvertragskonferenz in Wien eine Störaktion gegen die westeuropäischen Einigungsbestrebungen versucht werden? Sollte mit der Behandlung der Österreichfrage von den sowjetisch-chinesischen Maßnahmen gegenüber Nationalchina abgelenkt werden? Oder waren die Russen daran interessiert, in Österreich einen Dauerzustand herbeizuführen? Wenn nicht, dann wäre die letzte Gelegenheit zu ruhigen Verhandlungen gekommen. Der Schreiber verwies dabei auf eine von Bundeskanzler Raab bei einer Parteiveranstaltung gemachte Äußerung, wonach Raab noch einer einzigen Konferenz beiwohnen wollte. Wenn auch diese ergebnislos bliebe, dann sei der Zeitpunkt gekommen, das zu realisieren, was wir aus den

Vorschlägen von Helmer und anderen schon kennen, nämlich den Staatsvertrag friedlich zwar, aber doch zu erkämpfen. Daß ein derartiger „Freiheitskampf" des österreichischen Volkes die Sympathien großer Teile der Welt nach sich ziehen würde, an dem war kaum zu zweifeln.

Österreich war es müde, über den Staatsvertrag weiterzuverhandeln. Jeder einzelne war müde. Sogar ein so beharrlicher Kämpfer wie der österreichische Botschafter in der Sowjetunion, Norbert Bischoff, bat im Oktober 1954 um seine Ablösung und Versetzung nach Paris.[2] Figl wollte ihn freilich lieber nach Neu-Delhi schicken. Doch Raab bestand darauf, daß Bischoff in Moskau blieb. Denn es war abermals eine neue Hoffnung aufgetaucht. Die Begleitumstände waren recht komisch. Am 13. Oktober war ein junger Diplomat des Außenministeriums, Dr. Heinrich Gleißner, Sohn des gleichnamigen Landeshauptmannes von Oberösterreich, der Einladung zweier Sowjetdiplomaten in Wien gefolgt; der eine war Dritter Sekretär, der andere Pressesekretär an der Botschaft.[3] Nach dem Abendessen am Kahlenberg übersiedelte die Gesellschaft in eine Bar. Nachdem die Russen mehrfach unmißverständlich beteuert hatten, daß es sich lediglich um ein Privatgespräch handle – damit aber offenbar das Gegenteil andeuten wollten – legten sie los: Die offiziellen österreichischen Stellen hätten die Vorschläge Molotovs in Berlin nicht richtig verstanden. Molotov habe sich bereit erklärt, den Staatsvertrag zu unterzeichnen, wenn sich Österreich zur Neutralität verpflichte. Er habe das in Verbindung mit der Belassung von symbolischen Truppenkontingenten gebracht, gut. Doch dann erklärte der Dritte Sekretär, G. V. Gorinovič, weiter, daß nach Ansicht der Sowjetunion „Stützpunkte nicht das einzige Allheilmittel" seien, um eine Neutralität zu garantieren. So habe die Sowjetunion z. B. ihre Truppen auch aus Finnland zurückgezogen, und auch das persische Beispiel wäre zu bedenken. Die Chancen einer anderen Lösung als die Belassung von Truppen zur Sicherung der österreichischen Neutralität wären um so größer, je eher Garantien dafür geschaffen werden könnten, daß Österreich nicht irgendwann einmal seine Neutralitätsverpflichtung widerrufe. Und dann beklagten sich beide Herren darüber, daß Österreich keinerlei Initiative ergreife, um zu einem Vertragsabschluß zu kommen. Ganz zum Schluß hieß es dann, daß die Lösung der deutschen Frage keine Voraussetzung für die Lösung der österreichischen wäre. – Damit endete das Gespräch weit nach Mitternacht.

An den letzten Satz anschließend, kann man nur sagen, daß Österreich bei einer weiteren Verknüpfung mit der deutschen Frage wohl nie seinen Staatsvertrag bekommen hätte. So aber begannen die Sowjets damit, Österreich aus den großen Kombinationen herauszulösen und in neue Kombinationen überzuleiten. Dabei gab es wiederum eine besonders dichte Abfolge von Ereignissen. Nach dem Scheitern der Verhandlungen über eine gemeinsame westliche Verteidigungsgemeinschaft unter Teilnahme der Bundesrepublik Deutschland, der EVG, infolge der Ablehnung durch die französische Nationalversammlung, gelang am 20. Oktober 1954 die Schaffung der Westeuropäischen Union. Die Sowjetunion hatte mit dem Vorschlag zur Einberufung einer Viererkonferenz über die deutsche Wiedervereinigung noch einmal gegenzusteuern versucht. – Vergeblich. Während bereits die Ratifizierungsdebatten liefen, unterbreitete die Sowjetunion am 13. November einen Vorschlag zur Abhaltung einer allgemeinen europäischen Sicherheitskonferenz, mit dem Ziel des Abschlusses eines Sicherheitspaktes. Allerdings dürfe es nicht zur Wiederbewaffnung Westdeutschlands kommen. (Daß die Wiederbewaffnung Ostdeutschlands weitgehend abgeschlossen war, wurde dabei wohl übersehen.) Gleichzeitig wurde auch gesagt, daß die Sowjetunion mit ihren Verbündeten gegebenenfalls einen Ostblock bilden und alle osteuropäischen Truppen unter ein gemeinsames Oberkommando stellen würde.

Im Grunde genommen hatten wir also um 1955 mit sehr ähnlichen Problemen zu tun wie Anfang und Mitte der achtziger Jahre: Der Westen reagierte auf die sowjetische Hochrüstung gerade im konventionellen Bereich mit einem Nachrüstungsbeschluß und suchte in politischen und wirtschaftlichen Fragen mehr Gewicht zu bekommen. Mit immer neuen Anläufen wurde versucht, eine Einigung Westeuropas und die Einbindung der Bundesrepublik Deutschland zu erreichen. Das zog neue Anstrengungen des Ostens nach sich, seine Geschlossenheit ebenfalls voranzutreiben. Dabei stand immer das Bestreben gleichzuziehen im Vordergrund. Der Westen wollte rüstungsmäßig gleichziehen und der Osten wirtschaftlich. Beides ist nicht gelungen. Das Nachrüsten und das Die-Reihen-dichter-Schließen leitete aber schließlich in eine Entspannungsphase über, und das läßt zumindest einige Hoffnung für analoge Abläufe in unseren Tagen zu.

Österreich war im Prozeß der Blockbildung ein Fremdkörper. Da es zwar damit begonnen hatte, die politische und wirtschaftliche Einigung Westeuropas nicht nur mit Sympathie zu verfolgen, sondern auch mitzumachen, jedoch eine Einbindung in militärische Vereinbarungen ablehnte, ja ablehnen mußte, war Österreich in diesem Punkt ein Fremdkörper für den Westen. Da Österreich anderseits dem sowjetischen Wunsch nach militärischer Sicherheit weitestgehend entgegenkommen wollte und diesbezüglich zu jeglicher Garantie bereit war, die ein voll souveränes Österreich geben konnte, anderseits an der politischen und wirtschaftlichen Entwicklung des Ostblocks nicht teilnehmen wollte, war es in diesem Bereich wieder ein Fremdkörper für den Osten. Lösungen gab es nicht viele: Die eine wäre die komplette Teilung nach dem Muster Deutschlands gewesen, nur hätte sie einen Gewaltakt erfordert, für den es weder Absicht noch Anlaß oder Mittel gab. Die zweite Möglichkeit war die Entlassung Österreichs aus dem Besatzungsregime. Oder man verblieb bei der Besetzung, doch das wäre dann eben keine Lösung gewesen.

Sicherlich besitzt die Behauptung, das Ende der Besetzung Österreichs wäre eine unmittelbare Folge der Blockbildung in Europa gewesen, hypothetischen Charakter. Doch sämtliche anderen Erklärungsversuche wie: Österreich sollte ohnedies nur zehn Jahre besetzt bleiben, und diese Frist wäre nun abgelaufen, oder: Die Sowjets wollten ein Entspannungszeichen setzen und bedienen sich erfreulicherweise Österreichs, sind ebenso hypothetisch, beziehen aber doch sehr das Irrationale in die Erklärung ein. Man kann auch dem Zufall als echter historischer Größe einmal eine Chance geben. Bei der prinzipiellen Frage, weshalb es zum Abschluß des Staatsvertrags kam, hat der Zufall aber keinen Platz. Alle Anzeichen wiesen darauf hin, und zwar seit dem Oktober 1954, daß der Sowjetunion lediglich in einem Punkt noch zusätzlich Garantien angeboten werden mußten, und das war jener Punkt, wo von Anschlußverbot und Verhinderung ausländischer Truppenstationierungen die Rede war. Allerdings muß man den Sowjets neidlos zugestehen, daß sie auf dem Sektor des Nervenkriegs keine Konkurrenz fürchten mußten. Sie hatten geradezu ein Monopol darauf.

Noch bevor die westlichen Staaten am 30. November ihre ablehnenden Antworten zum sowjetischen Vorschlag einer europäischen Sicherheitskonferenz in Moskau übergeben hatten, fing eine nur von acht Ostblockstaaten beschickte Konferenz an, die in ihrer Schlußresolution am 2. Dezember für den Fall einer Ratifizierung der Pariser Abkommen die Schaffung eines militärischen Ostblocks ankündigte.[4] Parallel dazu hatte der sowjetische Hochkommissar Il'ičev auch in Österreich scharfe Töne gefunden und griff im Alliierten Rat am 26. November 1954 die B-Gendarmerie vehement an. Er verlangte einen alliierten Beschluß zur sofortigen Auflösung derselben.[5] Über den Mißerfolg dieser Initiative mußte er sich zwar durchaus im klaren sein, doch auch das gehörte zum Nervenkrieg. Daß Österreich tags darauf die sowjetische Einladung zur Teilnahme an der Sicherheitskonferenz ablehnte, stand damit in keinem Zusammenhang. Dem österreichischen Botschafter in Moskau, Bischoff, schien die Situation jedoch so verfahren, daß er nicht mehr an den Abschluß eines Österreichvertrags glaubte.[6] Er erlebte tagtäglich die sowjetische Propagandamaschinerei aus der Nähe und konnte sich am 14. Dezember nicht mehr vorstellen, daß es je zu einer Lösung kommen würde. Einige Kollegen in Moskau, schrieb Bischoff, doch „nicht die wichtigsten, meinen trotz allem, daß man nach der Ratifizierung [der Pariser Verträge], wenn auch vielleicht nicht gerade im Monat Mai, so eben um ein paar Monate später wieder die Gespräche aufnehmen und bis zur effektiven Aufstellung der westdeutschen Wehrmacht, die so etwas wie zwei Jahre in Anspruch nehmen soll, zu irgend einem erträglichen Modus vivendi gelangt sein wird. Möge die Entwicklung ihnen recht geben“, meinte Bischoff abschließend. Er selbst hatte keine Hoffnung mehr.

Mitte Dezember 1954 stand für die Sowjets die Struktur des östlichen Militärbündnisses bereits fest. Soviel wir wissen, war Österreich dabei nicht mehr berücksichtigt. Im Jänner machten die Sowjets dem Westen nochmals ein Angebot: Im Falle des Verzichts auf die Pariser Verträge könnte die Sowjetunion gesamtdeutschen Wahlen unter internationaler Kontrolle und der Wiedervereinigung zustimmen. Was andernfalls passieren würde, las sich in der für Österreich wichtigen Passage so: Nach der Unterzeichnung der Pariser Verträge gäbe es keine Verhandlungen mehr über den österreichischen Staatsvertrag. Die Sowjets müßten zum Schutz gegen einen Anschluß an das militante Westdeutschland in Österreich bleiben.[7]

Die sowjetische Österreichpolitik schien also weiterhin eine Funktion der Deutschlandpolitik zu bleiben. Dann zeigte es sich aber, daß auch andere Schlußfolgerungen möglich waren. Und wiederum gab es Begleitmusik: Es gab im Jänner 1955 mehrere Zeitungsbeschlagnahmungen in der Sowjetzone und am 15. Jänner eine spektukuläre Verhaftung, als der Russisch-Chefdolmetsch der Wiener Stadt- und Landesregierung, Dr. Alfred Sokolowski, in der sowjetischen Zentralkommandantur festgenommen, abgeurteilt und schließlich in die Sowjetunion verbracht wurde.[8] Alles das hätte nicht ahnen lassen, daß der sowjetische Außenminister Molotov unmittelbar nach dem Sturz Ministerpräsident Georgij M. Malenkovs, am 8. Februar 1955, in einer stundenlangen Rede unter anderem die österreichische

Regierung zu abschließenden Verhandlungen über den Staatsvertrag einlud. Nimmt es wunder, daß die Reaktionen in Österreich darauf uninteressiert und kühl waren? Man glaubte wiederum bloß an Propaganda und nicht daran, daß Österreich auch innerhalb eines Ostblocks keinen Platz hatte. Der Nervenkrieg hatte ein Opfer gefordert: Österreich! Auch Julius Raab glaubte ja nicht mehr an den Staatsvertrag. Molotov hatte ausgeführt:[9]

„Die Sowjetunion mißt der Regelung der Österreichfrage, der Frage der völligen Wiederherstellung der Unabhängigkeit eines demokratischen Österreich gemäß den Interessen der Erhaltung und der Festigung des Friedens in Europa, große Bedeutung bei. Irgend einen weiteren Aufschub des Staatsvertrages mit Österreich hält die Sowjetregierung für ungerechtfertigt. Zugleich kann man nicht umhin, auch die Gefahr für Österreich in Betracht zu ziehen, die die Pläne der Remilitarisierung Westdeutschlands vom Schlage der Pariser Verträge für Österreich mit sich bringen . . ." Und der sowjetische Außenminister setzte fort, daß die Sowjetunion daraus mehrere Schlußfolgerungen gezogen hätte: erstens müsse eine Regelung der Österreichfrage weiterhin im Zusammenhang mit der Deutschlandfrage gesehen werden. Man hätte also beim Abschluß des Staatsvertrags eine Möglichkeit zu finden, die einen neuerlichen Anschluß an Deutschland ausschließe. Zweitens müsse Österreich die Verpflichtung eingehen, in keinerlei Koalitionen und Militärbündnisse einzutreten, die gegen einen Staat der Anti-Hitler-Koalition gerichtet seien oder gegen einen Staat, der sich 1945 an der Befreiung Österreichs beteiligt habe. Außerdem dürften keinerlei ausländische Militärstützpunkte in Österreich errichtet werden. Die Regierungen der Besatzungsmächte müßten ihrerseits ebenfalls die Verpflichtung übernehmen, diese Bestimmungen einzuhalten. Drittens: Im Interesse einer raschen Regelung schlug die Sowjetregierung die Einberufung einer Viererkonferenz, unter Beiziehung Österreichs, vor, auf der sowohl die Deutschlandfrage als auch die Frage des Abschlusses des Staatsvertrags unter dem Gesichtspunkt eines Beitritts der Bundesrepublik Deutschland zu den Pariser Verträgen beraten werden sollten.

Wenn man diese Passagen analysierte – sie waren ja am 9. Februar 1955 verfügbar – dann konnte man daraus einiges ablesen – oder auch nicht.

Nicht nur Raab maß den Ausführungen Molotovs keine Bedeutung bei, auch die Westmächte hatten nichts Bedeutsames herauslesen können.[10] Wollte man davon absehen, daß Molotov eine Pflichtübung gemacht hatte, dann hatten seine Ausführungen zu besagen, daß Österreich ein Anschluß an die BRD unmöglich gemacht werden sollte. Der erste Punkt behandelte also das Anschlußverbot. Der zweite Punkt erwähnte die zwar ebenso wie das Anschlußverbot schon in Berlin gewählte Formulierung „keine Koalitionen und Militärbündnisse", schränkte das aber dahingehend ein, daß solches nur gegenüber jenen Staaten verboten sein sollte, die am Krieg der Vereinten Nationen gegen die Achsenmächte teilgenommen hatten. Außerdem sollte Österreich keine ausländischen Militärstützpunkte zulassen. Und alles das wäre möglichst rasch auf einer Botschafterkonferenz zu beraten, allerdings wieder in Verbindung mit dem Deutschlandproblem.

Man muß also wohl zur Ehrenrettung all jener, die als Opfer des sowjetischen Nervenkriegs in diesen Forderungen nicht die entscheidende Weichenstellung sahen und nicht erkannten, daß in die sowjetische Politik ein für Österreich neues Element

Eingang gefunden hatte, sagen, daß in den Formulierungen Molotovs noch zu viel Altes und zu viel Verschwommenes enthalten war, als daß die Dinge wirklich schon klar gelegen wären. „Koalitionen" stand z. B. schon im sowjetisch-finnischen Vertrag vom 6. April 1948. Dann war zu fragen, ob es sich denn wirklich nur um ein Anschlußverbot handeln sollte? Oder, wie war das eigentlich: Konnte aus der Formulierung, daß nur keine Bündnisse *gegen* Staaten zulässig waren, die am Krieg gegen Hitlerdeutschland teilgenommen hatten, nicht auch herausgelesen werden, daß jegliches Bündnis *mit* einem solchen Staat zulässig gewesen wäre, daß Österreich also durchaus militärische Bündnisse eingehen konnte, sofern nur keine fremden Militärstützpunkte errichtet würden? Die Frage ist deshalb berechtigt, weil damit die Überlegung verbunden ist, ob Österreich nicht viel zu viel angeboten hat und auf jeden Fall mehr, als die Sowjetunion forderte.

So lange sich die sowjetischen Archive nicht öffnen, werden wir auf diese Frage wohl keine Antwort bekommen, doch wahrscheinlich gab es nur die eine und schließlich auch auf ihr Zutreffen regelrecht getestete Formel von der Neutralität in einer noch zu findenden Präzisierung, die den sowjetischen Vorstellungen so weit entsprach, daß Moskau in abschließende Verhandlungen eintreten wollte. Die Karten lagen ja schon längst auf dem Tisch. Und wenn auch in Österreich nach dem Scheitern in Berlin pro forma alle gemachten Zugeständnisse wieder zurückgenommen worden waren, ja so getan wurde, als ob der Kurzvertrag noch einige Aktualität hätte, so war das ein sehr durchsichtiges Taktieren und konnte nicht beeindrucken. Auch die Neutralisierung Österreichs war nicht aus der Diskussion verschwunden, und es war jetzt nur auszusuchen, um welche Neutralität es sich handeln sollte: Um einen neutralistischen Zustand konnte es sich wohl nicht mehr handeln, denn darin konnten keine Garantien Platz finden. Aber es standen noch immer der finnische, der schwedische und der Schweizer Weg frei. Und wenn auch Adolf Schärf in seinem Anfang 1955 erschienenen Buch „Österreichs Erneuerung" schrieb, daß die SPÖ schwere Bedenken hatte und zögerte, den Weg in die Neutralität mitzumachen,[11] dann mußte man eigentlich der SPÖ nur ihr eigenes Parteiprogramm von 1947 vorlesen, wo es im letzten Punkt „Österreich frei und neutral" geheißen hatte: „Internationale Garantie der Neutralität Österreichs zur Sicherung seiner bestehenden Grenzen, seiner Freiheit und Unabhängigkeit."[12] Aus dem war eigentlich abzulesen, daß die Neutralität Österreichs im Programm beider Großparteien ihren Platz hatte. Allerdings war trotz des grundsätzlichen Konsenses noch nicht klar geworden, um welche Neutralität es sich handeln sollte.

Am 25. Februar und am 15. März 1955 übergab der sowjetische Außenminister dem österreichischen Botschafter in Moskau Erläuterungen, in denen von Molotov bestätigt wurde, daß die Sowjets eine Lösung der Österreichfrage auch ohne Friedensvertrag mit Deutschland anstrebten.[13] Danach begann die Debatte über die österreichische Verhandlungslinie. Kennzeichnend dafür war, daß die österreichische Regierung ausgesprochen bedächtig an die Behandlung der verschiedenen Erklärungen und Erläuterungen Molotovs heranging. Nicht aber, weil man sich Zeit lassen wollte oder – wie die kommunistische Presse meinte – die sowjetischen Äußerungen nicht entsprechend würdigte. Man gewinnt eher den Eindruck, daß der Fehler der Vorbereitungsphase der Berliner Konferenz vermieden werden sollte, wo ja sehr rasch und vor allem öffentlichkeitswirksam vorgegangen worden war, obwohl über die voraussichtliche Reaktion der Sowjetunion nichts bekannt war. Dadurch waren falsche Hoffnungen geweckt worden. Diesmal handelte man bewußt unterkühlt. In einem mehrfachen Notentausch wurde daher versucht, weitere Erläuterungen zu erhalten, Präzisierungen vorzunehmen und den eigenen Standpunkt klar zu machen. Im Grunde genommen war aber alles, was Molotov darauf zu antworten hatte, nur eine Wiederholung des einmal Gesagten und schließlich am 24. März 1955 die direkte Einladung an die österreichische Bundesregierung, zu Verhandlungen nach Moskau zu kommen. Da auch schon in der Unterredung zwischen Bischoff und Molotov am 25. Februar der Name Raab gefallen war, konnte mit einiger Sicherheit gesagt werden, daß die Sowjets auf höchster Ebene verhandeln wollten. Aus der sowjetischen Vorgangsweise kann man jedoch zumindest im nachhinein noch etwas anderes herauslesen: Die Russen wollten einen raschen Abschluß. Die kommunistischen Stimmen, die so taten, als ob man sich der historischen Chance nicht bewußt geworden wäre und völlig unangebracht verzögerte, waren nur Ausdruck dieser Eile. Und daß bald etwas geschah, lag sicherlich auch im österreichischen Interesse.

Die Verfahrensweise bringt uns aber zurück zur Frage – der Kernfrage – weshalb die Sowjets vergleichsweise plötzlich zum Abschluß des Staatsvertrags bereit waren. Dabei muß nochmals auf die Blockbildung verwiesen werden. Die Formierung des Westblocks schritt unaufhaltsam voran. Die Ratifizierungsphase der Pariser Verträge ging zu Ende. Mit neuen Widerständen war nicht mehr zu rechnen. Parallel dazu erfolgte jedoch auch die „Flurbereinigung“ im Ostblock und die Neuformierung des östlichen Staaten- und Bündnissystems. Ebenso unaufhaltsam. Im Zusammenhang damit gab die Sowjetunion weltweit unhaltbar gewordene oder nutzlose Außenpositionen jeglicher Art auf. Im wirtschaftlichen Bereich hatte im September 1954 ein Prozeß der Re-Nationalisierung begonnen.

Die Sowjetunion hatte ja nicht nur in Österreich ihre Wirtschaftsunternehmen, die auf das Deutsche Eigentum zurückgingen. Ähnliches gab es auch noch von Ostdeutschland über Polen und Ungarn bis Rumänien und Bulgarien, vermehrt durch bilaterale Gesellschaften in diesen Ländern sowie in China, Nordkorea und der Mongolei. Alle diese Gesellschaften wurden nunmehr renationalisiert oder zurückgegeben, im wesentlichen zwischen September 1954 und Jahresende 1955. Über die von den Satellitenstaaten für die Ablöse zu zahlenden Summen gibt es nur Schätzungen. Sie belaufen sich auf 21 Milliarden Rubel, was einer ähnlichen Dollarsumme entsprochen haben dürfte (1955: 546 Milliarden Schilling).[14] Man sollte diese Summe in Relation zu der aus dem österreichischen Staatsvertrag bekannten Summe für die Ablöse des Deutschen Eigentums von 150 Millionen Dollar (3,9 Millarden Schilling) setzen, zu denen dann noch weitere Verpflichtungen kamen. Doch insgesamt handelte es sich um ein Fünfzigstel des Gesamtkomplexes.

Die Aufgabe von Außenpositionen durch die Sowjetunion ging jedoch weiter, als daß nur das wirtschaftliche Imperium bereinigt worden wäre. Wenige Tage vor Abschluß des österreichischen Staatsvertrags ließen die Sowjets ihren Stützpunkt in Port Arthur auf. Ebenfalls aufgegeben wurde der sowjetische Marinestützpunkt Porkkala in Finnland. Und wie es den Anschein hatte, sollte auch der sowjetische Stützpunkt Ostösterreich aufgegeben werden. Allerdings sollte er nicht Stützpunkt eines anderen Staates werden und vor allem nicht der Bundesrepublik Deutschland anheimfallen. Doch letztlich wurde man sich in Österreich bis zuletzt, nämlich bis zum Augenblick, als die österreichische Regierungsdelegation nach Moskau reiste, nicht schlüssig, was die Sowjetunion zu einem Sinneswandel bewegt haben konnte und ob das Angebot der Neutralität notwendig und gewünscht sei. In der diplomatischen Korrespondenz kam das Wort Neutralität nicht vor. Auch die Überlegungen Botschafter Bischoffs, die in einem streng geheimen Schreiben an Außenminister Figl vom 27. Februar zusammengefaßt waren, erbrachten keinen Fingerzeig.[15]

Man konnte aber von etwas anderem ausgehen: Österreich selbst hatte ein durchaus großes Interesse daran, neutral zu werden. Die Darstellung, Österreich wäre nur neutral geworden, weil es keinen anderen Weg zum Staatsvertrag gegeben hätte, übersieht die Tatsache, daß schon zu einem Zeitpunkt von Neutralität gesprochen worden war, als dies noch von niemandem gefordert und besonders auch von niemandem außerhalb Österreichs nur ansatzweise gewünscht worden ist. Neutralität stand zunächst gar nicht in Verbindung mit dem Staatsvertrag. Sie war, wenn wir die österreichische Wurzel verfolgen, eine Erfindung Raabs. Allerdings ist da noch die amerikanische Wurzel, die tiefer reicht und – was die konkreten Forderungen an Staatsvertrag und Neutralität anlangt – gerader und stärker war. Die ersten konkreten Vorstöße in der Neutralitätsfrage waren freilich erst gemacht worden, als der Aspekt der europäischen Einigung eine größere Rolle zu spielen begann.

Wenn es etwas gab, das dem Gedanken der Neutralität Österreichs entgegenstand, dann waren es mittlerweile zwei Dinge: erstens die schon traditionelle militärische Schwäche des Landes, die nur dadurch ausgeglichen werden konnte, daß Österreich Anlehnung an ein größeres militärisches Bündnis suchte, und zweitens die fortschreitende Integration Europas, die ein seit langem geschwundenes Ideal zu verwirklichen schien.

Österreich verfolgte den Zusammenschluß Europas nicht nur mit Aufmerksamkeit, sondern auch mit Sympathie und der Bereitschaft, ja dem Willen, an diesem Zusammenschluß mitzuwirken. Dabei stand freilich der Gedanke im Vordergrund, Österreich würde der Nehmende und nicht auch der Gebende sein. Man darf ja nicht übersehen, daß sich in Österreich schon ein Gefühl der geistigen Verarmung und Vereinsamung breitzumachen begann. Als Leopold Figl 1954 nach Belgien gefahren war und unter anderem an der Universität Louvain einen Vortrag hielt und geehrt wurde, war er von einem Vertreter einer Studentenzeitschrift gefragt worden, welche Denker die österreichische Jugend beeinflußten.[16] In der nicht von Figl, sondern vom Pressechef Dr. Meznik ausgearbeiteten Antwort fanden sich die Namen: Jaspers, Heidegger, Sartre, Kierkegaard, Ortega y Gasset, Freud, Einstein und Spengler. Diese wahrscheinlich eher beiläufig zusammengestellte Liste ist aber insofern bezeichnend, als in ihr gerade noch Freud vorkam. Doch wohl nicht deshalb, weil er, der ja kein gebürtiger republikanischer Österreicher war, die Ost-West-Wanderung personifizierte, sondern weil er hinreichend bekannt war, um sofort einzufallen. Hatte er jedoch tatsächlich das Denken der österreichischen Jugend beeinflußt?

Allen Genannten war gemeinsam, daß sie – von Jaspers bis Spengler – westliches Denken verkörperten und ihre Aufzählung, vielleicht unbewußt, die „Verwestlichung“ Österreichs ausdrückte. Österreich war natürlich schon lange und seit 1945 in höchstem Maß abgetrennt von jenem Teil Europas, den Otto Forst-Battaglia so schön und unpräzise „Zwischeneuropa“ genannt hatte.[17] Nun war der Zeitpunkt gekommen, da Österreich von Zwischeneuropa ausgesperrt werden sollte. Daß statt dessen der Anschluß an das westliche Europa in wirtschaftlicher, geistiger und kultureller Beziehung gesucht wurde, war nur logisch. Doch – und das war der heikle Punkt –: Sollte mit der militärisch-politischen Neutralisierung Österreichs nicht auch eine kulturell-geistige Absperrung gegenüber dem Westen erfolgen?

Am 14. März übergab Botschafter Bischoff Vjačeslav Molotov ein Memorandum,[18] wonach die österreichische Bundesregierung folgende Punkte mit Befriedigung zur Kenntnis genommen hatte: erstens, daß eine Sicherung und Garantie der österreichischen Unabhängigkeit und Freiheit nach allen Seiten und auch gegen die Gefahr eines Anschlusses an Deutschland angestrebt würde, daß Österreich zweitens seine Bereitschaft, keinen militärischen Bündnissen beizutreten oder Stützpunkte auf seinem Gebiet zuzulassen, eindeutig erklären wolle. Diesbezüglich würde ein Meinungsaustausch angestrebt. Für den Fall, daß man sich über die ersten beiden Punkte einigte, würde drittens eine endgültige Lösung durch eine Konferenz der Besatzungsmächte und Österreichs aussichtsreich sein. Am selben Tag depeschierte Bischoff, daß es zum Begriffspaar „Wirkungsvolle Sicherungen und Garantien“ in der Sowjetunion zwei Auffassungen gebe: a) die des stellvertretenden Außenministers Valerian Zorin, der die Beibehaltung eines Kontrollapparates in Österreich befürwortet haben dürfte. Und b) die Auffassung Molotovs, der internationale Garantien für die Bündnisfreiheit und das Anschlußverbot suchte, wobei man im Außenministerium in Wien zum Schluß kam, daß es dabei um vertragsmäßige Festlegungen ginge, die außerhalb des Staatsvertrags getroffen werden sollten. Daß die Sowjets in Eile waren, erhellte aus einer Bemerkung Bischoffs, der berichtete, Molotov habe ihn gehänselt, Österreich hätte es „offenbar nicht sehr eilig“ mit einer Konferenz auf hoher Ebene.[19]

Die Schwierigkeit lag nach wie vor darin, daß man nicht klar wußte, wovon gesprochen und was angeboten werden sollte. Im Außenministerium in Wien hatte man in einer Analyse der Molotovrede vom 8. Februar 1955 herausgearbeitet, daß es der Sowjetunion um die Neutralisierung Österreichs und nicht um dessen Neutralität ginge.[20] Molotov sprach immer nur sehr kryptisch davon, daß man eben die beiderseitigen Vorstellungen von Sicherungen und Garantien vergleichen sollte, Bischoff bescheinigte ihm schließlich „orientalische Gelassenheit“, weil er immer wieder dieselben Phrasen gebrauchte. Man mußte aber zu einer Lösung kommen. Raab beriet sich mit seinem Generalsekretär Alfred Maleta und den Nationalräten Stürgkh und Tončić (interessanterweise nicht mit Figl) über eine mögliche Definition der Neutralität, wobei nach den Erinnerungen Tončić' Raab auf Äußerungen seines in der Schweiz lebenden Bruders Heinrich hinwies.[21] Stürgkh und Tončić rieten von einem Neutralitätsmodell nach dem Muster Schwedens ab, da dort die Neutralität nur eine Maxime der Außenpolitik und kein Bestandteil der Verfassung sei. Auf das Vorbild der Schweiz wurde nicht zuletzt deshalb hingewiesen, weil damit einer sowjetischen Neutralitätsinterpretation vorgebeugt werden sollte. Etwa in dieselbe Zeit fiel ein Abendessen, das der Staatssekretär im Außenministerium,

Bruno Kreisky, gab. Bei dieser Gelegenheit kam die Rede – wie wohl in diesen Tagen und Wochen bei Dutzenden, wenn nicht Hunderten Gelegenheiten – auf die sowjetischen Garantieforderungen. Doch zum erstenmal zeigte sich – wenn man den Erinnerungen des schwedischen Gesandten Sven Allard folgen darf – eine sowjetische Reaktion.[22] Da an dem Abendessen auch sowjetische Diplomaten teilgenommen hatten, darunter der sowjetische Gesandte Kudrjavcev, versuchte Kreisky eine Präzisierung zu erhalten und las dem Russen den auf die Schweiz bezüglichen Text der Schlußakte des Wiener Kongresses vor. Kudrjavcev soll zustimmend geantwortet haben. (Wir könnten über diesen sehr interessanten Vorfall zutreffender urteilen, wäre darüber eine österreichische Amtserinnerung vorhanden bzw. einsehbar. Eine solche ist aber zumindest noch nicht aufgetaucht.)

Damit war zwar ein Fingerzeig gegeben, und im Völkerrechtsbüro des Außenamtes wurde an Formulierungen gearbeitet, die diese Präzisierung der Garantiefrage zum Inhalt hatten. Doch noch immer war ja nicht klar geworden, ob damit wirklich den sowjetischen Wünschen zu entsprechen war. Ebensowenig war klar, ob eine Neutralität definitiv die Zustimmung der westlichen Besatzungsmächte finden würde. Vor allem aber war noch immer nicht abzusehen, ob die aus Vertretern beider großen Parteien zusammenzusetzende Regierungsdelegation bei den Verhandlungen in Moskau die Neutralität auch wirklich anbieten können würde. Denn es gab auch Widerstände, die mittlerweile allerdings weitgehend in Vergessenheit geraten sind.

Es ist sicherlich unzutreffend zu sagen, eine Partei wäre für und die andere gegen die Neutralität gewesen, so wie es auch unrichtig ist, das Verdienst am Zustandekommen des Vertrages ausschließlich für den einen oder den anderen zu reklamieren.[23] Gegner des Staatsvertragsabschlusses – und zwar österreichische Gegner – gab es genauso, wie es Gegner der Neutralität gab. Die Gegner des Staatsvertrags, die Raab vor allem in Westösterreich und um die Redaktion der „Salzburger Nachrichten" ortete, waren gegen den Abschluß des Vertrages zu den alten Bedingungen. Sie wollten den Vertrag neu verhandelt wissen, weil er zu viele überholte Passagen enthielte und nicht mehr tolerierbare Belastungen nach sich zöge. Aus einem Besprechungsprotokoll vom 28. März 1955 wissen wir, daß Raab, Figl und der aus Anlaß einer Botschafterkonferenz nach Wien berufene ehemalige Außenminister Gruber jedoch gegen ein Neuverhandeln des Vertrages waren.[24] Figl meinte wörtlich: „Wenn auch nur ein Artikel des Entwurfes geändert werden soll, dann kommen wir in unendliche Prozeduren. Der alte Staatsvertrag muß eben mit allfälligen Zusatzprotokollen angenommen werden." Das heißt, zumindest Figl war notfalls auch bereit, einen unveränderten Vertrag, entsprechend dem vorliegenden Entwurf zu unterschreiben. In der Neutralitätsfrage war die Sache womöglich noch schwieriger und uneinheitlicher. Auch in den Vorbesprechungen auf Ebene von Kanzler, Vizekanzler, Außenminister, Staatssekretär und Botschaftern kam kaum einmal das Wort Neutralität vor. Gruber meinte auch am 28. März: „Das Wort ‚Neutralität' sollte möglichst wenig gebraucht werden, selbst wenn es dem Sinn nach zu einer solchen kommen würde."[25] Und im sozialistischen Parteivorstand, wo sich Vizekanzler Schärf und Staatssekretär Kreisky ihre Ermächtigung zur Reise nach Moskau holen mußten, legten sich vor allem Innenminister Helmer und Nationalrat

Probst quer, die sogar aus grundsätzlichen Erwägungen und unter Verweisung auf den diesbezüglichen Parteivorstandsbeschluß dagegen waren, daß sozialistische Politiker die Reise mitmachten.[26]

Der Weisheit letzter Schluß war daher, und dies wurde schließlich auch ausgesprochen, daß es gar keinen Sinn hätte, mit minutiös vorbereiteten Papieren nach Moskau zu fahren und die Marschroute bis ins letzte festzulegen. Es sollte vielmehr ad hoc entschieden, das heißt reagiert und improvisiert werden. Und so geschah es auch. Wesentlich war nur, daß in den Vorgesprächen möglichst viele Aspekte erörtert worden waren, so daß die Mitglieder der Regierungsdelegation auf eine Reihe von Eventualitäten vorbereitet waren. Natürlich war die Schweizer Variante der Neutralität gründlicher durchbesprochen worden als alles andere, und schließlich hatte sich Leopold Figl auch dafür zu interessieren begonnen, welche militärischen Implikationen diese Variante hatte. Auch dabei war noch sehr vage gesprochen worden. Auf der einen Seite war davon auszugehen, daß die Neutralität, wie sie von der Schweiz gehandhabt wurde, eigenständige militärische Anstrengungen erforderte, und zwar gar nicht zu knapp. Anderseits war mittlerweile aktenkundig geworden, daß es nicht nur auf sozialistischer Seite Gegner der Aufstellung eines österreichischen Heeres gab; auch Regierungsmitglieder der Volkspartei, allen voran wohl Julius Raab, waren einem solchen Heer abhold und wollten die alte und mittlerweile bewährte B-Gendarmerie-Lösung beibehalten, obwohl diese bestenfalls ein Lückenbüßer sein konnte, eine symbolische Streitmacht.[27]

Anläßlich der Vorgespräche wurde auch schon überlegt, ob die Westmächte eventuell zu einer Garantie der österreichischen Neutralität bereit sein würden (eine entsprechende Bereitschaft der Sowjets wurde offenbar vorausgesetzt).[28] Unter diesen Voraussetzungen, so wurde überlegt, würde Österreich vielleicht um die Aufstellung eines Heeres herumkommen, und das konnte innenpolitische Schwierigkeiten vermeiden und viel Geld sparen helfen.

Tatsächlich wurden in London wie in Washington eiligst Überlegungen im Hinblick auf eine Garantie der sich abzeichnenden österreichischen Lösung angestellt. Das britische Foreign Office ließ erheben, welche Garantien Großbritannien in der Zwischenkriegszeit und nach 1945 verschiedenen Staaten gegeben hatte.[29] Dabei sollten aber nicht nur Territorialgarantien in Betracht gezogen werden, sondern auch solche, wo der Bestand eines Staates, seiner Souveränität und Unabhängigkeit auch für den Fall von innerer oder äußerer Subversion garantiert worden waren. Als zu prüfende Fälle wurden schließlich die Garantien für Polen, Griechenland und Rumänien vor dem Zweiten Weltkrieg sowie der Manilavertrag genannt, mit dem 1954 der südostasiatische Verteidigungspakt, die SEATO, geschaffen worden war.

Das amerikanische State Department stellte sich darauf ein, daß die Sowjets entweder eine internationale Garantie gegen einen Anschluß Österreichs oder eine Vier-Mächte-Garantie bezüglich einer österreichischen Nichtteilnahme an militärischen Bündnissen und fremden Truppenstationierungen fordern könnten.[30] In London wie in Washington wollte man aber noch zuwarten. Mittlerweile sollte jedoch Österreich der Rücken gestärkt werden. Eine Garantie welcher Art auch immer wurde als unerwünscht bezeichnet. Statt dessen sollte sich Österreich bemühen, jegliche Möglichkeit zur Verteidigung seiner Unabhängigkeit zu suchen. In diesem Sinne wurde auch der österreichische Botschafter in London, Schwarzenberg, im Southern Department des Foreign Office informiert.[31]

London, mehr aber noch Washington, hielten nichts von einer Garantie. Österreich sollte sich selbst schützen können. Also mußte es bei der Variante der bewaffneten Neutralität sein Bewenden haben. Und Figl resümierte die diesbezüglichen Ausführungen der militärischen Berater von Bundeskanzler Raab, er, Figl, verstünde schon: „Wir wünschen die Unabhängigkeit nach allen Seiten von allen vier Mächten garantiert. Daher müssen wir auch eine Wehrmacht haben, die an den Grenzen im Ernstfall mindestens fünf Schuß abfeuern wird."[32]

Am 11. April 1955 flog die österreichische Delegation mit Raab, Schärf, Figl und Kreisky an der Spitze nach Moskau ab. Damit traten die Staatsvertragsverhandlungen in ihr definitiv letztes Stadium ein, das von den Moskauer Verhandlungen bis zur Hinterlegung der Staatsvertragsurkunde in Moskau reichte. Es wäre aber falsch, diese letzte Runde so sehen zu wollen, als ob hier nur etwas zum Abschluß gebracht worden wäre. Generell hatten die Staatsvertragsverhandlungen ja die Zeit danach im Auge. Außerdem – und das wird wenig berücksichtigt – spielten gerade in dieser letzten Runde auch immer wieder innenpolitische und parteipolitische Fragen eine wichtige Rolle.

Nach den variantenreichen und manchmal richtiggehend diffusen Gesprächen vom Tag der Molotovrede, dem 8. Februar 1955, an bis zum Beginn der Verhandlungen in Moskau am 12. April war es überraschend, wie schnell die Verhandlungen konkret wurden und sich die harten Kerne herausschälen ließen: vollständige Bereinigung der Frage des Deutschen Eigentums, Totalabzug der Besatzungstruppen zu einem fixen Termin bei erfolgreichem Abschluß der Staatsvertragsverhandlungen und schließlich das heiß diskutierte Thema der von den Sowjets geforderten Garantien. Während die Sowjets schließlich die Neutralität als eine solche Garantie anpeilten, zögerten die österreichischen Verhandler, dieses Wort zu verwenden, und zwar vor allem, weil die sozialistischen Mitglieder der österreichischen Delegation den Begriff gerne vermieden hätten. Dafür gab es mehrere Gründe: erstens weil der Begriff noch zu unpräzise war und ja auch noch bei einer Verweisung auf die Schweiz eine Menge Auslegungsmöglichkeiten bot; zweitens weil man befürchtete, die Westmächte würden die Zustimmung doch noch verweigern und drittens, weil die Sozialisten in der Neutralität auch den Abschied von Europa sahen. Auf sozialistischer Seite wollte man zumindest für das Eingehen auf den von Raab schon bedingungslos akzeptierten Neutralitätsbegriff noch etwas zusätzlich einhandeln. Schärf machte sich also – und dazu wird er wohl entsprechende Wünsche vor allem des Ministers für Verkehr und verstaatlichte Betriebe, Waldbrunner, mitbekommen haben – dafür stark, daß die Sowjets bei der Übertragung der USIA-Betriebe, des Erdölbesitzes und der Donau-Dampfschiffahrtsgesellschaft (DDSG) an Österreich nicht nur einfach ein Übertragungs- und Veräußerungsverbot, bezogen auf deutsche physische oder juristische Personen, aussprachen, sondern generell ein Übertragungsverbot an Ausländer, so daß die zu übergebenden Betriebe zur Gänze der verstaatlichten Industrie Österreichs zugeschlagen werden konnten. Als Schärf dies ohne vorherige Absprache mit den ÖVP-Mitgliedern der Delegation Molotov, Anastas Mikojan und dem Präsidiumsmitglied Lazar M. Kaganovič vorschlug, waren diese, wie Schärf schrieb, „freudig überrascht".[33] Das letztendliche Eingehen der SPÖ auf die Neutralität stand somit in einem indirektem Zusammenhang mit einer Weichenstellung bei der Rückgabe des Deutschen Eigentums, die von der ÖVP akzeptiert werden mußte. Es fand also noch mitten in Moskau ein beinharter Poker statt, an dem sich vor allem Raab einerseits und Schärf und Kreisky anderseits beteiligten. Schließlich fanden beide Punkte Eingang in das Schlußdokument dieser Verhandlungen, das Moskauer Memorandum.

Bei der schon aus Moskau abgesandten telegraphischen Botschaft und der ersten Rundfunkansprache Raabs vom sowjetischen Flugplatz in Bad Vöslau aus, mit dem Inhalt „Österreich wird frei!", konnte man jedoch sehen, wie sehr der Rhythmus der Besatzungszeit abgestumpft hatte. Es wollte keine rechte Freude aufkommen, und es blieb eine gehörige Portion Skepsis zurück, ob die ja noch immer nicht abgeschlossenen Staatsvertragsverhandlungen dann tatsächlich die letzte Einigung bringen würden.

Die Reaktionen auf die Rückkehr der österreichischen Regierungsdelegation waren sogar enttäuschend. Nicht, daß man vielleicht generell etwas gegen das in Aussicht gestellte Ende der Besetzung gehabt hätte. Aber eine so gleichmäßige Freude und Erleichterung, wie sie im Rückblick geherrscht zu haben scheint, war tatsächlich nicht vorhanden. Vielleicht war das auch ganz gut so, denn das zwang die Verantwortlichen dazu, jedes Detail nochmals und genau zu überdenken, statt sich auf einer Welle der Begeisterung davontragen zu lassen. Es mußte ja erst bewiesen werden, daß tatsächlich das Beste erreicht worden war. Die Stunde der kühlen Rechner war gekommen.

Aus den Moskauer Gesprächen war hervorgegangen, daß überholte Passagen des Staatsvertrags doch noch abgeändert werden konnten. Das war Raab – neben der Neutralität – wegen der innerparteilichen Kritiker und überhaupt wegen der Gegner eines unveränderten alten Entwurfs wichtig gewesen. Schärf konnte sich wiederum einige wichtige Präzisierungen und die Aufnahme eines generellen Veräußerungsverbotes für das Deutsche Eigentum als Erfolg gutschreiben. Es wurde daher auch von den sowjetischen Führern auf den Abschiedsempfängen nicht von ungefähr darauf hingewiesen, daß die SPÖ die Vermehrung der verstaatlichten Betriebe und damit der sozialistischen Einflußmöglichkeiten dem Eingehen der Sowjets auf den entsprechenden Vorschlag Schärfs zu verdanken hätte.[34] In der Neutralitäts- und in der Verstaatlichungsfrage war aber zweifellos auch schon Politik und Parteipolitik für morgen gemacht worden.

Westdeutschen Sozialdemokraten, die die Entwicklung der Österreichfrage mit Interesse verfolgten und über die Moskauer Ergebnisse ausgiebigst informiert wurden, schien die Gewichtung der österreichischen Sozialisten völlig klar zu sein: Die Neutralität wäre Beiwerk gewesen, hieß es. Die Bereinigung der wirtschaftlichen Fragen in einer die Sozialisten befriedigenden Weise hingegen wichtig.[35]

Die Stunde der kühlen Rechner war gekommen, und in dieser Stunde zeigte es sich, daß auch den Westmächten keineswegs nur an der Frage: „Neutralität ja oder nein?" gelegen war. Sie hatten wohl gesehen, daß Österreich seiner jahrelang verfolgten Philosophie treu geblieben war und sich damit abgefunden hatte, der Sowjetunion den Staatsvertrag notfalls auch abzukaufen. Im Punkt 6 des ersten Abschnitts des Moskauer Memorandums war jedoch auch festgehalten worden, daß die österreichische Bundesregierung nach der Übergabe der Vermögenswerte in der sowjetischen Besatzungszone an Österreich Maßnahmen herbeiführen werde, die eine Überführung dieser Vermögenswerte in das Eigentum ausländischer Staatsbürger oder juristischer Personen ausschließt. Ursprünglich hätte hier zumindest für einen Teil dieser Werte nur „deutsche Staatsbürger und juristische Personen" stehen sollen. Doch in den Verhandlungen mit Mikojan hatte Schärf, wie erwähnt, ein generelles Übertragungsverbot an Ausländer fixieren können. Damit war etwas, das auf Grund von früheren Vereinbarungen mit den Westmächten in Aussicht genommen worden war, nicht mehr möglich, nämlich die Rückgabe von Vermögenswerten vor allem im Erdölbereich, die seit 1938 oder 1939 in deutschem Besitz waren, an die amerikanischen, britischen, französischen oder sonstigen Vorbesitzer. Und genau bei diesem Punkt hakten die westlichen Botschafter ein.

In der Zeit vom 25. April bis Anfang Mai wurde in Wien nicht nur darüber verhandelt, wie der Staatsvertrag zu entrümpeln und fertig zu formulieren sei; es wurde auch darüber verhandelt, wie die westlichen Vorbesitzer des Deutschen Eigentums dafür entschädigt werden könnten, daß sie auf ihre alten Ansprüche verzichteten. Bei den amerikanisch-britischen Ansprüchen ging es vor allem darum, die Firmen Shell, Mobil und Esso sowie kleinere Konzerne zu entschädigen. Bei den Franzosen ging es um die Vorkriegsbesitzungen der Erdölfirma Nova sowie um Ansprüche gegenüber den Aluminiumwerken in Ranshofen und der Raffinerie Moosbierbaum, wo während des Krieges französische Anlagen eingebaut worden waren. Österreichischerseits wurden die Verhandlungen über diese Komplexe des Deutschen Eigentums in derselben Zusammensetzung geführt, wie die Moskauer Verhandlungen, und es wurde auch zur Festlegung der Ergebnisse eine ähnliche Form gewählt, wie beim Moskauer Memorandum, in dem sich die Mitglieder der Bundesregierung lediglich verpflichteten, für entsprechende Beschlüsse des Nationalrates zu sorgen. Am 10. Mai wurden zwei entsprechende Dokumente, die „Wiener Memoranden", unterfertigt.[36] Den genau angeführten Konzernen wurde zugesichert, daß sie, wenn schon nicht in ihre früheren Rechte wieder eingesetzt, so doch angemessen entschädigt würden. Dabei war absehbar, daß sich die Verhandlungen, für die ein Zeitraum von 21 Monaten ab Gültigwerden des Staatsvertrags vorgesehen wurde, mit den britischen, kanadischen und amerikanischen Konzernen schwierig gestalten würden, während man mit Frankreich eine vergleichsweise einfach zu treffende Regelung erhoffte. Doch über eines mußte man sich im klaren sein: Ohne Wiener Memoranden hätte es auch keinen Staatsvertrag gegeben. Er bekam somit sogar im letzten Moment einen noch höheren Preis. Daher waren auch die kühlen Rechner vonnöten.

Wir kennen die sowjetischen Forderungen im Zusammenhang mit der Finalisierung des Staatsvertrags recht genau: Für die Ablöse des Deutschen Eigentums waren 150 Millionen Dollar zu zahlen. Dazu kamen 10 Millionen Tonnen Erdöl, die in 10 Jahreslieferungen abgestottert werden sollten. (Auf Grund von späteren Zugeständnissen der Sowjets waren dann nur 6 Millionen Tonnen zu liefern.) Schließlich mußte Österreich noch die DDSG um 2 Millionen Dollar zurückkaufen. Es war ein hoher Preis, viele meinten ein zu hoher Preis, weil er nicht mehr den tatsächlichen Werten der teilweise desolaten Betriebe entsprach. Wie auch immer. Rechnet man aber schließlich noch alles zusammen, was an Werten an westliche Konzerne übertragen und welche Leistungen erbracht werden mußten, so nähert sich das – einer vorsichtigen Schätzung des ehemaligen Beauftragten für die Abwicklung der Wiener Memoranden, Dr. Hans Igler zufolge – der 60-Millionen-Dollar-Grenze.[37] Unter Einrechnung der Erdöllieferungen und der DDSG können wir also grob sagen, daß die westlichen Forderungen rund ein Drittel der sowjetischen betrugen. Auch hier war also durchaus nicht von Generosität zu sprechen. Zieht man dann auch noch in Betracht, daß es sich bei dem, was den Sowjets – überhöht – abgelöst und dem Westen abgegolten wurde, weitgehend um dieselben Besitzungen, Betriebe, Anlagen etc. handelte, dann wird deutlich, daß Österreich für ein und dasselbe zweimal zahlte. Und als sich schließlich die deutschen Vor- und Zwischenbesitzer meldeten – und das wurde dann noch zu einem besonderen Problem, das wiederum das Verhältnis zur Bundesrepublik Deutschland erheblich belastete – da hatte es den Anschein, als müßte Österreich noch ein drittes Mal dafür zahlen. Das wurde jedoch nur in Einzelfällen und bei der Abgeltung von limitierten Ansprüchen von Privatpersonen praktiziert.

Es läßt sich also unschwer die Feststellung treffen:

Wenn der Staatsvertrag nicht in eine Phase stärksten Konjunkturanstiegs und einer hervorragenden österreichischen Zahlungs- und Leistungsbilanz gefallen wäre – man hätte sich den Staatsvertrag kaum leisten können. So aber konnte in der Stunde der kühlen Rechner geboten, gegengeboten und saldiert werden. Der Staatsvertrag hatte seinen Preis.

„It was a gorgeous spring day when we arrived [in Vienna]“, es war ein prächtiger Frühlingstag, schrieb 1966 rückblickend Livingston Merchant, der elf Jahre zuvor als stellvertretender Außenminister für europäische Angelegenheiten im Gefolge des amerikanischen Außenministers Dulles zur Unterzeichnung des Staatsvertrags angereist war. „Flieder und Tulpen waren in voller Blüte. Auf den Straßen der Stadt standen Gruppen jubelnder Männer, Frauen und Kinder. Eine Ferienstimmung lag in der Luft und erfüllte auch uns.“[38] Flieder, Tulpen, Jubel, Ferienstimmung – sie haften also nicht nur der österreichischen Erinnerung an den Staatsvertragsabschluß an. Auch die Reminiszenzen ausländischer Akteure deuten in dieselbe Richtung. Mag sein, daß Merchant wirklich etwas Fliederduft in die Nase drang (die Tulpen waren in Wien Mitte Mai wohl schon verblüht). Doch eben dieser Fliederduft ist wie ein Parfum, das dem Staatsvertrag anhaftet und dabei den Eigengeruch dieses Finales in Wien überdeckt.

Dieser „Eigengeruch“ setzte sich aus verschiedenen Komponenten zusammen. Die weitaus stärkste war die Machtpolitik, die zur Neuordnung der Blöcke geführt hatte. Dann steuerte die Teilung Deutschlands ihr Odeur bei und schließlich auch jene zarte Pflanze, der dann später der Name „vertrauensbildende Maßnahmen“ gegeben wurde. War seit dem 8. Februar 1955, also seit der Molotovrede, schon aufgefallen, daß die Sowjets besondere Eile zeigten, den Österreichvertrag zum Abschluß zu bringen, dann hatte sich dieser Eindruck nach der Moskaureise der österreichischen Regierungsdelegation womöglich noch verstärkt. Schnell, war die

Parole für etwas, mit dem man sich zehn Jahre Zeit gelassen hatte, und es sticht geradezu in die Augen, wie getrachtet wurde, die Unterzeichnung des Österreichvertrags in einen großen Fahrplan einzupassen, bei dem es keine Verspätungen geben durfte: Am 15. April wurde das Moskauer Memorandum paraphiert – die österreichische Regierungsdelegation kehrte nach Wien zurück. Tagelang gingen in den Staatskanzleien des Westens die Wogen hoch. Am 19. April schlug Molotov seinen westlichen Kollegen eine Außenministerkonferenz vor. Am 25. April begannen in Wien die Verhandlungen mit den drei westlichen Botschaftern über die Wiener Memoranden. In Paris wurde über den NATO-Beitritt der Bundesrepublik Deutschland verhandelt. Am 2. Mai fing in Wien die Botschafterkonferenz zur Revision und endgültigen Formulierung des österreichischen Staatsvertrags an. Am 5. Mai erklärten die drei westlichen Botschafter in der Bundesrepublik das Ende des Besatzungsregimes – die BRD wurde ein souveräner Staat. Am 7. Mai annullierte das Präsidium des Obersten Sowjet den britisch-sowjetischen Beistandspakt von 1942 und den sowjetisch-französischen Freundschaftsvertrag von 1944. Am 10. Mai wurden die Wiener Memoranden unterzeichnet und umgehend der Sowjetunion bekannt gemacht. Am 11. Mai begann in Warschau eine Konferenz der Ostblockstaaten mit dem Ziel des Abschlusses eines formellen Militärbündnisses. Tags darauf wurde in Wien die Botschafterkonferenz erfolgreich abgeschlossen. Zwei Tage darauf kamen die Außenminister der Noch-Besatzungsmächte nach Wien, um den Staatsvertrag zu unterzeichnen. Die drei westlichen Außenminister Dulles, Macmillan und Pinay kamen direkt von der Frühjahrstagung der NATO aus Paris. Molotov kam aus Warschau, wo am 14. Mai der Warschauer-Pakt-Vertrag unterzeichnet worden war. Am 15. Mai war es in Wien so weit. (Da sage einer, der Staatsvertrag wäre nicht eine Funktion der Blockpolitik!) Während der Botschafterkonferenz war immer wieder angeklungen: Wenn der Staatsvertrag nicht bis zu diesem oder jenem Tag fertig sei, dann könne der eine oder andere Außenminister nicht zur Unterzeichnung kommen. Spätere Termine waren jedoch fraglich.

Diese gedrängte chronikalische Aufzählung zeigt, wie enorm dicht die Termine beieinander lagen und wie alles aufeinander abgestimmt war. Fast hat man den Eindruck, ein Tag Verzögerung hätte heillose Verwirrung stiften können, weil eben der gesamte Fahrplan durcheinandergekommen wäre. Österreich beugte sich diesem Termindruck. Zum einen, weil man ja noch immer skeptisch war und einfach die Gunst der Stunde nützen wollte, zum anderen, weil man nicht schuld sein wollte, wenn das sorgfältige Timing in Unordnung geriet. Zeitdruck, Eile, ja Hast kennzeichneten denn auch die allerletzte Staatsvertragsrunde.

Trotz des Moskauer Memorandums und der mehrfach gegebenen Versicherung: „Österreich wird frei!“, trotz der Ankündigung und schließlich Abhaltung der Botschafterkonferenz und auch noch angesichts der Nennung eines fixen Datums für die Vertragsunterzeichnung war in Österreich ein gerüttelt Maß an Skepsis geblieben und ließ sich nicht abbauen. Einiges wird dazu die Geheimhaltung beigetragen haben, denn bis zum Tag der Staatsvertragsunterzeichnung wußte man in der Öffentlichkeit über den Inhalt des Moskauer Memorandums nicht Bescheid. Über den Verlauf der Botschafterkonferenz wurden keinerlei Einzelheiten bekannt. Und über die Existenz der Wiener Memoranden und deren Inhalt wurden Herr und Frau

Österreicher anläßlich der kommentarlosen Publikation im „Amtsblatt zur Wiener Zeitung" am 2. Dezember 1955 informiert. Die Skeptiker konnte man schließlich kaum überzeugen. Sie hatten zwar via facti einiges zur Kenntnis zu nehmen. Doch sie waren es schließlich, die nicht zuletzt unter Verweisung auf die sich überstürzenden Termine unüberhörbar – und manchmal durchaus zu Recht – fragten: War das wirklich der bestmögliche Vertrag?

Das nachträgliche Bekanntwerden von eminent wichtigen begleitenden Memoranden und Verwendungszusagen trug anderseits auch einiges dazu bei, daß man in den Vertrag Sachen hineingeheimnissen wollte, die eben doch nicht zum Vertrag gehörten. – In diesem Zusammenhang ist daher zu überlegen, welchen Zweck die Geheimhaltung von Verhandlungen, aber auch von Ergebnissen haben kann. Pro und Contra lassen sich da in einer schier endlosen Weise aneinanderreihen. Bezogen auf die letzte Staatsvertragsrunde läßt sich sagen, daß die Geheimhaltung sicherlich zum problemlosen Ablauf beigetragen hat. Zu große Publizität hätte gewiß nicht gutgetan. Der Hang zur Geheimhaltung ging jedoch so weit, daß schon in der Vorbereitungsphase der Botschafterkonferenz innerhalb der österreichischen Regierung bzw. der zuständigen Ministerien kein ausführlicher, ja manchmal überhaupt kein Gedankenaustausch stattfand. Und das scheint doch so zu sein, als ob ein und dieselbe physische Existenz etwas vor sich selbst geheimhalten habe wollen. – Das Außenministerium trug die Hauptlast der Vorbereitungen und stellte schließlich auch jene Listen zusammen, anhand derer die Botschafterkonferenz die Revision des Vertragstextes vornehmen sollte.[39] Dabei wurde auch vorauszudenken versucht, was an Wünschen geäußert werden könnte, worüber die Alliierten bereit sein würden, nochmals zu verhandeln. Es war auch auf das vorhin skizzierte Terminproblem Rücksicht zu nehmen gewesen, denn es wäre doch fürchterlich gewesen, wenn die Außenministerkonferenz und die Unterzeichnung aus Termingründen nicht hätten zustande kommen können und wenn plötzlich neue Gesichtspunkte oder abermals eine von Österreich gar nicht zu beeinflussende Entwicklung dazu geführt hätten, daß der Vertrag doch nicht unterzeichnet würde. Zu diesen Rücksichtnahmen, Erwägungen und Terminproblemen kam die schon zur Doktrin gewordene Auffassung auf dem Ballhausplatz, daß es im Grunde nur wichtig sei, den Vertrag zu bekommen, und lediglich von sekundärer Bedeutung, was im einzelnen drinnen stünde, denn über die Abänderung des einen oder anderen Artikels könne man dann später einmal verhandeln. (Eine irrige Ansicht, wie sich herausstellen sollte.) – Mit dieser Haltung und mit diesen Vorgaben arbeitete das Außenamt den Vertrag durch und merkte Punkt für Punkt an, wo Österreich Änderungswünsche hatte und wo nicht. Bei einer Reihe von Punkten konnte man schon auf Grund der Moskauer Verhandlungen sicher sein, daß zumindest die Sowjets einer Streichung zustimmen würden. Andere waren so eindeutig überholt, daß kein nennenswerter Einspruch zu erwarten war. Dann gab es eine Reihe von Punkten, die – wiederum als Ergebnis der Weichenstellung in Moskau – neuverhandelt und abgeändert werden mußten. Und schließlich gab es eine Reihe von Punkten („alte Möbel" hatte sie Julius Raab im April genannt), die entweder so heikel waren, daß man sie nicht antasten wollte – oder aber man war sich im Außenministerium über die Tragweite mancher Bestimmungen nicht im klaren.

Auf der Botschafterkonferenz vom 2. bis 12. Mai wurden zwölf Artikel gestrichen und eine Reihe von Artikeln abgeändert. Anderes mußte in der bisherigen Form übernommen werden, weil entweder die Besatzungsmächte verklausuliert abgewunken hatten, oder auch deshalb, weil im Außenministerium der österreichische Standpunkt dahingehend festgelegt worden war, daß es hieß: „Keine Änderungswünsche". Gerade im Teil II, Militärische und Luftfahrtbestimmungen, zu deren Durcharbeitung keine Fachleute des Innenministeriums – oder außenstehende Experten – beigezogen worden waren (Geheimhaltung war die Parole), blieben nicht nur die Raabschen „alten Möbel" stehen, sondern wurde Unsinniges verlangt und für die Zukunft festgeschrieben. Der Artikel 13 „Verbot von Spezialwaffen" verbietet daher Österreich nicht nur den Besitz von Atomwaffen und Massenvernichtungsmitteln, sondern auch den Besitz von selbstgetriebenen oder gelenkten Geschoßen und Torpedos, ferner von Seeminen, bemannten Torpedos, Unterseebooten und anderen Unterwasserfahrzeugen sowie von Motor-Torpedobooten und spezialisierten Typen von Angriffsfahrzeugen, worunter man sich alles oder nichts vorstellen kann. Sinnlos war auch die Beibehaltung des Artikels 15, Absatz 1, mit dem Österreich verpflichtet wurde, zu gewährleisten, daß Deutschland nicht in der Lage sei, außerhalb des deutschen Territoriums Schritte für eine Wiederaufrüstung zu unternehmen. (Österreich hat es denn auch nie verhindern können oder auch nur zu verhindern versucht, daß deutsches Militärpersonal in der Sowjetunion oder in den USA ausgebildet wird, oder daß von diesen und anderen Ländern Impulse zur deutschen Wiederaufrüstung ausgingen.) Schließlich war wohl auch die Verpflichtung Österreichs zuwenig durchdacht worden, keine Zivilflugzeuge deutscher oder japanischer Bauart zu erwerben oder solche Flugzeuge, bei denen eine größere Zahl von Teilen deutscher oder japanischer Bauart seien. – Es gibt noch andere Beispiele.

Eine Bestimmung wurde freilich auf der Botschafterkonferenz gestrichen, obwohl dies weder von Österreich gewünscht noch vorgebracht worden war, nämlich jene Klausel, die es Österreich verbieten sollte, paramilitärische Verbände zu unterhalten. Sowjets und Franzosen waren für die Streichung der Bestimmung und Amerikaner wie Briten stimmten dem zu. Dabei war das einer jener Punkte, an dessen Aufnahme ÖVP wie SPÖ durchaus interessiert waren, denn er sollte ja verhindern helfen, daß es in Österreich je wieder zu einer Entwicklung wie in der Ersten Republik und zur Ausbildung von Bürgerkriegsarmeen kam. Doch die Alliierten dachten da anders, und die österreichischen Verhandlungsteilnehmer erhoben keinen Einwand.[40]

Interessanterweise gab es jedoch unmittelbar nach der Veröffentlichung des Vertrages nur einen einzigen Artikel, an dessen Beibehaltung heftig und auch von einer größeren Zahl spontan Kritik geäußert wurde. Es geschah dies in Zusammenhang mit Artikel 10, Absatz 2, in dem es heißt: „Österreich verpflichtet sich ferner, das Gesetz vom 3. April 1919, betreffend das Haus Habsburg-Lothringen, aufrechtzuerhalten." Außenminister Figl, der einen Teil der diesbezüglichen Protestschreiben zugeleitet bekam, eines beispielsweise vom ehemaligen Staatssekretär Karl Karwinsky,[41] bemühte sich, lediglich zart darauf hinzuweisen, daß es in dieser Frage zu einem Konflikt zwischen ÖVP und SPÖ gekommen war und sich die SPÖ striktest gegen einen Vorstoß zur Streichung des Artikels ausgesprochen hatte. Raab ging in seinen Erläuterungen noch weiter: Auf einem außerordentlichen Bundesparteitag der ÖVP am 18. Mai gab er seiner Überzeugung Ausdruck, daß in dieser staatsvertraglichen Bestimmung eine „vollkommen überflüssige Souveränitätsbeschränkung“ enthalten sei.[42] „Aus diesem Grund“, sagte Raab, „habe ich noch vor Abschluß der Konferenz dem Herrn Bundespräsidenten einen Besuch abgestattet, ihn darauf aufmerksam gemacht und ihn gebeten, durch eine Intervention die Möglichkeit eines einheitlichen Vorgehens der österreichischen Delegation auf Streichung zu schaffen“ – Körner hat das entweder nicht versucht, oder er hatte keinen Erfolg. Schließlich brachte Figl diese Frage doch noch während der Botschafterkonferenz aufs Tapet, erreichte jedoch abermals nichts, da die Sowjets eine Diskussion über die Habsburgpassage ablehnten. – Am Nachmittag des 14. Mai trat schließlich die Außenministerkonferenz zusammen, die nur noch das fertige Vertragswerk abzusegnen und sich mit der letzten österreichischen Vorbringung zu beschäftigen hatte, nämlich dem Wunsch nach Streichung des Punktes 3 in der Präambel über die Mitverantwortung Österreichs am Zweiten Weltkrieg. Daß dieser Wunsch vorgebracht werden sollte, war nicht verwunderlich, denn Leopold Figl hatte ein dementsprechendes Ersuchen schon für die Berliner Konferenz vorbereitet gehabt und auch bei seiner Eröffnungsrede vor der Botschafterkonferenz diesen Punkt erwähnt. Der Absatz wurde schließlich auch sang- und klanglos gestrichen. Am 15. Mai 1955 war es dann so weit. Im Großen Festsaal des Oberen Belvedere in Wien wurde der Staatsvertrag unterzeichnet. Die berühmte Balkonszene – Figl den Vertrag präsentierend – ist zu gut bekannt, um hier im Detail geschildert zu werden, ebenso wie Reproduktionen des Gemäldes von Robert Fuchs in zahlreichen Büros und Amtsstuben der Republik hängen. Doch, wie etliche auf diesem Gemälde dargestellte Herren am 15. Mai gar nicht im Belvedere waren (und erst nachträglich vom Künstler hineingeschwindelt wurden), genauso ranken sich um den Staatsvertrag von 1955 gleichermaßen Legenden und Unwissen. Das Original des Vertrages liegt übrigens nicht, wie man annehmen könnte, in Wien, sondern in Moskau.

Geheimhaltung und Eile hatte die allerletzte Phase der Staatsvertragsverhandlungen begleitet. Und das war es auch, was dann trotz aller zweifellos vorhandenen Freude und Erleichterung über das nun absehbare Ende der Besetzung der Regierung zum Vorwurf gemacht wurde. Man mußte und muß sich auch tatsächlich fragen, ob nicht doch Chancen zu einer noch stärkeren Abänderung und Verbesserung des Vertrages vorhanden gewesen wären und nur deshalb nicht genützt wurden, weil man sich dem Zeitdiktat der Mächte gebeugt und falsche Rücksicht genommen hatte oder aber – wie im Teil II, weil die Geheimhaltung in Österreich so weit getrieben worden war, daß keine ausreichenden Informationen über die Tragweite einzelner Bestimmungen eingeholt wurden. Es kann nicht wundernehmen, daß sich die Spitzen der Koalition gegenseitig bestätigten, mehr sei nicht erreichbar gewesen. Daher konnte es auch kommen, daß der Parteivorsitzende der SPÖ, Adolf Schärf, die Kritik Innenminister Helmers abfing, genauso wie dies der Bundesparteiobmann der ÖVP, Julius Raab, gegenüber Staatssekretär Graf tat.[43] Dabei ging es aber nicht darum, den Beweis zu führen, daß wirklich das Maximum des Erreichbaren herausgeholt worden wäre. Es ging darum, die absolute Einigkeit der Großen Koalition zu demonstrieren.

Wenn es also Kritik gab und wenn dann schon – im Banne des 15. Mai 1955 – darangegangen wurde, Bedenken anzumelden, dann geschah es gleichsam losgelöst von der Staatspolitik und trug den Charakter des Privaten. Eine der interessanteren Stellungnahmen und die damit verbundene Ablehnung des Vertrages geht aus der Korrespondenz des damals führenden katholischen Publizisten, Dr. Friedrich Funder, und des außenpolitischen Experten der ÖVP und späteren Obmanns des außenpolitischen Ausschusses der ÖVP-Bundesparteileitung, Theodor Hornbostel, hervor.[44] Funder fragte ihn brieflich unmittelbar nach dem 15. Mai um seine Meinung zum Staatsvertrag. Und Hornbostel antwortete am 25. Mai: „In einem Wort, ich halte ihn für eine Schmach und für die Quelle einer großen Zahl von Gefahren und Komplikationen. Selbstverständlich sind dem früheren Text etliche, sehr gewichtige Giftzähne gezogen worden, die nicht nur wirtschaftlich, sondern auch politisch eine Katastrophe bedeutet hätten. Trotzdem bleiben immer noch der Giftzähne mehr als genug. Entweder wurden sie von unseren Unterhändlern trotz unablässiger Warnung doch nicht erkannt, oder reichte das Verhandlungstalent doch nicht aus, um die einmalige Gelegenheit der östlichen Freigebigkeit und der westlichen Verblüffung richtig auszunützen. Ja nach meiner und vieler vernünftiger, nüchterner Menschen Auffassung kam sogar ein weiterer Giftzahn in Gestalt des glatten Raubes an dem deutschen Alteigentum, wobei ich nur das Privateigentum und nicht das juristischer Personen meine, hinzu. Wo sind denn um Gottes willen alle unsere und besonders der ÖVP fundamentalen Grundsätze geblieben? Wir lassen uns die unter Militärzwang abgenötigten Ausnahmegesetze zur Entnazifizierung auf ewige Zeiten aufzwingen. Wir besitzen nun in dem unveränderten Artikel 9 die sichere Gewähr von ständigen Interventionen und Drohungen. Wer wird uns jetzt noch Auslandsgeld leihen oder bei uns investieren, wenn jederzeit die Gefahr der glatten Konfiskation auf Grund irgendeiner Peripetie der Weltgeschichte droht? Wir triumphieren über unsere Souveränität und Unabhängigkeit. Dem gegenüber unterwerfen uns die Artikel 34 und 35 in allen den Vertrag betreffenden Dingen, somit fast allen ohne Ausnahme, dem Auslegungs- und Entscheidungsrecht der vier Großmächte.“

Friedrich Funder antwortete wenige Tage später: „Ich mache mir bittere Vorwürfe, daß ich die Wahrheiten, die Du vor mir ausbreitest, nicht selbst erkannte oder, soweit ich sie verspürte, nicht öffentlich aussprach. Lieber, teurer Freund, wir müssen das Krummgewordene wieder gerade biegen. Bitte erlaube mir, daß ich daran mithelfe.“ Nur, wie sollte das Krummgewordene wieder gerade gebogen werden? Das mußte wohl ein Wunsch bleiben.

Wenn wir einmal die rein österreichischen Belange weglassen, so sticht ins Auge, daß Hornbostel darauf hinwies, daß die staatsvertraglichen Bestimmungen nicht ohne Auswirkungen auf das deutsch-österreichische Verhältnis bleiben könnten. Reihen wir diesem Zitat ein weiteres hinzu. In der Mainummer der „Zukunft“ schrieb Friedrich Scheu, einer derjenigen Sozialisten, die den österreichischen Weg durchaus kritisch kommentierten, zum österreichischen Staatsvertrag. Und er tat das, was wir heute immer noch tun: Er rätselte über die letzten sowjetischen Beweggründe. Die „Modelltheorie“, die „neutraler Gürtel-Theorie“ und die „Entspannungstheorie“ schienen ihm die plausibelsten Erklärungen zu liefern. Dann aber –

und unter Verweisung auf die österreichische Neutralitätszusage schrieb er sehr deutlich: Man sollte eines nie vergessen: „Die österreichische Neutralität ist das Kind der deutschen Wiederbewaffnung." Wir sollten uns hüten, auf jene herabzusehen, deren Opfer uns letztlich den Staatsvertrag gebracht haben. – Die Auffassung, der österreichische Staatsvertrag sei nicht nur ein Erfolg der Zähigkeit bei den Verhandlungen gewesen, der Opferbereitschaft eines Volkes, der momentanen Machtkonstellation und der Bereitschaft, noch einmal tief in die Tasche zu greifen, sondern auch etwas, das die Opferbereitschaft anderer wie z. B. der Westdeutschen voraussetzte – diese Auffassung war und ist jedoch verhältnismäßig selten anzutreffen.

Im Duft des Flieders, wie ihn Livingston Merchant spürte, ging unter, daß mit dem Staatsvertrag eine allmähliche Konfrontation Österreichs mit einigen seiner Nachbarn und eine jähe Verschlechterung der Beziehungen zur Bundesrepublik Deutschland Hand in Hand gingen. – Bonn, das wußte man spätestens seit der Berliner Konferenz, war dem Staatsvertrag alles andere als günstig gesinnt. Und dabei spielte nicht nur eine Rolle, daß – wie es dann der deutsche Bundeskanzler Konrad Adenauer mehrfach ausdrückte – Deutschland das Beispiel fürchtete, nämlich die sogenannte Neutralisierung.[45] Adenauer fürchtete sicherlich den innenpolitischen Druck, wenn man von der Bonner Regierung eine Nachahmung des österreichischen Beispiels verlangen sollte. Österreich war jedoch, und das zählte womöglich noch mehr, der letzte gewesen, der das Schicksal Deutschlands teilte und mittrug, und nun waren die Deutschen endgültig allein, mit sich und mit ihrem Schicksal. Daher war immer wieder – auch von Deutschland und nicht nur von der Sowjetunion – versucht worden, die deutsche an die österreichische Frage oder umgekehrt zu ketten. Das war nun endgültig vorbei. Im Grunde genommen hatte man in einer deutschen Bundesrepublik, die um Aufnahme in die NATO rang, nur noch einer Illusion gelebt. Aber gerade deren Zerstörung schmerzte. Schmerzen verursachte auch, daß ein beträchtlicher Teil, nämlich ein Drittel (wenn man von Floskeln absieht) der staatsvertraglichen Einigung über Österreich auf deutsche Kosten ging.

Über den Inhalt des Moskauer Memorandums und die beabsichtigte Regelung des Deutschen Eigentums waren deutsche Politiker schon unmittelbar nach der Rückkehr der österreichischen Delegation informiert worden.[46] Das offizielle Deutschland war empört. Die Stimmung sank auf einen Tiefpunkt. Als die BRD am 5. Mai 1955 ihre Souveränität wieder erhielt, kam aus Österreich kein offizieller Glückwunsch. Am Tag vor der Unterzeichnung des Staatsvertrags berief die Bundesrepublik Deutschland ihren Vertreter in Wien, Carl Hermann Mueller-Graaf, zurück. Westdeutschland sandte keinen Glückwunsch zum 15. Mai.[47] (Ebenso wie der Vatikan und Spanien.) Schließlich nahm Bundeskanzler Adenauer eine Bundestagsdebatte zum Anlaß, um mit Österreich ins Gericht zu gehen und mit dem Schicksal zu hadern. Nirgends, meinte Adenauer schließlich, sei Hitler „so begeistert aufgenommen worden wie in Wien". Deutsche Zeitungen schrieben vom „Austritt [Österreichs] aus der Weltgeschichte" und ähnliches mehr. Österreich antwortete mit vergleichbaren Pointen, wie: Man habe ja erlebt, wie ein Volk Selbstmord beging, und „Reichskanzler sei Hitler in Deutschland geworden".[48] Bei dieser Kontroverse trat jedoch mehr zutage, als nur eine Auseinandersetzung über den politischen Stil. Bei den österreichischen Äußerungen war auch herauszuhören, daß man sich des versuchten Ausstiegs – wenn schon nicht aus der Weltgeschichte, so doch aus der deutschen Geschichte – bewußt war.

In Österreich war man sich trotz aller Vorwürfe an die deutsche Adresse und der Erinnerung an die bitteren Folgen des Anschlusses 1938 auch bewußt, daß die Anschlußbewegung nur ein Teil des deutsch-österreichischen Verhältnisses war. Es ließ sich mittlerweile auch schon ohne Gehässigkeit sagen, daß Österreich weder die Auseinandersetzung mit Deutschland noch das enge Zusammengehen mit ihm Glück gebracht hatte. Doch eines ließ sich ganz gewiß ebenso nicht übersehen: Es war lange Jahre hindurch nicht Deutschland der Bittende und Suchende gewesen, sondern Österreich. Das Wissen um eine längere und andere gemeinsame Vergangenheit als jene der Jahre 1938 bis 1945 war es wohl, das dann nicht einfach dazu führte, die Tür zuzuschlagen, von „selbst verschuldet" und „unabänderlich" zu sprechen, sondern einfließen zu lassen, daß man sich auch in Österreich der gemeinsamen Geschichte, Kultur und Sprache genauso wie des Schicksals bewußt war. Dazu kamen wirtschaftliche Überlegungen. Österreich hatte nichts davon, einen gar nicht gewollten Konflikt mit der Bundesrepublik eskalieren zu lassen, denn es gab niemanden, der im Handel wie im Fremdenverkehr ihren Platz einnehmen konnte.

Kaum hatte sich daher der erste Sturm gelegt, da schickte Raab seinen Generalsekretär, Alfred Maleta, in einer geheimen Mission nach Bonn, um den Standpunkt Österreichs zu erklären, aber auch die Bereitschaft zu deponieren, über Entschädigungsfragen zu verhandeln.[49] Die Reise war, wie es scheint, ein Erfolg. Daß sie unter kuriosen Umständen ablief, wissen wir seit einigen Jahren aus einer Schilderung Maletas. Er war – um die Reise nur ja zu verschleiern – mit seinem Privatwagen und vorgeblich nur in Parteiangelegenheiten nach Westösterreich gefahren, hatte von hier in die Schweiz und von dort in die BRD gewechselt. Dann kamen die Bonner Gespräche und schließlich die Rückfahrt nach Österreich. Am Tag seiner Rückkunft befand sich das diplomatische Korps auf einer Ausflugsfahrt auf der Donau. Maleta ging in der Wachau an Bord und erstattete Raab und Figl Bericht. Die Reise war geheim geblieben – glaubte er. Doch an Deck sprach ihn der sowjetische Gesandte an und fragte: „Herr Generalsekretär! Sind Sie zufrieden mit dem Ergebnis Ihrer Reise nach Bonn?"

Anläßlich der Unterzeichnung des Staatsvertrags wurde nur zu deutlich, daß Ost- und Westösterreich dazu übergegangen waren, über das Faktum der Besetzung unterschiedlich zu urteilen. Und es scheint auf der Hand zu liegen, daß der Umstand, daß jene Spitzenpolitiker, die österreichischerseits der letzten Vertragsrunde ihren Stempel aufdrückten, aus Ostösterreich kamen, zur Eile und Konzessionsbereitschaft beitrug. In Westösterreich gingen die Uhren anders. Wie anders, schilderte Heinrich Drimmel, als er schrieb,[50] daß mitten in die Feiern zum Abschluß des Staatsvertrags ein amtliches Telegramm aus Salzburg platzte, in dem gefragt wurde, „wer wohl in Hinkunft den Einwohnern dieses Bundeslandes den Verlust der Einnahmen entschädigen würde, die sie bisher aus dem reichlichen Aufwand der GIs des amerikanischen Besatzungselements gezogen hatten". So kraß wurde wohl kaum einmal danebengegriffen, wie mit diesem Telegramm. Doch es war unübersehbar und nur natürlich, daß man in Westösterreich anders über das Ende der Besetzung dachte als im Osten.

Für die Steiermark und Kärnten war die britische Besatzungsmacht seit Anfang 1954 zu einer symbolischen Größe geworden. Die Engländer waren kaum mehr zu spüren gewesen und wurden vor allem in Kärnten immer auch als eine Art Schutzmacht gegen Jugoslawien gesehen. In Tirol und Vorarlberg gehörte es seit Oktober 1953 zu den Seltenheiten, wenn man noch einen der wenigen französischen Gendarmen zu Gesicht bekam. Hier hatte die Besatzungszeit rund zwei Jahre früher ihr Ende gehabt. Das fand auch im Herbst 1955 bei einer Sitzung des Vorarlberger Landtags seinen Ausdruck, als der Landtagspräsident Dr. Josef Feuerstein eine Grußadresse an die östlichen Bundesländer richtete, so als ob er sie wieder im Schoß des übrigen Österreich begrüßen wollte.[51] Feuerstein erklärte auch, warum man in Vorarlberg vom Ende der Besatzungszeit nicht so berührt worden war wie anderswo, weil das Land eben schon zwei Jahre zuvor diesen Tag erlebt hatte. Und weiters hieß es: „Auch in einer anderen Richtung hatte Vorarlberg nicht eine solche Bedrängnis durch die Besatzung, weil nach anfänglichen Mißständen die Disziplin und der gute Wille der Besatzungsbehörden manches viel erträglicher machte, als es etwa anderswo in österreichischen Landen gewesen war."

Faßt man diese Äußerungen von Salzburg bis Vorarlberg zusammen und vergleicht man sie mit dem, was in Ostösterreich gesagt und empfunden wurde – die hier immer wieder zitierten Lageberichte der Sicherheitsdirektionen legen darüber beredtes Zeugnis ab –, dann reduziert sich der Abschluß des Staatsvertrags auf den Abzug der alliierten Truppen. Die einen waren froh, weil die Besatzungssoldaten nun auch aus dem Osten abzogen. Die anderen sagten mehr oder weniger deutlich, der Vertrag wäre für sie nicht mehr so wichtig gewesen, weil sie ja keine Besatzungstruppen im Lande gehabt hätten, und der dritte sah in den Besatzungstruppen den zahlenden Fremden, den ausländischen Touristen, der plötzlich ausbleiben und die Nächtigungsziffern senken sollte. – Spätestens an diesem Punkt verliert der Staatsvertrag seinen Fliederduft.

Nach dem 15. Mai hieß es, das Ende der Besatzungszeit zu administrieren. Dazu gehörte eine ganze Reihe von Dingen. Zum einen lief die Ratifikationsdebatte im Nationalrat an, denn noch war der Vertrag ja nicht in Kraft getreten. Dann waren Überlegungen anzustellen, wie – dem Moskauer Memorandum entsprechend – an eine Neutralitätserklärung gegangen werden konnte. Mehrere Textvarianten wurden ausgearbeitet. Und schließlich verdienten noch die alliierten Einrichtungen in Österreich Beachtung, die vorderhand ja weiterbestanden und nur allmählich an die Einschränkung ihrer Tätigkeit gingen.

Noch ehe die Ratifikationsdebatte aufgenommen werden konnte, ventilierte Bundeskanzler Raab eine Parlamentsinitiative der Volkspartei, wonach Parlamentarierdelegationen aus Wien zu den Volksvertretungen der übrigen Staatsvertragssignatare fahren sollten, um diese dazu zu bewegen, den Vertrag noch vor dem Sommer zu ratifizieren.[52] Raab nannte als Grund dafür, daß er solchen Nachdruck üben und die schon mehrfach apostrophierte Eile beibehalten wollte, den Wunsch, die Eröffnung der Wiener Staatsoper bereits in einem von Besatzungstruppen geräumten Österreich vornehmen zu können. Er entschuldigte sich fast dafür, daß man sich von den Besatzungssoldaten so rasch verabschieden wollte. Da im Vertrag ohnedies ein spätestes Räumungsdatum genannt war, nämlich der 31. Dezember 1955, und auch gar nicht verhindert werden konnte, daß Truppen über die 90 Tage Räumungsfrist hinaus bis zu diesem Datum in Österreich blieben, kann Raabs Vorschlag eigentlich nur so verstanden werden, daß auch er noch immer nicht restlos davon überzeugt war, der Vertrag würde wirklich in Kraft treten. Jeder größere internationale Zwischenfall konnte zu einer Krise in den Beziehungen der Großmächte führen – und was dann? – Wie wir wissen, war die Sorge unangebracht.

Auch ohne die Parlamentarierdelegationen, die dann doch nicht ausgeschickt wurden, um ihre ausländischen Kollegen zur Eile anzuspornen, gingen die Ratifizierungsdebatten in allen betroffenen fünf Staaten zügig voran. Dieses „zügig" hat jedoch eine Doppelbedeutung, denn abermals zeigte es sich, daß hier Zug um Zug gehandelt wurde. Am 25. Mai wurde dem österreichischen Nationalrat der Staatsvertrag zur Behandlung zugeleitet. Unabhängig davon – und dennoch natürlich engstens damit verbunden – ging dem Nationalrat ein Entschließungsantrag zu, betreffend die Erklärung der Neutralität Österreichs. Darin war schon der fast genaue Wortlaut des späteren Neutralitätsgesetzes enthalten, vor allem auch jener Satz, in dem es hieß, daß Österreich entschlossen sei, seine Neutralität mit allen ihm zu Gebote stehenden Mitteln aufrechtzuerhalten und zu verteidigen.[53] Daß dieser Entschließungsantrag schon zu einem so frühen Zeitpunkt eingebracht wurde, hing damit zusammen, daß der Antrag eine rasche und reibungslose Ratifizierungsdebatte in West und Ost nach sich ziehen sollte. Dieser Schritt bekam denn auch entscheidende Bedeutung, denn die Sowjets hatten damit den Wortlaut des Neutralitätsgesetzes erfahren und der Westen, insbesondere die Amerikaner, waren darüber beruhigt worden, daß die Neutralität nicht in eine Entmilitarisierung umfunktioniert werden sollte. Die Amerikaner hatten ja – wie erinnerlich – jahrelang auf die Wiederbewaffnung Österreichs gedrängt und die Existenz echter und respektabler Streitkräfte zur Voraussetzung für ihren eigenen Truppenabzug gemacht. Die Ratifikations- und die Neutralitätsdebatte wurde daher in Österreich noch durch eine dritte Gruppe von Verhandlungen ergänzt, und das waren jene, die auf die Aufstellung des Bundesheeres abzielten. Es ging Zug um Zug.[54]

Am 1. Juni nahm der Hauptausschuß des Nationalrates die Vorlagen in Beratung. Um die Debatteninhalte möglichst rasch publik zu machen – und zwar für die Staatsvertragssignatare publik zu machen –, wurden die Hauptausschußsitzungen unüblicherweise öffentlich geführt. Am selben 1. Juni übermittelte Präsident Eisenhower dem US-Senat den Österreichvertrag. Außenminister Dulles erläuterte die in Aussicht genommene Neutralität anhand des Entschließungsantrags des Nationalrates vom 25. Mai. Am 7. Juni kamen Staatsvertrag und Entschließungsantrag über die Neutralität ins Plenum des Nationalrates. Tags darauf wurden die beiden Materien im Bundesrat behandelt und verabschiedet. Im Nationalrat hatte nur der mittlerweile aus dem VdU ausgetretene „wilde" Abgeordnete Stüber den Saal verlassen, um die Einstimmigkeit zu gewährleisten. Am 10. Juni behandelte der außenpolitische Ausschuß des amerikanischen Senats den Staatsvertrag. Am 11. Juni ratifizierte ihn bereits der Oberste Sowjet. Am 14. unterschrieb Bundespräsident Körner die Ratifikationsurkunde. Am selben Tag beschloß der außenpolitische Ausschuß des US-Senats die einstimmige Annahme. Und abermals am selben Tag passierte das Heereskompetenzgesetz den österreichischen Ministerrat – und so ging es weiter, Zug um Zug und Tag für Tag, bis dann am 27. Juli die letzte Ratifikationsurkunde, die französische, in Moskau hinterlegt war. Bis dahin waren in Österreich alle Voraussetzungen für einen weiteren klaglosen Ablauf geschaffen worden. Neutralitäts- und Wehrgesetz waren in Vorbereitung – der Westen konnte beruhigt sein. Der Sowjetunion waren die ersten Warenlisten für die Ablöse des Deutschen Eigentums zugegangen. Eine peinlich genaue und pünktliche Begleichung aller Forderungen war gewährleistet. Und am Tag der Hinterlegung der letzten Ratifikationsurkunde hielt der Alliierte Rat in Wien seine letzte Sitzung ab, bei der er den formellen Beschluß zur Aufhebung des Zweiten Kontrollabkommens und zur Einstellung der Tätigkeit der Alliierten Kommission für Österreich faßte. Dann wurden vier Nationalhymnen gespielt – die Amerikaner spielten noch zusätzlich den Radetzkymarsch.

Das Ende des Besatzungsregimes brachte aber nicht nur eine Vielzahl von legistischen Problemen mit sich und erforderte ein Maximum an zusätzlichen Anstrengungen. Das Ende des Besatzungsregimes warf vor allem auch die Frage auf, wie die Übertragung der Geschäfte von den Besatzungsmächten auf österreichische Stellen zweckmäßigerweise vor sich gehen sollte. Das war nicht nur ein Prozeß der formellen Überleitung, denn der ließ sich notfalls mit wenigen Zeilen durchführen. Am 23. Juli übertrugen z. B. die amerikanischen Behörden Österreich Rechte, Titel und Ansprüche auf Vermögenschaften und Objekte, die bis dahin der Unterbringung der Besatzungsmacht gedient hatten, unter der Bedingung, daß sich Österreich verpflichtete, davon „den besten Gebrauch . . . für die Aufrechterhaltung seiner nationalen Verteidigung zu machen“.[55] Briten und Franzosen übergaben in ähnlicher Weise jene Depots, Gerätschaften und Objekte, die sie entweder bloß beschlagnahmt gehabt oder aber aus eigenem errichtet, erworben oder hertransportiert hatten. Der Großteil davon floß ebenfalls dem Aufbau des österreichischen Bundesheeres zu. Schließlich wollten auch die Sowjets ihren Beitrag für die zukünftige Verteidigung Österreichs leisten und übergaben leichte und schwere Waffen, Panzer und Flugzeuge.[56]

In anderen Bereichen stellten die Sowjets jedoch ein Problem dar, und zwar wieder in jener „Geschäftsgruppe“, die einstmals mit dem Artikel 35 des Staatsvertragsentwurfs (Deutsches Eigentum) und nunmehr Artikel 22 des Staatsvertrags beschlagwortet wurde. Es fing damit an, daß in den USIA-Besitzungen ausgedehnte Holzschlägerungen einsetzten, die weit über den normalen Einschlag hinausgingen. Oft wurde das letzte schlagbare Holz herausgeholt. Wie schon 1949, als sowjetischerseits mit dem Abschluß des Staatsvertrags gerechnet worden war, sollte nach Tunlichkeit alles nutzbar gemacht werden, was nur irgendwie zu realisieren war. Alteisen wurde verkauft, Maschinen zur „Überholung“ abmontiert, Bohrmaterialien nach Ungarn transportiert. Die dabei gewählte Methode des „schnellen Rubels“ stand in einem auffallenden Gegensatz zu der betont korrekten und bemüht herzlichen Art, mit der die Sowjets ansonst bestrebt waren, die Besetzung zu beenden. Am 20. Mai schon hatte Botschafter Il'ičev Bundeskanzler Raab erklärt, daß die sowjetischen Militärkommandanturen sofort reduziert und auch in ihrem Wirkungsbereich beschränkt würden. Vor allem sollte ab diesem Datum keine Kontrolle der Verwaltungstätigkeit der österreichischen Behörden mehr ausgeübt werden. Bei dieser Gelegenheit erhielt man einen letzten Überblick, was alles von den Sowjets kontrolliert worden war.[57] Bis dahin war auf Gemeinde- und Bezirksebene Bericht zu erstatten gewesen über:

1. unbefugte Grenzgänger (Vorführung)
2. Situationsberichte
3. Standesmeldungen der Gendarmerie
4. Waffenstandsmeldung der Gendarmerie
5. Überprüfung öffentlicher Lokale nach von den Russen verbotenen Zeitungen und Zeitschriften
6. Vereins- und Versammlungsangelegenheiten (Angaben über die Funktionäre)
7. Ausländermeldungen
8. Flugblätter und Flugschriften in ausländischen Sprachen
9. Meldungen über besondere Anforderung.

Gemeinsam mit der Kontrolle der Landesverwaltung und den doch sehr weitgehenden Einblicken in die Bundesangelegenheiten war den Sowjets eine lückenlose Überwachung möglich gewesen, verbunden mit einer enormen Sammlung von persönlichen Daten. In zehn Jahren kam schon was zusammen! Abgesehen von dem, was sie sich, wie alle anderen auch, nachrichtendienstlich beschafften. Damit war es aber nicht getan. Anläßlich der Übergabe von USIA-Betrieben wurde die Feststellung gemacht, daß die USIA-Zentralverwaltung im Wiener Trattnerhof Weisung gegeben hatte, sämtliche Buchhaltungs- und alle Personalunterlagen der USIA und der Sowjetischen Mineralölverwaltungsbetriebe (SMV) zu entfernen. Der Abtransport gelang nicht überall, da sich österreichische Arbeiter mit Streikdrohungen und manchmal Handgreiflichkeiten gegen solche Abtransporte wehrten, die Sowjets anderseits nicht Gewalt anwenden wollten, weil das erst recht zu einer unwillkommenen Publizität geführt hätte. Doch schließlich mußte ganz einfach die Feststellung getroffen werden, daß nicht zuletzt durch diese Maßnahme den Sowjets auf längere Zeit eine Intimkenntnis in vielen Bereichen gesichert war. Zum Teil auf Jahrzehnte.

Auch das Sicherheitsproblem konnte nicht so ohne weiteres gelöst werden und machte sich gleichsam selbständig. Dabei kam es abermals und hier bereits als Appendix zur Besatzungszeit zu einer kuriosen Umwertung. Jahrelang war die Existenz des USIA-Werkschutzes als eine Bedrohung empfunden und hingestellt worden. Völlig unsinnige Zahlen von bis zu 12.000 Mann, bestens bewaffnet und ausgebildet, waren in Umlauf gesetzt worden. Sie stünden quasi „Gewehr bei Fuß" für einen Umsturz. Einer der prominentesten Generäle Österreichs, der Maria-Theresien-Ritter und Ritterkreuzträger der Deutschen Wehrmacht, Dr. Fritz Franek, wurde als militärischer Mentor des Werkschutzes genannt – was einem Rufmord an Franek gleichkam. Tatsächlich waren in den Reihen des Werkschutzes kaum mehr als 1500 Mann gewesen, verteilt auf alle größeren USIA-Betriebe. Doch als diese Werkschutzleute nun plötzlich im Juli und August 1955 abgezogen wurden und die Anlagen unbewacht blieben, da kam es zu ausgedehnten Diebereien und Demontagen, allerdings nicht durch Russen, sondern durch die österreichische Bevölkerung. Plötzlich sah man im Werkschutz ein positiv zu wertendes Instrument und bedauerte seine rasche Auflösung.[58]

Wo die Werkschutzleute nicht entlassen wurden, stellte sie die SMV noch rasch als Arbeiter oder Angestellte an. Das war ein letzter Versuch, die kommunistische Position gerade im Erdölbereich zu erhalten. Daß sich die KPÖ in der ehemaligen sowjetischen Besatzungszone um ihre Basis sorgte, ja aufgewühlt war und zur Geschlossenheit aufrief, kann nicht wundernehmen. In Neusiedl/Zaya, dem Zentrum der SMV-Betriebe und Sitz des Werkschutzkommandos, ging die propagandistische Tätigkeit allerdings so weit, daß den Arbeitern gesagt wurde, der Staatsvertrag sei nur eine Zwischenlösung, und Österreich würde später doch eine Volksrepublik werden.[59]

Um das Sicherheitsproblem in den Griff zu bekommen, mußte schnellstens versucht werden, die österreichische Gendarmerie die Bewachung der USIA- und SMV-Betriebe übernehmen zu lassen. Die Gendarmen waren es auch, die dann getreulich rapportierten, wie sukzessive die Bilder sowjetischer Staatsmänner, die sowjetischen Wappen und Fahnen abmontiert wurden, wie die Waffen eingesammelt und in die Generaldirektion der USIA gebracht wurden. Das letzte, was blieb, waren die Transparente mit Friedensparolen. Sie wurden in der Regel erst am Tag der tatsächlichen Übergabe an die österreichische Verwaltung abmontiert. Ein Teil des Kraftfahrparks der sowjetischen Betriebe wurde in Fahrzeuge der Besatzungsmacht umfunktioniert, damit er nicht übergeben werden mußte. Von Juni bis September verging fast kein Tag, da nicht irgendein Ort im Burgenland, in Niederösterreich oder im Mühlviertel von den Besatzungstruppen geräumt wurde. Anhand der Rückstellungslisten ließe sich zusammenzählen, welche Objekte, Güter, Liegenschaften etc. von den Sowjets besetzt gehalten worden waren. Es waren noch viele Hunderte, ja Tausende, von Schlössern bis zu Baracken. Im September wurde dann immer häufiger gemeldet: Ab diesem Tag ist kein Besatzungssoldat mehr in diesem oder jenem Bezirk. Eine der letzten Übergaben erfolgte am 15. September, als der Truppenübungsplatz Allentsteig-Döllersheim übergeben wurde, auf dem noch bis in den Sommer 1955 militärische Übungen der drei in Österreich stationiert gebliebenen sowjetischen Divisionen und einer regelmäßig von Ungarn dorthin verlegten Division abgehalten worden waren.

In den westlichen Bundesländern spielten sich die Übergaben in wesentlich kleinerem oder im kleinsten Rahmen ab. Die geräumten Objekte zählten in der Regel zu den gut ausgestatteten Häusern, Villen oder Hotels. Dann wurden die letzten Kasernen geräumt, und somit war der Tage gekommen, an dem die B-Gendarmerie mit meist sehr kleinen Kontingenten eine symbolische Übernahme durchführen konnte.[60]

Die Wehrdebatte, die den Sommer über und bis zur Verabschiedung des Wehrgesetzes am 7. September 1955 geführt worden war, hatte nicht immer idente Auffassungen bei den großen Parteien zutage gefördert. Über den erzielten Kompromiß wird noch zu berichten sein. Wenige Tage nachdem die wohl bekannteste Einrichtung der Wiener Interalliierten Kommandantur am 14. September ihre Existenz beendete, nämlich die „Vier im Jeep", die interalliierte Militärpatrouille, rückte die erste Einheit der inzwischen in „Provisorischer Grenzschutz" umbenannten B-Gendarmerie zu ihrer ersten Parade in Wien aus. Die Einladung, die Bundeskanzler Raab aus diesem Anlaß an Regierungsmitglieder ausgab, war fast kurios. Im Auftrag des Kanzlers schrieb Sektionschef Dr. Eduard Chaloupka: „Die geringe Stärke der militärischen Abteilung läßt es jedoch dem Herrn Bundeskanzler angezeigt erscheinen, für die Durchführung dieser Parade, was die Einladung der offiziellen Persönlichkeiten anbetrifft, einen verhältnismäßig eng umgrenzten Rahmen zu wählen.“ Das heißt, es sollten nicht zu viele Prominente den Vorbeimarsch einiger weniger abnehmen.[61]

Dabei war es aber wohl nicht so sehr die Kleinheit der militärischen Formation, die zu bescheidener Teilnahme einladen ließ, als vielmehr der Umstand, daß man sich hinsichtlich der Wertschätzung und der Funktion der neuen Wehrmacht nicht präjudizieren wollte. Wie in so vielen Fällen endete auch in diesem Fall die Besatzungszeit mit einem Fragezeichen.

Ab dem 19. September 1955 begann man in Österreich, genauer gesagt im Osten des Landes, daran zu glauben, daß der Staatsvertrag wirklich den vollständigen Abzug der Besatzungstruppen nach sich ziehen und daß nicht noch in letzter Minute etwas Unvorhergesehenes passieren würde. An diesem 19. September verließen die letzten sowjetischen Soldaten Ostösterreich. Sie hatten ausgiebig Abschied gefeiert und waren manchmal nicht nur den jahrelang angeprangerten, weil gewalttätigen Regungen, sondern auch solchen sentimentaler Natur erlegen. Im Bild festgehaltene tränenreiche Abschiede sprechen für sich. Auf der Ebene des durchschnittlichen Besatzungssoldaten- und Offiziers hatten sich die Jahre in Österreich auch sicherlich anders dargestellt als auf der österreichischen politischen Ebene. Für die Sowjets war ihre Präsenz doch auch mit den Annehmlichkeiten westlicher Lebensart sowie mit vielen dauerhaften und persönlichen Bindungen verbunden gewesen – und daher waren die Tränen echt. Für die westlichen Alliierten stellte die Zurücknahme ihrer Besatzungstruppen aus Österreich – und mehr war es ja zunächst nicht, da die abgezogenen Kontingente grenznah versammelt blieben, bei weitem kein so großes logistisches Problem dar wie für die Sowjets, denn die Westmächte hatten ja viel weniger zu transportieren als die Russen. Die Franzosen verabschiedeten sich fast unbemerkt und zogen ihre ohnedies nur noch aus protokollarischen Gründen in Wien unterhaltenen Truppen und die Gendarmen aus Tirol und Vorarlberg gleichzeitig mit den Sowjets ab. Blieben noch Briten und Amerikaner, die ihre größeren Kontingente bis Mitte Oktober 1955 abgezogen hatten. Schließlich ging es nur noch darum, wer der letzte war. Die diesbezüglichen Nachforschungen brachten ein überraschendes Ergebnis.

Bis zum 25. Oktober hatten zwar die allermeisten Besatzungssoldaten Österreich verlassen, tatsächlich gab es aber zumindest eine Verzögerung, denn der Public Safety Officer des britischen Elements, Oberst E. T. Roberts, wurde in Klagenfurt erst am 29. Oktober offiziell verabschiedet.[62] Das ganze hat freilich nur den Charakter des Kuriosums, denn tatsächlich gab es ab dem 25. Oktober ja keine Verbände und Stäbe mehr. Die Sache ist überhaupt nur deshalb interessant oder zumindest berichtenswert, weil Österreich ja eingestandenermaßen seine Neutralitätserklärung an jenem Tag abgeben wollte, an dem der letzte Besatzungssoldat das Land verlassen hatte. Das ist – wie wir nun wissen – nicht gelungen, wenngleich man zweifellos in gutem Glauben gehandelt hat. Am 25. Oktober endete die 90tägige Frist für den Truppenabzug von dem im Staatsvertrag die Rede war. Da es im Text jedoch ausdrücklich hieß „spätestens aber bis zum 31. Dezember 1955“ habe der letzte Besatzungssoldat Österreich zu verlassen, war aus der Anwesenheit eines einzelnen oder auch mehrerer durchaus kein Verstoß gegen staatsvertragliche Bestimmungen abzulesen.

Noch in den tränenreichen Abschied hinein begann bereits die Politik für die Zeit danach. Dabei wurde deutlich, wie sehr die Verhältnisse der Besatzungszeit zum Maßstab für jegliche Bewertung geworden waren. Da galt es einmal zu erklären, wieso es überhaupt zum Abschluß des Vertrages gekommen war und welche Bedeutung ihm wie der immerwährenden Neutralität zukam. Der britische Botschafter Sir Geoffrey Wallinger leitete einen diesbezüglichen Diskurs mit Bundeskanzler Raab am 2. Juni damit ein, daß er sich beschwerte.[63] Raab hatte Molotov ausdrücklich wegen des Zustandekommens des Staatsvertrags gelobt, und das war dem britischen (Noch-)Hochkommissar und Botschafter alles andere als recht. Österreich, so meinte er, sollte doch die Zusammenhänge endlich erkennen. Der Staatsvertrag sei ja nicht wegen irgendeiner Volte, sondern ausschließlich wegen der Einigung des Westens zustande gekommen. Wozu also Molotov besonders loben. Schließlich wollte Wallinger, so wie das auch die Amerikaner taten, die Bereitschaft der Großparteien erkunden, die Große Koalition weiterzuführen. Raab konnte ihn beruhigen. Dann aber gab der Kanzler selbst eine Erklärung über Staatsvertrag und Neutralität ab, die eine interessante Variante enthielt. In Deutschland, so meinte Raab, sei der Anschlußgedanke noch nicht so tot, wie man vielleicht glaube. Es mußte daher eine ganz strikte Trennung und einen völlig anderen Weg Österreichs geben, um dieses Problem ein für allemal zu beseitigen. Die Neutralität aber sei angesichts des Wegs der Bundesrepublik Deutschland das wohl deutlichste Zeichen der Lostrennung.

Wallinger hatte da eine andere Sicht der Dinge. Die Geschwindigkeit, mit der sich die Ereignisse jagten, hätten die österreichischen politischen Führer atemlos und ungläubig werden lassen, schrieb der Brite.[64] Was man zehn Jahre gehofft hatte, war eingetreten: Die Russen packten ihre Sachen („und einige, die nicht ihnen gehörten"). Den Staatsvertrag habe aber wohl niemand wirklich gelesen bis auf die Deutschen, die dann herausfanden, daß die Besatzungsmächte und Österreich die Rechnung auf Kosten der Deutschen gemacht hätten. Die Österreicher aber wären glücklich, neutral zu sein wie die prosperierenden Länder Schweiz und Schweden. Dabei seien sich diese Österreicher durchaus im unklaren darüber, was Neutralität wirklich bedeute. Sie wollten schließlich noch ihre Grenzen garantiert haben und sähen darin nichts anderes als einen gerechten Ausgleich für vergangene Leiden. Solcherart würden sie sich auch für alle Zukunft in ein Himmelbett legen wollen.

Sir Geoffrey stellte fest, daß sich beide Großparteien das Zustandekommen des Staatsvertrags zugute hielten. Das hätte schon zu manch unschöner Szene geführt. Uneinigkeit gäbe es in der Heeresfrage, wo insbesondere die SPÖ gespalten sei. Uneinigkeit gäbe es auch in der Verstaatlichungsfrage, da die SPÖ die Betriebe des Deutschen Eigentums, die nun zurückgegeben würden, allesamt verstaatlichen wolle, während von der ÖVP, aber auch von Pragmatikern in der SPÖ durchaus verstanden würde, daß man diese Betriebe nicht einfach verstaatlichen dürfe, da Österreich ausländisches Kapital und Know-how brauche. Raab deutete an, daß man auch mit der Bundesrepublik Deutschland noch über das Deutsche Eigentum werde sprechen müssen. Schärf wendete ein, daß der Staatsvertrag dazu keine Möglichkeit böte. – Die Nach-Besatzungszeit hatte also schon voll begonnen. Und wie es mit der Koalition weitergehen würde, formulierte Raab schließlich in einem einfachen Satz: Wir sind zur Zusammenarbeit „verdammt in alle Ewigkeit".[65]

Sollte es das Ziel der Sowjets gewesen sein, die österreichische innere Ordnung mit Hilfe des Staatsvertrags zu destabilisieren, so sei ihnen das vollständig gelungen. Über zahlreiche Fragen sei es zum Zwist gekommen, und es sehe alles andere als gut aus. Im Grunde genommen sei vieles am österreichischen Erscheinungsbild irreal, und das einzige, worauf Österreich mit Recht stolz sein könne, seien seine Musik und seine Kunstwerke. Sir Geoffrey Wallinger konstatierte also wieder einmal statt berechtigter Festesfreude Katzenjammer. Doch dieser hatte wohl vor allem ihn erfaßt. Vom prächtigen Frühlingstag des Livingston Merchant war für ihn nur noch ein trüber, regnerischer Herbsttag übriggeblieben.

Die Besatzungszeit war zu Ende. Über ihren Stellenwert in der österreichischen Nachkriegsgeschichte etwas Abschließendes sagen zu wollen, ist jedoch nach wie vor schwer. Zu viele Wenn und Aber stehen einer einfachen Beurteilung im Weg. In manchem war es die schwerste Zeit der Zweiten Republik, in manchem war es die leichteste Zeit. Elend und Not kennzeichneten sie genauso wie stetiger Aufstieg und ein sicheres Wollen. Ein Siebenmillionenvolk hatte ein klares Ziel vor Augen und war schon deshalb unmittelbar mit dem Weltgeschehen verbunden, weil es selbst immer wieder im Mittelpunkt desselben stand. Sicher lassen sich die von Ivo Andrić in seinem Roman „Die Brücke über die Drina" über die österreichisch-ungarische Herrschaft in Bosnien gemachten Bemerkungen nicht linear auf die Okkupation Österreichs nach 1945 übertragen, doch sie scheinen so falsch auch wieder nicht, daß man sie nicht in diesem Zusammenhang zitieren könnte: „Die neue Obrigkeit hatte nach den ersten Mißverständnissen und Konflikten bei den Menschen einen bestimmten Eindruck der Festigkeit und Dauer hinterlassen . . . Sie war unpersönlich, mittelbar und schon daher leichter zu ertragen als die alte türkische [man könnte auch sagen: deutsche] Herrschaft . . . Die Träger der neuen Macht waren in ihrer Mehrzahl dem Lande fremd, dem Volk unbekannt und an und für sich unbedeutend, aber auf Schritt und Tritt fühlte man, daß sie kleine Rädchen eines großen Mechanismus waren und daß hinter jedem einzelnen von ihnen in langen Reihen und zahllosen Stufen mächtige Männer und höhere Behörden standen. Dies verlieh ihnen ein Ansehen, das bei weitem ihre Persönlichkeit überragte, und einen magischen Einfluß, dem man leicht unterlag."

Über der Zukunft stand ein Fragezeichen.

13 Die Zeit „danach“

Wer ein großes Ziel erreicht hat, wird immer auch ärmer. Jedem einzelnen von uns geht es so, doch auch Staaten und Staatengemeinschaften sind diesem Phänomen unterworfen. Meist behilft man sich damit, daß dann neue Ziele genannt werden. Doch es sind häufig nur Scheinziele, die aus dem Zwang formuliert werden, nicht stehen bleiben zu können und – materialistischen wie idealistischen Vorstellungen folgend – nach immer höheren und besseren Formen des menschlichen Daseins zu suchen und dafür zu kämpfen: Das Fehlen eines entsprechenden Fortschrittsglaubens und bewußter Dynamik wird als Ratlosigkeit und Schwäche gegeißelt. Der Verlust der Fortschrittsgewißheit erscheint gleichbedeutend mit Absinken ins Sinnlose. – Doch auch die, die von einem unbändigen Fortschrittsglauben beseelt sind, werden dann ärmer, wenn sie ein großes Ziel erreicht haben.

Mit der Unterzeichnung des Staatsvertrags verlor Österreich eine Utopie. Und wenn man auch gehetzt von den Ereignissen des Jahres 1955 mit lautem Jubel die Verarmung an Inhalten zu übertönen suchte, so blieb doch die Leere zurück. Nicht, daß die Besatzungsmächte abgegangen wären und man nicht imstande gewesen wäre, deren Präsenz auszugleichen. Doch mit dem Staatsvertrag und mit der Neutralität war plötzlich das verwirklicht, was all jenen vorgeschwebt war, die bewußt darangegangen waren, diesen Staat neu zu gestalten, und die ihn ja lange Zeit nur als eine Utopie vor Augen hatten. Nun war die Idee dahin, weil sie realisiert worden war. Wie aber sollte es weitergehen?

Nach dem Wegfall der Besetzung begann eine Phase der Unsicherheit. Außenpolitisch, weil sich das neutral gewordene Österreich erst gleichsam vorstellen mußte, weil es sich von alten Bindungen zu lösen und neue Bindungen einzugehen hatte. Innenpolitisch, weil das Zusammenleben plötzlich neue Dimensionen und Gefahren zu bekommen schien. Und als Ergänzung dazu drängten wirtschafts-, verteidigungs-, sozial- und kulturpolitische Fragen nach einer Lösung. Aber statt nun ein Gefühl der Freiheit, der Weltoffenheit und Bedeutung zu haben, siegte das

Gefühl der Enge, der Beschränktheit und des Unzulänglichen. Günther Nenning und Otto Schulmeister haben es mit fast identen Worten beschrieben: Nenning nannte es das „Dämmerreich“[1] und Schulmeister die „Dämmerung, in der sich nur gelegentlich Irrlichter einfanden“.[2] Jene Irrlichter nämlich, die ein größeres Österreich, missionarische Aufgaben und eine Sendung vorgaukelten. Aufgaben also, wie sie in einem Buchtitel wie jenem von Eduard Ludwig, „Österreichs Sendung im Donauraum“, vorkommen.[3] Das Synonym für das neue, nun wirklich freie „Dämmerreich“ Österreich hat jedoch etwas Eigenartiges an sich, wenn wir die – scheinbar – logische Schlußfolgerung daraus ziehen, daß die Besatzungszeit doch nicht von jener immer wieder ausführlich beschriebenen Düsterkeit erfüllt war wie die Zeit der befreiten Republik, in der Schulmeister allenthalben die Existenz des „Sumpertums“ konstatierte. Die Helligkeit der Besatzungszeit wird wohl in dem Umstand zu suchen sein, daß sie ein Ende gefunden hat und daß wir über sie als eine Periode nicht nur marginal erlebter, sondern auch positiv zu Ende gebrachter Geschichte urteilen können, während die nachfolgende Zeit zu uns her noch offen ist. Die „Helligkeit“ der Besatzungszeit wird jedoch auch durch das Vorhandensein von großen staatlichen Idealen und Zielvorstellungen zu erklären sein, die nachher abgingen.

Zunächst schien alles seinen gewohnten Gang zu gehen: Parlament, Wirtschaft und Parteien wußten gar nicht so recht, wo sie anfangen sollten, um alle anstehenden Probleme zu bewältigen: Während der Besatzungszeit war eine Reihe legistischer Maßnahmen insbesondere dort zurückgestellt worden, wo es sich um Gesetze mit Verfassungsbestimmungen gehandelt hatte, denn die waren ja dem Alliierten Rat vorzulegen gewesen. Da die Beurteilung von Verfassungsgesetzen durch die Alliierten nicht nur eine Sache mit unbestimmtem Ausgang war, sondern auch den Einfluß der Alliierten hätte stärker hervortreten lassen, wurden die Verfassungsgesetze auf das notwendigste Maß beschränkt. Bei den dennoch verabschiedeten Verfassungsgesetzen hatte der Alliierte Rat in 17 Fällen sein Veto bis 1955 beibehalten. Wirtschaftslenkungsgesetze und andere Wirtschaftsgesetze waren folglich immer nur verlängert worden, wobei sich diese Verlängerungen auf einen der umstrittensten Paragraphen der Bundesverfassung, nämlich Artikel 10, Absatz 1, Ziffer 15, stützten.[4] Er war, wie die gesamte Verfassung, nach dem Ersten Weltkrieg formuliert worden und besagte, daß „für die Dauer der außerordentlichen durch einen Krieg bedingten Verhältnisse . . . Maßnahmen zu einer einheitlichen Wirtschaftsführung erlassen werden können“. Doch das ist nur ein Beispiel dafür, wie die Nichtverabschiedung von Verfassungsgesetzen die Legislative behindert hatte. Neben der Aufarbeitung der besatzungsbedingten Rückstände gab es noch jede Menge von Gesetzesmaterien, die infolge der Weichenstellungen des Jahres 1955 anfielen, also mit Staatsvertrag und Neutralität unmittelbar zusammenhingen. Schließlich kam noch eine der wichtigsten Gesetzesvorlagen in das Parlament, nämlich das lange verhandelte Allgemeine Sozialversicherungsgesetz (ASVG), das für die Sozialgesetzgebung die entscheidende Grundlage für Jahrzehnte bildete.

Das Parlament war überbeschäftigt. Das Auslaufen des Zweiten Kontrollabkommens und mit ihm das Ende des Alliierten Rates hatten unter anderem den Weg frei gemacht, um die Eingliederung der letzten noch nicht amnestierten Gruppen von ehemaligen Nationalsozialisten vorzunehmen. (Die Sowjets, die zeitweilig den Anstoß zur Amnestierung gegeben hatten, waren nach 1951 jeder weiteren Lockerung der gesetzlichen Bestimmungen entgegengetreten.) Gleichzeitig endete auch – und zwar mit dem 20. Dezember 1955 – die Volksgerichtsbarkeit in Österreich. Bis zu diesem Datum waren 136.829 Fälle bei österreichischen Volksgerichtshöfen anhängig gemacht worden. Von den 48 gefällten Todesurteilen waren 30 vollstreckt worden.[5]

Zu der Eingliederung der Spätamnestierten gesellte sich die Eingliederung der Spätheimkehrer, die vor allem aus der Sowjetunion entlassen wurden. Hunderte Vermißtenschicksale ließen sich freilich nicht aufklären. Und etliche Österreicher blieben auch nach 1955 in ausländischen Gefängnissen. In Frankreich etwa, wo auch nach dem Staatsvertrag sechs Österreicher wegen Verbrechen gegen die französische Besatzungsmacht inhaftiert blieben.[6]

Die Eingliederung der Spätheimkehrer in Verwaltung und Wirtschaft war jedoch ein vergleichsweise leicht zu lösendes und vor allem soziales Problem. Keinesfalls mangelte es an Arbeitsplätzen. Die Wirtschaft hatte ganz andere Schwierigkeiten. Sie hatte einen hohen Auftragsstand und mußte das Problem der Eingliederung der USIA- und SMV-Betriebe sowie die Reprivatisierung mancher Betriebe des Deutschen Eigentums bewältigen. Die Verdoppelung des Staatshaushalts zwischen 1951 und 1956 deutet den vermehrten Geldumlauf und das gestiegene Bruttosozialprodukt an, und es machten sich vermehrt Anzeichen von Umverteilungsproblemen bemerkbar. Schwierigkeiten kündigten sich an. Doch es ging weiter.

Die meisten Probleme bestanden innerhalb der politischen Gruppierungen und vor allem innerhalb der beiden in der Großen Koalition vereinigten Parteien. Ihre bereits ein Jahrzehnt währende Koalition hatte ja nicht nur dazu gedient, klare Mehrheitsverhältnisse zu schaffen, durch die Legislative und Vollzug gewährleistet waren. Die Große Koalition war, wie wir wissen, bewußt dazu eingesetzt worden, einen möglichen Zerfall Österreichs zu verhindern und die Durchsetzung der (wie sie auch genannt wurden) „realutopischen Ziele“, Staatsvertrag und Befreiung, zu erreichen. Daß die Große Koalition auch dem Aneinandergewöhnen der einstmals verfeindeten Lager diente, war eine positive Nebenerscheinung, nicht aber ihr Hauptzweck gewesen. Innerhalb der Großen Koalition dürfte sich aber zunächst kaum jemand darüber Rechenschaft abgelegt haben, daß der 15. Mai 1955 der „Lostag“ gewesen war, und daß sich dann – nach dem Verlust der Geschäftsgrundlagen – nur noch etwas fortsetzte, für das es zwar logische Gründe, aber scheinbar keine Voraussetzungen mehr gab. Die Koalitionsparteien hatten übersehen, daß sie selbst in der Zeit ihrer Zusammenarbeit die Voraussetzungen verändert hatten, unter denen diese Zusammenarbeit entstanden war. Raab beschrieb die Zusammenarbeit der großen Parteien sehr bildhaft, indem er sagte: Die ÖVP fühlte sich als „Kutscher auf dem Wagen, auf dem sie die Socis hinten aufsitzen“ läßt; Schärf fand an dieser Äußerung gar nichts Komisches.[7]

Warum es zunächst ohne größere Veränderungen weiterging, kann wohl auf einige Gründe zurückgeführt werden:

Erstens waren auch nach der Zäsur des Jahres 1955 noch weitgehend jene Männer an der Macht, die die Koalition ausgestaltet und zur Realisierung der Utopien der berühmten 45er-Generation beigetragen hatten, trotz aller Korrosionserscheinungen.

Zweitens war es unmittelbar nach dem Staatsvertrag auch gar nicht möglich, die Große Koalition zu beenden, ohne eine schwere innenpolitische Krise heraufzubeschwören. Raab wie Schärf waren zudem als Realisten wie als Idealisten an der Beibehaltung des Kurses interessiert und werden sich wohl auch vor Augen gehalten haben, daß bei einer Beendigung der Großen Koalition der massivste Widerstand des Bundespräsidenten zu überwinden gewesen wäre, dem ebenfalls der innere Friede oberstes Gebot war.

Drittens schließlich gab es noch einen außenpolitischen Grund: Die Staatsvertragssignatare, allen voran die USA, waren an der Beibehaltung der Großen Koalition interessiert, weil damit nicht nur die Verwirklichung der Begleitmaßnahmen zum Staatsvertrag gewährleistet war, sondern auch die ohnedies unvermeidlichen Auswirkungen der österreichischen Veränderungen auf das europäische Umfeld auf ein Mindestmaß beschränkt blieben. Es kam daher nicht von ungefähr, daß sich der amerikanische Außenminister John Foster Dulles anläßlich der Staatsvertragsunterzeichnung eingehend nach dem weiteren österreichischen Weg erkundigte. Nach den Aufzeichnungen von Adolf Schärf fragte Dulles Raab: „Sind Sie bereit, die Zusammenarbeit der beiden Parteien fortzusetzen?" Darauf soll Raab lediglich mit „Ja" geantwortet haben. Das befriedigte Dulles, schrieb Schärf.[8] Es konnte aber auch Schärf befriedigen.

Vielleicht ist in diesem „Ja" Raabs auch die Erklärung für das enthalten, was am 31. August 1955 in der Bundesparteileitung der ÖVP geschah: Die Wiener ÖVP war mit der Forderung nach Neuwahlen aufgetreten, und so gut wie alle Spitzenmandatere dieser Partei fanden sich in der Überzeugung, daß die Wahlaussichten für die ÖVP äußerst günstig standen und daher ehebaldigst, also noch im Herbst 1955, gewählt werden sollte. Raab war der einzige, der dagegen sprach. Als er abstimmen ließ, stand sein Votum gegen das der anderen. Raab soll die Sitzung mit den Worten geschlossen haben: „Der Antrag ist einstimmig [das heißt mit der Stimme Raabs] abgelehnt."[9]

Was hier etwas anekdotenhaft zum Ausdruck kommt, hatte jedoch außer dem erwähnten „Ja" zur Beibehaltung der Koalition auch noch andere Gründe, die offenbar niemand, der 1955 für Wahlen plädierte, berücksichtigte: Die Auflösung des Nationalrates im Spätsommer oder Frühherbst 1955 hätte nicht nur die Zurückstellung aller bereits eingebrachten Gesetzesmaterien, sondern auch, und in erster Linie, eine Verzögerung beim Neutralitätsgesetz mit sich gebracht, denn es hätte ja erst nach dem Zusammentritt des neuen Nationalrates behandelt und daher erst mit erheblicher Verspätung verabschiedet werden können. Außerdem wäre für Neuwahlen die Zustimmung der SPÖ nötig gewesen, wollte man sich nicht des Bruchs des Koalitionsabkommens schuldig machen. Denn im Koalitionspakt vom 2. April 1953 hatte es geheißen: „Die Zusammenarbeit beider Parteien gilt für die Dauer der Legislaturperiode. Neuwahlen vor Ablauf der Legislaturperiode können nur im Einvernehmen beider Parteien festgelegt werden."

Mit dem „Nein" Raabs war fürs erste klargestellt, daß es 1955 zu keinen Nationalratswahlen mehr kommen würde. Die Legislaturperiode hätte ja auch noch bis

Februar 1957 zu dauern gehabt. Doch mit einem so späten Termin rechnete wohl niemand. Die Parteien begannen daher bald, um die Ausgangspositionen für die nächsten Wahlen zu ringen, und das ließ ihnen schließlich gar keine Zeit, grundsätzliche Fragen des Regierungssystems, der Rolle Österreichs in Europa und in der Welt zu erörtern. Statt dessen wurde getrachtet, jenen – wie es Figl nannte – „unverwüstlichen Optimismus, eine unverändert starke Haltung und die unbesiegbare Hoffnung" in eine neue Zeit, die „Zeit danach" hinüberzuretten.[10]

Die erste Zeit nach dem Staatsvertrag – für die uns im Grunde genommen noch ein zutreffender und auch die Periode charakterisierender Begriff fehlt, die Zeit der wirklich freien Republik, war somit von mehreren Vorgaben bestimmt: einerseits vom Bestreben, den normalen evolutionären Weg zu beschreiten und keinen Bruch deutlich werden zu lassen; anderseits durch das Bemühen, die bestehenden Machtverhältnisse möglichst nicht anzutasten, und schließlich dadurch, daß die Innenpolitik nach wie vor stark auf die außenpolitischen Bedürfnisse abgestimmt wurde.

Das Bestreben, keine Brüche erkennen zu lassen, wurde von außen unterstützt, und zwar durch eben jene Mächte, die auf Grund ihrer zehnjährigen Präsenz in Österreich nicht nur bestimmte Vorstellungen über den weiteren österreichischen Weg entwickelt hatten, sondern auch Handlungsmuster vorzeichneten. Gerade da erschöpften sich die Dinge jedoch in Stereotypen. Die Sowjetunion pochte auf Vertragserfüllung, wachte mit Argusaugen über staatsvertragliche und Neutralitätsverpflichtungen. Sie war anderseits nicht nur geneigt, sondern sehr stark daran interessiert, wirtschaftlich in Österreich präsent zu bleiben, und wollte das durch eine für die Sowjetunion nicht gerade charakteristische Maßnahme erreichen, nämlich durch die Vergabe einer Anleihe an Niederösterreich. Da Niederösterreich zum selben Zeitpunkt ein Aufholprogramm vorlegte, das einen enormen Finanzierungsbedarf erforderte, wurde der sowjetische Vorschlag durchaus mit Sympathie bewertet.[11] Mit den Mitteln der Anleihe sollte unter anderem ein Donaukraftwerk bei Hainburg gebaut werden.[12]

Zudem versprach man sich einen währungspolitischen Effekt. Im Wege der Anleihe sollten nämlich die in sowjetischem Besitz befindlichen Schillingbeträge nach Österreich rückgeleitet werden. – Doch da zeigte sich das nächste Stereotyp: Die USA intervenierten und sprachen sich strikt gegen die sowjetische Anleihe an Niederösterreich aus. Das wurde dann dadurch unterstrichen, daß Kreditansuchen Österreichs bei der Weltbank wie bei der amerikanischen Export-Import-Bank in Frage gestellt wurden. Die Amerikaner riefen darüber hinaus ein schon fast vergessenes und vor allem aus der Praxis geschwundenes Problem ins Gedächtnis, nämlich die Frage der Einhaltung von Embargobestimmungen gegenüber dem Osten. Der Kernsatz der diesbezüglichen inoffiziellen Äußerung lautete: „Es wäre denkbar, daß bei Nicht-Einhaltung der Embargobestimmungen gegenüber Österreich Bestimmungen zur Anwendung kommen könnten, die gegen Österreich eine sehr scharfe Kontrolle vorsehen und eine außerodentliche Erschwerung für den Bezug von Rohstoffen aus dem Ausland."[13]

Was hier gesagt wurde, gab wie so oft, wenn amerikanische Persönlichkeiten das Wort ergreifen und ihre Meinung äußern, keine offizielle Auffassung wieder, doch machte es sicherlich einiges von der Grundhaltung deutlich, die in den USA herrschte. Dabei war diese Haltung in ihrer Tendenz sehr ähnlich jener, die bei den anderen Exbesatzungsmächten anzutreffen war: Alle schauten mit einer Mischung aus Wohlwollen, Skepsis, Argwohn und Vertrauen auf Österreich, mischten dann etwas Besserwisserei, Belehrung und Kritik in ihre Äußerungen, und wenn es nicht anders ging, dann wurde eben ein wenig gedroht. Doch in dieser Einstellung und in der Stimmungsmischung wurde kein Bruch erkennbar. Ein solcher konnte in den Außenbeziehungen Österreichs nur dort festgestellt werden, wo es um die Beziehungen zu den Nachbarn ging. Machen wir einen Rundblick.

Sofern diese Nachbarn in Ostmitteleuropa angesiedelt waren, stimmten sie in den Chorus jener ein, die die österreichische Neutralität als weisen politischen Schritt priesen.[14] Ungarn und die Tschechoslowakei zogen aber vorderhand keine Konsequenzen daraus, sieht man davon ab, daß sie die Grenzen noch hermetischer abriegelten. In dieser Abschließungstendenz war vielleicht eine letzte Auswirkung jener Spannungen in der obersten sowjetischen Führung zu sehen, die es ja auch Nikita S. Chruščëv nicht einfach gemacht hatten, eine Österreichlösung in Moskau finalisieren zu lassen. Der Widerstand gegen Veränderungen im sowjetischen Machtgefüge soll allerdings nicht, wie meistens dargestellt, von Molotov ausgegangen sein. Der 1968 in den Westen geflohene tschechische General Jan Šejna führt zumindest einen anderen als Hauptgegner einer Österreichlösung an, nämlich den sowjetischen Verteidigungsminister Marschall Grigorij Žukov.[15] Žukov soll gemeint haben, ein freies Österreich würde dem Antikommunismus in Polen, der Tschechoslowakei und Ungarn in die Hände arbeiten. Chruščëv war aber offenbar bereit, dieses Risiko einzugehen. Doch Marschall Žukov hatte es sicherlich in der Hand, die ungarischen und tschechischen Grenzen zumindest eine Zeitlang besonders hermetisch abzuschließen. Nichtsdestoweniger brodelte es von Polen bis Ungarn.

Echte Freude über den neutralgewordenen Nachbarn zeigte Jugoslawien, das am Tag nach der Verabschiedung des Neutralitätsgesetzes nicht nur gratulierte, sondern auch durch den stellvertretenden jugoslawischen Ministerpräsidenten Edvard Kardelj sagen ließ, „mit der von der österreichischen Regierung verfolgten Politik gegenüber der slowenischen Minderheit in Kärnten sei die jugoslawische Regierung im großen und ganzen zufrieden“.[16] Jugoslawien sah im Staatsvertrag das Ende der stark belasteten Nachkriegsära.

Die Schweiz war sich nicht ganz klar darüber, ob sie sich freuen oder ob sie reserviert bleiben sollte, denn es gab deutliche Zweifel, ob es für die Stellung der Schweiz gut sein würde, daß es nunmehr auch einen zweiten immerwährend neutralen Staat in Europa gab, weil dadurch die Schweiz ihre Einzigartigkeit verlor. Die offizielle Schweiz ging darüber hinweg und ließ Herzlichkeit und Sympathie erkennen. Bedenken hatte man freilich wegen der militärischen Schwäche Österreichs. Darin waren sich vor allem die Generalstäbler ziemlich einig, und der Schweizer Universitätsprofessor Marbach, ein Milizoffizier, formulierte diese Bedenken dann mit dem vielbeachteten Satz: Damit ist die Festung „Sargans nunmehr eine Festung an der russischen Grenze geworden“.[17]

Italien war schon seit der Regelung der Triestfrage 1953 und 1954 darauf vorbereitet gewesen, sich zu Südtirol etwas Neues einfallen lassen zu müssen, denn die Südtiroler fingen an, sich auf die Worte des italienischen Ministerpräsidenten Giuseppe Pella zu berufen, der von der „heiligen Idee der Volksabstimmung" gesprochen hatte.[18] Pella hatte damit freilich Triest gemeint; die Worte wurden aber von Bozen aus wiederholt und auf Südtirol bezogen. Im Sommer 1954 schaltete sich Österreich ein, und es erfolgte der erste Notentausch. Italien stellte sich schließlich stumm und taub und glaubte, der Abschluß des Staatsvertrags hätte Österreich das Recht genommen, für Südtirol einzutreten.[19] Die Tatsache, daß die österreichische Regierung noch im Verlauf des Jahres 1955 mehrfach und sehr nachhaltig auf die ungelösten Probleme hinwies, ließ in Italien dann klarer erkennen, daß es doch so etwas wie ein Südtirolproblem geben könnte und daß der Staatsvertrag Österreich entgegen der italienischen Auffassung die Freiheit gegeben hatte, verstärkt für Südtirol einzutreten. Daß dies nicht ohne Folgen bleiben konnte, zeigte sich später.

Ein geographisch mit Italien verknüpftes Problem war schließlich die Stellung Österreichs zum Heiligen Stuhl, der auf Anerkennung des Konkordats von 1933 drängte und nach jahrelangen, fruchtlosen Bemühungen schon denkbar ungehalten war. In dieser Frage stellte sich Österreich taub, mußte es sich offiziell taub stellen, weil die SPÖ und besonders ihr Parteivorsitzender, Adolf Schärf, die Geltung des Konkordats bestritten und Ende 1955 für den Fall des einseitigen Aufwerfens der Konkordatsfrage mit der Entfesselung eines Kulturkampfes drohten.[20]

Das Verhältnis zu Deutschland schließlich war gegen Jahresende zwar noch immer alles andere als ungetrübt, doch der Besuch des westdeutschen Außenministers, Heinrich von Brentano, in Wien brachte im November nicht nur die Zusage Österreichs, die Frage des deutschen Kleineigentums in einer für beide Seiten akzeptablen Form zu lösen, sondern auch eine atmosphärische Verbesserung. Das änderte freilich noch nichts daran, daß bei Bundeskanzler Konrad Adenauer die Meinung vorherrschend blieb, Österreich hätte mit dem Weg in die Neutralität einen Fehler begangen; eine Meinung, die in Westeuropa ein vielfältiges Echo fand.[21] Möglicherweise unterschätzte Raab auch die Probleme Deutschlands, da er etwas später den Ausspruch getan haben soll: „Jetzt mach' ich den Deutschen auch noch ihren Friedensvertrag." Dazu genügte aber nicht nur guter Wille und Verhandlungsgeschick. Das bedingte mehr!

Allmählich zeigten sich also nicht nur die außenpolitischen Bruchlinien, die eigentlich selbstverständlich waren, wenn man in Rechnung stellt, daß Österreich seine Außenpolitik erstmals seit dem Zweiten Weltkrieg wirklich eigenverantwortlich gestalten mußte und vor allem auch andere Länder als die Besatzungsmächte zu berücksichtigen hatte; es zeigten sich auch die innenpolitischen Bruchlinien. Der Umstand, daß trotz aller diesbezüglichen Spekulationen gar nicht vorzeitig gewählt werden konnte, wenn nicht die Erklärung der immerwährenden Neutralität auf 1956 verschoben werden sollte, dieser Umstand verhinderte nicht, daß sich in immer mehr Bereichen Konfliktstoff ansammelte. Die großen Parteien waren dabei in einer eigenartigen Situation: Die ÖVP mit ihrem Kanzlerbonus und der fast selbstverständlichen und auch auf jegliche Weise geförderten Identifikation von Raab mit dem Staatsvertrag (der „Staatsvertragskanzler") rechnete sich große Chancen aus, Chancen, die theoretisch immer geringer werden mußten, je weiter entfernt vom Staatsvertrag die Wahlen stattfinden würden, weil sich der Bonus im politischen Kleinkrieg verbrauchen mußte. Ein wenig überlegt wurde auch, daß es zu einem

„Churchilleffekt" kommen könnte, daß Raab, so wie Churchill 1945 den Krieg, gewinnen, Schärf aber, so wie einstmals Clement Richard Attlee in Großbritannien, die Wahlen für sich entscheiden könnte.[22]

Die SPÖ hatte einen sicherlich schwerer zu präsentierenden Spitzenkandidaten als die ÖVP, nämlich Adolf Schärf. Er war ein Politiker, dessen Sachverstand und kühles Urteilsvermögen allgemein anerkannt wurden, der aber gerade wegen dieser Kühle und wegen seiner Pedanterie, die ihn als Personifikation des „Hofrats" erscheinen ließ, eine geringe Ausstrahlung hatte. Die SPÖ mußte daher trachten, die Wahlen weiter hinauszuschieben, und zwar nicht, weil sich damit wesentliche Positionsverbesserungen ergeben mußten, sondern weil sie ein Interesse daran hatte, die Lösung einiger Fragen noch in der unveränderten Zusammensetzung der Regierung und rasch vorzunehmen. Das eine war das schon erwähnte Problem des Allgemeinen Sozialversicherungsgesetzes. Dieses erfuhr zwar in langwierigen Verhandlungen viele Veränderungen, bei denen wieder Raab eine große Rolle spielte. Letztlich wurde das Gesetz aber doch stärker der SPÖ als der ÖVP gutgeschrieben. Der andere für die SPÖ wesentliche Komplex war die Überleitung der früheren USIA- und SMV-Betriebe in die verstaatlichte Industrie, ein Prozeß, der von der ÖVP damit umschrieben wurde, daß das „Königreich Waldbrunner" (das Bundesministerium für Verkehr und verstaatlichte Betriebe) zu einem „Kaiserreich Waldbrunner" ausgeweitet werden sollte. Das mußte Auswirkungen auf die Stellung der SPÖ haben.

Trotz der Absage Raabs an seine Partei, vorgezogene Wahlen noch 1955 durchzuführen, verstummten die Neuwahlgerüchte nicht mehr. Im September setzte sich Raab abermals durch und hielt die Volkspartei davon zurück, die Legislaturperiode zu beenden.[23] Raab tat das, obwohl er eigentlich Tag für Tag mehr spüren mußte, wie sich auch für ihn die Schwierigkeiten mehrten. Die Sozialisten stellten erhebliche Forderungen an das Budget für 1956, sie wollten einer Verlängerung der Wirtschaftskontrollgesetze nicht zustimmen, bei den Privatangestellten gärte es, die Einkommenssteuer sollte herabgesetzt werden etc. Doch Raab blieb ruhig. Er suchte Einigung mit dem Gewerkschaftsbund über die Köpfe der sozialistischen Führung wie der ÖVP-Wirtschaftstreibenden hinweg und erreichte schließlich in einem sechsstündigen Gespräch eine Regelung mit den Privatangestellten. Er war mit sich selbst zufrieden und ließ erkennen, daß er jederzeit bereit war, wem auch immer Lektionen in praktischer Politik zu erteilen.[24] Zu keinem anderen Zeitpunkt besaß Raab mehr Autorität – und kaum einmal wurden autoritäre Neigungen, die gerade Politikern vom Zuschnitt Raabs nichts Fremdes sind, mehr deutlich als in diesen Monaten des Jahres 1955.

Gegen Jahresende 1955 wuchs allerdings die Zahl der Stimmen jener, die allmählich Zweifel beschlich, ob Österreich zum rechten Zeitpunkt in die Freiheit entlassen worden war und ob es diese Freiheit auch bewältigen konnte. Es fing mit kleineren Streikaktionen von Straßenbahnern, Ärzten und anderen Berufsgruppen an, dann folgten wilde Streiks, denen auch der Gewerkschaftsbundpräsident Johann Böhm machtlos gegenüberstand. Echte Umverteilungsprobleme, kaum verhüllte Not, aber auch Neid, Ressentiments und Unsicherheit gipfelten schließlich in einer regelrechten Streikhysterie. Stellenweise wurden Streikdrohungskataloge geführt. Gleichzeitig wurde ein sprunghaftes Ansteigen der Käufe von Faustfeuerwaffen registriert.[25] Nichts war freilich so geartet, daß wir es nach heutigen Maßstäben als bedrohlich einstufen würden. Die Besatzungszeit hatte aber – wie es scheint – auf dem Gebiet der inneren Sicherheit andere Maßstäbe gesetzt, und zwar dort, wo es ganz allgemein um die Sicherheit des einen Österreichers vor dem anderen ging. Erst wenn man das berücksichtigt, wird zumindest teilweise verständlich, was die Sicherheitsdirektion Wien gegen Jahresende 1955 in ihren routinemäßigen Bericht schrieb: „Die Lage drängt nach einer beruhigenden Politik", heißt es da, „sonst könnte nach den vorliegenden Stimmungsberichten der Fall eintreten, daß der von den Staatsfeinden geschürte Unfrieden in vernichtenden Haß gegen die bestehende Ordnung ausartet und letzten Endes als Vorspiel zu blutigen Auseinandersetzungen [und] zur Aufstellung von militärähnlichen Gruppen führt."[26] Wenn man dies liest, glaubt man sich im Jahrgang vergriffen zu haben und nicht das Jahr 1955, sondern 1927 in der Hand zu haben. Wahrscheinlich geht diese Beurteilung auch wirklich viel zu weit. Aber eines ist uns mit dieser Stelle in die Hand gegeben: Ein deutlicher Hinweis dafür, daß jene unmittelbar nach der Ratifizierung des Staatsvertrags und nach dem Abzug der Alliierten einsetzende Existenzangst einen realen Hintergrund hatte. Es ging um die Frage, ob Österreich ohne alliierte Besetzung, die nachträglich wieder als Schutz verstanden wurde, in die Bahnen der Ersten Republik einschwenken würde oder nicht. Zumindest in der Wiener Sicherheitsdirektion machte man sich – scheint's – keine allzu großen Hoffnungen. Paramilitärische Verbände, die es auf Grund des Wehrgesetzes gar nicht geben durfte, und Bürgerkrieg wurden als Horrorvisionen an die Wand gemalt.

Das waren keine schönen Vorzeichen für 1956. Im Jänner begannen Parteienverhandlungen mit dem Ziel, die offenen Probleme, Milchpreis, Erdöl, Deutsches Eigentum, Zivilluftfahrt und Rundfunk, zu erörtern. Gewissermaßen zur Untermalung sorgte die Rückkehr des „Heimwehrfürsten", Rüdiger Starhemberg, für Unruhe bei Sozialisten und Kommunisten.[27] Ehe sich aber noch diese eine Aufregung gelegt hatte, machte eine andere Meldung Schlagzeilen und provozierte entsprechende Kommentare in der ausländischen Berichterstattung über Österreich: Kanzler Raab trug sich angeblich mit Plänen einer weiteren und sehr bald zu unternehmenden Moskaureise, in der Absicht,die Sowjets zur Herabsetzung ihrer aus dem Staatsvertrag herrührenden Forderungen zu bewegen.[28] Daran wurde aber nicht die Frage geknüpft, ob eine derartige Reise überhaupt Aussicht auf Erfolg haben könnte, sondern die, was das für die österreichische Innenpolitik bedeuten würde. Denn ein Raab, der mit einem weiteren Triumph aus Moskau nach Österreich zurückkehrte, würde wohl unschlagbar sein. Vieles von dem, was in den darauffolgenden Wochen gedacht, gesagt und gemacht wurde, geschah daher nicht zuletzt unter dem Gesichtspunkt, Raab in Wien festzuhalten. Manches wurde dabei drängender und kontroversieller, als es an sich war. Da kündigte beispielsweise Minister Waldbrunner die Gründung einer gemeinsam mit der Skandinavischen Fluggesellschaft SAS zu betreibenden eigenen österreichischen Luftlinie an. Die Pläne dazu waren von der (sozialistischen) Österreichischen Luftfahrtgesellschaft ausgearbeitet worden. Parallel dazu hatte jedoch die (ÖVP-nahe) Studiengesellschaft für Verkehrsluftfahrt Pläne für eine gemeinsam mit der Königlichen Niederländischen

Luftfahrtgesellschaft KLM zu gründenden Firma ausgearbeitet. Diese Gruppe war schließlich schneller und rief Anfang Februar die Gesellschaft „Air Austria" ins Leben. Die Sozialisten hatten mit ihren „Austrian Airways" das Nachsehen.[29]

Am 10. Februar 1956 griffen die Sozialisten Raab frontal an. Unter einem wurden dann auch der Handelsminister wegen der Erdölpolitik, der Finanzminister wegen der Verzögerungen bei der Auflösung des ehemaligen Deutschen Eigentums und schließlich der Staatssekretär im Finanzministerium, Fritz Bock, wegen der Air Austria attackiert. Am 16. Februar traf sich die ÖVP-Spitze zu einer Tagung am Semmering. Raab war zwar weiterhin für einen Wahltermin im Herbst, doch er wurde schließlich so weit gebracht, daß er den Sozialisten mehr oder weniger ein Ultimatum stellen sollte. Daraufhin gab es am 28. Februar einen letzten Einigungsversuch zwischen ÖVP und SPÖ. Er endete mit der Festlegung des Wahltermins auf den 13. Mai 1956.

Als es dann am 1. März zur Parlamentsauflösung kam, hatte der Dritte Nationalratspräsident, Karl Hartleb, Vertreter der „dritten Kraft", die durchaus zutreffende Bemerkung parat: „Der Unterschied zwischen Frankreich und Österreich besteht darin, daß in Frankreich die Regierung zurücktreten muß, wenn das Parlament ihren Maßnahmen die Zustimmung verweigert; in Wien wird das Parlament aufgelöst, wenn die Regierung keine Einigung erzielt."[30] Das war zwar hübsch formuliert. Was dabei aber nicht zum Ausdruck kam, war der Umstand, daß die Gründe für die Vorverlegung der Wahlen nicht nur bei den Großparteien zu suchen waren, sondern genauso beim VdU, wenngleich aus ganz anderen Ursachen.

Die Krise des nationalen und liberalen Lagers schwelte schon seit 1953. Der VdU war aus einer Partei, der zumindest Hoffnungen auf eine Regierungsbeteiligung gemacht worden waren, zu einer Partei geworden, die unaufhaltsam der Auflösung entgegentrieb. 1954 war der Abgeordnete Fritz Stüber ausgeschlossen worden. Im Mai 1954 gab sich die Partei ein neues Programm und vollzog damit einen Ruck nach rechts. Die Betonung lag auf dem nationalen und nicht auf dem liberalen Erbe. Das fing mit dem Wort „Volksgemeinschaft" im „Ausseer Programm" an und fand seine Fortsetzung unter Punkt 2, wo es hieß: „Österreich ist ein deutscher Staat. Seine Politik muß dem gesamten deutschen Volk dienen und darf nie gegen einen anderen deutschen Staat gerichtet sein . . . Der VdU betreibt nationale Politik, das heißt, er tritt für die Erhaltung und Festigung des deutschen Volkes im österreichischen Raum . . . ein."[31] Einiges von dem, das hier formuliert wurde, war wohl deshalb radikaler und deutsch-nationaler ausgefallen, weil man glaubte, auf diese Weise den Spaltungsprozeß aufhalten zu können. Die Gruppe um Fritz Stüber war nämlich noch eindeutiger in ihren Formulierungen gewesen und hatte damit eine gewisse Anziehungskraft ausgeübt. Dabei wurde übersehen, daß Stüber eben wegen dieses radikalen Bekenntnisses zum Deutschtum ein Einreiseverbot in die Bundesrepublik Deutschland erhielt. Das „Ausseer Programm" trieb aber entgegen seinen Intentionen die Spaltung nur noch weiter voran, da der liberale Flügel des VdU um Herbert Kraus und Viktor Reimann isoliert wurde und die Wählbarkeit des VdU dramatisch zurückging. In dieser Situation betätigte sich der gewiegte politische Taktiker Julius Raab als Geburtshelfer einer neuen Partei. Das war eine bemerkenswerte Sinnesänderung, denn Raab hatte 1949, als der VdU gegründet wurde, alles daran gesetzt, diese Partei zu verhindern. Damals waren es Helmer und Schärf gewesen, die eine dritte nichtkommunistische Partei durchbringen halfen.

ÖVP und SPÖ hatten natürlich die Entwicklung des VdU aufmerksam verfolgt. Manchmal wurde auch direkt Einfluß genommen. So sollen steirische Sozialisten extremistische Kreise, die vom VdU ausgeschlossen worden waren, gegen deren eigene Verbandsführung in Schutz genommen haben.[32] Die Kraus-Gruppe wurde wiederum von der ÖVP umworben, allerdings nicht von Raab selbst, der in Kraus genausowenig einen Parteiführer sah, mit dem er zusammenarbeiten konnte, wie im damaligen Obmann des VdU, Max Stendebach. In der schon total verfahrenen Situation schaltete sich die österreichische Industriellenvereinigung in doppelter Weise ein: Sie sperrte dem VdU jegliche Zuwendungen, solange seine Verhältnisse nicht in Ordnung gebracht waren, und der Obmann des Verbandes selbständig Wirtschaftstreibender, Gesandter Hornbostel, arrangierte ein Treffen zwischen Julius Raab und Anton Reinthaller im Bahnhofsrestaurant Attnang-Puchheim.[33] Reinthaller, Minister im Kabinett Seyß-Inquart 1938, Aushängeschild der gemäßigten und mittlerweile geläuterten Nationalen, hatte es abgelehnt, die ihm mehrfach angebotene Führung des VdU zu übernehmen. Raab gelang es jedoch bei dieser Unterredung, Reinthaller für den Wiedereintritt in die Politik zu gewinnen. Zusammen mit „Dissidenten“ des VdU gründete Reinthaller die „Freiheitspartei“. Nach monatelangen Verhandlungen kam es schließlich zur Einigung zwischen dem Rest-VdU und der Freiheitspartei. Die neue Gruppierung gab sich den Namen „Freiheitliche Partei Österreichs“ (FPÖ). Allerdings schien die Rechnung Raabs nicht aufzugehen. Mit seiner Initiative zur Erhaltung des national-liberalen Lagers, dem er auch die Aufnahme mehrerer ehemaliger „Jungtürken“ der ÖVP wie Gredler und Strachwitz empfahl,[34] schien er zu spät gekommen zu sein. Raab hatte im Auge gehabt, diesem Lager einen neuen Kristallisationspunkt rechts von der Mitte zu geben. Er wollte sich dieses Lager vielleicht auch eingedenk des Taktierens im Frühjahr 1953 verpflichten, weil man ja nie wissen konnte, ob es nicht wieder einmal notwendig werden könnte, die SPÖ mit der Drohung einer kleinen Koalition etwas kompromißbereiter zu machen. Doch es hatte den Anschein, als würde es künftig keine „dritte Kraft“ mehr geben. Vor allem aber hatte es den Anschein, als ob die Bemühungen um ihre Erhaltung auf die ÖVP zurückfallen würden, denn bei den oberösterreichischen Landtagswahlen am 23. Oktober 1955, bei denen die freiheitliche Sammelbewegung erstmals kandidierte, konnte die SPÖ doppelt so viele Mandate aus der VdU-Verlassenschaft gewinnen als die ÖVP. – Wenn es auch sicherlich problematisch ist, Landtagswahlen auf Nationalratswahlen hochzurechnen, so mußte man sich angesichts des oberösterreichischen Ergebnisses sicherlich auch fragen, ob Raab seiner Partei etwas Gutes getan hatte.

Nach der Ausschreibung der Nationalratswahlen entbrannte der Wahlkampf 1956 voll und drehte sich fast ausschließlich um wirtschaftliche Probleme. Raab und der ÖVP kam der Staatsvertrag unmittelbar fast gar nicht mehr zugute, denn indessen war er schon fast selbstverständlich geworden. In Ostösterreich, ja, da hatten die beiden Niederösterreicher Raab und Figl noch immer etliche staatsvertragliche Gutschriften. Doch der ÖVP half bei diesen Wahlen wohl sehr viel mehr der wirtschaftspolitische Kurs Raabs und vor allem Finanzminister Kamitz’ als irgendein anderer Bonus. Vor allem ließ sich mit dem Aufwerfen von außenpolitischen Fragen kein entscheidender Stimmengewinn erzielen. Ob Österreich dem Europarat als Vollmitglied beitrat, wie dies die SPÖ, aber auch eine Reihe von ÖVP-Politikern – allerdings nicht Raab – wollten, oder ob es seinen Beobachterstatus beibehielt, erregte niemanden.[35] Die Erhöhung der Straßenbahntarife und der Milchpreis hingegen waren Dinge, mit denen sich Propaganda machen ließ. Die Wirtschaftspolitik mußte eine Reduzierung auf wirksame Schlagworte durchmachen, und das sah dann so aus, daß sich eine ideologische Konfrontation zwischen ÖVP und SPÖ in der Verstaatlichungsfrage als harter Kern des Wahlkampfes herausschälen ließ. Im Grunde genommen wurde aber hier eine Debatte nachgeholt, die 1946 hätte geführt werden müssen, als es um die Verstaatlichung ging. Damals hatte die Diskussion aber nicht stattgefunden, weil mit der raschen, ja überstürzten Verstaatlichung der Grundstoffindustrie sowie des Energie- und Bankensektors versucht worden war, dem Zugriff der Alliierten auf das Deutsche Eigentum einen Riegel vorzuschieben. 1956, in einer Zeit, in der der Wirtschaftsliberalismus eben große Erfolge zu verzeichnen hatte, kam die Debatte zu spät. Wie es sich zeigte, hatte eine weitere Verstaatlichung mit sehr geringen Sympathien zu rechnen.

Es wirkten also mehrere Komponenten zusammen, um den Wahlausgang zu beeinflussen: Der Zerfall des national-liberalen Lagers, die Erfolge der Wirtschaftspolitik und vor allem der Finanzpolitik von Reinhard Kamitz und wohl erst an letzter Stelle die Erinnerung an das Jahr 1955 sicherten der ÖVP eine fast unerwartet große Mehrheit. Von einer 1953 bereits stimmenschwächer als die SPÖ gewesenen Partei schaffte die ÖVP fast den Sprung zur absoluten Mehrheit und zu 84 Mandaten. Die SPÖ, die den Kommunisten ein Mandat abnehmen konnte, erhielt 74 Mandate. Der große Verlierer war die erst in der Zeit des Wahlkampfes endgültig gegründete FPÖ, die von den 14 VdU-Mandaten nur 6 retten konnte und 8 an die ÖVP verlor, während die KPÖ mit 3 statt bisher 4 Mandaten gerade noch im Nationalrat vertreten blieb.[36]

Raab hatte nicht nur seine Politik bestätigt bekommen, die er seit 1953 verfolgte, sondern erntete auch einiges von jener Rolle, die er immer schon und im Grunde genommen seit 1945 hinter den Kulissen gespielt hatte. Das Ergebnis der ersten Nationalratswahl in einem nun tatsächlich freien Österreich konnte mehrfach gedeutet werden. Außenpolitisch so, daß man auf Grund der stillen und dann auch öffentlichen Zusagen über die Fortsetzung des österreichischen Kurses konstatierte, es würde keine großen Veränderungen geben, noch dazu, da jene des Jahres 1955 alles andere als bereits verdaut waren. Innenpolitisch aber hatte Raab – und das wird wohl primär seinem unmittelbaren Einfluß zuzuschreiben sein – eine Situation schaffen geholfen, in der es dann noch immer jene „dritte Kraft" gab, die als Druckmittel in Verhandlungen zu verwenden war und die es verhinderte, die Teilnahme an einer Koalitionsregierung als gesichertes und verbrieftes Recht erscheinen zu lassen.

Mit der Feststellung, daß Raab einiges von dem erntete, was er seit 1945 gesät hatte, ist an jene Feststellung anzuknüpfen, wo es geheißen hatte: „Eigentlich ist er schon immer da gewesen. Nun trat er endgültig aus den Kulissen." Damit sollte aber nicht nur an Hand einer einzelnen Person demonstriert werden, wie sich österreichische Politik als ein Kontinuum über alle möglichen Brüche hinweg fortsetzte. Es ist auch zu zeigen, wie diese Politik von einigen wenigen Personen beherrscht wurde, eine typische Erscheinung des Zweiparteiensystems im Gegensatz zu einem stark differenzierten Mehrparteiensystem. Daß diese Personen vorher und nachher, also vor einer Zäsur in der Geschichte und danach, eine Rolle spielten, erleichtert den Prozeß der Ein- und Zuordnung.

Vom Stellenwert Österreichs im internationalen Geschehen läßt sich sagen, daß gerade die Jahre zwischen 1952 und 1955 schon jenen Bedeutungswandel erkennen ließen, der dann plötzlich eintrat: Österreich, das jahrzehntelang im Brennpunkt von kriegerischen, revolutionären, reaktionären und restaurativen Tendenzen gewesen war und Europa manchmal in Atem gehalten hatte, dieses Österreich war 1955 zwar nicht zur Bedeutungslosigkeit herabgemindert, wohl aber durch Konsens „stillgelegt" worden. Der Prozeß der Neutralisierung schrieb jedoch nur etwas fest, für das die Voraussetzungen lange vor 1955 geschaffen worden waren. Daß mit der Neutralität auch ein vorzüglicher Nährboden für Illusionen angelegt wurde, zeigte sich freilich bald, und daran änderten auch jene Ereignisse nichts, die die Geschichte Österreichs zwischen 1956 und 1966 prägten.

1975, einige Jahre vor seinem Tod, hat Robert Kann versucht, im Rahmen einer kleinen Studie über die Theorie des Geschichtsablaufs in Österreich von 1918 bis zur Gegenwart,[37] eine Periodisierung vorzunehmen, und wies dabei der Zeit nach 1955 den Stellenwert einer Stabilisierungsphase nach Abschluß des 1945 einsetzenden restaurativen Prozesses zu. Er verglich diese Phase mit dem Zeitraum von 1920 bis 1927, der eine ähnliche Tendenz aufgewiesen habe, ehe er in einer revolutionären und – wie Kann meinte – keineswegs konterrevolutionären Phase mündete. Für den Zeitraum von 1920 bis 1927 konstatierte er freilich eine Reihe von Verfallserscheinungen, die es dann mit sich gebracht hätten, daß die Stabilisierungsphase vergleichsweise kurz ausgefallen sei. Doch was ist schon kurz! In Abwandlung einer von Bruno Kreisky 1980 geäußerten Überlegung kann man sagen, daß 7, 10 oder auch 25 Jahre im Leben eines Menschen groteskerweise eine kurze Zeit, im Leben eines Volkes aber eine lange und ereignisreiche Epoche darstellen können.

Nimmt man die von Kann angewendete Periodisierung – die nur ein Versuch sein konnte – und rechnet man herauf, dann würde die Stabilisierungsphase bis in unsere Tage reichen, weitaus länger also, als die gesamte Erste Republik. Sieben Jahre in der Ersten Republik konnten von 1920 bis 1927 oder aber von da bis 1934 reichen. Sieben Jahre der Ersten Republik schlossen immer mehr ein als lediglich die Konsolidierung nach revolutionären, konterrevolutionären oder restaurativen Phasen, während wir nun auf schon mehr als vier Jahrzehnte nachrestaurativer Phase und mehr als drei Jahrzehnte Stabilisierungsphase zurückblicken. Die Begriffe kurz und lang lassen sich also in der Geschichte so gut wie nie zur Deckung bringen.

Der Salzburger Historiker Fritz Fellner wiederum stellte vor einigen Jahren Überlegungen zum Thema „Tradition und Innovation aus historischer Perspektive"[38] an und führte die restaurative Phase Österreichs in Gestalt einer *Restauration der Tradition* noch viel weiter herauf als Kann, also weit über 1955. Tradition bekam dabei freilich einen ausgesprochen negativen Beigeschmack, da sie in Gegensatz zur schöpferischen Innovation gesetzt wurde. „Es lag", meinte Fellner, nicht nur an den materiellen Folgen der Kriegszerstörungen, daß der „Weg zur politischen Befreiung und zur staatlichen Unabhängigkeit nach 1945 in die Restauration der Traditionen und nicht zur Innovation führte; es war vor allem die Folge der Zerstörung der Ansätze urbaner Gesellschaftsstruktur durch Krieg und Faschismus, die das verursachte: Der Wiederaufbau erfolgte in ‚bürokratischer' Engstirnigkeit". Erst die sechziger Jahre hätten eine Veränderung gebracht. In den sechziger Jahren, so Fellner, „war die Großvätergeneration, die die Wiedererrichtung Österreichs gestaltet hat, endlich durch eine neue Generation abgelöst worden; die sechziger Jahre brachten materiell wie personell jenen ‚neuartigen Zugang', der die Voraussetzung der Innovation bildet". Folgt man diesen Ausführungen und der darin anklingenden Periodisierung, so bieten sich wiederum andere Einschnitte an. Demnach würden die Jahre 1945 bis 1965/66 eine Einheit bilden, während an diese Phase der Restauration der Traditionen wiederum eine Innovationsphase anschloß. Wie auch immer: Fest steht, daß wir es mit einem Zeitraum zu tun haben, der noch seiner endgültigen Gliederung harrt. Er ist zu uns her offen und daher noch nicht endgültig periodisierbar. Da einer vorwiegend geschichtsphilosophischen Gliederung die Nähe und Offenheit hinderlich sind, müssen wir wohl zu anderen Periodisierungen Zuflucht nehmen. Sehen wir uns auch diese an.

Der Zeitraum von 1956 bis 1966 zerfällt bundespolitisch in drei Wahlperioden: 1956 bis 1959, 1959 bis 1962 und 1962 bis 1966. Dieser äußere Befund läßt sich noch dadurch ergänzen, daß den drei Wahlperioden sechs Bundesregierungen zugeordnet werden. Allerdings gab es nur drei verschiedene Bundeskanzler: Raab, Gorbach und Klaus. Wenn man aber das gerne gebrauchte Wort „Ära" anzuwenden bemüht ist, dann besitzt es lediglich für die Regierungen unter Julius Raab, als „Ära Raab", Bedeutung. Am Ende dieser Perioden stehen als signifikante Zäsur das Ende der Großen Koalition und der Beginn der Alleinregierungen 1966. Es ist also keine Frage, daß sich auch der Zeitraum von 1956 bis 1966 gliedern läßt. Der innere Zusammenhalt war freilich in der Existenz der Großen Koalition begründet. Der Zusammenhang mit der Besatzungszeit wurde zwar zunächst kaum gesehen, doch er tritt immer mehr hervor. Es waren dieselben Führungspersönlichkeiten, dieselben Stereotypen und oft auch dieselben Probleme, die die Zeit „danach" prägten. Die Übergänge waren fließend.

Die Wahlen vom 13. Mai 1956 waren nicht ohne Überraschungen abgegangen. Aber trotz des großen Erfolges der ÖVP ließ sich der Wahltrend nicht ganz einfach als Sieg des „Bürgers" über den „Genossen" abstempeln. Viel eher scheint eine Überlegung angebracht zu sein, ob wir uns hier nicht einem ähnlichen Phänomen gegenübersehen wie 1945 bei den ersten Wahlen in der Zweiten Republik überhaupt. Auch damals war die ÖVP zu einem keineswegs vorhersehbaren Sieg gekommen, und man mußte sich mit der Erklärung behelfen, daß gerade nach großen außenpolitischen Umwälzungen der Hang zu einer Stärkung der konservativen, also erhaltenden und stabilisierenden Kräfte größer ist als in anderen Zeiten. Zumindest in Österreich scheint das der Fall zu sein. Gleichzeitig mit den Nationalratswahlen waren 1956 Landtagswahlen im Burgenland und in Kärnten abgehalten worden, wobei es lediglich geringfügige Verschiebungen gab: Im Burgenland konnten die Sozialisten den Kommunisten ein Mandat abnehmen und in Kärnten die Volkspartei ein Mandat der Freiheitlichen Partei. Auf Landesebene wiederholte sich demnach im kleinen Rahmen, was auch auf Bundesebene passierte. Doch abgesehen von dieser Tendenz zur Verfestigung der großen Parteien und insbesondere der Volkspartei, die den liberalen Flügel des VdU gewinnen konnte, mußte man sich sagen, daß die direkte Auseinandersetzung zwischen Volkspartei und Sozialisten wenig erbracht hatte. Keiner hatte rein rechnerisch einen Einbruch in die Wählerschichten der anderen Großpartei erzielt.

Gefühlsmäßig war der ÖVP freilich ein Einbruch gelungen. Der Ausgang dieser Wahlen konnte als Triumph des Bundeskanzlers Julius Raab gewertet werden. Er hatte den Wahlkampf dominiert und ihm – weit mehr als dies auf sozialistischer Seite der Fall gewesen war – eine persönliche Note gegeben, so daß damals wirklich die Auseinandersetzung zwischen einem einzelnen und einer Partei stattgefunden zu haben schien. Der Mann mit der Virginia hatte über die Technokraten gesiegt. Raab war am Höhepunkt seiner Macht. Und Macht war in diesem Fall nicht nur ein beiläufiges Wort oder Ausdruck dafür, daß jemand auf Grund eines Amtes Gewalt auszuüben imstande war. Macht war bei Julius Raab etwas, das viel mehr an den Begriff der Herrschaft heranreichte als bei irgendeinem anderen Politiker des hier zu behandelnden Zeitraums. Natürlich war diese Herrschaft nicht absolut, doch sie war eine umfassende und vor allem persönliche Herrschaft, der sich die Partei des Kanzlers und unmittelbar nach diesen Wahlen bis zu einem gewissen Grad auch die Sozialistische Partei beugten. Die Wahlen vom 13. Mai schienen die Anerkennung nicht nur des Mannes, sondern insbesondere auch der von ihm personifizierten Hauptereignisse der Zweiten Republik widerzuspiegeln. Raab, so meinte man, hätte im Mai des Jahres 1956 doch auch den Staatsvertrag und die Neutralität honoriert bekommen. „Der Lotse bleibt an Bord“, schrieb Kurt Skalnik wenige Tage nach der Wahl und zauberte damit Bismarcksche Dimensionen an die Wand.[39]

In dem Lotsenbild, aber auch in anderen Projektionen und ersten Analysen kam noch anderes zum Ausdruck. Mit „Der Lotse bleibt an Bord“ wurde suggeriert, daß die Österreicher mehrheitlich ein dankbares Volk wären, so ganz anders als die Briten, die ihren Kriegspremier, Winston Churchill, im Sommer 1945 abgewählt hatten. Da das Volk der Souverän sei, hätte dieser Souverän auch nicht wie weiland Kaiser Wilhelm im Falle Bismarcks gehandelt und den Lotsen von Bord gejagt, der das Staatsschiff soeben aus den Untiefen herausgeführt hatte. Der Österreicher wäre eben ein anderer Mensch, er honoriere politisches Verdienst und vergesse nicht so leicht.

Gerade diese Aussage muß aber angezweifelt werden, denn im Politischen wird kaum je weiter Zurückliegendes honoriert. Raab war nicht zuletzt die damals geringe Attraktivität der SPÖ zugute gekommen, deren Wahlkampf zwar aggressiv gewesen war, deren Führer aber einfach nicht zu diesem Scheinradikalismus paßten. Die Schlußfolgerung, daß der Staatsvertragskanzler, daß der beharrliche Kämpfer für die österreichische Unabhängigkeit, wegen seiner weiter zurückliegenden Verdienste gesiegt hätte, hatte natürlich etwas Reizvolles an sich und schien sogar durch ein Detail des Stimmenverhältnisses bestätigt zu werden: Denn in Wien, also dort, wo man die Viermächtebesetzung am augenfälligsten erlebt hatte, waren der ÖVP besonders viele Stimmen zugewachsen, während sie in Vorarlberg, wo es seit Jahren kaum mehr Besatzungsorgane gegeben hatte, 30 Prozent an die Sozialisten verlor. Doch gerade diese Schlußfolgerung von der historisch bedingten Zugkraft der ÖVP erwies sich als Irrtum und trug viel dazu bei, den Lotsen, der da an Bord blieb, mit falschen Daten und trügerischen Bildern zu füttern. Die Wahl vom 13. Mai 1956 war der letzte große politische Erfolg des Julius Raab. In diesem Erfolg wurzelte jedoch das politische Ende dieser zweifellos dominierenden und imponierenden Gestalt der österreichischen Geschichte. Es war ein Pyrrhussieg!

Von alledem war natürlich am 14. Mai 1956 nichts zu spüren. Die Weichen waren schon vor den Wahlen gestellt worden: Egal wie der Ausgang gewesen wäre, hätte es die Fortsetzung der Großen Koalition gegeben. Sie war aus vielen Gründen nach wie vor eine Notwendigkeit. Raab selbst brachte die Situation nach der Wahl mit dem Vorsprung von acht Mandaten der ÖVP gegenüber der SPÖ auf die knappe Formel: „Das bedeutet den Vorsprung eines Ministeriums.“[40] Und in dieser Richtung wurden die Verhandlungen aufgenommen. Es wäre denkbar gewesen, den nun auch durch Wahlen gezogenen Strich unter die Besatzungszeit dadurch zu verstärken, daß an eine grundsätzlich andere Ressorteinteilung und an eine Vermehrung der Ministerien gegangen worden wäre. Auch größere Änderungen an der Verfassung wären möglich gewesen. Doch alles das wurde nicht einmal recht erwogen. Den Unterhändlern von ÖVP und SPÖ ging es darum, eine gewisse Verschiebung im Machtgefüge und hinsichtlich der Verantwortlichkeit vorzunehmen, ohne an der Konstruktion im großen etwas ernsthaft verändern zu wollen. Ganz im Gegenteil wurde eine weitere Verzahnung der Geschäftsbereiche und Zuständigkeiten vorgenommen, was der österreichischen Ministerien- und Behördenstruktur bis heute nachhängt. So gut wie jedes Ministerium behandelte nämlich Materien, die in einem anderen Ministerium ihre eigentliche ressortmäßige Zuständigkeit hatten.[41] Das Innenministerium hatte seine Sektion Volksernährung, die sich mit allgemeinen Fragen der Ernährungssicherung und der Beschaffung von Schmalz- und Fettrohstoffen zu beschäftigen hatte, es führte aber auch das Dorotheum als nachgeordnete Dienststelle, die doch eher dem Finanzministerium zuzurechnen gewesen wäre. Das Bundesministerium für Verkehr und verstaatlichte Betriebe (ab Juni 1956 Bundesministerium für Verkehr und Elektrizitätswirtschaft) hatte sicherlich mit Verkehr zu tun, allerdings nicht mit dem Straßenverkehr, denn der ressortierte zum Handelsministerium. Dafür wurden die Bundesapotheken, die ja auch verstaatlichte Betriebe waren, vom Sozialministerium verwaltet. Die Liste ließe sich beliebig lang fortsetzen. Und wenn auch manche Zuordnung nicht ganz klar und darüber zu streiten war, ob Sektionen, Gruppen oder Abteilungen besser hier oder dorthin zu ressortieren hätten, blieb dennoch die Tatsache bestehen, daß aus Gründen der Großen Koalition, der gegenseitigen Kontrolle und Machtaufteilung sowie aus Gründen der immer wieder vorzunehmenden und ausschließlich von der Personalpolitik geforderten Verschiebungen einiges in Unordnung geraten war. Die Behördenstruktur war schwerfällig geworden und nicht mehr ganz leicht zu überschauen. Im Grunde genommen ging es denjenigen, die die Macht zu verteilen hatten, ähnlich wie Monarchen am Übergang vom Mittelalter zur Neuzeit: Zunächst waren riesige Ländereien zu verschenken gewesen, und konnte Zugehörigkeit und Wohlverhalten mit großen Geschenken honoriert werden. Doch allmählich gingen die Ländereien aus, und da auch Gold nicht mehr in ausreichendem Maß zur Verfügung stand, konnte dem einen nur noch gegeben werden, wenn man dem anderen etwas nahm. Was zunächst leicht und als ein souveräner Akt schien, wurde zunehmend schwieriger. Bis dann der Tag kam, an dem der König nichts mehr zu verschenken hatte.

Die Verhandlungen über die Bildung der neuen Bundesregierung wurden nicht mit dem Ziel geführt, etwas zu entflechten und leichter überschaubar zu machen. Die Verhandlungen hatten ein anderes und wesentlich enger gestecktes Ziel: Es sollten bestimmte Einflußbereiche neu geregelt werden. Trotz des, wie man glauben mußte, recht eindeutigen Wahlausgangs, ließen sich die Regierungsverhandlungen alles andere denn einfach an, da die SPÖ verständlicherweise in den Verhandlungen einiges von dem gutzumachen suchte, was ihr bei den Wahlen selbst mißlungen war. Sie versuchte daher zu wiederholen, was Adolf Schärf 1949 geglückt zu sein schien. Die SPÖ-Unterhändler beantworteten daher die ersten Vorschläge der ÖVP nach größeren Verschiebungen bei der Regierungsverantwortlichkeit und der Machtverteilung mit einem kategorischen „Nein". Dann setzte, ähnlich wie 1953, eine Phase des Taktierens ein, in der Julius Raab kurzzeitig die Möglichkeit einer kleinen Koalition zu ventilieren suchte. Es tauchte auch die Überlegung auf, die ÖVP würde eine Minderheitsregierung bilden. Doch im Gegensatz zu 1953, wo Raab mit dem Infragestellen der Großen Koalition sehr erfolgreich taktiert hatte, nahm diesmal niemand die entsprechenden offiziösen Mitteilungen recht ernst. Die ÖVP hatte auch keinen Erfolg damit, daß sie zwar die Beibehaltung der Großen Koalition in Aussicht stellte, den koalitionsfreien Raum aber so ausweiten wollte, daß für den legislativen Bereich die freie Mehrheitsbildung möglich gewesen wäre.[42]

Nach diesen eher als Vorgeplänkel zu bezeichnenden Gesprächen konzentrierten sich die Unterhändler auf das eigentliche und handfeste Problem, inwieweit nämlich einer der „starken Männer" der SPÖ, der Bundesminister für Verkehr und verstaatlichte Betriebe, Karl Waldbrunner, entmachtet werden konnte. Daß dabei auch eine gewisse Bereitschaft der SPÖ-Spitze vorhanden war, mitzumachen und insbesondere der Vorsitzende der SPÖ, Vizekanzler Schärf, nicht ganz unglücklich über die beabsichtigte Demontage des Verkehrsministers war, erhellt aus einem Interview des späteren Innenministers Franz Olah,[43] Waldbrunner habe, meinte Olah, solange er Minister war, jede Budgetkrise verschuldet. „Jede Budgetverhandlung hat er zusammengeschlagen. Er war meiner Meinung nach als politischer Partner in der Politik unmöglich. Auch als Gesprächspartner. Ich habe mich immer gewundert, was die ÖVP in der Koalitionsregierung sich hat gefallen lassen. Wie der mit ihnen geredet hat. Wenn ich auf der anderen Seite gesessen wäre, ich hätte ein Trumm genommen und hätte es ihm auf den Schädel gehaut." Waldbrunner sei unerhört stark gewesen.

„Anmaßend stark. Der Schärf war über ihn fuchsteufelswild. Er hat gesagt: ‚Schau, jede Budgetkrise brockt er uns ein. Und dann einigt er sich mit dem Kamitz . . . auf Kosten des Sozialbudgets. Das räumen s' dann aus miteinander."

Bei dem durch die Regierungsverhandlungen in Gang gesetzten Prozeß standen aber nicht der Gesprächsstil Waldbrunners, Sympathie oder Antipathie oder gar das Sozialbudget zur Debatte. Vielmehr ging es um ein ordentliches Stück Macht- und ein kleines Stück Gesellschaftspolitik. Denn Waldbrunner hatte deutliche Aspirationen auf Expansionen seines „Königreichs“ erkennen lassen, als er den Gesamtkomplex des auf Grund des Staatsvertrags und der beiden Wiener Memoranden freigewordenen Deutschen Eigentums für sein Ministerium reklamierte. An sich wäre die Sache logisch gewesen, denn wenn ein Ministerium die verstaatlichten Betriebe zu verwalten hatte und neue verstaatlichte Betriebe zuwuchsen, dann wäre die Zuständigkeit gegeben gewesen. Daß es dabei um keine Kleinigkeit ging, hatte noch knapp vor der Wahl der damalige Staatssekretär im Finanzministerium, Fritz Bock, erläutert: Zu den bereits verstaatlichten Bereichen der Grundstoffindustrie konnten abgesehen von der Erdölindustrie bis zu 4000 Betriebe mit rund 45.000 Beschäftigten hinzutreten.[44] Und wenn auch nicht alles zu verstaatlichen war, dann reichte der Rest noch immer, um als beträchtliches Potential erkennbar zu werden. Verständlich, daß die ÖVP diesen Machtzuwachs unbedingt verhindern wollte und auch ihren Wahlkampf auf weite Strecken auf dieses Thema abgestimmt gehabt hatte. Der dann nach den Wahlen gemachte Vorschlag der ÖVP, die verstaatlichten Betriebe in toto in die Kompetenz des Finanzministers zu überführen, hätte statt eines „Kaiserreichs Waldbrunner“ ein „Kaiserreich Kamitz“ geschaffen und war genauso unrealistisch wie die sozialistischen Versuche, Waldbrunner den Gesamtbereich zu retten. Doch es ging ja nicht nur um Waldbrunner, dessen Höhenflug gestoppt werden sollte. Es waren auch noch andere Bereiche neu zu ordnen und anders zu besetzen. Der sozialistische Klubobmann, Bruno Pittermann, der damals zeitweilig der sozialistische Hauptverhandler war, ließ schon am Anfang der Verhandlungen seinen Wunsch anklingen, daß in jedem Ministerium ein „andersfärbiger“ Staatssekretär sitzen sollte.[45] Damit wäre dem Prinzip der Großen Koalition und der totalen gegenseitigen Kontrolle zweifellos am meisten entsprochen worden. So weit wollte Raab aber nicht gehen. Dann war abzusehen, daß über das Bundesheer verhandelt werden sollte, das es ja noch immer lediglich auf dem Papier gab und das Bruno Pittermann nun plötzlich doch als Berufsarmee möglich schien.[46] Der Rundfunk warf Probleme auf, da das Fernsehen vor der Tür stand, dem zumindest die ÖVP nur geringe Chancen gab und für das sie bis 1962 maximal 200.000 Seher prognostizierte.[47] Aber auch beim Hörfunk gab es Forderungen, und zwar nicht nur personeller Natur. Die katholische Bischofskonferenz hatte nämlich schon 1955 gefordert, daß der Rundfunk kein Monopol des Staates sein dürfe. Es sollte daher auch andere Sender geben, und insbesondere die Kirche sollte die Möglichkeit zum Betreiben eines UKW-Senders bekommen.[48]

Weitere Facetten der Verhandlungen über die Regierungsbildung waren dann Überlegungen, ob Leopold Figl als Außenminister nicht Alfred Maleta Platz machen sollte. Schließlich wünschte sich Raab Pittermann als Justizminister in der Regierung.[49] Es gab also genügend Gesprächsstoff, und es mußte sich erst weisen, ob es genügend Macht und Einfluß zu verteilen gab, um auch nur annähernd allen Wünschen gerecht zu werden. Allmählich ließen sich die Lösungsmöglichkeiten herausschälen. Da war einmal das Hauptproblem, nämlich die Neuordnung der verstaatlichten Betriebe. Für sie wurde eine Lösung der Art gefunden, daß sie nominell der Gesamtregierung unterstellt wurden, und zwar so, daß im Bundeskanzleramt die „Industrie- und Bergbauverwaltung“ (IBV) eingerichtet wurde und etwa einer Sektion entsprach. Da der Bundeskanzler die IBV aber in seinem engeren Kompetenzbereich hatte, war er praktisch der Chef der IBV geworden. Dem Vizekanzler war jedoch so viel Kontroll- und Einflußmöglichkeit geblieben, daß nicht von einem totalen Machtverlust der SPÖ gesprochen werden konnte. Ein Einbruch war aber auf jeden Fall erzielt worden: Der Finanzminister übte zu seinen übrigen Funktionen zusätzlich die Aufsicht über die verstaatlichten Banken und damit auch über 52 Unternehmungen aus, an denen diese Banken maßgeblich beteiligt waren. Der Bundeskanzler hatte die Betriebe des ersten Verstaatlichungsgesetzes in seinen Bereich übernehmen können. Der Handelsminister hatte die restlichen wirtschaftlichen Kompetenzen in seinem Ressort zu wahren. Damit hatte die ÖVP im wirtschaftlichen Bereich eine beträchtliche Machtstellung errungen und nur so viel Kontroll- und Einflußmöglichkeiten abzutreten gehabt, wie es die proporzmäßige Besetzung der Leitenden und Funktionäre erforderlich machte. Raab war also seinem Ziel, nicht nur die Wahlen, sondern auch die Regierungsbildung zu gewinnen, zweifellos nahegekommen.

Man darf freilich nicht außer acht lassen, daß die hohe Konsensbereitschaft der „Vätergeneration" in beiden Großparteien die Gefahr einer absoluten Machtausübung drastisch verminderte. Raab war es um eine Verschiebung zu tun gewesen, und er hatte die Bereitschaft der Sozialisten, eine Große Koalition einzugehen und die auch in der sozialistischen Presse bekundete Ablehnung einer Rollenverteilung Regierung versus große Opposition klar genützt. Im wesentlichen sollte alles beim alten bleiben. In beiden Parteien regierte jene konservative Grundhaltung, deren Maxime die Fortführung der Zusammenarbeit, die bedingungslose Sicherung des Erreichten und die Absage an jegliches Experiment war. Und das hatte auch einiges für sich. Denn wenn wir die weiter oben angeklungene Terminologie noch etwas strapazieren, dann kann doch den Veränderungen des Jahres 1955 ein innovatorischer Impuls nicht abgesprochen werden. Allerdings war dies, wie meist in Österreich, eine Innovation von oben, und die kommt immer dosiert, im Gegensatz zur Innovation von unten, die nicht kontrolliert erfolgt, ja zwangsweise unkontrolliert erfolgen muß. Jede Innovation braucht aber ihre Zeit, um sich durchzusetzen und verarbeitet zu werden. Vom Programm der großen Koalitionsparteien her hätte 1956 daher eine derartige Phase der Konsolidierung eingeleitet werden sollen.

Ein Ministerium hatte dieser Konsolidierung besonders zu dienen. Es war dies das neue Verteidigungsministerium, das also jenes Ressort gewesen sein muß, das Raab mit seinem Wort vom „Vorsprung eines Ministeriums" gemeint hatte. Die Schaffung dieses Ressorts sollte auch einen Schwebezustand beenden. Im Sommer 1955, als die ersten Schritte zur Aufstellung eines Heeres gemacht worden waren, hatte zunächst das Bundeskanzleramt eine sechste Sektion, nämlich das Amt für Landesverteidigung, dazubekommen, innerhalb der die technischen und organisatorischen Vorarbeiten für das Heer geleistet werden sollten.[50] Die Errichtung dieser Sektion entsprach den Koalitionsabkommen von 1949 und 1953. Dort hatte es geheißen, daß zunächst eine „Generaldirektion für Landesverteidigung" im Bundeskanzleramt eingerichtet werden sollte. Mit der Schaffung dieses Amtes und seiner Zuordnung war auch eine längerfristig geplante politische Lösung verbunden gewesen, denn als Sektion des Kanzleramtes unterstand das Amt für Landesverteidigung dem Bundeskanzler. Der Vizekanzler aber hatte eine geschäftsordnungsmäßig gesicherte Möglichkeit der Einschau und Kontrolle. Mit dem Entschluß, ein Heer mit allgemeiner Wehrpflicht zu schaffen, und mit der Verabschiedung des Wehrgesetzes waren ebenfalls noch 1955 die Weichen gestellt worden. Das Heer wurde übereinstimmend als neutralitätspolitische Notwendigkeit und nicht als normales und selbstverständliches Instrument eines souveränen Staates verstanden. Raab, der vielgelästerte „Reserveoffizier aus St. Pölten", unterzog sich der Aufgabe, die Vorbereitungen für die Aufstellung des Heeres zu übernehmen, lediglich aus einer Art Pflichtgefühl, ohne daß er sich mehr als unumgänglich engagierte. Anders Vizekanzler Schärf. Wie sehr gerade die Heerespolitik den Vizekanzler und seine Partei beschäftigte, kann daran abgelesen werden, daß Schärf in seinem nachgelassenen Manuskript, „Österreich wieder in Freiheit 1955–1957", rund ein Viertel diesem Problemkreis widmete.[51] Dabei stand aber nicht, wie immer wieder angedeutet, die pazifistische Tradition der österreichischen Sozialdemokratie einer nüchternen Beurteilung im Weg – denn diese Tradition war um nichts größer als jene der Christlichsozialen oder der ÖVP. Zur Einschätzung des neuen Heeres trugen so gut wie ausschließlich die Beurteilung der Rolle des Bundesheers in der Ersten Republik bei und die Erkenntnis, daß das Heer wohl oder übel die höchste Gewaltkonzentration in einem Staat ist. Da bis 1956 über die Wehrform und die Organisation im großen bereits die wichtigsten Entscheidungen gefallen waren, suchten Raab wie Schärf, denen beiden eine wirkliche Vertrautheit mit der neu aufzustellenden Wehrmacht abging und die sich daher so gut wie ausschließlich auf ihre Berater verließen, den Heeresaufbau über die Personalpolitik zu lösen. Das Bekenntnis zur Notwendigkeit des Heeres kam aber letztlich von beiden Seiten, und es wurden auch ganz eindeutig die Neutralitätssicherung und die Angleichung der österreichischen an die Schweizer Neutralität als Ziele genannt. Der Aufbau des österreichischen Bundesheers kann aber dennoch nicht als eine besondere staatspolitische Leistung bezeichnet werden. Im Vordergrund stand nämlich weniger der Zweck des Heeres als vielmehr das Bestreben, dieses Heer zu keiner machtpolitischen Basis werden zu lassen. Deshalb ist es auch so schwach geblieben.

Wie widersprüchlich die Dinge dabei sein konnten, geht aus den Aufzeichnungen Schärfs hervor. Bei einem noch am 13. Mai 1955 geführten Gespräch soll Raab Schärf vorgeschlagen haben, die künftige Armee zu entpolitisieren. Schärf schrieb dazu: „Er meint, wir sollten doch zustimmen, daß die Armee entpolitisiert werde, worauf ich sagte, der Offizier ist nie unpolitisch, ebensowenig wie der Universitätsprofessor."[52] Im Dezember 1955 hatte Raab dann eine Liste übermittelt, auf der die Namen von für die Heeresverwaltung vorgesehenen Offizieren enthalten waren. Da Schärf darin aber unter 35 Personen nur 3 entdeckte, die der SPÖ zuzuzählen waren, protestierte er schärfstens gegen diese Vorgangsweise und schrieb Raab auf den Einsichtsvermerk: „Die kommende Wehrmacht soll und kann nicht ein politisches Instrument sein, sondern ein solches des Staates."[53]

Nach den Wahlen befürwortete die SPÖ durchaus die Bildung eines eigenen Verteidigungsministeriums unter Ferdinand Graf, in das sie in der Person von Dr. Karl Stephani einen Staatssekretär entsenden konnte. Allerdings munkelte man schon bei der Schaffung dieses Ministeriums, daß ihm gleichsam die Funktion eines Schwarzen Peters zukäme, und es gab in der ÖVP durchaus wohlmeinende Stimmen, die von der Besetzung dieses Ministeriums mit einem ÖVP-Minister abrieten, da die mit dem Aufbau des Heeres zwangsweise verbundenen Probleme und Fehlleistungen von den dafür aufzuwendenden Kosten bis zu den noch kaum durchdachten Problemen der Menschenführung der ÖVP angelastet würden. Da aber Raab nichts aus der Hand gab, was nicht unbedingt und aus zwingenden Gründen aus der Hand gegeben werden mußte, und zudem eine regelrechte Bewerbung des nicht immer sehr bequemen – und auch Raab nicht bequemen – Staatssekretärs im Innenministerium, Ferdinand Graf, vorlag, hörte Raab nicht auf die Warner in der eigenen Partei.[54] Außerdem konnte er auf die Gesetze der Logik der Machtverteilung innerhalb der Großen Koalition hinweisen, wonach die Konzentration von exekutiver Macht genauso unerwünscht, ja unmöglich war wie im Bereich der Legislative. Und wenn dem sozialistischen Innenminister Polizei und Gendarmerie unterstanden, dann war es nur logisch, daß das Heer von einem ÖVP-Minister verwaltet würde.

Als schließlich Ende Juni 1956 die Ministerliste vorlag, hätte außer den erwähnten Personalrochaden und Kompetenzverschiebungen eine einzige weit mehr Beachtung verdient, als dies der Fall war: Das Außenministerium, das weiterhin von Leopold Figl geführt wurde, hatte zu seinem sozialistischen Staatssekretär Bruno Kreisky einen weiteren, und zwar der ÖVP zugehörenden Staatssekretär bekommen, nämlich den Innsbrucker Universitätsprofessor Franz Gschnitzer. Nun war die dreifache Besetzung eines Ministeriums an sich schon etwas Ungewöhnliches. Die Besetzung dieses Ressorts war aber noch um etwas diffiziler, denn eine zu erwarten gewesene Verschiebung hatte nicht stattgefunden: Der Bundeskanzler hatte zwar die Sektion VI, das Amt für Landesverteidigung, aus seiner unmittelbaren Kompetenz entlassen und verselbständigt; doch das Außenministerium blieb weiterhin innerhalb des Bundeskanzleramtes, so wie es dies seit 1945 gewesen war. Damit hatte sich Raab die Kompetenz in außenpolitischen Fragen gewahrt, und das Außenamt war im Grunde genommen vierfach besetzt: Vom Bundeskanzler, von dem mit der Führung des Bundesministeriums für Auswärtige Angelegenheiten betrauten Minister ohne Portefeuille, Leopold Figl, sowie von den beiden Staatssekretären Bruno Kreisky und Franz Gschnitzer. Darin kam aber etwas anderes zum Ausdruck als vielleicht vermehrte Aufgaben im außenpolitischen Bereich oder gar der Versuch, diesen Bruno Kreisky besonders im Auge zu behalten. Nichts von dem! Die Überbesetzung im Außenpolitischen war Ausdruck dessen, daß sich Julius Raab weiterhin als derjenige verstand, der die Akzente der Außenpolitik setzen wollte. Zum anderen aber kam darin auch eine gewisse Schwäche des Ressortministers zum Ausdruck, die durch zwei Staatssekretäre kompensiert werden sollte.

Nach Abschluß der Regierungsverhandlungen blieb nur noch der Koalitionspakt auszuhandeln und die Geschäftsgrundlage für theoretisch weitere vier Jahre zu finden. Zum erstenmal wurde der Koalitionspakt* auch sofort veröffentlicht, und zwar am 26. Juni 1956. Das ebenfalls zum Koalitionsabkommen zählende Kompetenzgesetz kam nach seiner Beschlußfassung gesondert zur Verlautbarung.

Von den Wahlen bis zur Vorstellung der neuen Bundesregierung hatte es rund eineinhalb Monate gebraucht, fast gleich lang wie 1953, obwohl man doch hätte

---

* Siehe Anhang 3/4

glauben können, daß 1956 die Dinge einfacher lagen. Raab und Schärf, aber vor allem der Kanzler, hatten von Tag zu Tag erschöpfter ausgesehen.[55] Beide, die ja nicht mehr die Jüngsten waren, hatten also nicht nur die Grenzen der Macht, sondern vor allem die Grenzen der menschlichen Kraft gesehen. Am 4. Juli gab Bundeskanzler Raab die Regierungserklärung ab, und ab dann war eigentlich vorauszusetzen, daß die Wege der Innen- wie der Außenpolitik vorgezeichnet gewesen seien.

Werfen wir einen kurzen Blick auf diese Regierungserklärung: Sie wurde vom Wunsch und von der Absicht nach Fortsetzung der Zusammenarbeit getragen. Raab behandelte kurz die Veränderungen und ging ausführlich auf die Wirtschafts- und Sozialpolitik ein. Bei der Verhandlung der Schul- und Kulturfragen fiel auf, daß kein Wort über die strittige Frage der Gültigkeit des Konkordats von 1933 gesagt wurde. Im letzten Teil seiner Erklärung streifte Raab die Außenpolitik. Und dabei gab es zwei Ankündigungen, die Langzeitwirkungen hatten: Zu Italien hieß es, daß ein Schatten auf die Beziehungen falle, da, entgegen den italienischen Behauptungen, einige Bestimmungen des Gruber-De Gasperi-Abkommens über Südtirol nicht erfüllt seien. Und zu Jugoslawien sagte Raab, daß es eine ganz offensichtliche Interessengleichheit gäbe und man auch mit Befriedigung die jugoslawischen Andeutungen zur Kenntnis genommen habe, daß eine Regelung der Vermögensfrage außerhalb der staatsvertraglichen Bestimmungen erwogen würde.

Nach der Verlesung der Regierungserklärung schüttelte der Vizekanzler dem Bundeskanzler demonstrativ die Hand. Zwei Tage später begann der Hauptredner der SPÖ, Bruno Pittermann, die seiner Meinung nach zu schwach ausgefallenen Passagen und das Programm an sich zu kritisieren. Die SPÖ ließ also keinen Zweifel daran, daß sie gesonnen war, innerhalb der Großen Koalition ihre Oppositionsrolle weiterzuverfolgen. Und das war richtig und notwendig, da diese Regierungsform sonst vollends zum Faulbett geworden wäre und der Parlamentarismus noch mehr gelitten hätte, als er dies im Zeichen des Fraktionszwangs für 156 der 165 Abgeordneten ohnedies tat.

14 Der Mut ist billiger geworden

Am 8. Juni 1956 schrieb Hermann Pörzgen in der „Frankfurter Allgemeinen Zeitung" einen Satz voll großartiger Einsicht nieder, der wie kaum ein anderer die Entspannungspolitik kennzeichnete: *„Der Mut ist billiger geworden."* Und das stimmte so auffallend und konnte auf so vielen Gebieten beobachtet werden, daß es reizvoll ist, diesen Satz auch auf die österreichischen Verhältnisse hin zu überprüfen.

Zum erstenmal seit Bestehen der Zweiten Republik war in Österreich ein Parlament gewählt, zum erstenmal eine Regierung gebildet worden, ohne daß die Besatzungsmächte darauf Einfluß genommen hatten. Noch 1953 hatte es Verhaftungen von Mandataren, Beschlagnahmen und Verbote gegeben, und nicht zuletzt direkte und mitunter massive Einflußnahmen auf politische Parteien. Bei der Eröffnung der achten Gesetzgebungsperiode, am 4. April 1956, waren erstmals nicht die hohen oder höchsten Vertreter der Alliierten Kommission auf der Galerie des Parlaments als Zuhörer. Wenn in diesem Wahlkampf etwas gesagt worden war, dann hatte sicherlich weniger Mut dazugehört als früher. Wenn Gesetze in Beratung genommen und verabschiedet wurden, bedurfte es keines Mutes mehr, und auch dann, wenn irgendwer in Österreich etwas über Amerikaner, Briten, Franzosen oder Sowjets sagte, konnte er es tun, ohne Gefahr zu laufen, wegen Verächtlichmachens einer Besatzungsmacht belangt zu werden. Es war aber auch wesentlich weniger folgenschwer, außenpolitische Maßnahmen zu setzen, da diese nicht mehr a priori als gegen irgend jemanden gerichtet verdächtigt wurden. Und man mußte nicht bei allem und jedem befürchten, daß es die österreichische Unabhängigkeit und den Staatsvertrag verzögern oder Österreich an den Rand der Teilung führen würde. Der Mut war billiger geworden.

Auf internationaler Ebene war es auch erheblich leichter, ein Gespräch anzuknüpfen, und auch wenn die berühmte Genfer Gipfelkonferenz im Herbst 1955 ohne Ergebnisse geblieben war, dann glaubte doch niemand, daß man in die Zeiten des Kalten Krieges zurückfallen würde. Vielleicht ist auch der Unterschied zwischen dem Kalten Krieg und der Entspannung, von denen der ehemalige Außenminister und 1956 Botschafter in den USA, Karl Gruber, meinte, daß „in Wahrheit zwischen Kaltem Krieg und Détente nur ein Unterschied in der Wortwahl“ vorläge,[1] darin verborgen, daß in der Détente der Mut billiger geworden ist. Mit der Preisreduktion in Sachen Mut ging in Österreich der Fortfall des permanenten Drucks von außen Hand in Hand. Er wurde dadurch ausgeglichen, daß sich der innere Druck verstärkte und die Auseinandersetzung der Parteien an Schärfe zunahm. Wie schon erwähnt, hatte die Große Koalition 1955 gewissermaßen ihre Geschäftsgrundlage verloren. Allerdings hatte die Große Koalition noch immer ihre Galionsfiguren, und die sorgten für die zumindest temporäre Fortsetzung der Politik des ersten Jahrzehnts der Zweiten Republik auch im zweiten Jahrzehnt.

Die Kontinuität, die sich in der Beibehaltung der Großen Koalition ausdrückte, hatte aber keinesfalls schon eine anerkannte Tradition zur Voraussetzung. Die Urteile über das neuerliche Zusammengehen waren daher gegensätzlich, und bei aller Befürwortung konnte man doch auch immer wieder das Bedauern über die Notwendigkeit der Fortsetzung heraushören. Die Parteien sahen sich genötigt, sich zu rechtfertigen, weshalb sie den scheinbar einfacheren Weg des Interessenausgleichs mittels der Mechanismen der Großen Koalition gingen und nicht eine andere Form des politischen Verkehrs suchten. Der geschäftsführende Klubobmann der SPÖ, Bruno Pittermann, begründete daher schon in der Debatte zur Regierungserklärung, warum er glaubte, daß die Große Koalition notwendig sei.[2] Er meinte: „Ich will nicht sagen, daß dieses System, das wir hier seit mehr als zehn Jahren üben, der politischen Weisheit letzter Schluß ist. Aber es ist notwendig, um die Demokratie auszubauen . . . Es wäre verhängnisvoll, durch einen plötzlichen Übergang zu den in der parlamentarischen Demokratie üblichen Formen der Regierung und der Opposition zu schreiten, bevor der Grundsatz ‚Gemeinwohl geht vor Eigenwohl‘ in den Köpfen der Regierenden wie der Regierten fest verankert ist.“ In diesen Sätzen kam zum Ausdruck, daß es nur so lange eine Große Koalition geben sollte, bis eben die Demokratie genügend gefestigt sei – eine äußerst dehnbare Formulierung also. Adolf Schärf, der Parteivorsitzende der SPÖ, zeichnete einen anderen Weg, da er ausdrücklich vom „Recht“ seiner Partei sprach, einen „verhältnismäßigen Anteil“ an der Macht zu bekommen. Dementsprechend fiel auf dem Parteitag 1956 der Richtlinienbeschluß der SPÖ aus, in dem es hieß, daß die Sozialisten auf Grund der Leistungen beim Wiederaufbau der Republik und eingedenk der Verdienste, die sie sich im Widerstand gegen den Druck der Besatzungsmächte erworben hatten, ein Recht darauf hätten, „entsprechend dem Willen ihrer Wähler an der Staatspolitik und Staatsverwaltung mitzuentscheiden“, und zwar in einem Ausmaß, „das ihrem Anteil an den Wählerstimmen entspricht“.[3] Auch in diesen Formulierungen lag eine Rechtfertigung.

Ähnliche Rechtfertigungs- und Wertungsversuche unternahm die ÖVP. Man sprach von einem weltweit zu sehenden Beispiel politischer Reife, von Unumgänglichkeit und Notwendigkeit, sowie davon, daß Österreich seit 1945 die stabilste Regierung in ganz Europa gehabt hätte (was wohl etwas zu selbstbewußt war), doch zweifellos war die Unabhängigkeit und Lebensfähigkeit von innen her gesichert worden. Österreich teilte sich freilich in der Bewertung seiner Stabilität den Ruhm zumindest mit der Schweiz und Schweden, die ähnlich stabile Verhältnisse aufwiesen. Die Neutralität scheint denn auch die innenpolitische Stabilität zu fördern, wie umgekehrt diese Stabilität Voraussetzung der Neutralität ist. Ein in sich zerfallenes und von schweren politischen Spannungen heimgesuchtes Land kann wohl kaum seine Neutralität aufrechterhalten. – Doch auch ohne solche Rechtfertigungsversuche, die innen- wie außenpolitische Momente zu bemühen suchten, konnte 1956 niemand behaupten, daß das System nicht funktionierte. Die Große Koalition war auch keinesfalls in Mißkredit geraten und hatte ja erst wenige Monate zuvor eine Reihe eindrucksvoller Zeugnisse ihrer Leistungsfähigkeit abgegeben. Es ist also unbillig, wenn man die gesamte Periode von 1956 an pauschal abqualifiziert.[4] Das Problem der Koalition war, daß die Austragung des sozialen Konflikts in die Regierung verlegt wurde und daß sich nicht ideologisch verwandte oder kräftemäßig stark unterschiedliche Parteien zu einem Regierungsbündnis fanden, sondern die beiden ideologisch gegensätzlichen Großparteien. Der Klassenkampf fand daher, wie Adolf Schärf meinte, innerhalb der Regierung statt, ja hatte dort stattzufinden, und deshalb unterlagen die Regierung und das ganze System einem raschen Verschleiß.[5] Dabei waren die Abnützungserscheinungen in der Innenpolitik naturgemäß stärker als in der Außenpolitik, in der ja kein weltanschaulicher und sozialer Konflikt ausgetragen wurde. Da die Große Koalition für den Zeitraum bis 1966 eine zentrale Erscheinung ist und das Jahrzehnt von 1956 bis 1966 innenpolitisch in erster Linie durch den Verfall dieses Regierungssystems gekennzeichnet ist, sollen seine wesentlichen Erscheinungsformen rekapituliert werden, um gleichsam eine Bestandsaufnahme 1956 vorzunehmen und daran die späteren Zeiten zu messen.

Das Instrumentarium der Großen Koalition war teilweise vorgegeben; wo nicht, da wurde es ad hoc geschaffen. Der Nationalrat zählte 165 Abgeordnete; 156 gehörten zu den Regierungsparteien. Der Bundesrat hatte 50 Mitglieder, von denen alle von den Regierungsparteien gestellt wurden. Die Regierung umfaßte 12 Minister und 6 Staatssekretäre. Die Große Koalition hatte mit dem Koalitionspakt* vom 26. Juni die Bedingungen und die Modalitäten ihrer Zusammenarbeit beschlossen. Um den Anschein der „Packelei" zu vermeiden, war das Abkommen tags darauf in der „Wiener Zeitung" auszugsweise verlautbart worden, und beide Parteiführer bestritten entschieden, daß es darüber hinausgehende Nebenabsprachen gegeben hätte. Damit die Zusammenarbeit reibungslos vor sich ging, wurde ein Koalitionsausschuß gebildet, in den jede Partei fünf Vertreter entsandte. Den Vorsitz führte der Bundeskanzler. Außerdem gehörten die beiden Klubobmänner dem Ausschuß an. Trotz der Möglichkeit, in den Koalitionsausschuß Parlamentarier entsenden zu können, bedeutete aber diese Verfahrensweise ganz klar die Verlegung der Entscheidungen vom Parlament in die Regierung. Die Regierung war von den Entscheidungen des Koalitionsausschusses abhängig und konnte Beschlüsse nur einstimmig fassen. Der Nationalrat war dazu da, die erläuternden Bemerkungen zu geben und die in ihren Hauptaussagen allerdings bereits fixierten Debatten abzuführen. Im übrigen war es aber doch weitgehend ein Scheinparlamentarismus. Um für den Fall der Nichteinigung im Koalitionsschausschuß die parlamentarische Behandlung

* Siehe Anhang 3/4

einer Vorlage zu ermöglichen, war – wie schon im Koalitionsabkommen von 1953 – auch 1956 die Schaffung eines koalitionsfreien Raumes festgelegt worden, der allerdings in dieser Legislaturperiode nie in Anspruch genommen werden sollte. Gegen die Große Koalition wurde 1956 zum wenigsten ins Treffen geführt, daß sie schwerfällig sei und es immer wieder zu Friktionen kam, die ein Weiterfunktionieren in Frage stellten. Die Große Koalition wurde vor allem als eine enorm teure Regierungsform bezeichnet.[6] Denn angesichts der gleich gewichteten Machtverhältnisse, jedoch unterschiedlicher Interessen, waren Kompromisse oft nur durch einen Kuhhandel zu erzielen, indem eine Konzession *da* von einer Konzession der anderen Partei *dort* abhängig gemacht wurde. Und das kostete meist sehr viel. Die Große Koalition war also vor allem eine Preisfrage.

Es wurde aber auch – und das sicherlich zu Recht – kritisiert, daß der Interessenausgleich sehr zeitaufwendig war und daß die Tendenz, die Wahlperioden zu verkürzen, um einen günstigen Absprung in Neuwahlen zu finden, dazu führte, daß nur wenige Monate übrigblieben, um wirklich konstruktive Arbeit zu leisten. Kam dann noch Unvorhergesehenes dazu, dann schien es nur noch Stagnation zu geben. Das wurde 1959 von Christian Broda rückblickend am Beispiel der achten Gesetzgebungsperiode 1956 bis 1959 demonstriert.[7] Der Nationalrat löste sich Anfang März 1956 auf. Von da an und bis Ende Oktober gab es einen faktischen Stillstand der parlamentarischen Arbeit, sieht man von der Regierungserklärung und der Debatte darüber ab. Nach kurzer parlamentarischer Arbeitsperiode erfolgte der Tod von Bundespräsident Körner im Jänner 1957. Die Folge: Wahl des neuen Bundespräsidenten im ersten Halbjahr 1957 und faktischer Stillstand der Regierungsinitiativen sowie der parlamentarischen Arbeit. Die Lösung der offenen Probleme wurde aufgeschoben. Herbst 1957: Erkrankung von Bundeskanzler Raab. Für den Rest des Jahres Stillstand der Regierungsinitiativen. Das erste Halbjahr 1958 war erfüllt vom „Schlachtenlärm" diverser Skandale, die einen Großteil der Energien absorbierten. Danach wurde zügiger gearbeitet, doch schon im Herbst zeigten sich Krisensymptome. Anfang 1959 gab es dann die schon längere Zeit erwarteten unüberwindlichen Schwierigkeiten, die Auflösung des Parlaments und abermals einen Stillstand der parlamentarischen Tätigkeit bis zum September 1959. Statt einer vierjährigen gab es also nur eine dreijährige Regierungsperiode. Rechnet man aber die Monate zusammen, in denen – der Aufstellung Brodas zufolge – wirklich konstruktive Arbeit geleistet wurde, dann kommt man nur noch auf zirka 15. Und auch wenn man eine Reihe von Abstrichen macht, bzw. in diesem Fall etliches dazurechnet, bleibt dennoch die Tatsache, daß die innenpolitische Arbeit, bei der Tod und Krankheit keine so große Rolle spielen sollten, in immer stärkerem Maß behindert war.

Die Große Koalition wurde auch als „Dypolis" bezeichnet, um die Beherrschung des Staates durch zwei Mächtige zu charakterisieren.[8] Man könnte aber noch eine weitere Überlegung anstellen. Es hat ja immer wieder Große Koalitionen gegeben. Da aber jenes ausgeklügelte System des Machtausgleichs bei gleichzeitiger Konfrontation eine für Österreich besonders charakteristische Erscheinung war, die ihre Erklärung durchaus nicht darin findet, daß es eben keine absoluten Mehrheiten gegeben hat, muß man sich nach anderen Gründen umsehen. Und dabei spielten die Verhältnisse der Besatzungszeit wohl eine große Rolle. Die besonderen Erfordernisse der Besatzungszeit scheinen nicht nur eine eiserne Klammer abgegeben zu haben: Die alliierten Einrichtungen in Österreich waren ein direktes Vorbild für die Große Koalition. Erinnern wir uns: Eine Große Koalition im engeren Sinn gab es seit Ende 1947. Bis dahin hatte es formal eine Allparteienregierung gegeben. Österreich wechselte also zu einer spezifischen und fast zwanzig Jahre unverändert beibehaltenen Regierungsform zu einem Zeitpunkt, als die Alliierte Kommission für Österreich schon anfing, ein Kuriosum zu werden, weil überall sonst die von der Kriegskoalition geschaffenen Gremien versagten und verfielen. In der Alliierten Kommission für Österreich saßen sich jedoch Antagonisten gegenüber, die nichts anderes verband als ebendieser Antagonismus und die Absicht, irgendwann einmal die Lösung eines Problemes herbeizuführen.

Legen wir die Termini der Besatzungszeit und ihre Erscheinungen doch einmal auf die Große Koalition um: Die „Hochkommissare" von ÖVP und SPÖ sowie die Mitglieder des (alliierten) Ministerrates sind vom Willen getragen, einen bestimmten administrativen Erfolg bei der Verwaltung Österreichs zu erzielen, und zwar den, Österreich seine Unabhängigkeit und Lebensfähigkeit zu erhalten. Das „Exekutivkomitee", der Koalitionsausschuß, hat die Aufgabe, die Entscheidungen des (alliierten) Ministerrates vorzubereiten. Die grundsätzliche Bereitschaft zur Einigung schließt nicht aus, daß die Hochkommissare ebenso wie die Mitglieder des (alliierten) Minister- und Nationalrates außerhalb der Sitzungsperioden ihre höheren „nationalen" Ziele in sachlicher wie polemischer Art zu vertreten suchen. Die Sonntagsreden werden losgelöst vom (alliierten) Ministerrat gehalten, in dem ja bekanntlich Einstimmigkeit zu herrschen hat. Entscheidungen und Maßnahmen, über die es keine Einigung im Exekutivkomitee gegeben hat, können zwar von einem der „Hochkommissare" einseitig getroffen bzw. gesetzt werden, doch ist mit hoher Wahrscheinlichkeit damit zu rechnen, daß sie nur in einem „Besatzungsbereich" Geltung erlangen und im anderen „Besatzungsbereich" durch Gegenmaßnahmen beantwortet werden. Der Ministerrat gleicht also dem Alliierten Rat: es herrscht Einstimmigkeit. Der Koalitionspakt ist das Kontrollabkommen und der koalitionsfreie Raum das Niemandsland zwischen den Zonen. – Sicherlich, in solchen Überlegungen ist auch ein wenig Spielerei enthalten, aber im Kern scheinen die Dinge vergleichbar, und wenn wir von der geschilderten Analogie ausgehen, dann wird ein weiteres Mal erkennbar, daß mit dem Ende der Besetzung Österreichs die Bezugspunkte weggefallen sind und sich ein System nur zu kopieren suchte, ohne sich wirklich zu erneuern.

Nun wollen wir uns noch fragen, welche Probleme außer den tagespolitisch aktuell werdenden auf die neue Regierung zukamen, und da scheinen zwei Bereiche signifikant: Erstens die Geschichte der Ersten Republik und zweitens der Abschied von der Besatzungszeit. Es war voraussehbar gewesen, daß diese Fragen aktuell würden, denn sie ergaben sich aus dem Wegfall der Besetzung. Der innenpolitische Burgfriede hatte manches verdrängen lassen, was doch einmal gefragt werden mußte, und die Zäsur des Jahres 1955 hatte es notwendig gemacht, auch schon die Besatzungszeit einer ersten Bilanz zu unterziehen und die Loslösung zu versuchen.

Die Probleme, die auf das wieder einmal neue Österreich zukamen, waren vielfältig. Doch die Lösungen blieben gegenüber der Besatzungszeit gleich. Manchmal schien es sogar, daß der Abschied von der Besatzungszeit ungemein schwerfiel. Daher gab es auch immer wieder Rückgriffe. Die waren freilich vorderhand nicht weiter gefährlich, da sie ja nur dazu dienten, Lösungsmöglichkeiten zu suchen, die sich schon bewährt hatten. Historisierende Analogien, die sich auf die Besatzungszeit bezogen, wurden daher so gut wie immer in positiver Absicht verwendet. Nunmehr drängte aber auch etwas nach oben, das zehn Jahre hindurch – abgesehen von einigen Entgleisungen – bewußt zurückgedrängt worden war.

Es hatte sicherlich mehr Bedeutung als nur die der Vorbereitung des Wahlkampfes gehabt, daß 1956 die Februarkämpfe des Jahres 1934 mit einer geänderten Bedeutung interpretiert wurden. Gerade der Vergleich der in der „Arbeiter Zeitung" 1955 und 1956 getroffenen Formulierungen und die ganze Art, wie das Problem angegangen wurde, machte den neuen Abschnitt der österreichischen Geschichte deutlich. Nach dem Abzug der Alliierten standen sich die beiden großen politischen Lager erstmals nackt und bloß gegenüber. 1955 hatte es eine Kranzniederlegung beim Mahnmal für die Opfer des Faschismus auf dem Zentralfriedhof gegeben. Die „Arbeiter Zeitung" druckte einen kleinen Erinnerungsbeitrag ab, der lediglich Episoden aus dem Ständestaat wiedergab. Am 12. Februar 1956 schrieb jedoch der Chefredakteur der „Arbeiter Zeitung", Oscar Pollak, einen Leitartikel, und seine Aussage fing mit „Nie vergessen" an. Er streifte die Empörung, die die SPÖ anläßlich der nun doch möglich gewordenen Rückkehr des „Heimwehrfürsten" Starhemberg im Dezember 1955 erfaßt hatte. Und dann begann Pollak die damalige Gegenwart auf Spuren der Vergangenheit zu untersuchen. In Niederösterreich sah er Anzeichen für den Versuch, „die Demokratie in der Verwaltung eines großen Landes lahmzulegen". Er ortete aber auch in der Bundespolitik Kräfte, die die demokratische Zusammenarbeit zu stören begännen und schrieb: „Verstöße gegen die Verfassung, mögen sie zunächst auch nur ungesetzliche Verordnungen des Handelsministers oder Kompetenzübergriffe, Mißachtung der Zuständigkeit der Regierungsämter sein, erschüttern das Recht . . . Es ist also ein Kampf um die Erhaltung und Sicherung der Rechte des Volkes [und] um die Verfassung der Republik . . . zu führen – heute wie damals . . . es ist derselbe Kampf . . . es ist das Erbe unserer Februarhelden, es ist der Geist von damals, den wir mit den Mitteln von heute bewahren und zum Sieg führen." Das war also doch mehr, als lediglich ein Erinnern und Mahnen, das war ein Bekenntnis zur Aktualität und setzte damit die Erste Republik als innenpolitisches Kampfmittel ein.

Die Vergangenheitsbewältigung gewann den Charakter der Aktualisierung der Vergangenheit und zeigte eigentlich recht deutlich, daß eine Bewältigung der Vergangenheit an sich unmöglich ist; man kann nur Abstand gewinnen. Die Probleme der Vergangenheitsbewältigung verdichteten sich aber nicht in der Frage „Februar 1934 oder wie wie hältst du's mit dem Bürgerkrieg?". Diese Probleme verdichteten sich in einer besonders sensiblen Angelegenheit, nämlich der Frage der Gültigkeit des Konkordats von 1933. Es war dies die zentrale Frage des Verhältnisses von katholischer Kirche und Staat, und sie gewann 1956 eine solche Aktualität, daß es einige Zeit den Anschein hatte, als ob es zu einem Kulturkampf kommen würde. Die Konkordatsfrage wurde zum Maßstab dessen, was wir als Vergangenheitsbewältigung bezeichnen, und verdient daher einige Aufmerksamkeit.

Bis zu den Wahlen hatte sich keine der Koalitionsparteien ernstlich an das Thema gewagt, da jede Andeutung sofort schärfste Reaktionen nach sich zog. In diesem Bereich lag also schon eine gewisse Sensibilisierung vor, die vor allem Bundeskanzler Raab davon abhielt, eine Lösung zu forcieren. Raab konnte man anderseits ganz gewiß nicht Lauheit in Glaubenssachen vorwerfen, er war nur Pragmatiker genug, um jede Lösung, die nicht mit voller Billigung der Sozialisten vorgenommen wurde, abzulehnen.

Die SPÖ traute sich an das Thema nicht heran, da sich absehen ließ, daß jeglicher Kompromiß in dieser Frage von den atheistischen Kreisen innerhalb der SPÖ wie von denen, die jedem „historischen Kompromiß" mit der ÖVP mißtrauten, zum Anlaß heftigster Auseinandersetzungen genommen würde. Mußte nicht die Anerkennung oder auch nur Teilanerkennung des Konkordats als nachträgliche Aussöhnung mit Maßnahmen der Dollfußregierung erscheinen? Standen nicht gerade in der Ehe- und Schulfrage Dinge zur Debatte, die seit Albert Sever und Otto Glöckel Grund zur Auseinandersetzung waren? Es standen also für die SPÖ nicht nur Fragen auf dem Spiel, die der Bewältigung der gemeinsamen wie der eigenen Vergangenheit zu dienen hatten, sondern auch – und das war wohl das entscheidende Moment – die Frage, ob es sich die SPÖ leisten konnte, zwar einerseits den Weg zur Massenpartei beschreiten zu wollen, aber anderseits die katholische Bevölkerung zu brüskieren. Es kann daher gleichermaßen als ein Akt der Vergangenheitsbewältigung wie als einer der ideologischen Ausrichtung gewertet werden, daß die SPÖ in den Koalitionsverhandlungen erstmals in der Konkordatsfrage Gesprächsbereitschaft zeigte. Es gab sicher das eine oder andere, das ihr diesen Entschluß erleichterte, beispielsweise die Ernennung Dr. Franz Königs zum Erzbischof von Wien, die in die Zeit der Koalitionsverhandlungen fiel. Mit König trat ein auch der SPÖ genehmer Bischof an die Spitze der katholischen Kirche Österreichs. Es ist auch nicht auszuschließen, daß für die Bereitschaft zum Aufrollen der Konkordatsfrage der vergleichsweise schlechte Wahlausgang der SPÖ eine Rolle spielte, da sie ja ein Interesse daran haben mußte, neue Wählerschichten anzusprechen.

Auch für die ÖVP stellten die Konkordatsverhandlungen einen Prüfstein der Vergangenheitsbewältigung dar, da sie sich trotz des eingetretenen Wandels mit den Zielen der katholischen Kirche stärker identifizierte als jede andere Partei und die Einheit von Kirche und Staat zwischen 1933 und 1938 auch immer wieder vorgehalten bekam.

Damit nicht genug, wurde die Konkordatsfrage als eine jener Materien erkannt, wo sich die Anhänger der Kontinuitätstheorie und der Diskontinuitätstheorie diametral gegenüberstanden und wo es abermals und recht augenfällig um die Frage ging, ob die nationalsozialistische Zeit lediglich etwas unterbrochen habe oder ob 1945 etwas völlig neu entstanden sei. 1946 hatte Bundeskanzler Figl im Namen der Bundesregierung folgende Grundsatzerklärung abgegeben: „Österreich wurde damals [im März 1938] ohne Legitimation durch einen Rechtstitel, also völkerrechtswidrig besetzt und seiner Handlungsfähigkeit beraubt. Österreich war also an der Ausübung der Staatsgewalt behindert, ohne daß dadurch seine Staatsgewalt an sich untergegangen wäre und das Staatsgebilde als solches zu bestehen aufgehört hätte."[9] Zum selben Zeitpunkt wurde eine Note an den Generalsekretär des 1946 noch bestehenden Völkerbunds gerichtet, die die Mitteilung enthielt, daß die Mitgliedschaft Österreichs beim Völkerbund fortbestehe. Hier wurde also die Kontinuität zum Ausdruck gebracht. In der Konkordatsfrage wurde aber lange Zeit hindurch getan, als ob sie nicht von der Rechtsüberleitung erfaßt würde, weil jedem einsichtig sein mußte, daß das Konkordat nicht unverändert weiter angewendet werden konnte. Das ging aber so weit, daß vor allem von Vizekanzler Schärf der Kontinuitätsthese deren Gegenteil, nämlich das Ende des „Völkerrechtssubjekts" Österreich 1938 gegenübergestellt wurde,[10] nur um die Gültigkeit des Konkordats fraglich erscheinen zu lassen. Doch das ging nur eine Zeitlang. Nach Abschluß des Staatsvertrags wurde der Vatikan drängend, und nach den Wahlen wurde der Heilige Stuhl fordernd. Als dies noch immer nichts fruchtete, kamen Überlegungen zum Tragen, die an die Substanz der ÖVP zu rühren drohten. Denn für den Fall, daß die ÖVP, die sich ja als christliche Partei verstand, nicht gewillt war, die Verhandlungen über das Konkordat – und zwar echte Verhandlungen – in Gang zu bringen, wurde die Möglichkeit der Abspaltung einer betont katholischen Partei in Aussicht gestellt.[11] Schließlich konnte der ÖVP auch damit gedroht werden, daß sich der Vatikan und die SPÖ über die Köpfe der ÖVP hinweg darauf einigen würden, daß sich die katholische Kirche strikt aus den politischen Angelegenheiten heraushalten, damit die Zustimmung der SPÖ zum Konkordat erreichen, aber die ÖVP jeglicher kirchlicher Unterstützung berauben würde. Der Vorschlag entbehrte zwar der Logik, denn die SPÖ hätte in jedem Fall die Zustimmung der ÖVP gebraucht, da es sich beim Konkordat ja um ein Verfassungsgesetz handelte, aber drohen ließ sich ja mit vielem. Als schließlich der Vatikan mit einer Verbalnote vom 22. September 1956 eine klare Antwort verlangte,[12] und zwar hinsichtlich der Gültigkeit und der innerstaatlichen Wirksamkeit, mußte gehandelt werden. Es wurde ein Ministerkomitee eingesetzt, das eine Klärung herbeiführen sollte. Bis Jahresende waren die Gespräche so weit gediehen, daß sich bei der Anerkennung der Gültigkeit eine Einigung abzuzeichnen begann, doch die innerstaatliche Wirksamkeit blieb weiterhin umstritten. Und so blieb dem Außenministerium nichts anderes übrig, als im Vatikan um Verständnis zu bitten, daß sich eine Lösung noch hinauszögerte.[13] Die Konkordatsfrage wurde einer der Dauerbrenner der österreichischen Politik. Das Anlaufen der Verhandlungen über das Konkordat kann daher stellvertretend dafür genannt werden, mit welchen Hypotheken und Vorgaben, aber auch mit welcher Vorsicht an die Aufarbeitung der Vergangenheit gegangen wurde und wie schwerfällig der Prozeß der Auseinandersetzung mit den weiter zurückliegenden Jahrzehnten anlief. Jedes Wort wurde auf die Goldwaage gelegt und vor allem die Stellungnahme zur Ehe- und Schulfrage auf jegliche Art von verdächtigen Zusammenhängen abgeklopft.

Ein weiterer Aspekt darf aber nicht aus den Augen verloren werden: Die Vergangenheitsbewältigung fand weitgehend auf Regierungs- und Parteivorstandsebene statt. Sie berührte jedoch bestenfalls oberflächlich breitere Bevölkerungskreise. Mag sein, daß die damit zusammenhängenden Fragen als zu unbehaglich verdrängt wurden und daß trotz eines Bevölkerungsanteils von über 80 Prozent Katholiken die Konkordatsfrage nicht wirklich als etwas angesehen wurde, das fast jeden anging. Im Gegensatz zu innenpolitischen Tagesfragen und der immer stattfindenden sozialen Auseinandersetzung rutschte aber fast jede Frage im Bewußtsein weit nach hinten.

Sieht man sich die von den Sicherheitsdirektionen in der ersten Hälfte 1956 zusammengestellten Lageberichte an, dann finden sich für diese Feststellung fast Monat für Monat Hinweise.[14] Im Jänner hieß es: „Es muß bestätigt werden, daß sehr weitgezogene Kreise in der militärischen Neutralität eine Neutralisierung nicht nur des Denkens, sondern vor allem des Handelns verstehen . . ." Im Februar notierte der zuständige Referent: „Der Beschluß des Ministerrates vom 21. 2., die Aufnahme in den Europarat zu beantragen, wurde in der Bevölkerung kaum erörtert, was nach den Ausführungen im Vormonat nicht besonders verwunderlich erscheint." Im April hieß es: „Zu den Kreisen, welche die außenpolitischen Vorgänge überhaupt diskutieren, gehören die Kommunisten und Rechtsoppositionellen. Die einen, weil sie die Chancen des Weltkommunismus abwägen, die anderen, weil sie die Auswirkungen auf Deutschland beobachten. Die große Mehrheit der Bevölkerung aber steht nach wie vor der Außenpolitik teilnahmslos gegenüber." Und so ging es weiter.

Es sollte daher auch kurz überlegt werden, ob nicht jenseits des durch die Materie mitbedingten und durch die Zuständigen unterstützten Desinteresses an der Außenpolitik auch noch andere Momente eine Rolle spielten. Staatsvertrag und Neutralität hatten gegenteilige Tendenzen gefördert. Der Staatsvertrag hatte Beschränkungen wegfallen lassen, die bis dahin jegliche Öffnung Österreichs und eine wirkliche und vor allem auch unabhängige Außenpolitik verhindert hatten. Die Neutralität bewirkte genau das Gegenteil. Sie brachte Selbstbeschränkungen und wurde nicht zuletzt auch von Bundeskanzler Raab so verstanden, daß sie auf eine Abschließung hinauslief.[15] Es waren aber nicht nur Bedenken wegen der Verletzung neutralitätsrechtlicher Bestimmungen, sondern auch eine grundsätzliche Skepsis gegenüber der Notwendigkeit einer aktiven Außenpolitik, die Raab zu einem isolationistischen Kurs bewogen. Diese Abschließungstendenzen wurden noch dadurch gefördert, daß Österreich in den Jahren zwischen 1953 und 1956 einen Autarkieschub erlebte.[16]

Das Sozialprodukt war 1955 um 11 Prozent gestiegen. Die Ernährungsbilanz 1955/56 zeigte, daß Österreich seinen Gesamtbedarf an Nahrungsmitteln zu fast 80 Prozent decken konnte, damit schon über die Vorkriegswerte gekommen und auf dem besten Weg zu einer weitgehenden Nahrungsmittelautarkie war. Es machte sich eine trügerische Selbstgenügsamkeit breit, ein Vorgang, der auch durchaus als Folge der alliierten Umerziehungspolitik gesehen werden konnte. Wenn in außenpolitischen Fragen Vergleiche angestellt wurden, dann sprach aus ihnen nur eine gewisse Skepsis, ob eine stärkere Verknüpfung mit dem Ausland überhaupt einen Sinn hätte, denn notfalls hätte Österreich doch nichts zu erwarten. Auch der UNO-Beitritt war damit kommentiert worden, daß er keine Bedeutung hätte, denn die UNO sei doch wie der Völkerbund lediglich eine deklamatorische Instanz und hätte keinerlei Möglichkeit zur Durchsetzung ihrer Beschlüsse.[17]

Bei der Mehrfachbesetzung im Außenministerium mit Raab als oberstem Chef, Figl als loyalem Administrator und mit Kreisky wie Gschnitzer als tatkräftigen Staatssekretären war nun sicherlich nicht primär im Auge behalten worden, daß das Amt gleichermaßen retardierende wie dynamische Elemente eingepflanzt bekommen sollte. Doch die Vierfachbesetzung wirkte sich dahingehend positiv aus, daß wenigstens die Diskussion über die Linien der Außenpolitik in Gang gebracht und gegen die Abkapselung und Selbstgenügsamkeit anzukämpfen begonnen wurde. Schon der erste Rundblick hatte ja gezeigt, daß sich überall Probleme aufstauten und durch Staatsvertrag und Neutralität neue Fragen dazugekommen waren. Das Abkapseln war daher ein untauglicher Versuch, die erste Sturm- und Drangzeit abzuwarten, denn die europäischen wie die außereuropäischen Staaten warteten mit einiger Nervosität auf die österreichische Selbstdarstellung und wachten mit Argusaugen über die Einhaltung der staatsvertraglichen und neutralitätsrechtlichen Bestimmungen. Da die Selbstdarstellung auf sich warten ließ, zeigten sich in den ersten Monaten 1956 Anzeichen einer gesteigerten Unruhe und besonderer Sensibilität. Vielleicht trug dazu auch ein Schriftstück bei, das auf merkwürdige Art in Umlauf gesetzt wurde und von einem so kompetenten Mann stammte, daß man einfach nicht daran vorbeigehen konnte.

Im Herbst 1955 hatte der österreichische Botschafter in Moskau, Norbert Bischoff, während eines Heimaturlaubs ein umfangreiches Memorandum zur österreichischen Außenpolitik verfaßt.[18] Dieses Memorandum gelangte im Februar 1956 in den Besitz „amtsfremder Personen", wurde Zeitungen zum Kauf angeboten und dürfte auch ausländischen Botschaften in Wien zugeleitet worden sein, was ziemliche Aufregungen verursachte. Da Bischoff nicht nur wegen seiner langen Erfahrung in Moskau, sondern auch wegen seines Nahverhältnisses zu Julius Raab eine Sonderstellung unter den österreichischen Diplomaten einnahm, mußten sich vor allem ausländische Staatsmänner fragen, ob das, was Bischoff skizzierte, der österreichische Weg sein würde.

Bischoff führte aus: Wenn Österreich „bei der Interpretation seiner Neutralität im Sterilen, im Negativen, im mürrischen Befolgen des nun einmal durch die Vertragstexte Gebotenen" verharre, würde das Land einem neuen Anschluß entgegenwelken. Ein Großteil der Österreicher sehe in der Neutralität „eine Belastung". „Als der ausschließliche Inhalt unserer vertragsmäßig auferlegten Neutralität erscheint ihnen das Verbot, Militärbündnisse einzugehen und die Anlegung von militärischen Stützpunkten zuzulassen. Was darüber hinausgeht, so sagen sie, sei von Übel und daher mit allen Mitteln zu bekämpfen . . . Der widerrufliche, provisorische Charakter unserer Neutralität erfließt in der Tat mit zwingender Logik aus der Position: militärische Neutralität, aber politischer Kampf an der Seite des Westens gegen den Osten . . . Gerade das Provisorische aber ist es, das seit drei, ja vier Generationen das österreichische Lebensklima vergiftet . . . Es ist das dauernde Bewußtsein, in Österreich in einem Provisorium, bis auf Widerruf zu leben, das Österreich seit mehr als hundert Jahren von Niederlage zu Niederlage auf dem politischen Felde führte." Österreich aber sollte sich endlich von diesem Provisorium trennen. Wenn die Neutralitätspolitik so aufgefaßt werde, daß es nur gelte, Rußland aus Mitteleuropa hinauszudrängen, so komme es über kurz oder lang wieder zu einem Übergewicht Deutschlands, „der wahren Führungsmacht des europäischen Westens . . . Der Kampf um die Ausschaltung der Sowjetunion" in Mitteleuropa sei daher „nichts anderes als ein Kampf um den Aufbau eines großdeutschen Mitteleuropa – eines großdeutschen Europa". Ein neutrales Österreich aber, das nicht mehr als Speerspitze eines „großdeutsch-amerikanischen Europa in Erscheinung treten wird", könne eine Neuordnung im mitteleuropäischen Raum bewirken. Wenn Österreich mit einer „von allen Hauptmächten garantierten Neutralität gesichert" nichts anderes täte, als sein eigenes Wesen vorzuleben, werde „im zentraleuropäischen Raum ein Wirkungszentrum entstehen", von dem allein eine zukunftsreiche Auflockerung ihren Ausgang nehmen könne. „Österreich steht vor ähnlichen Aufgaben wie im 16. und 17. Jahrhundert", und seit der Moskauer Einigung sei „in den Ländern der europäischen Volksdemokratien das Verständnis für jene neuen – und doch so alten – Ordnungsgedanken wieder aufgesprungen ... In Prag und in Warschau, in Budapest und Belgrad blickt man auf Wien ... als Helfer und Weggefährten." Die Sowjetunion würde eine solche Entwicklung in Mitteleuropa fördern. Die österreichische Neutralität sei nur der erste Schritt gewesen. „Die Schaffung einer Zone aktiver Koexistenz in den Ländern der ehemaligen österreichisch-ungarischen Monarchie und darüber hinaus soll der nächste Schritt sein." Die Entwicklung allerbester Beziehungen zu den Großmächten des Westens würde dadurch in keiner Weise behindert werden. Die Beziehungen zu den angelsächsischen Großmächten seien völlig unproblematisch, schon deshalb, weil Österreich für sie zu peripher liege und die zentraleuropäische Kräfterelation „für die angelsächsische Welt viel zu kompliziert, vielschichtig und undurchsichtig sei, als daß es dort jemals zur Bildung eines positiven politischen Interesses an Österreich und seiner Existenz gekommen wäre". Mit der Zeit würde auch das angelsächsische Interesse an Österreich „auf das Niveau jener distanzierten und im wesentlichen politisch substanzlosen Freundlichkeit und Höflichkeit zurückweichen, die während der Ersten Republik für unsere Beziehungen zu jenen Mächten charakteristisch waren". Das Verhältnis zu Frankreich sei da ein anderes. Es habe „auf höherer, gesamteuropäischer Ebene" ähnliche Aufgaben zu erfüllen wie Österreich in Ostmitteleuropa. Die Anbahnung einer Kooperation mit Frankreich erscheine somit neben dem Aufbau einer mitteleuropäischen Zone „als das zweite Ziel der österreichischen Außenpolitik". Bischoff handelte dann noch das Verhältnis zu Deutschland als ein belastetes ab, sah die Zusammenarbeit mit den europäischen Neutralen als etwas Selbstverständliches an und wollte insbesondere, daß sich Österreich China zuwende. „Peking, Washington, Moskau werden im letzten Drittel unseres Jahrhunderts die entscheidenden Kraftzentren der Welt sein." Er empfahl eine starke Präsenz in der UNO, wo Österreich „nur mit den allerbesten Kräften" vertreten sein sollte, und wollte eine gewisse Vorsicht walten sehen, wenn es um die Teilnahme an der europäischen Einigung ging. Und Bischoff schloß mit der Behauptung von einem krassen Mißverhältnis zwischen außenpolitischen Aufgaben und außenpolitischem Format. „Das außenpolitische Denken ... ist in Österreich von kaum glaublicher Primitivität, die Information über die allerwichtigsten Ereignisse, Zustände und Entwicklungen der Welt von geradezu provinzieller Dürftigkeit und Unzulänglichkeit ... So bedauerlich dieser Umstand ist, so begreiflich ist er. Denn es hat seit dem Zusammenbruch der Monarchie bis zum Jahre 1953 keine freie österreichische Außenpolitik gegeben ... Der sichtbarste Ausdruck dieser Tatsache war die Abschaffung eines österreichischen Außenministeriums – ein monströses Unikum in der Staatengeschichte der neueren Zeit." Doch Österreich sei durch die Macht der Verhältnisse ganz einfach gezwungen, Außenpolitik zu betreiben, „und zwar allerverantwortlichste Außenpolitik".

Man konnte nun dieses Memorandum, das Bischoff sicherlich als Privatmann geschrieben hatte, abtun und dem Autor Linkslastigkeit, Frankophilie und Moskauhörigkeit vorwerfen, vielleicht auch das Wort vom „nützlichen Idioten“ anbringen. Eines wäre jedoch ungerechtfertigt gewesen, wenn man nämlich Bischoff mangelnde Perspektive vorgeworfen hätte. Was er entwickelte, war ganz sicherlich eine Vision, doch sie hatte etwas durchaus Faszinierendes an sich, und wenn nicht alles täuscht, gab es schließlich auch einen Mann, der bereit war, den ostmitteleuropäischen Weg des Norbert Bischoff nachzugehen: Julius Raab. Doch ehe es so weit war, ja ehe noch überhaupt auch nur einigermaßen Klarheit über den österreichischen Weg gewonnen werden konnte, beendete die sowjetische Regierungszeitung „Izvestija“ die neutralitätspolitische Schonzeit und erhob eine ganze Reihe von Vorwürfen, die an die österreichische Adresse gingen. Insbesondere mahnten die Sowjets am 15. April 1956, daß Österreich im Moskauer Memorandum die Zusage gegeben habe, sich um eine Garantie seiner Unabhängigkeit auch bei den Westmächten zu bemühen. Damit wurde – zumindest der österreichischen politischen Führung – ein deutliches Warnzeichen gegeben. Man mußte ganz einfach zur Kenntnis nehmen, daß die österreichische Neutralität noch keineswegs „fertig“ war.

Soviel war wohl bewußt geworden, daß die Neutralität eine längere Geschichte hatte als nur jene der Wochen vom Moskauer Memorandum und der Zusage, Österreich würde eine Neutralität der Art üben „wie sie von der Schweiz gehandhabt wird“, bis zum Inkrafttreten mittels Verlautbarung des Neutralitätsgesetzes im Bundesgesetzblatt 211/1955 vom 15. November 1955. Und die Geschichte der Neutralität war – wie wir gesehen haben – auch nicht geradlinig, sondern hatte eine Reihe von Krümmungen und Schnörkseln eingebaut. Der de facto neutrale Weg hatte darin ebenso seine Vorgeschichte wie der neutralistische und der finnische Weg, bis schließlich nur noch über den schwedischen und über den Schweizer Weg gesprochen und letztlich verhandelt wurde. Daß zu guter Letzt der Schweizer Weg auch in den österreichischen Überlegungen als der einzige übrigblieb, hatte sich im März 1955 herauskristallisiert. Österreich war aber gewiß nicht darauf vorbereitet gewesen, neutral zu werden. Es ist in die Neutralität hineingestolpert. Die entsprechend breitgefächerte Information, eine Aufklärungskampagne, begann erst im April. Es ist auch schon erwähnt worden, daß es vor allem innerhalb der SPÖ nicht leicht war, einen vollen Konsens herzustellen und daß letztlich Schärf ein Gegengeschäft der Art versuchte – und auch abschließen konnte –, daß die Verankerung der Nichtweiter- bzw. Rückgabe des Deutschen Eigentums an Ausländer im Staatsvertrag gegen die Neutralitätszusage getauscht wurde. Seither war die Frage der verstaatlichten Industrie, sofern sie auf sowjetischen Zwischenbesitz zurückging, indirekt auch mit der Neutralität verknüpft. Es hatten sich aber auch einige Kreise der ÖVP lange nicht mit der Neutralität anfreunden können. Die Volkspartei war in diesem Punkt wie so oft von Raab vor vollendete Tatsachen gestellt worden. Die Bundesparteileitung nahm die Neutralitätszusage im Moskauer Memorandum schließlich zur Kenntnis. Angesichts des entscheidenden Durchbruchs wollte sich wohl auch niemand querlegen.

Das Neutralitätsgesetz wurde dann mit dem schon erwähnten Entschließungsantrag vom 25. Mai 1955 vorformuliert, schließlich ausformuliert, dem Parlament zugeleitet, in den Ausschüssen behandelt, vom Plenum verabschiedet, publiziert und mit dem Ersuchen um Anerkennung auf diplomatischem Weg den ausländischen Regierungen zugeleitet. An der Zustimmung der Signatare des Staatsvertrags konnte nicht gezweifelt werden, da es sich ja lediglich um einen letzten Stein im komplizierten Gebäude der Staatsvertragswerdung handelte. Am 6. Dezember 1955 hatten die Staatsvertragssignatare die Neutralität anerkannt. – Das war in groben Zügen der nüchterne Ablauf. Doch wovon war er begleitet gewesen?

Gleichsam vom ersten Tag an gab es Schwierigkeiten mit der Interpretation dessen, was mit dem Verweis auf die Schweiz gemeint sei. Möglicherweise war der Verweis darauf etwas, das über die sowjetischen Wünsche sogar hinaus gegangen war. Der schwedische Botschafter Sven Allard deutete einiges in dieser Richtung an.[19] Die Sowjets wollten zwar die Verwendung des Wortes Neutralität fixiert wissen und bestanden darauf, daß es sich um eine nicht einfach aufkündbare Neutralität handle. Die angebotene Analogie zur Schweiz war jedoch auch für sie überraschend. Wohl aber fanden sich der Verweis auf die Schweiz ebenso wie der Gedanke, die Neutralität dürfe erst nach Abzug der Besatzungstruppen erklärt werden, in den amerikanischen Vorüberlegungen des Jahres 1953. Es wurde jedoch schon in Moskau klar ausgesprochen, daß Österreich die Mitgliedschaft bei den Vereinten Nationen ermöglicht werden sollte, etwas, das über die Schweizer Neutralität hinausging. Die österreichische Neutralität sollte also weiter gefaßt sein und ihre Ergänzung durch die Teilnahme an einem Organ der kollektiven Sicherheit erhalten. Gegen die bald auftauchende Auffassung, die österreichische Neutralität sei durch das Wort und die analoge Fixierung, wie die schweizerische, nämlich immerwährend (= unkündbar), ausreichend definiert, böte aber genug Möglichkeiten zur Entfaltung und Interpretation – gegen diese Auffassung wandte sich Raab schon in einer Rundfunkansprache am 15. Oktober 1955,[20] in der er sagte: „Ich will mit aller Deutlichkeit unterstreichen, daß es mit einer bloßen Erklärung über die Neutralität nicht getan ist; damit muß auch eine gewisse Selbstdisziplin verbunden sein. Neutral sein heißt, auch das Bestreben besitzen, mit allen Völkern und Staaten in Freundschaft zu leben. Staaten und Völker, mit denen wir ruhig leben und Handel treiben sollen, dürfen wir nicht leichtfertig kritisieren. Es hat weder Zweck, heute einen Staat im Westen wegen seiner Kolonialpolitik hart abzukanzeln, noch morgen irgendwelche Propagandatöne gegen den Osten loszulassen. Es wäre sehr wünschenswert, wenn auch die österreichische Presse und der Rundfunk eine derartige Haltung einnähmen." Gegen diese zu enge Auslegung wandte sich Vizekanzler Schärf, der freilich die Neutralität wiederum auf andere Weise einengte. Schärf sagte in Laa an der Thaya:[21] „Der Beschluß des Nationalrates, nach dem sich Österreich zur immerwährenden Neutralität verpflichtet, kann und darf nur so ausgelegt werden, daß die Neutralität auf militärisches Gebiet beschränkt bleibt . . . Die Definition des Bundeskanzlers über die österreichische Neutralität entspricht nicht der Auffassung der demokratisch eingestellten Österreicher." Raab entschärfte dann seine eigene Definition, als er am 26. Oktober im Parlament betonte: „Die Neutralität verpflichtet den Staat, nicht aber den einzelnen Staatsbürger." Hier zeigte sich also schon in aller Deutlichkeit, daß die Neutralität alles andere als klar definiert und klar umschrieben war. Sie war und ist wie die völkerrechtliche Praxis wandelbar und unterliegt einer gewissen Interpretationsdynamik.

Was nämlich zunächst fast unbeachtet blieb, war die Tatsache, daß die Neutralität in ihrer 1955 gefundenen Form noch unfertig war und daß Österreich – anders als dies dann dargestellt wurde – ein deutliches Interesse an den Tag legte, eine Garantie der Neutralität zu erhalten. Dieser erst vor wenigen Jahren wieder stärker ins Bewußtsein gerückte Aspekt war „Raab und Co." durchaus bewußt gewesen.

Die Garantie der Neutralität war, wie erinnerlich, bereits im SPÖ-Aktionsprogramm von 1947 mit der Formulierung „Internationale Garantie der Neutralität Österreichs zur Sicherung seiner bestehenden Grenzen, seiner Freiheit und Unabhängigkeit" gefordert worden. Sowjetischerseits wurde das Wort Garantie während der „heißen" Vorbereitungsphase für die Moskauer Verhandlungen nicht in Verbindung mit der Neutralität, sondern damit gesehen, daß die Sowjets garantiert haben wollten, daß es auch unter geänderten Voraussetzungen nicht zum Anschluß Österreichs an Deutschland käme; es sollte also eine Garantie des Anschlußverbots geben.

Nun begann man aber in Österreich zu überlegen, ob nicht eine Garantie der Unabhängigkeit, die notwendigerweise über Staatsvertrag und Neutralität hinausgehen würde, von Nutzen wäre. Außenminister Figl plädierte z. B. am 2. April 1955 in einer Vorbesprechung über die in Moskau einzunehmende Haltung für eine Garantie.[22] Zuletzt sprach auch Raab von der Garantie, und diese fand schließlich in das Moskauer Memorandum Eingang, wo es hieß, Österreich würde sich bei den Westmächten (von der Sowjetunion lag eine Zustimmung offenbar schon vor) für die Abgabe einer Garantieerklärung hinsichtlich Unversehrtheit und Unverletzlichkeit des österreichischen Staatsgebiets einsetzen. Auch dem Schweizer Bundespräsidenten Max Petitpierre schien schließlich die „Anerkennung und Garantie" der österreichischen „Neutralität" unbedingt notwendig,[23] doch die ersten Fühler, die Österreich diesbezüglich ausstreckte, erbrachten glatte Ablehnung. Am 3. Juni 1955 berichtete Botschafter Dr. Johannes Schwarzenberg aus London, der alte Österreichfachmann, Geoffrey Harrison, habe ihm gesagt, „weder Washington noch London seien bereit, uns eine direkte Garantie zu geben. Die Erinnerung an die vor 1914 Belgien und vor 1940 Polen gewährte direkte Garantie sei in London noch hinlänglich wach, und die britische Regierung würde sich zu keiner weiteren ‚Verirrung' bewegen lassen."[24] Schließlich wollte der amerikanische Botschafter in Österreich am 10. November 1955 auseinandergehalten wissen, daß es keine Garantie der Neutralität, sondern nur eine solche der Unversehrtheit des Staatsgebiets geben könne.[25] Geht man jedoch von der Interpretation der schweizerischen Neutralität aus, und dazu dient wohl am besten das großangelegte Werk von Edgar Bonjour,[26] dann gibt es sehr wohl eine Garantie der Neutralität, denn auch die schweizerische Neutralität war einstmals, 1815, garantiert worden. Eine der Garantiemächte war Österreich gewesen. Bonjour meinte, daß angesichts der Tatsache, daß die Schweizer Neutralität 1815 als „anerkannt und garantiert" festgeschrieben worden sei, zwar versucht wurde, die Garantie der Neutralität lediglich als eine solche der Unversehrtheit des Gebiets zu interpretieren. Doch, so Bonjour: „Das wichtigste Anrecht des neutralen Staates besteht doch darin, daß sein Gebiet unversehrt bleibt. Also umfaßt die Garantie des Gebietes auch die Garantie der Neutralität." Die Schweiz legte aber immer und besonders 1914–1918 Wert darauf, selbst zu entscheiden, ob jemand der Schweiz militärisch zu Hilfe eilen solle.

In Österreich begann sich jedoch allmählich Unsicherheit auszubreiten, was in Moskau zugesagt worden war und was es tatsächlich bedeutete. Außenminister Figl war ganz klar auf die Formulierung „Garantie der Neutralität“ eingeschwenkt und gebrauchte diesen Begriff sowohl in einer Rede vor dem Landesparteitag für Niederösterreich am 5. November 1955, wie auch in einer solchen vor dem Österreichischen Klub am 30. November 1955,[27] sowie bei einer Reihe weiterer Gelegenheiten, auch 1956 und 1957, und er ließ keinen Zweifel daran, daß es sehr zweckmäßig wäre, eine Garantie zu erlangen. Er widersprach allerdings in einer Marginalie der Auffassung, er, Figl, sei es gewesen, der in Moskau die Garantie verlangt hätte.[28] Das ging wohl sehr viel mehr auf Raab zurück. Dieser aber teilte seine Auffassung zumindest mit Bruno Kreisky und einer Reihe von hochrangigen Diplomaten, darunter Bischoff in Moskau und Schwarzenberg in London.

Schließlich versuchte Botschafter Schwarzenberg bei mehreren Gelegenheiten, eine Änderung der britischen Haltung herbeizuführen, bis ihm dezidiert bedeutet wurde, daß sich Großbritannien entschieden weigern würde, Österreichs Neutralität und Unabhängigkeit zu garantieren.[29]

Der Sache wäre letztlich vielleicht nur noch akademisches Interesse zugekommen, wenn nicht, wie erwähnt, die Sowjetunion zum ersten Jahrestag des Moskauer Memorandums, also am 15. April 1956, auf die Garantie zurückgekommen wäre. Nun kann man auf Grund der Kenntnis der österreichischen Akten keineswegs sagen, daß keine Anstrengungen in dieser Hinsicht unternommen worden wären. Ganz im Gegenteil, und das verdient besonders hervorgehoben zu werden, hat Österreich jegliche Anstrengungen unternommen, eine Garantie seiner Neutralität zu erhalten. Der Westen zeigte sich jedoch strikt ablehnend. Schließlich ging es dem Ballhausplatz ein wenig wie dem Fuchs mit der Traube: Allmählich setzte sich die Überzeugung durch, daß es ganz gut wäre, wenn niemand außer Österreich selbst darüber zu befinden hätte, ob die Neutralität verletzt oder gebrochen würde, denn das hätte einseitigen Auslegungen der Garantiemächte Tür und Tor geöffnet.

Sollte man freilich in Österreich geglaubt haben, die Frage der Garantie der Neutralität sei von irgendeiner der unmittelbar betroffenen Mächte außer acht gelassen oder gar verschlampt worden, so erlag man einer gewaltigen Täuschung. Wie sehr diese Frage zumindest Briten und Amerikaner beschäftigte, wissen wir aber erst seit ganz kurzer Zeit.

Wie erinnerlich, hatte die Garantiefrage schon im Zusammenhang mit der Neutralitätsdiskussion eine Rolle zu spielen begonnen. Die westlichen Besatzungsmächte hatten damals aber noch durchaus Grund gehabt, die Frage aufzuschieben. Sie war erst wieder in dem Augenblick aktuell geworden, als im Moskauer Memorandum der Satz gelesen werden konnte: „Die österreichische Bundesregierung wird sich für die Abgabe einer solchen Garantieerklärung durch die vier Großmächte bei den Regierungen Frankreichs, Großbritanniens und den Vereinigten Staaten von Amerika einsetzen.“ Als sich die Beamten des Londoner Foreign Office mit diesem Problem zu beschäftigen begannen, stieß man sehr rasch auf die Interpretation von Edgar Bonjour über die schweizerische Neutralität, wonach sich die Garantie des Territoriums zu einer solchen der Neutralität erweitere. Im Foreign Office wurde der Gedanke jedoch nicht abgetan – das geschah nur nach außen hin und vor allem gegenüber Österreich. In einem internen Einsichtsvermerk notierte R. W. Selby schon am 19. April 1955:[30] „Wenn es eine Garantie der Staatsvertragsmächte geben müßte, dann wäre eher an ein Abkommen zu denken, das alle vier verpflichtet, vor einer möglichen Intervention in Österreich eine gemeinsame Konsultation vorzunehmen." Ablehnender war man in den USA, wo die Planer des Nationalen Sicherheitsrats keine Möglichkeit für eine Garantie sahen und sich eine solche lediglich im Rahmen der Vereinten Nationen vorstellen konnten.[31] Sollte der Frage nicht ausgewichen werden können, wäre auf jeden Fall der Präsident zu befassen. Das war jedoch nur die erste Runde gewesen.

Nach eher marginalen Äußerungen, die noch im weiteren Verlauf des Jahres 1955 fielen, wurde die Garantiefrage schließlich am 15. Februar 1956 zum Gegenstand von Erörterungen der in Wien akkreditierten Botschafter Frankreichs, Großbritanniens und der USA, François Seydoux, Wallinger und Thompson.[32] Dabei wurde dann konkretisiert, was es bisher an eher vagen Überlegungen gab, und schließlich wurde niedergeschrieben, was sich als Ergebnis gemeinsamer Überlegungen herauskristallisiert hatte. Eine Garantieerklärung der ehemaligen Besatzungsmächte sollte, so meinten die drei Botschafter, neben eher formelhaften Passagen zwei inhaltsreiche Absätze enthalten. In ihnen wären die konkreten Anlaßfälle und die Regelmechanismen genau zu umschreiben. Gesprächsweise vorausgeschickt wurde, daß man die Sache so definieren müsse, daß nicht bereits geringfügige Grenzverletzungen wie der Übertritt einer bewaffneten italienischen Schipatrouille das Eindringen eines Schweizer Gendarmen, der einen Schmuggler verfolgte oder ein russisch-ungarischer Übungsflug, der den Luftraum des Burgenlands verletzte, schon als Gefahr für die territoriale Integrität Österreichs gewertet werden könnte. Die USA wollten dann eine etwas weiter gefaßte und die Briten eine etwas knappere Formulierung. Doch nachdem die Passagen einmal reingeschrieben waren und sich das Foreign Office mit den amerikanischen Einfügungswünschen einverstanden erklären konnte, lag ab Ende Februar 1956 die Garantieformel abrufbereit in den Schubladen.[33] Da es sich dabei um ein doch einzigartiges Dokument handelt, soll es im vollen Wortlaut (in Übersetzung) wiedergegeben werden:

> „1. Die Regierungen der Republik Frankreich, des Vereinigten Königreichs von Großbritannien, der Vereinigten Staaten von Amerika und der Union der Sozialistischen Sowjetrepubliken . . .
>
> 2. (Verweis auf eine diesbezügliche österreichische Note)
>
> 3. Bezugnehmend darauf, daß die vier unterzeichneten Mächte im österreichischen Staatsvertrag ihren Wunsch bekräftigt haben, Österreich als einen freien, unabhängigen und demokratischen Staat wiederzuerrichten und erklärt haben, daß sie die Unabhängigkeit und territoriale Unverletzlichkeit Österreichs wie sie im Staatsvertrag festgelegt worden ist, respektieren wollen, und
>
> 4. unter Berücksichtigung dessen, daß sich im Artikel 2 (4) der Charta der Vereinten Nationen alle Migliedsstaaten verpflichtet haben, sich in ihren internationalen Beziehungen der Drohung mit und der Anwendung von Gewalt gegenüber der territorialen Unverletzlichkeit oder der politischen Unabhängigkeit irgendeines Staates entschlagen zu wollen und auch auf jegliche andere Vorgangs-

weise, die mit den Zielen der Vereinten Nationen unvereinbar ist, verzichten zu wollen,

5. erklären die vier Signatarmächte nunmehr feierlich, daß sie dann, wenn es zu einer Verletzung der territorialen Integrität Österreichs kommen sollte oder dann, wenn eine solche Verletzung unmittelbar bevorzustehen scheint, sie für ihren Teil eine solche Entwicklung als eine Bedrohung für den Frieden erachten und die Angelegenheit unverzüglich zur Kenntnis der Vereinten Nationen bringen werden, mit dem Ziel, geeignete Maßnahmen der Vereinten Nationen sicherzustellen, mit denen der Situation begegnet werden kann."

Was hier vergleichsweise harmlos klingt, hätte dennoch einen fast einmaligen Präzedenzfall geschaffen und Österreich darüber hinaus sicherlich eine einzigartige Stellung gegeben. Ob das gut gewesen wäre, ist jedoch fraglich. In dem von Briten und Amerikanern entworfenen Dokument war eine einzige Formulierung noch umstritten, nämlich die in Punkt 5, wo es hieß, daß die Signatare dieses Vertrages im Anlaßfall die Sache „for their part" vor die Vereinten Nationen bringen würden. Die Briten wollten diese Formulierung; die Amerikaner sträubten sich dagegen. Doch abgesehen davon, war die Garantieformel geboren. In Österreich aber hatte man keine Ahnung davon!

Wenige Tage, nachdem das Foreign Office den Entwurf einer Neutralitätsgarantie „schubladiert" hatte, informierte Außenminister Figl im Beisein von Staatssekretär Kreisky die Botschafter Frankreichs, Großbritanniens und der USA, daß Österreich in der Garantiefrage offiziell an die westlichen Staatsvertragssignatare herantreten möchte.[34] Botschafter Thompson konterte sofort und meinte, eine inoffizielle Behandlung wäre besser. Figl wollte sich damit bescheiden, doch er sagte unmißverständlich, daß Österreich an einer Garantie interessiert sei. Und Kreisky fügte hinzu: Österreich ist in einer besonders exponierten geographischen Lage, die zusätzliche Sicherheitsmaßnahmen ausgesprochen wünschenswert erscheinen ließe. Das österreichische Volk müsse auch von der Nützlichkeit des Bundesheers überzeugt werden. Die Österreicher seien sich bewußt, „daß das österreichische Heer auf sich alleingestellt hilflos sein würde; die Existenz einer Garantie würde als psychologischer Ersatz für ein Bündnis gewertet werden, das Österreich ja nicht eingehen könne". Thompson bekräftigte aber nur nochmals – und die beiden anderen Botschafter stimmten ihm zu: Würde Österreich in dieser Frage offiziell an den Westen herantreten, müßte die Antwort negativ sein.

Nun wurde dem Garantieproblem aber auf allen Ebenen und mit Nachdruck nachgegangen. Die österreichischen Botschafter in London, Paris und Washington wurden zu einer Demarche aufgefordert, in der gesagt werden sollte, daß eine Viermächtegarantie schon lange Ziel der österreichischen Politik sei, daß auch der UNO-Beitritt daran nichts geändert habe und daß man früher oder später einen Vorstoß der Sowjets erwarte.[35] Was aber sollte man ihnen in einem solchen Fall antworten?

Die Westmächte waren in einiger Verlegenheit. Vor allem wußten sie auch nicht so recht, wie sie das österreichische Vorbringen bewerten sollten. Es stand ganz sicher in Verbindung mit der Aufstellung des Bundesheers, und dabei lief im Grunde genommen alles anders, als es sich der Westen gewünscht hatte. Botschafter Wallinger bezeichnete denn auch das erste österreichische Verteidigungsbudget schlichtweg als „lächerlich“.[36] Der österreichische Vorstoß in der Garantiefrage schien darauf hinauszulaufen, daß sich Österreich eigene Verteidigungsanstrengungen ersparen wollte. Das Foreign Office instruierte Botschafter Wallinger, daß er in Wien begreiflich machen solle, eine Garantie, wie auch immer sie aussehen könnte, wäre nur geeignet, ein trügerisches Gefühl der Sicherheit zu wecken.[37] Da brachte das französische Außenministerium einen weiteren Gedankengang ein. Der französische Botschafter in London informierte Sir Geoffrey Harrison, daß Paris nun doch dafür wäre, die österreichische Unabhängigkeit zu garantieren. Eine solche Garantie würde ohnedies nur in zwei Fällen Bedeutung haben: Wenn es zu einer kommunistischen Unterwanderung käme – und im Falle Deutschlands! Denn wer könne denn ausschließen, daß Deutschland Österreich gegenüber nicht ähnlich vorgehe wie im Fall des Saarlandes?[38] Im Foreign Office bagatellisierte man diese letzte Variante zwar, denn Westdeutschland sei so fest in das westliche Bündnis eingebunden, daß schon die gesamte europäische Ordnung zusammenkrachen müßte, um ein wie immer geartetes Vorgehen Deutschlands gegen Österreich zu ermöglichen, und da spiele dann die Garantie auch keine Rolle mehr. Nichtsdestoweniger nahm hinfort auch Deutschland in der Diskussion einen Platz ein und sei es in der Weise, daß überlegt wurde, ob die Bundesrepublik eine Garantie nicht als gegen sich gerichtet ansehen müßte. Auch Korea wurde zum Vergleich der österreichischen Situation herangezogen, vor allem bei Überlegungen wegen einer Aggression aus dem Osten. Das floß im März 1956 auch in eine Stabsstudie des amerikanischen Nationalen Sicherheitsrats ein, wo es hieß, daß der Westen mit einer geeigneten Erklärung die Respektierung der österreichischen Integrität und Unabhängigkeit sicherstellen sollte, das aber nur deshalb, da Rumänien und Ungarn nicht dem Staatsvertrag beitreten konnten und man auf diese Weise verhindern könne, daß diese Staaten je die Rolle Nordkoreas spielen würden.[39] Das Foreign Office jedoch bedeutete seinem Wiener Botschafter, daß jeglicher Vergleich mit Korea „unbedingt vermieden werden sollte“.[40]

Eines ist aus dieser Diskussion aber doch unschwer abzulesen: Auch dem Westen schienen Staatsvertrag und Neutralität unter Umständen zuwenig. Wahrscheinlich hätten London, Paris und Washington aber noch entschiedener bei den österreichischen Garantiewünschen abgewunken, wenn nicht immer wieder gefürchtet worden wäre, daß die Sowjetunion vielleicht vorprellen und eine einseitige Garantieerklärung abgeben könnte.

Nach dem unmißverständlichen Hinweis in der Regierungszeitung „Izvestija“ am 15. April 1956 wurde schließlich ein neuer Anlauf genommen. Die Westmächte und Österreich hätten zwar gerne die Wahlen abgewartet, doch man glaubte, nun rascher verhandeln zu müssen. Am 26. April kamen die Botschafter Seydoux und Wallinger sowie der amerikanische Gesandte Penfield, der den abwesenden Botschafter Thompson vertrat, mit Figl, Kreisky und hohen Beamten des Außenministeriums zusammen.[41] Nach den österreichischen Wünschen gefragt, antwortete schließlich Kreisky: Am besten wäre eine automatische Garantie. Seydoux wollte sich vergewissern: Wenn die Frage einer Garantie nicht im Moskauer Memorandum stünde, würde Österreich auch dann eine Garantie wollen? Darauf wieder Kreisky: „Ja." Wallinger und Seydoux schützen dann vor, daß sie noch keine Instruktionen aus ihren Ministerien hätten und wollten statt dessen die österreichische Haltung eingehender erkunden. Dabei zeigte sich etwas, das Wallinger bereits am 22. Februar nach London berichtet hatte: Kreisky sei viel mehr an einer Garantie interessiert als die ÖVP.[42] Er argumentierte sehr differenziert und kam dabei von sich aus auch auf die Möglichkeit einer Garantie im Rahmen der UNO zu sprechen. Österreich wollte, so Kreisky, nicht vom Sicherheitsrat abhängig werden, da der ja ohne weiteres durch ein Veto lahmzulegen sei. Österreich habe ein vitales Interesse an einer Garantie, „da uns allen noch das Jahr 1938 in den Knochen liegt". Nach einigem Drängen und wiederholten Hinweisen, daß der Westen einer Garantie abgeneigt sei, da diese zu einer Aushöhlung der NATO führen müßte, bot Kreisky schließlich von sich aus eine Garantieformel an: „Die vier Mächte kommen überein, daß die Unabhängigkeit Österreichs von vitaler Bedeutung ist. Als Signatarmächte des Staatsvertrages erachten sie es als notwendig, die Erklärung abzugeben, daß eine Bedrohung Österreichs für sie schon dann gegeben ist, wenn der Sicherheitsrat in seiner Mehrheit eine solche festgestellt habe." Wallinger meinte daraufhin nur trocken: Österreich habe durch den Staatsvertrag aufgehört, ein Sonderfall zu sein. Mit einer Garantie wolle es sich jedoch wieder eine Sonderstellung sichern.

Bei dieser Besprechung scheint einiges schief gelaufen zu sein. Die westlichen Diplomaten hatten hinter dem Berg gehalten und waren nicht dazu zu bewegen gewesen, ihre Garantieformel zu präsentieren. Den österreichischen Vertretern war hingegen schlichtweg eine Panne passiert. Es ist zwar eine reine Vermutung, wenn hier die Behauptung aufgestellt wird, Figl hätte die Garantiefrage nur halbherzig vertreten. Doch der schon erwähnte Einsichtsvermerk, mit dem er der Behauptung widersprach, er wäre es gewesen, der in Moskau auf die Garantiefrage zu sprechen gekommen wäre, läßt ihn als Betreiber ausscheiden. Vielmehr scheint Figl auch in diesem Fall das Sprachrohr Raabs gewesen zu sein. Und wie in einer Reihe von Fällen stimmte Raab in außenpolitischen Fragen mit Kreisky überein. Beide aber können nicht unbedingt als Befürworter der militärischen Landesverteidigung angesehen werden. Sowohl der Generalsekretär des Außenministeriums, Dr. Schöner, als auch der Leiter der politischen Abteilung, Dr. Haymerle, die bei der Unterredung am 26. April dabeigewesen waren, gaben auch unmittelbar danach – wenngleich diplomatisch umwunden – ihrer gegenteiligen Ansicht Ausdruck.[43] Schöner meinte, man sollte Kreisky nicht so wörtlich nehmen, er habe nur laut gedacht. Doch Botschafter Wallinger, der ihn angesprochen hatte, explodierte: „Großbritannien sollte wohl ein militärisches Vakuum garantieren!" Österreich führe sich kindisch auf, und es plane wohl nur einen symbolischen Widerstand. Diese Äußerung wurde Figl hinterbracht. Der fragte daraufhin, warum Wallinger das nicht schon Kreisky gesagt habe. Darauf Wallinger: „Es lag mir auf der Zunge." Doch jetzt vor den Wahlen (es waren ja noch mehr als zwei Wochen bis dahin) hätte er den Eindruck vermeiden wollen, Partei zu nehmen, da die Sozialisten in der Heeresfrage so sehr uneins wären.[44]

Es dauerte auch nach den Wahlen eine Zeitlang, bis die Garantiefrage nicht mehr mit jener Dringlichkeit behandelt wurde, wie in den Monaten von Februar bis April.

An der Haltung der Westmächte änderte sich nichts. Botschafter Seydoux informierte den Wiener Ballhausplatz, daß „seine gegenständlichen Sondierungen in Paris vollständig negativ verlaufen sind".[45] „Endlich bemerkte Botschafter Seydoux", hieß es dann abschließend in der Gesprächsnotiz des Außenamtes, „daß auch Österreich selbst ernste Anstrengungen unternehmen müßte, um sein Bundesheer aufzubauen und das gegenwärtige militärische Vakuum zu beseitigen." Und Botschafter Thompson erklärte nach seiner Rückkehr aus den USA am selben Tag, daß die amerikanische Regierung schon aus verfassungsmäßigen Gründen keine Garantie geben könne. Es wäre realistischer, sich nicht auf die Garantie festzulegen. „Der Sowjetunion gegenüber könne sich Österreich immerhin darauf berufen, daß es sich im Sinne des Moskauer Memorandums um eine Viermächtegarantie bemüht habe. Ein allfällig zu erwartendes einseitiges Garantieangebot der Sowjets könne damit beantwortet werden, daß sich Österreich nur zur Erlangung einer Viermächtegarantie verpflichtet habe."[46]

Schließlich glaubten Briten, Amerikaner und Franzosen, eine Art Ausweg aus der Garantie„sackgasse" gefunden zu haben. Bis zum Frühjahr 1956 waren nur Jugoslawien und die Tschechoslowakei dem Staatsvertrag regelrecht beigetreten. Eine Garantie könnte sich aber vielleicht in dem Augenblick als überflüssig herausstellen, wenn möglichst viele Staaten dem österreichischen Staatsvertrag beitraten. Frankreich sollte daher diesbezüglich auf die Beneluxstaaten einwirken, die USA auf Griechenland, die Türkei, Dänemark, Norwegen und Island, und Großbritannien wollte die Commonwealthländer bearbeiten.[47] Damit trat die Garantiefrage gewissermaßen in die Sommerpause ein.

Der Anmahnung durch die sowjetischen Zeitungen „Izvestija" und „Pravda" war im Hinblick auf die Garantie nichts Weiteres mehr gefolgt. Die Sowjets beließen es aber nicht dabei, Österreich in Sachen Neutralitätsgarantie zu mahnen. Sie hatten auch massive Vorwürfe bei der Hand. Die erste Serie von Vorwürfen richtete sich dagegen, daß Österreich den amerikanischen Streitkräften in Deutschland vorgeblich den Transit von Deutschland nach Italien und umgekehrt erlaube.[48] Da der Trennung der NATO-Räume Mitte und Süd in der sowjetischen Politik aber erhebliche Bedeutung zukam und die Sowjets darin sicherlich einen wesentlichen Nebeneffekt von Staatsvertrag und Neutralität sahen, reagierten sie besonders sensibel. Österreich wurde vorgeworfen, daß es den geschlossenen Zugtransport amerikanischer Militäreinheiten durch Tirol gestatte, daß eine große Zahl von amerikanischen Militärfahrzeugen Tirols Straßen befahre und amerikanische Soldaten regelmäßig die Grenze überschritten. Schließlich wurde auch der Vorwurf erhoben, daß immer wieder amerikanische Flugzeuge den österreichischen Luftraum verletzten. Österreich dementierte. Das war aber eben nur die erste Serie. Die zweite befaßte sich mit einer anderen Art von Luftraumverletzung. Von amerikanischen Dienststellen wurden im Frühjahr 1956 in Süddeutschland zahlreiche Ballons gestartet, die vorwiegend Propagandamaterial nach dem Osten tragen sollten. Da etliche dieser Ballons den österreichischen Luftraum durchquerten, sahen die Sowjets darin eine Luftraumverletzung und forderten österreichische Gegenmaßnahmen.[49]

Die Bundesregierung sah sich also unversehens in einen Propagandakrieg verwickelt, der mehreres zum Ziel haben konnte. Einesteils wurde darin wohl der

Versuch zur Beeinflussung der Wahlen erkennbar. Zum anderen konnte das davon ablenken, daß an der österreichischen Ostgrenze von Ungarn wie von der Tschechoslowakei eine Reihe schwerer Grenzzwischenfälle verursacht worden war, die mit ebensovielen österreichischen Protesten und diplomatischen Noten beantwortet wurden, ohne daß dies irgendwelche Reaktionen hervorgerufen hätte. Wenn wir auch den Aspekt der Propaganda und des Nervenkriegs mit berücksichtigen, bleibt an dieser Demonstration – und was anderes war es nicht – zweierlei bemerkenswert: erstens die Tatsache, daß die Sowjets auf die Verletzlichkeit der österreichischen Neutralität hinwiesen und zweitens, daß die Sowjets in jeder Weise deutlich machen wollten, daß ihnen eben diese Verletzlichkeit – mochte sie ihre realen Grundlagen haben oder nicht – nicht gleichgültig war.

Der Westen setzte sich auf andere Weise mit der österreichischen Neutralität auseinander. Er sparte nicht an kritischen Kommentaren – offiziösen selbstverständlich, keineswegs offiziellen –, die ähnlich wie das die Sowjetunion tat, die Sicherheitspolitik Österreichs aufs Korn nahmen. Dabei liefen die zweifellos von politischer Seite initiierten Äußerungen darauf hinaus, Befürchtung zu äußern, Österreich könnte für Staaten wie Belgien, die Niederlande oder Luxemburg, also die kleineren NATO-Staaten, eine solche Signalwirkung haben, daß auch dort der Wunsch nach Neutralität laut würde, vor allem aber der Wunsch nach einem NATO-Austritt, da dies doch zu einer erheblichen Reduktion der Verteidigungsbudgets führen mußte.[50] Warum sollte Belgien hohe Verteidigungsaufwendungen tätigen, wenn Österreich, wie es schien, mit einem sehr kleinen Budget auskam? Andere Staaten des Westens und vor allem die Staatsvertragssignatare USA und Großbritannien, gingen noch einen Schritt weiter und rührten ans Grundsätzliche. Da geisterte im Februar das Schlagwort vom „Austro-Neutralismus“ durch die britische Presse[51] und wurde heftige Kritik daran geübt, daß Österreich trachtete, seinen Handel mit dem Osten auszubauen. Polemisch hieß es, Österreich versuche sein Geschäft mit beiden Seiten zu machen und aus seiner Neutralität Kapital zu schlagen. Aus den unerlaubten Geschäften mit dem Osten, Technologietransfer und Export von strategischen Gütern, erwachse dem Westen jedoch beträchtlicher Schaden.[52]

Auch anderes wurde kritisiert, und zwar nicht nur von journalistischer Seite, sondern von den Fachabteilungen der Außenämter. Zehn Tage nach der Wahl, also am 23. Mai 1956, faßte man daher im Wiener Außenministerium zusammen, was an Meldungen von den österreichischen Botschaften hereingekommen war und welche Beobachtungen in Wien selbst gemacht worden waren.[53] Hier hieß es dann, daß in London wie in Washington eine „wachsende Ungeduld und Unruhe über das Tempo und Ausmaß des Aufbaues eines österreichischen Verteidigungsapparates zu verzeichnen [sei] . . . es besteht im Westen der Eindruck, daß Österreich seit Abzug der Besatzungstruppen sich einem Gefühl der Sicherheit hingibt, das durch die internationale Lage keineswegs gerechtfertigt erscheint . . . Es handelt sich hier um den Angelpunkt des künftigen Verhältnisses Österreichs zu den Westmächten. Das Tempo und die Intensität des Ausbaues unseres Verteidigungsapparats wird darüber entscheiden, ob man unseren neutralen Status in den Augen westlicher Beobachter als Neutralität im Sinne der Schweiz oder aber als Schwebezustand, der früher oder später zum Neutralismus führen könnte, betrachtet . . . In Kreisen der britischen und amerikanischen Regierung war man sich bewußt, daß vor den Wahlen mit keinen wesentlichen Maßnahmen auf dem Verteidigungssektor gerechnet werden könne. Das Zusammentreten des neuen Nationalrates und der Arbeitsbeginn einer neuen Regierung wäre der geeignete Moment, um in London und Washington zu überzeugen, daß die österreichische Wiederaufrüstung nunmehr in beschleunigtem Tempo durchgeführt wird." Die Schonzeit war abgelaufen. Vor allem die Briten – oder noch genauer gesagt: der britische Botschafter in Wien, Sir Geoffrey Wallinger – gingen auf Distanz und wurden nicht müde, das, wie Wallinger deutlich zu machen bemüht war, infame Spiel, das in Österreich getrieben wurde, zu geißeln.[54] Der Kanzler und etliche ÖVP-Leute spielten mit dem gefährlichen Gedanken, Österreichs Rolle an der unteren Donau auszubauen. (Wenn man sich das Memorandum Bischoffs vom September 1955 in Erinnerung ruft, waren es aber nicht nur ÖVP-Kreise, denn Bischoff war ein erklärter Parteigänger der Sozialisten.) Wallinger glaubte, ein neues Konzept Raabs entdeckt zu haben, nämlich Österreich als stabilisierenden Faktor zwischen Ost und West einzusetzen. Darin sah Wallinger nur eine Modifikation von Raabs früheren Äußerungen hinsichtlich einer Brückenfunktion Österreichs und eines Vermittlers, was sicherlich richtig war. Das, so Wallinger, sei ein reines Raab- bzw. ÖVP-Konzept, und man müsse froh sein, daß es die Sozialisten in der Regierung gebe, die sich dem in den Weg stellten. Der Kanzler habe ein großes Sendungsbewußtsein, und allmählich merke man, daß ihm Österreich zu klein sei. (Ähnliches wurde dann auch von Bruno Kreisky gesagt.) Außerdem dürften die Industriellen auf Raab einwirken, den Handel mit dem Osten auszuweiten. Raab selbst solle sich mit dem Gedanken tragen, den Sowjets einiges von den Staatsvertragslasten abzuhandeln. Er kokettiere mit engen Beziehungen zu Jugoslawien, der Tschechoslowakei und Ungarn, vielleicht auch mit solchen zu Moskau. In dieser Situation sollte der Westen hergehen und dem sozialistischen Partner der ÖVP den Rücken stärken. Denn die Sozialisten seien die einzigen, die Raabs Weg in den Neutralismus bremsen könnten.

Die Reaktionen in Ost und West auf die erste Selbstdarstellung der österreichischen Neutralität waren also, wo man hinsah, kritisch und sollten wohl dazu dienen, die weitere Entwicklung derselben in bestimmte Richtungen zu lenken. Spätestens in diesem Zusammenhang wird wohl auch den führenden österreichischen Politikern klar geworden sein, daß es hoch an der Zeit war, Abschied von der Besatzungszeit nehmen, und vor allem das Ende der Besatzungszeit mit seinem fast unwirklichen Gefühl des Wohlwollens der Alliierten für Österreich nicht als Norm für das weitere Verhalten der Großmächte zu werten. Diese hatten während der Okkupation ihre Interessen wahrzunehmen versucht und suchten diese auch nach dem Abzug ihrer Truppen wahrzunehmen. Und wenn Österreich nicht bereit gewesen wäre, sich zu artikulieren, dann wäre nie die Zeit der Emanzipation angebrochen.

Der von Heinrich Benedikt für die Zeit von 1815 bis 1848 verwendete Begriff „Emanzipation"[55] wäre vielleicht ganz brauchbar, um auf die von Kann als Konsolidierungsphase bezeichnete Zeit ab 1955 angewendet zu werden, denn Emanzipation drückt noch mehr aus als Konsolidierung. Letzteres bezeichnet doch vor allem einen nach innen gewendeten Prozeß, während Emanzipation die Außenwirksamkeit und das Aus-sich-Herausgehen meint. Österreich mußte sich emanzipieren, wollte es den Abschied von der Besatzungszeit wirklich vollziehen und nicht eine Art politischer Kolonie der ehemaligen Besatzungsmächte bleiben. Die Aufnahme Österreichs in die Vereinten Nationen im Dezember 1955 hatte da nicht viel geändert, denn wenn man sich die österreichischen Bemühungen um Aufnahme in die UNO ansieht und sich auch vor Augen hält, wie zumindest getrachtet worden ist, in der UNO lediglich eine Kontroll- und Schutzinstanz zu sehen, zielte das noch in eine andere Richtung.[56] Der österreichische Beitritt zu den Vereinten Nationen erfolgte daher in Fortsetzung der Staatsvertragspolitik und wurde im Zusammenhang mit der Garantiefrage dann von Großbritannien und den USA auch so kommentiert, daß Österreich ab dem Augenblick seiner Aufnahme in die Vereinten Nationen keiner Garantie mehr bedürfte, da es ohnedies des kollektiven Schutzes der Weltorganisation teilhaftig sei. Der UNO-Beitritt war also zum geringsten ein Schritt in Richtung Emanzipation. Eher schon der Beitritt zum Europarat, der vor allem von sozialistischer Seite stark befürwortet worden war. 1956 kamen jedoch auch schon erste Andeutungen darüber, daß, einer Initiative Präsident Eisenhowers folgend, die Vereinten Nationen eine Atomenergiebehörde einrichten sollten.[57] Das bot nun Gelegenheit, einen schon in den Krieg und in die österreichische Emigration in den USA zurückreichenden Plan aufleben zu lassen. Damals, 1944, war von Julius Deutsch Wien als Sitz der Weltorganisation vorgeschlagen worden.[58] Da dies 1945 aber nicht weiter verfolgt werden konnte und die Frage damals auch in Österreich buchstäblich verschlampt worden ist, war nun die Gelegenheit gekommen, sich wenigstens um den Sitz einer Teilorganisation zu bewerben. Der Botschaft in Washington wurden daher im Sommer 1956 vorsorglich jene Daten an die Hand gegeben, die für Wien als UNO-Sitz sprachen. Dabei wurde Wien in den glühendsten Farben geschildert, es wurden die günstige Lage, die Geschichte, die niederen Lebenshaltungskosten, ja sogar das milde Klima ins Treffen geführt, um die Stadt als Sitz einer Teilorganisation der Vereinten Nationen attraktiv erscheinen zu lassen.[59] Allerdings wurde damals von bestehenden Objekten ausgegangen und in erster Linie auf das Palais Trautson oder das gerade ausgebrannte Gebäude der Wiener Börse verwiesen. Keinesfalls war an den Bau eines UNO-Zentrums gedacht.

Wesentlicher war es aber noch, aus dem Kreis der Staatsvertragssignatare und der europäischen Anrainer auszubrechen und neue wirtschaftliche und politische Verbindungen zu suchen. Damit konnte sowohl die Emanzipation als auch der Abschied von der Besatzungszeit vorangetrieben werden. Auch in diesem Fall wurden etliche neue Momente erkennbar. Zum Abschied von der Besatzungszeit und zur Emanzipation gehörte es auch, daß die Verkehrsflächen und Brücken Wiens, die noch immer die Namen sowjetischer Politiker und Heerführer trugen, umbenannt wurden. Am 18. Juli 1956 wurde die Brücke der Roten Armee wieder zur Reichsbrücke, die Malinovskijbrücke zur Floridsdorfer Brücke. Die Tolbuchinstraße durfte wieder Laxenburger Straße heißen. Es wurden aber auch Denkmäler, wie das Befreiungsdenkmal am Schwarzenbergplatz, der bis dahin Stalinplatz geheißen hatte, entrümpelt und sowjetische Kriegergräber aus den Wiener Parks auf den Zentralfriedhof verlegt. Das ganze hatte als Abschied von der Besatzungszeit symbolischen Charakter und sollte dazu beitragen, auch unter diese Vergangenheit einen Strich zu ziehen. Insgesamt ging das leichter als die Abrechnung mit der Zwischenkriegszeit. Doch auch im Fall der Besatzungszeit machte sich das Problem bemerkbar, daß man die Vergangenheit eigentlich nicht bewältigen, sondern nur von ihr Abstand gewinnen konnte. Wie sehr aber das Denken in den Kategorien der Besatzungszeit noch den Alltag und vor allem auch die Handlungsweise der politisch Verantwortlichen beherrschte, zeigten dann die österreichischen Reaktionen auf den Aufstand in Ungarn. Dabei wurde in einer Mischung von Maßnahmen, wie sie 1938 vielleicht hätten gesetzt werden sollen, und von Reaktionen, wie sie uns aus dem Oktober 1950 vertraut sind, getrachtet, die erste Krise der freien Republik zu meistern. Die Vergangenheitsbewältigung ging eine Synthese ein.

Wenn man aber an die Beurteilung der Vorgänge in Österreich während der ungarischen Revolution des Oktober 1956 geht, muß man sich zunächst jene doch tief wurzelnde Skepsis ins Gedächtnis rufen, die von Anfang an über der Neutralität lastete. Nicht, daß gegen das „Verschweizern" an sich etwas einzuwenden gewesen wäre. Das wurde von der überwiegenden Mehrheit der Bevölkerung akzeptiert, wenngleich es auch hier Ausnahmen gab. Es war etwas anderes, das zu schaffen machte: Die Haltbarkeit der österreichischen Lösung wurde bezweifelt. Mit einer gewissen Intuition wurde vorausgesetzt – nicht erkannt –, daß Großmächte (der Ausdruck „Supermacht" war noch nicht geboren) permanent weder Freunde noch Feinde, sondern lediglich Interessen haben. Die Interessenlage des Ostens hatte es mit sich gebracht, daß Österreich der Weg zur Neutralität ermöglicht, ja gewiesen worden war. Die Interessenlage des Westens hatte das nicht ausdrücklich verboten, wenngleich nicht sehr viel dafür gesprochen hatte. Doch wie lange gab es diese stabile Interessenlage? Es sind dies Gedankengänge, die bis in unsere Tage reichen, und es ist erst vor wenigen Jahren vom Grazer Völkerrechtler Konrad Ginther darauf hingewiesen worden, daß man die Gruppe der „alten" Neutralen, Schweiz und Schweden, nicht mit den „jungen" Neutralen, Finnland und Österreich, vergleichen könne, da letztere viel weniger Spielraum hätten.[60] Erstere investierten und investieren immer stark in ihre Sicherheitspolitik, während letztere der sowjetischen Forderung zu folgen bemüht seien und eine „richtige" Außenpolitik führen wollten – und bis zu einem gewissen Grad auch müßten. Richtige Außenpolitik sei in diesem Fall eine solche, die die sowjetische Interessenlage berücksichtige. Die Forderung und die Vision von der Neutralität, wie sie von der Schweiz gehandhabt werde, und die österreichische Realität als „junger" Neutraler ließen sich also keineswegs zur Deckung bringen.

1956 war die Erkenntnislage freilich noch eine andere. Die Tatsache, daß Österreich in die Neutralität hineingestolpert war, hatte es mit sich gebracht, daß erst allmählich zu reflektieren gesucht wurde, wie die österreichische Neutralitätspolitik aussehen könnte. Dabei standen sich die gefühlsmäßigen Beurteilungen und die völkerrechtlichen Formulierungen im Weg. Die Skepsis hinsichtlich der Haltbarkeit der österreichischen Lösung stellte sich in Form eines Gerüchts ein, das besagte, im Fall einer – vielleicht nicht einmal kriegerischen – Konfrontation zwischen West und Ost würden Sowjets und Amerikaner sofort wieder in Österreich einmarschieren und ihre vor dem Staatsvertrag innegehabten Positionen beziehen. Die juristische und politische Auffassung konnte das natürlich in keiner Weise gelten lassen, aber man war sich doch des verhältnismäßig kleinen Spielraums bewußt.

Für die zweite Oktoberhälfte 1956 waren zwei außenpolitisch wichtige Reisen österreichischer Regierungsmitglieder anberaumt: Bundeskanzler Raab sollte nach Bonn fahren, um die Normalisierung des Verhältnisses zur Bundesrepublik Deutschland voranzutreiben. Der Besuch des westdeutschen Außenministers, Heinrich von Brentano, im Herbst 1955 hatte dabei Vorarbeiten geleistet. Mittlerweile war an der Lösung der deutschen Eigentumsfrage gearbeitet worden, und der westdeutsche Bundeskanzler, Konrad Adenauer, hatte wohl auch seine Befürchtungen abbauen können, daß das österreichische Beispiel nicht ohne unmittelbare Auswirkungen auf die deutsche politische Landschaft sein würde. Der Widerstand gegen die Wiederbewaffnung der Bundesrepublik war durchaus nicht mit Argumenten geführt worden, die das österreichische Beispiel zitierten.[61] Mittlerweile waren aber auch die deutschen innenpolitischen Fronten wieder klar, und Konrad Adenauer beherrschte die Szenerie Deutschlands ähnlich stark wie Julius Raab jene Österreichs.

Daß der Besuch Raabs ganz anderes Kopfzerbrechen machte, kann man in den Tagebuchbriefen des deutschen Bundespräsidenten Theodor Heuss nachlesen,[62] der unter dem 17. Oktober 1956 eintrug: „Warst Du eigentlich dabei, als ich, Nibelungenfahrt von 1925, vor dem Wiener Rathaus meine sooo schöne Rede über den ‚Anschluß' hielt und unter ungeheurem Beifall mit dem Zuruf ‚Freundschaft' endete, völlig ahnungslos, daß dies Wort einige Zeit zuvor zum Parteigruß der Sozialisten gemacht [worden] war. An diese Stunde dachte ich heute abend, als ich die Rede fabrizierte, die ich in der nächsten Woche an den Bundeskanzler Raab aus Wien halten werde – gar nichts mehr von ‚Anschluß'. Nicht ganz leichte Aufgabe. Denn ich kann mich ja nicht in die Geschichtsleistung des Prinzen Eugen und der k. u. k. Monarchie flüchten . . . Aber ich denke, es wird schon gehen." Der Besuch Raabs ging auch tatsächlich reibungslos und in einer schon deutlich gelösten Atmosphäre vor sich. Heuss schrieb am 22. Oktober: „Der Tag war ausgefüllt, doch nicht ‚bewegt'. Amtsbesuch des Wiener[s] Raab mit Ordensaustausch wie gehabt – morgen habe ich ihn zum Dinner. Menschlicher Eindruck angenehm, in sich ruhender kräftiger Typus." Außer dem sicherlich nicht zu unterschätzenden Eindruck, daß Österreich und Westdeutschland ihre ja nicht erst seit 1955, sondern schon seit 1945 herrührenden Antipathien und die Spannungen zu begraben gesonnen waren, hatte der Besuch keine unmittelbaren Folgen.

Zur selben Zeit, als Raab in Bonn war, präsentierte Außenminister Figl in Straßburg vor der Organisation für wirtschaftliche Zusammenarbeit in Europa (OECD), also der Marshallplan-Nachfolgeorganisation, den Jahresbericht.[63] Auch dabei stand am Rande der Wunsch Österreichs, Verständnis für seinen politischen Weg zu wecken und Sympathien zu gewinnen. Die Besuche Raabs und Figls entbehrten aber auch nicht einer höheren außenpolitischen Logik. Da vor allem der Westen auf die österreichische Neutralität skeptisch bis ablehnend reagiert hatte und eine Unterscheidung der Art traf, die Neutralität sei im Falle der Schweiz eine Tugend, im Fall Österreichs aber eine Not, und es lasse sich daraus schwerlich eine Tugend machen, konnte eine Betonung der Westbindung Österreichs, das Hervorkehren der in den wirtschaftlichen Beziehungen besonders auffälligen engen Verknüpfungen, dazu führen, Ressentiments abzubauen. Dies konnte man um so eher machen, als seitens des Ostblocks die Signale ausgeblieben waren, die auf eine wirkliche Änderung der Beziehungen hinausgelaufen wären. Mit einer Ausnahme: Aus Ungarn kamen zunächst einige Zeichen, die auf einen Wechsel auch im Verhältnis zu Österreich hindeuteten.

Bald nach dem Ende des zwanzigsten Parteitags der KPdSU im Februar 1956, auf dem Chruščëv mit Stalin abgerechnet hatte und die Stalinisten im gesamten Ostblock mit einem Schlag zu Unpersonen wurden, hatte es in Polen und Ungarn zu gären begonnen. Während aber die polnische Entwicklung zunächst keine unmittelbaren Auswirkungen auf die Anrainer hatte, setzten die Änderungen in Ungarn auch in Österreich etwas in Gang. Im Sommer 1956 wurde entlang der Staatsgrenze begonnen, die Minen zu räumen, die das tödlichste Beiwerk des sogenannten Eisernen Vorhangs waren. In den Jahren seit 1948 waren meist bei landwirtschaftlichen Arbeiten oder einfach weil periodische Hochwasser ungarische Minen auf österreichisches Gebiet geschwemmt hatten, rund 200 Menschen entweder getötet oder verletzt worden. Das sollte ein Ende haben. Auch auf diplomatischer Ebene waren plötzlich neue Töne zu hören. Der ungarische Außenminister Imre Horváth fand außergewöhnlich freundliche Worte für Julius Raab und dessen Einschätzung des österreichisch-ungarischen Verhältnisses. Ungarische Diplomaten suchten entgegen langjähriger Gewohnheit den Kontakt zu ihren österreichischen Kollegen im Ausland und begannen davon zu sprechen, daß eine Annäherung der beiden Staaten für beide Seiten von Nutzen wäre. Der Gesandte Kovács in Brüssel erinnerte sich beispielsweise der jahrhundertelangen Schicksalsgemeinschaft, und in Budapest sah sich der österreichische Gesandte Dr. Walther Peinsipp plötzlich von Politikern angesprochen, die es bis dahin peinlich vermieden hatten, ein mehr als protokollarisches Gespräch zu führen.[64] Die Einschätzung dessen, was da im Gange war, bereitete deutliche Schwierigkeiten. Sie waren nicht nur darin begründet, daß sich – mit Ausnahme der Sowjetunion – erstmals ein normales Gesprächsklima mit einem orthodoxen kommunistischen Land einstellte, sondern waren noch immer Teil der Umstellungsschwierigkeiten als Folge des Staatsvertrags. Es gab eigentlich noch niemanden in Österreich von einigem politischen Gewicht, der schon eine klare Haltung in den Beziehungen zu Ostmitteleuropa verfolgte. Da schwankte noch alles zwischen den beiden Extremen: Entweder würden auch Staaten des kommunistischen Blocks in die Neutralität entlassen; damit würde ein neutraler Staatengürtel quer durch Europa entstehen. Oder aber es handelte sich nur um eine vorübergehende Erscheinung. Der österreichische Gesandte in Budapest bezweifelte beispielsweise jegliche dauerhafte Veränderung.[65] Für ihn stellte das Scheitern der Genfer Gipfelkonferenz im Herbst 1955 einen Markstein für die Beziehungen zwischen Ost und West dar. Er sah damit jegliche Hoffnung begraben, daß etwa in Ungarn eine politische Änderung herbeigeführt werden könnte. Nur noch wenige Kreise hätten sich ihre Hoffnung auf Neutralisierung des Landes beibehalten. Landesweit herrsche jedoch Verzweiflung.

Während Raab und Figl gerade dabei waren, ihre vorhin geschilderten Kontakte mit dem Westen auszubauen, brach in Ungarn die Revolution aus. Und nun passierte mehreres gleichzeitig: Österreich mußte jene wohl noch nicht ausführlich genug gegebene Selbstdarstellung seiner Neutralität vornehmen und bekam anderseits –

und zwar aus Ungarn – zu verstehen, die österreichische Neutralität wäre ein Exportartikel und zumindest für die alte Staatengemeinschaft Österreich-Ungarn ein Modell. Da ersteres, nämlich die Selbstdarstellung der Neutralität, nicht mit den Methoden der Besatzungszeit möglich war und zweiteres, der Neutralitätsexport, eine nicht ungefährliche Sache war, machten sich innerhalb weniger Stunden erste Krisensymptome bemerkbar.

Wie 1950, beim Ausbruch der Streikbewegung und den vor allem von Kommunisten geschürten Krawallen im Oktober dieses Jahres, mobilisierte Innenminister Oskar Helmer, die Kräfte der Exekutive. Es war der 24. Oktober.[66] Da Polizei und Gendarmerie aber nicht zu reichen schienen, wurde im Verlauf einer Krisensitzung im Innenministerium auch der Einsatz des Bundesheers in Aussicht genommen, jener schwachen Heereskräfte nämlich, die gerade dabei waren, die etwas mehr als eine Woche zuvor eingerückten ersten 13.000 Jungmänner militärische Gehversuche machen zu lassen. Für den Sozialisten Helmer wie für dessen langjährigen Staatssekretär und nunmehrigen ÖVP-Verteidigungsminister, Ferdinand Graf, stand so sehr außer Zweifel, daß auf jede von einem kommunistischen Land ausgehende Unruhe mit größter Entschiedenheit geantwortet werden müsse, daß nur noch das Wie und nicht mehr das Ob zur Debatte stand. Es ging aber nicht darum, auf Denk- und Handlungsweisen der Besatzungszeit zurückzugreifen, es ging um mehr: Es ging darum eine realistische Einschätzung vorzunehmen, welche Auswirkungen die Veränderungen in Ungarn und welche Auswirkungen möglicherweise stattfindende kriegerische Auseinandersetzungen in einem Nachbarland auf Österreich haben konnten. Das war also ganz entschieden mehr, als nur das 1950 gegebene Problem: Wie meistert man eine besatzungspolitische Krise, die von einem mit Gewalt ausgetragenen sozialen Konflikt herrührte?

Da das Außenministerium mangels zutreffender Informationen über die Ereignisse in Ungarn Entscheidungen hinauszögerte, und durch die Abwesenheit und temporäre Unerreichbarkeit der Spitzen des Ressorts, Raab und Figl, kaum handlungsfähig schien, war es sicherlich gerechtfertigt, vielleicht sogar notwendig, daß Helmer und Graf die Initiative an sich rissen. Es ist freilich zu fragen, ob hier nicht – in bester Absicht, versteht sich – eine gewisse Usurpation stattfand. In formaler Hinsicht konnte es keine wie immer gearteten Kompetenzüberschreitungen gegeben haben, denn der Innenminister machte lediglich von seiner Ermächtigung Gebrauch, wenn er die Gendarmeriekommanden in Bereitschaft versetzte, die Posten verstärkte und die Gendarmerieschulen an die Grenze in Marsch setzte. Auch Graf hielt sich streng an seine Ermächtigung, da er ja nicht einen selbständigen Einsatz des Heeres befahl, sondern lediglich dem Assistenzansuchen des Innenministeriums entsprach und Heereskräfte zur Assistenzleistung abstellte. Doch da die österreichische Reaktion – wie erwähnt – auf mehr hinauslief und die Maßnahmen zur Grenzsicherung wie zur Selbstdarstellung der österreichischen Neutralität in die Gesamtverantwortung der Regierung fielen, konnten nicht zwei Minister allein die Verantwortung tragen. Es gab also am 24. Oktober 1956 eine Situation, in der die Gesamtregierung durch die Abwesenheit Raabs und Figls Zeichen der Handlungsunfähigkeit zeigte und daher der Innen- wie der Verteidigungsminister zu einsamen Entscheidungen Zuflucht nehmen mußten.

Vor allem bei Helmer wird man sagen müssen: Halb zog es ihn, halb sank er hin. Doch die Maßnahmen wirkten, und der erste Grenzeinsatz lief reibungslos an. Freilich nur bei der Gendarmerie. Beim Heer lag die Sache anders. Da es eben erst damit begonnen hatte, die Organisation für ein Kaderheer der allgemeinen Wehrpflicht aufzubauen und die ersten Wehrpflichtigen gerade erst eingekleidet, aber so gut wie nicht ausgebildet waren, ging es darum, eine Entscheidung zu treffen, ob man den Termin für die Einführung der allgemeinen Wehrpflicht nicht noch einmal aufschieben sollte. Da damit aber wieder neutralitätspolitische Probleme verbunden gewesen wären und eine derartige Maßnahme vom Ausland wohl nur als Schwächung, wenn nicht Amputation verstanden worden wäre, wurde davon abgesehen. Österreich sollte und wollte ja seine Neutralität mit allen zur Verfügung stehenden Mitteln verteidigen und war wegen seiner Saumseligkeit bei der Aufstellung des Heeres vom Westen ohnedies schon hart kritisiert worden.

Am Nachmittag des 24. Oktober waren die Bereitschaften der Exekutive und die alarmierten Assistenztruppen des Bundesheeres an die Grenze unterwegs. Um 16.45 Uhr kam Außenminister Figl am Westbahnhof an. Er ließ sich anschließend vom Gesandten Dr. Wilfried Platzer Bericht erstatten, fand aber offenbar an den getroffenen Maßnahmen nichts auszusetzen.[67] Am Vormittag des 25. Oktober kehrte der Bundeskanzler nach Wien zurück. Aus den unmittelbar darauf getroffenen Maßnahmen läßt sich jedoch schließen, daß Raab mit dem Vorpreschen Helmers und Grafs nicht einverstanden war, daß er die Alarmierung von Bereitschaften und den Assistenzeinsatz von Heereskräften für falsch oder zumindest verfrüht ansah und daher als erstes Weisung gab, alles rückgängig zu machen. Raab ging offenbar von der Annahme aus, daß ein Zur-Schau-Stellen der österreichischen Neutralität nicht am Platz sei, die Situation in Ungarn unter Kontrolle und daher auch keine Gefahr für eine Ausweitung der Unruhen vorhanden sei. Raab war also bemüht, auch in Österreich den Status quo wiederherzustellen.

Das Außenministerium behandelte an diesem 25. Oktober sehr ausführlich die Vorgänge in Ungarn, sah aber für Österreich vorwiegend protokollarische Probleme auftauchen. Zumindest kamen bei der an diesem Tag im Außenministerium abgehaltenen Sitzung nur zwei Punkte zur Sprache, aus denen die Haltung des Ministers hervorging: Als Figl darauf hingewiesen wurde, daß am 27. Oktober sein ungarischer Amtskollege Horváth in Wien sein würde und eine Einladung zu einem Mittagessen in der ungarischen Gesandtschaft ausgesprochen habe, entschied Figl, daß weder er noch der Leiter der Politischen Abteilung an diesem Essen teilnehmen würden. Das sollte die Mißbilligung der ungarischen Politik deutlich machen. Es gab aber noch ein heikleres Thema. In Wien wurde auch der Besuch des ersten stellvertretenden Ministerpräsidenten der Sowjetunion, Anastas Mikojan, erwartet. Mikojan war aber nicht nur einer der höchsten und einflußreichsten sowjetischen Politiker, er war auch einer der beiden sowjetischen Staatsmänner, die unmittelbar mit Ungarn zu tun hatten und auf die dortigen Ereignisse den stärksten Einfluß nahmen; der andere war der Parteiideologe Michail Suslov. Durch die Ereignisse in Ungarn, meinte Figl, hätte der Besuch Mikojans einen gänzlich anderen Aspekt bekommen. Da es sich um den ersten Besuch eines hohen Sowjetfunktionärs in Österreich seit Abschluß des Staatsvertrags handelte, mußte jede österreichische Geste unter den Argusaugen von Ost und West, vor allem von West erfolgen. Gesandter Haymerle machte darauf aufmerksam, daß die Betonung der guten Beziehungen zwischen Österreich und der Sowjetunion, die bei einem derartigen Besuch unvermeidlich sei, nach den Unterdrückungsmaßnahmen in Ungarn bei den westlichen Staaten ungünstige Reaktionen hervorrufen könnte. Figl ventilierte die Möglichkeit, ob man nicht dem sowjetischen Botschafter zu verstehen geben sollte, es wäre besser, wenn Mikojan seinen Besuch verschieben würde. Schwierige Budgetverhandlungen sollten als Entschuldigung herhalten. Doch Figl wollte die Entscheidung nicht fällen, ohne vorher Raab gefragt zu haben. Da der Besuch Mikojans aus anderen Gründen sehr begrüßt wurde, war die Sache schon fast der Quadratur des Kreises nahe.

Österreichisches Hauptanliegen bei diesem Besuch war nämlich der Wunsch, die Sowjetunion um eine Herabsetzung der Erdöllieferungen zu bitten. Doch die Ereignisse in Ungarn hatten plötzlich eine auch in diesem Bereich grundsätzlich andere Situation geschaffen: Wenn die Sowjetunion dem österreichischen Wunsch entsprach, um auf diese Weise abermals dem Westen zu demonstrieren, wohin politisches Wohlverhalten führt, war das eine denkbar zweischneidige Sache, denn eine derartige Erleichterung konnte ja auch unter der Bedingung zugestanden werden, daß Österreich gegenüber Ungarn eine Gesinnungsneutralität wahre – und das war ein Zugeständnis, das man nicht machen konnte. An diesem Punkt der Überlegungen angelangt, fällte Figl schließlich eine bemerkenswerte Entscheidung: Wenn Mikojan tatsächlich zu einem Besuch kommen sollte, es also unmöglich wäre, diesen zu verschieben, dann sollte von österreichischer Seite keine Reduktion der Erdöllieferungen verlangt oder gar erbeten werden.[68] Es wurde also eine mögliche Entlastung für den Staatshaushalt bei weitem geringer erachtet als der Schaden, der neutralitätspolitisch durch einen erfolgreichen Schritt in dieser Richtung entstehen mußte. Denn für den Westen wäre nur eine einzige Interpretation möglich gewesen: Österreich profitiere in schamloser Weise aus den Vorgängen in Ungarn und steuere nur einen neutralistischen, einen finnischen Kurs.

Was man im Außenministerium nicht wissen konnte war, daß sich die Überlegungen zur selben Zeit, als sie angestellt wurden, bereits überholt hatten. Denn Mikojan war an diesem Tag in Budapest gewesen, und unmittelbar darauf richtete der ungarische Staatssicherheitsdienst ein Blutbad unter Demonstranten an. Die Sowjets, die zum Schein oder tatsächlich, das wissen wir bis heute nicht, dem Abzug ihrer Truppen aus Ungarn zugestimmt hatten, sahen sich selbst in die Revolution hineingezogen, eine Revolution, die an diesem Tag ganz Ungarn erfaßte und in schweren Kämpfen gipfelte. Mikojan sagte seinen Besuch in Wien ab. Die Sowjets hatten in Ungarn alle Hände voll zu tun. Die Erregung griff aber auch auf Österreich über.

Raab sah ein, daß Helmer und Graf doch nicht so unvernünftig gehandelt hatten und daß sich das Problem mittlerweile mehrschichtig präsentierte: Da waren einmal die staats- und neutralitätspolitischen Überlegungen. Raab tendierte nach wie vor dazu, daß sich Österreich nach Tunlichkeit zurückhalten und keine politische Stellungnahme abgeben sollte, die in irgendeiner Weise als Einmischung in die innerungarischen Angelegenheiten gewertet werden konnte. Es gab aber noch eine andere Ebene: Die Erregung hatte auf die Bevölkerung Ostösterreichs übergegriffen, die alles andere als teilnahmslos die ungarische Revolution verfolgte und jede neue Meldung begierig aufsog. Die dritte Ebene artikulierte sich darin, daß die burgenländische und niederösterreichische grenznah lebende Bevölkerung in unmißverständlicher Weise erhöhte Schutzmaßnahmen forderte. Die Nervosität griff auch auf das Außenministerium über, das allerdings noch immer keine absolut verbindlichen Orientierungen geben konnte. In einer siebenminütigen Konferenz entschied Raab, daß die Sicherung der ungarischen Grenze mit allen zur Verfügung stehenden Mitteln vorzunehmen sei. Dazu genügte aber nicht die Verstärkung von Gendarmerie und die Zollwache. Raab forderte einen kompletten und selbständigen Grenzsicherungseinsatz des Bundesheers. Es wurde der bisher einzige derartige Einsatz des Heeres.[69]

Die Tage danach waren davon gekennzeichnet, daß Tausende Ungarn über die Grenze kamen und sich mit Österreichern zu verbrüdern suchten. Der Tenor der dabei ausgesprochenen Hoffnungen war der, daß die Revolution siegen und Ungarn neutral werden würde. Auch die Vision einer neuerlichen Vereinigung Ungarns und Österreichs tauchte auf. Der erste Jahrestag der österreichischen Neutralitätserklärung, der 26. Oktober 1956, bekam damit eine ganz besondere Bedeutung, da erstmals auch der eigenen österreichischen Bevölkerung die mitteleuropäische Dimension dieser Neutralität klar wurde. Es wurde auch überlegt, was passiert wäre, wenn der Ausbruch einer solchen Revolution zu einer Zeit erfolgt wäre, als die sowjetischen Truppen noch in Österreich stationiert waren. Hätte eine solche Revolution vielleicht auf Österreich übergegriffen? Doch diese Fragestellung war grundfalsch: Die ungarische Revolution hätte es wohl nie oder zumindest nicht in dieser Form gegeben, wenn Österreich nicht vorher von den Besatzungsmächten geräumt und neutral geworden wäre. Von welcher Seite man auch immer die österreichische Situation betrachtete, eines war sicher: Österreich war in einer einzigartigen Weise betroffen. Da aber die Besatzungszeit so frisch im Gedächtnis war, wurden die Vorgänge in Ungarn besonders emotional verfolgt. Daher wurden auch von allem Anfang an Sympathie und Antipathie deutlich verteilt, das heißt, den Revolutionären fast vorbehaltlos Beifall gezollt. Diese moralische Unterstützung fand kurz darauf ihre Ergänzung in einer handfesten materiellen Unterstützung, indem Hilfslieferungen für Ungarn zusammengestellt wurden, die die karitativen Vereinigungen organisatorisch zunächst heillos überforderten. Die moralische Unterstützung wurde vom Westen zwar geteilt, doch die politische Reaktion war vorsichtig. Die USA sprachen ihre Sympathie aus, Außenminister Dulles ließ aber gleichzeitig einfließen, daß eine mehr als moralische Unterstützung durch die USA nicht zu erwarten sei. Großbritannien und Frankreich aber waren durch die Entwicklung im Nahen Osten, wo ein Kriegsausbruch unmittelbar bevorstand, so in Anspruch genommen, daß sie sich ebenfalls mit einer verbalen Unterstützung aus der Affaire zogen. In dieser Situation versuchte Österreich einen Alleingang. Am Sonntag, dem 28. Oktober 1956, ließ Raab einen Sonderministerrat einberufen. Das Zustandekommen desselben war etwas merkwürdig, denn erst während eines Te Deums im Stephansdom gab Raab seine Absicht zu erkennen, die österreichische Politik mit Hinblick auf Ungarn zu konkretisieren und zu fixieren. Bezeichnenderweise äußerte er diese Absicht aber nicht gegenüber dem Minister für Auswärtige

Angelegenheiten, sondern gegenüber dem Unterrichtsminister. Und Unterrichtsminister Drimmel war es auch, der dann eine Resolution entwarf, die vom Ministerrat ausformuliert und verabschiedet werden sollte.[70] Die Beratungen im Bundeskanzleramt dauerten stundenlang. Vielleicht war die Entscheidungsfindung auch deshalb erschwert, da diesmal der SPÖ die Führung abging. Vizekanzler Schärf war zu einer Tagung der Sozialistischen Internationale nach Ostasien gereist. Immer wieder wurde in parteiinternen Beratungen das Für und Wider einer solchen Resolution erwogen. Die große Mehrheit der ÖVP- und der SPÖ-Minister war für die Verabschiedung, doch Innenminister Helmer und der neue ÖVP-Staatssekretär im Innenministerium, Franz Grubhofer, sollen sich plötzlich quergelegt haben und neigten zur Vorsicht. Dabei kann dem Vorarlberger Grubhofer seine jahrzehntelange Vertrautheit mit der Schweizer Neutralitätspraxis zugute gehalten werden. Da die Schweiz aber noch keinerlei Stellungnahme hatte erkennen lassen, bezweifelte auch Grubhofer die Richtigkeit und Notwendigkeit eines österreichischen Alleingangs. Bei Helmer kam die Wendung überraschend, und es gibt auch keine Erklärung dafür. Schließlich – und so gesehen war es ein typischer Raab-Ministerrat oder eine von Raab geleitete Sitzung gewesen – ergriff Raab abermals das Wort (seit der Eröffnung und der Vorlage des Notentwurfs hatte er fast nur geschwiegen) und faßte zusammen: Die Note wurde einstimmig gebilligt.

In dem Appell an die Sowjetunion hieß es: „Die österreichische Regierung verfolgt mit schmerzlicher Anteilnahme das nun fünf Tage andauernde blutige und verlustreiche Geschehen im benachbarten Ungarn. Sie ersucht die Regierung der UdSSR mitzuwirken, daß die militärischen Kampfhandlungen abgebrochen werden und das Blutvergießen aufhöre. Gestützt auf die durch die Neutralität gesicherte Freiheit und Unabhängigkeit Österreichs tritt die österreichische Bundesregierung für eine Normalisierung der Verhältnisse in Ungarn mit dem Ziel ein, daß durch die Wiederherstellung der Freiheit im Sinne der Menschenrechte der europäische Friede gestärkt und gesichert werde."

Wäre diese Note, diplomatischen Bräuchen folgend, diskret durch den österreichischen Botschafter in Moskau in der dritten europäischen Abteilung überreicht worden, hätte es vielleicht nur irgendwann einmal eine Bestätigung des Erhalts und eine unverbindliche Antwort gegeben. Doch Raab suchte dieser Note die größtmögliche Publizität zu geben. Sie wurde zur Veröffentlichung an die Medien weitergeleitet und dem UNO-Sicherheitsrat zur Kenntnis gebracht. Der sowjetische Botschafter, Sergej Lapin, war natürlich der erste, dem die Note überreicht wurde. Er wurde überstürzt in das Außenamt gebeten. Lapin bekam aber nicht nur die Note zur Weiterleitung nach Moskau ausgehändigt, sondern erhielt auch noch mündliche Erläuterungen, die allerdings keine Publizität erlangten. Sie waren ausschließlich für die Sowjetunion bestimmt! Außenminister Figl hatte Lapin im Auftrag der Bundesregierung noch zu sagen: Falls Unbewaffnete über die ungarisch-österreichische Grenze kämen, würden sie nach der Genfer Konvention behandelt. „Sollten jedoch Gruppen kämpfend österreichisches Territorium betreten und der Aufforderung zur Niederlegung der Waffen nicht Folge leisten, so seien die österreichischen Streitkräfte angewiesen, den Widerstand zu brechen." Dies gelte auch für den Fall, daß die grenzüberschreitenden Truppen sowjetische seien.

Der Innenminister, der, wie erwähnt, einige Bedenken hatte, die Sowjets mit einem derartigen Appell herauszufordern, tat in der Folge alles, um die Grenzsicherung zu perfektionieren und insbesondere das unkontrollierte Hin- und Herwechseln über die Grenze zu beenden. Entlang der Grenze wurde eine Sperrzone eingerichtet, die weit in das Hinterland reichte. Es war nur der innerhalb dieser Zone lebenden Bevölkerung sowie Personen mit Spezialausweisen und vor allem karitativen Organisationen erlaubt, die Zone zu betreten. Damit nicht genug, wurde an den übrigen österreichischen Grenzen ein Einreiseverbot für Personen mit Fremdenpässen und für solche Personen verhängt, die nach Ungarn weiterreisen wollten.

Den eingesetzten Heereskräften schließlich, wurde in Übereinstimmung mit den Botschafter Lapin gegebenen Erläuterungen ein klarer Schießbefehl erteilt, der sich auch auf Rotarmisten erstreckte. Das Bundesheer hatte innerhalb des Sperrgebiets noch eine zusätzliche Sicherheitszone geschaffen und hielt einen Abstand von 500 Metern zu der mit rot-weiß-roten Fähnchen markierten Grenze ein. Damit sollte jede zufällige Grenzverletzung ausgeschlossen und auch verhindert werden, daß Soldaten in grenznahe Schießereien hineingezogen würden. Nimmt man das alles in Summe, dann verdient die österreichische Vorgangsweise zumindest das Beiwort „bemerkenswert". Der westdeutsche Politologe Reiner Eger nannte sie vor einigen Jahren sogar „herausfordernd", und das deshalb, weil die österreichischen Maßnahmen in einem so deutlichen Gegensatz zu den Maßnahmen der westlichen Staaten, aber auch der Schweiz standen.[71]

Ganz wohl dürfte es den Regierungsmitgliedern und vor allem dem Außenminister aber nicht gewesen sein, denn der österreichische Gesandte in Bern sollte noch nachträglich die Schweizer Reaktion erkunden. Die Erläuterungen, die Gesandter Dr. Johannes Coreth vom Schweizer Bundespräsidenten Max Petitpierre bekam, waren aber nicht dazu angetan, beruhigend zu wirken. Die Schweiz, so Petitpierre, „zolle der österreichischen Haltung zwar vollste Anerkennung, es entspreche aber der Tradition der Schweiz, in derartigen Fällen strengste Zurückhaltung zu wahren". Das war nicht sehr ermutigend. Auf das hin wurde versucht, ein gleichsam überneutrales Verhalten an den Tag zu legen. Landesverweisungen und Razzien in Ausländerhotels wurden durchgeführt, die Militärattachés der Staatsvertragssignatare an die Grenze geführt, um sie von der Perfektion der Grenzsicherungsmaßnahmen zu überzeugen. Bis zum 1. November schien es, als ob alles gut gegangen wäre und gut ginge, das heißt, daß die Selbstdarstellung der österreichischen Neutralität in einem Krisenfall (der Begriff wurde erst später geboren) richtig war und akzeptiert wurde. Die Sowjets zogen ihre Truppen aus Teilen Ungarns ab. Es war keine Reaktion auf den österreichischen Appell erfolgt. Doch die Anteilnahme des Westens an den Vorgängen in Ungarn war dramatisch geschwunden, weil im Nahen Osten am 29. Oktober ein Krieg begonnen hatte, in den nach dem Angriff Israels auf Ägypten Briten und Franzosen am 30. Oktober eingriffen.

In Moskau dürften am 1. November 1956 die Würfel gefallen sein, und zwar für eine Intervention in Ungarn und für Begleitmaßnahmen, die auch Österreich einschlossen. Von diesem Tag an und Tage hindurch wurde getrommelt, „Pravda", „Izvestija" und zahlreiche östliche Presseorgane sowie Rundfunkstationen beschuldigten Österreich der groben Mißachtung der Neutralität. Es wurde behauptet, daß

Flugzeuge von österreichischen Flugplätzen Soldaten und Offiziere der früheren Horthy-Armee nach Budapest transportierten. Von Salzburg aus, einem „Zentrum der reaktionären ungarischen Emigration“ würde die Konterrevolution in Ungarn direkt unterstützt. Die Mehrheit der sogenannten „Freien Sender“ in Westungarn seien mobile amerikanische Stationen, die aus Salzburg dorthin geschickt worden seien usw. Die Sowjetunion beantwortete also den österreichischen Appell vom 28. Oktober, der zwar in erster Linie humanitären Charakter gehabt hatte, aber durch die Passage „Wiederherstellung der Freiheit im Sinne der Menschenrechte“ auch eine unmißverständliche politische Aussage machte, damit, daß sie die Grundlagen der österreichischen Politik in Zweifel zog. Mit diesen Angriffen auf Österreich wurden gleich mehrere Adressaten erreicht: Der Westen wurde durch ein Scheingefecht unsicher gemacht, auch ein wenig abgelenkt und alarmiert. Dem Ostblock wurde suggeriert, die Revolution in Ungarn wäre das Werk von ausländischen Agitatoren, Horthy-Leuten und „Pfeilkreuzlern“, und Österreich, das einen gerade für Ostmitteleuropa interessanten völkerrechtlichen Status gewählt hatte, hätte diesen Status in geradezu schändlicher Weise mißbraucht. Der dritte Adressat war Österreich selbst, wo man trotz einer jahrelangen Erfahrung mit der sowjetischen Propagandakriegführung einigermaßen ratlos war. Das Außenamt protestierte, Raab erklärte in einer Rundfunkansprache am 3. November, die Zeitungsmeldungen seien von A bis Z erfunden. Die Verunsicherung ging aber so weit, daß der ungarische Ministerpräsident, Imre Nagy, vom österreichischen Gesandten in Budapest die Zusicherung verlangte, daß Österreich auf jeden Fall ein Eindringen ehemaliger ungarischer Pfeilkreuzler nach Ungarn verhindere. Da das internationale Telefon von und nach Budapest seit Tagen lahmgelegt war und Gesandter Peinsipp keine andere Möglichkeit hatte, mit dem Ballhausplatz Verbindung aufzunehmen, wurde nur für diesen Zweck für kurze Zeit die entsprechende Schaltung vorgenommen.[72] Wien zählte Punkt für Punkt alle jene Maßnahmen auf, die zur Grenzsicherung getroffen worden waren, wie das Einreiseverbot gehandhabt würde und daß Ausländer, von denen eine Einflußnahme auf die Vorgänge in Ungarn erwartet werden konnte, wie etwa der ehemalige Ministerpräsident Ferenc Nagy, kurzerhand abgeschoben worden seien. Was hätte man denn noch machen sollen?

Der österreichische Appell war also ganz sicher nicht spurlos vorübergegangen, wie man zunächst annehmen mußte. Die sowjetische Reaktion darauf konnte allerdings als indirekte Bestätigung der Bedenken des Innenministers und seines Staatssekretärs gewertet werden. Nun wuchs die Nervosität, und Raab bemühte sich, die Berichterstattung der Medien im Ton deutlich herabzumindern. Er fand seine Aversion gegen den Journalismus voll bestätigt, handelte sich aber mit seinem Versuch, insbesondere die Boulevardpresse zu einer weniger sensationellen Berichterstattung zu veranlassen, die häßlichsten Kommentare des Chefredakteurs der Zeitung „Bildtelegraph“, Gerd Bacher, ein.

Die Entwicklung war eigentlich schon weit über das Stadium hinaus, in dem man durch eine vorsichtigere Berichterstattung noch etwas hätte verhindern oder ändern können. Die Sowjets hatten ihren Aufmarsch zur Intervention in Ungarn beendet. Der Auftakt war gewesen, daß sich zwei Panzerkolonnen von der rumänischen und von der sowjetisch-tschechoslowakischen Grenze aus in Marsch gesetzt hatten. Ihr

Ziel war es, die ungarische Grenze nach dem Westen, also vor allem gegen Österreich, aber auch gegen Jugoslawien hin abzuriegeln. Dieses Manöver lief am 2. November 1956 an. Es führte aber zu keiner wirklich hermetischen Sperre der Grenze. Vielmehr blieben so viele Nebenstraßen und so viel freies Gelände offen, daß diejenigen Ungarn, die nach dem Westen flüchten wollten, unschwer Übergangsstellen fanden. Die Sowjets schien es nicht zu kümmern, und die ungarischen Grenzorgane hatten schon längst für die Revolution Partei ergriffen und stellten sich einem Grenzübertritt nicht in den Weg. Am Abend des 3. November hatten die Sowjets die großen Ballungszentren zerniert und Budapest eingeschlossen. Am 4. November begannen sie damit, die Revolution niederzuschlagen.

Damit setzte die größte europäische Fluchtbewegung seit dem Zweiten Weltkrieg ein. Österreich hatte getrachtet, sich darauf vorzubereiten. Es waren Sammelplätze und Lager eingerichtet worden. Des weiteren waren Transportkapazitäten bereitgestellt worden, um die Flüchtlinge aus der Sperrzone in weiter hinten liegende Lager abzutransportieren. Das Bundesheer rechnete damit, daß auch bewaffnete Soldaten nach Österreich fliehen würden, und hatte dementsprechend Internierungslager vorbereitet. Bis zum Abend dieses 4. Novembers waren rund 10.000 Ungarn über die Grenze gekommen, viel mehr, als man insgesamt und im schlimmsten Fall erwartet hatte.

Mit dem Beginn der sowjetischen Intervention endete die Phase der vergleichsweise fundierten Berichterstattung über die Vorgänge in Ungarn. Von da an war man durch Tage auf vereinzelte Reportagen und die Aussagen der zahllosen Flüchtlinge angewiesen sowie auf „Zuwendungen", die von westlichen Nachrichtendiensten kamen. Außer über die Tatsache der sowjetischen Intervention in Ungarn wußte man einigermaßen sicher, daß die Tschechoslowakei und Jugoslawien eine Teilmobilmachung durchgeführt und Truppen in Grenznähe verschoben hatten. Es konnte angenommen werden, daß die NATO erhöhte Bereitschaft befohlen hatte, doch der Westen zeigte gerade in diesen Tagen ein uneinheitliches Bild. Einen Tag nachdem die Russen mit der Einnahme der großen ungarischen Städte begonnen hatten, führten Briten und Franzosen ein Landungsunternehmen in der Suezkanalzone durch und verstrickten sich noch weiter in den Nahostkrieg, so daß diese zwei Mächte politisch fast handlungsunfähig waren. Die USA standen am Vorabend von Präsidentschaftswahlen und waren daher nur eingeschränkt handlungsfähig. Alles das war wohl von den Sowjets bei ihrer Zeitplanung mit berücksichtigt worden, denn was sich im Mittelmeerraum anbahnte, war spätestens seit dem 29./30. Oktober klar geworden, und das Datum der Präsidentschaftswahlen konnte auch keine Unbekannte sein.

Österreich war in den ersten Novembertagen von einer Nachrichten-, noch mehr aber von einer Gerüchtewelle überschwemmt worden, aus der sich fast nichts mehr herauslesen ließ. Am Vormittag des 5. November erreichten das Verteidigungsministerium in Wien – auf welchem Weg ist freilich bis heute ungeklärt geblieben – Informationen, die eine derartige Glaubwürdigkeit hatten, daß man sie ganz einfach nicht ignorieren konnte. Diese Informationen besagten, daß sich die sowjetischen Truppen, die ja vor allem westlich von Budapest versammelt waren und dort im Einsatz standen, in der Nacht vom 5. auf den 6. November 1956 in Richtung

Österreich in Marsch setzen und mit der neuerlichen Okkupation Österreichs beginnen würden. Verteidigungsminister Graf forderte in einer Krisensitzung seines Ministeriums Auskunft darüber, ob und wie Österreich Widerstand leisten konnte. Sehr viel ließ sich darauf nicht antworten. Doch der Generaltruppeninspektor, Oberst des Generalstabes Erwin Fussenegger, der den Einsatz der Heereskräfte leitete, bereitete auf das hin die Zurücknahme der an der ungarischen Grenze eingesetzten Heeresverbände vor. Im Falle eines Angriffes hatten die Truppen hinhaltenden Widerstand zu leisten. Ferner erging an alle Truppenkörper des Heeres der Befehl, im Laufe der Nacht sämtliche Kasernen zu räumen. Der Befehl wurde vom Verteidigungsminister gegeben, doch im Laufe des Tages kamen Graf Bedenken. Es ist wohl anzunehmen, daß er beim Bundeskanzler rückfragte, doch offenbar gab es nichts, was die dramatischen Meldungen erhärten oder entkräften konnte. Nichts wies auf eine Krise hin, wie sie in den Informationen des Verteidigungsministeriums ihren Niederschlag gefunden hatte. Graf fand also für den von ihm zu verantwortenden Befehl keine Rückendeckung. Er wollte daher gegen Abend die Zurücknahme des Befehls erreichen, um eine Beunruhigung der Bevölkerung auszuschließen, wie er dem Generaltruppeninspektor sagte. Dem gelang es aber, Graf in einer längeren Besprechung von der Richtigkeit der Beibehaltung des Befehls zu überzeugen. Oberst Fussenegger tat noch ein übriges: Er ließ sich in persönlichen Telefonaten von den Gruppenbefehlshabern die strikte Befolgung des Befehls bestätigen. Um Mitternacht sollten sämtliche österreichische Soldaten unterwegs sein. Die meisten hielten das für eine Nachtübung, und nur ganz wenige wußten, was wirklich dahinterstand. Folgt man David Dallin und seinem Buch „Sowjetische Außenpolitik nach Stalins Tod", dann forderten die DDR und die Tschechoslowakei tatsächlich die Ausweitung der sowjetischen Intervention auf Österreich.[73] Es konnte also ganz gut sein, daß sich die Sowjets zu einer neuen „Wiener Angriffsoperation" bereit machten. Das Warten begann.

15 Die Nacht der Republik

Die Nacht vom 5. auf den 6. November 1956 war – allerdings nur für ganz wenige Eingeweihte – eine der dramatischsten, wenn nicht *die* Nacht der Zweiten Republik. Rekapitulieren wir noch einmal ganz kurz die Eskalationsstufen: Am 3. November waren die Russen in Ungarn schlagbereit gewesen. In der Nacht lief die Intervention an. Am 4. November tobten in ganz Ungarn schwere Kämpfe. In New York war die Generalversammlung der Vereinten Nationen für den 4. November zu einer Sondersitzung einberufen worden, wo über eine amerikanische Resolution beraten und abgestimmt werden sollte, in der die Sowjetunion zum Rückzug ihrer Truppen aus Ungarn, zur Zulassung neutraler Beobachter und zur Gewährung der notwendigen Hilfe für Ungarn aufgefordert wurde. An diesem Tag erreichte die Presse- und Rundfunkkampagne des Ostens gegen Österreich einen Höhepunkt. Knapp bevor die UNO-Generalversammlung zur Abstimmung über den amerikanischen Resolutionsentwurf zusammentrat und die Delegierten in den Sitzungssaal gingen, nahm der sowjetische UNO-Botschafter Zorin den nach New York entsandten Leiter der Politischen Abteilung des österreichischen Außenministeriums, Gesandten Haymerle, beiseite und sagte ihm folgendes: Wenn Österreich für die amerikanische Resolution stimme, dann sei alles aus, dann habe Österreich zu erkennen gegeben, daß es seine Neutralität nicht wirklich ernst nehme, und Österreich hätte sich die Folgen selbst zuzuschreiben.[1] Die österreichischen Delegierten berieten kurz, ob sie noch einmal versuchen sollten, Kontakt mit Wien aufzunehmen, doch die Verbindung wäre nicht rechtzeitig herzustellen gewesen, also stimmt der österreichische Botschafter Dr. Matsch weisungsgemäß für die amerikanische Resolution, die mit nur 8 Gegenstimmen bei 15 Enthaltungen angenommen wurde. Nach der Abstimmung drohte Zorin Haymerle nur aus der Ferne und mehr spielerisch mit dem Finger.

Als die Abstimmung durchgeführt wurde, war es in Österreich Nacht. In den frühen Morgenstunden des 5. November begann das britisch-französische Landungsunternehmen im Raum Ismailia. An jenem Tag richtete der sowjetische Ministerpräsident Bulganin eine unmißverständliche und schwere Drohung gegen Paris und London, darin war die Rede vom Einsatz von Raketen. Die Sowjetunion, die eben dabei war, die ungarische Revolution blutig niederzuschlagen, verurteilte die britisch-französische Intervention gegen Ägypten und forderte deren sofortigen Abbruch. Die USA waren desorientiert und wegen der tags darauf stattfindenden Präsidentenwahlen politisch gelähmt. Die NATO-Truppen waren alarmiert, die Tschechoslowakei und Jugoslawien hatten teilmobil gemacht. Und genau in diesem Augenblick wurde in Österreich das Gerücht laut, ein sowjetischer Einmarsch stünde unmittelbar bevor. Tschechen und Ostdeutsche sollen ihn sogar gefordert haben. Stunden später sprach der amerikanische Außenminister, John Foster Dulles, eine gezielte Warnung aus, als er eine Verlautbarung des State Department herausgab, in der es hieß, daß die Vereinigten Staaten jeden Versuch, die territoriale Integrität und innere Souveränität des neutralen Österreich zu verletzen, als „schwere Bedrohung des Friedens" betrachten würden. Es war dies, wie wir mittlerweile wissen, exakt jene Formulierung, die in dem nie publik gemachten britisch-amerikanischen Entwurf einer österreichischen Neutralitäts-Garantieformel enthalten war.

Diese gedrängte Zusammenfassung macht wohl deutlich, unter welch ungeheuren Druck Österreich geraten war, einen Druck, der es fast unmöglich machte, noch den Überblick zu wahren und auch aus der Fülle der Informationen und Desinformationen das herauszuschälen, was richtig und bedeutsam war. Es tauchte z. B. auch eine Nachricht auf, bei einem gefallenen Russen wäre eine Operationsskizze gefunden worden, auf der der Vorstoß Richtung Wien eingezeichnet gewesen sei.[2] Es halten sich auch bis heute verbürgte Nachrichten, es wären Funksprüche sowjetischer Panzerbesatzungen aufgefangen worden, in denen das vorgesetzte Kommando gefragt worden sei, ob man auf österreichisches Gebiet überwechseln solle. Die sinngemäße Antwort: Wenn die Grenze nicht verteidigt wird, weiterfahren!

Lösen wir uns aber vorübergehend von der Dramatik des Ablaufs, und kehren wir kurz zur Vergangenheitsbewältigung und zum „Abschied von der Besatzungszeit" zurück. Am Anfang der ungarischen Krise, in den Tagen bis zum 28. Oktober, war der Einsatz der Exekutive und der schwachen Heereskräfte so aufgezogen worden wie die Niederschlagung einer Streikbewegung. Die Grenze wurde so besetzt und gesichert, wie man anno 1950 eine wichtige Kreuzung oder eine Straßenbahnremise gesichert hatte. Das Zögern Minister Helmers bei der Verabschiedung des österreichischen Appells hatte aber schon deutlich werden lassen, daß dem Innenminister einige Bedenken gekommen waren, ob es wirklich nur darum ging, einen auf die österreichischen Innenverhältnisse rückwirkenden gewaltsamen Prozeß zu verhindern. Helmer, der sich als furchtloser Streiter gegen die sowjetischen Besatzungsbehörden einen Namen gemacht hatte, zögerte, einen humanitären Appell zu verabschieden, der die Sowjets direkt herausfordern mußte. Nun hatte sich die Situation aber vollends gewandelt. Als dann der Verteidigungsminister am Nachmittag des 5. November, nicht, weil er über bessere oder andere Informationen verfügte als noch am Vormittag, das Beziehen von Verteidigungsstellungen durch die Heereskräfte abblasen wollte, da geisterte plötzlich der 11. März 1938 durch den Raum, und es war der Generaltruppeninspektor, der unwissentlich den Schweizer General des Zweiten Weltkriegs, Henri Guisan, kopierte, indem er sich der Befehlstreue seiner Kommandanten versicherte und alles tat, um der politischen Führung das Rückgrat zu stärken.[3] Einen zweiten März 1938 durfte es nicht geben!

Im Nachhinein ließ sich dann leicht sagen, daß überreagiert worden sei, daß die Sowjets keinen wie immer gearteten Grund gehabt haben konnten, ernsthaft das zu glauben, was ihre eigene Propaganda verbreitete und noch viel weniger, daß sie einen Grund gehabt hätten, mit der Besetzung Österreichs einen Akt der Aggression zu setzen. Wenn es Stimmen gegeben hatte, die das befürworteten – und das kann ja durchaus der Fall gewesen sein –, dann gehörten sie wohl zu jenen ja noch immer vorhandenen radikalen Stalinisten, denen der Abzug der Besatzungstruppen und vor allem der sowjetischen Besatzungstruppen aus Österreich ein Dorn im Auge gewesen war. Sie gehörten auch zu jener Gruppe von Politikern in Ost und West, die im österreichischen Staatsvertrag nicht ein Beispiel, wenn nicht den Beginn, der Entspannungspolitik sahen, sondern nur davon ausgingen, daß dieses Modell Rückwirkungen haben konnte. Der Vorschlag zur Ausweitung der sowjetischen Intervention und zur Beseitigung des österreichischen Ärgernisses kann daher, wenn er tatsächlich aus der Tschechoslowakei und der DDR gekommen ist, schon aus dem Grund laut geworden sein, weil sich mittlerweile in einigen Ostblockstaaten Besorgnisse wegen des österreichischen Beispiels breitgemacht hatten. – Doch die Nacht vom 5. auf den 6. November 1956 ging ohne Zwischenfälle zu Ende.

Noch am 6. November wurde die Alarmierung der Heeresverbände aufgehoben und in normale Bereitschaften verwandelt. Jetzt ging es nur noch darum, des wachsenden Flüchtlingsstroms Herr zu werden. Und erst dabei gerieten die Grenzüberwachung und -sicherung ins Wanken. Entlang der gesamten Grenze, und nicht nur bei den vorgesehenen Übergängen, strömten Ungarn herüber. In den ersten Tagen nach der sowjetischen Intervention hatten sie auch keinerlei Schwierigkeiten zu gewärtigen; es war so, als ob man die Kritiker und Unzufriedenen ganz gern außer Landes gehen lassen wollte. Die Sowjets kümmerten sich so gut wie nicht um die Flüchtlinge und waren nur bemüht, ein überkorrektes Verhalten gegenüber Österreich an den Tag zu legen. Nach der Besetzung des Zollhauses bei Hegyeshalom ließ sich der sowjetische Truppenkommandant sogar von der österreichischen Zollwache schriftlich bestätigen, daß es zu keinerlei Grenzverletzungen gekommen war. Aber auch dieses Bild wandelte sich. Die neue ungarische Regierung schickte regimetreue Grenzsicherungskräfte an die österreichische Grenze. Diese neuen Sicherungsorgane konnten und wollten noch immer nicht die Grenze hermetisch abschließen, doch sie begannen Jagd auf Flüchtlinge zu machen und überschritten dabei nicht nur die österreichische Grenze, sondern schossen auch herüber. Schließlich begannen auch die sowjetischen Truppen damit, sich an der Verfolgung von Flüchtlingen zu beteiligen. Etliche Soldaten benützten die Gelegenheit aber auch nur dazu, wieder einmal nach Österreich zu kommen. Sie erzählten arglos, daß sie ja erst ein wenig mehr als ein Jahr aus Österreich weg seien und früher Besatzungssoldaten gewesen wären. Und sie erkundigten sich nicht nur, wie es mittlerweile in Österreich ginge, sondern fragten auch direkt, wo denn die amerikanischen Panzer wären und was es mit der ihnen genannten Gefahr einer Invasion aus dem Westen auf sich hätte.

Es waren aber nicht alle Besuche dieser Art so harmlos. Am 23. November gab es schließlich den lange befürchteten Zwischenfall.[4] Drei sowjetische Soldaten, die bei der Verfolgung von ungarischen Flüchtlingen in der Gegend von Rechnitz über die Grenze gekommen waren, begegneten einer Patrouille der Zollwache und entwaffneten diese. Da die Zöllner aber die Grenzverletzung schon vorher gemeldet hatten, brauste eine alarmierte Gendarmeriepatrouille an, die nun ihrerseits die Sowjets entwaffnen wollte. Einem Soldaten gelang es zu fliehen, einer wurde auf der Flucht tödlich verwundet und einer wurde gefangengenommen. Innen- und Außenministerium waren alarmiert, und obwohl gegen das Vorgehen der Gendarmen rechtlich kaum etwas einzuwenden war, befürchtete man vor allem auf dem Ballhausplatz eine massive sowjetische Reaktion. Eine solche Reaktion erfolgte auch, doch sie fiel zahm aus und beschränkte sich auf einen Protest, weil ein bereits entwaffneter sowjetischer Soldat auf der Flucht erschossen worden sei. Österreich antwortete mit einem Gegenprotest wegen der Grenzverletzung, und dann war das Zwischenspiel im großen und ganzen auch schon beendet. Erst Monate später wurden die Sowjets wieder vorstellig, und zwar deshalb, weil dem für den Tod des Soldaten Lopatin verantwortlichen Gendarmerieinspektor eine österreichische Auszeichnung verliehen worden war.

Nichts, freilich, war besser geeignet, die österreichische Haltung und die konsequente Grenzüberwachung deutlich zu machen. Die Sowjetunion hatte mit ihrer Propaganda deutlich zu machen versucht, daß die österreichische Grenze ungenügend überwacht worden wäre. Sie hatte nie daran Kritik geübt, daß Bundesheer und Gendarmerie alarmiert und zur Sicherung der Ostgrenze eingesetzt worden waren. Es war nur dagegen polemisiert worden, daß die Grenze durchlässig gewesen wäre und es allen möglichen Leuten gelungen sein soll, nach Ungarn zu kommen und sich zu den Aufständischen zu schlagen. So etwas hat es sicherlich gegeben. Am kuriosesten war der Fall eines Schweizer Milizsoldaten, der mit der Uniform im Gepäck illegal über die Grenze gegangen war, in Ungarn aber kein Betätigungsfeld mehr vorfand, sich voll uniformiert wieder nach Österreich durchschlug und da von staunenden Gendarmen empfangen wurde. Genauso war aber auch zahlreichen Personen ein Grenzübertritt verwehrt oder unmöglich gemacht worden.

Interessanterweise kam den Sowjets der Grenzzwischenfall von Rechnitz sogar ganz gelegen, denn das sowjetische Kommando in Ungarn hatte mit erheblichen disziplinären Problemen der Rotarmisten zu kämpfen, und es soll sich auch eine erkleckliche Zahl zu den Aufständischen geschlagen haben. Wie aus Flüchtlingsaussagen bekannt wurde, mußte der Rechnitzer Zwischenfall dazu herhalten, um bei der Disziplinierung der sowjetischen Soldaten zu helfen. Ihnen wurde gesagt, daß sie sich ja keine Hoffnung machen dürften, heil nach Österreich zu gelangen, denn die Österreicher würden jeden, der die Grenze überschreiten wollte, erbarmungslos erschießen oder – wenn sie ihn nur gefangen nähmen – umgehend wieder an die sowjetischen Behörden ausliefern. Der bei Rechnitz gefangene Sowjetsoldat war nämlich – allerdings auf eigenen Wunsch – wieder nach Ungarn zurückgestellt worden.

Der Flüchtlingsstrom hielt unvermindert an. Mit 8537 Flüchtlingen an einem einzigen Tag wurde am 23. November, dem Tag des Rechnitzer Zwischenfalls, der

Höchststand erreicht. Insgesamt zählte man zum Schluß rund 180.000 Flüchtlinge.[5] Die selbstverständliche Aufnahme der ungarischen Flüchtlinge und die dabei gerade an der Grenze sichtbar werdende Hilfsbereitschaft bewog schließlich einen Autor wie James A. Michener in seinem Roman „Die Brücke von Andau" zu schreiben: „Im Burgenland gab es damals Dörfer, in denen mehr Flüchtlinge lebten als Einwohner, Schulgebäude, in denen ungarische Kinder buchstäblich aufeinandergeschichtet schliefen, Bauernhäuser, wo in jedem Raum zwanzig Personen hausten. Überall in der Welt haben schon manche Gemeinschaften, ob Dorf, Stadt oder Land, in Zeiten der Not wahre, edle Großherzigkeit bewiesen; noch nie allerdings habe ich eine Opferbereitschaft erlebt, die jene der Burgenländer übertroffen hätte . . . Ein ganzes Buch wäre zu schreiben, um Österreichs Beitrag für die Sache der Freiheit im einzelnen zu würdigen. Ich will es bei einem Satz bewenden lassen: Müßte ich je flüchten, so hoffe ich, daß es nach Österreich sein kann."

Österreich wurde bei der Bewältigung des Flüchtlingsproblems vielfach Hilfe zuteil. Doch gerade jene Nation, von der man eine solche Hilfe am ehesten erwartet hatte, und zwar nicht nur in Form von materieller, finanzieller Unterstützung, sondern dadurch, daß Flüchtlinge in größerer Zahl aufgenommen würden, nämlich die USA, enttäuschten. Das ging so weit, daß Innenminister Helmer, der für das Flüchtlingswesen zuständig war, dazu überging, die USA verbal zu attackieren und bloßzustellen. Die Situation war schon sehr gespannt, als die USA einlenkten und Vizepräsident Richard Nixon nach Wien schickten, um die Zusage einer großzügigeren Aufnahme zu überbringen und auch gleichzeitig andere Probleme zu besprechen. Der Besuch Richard Nixons wurde von der kommunistischen Presse abermals zum Anlaß für Verdächtigungen genommen. Die Kommunisten, vor allem die österreichischen, hatten jedoch stark an Glaubwürdigkeit verloren, ja mehr noch, sie waren zur Zielscheibe geworden. Am 7. November, als sie den Sieg der russischen Oktoberrevolution feiern wollten, waren vor allem in Wien von einer empörten Volksmenge die Schaukästen der Parteilokale eingeschlagen und eine ganze Reihe von Parteilokalen verwüstet und teilweise auch in Brand gesteckt worden. Damit sollte die Abscheu vor der Unterstützung des sowjetischen Vorgehens durch die KPÖ zum Ausdruck gebracht werden.

Die von kommunistischer Seite kommende Kritik am Besuch Nixons nahm daher kaum jemand ernst. Das verhinderte freilich nicht, daß sich an diesen Besuch eine Reihe von Spekulationen knüpfte, die über die Realität wohl weit hinausgingen. Die Überlegungen – für die uns allerdings noch eine aktenmäßige Fundierung fehlt – hatten folgendes zum Inhalt: Nach den Präsidentenwahlen in den USA, die Präsident Eisenhower im Amt bestätigten, und nach dem weniger vielleicht auf sowjetischen als auf amerikanischen Druck zurückzuführenden Abbruch der anglofranzösischen Intervention in der Suezkanalzone sowie nach der erfolgreichen Intervention der Sowjets in Ungarn wurden Bestrebungen erkennbar, die starken Spannungen zwischen den Großmächten abzubauen. Dabei soll Österreich eine Mittlerfunktion zugedacht worden sein, und sollen die Sondierungen in Wien stattgefunden haben.[6] Die Sowjetunion hat, einem deutlich erkennbaren Handlungsmuster folgend, Gewaltmaßnahmen, die ihrer Interessensicherung dienten, immer wieder damit begleitet, daß sie zu konkreten Abrüstungsgesprächen einlud. Auch 1956 wurde so vorgegangen und eine Truppenreduktion von NATO und Warschauer Pakt sowie eine gegenseitige Luftraumüberwachung 800 km östlich und westlich des Eisernen Vorhangs vorgeschlagen. An den Besuch Nixons wurde nun die Folgerung geknüpft, daß es schon darum ging, in Verhandlungen über diesen Vorschlag einzutreten. Österreich sollte demnach bei einer derartigen Luftraumüberwachung eine zentrale Rolle spielen. – Doch wenn nicht die vielleicht 1997 fällige Öffnung der Aktenbestände des österreichischen Außenministeriums zu diesem Komplex etwas grundlegend anderes erbringt, als wir bis heute erheben konnten, dann stand bei dem am 19. Dezember 1956 beginnenden Nixonbesuch in Österreich anderes auf der Tagesordnung; nicht weniger Wichtiges, aber doch Themenbereiche, die Österreich nicht als Vermittler der Super- und Großmächte sahen.

Das Außenministerium war auf diplomatischem Weg darauf vorbereitet worden, daß Nixon den Auftrag hätte, einen eingehenden Lagebericht zu erstellen. Er sollte wohl auch den schlechten Eindruck wettmachen, den die amerikanische Politik in Ungarn und in den nicht systemkonformen Teilen Osteuropas hinterlassen hatte, denn Amerika wurde unverhohlen vorgeworfen, daß es zum Aufstand propagandistisch nicht unerheblich beigetragen, die Aufständischen dann aber schmählich im Stich gelassen hatte. Und schließlich wollte Amerika nicht einmal eine größere Zahl von Flüchtlingen aufnehmen. Doch Nixon war darauf vorbereitet und bot ausdrücklich an, über alle Österreich interessierenden Themen zu sprechen.[7] Daraufhin wurde folgendes Gesprächsprogramm zusammengestellt: Erstens Neutralität. Nixon, so das Außenamt, gehöre zu jenem Personenkreis, der weniger Verständnis für die österreichische Neutralität hätte als Präsident Eisenhower. Nun sollte Nixon mit aller Eindringlichkeit die österreichische Neutralitätsauffassung erläutert werden. Und weiters sollte ihm ad oculos demonstriert werden, welche Haltung Österreich in der ungarischen Krise eingenommen hatte und wie es vor allem jener amerikanischen Grundforderung an den Abschluß des Staatsvertrags und die Neutralität nachgekommen sei, wonach sich Österreich vor allem zu deren militärischer Verteidigung stark machen müßte. Dann sollte Nixon gesagt werden, daß Wien die letzte und einzige freie Hauptstadt im Donauraum sei und für die nach Freiheit strebenden osteuropäischen Länder weiterhin eine große Ausstrahlungskraft besitze. (Man war sich also dieser Bedeutung sehr wohl bewußt, auch wenn es nicht mehr um den Export der Neutralität ging.) Dazu wurde gesagt, daß sich eben gerade in Ungarn gezeigt habe, daß ein direkter Sprung vom Satellitenstaat zur freien Demokratie im westlichen Sinn nicht möglich sei. Doch Österreich würde weiterhin das Seine tun, um jenen Staaten Ostmitteleuropas, die sich auf evolutionärem(!) Weg entwickeln wollten, seine Kräfte zur Verfügung zu stellen. (Die Formulierung war nicht klar, setzte aber offenbar voraus, daß mit Ungarn nicht der letzte Versuch eines ostmitteleuropäischen Staates gegeben wäre, aus der sowjetischen Dominanz auszubrechen. Und daß Österreich immer wieder in einer ähnlichen Lage sein könnte wie 1956.)

Schließlich kam ein heikler Punkt aufs Tapet, nämlich die österreichische Sicherheit. Es wurde gefragt, wie der Westen Österreich bei der Sicherung seiner Existenz und seiner Unabhängigkeit helfen könnte. Und nachdem man schon hatte glauben müssen, die Garantiefrage wäre endgültig ad acta gelegt worden, wurde sie abermals angeschnitten. Die Bundesregierung, so hieß es in der Gesprächsvorbereitung, „ist sich der Problematik dieser Frage voll bewußt und ebenso der verfassungsmäßigen Schwierigkeiten, die im Westen der Übernahme jeder bindenden Zusage entgegenstehen. Sie hat aber die Hoffnung nicht aufgegeben, eine Formulierung zu finden, die letzten Endes allen Bedenken politischer und juristischer Natur gerecht wird". Schließlich wurde noch der Wunsch nach weiterer und direkter Unterstützung der USA beim Aufbau der österreichischen Streitkräfte geäußert.

Darin war also nichts enthalten, woraus sich ablesen ließe, daß Nixon Österreich eine Schlüsselrolle bei möglicherweise in Gang zu bringenden Rüstungsabbaugesprächen und bei der Überwachung der Truppenverdünnung in Mitteleuropa zugedacht hätte. Der Besuch brachte auch außer der amerikanischen Bereitschaft, mehr Flüchtlinge zu übernehmen, kein konkretes Ergebnis, wohl aber diente er dazu, vor allem Ungarn zu zeigen, daß die USA es nicht nur bei verbalen Beteuerungen beließen. Sehr viel mehr war aber zum damaligen Zeitpunkt auch nicht mehr zu demonstrieren.

Wir sollten uns aber nochmals, und zwar in zwei Punkten genauer, den Themenkatalog der Gespräche mit Nixon ansehen. Das eine, in vielfältigen Varianten immer wieder behandelte Thema war jenes der Ausstrahlung Österreichs auf Ostmitteleuropa. Alles drehte sich um die Überlegung, ob Österreich aus seiner passiven Rolle beim Export der Neutralität herausgehen konnte und sollte und zu einer aktiveren Rolle übergehen konnte. Bundeskanzler Raab war bei seiner zumindest zeitweilig auf Abschließung bedachten Politik, für die die Leitfunktion der Schweiz eine unbedingte war, gegen eine Unterstützung der ungarischen Neutralitätsbestrebungen gewesen. Es war das ein Punkt, wo man sich uneins war, ob die Vermehrung der Neutralen in Europa von Vorteil wäre oder ob nicht gerade dadurch Österreich seinen zusammen mit der Schweiz innehabenden einzigartigen Status verlieren würde. Vielleicht gab der Nixonbesuch aber doch einen Anstoß dazu, daß Raab – wie schon am 28. Oktober – seine Skepsis und Zurückhaltung aufgab und abermals an die Sowjetunion appellierte. In seiner routinemäßigen Rundfunkansprache flocht Raab am 20. Jänner 1957 folgende Passage ein: „Es wäre doch zu erwägen, ob der verschiedentlich aufgetauchte Vorschlag, auch Ungarn eine Art von neutralem Status zu geben, für diesen Staat nicht einen Weg in die Zukunft weisen könnte. Dieses Land grenzt direkt an das neutrale Österreich, und irgendeine Art von Neutralität würde vom ungarischen Volk sicherlich gerne akzeptiert werden. Die Schaffung je eines neutralen Staates aber diesseits und jenseits jener ideologischen Demarkationslinie, die man nach dem seinerzeitigen Ausspruch Churchills als Eisernen Vorhang bezeichnet, würde gewiß zu einer allgemeinen Beruhigung in Mitteleuropa wesentlich beitragen, um so mehr, als sich durch die Konstruktion niemand in seiner Sicherheit bedroht fühlen müßte. Mag manchem auch die jetzige Situation turbulent, unübersichtlich und gefahrdrohend erscheinen, ich glaube, daß gerade jetzt der Augenblick gekommen ist, um nach einer dauerhaften und friedlichen Lösung zu suchen. Auch im Osten Europas müssen neue Wege beschritten werden . . . Österreich wird immer dort sein, wo es seine guten Dienste leihen kann."[8]

Der Inhalt dieser Radiorede soll dem stellvertretenden sowjetischen Außenminister, Andrej Gromyko, und dem amerikanischen Botschafter in Wien, Thompson, vorher bekanntgegeben worden sein. Auf Wunsch Gromykos sollen auch einige Passagen abgeändert worden sein. Eine direkte Reaktion blieb allerdings aus.

Der andere Punkt in den Gesprächen mit Vizepräsident Nixon, der hervorsticht, war jener der Garantiefrage, wo noch einmal ein Vorstoß in diese Richtung gemacht wurde, da ja alle bis dahin angestellten Versuche auf strikte britische und amerikanische Ablehnung gestoßen waren. Mit der Garantie wurde aber auch die Sicherheitsfrage verknüpft, und zwar auf die Art, daß um weitere amerikanische Unterstützung bei der Ausrüstung des Bundesheers ersucht wurde. Der Einsatz der Heereskräfte, den man zunächst als wohltuende Übung empfunden und erst dann als Maßnahme erkannt hatte, die über den Fortbestand des neutralen Österreich entschied, dieser Einsatz hatte Positives und Negatives zutage gefördert. Zu letzterem gehörte die mangelhafte Ausrüstung und eine inferiore Waffenausstattung, deren schwächste Stellen auf dem Sektor der Panzer- und der Luftabwehr lagen. In dem Bestreben, Abhilfe zu schaffen, wurde schon Ende November 1956 für die Debatte zum Bundesfinanzgesetz ein Entschließungsantrag zur Gruppe XII (Landesverteidigung) vorbereitet, in dem die Bundesregierung aufgefordert wurde, „unverzüglich gemäß Artikel 17 des Staatsvertrags beim Sicherheitsrat der Vereinten Nationen die erforderlichen Schritte zu unternehmen, um eine ehebaldigste Aufhebung der im Staatsvertrag festgelegten militärischen Beschränkungen in personeller und sachlicher Hinsicht zu erreichen“. Das Außenministerium erkannte in diesem Antrag den Versuch, sämtliche einschränkenden militärischen Bestimmungen des Staatsvertrags aufzuheben. Der Antrag, der offenbar schon die Billigung beider Koalitionsparteien hatte, wurde schließlich auf dringenden Wunsch des Außenministeriums nicht eingebracht, weil, wie es in der Stellungnahme hieß, „kaum anzunehmen [sei], daß bei einer von der Entschließung geforderten unverzüglichen Anbringung des österreichischen Begehrens vor dem Sicherheitsrat unter den gegenwärtigen Verhältnissen eine Zustimmung sämtlicher fünf ständigen Mitglieder des Sicherheitsrates zu dem österreichischen Wunsch erreicht werden kann“.[9] Interessanterweise wurde aber nicht nur deshalb abgeraten, weil das vielleicht Österreich schaden oder zumindest nicht nützen könnte, sondern deshalb, weil „ein diesbezügliches österreichisches offizielles Begehren . . . einen Streitpunkt mehr zwischen den Großmächten schaffen [würde], ohne jedoch Österreich oder der freien Welt zu nützen“. Hier haben wir also das gerade in letzter Zeit immer wieder gesuchte erste Beispiel dafür, wie in der Frage der Abschaffung des Staatsvertragsartikels 13 vorgegangen wurde und wie außenpolitische und völkerrechtliche Bedenken ins Treffen geführt wurden, die sich sowohl am zeitlichen Faktor wie an der Tatsache an sich stießen, daß eine Abänderung des Staatsvertrags ins Auge gefaßt wurde.

Die Masse der Österreicher hatte in den Wochen des ungarischen Aufstandes die wohl kritischste Nacht der Zweiten Republik – ja eigentlich nicht erlebt, sondern unwissentlich verschlafen. Doch anderes war sehr wissend aufgenommen worden. Man hatte miterlebt, wie ein Land, das in seiner Ausgangssituation Österreich nicht so unähnlich gewesen war, in die Katastrophe schlitterte. Denn auch in Ungarn hatte es nach dem Zweiten Weltkrieg eine Alliierte Kommission gegeben, war eine ähnliche Parteienpräferenz zu beobachten und der Aufbruch zur Demokratie zu verfolgen gewesen, wie in Österreich. Nur war es dann auf brutale Art sowjetisiert worden. Nach dem Abschluß des österreichischen Staatsvertrags war die militärische Präsenz der Sowjets in Ungarn sogar noch stärker geworden. Es war mitzuerleben gewesen, wie dann in einem Augenblick, als der militärische und politische Druck der Sowjetunion nachgelassen hatte, aber doch noch immer stark war, die Revolution ausbrach. Das Ziel der Revolution war die gesellschaftliche und politische Veränderung, die schließlich in der zunächst außerhalb Budapests laut gewordenen Absicht, neutral zu werden, ihrem Höhepunkt zusteuerte und in der dramatischen Neutralitätserklärung von Ministerpräsident Imre Nagy vom 1. November gipfelte. Ungarn wollte so werden wie Österreich. Es war mitzuerleben gewesen, wie die Revolution scheiterte und wie sie durch eine großangelegte Militärintervention zusammenbrach. Die Folge waren nicht nur Kämpfe, die 20.000 Menschen das Leben gekostet haben sollen, sondern auch eine riesige Fluchtbewegung.

Die österreichische Seele kochte über. Mit einer Spontanität sondergleichen wurde gespendet, wurde mitunter die unsinnigste Hilfe zu organisieren getrachtet. Man kam sich plötzlich nicht nur als ein von der Geschichte bevorzugter Staat vor, sondern insbesondere auch als der Exponent des freien Westens. Es galt deutlich zu machen, daß Ungarn nicht von der Welt verlassen war und daß zumindest versucht werden sollte, die ärgste Not zu lindern. Allerdings machte man auch die Erfahrung, daß es mit der Hilfeleistung für in Not geratene Menschen so seine Bewandtnis hat. Die Spendenbereitschaft hatte nämlich auch eine Kehrseite. Man war nämlich primär bereit gewesen, den Ungarn innerhalb der Grenzen ihres eigenen Landes zu helfen. Die große Fluchtbewegung hingegen wurde mit gemischten Gefühlen gesehen, und es gab eine Reihe von nicht nur kritischen, sondern schon richtig abfälligen bis gemeinen Stimmen, die den Flüchtlingen lediglich wirtschaftliche Motive zubilligten, also keineswegs politische.[10] Da es immer wieder zu Diebereien kam, wurden die Ungarn vereinzelt verächtlich gemacht, weil sie in den Lagern nur eine geringe Bereitschaft zeigten, eine Tätigkeit zu entfalten und in Massen darauf warteten, ob ihr Wunsch, nach den USA, Canada oder Australien auszuwandern, in Erfüllung gehen würde. Da hieß es dann gleich, die Ungarn seien faul; wie komme man denn dazu, sie durchzufüttern, Österreich selbst habe ja seinerseits einen enormen Aufholbedarf, und das ganz besonders im Osten, wo die meisten Flüchtlingslager eingerichtet waren. Waren Ungarn aber tatsächlich bereit, Arbeit anzunehmen, und stellten sie in Aussicht, daß sie nicht weiterwandern, sondern in Österreich bleiben wollten, dann wurde auch das nicht nur mit Freude gesehen, denn da ging es wieder um die Arbeitsplätze, und wieder mengte sich Angst und Neid in die österreichische Seele. – Man sieht also, daß die Hilfsbereitschaft ihre Kehrseite haben konnte und sich der Österreicher auch nicht immer nur als Altruist gebärdete. Freilich, verglichen mit anderen Flüchtlingsbewegungen, denkt man z. B. an die polnischen Flüchtlinge des Jahres 1981, war die Bereitschaft, für den anderen dazusein, 1956 ungleich größer und präsentierte sich in einer fast makellosen Gestalt.

Mit dem Abklingen der akuten Gefahr an der österreichischen Ostgrenze und der vorwiegend wieder von Politikern und Diplomaten zu verdeutlichenden österreichischen Haltung war der Gesamtkomplex Österreich-Ungarn 1956 zwar nicht beendet, doch die Betroffenheit wechselte. Aus einer echten und landesweit empfundenen Gefahr wurde ein unerfreulicher bis kurioser Schlagabtausch. Die Sowjetunion und Ostmitteleuropa blieben bei ihrer am 1. November 1956 gestarteten antiösterreichischen Kampagne. Nicht weil diese dadurch glaubhafter geworden wäre, sondern weil den Staaten „Zwischeneuropas" die Attraktivität des österreichischen Beispiels gründlich vergällt und ausgetrieben werden sollte. Anderseits sollte Österreich klar gemacht werden, daß die Neutralität kein Exportartikel war. Und damit wurde diese auch im In- wie im Ausland nüchterner beurteilt. Das Kuriose war vielleicht am besten darin zu erkennen, daß im Zuge der antiösterreichischen Kampagne der österreichische Gesandte in Budapest einerseits schweren Pressionen und persönlichen Verdächtigungen ausgesetzt wurde, ihm aber gleichsam anderntags von der ungarischen Regierung offiziell der Dank für seine Bemühungen um das Zurverfügungstellen und die Weiterleitung der von der österreichischen Botschaft zu verteilenden Hilfsmittel und Medikamente ausgesprochen wurde.[11] Einen nur noch kuriosen Aspekt bekam der Zwist, als von ungarischer und sowjetischer Seite verlautete, man hätte bei den Aufständischen in Ungarn österreichische Pistolen der Marke „Gasser" gefunden. Auf das konterte Raab sehr originell, indem er ausführte, daß die Firma Gasser 1919 die Herstellung von 8 mm Faustfeuerwaffen beendet hätte, eine Fusion mit der Firma Rast eingegangen sei und als Rast & Gasser nur noch Nähmaschinen produzierte. Und schließlich fragte Raab ironisch-polemisch, ob die Ungarn vielleicht mit österreichischen Nähmaschinen geschossen hätten und ob es sich dabei um eine neue Geheimwaffe handelte.[12]

Mit Anfang des Jahres 1957 endete in Österreich weitgehend das Interesse an den Vorgängen in Ungarn und an der Grenze. Nach dem Aufflackern eines außenpolitischen Engagements breiterer Bevölkerungskreise konnten die Sicherheitsdirektionen schon im Jänner wieder berichten, daß die auch vor dem Oktober 1956 zu beobachten gewesene Lethargie in außenpolitischen Dingen zurückgekehrt sei.[13] Und dennoch!

Vergleicht man die Haltung der Österreicher nach der Ungarnkrise und vorher, dann ist eine ganz erstaunliche Steigerung des Selbstwertgefühls zu beobachten. Etwas, das sich schon um 1954 abzuzeichnen begonnen hatte, fand hier seine Fortsetzung. Keine Frage, man hatte bisweilen Angst gehabt. Im November insbesondere hatte eine Tatarennachricht die andere gejagt. Es hatte Angstkäufe und die Bereitstellung des Fluchtgepäcks gegeben.[14] Die Frage, ob die Presse richtig gehandelt hatte, indem sie mit der Begeisterung, aber auch Zügellosigkeit eines nicht gebundenen Journalismus über die Stränge geschlagen hatte und damit vielleicht zum Schaden der Republik gehandelt hatte, beschäftigte Regierungsmitglieder, Journalisten und Zeitungsherausgeber noch lange, und es war interessanterweise wieder der Staatssekretär im Innenministerium, Grubhofer, also jener Mann, der auch gegen die Absendung der Note an die Sowjetunion gewesen war, der sich in Fällen eines erkennbaren nationalen Notstandes für eine sehr restriktive Pressepolitik und nicht nur die Selbstzensur der Presse aussprach.[15]

Am 20. Jänner 1957, als die Angriffe aus dem Osten nicht und nicht enden wollten und ein neuer Eiserner Vorhang aufzubauen begonnen wurde, nach dem Nixonbesuch in Österreich, nach dem Rücktritt des britischen Premierministers Sir Anthony Eden, nach der Verkündung der Eisenhowerdoktrin für den Nahen Osten, mit ihren wirtschaftlichen Hilfsmaßnahmen einerseits und der Ermächtigung, einer sowjetischen Aggression in diesem Raum durch die Entsendung amerikanischer Streitkräfte zu begegnen, anderseits, war Raab, wie geschildert, aus seiner seit dem 28. Oktober wieder geradezu eisern gewordenen Reserve herausgetreten. Er sprach von der Wünschbarkeit eines neutralen Ungarn.

Die Sätze wurden sicherlich nicht gesagt, weil Raab noch tatsächlich daran glaubte, daß es ein neutrales Ungarn geben könnte und sich dem westlich neutralen Staat, Österreich, ein östlich neutraler Staat, Ungarn, zugesellen würde. Diese Sätze wurden wohl auch nicht nur vom Nixonbesuch und der Österreichpolemik des Ostens inspiriert bzw. provoziert. Sie wurden wohl deshalb gesagt, um deutlich zu machen, daß Österreich, sollte auch nur einiges von dem, was 1955 Botschafter Bischoff geschrieben hatte, Gültigkeit haben, noch immer bereit war, eine Rolle in Ostmitteleuropa zu spielen. Es war freilich nicht anzunehmen, daß ein Staat, den man gerade gewaltsam in das Bündnis zurückgestoßen hatte, also Ungarn, tatsächlich in die Neutralität entlassen würde. Die Rede hatte also mehr demonstrativen Charakter, als daß ihr eine wirkliche Absicht oder die Hoffnung auf Verwirklichung innewohnte. Wohl aber konnte aus den Worten Raabs auch herausgelesen werden, daß Österreich nicht einfach wieder zur Tagesordnung übergehen wollte, denn dazu bedurfte es mehr, als der irgendwann einmal vom Osten zu erklärenden Absicht zur Normalisierung. Raab verlangte ein Zeichen. Und er erwartete dies von dem nun endgültig für April 1957 anberaumten Besuch des ersten stellvertretenden Ministerpräsidenten der Sowjetunion, Anastas Mikojan.

Der Besuch Mikojans hatte grundsätzlich nichts von seiner Bedeutung eingebüßt. Er hatte sogar noch an Bedeutung für Österreich gewonnen, da ja mittlerweile nicht nur im Verhältnis Österreichs zu seinen östlichen Nachbarn und den sowjetischen Satelliten insgesamt merkliche Spannungen aufgetreten waren, sondern auch deshalb, weil es auf Grund der sowjetischen Medienkampagne nach der österreichischen Note eine schwere Verstimmung und Belastung im Verhältnis zur Sowjetunion gab. Man konnte gespannt sein. Als Mikojan in Wien landete, war der erste Eindruck der, daß von sowjetischer Seite alles getan werden würde, um zumindest nach außen hin Herzlichkeit an den Tag zu legen. Der wichtigste Termin war für den 24. April anberaumt, an dem sich die fünfköpfige sowjetische Delegation und neun österreichische Regierungsmitglieder gegenüber saßen. Mikojan schnitt als erstes die Neutralität an.[16] Er meinte, die Sowjetunion hätte ihre Unzufriedenheit mit Taten und Worten Österreichs während der vorangegangenen Monate ohnedies verschwiegen (wie wäre das also gewesen, wenn der Unzufriedenheit noch deutlicher Ausdruck verliehen worden wäre). Doch nun sei die Gelegenheit da, um dieser Unzufriedenheit Ausdruck zu verleihen. Die österreichische Neutralität sei noch jung. Sie befinde sich erst im Stadium der Reife. Die Sowjetunion könne nicht verstehen, was Österreich bewogen habe, sich in die ungarischen Angelegenheiten einzumengen. Der Tod des sowjetischen Soldaten an der Grenze wäre noch hingenommen worden, doch daß der dafür verantwortliche Gendarm auch noch ausgezeichnet worden wäre, sei doch etwas, was den Sowjets sehr nahe gegangen wäre. Außerdem habe man es nicht verstanden, daß Österreich (Anfang 1956) den Weltgewerkschaftsbund und (Anfang 1957) den Weltfriedensrat ausgewiesen habe. Damit habe Österreich in den sowjetischen Augen deutlich gemacht, daß es sich nur nach amerikanischen Wünschen richte. Moskau wolle aber Österreich in keinem Block sehen. Es sei nicht richtig, daß der Osten einen Vorhang aufrichte, und der Sowjetunion liege insbesondere daran, daß sich die Beziehungen Ungarns zu Österreich wieder rasch verbesserten.

Zu diesem Teil der Ausführungen Mikojans sagte Raab, daß er in den sowjetischen Vorbringungen wegen der Neutralität und insbesondere der Vorfälle an der Grenze keinen Vorwurf erblicken könne; sollte von Österreich etwas falsch gemacht worden sein, dann handle es sich lediglich um „läßliche Sünden". Der Gendarm sei auch nicht ausgezeichnet worden, weil er den sowjetischen Soldaten erschossen hatte, sondern wegen allgemeiner und schon früher unter Beweis gestellter tadelloser Pflichterfüllung. Der Fall sei außerdem gerichtlich untersucht worden. Was nun das österreichisch-ungarische Verhältnis angehe, so habe ganz gewiß Österreich keinen Stacheldraht gezogen. Das Land habe seine Neutralität nicht verletzt und sei nur der Leidtragende der ungarischen Tragödie geworden, als es 180.000 Flüchtlinge aufzunehmen hatte. Wenn der Weltgewerkschaftsbund und der Weltfriedensrat sich ungerecht ausgewiesen fühlten, stünde ihnen der Weg zu den österreichischen Gerichten offen. Schließlich wurden einige Probleme noch im Detail behandelt. Mikojan fegte Fragen wie die, ob Österreich wegen seines Beitritts als Vollmitglied des Europarats in den sowjetischen Augen falsch gehandelt habe oder ob Moskau das österreichische Abstimmungsverhalten bei der UNO mißbilligte, mit einer Handbewegung vom Tisch. Das sei alles in Ordnung gewesen. Dann kamen die österreichischen Wünsche nach Herabsetzung der Erdöllieferungen zur Sprache. Da Österreich mittlerweile diesbezüglich diplomatisch vorgefühlt hatte, kam der Punkt nicht überraschend, doch Mikojan wich aus und wollte das auf spätere Verhandlungen verschoben wissen. Er seinerseits benützte die Gelegenheit, Aussagen zur Weltpolitik zu machen. Die Angriffe auf den Westen hielten sich in Grenzen. Er warf ihm nur mangelnden Abrüstungswillen vor, doch es gäbe zumindest einige ermutigende Anzeichen, daß sich die Gespräche entwickeln würden. Zur Weiterleitung nach Washington bestimmt war der Satz, daß die beiden Krisen im Spätherbst 1956, die in Ungarn und die am Suezkanal, auch ein Gutes gehabt hätten: Die Sowjetunion und die USA hätten bewiesen, daß sie keinen Krieg wollten. „Die Sowjetregierung, die noch vor zwei Jahren [also 1955, im Staatsvertragsjahr] fest an aggressive Absichten der USA geglaubt habe, sei heute überzeugt, daß der amerikanische Präsident und seine Regierung derzeit keinen Angriff gegen die Sowjetunion planten." Schließlich ging Mikojan auf die Rundfunkrede Raabs ein und bezeichnete die darin geäußerten Gedankengänge recht deutlich als unaktuell. Er erklärte Raab, wie es im Protokoll heißt, ganz präzise, „daß Österreich mit seiner Neutralität einen ‚Sonderfall' darstelle, der unter den heutigen Gegebenheiten nicht wiederholbar sei", da es „derzeit nicht möglich wäre", einzelne Staaten aus den beiden Blöcken zu entlassen.

Auf österreichischer Seite wartete man schließlich noch – und zwar mit einigem Bangen – darauf, ob Mikojan etwas zur fehlenden Neutralitätsgarantie sagen würde. Und es kam wirklich, allerdings in einer anderen Form, die mit einer – nicht ganz erklärlichen – Erleichterung aufgenommen wurde: Nicht bei den Gesprächen mit Raab, sondern bei einer Pressekonferenz sagte Mikojan en passant, daß Österreich auch im Kriegsfall friedlich weiterarbeiten könne. Und er unterstrich, daß dies eine sowjetische Garantie bedeute. Zur „Nacht der Zweiten Republik" wurde nichts gefragt und nichts gesagt. Sie blieb – wie sich's für eine Nacht gehört – im dunkeln.

Überlegt man, welche Langzeitwirkung die ungarische Revolution auf den historischen Ablauf Österreichs hatte, dann ist auch das, mehr als drei Jahrzehnte danach, noch immer nicht leicht festzustellen. Es scheint freilich, daß mit der auf die sowjetische Intervention folgenden Zeit die Post-Okkupationsperiode erst so richtig begonnen hat. Das aber nicht, weil man nicht schon mit der Aufarbeitung der Rückstände und der Auswirkungen der Besatzungszeit begonnen hätte, sondern deshalb, weil das Analogiedenken verschwand. Im Inland wie im Ausland. Bis dahin war die Erinnerung an die Besatzungszeit so mächtig gewesen, daß man den Ereignissen, Denk- und Handlungsweisen dieser Zeit einen direkten Einfluß auch auf die Zeit danach einzuräumen gewillt war. Die Mechanismen waren dieselben geblieben, und es war einfach angenommen worden, daß alles so gehen würde, wie man es noch in der Besatzungszeit vorausgesetzt hatte. Die Sowjets würden sich nicht um die österreichische Neutralität scheren, die Amerikaner Österreich sofort zu Hilfe kommen, und alles ginge von vorne wieder an. Diese Haltung scheint auch in einem im Kabarett verwendeten Witz pointiert zum Ausdruck zu kommen. Am Höhepunkt der Gerüchtewelle, als Angstkäufe getätigt wurden und das Fluchtgepäck bereitstand, stürzt ein aufgeregter Sekretär in das Arbeitszimmer von Außenminister Figl und ruft: „Herr Minister! Die Russen marschieren ein!" Darauf Figl: „Um Gottes willen, jetzt geht die Sauferei schon wieder los." – Was hier zum Ausdruck kam, hatte aber nur vordergründig etwas mit dem Vorgang des Trinkens zu tun. Wichtiger war, daß damit gesagt werden sollte, der ganze mühselige Vorgang der Vertrauensbildung würde wieder von vorne beginnen, und den Sowjets müßte wieder jede Konzession einzeln und in endlosen Nachtsitzungen abgerungen werden. – Heute ist das ein Witz, ein Bonmot. Damals war es Ausdruck des tiefwurzelnden Pessimismus, aber auch der Zuversicht, daß die Regulative der Besatzungszeit ihre Bedeutung nicht verloren hätten. – Doch genau das Gegenteil war der Fall. Schon nach dem ersten Tag der Krise hatte es sich gezeigt, daß es nicht möglich war, Politik so einfach nach berühmten Vorbildern zu machen. Die Politik drängte nach einem Neuansatz, und dabei bildeten sich zwei Extreme heraus: Das eine, dessen hauptsächlicher Exponent Staatssekretär Grubhofer war, sah die Notwendigkeit einer absolut deckungsgleichen Politik mit der Schweiz. Sie wäre am ehesten dann nachvollziehbar gewesen, wenn Österreich immer um eine Idee und eine Armee später gekommen wäre als die Schweiz und den neutralen Nachbarn nur kopiert hätte. Die andere Position bezog Raab, dem vielleicht gerade der kurz zuvor absolvierte Besuch in Bonn zustatten kam, um zu erkennen, daß Österreich in eine neue Rolle von großer Ausstrahlung und in eine europäische Bedeutung hineingewachsen war. Raab hielt nun dem Schweizer Modell der immerwährenden Neutralität ein österreichisches Modell entgegen. Damit erhielt Österreich nicht nur die Bedeutung eines politischen Neutrums, sondern einen Stellenwert, der von westlichen Autoren auf den einfachen Nenner gebracht wurde, Österreich wäre westlicher gewesen als der Westen.[17]

Noch etwas anderes war deutlich geworden, Österreich, das in den ersten Jahren der Besatzungszeit bestenfalls Niemandsland im Kalten Krieg gewesen war, und daher gleichsam Verhandlungsort diverser Waffenstillstandskommissionen, dieses Österreich war auf Grund einer der weitreichendsten Entwicklungen des Kalten Krieges, nämlich des NATO-Beitritts der Bundesrepublik und der Bildung des Warschauer Pakts neutral geworden. Doch seit damals war Österreich Schauplatz des Kalten Krieges, und wie 1956 sogar dessen vorderste Frontlinie. Die von Anastas Mikojan inkriminierten Entscheidungen, den Weltgewerkschaftsbund und den Weltfriedensrat aus Wien auszuweisen, waren sicherlich zu begründen gewesen, doch sie zielten klar in die Richtung einer verstärkten Ausrichtung auf den Westen. Die von Raab im Zusammenhang mit der österreichischen Haltung während der ungarischen Revolution dann öfter gebrauchte Formulierung: Die Neutralität bindet den Staat, nicht aber den Staatsbürger, sollte deutlich machen, daß außer der von der Regierung zu verantwortenden Politik jeglicher Spielraum gegeben war, um Präferenzen und Antipathien zum Ausdruck zu bringen. Daß gerade Raab ein derartiger Exponent eines neuen Kurses wurde, war noch Monate vorher nicht zu erwarten gewesen. Raab hatte ja nur zurückhaltend der Emanzipation Österreichs zugestimmt. Er mißtraute der vor allem von den österreichischen Sozialisten forcierten Europapolitik und war zunächst auch gesonnen gewesen, den Grenzeinsatz des Bundesheers aufzuheben und österreichische Politik lediglich als Wohlverhalten zu verstehen. Dann aber rückte er von dieser Ansicht ab und vollzog eine stärkere Hinwendung zum Westen. Daß Österreich Schauplatz des neuen Kalten Krieges würde, war wohl auch nicht zu vermeiden gewesen, denn auch dabei war ja einiges aufgestaut worden. Nach Jahren einer stärkeren Zuwendung zum Westen, wie sie zwischen 1949 und 1952 zu verzeichnen waren, kam dann eine gewisse Kehrtwendung und Hinwendung an den Osten. Jetzt hatte das Pendel wieder nach dem Westen ausgeschlagen. Die Voraussetzungen dazu waren aber nicht nur durch die Abkehr Ostmitteleuropas geschaffen worden, wenngleich man sagen muß, daß gerade die massiven Angriffe aus dem Osten einiges dazu beigetragen hatten, daß Österreich auch nach dem Westen gedrängt wurde; diese Abwendung vom Osten und die Zuwendung zum Westen hatten auch nichts mit einem Philoamerikanismus zu tun oder mit dem verstärkten Eindringen amerikanischer Massen- und Hochkultur nach Österreich, sondern primär damit, daß die Stunde Europas geschlagen zu haben schien.

Europa wurde zu einem Fixpunkt im österreichischen Denken, und zwar nicht nur im Hinblick auf die sich abzeichnenden Zusammenschlüsse im wirtschaftlichen Bereich, sondern vor allem als eine politische Vision. Europa, das war vor allem das Schlagwort der jungen Politiker, Nationalökonomen, aber auch ganz allgemein der jungen Intellektuellen. Europa gehörte die Zuwendung der österreichischen Unterrichtsverwaltung, die eine Flut von Aufsatz- und Redewettbewerben veranstaltete. Europa war aber auch die Vision von älteren und stärker ideologisch geprägten Menschen, die im Zusammenschluß dieses Kontinents entweder die Verwirklichung langgehegter sozialdemokratischer oder auch christlich-abendländischer Hoffnungen sahen.[18] Europa war auch das Schlagwort all jener, die einem europäischen Isolationismus das Wort redeten. Dabei rangierte die erzwungene Abkapselung vom Osten an erster Stelle, ehe sich dann in den sechziger Jahren die Tendenz zur Distanzierung von den USA und zur Verdammung des „American Way of Life“

dazugesellte. Zu dem Zeitpunkt, da Österreich stärker in die Europapolitik einstieg, zeichnete sich aber auch schon eine Spaltung der Einigungsbewegung ab. Dabei spielte abgesehen von allen anderen Problemen der Suezkonflikt eine beträchtliche Rolle, da in seinem Gefolge ein französisch-britischer Gegensatz auftrat. Frankreich übte schärfste Kritik an der britischen politischen und militärischen Führung und verstand es vor allem auch nicht, daß Großbritannien unmittelbar nach dem Abbruch des Suezkanal-Unternehmens seine Bindung an die USA wieder verstärkte, also an jene Macht, die durch ihren Druck erheblich zum blamablen Rückzug Großbritanniens und Frankreichs aus Ägypten beigetragen hatte. Frankreich forderte daher die deutsch-französische Achse und den Zusammenschluß Westeuropas unter Ausschluß von Großbritannien.

Die deutsch-französische Einigung hätte nun durchaus auch eine stärkere Präferenz Österreichs für diesen Staatenblock mit sich bringen können, wenn hier überhaupt schon geschieden worden wäre und sich die Überlegungen zur Teilnahme Österreichs an der europäischen Einigungsbewegung vorwiegend auf der politischen Ebene abgespielt hätten. So aber blieb das zunächst auf der emotionalen Ebene und da wurde anders gewogen.

Die Hinwendung nach Europa, etwas, das mit seinen Ansätzen in die Zeit vor dem Staatsvertrag zurückreichte, brachte aber auch so etwas wie ein Generationsproblem an den Tag. Die Gründergeneration der Zweiten Republik, denken wir an Renner, Kunschak, Körner, aber auch an Landespolitiker wie Reither, Piesch, Speiser, das waren Leute gewesen, die noch ihre prägenden Eindrücke in der Monarchie erhalten hatten. Sie verkörperten auch die Größe von gestern und jene Generation, die noch wie Erinnerungsfetzen aus der Monarchie herüberwehten. Sie waren im engeren Sinn die 45er-Generation und die Väter des Vaterlandes. Zur alten 45er-Generation gesellte sich eine jüngere, die viel mehr durch die Erste Republik geprägt war, als durch die noch in Kindheit und relativer Jugend erlebte Monarchie. Diese „jüngere" 45er-Generation war dadurch belastet, daß ihr das Scheitern der Ersten Republik wie auch der Zweite Weltkrieg angelastet wurden. Zum anderen aber fand sie auch Anerkennung und Unterstützung, weil sie vielfach Opfer geworden war und das Werk des Wiederaufbaus grundsätzlich bewältigt hatte. Sie war ident mit der Staatsvertragsgeneration: Figl, Raab, Schärf, Helmer und den vielen, die mittlerweile gestorben oder wieder ins zweite Glied zurückgetreten waren. Sie verkörperten auch jene Generationsgruppen, die aus vielen Erwägungen heraus und auch aus einer ihnen innewohnenden Grundhaltung eine vor allem österreichbezogene Politik machten. Hier ergab sich freilich ein ideologiebedingter Unterschied. Die der ÖVP angehörenden Vertreter der „jüngeren 45er" waren viel eher geneigt, sich auf eine sehr enge Auslegung des Österreichbegriffs zurückzuziehen und ein Schlagwort unserer Tage, „small is beautiful" vorzuleben. Diese enge Auslegung, die sicherlich zu einem nicht unerheblichen Teil aus dem Bestreben kam, sich gegen das Großdeutschtum in welcher Form auch immer abzuschotten, teilten die „älteren 45er" keineswegs. Dieses Bestreben wurde aber auch nicht von den Sozialisten geteilt, die durch ihre Bezüge zum Internationalismus immer wieder auszubrechen suchten. Die Vorgänge um den 28. Oktober 1956 waren dafür besonders charakteristisch: Raab wollte „dichtmachen", während Schärf zu einer Tagung der Sozialistischen Internationale aufbrach. Raab und Figl waren lediglich bereit, Österreich auf der Basis der staatsvertraglichen Normen in deren engster Auslegung zu halten, doch das letzte, woran gedacht wurde, war eine allzu aktive Europapolitik.

Doch nun drängte sich plötzlich Europa in das Denken, jenes Europa, das als Idee zumindest einige Jahrzehnte alt war, von westeuropäischen Politikern auf ökonomischer Basis zu realisieren gesucht und für die junge Generation von Europäern zum Inbegriff der Hoffnung wurde. Daß diese Idee trotz der Ab- und Ausschließungstendenz in Österreich auf Österreich übersprang, war kein Wunder, denn gerade die nachrückende Generation und die Jugend, die 18- bis 30jährigen, suchten, ja rangen nach Ideen, nach Programmen und waren, wie das jeder Generation geht, zum einen enttäuscht über die Engstirnigkeit der älteren Generation, und zum anderen sahen sie sich ohne große Ziele. Europa aber schien der Ausweg zu sein. In diese Europaidee flossen alte Reichsgedanken und pazifistische Ideen ein, und es wurde die aus dem 19. Jahrhundert herrührende Ablehnung der Kleinstaaterei hineinverpackt. Was aber besonders faszinierte, war, daß die neue Europaidee an Stelle eines Systems der Machtausübung und der Hegemonie eine neue Rechtsordnung setzen wollte. Im breitesten Rahmen wurden Hoffnungen formuliert. Das Bezeichnende, aber auch Tragische dabei war, daß nicht nur Hoffnung formuliert, sondern auch realitätsfremd argumentiert wurde. Denn eines mußte klar sein: Die Einigung Europas würde nicht von Österreich ausgehen. In einem solchen Europa hatte Österreich – wenn überhaupt – eine Randlage. Man fühlte sich daher sehr bald als europäischer Homunkulus, als ein durch die Neutralität und den Willen der Großmächte künstlich gezeugtes Wesen.

Das Engagement der österreichischen Jugend, ein Engagement, das auch durchaus gefördert wurde, weil es der damals erstmals beobachteten Orientierungslosigkeit der Jugend entgegenzuarbeiten schien, dieses Engagement stieß an vielerlei Grenzen. Hielt man sich an die paneuropäischen Gedankengänge und Aktivitäten des wohl prominentesten Paneuropäers und Österreichers, Richard Coudenhove-Kalergi, dann mußte man sich eingestehen, daß auch Coudenhove in seinen noch vor dem Staatsvertrag geschriebenen Abhandlungen über die europäische Einigung[19] keinen Platz für Österreich hatte. 1953 stellte er die Vision eines geeinten Europa in den Raum, wo es hieß: „In wenigen Jahren wird [Europa] ein Bundesstaat sein, der zunächst Deutschland, Frankreich, Italien und die Beneluxstaaten umfaßt, mit seinen gigantischen Räumen, seinen Rohstoffreserven und Bodenschätzen. Dieser Bundesstaat wird ein machtvolles Weltreich sein . . .“ Doch wo war der Platz für Österreich? Coudenhove sah erst im Rahmen eines erweiterten Bundesstaates, der um den Europarat geschaffen werden sollte, eine Möglichkeit, daß Europa auch Österreich „in seinen Bann ziehen wird“. Da Coudenhove-Kalergi bei seinen Überlegungen aber auch afrikanische Kolonien im Rahmen seines Paneuropa sah, wurde die Sache zusätzlich fragwürdig. Denn daraus sprach auch eine gewisse imperialistische und spätkoloniale Tendenz. Der wollten die wenigsten in Österreich folgen. Für die meisten stand eher etwas wie die Heilige Allianz im Hintergrund, ein gemeinsamer geistiger Überbau für ein durch eine gemeinsame Regierung, eine vereinheitlichte Wirtschaft, durch unbeschränkten kulturellen Austausch und vertiefte menschliche Beziehungen geeintes Europa.

Gerhard Fritsch mit seinem Gedichtband „Zwischen Kirkenes und Bari“ war beispielsweise ein Exponent dieser nicht immer ganz konkret faßbaren Sehnsüchte. Zeilen wie die aus dem Gedicht „Europa“ aus diesem Gedichtband, machen das deutlich: „Europa war es und ist es,/ tränenüberschwemmt und aufbruchsüchtig,/ der Kontinent der mordenden Gemeinsamkeit,/ des Geistes, der sich selber langsam aufhebt,/ der blutige alte Kontinent der großen Ordnung,/ beladen mit Inbrunst, Scheitern und Schuld.“

Das österreichische Engagement, und vor allem jenes des jungen Österreich, kam etwas verspätet, wenn man sich die Entwicklung gerade westeuropäischer Staaten ansieht. Und im Grunde lag die erste und hoffnungsvollste Zeit, die Tončić Anfang der fünfziger Jahre ansiedelte, 1957 schon weit zurück.[20] Viel Begeisterung war durch endloses Versprechen und ebenso endloses Nichthalten zermürbt worden, und eben jetzt begannen die Versuche, die europäischen Probleme durch lediglich regionale Zusammenschlüsse und Institutionen zu lösen.

Die Idee Europa erhielt ihren ersten Stoß, von dem sie sich auch nie mehr so recht erholen sollte, durch die sich anbahnende Teilung des westlichen Europa in zwei Wirtschaftsräume.[21] Als am 25. März 1957 in Rom von sechs europäischen Staaten der Vertrag über die Europäische Wirtschaftsgemeinschaft (EWG) und gleichzeitig jener über die Europäische Atomgemeinschaft EURATOM unterzeichnet wurden, gehörte nicht viel Phantasie dazu vorauszusagen, daß Großbritannien nicht an der europäischen Einigung in der von Jean Monnet, Robert Schuman, Konrad Adenauer sowie Alcide De Gasperi konzipierten Form teilnehmen würde. Großbritannien hatte schon 1956 anklingen lassen, daß es aus Rücksicht auf das Britische Commonwealth lieber eine Freihandelszone eingerichtet sehen wollte. Zwar gingen die Verhandlungen über die Schaffung einer großen Freihandelszone noch bis 1958 weiter, ehe sie über Betreiben Frankreichs ihr Ende fanden, doch war von vornherein keine große Hoffnung in diese Verhandlungen zu setzen. Österreich, das um seine Teilnahme am Europa von morgen rang, dabei aber gerade in der Integrationsfrage nicht der Idee vom geeinten Europa, sondern der Neutralitätsrealität nachzukommen hatte, unterstützte von 1957 an die britischen Vorschläge, weil sie am ehesten geeignet schienen, Österreich die Teilnahme an der wirtschaftlichen Integration zu ermöglichen. Doch ab dem Augenblick, als Völkerrechtler und Nationalökonomen an die praktische Durchführung schritten, verlor die Idee vollends an Glanz.

Die Artikulierung der Europabewegung ging in Österreich Hand in Hand mit der Generationsablöse, aber auch der Neuformulierung der programmatischen Aussagen der politischen Parteien. Auslösendes Moment dafür war der Tod von Bundespräsident Körner. Und wie schon ein Präsidententod, nämlich der Karl Renners am Sylvestertag 1950, wurde daraus weit mehr als nur eine notwendig gewordene Neuwahl. Mit der Präsidentenwahl 1957 wurden die Weichen bis in die Mitte der sechziger Jahre gestellt. Das lag aber nicht primär an der Person des Bundespräsidenten, der da gestorben war oder neu gewählt wurde, sondern vor allem daran, daß sich in den doch eher festgefügten Strukturen plötzlich ein Loch auftat, und das Ausfüllen dieses Loches einen in seinen Auswirkungen zunächst nicht absehbaren Wechsel nach sich zog. Nach dem Tod Renners und der Wahl Körners zum Bundespräsidenten, war der Wahlausgang in der ÖVP als persönliche Schuld Leopold Figls angesehen worden; und mit dieser Wahl setzte jener innerparteiliche Umwandlungsprozeß ein, der Raab zunächst als Parteiobmann und schließlich als Bundeskanzler an die Spitze brachte. Mit Raab kamen andere Männer, wurden Politiker ausgetauscht und kam eine andere Politik. Nun war wieder ein Präsident gestorben.

Theodor Körner (1873 bis 1957) war ein ganz anderer Typ von Bundespräsident gewesen, als seine Vorgänger. Und das nicht nur, weil eben kein Mensch dem anderen gleicht, jeder andere Voraussetzungen mitbringt und daher auch das Amt anders füllt. Er war vom Typ her anders gewesen, weil er seiner Herkunft nach anders war, weil er andere Erwartungen an das Amt herantrug und weil er sich unsicher fühlte. Unsicherer als seine Vorgänger, auch die in der Ersten Republik. Das bewahrte ihn davor, absolutistische Allüren an den Tag zu legen, wie etwa Renner, dessen 1945 vom damaligen britischen Militärbefehlshaber in Österreich getroffene Beurteilung „schwatzhaft und selbstgefällig" so falsch nicht war. Renner fühlte sich auch als Bundespräsident überlegen. Körner trat nicht mit diesem Gefühl an. Er blickte auf eine für einen Sozialisten nicht alltägliche Karriere zurück, denn vom Generalstabsoberst und Chef des Heeresgruppenkommandos Erzherzog Eugen, Theodor Körner Edler von Siegringen, zum nicht nur engagierten, sondern auch respektierten Sozialdemokraten und zeitweilig Vorsitzenden des Bundesrates war es doch ein gewaltiger Sprung gewesen. Körner war – und das konnte bis zur Querköpfigkeit gehen – nicht kompromißbereit. Sehr wahrscheinlich hätte er seine militärische Karriere in der Deutschen Wehrmacht unbeschadet seines Alters noch fortsetzen können, doch er provozierte geradezu seine Kaltstellung. Er wollte keinen Kompromiß, und als er schließlich politische Repressionen erfahren mußte, beantwortete er sie damit, daß er ostentativ sein Andersdenken hervorkehrte. Und auch das konnte bis zur Marotte gesteigert werden. Diese gewisse Querköpfigkeit blieb Körner auch während seiner Zeit als Wiener Bürgermeister erhalten. Er wußte seine Weltanschauung provokant zu präsentieren und trieb das so weit, daß er damit immer wieder kleinere Wirbel hervorrief. Körners Lebensstil war denkbar einfach. Er stand damit ganz sicher abermals in einem gewissen Gegensatz zu Renner, der außer seinem Sendungsbewußtsein auch einen gehobenen Lebensstil mitbrachte. Körner kannte in diesem Bereich, dem ganz persönlichen also, nur die Kargheit. Die Einfachheit teilte er mit Raab, doch Körner war obendrein einsam. In der Republik finden sich daher kaum Parallelen zu diesem Staatsoberhaupt; am ehesten würde man ihm vielleicht gerecht werden, wenn man ihn einen Spätjosefiner nennen würde. Er hatte sich nicht zum Amt des Bundespräsidenten gedrängt. Er wurde gedrängt. Manche seiner Parteifreunde in Wien waren jedoch ganz froh, daß er von der Spitze der Wiener Stadtverwaltung fort war, andere wieder sahen sich ein wenig um die eigene Chance, Bundespräsident zu werden, betrogen, so Oskar Helmer. Wenn man der Biographie Körners folgt[22] und dazu noch die Erinnerungen der Witwe von Julius Deutsch heranzieht,[23] dann soll das ungleiche Paar Schärf und Deutsch maßgeblich seine Nominierung betrieben haben.

Der Wahlkampf 1951 war, trotz aller Versprechungen, nicht ohne persönliche Angriffe abgegangen, und man mußte sich fragen, ob der Bundespräsident sein Amt nicht mit einer beträchtlichen Hypothek antrat. Rund die Hälfte Österreichs hatte daher auch skeptisch und reserviert auf den neuen Präsidenten geblickt. Doch er wuchs sich zu einer untadeligen Vaterfigur aus. Sein Hauptratgeber war Adolf Schärf, mit dem er auch eine ausgedehnte und sehr persönliche Korrespondenz führte. Körner war sehr stark auf Gerechtigkeit bedacht und berücksichtigte dabei auch durchaus die Interessen der ÖVP. Sein Verhältnis zum VdU bzw. zur FPÖ blieb unterkühlt, denn von dem 1953 getroffenen Diktum, daß diese Partei nicht regierungs- und koalitionsfähig sei, rückte er nicht ab. Die direkten Eingriffe dieses Bundespräsidenten in die Politik sind dennoch eher bescheiden geblieben. Am 28. Juli 1956 hatte Körner einen Schlaganfall erlitten, von dem er sich nicht mehr erholte. Am 4. Jänner 1957, knapp vor Ende seiner Amtsperiode, starb er.

Spätestens seit August 1956 wußte man, daß Körner kein zweites Mal kandidieren würde. Und schon unmittelbar darauf begann die Diskussion, ob es wieder eine Volkswahl des Bundespräsidenten geben sollte und wer als Kandidat in Frage käme. Körner war der erste in einer Volkswahl gewählte Präsident gewesen. Und damit überhaupt das erste frei gewählte Staatsoberhaupt Österreichs quer durch die Geschichte. Laut der Verfassungsnovelle von 1929 sollte es zwar schon längst die Volkswahl geben, doch diese war dann durch die Maiverfassung 1934 unmöglich gemacht worden. Renner war, wie erinnerlich, im Dezember 1945 von der Bundesversammlung gewählt worden, und erst Körner schaffte die Volkswahl. Mit der Wahl Körners war jedoch die Debatte um Volkswahl oder Wahl in der Bundesversammlung bei weitem nicht abgeschlossen. Diese Diskussion wurde bei so gut wie jeder weiteren Bundespräsidentenwahl von neuem entfacht.

Kaum war Körner zu Grabe getragen, da ging denn auch schon das Rätselraten los. Es war aber nicht etwa dadurch ausgelöst worden, weil der Wunsch nach einer abermaligen Verfassungsänderung von einer Partei vorgebracht, weil Juristen Bedenken gehabt hätten oder vielleicht gesagt worden wäre, man sollte sich die Kosten eines Wahlkampfes ersparen oder einen Kandidaten nicht der Schlammschlacht aussetzen, die eine Volkswahl mit sich bringen konnte; die Wahl in der Bundesversammlung hätte mehr Würde oder was immer: Die Argumentation pro und kontra Volkswahl wurzelte 1957 in der Bilanz der Parteien, keine herausragenden Persönlichkeiten zur Verfügung zu haben. Schon als man 1956 mit den Spekulationen begonnen hatte, hieß es: Die ÖVP hätte notfalls vier Kandidaten: Bundeskanzler Raab, Staatssekretär Gschnitzer, Minister Figl oder den ehemaligen Unterrichtsminister und nunmehrigen Nationalratspräsidenten, Hurdes. Bei der SPÖ hieß die Reihe: Vizekanzler Schärf, Innenminister Helmer und Gewerkschaftsbundpräsident Johann Böhm.[24] Die Sache hatte aber einen Haken: Beide Primärkandidaten hatten nicht die Absicht, aus ihrem Amt zu scheiden, weil sie es – mit gutem Grund – als das wesentlich politischere ansahen und sich mit dem lediglich als Repräsentationsposition gewerteten Amt des Bundespräsidenten nicht so ohne weiteres anfreunden konnten.

In dieser Situation traten der Generalsekretär der ÖVP, Maleta, und Innenminister Helmer hinter den Kulissen in Aktion. Maleta dürfte gewußt haben, daß Helmer schon 1951 Aspirationen auf die Bundespräsidentschaft gehabt hatte, damals aber aus der ihm nahegelegten Erwägung, er sei als Innenminister unersetzlich, davon

Abstand genommen hatte, sich regelrecht zu bewerben. In Maletas Augen war Helmer aber vom Ehrgeiz beseelt, es wenigstens im zweiten Anlauf zu schaffen. Daß Helmer ein zwar emotional starker, rhetorisch aber schlechter Redner war und auch intellektuell nicht unbedingt reussieren konnte, störte da nicht. Maleta schlug Helmer vor, die Wahl des Bundespräsidenten doch in die Bundesversammlung zu verlegen und die Verfassung dahingehend abzuändern. Mit dieser Verfassungsänderung wäre ein zwischen den beiden Großparteien zu treffendes Abkommen zu verbinden gewesen, wonach Helmer als Kandidat der SPÖ für sechs Jahre Bundespräsident werden sollte und daß dafür in der darauffolgenden Periode, ab 1963, ein Kandidat der ÖVP, gedacht war für diesen Zeitpunkt an Raab, sein Nachfolger werden sollte. Es hätte also nach diesen Vorstellungen zu einer alternierenden Bundespräsidentschaft kommen sollen, wobei wir wieder auf jenen zementierten Glauben an die Große Koalition und ihre Fortdauer stoßen. Das Projekt „Helmer for President" zerschlug sich jedoch nicht am Widerstand der ÖVP, sondern an jenem der SPÖ. Adolf Schärf war zunächst Überlegungen, die Bundespräsidentenwahl in der Bundesversammlung vorzunehmen, wenn für einen Kandidaten eine Zweidrittelmehrheit erreichbar war, durchaus zugänglich.[25] ÖVP und SPÖ nahmen darüber aber nie Verhandlungen auf. Wohl aber ließen zwei Faktoren das Projekt schließlich platzen: der erste Faktor war der Antagonismus zwischen Schärf und Helmer, der es mit sich brachte, daß Schärf die innerparteilichen Chancen Helmers in sich zusammenfallen ließ. Helmer soll darob zutiefst enttäuscht gewesen sein. Der andere Faktor lag in der Person Raabs, der die Idee Maletas, mit Helmer anzufangen und mit ihm, Raab, fortzufahren, an sich für gut fand, sich aber auch sehr starken Gegenströmungen ausgesetzt sah.

Der Präsident der Industriellenvereinigung, Dr. Hans Lauda, aber auch jene Kreise, die sich aus grundsätzlichen Überlegungen einer so wesentlichen Verfassungsänderung, ja Manipulation der Verfassung widersetzten, taten alles, um Raab die Maletaidee auszureden. Dann setzte eine zweite Gruppe an, und auch in ihr war Maleta vertreten, die meinte, wenn es bei der Volkswahl schon sein Bewenden haben sollte, dann wäre doch Raab der geeignete Präsidentschaftskandidat. Diesmal wurde Raab sein Zuwarten und Abwägen zum Verhängnis. Er wurde gedrängt, selbst eine Kandidatur anzunehmen, und es bildete sich schon eine ansehnliche Mehrheit innerhalb der ÖVP heraus, die das befürwortete, doch er konnte sich einfach nicht entschließen.[26] Der Abschied von der wirklich einflußreichen Position des Bundeskanzlers, der Abschied von der Macht, fiel ihm zu schwer. Nicht, daß Raab in diesem Augenblick große Ziele der österreichischen Politik in die Augen gesprungen wären, wie noch 1953. Aber er konnte einfach nicht loskommen, und schließlich wuchs sich das Ringen um Raab zu einer Kraftprobe der Generalsekretäre aus: Der ÖVP-Generalsekretär, Maleta, wollte Raab in die Präsidentschaftskanzlei bringen, schon um auch das Nachfolgeproblem und die Generationsablöse in Gang zu bringen. Der stellvertretende Generalsekretär, Josef Scheidl, hingegen, tat alles, um Raab im Kanzleramt zu erhalten. Scheidl gewann.

Am 9. Februar nominierte die SPÖ für die als Volkswahl abzuhaltende Bundespräsidentenwahl ihren Vizekanzler und Parteivorsitzenden, Dr. Adolf Schärf, während die ÖVP auf Kandidatensuche ging und dabei Kontakt mit der kleinen Freiheitlichen Partei aufnahm. Mit einem Mal spielten berühmte österreichische Ärzte eine hervorragende Rolle. Für den Fall, daß es zwar keine Vereinbarung über einen Wechsel Helmer-Raab, aber doch eine über einen gemeinsam in der Bundesversammlung von beiden Koalitionsparteien zu wählenden Kandidaten gegeben hätte, war der bekannte Wiener Chirurg, Professor Dr. Leopold Schönbauer, im Gespräch gewesen. Die FPÖ hatte sich unabhängig von ÖVP und SPÖ auf die Kandidatensuche gemacht und eine Zusage des berühmten Unfallchirurgen, Professor Dr. Lorenz Böhler, in der Tasche. Die ÖVP kam jedoch, als sie nach der Nominierung Schärfs und der Absage Raabs den Kontakt zur FPÖ suchte, schon mit einem Wunschkandidaten, auch er Arzt und Chirurg, Professor Dr. Wolfgang Denk. Um das Wahlbündnis mit der FPÖ eingehen zu können und diese Partei zur Absage an Lorenz Böhler zu veranlassen, gab die ÖVP am 12. Februar eine Reihe von Zusagen.[27] Sie soll in einer allerdings nicht bindenden Form versprochen haben, bis Ende Oktober 1957 eine Wahlrechtsnovelle einzubringen, die der FPÖ ein besseres Abschneiden bei National- und Landtagswahlen ermöglichen sollte. Um diese Novelle durchzubringen, wollte die ÖVP mit der FPÖ im Nationalrat gemeinsam stimmen, was entweder den Bruch des Koalitionsabkommens oder die Ausnützung des koalitionsfreien Raumes zur Voraussetzung hatte. Die Vereinbarung kam zustande.

Damit war der Weg für den gemeinsamen ÖVP-FPÖ-Kandidaten, Wolfgang Denk, frei, der sämtliche Nachteile eines Unbekannten und politisch bis dahin nicht tätig gewesenen Wissenschafters mit sich brachte. In Raabs Augen hatte er jedoch den Vorzug, die ganze breite Wählerschicht ansprechen zu können. Jetzt galt nicht mehr das, was die ÖVP 1951 gegen den Kandidaten des VdU, den verdienten Arzt Dr. Burghard Breitner, ins Treffen geführt hatte: „BBBB“ (Breitner bleib beim Blinddarm!); jetzt galt, daß man mit Denk hoffe, die Wähler von den Klerikalen über die gemäßigte christliche Demokratie und die Liberalen bis hin zu den Nationalen zu erfassen. Die Nominierung wurde denn auch als Raabs „Denk-Fehler“ bezeichnet.[28] Außerdem war die Einigkeit der ÖVP und der FPÖ, die als Neuansatz des Bürgerblocks gesehen wurde, eine nur scheinbare. Den Freiheitlichen war Denk zu katholisch und der Volkspartei zu national. Gerade für die aus dem deutschnationalen Lager kommenden Schichten von FPÖ-Wählern war daher die Parole „Wer einmal schon für Adolf war, wählt Adolf auch in diesem Jahr“ und die Verweisung auf den gemeinsamen Geburtstag Hitlers und Schärfs (20. April) ein mehr als witziger Slogan. Am Abend des 5. Mai und nach Stunden, in denen man schon an einen Wahlsieg Denks glauben konnte, stand der Sieg Adolf Schärfs fest, der 100.000 Stimmen mehr als sein Gegenkandidat errungen hatte.

Daraus läßt sich nun sicherlich nicht ableiten, wie das unmittelbar nach diesen Präsidentenwahlen vermutet wurde, in Österreich hätte ein unabhängiger Kandidat keine Chance. Vielleicht wäre Denk oder ein anderer ÖVP-Kandidat gewählt worden, wenn die FPÖ zunächst ihren eigenen Kandidaten aufgestellt und erst im zweiten Wahlgang den ÖVP-Kandidaten unterstützt hätte. So deutlich war denn der Sieg des führenden sozialistischen Politikers über den bis zum Februar 1957 fast unbekannten Denk nicht ausgefallen. Doch das Ergebnis reichte, und es hatte eine beträchtliche Fernwirkung.

Für Adolf Schärf war der Tag gekommen, den Parteivorsitz über die SPÖ, den er seit 1945 innegehabt hatte, immerhin fast zwölf Jahre – und was für welche noch dazu! – abzugeben. Der Nachfolger war auch kaum umstritten, es war Dr. Bruno Pittermann. Aber, wie schon erwähnt, war dies nicht bloß eine Ablöse und das Austauschen des einen gegen den anderen. Mit der Austauschbarkeit von Menschen ist das überhaupt so eine Sache, und gerade Parteiapparate, die das Instrumentale schon im Begriff hervorkehren, reagieren höchst sensibel auf Veränderungen. Schärf, Jurist, ein gewissenhafter, fast penibler Administrator, dem das geschriebene Wort über alles ging, hatte alle Voraussetzungen für das Präsidentenamt. Er war ja auch, wie erwähnt, durch Jahre der Vertraute und Berater von Bundespräsident Körner gewesen, und vorher schon mit Renner in engem Kontakt gestanden, hatte also im Laufe der Zeit eine Reihe von recht tiefen Einblicken in sein zukünftiges Amt tun können. Pittermann, sein Nachfolger in der Partei und als Vizekanzler, Mittelschulprofessor, Historiker, mit später dazuerworbenen juristischen Kenntnissen, ein spritziger und anerkannt witziger Rhetor, ein versierter und gewiefter Parlamentarier, war ein Mann, dem das gesprochene Wort über alles ging.[29]

Erheblich jünger als Schärf, also Angehöriger der schon nachdrängenden Generation, die nicht mehr vom alten Österreich und auch nur zum Teil von der Zwischenkriegszeit geprägt war, leitete dieser Bruno Pittermann in der SPÖ nicht nur die Generationsablöse, sondern auch die Diskussion um das Parteiprogramm ein. Es war ihm zu sehr provisorisch, fußte in einigen Aussagen noch immer auf dem Linzer Programm von 1926 und bot nicht mehr die Antworten, die die SPÖ politisch geben wollte, um ihre Stellung und Einstellung deutlich zu machen.

Mit dem Personenwechsel an der Spitze der SPÖ und der Wahl Schärfs zum Bundespräsidenten war auch der Effekt der Aprilwahlen 1956 für die ÖVP dahin. Ein Jahr nur hatte er gehalten. Und jetzt hieß es, einem neuen Ansturm der SPÖ widerstehen. Bundeskanzler Raab war enttäuscht über den Wahlausgang, mehr noch, er war verärgert. Er fühlte sich schlecht beraten und haderte wohl auch mit seinem Geschick, das ihm statt einer leicht lenkbaren, weil von ihm ja in dieses Amt gebrachten Persönlichkeit, einen langjährigen, und für ihn nie leicht zu behandelnden, Kontrahenten in einer noch höheren Funktion beschert hatte, auch wenn sie primär repräsentativen Charakter hatte. Raab hatte sich mit Schärf als Vizekanzler nicht leicht getan. Als Bundespräsident tat er sich womöglich noch schwerer, weil die psychologische Schwelle der verlorenen Wahl dazu kam. Wenn man sich die sehr formelle Korrespondenz Raabs mit Bundespräsident Schärf ansieht und das mit der höflich-korrekten, aber doch auch persönlichen Schreibweise etwa eines Leopold Figl vergleicht, dann findet man das rasch bestätigt. Figl konnte schreiben: Sehr verehrter Herr Bundespräsident, lieber Freund! und dann das Du-Wort verwenden. Raab hatte nur das distanzierte „Sie" zur Verfügung.[30]

Es ist sicherlich eine Mutmaßung, wenn an die verlorene Präsidentschaftswahl und den heimlichen Ärger die Vermutung geknüpft wird, sie hätten unmittelbare Auswirkungen auf Raabs Gesundheitszustand gehabt. Eher sollte man Raabs politischen Sinn, der auch Niederlagen hinzunehmen verstand und schließlich auch seine Religiosität, die ihn wohl nicht länger hadern ließ, so hoch ansetzen, daß an einen direkten Zusammenhang wirklich nicht zu glauben ist. Dennoch: Am 31. August hatte Julius Raab einen Schlaganfall. Und mit einem Mal schien jene kraftstrotzende

Gestalt, der „Bierruhe“ ausströmende, Virginia rauchende und Knackwurst essende Staatsvertragskanzler nur mehr eine Legende. Und wieder sehen wir uns vor die Tatsache gestellt, daß es in der Politik eben nicht der Apparat ist, der den Ausschlag gibt, sondern die einzelne Führungspersönlichkeit. Sie ist es, auf die sich alles konzentriert und deren Fehlen meist nur mühsam zu kaschieren ist. Zur gleichen Zeit war in den USA Präsident Eisenhower nur noch eingeschränkt handlungsfähig, und es zeigten sich schwere Probleme mit der Regierbarkeit und mit der weltweiten Präsenz der USA. Es macht also kaum einen Unterschied, ob es eine Großmacht oder einen Kleinstaat betrifft, ja – wenn wir uns die Jahre des Dahinsiechens Leonid Brežnevs ansehen – auch keinen, welches Gesellschaftssystem dieses Land hat: Wenn die Führungspersönlichkeit ausfällt, ist die Handlungsfähigkeit eines Staates beschränkt.

Im Falle von Raabs Schlaganfall waren die Betroffenen gleich mehrere. Es war die Regierung in ihrer Gesamtheit, die dadurch eine Schwächung erfuhr. Kaum daß Anfang Mai der bisherige Vizekanzler ausgeschieden und mit Bruno Pittermann Ende Mai ein neuer Vizekanzler ins Amt gekommen war, fiel der Bundeskanzler aus. Während der Zeit seiner Erkrankung und auch danach, als er nur eingeschränkt leistungs- und handlungsfähig war, wurde er nicht ersetzt. Es lief zwar alles weiter, doch das war wohl zuwenig. Betroffen war auch die ÖVP. In ihr hatte man sich nicht einmal im Zusammenhang mit der möglichen Nominierung Raabs zum Präsidentschaftskandidaten Gedanken darüber gemacht, wer Raab ersetzen könnte. Gelegentlich waren Reinhard Kamitz und Karl Gruber als Nachfolger genannt worden, doch gerade das dürfte Raab noch darin bestärkt haben, weiter Kanzler bleiben zu wollen. Die Nachfolgediskussion fand nicht statt. Plötzlich mußte er jedoch zeitweilig ersetzt und auf Dauer entlastet werden. Die Zeichen an der Wand wurden deutlich. Jetzt rächte sich das, was immer die stille Vorgabe seit Bestehen der Zweiten Republik gewesen war und in den Worten gefaßt wurde: „Eigentlich war er schon immer da gewesen . . .“

DIE SCHEIDUNG

16 Friedliche Koexistenz

Neigt sich eine Epoche ihrem Ende zu, dann treten bestimmte Erscheinungen immer stärker in den Vordergrund. Was einmal gut war und funktionierte, wird plötzlich schlecht und funktioniert nicht mehr. Sanfte und konstruktive Kritik wird allmählich schärfer, Unbehagen gesellt sich dazu, und schließlich dominiert das Negative. Dabei verändert sich oftmals gar nicht viel. Vielleicht ist es gerade das: Wenn sich um uns herum etwas verändert, das vielleicht noch gar nicht als eine Veränderung in einer bestimmten Weise erkennbar ist und mehr intuitiv erfaßt wird, dann wird eine Bereitschaft zur Veränderung geweckt. Wird dieser Bereitschaft nicht oder nur ungenügend entsprochen, weil ohnedies alles in Ordnung und geregelt erscheint, dann entstehen Spannungen. Und plötzlich kann das, was gestern noch gut war, fragwürdig und das weniger Gute absolut schlecht erscheinen. Da weist es sich dann, daß Ideologien nur bedingt anpassungsfähig sind und daß einmal gefundene Lösungen, mögen sie gut oder schlecht sein, auf jeden Fall nur eine zeitlich beschränkte Gültigkeit besitzen. Dabei geht es nicht um Fortschritt oder Rückschritt, wohl aber um Veränderung. Doch immer wird man auch sagen können: Eigentlich war es schon immer da; es trat nur allmählich aus den Kulissen.

Der „Raabismus", wie ihn Kurt Skalnik nannte, war in seine Spätphase getreten. Mit dem Schlaganfall Raabs, von dem sich der Kanzler zwar einigermaßen erholte, der ihn aber doch für den Rest seines Lebens zeichnete, war nicht nur ein generelles Problem der Staatsführung zutage getreten, das auch vor einer Demokratie nicht haltmacht. Es zeigte sich zudem bei der ÖVP das Fehlen starker politischer Führungspersönlichkeiten im zweiten Glied. Wo sie vorhanden waren, da hatte sie Raab nicht zum Zug kommen lassen, und nicht zuletzt deshalb saß der Großteil des ÖVP-Nachwuchses in den Ländern und wartete auf seine Stunde. Vielleicht war das auch ein Grund dafür, weshalb Raab nie zu den besonderen Liebhabern des Föderalismus gehörte, eine Neigung, bzw. Abneigung, die er allerdings mit der SPÖ-Spitze durchaus teilte.

Die Erkrankung Raabs hatte aber eine zusätzliche Folge. Nicht nur, daß sie momentane Probleme aufwarf, förderte sie auch die Tendenz des Kanzlers, möglichst nichts oder nur wenig zu verändern. Hier schlich sich ein im buchstäblichen Sinn konservatives Element in die Politik ein, wo es nur noch um das Erhalten, das Sichern, das Nichtverändern ging. Die Tendenz zum Ausgleichen, eine der Großen Koalition an sich immanente Tendenz, wurde solcherart noch verstärkt. Das hatte seine positiven und seine negativen Aspekte. Diejenigen aber, die für diese Erstarrung verantwortlich waren, sahen darin nur die Perfektion eines Systems und einen zwar weniger von den politischen Parteien gewollten, doch von den Wählern mit untrüglichem Instinkt herbeigeführten Ausgleich. Alles mögliche wurde da ins Treffen geführt und damit auch die Entwicklung der Jahre 1956 und 1957 als Triumph eines in der Bevölkerung vorhandenen Gleichgewichtsdenkens interpretiert. Die ÖVP hatte die Nationalratswahlen gewonnen; die SPÖ war wiederum bei den Bundespräsidentenwahlen erfolgreich geblieben. Dies wurde mit staatstheoretischen Betrachtungen umrankt und beispielsweise vom sozialistischen Zentralsekretär, Otto Probst, auf dem SPÖ-Parteitag 1957 positiv gewertet, als er meinte: das politische Gleichgewicht funktioniere in Europa nirgends so gut wie in Österreich. Freilich sei der Weg des Kompromisses keine „mitreißende Aktion einer politischen Bewegung", er setze jedoch ein „Höchstmaß politischer Aufklärung" voraus, die immer wieder durch die hohe Wahlbeteiligung und den merkwürdigen Pendelschlag des Gleichgewichts unter Beweis gestellt worden sei. Der neue sozialistische Parteivorsitzende, Bruno Pittermann, sagte: Das Beispiel der österreichischen Koalition zeige, daß es durchaus möglich sei, die politischen Massenorganisationen zu einem gemeinsamen Handeln für das allgemeine Interesse der Staatsbürger zu verbinden, ohne daß die freie Konkurrenz der politischen Parteien oder sonstiger Vereinigungen, und damit die persönliche und politische Freiheit des Staatsbürgers, eingeschränkt werden müsse. Der politische Dualismus der österreichischen Koalition verkörpere in sich eine Machtfülle, meinte Pittermann, welche, von einer einzigen Partei ausgeübt, die politische Freiheit vernichten würde (!). „In Österreich [aber] bleibt sie gewahrt, weil sowohl wir Sozialisten als auch die ÖVP an der Erhaltung der politischen Freiheit das gleiche Interesse haben, denn dies ist für beide die wichtigste Garantie dafür, daß nicht der andere vor- oder gar alleinherrschend wird."[1]

Etwas anderes als die Große Koalition in ihrer bestehenden Form, also mit einem fast hundertprozentigen Interessenausgleich, aber auch mit einer geradezu konsularischen gegenseitigen Überwachung, war, so scheint es, kaum denkbar. Und wenn jemand in diesen Jahren sein politisches Glaubensbekenntnis geschrieben hätte, so wäre in der ersten Zeile wie selbstverständlich gestanden: „Ich glaube an die Große Koalition." Dieses Erstarren und die Tendenz nach noch weitergehender Perfektionierung und gegenseitiger Absicherung konnten daher sicherlich Befürworter finden und mit historisch gewordenen Ängsten und ebensolchen historisch gewordenen positiven Erfahrungen begründet werden. Doch Dynamik ging von diesem erstarrenden System keine mehr aus.

Die Große Koalition schien freilich aufs Haar genau dem zu entsprechen, was als Regierungsform gewünscht wurde. Hier zeichnet sich schon deutlich eine politische

Grundhaltung ab, die zur Grundhaltung der Zweiten Republik schlechthin wurde: Die friedliche Koexistenz und die Zusammenarbeit der großen Parteien. Auch später, in Zeiten der Alleinregierungen und der kleinen Koalition, sahen – Meinungsumfragen zufolge – rund zwei Drittel der Bevölkerung in der Großen Koalition eine ideale Regierungsform.

Die Monatsberichte der Sicherheitsdirektionen, die ein recht zuverlässiges Bild der Lage und der Stimmung der Bevölkerung geben und sich – was wiederholt bemerkt und auch vom Innenministerium entsprechend kommentiert wurde – in einem gewissen Gegensatz zur Tagespresse befanden, diese Monatsberichte können als ein fast untrügliches Barometer für die Stimmung der Bevölkerung angesehen werden. Greifen wir einige exemplarische Äußerungen heraus.[2]

Im *Juli 1957* hieß es beispielsweise: „Entgegen dem Wollen und oft auch den Behauptungen der Führer und Funktionäre der beiden großen politischen Parteien ist die überwiegende Mehrheit der Anhänger beider Parteien an der Fortführung der positiven Arbeit der Koalition interessiert, denn die Differenzen der beiden Partner sind unpopulär. Es handelt sich . . . um ein fast unerschütterliches Vertrauen zur Koalitionsregierung. Die Tätigkeit des Parlaments hingegen wird – soweit sie überhaupt beachtet wird – vielfach kritisch beurteilt." An anderer Stelle: „Die Tatsache, daß Gesetze seit Jahren zwischen den Kammern und dem Gewerkschaftsbund sorgsam abgesprochen oder – wie sich Kritiker ausdrücken – „ausgehandelt" werden, wird von der Bevölkerung nach den vorliegenden Berichten nicht nur *nicht* kritisiert, sondern zum großen Teil für gut befunden, weil sie sich sagte, daß öffentliche Ruhe, Ordnung und Sicherheit dann gewährleistet seien, wenn Arbeitgeber und Arbeitnehmer bzw. deren Interessenvertretungen sich in gemeinsamem Wollen finden und immer wieder einen Ausgleich suchen. Weltanschauliche oder parteiideologische Erwägungen spielen bei der überwiegenden Mehrheit der Anhänger der Koalitionsparteien keine große Rolle. Auch die Ausführungen in der parteigebundenen Presse vermögen darüber nicht hinwegzutäuschen . . ."

August 1957: „Es gibt unter den Wählern der ÖVP und der SPÖ viele, die eine Änderung der derzeitigen Machtverhältnisse in der Koalition einfach aus dem einen Grunde nicht wünschen, weil sie befürchten, daß dadurch die bisherige friedliche Entwicklung in Österreich gestört werden könnte, mit der sie im großen und ganzen zufrieden sind . . ."

Juli 1958: „Es wurde an dieser Stelle immer wieder darauf hingewiesen, daß der Großteil der Bevölkerung, ohne Unterschied der Parteizugehörigkeit, die Zusammenarbeit der Politiker wünscht und für die gegenseitigen Anschuldigungen und Beschimpfungen kein Verständnis aufbringt. Dies ergibt sich aus einer Unzahl von Stimmungsberichten.

Die Bevölkerung in Wien hat – und diese Behauptung muß sogar auf zahlreiche Mitglieder der KPÖ ausgedehnt werden – zur Regierung ein fast blindes Vertrauen. Das Parlament findet in diesem Zusammenhang kaum eine Erwähnung oder Beachtung.

Dieser Glaube an die Regierung fand im Zusammenhang mit den jüngsten Vorgängen im Vorderen Orient, ganz unberührt von den Schlagzeilen in der Tagespresse, hörbaren Ausdruck in den Worten: ,Der Julius und der Oskar werden es schon machen.'"

Oktober 1962: „Die Bevölkerung, die bis auf einen kaum ins Gewicht fallenden Rest saturiert ist, ist der Auffassung, daß die ideologischen Gegensätze zwischen den beiden Großparteien bereits weitgehend ausgeglichen seien. Parteipolitisch aufgebauschte Differenzen bleiben der Mehrheit der Bevölkerung, die den Wert ruhiger Zusammenarbeit aller Schichten in den Jahren seit 1945 schätzen gelernt hat, gleichgültig. Die Bevölkerung war bisher mit ihrer Regierung zufrieden und wünscht keine Änderung der Regierungsform."

Es wäre also, gerade wenn man diese Stellen berücksichtigt, falsch, nur das Konservativ-Erstarrende der Koalition hervorzuheben, ohne auf jenen Bereich des Interessenausgleichs zu sprechen zu kommen, der als „österreichisches Modell" auch heute noch praktiziert wird. Es gab ihn auf zahlreichen Gebieten. Sprichwörtlich wurde er jedoch als Ausgleich von Arbeitgebern und Arbeitnehmern auf dem Gebiet der Sozialpartnerschaft. Gerade auf diesem Gebiet wurden 1957 Schritte unternommen, die die Große Koalition verewigen sollten.[3]

Einer Anregung des Präsidenten des Österreichischen Gewerkschaftsbundes, Johann Böhm, folgend, waren Böhm und Raab noch 1956 übereingekommen, eine gemeinsame Institution der Kammern und des Gewerkschaftsbundes – und zwar auf Bundes- wie auf Landesebene – zur Ausarbeitung von Vorschlägen und zur Beratung der öffentlichen Körperschaften in Wirtschaftsfragen zu schaffen. Mehrere Jahre war die Wirtschaftskommission, die während der Besatzungszeit die Lohn- und Preisabkommen vorbereitet hatte, nicht mehr zusammengetreten. Als jedoch Anfang 1957 eine Reihe von „optischen" Preisen, wie jene für Zeitungen, für Bier, für verschiedene Tarife öffentlicher Unternehmungen (Bahn, Straßenbahn, Strom, Gas) stiegen und auch die verstaatlichte Industrie ankündigte, sie würde ihre Preise erhöhen, drohte nicht nur eine neue Lohn-Preisrunde, sondern vor allem die Gefahr ausgedehnter Streiks und Lohnkämpfe. In dieser Situation wurde – und dabei kam die Achse Raab-Böhm, also die konservative und auf Ausgleich bedachte Achse zum Tragen – ein Ministerratsbeschluß verabschiedet, in dem an Kammern und Gewerkschaften appelliert wurde, Vorkehrungen zu treffen, um im laufenden Jahr (1957) die Aufrechterhaltung eines stabilen Lohn-Preisgefüges zu gewährleisten. Ende März 1957 wurde die Paritätische Kommission für Lohn- und Preisfragen gegründet. Die Kommission bestand aus dem Bundeskanzler, dem Innen-, Handels- und Sozialminister sowie aus je zwei Vertretern der drei Wirtschaftskammern (Bundeskammer der gewerblichen Wirtschaft, Landwirtschaftskammer und Arbeiterkammer) sowie dem Österreichischen Gewerkschaftsbund. Damit war eine absolut ausgewogene Besetzung sowohl nach parteimäßiger Zugehörigkeit der Minister und Kammerdelegierten als auch der Interessenlagen gegeben. Die Paritätische Kommission entsprach in dieser Zusammensetzung somit den Erfordernissen. Sie entsprach aber hinsichtlich ihres Wirkungsbereichs keineswegs dem, was Präsident Böhm vorgeschwebt war.

Raab war jedoch auch in der Folge bereit, mehr als die meisten seiner Partei, auf die Ideen Böhms zur Schaffung einer obersten Wirtschaftskommission einzugehen.

Und hier zeigte sich deutlich, daß Raab, der ja zunächst nicht nur ausgezogen war, um große Politik zu machen, sondern vor allem auch um den Wünschen der Wirtschaft und vor allem der Industrie nachzukommen – er war ja nicht zuletzt von diesen Gruppen in den Sattel gehoben worden –, daß dieser Julius Raab in den letzten Jahren seiner Regierungszeit vor allem von dem Bestreben geleitet wurde, das Funktionieren der Großen Koalition zu gewährleisten, und sei es dadurch, daß die ohnedies bestehenden „Nebenregierungen", wie die Kammern oder auch der Koalitionsausschuß weiter aufgewertet wurden und echte Kompetenzen übertragen bekamen. Raab setzte also voraus, daß diese Nebenregierungen gerade dann, wenn es wieder zu parteipolitisch bedingten Krisen kommen würde, weiterfunktionieren sollten, und das war nicht nur unter Einrechnung des Beharrungsvermögens richtig gedacht. Er konnte nicht voraussetzen, aber vielleicht hoffen, daß diese Nebenregierungen länger existieren würden als die Große Koalition. Und dieses Weiterfunktionieren, dieses Verfestigen des Interessenausgleichs und dessen Institutionalisierung wurde in den letzten Jahren Raabs zur bestimmenden Idee. Es ist daher wohl nicht falsch, wenn man diese eigentlich in Krankheit und Tod wurzelnden innen- und wirtschaftspolitischen Handlungen annähernd gleichwertig neben Raabs Außenpolitik setzt. Sie wurde von dem Bestreben diktiert, daß das, was in Österreich geschaffen worden ist, Bestand haben solle. Es war dies eine aus der Ersten Republik gezogene Lehre. Die Vergangenheitsbewältigung, die hier praktiziert wurde, stand aber sicher auch mit dem wohl in jedem Menschen und vor allem in jedem Politiker schlummernden Wunsch in Zusammenhang, daß das von ihm geschaffene Werk und die von ihm gestaltete Ordnung Bestand haben sollten.

Die Schaffung der Paritätischen Kommission und der damit institutionalisierte Interessenausgleich standen in deutlichem Gegensatz zu den stagnierenden Aktivitäten der Bundesregierung. Die Koalitionsparteien begannen einander nur noch Scharmützel zu liefern. Kanzler und Vizekanzler waren sich fremd und entfremdeten sich immer mehr. Die Verschlechterung des Koalitionsklimas wirkte sich blockierend auf den Regierungsmechanismus aus, vor allem, wenn eine Einigung in Sachfragen von vornherein schwierig oder gar aussichtslos war. Gegenseitige Vorwürfe, die Entscheidungsfindung zu hintertreiben, minderten das an sich bereits schwache Kompromißvermögen, gehässige Wortgefechte taten ein übriges, um die Positionen erstarren zu lassen. Man warf sich gegenseitig mangelnde Koalitionsgesinnung und Treulosigkeit vor.[4]

Von dieser Ende 1957 und 1958 herrschenden Stimmung ausgehend, muß es wunder nehmen, daß die Große Koalition doch noch so lange weiterbestand. Zweifellos spielte bei der härteren innenpolitischen Auseinandersetzung auch eine Reihe von Positionskämpfen eine Rolle, bei denen sich Politiker der nachrückenden Generation stärker zu profilieren suchten. Raab wollte anderseits deutlich machen, daß – wenn wir den berühmten Tagesbefehl Radetzkys von 1848 auf ihn übertragen – der Degen noch fest in seiner Hand ruhte. Vizekanzler Pittermann wiederum rang um eine echte Gleichberechtigung und suchte sich einen Freiraum zu schaffen, der über jenen Schärfs hinausging. Außerdem konnte Pittermann nicht trachten, den gerade in verfassungs- und verwaltungsrechtlichen Dingen außerordentlich versierten Adolf Schärf zu ersetzen und zu kopieren. Daher ging er neue Wege. Die von außen an die Regierung herangetragenen Interessen und Forderungen wurde immer drängender und damit die Chance für einen raschen und vom alten Koalitionsgeist getragenen Kompromiß immer geringer. Der flackerte gleichsam nur noch zeitweise auf, und das war es wohl, was Christian Broda – einen der sachlichsten, aber mitunter auch einen der härtesten Kritiker des österreichischen politischen Systems – urteilen ließ, Regierung und Parlament arbeiteten nur noch temporär, dann aber kämen die Initiativen stoßweise und wären von einer enormen Hektik getragen.[5] „So aber", meinte Broda, „können die wichtigsten Institutionen der Demokratie auf die Dauer nicht arbeiten. So muß die Demokratie selbst Schaden leiden." Die Stimmen, die eine Reform der Innenpolitik forderten und die die Große Koalition, die Parteien und den Einfluß der Parteien auf den gesamten öffentlichen und einen Teil des privaten Bereichs kritisierten, mehrten sich in einem auffallenden Maß.[6] Doch am Prinzip selbst, der Großen Koalition, wollte nach wie vor kaum jemand rütteln.

Im Spätherbst 1957, nachdem Raab wieder einigermaßen hergestellt war, wurden noch einige größere Gesetzesvorlagen wie die Altersversorgung für Gewerbetreibende und Bauern, eine Rundfunkreform und eine Steuersenkung debattiert. Das waren die letzten bedeutenderen Gesetzesmaterien des Kabinetts Raab II, die nach langwierigen Verhandlungen der Koalitionspartner verabschiedet werden konnten. Damit endete die – wie sie Ludwig Reichhold nannte – pragmatische Phase der Koalition und wich einer Phase, in der die Grundsatzprobleme und die Verschiedenheit zum Ausdruck kamen.[7] Denn Österreichs Parteien waren zwangsweise von dem Stabilitätsdenken breiter Bevölkerungskreise nicht nur begeistert. Sie gingen, wie es auch noch später im Titel von Josef Klaus' Buch „Macht und Ohnmacht in Österreich" zum Ausdruck kam, von den Kriterien der Machtverteilung und -ausübung aus und suchten selbstverständlich die Suprematie.

Zunächst wurde der eigene Standpunkt überdacht und dann dem zu entsprechen gesucht, was immer auch als Wesen der Großen Koalition dargestellt wurde: Die Oppositionsrolle sollte innerhalb der Regierung gespielt werden. Da die SPÖ die erste der beiden Großparteien war, die sich ein neues Parteiprogramm gab und damit nicht nur ihre Verschiedenartigkeit gegenüber anderen Parteien herausarbeiten, sondern auch ihren Machtanspruch begründen wollte, ist es gerechtfertigt, wenn wir uns – gleichsam exemplarisch – kurz mit diesem Programm beschäftigen.[8]

Die von Bruno Pittermann in Gang gesetzte Erneuerung der SPÖ, deren Ausdruck ein neues Parteiprogramm sein sollte, hatte zum Ziel, den rund 700.000 Mitgliedern der SPÖ erstmals in der Zweiten Republik detailliert zu sagen, welche die Zielsetzungen ihrer Partei seien und auf welchen ideologischen Grundlagen sie fuße. In der SPÖ setzte daraufhin eine lebhafte Diskussion ein, in der die marxistische Ausgangsposition der Partei erstmals zur Debatte gestellt wurde. Eine solche Diskussion war zwar ansatzweise auch schon früher im theoretischen Organ der SPÖ, „Die Zukunft", geführt worden, doch mit der konkreten Vorgabe eines neuen Parteiprogramms wurde natürlich erheblich mehr an Argumenten eingebracht. Die Kommission, die das Programm vorzubereiten hatte, bestand aus Dr. Benedikt Kautsky, dem Sohn Karl Kautskys, Fritz Klenner, Dr. Bruno Kreisky und Alois Piberger. Die Hauptarbeit leistete Kautsky. Die Kommission legte dem Parteitag 1957 einen Entwurf vor, der dann allerdings 1070 Abänderungen erfuhr. Das Interessante und gewissermaßen Bezeichnende daran war, daß dieses Programm ursprünglich zum Ausdruck einer neuen theoretischen Position mit daraus abzuleitenden Lehren für den politischen Kampf werden sollte. Aber die Endfassung wich von diesem Anspruch meilenweit ab. Karl Czernetz, der zeitweilig als Chefideologe der SPÖ figurierte, meinte daher kritisch im Februar-März-Heft 1958 der „Zukunft", das ganze verdiene den Namen „Das verfrühte Programm". Im endgültigen Programm standen der Einzelne und nicht die Bewegung oder das Proletariat im Vordergrund. Der Unterschied zu früheren Programmen liegt auf der Hand: Statt Kampfgeist zu zeigen, wurde der Verständigung das Wort geredet. Es gab keine versteckten oder gar offenen Anspielungen auf auszutragende Machtkämpfe, und statt der Rechtfertigung der Diktatur des Proletariats gab es eine Absage an jede Form der Diktatur. In diesem Programm gab es weder die Andeutung einer theoretischen Analyse historischer Gesetzmäßigkeiten, noch wurden Begriffe wie Verelendung und Ausbeutung verwendet. Es war vielmehr eine Akzentverschiebung zur persönlichen Freiheit und Sicherheit. In diesem Programm wurde auch ein teilweiser Bruch mit dem Marxismus vollzogen und eine deutlicher antikommunistische Haltung eingenommen als früher. Im großen und ganzen war dieses Programm aber doch ein Kompromiß zwischen den orthodoxen und den reformerischen Strömungen, also zwischen den Ansichten eines Pittermann, Klenner und Kreisky einerseits und der orthodoxen Gruppe um Josef Hindels, Czernetz und Broda anderseits.

Raab tat das „Wiener Programm" der SPÖ mit den dürren Worten „alter Wein in neuen Schläuchen" ab.[9] Und die ÖVP gab daraufhin kurzfristig die Parole „Net amål ignoriern" aus. Doch auf Dauer ging das nicht.

Man könnte nun grundsätzlich überlegen, welche Auswirkungen ein Parteiprogramm hat, das doch die wenigsten ganz lesen und das beispielsweise bei einem Wahlkampf bestenfalls in wenigen dürren Aussagen Verwendung findet. Doch darauf kam und kommt es gar nicht an. Das Idealistische, das in jedem Parteiprogramm verpackt ist, wird bald vergessen, verwässert oder auch ins Gegenteil verwandelt. Doch ein neues Programm bietet Gelegenheit zur innerparteilichen Belebung, erweckt auch nach außen den Eindruck der Dynamik und erhebt den Anspruch, Antworten auf aktuelle Fragen zu besitzen. Und das zählt. Im Fall des SPÖ-Programms von 1958 zählte aber noch etwas anderes: Es war ein Koalitionsprogramm. In der Volkspartei wurde schließlich doch mehr getan, als nur der Raabausspruch vom „alten Wein" kolportiert. Es wurde sogar eine eigene Kommission eingesetzt, die sich mit dem SPÖ-Programm befassen sollte.[10] Das lief aber vor allem darauf hinaus, dieses Programm zu analysieren und Angriffspunkte zu finden, nicht aber etwas Gleichwertiges oder Aussagekräftigeres zu formulieren. Der Alltag hatte die Parteien wieder.

Auch auf außenpolitischem Gebiet war die nach-staatsvertragliche Euphorie verflogen, sollte es sie je gegeben haben. 1957 und 1958 setzte eine rege Reisetätigkeit ein, die dem Kennenlernen diente. Denn die Phase des „Beschnupperns" war ja noch nicht einmal so richtig angegangen. Für den einen oder anderen Auslandsbesuch eines österreichischen Politikers mochte auch das Hinwenden zu außenpolitischen Themen deshalb von Interesse sein, weil man damit den innenpolitischen Problemen – scheinbar – entfliehen konnte. Dort freilich, wo es wirklich und handfest um

Außenpolitik ging, zeigte sich bald, daß man noch immer in der Nach-Staatsvertragszeit steckte.

Im Juni 1957 besuchte Bundeskanzler Adenauer Österreich. Es war der erste Besuch eines deutschen Regierungschefs nach dem Krieg. Dementsprechend fand diese Visite auch Beachtung. Mit diesem Besuch wurde die Normalisierung im Verhältnis zur Bundesrepublik Deutschland fortgesetzt und schließlich auch ein erstes österreichisch-deutsches Vermögensabkommen geschlossen, mit dem die Frage des deutschen Kleineigentums grundsätzlich geregelt wurde. Das „große" Deutsche Eigentum konnte und sollte ja nicht zurückgegeben oder abgegolten werden. Doch Raab hatte schon 1956 bei seinem Besuch in Bonn die Bereitschaft Österreichs angedeutet, nicht kleinlich sein zu wollen und auch die deutschen Ansprüche im Rahmen des Staatsvertrags in naher Zukunft zu befriedigen. Das deutsch-österreichische Verhältnis entwickelte sich damit scheinbar „geschäftsmäßig". Das war der Preis für eine Verbesserung der Beziehungen zu Deutschland.[11]

Im Juni 1958 wurden schließlich die Ratifikationsurkunden des österreichisch-deutschen Vermögensvertrags ausgetauscht. Damit war eine der schwebenden Fragen der Außenpolitik, deren Lösung zunächst besonders schwierig geschienen hatte, nicht zuletzt dank der österreichischen Bereitschaft, eine doch einigermaßen großzügige Regelung zu versuchen, erledigt worden. Wesentlich schwieriger gestalteten sich die anderen im Zusammenhang mit dem Staatsvertrag stehenden Fragen. Vor allem war noch die Regelung der aus den Wiener Memoranden herrührenden Probleme offen, obwohl deren Lösung bereits überfällig war.

In einem Fall, nämlich in dem des österreichisch-französischen Memorandums vom 10. Mai 1955, wurde jedoch im Frühjahr 1958 ebenfalls eine Lösung gefunden. Sie wurde schließlich Ende Juli perfekt und passierte im September den Minister- und den Nationalrat. Allerdings wurde daraus, ohne daß Österreich irgend etwas geahnt oder gar, wie dies dann von französischer Seite geargwöhnt wurde, dazugetan hätte, eine Art Kriminalkomödie. Die französischen Ansprüche, die mit dem Memorandum vom 10. Mai 1955 anerkannt worden waren, bezogen sich vor allem auf die Raffinerie der Firma Nova. Das war eine kleine und primitive Raffinerie gewesen, eine „Hundehütte", wie der Präsident der Industrie- und Bergbauverwaltung, Hans Igler, respektlos meinte.[12] Aus ihr war in Schwechat eine moderne Großraffinerie entstanden, die mit dem Vorbesitz nichts mehr zu tun hatte. Eine Rückgabe war daher nicht nur unmöglich, sondern auch durch nichts zu rechtfertigen. Die Ansprüche der französischen Regierung wurden von einem zwielichtigen Herrn Giorgini-Schiff vertreten, der auch in der Folge die Verhandlungen für Frankreich führte. Frankreich wurde nun die im Staatsbesitz befindliche Donau-Versicherung als Kompensation angeboten, und zwar so, daß die Mehrheitsanteile von 51 Prozent im Wert von über 40 Millionen Schilling als Entschädigung für die Nova übergeben werden sollten und weitere 15 Prozent an der Versicherung gekauft werden konnten. Giorgini-Schiff, der französische Botschafter Seydoux und der Gesandte Paul Fouchet waren mit der Regelung einverstanden, denn Giorgini-Schiff wollte und sollte ja die Versicherung für Frankreich erwerben und dann abgefunden werden. Der dachte aber nicht daran, und als schließlich alles perfekt war, alle Zustimmungen vorlagen und die Dokumente, mit denen Frankreich seine Ansprüche aus dem

Wiener Memorandum als abgegolten ansah, unterzeichnet waren, verkaufte Giorgini-Schiff die Donau-Versicherung an einen Schweizer Versicherungskonzern, streifte einen hohen Veräußerungsgewinn ein und war verschwunden. Die Angelegenheit war Österreich unangenehm, doch sie war von seiten der österreichischen Beteiligten zweifellos korrekt abgewickelt worden.

Wesentlich schwieriger gestalteten sich die Verhandlungen über das britisch-amerikanisch-österreichische Memorandum, ebenfalls vom 10. Mai 1955, also das zweite Wiener Memorandum.[13] Am 27. August 1957 wurde von Amerikanern und Briten in gleichlautenden Verbalnoten ein erstes Mal die noch ausstehende Regelung urgiert. Bis dahin war mit Rücksicht auf die österreichische Innenpolitik zugewartet worden. Es hatte auch Verhandlungen gegeben, Vorschläge der amerikanischen und britischen Erdölmultis und österreichische Gegenvorschläge, doch eine Annäherung war noch nicht absehbar. Und außerdem machte sich der Gegensatz von ÖVP und SPÖ gerade bei der Regelung dieser Frage bemerkbar. Am 14. März 1958 wurde nachgestoßen. Der Österreichreferent des State Department, Fred C. Chapin, wies dem österreichischen Botschafter in Washington gegenüber darauf hin, daß er alle sechs Monate für den Präsidenten einen Bericht über Österreich zusammenstellen müsse. Dabei hätte er immer größere Schwierigkeiten zu begründen, weshalb Österreich bei der Erfüllung seiner staatsvertraglichen Verpflichtungen gegenüber der Sowjetunion äußerst pünktlich, gegenüber den USA aber schon mehr als säumig sei. Die Ölgesellschaften wollten ihre Produkte in Österreich verkaufen, das müsse doch verstanden werden. Außerdem gehe es um Schürfrechte und langfristige Einfuhrmöglichkeiten nach Österreich. Sollte man wirklich deswegen eine unabhängige Stelle, etwa den Internationalen Gerichtshof, anrufen müssen?

Da der Amerikaner aber gerade dabei war, dem Botschafter – vielmehr den Österreichern – „den Kopf zu waschen", kam er gleich auf das zweite offene Problem zu sprechen. Auch dieses stand mit dem Staatsvertrag in Verbindung, und zwar die Regelung des Artikels 26, der in Österreich meist mit „Jüdische Forderungen" umschrieben wurde. Auch in diesem Fall sei Österreich säumig geworden. Die jüdischen Kreise in den USA würden das nicht verstehen und darauf hinweisen, daß Österreich nach dem Zweiten Weltkrieg rund 1,5 Milliarden Dollar an Hilfe erhalten habe und nun nicht einmal bereit sei, rund 5 Millionen flüssig zu machen, um die Forderungen vor allem jüdischer Emigranten oder der Angehörigen von KZ-Opfern abzugelten. Chapin fügte hinzu, man wisse in den USA genau, daß die Sozialisten in dieser Frage durchaus konzessionsbereit seien. Doch der Finanzminister wolle den Betrag aus den Budgetansätzen des Sozialministeriums nehmen, was die Sozialisten natürlich nicht wollten, daher sei die Sache offen. Nun sollte man aber wirklich zu einer Lösung kommen.

Bei einem Besuch Bundeskanzler Raabs in den USA, im Mai 1958, wurden die offenen Fragen weiterhin sehr rücksichtsvoll behandelt, wie sich überhaupt die kranken Staatsmänner Raab, Eisenhower und Dulles nicht allzuviel Schwierigkeiten gemacht haben und auch nicht allzuviel Konkretes gesagt haben dürften. Doch daß die Amerikaner drängten, war unübersehbar.[14] Der Aufsichtsrat der verstaatlichten Industrie, der die Verhandlungen über die Wiener Memoranden im Wege der

Industrie- und Bergbauverwaltung zu pflegen hatte, faßte schließlich die Situation zusammen und schlug Alarm. Sicherlich ginge es um viel, doch sollte man deswegen wirklich die Beziehungen zu den USA aufs Spiel setzen? Es ginge primär um die Rückübertragung der Raffinerie Lobau und der Ölleitung Zistersdorf sowie um Schürfrechte. Als man sich überlegte, welche Möglichkeiten die USA hätten, um Druck auf Österreich auszuüben, wußte die Industrie- und Bergbauverwaltung die Sperre der Counterpartmittel, also der ERP-Kredite, der Kredite zum Erwerb amerikanischer landwirtschaftlicher Überschußgüter, die Erschwerung der Vergabe von Weltbank- und Export-Importbankkrediten und etliches anderes anzuführen. Es konnte kein Zweifel daran bestehen, daß die Verhandlungen schwierig waren, daß der Teufel im Detail saß und sich gerade angesichts der verfestigten Innenpolitik auch die österreichischen Verhandlungspartner uneins waren. Das half auch darüber nicht hinweg, daß den Amerikanern die Geduld ausging.

Bei einem Besuch Außenminister Figls Ende September 1958 in den USA wurden die Amerikaner noch deutlicher, und vor allem wies der stellvertretende Unterstaatssekretär, Fredrick W. Jandrey, der die eigentlichen Verhandlungen zu führen hatte, auf die doppelte Verknüpfung staatsvertraglicher Fragen mit der aktuellen Lage der österreichisch-amerikanischen Beziehungen hin: Es war ja nicht nur die leidige Frage dieses Wiener Memorandums, die zu schaffen machte. Wie schon vor ihm Raab, sah sich auch Figl bei seinem USA-Aufenthalt mit dem Artikel 26 des Staatsvertrags konfrontiert. Das State Department machte darauf aufmerksam, daß es an einer Lösung dringend interessiert sei und daß Bundeskanzler Raab im Gespräch mit dem amerikanischen Außenminister Dulles die Zahlung einer Globalsumme von 5 Millionen Dollar zugesichert habe. Doch noch immer sei nichts geschehen. Figl versprach eine zügige Erledigung. Ebenso wollte er darauf drängen, daß die Frage des Wiener Memorandums geklärt werde.

Hatten Raab den „ersten“ und Figl den „zweiten“ Grad zu spüren bekommen, so bekamen der Leiter der politischen Abteilung des Wiener Außenministeriums, Dr. Heinrich Haymerle, und der österreichische Botschafter in den USA, Dr. Wilfried Platzer, am 8. Dezember 1958 den sprichwörtlichen „dritten“ Grad zu spüren.[15] Wieder war es Jandrey, der die amerikanische Seite vertrat. Er hatte eine ganze Liste von Beschwerden. Zum Wiener Memorandum und zum Artikel 26 wußte er zu sagen: Die USA seien enttäuscht. Auf amerikanischer Seite habe man leider den Eindruck, daß Österreich nach Abschluß des Staatsvertrags sogleich bereit gewesen wäre, allen Wünschen der Sowjetunion stattzugeben, jedoch die Erfüllung der Forderungen der Westmächte hinauszögere. Das von österreichischer Seite gebrauchte Argument, die Fragen seien deshalb so schwierig zu regeln, weil eine Koalitionsregierung bestehe, könne nicht anerkannt werden. Die Verhandlungen würden seit Jahren geführt, und in dieser Zeit hätte eine Einigung innerhalb der Koalitionsregierung erreicht werden müssen. Wieder wurden Eile und Erledigung zugesagt. Doch zu diesem Zeitpunkt war das Kabinett Raab II bereits in Agonie gefallen. Und die Amerikaner machten Ernst: Sie sperrten die Auszahlung der Counterpartmittel und beendeten vorübergehend die Auslieferung von Rüstungsgütern und Waffen für die Aufstellung des Bundesheers. Die Maßnahmen trafen gleich mehrfach und waren ein Zeichen, das nicht mißzuverstehen war: Die USA sahen sich von Österreich herausgefordert, und das gleich bei mehreren Gelegenheiten. Und sie waren bereit, den Kalten Krieg in seiner jeweiligen Form auch mit, gegen und in Österreich zu führen.

Es war sicherlich unklug, daß Österreich drei Jahre nach dem Staatsvertrag noch keine Lösung für zwei Problemkreise gefunden hatte, die einfach zum Staatsvertrag gehörten. Dies mußte um so mehr auffallen, da mittlerweile durch das deutsch-österreichische Vermögensabkommen eine über den Staatsvertrag hinausgehende Regelung getroffen, das österreichisch-französische Memorandum erfüllt und den Sowjets alles pünktlichst geliefert worden war. Da das Wiener Memorandum mit den Briten und Amerikanern aber Voraussetzung für den Staatsvertrag gewesen war, genauso Voraussetzung wie das Moskauer Memorandum, mußte man sich fragen, ob auf österreichischer Seite wirklich der gute Wille geschwunden war. Etwas anderes war die Frage des Artikels 26. Österreich legte ein Angebot vor, eine Pauschalsumme zu zahlen. Bei der Durchführung des Staatsvertrags hatte sich gezeigt, daß es generell zweckmäßig war, mit Pauschalsummen zu operieren. Nun herrschte aber über die Legitimation der jüdischen Organisationen in den USA, generell die rassisch Verfolgten und Geschädigten zu vertreten, und somit Anspruch auf die Entschädigung zu erheben, keine Klarheit. Daher war Vorsicht am Platz. Daß die USA auf Erfüllung des Artikels 26 drängten, hing wiederum damit zusammen, daß sich das State Department verstärktem Druck der jüdischen Organisationen ausgesetzt sah. Deshalb schrieb der österreichische Botschafter in den USA, Platzer, auch im Anschluß an die letzte Unterredung mit Jandrey: „Bisher ist es gelungen, von einigen unfreundlichen Artikeln im ‚Aufbau' abgesehen, eine Polemik gegen Österreich in der amerikanischen Presse zu verhüten. Ein weiteres Hinausschieben einer Einigung über diese Frage könnte jedoch das Staatsdepartment veranlassen, seine bisherige Haltung, die Presse von Angriffen gegenüber Österreich zurückzuhalten, aufzugeben."[16]

Bei genauem Hinsehen stellt sich freilich heraus, daß es den Amerikanern um mehr ging, als darum, einen säumigen Zahler oder besser: einen saumseligen Verhandler zu drängen. Washington ging es vielmehr darum, deutlich zu machen, daß man den österreichischen Bemühungen um Verbesserung der Beziehungen zur Sowjetunion mißtrauisch bis ablehnend gegenüberstand. Hieraus sprach ein merkliches Unverständnis für die österreichische Position. Es waren die nach 1956 erfolgte Zuwendung zum Westen und das verstärkte Europaengagement als selbstverständlich hingenommen worden, doch jedesmal wenn Österreich sich bei einer UNO-Abstimmung der Stimme enthielt, bei der eine ausschließlich gegen den Osten oder einen einzelnen Staat des Ostblocks gerichtete Resolution verabschiedet werden sollte, stieß das auf Unverständnis. Westliche Diplomaten gingen zwar nie so weit, wie 1956 der sowjetische UNO-Botschafter Zorin, ein bestimmtes Abstimmungsverhalten durch Drohungen erzwingen zu wollen, doch es gab ja noch andere Formen des Drucks.

Nun hatte Österreich 1957 und 1958 ein ausgesprochen schlechtes, ja belastetes Verhältnis zu etlichen Staaten Ostmitteleuropas, was den erwähnten Pendelschlag nach dem Westen verstärkt hatte. Nur das Verhältnis zur Sowjetunion war nach dem Besuch von Anastas Mikojan wieder in Ordnung gekommen. Das war natürlich sehr wichtig, denn Österreich wollte es sich ja zum Prinzip machen, die Beziehungen zu den Staatsvertragssignataren problemlos zu gestalten. Insbesondere der vom Schlaganfall gezeichnete Julius Raab wollte noch einmal etwas tun, um der Sowjetunion Vertrauen und Dankbarkeit zu zeigen. Da die Sowjetunion aber genauso wie die USA konkrete Vorstellungen von der Leitfunktion Österreichs für die Neutralen und Blockfreien hatte, kam es 1958 zu einer Reihe bemerkenswerter Vorstöße der Sowjetunion, um Österreich in dieser Funktion zu aktivieren. Und das war es wohl, was die Amerikaner hellhörig machte und sie auch die österreichischen Abhängigkeit gegenüber dem Westen stärker hervorheben ließ.

Am 10. Dezember 1957 war der österreichischen Bundesregierung eine Note der Regierung der UdSSR zugegangen, der am 8. Jänner 1958 ein persönliches Schreiben des sowjetischen Ministerpräsidenten Nikolaj A. Bulganin an Bundeskanzler Raab folgte. Auch diesem Schreiben war eine Note beigelegt. Alle drei Schriftstücke hatten den sowjetischen Standpunkt in der Abrüstungs- und Kriegsfrage und generell die Spannungen zwischen Ost und West zum Gegenstand.[17] Die Sowjetunion vertrat darin die Ansicht, daß Kriege vermieden werden könnten und daß es gelte, die Beendigung des Wettrüstens zu erreichen. Es war dies natürlich kein Vorstoß, der aus heiterem Himmel kam, vielmehr richtete er sich klar gegen die Absicht der NATO und vor allem der USA, in der Bundesrepublik Deutschland und in Westeuropa Raketen und atomare Waffen zu stationieren. Die Sowjetunion schlug die Abhaltung einer Gipfelkonferenz noch innerhalb der darauffolgenden Monate vor, wobei es vor allem darum gehen sollte, außer den Gegnern in Ost und West auch Vertreter von Staaten an den Tisch zu bekommen, die keinem der beiden Blöcke angehörten. Darum das Schreiben unter anderen an die österreichische Regierung. Raab beantwortete die Noten in der dann auch im Parlament verlesenen Form damit, daß er auf die besondere Lage und Geschichte Österreichs einging und ausweichend formulierte: „Wir sind Realisten genug, um zu wissen, daß im gegenwärtigen Stadium der gespannten Beziehungen der Großmächte und im Zeitalter der ungeheuren technischen Entwicklung den kleineren und mittleren Staaten nur bescheidene Möglichkeiten gegeben sind. Diese Erkenntnis wird uns aber nicht hindern, unsere Dienste zur Verfügung zu stellen, wenn dies der Wunsch aller Beteiligten ist.“ Unmißverständlich wies Raab dann auf die ausständige Lösung des Deutschlandproblems hin. Auf zwei Punkte der sowjetischen Note war in der schriftlichen Antwort überhaupt nicht eingegangen worden. Zu ihnen gab Raab nur im Parlament Erläuterungen ab: Das eine war der sowjetische Vorschlag eines Nichtangriffspakts zwischen den Blöcken, wo Österreich meinte, keine Stellungnahme abgeben zu können, da es nicht betroffen sei; der andere war der Plan des polnischen Außenministers Adam Rapacki, der die Schaffung einer atomwaffenfreien Zone in Mitteleuropa unter Einschluß Ost- und Westdeutschlands, Polens und der Tschechoslowakei vorsah. Auch dazu wollte die österreichische Regierung nicht Stellung nehmen, und Raab erklärte dies damit, daß Österreich ohnedies keine Atomwaffen haben dürfe und daher auch nicht die Aufgabe habe, in die Debatte einzugreifen. Das war aber nur der erste Akt der sowjetischen Österreichoffensive, bei dem die Alpenrepublik nur gleichsam mitgenommen und wegen der Teilnahme an der Gipfelkonferenz kontaktiert wurde.

Der zweite Akt ging in Szene, nachdem Nikita Chruščëv, der bis März 1958 nur Erster Generalsekretär der KPdSU gewesen war, die opponierenden Politiker des Kreml ausgeschaltet und das Amt des Ministerpräsidenten übernommen hatte. Chruščëv richtete wenige Tage nach seiner Machtübernahme ein Schreiben an Raab, in dem er Österreich aufforderte, es möge seinen keineswegs zu unterschätzenden Einfluß in der Welt dazu benutzen, um die sowjetische Initiative zur Einstellung der Atomwaffenversuche zu unterstützen. Wieder wehrte die Bundesregierung ab: Bei einer Vorsprache des sowjetischen Botschafters in Wien, Sergej G. Lapin, im Außenamt, betonte der Generalsekretär für Auswärtige Angelegenheiten, Dr. Martin Fuchs, „daß sich Österreich immer und überall bemühen werde, seinen Einfluß, den es keineswegs überschätzte, im Interesse der internationalen Entspannung und einer kontrollierten Abrüstung geltend zu machen, daß es sich aber der Grenzen seiner diesbezüglichen Möglichkeiten durchaus bewußt sei".[18]

Der dritte Akt kam dann im Juli, als die sowjetische Regierung Österreich, wie anderen Staaten auch, eine lange Note über die Kriegsgefahr in Europa übersandte und zur Ausarbeitung eines „Vertrages über Freundschaft und Zusammenarbeit der europäischen Staaten" einlud.[19]

Als diese Note in Wien übersetzt wurde, war bereits seit längerem der Besuch einer österreichischen Regierungsdelegation in Moskau fixiert. Er sollte in fast derselben Zusammensetzung erfolgen, wie die schon legendär gewordene Reise 1955, nur war an die Stelle des Vizekanzlers Schärf Bruno Pittermann getreten. Und buchstäblich als die Österreicher ihre Koffer packten, kam es zwischen 16. und 18. Juli 1958 zu einer Serie schwerer Luftraumverletzungen. Über Nacht gab es wieder eine „Krise an Österreichs Grenzen": In rund 7000 bis 10.000 Meter Höhe. Ausgelöst wurde diese Krise durch die Amerikaner, die im Libanon intervenierten und damit einmal mehr deutlich machten, wie nahe der Nahe Osten Europa ist.

Monate-, ja jahrelang hatte es immer wieder Probleme mit Österreichs ungeschütztem Luftraum gegeben. Es war dementiert und bagatellisiert worden.[20] Doch Österreich selbst hatte kaum etwas dazu beigetragen, um die freie Benützung seines Luftraumes zu verhindern. Es gab weder Radargeräte, mit denen eine einigermaßen verläßliche Luftraumbeobachtung vorgenommen werden konnte, noch gab es Flugzeuge, die eine Luftraumüberwachung und luftpolizeiliche Aufgaben hätten übernehmen können. Österreich besaß drei Jahre nach dem Staatsvertrag einige britische Jagdbomber sowie insgesamt acht Propellermaschinen, die dem Bundesheer von den Sowjets geschenkt worden waren. Im Juli 1958 zeigte sich, daß dies zuwenig war. Plötzlich versiegten die Argumente der Gegner einer eigenen Luftwaffe. Übrig blieben nackte Fakten.

Im Frühjahr 1957 hatte der US-Kongreß die Eisenhowerdoktrin angenommen, die noch umfassender als die Trumandoktrin des Jahres 1947 jenen Ländern Hilfe anbot, die sich einer kommunistischen Bedrohung gegenübersahen.[21] Der Libanon begrüßte diese Doktrin. 1957/58 kam es im Libanon zu schweren Unruhen, die von Syrien und Ägypten geschürt wurden. Als dann der Drusenführer Kamal Dschumblat am 13. Mai 1958 versuchte, den Präsidentenpalast zu stürmen, machte Staatspräsident Camille Chamoun Amerikaner, Briten und Franzosen auf die Möglichkeit eines baldigen Hilfeersuchens in Entsprechung der Eisenhowerdoktrin aufmerksam. Die Amerikaner begannen sofort mit Vorbereitungen. Dann wurden am 14. Juli der irakische König Feisal und Kronprinz Abdullah Illah ermordet, die bis dahin die Unterstützung des Libanon durch den Irak sichergestellt hatten. Chamoun bat um eine westliche Intervention.

Die Vorbereitung einer Marineaktion bereitete den Amerikanern keinerlei Schwierigkeiten. Problematischer war der Transport von Infanterie- und Luftwaffenverbänden. Die Vereinigten Stabschefs verwiesen sofort auf die in der Bundesrepublik Deutschland stationierten Kräfte. Schließlich wurden das 187. Luftlande-Infanterie-Regiment und die 24. Infanterie-Division, die beide in Bayern stationiert waren, für einen Einsatz im Libanon vorbereitet. Als „Task Force 201" unter dem Kommando von General David Gray sollten sie an der Operation mit dem Codenamen „Bluebat" teilnehmen. Ausganspunkte der Unternehmungen sollten die Flugfelder von Fürstenfeldbruck und Erding sein. Da erst am 14. Juli 1958 eine erste gemeinsame Besprechung der diversen Kommandanten stattfand, bis dahin aber schon etliche Vorbereitungen getroffen worden waren, stellte sich alsbald Konfusion ein. Die Einsatzverbände hatten ihren Bedarf an zu transportierenden Gütern, Waffen und Fahrzeugen unterschätzt, der benötigte Transportraum mußte neu berechnet werden, und bei alledem wurde von seiten der Luftwaffe immer wieder darauf hingewiesen, daß die Verlegung namhafter Kräfte in den Nahen Osten zwangsweise eine Schwächung der europäischen Verteidigung bedeuten würde. Das Einladen der Truppen begann dennoch am Nachmittag des 15. Juli, und während es noch in Gang war, dämmerte den Planern um etwa 1 Uhr morgens des 16. Juli, daß sie sich noch keine Gedanken darüber gemacht hatten, ob sie für die Intervention im Nahen Osten so ohne weiteres über Mitteleuropa hinwegbrausen durften. Es gab zwar eine grundsätzliche Weisung der Vereinigten Stabschefs, wonach dann, wenn Überfluggenehmigungen nicht zu erreichen waren, die dadurch auftauchenden Probleme einfach ignoriert werden sollten. Doch wie verhielt es sich mit dem Völkerrecht? Um der Intervention nicht die Überraschung zu nehmen, wollten die Stabschefs nicht in Wien oder Bern anfragen lassen, ob man mit dem Überfliegen einverstanden wäre. Außerdem hätte das weder Österreich noch die Schweiz genehmigen dürfen, denn der Transport von bewaffneten Verbänden in Krisen- bzw. Kriegsgebiete widersprach neutralitätsrechtlichen Verpflichtungen. Die amerikanische Botschaft suchte daher nur sehr allgemein um eine Überfluggenehmigung im Rahmen einer noch nicht näher bezeichneten humanitären Aktion an. Mehr nicht.

Die Planer in Bayern, im NATO-Hauptquartier in Paris und in Washington entschieden sich also für einen Überflug ohne Erlaubnis. Zunächst starteten 34 Großraumtransporter des Typs C-130 „Hercules" und transportierten den Großteil der „Force Alpha". Sie flogen über Tirol und schließlich nach Adana in der Türkei, von wo der Weiterflug in den Libanon erfolgte. Dann war „Force Charlie" dran, die mit C-119 und C-124 transportiert wurde. Die Transportmaschinen wurden von Jagdmaschinen begleitet. Doch erst als schon eine ganze Reihe von Maschinen über Tirol hinweggeflogen war und dann am 17. mit dem Transport der „Force Charlie" begonnen wurde, schwanden in Österreich die letzten Zweifel, daß da nicht nur eine belanglose Luftraumverletzung im Gange war. Außenminister Figl erhielt von Verteidigungsminister Graf die Verständigung, daß am Vormittag des 17. Juli 15 bis 20 viermotorige Flugzeuge und 2 bis 3 Düsenmaschinen den Raum Innsbruck in Richtung Südosten überflogen hätten. Am Nachmittag wurde dann gemeldet, daß erneut 4 bis 5 viermotorige Flugzeuge und schließlich um ca. 17 Uhr ein weiteres ebenfalls Tirol in Richtung Südosten überquert hätten. Jetzt hieß es reagieren. Es war zwar ohnedies nur ein Teil der Maschinen erkannt worden, andere, die außerhalb der Wohngebiete geflogen waren oder aber in größerer Höhe und in der Nacht hatten sich nicht so richtig feststellen lassen. Die Überflüge des 16. Juli waren, scheint's, unbemerkt geblieben. Es war auch Schweizer Luftraum verletzt worden, doch nur von ganz wenigen Maschinen. Österreich protestierte also einmal gegen die flagrante Verletzung seines Luftraums. Der amerikanische Botschafter in Wien wurde in das Außenamt gerufen, und der österreichische Botschafter in Washington wurde angewiesen, im State Department vorzusprechen. Doch Österreichs Botschafter Platzer hatte im State Department insofern einen schweren Stand, als er zwar einerseits wegen der Überflüge protestieren, auf der anderen Seite aber bitten mußte, daß die Amerikaner bei ihrer Intervention im Nahen Osten doch auch die dort lebenden Österreicher aus den bedrohten Gebieten evakuierten.[22]

Eine unmittelbare amerikanische Reaktion blieb aus, vor allem war kein Ende der Überflüge festzustellen. Insgesamt flogen rund 100 Maschinen über Österreich hinweg, und allein die „Force Alpha" beförderte nicht nur 1600 Soldaten, sondern auch Waffen und Gerät mit einem Gewicht von 350 Tonnen, wobei sie von Jagdmaschinen des 86th Fighter-Interceptor Wing begleitet wurde.

Am 18. Juli gab Österreich die Sperre seines Luftraums westlich des 13. Längengrads und ab einer Höhe von 5000 Metern bekannt. Botschafter Platzer sprach abermals im State Department vor und drängte auf eine Erklärung, daß die Amerikaner keine weiteren Überflüge durchführen würden. Er erhielt eine mündliche Zusage. Wien drängte auf mehr. Man wollte eine Presseaussendung machen. Das wiederum wollten die Amerikaner nicht. Erst tags darauf, am 19. Juli, waren sie damit einverstanden. Die Verzögerung wurde mit technischen Problemen, vor allem mit Übermittlungsproblemen begründet, da es doch peinlich gewesen wäre, wenn eine Presseaussendung herausgegeben worden wäre, dann aber dennoch wieder amerikanische Maschinen eingeflogen wären, weil sie der entsprechende Befehl nicht mehr erreicht hatte. Doch das war eine recht dünne Ausrede. „Alpha" und „Charlie" waren an ihren Bestimmungsorten angelangt, „Beta" wurde umgeroutet, doch wohl zum wenigsten wegen des österreichischen Protests, sondern mehr noch wegen Schwierigkeiten, die Griechenland und Italien machten.[23]

Die Amerikaner verstanden die österreichische Haltung nicht. Die Militärs stellten nur in Rechnung, daß große Umwege die Treibstoffkosten erhöhen, die Piloten ermüden und auch eine schwierigere Versorgungsanlage entstehen mußten. Und schließlich sei Österreich doch ein Land, dem man sehr geholfen habe, das daher zu einer gewissen Dankbarkeit, zumindest aber zu einem Verständnis der amerikanischen Haltung gegenüber verpflichtet sei, was sollte also die Aufregung und was sollten die Schwierigkeiten? Das Überflugverbot galt für zwei Wochen. Damit war den amerikanischen Streitkräften die Möglichkeit genommen, ihre Verbände wieder auf derselben Route zurückzuverlegen, auf der sie hingeflogen waren. In einer ersten Aufwallung riet der amerikanische Botschafter in Wien, die notwendigen

Stehend (von links): Dr. Karl Stephani, Dr. Franz Grubhofer, Ferdinand Graf, Dr. Otto Tschadek, Dr. Franz Gschnitzer, Eduard Weikhart, Dipl.-Ing. Karl Waldbrunner, DDDr. Udo Illig, Dr. Bruno Kreisky, Dr. Reinhard Kamitz, Dr. Fritz Bock, Anton Proksch, Dr. Heinrich Drimmel.

Sitzend: Oskar Helmer, Dr. Adolf Schärf, Julius Raab, Dipl.-Ing. Leopold Figl, Franz Thoma.

REGIERUNG RAAB II
(29. 6. 1956–16. 7. 1959)

Aufnahme vom Juni 1956
Foto: Votava

Überflüge einfach heimlich vorzunehmen.[24] Als ob nicht ohnehin schon genug Unheil angerichtet worden wäre. Vor allem aber stellten die amerikanischen Stellen nicht oder zumindest zuwenig in Rechnung, daß es Österreich nicht darum ging, alte Freundschaften zu pflegen und Verständnis und Dankbarkeit zu zeigen, sondern darum, neutrales Verhalten zu demonstrieren. Und dabei ging es entschieden um mehr, als um die schließlich vom State Department vorgenommene Interpretation, Österreich müsse so handeln, da sonst die Sowjets ebenfalls den österreichischen Luftraum kreuz und quer überfliegen würden. Dabei ging es um Grundfragen der Neutralität und immer noch um die Frage der Selbstdarstellung. Denn die „Neutralität nach österreichischer Art“ durfte ganz einfach keine augenzwinkernde Einladung zum freien Durchflug sein. Das nächste wäre dann freier Durchmarsch und eine Open-house-Politik, die es in der Neutralität nicht geben kann. Das meinte zumindest Raab, der gewiß lieber den Weg der garantierten, aber (fast) unbewaffneten Neutralität gegangen wäre.

Die Angelegenheit war aber auch deshalb so heikel, weil sich, wie erwähnt, eine österreichische Regierungsdelegation gerade bereit machte, in die Sowjetunion zu reisen. Einige Augenblicke wurde daher sogar überlegt, den Besuch in der Sowjetunion noch im letzten Moment abzusagen, da es Raab vermeiden wollte, sich massivem sowjetischem Druck auszusetzen.[25] Doch der Besuch war wegen Raabs Erkrankung ohnedies schon zweimal verschoben worden. Es ging kein drittes Mal. Die Gefühle und Erwartungen der österreichischen Delegation waren alles andere als hochgespannt. Am Tag, als Raab mit seinen Begleitern abflog, am 21. Juli, richtete die sowjetische Regierung an Washington eine Note, in der es unter anderem hieß:

„Die Regierung der Sowjetunion hält es für notwendig, die Regierung der USA auf folgendes aufmerksam zu machen: Wie die Regierung der Sowjetunion in Erfahrung gebracht hat, haben amerikanische Militärflugzeuge am 16. Juli und an den darauffolgenden Tagen, aus Westdeutschland kommend, während ihres Fluges in die Gebiete der amerikanischen Aggression im Nahen und Mittleren Osten den Luftraum der österreichischen Republik verletzt. Diese gesetzwidrigen Handlungen der Regierung der USA stehen im klaren Widerspruch zu den Prinzipien des internationalen Rechtes, verletzen in krasser Weise den österreichischen Staatsvertrag, dem zufolge sich die USA, England, Frankreich und die UdSSR verpflichtet haben, die Unabhängigkeit und territoriale Integrität Österreichs zu wahren, und legen ein Zeugnis davon ab, daß die USA die übernommenen Verpflichtungen bezüglich der internationalen Verträge nicht einhalten.

Die wiederholten Flüge der amerikanischen Militärflugzeuge über das österreichische Territorium, trotz des offiziellen Protestes der österreichischen Regierung, bestätigen die Tatsache, daß es sich in diesem Falle um eine vorsätzliche, vorbereitete Verletzung der österreichischen Neutralität handelt.

Die Regierung der Sowjetunion verurteilt entschieden den Einbruch amerikanischer Militärflugzeuge in den österreichischen Luftraum und fordert die sofortige Einstellung ähnlicher Verletzungen der österreichischen Neutralität, die durch den von der Sowjetunion, England, Frankreich und die USA unterzeichneten Staatsvertrag garantiert wurde.“[26]

Da war sie also wieder, die Garantie der Neutralität, unmißverständlich und mit einer einseitigen Auslegung, die schon den Staatsvertrag als Garantie bezeichnete. Das war natürlich nicht zutreffend, geht man davon aus, daß im Staatsvertrag ja nichts von Neutralität steht. Doch wie immer waren und sind ja nicht nur der Wortlaut, sondern auch der Geist eines Vertrages berücksichtigenswert.

Für den Ablauf der Moskauer Verhandlungen im Juli 1958 waren das also besondere Vorzeichen. Doch dann entwickelten sich die Gespräche anders als erwartet. Es dominierten die beide Seiten interessierenden wirtschaftlichen Fragen. Abermals, und das zu einer Zeit, da seitens der USA und Großbritanniens auf strikte Erfüllung des entsprechenden Wiener Memorandums gedrängt wurde, demonstrierten die Sowjets Großzügigkeit. Sie willigten ein, daß die restlichen österreichischen Öllieferungen um 50 Prozent gesenkt würden. Zwar sollten die noch ausständigen 7 Millionen Tonnen geliefert werden, doch die Sowjetunion verpflichtete sich ihrerseits, 3,5 Millionen Tonnen Rohöl gratis zu liefern. Auch sonst zeigten sich die sowjetischen Gesprächspartner entgegenkommend und versprachen, sich bei den Ablöselieferungen für das Deutsche Eigentum nach den österreichischen Wünschen zu richten. Die Österreicher wollten Stahlschieber für Ölleitungen sowie Walzmaterial aus Eisen liefern. Die entsprechenden Spezifikationen hatte die Delegation im Gepäck. Schließlich wurde noch über die nach wie vor in der Sowjetunion vermißten Österreicher gesprochen. Die einfache Formel für die Regelung dieser Frage lautete: Kein Österreicher sollte gegen seinen Willen in der Sowjetunion festgehalten werden.[27]

Die Aufnahme der österreichischen Delegation durch die sowjetische Regierung, das Gesprächsklima und der Gesprächsstil waren so gut und durch Herzlichkeit gekennzeichnet, daß den Österreichern – bildlich gesprochen – die Erleichterung ins Gesicht geschrieben war. Österreich erklärte seinen Beitritt zur Belgrader Donaukonvention, was schon jahrelang von den Sowjets vorgeschlagen und urgiert worden war. Damit trat Österreich dem am 18. August 1948 abgeschlossenen Vertrag über die freie Donauschiffahrt bei und setzte sich darüber hinweg, daß die USA 1948 in Belgrad als einziger Staat gegen die Konvention gestimmt hatten. In Moskau wurde von alten Zeiten und vom Erreichten gesprochen. Überhört wurde die gleichzeitig in Wien erhobene Forderung des sozialistischen Staatssekretärs im Verteidigungsministerium, Dr. Karl Stephani, Österreich sollte Raketen für das Bundesheer anschaffen, da eine wirksame Verteidigung des Luftraums sonst nicht möglich sei.[28] Stephani setzte damit eine Diskussion fort, die ja schon im Spätherbst 1956 begonnen worden war und auch im Landesverteidigungsrat vom 25. Februar 1958 eine Rolle gespielt hatte. Damals hatte allerdings der sozialistische Zentralsekretär, Otto Probst, eine „Eliminierung der einschränkenden Bestimmungen des Staatsvertrags" abgelehnt.[29] In Moskau wurde jedoch nicht darüber gesprochen, zumindest nicht in dieser Form. Allerdings versuchten die Sowjets, in das Schlußkommuniqué einen Passus aufzunehmen, wonach die Sowjetunion bereit wäre, die österreichische Neutralität zu verteidigen. Das wurde von österreichischer Seite entschieden abgelehnt und deutlich gesagt, daß nur Österreich das Recht habe, festzustellen und zu sagen, wie weit seine Neutralität gehe.[30] Eine diesbezügliche Passage konnte vermieden werden. Als Signal hatte freilich auch diese Episode Bedeutung. Da der Besuch aber insgesamt von positiven Ergebnissen gekennzeichnet war, auch immer noch die Erleichterung eine Rolle spielte, daß die Sowjets nicht Österreich die Schuld einer Duldung der amerikanischen Überflüge zuschoben und nicht von einseitiger Ausrichtung auf den Westen oder ähnlichem sprachen, ließ sich Raab abermals hinreißen: Wie schon unmittelbar nach dem Staatsvertrag, sagte er auch bei der Verabschiedung in Moskau, daß Österreich primär der Sowjetunion den Abschluß des Staatsvertrags zu verdanken habe.

Im State Department war man darauf verärgert. Wie schon erwähnt, wurden alle Phasen einer sich abkühlenden Beziehung durchgespielt. Raabs Äußerung in Moskau wurde kritisiert. Zusätzlich wurde unangenehm vermerkt, daß er auf den österreichischen Protest wegen der Überflüge Bezug genommen hatte und gefragt, ob Österreich nicht sehe, daß die Sowjets Österreichs Neutralität adäquat derjenigen Finnlands interpretieren. Der Beitritt zu Belgrader Donaukonvention wurde bemängelt, wogegen aber bestenfalls einzuwenden war, daß Österreich vorher nicht die USA konsultiert oder zumindest in Kenntnis gesetzt hatte. Immer wieder wurde auf das österreichische Verhalten während der Libanonkrise eingegangen und Enttäuschung, ja Verbitterung zu erkennen gegeben.[31] Das wurde dann in Verbindung zu den anstehenden Fragen im bilateralen Verhältnis gebracht, bis sich schließlich am 8. Dezember 1958, wie erwähnt, der Unterstaatssekretär im State Department, Jandrey, gegenüber dem Leiter der Politischen Abteilung des Außenministeriums kein Blatt vor den Mund nahm.

Er fing damit an, daß die USA wegen verschiedener österreichischer Erklärungen über das Verhältnis zur Sowjetunion überrascht gewesen seien. Im Gesprächsprotokoll heißt es dann weiters: „Mr. Jandrey betonte sodann nachdrücklich, es werde manchmal gesagt, ein großes Land betrachte die Freundschaft eines kleinen Staates als selbstverständlich. Es könne aber auch der umgekehrte Fall vorliegen, daß ein kleines Land wie Österreich die Freundschaft der Vereinigten Staaten als eine gegebene Tatsache betrachte. Die Vereinigten Staaten hätten seit Beendigung des Krieges ihr starkes Interesse an einer Zusammenarbeit mit Österreich bewiesen. Verschiedene Äußerungen der maßgeblichen österreichischen Persönlichkeiten hätten jedoch in Washington Zweifel entstehen lassen, nach welcher Richtung Österreich zu gehen entschlossen sei. Würde der Weg nach dem Westen führen oder in die entgegengesetzte Richtung, wie man aus verschiedenen dieser eigenartigen Erklärungen entnehmen müßte? Die Idee der Neutralität sei vom Herrn Bundeskanzler als eine rein militärische interpretiert worden. Aber im Laufe der letzten sechs Monate habe man hier den Eindruck gewinnen müssen, daß Österreich mehr und mehr der Sowjetunion näherrücke. Diese Haltung würde im Staatsdepartment Besorgnis hervorrufen." Und wenn der Bundeskanzler meine, der Sowjetunion würde das Hauptverdienst am Zustandekommen des Staatsvertrags zufallen, dann stehe das in offenem Widerspruch zu den historischen Tatsachen.[32]

Wir könnten die amerikanisch-österreichische Kontroverse über den Stellenwert der Sowjetunion in der österreichischen Politik oder jenen Österreichs in der sowjetischen Politik noch weiter erörtern, wir könnten uns mit dem Überfliegen Österreichs durch die Amerikaner noch genauer beschäftigen. Es würden jedoch nur einige Nuancen dazukommen. Fassen wir jedoch dieses Spektrum zusammen:

Genau zu dem Zeitpunkt, da das österreichische Pendel am weitesten nach dem Westen ausschlug, und als Österreich nach dem Wirksamwerden des EWG-Vertrags alles daransetzte, um entweder doch noch ein Arrangement mit der EWG zustande zu bringen oder sich am Zusammenschluß des restlichen westlichen Europa zu beteiligen, wurde das Land unvermittelt in die große Ost-West-Auseinandersetzung hineingerissen. Und während Österreich seinerseits den Weg nach dem westlichen Europa suchte, wurde es von der westlichen Führungsmacht zur Rechenschaft gezogen und brüskiert. Ersteres war gerechtfertigt. Das zweitere war provokant, mehr noch: Es war falsch, denn es mußte die Sowjetunion in einem noch stärkeren Ausmaß als vorher ermutigen, in Österreich einen Neutralen zu sehen, dessen Gefährdung eben in dieser Hinwendung zum Westen lag. Zweimal hatten die Sowjets ja schon eine verschwommene Garantieerklärung der österreichischen Neutralität abgegeben. Das nächstemal konnte sie schon deutlicher ausfallen. Das Pendel schlug zurück.

Moskau tat jedenfalls alles, um eine dem Sommer 1953 ähnliche Situation heraufzubeschwören: Während der Westen nicht mehr nachgeben konnte oder wollte, keine Phantasie mehr aufbrachte, wie sich gerade mit Österreich – das ja selbst immer wieder seine Funktion für Ostmitteleuropa unterstrich – Politik machen ließ, zeigte die Sowjetunion Großzügigkeit. Sicherlich verfolgte sie genauso ihre Interessen. Sie wollte sich die Leitfunktion Österreichs zunutze machen, in der umgekehrten Richtung freilich, doch sie tat das wie im Sommer 1953, indem sie ihr Verständnis herauskehrte, Konzessionen machte und in Österreich damit genau das Gefühl nährte, das von den Amerikanern kritisiert wurde: Der Staatsvertrag sei Verdienst der Sowjetunion, die Neutralität ohnedies, da sie ja von ihr mehr oder weniger deutlich gefordert worden wäre. Jetzt würden die Sowjets auch noch auf einen Teil jener Lieferungen verzichten, um die sie – das darf man ja nicht übersehen – von 1946 bis 1955 erbittert gerungen hatten.

Figl, Raab und Kreisky waren in Moskau wie alte Freunde begrüßt worden, während die beiden ersteren 1958 in den USA das Gefühl von Bittstellern gehabt hatten. Dabei waren die Grundlinien der amerikanischen wie der sowjetischen Politik zu der Zeit praktisch dieselben: Beide wollten ihre Rolle bei der Wiedererrichtung eines unabhängigen Österreich bestätigt und, so gut es ging, honoriert sehen.

Sie wollten sich aber auch bei jeder sich bietenden Gelegenheit davon überzeugen lassen, daß die österreichische Lösung hielt. Das war dem kranken Präsidenten Eisenhower (er erlitt 1958 seinen zweiten Schlaganfall) genauso wichtig wie Nikita Chruščëv, der die Unverrückbarkeit der europäischen Nachkriegsgrenzen bestätigt haben wollte. Er suchte gerade in dieser Zeit erhöhter Spannung nach einem herzeigbaren Beispiel friedlicher Koexistenz. Mit Österreich glaubte er es gefunden zu haben. Und man hatte keinen Grund, sich als ein solches Beispiel unbehaglich zu fühlen. Denn die friedliche Koexistenz war ja Österreichs eigene innen- wie außenpolitische Maxime.

17 Der Ausklang der Fünfziger

Am schicksals- und geschichtsträchtigen 13. März 1959 erschien in der rechtsliberalen Zeitschrift „Berichte und Informationen" ein Artikel, in dem es unter anderem hieß: „Die meisten unserer Mitbürger und besonders unserer Mitbürgerinnen wollen am liebsten ihre Ruhe und mit der Politik nichts zu tun haben. Man lebt im allgemeinen nicht schlecht. Wer erwartet schon für seine Person etwas von einer kleinen Umgruppierung in Parlament und Regierung? An eine große Umgruppierung wieder glaubt man nicht. Die Sozialisten können also allerhand Sympathien allein dadurch gewinnen, daß sie, mit gutem Recht, darauf hinweisen, daß nur deshalb schon wieder gewählt werden muß, weil die Volkspartei es so will." Das traf ganz gut die Stimmung des Durchschnittsösterreichers zu Jahresbeginn 1959, als vorgezogene Wahlen angekündigt wurden.

Was weiter oben als „friedliche Koexistenz" im außen- wie innenpolitischen Bereich skizziert wurde, war im Alltag von einem Unlustgefühl begleitet. Dieses Unlustgefühl hatte Raab 1958 veranlaßt, bei der SPÖ vorzufühlen, ob man nicht von einer vierjährigen auf eine fünfjährige Legislaturperiode übergehen könnte. Denn was sollte wirklich eine Wahl in knappen Abständen, wenn – wie das sicherlich auch den politisch Verantwortlichen zur Kenntnis gekommen sein mußte – die überwiegende Mehrheit der Bevölkerung gar keine Veränderung und nur die Beibehaltung der Großen Koalition, die gemeinsame Regierung der beiden großen Parteien wollte?[1] Wenn man sich diese Stimmung, diese Unlust an der Veränderung und das Pflichthafte ansieht, das mit einer Wahl verbunden wurde und auch noch wird, dann drängt sich die Vermutung auf, Zeiten wie Biedermeier und Vormärz sind in Österreich nicht nur „passiert", sondern waren durchaus gewollt, allem Anderslautenden zum Trotz. Zu dieser Unlust an der Veränderung, die nur deshalb nicht verwunderlich ist, weil man sich ja wirklich fragen muß: Was riskiert der Wähler doch nicht alles, wenn ihm plötzlich eine ungewollte Änderung passiert, kommt die zweite Tendenz, nämlich die, Denkmäler zu errichten, und zwar lebende Denkmäler.

Bis es dann endlich – wie Jahrzehnte vorher von Kaiser Franz Joseph – heißt: Solange er lebte. Und das galt für Raab genauso wie ein Vierteljahrhundert später für Bruno Kreisky. Um zu präzisieren, hieß und heißt es in einem wie im anderen Fall: Solange er noch gesund und der alte war . . .

Solange Raab noch der „gesunde Alte" war, zwar schon im rentenpflichtigen Alter, aber mit 66 Jahren (1957) noch immer „der Julius", da eilte er nicht nur von Erfolg zu Erfolg, und alles schien ihm zu gelingen. Das Land hatte das sprichwörtliche „Mirakel des Hauses Österreich" und auf wirtschaftlichem Gebiet das kleine Wirtschaftswunder. Doch dann war „der Alte" nicht mehr ganz der alte, es wollte ihm Politik nicht mehr so recht gelingen, wie er es sich wohl selbst gewünscht hätte, und schon machten sich generell Verfallserscheinungen bemerkbar. In solchen Situationen können Kleinigkeiten den Ausschlag geben – und sei es die Kleinigkeit von ein paar tausend Stimmen – und plötzlich scheint alles anders. Es veränderte sich keineswegs die grundsätzliche Tendenz nach Ruhe als dem ersten Bürgerwunsch. Diese Ruhe sollte die Große Koalition sichern.

Der Entschluß der ÖVP-Spitze, die Wahlen statt zurück – auf Mai 1959 vorzuverlegen, fand seine Begründung im Stagnieren der Innenpolitik und in der schon alles andere als sachlichen Atmosphäre innerhalb der Großen Koalition. Die ÖVP trat damit, wie das so schön heißt, die Flucht nach vorne an. Und sie tat das, indem sie eine Art Negativliste zusammenstellte, welche Punkte des Regierungsprogramms unerfüllt geblieben waren.[2] Damit erfolgte auch gleichzeitig eine Schuldzuweisung an die SPÖ. Gerade diese Negativliste zeigte jedoch, daß sich die Probleme überall dort aufgestaut hatten, wo es um Fragen von einiger Tragweite ging. Im Februar 1959 wurde fast ein Dutzend Unterausschüsse eingesetzt, um in den anstehenden Fragen weiterzukommen und sie doch noch zur Entscheidung im Koalitionsausschuß reif zu machen. Es gelang in keinem einzigen Fall. Freilich muß auch an der Verhandlungs- und vor allem an der Konzessionsbereitschaft gezweifelt werden. 1957 und 1958 hätten solche intensive Verhandlungen noch Erfolg haben können, doch 1959, zu einem Zeitpunkt, da ohnehin alles mit vorgezogenen Wahlen rechnete, gruben sich die Parteien ein und wollten nur noch Ausgangsstellungen beziehen.

Die Kernfragen, an denen sich die Geister schieden, waren vor allem die Volksaktien, also Kleinaktien der verstaatlichten Betriebe, die Wohnbaufrage und die Verabschiedung von Landwirtschaftsgesetzen. Dabei wurde verstärkt Gesellschaftspolitisches erkennbar. Darüber hinaus ging es schlicht um Geld. Geld, das es aber im Gegensatz zu den Vorjahren nicht mehr im gewünschten Maß gab. Und immer dann, wenn es um Maßnahmen der Umverteilung geht, wird die Auseinandersetzung härter. Raab stellte am 15. Februar 1959 die Dinge in einer seiner regelmäßigen Rundfunkreden auf seine Weise dar:[3]

Er meinte, daß 85 Prozent der Staatsausgaben gesetzlich gebunden seien und daß das Budget keine weiteren Belastungen mehr vertrage. Und dann rechnete er vor: Die finanziellen Verpflichtungen aus dem Staatsvertrag hätten die 10-Milliarden-Schilling-Grenze erreicht. Darin enthalten seien die Ablöselieferungen für die USIA-Betriebe und die Rohöllieferungen an die Sowjetunion, die zusammen schon runde 8 Milliarden Schilling ausmachten. (Dabei waren die 3,5 Millionen Tonnen Erdöl, die die Sowjetunion zurückliefern sollte, bereits abgezogen.) Dazu – so Raab

– Zahlungen für Besatzungsschäden und Entschädigungen für politisch und rassisch Verfolgte zwischen 1938 und 1945 von über 2 Milliarden Schilling. Das würde aber nicht alles sein. Es kämen Umschuldungen hinzu, es sollte eine Regelung der vermögensrechtlichen Probleme mit Jugoslawien kommen (man schätzte sie auf etwa 3 Milliarden Schilling), ferner zusätzliche Ansprüche von politisch und rassisch Verfolgten von 172 Millionen, und nicht zuletzt wäre noch die Regelung der Wiener Memoranden offen. Raab führte auch die Aufstellung des Bundesheers als eine aus dem Staatsvertrag herrührende Verpflichtung mit entsprechenden Ausgaben an. Aus alldem ergäbe sich eine enorme Belastung für das Budget, so daß in diesem kein Spielraum mehr gegeben sei. Nun käme aber noch als zusätzliche Erschwernis hinzu, daß es bei den Counterpartmitteln zur Verzögerung der Freigabe gekommen sei, so daß viele Projekte nicht in Angriff genommen werden könnten. Man warte auf fast eine Milliarde Schilling, um sie in der Industrie, in Land- und Forstwirtschaft und im Fremdenverkehr zu investieren. Und am Schluß sagte Raab: „Ich kann es nur bedauern, daß an dieser Verzögerung der Freigabe so beträchtlicher Mittel zum guten Teil Meinungsverschiedenheiten in der Koalition die Ursache sind." Es war, als ob ein Fehdehandschuh hingeworfen worden wäre.

In die sofort einsetzende Kontroverse mit der SPÖ mischten sich die großen Brocken. Die ÖVP brachte abermals die Idee der Volksaktien ins Spiel, um einerseits Mittel in die Hand zu bekommen, mit denen Budgetlöcher gestopft werden konnten, anderseits aber auch, um auf eine Grundsatzfrage hinzuweisen. Die Betreiber dieser Idee setzten wieder das Wort vom „Volk von Eigentümern" in Umlauf und sahen in der Ausgabe von Volksaktien einen wesentlichen Schritt in diese Richtung. Es waren ja auch schon Kleinaktien ausgegeben worden.[4] Schließlich kam es innerhalb der ÖVP selbst zu Meinungsverschiedenheiten. Der Proponent der Volksaktienidee, Hans Igler (der auch eine Zeitlang als Handelsminister im Gespräch gewesen war), wollte diese Aktien wieder aus dem Bankenbereich und besonders potenten, also gesunden Industrieunternehmungen ausgeben, während sich dann – und dabei spielte Finanzminister Kamitz eine Rolle – die ÖVP auf die Ausgabe von Aktien der ehemaligen Betriebe des Deutschen Eigentums festlegte. Damit wurde aber die SPÖ herausgefordert und reagierte damit, daß sie sich trotz einer anläßlich der Regierungsbildung 1956 gegebenen grundsätzlichen Zusage strikt gegen jede weitere Ausgabe von Volksaktien aussprach und darin ein Infragestellen der Verstaatlichung der Grundstoffindustrien erblickte.

In diesem Herauskehren einer harten Haltung war aber keineswegs nur eine Folge des neuen SP-Parteiprogramms zu sehen, also eine Reideologisierung. Die Verstaatlichungsfrage war vielmehr etwas, das als ideologisches Stückgut mitgeschleppt und durch die Vorgänge des April 1955 in Moskau, aber auch durch die Debatten im Wahlkampf 1956 verfestigt worden war. Schließlich wurde darin eine zentrale Frage, ja sogar die Existenzfrage der SPÖ gesehen. Denn in dem Ende der fünfziger Jahre einsetzenden gesellschaftspolitischen Prozeß und bei der sozialen Umschichtung in den ländlichen Bereichen, wo die Landflucht dramatisch zunahm und die Zahl der Nebenerwerbsbauern immer mehr stieg, spielte die verstaatlichte Industrie gerade der Groß- und Ballungsräume in Oberösterreich und um Wien eine besondere Rolle. Und so wie man Ende des 19. und im beginnenden 20. Jahrhunderts „zur Bahn" gegangen war, ebenso ging man jetzt „in die VOEST“ oder „zur ÖMV“. Hier kreuzten sich also wirtschafts- und gesellschaftspolitische Grundsätze mit parteipolitischen Erfordernissen und mit dem Streben nach weiterer Verbreiterung der Parteibasis. Die SPÖ brach auf, um die Mitgliederzahl von 800.000 zu erreichen.[5] Die verstaatlichte Industrie war dabei eine Machtbasis und ein personelles Reservoir zugleich. Diese durch Teil-Privatisierung zu gefährden, rührte an Grundsätzliches. – Die Volksaktien waren also natürlich weitaus mehr als nur eine finanzpolitische Marotte. Sie waren eine Kernfrage.

Die Unterausschüsse des Koalitionsausschusses brachten keine Ergebnisse. Am 12. März trat die ÖVP die erwähnte „Flucht nach vorne“ an und stimmte für die Auflösung des Parlaments und die Ausschreibung von Neuwahlen.

Es ist eigentlich müßig, auf die Konstellation hinzuweisen: Auf der einen Seite Raab, ein ungemein verdienter Staatsmann, rund sechs Jahre Regierungschef, mit einem Instrumentarium, das in der Besatzungszeit gewachsen war, mit einer Mannschaft, die nur jeweils geringfügig verändert und verjüngt worden war und mit einer wirtschaftspolitischen Aussage, die als Raab-Kamitz-Kurs seit 1952 unverändert geblieben war. Dazu kam schließlich ein eher hastig verabschiedetes ÖVP-Parteiprogramm ohne wesentliche Zugkraft. Die SPÖ Bruno Pittermanns trat mit einer neuen Spitze an, aber doch auch mit einer weitgehend aus der Besatzungszeit herrührenden Mannschaft, die Kontinuität signalisierte. Darüber hinaus hatte die SPÖ das sicherlich ausgereiftere politische Programm. Und sie trat geschlossener auf. Das machte sie stark. Denn die ÖVP hatte an schweren Meinungsverschiedenheiten zu tragen, wobei genau jene Bruchlinie deutlich wurde, die immer schon als Bruchlinie in jener besonderen Großen Koalition von Ost- und Westösterreich da gewesen war. 1959 wurde sie überdeutlich: Es war der Westen, der dem Osten die Rechnung präsentierte.

In der Politik oder im Zusammenleben größerer Gemeinschaften läßt sich Dankbarkeit nicht konservieren, und Verständnis ist nicht in Dauerverzicht umzuwandeln. Gesellen sich zu diesen ganz einfachen und immer und überall ablesbaren Beobachtungen noch konkrete Anliegen und an das Grundsätzliche rührende Wünsche, dann gewinnen sie ein politisches Eigenleben, das im Grund genommen nur noch eines einzelnen bedarf, der es artikuliert und sich zum Sachwalter dieser Themen macht. Was als freiwilliger Verzicht der – im weitesten Sinn – westlichen Bundesländer begonnen hatte, nämlich Konsumverzicht und der Verzicht auf die Ausübung von Länderrechten während der Besatzungszeit, war seit dem Ende derselben in Frage gestellt gewesen. Es war schon der Wunsch nach einem Sonderinvestitionsprogramm für die ehemals sowjetisch besetzten Bundesländer etwas gewesen, das im Westen lediglich geteilte Zustimmung fand.[6] Und es war, wie schon erwähnt, wohl nur dem Umstand zuzuschreiben, daß die führenden Politiker von ÖVP und SPÖ aus dem Osten kamen, der dann dazu führte, daß der temporären Bevorzugung des Ostens die Zustimmung nicht verweigert wurde. Doch es war ein Kompromiß gewesen, der nicht wirklich dauerhaft sein konnte. Wie so oft wurden in Salzburg andere Überlegungen angestellt. Daß sie nicht alle zum Erfolg führten, hatte nichts zu besagen. Wesentlich war eigentlich nur, daß sich Konfliktstoff ansammelte. Die SPÖ konnte mit ihrer straffen Organisation und der zentralistischen

Ausrichtung immer wieder gegensteuern. Für die ÖVP wurde daraus aber eine Zerreißprobe. Dabei spielte ein Mann eine zunehmend größere Rolle: Josef Klaus.

Dr. Josef Klaus, seit 1949 Landeshauptmann von Salzburg, hatte schon während der Besatzungszeit immer wieder eine eigenständige Politik erkennen lassen.[7] Er war damit bei seiner Partei wie bei der Besatzungsmacht oft nicht durchgedrungen.

Vor allem aber hatte es auch immer wieder Konflikte gegeben. Klaus trat in aller Offenheit für eine Abschwächung der bündischen Struktur der ÖVP ein, was ihn mit so gut wie allen Bünden in Konflikt bringen mußte. Doch das war noch als ein lediglich innerparteiliches Problem zu betrachten gewesen. Die Bruchlinie wurde in dem Augenblick strapaziert, als sich Klaus zu einem starken Befürworter des Ausbaues der Länderrechte entwickelte. Er begann ausführlich und positiv über den Föderalismus zu sprechen, der nach der Ansicht von Klaus lebensnaher und schlichter sei als der Zentralismus. Er propagierte Selbstbestimmung und Selbstverwaltung. In dieselbe Richtung zielten Vorstöße, die noch vor dem Ende der Besatzungszeit begonnen worden waren und den Bundesländern die Sicherheitskompetenz zurückgewinnen sollten. Die in jedem Bundesland eingerichteten Sicherheitsdirektionen waren ja Bundessache und ihre Führung oblag dem Generaldirektor für die öffentliche Sicherheit, der Sektionschef im Innenministerium war. In dieser Frage geriet Klaus auch in Konflikt mit den Sozialisten, die ihr Trauma aus der Ersten Republik ins Treffen führten. Klaus und der Westen erlitten Schiffbruch. Schließlich verlegte sich Klaus mit Vehemenz auf das Gebiet einer Änderung des Finanzausgleichs. Dabei kam es erst recht zum Konflikt. In den 1958 geführten Finanzausgleichsverhandlungen ging es besonders um den Ausbau der Landesstraßen. Julius Raab setzte dabei durch, daß ca. 900 Kilometer niederösterreichischer Landesstraßen vom Bund übernommen und fortan als Bundesstraßen behandelt wurden. Die übrigen Länder mußten sich daraufhin mit erheblich weniger Geldmitteln begnügen. Die ÖVP-Landeshauptleute probten den Aufstand, doch Raab zwang sie, dem Finanzausgleich zuzustimmen. Er hatte (abermals) einen Pyrrhussieg errungen. Doch nicht nur der Westen und die dortige ÖVP waren unzufrieden, auch andere waren es.

Im Zusammenhang mit dem gespannten Verhältnis zu den USA wegen der Nichterfüllung des betreffenden Wiener Memorandums kam es 1959 zur Blockierung der Counterpartmittel. Infolgedessen konnten zahlreiche Finanzierungswünsche nicht erfüllt werden. Auch das wurde dem Raab-Kamitz-Kurs und nicht zuletzt auch Außenminister Figl angelastet. Und schließlich kamen zwei große außenpolitische Problemkreise hinzu, die uns noch ausgiebiger beschäftigen werden, nämlich das österreichisch-jugoslawische Verhältnis im Zusammenhang mit der Frage der slowenischen Volksgruppe in Kärnten, in der sich Kärnten von der Regierung Raab nicht genug berücksichtigt und vor allem nicht verstanden sah.[8] Als zweiter Problemkreis gesellte sich Südtirol dazu. In Tirol wurde geargwöhnt, der ÖVP wäre ihr Nahverhältnis zur Democrazia Christiana Italiens mehr wert als ein konsequentes Eingehen auf die Forderungen der Südtiroler Volkspartei.[9] In diesem Zusammenhang wurde immer wieder ein Lapsus aus einem Vortrag Figls in Rom zitiert, in dem er gesagt hatte, gemessen an anderen weltpolitischen Fragen wäre das Südtirolproblem „unendlich geringfügig“. Der Vortrag und der Satz waren Figl zwar vom politischen Direktor des Außenamtes geschrieben worden, der nach der Panne sogar seinen Rücktritt anbot;[10] doch das konnte nichts gutmachen und vor allem auch nicht als Entschuldigung dafür gelten, daß Figl die Passage genau so vorgelesen hatte. Dies wurde ihm in Tirol nicht verziehen.

In den Wahlkampf mischten sich noch andere Fragen, vor allem das sich auftürmende Problem des Beitritts Österreichs zu einer der westlichen Wirtschaftsgemeinschaften. Insbesondere jüngere Kreise der ÖVP, und hier wiederum solche aus den westlichen Bundesländern, sahen im Beitritt zu der beabsichtigten Freihandelszone der Nicht-EWG-Staaten, der „European Free Trade Association" (EFTA), bestenfalls eine temporäre Lösung, strebten aber letztlich eine Assoziation mit der Europäischen Wirtschaftsgemeinschaft (EWG) an. Raab, der überkorrekte Bürge für staatsvertragliche Verpflichtungen, befürchtete eine negative Reaktion der Sowjets und war daher in letzter Konsequenz einer Annäherung an die EWG abgeneigt. In diesem Punkt traf er sich mit den meisten sozialistischen Politikern, die von der Hoffnung ausgingen, die – noch gar nicht gegründete – EFTA könnte sich zu einem echten Gegenstück zur EWG entwickeln und Bestand haben.[11] Es wurde also wieder einmal augenfällig, daß es eher Übereinstimmung zwischen Raab einerseits und den Sozialisten anderseits gab, als daß sich das Programm der von Ostösterreichern dominierten Bundes-ÖVP mit dem der Länderpolitiker aus dem Westen zur Deckung bringen ließ.

Erst die Summe all dieser Komponenten: die schon deutliche Führungsschwäche Raabs, die Erlahmung des Raab-Kamitz-Kurses, die Benachteiligung Westösterreichs gegenüber dem Osten, Slowenen und Südtirol – und nicht zuletzt das Vorziehen der Neuwahlen, das als Eingeständnis des Scheiterns angesehen wurde und einen ungewollt vorzeitigen Urnengang notwendig machte – ergaben das Resultat, nämlich den Anfang vom Ende der Ära Raab. Und für die ÖVP wurde die Möglichkeit, die Macht zu verlieren, augenfällig.

Zeigten jedoch die beiden Großparteien ein schon bekanntes Bild und die letztlich beiden Parteien innewohnende Tendenz, sich zu schließen und abzuschließen, so konnte man bei den bisher als politische Größe immer wieder mitkalkulierten Gruppen ganz rechts und ganz links diesmal nur die Feststellung treffen, daß sich eine Auseinandersetzung mit ihnen kaum lohnte. Sie hatten keine besondere Ausstrahlung und kein Programm, das vielleicht aufhorchen ließ und Protestwähler anlockte. Die frühere „dritte Kraft", die Freiheitlichen, hatten zwar ihren ruinösen Fraktions- und Richtungsstreit so weit ausgetragen, daß sie sich wieder als einigermaßen konsolidiert präsentieren konnten; doch die personellen Probleme waren nicht viel geringer geworden. Der Begründer und Obmann der neuen Partei, Anton Reinthaller, war 1958 gestorben. In seine Fußstapfen trat der aus Oberösterreich stammende Friedrich Peter, der die FPÖ wieder auf einen liberalen und weniger deutsch-nationalen Kurs zu dirigieren begann. Da aber den Freiheitlichen das große Potential der Protestwähler davongelaufen war und es auch nicht mehr darum ging, die Nationalsozialistengesetzgebung zu mildern, blieb den Freiheitlichen als Forderung innenpolitisch nach wie vor nicht viel mehr als der Kampf gegen die Große Koalition und den Proporz. Außenpolitisch setzten die Freiheitlichen weiter auf Europa. Da sich aber mittlerweile Volkspartei wie Sozialisten Europa zugewendet hatten, war auch dabei der „dritten Kraft" eine überragende Konkurrenz erwachsen.

Die Kommunisten wiederum kämpften lediglich ums Überleben. Sie hatten durch ihr Eintreten gegen die ungarische Revolution jeglichen Kredit verbraucht, ihre Führung war ohne Attraktion und die Anhänger verliefen sich. Nur in der Steiermark konnten Mitglieder gewonnen und der Einfluß verstärkt werden. Daher war auch der steirische Kommunist Franz Muhri in das Zentralkomitee gewählt worden. Doch viele Kommunisten machten kein Hehl daraus, daß sie ihr Anliegen von der SPÖ besser vertreten sahen. Der extremen Linken standen schwere Zeiten bevor.

Das Wegfallen der Auseinandersetzungen mit den Parteien an den jeweiligen Flügeln führte dazu, daß sich die Koalitionsparteien wie eigentlich nie zuvor in der Geschichte der Zweiten Republik auf die Auseinandersetzung mit ihrem Hauptgegner konzentrieren konnten. Schon im Februar 1959 begann in der sozialistischen Monatsschrift für Politik, Wirtschaft und Kultur, in der „Zukunft", eine lebhafte Auseinandersetzung mit den Parteien und vor allem mit der Koalition. Es war im Grunde genommen die erste ausführliche und kritische Analyse dieser Regierungsform, die unter dem Titel „Das Unbehagen im Parteienstaat" zusammengefaßt wurde. Unbehagen und Mißtrauen waren damals häufige Begriffe: Es war vor allem das Unbehagen und das Mißtrauen einer nachrückenden jüngeren Generation gegenüber jenen, die etabliert waren und die den Kritikern die Leistungen des Wiederaufbaus entgegenzuhalten pflegten. Diesmal ging es aber um ein anderes Unbehagen, und die Autoren der Beiträge in der „Zukunft" waren nur bedingt als jung anzusprechen. Ihnen ging es auch größtenteils nicht darum, ein allgemeines Unbehagen loszuwerden, sie zielten auf die ÖVP und auf die Koalition. Auch Bruno Kreisky meldete sich zu Wort, doch nicht um in dasselbe Horn zu stoßen, sondern um ein Bekenntnis abzulegen.[12] Er wollte den Autoren des Unbehagens nicht in jenen Bereich folgen, der da hieß: Bruch der Koalition. Kreisky beschlagwortete die Volkspartei zwar als „konservativ" und demgegenüber die Sozialisten als „progressiv", was nicht besonders originell war, doch dann sprach er sich klar dafür aus, die Frage der Zusammenarbeit vor die einer Auseinandersetzung um jeden Preis zu stellen. Die Begründung leitete er aber nicht aus der Frage nach der Zukunft, sondern vor allem aus den Lehren der Vergangenheit ab und nahm den 25. Jahrestag der Februarereignisse 1934 zum Anlaß, auf die Narben des Bürgerkriegs hinzuweisen und die Koalition als Garanten der Unwiederholbarkeit darzustellen. Im Zusammenhang mit der Ausgabe von Volksaktien zitierte Kreisky einen eindrucksvollen Zeugen, nämlich den Sohn des Gründers und Besitzers der deutschen Firma AEG, Walter Rathenau, der sich folgendermaßen geäußert hatte: „Die Aktie ist keine Kapitalsanlage für den kleinen Sparer." Die Propagierung eines Aktienerwerbs durch Kleinverdiener bezeichnete er dementsprechend als „unverantwortlich". Das waren im Grunde genommen Abschweifungen, denn über alles Unbehagen und über die konkrete Zurückweisung der Forderungen der Volkspartei war das einzige und schließlich unüberhörbare Credo Kreiskys und der SPÖ-Spitze das nach dem Fortbestand der Großen Koalition. Oscar Pollak führte wie Kreisky die Erste Republik in den Zeugenstand und postulierte, daß das bürgerliche Lager kein Monopol auf den Staat haben dürfe. Die Sozialisten aber würden die Macht teilen.[13] Friedrich Scheu schrieb über das Ansehen, das Österreich im Ausland genieße und über das österreichische Wunder: „Das Instrument, das dieses Wunder möglich gemacht hat, ist die Koalition." Er machte sogar Abstriche an der SPÖ-Propaganda, wenn er schrieb: „Wenn die ÖVP-Politiker wirklich so schlecht sind, wie können wir es dann verantworten, mit ihnen in der Regierung beisammen zu sitzen?" Auflockerung der Koalition sei „Sabotage".[14] Diese Form von Sabotage wollten die Sozialisten ganz besonders nicht betrieben wissen. Damit lag die SPÖ klar auf der Linie der Fortsetzung des Bisherigen.

Die ÖVP aber dachte laut darüber nach, ob es nicht auch anders ginge, so wie sie derartige Gedankengänge immer wieder angestellt hatte. Sie hatte auch eine Gruppe von Länderpolitikern, die sich gerade deshalb als innerparteiliche Kritiker erfolgreich etablieren konnten, weil sie nicht bloß eine Fortsetzung der Großen Koalition wollten. Wenn man freilich die Stimmungsberichte der Sicherheitsdirektionen hernimmt und die damals noch immer breite Zustimmung der Bevölkerung zur Koalition in Rechnung stellt, kann daraus geschlossen werden, daß die breite Masse kein Abgehen von der Großen Koalition wollte und daher die SPÖ mit ihrer Linie richtiger lag als die ÖVP, zumindest dort, wo die weitere Zusammenarbeit zur Debatte stand. Einer, freilich, relativierte auch diesmal, nämlich Julius Raab. Sechs Tage vor der Wahl, am 4. Mai 1959, gab er eine klare Koalitionszusage.[15] Dann freilich zollte er den westösterreichischen Kritikern in seiner Partei Tribut und überlegte laut, ob es nicht genüge, künftighin nur noch die Fragen der Außenpolitik, der Finanz- und Währungspolitik an die Einstimmigkeit zu binden und alle anderen Bereiche zur Abstimmung im Parlament freizugeben. Genau das aber hatten die Sozialisten nicht gewollt.

Die Frage der Fortsetzung der Großen Koalition in unveränderter oder veränderter Form (wenn überhaupt) beherrschte so sehr den Wahlkampf, daß im Grunde genommen kein anderes Thema wirklich durchschlug. Da nützte es auch nichts, wenn Raab in der schon erwähnten Rede vom 4. Mai den Sozialisten nochmals unverblümt die Schuld am Scheitern in der Volksaktienfrage und vor allem auch am Scheitern der Verhandlungen über die Erfüllung des Wiener Memorandums zuschob, wenn er anführte, daß durch die Sperre der Counterpartmittel und die Nichtfreigabe von amerikanischen Überschußgütern die Kreditlenkungskommission ihre Tätigkeit hatte einstellen müssen, da keine Kredite mehr zu vergeben waren, daß darum auch im Burgenland 20.000 Arbeitsplätze nicht geschaffen werden konnten . . . Alles das waren Marginalien. Wichtig war nur die Fortsetzung des bisherigen österreichischen Weges.

Es war also das Koalitionsdenken trotz aller Versuche, auch andere Formen der Zusammenarbeit zu diskutieren, trotz aller Kritik an den Auswüchsen und an den sehr selten gewordenen Erfolgen dieser Regierungsform nicht ausreichend, um eine so breite Ablehnungsfront zu erreichen, daß sich diese auch stimmungsmäßig ausgewirkt hätte. Damit wurde freilich die Kritik an der Immobilität der Koalition etwas, das auf die Bevölkerung zurückfiel und als Leitmotiv für den gesamten Zeitraum gelten konnte: Die Koalition war erstarrt, doch es gab nur wenige, die das ändern wollten. Die Angst vor der Veränderung war größer als die Hoffnung auf das Funktionieren eines geänderten politischen Zusammenspiels. Der Gewöhnungseffekt war so stark, daß anderes undenkbar schien. Und man wollte es ganz einfach nicht wahrhaben, daß es keine Auswege gab. Die politischen Parteien und ihre

Führer wurden wie die Partner in einer Ehe gesehen, denen man einen Versöhnungsversuch nahelegt und meint: Es wird schon wieder gehen! Doch die Krise war da, ob man das wollte oder nicht.

Bei den Wahlen am 10. Mai 1959 büßte die ÖVP 3 Mandate ein, während die SPÖ 4 gewann. Dabei kam der ÖVP abermals, wie schon 1953, die Wahlarithmetik zu Hilfe, da sie von der SPÖ stimmenmäßig überholt wurde. Der Mandatsstand ÖVP: SPÖ betrug somit 79:78. Es genügt aber auch diesmal nicht, nur einen Blick auf die beiden Großparteien zu werfen. Auch die kleinen Parteien hatten Veränderungen erfahren. Denn in das neue Parlament zogen erstmals nach 1945 keine Kommunisten mehr ein. Das wurde von den Nichtkommunisten zwar mit Befriedigung zur Kenntnis genommen, da der KPÖ ihre Moskauabhängigkeit, ihre Haltung während der Besatzungszeit und schließlich die unschöne Rolle zum Vorwurf gemacht wurde, die sie im Spätherbst 1956 gespielt hatte. Die Kommunisten aber waren zutiefst enttäuscht. Einige von ihnen hatten sich immer als Austrokommunisten gefühlt und waren daher mit der Aufgabe, die Moskau den österreichischen Kommunisten zugewiesen hatte, auch alles andere als glücklich gewesen. Darüber hinaus beklagten die Kommunisten, daß sie, die ja mitgeholfen hatten, Österreich als selbständiges Staatswesen aus den Ruinen des Dritten Reiches zu bergen und staatstragende Partei gewesen waren, dafür keinen Dank mehr fanden. Auch sie mußten zur Kenntnis nehmen, daß es Dankbarkeit in der Politik so gut wie nie gibt – auch Raab hatte das zur Kenntnis nehmen müssen – und daß für die Zukunft und nicht für die Geschichte gewählt wurde. Die kommunistischen „Schlachtrösser" Fischer, Honner und Koplenig mußten das Parlament verlassen. Die KPÖ hatte 50.000 Stimmen verloren, wohl zum größten Teil an die Sozialisten, die sich zusätzlich 30.000 Stimmen von der ÖVP holten. Die ÖVP verlor aber nicht nur Stimmen an die Sozialisten, sondern in einem noch stärkeren Maß an die Freiheitliche Partei, die ihren Mandatsstand von 6 auf 8 verbessern konnte. Damit schien sie sich konsolidiert zu haben. Von den 165 Abgeordneten des Nationalrates gehörten also 79 der ÖVP, 78 der SPÖ und 8 der FPÖ an.

Raab, der als Führer der stärksten Partei wieder mit der Regierungsbildung betraut wurde, sah sich in einer ähnlichen Lage wie am Beginn seiner Kanzlerschaft. Auch Ludwig Reichhold, der Verfasser der ÖVP-Geschichte, verglich die Situation 1959 mit jener des Jahres 1952/53, als sich Figl im Bundeskanzleramt verbraucht hatte, meinte jedoch, die Lage der ÖVP sei 1959 schlechter gewesen, denn bei den Wahlen 1953 sei ja Raab im Hintergund gestanden, und damit hätte die ÖVP nicht nur eine Hoffnung, sondern auch ein handfestes Plus gehabt; 1959 fiel das weg.[16]

Es war aber nicht nur die Existenz eines Raab, die zählte, es war wohl auch sein physischer Zustand. Der deutlich abgemagerte, bei weitem nicht mehr so bullig wirkende Raab erschien schon rein äußerlich anders als 1953. Und wenn auch er und seine Freunde es nicht wahrhaben wollten, daß Raab eben nicht mehr der alte war, so war das jenen bewußt, die mit ihm die neue Regierung zu bilden hatten. Zunächst glaubte Raab, die Verhandlungen zur Regierungsbildung ähnlich wie 1953 führen zu können, als er an die Spitze des Kabinetts trat. Also setzte er wieder ein innenpolitisches Kräftespiel in Gang. Er wußte, daß die Regierungsbildung mit Opfern der ÖVP verbunden sein würde. Aber nicht das, sondern der Verhandlungsstil seines

Widersachers, Bruno Pittermann, ließen Raab von der „schwersten Aufgabe seines Lebens" sprechen.[17] Die ÖVP, die an der Schwelle zur absoluten Mehrheit gestanden war, mußte zur Kenntnis nehmen, daß sie unter das Gesetz des politischen Gleichgewichts gefallen war. Was das Taktieren noch erschwerte, war das veränderte Verhältnis der ÖVP zur FPÖ. Hatte Raab 1953 noch glaubhaft machen können, daß er mit einer Hereinnahme des VdU in die Regierung die starre Koalition aufweichen oder gar durch eine kleine Koalition ablösen könnte, und hatte es 1957 bei den Bundespräsidentenwahlen sogar ein Wahlbündnis zwischen ÖVP und FPÖ gegeben, so war mittlerweile wohl vor allem wegen der nicht eingelösten Zusagen der ÖVP hinsichtlich einer Wahlrechtsreform und der Beseitigung der letzten Ausnahmegesetze für ehemalige Nationalsozialisten das Verhältnis so schlecht geworden, daß weder ÖVP noch FPÖ auch nur den Versuch unternahmen, in Verhandlungen über die Bildung einer kleinen Koalition einzutreten.[18] Für die SPÖ stand eine Vereinbarung mit der FPÖ genausowenig zur Debatte, denn es galt, scheint's, noch immer das Wort Körners über die Unabhängigen, die weder regierungs- noch koalitionsfähig seien. Daraus resultierte allerdings die Notwendigkeit, daß sich die beiden Großparteien wieder über eine Koalition „der Zwei" einigten.

Raab begann also die Verhandlungen und sah sich der aus der Gewichtsverlagerung 1956 wie aus dem Wahlkampf herrührenden und im Grunde genommen verständlichen Forderung der SPÖ gegenüber, die verstaatlichte Industrie wieder aus der Zuständigkeit der ÖVP abzugeben. Außerdem sollte es eine drastische Beschneidung der Kompetenzen des Finanzministeriums geben. Raab zog daraus die überraschende Konsequenz, der SPÖ das Finanzministerium für Staatssekretär Bruno Kreisky anzutragen. Das mußte auffallen. Denn dabei ging es ja nicht nur darum, den Sozialisten gleichsam beweisen zu wollen, daß die Führung des Finanzministeriums zu den schwierigsten und vor allem undankbarsten Aufgaben in einem Staat gehört und daß sie sich jetzt durchaus die Zähne an den zusätzlichen Forderungen an das Budget ausbeißen sollten. Es ging mehr noch darum, daß Raab überraschend deutlich machte, daß er gewillt war, den zweitwichtigsten Mann in der Regierung und damit das eine Standbein des Raab-Kamitz-Kurses, nämlich Finanzminister Kamitz, zu opfern.

Kamitz, der Paradeliberale der ÖVP, hatte sich in den Jahren davor manch heftige Kritik, etwa des Handelsministers Dr. Bock, gefallen lassen müssen. Er war auch im Zusammenhang mit dem Ausgang der Wahlen attackiert worden, genauso wie Raab, dessen Regierungsstil Alfred Maleta kritisiert hatte: „Man kann einen Hund nicht dreimal durch dieselbe Gasse jagen", also nicht dreimal mit dem Raab-Kamitz-Kurs eine Wahl gewinnen wollen.[19] Verständlicherweise stieß Raab mit diesem seinem Angebot, der SPÖ das Finanzministerium zu überlassen, nicht nur bei den Sozialisten, sondern vor allem auch in seiner Partei auf keine Gegenliebe. Und in dieser Frage, nämlich der des Kamitz-Opfers meldete sich wiederum die westliche Bundesländerriege der ÖVP zu Wort, wobei die Steiermark und Salzburg, also die Landeshauptleute Krainer und Klaus, sowie der ÖVP-Obmann der Steiermark, Alfons Gorbach, auf die Zurücknahme dieses Angebots drängten.

Sie hatten dabei wohl nicht vor Augen, was andere Interpreten dieses Entschlusses dann herauszulesen bemüht waren: daß nämlich die ÖVP wieder zum Fundamentalismus und zur christlichen Soziallehre zurückkehren wolle. Peter Weiser etwa meinte, wenn dies gelungen wäre, hätte es für die ÖVP einen neuen Beginn gegeben, eine zweite Stunde „Null“.[20] Doch dergleichen Interpretationen dürften wohl zu weit gegangen sein. Was zählte, war die Macht und war der Einfluß eines Finanzministers. Daher sagten nicht nur die „Landesfürsten“ der ÖVP nein! Auch Generalsekretär Maleta war strikt dagegen.[21]

Raab konnte daraus entnehmen, daß man diesem „Bauernopfer“ abhold war und zog daraus die Konsequenzen: Er legte das Mandat zur Regierungsbildung zurück. Wie schon 1953 lag die weitere Vorgangsweise im Ermessen des Bundespräsidenten. Schärf betraute Raab noch ein zweites Mal, ehe dieser mit weiteren Sondierungen begann und in der Folge zur Anlaufstelle eines Sechserkomitees wurde, das die Verhandlungen weiterzuführen hatte. Raab selbst trat in den Verhandlungen nicht mehr direkt in Erscheinung. Die ÖVP weigerte sich jedoch, einen anderen Kanzlerkandidaten zu präsentieren. Schärf aber war es, der die Sozialisten zur Mäßigung mahnte. Er notierte für sich, der Wahlausgang hätte viele Sozialisten geradezu „berauscht“. Pittermann drängte offenbar darauf, mit der Regierungsbildung betraut zu werden. Doch Schärf meinte nur, daß die Aussicht auf eine Regierung Pittermann für die Volkspartei geradezu den inneren Zwang herstellen würde, „es doch mit der FPÖ zu versuchen. Sei [aber] einmal der Gedanke der Koalition im alten Sinne aufgegeben, dann werde es keine Rückkehr zu ihr mehr geben“.[22]

Wieder wurde die Große Koalition gerettet. Der Generalsekretär der ÖVP, Alfred Maleta, konnte im Umweg über den Bundespräsidenten der SPÖ gerade so viele Zugeständnisse abringen, daß Raab wieder Kanzler werden konnte. Maleta kam sich dabei allerdings etwas mißbraucht vor, da er argwöhnen mußte, seine Rolle bei den Verhandlungen, die auf einen Kompromiß und auf einen Kompetenzverlust der ÖVP hinauslaufen mußten, würde dann so interpretiert werden, daß er zu weit gegangen sei und damit dem verdienten Kanzler ein Danaergeschenk gemacht hätte. Genau das dürfte auch die Absicht Raabs gewesen sein, als er selbst bei den Koalitionsverhandlungen nicht in Erscheinung trat und dann erst nach deren Abschluß wieder das Steuer übernahm.[23] Doch er konnte seines Erfolges gewiß nicht froh werden. Denn die Reaktion der sogenannten Basis, der Mitglieder in den unteren Organisationseinheiten, ließ an Deutlichkeit nichts zu wünschen übrig. Da wurden scharfe Resolutionen gefaßt, in denen „mit Entrüstung“ festgestellt wurde, daß sich die Bundespartei „einem Zeitdiktat des Herrn Bundespräsidenten und den nicht vertretbaren Forderungen der SPÖ gebeugt“ habe. Es wurde formuliert: „Diese Koalition ist der sicherste Weg, um die ÖVP umzubringen.“[24] Doch auch andere als die Parteibasis sprachen harte Worte, bis schließlich Josef Krainer die Koalition als „Krepierhalfter“ der ÖVP bezeichnete.[25]

1956 hatte Kurt Skalnik schreiben können, daß der Lotse an Bord geblieben sei und der Österreicher eben ganz anders als der Preuße den verdienten Staatsmann nicht von der Brücke jagte. Nunmehr war Raab zwar noch an Bord geblieben, Kurt Skalnik zauberte wieder das Bild vom „Steuermann“ an die Wand,[26] aber dessen Tage waren gezählt.

Eigentlich sind all die Jahre, vom Herbst 1957 bis 1961, als Raab dann endgültig die Brücke räumte, eine Paradebeispiel dafür, wie schwer der Abschied von der

Macht ist und wie der Glaube an sich selbst einen Menschen gleichermaßen mit Kraft ausstatten und mit Blindheit schlagen kann.

Die neue Regierung hatte eine Kompetenzverteilung, die etwa jener der Regierung Raab I von 1953 bis 1956 entsprach. Die verstaatlichte Industrie war zwar nicht mehr in das Verkehrsministerium zurückgewandert, sondern im Bundeskanzleramt geblieben. Sie unterstand allerdings nunmehr dem sozialistischen Vizekanzler und damit nur noch formal dem Bundeskanzler. Der Finanzminister, es war für einige Monate noch Dr. Kamitz, ehe ihm mit Dr. Eduard Heilingsetzer einer der bedeutendsten Fachmänner auf dem Gebiet der Budgeterstellung folgte, hatte etwas geringere Kompetenzen als früher. Damit war deutlich geworden, daß die SPÖ von ihrem noch weitergehenden Forderungsprogramm Abstand genommen hatte. Allerdings hatte sie sich für ihre Konzessionen ein weiteres Ministerium eingehandelt, und zwar das Außenministerium, das zum erstenmal in der Zweiten Republik verselbständigt wurde und dessen Leitung Bruno Kreisky übernahm. Zum zweiten- und diesmal zum letztenmal war Leopold Figl aus der Regierung ausgeschieden. Es war also wieder so, daß Raab seinen Freund opferte; und wie schon das erstemal blieb auch diesmal weniger ein Stachel als ein Wermutstropfen zurück. Figl wurde der politischen Raison geopfert, avancierte aber rangmäßig an die zweite Stelle des Staates, da ihn die ÖVP zum Nationalratspräsidenten vorschlug. Der Wermutstropfen bestand somit darin, endgültig aus der gestaltenden Politik Abschied zu nehmen. Figl fühlte sich als Präsident des Nationalrates todunglücklich.[27]

Bei der SPÖ gab es personelle Um- und Neubesetzungen in zwei Bereichen. Außer der schon erwähnten Veränderung im Außenamt, wurde im Innenministerium Oskar Helmer durch Josef Afritsch ersetzt. Ein Jahr später folgte auf Justizminister Tschadek Christian Broda. Kleinere Veränderungen betrafen den Rundfunk, wo die SPÖ den Präsidenten des Aufsichtsrats zu stellen hatte. Schließlich bekam die ÖVP den Posten eines Vizepräsidenten im Rechnungshof eingeräumt. Alles in allem war austariert worden, kontrollierten Staatssekretäre der einen die Minister der anderen Partei und zauberten damit das Bild der Provisorischen Staatsregierung an die Wand. Doch die hatte das Parlament zu ersetzen gehabt. Jetzt diente das Austarieren nur noch dem Proporz. Mißtrauen und Unbehagen hielten allenthalben Einzug und wurden nur dadurch gemildert, daß es zwischen den Regierungsmitgliedern in der Regel noch gute Kontakte gab. Doch auch das sollte sich ändern, und gerade an der Spitze war man „sprachlos" geworden; Raab und Pittermann hatten sich nichts mehr zu sagen.

Wieder, wie schon bei den vorhergehenden Wahlen seit 1949, wurde ein Koalitionspakt vereinbart.* Wie 1956 wurde er sofort verlautbart und zeigte gleichbleibende Grundstrukturen: Absichtserklärungen über das Zusammenwirken bei der Bildung einer gemeinsamen Regierung und proporzmäßige Aufteilung der zu besetzenden Positionen. Wesentlich ausführlicher als früher wurden die Details des Proporzschlüssels abgehandelt. Damit war das Kabinett Raab III nach sechswöchigen Verhandlungen gebildet worden. Doch es hatte, zumindest auf seiten der ÖVP, nur etwas perpetuiert, was sich eigentlich nicht mehr verlängern ließ. Es hatte keinen strukturellen Ausgleich zwischen der Wiener und der Niederösterreichischen ÖVP

* Siehe Anhang 3/5

Stehend (von links): Dr. Franz Grubhofer, Dr. Bruno Kreisky, Max Eibegger, Dr. Franz Gschnitzer, Dr. Otto Tschadek, Dr. Fritz Bock, Eduard Weikhart, Ferdinand Graf, Dr. Heinrich Drimmel, Dipl.-Ing. Eduard Hartmann.

Sitzend: Dipl.-Ing. Karl Waldbrunner, Dr. Reinhard Kamitz, Julius Raab, DDr. Bruno Pittermann, Josef Afritsch, Anton Proksch.

REGIERUNG RAAB III
(16. 7. 1959–3. 11. 1960)

Aufnahme vom Juli 1959
Foto: Bildarchiv der Österreichischen Nationalbibliothek

einerseits sowie den westlichen wie südlichen Bundesländern gegeben. Es gab keinen Apparat, der anstelle der Instinktpolitik die notwendigen Sachentscheidungen vorbereiten konnte. Die Bünde der ÖVP mühten sich ab und traten kaum noch geschlossen auf. Der Bauernbund war angeschlagen, weil er zunehmend an Bedeutung verlor; der Arbeiter- und Angestelltenbund wurde von einem bereits alten und kranken Lois Weinberger geleitet, der Wirtschaftsbund von Raab selbst. Überall jedoch regierten die Stellvertreter, Generalsekretäre und geschäftsführenden Obmänner. Und das warf enorme Probleme auf, viel größere als das beim sozialistischen Freien Wirtschaftsverband oder beim Österreichischen Arbeitsbauernbund der Fall gewesen wäre, wenn diese keine durchschlagskräftige Führung und nur noch Platzhalter besessen hätten, denn die ÖVP – das waren ja die Bünde, und man erreichte die Partei nach wie vor so gut wie nur im Umweg über die Bünde. Das Problem der ÖVP war also das ihrer Bünde und deren ständischer Führung.

Im Herbst 1959 formierte sich die innerparteiliche Opposition gegen Raab. Seit dem Sommer wurde über Parteireform gesprochen und geschrieben. Die ÖVP sah, daß die Zeit für eine reine Sammelpartei ohne zentrale, gemeinsame und ideologisch fundierte Aussagen anscheinend vorbei war. Sie sah die Schwäche ihrer bündischen Struktur und suchte Abhilfe. Außerdem wurden ihr der eingetretene soziale Wandel und die Folge der Wanderungsbewegung von Ost nach West bewußt, die mit dem Abschluß des Staatsvertrags nur kurz verlangsamt worden war und dann wieder voll einsetzte. Allein wenn man beobachtete, wie die Zahl der Bauern abnahm und von der Mitte der fünfziger bis zur Mitte der sechziger Jahre die Zahl der nicht in der Landwirtschaft Tätigen im Osten um 10 Prozent, in Vorarlberg aber um 32 Prozent stieg, sah man die Folgen dieser Entwicklung. Wien verzeichnete ein Geburtendefizit von 4 Prozent; der Westen und Süden hatten einen Geburtenüberschuß von 11 Prozent. Die einstmals blühenden Regionen des Wein- und Waldviertels wie überhaupt die Gebiete, die an den kommunistischen Machtbereich grenzten, begannen zu veröden. Die Menschen wanderten ab. Das brachte für alle Parteien Probleme, die eigentlich an ihre Grundstrukturen rührten. Die Volkspartei verlor allmählich dort ihre traditionelle Basis, wo sie diese in der Landwirtschaft hatte, und die Sozialisten dort, wo die Industrialisierung Rückschläge erlebte. Wenn die Sozialisten ihre Basis verbreitern wollten, mußten sie „verbürgerlichen". Wenn die Volkspartei ihre Basis verbreitern wollte, dann mußte sie auf die Arbeitnehmer setzen, und sie mußte den Westen und Süden stärker berücksichtigen. Als die Volkspartei ans Abrechnen ging, wurde Kritik laut. Kritisiert wurde Raabs Instinktpolitik und die abschätzig als „Politik mit dem Weinglas" bezeichnete Außenpolitik Leopold Figls.[28] Doch letztere stand ohnehin nicht mehr zur Diskussion. Diskutiert wurde die Effektivierung der Parteiarbeit, vor allem aber die Schaffung eines generalstabsmäßig planenden Generalsekretariats. Diskutiert wurde selbstverständlich auch die Koalition, und in den Debattenbeiträgen etwa eines Dr. Hermann Withalm, der sich als einer der Proponenten der Parteireform entpuppte, klang schon wesentlich stärker als vorher die Frage nach einem anderen System, dem eines Wechselspiels von Regierung und Opposition – britisches System genannt – an.[29] Doch diesem Vorschlag wurde immer noch vehement widersprochen. Statt dessen wurde von den ÖVP-Landeshauptleuten das Ländermodell als Bundesmodell angeboten, nämlich die Konzentrationsregierung und die Ressortverteilung entsprechend den Stärkeverhältnissen. Auch das ist eine der immer wiederkehrenden Varianten über das Thema: Gerechter Anteil an der Macht und an der Verwaltung des Staates.

Anfang 1960 hielt die ÖVP ihren achten außerordentlichen Bundesparteitag ab. Die Reformer erzielten einen Teilerfolg: Raab wurde als Bundesparteiobmann durch den bisherigen Landesparteiobmann der Steiermark, Alfons Gorbach, abgelöst, und im Generalsekretariat folgte Hermann Withalm dem in das ÖAAB-Präsidium überwechselnden Alfred Maleta.[30] Was sich hier als Niederung der Personalbewirtschaftung von Parteizentralen darstellt und schließlich 1961 in der Nominierung Alfons Gorbachs zum Bundeskanzler zunächst seinen Abschluß fand, war aber mehr als eine bloße Rochade. Hier wurde abermals ein Generationsschub sichtbar. Und die nachrückende Politikergeneration mußte anderes mitbringen als noch die Politiker der fünfziger Jahre, deren Legitimation häufig an ihrem Schicksal im Dritten Reich gemessen wurde. Mit dieser Ablöse von Personen rückten – sieht man von Gorbach ab – zunehmend Politiker in Spitzenpositionen ein, die nicht durch Widerstand und Verfolgung geprägt waren.

Mit dem Sprung in die sechziger Jahre, die vielleicht ein wenig oberflächlich als Jahre der ÖVP-Dominanz im Staat bezeichnet werden können, so wie uns die siebziger Jahre als Jahre der SPÖ-Dominanz vertraut sind, mit diesem Sprung sollte sich aber auch ein letzter Blick zurück in die fünfziger Jahre verbinden. Denn sie waren ja nicht nur dadurch gekennzeichnet, daß Österreichs politische Rekonstruktion zum Abschluß gebracht werden konnte. In diesen Jahren nahmen auch die Geistigkeit und die Kunst einen beträchtlichen Aufschwung. Dafür konnte die Politik aber nur teilweise Rahmenbedingungen herstellen, mitunter aber lieferte sie negative Bezugspunkte.

In den fünfziger Jahren hatte Österreich nicht nur auf dem Gebiet der sogenannten Hochkultur seine Bedeutung zurückgewinnen können. Die Stellung der Wiener Staatsoper als eines der ersten Opernhäuser der Welt war unbestritten. Das Burgtheater knüpfte an seinen einstigen Ruf als das führende deutsche Sprechtheater an. War in den späten vierziger Jahren das Restaurative und die Idylle vor der Ordnung im Vordergrund gestanden, und auch noch in den fünfziger Jahren geargwöhnt worden, Österreich würde sich im Provinziellen verlieren, so hatte es dann doch einen kräftigen Schub gegeben, so daß sich auf dem Gebiet der Dichtung, der Bildhauerkunst, Malerei und Musik in den fünfziger Jahren das Neue einen Weg bahnte. Heimito von Doderers „Dämonen“ wurden als zentrales Werk des Jahrzehnts gefeiert. H. C. Artmann, Gerhard Rühm, Konrad Bayer, Ernst Jandl bildeten eine experimentierende Avantgarde. In Deutschland taten sich die österreichischen Talente einer Ilse Aichinger und Ingeborg Bachmann in der „Gruppe der 47“ hervor. Milo Dor schrieb seine ersten großen Werke. Fritz Wotruba schuf seine bedeutenden Skulpturen, und in der Malerei wie in der Musik machten sich die Wiener Schule und der Phantastische Realismus bemerkbar.

Meistens war es aber noch zu früh, um über einzelne Aspekte hinausgehend auch schon wirkliche Strukturen zu erkennen. Da geht es der Kunst noch schlechter als der Geschichte, die sich doch an faktischen Abläufen orientieren kann. Im Grunde genommen läßt sich daher gerade über die bildende Kunst und über die Literatur erst im Abstand von Jahrzehnten etwas sagen, das auch imstande ist, diese Kunst in ihre Zeit zu stellen. Es nahm zwar vieles in den Jahren der Besetzung und danach seinen Ausgang, doch selten wurde damals schon auf die Zeitumstände reflektiert. Die Auseinandersetzung bezog sich viel mehr auf die nationalsozialistische Zeit als auf die Jahre und Jahrzehnte danach. Als die Literaten schließlich auch an das Aufarbeiten der Nachkriegszeit gingen, war nichts von einem durch die Distanz gemilderten Urteil zu spüren. Ein Schriftsteller wie Michael Scharang, der eine Anthologie „Geschichten aus der Geschichte Österreichs 1945–1983" zusammenstellte,[31] wußte schließlich über die ersten Jahrzehnte der Zweiten Republik lediglich zu schreiben: „Und nach dem Zweiten Weltkrieg, als vier Besatzungsmächte zehn Jahre lang um den österreichischen Staatsvertrag knobelten, gab dieser Umstand der Regierungskoalition der beiden Großparteien den willkommenen Vorwand, Kritik mit patriotischen Argumenten niederzuhalten. Kein Grund also für Autoren, ihre traditionelle Reserve und ihre Vorsicht aufzugeben und sich nicht weiter verschlüsselt mitzuteilen." Aus all dem glaubte Scharang ableiten zu können, daß die Literatur eine radikale Alternative zur offiziellen Geschichtsschreibung geboten habe und biete. Nun könnte man die Richtigkeit dieser Behauptung sicherlich mit einigem Grund in Zweifel ziehen, denn allein die Formulierung von der „offiziellen Geschichtsschreibung" rührt ganz erheblich an das Selbstverständnis des Historikers, der sich als ganz sicherlich nicht im offiziellen Auftrag arbeitend sieht und wahrscheinlich mehr mit den Literaten gemeinsam hat als beiden wirklich bewußt ist. – Das Bild, das gerade die Literatur von der Zeit der Großen Koalition malt, scheint wirklich stark von dem zu differieren, das uns aus historischen Quellen entgegentritt. Da die Literatur aber stärker als andere Künste das Zeitgeschehen verarbeitet, sollten zumindest einige Textstellen auf ihre Aussage hinsichtlich des von Hans Weigel so benannten „Wunderkind-Flegeljahre-Stadiums" der Zweiten Republik[32] angesehen werden.

Man sollte hier zunächst wohl Scharang selbst noch weiter zitieren, der meinte, die Republik schien „auf die eine oder andere Errungenschaft der Hitler-Diktatur nicht verzichten zu wollen und tat alles, damit die emigrierten Schriftsteller, Canetti etwa und Fried, dort blieben, wo sie waren." Wären diese Autoren freilich zurückgekehrt, so „wäre ihnen in der Heimat die Galle übergelaufen angesichts der neuösterreichischen Idylle". Die Zustände waren, so Scharang, widerlich. „Bald bestanden die Wahlkämpfe vor allem darin, daß die beiden Großparteien, die Sozialdemokraten und die Konservativen, um die Stimmen der ehemaligen Nazis kämpften. Denn es war klar: Wer mehr von ihnen auf seine Seite ziehen kann, wird gewinnen. Über dieses offene Geheimnis nicht öffentlich zu reden, war der erste große Konsens in der Zweiten Republik . . ." Die Großparteien hätten die Macht verteilt, sie hätten sich „als Sozialpartner definiert und die Löffel verteilt, mit denen sie damals und hinkünftig absahnten". Das Instrumentarium dazu war die uns hinlänglich bekannte Große Koalition. „Heute noch verbreitet dieses Wort bei allen Demokraten Angst und Lähmung", schrieb Scharang 1983. Von der Literatur habe man erwartet, daß sie sich der Phrase vom Neubeginn beuge, „daß sie sich also an die Arbeit mache, als wäre nichts gewesen." Jedesmal aber, wenn sie sich an die Aufarbeitung der

Vergangenheit machte, fiel man ihr in den Arm. Das sei ganz einfach gewesen, indem man den Literaten die Subventionen vorenthielt, ohne die sie nicht leben konnten, also hätten sie sich in den Untergrund abgesetzt. „Wie aus allem, zogen die Machthaber auch daraus Nutzen. Hätten sie damals eine literarische Öffentlichkeit zugelassen und hätte sich jemand die Mühe gemacht, festzuhalten, wie sie um den Staatsvertrag feilschten, dann würde heute noch kein Politiker sich mit den Wörtern ‚Staatsvertrag' und ‚Neutralität' zu prahlen trauen. Das ganze Land bräche in Gelächter aus." Doch die falschen Wahrheiten seien tradiert worden, und die Literaten schwiegen oder waren zum Schweigen verurteilt.

Was Scharang, der die Zeit der Großen Koalition als Kind und Jüngling erlebte, anzumerken hat, ist von keinerlei Verständnis für die Geschichte oder auch nur vom Versuch einer Zuwendung gekennzeichnet. Es ist eine gnadenlose und im wesentlichen unhistorische Abrechnung. Doch sie ist kein Einzelfall. Auch für Peter Handke ist der Staatsvertrag nur ein scheinbarer Einschnitt,[33] denn er fühlte sich „in dem befreiten Land alles sonst als frei". Es gab dann ganz andere Besatzungsmächte als die vorhergehenden und die seien weitaus realer, weitaus bedrückender. „Der Staatsvertrag wurde von unsereinem eher als sportliches Ereignis aufgenommen, das man neugierig verfolgt, solange es im Fernsehen übertragen wird." Doch Österreich hätte sich nicht gewandelt. Man fühlte sich auch ohne Russen und Briten besetzt, und zwar „von den Besatzungsmächten der materiellen Not, der Herzenskälte der Religion, der Gewalttätigkeit von Traditionen, der brutalen Gespreiztheit der Obrigkeit, die mir nirgends fetter und stumpfsinniger erschien als in Österreich".

In der Literatur begegnet uns aber auch die Regionalgeschichte; da finden sich Themen des Alltags, die sich erst allmählich zu einem Bild der Zustände und zu einem politischen Bild zusammenfügen. Marie-Thérèse Kerschbaumer zeichnete Impressionen, die von Tirol über Salzburg bis ins Mühlviertel reichen und mit Momentaufnahmen einzelne Stationen der Besatzungszeit vergegenwärtigen: Wie in den ersten Jahren nach dem Krieg aus amerikanischen Erbsen und aus Sojamehl eine widerliche Suppe gebraut und an die Schulkinder verfüttert wurde, wie sich Entnazifizierung und Wiedergutmachung abspielten und wie schließlich infolge des Koreakriegs Profitgier über die kleinen Sorgen triumphierte.[34] Alois Brandstetter wieder macht etwas deutlich, das wohl nicht nur einer isolierten Betrachtung wert wäre, nämlich den Fremdenhaß und das Mißtrauen, das man den Vertriebenen und Flüchtlingen in Oberösterreich entgegenbrachte.[35] Man half ihnen aus „Mitleid, Gnade und Duldung". Doch im Gegenzug wurde von ihnen Selbstaufgabe verlangt. „Ohne eigentlich bösen Willen bei den Gastgebern, gab es für die Flüchtlinge viele Demütigungen in ihrer sogenannten neuen Heimat." Helmut Qualtinger, Janko Messner und andere setzten sich mit der Entnazifizierung auseinander und geißelten den mangelnden Bruch mit der Vergangenheit, der eine in Wien, der andere in Kärnten. Elfriede Jelinek und Andreas Okopenko schrieben über die Streikbewegung im September und Oktober 1950, deprimiert und ironisierend. Die vierziger und fünfziger Jahre bildeten für Gernot Wolfsgruber, Gerhard Roth, Gerhard Fritsch, Peter Marginter, selbstverständlich für Ilse Aichinger und Ingeborg Bachmann, für Thomas Bernhard und so gut wie für jeden anderen heute arrivierten Dichter und Schriftsteller den Hintergrund. Meist ist es nur das soziale Geschehen, das sie in ihre Arbeiten einbezogen. Doch das wäre eben nicht so gewesen, wenn nicht die politische Entwicklung in jenen Bahnen verlaufen wäre, die es hier zu schildern galt und gilt.

Immer wieder aber muß man sich fragen, ob es zwei Wahrheiten gibt, die für den Historiker und für den Literaten gelten und die dann zu einer unterschiedlichen Sicht führen. Die Last der Geschichte scheint nämlich zumindest für einige Literaten fast unerträglich, während der eine oder andere Historiker sie in einem Zustand der Schwerelosigkeit übernimmt. Vieles von dem, was in den ersten Jahren und Jahrzehnten nach dem Krieg entstand, wurzelte noch in der Euphorie des Endes der Angst. Daß sich dieser Impuls auf Dauer als nicht ausreichend erwies, ist nicht verwunderlich, denn auch in allen anderen Lebensbereichen ließ sich mit der Formel „wir sind noch einmal davongekommen", wie sie der Wiener Johannes Mario Simmel dann literarisch verbrämte, allein nicht weiterkommen. Die Suche nach dem Staatsvertrag und nach der Möglichkeit, alleinverantwortlich das Leben von sieben Millionen Menschen zu gestalten, schlug aber, wie es scheint, tatsächlich zu wenig auf die Kunst durch. Die Impulse, die von dieser Phase der Nachkriegsentwicklung Österreichs ausgingen, waren bescheiden. Und es gab sicherlich eine erkleckliche Anzahl von Künstlern, die entweder nicht mehr nach Österreich heimkehrten oder aus freien Stücken den Weg ins Ausland einschlugen. Ob dafür der Kleingeist oder der kleine Raum mit seinen begrenzten Möglichkeiten den Ausschlag gab, läßt sich wohl nur im Einzelfall feststellen. Und es war sicherlich ein Unterschied, ob man Salzburg, und damit Österreich, floh wie Thomas Bernhard, oder ob man zu Lehr- und Wanderjahren aufbrach, wie das viele bildende Künstler taten. Kehrte dann jemand wie Bernhard kurzfristig nach Österreich zurück, um einen Preis entgegenzunehmen und ließ er dann seinem Haß auf Österreich freien Lauf, dann konnte es, wie 1967 durch den damaligen Unterrichtsminister Dr. Theodor Piffl-Perčević geschehen, daß einem ein „Und ich bin dennoch stolz, Österreicher zu sein", entgegenscholl.[36] Auch Piffl hatte – scheint's – andere Wahrheiten erfahren und setzte sie der Ablehnung entgegen.

Die fünfziger Jahre waren geprägt von einer Suche nach neuen Formen und Ausdrucksmöglichkeiten. Und sicherlich war lange Jahre hindurch die Förderung der Kunst sträflich vernachlässigt worden und auch kein politisches Anliegen gewesen. Was sich hier entwickelte, stieß erst mit einiger Verspätung auf öffentliches Interesse. Und es fand auch erst ab der Mitte der fünfziger Jahre bewußte Förderer, die von Stellung und Intellekt her dem Neuen Bahn zu brechen versuchten. Von da an war auch in der Kunst jener Satz vom Mut, der billiger geworden war, anzuwenden.

18 Vor Sonnenuntergang

Was nun kam, der in wenigen Akten gespielte Schluß des Schauspiels „Die Zwei“, läßt an Gerhart Hauptmanns Geheimrat Clausen in „Vor Sonnenuntergang“ denken. Die Hauptfigur des Schauspiels – es war eigentlich keine Tragödie – glaubte, noch einmal beginnen zu können. Clausen war voller Pläne und auch arglos. Dabei hatte er aber übersehen, daß Kinder und Erben schon die Entmündigung eingeleitet hatten. Ähnlich schien es Julius Raab zu gehen. Dem haftet eine gewisse Unbarmherzigkeit an, und es ließ sich mit Hauptmanns Geheimrat Clausen sagen: „Der wird den Leichenduft nicht mehr los, der einmal auch nur vier Wochen bürgerlich tot gewesen ist.“

Als die Regierung Raab III 1959 mit der Aufarbeitung der anstehenden Fragen begann, die Österreich den Weg in die sechziger Jahre ebnen sollte, gab es einige größere Brocken auszuräumen. Allerdings mußte man sich fragen, ob angesichts der zwar personell verfolgbaren, von den Voraussetzungen aber keineswegs geänderten Arbeitsbedingungen der Großen Koalition auch nur Nennenswertes anders geworden war. Wie sollte unter gleichen Voraussetzungen etwas weitergebracht werden, das vorher schon nicht zu bewältigen und unter der Zugrundelegung der totalen gegenseitigen Kontrolle eigentlich nur noch schwieriger geworden war? Die steigende Zahl von wissenschaftlichen Abhandlungen, von Zeitungs- und Zeitschriftenartikeln, die sich mit der Koalition beschäftigen, die Versuche, sie zu reformieren, und jene schon mehrmals ansatzweise erkennbaren Versuche, sie aufzubrechen, waren Zeichen der Krise.[1] Die Koalition hatte ihren Höhepunkt überschritten und wurde im Grunde genommen nur noch durch den Willen einiger weniger, durch ein ihr selbst innewohnendes Beharrungsvermögen und durch die nach wie vor gegebene Zustimmung großer Bevölkerungsteile getragen. Noch war daher der Ruf nach Reform und Bestand stärker als jener nach dem Ende der Koalition. Statt aber nun an die Reform zu gehen, wurde nur die Aufteilung vorangetrieben und noch strenger als vorher in „Reichshälften“ geschieden. Dabei war es aber nicht damit getan, ganz einfach Einflußsphären auszuhandeln. Jetzt wurden auch zunehmend Parallelinstitutionen geschaffen. Zu den Institutionen der einen Partei kamen ebensolche der anderen. Der Arbeitsbauernbund und der Freie Wirtschaftsverband konkurrenzierten solcherart die Volkspartei, die ihrerseits wieder bemüht war, in die „roten Hochburgen", etwa in die Mietervereinigung, die Arbeiterkammer und vor allem in die Gewerkschaften, einzudringen. Die Tendenz zur Zweiteilung setzte sich bei den staatlichen und halbstaatlichen Institutionen fort, beim Rundfunk etwa, wo man von der „schwarzen Welle" und vom „roten Schirm" sprach, um die Zweiteilung in einen von der ÖVP dominierten Hörfunk und in ein von der SPÖ dominiertes Fernsehen deutlich zu machen.[2] Neben dem „roten" Bund Sozialistischer Akademiker, Intellektueller und Künstler (BSA) war der „schwarze" Akademikerbund entstanden; neben dem doch eher der „schwarzen" Reichshälfte zuzuzählenden Roten Kreuz der „Arbeiter-Samariterbund", neben dem „schwarzen" Österreichischen Automobil-, Motorrad- und Touring-Club (ÖAMTC), der Auto-, Motor- und Radfahrerbund Österreichs (ARBÖ) und neben dem Österreichischen Alpenverein die Naturfreunde.

Unter Zugrundelegung des aus der Politologie kommenden Begriffs der „Versäulung" war also festzustellen, daß sich beide Parteien bemühten, Österreich dem idealtypischen Fall dieses Modells anzunähern.[3] Beide Koalitionsparteien waren bemüht, sich jedes organisierbare Interesse, ob dies nun staatliche Einrichtungen, Krankentransport oder Autofahrer betraf, auch tatsächlich einzuverleiben.

Was sich an der Spitze des Staates als eine Art modernes Konsulenpaar präsentierte, hatte aber sicherlich nicht römische Vorbilder, wenn es überhaupt einen bewußten Bezug für diese Form der „Zweisamkeit" gab. Manche Formen des Ausgleichs und der Kontrolle konnten weiterhin ganz gut mit Einrichtungen und Bedingungen der Besatzungszeit erklärt werden. Doch es gab auch ein historisches Beispiel, das so weit hergeholt nicht schien, nämlich den Dualismus der österreichisch-ungarischen Monarchie. Auch jetzt sprach man gerne von „Reichshälften" und hätte den Ministerrat als „geheimen Ministerrat" und den Koalitionsausschuß, bei dem über die „Ausgleichsquoten" zu verhandeln war, auch ganz gut als „Delegationen" bezeichnen können. Ebendiese Beobachtung ließ Willy Lorenz schon 1955 schreiben: Österreich lebt „unter der Regierung Franz Josephs II.".[4] Das konnte freilich nur dazu dienen, die Große Koalition als etwas verständlich zu machen, das in Österreich nicht beispiellos war. Neu war der durch Wahlen immer wieder zu ermittelnde Proporz, der schließlich nicht nur für die Spitzenpositionen galt, sondern für so gut wie alle Verwaltungsbereiche und ebenso für die Exekutive und – mit Einschränkungen – auch für die Rechtsprechung und die obersten Gerichtshöfe. Da es immer schwieriger geworden war, den Forderungen einer Seite im gewünschten Ausmaß zu entsprechen, wurden im zunehmenden Maß „Koppelungsgeschäfte" abgeschlossen, bei denen dann Fragen junktimiert wurden, die an sich nichts, aber schon wirklich nichts miteinander zu tun hatten. Für Zugeständnisse in einem die ÖVP interessierenden und berührenden Teil, etwa in der Landwirtschaft, wurden der SPÖ Zugeständnisse in einem sie interessierenden Bereich wie der Sozialversicherung gemacht. Ohne das Junktim gab es immer weniger Einigungsmöglichkeiten. Es war, wie es auch Bruno Kreisky in der „Zukunft" im März 1959 ausgedrückt hatte, „ein ständiges do ut des, der tägliche Versuch zu einem Ausgleich der Sozialpartner". Kreisky setzte fort: „. . . und es ist nicht erstaunlich, daß gelegentlich der Außenstehende den Eindruck gewinnt, daß die Parteien viele Fragen allzu aufschiebend behandeln." Doch das war schließlich nicht das größte Problem. Das größte Problem war der Eindruck, es würde „gepackelt", es würden faule Kompromisse eingegangen und eine an sich vernünftige Methode des Ausgleichs pervertiert.

Als man dann nach dem Sommer an die Arbeit ging, hieß es dort weitermachen, wo die Regierungsarbeit im Februar stehen geblieben war. Unmittelbare Entscheidungen erforderte der Beitritt Österreichs zur EFTA. Liegen geblieben war die Schul- und Strafrechtsreform. Ob der Freude, daß das Bundesheer seinen Grenzeinsatz 1956 so bravourös hinter sich gebracht hatte, war übersehen worden, daß der amerikanische Überflug 1958 eine neutralitätspolitisch bedenkliche Situation geschaffen hatte und daß die Organisation des Heeres, wie sie 1955/56 geschaffen worden war, ja nur eine Übergangslösung sein sollte, die dann einer endgültigen und besser auf die Verhältnisse abgestimmten Organisation weichen sollte. Auch Raabs Ausspruch, das Bundesheer würde seiner Aufgabe als Erziehungsfaktor für die Jugend gut nachkommen und sollte im übrigen ohnedies keinen Krieg führen,[5] mochte ganz gut seiner persönlichen Auffassung entsprechen, nur war diese nicht mit den durch Staatsvertrag und Neutralität geschaffenen Erfordernissen in Einklang zu bringen.

Besonders ins Auge springen mußte, daß Österreich 1959 mit Ausnahme der Bundesrepublik Deutschlands, des Fürstentums Liechtenstein und der Schweiz noch immer keinen Anrainerstaat hatte, mit dem es keine ernsthaften Probleme, wenn nicht sogar schwere Zerwürfnisse, gab.

Es hatte sich nicht viel gegenüber 1955 gebessert, eher war es schlechter geworden. Im Verhältnis zu den Staatsvertragssignataren hatte sich mittlerweile eine Zweiteilung ergeben, die sich allerdings schon längst abgezeichnet hatte; Frankreich und Großbritannien spielten in der österreichischen Politik nur noch die Rolle von Staaten, die entweder dem einen oder dem anderen Wirtschaftsblock angehörten und zu denen es die Kontakte – und zwar ausschließlich aus wirtschaftspolitischen Rücksichtnahmen – weiter zu pflegen galt. Ungleich wichtiger waren die USA und die Sowjetunion.

Die Beziehungen zu diesen Mächten hatten Veränderungen erfahren, die wohl in besonderer Weise symptomatisch für eine wenig durchschlagskräftige und ausschließlich auf den Kompromiß angewiesene Regierung waren. In dem Bestreben, es gerade den wichtigen Staatsvertragssignataren ja recht zu machen, war Österreich übervorsichtig geworden und wurde daher von der unerwartet harten Vorgangsweise der USA bei der Einforderung gegebener Zusagen geschockt und später durch die Haltung der USA in der Südtirolfrage enttäuscht. Da nützte es auch nichts, wenn man sich ein ums andere Mal selbst versicherte, es wäre wohl nicht so gemeint und die USA würden aus einer Mücke einen Elefanten machen. Allmählich summierte sich das Unbehagen, und wenn man auf die Sicherheitspolitik überblendete, war zu konstatieren, daß die Vereinigten Staaten Österreich wohl großzügige Hilfe beim Aufbau seines Heeres geleistet, daß sie aber jenen zeitweilig erhofften Schritt einer formellen Garantie der österreichischen Unabhängigkeit nicht gesetzt hatten.

Intern freilich stellten die USA Österreich nach wie vor als einen absolut zuverlässigen und auch fest zum westlichen Lager zählenden Neutralen dar. Dabei war wahrscheinlich stärker als anderswo die Hand der Militärs zu spüren, für die Erwägungen, wie sie das State Department anstellte und vor allem dessen Forderungen nach Erfüllung des Wiener Memorandums, irrelevant waren. Der Nationale Sicherheitsrat der USA legte andere Maßstäbe an und schrieb das fort, was bereits seit 1956 als Leitlinie galt. Für 1959 hieß es daher in dem turnusmäßigen Bericht über Österreich,[6] daß kein Grund zu einer Revidierung der geltenden Grundsätze erkennbar sei: „Die Parlamentswahlen vom Mai 1959 haben ein annäherndes Gleichgewicht zwischen den Sozialisten und der Volkspartei hergestellt . . . Die neue Koalitionsregierung unter dem von der Volkspartei gestellten Kanzler Raab spiegelt dieses Gleichgewicht wider . . . Insofern hat es keinen grundlegenden Wandel in der österreichischen Politik der militärischen Neutralität mit ihren stark pro-westlichen Übertönen gegeben . . . Die Österreicher haben seit 1955 versucht, Handlungen, bei denen sie den Westen bevorzugten, dadurch auszugleichen, daß sie bei der Erfüllung ihrer Verpflichtungen gegenüber dem Sowjet-Block ein überkorrektes Verhalten an den Tag legen und auch Handlungen setzen, die man als im weitesten Sinn den Sowjet-Block begünstigend ansehen kann. Während der letzten ein, zwei Jahre haben Zahl und Umfang dieser Handlungen etwas zugenommen. Diese Tendenz kann Ausfluß dessen sein, daß die österreichische Regierung eine Zunahme der Macht der Sowjetunion gegenüber der USA festzustellen glaubt und die zunehmenden Bemühungen der Sowjetunion, als Vertreter und Befürworter der friedlichen Koexistenz dazustehen, honoriert . . . Ein zusätzlicher Faktor kann in dem Wunsch einflußreicher Gruppen erkannt werden, eine Atmosphäre zu schaffen, in der der Osthandel aufgebaut werden kann. In diesem wird gerade in einer Zeit des sich verschärfenden Wettbewerbs von diesen Kreisen eine Chance gesehen und eine Absicherung gegen mögliche wirtschaftliche Einbrüche im Westen.“ Dann wurden die Probleme aufgezählt, insbesondere das noch offene Wiener Memorandum und die amerikanische Reaktion darauf in Form von zurückgehaltenen Krediten. Doch das Grundsatzpapier des Nationalen Sicherheitsrats schloß mit der Erörterung der militärischen Problematik und der Unterstützung, die die USA Österreich weiterhin für den Aufbau seines Heeres angedeihen lassen wollten.

Von diesem Geheimpapier wußte man selbstredend in Österreich nichts, daher konnte lediglich von der Hoffnung ausgegangen werden, daß das Verhältnis zu den USA nicht wirklich getrübt war. Unübersehbar aber blieb, daß man am Ballhausplatz auf der Stelle trat und keine Patentrezepte anzubieten wußte. So gesehen hatte der neue Außenminister kein leichtes Erbe angetreten.

Auf der anderen Seite des Globus hatte sich im Verhältnis zur Sowjetunion ein unerwartet herzlicher Ton breitgemacht, und es war nicht nur das österreichische Bemühen um Korrektheit, das die Beziehungen sprunghaft verbessert hatte; es war vor allem auch die sowjetische Politik, die sich als besonders förderlich für das bilaterale Verhältnis erwies. Die abwartende Haltung der USA traf Österreich genauso unvorbereitet wie die auf Entgegenkommen abgestimmte Haltung der Sowjets. Damit wurde Österreich ein Erlebnis der Orientierungslosigkeit beschert, bei dem es bereit war, jedwede Wünsche zu erfüllen. Geradezu dramatische bis skurrile Ausmaße nahm diese Haltung an, dem Westen wie dem Osten zu gefallen, als es 1959 darum ging, in Wien internationale Begegnungen zu arrangieren. Im Mai wurde ein sudetendeutsches Treffen abgehalten, gegen das der Osten und die österreichischen Kommunisten ein gewaltiges propagandistisches Trommelfeuer richteten. Für die Zeit vom 24. Juli bis zum 4. August aber wurde in Wien das „VII. Welt-Jugendfestival für Frieden und Freundschaft“ der Kommunisten geplant, das wiederum im Westen auf Ablehnung stieß und als unnötige Fleißaufgabe angesehen wurde.[7] Mehr noch: In den USA wurde dies als weiteres Indiz dafür gewertet, daß in Österreich der Antiamerikanismus überhand nehme. Das eine Mal kamen rund 300.000 Sudetendeutsche; das andere Mal etwa 15.000 Jugendliche, die meisten aus den kommunistischen Staaten. Die Zustimmung zu den beiden Großveranstaltungen war allerdings in der umgekehrten Reihenfolge gegeben worden, so daß im sudetendeutschen Treffen der Versuch des Ausgleichens gesehen werden muß, weil eben vor allem die USA so schwere Geschütze gegen das Jugendfestival aufgefahren hatten. Als die Regierung ihre Zusage zum KP-Festival gegeben hatte, wußte man von der amerikanischen Verstimmung noch nichts. Und als es so weit war, konnte man das Festival nicht mehr absagen, ohne die Russen zu brüskieren. Dem ehemaligen Botschafter Lapin trieb es vor wenigen Jahren allerdings noch immer Lachtränen in die Augen, wenn er sich erinnerte, wie er schließlich am letzten Tag des Jugendfestivals Julius Raab so weit hatte, daß dieser, was er bis dahin vermieden hatte, einer Veranstaltung im Konzerthaus beiwohnte. Es war die Schlußveranstaltung, und als ein Orchester schließlich irgendein hymnisches Musikstück intonierte, stand Raab auf, weil er offenbar meinte, es würde eine Staatshymne gespielt. Lapin wollte ihn nicht allein stehen lassen, stand ebenfalls auf, und schließlich erhob sich der ganze Saal. Es sei, meinte Lapin, wohl das einzige Mal gewesen, daß dieses „Lied der Jugend“ stehend angehört wurde.[8]

Schon auf die noch im Frühjahr 1958 erfolgte Ankündigung hin, das kommunistische Festival in Wien und damit erstmals im Westen abzuhalten, hatte sich eine Front zu bilden begonnen, der sich zwar keine führenden Mitglieder der ÖVP anschlossen, wohl aber – und das schon bei den ersten Kontakten – mehrere Sozialisten, gewissermaßen die Jungtürken, nämlich Kreisky und Broda. Dazu kam noch der Führer der sozialistischen Jugend, Peter Strasser. Allmählich stießen auch andere dazu, so Fritz Molden.[9] Sie organisierten schließlich mit amerikanischer Hilfe – und letztlich wohl auch mit stiller Duldung der Regierung – ein Gegenfestival, das an sich Episode geblieben wäre und bleiben könnte. In der damaligen Situation kam jedoch einer derartigen Aktion vermehrte Bedeutung zu.

Die kommunistischen Weltjugendfestspiele hatten einen – wohl zunächst kaum beachteten – Nebeneffekt. Außer Teilnehmern aus den Ostblockstaaten und europäischen Jugendorganisationen kam auch eine Reihe von Delegationen aus der dritten Welt. Sie wurden, wie alle anderen auch, von den Organisatoren des Gegenfestivals zu betreuen gesucht, und dabei ergaben sich Gespräche mit Vertretern afrikanischer Staaten, die klarzumachen versuchten, daß das Bemühen, Afrika nicht in das kommunistische Lager abwandern zu lassen, ein gewisses Engagement und konkrete Maßnahmen erforderlich machte. Aus diesen vor allem mit Vertretern Obervoltas geführten Gesprächen resultierte dann das erste österreichische Entwicklungshilfeprojekt, nämlich jenes in Obervolta.[10] Die Weltjugendfestspiele waren also indirekt die Initialzündung für das österreichische Engagement in der dritten Welt, vor allem in Afrika.

Das Interesse für die dritte Welt, das hier punktuell faßbar wird und das dann in die allerdings nicht sehr großartige Entwicklungshilfe Österreichs mündete, hatte aber auch andere Wurzeln. Schon 1956, dann 1957 und vor allem 1958 begannen Auslandsreisen hoher österreichischer Politiker. Es war die Reisewut ausgebrochen. Vizekanzler Schärf war schon 1956 nach Fernost gefahren. Außenminister Figl berührte teilweise dieselben Länder, als er zwei Jahre später eine große Asientour machte und nach Persien, Afghanistan und Indien fuhr.[11] Dahinter stand aber mehr als die bloße Absicht, exotische und bis dahin weitgehend außerhalb des österreichischen Gesichtsfelds liegende Länder zu besuchen. Dahinter stand die Absicht, die doch als zu stark empfundene und ausschließliche Bindung an die Staatsvertragssignatare zumindest zu ergänzen. Und dann zeigte sich Österreich verständlicherweise an der Gruppe der Neutralen interessiert. Für die Sitzungsperioden der UNO bereitete sich Österreich auch alljährlich und besonders gewissenhaft auf jene Fragen vor, die im Zusammenhang mit der dritten Welt und mit ihren Konflikten standen. Da wurde gewogen und gefeilt, um – bei aller Rücksichtnahme auf die Beurteilung der österreichischen Haltung durch die Supermächte – auch diesen Ländern Signale zu geben. Österreich bezog daher in den Fragen Ägypten und Palästina, Kaschmir, Oman, Westiran, Algerien und Zypern einen differenzierten Standpunkt. Die Kontakte mit Österreich kamen den erwähnten Ländern auch durchaus gelegen, da sie ja gerade in der Neutralistengruppe und später in jener der Blockfreien immer Probleme mit der Äquidistanz hatten und sich nur zu leicht abgestempelt fühlten.

Es würde freilich unzutreffend sein, wollte man dieses Engagement für die dritte Welt und die Blockfreien nur dem Interesse für diese Länder und altruistischen Motiven zuschreiben. Blitzartig erhellt das aus der Korrepondenz Figls während seiner Reise nach Fernost. Immer wieder kamen die Österreicher dabei auf ein Problem zu sprechen: Südtirol. Dasselbe Thema stand während des Besuchs des libanesischen Außenministers, Charles Malik, 1958 auf dem Tapet: Nicht von ungefähr hieß es auch im Zusammenhang mit dem Besuch Maliks in Wien, er wäre besonders wichtig, denn Malik könnte bei einer Befassung der UNO mit dem Südtirolproblem notfalls zehn südamerikanische Staaten mitziehen.[12]

Diese Bemerkung macht gleich mehreres deutlich: Erstens, daß das österreichische Interesse an den außereuropäischen Staaten und den Nicht-Staatsvertragssignataren mit einem konkreten Anliegen der österreichischen Außenpolitik verknüpft wurde und daher nicht nur dem Kennenlernen diente. Und zweitens, daß schon 1958 daran gedacht wurde, notfalls die UNO mit der Südtirolfrage zu beschäftigen.

Unmittelbar nach dem Abschluß des Staatsvertrags hatte man nicht wissen können, daß die Südtirolfrage jenes Problem werden könnte, das schließlich noch einmal wie 1945 und 1946 zum zentralen Anliegen der österreichischen Politik werden sollte. Und wenn wir uns nochmals vor Augen halten, daß jeder Mensch und auch jedes Land nach der Erreichung eines großen Zieles auch ein wenig ärmer wird und sich schon aus einem inneren Antrieb heraus ein neues Ziel steckt, ja stecken muß, dann wird daraus auch verständlich, daß sich die Südtirolfrage schließlich als jenes Problem und als jene Idee herauskristallisierte, die ein zentrales Anliegen wurde und die durch weitere rund 15 Jahre die österreichische Politik intensiv beschäftigte. Auf diese Weise kehrte die Außenpolitik auch an ihre Anfänge in der Republik zurück und bekam wieder einmal die Chance des Neubeginns.

Sehen wir uns nur einmal in Stichworten die großen Etappen der Entwicklung der Südtirolfrage an:[13] Am 5. September 1946 hatten der österreichischen Außenminister Karl Gruber und der italienische Ministerpräsident Alcide De Gasperi in Paris ein Abkommen unterzeichnet, durch das der deutschsprechenden Bevölkerung der Provinz Bozen sowie den zweisprachigen Ortschaften in der Provinz Trient volle Gleichberechtigung gewährt werden sollte. Italien willigte auch in die Rückkehr all jener Südtiroler ein, die dem Land zwischen 1938 und 1945 den Rücken gekehrt hatten. Es war genau ausgeführt worden, worauf sich die Gleichberechtigung zu erstrecken hatte: Schule, Amtssprache und Gesetzgebung. Dazu sollten noch besondere Erleichterungen im Verkehr der Südtiroler mit Österreich kommen. Innerhalb eines Jahres sollten alle Maßnahmen gesetzt und das Abkommen erfüllt sein. Daß hier zu rasch getrachtet worden war, eine Einigung herbeizuführen, und auch zuwenig sorgfältig formuliert worden war, dürfte westlichen Diplomaten sehr schnell klargeworden sein. Vielleicht hätte eine Aufnahme des Abkommens in den italienischen Friedensvertrag eine zügigere Lösung ermöglicht, doch dagegen hatten sich die Sowjets ausgesprochen. Daß gerade die Westalliierten über die Einigung erfreut und erleichtert waren, steht aber ebenso außer Zweifel wie es auffällt, daß man sich z. B. auf britischer Seite auch später über die Natur der Dinge durchaus im klaren war. So deutete der schon betagte britische Lord Robert Vansittart dem ehemaligen österreichischen Botschafter in London, Dr. Lothar Wimmer, gegenüber noch 1957 an, es könne gar kein Zweifel darüber bestehen, daß Triest zu Italien und Südtirol zu Österreich gehöre.[14] Doch davon hatte man nichts mehr, und auch die Briten warnten davor, die Sache zu dramatisieren oder auch nur zu internationalisieren.

Italien begann erst 1948, die Zusagen des Gruber-De Gasperi-Abkommens in einigen Punkten zu erfüllen, setzte aber durch die Schaffung der Region Trentino-Südtirol, in der die Deutschsprachigen nicht mehr die Mehrheit hatten, neue Maßstäbe, die das Abkommen größtenteils unwirksam machten. Außerdem wurden immer neue Möglichkeiten der Zurückdrängung der deutschsprachigen Südtiroler gesucht und gefunden. Nach mehreren Versuchen Österreichs, sich als Schutzmacht einzuschalten, wurde am 8. Oktober 1956 ein Memorandum an Italien gerichtet, in dem vorgeschlagen wurde, eine gemischte italienisch-österreichische Expertenkommission zu bilden, um alle Fragen aus dem Pariser Abkommen, deren Anwendung strittig war, zu prüfen und Vorschläge zur Bereinigung auszuarbeiten. Italien wies diesen Vorschlag Anfang Jänner 1957 zurück und verlangte das Beschreiten des normalen diplomatischen Weges.[15] Er wurde beschritten.

Doch dieser Weg war, wie man sich denken kann, holprig. Merkwürdigerweise spielte sogar die Person des damals noch zu lebenslanger Haft verurteilten ehemaligen SS-Sturmbannführers Walter Reder in die Südtirolfrage hinein. Wie das kam, schilderte der einstige österreichische Botschafter beim Heiligen Stuhl, Dr. Hans Reichmann, mit großer Anschaulichkeit.[16] Nach dem Staatsvertrag setzten Bemühungen ein, Reder als österreichischen Staatsbürger anzuerkennen. Die Betreiber dieser Frage erwirkten einen Bescheid der oberösterreichischen Landesregierung, mit dem Reder die österreichische Staatsbürgerschaft zuerkannt wurde. Reder war vor 1938 illegaler Nationalsozialist gewesen und nach seiner Flucht in das Deutsche Reich von Österreich ausgebürgert worden. Da er zum Zeitpunkt seiner Einbürgerung in Deutschland aber noch unmündig gewesen war und eine Zustimmung des Vaters nicht vorgelegen hatte, hob die oberösterreichische Landesregierung die Ausbürgerung auf. Das Innenministerium focht jedoch den entsprechenden Bescheid an; der Verwaltungsgerichtshof hob ihn auf. Doch die oberösterreichische Landesregierung stellte einen neuerlichen Bescheid aus. Wieder focht ihn das Innenministerium an, worauf abermals der Verwaltungsgerichtshof zur Entscheidung aufgefordert wurde. Da schaltete sich Innenminister Helmer ein und wies den Bearbeiter im Innenministerium an, die Eingabe an den Verwaltungsgerichtshof zurückzuziehen und die Angelegenheit „aufrecht“, das heißt, im Sinne der oberösterreichischen Landesregierung zu erledigen. Helmer fügte sinngemäß hinzu: „Machen S’ meinem Freund Gleißner keine solchen Schwierigkeiten!“ Der nächste Schritt war dann, daß man an das italienische Außenministerium wegen einer Begnadigung Reders herantrat. Die Italiener gaben daraufhin zu erkennen, eine Begnadigung könne erwogen werden. In diesem Fall müsse Österreich jedoch eine bindende Erklärung abgeben, daß dies die letzte offene Frage zwischen den beiden Ländern sei. Das aber konnte natürlich nur bedeuten, daß Österreich im Tausch gegen Walter Reder seine Hoffnungen auf eine Verbesserung für die Südtiroler begraben sollte. Und das ging denn doch zu weit. Reder blieb in Gaeta, und Österreich rollte die Südtirolfrage auf.

Kaum aber hatte Österreich damit begonnen, sich unmißverständlich in der Südtirolfrage zu Wort zu melden und auf Erfüllung des Gruber-De Gasperi-Abkommens zu drängen, da wurde ihm schon der Vorwurf des Revisionismus zuteil. Nun kann man wohl genauso annehmen, daß es in Österreich vereinzelt revisionistische Tendenzen gab, wie man ausschließen kann, daß das Aufrollen der Südtirolfrage mit dem Wunsch nach einer Grenzrevision (und in einem anderen Zusammenhang wäre das Wort bedeutungslos) verbunden gewesen wäre. 1945 und 1946 hatte man sich zweifellos Hoffnungen gemacht, zumindest ein Teil Südtirols würde wieder zu Österreich kommen. Diese Spekulation stand auch sicherlich auf festeren Beinen als etwa die nach Anschluß des Berchtesgadener Landes, des Ödenburger Gebiets, der definitiven Eingliederung Südböhmens und Südmährens – oder was auch immer es an Spekulationen und Hoffnungen gegeben hatte. Mittlerweile war aber auch Südtirol kein territoriales Problem mehr.

Die Vorsicht beim Aufrollen des Südtirolproblems ging jedoch so weit, daß man sich sogar überlegte, ob nicht ein österreichisches Engagement für die deutschsprachige Bevölkerung Südtirols im Gegensatz zum Staatsvertrag oder zur Neutralität stehen würde.[17] Österreich hatte ja im Artikel 11 die volle Geltung des Friedensvertrags der Alliierten mit Italien anzuerkennen gehabt. Österreich hatte ferner seine eigenen Grenzen vom 1. Jänner 1938 als unumstößlich anerkannt. Damit war eigentlich von vornherein ausgeschlossen, daß das österreichische Engagement so verstanden werden konnte, daß es um territoriale Forderungen ging. Schon in den ersten

Noten wurde daher darauf hingewiesen, daß es ausschließlich um die Durchführung des Pariser Abkommens gehe. Der Vorwurf des Revisionismus griff also nicht recht.

Von 1957 an, als Italien endlich in Konsultationen – nicht in Verhandlungen – einwilligte, bis 1959 gab es in Italien vier Regierungen und einmal Neuwahlen, und das zeigte schon sehr deutlich, wo die Schwierigkeiten lagen: Italien war nur kurzfristig imstande, eine wirklich handlungsfähige Regierung zu bilden, die auch über den nötigen Rückhalt verfügte, um das für Italien sicherlich schwierige innenpolitische Problem des Aufrollens der Südtirolfrage angehen zu können.

Man sollte aber auch die österreichischen Schwierigkeiten in Rechnung stellen. Das Land hatte wenige wirkliche Freunde und gerade mit seinen Nachbarn mehr Schwierigkeiten, als ihm lieb war. Das Aufrollen der Südtirolfrage mußte zwangsweise etwas sein, das zu vermehrten Spannungen mit Italien führen konnte. Für das Aufgreifen des Südtirolproblems sprach sicherlich einiges, vor allem die Verpflichtung, ja die Haftung, die einmal übernommen worden war. Es war der Gerechtigkeitssinn, der mehr wog als irgendwelche Hoffnungen und Sehnsüchte. Für die Aufnahme der Verhandlungen über eine Erfüllung des Gruber-De Gasperi-Abkommens sprach aber auch zunehmend die innerösterreichische Situation, denn angesichts der Schwierigkeiten in der Koalition und angesichts der Spannungen zwischen Ost- und Westösterreich, wo immer wieder der Westen Zusagen monierte und über Schlechterbehandlung klagte, war mit dem Aufgreifen des Südtirolproblems auch zu signalisieren, daß Wien konsequent die Tiroler Interessen vertrat. Um diese Haltung augenfällig zu machen, war ja auch mit Dr. Franz Gschnitzer nicht von ungefähr ein Tiroler Staatssekretär im Außenministerium geworden. Dies mußte um so mehr signalhafte Wirkung haben, als in den Kabinetten Raab die Bundesländer, und besonders die westlichen, in einer auffallenden Weise unterrepräsentiert waren.

Raab, der wohl kein besonderer Freund des Aufgreifens des Südtirolproblems war, machte aber schon seit 1957 deutlich, daß man im österreichischen Vorgehen nicht das Steckenpferd einiger wildgewordener Tiroler erblicken durfte. Er gab daher in periodischen Abständen von der Regierungsbank Erklärungen ab, die meist vom Staatssekretär im Außenministerium, Gschnitzer, und von Raabs Sekretär, dem Tiroler Dr. Ludwig Steiner, entworfen und innerhalb der Regierungskoalition abgesprochen worden waren. Auch Außenminister Figl meldete sich immer wieder zu Wort. Schließlich immer deutlicher. Am 4. Dezember 1957 gab er die erste lange Südtirolerklärung ab und nach mehr als einem Jahr die zweite.[18] Er schilderte die einzelnen Etappen der Verhandlungsanbahnung und ebenso, wie es trotz des Gruber-De Gasperi-Abkommens kaum zu einer Verbesserung der Situation für die deutschen Südtiroler gekommen sei. Der Beamtenkörper bestehe seit den Zeiten des Faschismus zu 90 Prozent aus Italienern. In der gesamten Provinz Bozen seien bei der Polizei lediglich sechs Südtiroler angestellt. Im Landeskrankenhaus in Bozen wären sämtliche Krankenschwestern Italienerinnen und nur eine spräche leidlich Deutsch. „Wir verlangen daher den ethnischen Proporz in der gesamten staatlichen und halbstaatlichen Verwaltung und in der Gerichtsbarkeit", sagte Figl. Er verwies auf eine Reihe von Beispielen für den Minderheitenschutz und für die Einräumung autonomer Verwaltungen, vor allem im Aostatal, wo die vom Faschismus vorgenommene Italianisierung der Ortsnamen wieder rückgängig gemacht worden war.

Warum sollte das, was im Aostatal für die französischsprachige Bevölkerung möglich war, nicht auch für die deutschsprachige Bevölkerung Südtirols – „für unsere Volksgruppe", wie Figl sagte – möglich sein? Er ging noch auf das Wohnungsproblem, auf die wirtschaftliche Situation und auf die Arbeitslosigkeit ein. Österreich könne sich mit der italienischen Vorgangsweise und mit der Auffassung, daß das Gruber-De Gasperi-Abkommen bereits erfüllt sei, nicht einverstanden erklären. Und wenn es nicht zu echten Verhandlungen und einer Verbesserung der Situation komme, müsse Österreich die im Abkommen vorgesehenen zuständigen Instanzen bemühen. „Nemo judex in re sua – niemand kann Richter in eigener Sache sein. Das gilt für uns wie für Italien", schloß Figl.

Trotz aller Bemühungen wollte der immer wieder gesuchte Kontakt mit Italien aber nicht gelingen, und die diplomatischen Sondierungen führten zu nichts. Der einzige permanente Kontakt war daher der, der über die jeweiligen Parteizentralen der Christdemokraten und der Sozialisten lief. Und gerade diese Kontakte wurden immer sehr skeptisch beurteilt. Außenminister Figl bediente sich daher des Sachsenburger Kommerzialrats Rudolf Moser, um ein Gutteil der Geheimdiplomatie abzuwickeln, durch die überhaupt erst eine gewisse Gesprächsbereitschaft ausgehandelt und einer noch früheren Radikalisierung vorgebeugt wurde.[19]

Doch die Radikalisierung gab es da wie dort. In Tirol erreichte sie im „Andreas-Hofer-Jahr" 1959 (150 Jahre Volkserhebung 1809) einen ersten Höhepunkt. In dieser Situation passierte Leopold Figl, dem wirklich nicht der gute Wille, zu einem Einvernehmen mit Italien zu kommen, abzusprechen war und der in Tirol wohl auch unbillige Kritik einstecken mußte, ein letzter „Ausrutscher". Figl sollte 1959 anläßlich des zehnjährigen Bestehens des Europarats die Festansprache halten, da Österreich den turnusmäßigen Vorsitzenden der Ministerversammlung stellte. Figl tat das auch und kam dabei – wie in der Koalition besprochen – in ohnedies sehr vorsichtigen Formulierungen auf Südtirol zu sprechen. Daraufhin sprang der italienische Europaratsdelegierte vom Sitz auf und protestierte laut beim Präsidenten gegen diese Vorgangsweise. Präsident Fernand Dehousse wußte sich nicht anders zu helfen, als Figl zu bitten, sich auf das Thema „zehn Jahre Europarat" zu beschränken, worauf Figl alle weiteren Äußerungen über Südtirol ausließ.[20] Das wurde in Österreich als Blamage, ja als Demütigung empfunden und bescherte Figl einen unverdient schlechten Abgang aus dem Außenministerium.

Mit der 1959 erfolgten Schaffung eines eigenen Außenministeriums erfuhr die österreichische Südtirolpolitik einen gewissen Wandel, der nicht nur darin begründet war, daß das Ressort einen neuen Leiter bekam, sondern auch darin, daß die Dinge gewissermaßen reif geworden waren. Man hatte, wie wir wissen, schon vor diesem Wechsel, 1958 etwa, aber auch schon früher, daran gedacht, das Problem zu internationalisieren, und zwar nicht nur dadurch, daß man die Frage vor den Europarat brachte, sondern vor allem durch eine Befassung der Vereinten Nationen. Daher war auch das österreichische Abstimmungsverhalten schon einige Jahre darauf ausgerichtet gewesen, überall dort, wo Österreich in einer Minderheitenfrage abzustimmen hatte, das Südtirolproblem im Auge zu behalten. – Über die engere Frage hinausgehend, und ungeachtet dessen, daß die Stockungen in den Verhandlungen mit Italien ein energisches Vorgehen rechtfertigten, verband sich mit dem

1959 laut gewordenen Wunsch Österreichs, die Südtirolfrage vor die UNO zu bringen, aber noch etwas anderes: Der neue Außenminister, Bruno Kreisky, wollte der österreichischen Außenpolitik konkrete Ziele setzen und sie als selbständige Außenpolitik sichtbar werden lassen. Zudem wollte er sich wohl auch nicht bloß als jemand präsentieren, der nur etwas fortsetzte, ganz zu schweigen davon, daß ihm das in Tirol keine allzugroßen Freundlichkeiten eingetragen hätte. Tirol, ein Land mit denkbar solider ÖVP-Mehrheit hatte auch einem ÖVP-Außenminister mangelndes Engagement vorgeworfen und hatte ihm die diversen Pannen in Rom und dann vor der Ministerversammlung des Europarats 1959 nicht verziehen. Kreisky wären ähnliche Un- und Zufälle vielleicht noch mehr zum Verhängnis geworden. Er nahm sich daher schon 1959 des Tiroler Wunsches nach Vorbringung bei der UNO an und setzte damit einen Anfang, als er am 21. September 1959 der UNO-Vollversammlung den österreichischen Standpunkt ganz allgemein klarzumachen versuchte. Das Ganze war in Form einer Beschwerde abgefaßt und blieb seitens des italienischen Außenministers Pella nicht unwidersprochen.

Die Reaktionen auf den österreichischen Appell waren größtenteils positiv, sofern sie aus blockungebundenen Ländern kamen. Von den blockgebundenen Ländern war die Reaktion der USA am interessantesten, da sich die USA angesichts der amerikanisch-österreichischen Kontroversen und der NATO-Mitgliedschaft Italiens zu keiner Österreich unterstützenden Erklärung durchringen konnten.

Auf dieses Problem kam auch der Nationale Sicherheitsrat der USA zu sprechen, der in seinem Grundsatzpapier vom November 1959 festhielt, daß es Ziel der US-Politik sein sollte, sich „aus dieser alten und emotionsgeladenen Kontroverse" herauszuhalten.[21] Vielmehr sollte versucht werden, beide Parteien dazu zu bringen, die Angelegenheit bilateral zu lösen und nicht vor der UNO zu behandeln.

Auch die Sowjetunion, der zwar an einer Unterstützung Österreichs gelegen gewesen sein dürfte, hielt sich weitgehend zurück und gab in der UNO keine Stellungnahmen ab, da sie ihre Haltung in der Südtirolfrage auf die italienischen Kommunisten abstimmte. Da diese gegen die Forderungen der Südtiroler Stellung bezogen, war daher auch für die zweite Supermacht Vorsicht und Rücksicht geboten. Vielleicht war es auch gut so, daß sich die USA wie die Sowjetunion heraushielten. Wenigstens kam es auf diese Weise nicht noch zu einer zusätzlichen Polarisierung.

Doch die österreichische Beschwerde 1959 war nur der Auftakt gewesen. Da Italien trotz mehrerer Notenwechsel nicht zur Aufnahme von Verhandlungen bereit war, wurde für die Herbstsitzung 1960 von österreichischer Seite die Einbringung einer UNO-Resolution vorbereitet. Das war ein Paukenschlag. Kreisky brachte die Resolution ein und erläuterte sie ausführlich. Er dürfte sich jedoch selbst keine Hoffnung gemacht haben, mit diesem, die sehr weitgehenden Wünsche Tirols berücksichtigenden Entwurf durchzukommen. Da er aber zumindest den Anschein erwecken wollte, er würde sich – anders als Figl – zu einem unbedingten Anwalt der Tiroler Wünsche machen,[22] brachte er den ihm von Tiroler Seite unterbreiteten und nur redigierten Resolutionsentwurf ein, der auf eine Revision des Gruber-De Gasperi-Abkommens hinauslief. Italien scheiterte zwar mit seinem Versuch, den Punkt Südtirol von der Tagesordnung absetzen zu lassen. Aber schon nach den ersten

Debattenbeiträgen war klar, daß Österreich für seinen Entwurf keine Mehrheit finden würde. Insbesondere die USA, aber auch alle anderen NATO-Staaten und etliche südamerikanische Staaten lehnten ihn strikt ab. Befürworter fand Österreich nur in Kuba und Afghanistan. Hinter den Kulissen begann nun die österreichische Delegation nach einem Ausweg zu suchen, bis schließlich wiederum die Tiroler Vertreter – und nicht der Außenminister – mit dem Vorschlag kamen, eine neue, abgeänderte Resolution einzubringen. Bei deren Formulierung war vor allem Irland behilflich. Italien bemühte sich bis zuletzt, die Annahme zu verhindern, und erklärte sich erst unmittelbar vor der entscheidenden Sitzung am 31. Oktober, als es schon Gefahr lief, majorisiert zu werden, bereit, für die Resolution zu stimmen. In ihr wurde Italien zu zügigen Verhandlungen über das Gruber-De Gasperi-Abkommen und die Durchführung der Autonomiegesetzgebung in Südtirol aufgefordert.

Italien war keineswegs gedemütigt worden, ebensowenig wie Österreich einen Triumph davongetragen hatte. Doch erstmals wurden echte Verhandlungen gefordert und zugesagt, und auch indirekt eingestanden, daß das Abkommen nicht erfüllt worden war. Österreich wiederum – und das wurde von radikaleren Gruppen in Österreich und Südtirol bemängelt – hatte sich damit zufriedengegeben, über die Autonomieregelung zu sprechen, statt die Forderung nach Selbstbestimmung zu erheben. Eine derartige Resolution hätte aber niemals die Zustimmung der UNO-Vollversammlung gefunden, denn damit wäre ein Präzedenzfall geschaffen worden, dem zufolge rund 200 Minderheiten auf der ganzen Welt gegen ihre Regierungen hätten aufstehen können. – Die Annahme der Resolution war auch ein persönlicher Erfolg Kreiskys, der mit der Einschaltung der UNO Österreich aus seiner außenpolitischen Lethargie gerissen hatte, es auf ein außenpolitisches Ziel eingeschworen und überdies eine bis in die achtziger Jahre haltbare Achse – eine persönliche Achse allerdings – von Wien nach Tirol geschmiedet hatte.

Die Hoffnungen, die Österreich an die UNO-Resolution geknüpft hatte, wurden allerdings nicht erfüllt. Drei Außenministertreffen Italiens und Österreichs in Mailand, Klagenfurt und Zürich und ein Expertentreffen in Zürich, alle zwischen Jänner und Juni 1961, brachten kein Ergebnis, da Italien nur zu minimalen Zugeständnissen an die Südtiroler bereit war und weiter davon ausging, daß das Gruber-De Gasperi-Abkommen erfüllt sei.[23] Im Juli 1961 faßte die österreichische Regierung den Beschluß, abermals die UNO anzurufen. Vom 15. bis 23. November berieten der Spezialausschuß und die Vollversammlung über das Südtirolproblem. Wieder, wie 1960, gab es eine Zweiteilung der Präferenzen. Afghanistan, Indien, Indonesien, Zypern, Kambodscha und Persien traten vorbehaltlos für den österreichischen Standpunkt ein. Der afghanische Delegierte forderte sogar mehr, als Österreich verlangte, nämlich das Selbstbestimmungsrecht für Südtirol. Wieder waren also jene Staaten, die seit 1956 als Zielgruppe der österreichischen Außenpolitik behandelt worden waren, zur Unterstützung bereit. Griechenland, Kolumbien und Chile unterstützten hingegen nachdrücklich den italienischen Wunsch, das Südtirolproblem nicht als politisches, sondern als juristisches Problem zu behandeln und den Internationalen Gerichtshof anzurufen. Schließlich wurden Italien und Österreich zu weiteren bilateralen Verhandlungen aufgefordert.

Österreich war nicht ganz zufrieden, doch zwei Vorgänge hatten eine andere

Entscheidung unmöglich gemacht: Nach dem Scheitern der Außenministerkonferenz in Mailand im Jänner 1961 war es in Südtirol zu vereinzelten Attentaten gekommen. Im April 1961 folgte eine Attentatswelle. Im Juni die nächste. Sie war, wie wir seit einiger Zeit wissen, in Briefen angekündigt worden, die unter anderen an Bundeskanzler Gorbach, Vizekanzler Pittermann, Außenminister Kreisky, Staatssekretär Steiner und Kardinal König gerichtet und mit „Die Südtiroler Freiheitskämpfer" unterzeichnet waren. Diese forderten die Selbstbestimmung, und wenn schon eine Angliederung an Österreich unmöglich sei, so wollten die „Freiheitskämpfer" ein autonomes Staatswesen, unabhängig von Italien. Italien seinerseits antwortete mit Verhaftungen, wie z. B. jener der Südtirolreferentin der Tiroler Landesregierung, Dr. Victoria Stadlmayer. Am 2. Mai war von italienischen Extremisten das Andreas-Hofer-Denkmal in Mantua gesprengt worden. In der Nacht vom 11. auf den 12. Juni 1961 flogen dafür 47 Hochspannungsmasten in Südtirol in die Luft, wodurch in Italien erhebliche Stromstörungen verursacht wurden. Kurz darauf glich Südtirol einer belagerten Festung. Es gab Massenverhaftungen und rigorose Polizeimaßnahmen. Der zweite Vorgang, der Auswirkungen auf den Ausgang der UNO-Debatte hatte, war die Einsetzung der sogenannten Neunzehnerkommission durch Italien. Außenminister Mario Scelba hatte einen Vorschlag der Südtiroler Volkspartei aufgegriffen und die Bildung einer Kommission erwirkt. Es war keine Parlaments-, sondern eine Studienkommission der Regierung. Sie war auch nicht paritätisch, sondern aus elf Italienern und acht Südtirolern zusammengesetzt. Dennoch: Die Einsetzung der Neunzehnerkommmission wurde schließlich jene Maßnahme, die am meisten zur Lösung des Südtirolproblems beitrug. Nach weiteren Gewalttaten, aber auch nach der österreichischerseits gezeigten Haltung, gegen österreichische Attentäter und deren Hintermänner gerichtlich und mit exemplarischen Strafen vorzugehen, entspannte sich 1962 das österreichisch-italienische Verhältnis wieder. Südtirol blieb jedoch im Zentrum der österreichischen Außenpolitik und wurde auch – wie demoskopische Umfragen ergaben – von der Mehrheit der Bevölkerung als sehr wichtig oder zumindest wichtig eingestuft.[24] Das war das erstemal seit langem, daß eine außenpolitische Frage auf breites Interesse stieß. Natürlich erreichte das Südtirolproblem aber nicht annähernd jene Bedeutung, die der Staatsvertragsfrage immer wieder zugekommen war, wenngleich der Staatsvertrag ja nicht überall auf Interesse gestoßen war, genauso wie seine Bestimmungen nicht nur Zustimmung gefunden hatten.

Wenden wir uns kurz einem zweiten großen Problem, das im Mischbereich zwischen Außen- und Innenpolitik angesiedelt war, zu: jenem der slowenischen und kroatischen Minderheiten, vor allem aber der slowenischen Volksgruppen in Kärnten. Es ragt wie das Südtirolproblem aus der Zeit der Ersten Republik herüber. Anders als in Südtirol hatte es in Kärnten aber einen Akt des Selbstbestimmungsrechts gegeben, da bei der Volksabstimmung vom 10. Oktober 1920 die Bevölkerung des strittigen Gebiets ein klares Votum für Österreich abgegeben hatte. Nach dem Zweiten Weltkrieg wurde die Frage zunächst durch die massiven jugoslawischen Gebietsforderungen aktualisiert. Allerdings reduzierte Jugoslawien dieselben schon in Geheimgesprächen mit den Sowjets 1947 auf eine minimale Abtretung. Das hinderte Jugoslawien freilich nicht, die Forderungen nach außen hin aufrechtzuerhalten und jeden Versuch zu unternehmen, um die österreichische Verhandlungsposition durch die Diskreditierung von einzelnen Personen zu erschüttern. So wurde zunächst der Kärntner Landeshauptmann Hans Piesch als belastet angeprangert, weil er eine Sammlung für das Deutsche Winterhilfswerk durchgeführt hatte, und wenn nicht alles trügt, wurde auch versucht, den damaligen Außenminister Karl Gruber in ein schiefes Licht zu bringen.[25] Schließlich ließ Jugoslawien auch die reduzierten territorialen Forderungen fallen. Statt dessen sollten Schutzbestimmungen für die slowenische und kroatische Bevölkerung Kärntens, der Steiermark und des Burgenlands in den Staatsvertrag aufgenommen werden. Diese Bestimmungen wurden 1949 formuliert und blieben seit damals unverändert.[26] Im Artikel 7 des Staatsvertrags, in den sie schließlich Eingang fanden, wurde es jedoch von österreichischer Seite unterlassen, die notwendigen Präzisierungen vorzunehmen. Worte wie „verhältnismäßig", „Anspruch" und „zugelassen" sorgten für Verwirrung und unterschiedliche Interpretationen. Die einzige in der Staatsvertragsendrunde gemachte Änderung betraf die Schullehrpläne, von denen es im alten Entwurf geheißen hatte, sie sollten „so weit als notwendig revidiert" werden, während es in der endgültigen Fassung heißt, die Lehrpläne sollten lediglich „überprüft" werden.

Die Kernfrage des Volkstumsproblems in Kärnten war überhaupt von allem Anfang an das Schulproblem und nicht, wie man vielleicht in den siebziger Jahren glauben konnte, die Frage der topographischen Aufschriften.[27] Unterrichtsminister Drimmel hatte sofort nach der Unterzeichnung des Staatsvertrags den Entwurf für ein Schulgesetz ausarbeiten lassen, der jedoch nie das Parlament erreichte. Denn die Wiener Zentralstellen sahen sich bald darauf demselben Phänomen ausgesetzt wie die jugoslawische Zentralregierung in Belgrad. Kaum war ein Vorschlag auf dem Tisch, der vom Standpunkt des Gesamtstaates eine brauchbare Lösung enthielt, da gerieten Wien unter den Druck Kärntens und Belgrad unter den Sloweniens. Daran änderte sich auch in der Folgezeit nichts.

Belgrad ließ schon 1956 erkennen, daß es unter gewissen Voraussetzungen bereit sein könnte, auf den Jugoslawien zustehenden Verfall des österreichischen Vermögens in Jugoslawien (gemäß Artikel 27 des Staatsvertrags) zu verzichten. Allerdings setzte das nicht nur eine österreichische Abschlagszahlung, sondern auch eine die slowenischen Wünsche berücksichtigende Lösung aller anstehenden Fragen des Artikels 7 voraus. Im Oktober 1956 trat dann ein österreichisches Ministerkomitee zusammen, das die Schulgesetzgebung für das gemischtsprachige Gebiet Kärntens ausarbeiten sollte. Das war um so dringender geworden, als im Frühjahr ein Elternstreik im Zusammenhang mit dem Slowenischunterricht an Kärntner Mittelschulen stattgefunden hatte, mit dem Erfolg, daß Slowenisch als obligatorische Fremdsprache abgeschafft und nur noch als Freifach gelehrt wurde. Die Reaktion Jugoslawiens war entsprechend. Im Februar 1957 lag ein neuer Gesetzesentwurf des Unterrichtsministeriums vor, der zum Inhalt hatte, daß die Schulerhalter der Volks- und Hauptschulen im gemischtsprachigen Gebiet, also vor allem die Gemeinden, ermächtigt werden sollten, im eigenen Bereich die Feststellung zu treffen, ob neben oder statt einer deutschsprachigen auch eine slowenische oder gemischtsprachige Schule bestehen solle. Minister Drimmel wollte auf diese Weise vermeiden, daß die Unterrichtssprache vom Landtag oder von der Landesregierung festgesetzt würde.[28] Der

Entwurf war insofern problematisch, als es damit zu Majorisierungen hätte kommen können, bei denen dann 51 Prozent Deutschsprachige 49 Prozent Slowenischsprachige (und umgekehrt) hätten überstimmen können. Wie schon im Staatsvertrag war nirgends von einer festen Zahl ausgegangen worden. Im Herbst 1957 vereinbarten Minister Figl und sein jugoslawischer Amtskollege Koča Popović die Bildung einer gemischten österreichisch-jugoslawischen Kommission, um alle anstehenden Fragen zu diskutieren. Die Kommission nahm ihre Arbeit zu Beginn des Jahres 1958 auf. Sie schleppte sich aber zunächst nur fort.[29] Es gab viel gegenseitiges Mißtrauen und viele Animositäten. Im Juni 1958 waren die Verhandlungen nichtsdestoweniger so weit gediehen, daß schon konkrete Zahlen über die Abgeltung vermögens- und sozialrechtlicher Forderungen genannt wurden.

Uneinigkeit gab es jedoch weiterhin in der Frage der Interpretation und der Erfüllung des Staatsvertragsartikels 7. Von österreichischer Seite wurde dabei die Ansicht vertreten, daß es sich um eine innerösterreichische Angelegenheit handle. Man sei lediglich bereit, über das Problem zu sprechen und die Anregungen, die von den Jugoslawen in der gemischten Kommission gemacht würden, der österreichischen Bundesregierung zur Kenntnis zu bringen. Damit wollten sich die jugoslawischen Vertreter begnügen. Sie brachten jedoch als wesentliche Forderung die vor, daß in Kärnten die gemischtsprachigen Schulen erhalten bleiben sollten, während österreichischerseits von allem Anfang an darauf hingewiesen wurde, daß es sich dabei um eine denkbar provisorische Regelung handle und eine Neuregelung auf Dauer nicht vermeidbar sei. Dabei stützte sich die österreichische Argumentation auf genau denselben Artikel 7 des Staatsvertrags, wo es zwar hieß, daß die slowenischen Kinder einen Anspruch auf Elementarunterricht in slowenischer Sprache hätten, woraus aber keineswegs die Verpflichtung für den übrigen Bevölkerungsteil herauszulesen war, ihre Kinder zweisprachig unterrichten zu lassen. Auf einen kurzen Nenner gebracht: Die slowenischsprachigen Kinder sollten durchaus ihren Elementarunterricht in ihrer Muttersprache haben; die deutschsprachigen Kinder waren aber deshalb nicht zu zwingen, in der Volksschule Slowenisch zu lernen.

In der politischen Abteilung des Ballhausplatzes war man eine Zeitlang der Ansicht, die Gespräche stünden vor einem erfolgreichen Abschluß, und dies wäre eine kaum wiederkehrende Gelegenheit, das Verhältnis zu Jugoslawien auf eine neue Grundlage zu stellen.[30] Statt dessen kam es zu einer dramatischen Verschlechterung der Beziehungen. In Kärnten wurde ein Schulgesetz vorbereitet, gegen das Jugoslawien sofort Widerstand anmeldete. Der Ministerrat sagte aus nicht ganz ersichtlichen Gründen die Teilnahme der österreichischen Delegation an der Endsitzung der österreichisch-jugoslawischen Kommission am 8. Juli 1958 ab. Da diese Absage mit dem Moskaubesuch der österreichischen Regierungsdelegation zusammenfiel und zwischen Moskau und Belgrad damals gerade eine „Eiszeit" ausgebrochen war, wurde in Jugoslawien – sicherlich zu Unrecht – geargwöhnt, Österreich hätte der Intensivierung seiner Beziehungen zu Moskau die Verständigung mit Jugoslawien geopfert.[31] Wenige Monate später gab der Kärntner Landeshauptmann Ferdinand Wedenig eine Schulverordnung heraus, der zufolge Eltern ihre Kinder vom obligatorischen Schulunterricht in slowenischer Sprache abmelden konnten. Daraufhin wurden von rund 13.000 Kindern 10.000 abgemeldet. Obwohl es sich bei dieser

Verordnung des Landeshauptmanns auch nur um eine provisorische Regelung handelte, war Jugoslawien schwer verstimmt.

Die politische Abteilung des Außenministeriums versuchte, ein Einlenken in letzter Minute zu erreichen und mahnte am 17. November 1958 den eigenen Minister: „Bei der geographischen Lage Österreichs und der heutigen weltpolitischen Konstellation müssen wir . . . bestrebt sein, zu gutnachbarlichen Beziehungen zu Jugoslawien zu kommen. Die sonstigen Voraussetzungen sind heute mehr denn je gegeben. Ergreifen wir diese Chance, wie sie sich vielleicht nicht wieder bietet, nicht, so handeln wir – vor allem auf weite Sicht gesehen – gegen unsere eigenen Interessen."[32] Es nützte nichts.

Jugoslawien sah in dem Schulerlaß einen Bruch des Staatsvertrags und sagte seine Teilnahme an weiteren Sitzungen der gemischten Kommission ab. Österreich führte demgegenüber an, daß es durch die 1957 erfolgte Gründung eines slowenischen Gymnasiums in Klagenfurt mehr getan hatte, als im Staatsvertrag verlangt worden war. Am 19. März 1959 verabschiedete schließlich der Nationalrat ein Schulgesetz und ein Amtssprachengesetz, womit die Schulfrage endgültig und entgegen den ersten Entwürfen Heinrich Drimmels zur ausschließlichen Bundessache gemacht wurde. Eine wesentliche Bestimmung (§ 10, 2) schränkte die Geltungsdauer des Gesetzes zeitlich ein und sah vor, daß eine endgültige Regelung nach dem „Vorliegen der Ergebnisse einer amtlichen Minderheitenfeststellung" getroffen werden sollte. Es wurde von jeglichem Rechnen mit Prozentsätzen abgerückt und das Bekenntnisprinzip zur Anwendung gebracht.[33] Jugoslawien beharrte demgegenüber auf seiner Forderung nach obligatorischem Slowenischunterricht in Pflichtschulen für alle Kinder des gemischtsprachigen Gebiets in Kärnten, und von slowenischer Seite wurde vor allem eine Minderheitenfeststellung, also Zählung, abgelehnt. Die Regelung der aus dem Artikel 7 herrührenden Fragen war offenbar doch keine ausschließlich innerösterreichische Angelegenheit, wie das von Jugoslawien und Österreich immer wieder festgestellt worden war. Allerdings konnte die österreichische Regierung darauf verweisen, daß ihre Schritte von beiden Koalitionsparteien gebilligt und getragen würden und daß sich sowohl die Bundesregierung wie die Kärntner Landesregierung über die massiven Proteste der FPÖ und des Kärntner Heimatdienstes, die im Schulgesetz und im Amtssprachengesetz eine viel zu weitgehende Konzession sahen, hinweggesetzt hatten.[34]

Am selben Tag, als das Schulgesetz verabschiedet wurde, machte man sich in Österreich, wie es in der internen Sprachregelung des Ballhausplatzes hieß, „sehr zu seinem Bedauern auf eine Phase einer gesteigerten Spannung . . . gefaßt". Das Außenministerium teilte einer Reihe von österreichischen Missionschefs lakonisch mit: „Neben dem Konflikt mit Italien wegen Südtirol zeichnet sich wegen der slowenischen Minderheit in Kärnten auch ein österreichisch-jugoslawischer Konflikt ab, der in den nächsten Tagen offen zum Ausbruch kommen könnte."[35]

Er brach nicht aus. Jugoslawien wartete den Ausgang der Wahlen ab und versuchte dann, mit der neuen Regierung und mit einem neuen österreichischen Außenminister, das Slowenenproblem von neuem anzugehen. Jugoslawien anerkannte abermals, daß das Slowenenproblem eine innerösterreichische Angelegenheit sei, deren Regelung allerdings durch den Staatsvertrag vorgezeichnet sei und an der Jugoslawien ein bedeutendes Interesse hätte. Daß die Minderheitenschutzbestimmungen der Ersatz für die nicht erfolgte Abtrennung Südkärntens an Jugoslawien war, wurde vom offiziellen Jugoslawien wie vom offiziellen Österreich seither nach Tunlichkeit verschwiegen. Aber die Abtrennungswünsche blieben natürlich in Erinnerung. In den sechziger Jahren verbesserten sich die Beziehungen wieder. Am auffallendsten während des Besuchs von Staatspräsident Tito in Österreich 1967, als Tito, den österreichischen Gastgebern unauslöschlich im Gedächtnis, auf die Frage des Slowenenproblems mit einer wegwerfenden Geste antwortete[36]. Das war so wie die unbedachte Äußerung Figls über Südtirol als ein „unendlich geringfügiges" Problem. Doch wie man sieht, haben es unendlich geringfügige Probleme so an sich, daß man sie nur temporär mit einer wegwerfenden Geste vom Tisch fegen kann.

Kurios ist freilich eines: Die österreichisch-jugoslawischen Beziehungen waren immer dann am besten, wenn Österreich keine Lösung des Slowenenproblems versuchte, und immer dann am schlechtesten, wenn Österreich trachtete, den staatsvertraglichen Bestimmungen nachzukommen.

Mit dem Südtirolproblem und der Frage der slowenischen Volksgruppe in Kärnten waren am Übergang von den fünfziger zu den sechziger Jahren Dinge ins Rollen gekommen, die die österreichische Politik langfristig beschäftigen sollten. Sie waren auch so auffallend zu jenem Zeitpunkt ins Rollen gekommen, als das Kabinett Raab II am Ende war und nach den Wahlen ein neuer Abschnitt begann, daß man sich fragen muß, ob das zufällig geschah. Von der Regierungsbildung her und dem auf totalen Proporz abzielenden Koalitionsabkommen ausgehend, wäre zu erwarten gewesen, daß sich die absolut die Waage haltenden Großparteien bei der Regierungsarbeit noch schwerer tun würden als zuvor. Doch genau das Gegenteil trat ein! Es war wie zwischen 1953 und 1956, daß gerade dann, wenn die Stärke der Regierungsparteien annähernd gleich war, die Entscheidungen in rascher Folge fielen und die Politik in allen Bereichen wesentliche Impulse erhielt, während dann, wenn die Parteien größere Unterschiede aufwiesen, wie zwischen 1956 und 1959 und später zwischen 1963 und 1966, kaum Fortschritte zu erzielen waren. Zum Teil mag das daran gelegen haben, daß das vermeintliche oder tatsächliche Minus an Macht dazu verleitete, durch ein stärkeres Hervorheben der Eigenständigkeit und durch eine besonders konsequente Opposition innerhalb der gemeinsamen Regierung dieses Minus wieder auszugleichen.

Es fällt auf, daß nicht nur die Lösung der Südtirolfrage voranging und sich im Verhältnis zu Jugoslawien neue Dimensionen abzeichneten. Auch auf anderem Gebiet wurden Entscheidungen plötzlich reif, oder sie wurden einfach gefällt, wodurch politische Abschnitte ein Ende fanden und andere ihren Anfang nahmen.

Im November 1958 hatten Großbritannien, Dänemark, Norwegen, Schweden, Portugal, die Schweiz und Österreich, jene sieben Staaten, die aus unterschiedlichen Gründen nicht Mitglieder der EWG geworden waren oder werden konnten, mit Verhandlungen über die Bildung einer europäischen Freihandelszone begonnen. Diesbezügliche Verhandlungen waren sehr rasch fortgeführt und zu Ende gebracht worden.[37] Da ja zunächst über eine große europäische Freihandelszone verhandelt worden war, hatte es in vielen Punkten schon Einigkeit gegeben. Sie waren nur auf die Bedürfnisse einer kleineren Gemeinschaft hin festzuschreiben gewesen. Am

20. November 1959 wurden die Verhandlungen über die Gründung der „European Free Trade Association" (EFTA) in Stockholm zum Abschluß gebracht und das Abkommen am 4. Jänner 1960 unterzeichnet. Die Unterzeichner des Vertrages wollten die Gründung dieser „Gemeinschaft der Sieben" aber als Übergangslösung verstanden wissen, bis der vorgesehene Brückenschlag zur EWG möglich war. Zwischenzeitlich sollten die Zölle der EFTA-Mitgliedsstaaten zwischen diesen abgebaut und die letzten Handelsbeschränkungen aufgehoben werden. Allerdings galt das – im Gegensatz zur EWG – nicht für den Sektor Landwirtschaft. Es war dabei jedem EFTA-Mitglied bewußt, daß diese Wirtschaftsgemeinschaft nur eine Teillösung darstellte, aber nicht zuletzt die kleinen Staaten konnten wenigstens mit einer gewissen Rückendeckung und Absicherung an Verhandlungen mit der EWG herangehen. Daß gerade für Österreich mehr noch als für die Schweiz die EFTA vorderhand die einzige Möglichkeit darstellte, an der europäischen Integration teilzunehmen, war den politischen Verantwortlichen nur zu sehr bewußt. Denn es hatte deutliche Warnungen aus Moskau gegeben. Die Sowjetunion sah in der Integrationsfrage ein Problem der Erfüllung des Staatsvertrags.

Und wieder trafen sich Raab und die Mehrheit der sozialistischen Politiker in ihren Ansichten, wenngleich aus unterschiedlichen Gründen, während die westösterreichische ÖVP unzufrieden war. Raab, den außenpolitische Fragen weiterhin interessierten, hatte auch, vielleicht entgegen manchen Erwartungen, ein durchaus gutes Verhältnis zu Außenminister Kreisky. Ein viel besseres jedenfalls als Leopold Figl zu seinem Staatssekretär gehabt hatte. Da hatte gegolten, was ein ungenannter Diplomat folgendermaßen charakterisierte: „Der Kreisky war in der Wahl seiner Mittel nicht immer delikat, und der Figl hat oft gelogen, daß sich die Wände bogen. Man mußte bei einer Vielzahl von Kleinbränden immer wieder Feuerwehr spielen . . ."[38] Das Verhältnis zwischen Raab und Kreisky war korrekt, ja gut, so als ob das Raab-Bonmot vom russischen Bären auch zum innenpolitischen Leitspruch geworden wäre und auch die Sozialisten nicht dauernd in den Schwanzstummel gezwickt werden sollten.

1960 endete die unterkühlte Phase der Beziehungen zu den USA dadurch, daß nach fast fünf Jahren das Wiener Memorandum mit der Paraphierung eines vermögensrechtlichen Abkommens seiner Erledigung zugeführt wurde (20. Dezember 1959). Der Weg dahin war alles andere als einfach gewesen. Gleich nach den Wahlen wurde mit neuerlichen amerikanischen Vorstößen gerechnet. Und sie kamen. Allerdings machte sich auch in diesem Fall bemerkbar, daß der neue österreichische Außenminister, Bruno Kreisky, mit einigem Selbstbewußtsein auftrat und mehr tun wollte als Wohlverhalten und traditionell gute Beziehungen zu demonstrieren. Anläßlich seines Aufenthalts in den USA im Herbst 1959 sprach er nicht nur vor der UNO deutliche Worte zu Südtirol. Er traf sich auch mit dem amerikanischen Unterstaatssekretär Douglas Dillon und relativierte das Problem des Wiener Memorandums in einer unmißverständlichen Weise.[39] Es sei sicherlich nötig, Lösungen zu finden, meinte Kreisky. Doch der zwischen der Erfüllung des Wiener Memorandums und der Freigabe von Counterpartmitteln hergestellte Zusammenhang sei gerade von der österreichischen Arbeiterschaft nicht verstanden worden. Er habe aber weder die Absicht, um die Freigabe zu bitten, noch gar darauf zu drängen. In

Österreich herrsche Prosperität. Man habe den Erdölfirmen weitgehende Zugeständnisse angeboten und befürchte sogar, deshalb von den Sowjets unter Druck gesetzt zu werden. Sollte es aber zu keiner Lösung kommen, würde Österreich auch die Einleitung eines Schiedsgerichtsverfahrens nicht fürchten, denn dabei würde dann der gesamte Komplex und die keineswegs nur positive Haltung der amerikanischen und britischen Erdölgiganten im Laufe der Jahre und Jahrzehnte darzulegen sein. Österreich habe den Firmen Schürfrechte im gewünschten Ausmaß angeboten, allerdings (und das wohl aus neutralitätspolitischen Überlegungen) nicht in Ostösterreich. Doch es gäbe auch andere Hoffnungsgebiete. – Und plötzlich wurde eine geänderte Haltung der Amerikaner deutlich. Unterstaatssekretär Dillon zeigte Verständnis für die österreichischen Forderungen und beharrte nicht auf dem kompromißlosen Standpunkt, der für rund zwei Jahre gegolten hatte.

Zum Einlenken der Amerikaner trug wohl auch bei, daß nunmehr nicht nur die Erfüllung des Wiener Memorandums in greifbare Nähe gerückt war, sondern auch die Erfüllung der jüdischen Forderungen in einem ausreichenden Maß gesichert schien. Noch vor den Wahlen war vom Ministerrat in Wien der Beschluß gefaßt worden, ein Gesetz zu erlassen, durch das ein Fonds im Gegenwert von sechs Millionen Dollar eingerichtet werden sollte. Aus diesem „Abgeltungsfonds" waren Entschädigungen für bisher nicht erfaßte Kategorien, insbesondere im Bereich der Sozialversicherungen, zu zahlen. Außerdem wurde die Zusicherung gegeben, bei Bestandsrechten, Hausratsentschädigungen und noch nicht geltend gemachten Rückstellungsansprüchen eine wohlwollende Prüfung vorzunehmen und begründete Ansprüche zu erfüllen. Die Westmächte versprachen im Gegenzug, die bisherige diplomatische Unterstützung der jüdischen Forderungen fallen zu lassen.[40]

Nach der Verabschiedung des zwölften Opferfürsorgegesetzes war es dann auch so weit: Der vor allem amerikanische Druck auf Österreich wegen ungenügender Erfüllung des Artikels 26 des Staatsvertrags hörte auf.

Die jüdischen Organisationen in den USA waren freilich nicht so rasch zufriedenzustellen und setzten Österreich bereits im darauffolgenden Jahr neuerlich unter Druck. Dabei wurde immer wieder auf das Beispiel der Bundesrepublik Deutschland angespielt, die viel großzügiger und unbürokratischer Wiedergutmachung leistete. Kreisky hatte zwar schon 1959 darauf hingewiesen, daß hier wohl ein Unterschied zu beachten sei, nämlich der, daß in Deutschland der Nationalsozialismus legal an die Macht gekommen sei, während Österreich seinerseits Opfer sei und nach dem Krieg schwere Lasten zu tragen gehabt hätte. Doch das überzeugte die jüdischen Organisationen keineswegs und hinderte sie auch nicht, bereits im Sommer 1960 eine Zeitungskampagne anzudrohen, mit der die amerikanische Öffentlichkeit sensibilisiert werden sollte. Da Österreich gerade damals ebenfalls versuchen wollte, in den amerikanischen Printmedien Stimmung zu machen, und zwar im Zusammenhang mit Südtirol, wurden neuerliche Gespräche vorgeschlagen. Der Sprecher der jüdischen Organisationen und Vorsitzende des Jüdischen Weltkongresses, Nahum Goldmann, drohte allerdings gleichzeitig, amerikanische Juden würden vor der UNO gegen Österreich demonstrieren, sollten die Gespräche ergebnislos bleiben. Dabei sollten Transparente mit Texten wie: „Kann Österreich von Italien Gerechtigkeit für Südtirol fordern, wenn es selbst seine Versprechungen gegenüber den Nazi-Opfern nicht einhält?" mitgetragen werden. In der diesbezüglichen Meldung der österreichischen Botschaft in Washington hieß es, die Juden fühlten sich von der österreichischen Bundesregierung genarrt. Minister Kreisky schrieb darunter: „Vom Parlament!"[41]

Am 23. September 1960 empfing Kreisky in New York vier Vertreter jüdischer Organisationen. Außer ihm nahm auch noch der damalige Finanzminister Heilingsetzer an der Unterredung teil. Den Österreichern wurde bei dieser Gelegenheit gesagt, die jüdischen Organisationen seien vom zwölften Opferfürsorgegesetz enttäuscht, da es für im Ausland lebende Juden keine Berufsentschädigung vorsehe. Außerdem wären die Entschädigungen für in Amerika lebende Juden viel zu gering, da die Lebenshaltungskosten in den USA viel höher seien. Schließlich präsentierten die jüdischen Vertreter Forderungen in der Höhe von 1,2 Milliarden Schilling, von denen sie glaubten, daß sich ein Teil auf die Bundesrepublik Deutschland überwälzen und ein anderer Teil aus Counterpartmitteln finanzieren ließe. Heilingsetzer hielt dem entgegen, daß Österreich dort, wo eine Vermögensrückstellung nicht möglich und Naturalrestitutionen nicht durchführbar gewesen seien, schon 1,3 Milliarden gezahlt habe; die Zahlung von weiteren 1,2 Milliarden sei vorgesehen. Er zeigte sich zwar verhandlungsbereit, doch es gab keine bindenden Zusagen. Da den jüdischen Forderungen schließlich doch nicht im gewünschten Ausmaß entsprochen wurde, wurde Österreich auch nach einer, wie man abermals glauben mußte, endgültigen Regelung immer wieder gemahnt, und es wurde gegenseitig aufgerechnet.[42]

Eines war aber tatsächlich weggefallen, nämlich die massive amerikanische Unterstützung. Das lag aber vielleicht doch nicht nur an der österreichischen Bereitschaft, die anstehenden Probleme zu lösen, sondern auch an einer modifizierten amerikanischen Politik, die vor allem in Rechnung stellte, daß die Sowjetunion in den österreichischen Sympathien deutlich aufgeholt hatte. Das 1960 zusammengestellte Memorandum für den Nationalen Sicherheitsrat der USA nahm daher auf ganz andere Dinge Bezug als der ein Jahr zuvor erstellte Bericht. Da war nichts mehr von Problemen und amerikanischer Zurückhaltung zu spüren, vielmehr hieß es in unmißverständlicher Weise: „Österreich, ein wesentlicher Teil des freien Europa, ist ein Symbol des Widerstandes gegenüber der Sowjetunion. Österreich ist strategisch bedeutsam, da es durch seine Lage wesentliche Zugänge nach West- und Südeuropa sowie den Zugang über die Donau zu den [sowjetischen] Satellitenstaaten kontrolliert. Die sowjetischen Ziele in Österreich sind heute primär darauf ausgerichtet, eine enge Anlehnung des Landes an den Westen zu verhindern und Österreich so weit wie möglich in den politischen und wirtschaftlichen Einflußbereich der UdSSR zu ziehen. Darüber hinaus hofft die Sowjetunion, das österreichische Beispiel als einen Anreiz für einen neutralistischen Weg anderswo zu benützen [„as an incentive to develop neutralism elsewhere"]. Eine Schwächung der österreichischen Stabilität und prowestlichen Ausrichtung würde einen schweren Rückschlag für die Vereinigten Staaten nach sich ziehen." Ziel der amerikanischen Politik müsse es daher sein, Österreichs westliche Orientierung sicherzustellen und den schädlichen Einfluß der Sowjetunion auf Österreich und andere Staaten wettzumachen.[43] Dabei hatten die

Verfasser dieses Memorandums wohl kleinere westeuropäische Staaten und nicht Ostmitteleuropa vor Augen, denn für die unter unmittelbarem Einfluß der Sowjetunion stehenden Staaten galt sicherlich weiterhin, was der stellvertretende sowjetische Ministerpräsident Anastas Mikojan im April 1957 gesagt hatte, daß die österreichische Neutralität ein nicht wiederholbarer Sonderfall sei.

Mithin war einiges in Bewegung gekommen im Verhältnis Österreichs zu den Supermächten. Vorderhand waren aber die Sowjets diejenigen, die die Früchte einer langfristig angelegten Verständigungspolitik mit Österreich einheimsten.

Ende Juni und Anfang Juli 1960, absolvierte Ministerpräsident Chruščëv einen mehr als einwöchigen Besuch in Österreich, der Ausdruck der – man kann es ruhig so nennen – besonderen Beziehungen war, die zwischen Österreich und der Sowjetunion seit 1958 herrschten. Dieser Besuch und die Fahrt Chruščëvs durch Österreich waren von bemerkenswerten Begegnungen, Gesprächen und Wetten begleitet. Josef Klaus hat in seinen Erinnerungen einiges davon festgehalten, was es an Hintergrundgesprächen gab.[44] Figl und Chruščëv schlossen eine Art Bauernwette ab, welcher Mais besser, das heißt ertragreicher sei, sowjetischer Hybridmais oder der in Österreich angebaute amerikanische Mais. Ein Jahr später stellte sich heraus: beide waren etwa gleich ertragreich.[45] Das gemeinsame Besuchskommuniqué sprach von friedlicher Koexistenz, beiderseitiger Befriedigung und gutem Einvernehmen. Österreich bekam noch einmal eine Reduktion seiner Erdöllieferungen zur Abgeltung der sowjetischen Staatsvertragsforderungen zugestanden. Doch wer geglaubt hatte, die österreichisch-sowjetischen Beziehungen würden sich weiterhin auf besondere Weise gestalten lassen, sah sich getäuscht, denn gerade mit diesem Chruščëvbesuch wurde der Zenit überschritten. Chruščëv benützte seinen Österreichaufenthalt dazu, in Salzburg, Klagenfurt und Wien öffentlich, vor allem bei Pressekonferenzen, gegen die USA und die Bundesrepublik Deutschland sowie den westdeutschen Bundeskanzler Adenauer herzuziehen. Das war der österreichischen Regierung und vor allem Julius Raab besonders unangenehm. Er stellte daher knapp nach Abschluß des Besuchs in einer Rundfunkansprache fest:[46]

> „Der sowjetische Ministerpräsident hat von der in Österreich üblichen Redefreiheit reichlich Gebrauch gemacht. Dies hat auch zu Protesten von seiten befreundeter Staaten geführt. Herrn Chruschtschow war dies auch bewußt, denn er hat dies in einer Pressekonferenz ausdrücklich festgestellt.
>
> Auch wir haben den sowjetischen Ministerpräsidenten darüber nicht im unklaren gelassen, daß wir mit seinen Äußerungen, die er über uns befreundete Staaten und Persönlichkeiten auf österreichischem Boden gemacht hatte, nicht einverstanden waren. Ich denke hier in erster Linie an die Vereinigten Staaten von Amerika, denen wir für ihre Hilfe in der Nachkriegszeit zu stetem Dank verpflichtet sind, an die Bundesrepublik Deutschland, mit der uns aufrichtige Freundschaft verbindet, und auch an unseren südlichen Nachbarn Italien, mit dem wir zwar eine offene Frage vor dem zuständigen internationalen Forum austragen wollen, mit dem wir aber ansonsten korrekte Beziehungen haben.
>
> Ich möchte hier ausdrücklich noch persönlich feststellen, daß mir die Äußerungen des sowjetischen Ministerpräsidenten über den deutschen Bundeskanzler,

Dr. Adenauer, mit dem mich eine langjährige Freundschaft verbindet, besonders unangenehm waren, da ich sie für vollkommen unbegründet ansehe. Ich habe dies dem sowjetischen Ministerpräsidenten gegenüber auch eindeutig festgestellt."

Noch eindeutiger wurde jedoch eine andere Äußerung Chruščëvs zurückgewiesen: In der Abschlußpressekonferenz in Wien, am 8. Juli 1960, hatte der sowjetische Gast erklärt, „die Sowjetunion wird nicht untätig zusehen, sollte die österreichische Neutralität verletzt werden". Die Regierung der UdSSR würde in einem derartigen Fall unter Berücksichtigung der politischen Lage im gegebenen Zeitpunkt die für die Aufrechterhaltung der Neutralität geeigneten Maßnahmen ergreifen.

Diese Äußerung war eine neue und letzte Ausformung des sowjetischen Wunsches nach einer Garantie der Neutralität. 1957 hatte Mikojan gesagt, im Falle eines Krieges könnten die Menschen in Österreich friedlich weiterarbeiten. Diese Versicherung käme einer Garantie gleich. Chruščëv war noch weiter gegangen und kündigte das Einschreiten der Sowjetunion für den Fall an, daß es zu einer Verletzung der Neutralität käme. Der österreichische Ministerrat nahm das zum Anlaß, in einer amtlichen Stellungnahme diese einseitige Garantiezusage zurückzuweisen und das Recht Österreichs zu betonen, selbst über die Maßnahmen zu befinden, die im Falle einer Neutralitätsverletzung ergriffen werden müßten. – Die Äußerungen Chruščëvs und ihre Berichtigung und teilweise Zurückweisung führten zwar zu keiner Verstimmung, doch der Höhepunkt der österreichisch-sowjetischen Beziehungen war überschritten.

Bewegung kam auch in die Innenpolitik, und zwar dadurch, daß zunächst konstruktive Arbeit wie schon lange nicht geleistet wurde. In der Frage der Landwirtschaftsgesetze wurde Einigung über den Grünen Bericht und den Grünen Plan erzielt. In der Integrationsfrage vollzog Österreich mit der Unterzeichnung der Konventionen vom 20. November 1959, wie bereits dargestellt, seinen Beitritt zur EFTA. Und schließlich wurde in der Konkordatsfrage mit dem Heiligen Stuhl am 23. Juni 1960 eine teilweise Einigung erzielt. Im Zusammenhang damit gab es Spekulationen, daß die Einigung deshalb zustande kam, da mittlerweile der schärfste Gegner des Konkordats in der Regierung, Adolf Schärf, keine Obstruktion mehr betreiben konnte. Schärf wies diese Darstellung entschieden zurück.[47] Die Regelung der im Konkordat angesprochenen Schulfrage erfolgte 1962.

Nun können diese außenpolitischen Weichenstellungen und innenpolitischen Aktivitäten sicherlich nicht der wiedergewonnenen Arbeitskraft von Julius Raab zugeschrieben werden. Ganz im Gegenteil spielte Raab eine zunehmend geringere Rolle. Er koordinierte zwar noch und saß dem Ministerrat vor, doch er war nur noch Kanzler auf Abruf.

Mittlerweile hatte in der ÖVP die bereits geschilderte Palastrevolution stattgefunden. Der außerordentliche Bundesparteitag dieser Partei hatte im Februar 1960 den bisherigen Bundesparteiobmann Julius Raab durch Alfons Gorbach ersetzt. Und auch im Generalsekretariat hatte es eine Änderung gegeben, da der vorherige Generalsekretär, Alfred Maleta, durch den niederösterreichischen Notar Hermann Withalm ersetzt worden war.

Raab hatte seine Ablöse kommen sehen und sie auch vorbereitet. Er wird wohl nicht emotionslos an diese Maßnahme herangegangen sein, dazu war er ein nach wie vor viel zu machtbewußter Politiker. Er sah ganz einfach die Notwendigkeit dazu. Er war ohnedies lange geblieben, länger vielleicht, als es seiner Partei gutgetan hatte. Doch 1960 konnte er sich über das Drängen seiner Partei, sich zurückzuziehen, nicht mehr hinwegsetzen. Auf einer Autofahrt vom Burgenland nach Wien, Ende 1959, soll er daher dem mitfahrenden Alfons Gorbach gesagt haben: „Der Poldl, ich und die Bündeobmänner haben nach einer Beratung beschlossen, Dich zu meinem Nachfolger zu machen."[48] Eine solche Darstellung war natürlich nicht ohne Pikanterie, denn „der Poldl", Raabs bester Freund, Figl, besaß nach wie vor großen Einfluß im Bauernbund, Raab selbst war Präsident des Wirtschaftsbundes, und der Arbeiter- und Angestelltenbund wurde von einem bereits alten und kranken Lois Weinberger geführt, der Raab nicht mehr widersprach. Auf eine Kurzformel gebracht hieß „der Poldl, ich und die Bünde", daß Raab beschlossen hatte. Gorbach nahm an und war sich durchaus bewußt, daß er damit nicht nur zum Amt des Bundesparteiobmanns ja sagte, sondern auch zum Bundeskanzler, der er dem Wunsch Raabs nach einmal sein würde. Aber nicht Gorbach war auf dem Bundesparteitag 1960 „der Star", sondern Josef Klaus. Er hatte zusammen mit den Ministern Bock, Drimmel und Hartmann, den Staatssekretären Gschnitzer und Grubhofer sowie den Abgeordneten Franz Prinke, Josef Reich, Tončić und Withalm ein Aktionsprogramm auszuarbeiten gehabt, in dem es, wie Klaus dann später schrieb, „von Reformvorschlägen nur so wimmelte".[49] Ein Teil davon war innerhalb der von Krainer, Klaus, Gruber und Kamitz getragenen „Neuen Österreichischen Gesellschaft" ausgearbeitet worden, der auch Gorbach angehörte. Raab aber hatte die Einladung zum Beitritt zur „Neuen Österreichischen Gesellschaft" mit dem Satz kommentiert: „Ich bleib' lieber bei der alten . . ."[50] Auf dem Bundesparteitag 1960 wurde der Weg skizziert, den die ÖVP nach dem Willen der „Reformer" gehen sollte.

Dieser Weg sollte, wie es Josef Krainer rund vier Wochen vor dem Parteitag in einem sehr persönlichen Schreiben an Unterrichtsminister Drimmel ausdrückte,[51] in Richtung einer „modernen, konservativen Politik" führen. Die ÖVP sollte auch dadurch, daß sie nach einer neuen intellektuellen Basis suchte und Reideologisierung betrieb, „der Politik eine Systematik geben", die ihr nach der Auffassung Krainers gerade damals fehlte. Und er beschrieb unter einem die Situation bildhaft: „Die verantwortlichen Männer in der Bundesregierung befinden sich in einer Igelstellung, eingekreist von dem sozialistischen Machtstreben." Die „Neue österreichische Gesellschaft" sollte Kräfte organisieren, „die mithelfen, vorerst in dieser Stellung auszuharren, um den Ausbruch vorzubereiten und zu unterstützen, und so dieser Umklammerung zu entgehen".

Der neue Generalsekretär, Hermann Withalm, hatte für den Bundesparteitag eine Grundsatzrede vorbereitet, die er aber dann doch nicht hielt. Da er ihren Inhalt mittlerweile veröffentlichte, wissen wir zumindest, welche wesentlichen Passagen darin enthalten waren.[52] Die Koalition sollte nicht nur behandelt, sondern in Frage gestellt werden. Sie sei, so wollte Withalm sagen, bis dahin Notwendigkeit gewesen. Doch es könne in Zukunft durchaus „entweder eine wesentliche Auflockerung der Koalition mit freien Mehrheitsbildungen im Parlament . . . oder die parlamentarische Mehrheitsbildung nach englischem oder amerikanischem Muster geben". Die letztere Möglichkeit sei sicherlich die demokratischere. Wenn man sich aber für sie entscheide, dann müsse endlich das „Gerede vom Gleichgewicht" aufhören. Das war doch „bei den letzten Wahlen etwas Unnatürliches, ja geradezu Pharisäisches. Was ist denn das für eine Partei, die von Haus aus erklärt, sie strebe um Gottes Willen alles in diesem Staate, auch und gerade das Gleichgewicht, keinesfalls aber die Mehrheit an. Selbstverständlich streben wir die Mehrheit, aber nicht – wie die SPÖ dies auszudrücken beliebt – die Macht im Staate an". Withalm wußte damals sicherlich nicht, daß 1949 – lang, lang war's her – Adolf Schärf fast dieselben Worte gebraucht hatte, um das sozialistische Mehrheitsstreben zu rechtfertigen.[53] Doch das brauchte ja an sich wirklich keine Rechtfertigung. An das Grundsätzliche rührte nur die Frage, wie mit der Partei verfahren werden sollte, die in der Minderheit bleiben würde. Für die Gruppe der Reformer konnte es dabei keinen Zweifel darüber geben, daß es zumindest eine wesentliche Auflockerung der Koalition und freie Mehrheitsbildungen im Parlament geben sollte. Für die Reformer hatte aber noch nicht die volle Stunde geschlagen; es schlug erst halb. Raab war ja noch immer der Mann, der zumindest in der Regierung an der Spitze blieb. Der neue Bundesparteiobmann Gorbach hielt, wie Raab, an der Koalition mit der SPÖ fest, und die Legislaturperiode hatte erst begonnen. Aber auch Gorbach hatte eine Rute ins Fenster zu stellen. Sie war zwar in erster Linie für die Sozialisten gedacht, doch galt sie zumindestens für sehr viele ÖVP-Mitglieder ebenso: Gorbach sprach wenige Monate nach seiner Bestellung davon, daß die Auswüchse des Proporzsystems beseitigt werden sollten. Der Einfluß der politischen Parteien sollte sich im parlamentarischen Mechanismus widerspiegeln, nicht aber auf andere Bereiche des staatlichen Lebens übertragen werden. Kurzum, die Postenbesetzung sollte nach objektiven Kriterien und nicht nach der Zugehörigkeit zu einer Partei erfolgen.[54] Ähnliche Aussprüche könnten mittlerweile zu Dutzenden aufgelistet werden.

Trotz der vergleichsweise undramatischen Veränderung an der ÖVP-Spitze war der Konflikt zwischen den „Großkoalitionären" und den „Neuerern" noch lange nicht ausgetragen. Raab hatte es schließlich noch durchgesetzt, daß die Nachfolge Alfred Maletas als ÖVP-Klubomann nicht Withalm antrat, sondern der altgediente ehemalige Generalsekretär, Minister und Nationalratspräsident Felix Hurdes. Damit bestand eine ungefähre Parität zwischen den beiden Gruppen, und die ÖVP hatte innerhalb ihrer Organisation auch eine Art Koalition wirksam werden lassen. Doch die Großkoalitionäre waren in der Partei in die Defensive gedrängt worden und waren vielleicht schon deshalb besonders darauf erpicht, das Funktionieren des von ihnen vertretenen politischen Modells zu demonstrieren. Das bedingte freilich einen Koalitionspartner, der bereit war, mitzugehen.

Nun hatte sich aber auch innerhalb der SPÖ eine Entwicklung angebahnt, die auf Veränderung und vor allem auf einen Machtkampf hinauszulaufen begann. Denn der Zweite Nationalratspräsident und Präsident des Österreichischen Gewerkschaftsbundes, Franz Olah, trat immer mehr in den Vordergrund und stellte auch innerhalb der SPÖ die Frage nach der Zweckmäßigkeit der Fortsetzung der Großen Koalition. Da er diese Frage mit seinem eigenen Machtanspruch koppelte, entstand für den SPÖ-Vorsitzenden Bruno Pittermann eine Situation, die der Raabs nicht unähnlich war. Auch Pittermann wurde ein Getriebener und suchte Rückhalt in der Großen

Koalition. Die unklare Führungssituation in beiden Parteien wirkte sich also aus an sich merkwürdigen und unterschiedlichen Gründen auf die Zusammenarbeit befruchtend aus. Der Konsens war plötzlich keine Leerformel mehr, und ein politisches System, das schon deutliche Verfallserscheinungen gezeigt hatte, gelangte plötzlich zu einer Spätblüte. Doch die Zeit der Alten war bemessen.

19 Alfons Gorbach

In jedem, oder so gut wie jedem zeitgeschichtlichen Werk über Österreich nach 1945 ist zumindest ein Foto zu finden, das den amerikanischen Präsidenten Kennedy und den sowjetischen Ministerpräsidenten Chruščëv bei ihrem Treffen in Wien am 3. und 4. Juni 1961 zeigt. Lächelnd, mit und ohne österreichische Gastgeber; eines der seltenen Gipfeltreffen und sicherlich eines, das geeignet war, im Gedächtnis haften zu bleiben.[1]

Wien als Ort des Treffens legte Zeugnis davon ab, daß sich die österreichische Selbsteinschätzung als immerwährend neutraler Staat und als ein Staat, der imstande war, seine Beziehungen zu beiden Supermächten positiv zu gestalten, mit der Einschätzung der USA und jener der Sowjetunion deckte. Vielleicht war aus dem Auftreten Chruščëvs herauszuspüren, daß er mehr in Wien zu Hause war als Kennedy. Chruščëv hatte ja ein Jahr zuvor Wien und Österreich ausgiebig besucht, während Kennedy zum erstenmal in Österreich war und sich gewiß mit dessen Geschichte und Gegenwart weit weniger auseinandergesetzt hatte als Chruščëv. Der war ja seit 1953 und besonders seit 1955 mit Österreichs Stellung in der Welt eng verbunden, in guten und in bösen Tagen. Mittlerweile war auch der abgesetzte sowjetische Außenminister und personifizierte Njetsager, Vjačeslav Molotov, nach Wien geschickt worden, wo er die Sowjetunion bei der Internationalen Atomenergiebehörde vertrat. Bei der Wahl Wiens konnten daher die Sowjets zweifellos einen gewissen „Heimvorteil" geltend machen.

Doch die USA, die seit 1960 wieder die vormals engen Beziehungen zu Österreich herzustellen bemüht waren, zu einem Österreich, das gerade für die Kennedy-Administration als Bastion der freien Welt von Bedeutung war,[2] akzeptierten Wien als Ort des Treffens ebenso. – Es war selbstverständlich, daß sich Österreich bei diesem Treffen bemühte, den perfekten Gastgeber abzugeben. Und das ist sicherlich gelungen. Bei den Gipfelgesprächen standen keine Themen zur Diskussion, die sich direkt mit Österreich beschäftigten. Gastgeber und Gäste mit Österreicherfahrung hätten dennoch Gelegenheit gehabt, sich mit dem zu befassen, was sich in Österreich in den vorangegangenen Jahren verändert hatte.

Seit das Land aufgehört hatte, als Problem groß zu sein, konnte es in erster Linie dazu herhalten, um Vergleiche anzustellen. Der wesentliche Vergleich mußte dabei der mit Deutschland sein, das im Mittelpunkt der Erörterungen zwischen dem amerikanischen und dem sowjetischen Staatsführer stand. Denn Deutschland war 1961 weiter denn je von einem Friedensvertrag und von der Wiedervereinigung entfernt. Und wenn sich Amerikaner und Sowjets im einstmals fünfgeteilten Wien trafen und über das viergeteilte Berlin sprachen, dann konnte sich der gelernte Österreicher zurücksinken lassen und in nestroyscher Manier sagen: „'s ist ja alles Schimäre, aber mich unterhalt's." Ähnliches war tatsächlich aus einigen Kommentaren herauszuhören.

Chruščëv und Kennedy meinten beide, daß sie Verständnis füreinander gewonnen hätten und auf gegenseitige Achtung gestoßen seien. Die Interpreten der Nachwelt sind da wesentlich weniger hochgestimmt und führen die Kubakrise des Jahres 1962 darauf zurück, daß sich Chruščëv Kennedy überlegen gefühlt habe und den amerikanischen Präsidenten offenbar unterschätzte.[3] Aus den umstrittenen Chruščëv-Memoiren[4] und aus den Aufzeichnungen von Pierre Salinger über Kennedy[5] geht hervor, daß Berlin in den Gesprächen eine große Rolle gespielt hatte und Chruščëv ankündigte, bis Jahresende würde die Sowjetunion einen Separatvertrag mit der DDR abgeschlossen haben. Danach hätten die Amerikaner keine Rechte mehr in Berlin. Darauf Kennedy: „Dann wird es ein besonders kalter Winter werden." Die USA erhöhten 1961 schlagartig ihr Rekrutenkontingent auf das Dreifache. Die Ankündigung der neuen Berlinkrise führte zur Massenflucht aus Ostberlin und aus der DDR und schließlich zum Bau der Berliner Mauer und den aufwendigen Grenzsicherungsmaßnahmen zum anderen Deutschland. Stichtag war der 13. August 1961. Gerade weil die Veränderungen in Deutschland im Gefolge des Wiener Treffens stattfanden, ließ sich nochmals darüber befinden, wie unterschiedlich sich die beiden deutschen Staaten und Österreich politisch entwickelt hatten.

Österreich schien drauf und dran zu sein, zur weltpolitischen Bedeutungslosigkeit abzusinken, wenn es nicht alles tat, um dem verblassenden kulturellen Erbe und der vielgepriesenen Kulturgroßmacht Österreich etwas Neues an die Seite zu stellen. Der Vorschlag für das Treffen in Wien war nicht von Österreich ausgegangen. Wohl aber wurde alles getan und auch aus diesem Treffen entsprechend gelernt, um künftig internationale Veranstaltungen in verstärktem Maß und ganz bewußt nach Österreich zu ziehen und zu Gipfelkonferenzen einzuladen. Das immerwährend neutrale Österreich trat zur immerwährend neutralen Schweiz in Konkurrenz.

Der Blick in die Runde des Kennedy-Chruščëv-Treffens wäre aber unvollständig, wollte man nicht auch den österreichischen Hintergrund, gewissermaßen die Staffage dieser Begegnung, ausleuchten. Eine Anekdote unterstreicht die Situation: Ministerpräsident Chruščëv soll während eines Empfangs im Schloß Schönbrunn auf jemanden zugeeilt sein, der nicht mehr in der ersten Reihe stand, nämlich Julius Raab, und ihn unter den fragenden Augen Kennedys umarmt haben.[6] Es war aber nicht nur Raab, der nicht mehr in der ersten Reihe stand, es fehlte schon eine ganze Reihe von Leuten.

Exakt acht Jahre nach seiner Angelobung als Bundeskanzler hatte Raab am 2. April 1961 seine Abschiedsrede im Rundfunk gehalten und sie mit der für ihn typischen Redewendung geschlossen: „Solange mir Gott Kraft schenkt, will ich von bescheidenerer Seite aus mitarbeiten, mitwirken an dem weiteren Aufstieg Österreichs.“ Raab, der späte Vertreter des Gottesgnadentums in Österreich, hatte sich zurückgezogen. Vielleicht ist es auch wert zu hinterfragen, ob Raab zurückgetreten ist oder ob er gestürzt wurde. Der Entschluß zum Rücktritt war ein *noch* souveräner gewesen; daß die neue Führung der Volkspartei dabei aber sehr erheblich mitgewirkt hatte, kann ebenso außer Zweifel stehen. Die einmal hingeworfene Bemerkung des bereits abgelösten Alfred Maleta: „Julius, ein zweiter Mann ist zuviel!“[7] war nicht nur so leicht hingesagt. Raab kündigte dem neuen Generalsekretär der ÖVP, Hermann Withalm, im Februar 1961 seinen Rücktritt an und vollzog ihn im April. Von Raab wurde auch der damalige Bundesparteiobmann der ÖVP, Alfons Gorbach, als Nachfolger vorgeschlagen. Ludwig Reichhold faßte alles Drängen um die – noch – autonome Entscheidung Raabs in dem Satz zusammen: „Faktum war, daß Raab zu einem Hindernis der weiteren Entwicklung Österreichs und seiner eigenen Partei geworden war, darum mußte er gehen.“[8] Diese Formulierung enthält eigentlich schon recht deutlich die Antwort auf die Frage: zurückgetreten oder gestürzt? Raab räumte buchstäblich im letzten Moment selbst das Feld. Der Abschied des Kanzlers nahm deshalb so lange Zeit in Anspruch, nicht weil – wie Maleta meinte – man dem alten Herrn die Kränkung nicht antun und ihm noch seine Freude am Regieren lassen wollte,[9] sondern deshalb, weil er zunächst nicht weichen wollte und es auch nicht so klar war, ob Alfons Gorbach einen vollwertigen Ersatz für den scheidenden Kanzler abgeben würde. Insbesondere wurde daran gezweifelt, ob Gorbach die Volkspartei, die trotz einiger Veränderungen noch nicht über ihre 1959 ausgebrochenen Krise hinweggekommen war, erfolgreich in die nächsten Wahlen führen könnte.

Nicht zu zweifeln war freilich daran, daß Gorbach jegliche Bereitschaft zur Fortsetzung der Großen Koalition mitbrachte. Diesbezüglich waren seine Äußerungen auch in dem Augenblick, als er zum Nachfolger Raabs nominiert wurde, unmißverständlich: „Koalitionen sind in anderen Staaten Zweckgemeinschaften . . . In Österreich hingegen ist die Koalition quasi eine unlösbare Ehe. Wir wissen auch den Grund. Die Koalition war eine wesentliche Voraussetzung zur Erreichung unserer Freiheit. Daraus ergibt sich ihr Dilemma. Sie war aus Gründen der Besatzungssituation und der Außenpolitik unlösbar, selbst dann, wenn sie aus parteipolitischen Gründen hätte gelöst werden müssen . . . Die Kernfrage lautet also: Ist durch die Erlangung des Staatsvertrags die zwingende Notwendigkeit für die Aufrechterhaltung der Koalition weggefallen oder nicht?“ Doch mit einer solchen Frage gerate man in ein weiteres Dilemma, denn in den Massen herrsche eine dumpfe Angst vor der Auflösung der Koalition. „Es ist die Angst vor dem Sprung in eine ungewisse Zukunft, hier an der Grenzscheide zweier Welten, unmittelbar vor dem Eisernen Vorhang.“ Kritiker könnten sich damit begnügen, die Mängel der Koalition festzustellen. „Uns aber nimmt niemand die Verantwortung der Entscheidung für ihre Lösung oder Aufrechterhaltung.“ Und dann kam abermals ein klares Bekenntnis zur Weiterführung. Die Sozialisten müßten jedoch auch ihren Teil dazu leisten. Ansonst käme doch der Tag, an dem die Parteiführung der ÖVP anders entscheide, „dann ist unweigerlich das Ende der Koalition gekommen. Dann könnte selbst das Staatsoberhaupt nicht auf einer Koalitionsregierung bestehen". Wenn sie weiterbestehen kann, dann müßten aber ihre Spielregeln geändert werden. Wie aber könnten sie besser werden? Durch Mehrheitsbeschlüsse in der Regierung. Das gehe auf Grund der Verfassung nicht, die einstimmige Regierungsentscheidungen verlange. Durch freie Abstimmungen im Parlament? Da würde man dann die kleine FPÖ zum Zünglein an der Waage machen. Also doch wie gehabt? Das nicht ganz. Man würde zwar auch künftig nicht eines Koalitionsausschusses entbehren können, denn auch Einparteienregierungen werden von den Entschlüssen des Parteivorstandes getragen. Man brauche daher wohl auch in einer Koalition eine Diskussionsplattform. Der Koalitionausschuß sei weder verfassungswidrig noch verfassungemäßig vorgeschrieben, er sei lediglich eine notwendige Kontaktstelle. Er sollte aber umgestaltet werden, um auch elastischer zu sein. Außer dem Kanzler, Vizekanzler, den Parteiobmännern, Generalsekretären und Klubobmännern sollten auch Parlamentarier entsprechend den zu behandelnden Materien beigezogen werden. Der Koalitionausschuß sollte eine Art Schlichtungsstelle sein, wenn in einer konkreten Frage keine Einigung zu erzielen sei. Nur im Falle einer Nichteinigung sollte, einem alten Vorschlag Gorbachs entsprechend, die Abstimmung im Parlament freigegeben werden. Um aber auch der Öffentlichkeit einen stärkeren Einblick zu ermöglichen, sollten, wie in anderen Parlamenten üblich, Fragestunden eingerichtet werden. Der Bundesrat könne leicht aufgewertet werden, und zwar dann, wenn sich die Länder entschließen könnten, die Landeshauptleute und die Finanzreferenten in den Bundesrat zu entsenden. Doch wie auch immer: Die Große Koalition sollte weitergehen.[10]

Als Gorbach die Bildung eines neuen Kabinetts vornahm, da erreichte die Reformergruppe, daß er zwei Männer austauschte: Der eine war der Finanzminister Eduard Heilingsetzer, der zweite, der gehen mußte, war der alte Organisationsreferent und Verteidigungsminister Ferdinand Graf, der als Mann Raabs galt und am ehesten geeignet schien, um Platz für einen Reformer zu machen. Wie Raab trennte sich auch Graf äußerst schwer von einem Amt, ja er tat es mit Groll.[11]

Statt der beiden genannten Minister übernahmen Dr. Josef Klaus das Finanzministerium und Dr. Karl Schleinzer das Verteidigungsressort. Eine kleine Veränderung gab es auch im Außenministerium, wo Staatssekretär Gschnitzer von dem bisherigen Sekretär Raabs, Ludwig Steiner, abgelöst wurde. Durch die Berufung Steiners sollte angedeutet werden, daß der Kurs Raabs in außenpolitischen Dingen beibehalten würde. Wahrscheinlich hätte es aber gerade dieser Andeutung nicht mehr bedurft, denn die österreichische Außenpolitik hatte sich nach Jahren eher tastender Versuche und des Bemühens, nur etwas fortzusetzen, durchaus selbständig zu präsentieren vermocht. Mit Steiner wurde nicht nur ein Mann aus der Raab-Mannschaft, sondern noch mehr ein alter Gruber-Mann Staatssekretär; Gruber war aber nur bis zu einem gewissen Grad den Reformern und der Klaus-Schleinzer-Gruppe zuzurechnen.

Sieht man sich die Ministerliste des Kabinetts Gorbach an, dann fällt einem das Wort vom Kabinett der starken Männer ein, das ja immer wieder die Runde macht. Freilich läßt sich das besser aus historischer Sicht sagen, als daß es dem damaligen

Empfinden entsprochen hätte. Auffälligerweise war die Mehrheit der Minister mit dem ausgestattet, was man eine echte Hausmacht nennt. Einer, Finanzminister Klaus, war über elf Jahre, seit 1949, Landeshauptmann von Salzburg gewesen, hatte also eine schon sehr hohe Funktion und fast unangreifbare Position aufgegeben, um in die Regierung einzutreten. Gorbach, Klaus und Schleinzer waren auch Landesparteiobmänner gewesen. Klaus, Schleinzer, Kreisky, Drimmel, Broda, um nur die wichtigsten herauszugreifen, das las sich wirklich wie ein Notstandskabinett. Und unter all diesen „starken" Männer war ein einziger, der schwach war, nämlich der Kanzler selbst. Nicht als Mensch, sondern als Führungspersönlichkeit.

Nun ist natürlich zu fragen, weshalb jemand zum Kanzler gemacht wird, der ganz offensichtlich außer seinem integren Charakter und einer weitaus größeren rhetorischen Begabung, als sie Raab und Figl gehabt hatten, auf wenig hinweisen konnte, was ihn als Bundeskanzler besonders empfahl. Raab hatte ihn vorgeschlagen. Alfred Maleta aber meinte, das wäre eben ein Kompromiß gewesen, ein Erfolg auch der Reformer in der ÖVP, die jemanden gesucht hatten, der ihnen als Galionsfigur gelegen kam, dessen sie sich aber auch notfalls bedienen konnten.[12] Doch dieses Urteil greift wohl zu kurz.

Gorbach bezeichnete sich selbst als landsmannschaftliches Konglomerat mit sehr starkem steirischen Einschlag und Selbstbewußtsein.[13] Der Vater stammte aus Vorarlberg, die Mutter aus Salzburg. Er selbst wurde in Tirol geboren und kam durch die Versetzung seines Vaters im Alter von zwei Jahren nach Wörschach in die Steiermark. Gorbach sollte Priester werden, rückte noch vor Abschluß des Gymnasiums 1916 ein und wurde bei einer der Isonzoschlachten schwer verwundet. Er verlor ein Bein. Er machte dann als Genesener noch die Kriegsmatura, begann nach dem Krieg Jus zu studieren und wurde 1922 promoviert. Beruflich begann er in der Invalidenfürsorge. Seine politische Karriere führte ihn über den Grazer Stadtschulrat bis zum Landesführer der Vaterländischen Front in der Steiermark. In dieser Stellung war er eine stetige Zielscheibe der Nationalsozialisten. Er wurde auch wenige Tage nach dem deutschen Einmarsch verhaftet und nach Dachau gebracht. Insgesamt verbrachte er fünf Jahre und acht Monate im Konzentrationslager. Die KZ-Haft war für Gorbach das Schlüsselerlebnis. In Dachau kam er mit Figl, mit dem ehemaligen Landeshauptmann der Steiermark, Karl Maria Stepan, mit Ferdinand Graf und Franz Olah zusammen. Er war folglich einer der überzeugendsten Repräsentanten der Lagerstraßengemeinschaft, und sein politisches Credo nach 1945 war die Zusammenarbeit der beiden großen politischen Lager. Ein Beispiel für diese Haltung war eine Äußerung Gorbachs, nicht im Parlament, sondern vor dem Bundesparteitag der ÖVP, auf dem er dann zum Parteiobmann gewählt wurde. 1960 nahm er das Datum des 12. Februars zum Anlaß, dazu aufzurufen, alles daranzusetzen, daß eine dem Jahr 1934 vergleichbare Situation nie mehr wiederkehre. „Die Zusammenarbeit", meinte er, „geboren aus der Einsicht der gemeinsamen Not, die uns den Verlust unserer Freiheit, den Krieg und die Konzentrationslager bescherte, hat nach 1945 die Grundlagen des Wiederaufbaues und des sozialen Friedens in unserem Lande geschaffen. Wir sollten uns auch weiterhin bewußt sein, daß uns mehr gemeinsam ist, als uns trennt."[14]

Gorbach machte sich aber sehr rasch zum Sprecher jener zunächst noch sehr kleinen Gruppe, die schon 1945 für die Amnestie der minderbelasteten Nationalsozialisten eintrat. In der Diskussion um die Entnazifizierung plädierte er für die rasche Wiedereingliederung der nationalsozialistischen Mitläufer und fand schließlich auch in seiner Partei wenig Verständnis, als er sich für die volle politische Amnestie der „Ehemaligen" einsetzte. In diesem Zusammenhang wurde ihm von katholischer Seite der Vorwurf der „erbärmlichen Proselytenmacherei" nach dem Prinzip des „manus manum lavat" vorgeworfen.[15] Gorbachs politische Tätigkeit in der Zweiten Republik konzentrierte sich weitgehend auf die Bundespolitik, weshalb er in der Steiermark politisch nie recht Fuß fassen konnte. Vor allem fand er zum steirischen Landeshauptmann Josef Krainer kein gutes Verhältnis. Die beiden haben sich nicht gemocht. Der Vorschlag, Gorbach zum Bundesparteiobmann der ÖVP zu machen, der von Krainer sehr unterstützt wurde, lief daher letztlich darauf hinaus, jemanden wegzubekommen, der unbequem war.

Gorbach gehörte zwar auch der Neuen Österreichischen Gesellschaft an, die als Organisation derjenigen in der ÖVP galt, die neue Wege gehen wollten; doch er war auch dort unbequem. Denn Gorbach vertrat etwas, von dem sich die Neue Österreichische Gesellschaft loszumachen suchte, nämlich den Gedanken an die Perpetuierung der Großen Koalition.

Gorbach war für eine Reform der Koalition, nicht aber für deren Beseitigung. Und er sah die Schuld für die Krise der Großen Koalition durchaus nicht nur bei der SPÖ, sondern appellierte vor allem an die eigene Partei, unbestreitbare Notwendigkeiten und die Sprache der Ziffern auch dann anzuerkennen, wenn sie der parteipolitische Gegner vorbringt. Hier wird deutlich, weshalb es schließlich zum Bundeskanzler Alfons Gorbach kam: Er war so weit an die Reformgruppe der ÖVP herangerückt, daß er als einer der Reformer gelten konnte, ohne wirklich einer zu sein. Er wurde von den Reformern als jemand gesehen, der es möglich machen würde, indirekt Einfluß zu nehmen. Aber – und das war noch viel entscheidender: Gorbach wurde von Raab als der Mann gesehen, der den Gedanken der Großen Koalition noch in seiner reinsten, einer fast idealisierenden Form vertrat, und das war wohl in erster Linie der Grund dafür, daß Raab von sich aus Gorbach zum Nachfolger vorschlug. Wenn der Staatsvertragskanzler schon weichen mußte, dann einem Politiker, der – wie Raab – die Große Koalition als die für Österreich geeignetste Regierungsform ansah. Daß diese Aufgabe nicht leicht sein würde, dürfte Gorbach selbst klar gewesen sein und wenn nicht, dann ist wohl anzunehmen, daß man dem neuen Bundeskanzler sehr bald die am Abend seiner Angelobung im April gemachte Äußerung Hermann Withalms hinterbracht haben wird: „Den Gorbach wollen wir nur als Übergangskanzler, das wird nur von kurzer Dauer sein."[16]

Gorbach war also jemand, dem von allem Anfang an wenig Chancen eingeräumt wurden. Er traf sich in seinen Ansichten von der Notwendigkeit der weiteren Zusammenarbeit der beiden Großparteien viel mehr mit den Repräsentanten der alten Garde und den Exponenten einer stark im Schwinden begriffenen 45er-Generation. Mit dem ehemaligen Innenminister Helmer etwa, der im Jänner 1961 im „Neuen Forum" schrieb: „Gegen die Koalition hat sich eine seltsame Koalition geformt. Sie umfaßt Kommunisten und Neonazi, ÖVP-Rebellen, Unabhängige und FPÖ-Politiker." Helmer hätte allerdings auch schon die gegen Pittermann opponierende Gruppe in der SPÖ anführen können und wäre damit bei seiner Aufzählung vollständiger geworden. So aber meinte er nur:

„Für die FPÖ ist die Zerschlagung der Koalition die Existenzfrage; der Kampf gegen die Koalition ist ihr einziger Programmpunkt. Was schließlich die Koalitionstöter innerhalb der ÖVP anlangt – Hausmachtpolitiker, Kanzleraspiranten, Leute, die nicht mehr viel zu verlieren oder schon alles verloren haben –, operieren sie mit einem Doppeleffekt: sie diskreditieren ihre am Ruder befindlichen Vordermänner und empfehlen sich selbst als Verfechter eines ‚fortschrittlichen' Kurses. Das Wort ‚fortschrittlich', welches bisher im Geruch des Kommunismus stand, wird neuerdings im bürgerlichen Lager gern verwendet. Sein Gebrauch gilt als Beweis kämpferischer Gesinnung, und wer kämpft, ist jung – auch wenn die zur Ablösung der Alten vordringenden Jungen schon graue oder weiße Haare haben.

Glaubt man ernsthaft, daß eine der möglichen Alternativen zur Großen Koalition – Kleine Koalition ÖVP plus FPÖ; Kleine Koalition SPÖ plus FPÖ; Alleingang der ÖVP mit Zufallsmehrheiten – der politischen Realität unseres Landes standhalten würde? Die Fortführung der Koalition ist eine Lebensnotwendigkeit für das demokratische Österreich – nicht, weil der Bruch einen neuen Bürgerkrieg zur Folge haben muß, wohl aber, weil er einen neuen Bürgerkrieg zur Folge haben kann."

Angesichts der Gewichtungen innerhalb der ÖVP und des Kräfteverhältnisses in der Koalition war naheliegend, daß sich Gorbach umsehen mußte, welche Möglichkeiten zur Förderung der Regierungsarbeit es denn gab und wie er dem Vehikel Große Koalition, das auch ein Routinier wie Julius Raab nicht mehr lenken und vor allem nicht vorantreiben konnte, neue Kraft geben konnte. Gorbach dachte dabei zunächst einmal an das Parlament, das ja nicht nur als Kontrollinstanz, sondern als wichtigstes Forum der pluralistischen Demokratie ein klägliches Dasein führte.[17] Hier galt nach wie vor, was Ernst Fischer einmal 1957 gemeint hatte, als die Kommunisten noch im Parlament vertreten waren: „Fragen ersten Ranges, bei denen es oft um Milliardenwerte geht [man hätte auch anderes als materielle Werte an dieser Stelle einsetzen können], werden den Abgeordneten des Hauses vorenthalten und hinter dem Rücken des Parlaments einer Entscheidung zugeführt . . . Mehr und mehr scheint sich das Parlament in eine Art Papierkorb zu verwandeln, in den man die Abfälle ministerieller Tätigkeit hineinwirft . . . während die entscheidenden Fragen sehr wenigen in diesem Staat vorbehalten sind."[18]

Gorbach wollte das Parlament zumindest optisch stärker hervorheben, da auch ihm eine tatsächliche Aufwertung angesichts der Wirkungsmechanismen der Großen Koalition nicht möglich war, indem er den Koalitionsausschuß im Parlament zusammentreten ließ.[19] Doch das war bestenfalls als kosmetische Maßnahme zu verstehen. Auch der neue Kanzler konnte sich weder über den geltenden Koalitionspakt noch über Proporz und Junktim als die stärksten Ausdrucksformen der Großen Koalition hinwegsetzen. Am Proporz ließ sich nicht rütteln, denn er beruhte auf periodischen Verschiebungen von Einfluß und Kompetenzen, die zum allergrößten Teil bereits im Rahmen der Regierungsverhandlungen fixiert wurden. Da hätte einem fragenden Gorbach auch nur noch geantwortet werden können: „Die Schätze dieser Erde sind vergeben." Beim Junktim aber ließ sich nur etwas erreichen, wenn es entsprechende Tauschangebote gab. Etwa: Tausche Aktienübertragungen im Erdölbereich gegen gleitende Zollsätze für Eierimporte.[20] Nichts ließ sich dort junktimieren, wo kein „Gegenangebot" vorhanden war. Selbst noch so viel Phantasie in diesem Bereich war wohl nicht imstande, der Großen Koalition ihre Mobilität zurückzugeben. Vielleicht wäre zumindest eine Belebung möglich gewesen, wenn eines der ältesten Anliegen der Demokratiereform in Österreich verwirklicht worden wäre, nämlich die Stärkung des Föderalismus. Das wäre zumindest auf eine Stärkung der zweiten Kammer des Parlaments, des Bundesrats hinausgelaufen; doch da galt immer schon, was dann – zwanzig Jahre später – Erhard Busek so zynisch-trefflich formulierte, als er meinte, Landespolitiker, die oft scharf über die Bundespolitik herzögen, seien selbst nur „Quartalbundespolitiker". Hier gilt, was immer schon für Kritik galt: Das Kritisieren ist an sich nicht schwer, nur wird ihm der Wert genommen, wenn die Bereitschaft fehlt, etwas besser zu machen. Und der Bundesrat wurde und wird von den Bundesländern ausgehungert. Die Länder fanden immer Gründe, um nicht ihre erste Garnitur in den Bundesrat zu entsenden. So aber gefallen sich die Landeshauptleute darin, die Landeshauptleutekonferenz als unverbindliches Ersatzgremium zu sehen.[21]

Gorbach war der Exponent und gewissermaßen auch der Garant dafür, daß die Große Koalition ihre Fortsetzung finden würde. Die Erwartungen, die von der Bevölkerung in ihn gesetzt wurden, waren aber, wenn man den Lageberichten des Innenministeriums Glauben schenken darf, nicht allzu hoch gespannt. Es wurde eine Verkrampfung der Innenpolitik erwartet und eher eine Verschlechterung.[22] Doch wer erwartet sich bei solchen Routinebefragungen und Stimmungsbildern auch, daß etwas besser würde?

Im Juni 1961, beim Treffen Kennedy-Chruščëv, stand den österreichischen Regierungsmitgliedern bei dem vorhin erwähnten Blick in die Runde noch nicht unbedingt ins Gesicht geschrieben, daß die erwarteten Schwierigkeiten nur noch Tage und Wochen auf sich warten lassen würden. Die ersten größeren Spannungen hatten sich angedeutet, als es im Frühjahr 1961 zu einer neuerlichen Budgetkrise kam. Die letzte hatte es zum Jahresende 1960 gegeben. Sie war so weit gegangen, daß Raab dem Bundespräsidenten den Rücktritt der Regierung angeboten hatte. Schärf hatte sich an das Vorbild Körners gehalten, der 1952 in einer ähnlichen Situation den Rücktritt nicht angenommen und zu weiteren Verhandlungen aufgefordert hatte.[23] Im Mittelpunkt der neuen Krise stand Minister Klaus, der erklärte, das Budget nicht ohne einschneidende Kürzungen vollziehen zu können, noch dazu, da nach einem Streik zusätzliche Beamtenforderungen zu erfüllen waren. Das noch von Eduard Heilingsetzer und natürlich von Julius Raab zustande gebrachte Budget schien Klaus nicht richtig erstellt zu sein. Er wies auch darauf hin, daß es nicht nur darum gehe, Bundesausgaben zu kürzen, ebenso müßten Kürzungen von Budgetmitteln im Rahmen des Finanzausgleichs erfolgen, was natürlich Rückwirkungen auf Länder und Gemeinden haben mußte.[24]

Klaus vertrat seine Meinung mit der hier erstmals einem größeren Kreis bekannt gewordenen Kompromißlosigkeit. Er riskierte einen Proteststurm und machte von der Erfüllung seiner Forderungen den Verbleib in der Regierung abhängig. Gorbach fügte sich zwar den Wünschen seines Ministers und ermöglichte damit deren Verwirklichung, doch von da an tat sich eine Kluft zwischen Gorbach und Klaus auf. Gegen die Sanierungswünsche des Finanzministers hatten aber auch Unterrichtsminister Drimmel und Landwirtschaftsminister Hartmann Widerstand geleistet, und sie opponierten vor allem auch gegen den politischen Stil von Josef Klaus, der darüber in seinen Erinnerungen schrieb, daß es wegen der von ihm vertretenen politischen Linie zu einem „Freundschafts- und Vertrauensbruch auch mit Ministern der Volkspartei gekommen" sei. Und zu Gorbach schrieb er: „Gorbach wurde Großzügigkeit und Konzilianz nachgerühmt, mir wurde übermäßige Empfindlichkeit und alpenländische Sturheit nachgesagt. War da eine – leider bald offensichtlich werdende – Entfremdung vermeidbar?"[25]

Minister Drimmel ging schließlich so weit, den Bundeskanzler zunächst mündlich und dann formell um seinen Rücktritt zu bitten. Das diesbezügliche Schreiben datierte vom 23. Mai 1961.[26] Der Grund dafür war, daß sich Klaus bei seinen Budgetsanierungsplänen auch über das Unterrichtsressort hergemacht hatte und dessen Sachaufwand um 100 Millionen Schilling kürzen wollte. Er hatte freilich zunächst vorgehabt, einen anderen Weg zu beschreiten, und zwar den der Ausgabe von Aktien der verstaatlichten Industrie. Die Idee war auch nicht neu; Minister Kamitz hatte sie schon einmal erfolgreich angewendet, um Beamtenforderungen erfüllen zu können. Doch die sozialistischen Regierungsmitglieder, allen voran Vizekanzler Pittermann, der ja auch Chef der Verstaatlichten war, hatten sich der Absicht vehement widersetzt und waren damit durchgedrungen. Drimmel schrieb dazu dem Kanzler: „Die SPÖ hat uns diesmal vor die MG [Maschinengewehre] der Beamten gejagt, sie wird uns ebenso rücksichtslos vor die MG aller derer treiben, die bald merken, daß es Förderungskredite, auf die sie seit eh und je rechnen, nicht mehr gibt. Wieder werden es die eigenen Leute sein, die uns am meisten zu schaffen machen werden ... Das Amt eines Bundesministers für Unterricht ist vielleicht noch schwer genug, um es in die Waagschale zu werfen, wenn entschieden wird, ob die Idee des Wohlstands- und Wohlfahrtsstaates endgültig über die Idee eines Kulturstaates zu siegen im Begriff ist ... Ich habe den neuen Finanzminister als kulturbeflissenen Landeshauptmann" gekannt, doch jetzt ist einiges anders geworden. „Ich will daher nicht verschweigen, daß ich ein Vertrauen zu ihm nicht haben kann."

Gorbach nahm das Demissionsgesuch Heinrich Drimmels nicht an, da er damit auf einen Mann verzichtet hätte, der durch sein Eintreten für die Große Koalition eine wesentliche Stütze für Gorbach darstellte und dessen Intellekt jeder Regierung zur Zierde gereichen konnte. Vor allem aber war Drimmel damals gerade dabei, eine der schwierigsten Fragen zu lösen, die die Koalition seit 1948 beschäftigt hatte, nämlich die Schulfrage.

Es hatte ein jahreslanges Tauziehen gegeben, ob dem sozialistischen Modell mit vier Volksschulstufen und neun Klassen einer allgemeinen Mittelschule oder aber dem ÖVP-Konzept mit fünf Volksschulklassen und acht Klassen einer allgemeinbildenden höheren Schule (neben der Hauptschule) der Vorzug zu geben wäre.[27] Drimmel suchte den Konsens, stieß aber immer wieder an die Grenzen einer Übereinkunft, wenn die sozialistischen Verhandler darauf beharrten, daß die Lösung des Schulproblems „im Paket" vorgenommen werden sollte. Über die Einführung einer neunten obligatorischen Schulstufe bestand bald Einigung, doch an Fragen wie dem Lateinunterricht oder dem Religionsunterricht schieden sich die Geister. Ab Dezember 1960 wurde jedoch zügig verhandelt, und schließlich kam es im Herbst 1961 zu einer grundsätzlichen Einigung, die von Minister Drimmel und dem Wiener Stadtschulratspräsidenten, Dr. Max Neugebauer, ausgehandelt wurde. Danach ging es nur noch um die Formulierung der insgesamt sieben Gesetze, in denen Kompetenz, Aufsicht, Besuchspflicht, Organisation, Unterricht, Errichtung und Erhaltung von Schulen verbindlich geregelt werden sollten. Parallel dazu gab es Verhandlungen mit dem Vatikan, wobei es vor allem um den Religionsunterricht, um Privatschulen und dienstrechtliche Belange ging. Drimmel blieb Minister und zog den gesamten Gesetzeskomplex durch.

Klaus aber wandte sich, um die regierungs- und parteiinterne Opposition zu überspielen, geschickt an die Öffentlichkeit, wo seine Sparappelle auf einige Zustimmung stießen. Neben dem Sparen war aber noch etwas anderes im Credo der Reformer um Josef Klaus enthalten, und zwar die Sozialgesetzgebung.[28] Sie wollten – und das sicherlich nicht nur aus taktischen Gründen – der SPÖ in der Sozialgesetzgebung das Heft aus der Hand nehmen und sich nicht nur, wie das in der Ära Raab der Fall gewesen war, auf die Wirtschaftspolitik werfen und über sie alles zu lenken suchen. Schon im Juli 1960 hatte Hermann Withalm angekündigt, daß er und der Reformflügel der ÖVP für eine Rentenreform einträten. Das soll bei der SPÖ Panikstimmung ausgelöst haben. Auf jeden Fall war es nunmehr greifbar geworden, daß sich auch die ÖVP stärker mit Problemen der Umverteilung zu beschäftigen begann und daß die wichtigsten Leute, die das betrieben, innerhalb der Regierung waren oder zumindest wichtige Positionen innehatten. Im Lagebericht der Sicherheitsdirektion für Wien vom Juni und Juli 1961 stand daher nicht von ungefähr: „Selbst in Kreisen der ÖVP überrascht es, mit welcher Konsequenz, Gründlichkeit und Hartnäckigkeit sich der neue Finanzminister Josef Klaus der Budgetreform widmet."[29]

Daß die Konjunktur in einer gefährlichen und überhitzenden Phase war, stand außer Zweifel. Es war die große Zeit der Ratenkäufe, erstmals lief der Geldwertschwund dem Eckzins davon, und daher hieß es in den Lageberichten: „Die Bevölkerung ist nach den vorliegenden Berichten über die Entwicklung der Währung unzufrieden und weiß nicht, wem sie die Schuld daran geben soll. Es soll nicht verschwiegen werden, daß Ausführungen von Politikern und Behauptungen in den Parteizeitungen, die die schleichende Inflation dem politischen Gegner anlasten wollen, in der Bevölkerung wenig Glauben finden und insgesamt verurteilt werden. Nach den vorliegenden Berichten befürchtet man harte Auseinandersetzungen der beiden Regierungsparteien im kommenden Herbst . . . Die von der Presse verschiedentlich angestellten Überlegungen von Neuwahlen finden in der Masse absolut keinen Widerhall. Sie verlangt kategorisch die Zusammenarbeit."[30]

Das Kräftemessen fand seine Fortsetzung, als die vier Gewerkschaften des öffentlichen Dienstes mit Bundeskanzler Gorbach Einigung über ihre Gehaltswünsche erzielten. Das Verhandlungsergebnis bedurfte noch der Zustimmung des Ministerrats, wo die Zustimmung der SPÖ sicher war. Klaus legte sich jedoch quer. Im Ministerrat erklärte er, nicht grundsätzlich gegen die Beamtenwünsche zu sein. Er forderte allerdings eine Junktimierung mit seinem Budgetsanierungskonzept, das den Budgetrahmen um insgesamt eine Milliarde Schilling kürzen sollte. Mit dieser Forderung erntete Klaus Entrüstung und Ablehnung. Man warf ihm Erpressung vor, vor allem aber war unübersehbar, daß Klaus den Kanzler direkt herausforderte. Doch Klaus gelang es, die Zustimmung der Regierung zur Junktimierung und zu seinen Sparplänen zu erhalten. Er war auch der direkten Konfrontation mit Gorbach nicht ausgewichen und ließ es schließlich zu einer Zerreißprobe kommen, als ihn Gorbach aufforderte, mit ihm zu einem Vier-Augen-Gespräch kurz aus dem Ministerrat zu gehen. Klaus blieb sitzen. Daraufhin mußte sich Gorbach, der sich bereits erhoben hatte, wiederum niedersetzen.[31] Er stellte die Frage, ob jemand gegen den Antrag des Finanzministers sei. Niemand meldete sich zu Wort. Klaus hatte gewonnen, sich aber viele Feinde in der ÖVP geschaffen. Kompromisse wurden immer schwieriger und immer seltener. Eine der letzten Weichenstellungen dieser Regierung war daher der gemeinsam mit Schweden und der Schweiz vorbereitete Assoziierungsantrag an die EWG. Er kam früher als erwartet und wurde dadurch notwendig, daß Großbritannien überraschenderweise bereits am 10. August 1961 um die Aufnahme von Verhandlungen über eine Mitgliedschaft bei der EWG ersucht hatte. Damit schien das Ende der EFTA bereits eineinhalb Jahre nach ihrer Gründung in greifbare Nähe gerückt zu sein.[32]

Daß es im Herbst 1961 zu keiner akuten Regierungskrise kam, war auf zwei Umstände zurückzuführen. Beide lagen bei der SPÖ. Ihr war das Risiko vorzeitiger Neuwahlen zu groß, weil sie berücksichtigte, daß man der ÖVP die Ausschreibung vorzeitiger Wahlen 1959 schlecht ausgelegt hatte. Dann aber hatte sich die parteiinterne Auseinandersetzung zwischen Vizekanzler Pittermann und dem Gewerkschaftsbundpräsidenten Olah verstärkt, so daß Pittermann eine merklich schwächere Position hatte als noch vor Jahresfrist. Olah warf Pittermann dessen Nachgeben in der entscheidenden Ministerratssitzung über die Budgetkürzungen vor und legte aus Protest seine Funktion als Zweiter Nationalratspräsident und auch als Abgeordneter zurück. Gleichzeitig schied Olah auch aus dem Koalitionsausschuß aus. Damit war Pittermanns Versuch gescheitert, den Primat der Partei über die sozialistischen Gewerkschafter zurückzugewinnen, den die Parteiführung seit 1959 immer mehr eingebüßt hatte.

Aus der Vorgangsweise im Ministerrat und im Koalitionsausschuß zog Bundeskanzler Gorbach abermals Konsequenzen, indem er sich bemühte, das Parlament tatsächlich aufzuwerten und die Entscheidungen aus den Ausschüssen wieder direkt in das Plenum zu verlegen, wo er sich notfalls Mehrheiten suchen und den koalitionsfreien Raum ausnützen wollte.[33]

Die Schaffung desselben war zwar immer wieder in den Koalitionspakten seit 1949 enthalten gewesen, doch bisher hatte niemand daran gerührt und den koalitionsfreien Raum tatsächlich ausgenützt, wohl deshalb nicht, weil es ja kein deutlicheres Zeichen der Krise der Großen Koalition geben konnte, und sich wohl jeder der gewachsenen Koalitionäre scheute, den so geschaffenen Rubikon zu überschreiten. Aber es darf ja nicht übersehen werden, daß mittlerweile nicht nur eine neue

Generation von Politikern in Regierung und Parlament vertreten war. Es war auch ein neuer politischer Stil in Ausprägung begriffen. Das, was Josef Klaus später als den „neuen Stil der Sachlichkeit“ propagierte, das war der Stil der frühen sechziger Jahre schlechthin. Er hatte sicherlich seine starken österreichischen Wurzeln, wurde aber durch die Übernahme eines ganz bestimmten Vorbilds ausgeformt, nämlich das des amerikanischen Präsidenten Kennedy. Es gibt in Österreich wohl noch keine Untersuchung zu diesem Phänomen, wie die Persönlichkeit Kennedys, vor allem aber sein Arbeitsstil und seine visionäre Sicht der Dinge, die Projektion von Ideen auf eine nach Lebensinhalten und Zielen strebende Gesellschaft ausstrahlte. Dieses Phänomen war nicht auf die USA beschränkt, sondern zeitigte seine weltweiten Auswirkungen. Auch Österreich konnte sich dem nicht entziehen, und gerade jüngere Politiker sahen in Kennedy ein Vorbild für einen neuen Zugang zur Politik. Nicht die alte Kabinettsintrige, oder – um bei den österreichischen Verhältnissen zu bleiben – der Kompromiß und die Junktimierung von Problemen und Lösungen, die auch oft auf einen faulen Kompromiß hinausliefen, sollten zur Lösungsfindung herhalten. Vielmehr wurde getrachtet, Lösungen und Lösungsvorschläge mit einem beträchtlichen Aufwand von Wissenschaftern, den für die amerikanischen Verhältnisse typischen „brain-trusts“, zu erarbeiten und dann umzusetzen. Das wesentliche dabei waren jedoch die Ziele, die Visionen einer neuen, besseren Gesellschaft und einer neuen Welt. Josef Klaus zitierte daher in seinen Erinnerungen auch nicht von ungefähr einen Ausschnitt aus Kennedys Inauguralrede, in der er vom „immer gleichen revolutionären Glauben“ sprach, die Menschenrechte neu zu formulieren und zu kodifizieren.[34] Und Klaus folgerte daraus: „Die Sachlichkeit gebietet die Heranziehung des Sachverstandes und der Sachverständigen, die Zusammenarbeit von Wissenschaft und Politik nach menschlichen Maßen.“

Daher bemühte sich diese neue Politikergeneration auch, mit Hilfe der Wissenschaft den erwähnten neuen Zugang zur Politik zu finden. Diese „Versachlichung“, das Schlagwort der ersten Hälfte der sechziger Jahre, sollte auf allen Gebieten des menschlichen Zusammenlebens verfolgt werden. Im Herausstreichen dieses Schlagworts lag aber auch gleichzeitig ein Vorwurf an die vorangegangene Politikergeneration und die Entwicklung, die Österreich – ja seit wann eigentlich? – genommen hatte: Denn wenn etwas versachlicht werden mußte, dann hieß das doch, daß es vorher weniger sachlich behandelt worden war, wenn nicht unsachlich.

Mit der Hereinnahme einer neuen Gruppe von Politikern wandelten sich die ÖVP und mit ihr das politische Spektrum in Österreich beträchtlich. Es bekam sicherlich einen neuen, dynamischen Aspekt, aber auch etwas Experimentelles. Die gemeinsame Grundhaltung war primär durch die immer deutlicher werdende Absage an die Große Koalition geprägt, aber auch durch eine bisher nicht dagewesene förderalistische Note, und das bringt uns abermals zu den Personen. Josef Klaus kam aus Salzburg, Schleinzer aus Kärnten, Gorbach selbst, obwohl kein Reformer, aber jahrelang zumindest innerparteilicher Opponent, kam aus der Steiermark, der neue Staatssekretär im Innenministerium, Dr. Otto Kranzlmayer, aus Oberösterreich, Ludwig Steiner aus Tirol. Verglichen mit den früheren Kabinetten, etwa Raab I und II, aber auch den beiden letzten Kabinetten Raabs war das eine geradezu schlagartige Vermehrung der Exponenten westlicher Bundesländer. Das waren aber nicht nur

Männer, die dann stärker den Interessen der westlichen Länder Rechnung trugen, sondern es waren vor allem Persönlichkeiten, die von der Besatzungszeit ganz anders und vor allem wesentlich schwächer geprägt waren. Für sie stellten die Große Koalition und der mühselige, mitunter entnervende Interessenausgleich primär ein innenpolitisches Problem dar, während sie für die Gruppe der älteren und vorwiegend aus Wien und Niederösterreich stammenden Politiker der Ära Raab ein staats-, außen- und sicherheitspolitisches Credo war. Und das war wohl der wesentliche Unterschied zwischen den alten Regierungen und dem neuen Kabinett.

Es ging nicht, wie Klaus meinte, um Stilfragen. Das konnte er für seine Person und für seinen engeren Arbeitsbereich so sehen. Doch wenn er schrieb: „Zwei Jahre lang plagte ich mich redlich, einen neuen Stil, Reformideen und -maßnahmen, eine Politik der Sparsamkeit und Sachlichkeit in meinem Ressort, und, weil dieses eine günstige Schlüsselstellung in der Regierung bot, auch in der gesamten mir erreichbaren österreichischen Politik einzuführen. Ich machte es mir nicht leicht, noch weniger leicht wurde es mir gemacht. Reformen werden immer mit Mißbehagen, Reformer mit Mißtrauen bedacht, Sachlichkeit ist nicht überall gefragt",[35] dann hatte Klaus nur bedingt den Kern der Sache getroffen. Das eigentliche Problem waren nicht mehr die Grenzen des Staatshaushalts, die Berücksichtigung der Ergebnisse der Wirtschaftsforschung für die Steuerung der Investitionstätigkeit des Staates, waren nicht Inflation oder Deflation, sondern war die Regierungsform geworden. Es ging nicht mehr um den Regierungsstil, sondern um die Regierbarkeit an sich.

Die Vorstellung, daß in einer Großen Koalition die Opposition in der Regierung ist und eben so lange verhandelt werden mußte, bis es zu einer Einigung kam, war als theoretisches Modell immer mehr von der Praxis verdrängt worden, daß die SPÖ, die sich genauso wie die ÖVP in Grundsatzfragen herausgefordert sah, die Oppositionsrolle verstärkte und sich Zugeständnisse immer teurer abringen und abkaufen ließ. 1961 wurde die Zusammenarbeit immer schwieriger und stockte schließlich. Das rasche Anpacken war also doch nur ein Intermezzo gewesen.

Was seit Bestehen der Zweiten Republik nicht passiert war, ereignete sich in der Ministerratssitzung am 13. Juni 1961: Der Ministerrat erzielte keine Einstimmigkeit mehr. Wieder war Österreich von seiner Vergangenheit eingeholt worden, diesmal von der Habsburgerfrage.[36]

Der Sohn des letzten österreichischen Kaisers, Dr. Otto von Habsburg-Lothringen, hatte eine formelle Verzichtserklärung und eine Loyalitätserklärung gegenüber der Republik abgegeben. Bundeskanzler Gorbach stellte den Antrag, der Ministerrat wolle über die Gültigkeit der Verzichtserklärung beschließen. Der Antrag erhielt keine Einstimmigkeit und galt damit als abgelehnt. Allerdings blieben eine Fülle juristischer, vor allem verfahrensrechtlicher Probleme offen. Dem Habsburger wurde keine wie immer geartete Erledigung zuteil, was von einem Journalisten wenig zutreffend als „Triumph der Schlamperei" bezeichnet wurde.[37] Denn das bewußte Ausklammern, das Augenzumachen angesichts der innenpolitischen Schwierigkeiten, des gerade tagenden West-Ost-Gipfels und der Budgetverhandlungen, führte schließlich dazu, daß sich das Parlament seiner Möglichkeiten zur Diskussion der Verzichtserklärung im Hauptausschuß oder im Plenum nicht bediente, sondern ebenfalls nur trachtete, nicht an das Problem zu rühren. Und genau das brachte der Republik eine Verfassungsklage ein.

Der Regierung machte aber nicht nur zu schaffen, daß sie sich an manche Probleme gar nicht mehr heranwagte und sich die Fronten äußerst rasch verfestigten. Der Regierung machte fast noch mehr zu schaffen, daß sich die Nebenregierungen der Koalitionszeit zu verselbständigen suchten und schließlich Ende 1961 ÖVP wie SPÖ durch den Abschluß des sogenannten „Raab-Olah-Abkommens" überrascht, ja geschockt wurden.

Raab, der sich etwas grollend auf die Position des Präsidenten des Wirtschaftsbundes zurückgezogen hatte und nicht sehr viel tat, um seinem Nachfolger das Leben leichter zu machen, hatte sich mit dem aus Protest gegen die Budgetpolitik der neuen Regierung als Zweiter Nationalratspräsident zurückgetretenen Franz Olah verständigt und in einer überraschenden Aktion der Sozialpartnerschaft einen neuen Mechanismus eingebaut.[38]

Wie schon bei der Gründung der Paritätischen Kommission war die Initiative nicht von Raab, sondern vom Präsidenten des Gewerkschaftsbundes, seit dem Tod Böhms 1959, Franz Olah, ausgegangen. Olah wollte die Paritätische Kommission zu einer Koordinierungsstelle ausgebaut sehen, in der alle wirtschaftspolitischen Maßnahmen vorberaten werden sollten. Raab und Olah kamen schließlich auch überein, die Sanktionsmöglichkeiten der Paritätischen Kommission weiter auszubauen. Außer dem bestehenden Unterausschuß für Preisfragen sollte es einen weiteren für Lohnfragen geben. Dazu sollte eine Neuregelung der Verfahrensfrage kommen. Nach dem Willen Raabs und Olahs sollte die Paritätische Kommission für Lohn- und Preisfragen in Zukunft der Regierung Vorschläge darüber unterbreiten, wie durch den kombinierten Einsatz der Budget-, Investitions-, Handels-, Arbeitsmarkt-, Zoll- und Wettbewerbspolitik die Stabilität des Geldwerts gesichert und die Entwicklung der österreichischen Wirtschaft gewährleistet werden könnten. Als letztes enthielt das Abkommen auch die Regelung, daß ein erstes Kontingent von 47.000 ausländischen Arbeitern zur Arbeit in Österreich zugelassen werden sollte. Diese letzte Vereinbarung war das Zugeständnis des Gewerkschaftsbundes, während ansonsten der Wirtschaftsbund auf die Wünsche Olahs eingegangen war.

Das Raab-Olah-Abkommen war nur ein Forderungsprogramm, über dessen Erfüllung die Paritätische Kommission, Regierung und Parlament entscheiden mußten. Letztere reagierten merklich kühl. Man sprach in aller Öffentlichkeit von Alleingang und von einsamen Entschlüssen. Und ebenso unverholen wurde darauf hingewiesen, daß mit einer derart weitgehenden Kompetenz eine echte Nebenregierung aufgezogen würde. Bei der Diskussion kam dann die ganze Ablehnung und das Unbehagen über die Vorgangsweise zutage.[39] Doch das Merkwürdige geschah: Die Ablehnungsfront bröckelte sehr rasch ab. Raab konnte den Wirtschaftsbund auf seinen Kurs vereidigen. Der Bauernbund fügte sich, wobei sowohl Figl als auch Landwirtschaftsminister Hartmann ein gewichtiges Wort gesprochen haben dürften. Und beide waren Raab-Mannen. Der ÖAAB fügte sich, da das Abkommen ja vor allem für die Arbeitnehmerseite Verbesserungen brachte. Aber auch der Parteivorstand der Sozialisten beugte sich, nicht zuletzt deshalb, weil sonst ein offener Krieg mit dem Gewerkschaftsbund ausgebrochen wäre. Und den konnte sich Vizekanzler

Pittermann nicht leisten. Nach der Zustimmung der Parteivorstände gab auch die Regierung ihren Widerstand auf. Wohl aber schwächten dann die Verfassungsjuristen das Abkommen ab, da das im Abkommen vorgesehene Wirtschaftsdirektorium ebenso wie die Sanktionen verfassungswidrig waren.[40]

Daß mit diesem Abkommen das Fundament für einen jahrzehntelangen sozialen Frieden gelegt wurde, war zum damaligen Zeitpunkt selbstverständlich nicht erkennbar. Wohl aber war erkennbar gewesen, wie zwei politische Persönlichkeiten der zweiten Reihe, von denen der eine, Olah, nicht einmal mehr dem Parlament angehörte, ihre Parteiführungen und die Regierung vor vollendete Tatsachen stellten. Wiederum war Gorbach der eigentliche Düpierte, denn das Raab-Olah-Abkommen schien mehr als zu bestätigen, daß es Gorbach nicht möglich war, aus dem Schatten seines Vorgängers herauszutreten. Im Frühjahr 1962 verdichteten sich dann die Neuwahlgerüchte so, daß eigentlich nur noch der Tag der Ausschreibung von Neuwahlen interessierte. Da 1963 aber auch Bundespräsidentenwahlen fällig waren, konnten schließlich beide Großparteien den Anschein vermeiden, auf die Beendigung der Legislaturperiode gedrängt zu haben, da mit der Vorverlegung der Nationalratswahlen auf das Jahr 1962 scheinbar nur einer Massierung von zwei Wahlen vorgebeugt wurde. Allerdings stand so gut wie das ganze Jahr 1962 unter dieser Wahlvorbereitung, denn während des Frühjahrs wurden der Termin ausgehandelt und die Programme beraten; und nachdem dann im Juli die Ausschreibung der Wahlen für den 18. November erfolgte, war die zweite Jahreshälfte mit dem Wahlkampf selbst ausgefüllt.

Damit ließ sich sofort eine traurige Bilanz ziehen. Was war denn geblieben von den arbeitsamen vier Jahren, die sich die Große Koalition vorgenommen hatte? Zunächst hatten die schwindende Kraft Raabs, aber auch die konsequente Opposition der Sozialisten eine effizientere Arbeit unmöglich gemacht. Dann war der Wechsel bei der ÖVP gekommen und statt eines alters- und krankheitsbedingt nicht mehr voll leistungsfähigen Kanzlers war ein anderer gekommen, der – wie das viele Jahre später beim Wechsel von Bruno Kreisky auf Fred Sinowatz der Fall war – sicherlich jeglichen guten Willen mitbrachte, doch es wollte ihm nichts glücken ... Gorbach fand für dieses Fortschleppen, das mehr ein Fortwursteln war, das passende Wort: Regieren durch Nichtregieren.[41] Im Frühjahr 1962 waren noch die Schulgesetze behandelt worden und damit das bemerkenswerteste Stück Arbeit zu Ende gebracht worden, das in dieser Legislaturperiode angefallen war. Was aber war wieder alles liegengeblieben? Die Hochschulen platzten aus allen Nähten und fanden mit den alten Strukturen und den unzulänglichen Mitteln nicht mehr das Auskommen. Im Wohnbaubereich ging nichts voran, da ein neues Wohnbaugesetz nicht einmal noch überlegt werden konnte. Das hatte vor allem für den Althausbestand in Wien verheerende Folgen, da die Häuser verfielen und immer mehr Substandardwohnungen aufwiesen. Der Rundfunk, und zwar Hörfunk wie Fernsehen, das entgegen den Erwartungen von Raab einen gewaltigen Aufschwung genommen hatte, konnten nur als Staatsrundfunk bezeichnet werden. In der Integrationsfrage gab es bestenfalls Aussichten und Teillösungen; wie es weitergehen sollte, wurde zum Zankapfel. Die Lösung der Südtirolfrage war zwar vorangetrieben worden, doch noch ausständig. Dafür wurden schließlich ein eigenmächtiges Vorgehen Minister

Waldbrunners in einem Gehaltskonflikt mit den Postangestellten und die Auseinandersetzung um ein Gesetz zum Schutz der Republik zu Koalitionsfragen gemacht. Der letzte gemeinsam getroffene Entscheid war daher am 12. Juli 1962 der, die Legislaturperiode vorzeitig zu beenden. Rien ne va plus!

20 Um die Macht

Eine Woche, bevor der Ministerrat den Beschluß faßte, das Parlament aufzulösen, kamen Kanzler Gorbach, Minister Kreisky und Staatssekretär Ludwig Steiner aus der Sowjetunion zurück. Es war die dritte Reise eines Kanzlers nach Moskau gewesen, und obwohl man sich ausrechnen konnte, daß alle drei bis vier Jahre ein Kanzlerbesuch erfolgte, war diese Reise mehr gewesen als lediglich ein Routine- und Höflichkeitsbesuch. Es ging darum, den Sowjets den österreichischen Wunsch nach einer Assoziierung mit der EWG zu erläutern und dabei klarzumachen, daß damit keinesfalls gegen Grundbedingungen des Staatsvertrags verstoßen werden sollte. Es hatte wohl niemand geglaubt, daß es diesmal besonders leicht sein würde, die Sowjets von der Lauterkeit der österreichischen Absichten zu überzeugen, doch die Visite war noch enttäuschender ausgefallen als vielleicht befürchtet.[1] In den zwar wiederum durch besondere Herzlichkeit gekennzeichneten Gesprächen war der Höhepunkt eine vierstündige Unterredung mit dem sowjetischen Ministerpräsidenten Chruščëv gewesen. Dieser aber hatte nicht nur eine Ablehnung der österreichischen Vorbringungen angedeutet, sondern war ganz konkret geworden. „Wir sind gegen eine Diskriminierung des Handels Österreichs mit anderen Ländern", meinte Chruščëv. „Wenn die westlichen Länder eine solche Politik der Diskriminierung stützen, würden sie gegen den Staatsvertrag verstoßen und damit auch gegen die Politik der Neutralität sein, die durch den Staatsvertrag begründet wurde. Das würde bedeuten, daß durch einen Druck wirtschaftlicher Natur das Wesen des Staatsvertrags verändert würde. Es würde sich eine andere Lage ergeben, und auch unsere Beziehungen würden sich ändern." Chruščëv charakterisierte dann Österreichs Haltung dadurch, daß er sie mit Afghanistan verglich. Das hatte damals sicherlich eine andere Bedeutung, als das später der Fall gewesen wäre, doch was gesagt wurde, gibt auch heute noch zu denken. Rußland, sagte der sowjetische Ministerpräsident, sei politisch und wirtschaftlich viel stärker als Afghanistan und habe mit seiner Übermacht trotzdem keinen Mißbrauch getrieben. Wenn es den Afghanen gelinge, trotz eines gewissen Druckes ihre Politik mit Vernunft zu gestalten, so müsse es auch Österreich möglich sein, seine Politik der Neutralität vernünftig und kraftvoll weiterzuführen. Doch wenn Österreich die Politik der Neutralität verließe, würde das die Sowjetunion sehr bedauern. „Wir würden dies so ansehen, daß das, was mein Freund, der ‚Kleinkapitalist' Raab, gebaut hat, von meinem zweiten Freund, Gorbach, bereits wieder zerstört wurde."

Mit diesem Bescheid fuhren die Österreicher nach Hause. Was ihnen die Sowjets zu sagen gehabt hatten, war alles andere als ermunternd gewesen. Wie aber dachte die andere Supermacht? Ende September, während schon der Wahlkampf anlief, war Kreisky in Washington.[2] Er informierte und sprach vor allem von dem österreichischen Wunsch, seine Annäherung an die EWG gemeinsam mit der Schweiz und Schweden zu machen. Amerika konnte da nicht helfen, eher schon Frankreich, dessen Staatspräsident Charles de Gaulle sich besonders an Österreich interessiert zeigte und ihm vor allem auch eine Rolle in Ostmitteleuropa zubilligte, was von Kreisky ganz entschieden abgetan wurde. Österreich hätte über 1000 Jahre eine Rolle in Ostmitteleuropa gespielt, nun würde sich das Land auf sich selbst besinnen. Mehr war für den Augenblick nicht zu sagen. Ruft man sich zum Vergleich die Überlegungen eines Norbert Bischoff in Erinnerung, die dieser noch 1955 angestellt hatte und in denen Österreich sonst nirgends als in Ostmitteleuropa eine Rolle zugebilligt wurde, dann konnte es keinen größeren Gegensatz geben. Kreisky, der Österreich in den früheren Ländern der Habsburgermonarchie keine Rolle mehr spielen sah, und Bischoff, der gemeint hatte, die Sowjetunion und Frankreich wären die Eckpfeiler für Österreichs Politik, und beide würden eine Ausrichtung nach Ostmitteleuropa befürworten. Mag sein, daß bei Bischoff Träume im Spiel waren und daß Kreiskys Realitätssinn ein schwärmerisches Ausgreifen verbot. Doch auch er dachte ja wohl in größeren Dimensionen und trat insbesondere für den Anschluß an den Westen ein. Doch an welchen Westen? Westeuropa war ja vorderhand etwas zerfallen, und für Österreichs „große Zwei" war es noch lange nicht ausgemachte Sache, ob das eine oder das andere, nämlich das Europa der Sechs oder jenes der Sieben vorzuziehen wäre. Da die Sozialisten mehr der EFTA und die Volkspartei mehr der EWG zuneigten, war eine der damals wichtigsten außen- und wirtschaftspolitischen Fragen in die österreichische Innenpolitik zurückgeholt worden. Und sie spielte natürlich auch im Wahlkampf eine Rolle. Ansonst aber regierte das Schlagwort.

Die ÖVP stellte ihren Wahlkampf auf den nahezu gleichen Mandatsstand der beiden Großparteien im Nationalrat ab und plakatierte: „79:78. Nur ein sozialistisches Mandat mehr und die rote Herrschaft beginnt." Abschreckende Alternativen wurden herauszuarbeiten versucht und mit Formulierungen wie „Von der Neutralität in den Neutralismus", „Vom Rechtsstaat in die Willkürherrschaft" und „Von der Stabilität in die Inflation" Stimmung gemacht.[3] Eine personalpolitische Forderung der ÖVP trat jedoch besonders deutlich hervor: Die ÖVP wollte das Außenministerium. Das war freilich keine Forderung, die sich deshalb erheben ließ, weil man vielleicht mit dem Ressortminister Bruno Kreisky nicht einverstanden gewesen wäre. Die Fortschritte in der Südtirolfrage, die mittlerweile eingetretene Beruhigung in den österreichisch-jugoslawischen Beziehungen und die Normalisierung in den

Stehend (von links): Dr. Josef Klaus, Otto Rösch, Dr. Ludwig Steiner, Dr. Franz Gschnitzer, Dr. Christian Broda, Dr. Bruno Kreisky, Dr. Heinrich Drimmel, Dipl.-Ing. Eduard Hartmann, Dr. Karl Schleinzer, Dr. Otto Kranzlmayr, Anton Proksch.

Sitzend: Dipl.-Ing. Karl Waldbrunner, DDr. Bruno Pittermann, Dr. Alfons Gorbach, Dr. Fritz Bock, Josef Afritsch.

REGIERUNG GORBACH I

(11. 4. 1961–27. 3. 1963)

Aufnahme vom April 1961

Foto: Votava

Beziehungen zu den USA, die sogar dazu geführt hatte, daß Österreich ab 1961 selbst über die ERP-Mittel verfügen konnte, sprachen durchaus für den Minister. Doch da die ÖVP in der Integrationsfrage einen neuen Anlauf machen wollte und trotz der sowjetischen Vorbehalte Assoziationsverhandlungen mit der EWG anstrebte, wollte sie das unter Abstützung auf einen der Volkspartei zugehörigen Außenminister tun.

Die SPÖ führte einen weitgehend defensiven Wahlkampf. Sie wollte den Anschein vermeiden, nach der Mehrheit zu streben, strich ihre Parteiziele hervor, so wie sie schon mit dem Parteiprogramm umrissen waren. Bei ihren Plakaten wollte die SPÖ davon Abstand nehmen, Köpfe zu plakatieren, vielleicht auch, weil sich der Parteivorsitzende nicht sehr gut konterfeien ließ. Also wurde aus der Not eine Tugend gemacht. Einer durchbrach sie allerdings, nämlich Franz Olah, der nun doch wieder in den Nationalrat wollte. Er ließ Plakate mit seinem Bild in Wien und Niederösterreich affichieren und führte somit einen Parallelwahlkampf in und mit der SPÖ. Erst nachträglich wurde bekannt, daß er noch mehr getan hatte. Wie die Reformer in der ÖVP und deren Generalsekretär, Withalm, spekulierte Olah auf das Ende der Großen Koalition und suchte einen neuen Koalitionspartner, nämlich die FPÖ aufzubauen. Daher begnügte er sich nicht damit, wie andere SPÖ-Politiker, einen Gesprächskontakt zu den Freiheitlichen zu unterhalten. Er griff ihnen finanziell mit Hilfe von Gewerkschaftsgeldern unter die Arme und ermöglichte der FPÖ die Führung eines Intensivwahlkampfs,[4] der zwar unmittelbar nichts brachte, sich aber als langfristige Investition erweisen sollte. Tatsächlich gewann die ÖVP bei den Wahlen am 18. November 1962 zwei Mandate auf Kosten der Sozialisten und konnte auch den Freiheitlichen einige Stimmen abnehmen, die FPÖ hielt jedoch ihren Mandatsstand. Der neue Nationalrat setzte sich aus 81 ÖVP-, 76 SPÖ- und 8 FPÖ-Abgeordneten zusammen. Im Anschluß an diese Wahlen begannen die längsten Verhandlungen zur Bildung einer neuen Bundesregierung. Sie dauerten über vier Monate.

Die Regierungsbildung wurde vom Kampf um das Außenministerium beherrscht. Und dieser Kampf um das Außenministerium, meinte Heinrich Drimmel, wurde schließlich zum „Verdun der Innenpolitik". Diese plastische Beschreibung viermonatiger Regierungsverhandlungen kann noch dahingehend verdeutlicht werden, daß man hinzufügt: Diese Verhandlungen wurden zum Verdun der Großen Koalition, da sich schließlich beide Parteien gegenseitig eine an die Falkenhaynsche Strategie im Ersten Weltkrieg erinnernde „Blutpumpe" ansetzten, die die Koalition an Auszehrung und Schwäche sterben ließ. Es war aber gewiß nicht so, daß nur eine Seite zäh und unnachgiebig um Positionen kämpfte; es waren beide Großparteien, die sich nichts vergeben wollten. Und je mehr die relativen Sieger der Wahl bei der ÖVP darauf pochten, daß ihnen auch bei der Verteilung der Macht mehr Einfluß zufallen sollte, um so zäher wurde von der SPÖ darum gekämpft, das schlechtere Abschneiden bei den Wahlen durch geringe Konzessionsbereitschaft bei den Verhandlungen wiedergutzumachen.

Die ÖVP ging mit einem Grundsatzpapier in die Verhandlungen,[5] das einleitend feststellte: „Die Erfahrung der letzten Jahre zeigt, daß die Konstruktion und die Arbeitsweise der Koalition reformbedürftig sind. Diese Reform betrifft nicht nur die sogenannte Auflockerung der Koalition. Es muß vor allem vor dem Zusammentreten der neuen Regierung eine genügend breite Basis gemeinsamen Wollens festgestellt werden." Folgende Bereiche wurden dann direkt angesprochen:

1. Die Versorgung der österreichischen Wirtschaft mit Mitteln, die sie für die Umstellung auf einen größeren Markt benötigt.
2. Die Sanierung des Hochschulwesens.
3. Die Sicherstellung der Wehrbereitschaft.
4. Abbau der Subventionen.
5. Die Neuordnung der Wohnbauwirtschaft und
6. die Neuregelung des Sozialversicherungswesens.

Besonders sorgfältig wurden dann die Forderungen auf den Sektoren Wirtschaft und Budget ausgearbeitet. Aus dieser Schwerpunktbildung war aber zweierlei herauszulesen: Einerseits, daß es auf den genannten Gebieten wirklich Probleme gab, die verstärkter Anstrengungen und neuer Wege bedurften, und anderseits, daß sich die Männer des Reformkurses nachdrücklich in Erinnerung rufen wollten. Denn Wirtschaft und Budget betrafen vor allem Josef Klaus und zum Teil auch Fritz Bock.

Mit der Neuregelung der Wohnbauwirtschaft meldete sich ebenfalls Bock zu Wort, der sich geschickt aus dem Kreis der Raab-Mannschaft auf die Seite der Reformer geschlagen hatte. Die Sicherstellung der Wehrbereitschaft war wiederum Anliegen des Verteidigungsministers Karl Schleinzer. Aber trotz aller Grundsatzpapiere und trotz der insgesamt fünf Verhandlungskomitees begann sich die Diskussion immer mehr um Personalprobleme zu drehen, denn die ÖVP hatte keine einheitliche Verhandlungslinie, ein Umstand, der vom SPÖ-Vorsitzenden Pittermann wie vom Präsidenten des ÖGB und abermaligen Abgeordneten Franz Olah sofort erkannt und extensiv genützt wurde. Raab, Figl, Hurdes und Gorbach, die alten Koalitionäre, wollten sich ein Verbleiben Bruno Kreiskys im Außenministerium durch einen hohen Sachpreis abkaufen lassen, während Maleta, Withalm, der steirische Landeshauptmann Krainer und der Salzburger Landeshauptmann Dipl.-Ing. DDr. Hans Lechner ultimativ das Ausscheiden Kreiskys als Außenminister forderten. Pittermann und Olah setzten angesichts dieser Spaltung auf Härte und drohten mit dem Ende der Großen Koalition. Die sozialistischen Verhandler setzten daher auch auf Gorbach. Denn es war so augenfällig geworden, daß Gorbach den unbedingten Willen zur Fortsetzung der Großen Koalition hatte, daß er buchstäblich erpreßbar war. Drohte man ihm mit der Aufkündigung der Großen Koalition, so war er – aber auch nur er! – zum Einlenken bereit.[6]

Als die ÖVP von ihrer Forderung nach dem Außenministerium nicht abrückte, konnte daher Olah kühlen Herzens knapp vor Weihnachten erklären, daß für die „Schwarzen" das Außenministerium „nicht am Christbaum" hänge. Und Olah war immer wieder bereit, Härte zu zeigen und mit dem Scheitern der Verhandlungen zu drohen, so daß er als derjenige dastehen mußte, der schließlich den Sozialisten die Regierungsverhandlungen gewann. Damit rettete er aber vor allem auch Bruno Kreisky das Außenministerium.

In die Verhandlungen zur Regierungsbildung schaltete sich in bester Tradition eines Bundespräsidenten Körner mehrmals Adolf Schärf ein. Er tat das aber offenbar nicht nur, um die beiden Koalitionsparteien zum Abschluß zu drängen, sondern auch noch auf andere Weise, die ihn abermals in die Nähe Körners rücken ließ. Schärf dürfte wie andere auch davon informiert gewesen sein, daß während der Verhandlungen zur Bildung einer Großen Koalition von sozialistischer Seite regelmäßige Gespräche mit der FPÖ stattfanden.[7] Die Vorgangsweise ähnelte allerdings kaum jener von Raab 1953, da es nicht um die Einbeziehung der Freiheitlichen in eine Dreierkoalition, sondern um eine kleine Koalition ging. Dabei war wiederum Franz Olah die treibende Kraft. Olah fand vor allem im freiheitlichen Bundesparteiobmann, Friedrich Peter, einen bereitwilligen Gesprächspartner. Schließlich war es ja auch Peter gewesen, der vor der Wahl zu Olah gekommen war und ihm das Dilemma der Freiheitlichen geschildert hatte, daß nämlich infolge des Ausbleibens von finanziellen Unterstützungen der Industriellenvereinigung die FPÖ nicht einmal mehr die Gehälter ihrer Angestellten zahlen konnte. Olah hatte ausgeholfen.[8] Ungeachtet dessen, wie aussichtsreich oder wie unbedeutend diese Gespräche auch waren, fanden sie in Schärf einen Gegner, der erklärte, keinen freiheitlichen Minister ernennen zu wollen. Es gab allerdings auch noch einen anderen Gegner einer kleinen Koalition, das war der damalige Vizepräsident des Gewerkschaftsbundes, Anton Benya.[9] Schärf und Benya konnten freilich nur verhindern helfen. Beschleunigungen oder gar die Übereinkunft erleichtern konnten sie nicht.

Gorbach wußte zeitweilig nicht mehr ein noch aus. Die Reformergruppe wollte es eher auf das Ende der Großen Koalition ankommen lassen, als vom Grundsatzpapier abzuweichen. Der Bauernbund machte sich selbständig und drängte auf einen raschen Abschluß der Regierungsbildung, die SPÖ war nur zu minimalen Zugeständnissen bereit. Schließlich erklärte Gorbach im kleinen privaten Kreis: „Die eigenen machen mir mehr Schwierigkeiten als die anderen. Unsere verstehen nicht, daß es auch für den Gegner Grenzen gibt, über die er nicht hinweg kann."[10] Erst allmählich setzte sich der Kanzler soweit durch, daß ein Ausscheiden Kreiskys aus dem Außenamt nicht mehr als unabdingbare Forderung erhoben wurde und statt dessen darüber verhandelt wurde, welche Kompetenzen aus dem Außenministerium in das Handelsministerium hinüberwandern sollten, um diesem und damit Fritz Bock die Federführung bei den in Aussicht genommenen Verhandlungen über einen EWG-Beitritt Österreichs zu sichern. Dem Innenministerium wurden Kompetenzen der Preisregelung genommen und an das Finanzministerium übertragen. Doch in einer Reihe von weiteren Fragen wie Rundfunk, verstaatlichte Industrie, Wohnungswesen etc. wurden auch in viermonatigen Verhandlungen keine wesentlichen Fortschritte erzielt. Schließlich wurde im umfangreichsten Arbeitsübereinkommen* der Koalitionsparteien, das je abgefaßt worden war, eine so vollständige und in Teilen regelrecht groteske Festschreibung von Wichtigem und Unwichtigem vorgenommen, daß sich dieser Koalitionspakt eigentlich schon selbst als Ausfluß einer total zerrütteten Ehe präsentierte, für die gerade noch einmal ein Versöhnungsversuch geglückt war. Wichtiges mußte geregelt werden, das war klar. Was aber hatte es so Großartiges an sich, daß bei der Kompetenzübertragung vom Innenministerium an das Bundes-

* Siehe Anhang 3/6

ministerium für Land- und Forstwirtschaft festgehalten wurde, daß das letztere doch in einigen Bereichen das Einvernehmen mit dem Innenministerium herzustellen hatte, etwa bei den Zolltarifen für Schlachtpferde. Im Koalitionsübereinkommen wurde der Milchpreis geregelt, was dann zu dem bösen Bonmot führte, die ÖVP habe schließlich den Milchpreis gegen das Außenministerium eingetauscht. Bei der Regelung des Milchpreises wurde aber auch penibel festgehalten, daß in der Erhöhung auch schon die Abgeltung höherer Löhne für die Molkereiarbeiter im Ausmaß von 10,6 Groschen pro Liter Milch enthalten sei. Schließlich wurde der Rundfunk durch eine „Verbesserung der Geschäftsverteilung" neu zu regeln versucht und bei der Gelegenheit auch festgehalten, daß „der bereits derzeit im Fernsehen tätige Prof. Dr. Helmut Zilk" vom Fernsehdirektor „als zweiter Hauptreferent der Abteilung ‚Jugend und Familie' vorgesehen" sei. Es würde die dem „Wirkungskreis und der Vorbildung des Herrn Dr. Zilk entsprechende dienstvertragliche Einstufung unter einem mit der Durchführung der anderen Maßnahmen erfolgen", hieß es weiter. Was aber hatte das alles in einem Koalitionsübereinkommen verloren, das doch vor allem die großen Linien festzulegen hatte?

Gegen den Widerstand Raabs vereinbarte Gorbach eine gewisse Erweiterung des koalitionsfreien Raumes, um damit das freie parlamentarische Spiel zumindest ansatzweise zu ermöglichen. Gorbach hatte sich aber offenbar verrechnet, und gerade die Erweiterung des koalitionsfreien Raumes, um den er so gekämpft hatte, sollte sich schließlich als Bumerang erweisen, da ihn die SPÖ wenig später nutzte. Und nochmals sei Heinrich Drimmel zitiert, der zum Fall Kreisky meinte, die ÖVP habe im Kampf um das Außenministerium enorm an Substanz verloren. Vielleicht hat erst dieser Kampf die Position Kreiskys gefestigt, und je ungestümer die ÖVP seinen Posten forderte, um so mehr wurde der SPÖ sein Wert bewußt und mußte sie sich auch für ihn in die Bresche werfen. „Damals wurde der Sockel gebaut, auf den sieben Jahre später der erste sozialistische Bundeskanzler steigen konnte."[11]

Das Ergebnis der Ende März 1963 abgeschlossenen Koalitionsverhandlungen verursachte in weiten Kreisen der ÖVP Unbehagen und löste vor allem in den westlichen und südlichen Bundesländern Kritik aus. Noch vor der Unterzeichnung des Koalitionspakts traten die Differenzen zwischen der alten Garde und den Reformern offen zutage. Generalsekretär Withalm lehnte das Verhandlungsergebnis ab. Er schützte eine Krankheit vor, um das Abkommen nicht unterzeichnen zu müssen. Statt ihm unterzeichnete Josef Klaus. Wieder wurde Gorbach brüskiert und der Bruch zwischen Parteiobmann und Generalsekretär offen vollzogen. Der zweite Eklat wurde von Finanzminister Klaus verursacht, der das Verhandlungsergebnis ungenügend fand und als Minister zurücktrat. Als Grund dafür gab er das Unverständnis für seine Forderung nach mehr Sparsamkeit und Sachlichkeit an. Er war auch von zwei ÖVP-Politikern direkt zur Demission aufgefordert worden, nicht um auf Dauer aus der Politik auszuscheiden, sondern um sich bereitzuhalten.[12] Klaus ging als Anwalt nach Hallein zurück.

Mit dem Ergebnis der Regierungsverhandlungen waren aber nicht nur die „Jungtürken" der ÖVP nicht einverstanden. Auch in der SPÖ war die Spaltung vorangetrieben worden. Und wieder war es Franz Olah, dem dabei eine Schlüsselrolle zukam. Olah profitierte von den viermonatigen Verhandlungen und schon vorher vom schlechten Wahlausgang. Denn er machte kein Hehl daraus, daß er diesen Wahlausgang auf die Politik Pittermanns zurückführte. Dann aber war er es, der der SPÖ die Regierungsverhandlungen rettete, dies aber auch honoriert bekommen wollte. Damit begann auch in der SPÖ eine direkte Konfrontation. Sozialminister Proksch war amtsmüde, doch es fand sich, wie der sozialistische Justizminister Otto Tschadek meinte, niemand in der SPÖ, der bereit gewesen wäre, das Sozialministerium zu übernehmen.[13] Primär war an Franz Olah gedacht worden. Er lehnte aber ab. Also blieb Proksch. Dafür interessierte sich der sozialistische Zentralsekretär Otto Probst für das Innenministerium. Das war aber das einzige Ministerium, das Olah anstrebte und mit dem er sich seinen Verhandlungserfolg honorieren lassen wollte. Da Probst gegen Olah nicht ankam, wurde dieser Innenminister und Probst als Nachfolger Waldbrunners Verkehrsminister, ohne von den Belangen dieses Ressorts etwas zu verstehen. Deshalb schrieb auch Minister Tschadek sehr deutlich in seinem Bändchen „Österreich nach dem Staatsvertrag“: „Diese Art, Minister zu berufen, schien mir nicht unbedenklich. Neben der politischen Verläßlichkeit und einem gewissen politischen Weitblick soll ein Ressortminister doch auch gewisse fachliche Voraussetzungen mitbringen.“[14]

Olah dürfte bei seinem Entschluß, Innenminister werden zu wollen, jedoch den entscheidenden Fehler seiner politischen Karriere gemacht haben; daß diese Karriere nicht mit dem Innenministerium ihr Ende haben sollte, war ein offenes Geheimnis. Olah strebte mehr an. Im Augenblick, da er Innenminister wurde, gab er jedoch den Posten des Präsidenten des Gewerkschaftsbunds auf und verließ eine Machtposition, in der er fast unangreifbar gewesen war. Statt dessen begann er, das Innenministerium mit Hilfe von spektakulären Beamtenversetzungen zu einer neuen Machtposition auszubauen. Unruhe und Spannungen waren die Folge.

Franz Olah war in der politischen Szenerie der Zweiten Republik ein Novum. Er war so augenfällig auf die Gewinnung von Macht und die Vermehrung seines persönlichen Einflusses aus, daß er in das Spektrum der Zweiten Republik nicht einzuordnen war und auch bis heute eine singuläre Erscheinung geblieben ist. Vergleiche mit ähnlich ausgeprägten Machtpolitikern sind – zumindest in der Zweiten Republik – kaum möglich.

Der 1910 in Wien geborene Olah lernte das Klaviermacherhandwerk, er war arbeitslos, Heimleiter, Werkstättenleiter, Gewerkschaftsmitglied, wurde 1934 verhaftet, 1935 verurteilt, vorzeitig entlassen, als illegaler revolutionärer Sozialist neuerlich verhaftet und schließlich im März 1938 von den Nationalsozialisten festgenommen und bis 1945 in Konzentrationslagern gefangengehalten.[15] Ein hartes Schicksal, dessen Meisterung Bewunderung verdient. Nach 1945 begann der Aufstieg des Franz Olah, ein fast unaufhaltsamer Aufstieg. Als Obmann der Bau- und Holzarbeitergewerkschaft hatte er 1950 Anteil an der Niederwerfung der Oktoberstreiks in Wien. Danach war sein Ansehen national und international erheblich gestiegen. Olah wollte auch für ähnliche Fälle vorsorgen und zog vor allem mit Hilfe amerikanischer Geldmittel eine große Tarnorganisation auf, nämlich den „Wander-, Sport- und Gesellschaftsverein“. Der Verein erhielt Fahrzeuge. Lastkraftwagen wurden zu Mannschaftstransportwagen umgebaut. Der Verein installierte Sende- und Empfangsanlagen, unterhielt eine Judogruppe und eine Spezialgruppe für den

Wintereinsatz. Das auch als „Sonderprojekt“ bezeichnete Unternehmen lagerte Gerätschaften in einem Haus in Golling. Schließlich wurde die Verwaltung der Mittel des „Sonderprojekts“ über zwei Tarnfirmen, die „Atlanta“ und die „Omnia-Waren-Handels-AG“ abgewickelt. Was im Rahmen des „Sonderprojekts“ alles vorbereitet und gemacht wurde, wußten und wissen wohl nur die allerwenigsten. Doch eines war nicht von der Hand zu weisen: Olah umgab ein Hauch von Paramilitarismus.

Schon 1953 hätte Olah Minister werden sollen, aber er war am Einspruch und am Widerstand von Karl Waldbrunner gescheitert. Doch der Aufstieg Olahs ging auch so weiter. Er wurde Präsident des Gewerkschaftsbunds und Zweiter Präsident des Nationalrates. 1959 schlug er das Amt des Innenministers aus. Doch dann, 1963 übernahm er dieses Amt. Bis dahin hatte er bereits mehrere Handlungen gesetzt, die ihm das tiefste Mißtrauen und auch die Feindschaft von Leuten seiner eigenen Partei einbrachten. Olah hatte sich immer als praktizierender Katholik bekannt und die Atheisten in seiner Partei herausgefordert, vor allem Bruno Pittermann, der eine atheistische Zeitschrift unterstützte. Er hatte aber auch Grenzen zu überschreiten versucht, als er den Kontakt zur FPÖ knüpfte und diese Partei systematisch unterstützte und geradezu aufzubauen suchte. Die Zahl seiner Gegner nahm aber immer mehr zu. Zu Pittermann, Probst und Waldbrunner kamen Sozialminister Anton Proksch, der seinerzeit gerne Präsident des Gewerkschaftsbunds geworden wäre, Justizminister Christian Broda und der außenpolitische Sprecher der SPÖ, Karl Czernetz.

Franz Olah hatte mit der Übernahme des Innenministeriums eine wichtige Position erhalten. Und er ließ bald erkennen, daß er Macht handhaben konnte. Olah suchte seine Stellung auszubauen und geriet damit – wie einstmals Vizekanzler Emil Fey – in Gegensatz zu seiner Parteiführung und zu jenen, die eine so augenfällige Politik des „Wir werden morgen an die Arbeit gehen und wir werden ganze Arbeit leisten“ nicht gutheißen konnten. Die ersten, die Olahs neuen Stil zu spüren bekamen, waren die niederösterreichischen ÖVP-Mandatare, an ihrer Spitze Leopold Figl, der seit 31. Jänner 1962 Landeshauptmann von Niederösterreich war. Figl, der immer wieder trachtete, zu Olah das alte Verhältnis der Lagerstraßengemeinschaft zu erhalten, konnte aber letztlich immer nur wieder etwas kitten. Der Sprung blieb. Und Olah tat alles, um die immer wieder beschworenen Grundstrukturen der Zweiten Republik zum Verschwinden zu bringen.

Soweit es die Personen betraf, war von diesen Grundstrukturen ohnedies nicht mehr allzuviel zu sehen. Diejenigen, die den Grundsatz der Zusammenarbeit zur Erreichung großer innen- wie außenpolitischer Ziele vorgelebt hatten, waren zum Teil schon tot, oder aber sie waren nur noch Schatten der einstigen Kraft. Der Blick in die Runde ließ plötzlich Morbides erkennen. Die Gestalter der Geschicke Nachkriegsösterreichs waren alt und krank geworden – wie die Große Koalition. Die Grundstimmung war Traurigkeit. Während der Regierungsverhandlungen war am 13. Februar 1963 Oskar Helmer gestorben, ein Prototyp des Großkoalitionärs. Die Nachrufe für ihn beschworen das Gestern, das sich allmählich zu verklären begann und gerade in Verbindung mit einem Mann wie Helmer immer mehr heroische Züge erhielt. Der Blick zurück mußte auch gemacht werden, als ebenfalls noch während der Koalitionsverhandlungen die Weichen für die nächsten Bundespräsidentenwahlen gestellt wurden.

Wie erinnerlich, war die Vorverlegung der Nationalratswahlen damit begründet worden, daß 1963 die Abhaltung von zwei großen Wahlen vermieden werden sollte. Das war auch der Fall. Wohl niemandem wäre es allerdings im Sommer 1962 bei der Fixierung des Wahltermins eingefallen zu prognostizieren, daß es bei der Ausschreibung der Wahl des Bundespräsidenten, ja fast noch bei der Wahl selbst, keine neue Regierung geben könnte.

Die Bundespräsidentenwahlen wurden für den 28. April 1963 festgesetzt. Die Parteien gingen etwas lustlos an die Vorbereitungen heran, da sie noch zu sehr mit sich selbst und der Abfassung des Arbeitsübereinkommens beschäftigt waren, dann aber auch, weil ohnedies alles „gelaufen“ schien. Für die SPÖ, die den 73jährigen Bundespräsidenten Adolf Schärf zur Wiederwahl empfahl, war mit diesem Vorschlag nichts verbunden, das die Partei im engeren berührte; es war eine Selbstverständlichkeit. Für die ÖVP war das Aufstellen eines eigenen Kandidaten mehr, nämlich eine ordentliche Verlegenheit. Die ÖVP hatte an der Amtsführung des Bundespräsidenten nichts auszusetzen. Sie hätte, wie das vorher und nachher auch immer wieder der Fall war, eine regelrechte Wahl gerne vermieden, doch die Befürchtung, daß dies dann als Schwäche ausgelegt und so interpretiert würde, daß die ÖVP keinen geeigneten Kandidaten hätte, ließ sie dann doch an eine Nominierung gehen. Die Chancen waren für jeden Kandidaten so gut wie Null. Gesucht wurde also jemand, der die Mühsal auf sich nahm und gleichzeitig den Anspruch eines seriösen Kandidaten erfüllte. Die Wahl fiel auf Raab.[16] Doch wie war es um ihn bestellt!

Nach monatelanger Krankheit war Raab erst wieder im November 1962 in der Öffentlichkeit aufgetaucht. Er war weiter abgemagert, der Hemdkragen schien um Nummern zu weit, das Gewand schlotterte an ihm, und er wirkte greisenhaft. Daß er seiner Nominierung dennoch zustimmte, konnte nur verwundern. Er selbst sprach davon, zu gehorchen. Auf jeden Fall half er der ÖVP aus einer Verlegenheit, denn wenn er – was zu erwarten war – erfolglos blieb, dann war zumindest kein Politiker verbraucht, der für die ÖVP noch in Zukunft wichtig war. Es wäre zwar auch denkbar gewesen, einen nicht parteigebundenen oder unpolitischen Kandidaten zu präsentieren, doch die Erfahrungen, die man mit Wolfgang Denk gemacht hatte, sprachen allzusehr dagegen. Wenigstens einen Achtungserfolg sollte der ÖVP-Kandidat erlangen können. Und den schien Julius Raab noch allemal zu garantieren. – Die Freiheitliche Partei entschloß sich, diesmal keinen eigenen Kandidaten aufzustellen. Dafür war aber wohl weniger ausschlaggebend, daß sie mit dem amtierenden Bundespräsidenten besonders zufrieden gewesen wäre oder vielleicht niemanden gefunden hätte. Doch in der Parteikasse herrschte eine derartige Ebbe, daß ein Wahlkampf wohl gar nicht finanzierbar war. Im Gegensatz zu den Nationalratswahlen war auch nicht damit zu rechnen, daß irgend jemand in der SPÖ Geldmittel für die FPÖ aufbringen würde. Die Freiheitlichen gaben auch keine Wahlempfehlung ab, zumindest nicht offiziell, da sich gezeigt hatte, daß derartige Empfehlungen ohnedies nichts fruchteten und auch diesmal nichts bewirkt hätten. Schließlich empfahlen die Freiheitlichen, ungültig zu stimmen. Raab bekam allerdings auf seiner

Wahlreise im steirischen Neumarkt vom ehemaligen Klubobmann des VdU, Karl Hartleb, eine persönliche Unterstützungserklärung, die jedoch nur das Verhältnis Hartlebs zu Raab beleuchtete.[17] Das sagte auch nichts über die Haltung der FPÖ zum Präsidentschaftskandidaten Raab aus. Und wenn sich dieses Verhältnis generalisieren ließ, dann in der Weise, daß die Freiheitlichen nicht allzu viele Sympathien für Raab hatten.

Schließlich gab es außer Schärf und Raab aber doch noch einen dritten Kandidaten, nämlich den gerade erst in den Ruhestand getretenen Gendarmeriegeneral Dr. Josef Kimmel, der von einem überparteilichen Wahlkomitee präsentiert wurde, das von der Europäisch-Föderalistischen Partei, einer bürgerlich-konservativen Splittergruppe, initiiert worden war. Die Proponenten dieses Komitees, Dr. Felix Ermacora und Otto Molden, präsentierten Kimmel als langgedienten Gendarmerieoffizier, Juristen und KZ-Häftling.[18]

Der Wahlkampf war kurz und ohne Besonderheiten. Raab, beispielsweise, war nur zehn Tage in den Bundesländern unterwegs und wurde von seinen Begleitern wo es ging, geschont. Er war so sehr von Krankheit gezeichnet und durch Schwäche behindert, daß wohl viele den Eindruck gewannen, es sei ein Unding, diesen Rest eines einstmals kraftstrotzenden Menschen auch nur einen wenige Wochen dauernden Wahlkampf bestreiten zu lassen. Bei der Stimmabgabe mag wohl so mancher überlegt haben, ob man Raab nicht mehr Gutes tat, wenn man ihn nicht wählte, als ihn womöglich noch in eine Stichwahl zu treiben. Adolf Schärf konnte schließlich den bis dahin größten Wahlsieg in einer Bundespräsidentenwahl erringen. Mit rund 660.000 Stimmen Vorsprung vor Raab wurde er im Amt bestätigt. Josef Kimmel erreichte rund 176.000 Stimmen. 190.000 weiße Stimmzettel, also ungültige, ließen sich als Anteil der Freiheitlichen werten, die ja empfohlen hatten, ungültig zu wählen. Als Raab am nächsten Tag wieder sein Präsidentenzimmer am Wiener Stubenring betrat, soll er zu seinem Sekretär die mehrfach überlieferten Worte gesagt haben: „Gestern ham ma a Schrauf'n kriagt."[19] Und mit dieser vor allem im Fußball gebräuchlichen Redewendung für eine Niederlage konnte man wieder zum Alltag übergehen. Dort aber wurden weiterhin Grundstrukturen der Großen Koalition in Frage gestellt.

Die erste Gelegenheit bot die Habsburgkrise. Ihre Anfänge sind uns schon bekannt. Es war jener Ministerrat vom 13. Juni 1961, in dem über die Loyalitätserklärung und den Einreiseantrag Otto von Habsburg-Lothringens beraten und keine Einigung erzielt wurde.[20] Statt nun dem Habsburger irgendeine Erledigung zukommen zu lassen oder das Parlament damit zu befassen, demonstrierte man den klassischen Fall des „Schweigens der Verwaltung". Otto von Habsburg-Lothringen rief den Verfassungsgerichtshof an. Dieser erklärte sich als nicht zuständig. Daraufhin wurde der Verwaltungsgerichtshof angerufen. Der forderte die Regierung auf, innerhalb von acht Wochen eine Gegenschrift einzubringen. Die Regierung konnte abermals keine einstimmige Antwort formulieren, ja man machte nicht einmal von der Möglichkeit Gebrauch, eine die divergierenden Standpunkte dokumentarisch festhaltende Gegenschrift zu verfassen. Erst daraus entstand dann jenes Koalitionsdebakel, das als „Habsburgkrise" bekannt geworden ist.[21] Der Verwaltungsgerichtshof fällte den Spruch, daß die von Otto von Habsburg-Lothringen abgegebenen

Erklärungen ausreichend seien und daher die Unterlassung einer entsprechenden Bescheidabfassung unzulässig war. Ein Aufschrei ging durch Österreich. Man sprach und schrieb vom „Justizputsch im Richtertalar“, von „Staatsstreich“, „ungeheuerlicher Rechtsprovokation“ und dergleichen mehr.

Über Wunsch der Sozialisten wurde für den 5. Juni 1963 eine außerordentliche Nationalratssitzung einberufen. Schon an den eingebrachten Anträgen ließ sich erkennen, daß der Wunsch der ÖVP nach Öffnung eines koalitionsfreien Raumes früher und vor allem auch anders in Erfüllung gehen würde, als es sich diese Partei erwartet hatte, denn es zeichnete sich ein Bündnis der SPÖ mit der FPÖ ab. Für die SPÖ steckte deren Chefideologe, Karl Czernetz, die Argumentationslinien ab, und die liefen darauf hinaus, daß der Verzichtserklärung nicht geglaubt werden dürfe, da sie mit einer Mentalreservation Ottos abgegeben worden sei. In der Debatte verurteilte vor allem Justizminister Broda den Spruch des Verwaltungsgerichtshofs und versuchte zu begründen, warum seiner Ansicht nach die Grundsätze des Rechtsstaates und der Verfassung verletzt worden seien. Er bestritt die Zuständigkeit des Verwaltungsgerichtshofs und versuchte das damit zu untermauern, daß eine Verzichtserklärung wie jene Ottos aus dem judiziellen Bereich herausfalle und in den rein politischen Bereich gehöre. Die ÖVP identifizierte sich durchaus nicht mit allen Teilen des Spruchs, doch sie wandte sich vehement gegen eine rückwirkende Interpretation des Habsburgergesetzes.

Jeder wußte, daß jetzt eigentlich die Gretchenfrage der Koalition zu stellen und über den Fortbestand der Großen Koalition zu entscheiden war. Doch von den beiden großen Parteien machte keine diesen Schritt. Die kleine Partei, die FPÖ, war erstmals zum Zünglein an der Waage geworden und sah sich in einer von ihr immer wieder herbeigewünschten, aber ungewohnten Rolle. SPÖ und FPÖ stimmten schließlich für einen Entschließungsantrag, in dem die Regierung aufgefordert wurde, eine authentische Interpretation des Habsburgergesetzes vorzunehmen und eine Gesetzesvorlage einzubringen, wonach nicht ein Höchstgericht gegen das andere entscheiden konnte.[22] Am 4. Juli 1963 befaßte sich der Nationalrat erneut mit der Habsburgfrage. Und wieder spielten SPÖ und FPÖ zusammen, als der Nationalrat mit den Stimmen dieser beiden Parteien einen Beschluß verabschiedete, wonach die Regierung aufgefordert wurde, der Willenskundgebung der österreichischen Volksvertretung zu entsprechen und eine Rückkehr Otto von Habsburgs zu verhindern. Das war ein glatter Bruch des Koalitionsabkommens.

Nach diesen parlamentarischen Zwischenspielen und angesichts einer geänderten innenpolitischen Situation konnte es nicht wunder nehmen, daß die Regierungsparteien von der Möglichkeit einer kleinen Koalition sprachen. Wenn es dafür eine Basis gab, dann war sie aber vor allem bei der SPÖ und den Freiheitlichen gegeben. Die Krise ging noch einmal vorüber. Allerdings war es dann wieder Franz Olah, der Bundeskanzler Gorbach die letzte schwere Demütigung beibrachte. Er wies die seinem Ministerium unterstehenden Dienststellen von Polizei und Gendarmerie an, die Einreise von Otto von Habsburg-Lothringen zu verhindern. Gorbach kehrte den Regierungschef hervor, worauf Olah erklärte: „Ich werde der von der Mehrheit des Nationalrates gefaßten Entschließung Rechnung tragen. Die heutige Erklärung des Herrn Bundeskanzlers nehmen wir nicht zur Kenntnis!“[23]

In der ÖVP fielen angesichts dieser Ereignisse die Würfel: Sie bereitete die Ablöse Alfons Gorbachs vor. Am 12. Juli 1963 erschien der Salzburger Landeshauptmann, Hans Lechner, unangesagt bei Unterrichtsminister Drimmel und sprach von der Möglichkeit, Drimmel zum Bundeskanzler und Josef Klaus zum Bundesparteiobmann zu machen. Drimmel lehnte ab. Doch der Stein war einmal ins Rollen gekommen, und im August zeichnete sich der weitere Weg ab. Die Vorgangsweise sollte dabei eine ähnliche sein wie 1960, als Raab zunächst seine wichtigsten Parteifunktionen abzugeben hatte. Anlaß dazu war diesmal der Bundesparteitag der ÖVP in Klagenfurt am 19. und 20. September 1963. Dieser Bundesparteitag brachte die Rückkehr der Reformer und vor allem eines Mannes: Josef Klaus'. Er war auch von Salzburg aus in ständiger Verbindung mit Wien geblieben und hatte maßgeblichen Anteil an der Erarbeitung der schriftlichen Unterlagen für den Parteitag ebenso wie an der Personaldiskussion.[24] Die Volkspartei stand vor einer Zerreißprobe. Der Konflikt, der auszutragen war, ließ sich ja nicht nur personalisieren, sondern auch regionalisieren. Klaus wurde von den Landeshauptleuten von Tirol, Salzburg und Steiermark zur Kandidatur um die Stelle des Bundesparteiobmanns aufgefordert. Er erhielt zwar auch die Unterstützung des ÖVP-Generalsekretärs, Withalm, doch im wesentlichen lief es doch auf die schon alte Konfrontation zwischen westlichen und östlichen Bundesländern hinaus. In Wien aber stellte sich Heinrich Drimmel darauf ein, Gegenkandidat zu sein und damit jene ÖVP zu verkörpern, die von traditionellen Wertvorstellungen ausging und zudem auf Grund ihrer Verflechtungen und Erfahrungen den zeitlichen Kompromiß mit den Sozialisten als Institution auffaßte. Für sie war die Große Koalition Inbegriff dessen, was heute so unpräzise „politische Kultur" genannt wird.

In den Unterlagen für den Parteitag war das wahrscheinlich wichtigste Papier eine vertrauliche Information, die sich mit der Koalition befaßte.[25] Dabei wurde zwischen einer starren und einer aufgelockerten Koalition unterschieden, und es hieß:

„Die *starre Koalition* war so lange keine Verletzung der demokratischen Spielregeln, solange sie Probleme, für deren Lösung das Erfordernis einer einfachen Mehrheit ausreicht, auch tatsächlich löste. Problematisch wurde die starre Koalition jedoch in dem Augenblick, wo sie zwar die verfassungsmäßig nicht vorgesehene Hürde einer Neun-Zehntel-Mehrheit errichtete, aber unfähig war, diese selbst errichtete Hürde zu nehmen. Sobald sie mehr die Antwort auf eine Bürgerkriegspsychose als eine freiwillig bejahte Gemeinschaft war, erlahmte die Fähigkeit der starren Koalition, im Kompromißweg gemeinsame Lösungen für wichtige gesamtstaatliche Probleme zu finden, zusehends. Die Kraft, die einst für den Wiederaufbau und die Erringung der Freiheit ausgereicht hatte, reichte in den letzten Jahren weder zu einer Lösung des Wohnungsproblems noch zu einem gemeinsamen Konzept für die verstaatlichten Unternehmungen, weder für eine konsequente Verteidigung der Währungsstabilität noch für eine von Mißverständnissen freie Außenpolitik."

Die *„aufgelockerte Koalition"* erblickte durch die Habsburgkrise das Licht der Welt. Das Gute an dieser Krise sei, daß man sich an den Gedanken gewöhne, daß eine einfache oder auch Zweidrittelmehrheit ausreichend sei. „Wenn einmal in den sechziger Jahren die ‚Zusammenarbeit' nicht mehr Gegenstand der parteipolitischen Polemik, sondern eine verfassungsrechtlich gedeckte Spielregel der österreichischen Demokratie sein sollte, dann hätten wir eine echte Chance, das Trauma der Ersten Republik endgültig zu überwinden. Sobald diese Form der institutionalisierten Zusammenarbeit aller im Parlament vertretenen Parteien geboren ist, brauchen wir über dem Grab einer Koalition, die zuletzt nur noch ein auf den österreichischen Maßstab verkleinertes weltpolitisches ‚Gleichgewicht des Schreckens' war, keine Träne mehr zu vergießen."

Aus der „friedlichen Koexistenz" war also ein „Gleichgewicht des Schreckens" geworden, und es konnte aus der Definition heraus schon kein Zweifel daran bestehen, daß jene, die Josef Klaus zum neuen Bundesparteiobmann wählen wollten, zu einer Beendigung des Gleichgewichts des Schreckens entschlossen waren. Am Ende des Klagenfurter Parteitags stand fest, daß Klaus neuer Bundesparteiobmann war. Wieder waren damit die Funktionen geteilt, und es konnte nicht wundernehmen, daß während der folgenden Monate fast unentwegt spekuliert wurde, wann Klaus Gorbach auch als Bundeskanzler ablösen würde.

In den letzten Monaten der Regierung Gorbach schien sich in der Politik einiges zu verselbständigen. Wie immer, wenn kein einheitlicher Willen und keine dementsprechende Führung vorhanden sind, werden von einzelnen Vorstöße gemacht, die dann, wenn sie unkoordiniert sind oder zu weit gehen, als „Denkanstöße" bezeichnet werden. Zu ihnen gehörte beispielsweise eine Überlegung von Vizekanzler Pittermann, die Große Koalition zwar beizubehalten, die Funktion des Bundeskanzlers aber alternierend zu besetzen, etwa nach dem Schema: Für die Hälfte der Legislaturperiode stellt die eine Partei den Kanzler und für die andere Hälfte die andere Partei. Doch diese Idee fand keinen Anklang.[26] Das Regieren durch Nichtregieren fand seine Fortsetzung, und es waren eher Kleinigkeiten, die als Signale verstanden werden konnten.

In der Frage einer Assoziierung Österreichs mit der EWG war ein geringer Fortschritt zu erkennen, da sich die EWG bereit erklärte, mit Österreich sogenannte „exploratorische Gespräche" zu führen.[27] In ihnen sollten die Bedingungen sondiert werden, unter denen Österreich ein Arrangement mit der Wirtschaftsgemeinschaft ermöglicht werden sollte. Mehr noch als zuvor zerfiel das Land in zwei Lager, da die Sozialisten einem Arrangement mit der EWG skeptisch bis ablehnend gegenüberstanden, vor allem aber nicht die Mitgliedschaft bei der Freihandelszone der EFTA aufgeben wollten, was wiederum von der ÖVP befürwortet wurde. Sprengstoffanschläge in Südtirol, aber auch in Traunkirchen und in Ebensee in Oberösterreich machten nur zu deutlich auf das nach wie vor ungelöste Südtirolproblem aufmerksam. Eine neue diplomatische Verhandlungsrunde wurde eingeleitet. Es gab aber auch Turbulenzen im Bereich der Sicherheitspolitik, die zwar zunächst keine unmittelbaren Auswirkungen hatten, wohl aber ebenso als Signal verstanden werden konnten.

Im Herbst 1963 präsentierte der Staatssekretär im Verteidigungsministerium, Otto Rösch, einen Plan zur Verkürzung der Dienstzeit beim Militär von damals neun auf sechseinhalb Monate.[28] Die Angelegenheit war nicht ganz neu, da Rösch schon 1961 einen ersten diesbezüglichen Vorschlag unterbreitet hatte. Seine damaligen Überlegungen hatten allerdings nichts mit einem grundsätzlich anderen Wehrkonzept, etwa dem Milizgedanken, zu tun gehabt, sondern hatten primär die Arbeitsmarktsituation in den Vordergrund gestellt. In einer Zeit, da Arbeitskräfte äußerst knapp waren, schien es Rösch sinnvoll, den Vorschlag zu machen, die Wehrdienstzeit intensiver zu nutzen, die tägliche und wöchentliche Ausbildungszeit der Soldaten zu verlängern, sie dafür aber um rund zweieinhalb Monate früher wieder in Beruf und Wirtschaft zu entlassen. 1961 hatten diese Gedanken fast kein Echo ausgelöst. Doch im Herbst 1963 war das anders. Der Plan erhielt durchaus Publizität und wurde schließlich mit anderen Grundanliegen der SPÖ verknüpft. Es ging danach nicht mehr ausschließlich um eine Verkürzung der Dienstzeit, sondern auch darum, das Heer milizartig umzustrukturieren und es von seinen in der Verfassung wie im Wehrgesetz verankerten Aufgaben der „Aufrechterhaltung von Ruhe und Ordnung im Inneren" zu entbinden. Rösch hatte daher in seinem Konzept, das er mit Hilfe einiger Offiziere des Bundesheers entworfen hatte, nicht nur eine Dienstzeitverkürzung projektiert, sondern eine weitergehende Reform. Der Kernsatz des Röschplans lautete daher: „Das Bundesheer ist zu einem ausschließlichen Ausbildungsheer umzugliedern. Für den Einsatzfall ist die rascheste teilweise oder gänzliche Mobilmachung durch ein Mobilmachungs- und Leistungsgesetz sicherzustellen. Das Ziel aller Maßnahmen ist die Weiterentwicklung des Heeres zu einem Volksheer mit Milizcharakter." Und an anderer Stelle hieß es: „Die Aufrechterhaltung der Ordnung und Sicherheit im Inneren ist Aufgabe der staatlichen Exekutive." Der Vorsitzende der SPÖ, Bruno Pittermann, übernahm Teile des Röschplans in das damals gerade in Ausarbeitung befindliche „Programm für Österreich", allerdings wurde der Plan dabei erheblich amputiert, da schließlich weder das von Rösch geforderte Mobilmachungs- und Leistungsgesetz Aufnahme fand, noch die Einführung einer Wehrersatzsteuer. Die diesbezüglichen Passagen strich Pittermann eigenhändig aus dem Programm.[29]

Der publizistische Erfolg des Röschplans hing aber sehr wahrscheinlich damit zusammen, daß etwa zur selben Zeit der Physiker und Universitätsprofessor Dr. Hans Thirring einen nach ihm benannten Plan zur vollständigen Abrüstung Österreichs vorlegte und damit nach längerer Zeit wieder eine radikalpazifistische Forderung artikulierte.[30] Durch die Pläne von Rösch und Thirring wurde eine breitere Diskussion angeregt, die Für und Wider zutage förderte. Interessant dabei war aber, daß Thirring im Falle einer Abrüstung Österreichs eine Garantie der Vereinten Nationen für die Unverletzlichkeit des österreichischen Territoriums und seiner Souveränität verlangte, also unwissentlich dorthin zurückkehrte, wohin die Überlegungen zu einer Garantie der österreichischen Neutralität in den Jahren 1955 und 1956 auch geführt hatten. Doch davon sprach mittlerweile niemand mehr, und es geriet auch zunehmend in Vergessenheit.

Es wäre denkbar, daß Rösch und Thirring noch mehr Aufmerksamkeit erfahren hätten, wären es nicht die spektakulären Aktionen eines anderen Politikers gewesen, die immer wieder und noch viel mehr für Schlagzeilen sorgten. Dieser eine war Franz Olah. Kaum war der ärgste Trubel in der Habsburgfrage abgeklungen, da sorgte Olah dafür, daß es im Breich des Innenministeriums und in Niederösterreich eine Aufregung nach der anderen gab. Schließlich wurde über Olahs Vorgehen regelrecht Buch geführt.[31]

2. Oktober 1963: Olah setzt den Sicherheitsdirektor für Niederösterreich und den

Pressereferenten der Sicherheitsdirektion ab. 5. Oktober: Olah beantwortet einen Protest der niederösterreichischen Landesbediensteten wegen des Vorgehens in der Sicherheitsdirektion mit einem Telegramm des Inhalts: „Kümmern Sie sich um Ihre eigenen Angelegenheiten ...“ Am selben Tag bezeichnet er Niederösterreich als „Schwarze Volksdemokratie“. Am 9. Oktober: Protestaktion der Landesbediensteten. Zwischenfälle vor der Bezirkshauptmannschaft Wiener Neustadt. Vizebürgermeister Hans Barwitzius, ein Parteigänger Olahs, läßt Transparente abreißen und vor der Bezirkshauptmannschaft verbrennen. Eine Konferenz der Landeshauptleute, der allerdings die sozialistischen Landeshauptleute von Wien und Kärnten fernbleiben, stellt fest, daß durch den Konflikt des Innenministers mit Landeshauptmann Figl in Fragen der öffentlichen Sicherheit die Zusammenarbeit zwischen Bundesdienststellen und Ländern gefährdet erscheint. Der Bundeskanzler wird um eine klärende Aussprache ersucht. 10. Oktober: Sympathiekundgebungen in zahlreichen Betrieben für Olah. Sie werden von sozialistischen Betriebsräten organisiert. 14. Oktober: Demonstrationen in Melk, die sich gegen Landeshauptmann Figl richten. 16. Oktober: Olah erklärt, eine Unterstellung der Sicherheitsdirektionen in die Kompetenz der Länder, wie sie schon längere Zeit und ausdrücklich vor den Wahlen gefordert worden war, komme nicht in Frage. 11. November: Boykottbeschluß von 24 sozialistischen Bürgermeistern des Bezirks Wiener Neustadt gegen den Bezirkshauptmann. 14. November: Der Bundesrat fordert die Auflassungen der Sicherheitsdirektionen und unterstützt damit die Forderungen der ÖVP-Landeshauptleute. 23. November: Olah kündigt den Entwurf eines Gesetzes zur Demokratisierung der Bezirksverwaltungen an. 18. Dezember: Olah setzt mittels eines Erlasses den § 14 der organischen Bestimmungen für die Gendarmerie außer Kraft und schafft sich damit die Möglichkeit, Beamte willkürlich zu versetzen. 24. bis 31. Dezember: Versetzungswelle im niederösterreichischen Gendarmeriekorps. Die Versetzungen haben innerhalb von 48 Stunden befolgt zu werden. Eine Reihe von Zeitungen greift Olah an. Einige werden beschlagnahmt. 16. Jänner 1964: Die ÖVP fordert die Einsetzung einer Überprüfungskommission im Innenministerium unter dem Staatssekretär Dr. Franz Soronics. 21. Jänner: Olah verweigert die Herausgabe von Personalakten an Staatssekretär Soronics. 23. Jänner: Olah nimmt seine Verfügung gegen Soronics zurück. (Sie wäre auf einen Bruch des Koalitionsabkommens hinausgelaufen.) 28. Jänner: Olah gibt im Fernsehen bekannt, daß im Innenministerium Spitzelakten angelegt wurden. Er präsentiert unter anderem den Akt seines Vorgängers Josef Afritsch. Außerdem seien im Innenministerium noch die aus der NS-Zeit herrührenden sogenannten Gauakten aufgehoben worden. Olah kündigt die Vernichtung der Akten an. 10. Februar: Exinnenminister Josef Afritsch wehrt sich vehement gegen die Anschuldigungen Olahs. 11. Februar: Die Vorarlberger und die Niederösterreichische Landesregierung reichen beim Verfassungsgerichtshof Klage wegen Aufhebung des § 14 der organischen Bestimmungen für die Gendarmerie ein. Eine Aufhebung der Bestimmungen mittels Erlaß sei verfassungswidrig. Eine weitere Klage beim Verfassungsgerichtshof richtete sich gegen einen Erlaß Olahs, mit dem angeordnet worden war, daß die Bezirksverwaltungen direkt an die Sicherheitsdirektionen zu melden hatten, usw. usw. Olah beherrschte nicht nur die Schlagzeilen, er dominierte auch das innenpolitische Geschehen.

Mittlerweile war der nächste Abschied gekommen. Am 8. Jänner 1964 starb Julius Raab. Der Baumeister, der er nie wirklich, sondern nur im übertragenen Sinn war, war nicht mehr.[32] Es mochte für seine Partei symptomatisch sein, daß ihre führenden Persönlichkeiten die Todesnachricht im Stift Klosterneuburg erreichte, wohin sie sich zu einer Klausur zurückgezogen hatten, um über die innerparteilichen Differenzen zu diskutieren. Raab hatte ihnen sicherlich kein leichtes Erbe hinterlassen. Es gab aber auch niemanden, der das Erbe vorderhand wirklich antreten konnte. Im Testament Raabs fanden sich etliche Passagen mit politischem Inhalt. Im wesentlichen aber bat er nur um Verzeihung, insbesondere auch um die seiner politischen Gegner. Nach dem Begräbnis auf dem Wiener Zentralfriedhof, auf dem ihm ein Ehrengrab gewidmet worden war, schrieb Kurt Skalnik, der die Persönlichkeit Raabs immer sehr bildhaft dargestellt hatte, einen von vielen Nachrufen. Er war überschrieben mit „Kein Requiem in Rotweißrot" und knüpfte an einen Satz im Testament von Julius Raab an, in dem er seine Landsleute beschwor, die rot-weiß-rote Fahne hochzuhalten.[33] Skalnik argwöhnte, daß diese Farben für viele nur noch ein „Tarnanstrich" seien. Vorangetragen aber würden meist andere Fahnen, die der Parteiinteressen, vielleicht auch die grüne Europafahne und schließlich nur noch die Banner von Profit und Wohlergehen. Für Raab hatte es sicherlich in seinem Leben auch eine Reihe von Farben gegeben. Übriggeblieben war nur eine. Raabs Tod mochte betroffen machen, doch genaugenommen ließ er nur ein letztes Hindernis wegfallen, das er immer noch dargestellt hatte, wenn es um die Festlegung des weiteren politischen Weges vor allem seiner eigenen Partei ging.

Rund einen Monat nachdem Raab zu Grabe getragen worden war und sich die Erschütterung gelegt hatte, die vor allem der tränenerstickte Nachruf seines Freundes Figl am offenen Grab ausgelöst hatte, stellte Bundeskanzler Gorbach seiner Partei ein Ultimatum: Entweder die Partei sprach ihm ein bis an das Ende der Legislaturperiode reichendes Vertrauen aus, oder er wollte zurücktreten. Für den 24. Februar 1964 wurde eine Sitzung der Bundesparteileitung nach Wien einberufen. Doch statt des erhofften Vertrauensvotums erhielt Gorbach keine diesbezügliche Zusage und mußte dem Bundesparteiobmann, Josef Klaus, Platz machen.[34]

Nun könnte man durchaus an das auf Raab gemünzte Skalnik-Wort von dem anknüpfen, der schon immer da gewesen war.[35] Als Klaus zum Kanzler nominiert wurde, war er in seinem 53. Lebensjahr. In Kärnten geboren und aufgewachsen, hatte er Rechtswissenschaften studiert. 1934 war er Sekretär des ständestaatlichen christlichen Gewerkschafters Johann Staud geworden. Nach dem Anschluß wurde Klaus entlassen, ging in die Privatwirtschaft und wurde 1939 zur Deutschen Wehrmacht eingezogen. Seine Kriegsjahre endeten mit seiner Gefangennahme durch amerikanische Truppen 1945. Nach dem Krieg ließ er sich noch 1945 in Salzburg als Anwalt nieder, wurde Funktionär der ÖVP und schließlich 1949, also mit 39 Jahren, Landeshauptmann von Salzburg. Seit damals war auch er eigentlich „immer schon da" gewesen. Seit er Landeshauptmann war, trat er wiederholt als Andersdenkender in Erscheinung und konnte bereits Anfang der fünfziger Jahre als Opponent der ostösterreichischen ÖVP gesehen werden. Sendungsbewußt, ungeheuer aufgeschlossen für jegliche Neuerung vor allem im geistes- und naturwissenschaftlichen Bereich, konnte Klaus sich und andere begeistern und immer wieder herausfordern.

Ein neuer Zugang zur Politik durch deren Verwissenschaftlichung war ebenso für ihn charakteristisch wie soziales Engagement und eine Tendenz zum Ausschließlichen: Wer nicht für ihn war, war gegen ihn; entweder er erreichte etwas oder er scheiterte und zog die Konsequenzen. Hätte Josef Klaus einen Wahlspruch gebraucht, man hätte ihm „Alles oder nichts!" empfehlen können.

Der Wechsel von Gorbach auf Klaus ging jedoch nicht so glatt vor sich, wie man das vielleicht erwartet hatte. Klaus konnte wohl neue Männer für Ministerämter nominieren, doch für ihn galt genauso wie für jeden anderen, daß es ein bis 1966 gültiges Arbeitsübereinkommen der Koalitionsparteien gab. Zwei Tage nach seiner Nominierung, am 26. Februar 1964, nahm Klaus Verhandlungen mit den Sozialisten auf, um Änderungen am Koalitionspakt zu erreichen. Klaus meinte, sein Kontrahent, Vizekanzler Pittermann, „empfing den ‚Alpenösterreicher' nicht gerade freundschaftlich".[36] Das war nicht weiter verwunderlich. Pittermann erging es ja wie seinerzeit Schärf, der plötzlich statt eines nachgiebigen Leopold Figl einen wesentlich härteren Mann die Kanzlerschaft übernehmen sah. Schließlich wurde von Pittermann der Ausspruch überliefert: „Wir werden die Regierung Klaus in der Agonie der Koalition sterben lassen."[37] Die Verhandlungen dauerten einen Monat, und die Sozialisten waren insofern erfolgreich, als es keine Änderungen am Koalitionspakt gab. Sie hatten auch eine Zustimmung zu ihrem Vorgehen in der Habsburgfrage gefordert, dem dadurch entsprochen wurde, daß Generalsekretär Withalm von Otto von Habsburg eine Erklärung erlangte, daß Otto für die Dauer der Legislaturperiode seine Einreise nach Österreich zurückstellen wolle. Klaus aber hatte erreicht, daß er eine neue Regierungserklärung abgeben konnte, in der zumindest einige seiner wesentlichsten Anliegen zum Ausdruck kamen. Dabei standen soziale Fragen im Vordergrund.

Mit der Ablöse Gorbachs endete die Ära Raab endgültig. Soferne noch erklärte Parteigänger Raabs bzw. Gorbachs im Kabinett vertreten waren, wurden sie ausgewechselt. Das betraf in erster Linie Unterrichtsminister Drimmel, der durch den Steirer Dr. Theodor Piffl-Perčević ersetzt wurde. Finanzminister Dr. Franz Korinek, der von Raab als Herr in der Himmelpfortgasse durchgedrückt worden war, mußte Dr. Wolfgang Schmitz weichen, Landwirtschaftsminister Hartmann, der gemeinsam mit Drimmel noch in Klagenfurt die Phalanx der Großkoalitionäre angeführt hatte, wurde durch den bisherigen Verteidigungsminister Karl Schleinzer ersetzt. Statt Schleinzer kam der Niederösterreicher Dr. Georg Prader ins Verteidigungsministerium. Schließlich wurde der ehemalige Sekretär Julius Raabs, Dr. Ludwig Steiner, durch einen Vertrauensmann Klaus', Dr. Carl Bobleter, als Staatssekretär im Außenministerium ersetzt. Mithin gab es, zumindest innerhalb der Regierungsmannshaft der ÖVP, keinen einzigen mehr, der der Großen Koalition das Wort redete.

Der günstigste Zeitpunkt zur Bildung einer kleinen Koalition zwischen SPÖ und FPÖ war aber Anfang 1964 bereits vorübergegangen. Dafür ausschlaggebend war jedoch nicht, daß sich dafür nicht in beiden Parteien die notwendigen Proponenten gefunden hätten. Ausschlaggebend war vielmehr, daß die SPÖ monatelang gelähmt war, ehe sie dazu ansetzte, den internen Machtkampf um die Führung oder die Beherrschung der Partei auszutragen. Schließlich wurde jener Mann, der die Partei beherrschen wollte, in einer Art Schauprozeß seiner Funktionen, seines Einflusses und schließlich seiner Parteizugehörigkeit entledigt, Franz Olah.

Olah hatte sich Gegner über Gegner gemacht: Die der ÖVP zuzählende Beamtenschaft bei Gendarmerie und Polizei, die Kameradschaftsbünde und einen Teil der Presse, mit Ausnahme der erst wenige Jahre bestehenden und von Olah mitfinanzierten „Unabhängigen Kronen-Zeitung". Olah begann aber auch, wie erwähnt, mit Attacken auf seine Amtsvorgänger Afritsch und Helmer. Er veranlaßte eine Zeitungsbeschlagnahme nach der anderen. Und im Frühjahr 1964 setzen die Gegner Olahs in seiner eigenen Partei zu einem ersten Angriff an.[38] Karl Czernetz begann damit in der „Zukunft". Christian Broda stellte sich klar auf die Seite Czernetz', womit die Auseinandersetzung mit Olah, der revolutionärer Sozialist gewesen war, groteskerweise den Charakter einer solchen des linken Parteiflügels gegen den rechten erhielt. Nichtsdestoweniger konnte Olah seine Hausmacht abermals ausbauen. Er wurde stellvertretender Landesparteiobmann von Niederösterreich. Er macht sich weiterhin stark gegen die ÖVP, insbesondere gegen das mittlerweile von Georg Prader geleitete Verteidigungsministerium. Schließlich griff die „Kronen-Zeitung", deren Nahverhältnis zu Olah schon längere Zeit vermutet worden war, direkt in die Auseinandersetzungen ein, und begann den neuen Präsidenten des Gewerkschaftsbundes, Anton Benya, zu attackieren. Es kam zu weiteren Zeitungsbeschlagnahmen und Berichtigungen.

Im September 1964 war es dann so weit. Es gab nun offiziell den „Fall Olah". Er wurde im Zusammenhang mit der Finanzierung der „Kronen-Zeitung" aufgerollt. Die SPÖ begann ihn zu verhandeln. Sie setzte ein Parteischiedsgericht ein. Am 17. September wurde Olah nur noch von den niederösterreichischen Sozialisten und vor allem deren stellvertretendem Landesparteiobmann, Bruno Kreisky, unterstützt, jenem Kreisky, dem Olah das Außenministerium gerettet hatte.[39] Am 17. September beschloß das Schiedsgericht, das im Grunde eine Vertrauensabstimmung über Pittermann durchzuführen hatte, den Ausschluß Olahs aus der Regierung. Dabei sollte keinerlei Mißbilligung der sonstigen politischen Tätigkeit Franz Olahs ausgedrückt werden, denn auch die SPÖ-Spitze fürchtete nicht nur den Skandal, sondern auch die Machtmittel, die Olah mobilisieren konnte. Tags darauf traten die Arbeiter eines Wiener Elektrizitätswerks in den Streik. Sie solidarisierten sich mit Olah. Zu Mittag standen Wiens Straßenbahnen still. Benya erklärte die Streiks für illegal. Die Demonstranten zogen vor die Parteizentrale. Olah teilte Bundeskanzler Klaus seinen Rücktritt mit. Bundespräsident Schärf nahm den Rücktritt jedoch nicht an, da noch kein Nachfolger vorgeschlagen worden war. Erst am 21. September war es so weit. Olah trat definitiv zurück und erhielt in Hans Czettel einen Nachfolger. Doch die SPÖ wollte den Fall Olah nun gänzlich durchfechten. Die Finanzierung der „Kronen-Zeitung" wurde zu einem Anklagepunkt. Der zweite betraf die Wahlhilfe für die FPÖ, 1962. Hier ging es um einen tiefgreifenden politischen und menschlichen Zwist. Der weitere Abstieg des Franz Olah, der wahrscheinlich bitterste in der politischen Arena in der Zweiten Republik, war begleitet von Demonstrationen, Sympathiekundgebungen für Olah und der Verurteilung des „Terrors der Straße" durch den SPÖ-Vorsitzenden Pittermann, der ihn mit den Rollkommandos Hitlers und Stalins verglich. Am 3. November 1964 fällte

Stehend (von links): Dr. Franz Soronics, Dr. Christian Broda, Otto Rösch, Dr. Franz Hetzenauer, Dr. Franz Gschnitzer, Dr. Vinzenz Kotzina, Dr. Theodor Piffl-Perčević, Dr. Carl Bobleter, Dr. Wolfgang Schmitz.

Sitzend: Otto Probst, Dr. Bruno Kreisky, Anton Proksch, DDr. Bruno Pittermann, Dr. Josef Klaus, Dr. Fritz Bock, Dr. Karl Schleinzer, Franz Olah. Es fehlt: Dr. Georg Prader.

REGIERUNG KLAUS I
(2. 4. 1964–19. 4. 1966)

Aufnahme vom April 1964
Foto: Votava

ein Ehrengericht der SPÖ über Olah den Spruch des Parteiausschlusses. Einer der letzten, der für Olah Partei ergriff, war Leopold Gratz. Der Spruch war schließlich einstimmig. Olah weigert sich jedoch, sein Nationalratsmandat zurückzulegen und wollte als „wilder“ Abgeordneter dem Parlament angehören und eine neue Partei gründen.[40]

Zu den Auflösungserscheinungen der Großen Koalition gesellte sich fortan eine – nicht sehr große, aber doch merkliche – Spaltung der SPÖ. Alles das und der Eindruck einer Volkspartei, die nun plötzlich nicht nur qualifizierte Männer hatte, sondern auch imstande war, Ordnung in ihren Reihen zu halten, bereiteten die Wahlentscheidung von 1966 vor.

21 Der Betriebsunfall

Unerbittlich und mit einer gewissen Irrationalität war der Fall Olah exekutiert worden. Es gab kein Innehalten mehr und kein Zurück. Ein Mann wurde in seine Schranken gewiesen, der mehr verkörperte als den Durchschnittstyp des sich hochdienenden und -dienernden Partei„soldaten". Olah war genauso Drahtzieher wie Manager der Macht, war der politisch Verfolgte wie der Verfolger. Olah stand für das der SPÖ nach wie vor fremde Element des praktizierenden Katholiken wie er den sozialistischen Vorreiter in gesellschaftspolitischen Fragen oder in der Habsburgfrage abgegeben hatte. Er machte das Anpassungsdefizit der SPÖ deutlich und wollte sich selbst nicht anpassen, weil er auch gar nicht glaubte, das nötig zu haben. Er hatte die Qualitäten eines Demagogen und Volkstribunen und besaß zumindest zu seiner Zeit keinen gleichwertigen Widerpart. In keiner Partei. Franz Olah war aber darüber hinaus ein Symptom für das Dahinsiechen der Großen Koalition. Denn hätte sie noch funktioniert, dann wäre Olah wohl nie ein Problem für seine Partei und auch nicht für den Rechtsstaat geworden.

„Am Dahinsiechen der großen Koalition hatten beide Parteien ihren Anteil", meinte Josef Klaus.[1] Er ließ offen, welche der Parteien den größeren Anteil am Dahinsiechen hatte, doch man kann sich denken, bei wem er mehr Schuld sah. Eines war jedoch sicher: Keine der beiden Koalitionsparteien tat allzuviel, um das Koalitionsklima wieder zu verbessern. Pittermann und Gorbach fanden kaum zueinander. Klaus und Pittermann fanden nicht zueinander; dabei meinte Klaus, daß zwischen Gorbach einerseits sowie Pittermann und Olah auf der anderen Seite ein noch immer großartiges Gesprächsklima geherrscht habe.[2]

Viele taten sich schwer miteinander, und was zuvor eine Selbstverständlichkeit war, nämlich das „Gespräch der Feinde", das fand jetzt nicht mehr statt. Auch Otto Tschadek, der seit 1960 nicht mehr der Regierung angehörte, erwähnt in seinen Erinnerungen, daß unter der Koalitionsregierung Klaus persönliche Kontakte der führenden Koalitionspolitiker fast gänzlich fehlten.[3] Kanzler Gorbach hatte sich mit einer Geste verabschiedet, die entfernt etwas mit dem berühmten Kniefall des deutschen Bundeskanzlers Willi Brandt vor dem Denkmal für die Opfer des Nationalsozialismus in Warschau gemeinsam hatte. Gorbach hatte am 12. Februar 1964 an einer gemeinsamen Feier für die Opfer der Februarkämpfe 1934 teilgenommen, einen Kranz niedergelegt und dann gewissermaßen über die Gräber hinweg Vizekanzler Pittermann die Hand gedrückt. Doch auch Gorbach hatte oftmals keinen wirklichen Kontakt mehr gefunden. Daß es keine Übereinstimmung in Sachfragen gab, war einzurechnen gewesen, doch daß schließlich das Gespräch erlahmte und man sich ganz einfach nichts mehr zu sagen hatte, war ein Novum. Konnte daran wirklich nur eine überlebte Form der Zusammenarbeit schuld sein, oder lag es an den Menschen? Über die Koalition fielen immer härtere und häßlichere Worte. Hatte Pittermann die Regierung Klaus in der „Agonie der Koalition" sterben lassen wollen, so wurde dem steirischen Landeshauptmann Krainer das Wort vom „Krepierhalfter" der Großen Koalition nachgesagt, das noch deftiger deren gewaltsames Ende charakterisieren sollte.[4]

Den jüngeren Politikern erschien vor allem der Koalitionsmechanismus eine Monstrosität. Darin stimmen etwa die Aussagen von Josef Klaus und Bruno Kreisky überein. Während aber Kreisky dann später, 1983, eine neuerliche große Koalition mit dem Argument ablehnte, daß er meinte, er hätte nicht mehr die Kraft und wohl auch nicht die Nerven, einer so strapaziösen Regierungsform anzugehören oder an ihrer Spitze zu stehen,[5] sagte Klaus ganz im Gegenteil, daß es sich die Koalitionsregierungen auf vielen Sektoren zu leicht gemacht hätten.[6]

Bei der mangelnden Achtung vor der Verfassung habe es angefangen, meinte Klaus. Wenn einer beabsichtigten gesetzlichen Regelung eine noch so eindeutige Verfassungsbestimmung entgegenstand, so wurden im Koalitionsausschuß oder gar in Einzelgesprächen zwischen den Parteiobmännern einfach sogenannte Verfassungsbestimmungen in den jeweiligen Gesetzesentwurf eingebaut und die notwendige Zweidrittelmehrheit bei der Abstimmung mit Hilfe des eisernen Klubzwangs erreicht. „Im Proporz fand die Praxis der totalen Machtergreifung im Staat durch die Koalitionsparteien ihre Fortsetzung. Stellenbesetzungen, Subventionen, ja sogar Regierungs- und Beamtendelegationen, die ins Ausland reisten, mußten im Verhältnis 1:1 zusammengesetzt werden." Zum Proporz kam dann das Junktim, der „Zustimmungstauschweg", wo völlig fremde Materien einfach dadurch zusammengekettet wurden, daß die eine Partei, daß der eine Minister seine Zustimmung nur dann zu einer Vorlage gab, wenn die andere Partei oder der andere Minister ein gleichwertiges, sonst aber beeinspruchtes Anliegen erfüllt bekam. Wo das Junktim mißlang, wurde das Veto angedroht oder ausgesprochen. Felix Ermacora, damals noch primär Verfassungs- und Verwaltungsjurist, meinte nach dem Ende der Großen Koalition, in Österreich sei eine Art Volksrepublik entstanden, in der unter Ausschluß des Parlaments und der Regierung durch Nebenregierungen geherrscht worden sei.[7]

Was knapp vor 1966 alles an Belastungsmaterial über die Große Koalition zusammengetragen wurde, war durchaus nicht neu. Es entsprach in modifizierter Form dem, was seit der Besatzungszeit immer wieder angeführt worden war. Vieles war als reformbedürftig erkannt und durchdacht worden, nun aber wurde es plötzlich als kritisch eingestuft. Plötzlich gab es Bedenken, die sich gegen die Verfassungsmäßigkeit dieses Systems wandten, die sein Funktionieren nicht nur in Frage stellten, sondern es schlicht als unmöglich charakterisierten. Es gab eine Auflistung der Nebenregierungen, denen der Vorwurf gemacht wurde, sie hätten die Macht usurpiert und die Demokratie ad absurdum geführt. Was hier geschah, geschah nicht über Nacht. Es geschah in knapp zehn Jahren, das heißt, die Große Koalition hatte etwa gleich lange als ein unbestrittener Vorzug gegolten, wie sie als Nachteil und schließlich als Zerrbild angesehen wurde. Und man begann, genauso wie uns das heute im Zusammenhang mit der Ersten Republik vertraut ist, Gericht zu halten über jene Zeit und jenes Regierungssystem, das als österreichisches Spezifikum sprichwörtlich geworden ist und dem zwar einerseits rundweg das Verdienst um das Werden der Zweiten Republik, um deren Inganghalten und deren internationale Absicherung zugesprochen wurde, das man aber immer mehr dafür verantwortlich machte, daß es schließlich in so gut wie allen Bereichen zur Stagnation kam.

Etwas Morbides haftete diesen Jahren von 1963 bis 1966 an, doch nur in der Politik. Ansonst war es eine Zeit des stetigen Aufschwungs. Der Fortschritt wurde noch immer als oberste Maxime anerkannt. Die Wirtschaft blühte, und es galt vor allem Schritt zu halten, Europareife zu beweisen und die Herausforderungen der sechziger Jahre zu meistern. Die siebziger und achtziger Jahre wurden vorausgedacht. Zwischen diesem Bild und einer stagnierenden Politik, die ja die Voraussetzungen für dieses Vorwärtsschreiten schaffen sollte, herrschte ein augenfälliger Gegensatz. Den Weg durch diese Jahre markierten mehr die Toten als die Lebenden. Am 28. Februar 1965 starb Adolf Schärf. Die Personifizierung des Hofrats und Staatsnotars, dem das Mitreißende und Demagogenhafte abging, der sich aber nie eines Mißbrauchs der Macht schuldig gemacht hatte, war ebenso still aus dem Leben geschieden, wie er dieses Leben gelebt hatte. Auch bei ihm hatten die Reminiszenzen überhandgenommen, und schließlich hielt er mit der Beharrlichkeit eines Mannes, der etwas verteidigen und fast um jeden Preis bewahren will, an der Großen Koalition fest. Da der Bundespräsident während seiner Amtszeit gestorben war, wurde ihm ein Staatsbegräbnis zuteil. Wieder wurde ein Stück Geschichte zu Grabe getragen. Doch die Republik rüstete sich, ihren zwanzigsten Geburtstag zu feiern, vor allem aber auch den zehnten Jahrestag des Abschlusses des Staatsvertrags. Und nochmals schlug der Tod zu. Am 9. Mai 1965 starb Leopold Figl. Etwas mehr als ein Jahr, nachdem er Raab den Nachruf gehalten hatte, war somit auch Zeit, ihn zu würdigen. Österreich war innerhalb kurzer Zeit ärmer geworden. Helmer, Raab, Schärf, Figl, Männer, die die Republik von der ersten Stunde ihres Wiedererstehens begleitet und maßgeblich gestaltet hatten, waren nicht mehr. Fast war es, als ob sie noch mit ihrem Sterben das Gleichgewicht der Großen Koalition demonstrieren wollten: Da starben wechselweise zwei Linke und zwei Rechte, politische Gegner zwar, aber doch primär Menschen, die sich achteten und die eine gemeinsame Idee verbunden hatte. Vielleicht hatte das Alter auch etwas geglättet.

Doch buchstäblich in ihrer Todesstunde zeigte sich stärker als zuvor, wie sehr noch der Glaube in die Dauerhaftigkeit des Staates mangelte und wie einige Zwischenfälle und einige Tote plötzlich Sorge aufkommen ließen. An der Hochschule für Welthandel hatte es einen schweren Konflikt wegen Äußerungen des Professors für

Wirtschaftsgeschichte, Dr. Taras Borodajkewycz, gegeben. Sie wurden als neonazistisch und antisemitisch qualifiziert. Bei Demonstrationen gegen Borodajkewycz am 31. März 1965 war es zu Ausschreitungen auf der Wiener Ringstraße gekommen, bei denen einer der Demonstranten, Ernst Kirchweger, den Tod fand. Des Totschlags angeklagt wurde ein rechtsradikaler Student.[8]

Trotz der demonstrativ bekundeten Abscheu und Verurteilung dieses Zwischenfalls und der Beschwörung der Grundlagen wie des Wegs der Zweiten Republik, die dann bei den Feiern zum zehnten Jahrestag des Staatsvertrags wiederholt wurden, zeigte sich plötzlich auch Angst. War da doch noch ein Rest von antidemokratischer Substanz in Österreich, der zu beachten war? Wie stand es um den Willen der Parteien zur Zusammenarbeit, und waren dafür angesichts der toten Väter der Republik überhaupt noch die Voraussetzungen gegeben? Die ÖVP bot ein neues Gesicht, das man wohl noch nicht zu deuten wußte, und die SPÖ führte einen innerparteilichen Kampf, der nichts Gleiches kannte. Dazu kam die offensichtliche Unmöglichkeit der Großen Koalition, sich zu regenerieren. Konnten einem da nicht wirklich Bedenken kommen? Und um nochmals Kurt Skalnik zu zitieren: „Ist der Abschied von Leopold Figl zugleich auch ein Abschied von der Zweiten Republik?“[9]

Die Zeit mußte es weisen, und sie hat es gewiesen. Doch wenn man das Ende der Großen Koalition bedenkt, dann sollte man auch etwas die Angst vor der Zukunft in Rechnung stellen. Die Große Koalition war ein Regierungssystem, das gewissermaßen kollektive Sicherheit garantierte. In ihrer Spätzeit konnte jedoch niemand mehr die Augen davor verschließen, daß die Instrumentarien der Großen Koalition immer schwerfälliger geworden waren und daß die höchste Ausformung der kollektiven Sicherheit, nämlich der totale Proporz, in einer Pattstellung münden mußte, wie auch darin, eine totale Verpolitisierung zu fördern. Und an dieser Stelle war man in Österreich 1964/65 angelangt. Vielleicht sollte man, bezogen auf das Jahr 1966 und die am 6. März dieses Jahres erfolgte neue Weichenstellung, von der Zeit davor als vom „Vormärz“ der Zweiten Republik sprechen. Das Biedermeierliche der Besatzungszeit und der Post-Okkupationsperiode war vorbei. Im „Vormärz“ war das System erstarrt, das einstmals die großen Erfolge bewirkt hatte. Im „Vormärz“ regte sich die unabhängige Untergrundpresse, aber auch das Parteiamtliche, und begann die Sinnhaftigkeit der kollekiven Sicherheit in Zweifel zu ziehen. Und im Grunde genommen war es nur noch die Erinnerung – nicht an die Großtaten dieses Systems, sondern die Erinnerung an die weiter zurückliegende Revolution und an den Bürgerkrieg, war es also die Erinnerung an die Erste Republik, die als hinderlich für ein Abgehen vom System empfunden wurde. Österreich, so hieß es, sei noch nicht reif für ein anderes System. Oder, wie das Hermann Mörth in der „Zukunft“ schrieb:[10] „So fest und dauerhaft auch die wirtschaftlichen und innenpolitischen Grundlagen der Zweiten Republik im Vergleich zur Ersten erscheinen, krankt das neue Österreich . . . [daran], daß seine materielle Entwicklung seiner geistigen Untermauerung im Bewußtsein der Staatsbürger weit vorauseilt.“ Mörth, aber auch eine ganze Reihe anderer Autoren, stellten also die „Wirtschaftswunderlichkeit“ dem Staatsbewußtsein gegenüber. Und immer wieder wurde die Große Koalition mit dem Argument zu stützen gesucht, daß Bürgerkrieg und Ständestaat noch viel zu wenig weit zurücklägen, als daß sich Österreich an das Experiment eines nicht durch die Große Koalition gestützten Regierungssystems wagen könnte.

Der „Vormärz“ der Zweiten Republik war also noch gezeichnet von einer Restangst vor „Gironde“ und „Wohlfahrtsausschuß“, von der Restangst vor der Wiederholung der Ersten Republik, und schließlich war es nur noch diese Restangst des „Vormärz“ und nicht mehr der Glaube an die Vorzüge der Großen Koalition, der diese am Leben erhielt. Sie trat genaugenommen mit dem 8. Jänner 1964 in ihre Endphase ein, also nicht mit dem April dieses Jahres und der Bildung einer neuen Bundesregierung, sondern mit dem Todestag von Julius Raab. Sein Tod beseitigte ein letztes wesentliches Hemmnis auf dem Weg aus der Großen Koalition.

Mit Raabs Tod verlor Gorbach seine Legitimation. Bis zur Übernahme der Kanzlerschaft durch Josef Klaus war es der SPÖ und insbesondere deren Vorsitzenden immer wieder gelungen, die ÖVP unter Druck zu setzen und mit der Aufkündigung der Koalition zu drohen. Jetzt wurde es anders, ja es war so, als ob die ÖVP geradezu darauf wartete, daß es zu einem der Habsburgkrise ähnlichen Vorgang kommen würde. Die SPÖ verzichtete aber darauf, etwas zu provozieren und ließ auch eine von ihr noch 1963 im Parlament eingebrachte Vorlage zur Wahlrechtsreform unerledigt, weil Klaus einen neuerlichen Bruch des Koalitionsabkommens sicherlich mit der Aufkündigung der Zusammenarbeit beantwortet hätte. Da die SPÖ 1964 auch monatelang durch die Auseinandersetzung um die Führung und den Fall Olah gelähmt war, mußte sie vollends darauf bedacht sein, defensiv zu verfahren. Aus den schwierigen Personalproblemen der SPÖ resultierte jedoch eine sture und uneinsichtige Haltung dieser Partei, die auch einen Mangel an politischem Spürsinn erkennen ließ. Denn es springt geradezu ins Auge, wie einige SPÖ-Politiker in den Jahren 1964 bis 1966 so gut wie kein Fettnäpfchen ausließen, in das sie steigen konnten. Der Fall Olah konnte noch als unvermeidlich angesehen werden und wurde notgedrungen in aller Öffentlichkeit abgehandelt. Was aber dann kam, zeigte, daß Regelmechanismen, die für gesellschaftliche Gruppen und erst recht für Parteien unabdingbar sind, nicht mehr funktionierten. In solchen Fällen wachsen sich dann Nichtigkeiten zu Staatsaffairen aus.

Die SPÖ versuchte unmittelbar nach dem Parteiausschluß Olahs, wieder zur Tagesordnung überzugehen. Sie übersah dabei, daß ein Teil ihrer Anhängerschaft, vor allem die gewerkschaftlich organisierten Menschen, die ja größtenteils der SPÖ zuzuzählen waren, durch die Vorgänge rund um Olah aufgewühlt waren. Die Parteispitze war jedoch nicht gewillt, ihr politisches Handeln besser mit der Parteibasis abzustimmen. Eine gewisse Selbstherrlichkeit, die dann Günther Nenning mit den Worten „Wir können machen, was wir wollen, uns schadet nichts“ ausdrückte,[11] beherrschte Pittermann und Co. Vor allem übersahen sie, daß nicht nur die Parteibasis einige Unruhe zeigte, sondern auch die Föderalisten wieder stärker von sich reden machten. Josef Klaus hatte da besonderes Geschick gezeigt und die ÖVP-Mannschaft in der Regierung bewußt aus möglichst vielen Bundesländern rekrutiert. Damit hatte er freilich auch ein Bedürfnis geweckt, dem die SPÖ nicht entsprach. Nun genügte der erwähnte kleine Anlaß, um eine Staatsaffaire entstehen zu lassen.

Nach jahrelangen vergeblichen Bemühungen, eines der Bodenseeschiffe „Vorarlberg“ zu benennen, bot sich der Vorarlberger Landesregierung 1964 endlich Gelegenheit dazu: Ein neues Schiff sollte vom Stapel laufen.[12] Die Vorarlberger Landesregierung faßte den einstimmigen Beschluß, es „Vorarlberg" taufen zu lassen. Doch sie hatte in dieser Frage keine Zuständigkeit, sondern lediglich ein Vorschlagsrecht. Zuständig war, da es sich um ein Schiff der Österreichischen Bundesbahnen handelte, der Bundesminister für Verkehr und Elektrizitätswirtschaft, Otto Probst. Der aber entschied, das Schiff sollte „Karl Renner" getauft werden. Vorarlberger Politiker, auch die SPÖ-Landtagsabgeordneten, intervenierten daraufhin beim Minister sowie beim Bundespräsidenten, um diese Entscheidung rückgängig zu machen. Es half nichts. Allerdings waren Verkehrsminister Probst doch Bedenken gekommen, und er legte schließlich die Frage, ob es bei der Benennung „Karl Renner" sein Bewenden haben sollte, in einer Sitzung der SPÖ-Parteivertretung vor. Er stellte auch zur Debatte, ob man nicht die Schiffstaufe absagen sollte, da ja mittlerweile aus Vorarlberg schon unmißverständliche Boykottdrohungen gekommen waren. Doch die SPÖ-Parteivertretung beharrte darauf, daß die Taufe in Fußach am Bodensee wie vorgesehen stattfinden und das Schiff selbstverständlich „Karl Renner" getauft werden sollte. Der 21. November 1964 wurde als der Tag festgelegt, an dem den Vorarlbergern gezeigt werden sollte, daß die SPÖ nicht gewillt war, zurückzuweichen. Solcherart wurde die Frage der Schiffstaufe zu einer Konfrontation zwischen einer Partei und einem Bundesland.

30.000 Demonstranten zogen nach Fußach. Die aus Wien anreisenden Ehrengäste sahen sich einer Menschenmenge gegenüber, die sie mit Sprechchören, Pfeifkonzerten und Transparenten empfing. Die Demonstranten ließen sich von Polizei und Gendarmerie nur kurz zurückdrängen, dann stürmten sie das Festgelände. Die Feier war geplatzt. Otto Probst, der versucht hatte, Fußach mit einem Motorboot zu erreichen, mußte ebenfalls von seinem Vorhaben Abstand nehmen. Unter dem Jubel der Masse wurde schließlich der Schriftzug „Karl Renner" auf dem neuen Bodenseeschiff mit „Vorarlberg" übermalt. Bis dahin war die Kundgebung gewaltlos verlaufen, doch im letzten Augenblick kam es noch zu einigen Handgreiflichkeiten gegen einen sozialistischen Nationalratsabgeordneten und den Generaldirektor der Österreichischen Bundesbahnen.[13] Die beiden wurden jedoch von Exekutivbeamten in Sicherheit gebracht.

Für Otto Probst waren die Vorfälle aber nichts, das ihm eigenes fehlerhaftes Verhalten demonstriert hätte, sondern ein Skandal und vor allem Schuld der Vorarlberger Sicherheitsbehörden. Er beschuldigte sie, „nicht gewillt und nicht in der Lage" gewesen zu sein, „die Sicherheit des Lebens von Personen und öffentlichem Eigentum zu gewährleisten". Wie sehr Probst den Sicherheitsbehörden unrecht tat, wußte er wohl gar nicht. Denn als völlig unbemerkte Randerscheinung des Fußachwirbels war noch etwas anderes geschehen und an ein innenpolitisches Tabu gerührt worden. Am Höhepunkt der Demonstration in Fußach hatte sich in Bregenz das Gerücht verbreitet, Demonstranten würden gegen öffentliche Einrichtungen vorgehen. Da der Landesgendarmeriekommandant keine Exekutivkräfte zur Verfügung hatte, richtete er – formal korrekt – an den Garnisonskommandanten des Bundesheers das Ersuchen um Assistenzleistung. Damit wäre es zum erstenmal in der Zweiten Republik zum Einsatz von Heereskräften im Fall von inneren Unruhen gekommen. Derartiges hatte zwar die Erste Republik im Negativen ausgezeichnet, doch für die Zweite Republik wäre dies ein bedenkliches Novum gewesen. Der Garnisonskommandant rief unverzüglich den Generaltruppeninspektor, General Erwin Fussenegger, an. Und der bewies auch in diesem Fall, so wie schon 1956, wie sehr er die Lehren aus der Ersten Republik gezogen hatte: Fussenegger verbot unverzüglich den Einsatz von Soldaten.[14] Solcherart wurde eine zusätzliche und noch dazu völlig unsinnige Ausweitung der Affäre vermieden. Niemand versuchte ja wirklich in Bregenz ein Gebäude zu stürmen.

Fußach war geradezu ein Indiz für die Präpotenz von Parteizentralen und Ministerialbürokratie. Deshalb wurde es auch nicht nur ein Schlagwort für instinktlose Politiker, sondern auch zum Schlagwort dafür, daß es einen erstarkenden Föderalismus gab. Und obwohl nicht zu diesem Vorfall geschrieben, passen die von Alois Brandstetter auf den Gegensatz zwischen Wien und den Bundesländern gemünzten epigrammatischen Worte wie selten zuvor: „Immer sind die übrigen Österreicher ein bisserl schlecht auf die Wiener zu sprechen. Die Wiener verachten wieder die übrigen Österreicher ein bisserl. Sie sagen, sie sind ein bisserl geschert. Dabei würde Wien ohne Zuzug aus den Bundesländern ein bisserl aussterben . . . Die Wiener sind ein bisserl faul. Oft sitzen sie in Heurigenlokalen ein bisserl herum und singen und tanzen ein bisserl. Im Parlament wird ein bisserl über den Fortschritt debattiert. Die Vorarlberger Abgeordneten hätten gern ein bisserl mehr Föderalismus. Da raunzen die Wiener Abgeordneten ein bisserl."[15]

Die ÖVP hatte, wohl nicht zuletzt auf Grund ihrer bündischen Struktur, schon viel früher erkannt, daß sich die Repräsentanten der westlichen und südlichen Bundesländer nicht von der Bundespolitik ausschließen lassen wollten. Geschweige denn, daß sich gegen diese Bundesländer Politik machen ließ. Bei der SPÖ spielten aber nach wie vor die Vertreter aus dem Gebiet westlich von Semmering und Enns so gut wie keine Rolle. Pittermann, Broda, Probst, Proksch, Czettel, Kreisky , Weikhart: kein einziger kam aus einem anderen Bundesland als aus Wien oder Niederösterreich. Mag sein, daß die Bundes-SPÖ deshalb blind war gegenüber den Wünschen und Empfindungen des Westens und Südens, doch den Sozialisten mangelte auch das Verständnis gegenüber den Forderungen nach mehr direkter Demokratie. Die SPÖ hatte zwar 1963 noch mitgestimmt, als dem von Minister Olah vorbereiteten Gesetz über die Abhaltung von Volksabstimmungen und Volksbegehren endlich Durchführungsbestimmungen gegeben wurden, doch das konnte die Sozialisten 1965 nicht davon abhalten, das erste Volksbegehren der Zweiten Republik, nämlich jenes über eine Reform des Rundfunks abzulehnen. Eine Äußerung des sozialistischen Abgeordneten Dr. Otto Winter im Nationalrat unterstrich überdeutlich, was und wie da gedacht wurde: „Wir Sozialisten haben nicht die Absicht, uns zu Stiefelputzern einer gewissen präpotenten Journaille degradieren zu lassen."[16] Wie auch immer diese Worte gemeint waren, sie konnten nicht als Zustimmung zur direkten Demokratie gewertet werden. Mit Volksbegehren sollten die Sozialisten aber auch später immer wieder ihre Probleme haben. Niederstimmen war freilich nie die richtige Antwort auf derartige Vorgänge.

Die ÖVP aber, die die Rundfunkreform zwar auch nur halbherzig ins Auge faßte und sie vielleicht aus lediglich taktischen Gründen in ihr Forderungsprogramm für die Regierungsbildung 1962/63 aufgenommen hatte, machte zumindest gute Miene zum bösen Spiel, so daß sie sich wenigstens nachträglich mit dem Ergebnis des Begehrens, das mit über 830.000 Unterschriften für die Reform ein erstaunlich eindeutiges Resultat gebracht hatte, identifizieren konnte.[17] Insgesamt profitierte die ÖVP aber wohl mehr von den Fehlern der SPÖ, als daß sie selbst mit großangelegten politischen Aktionen offensiv geworden wäre. Ja, es gab sogar einen gewissen Rückschlag, als 1965, nach dem Ableben von Adolf Schärf, abermals Bundespräsidentenwahlen abgehalten wurden und sich der ÖVP-Kandidat, Alfons Gorbach, dem Wiener Bürgermeister Franz Jonas knapp, nämlich nur um 63.000 Stimmen geschlagen geben mußte. Für die ÖVP war die Niederlage Gorbachs dennoch das beste Resultat, das sie bis dahin bei Bundespräsidentenwahlen erreicht hatte.

Es war eine „eilige" Wahl, vor allem wohl, weil es eine gewisse Wahlmüdigkeit gab. 1962 hatte es Nationalratswahlen gegeben, 1963 Bundespräsidentenwahlen, 1964 und 1965 wählten alle Bundesländer außer Oberösterreich ihre Landtage neu, und jetzt mußte es zusätzlich und abermals Bundespräsidentenwahlen geben. Olah, Fußach, Borodajkewycz, Rundfunk, Warnstreik bei Bundesbahnen und Post wegen Lohnerhöhungen, 20 Jahre Zweite Republik, der Tod Figls, 10 Jahre Staatsvertrag, 600 Jahre Wiener Universität . . . alles schien zusammenzukommen, und dennoch mußte man sich hüten, die Bundespräsidentenwahlen nur zu einer Art Formsache werden zu lassen. Das waren sie nämlich nicht, selbst wenn man gelegentlich den Eindruck erhält, daß damit eine gewisse Verlegenheit verbunden war: Für die ÖVP zumindest wieder einmal. Wieder wurde zwischen politischen und unpolitischen Kandidaten geschwankt, und wieder gab es zumindest einen möglichen Kandidaten, der schon deshalb nicht antreten wollte, weil er damit auf die größere Macht verzichtet hätte, nämlich Josef Klaus. Außer ihm standen noch der Präsident des Nationalrates, Alfred Maleta, sowie der frühere Unterrichtsminister und damalige Vizebürgermeister von Wien, Heinrich Drimmel, zur Diskussion. Auch ein unpolitischer Kandidat wurde genannt, nämlich der damalige Rektor der jubilierenden Wiener Universität, der weltbekannte Mediziner Dr. Karl Fellinger.[18] Schließlich einigte sich die ÖVP jedoch auf den früheren Bundeskanzler Alfons Gorbach. Er sollte den von der ÖVP konsequent beschrittenen Weg zur Gewichtsverlagerung auf die Bundesländer signalisieren, also jene Los-von-Wien-Bewegung, für die Josef Klaus und eine Reihe von ÖVP-Ministern standen. Im Falle Gorbachs konnte aber auch die alte Überlegung angestellt werden, daß bei einem Mißerfolg wenig politisches Kapital verbraucht wurde. Gorbach war ja ein „Mann von gestern".

Die SPÖ einigte sich sehr rasch auf Franz Jonas. Damit war insofern wieder ein Gleichklang hergestellt, als die Volkspartei zum zweitenmal einen ehemaligen Bundeskanzler und die Sozialisten zum zweitenmal einen amtierenden Wiener Bürgermeister als Kandidaten aufstellten. Doch damit war ganz sicherlich noch nicht alles über die beiden Persönlichkeiten gesagt.

Beide hatten im Ersten Weltkrieg gedient, Gorbach war damals zum Krüppel geworden. Beide hatten die Erste Republik erlebt und waren buchstäblich durch Barrikaden getrennt gewesen. Gorbach war nach dem Anschluß ins Konzentrationslager gekommen, Jonas blieb von politischer Verfolgung und Wehrdienst in der NS-Zeit verschont. Bei Jonas spielte nach dem Krieg die kommunalpolitische Komponente eine große Rolle, und er erwarb sich insbesondere in der ersten Nachkriegszeit und in Wien-Floridsdorf seine Verdienste; Gorbach spielte in überregionalen Fragen eine Rolle und wurde schließlich vor allem in der Bundespolitik tätig. Der soziale Hintergrund war freilich bei beiden gleich, sie kamen aus bescheidenen Verhältnissen. Was sie trennte, war die Religion, denn dem gläubigen Katholiken Gorbach stand der Freidenker Jonas gegenüber, der sich auch durch noch so große Bemühungen der Arbeitsgemeinschaft Sozialistischer Katholiken nicht anders denn als Mensch mit Toleranz und sozialem Verständnis darstellen ließ.[19]

Über die Niederlage Gorbachs wurde lange gerätselt. Sie stand in einem so deutlichen Gegensatz zur Tatsache, daß die Sozialisten außerhalb Ostösterreichs an Boden verloren, daß sie in sich gespalten waren und die Wunden, die der Fall Olah gerissen hatte, noch lange nicht verheilt waren. Gerade der wiederauflebende Gegensatz zwischen dem „roten Wien" und den „schwarzen" westlichen Bundesländern hätte erwarten lassen, daß sich Gorbach im Westen und Süden eine solide Mehrheit holen würde. Insbesondere ein Bundesland unterstützte Gorbach aber bei weitem nicht in dem Maß, wie die Papierform es gefordert hätte, und zwar die Steiermark. Gorbach hatte wohl geglaubt, als Steirer der Steiermark nicht jenen Intensivwahlkampf schuldig zu sein, wie anderen Bundesländern.[20] In der Steiermark wurde vor allem der Gegensatz wirksam, der seinerzeit dazu geführt hatte, Gorbach buchstäblich aus der Steiermark hinauszudrängen. Ein zweites Moment, das sich auswirkte, war der Eindruck, den Gorbach selbst hinterlassen hatte: das war der eines zwar konzilianten, aber keinesfalls durchschlagskräftigen Politikers, dem nach seinem Scheitern als Bundeskanzler das Odium eines nicht gerade gloriosen Rücktritts anhaftete. Die SPÖ hatte mit der Nominierung von Franz Jonas – wenn man den Ausgang der Wahl ansieht – recht getan, denn er gewann die Wahl. Sie hatte damit aber zwangsweise verabsäumt, ihr Personalproblem zu lösen, denn mit Jonas kam ja niemand aus der Hierarchie der Bundespartei in das höchste Amt und damit weg, sondern jemand, der nur auf kommunalpolitischem Gebiet ersetzt werden mußte. So blieb die Pittermann-Mannschaft weiterhin unverändert. Nach der Habsburgkrise, die in weiten Kreisen der Bevölkerung schon nicht verstanden worden war, dem Schauprozeß gegen Franz Olah, der Fußachaffaire und dem Rundfunkvolksbegehren kam schließlich 1965 eine weitere politische Fehlleistung: Die Sozialisten machten Schwierigkeiten über Schwierigkeiten, als es galt, durch Sofortmaßnahmen die Not der Opfer einer schweren Hochwasserkatastrophe vor allem in Südösterreich zu lindern.[21] Schließlich konnte nicht zuletzt deswegen das Budget für 1966 nicht mehr rechtzeitig eingebracht und verabschiedet werden, so daß Bundeskanzler Klaus die wohl nicht unwillkommene Gelegenheit erhielt, Neuwahlen ausschreiben zu können.

Am Ende der Großen Koalition stand die einfache Auflösung. Wenn es aber etwas gab, das diese Auflösung noch in besonderem Maße förderte, dann war das die Presse. Sie spielte in diesen Jahren eine so eminente Rolle, daß sie mitunter als die stärkste politische Kraft erscheint. Die Presse, ob unabhängig oder parteigebunden, hatte erheblichen Anteil an der Emotionalisierung in der Habsburgfrage, insbesondere, als es galt, sich mit dem Spruch des Verwaltungsgerichtshofs auseinanderzusetzen und in der Habsburgfrage Pro und Kontra herauszuarbeiten. Die Krise um Olah begann mit Presseartikeln, wurde über Zeitungsbeschlagnahmen weitergeführt und endete mit einem Interview für die Zeitung „Die Presse“, das dann den Parteiausschluß Olahs nach sich zog. Die Zeitungen waren es, die das Rundfunkvolksbegehren einleiteten, propagandistisch und organisatorisch durchzogen und sich schließlich den Erfolg des Volksbegehrens gutschreiben konnten. Die Zeitungen waren es auch bei dieser Gelegenheit, die das Drängen der Föderalisten deutlich machten, denn die auflagenstärksten Promotoren des Volksbegehrens waren zwar in Wien, doch die Masse der Zeitungen kam aus den Bundesländern.

Die Zeitungen waren es auch, die über die Erfordernisse bloßer Berichterstattung weit hinausgehend die letzten Monate der Großen Koalition kommentierten, und schließlich waren es auch und vor allem die unabhängigen Zeitungen, die dazu aufriefen, die „Koalition des Selbstgenusses“ zu beenden,[22] oder die schrieben, „daß eine Koalitionsregierung der bisherigen Art, in ihrem bisherigen Stil, mit den Problemen nicht mehr fertig werden kann . . .“ Es müsse, so der „Kurier“ am 5. März 1966, „jedermann klar sein, daß ein Wahlresultat, welches das Kräfteverhältnis der beiden großen Parteien nicht wesentlich ändert, zu einer noch stärkeren Stagnation innerhalb der Regierung und damit zu einer gefährlichen Stagnation unserer Innen- und Wirtschaftspolitik führen wird“.[23] Hier wurde zuletzt massiv gegen die bestehende Regierungsform Stimmung gemacht. Die Art, wie das geschah, zeigte nur zu deutlich, daß es wohl für niemanden möglich war, an der journalistischen Absage an die Große Koalition vorüberzugehen.

Die Zeitungen, soweit sie keine reinen Parteiorgane waren, ließen klare Präferenzen für die Ablösung der Großen Koalition durch ein anderes Regierungssystem erkennen. Sie protegierten und machten Stimmung und hatten es bis zu einem gewissen Grad in der Hand, jemanden zur Unperson werden zu lassen oder aber auf den Schild zu heben. Allerdings darf man nicht übersehen, daß das Material dafür – wenn schon nicht auf der Straße, so doch aufbereitet herumlag. Denn welche Zeitung kann sich Affairen wie Fußach oder gar den Fall Olah entgehen lassen? Gerade letzterer fand ja seine Fortsetzung und begann in immer neuen Facetten zu spielen. Anfang Dezember 1964 war zum erstenmal das Gerücht aufgetaucht, Olah würde eine neue Partei gründen. Sie sollte, laut „Der Spiegel“, „Sozialdemokratische Union“ heißen.[24] Die Meldung war verfrüht. Sie war aber wohl lanciert worden, um die Reaktionen darauf testen zu können. Diese Reaktionen waren so geartet, daß Olah dann wirklich am 20. Juni 1965 eine „Arbeitsgemeinschaft für Demokratie und Fortschritt“ anmeldete. Das geschah ausgerechnet während des SPÖ-Parteitags 1965. Und es war klar, daß sich diese Arbeitsgemeinschaft gegen die SPÖ richtete. Aus der „Arbeitsgemeinschaft“ wurde im September die „Demokratisch-fortschrittliche Partei“ (DFP), die sich selbst links von der Mitte und rechts von der SPÖ, also in einem an sich nur schwer zu ortenden Sektor sah. Die DFP wurde auffallenderweise von der „Deutschen National- und Soldatenzeitung“ unterstützt. Dies geschah aber letztlich zum Schaden der Olah-Partei, denn möglicherweise haben sich Gespräche über ein Wahlbündnis zwischen der DFP und der FPÖ nur deshalb zerschlagen, weil sie zu früh von der Nationalzeitung publik gemacht wurden. Olah ließ keine Gelegenheit ungenützt, um mit der SPÖ-Führung, die ihn entmachtet hatte, abzurechnen. Er erklärte öffentlich, daß es lange vor dem Habsburgwirbel Pläne Pittermanns und Brodas gegeben habe, Dr. Habsburg nach Österreich zurückkehren zu lassen, um die ÖVP zu spalten. Diesbezügliche Gespräche, die mit Dr. Max Hohenberg geführt worden seien, hätten 1959 stattgefunden. Kommentar in der überparteilichen Zeitung „Neues Österreich“: „Man muß sich die Ereignisse des Sommers 1963 in Erinnerung rufen . . . Die Erkenntnis [des Verwaltungsgerichtshofs] hätte Österreich um ein Haar den inneren Frieden gekostet, der Zusammenarbeit der beiden Großparteien ein Ende gesetzt, beinahe die Bürgerkriegsatmosphäre der Ersten Republik heraufbeschworen. Und dies alles, weil sich eben dieselben Männer zu schärfsten Wortführern gegen die Entscheidung eines unabhängigen Gerichts aufspielten, die noch wenige Monate zuvor mit dem Fürsprecher des Verfemten über dessen Rückkehr verhandelt haben.“[25] Olah ließ auch einfließen, bei dem über ihn eingesetzten Ehrengericht wäre es als Minuspunkt gewertet worden, daß er, Olah, von Papst Johannes XXIII. in Privataudienz empfangen worden sei. Er erklärte frei heraus, daß sein Hauptkläger ein ehemaliger Kommunist, nämlich Christian Broda, gewesen sei, dafür wäre einer der Ehrenrichter, nämlich Andreas Korp, ein ehemaliges Mitglied der NSDAP gewesen.[26] Kurzum: Olah tat alles, um der SPÖ Abbruch zu tun und ihre Führung zu diskreditieren. Es war daher keinesfalls verwunderlich, daß die SPÖ nach Möglichkeiten suchte, Olah gänzlich auszuschalten.

Nur wenige Tage nach der Parteigründung brachte der Gewerkschaftsbund Klage gegen Olah beim Zivilgericht ein. Im November 1965 gab die sozialistische Fraktion des ÖGB eine Broschüre „Informationen über Franz Olah“ heraus, die Olah beschlagnahmen ließ. Die „Kronen-Zeitung“, die Olah weiterhin unterstützte, wurde über Weisung Minister Brodas zweimal beschlagnahmt. Am 23. Februar 1966, also kurz vor den Nationalratswahlen, wurde sie sogar unter gerichtliche Verwaltung gestellt.[27]

Was hier geschah, war zwar ein Akt der Selbstzerfleischung der SPÖ, doch zum anderen war es ein Akt der Selbstbehauptung und der Schluß jener Auseinandersetzung, in der es darum ging, ob diese Partei – egal von wem – *geführt* oder ob sie von Franz Olah *beherrscht* würde.

Es hätte zweifellos geschicktere Methoden gegeben, sich eines Mannes zu entledigen, der seiner früheren Partei zur „Gefahr Nummer 1“ geworden war. Olah konnte auch – insbesondere angesichts des Wahlergebnisses von 1966 – die Meinung vertreten, ihm wären jene Fehler nicht unterlaufen, die Pittermann passierten. Schon die Tatsache, daß es einen Fall Olah gab, war wohl ein Fehler. Doch Pittermann tat noch mehr, um die Selbstverstümmelung der SPÖ voranzutreiben; vor allem tat er dies auch dadurch, daß er nichts tat.

Genauso unheilvoll wie das Zuwarten im Falle Olahs war es nämlich, daß Pittermann auf die Rede des neuen Vorsitzenden der KPÖ, Franz Muhri, nicht reagierte, die dieser am XX. Parteitag der KPÖ im Jänner 1966 hielt. Muhri gab bekannt, daß die KPÖ im kommenden Wahlkampf nur im Wahlkreis Wien-Nordost kandidieren wollte. Im übrigen Bundesgebiet aber, so empfahl Muhri, sollten die Genossen die SPÖ wählen.

Für die KPÖ war diese Entscheidung von einiger Logik und auch Teil einer geänderten Politik, die genauso in Rechnung gestellt werden muß, wenn man von den Wendejahren Österreichs und der „Scheidung“ der Koalition spricht. Die Kommunisten, einst, 1945 bis 1947, nicht nur Juniorpartner in einer Allparteienregierung, sondern zeitweilig Muskelprotz in einer Dreierbeziehung, hatten das Ende der alliierten Besetzung, wie erinnerlich, kaum überlebt. Sie sanken zur Bedeutungslosigkeit ab. Die Reaktion darauf war zunächst eine weitere Abschließungstendenz gewesen, was in einer Kaderpartei auch keine besonderen Schwierigkeiten bereitete. Doch Attraktion ging keine mehr von der KPÖ aus. Lediglich ihre Zeitung, die „Volksstimme", blieb lesenswert, da sie einem Enthüllungsjournalismus huldigte, der zumindest interessant war. Die Ausschließungstendenzen gingen aber so weit, daß etwa am Parteitag der KPÖ 1961 keine nichtkommunistischen Journalisten zugelassen waren. Gleichzeitig wurde ein Regieren ohne Opposition als Krise der Demokratie bezeichnet.[28] Das grenzte an Schizophrenie. Doch erst 1965 war die Ablösung der „alten Garde" perfekt. Statt des bis dahin amtierenden Vorsitzenden der KPÖ, Johann Koplenig, übernahm Franz Muhri die Führung der Austrokommunisten. Muhri meinte, die unmittelbar nach dem Krieg beschworene Zusammenarbeit von KPÖ und SPÖ, die Aktionseinheit, sei noch nicht tot; daher wolle er neue Anläufe machen. Er wollte eine breite Öffnung zur SPÖ hin vornehmen, von der er allerdings die Aufkündigung der Sozialpartnerschaft erwartete.

Was nun die Wahlempfehlung für die SPÖ anlangte, so war sie schon in kleineren Schritten vorbereitet worden, vor allem dadurch, daß die Kommunisten bei den Landtagswahlen in Tirol, im Herbst 1965, eine diesbezügliche Empfehlung abgegeben hatten. Sie war von den Sozialisten nicht zurückgewiesen worden, was von der KPÖ als Erfolg und Ermunterung angesehen wurde. Zur Sicherheit fuhr Muhri jedoch auch nach Moskau, wo das Mitglied des Zentralkomitees, Boris Ponomarev, offenbar eine Wahlempfehlung für die SPÖ billigte.[29]

Statt nun diese Empfehlung mit aller Entschiedenheit als ein Danaergeschenk zurückzuweisen, tat die SPÖ-Führung nichts dergleichen. Ganz im Gegenteil, wurde die Entscheidung der KPÖ auch vom rechten SP-Flügel willkommen geheißen, und Fritz Klenner schrieb im Februar-Heft 1966 der „Zukunft", die KPÖ mache einen Läuterungsprozeß durch und die SPÖ könnte daher nichts Dümmeres tun, als diese Wahlempfehlung der KPÖ abzulehnen. Wenn es in der Folge auch Distanzierungsversuche gab, dann nur halbherzige, in denen gesagt wurde, die KPÖ könne tun was sie wolle.[30]

Die ÖVP hatte solcherart eigentlich unerwartet Schützenhilfe bekommen. Für sie stand nun nicht mehr die Auseinandersetzung ÖVP-SPÖ zur Debatte, sondern die Auseinandersetzung zwischen Volkspartei und Volksfront. Bundeskanzler Klaus schrieb in diesem Zusammenhang einen Brief an alle Pfarrer Österreichs, in dem auf diese Wahlempfehlung hingewiesen wurde und dann rhetorisch gefragt wurde, ob eine solche Sozialistische Partei für Katholiken wählbar wäre.[31] Gerade in den westlichen Bundesländern soll dieser Brief seinen Einfluß auf den niederen und mittleren Klerus nicht verfehlt haben.

Wenn man den etwas zweifelhaften Aussagen des tschechischen Geheimdienstoffiziers Ladislav Bittmann Glauben schenken kann, dann dürften dem sowjetischen Geheimdienst die negativen Folgen der Muhri-Erklärung und deren Rezeption durch die SPÖ früher zu Bewußtsein gekommen sein als etwa Bruno Pittermann. Die Sowjets versuchten daher im Umweg über die 8. Abteilung des tschechischen Geheimdienstes (Abteilung Desinformation) der ÖVP dadurch wieder etwas das

Wasser abzugraben, daß Prag ein Brief Kurt Schuschniggs an Hitler zur Verfügung gestellt wurde, datiert vom 11. Juni 1938, in dem Schuschnigg für seine Mitarbeiter um Milde bat und seinerseits eine Loyalitätserklärung abgab. Prag sollte, so die Anweisung aus Moskau in der Darstellung Bittmanns, durch geschickte Verwertung dieses Schreibens die Österreichische Volkspartei und deren Traditionen diskreditieren. Der Plan scheiterte jedoch, weil der tschechoslowakische Geheimdienst das Dokument nicht mehr vor den Wahlen enthüllen konnte. Es wurde erst einige Monate später präsentiert.[32]

Die SPÖ hatte sich mit der geduldeten Anbiederung der KPÖ ein weiteres Mal Schaden zugefügt und stand schließlich vor einem Desaster. Die ÖVP hingegen profitierte nicht nur von all den erwähnten Fehlern der Sozialisten, die ja wirklich beträchtliche Ausmaße angenommen hatten, sie hatte auch in Josef Klaus einen dynamischen und phantasievollen Obmann mit beträchtlicher Ausstrahlung. Sie hatte organisatorisch stark aufgeholt und es geschickt verstanden, ihre eigene Schwäche zu übertauchen. Dieser Schwächemoment war mit dem Rücktritt Gorbachs und dem Ausscheiden der letzten Raab-Minister gegeben gewesen, wobei wohl der Rücktritt des in Niederösterreich sehr populären Landwirtschaftsministers, Hartmann, mehr bedauert wurde als jener von Unterrichtsminister Drimmel, der für den Durchschnittsbürger ein viel zu ausgeprägter Intellektueller war. Nach diesem Wechsel war die ÖVP jedoch zielstrebig und geschlossen aufgetreten. Sie hatte wie schon in den beiden Kabinetten Gorbach getrachtet, den Föderalismus dadurch zum Tragen kommen zu lassen, daß sie ihre Regierungsmannschaft aus Vertretern möglichst vieler Bundesländer bildete. (Klaus sollte es schließlich 1966 gelingen, alle Bundesländer in der Regierung vertreten zu haben.) Und schließlich war es Klaus auch gelungen, sein Programm von der Versachlichung der Politik eindrucksvoll unter Beweis zu stellen, als er wenige Tage vor dem offiziellen Wahlkampfbeginn 1966 mit der „Aktion 20" ein Programm präsentierte, das vor allem die Erstwähler und die Generation der 25- bis 40jährigen ansprach.[33] Abgesehen von den Sachprogrammen, die von hochqualifizierten Teams erarbeitet und für die neben Inländern auch ausländische Gelehrte herangezogen worden waren, legte die ÖVP mit der „Aktion 20" ein Programm vor, in das auch progressive und undogmatische Elemente eingebaut worden waren. Mit der „Aktion 20" wurde ein weiterer und bewußter Schritt zur Entideologisierung getan, und Klaus tat damit das, was Bruno Kreisky später gerne mit dem Satz umschrieb, daß auch die der Partei fernstehenden Kreise eingeladen werden sollten, ein „Stück des Weges gemeinsam zu gehen". Dennoch rechnete die ÖVP vor dem März 1966 nicht mit der absoluten Mehrheit. Nur der Generalsekretär der ÖVP, Hermann Withalm, deutete vor der Wahl an, die ÖVP könnte die absolute Mehrheit gewinnen.

Zu viele Unwägbarkeiten gab es da. Errang Franz Olah ein Grundmandat, dann waren ihm nach dem Reststimmenverfahren einige weitere Nationalratsmandate sicher. Würde Olah aber nur die SPÖ schädigen oder doch auch den „bürgerlichen" Parteien Stimmen abnehmen? Wie stand es mit den Freiheitlichen? Sie hatten bei den letzten Landtagswahlen starke Verluste erlitten. Zwar konnte man davon ausgehen, daß sie zumindest das Grundmandat im Wahlkreis 24 (Kärnten) halten würden, doch wieviel ihnen von den insgesamt acht Mandaten bleiben würde, war ungewiß. Die ÖVP richtete ihre Forderung darauf aus, eine klare Mehrheit zu erhalten, um die Arbeitsfähigkeit der Großen Koalition wiederherzustellen. Allerdings vermied sie schon im Wahlkampf das Wort Koalition und sprach nur von „Zusammenarbeit". Die Sozialisten sprachen auch von Zusammenarbeit, meinten damit aber die Koalition, und zwar unter einem sozialistischen Bundeskanzler.[34] Damit war der Wahlkampf ganz klar personalisiert worden; es hieß: Klaus gegen Pittermann.

Wie immer in Wahlzeiten, spielten auch Skandale eine größere Rolle, ja manchmal gewinnt man den Eindruck,Skandale bzw. deren Aufdeckung, unterliegen einem starken Einfluß durch Wahltermine. Die Sozialisten fanden „ihren" Skandal in Niederösterreich, und zwar in der Person des Generaldirektors der niederösterreichischen Landesgesellschaften „Newag" und „Niogas", Dr. Viktor Müllner, dem Steuerhinterziehung und Nepotismus vorgeworfen wurden. Da Müllner damals geschäftsführender ÖVP-Landesparteiobmann von Niederösterreich war, ließ sich aus diesem Skandal einiges machen. Der Müllnerskandal reihte sich somit in eine längere Reihe von Affairen, die mit den Firmen- bzw. Personennamen wie Krauland, KELAG, Polcar-Transfines, Haselgruber, VOEST, Stickstoffwerke und Autobahnbau beschlagwortet wurden. Einmal waren die Nehmer und Schuldigen in der einen, dann in der anderen Partei oder aber, wie im Fall Haselgruber, in beiden Parteien.[35]

Doch mit der Aufdeckung der Vorgänge bei Newag und Niogas und der Verantwortlichkeit Viktor Müllners erreichten die Sozialisten keine allzu große Resonanz, da sie gleichzeitig noch immer gegen Gesetze der politischen Logik verstießen und damit „schuldig" wurden.

Der 6. März 1966 brach an. Es ist natürlich schwer zu sagen, welche Stimmung, welche Hoffnungen und welche Befürchtungen an diesen Tag geknüpft wurden. So vieles schien möglich zu sein. Doch dann, am Nachmittag dieses Wahlsonntags begann sich ein großer ÖVP-Sieg abzuzeichnen. Am Abend war es klar: Die Volkspartei hatte die absolute Mehrheit erreicht. Mit etwas mehr als 48 Prozent der abgegebenen gültigen Stimmen hatten sie 85 Nationalratssitze erobert. Die SPÖ hatte mit rund 42,5 Prozent der Stimmen 76 Mandate erreicht. Die Freiheitlichen hatten 2 Mandate eingebüßt und konnten nur noch 6 behalten. Alle anderen Parteien waren leer ausgegangen. Olahs DFP war allerdings nur verhältnismäßig knapp gescheitert, da sie rund 150.000 Stimmen erhielt. Die KPÖ wurde skelettiert.

Am Tag nach der Wahl zeigte sich aber schon, wie sehr die Große Koalition auch im Denken der ÖVP-Reformer eingefressen war, denn sie behandelten den Wahlausgang zunächst als das, was er wohl auch war: eine Art Betriebsunfall der Großen Koalition. Es war zwar heftig gegen die starre und schon schädlich gewordene Form des Bündnisses polemisiert worden, doch an seine totale Abschaffung hatte kaum jemand gedacht. Der Satz von Klaus: „Trotz der klaren Mehrheit . . . glaubte ich fest daran, daß wieder eine große Koalition – allerdings unter radikaler Ausmerzung der undemokratischen Auswüchse – das Richtige für Österreich wäre", ist wohl nicht nur so hingeschrieben worden.[36] Er selbst beschreibt die Koalitionsverhandlungen so, daß sich Pittermann von allem Anfang an mit einem erstaunlichen Realismus für die Opposition ausgesprochen habe, während Kreisky bis zuletzt für die Koalition plädierte und schließlich mit neun weiteren Koalitionsanhängern gegen zwanzig Mitglieder der sozialistischen Parteivertretung unterlag. Ganz so schnell war es aber nicht gegangen.

Zunächst einmal galt es, die unerwartete Situation zu bedenken. Es war ja keine Partei darauf vorbereitet, eine andere Regierung als eine solche der Großen Koalition zu bilden. Das war freilich zum wenigsten ein Personalproblem, denn da ließ sich damit argumentieren, daß auf Grund des fast totalen Proporzes jede Partei in andersfärbigen Ministerien ihre „Schattenminister" in Form von Staatssekretären hatte. Doch da die Strukturen der parlamentarischen Arbeit ebenso wie die des außerparlamentarischen Zusammenwirkens auf „die Zwei" ausgerichtet waren, bereitete ein radikales Umdenken in jedem Fall Schwierigkeiten. Nun hatten beide Parteien im Wahlkampf versprochen, die Zusammenarbeit fortzusetzen. Folglich ging es um die Form und den Vertrag, mit dem diese Zusammenarbeit besiegelt werden sollte. Der Beginn der Regierungsverhandlungen unterschied sich denn auch in nichts von dem vergangener Jahre. Die ÖVP lud die SPÖ zu Koalitionsverhandlungen ein und schlug vor, in einem aus jeweils drei Vertretern zusammengesetzten Verhandlungsausschuß und in vertraulichen Gesprächen über folgende Punkte zu verhandeln: Sachfragen, Kompetenzfragen und Personalfragen. Die SPÖ stimmte zu und entsandte den Parteivorsitzenden, Bruno Pittermann, sowie die stellvertretenden Parteivorsitzenden Bruno Kreisky und Alfred Schachner-Blazizek. Für die ÖVP gingen deren Bundesparteiobmann Josef Klaus, der Generalsekretär Hermann Withalm sowie der Obmann des ÖAAB, Alfred Maleta, in die Verhandlungen.[37]

Verhandelt wurde über EWG-Assoziierung und EFTA-Austritt, die Zukunft der verstaatlichten Industrie und die Zugehörigkeit der Sicherheitsdirektionen in den Bundesländern. Es ging um Ministerien und Kompetenzen, wobei die ÖVP vor allem das Justizministerium forderte. Das Außenministerium sollte unter der Voraussetzung einer Weiterführung durch die SPÖ auf seine noch innehabenden Außenhandelskompetenzen verzichten, ferner sollte das Außenministerium die kulturpolitischen Agenden an das Unterrichtsministerium und die Zuständigkeit für die Presseattachés an das Bundeskanzleramt und dessen Bundespressedienst abgeben. Wieder, wie schon 1962/63, sollte also vor allem ein Minister abgehalftert werden, nämlich Außenminister Bruno Kreisky. Und Kreisky war wieder, wie schon 1963, zum Verzicht bereit.[38]

Größter Brocken in den Verhandlungen war aber sicherlich die Festlegung der Verfahrensregeln, also eines neuen Koalitionsabkommens, das die SPÖ haben wollte und das die ÖVP nicht einzugehen bereit war. Die SPÖ forderte eine Art Kündigungsschutz. Doch die Verhandler der Volkspartei wollten nur eine Absichtserklärung zugestehen.

In den schwierigsten Regierungsverhandlungen traten aber zunächst keineswegs jene ÖVP-Politiker in den Vordergrund, die aus dem Wahlergebnis den Wunsch nach einem Ende der Großen Koalition herauslasen, sondern diejenigen, die neue Formen der Zusammenarbeit suchten. Fritz Bock war einer von ihnen, der ÖVP-Handelsminister, der trotz seines Mitgehens mit Klaus die Ideen Raabs am ehesten beibehalten hatte. Er plädierte dafür, daß sich eine künftige Koalition nur auf die Regierungsbeteiligung, nicht aber auf das Parlament erstrecken sollte. Doch das war wohl wirklich keine Lösung. Und Klaus lehnte sie ab. Nichtsdestoweniger gediehen die Verhandlungen mit den Sozialisten so weit, daß die Regierungserklärung fast fertig war. Hinter dem unerwarteten Plädoyer für die Große Koalition stand aber auch die Angst. Niemand konnte wissen, ob man einer ähnlichen Situation wie 1920 und 1921 gegenüberstand, ob die Neuverteilung der Macht zu einer immer stärkeren Polarisierung führen würde, vor allem aber auch zu einer Reideologisierung, die dann nichts mehr mit Besinnung auf geistige Werte, sondern nur noch mit Radikalismus zu tun haben würde.

Schließlich erklärte sich die Volkspartei dazu bereit, wenigstens die Verlängerung der Wirtschaftsgesetze für einen bestimmten Zeitraum, nämlich für zwei statt wie gefordert vier Jahre zuzugestehen. Bei einigem guten Willen wäre also davon auszugehen gewesen, daß eine neue große Koalition zumindest zwei Jahre halten würde. Die Sozialisten waren uneins, ob sie dem zustimmen sollten. Die Mehrheit war allerdings zu diesem Zeitpunkt, Mitte April, schon bereit, in die Opposition zu gehen. Und es war eigentlich nur die Unsicherheit und wohl auch die wenig schöne Aussicht auf einen beträchtlichen Machtverzicht, die die letzte Entscheidung noch hinauszögerten. Für Kreisky, der schließlich fast allein für den Verbleib der SPÖ in der Regierung kämpfte, war es keineswegs ausgemacht, daß die Oppositionsrolle nicht auch eine erhebliche Einbuße der Kontrollmöglichkeiten nach sich ziehen würde. Er meinte, daß es zwar erwiesen sei, daß man aus einer Niederlage heraus wieder zum Erfolg kommen könne.[39]

„Nicht bewiesen ist", fuhr Kreisky aber in seiner Rede vor dem außerordentlichen Parteitag der SPÖ am 15. April 1966 fort, „ob man, wenn man nicht in der Regierung ist . . . aus der Opposition heraus ähnliche Erfolge erringen kann." Und an anderer Stelle rief der Außenminister seine Erfahrung und die Geschichte in den Zeugenstand, wenn er in einer für ihn charakteristischen Weise eine Verbindung mit der Ersten Republik suchte. Es sei eine unabdingbare Forderung, „daß Tatsachen geschaffen werden, die uns die Gewißheit geben, daß die Exekutive nicht wieder gegen Sozialdemokraten, gegen demokratische Sozialisten in der einen oder anderen Form mobilisiert werden kann . . . Genossen, ich bin 13 Jahre in der Bundesregierung. Schon das würde zu der Erklärung, die ich vorher abgegeben habe, ausreichen und sie begründen. Genossen, es sind keine guten Demokraten, jene Herren, die mit uns in der Regierung zusammengesessen sind. Ich erinnere an den Ausspruch eines ihrer Größten, über den wir heute nach seinem Tode nur Gutes sagen, der einmal gemeint hat: ‚Jetzt brauche ich nur noch ein paar blutige Schädel, und dann geht die Uhr richtig.' Genossen, wir haben keine demokratische Tradition, wie sie andere alte demokratische Staaten haben, und ich bitte und beschwöre Sie, das alles nicht einfach beiseite zu schieben".

Der Parteitag nahm schließlich mit 501 gegen 2 Stimmen einen Antrag an, der in drei Punkten die Bedingungen für eine SPÖ-Regierungsbeteiligung festsetzte:

1. Die Sozialisten wollten die Gewähr haben, daß die Zusammenarbeit in der Bundesregierung nicht einseitig von der ÖVP und zu jedem ihr genehmen Zeitpunkt beendet werden kann.
2. Die den Sozialisten angebotenen Ministerien sollten ihre Wirkungsbereiche

behalten, wobei vor allem die alleinige Verfügungsgewalt der ÖVP über Exekutive und Bundesheer vermieden werden müsse und
3. sollte das Budget eine auf alle Ressorts gleichmäßig verteilte und ausreichende Investitionstätigkeit sichern.

Die sozialistischen Verhandler erhielten eine Blankovollmacht, darüber zu befinden, welche Entscheidung endgültig zu treffen war. Die ÖVP gab nochmals etwas nach, doch nur in Kompetenzfragen. Sie weigerte sich aber, eine Koalitionsgarantie zu geben. Genau besehen, mußte sie sich auch weigern, denn ein Raab, ein Gorbach oder noch früher ein Figl hätten noch irgendwie plausibel machen können, weshalb sie einlenkten und doch noch die Große Koalition weiterführten. Josef Klaus und die neue ÖVP-Führung wären absolut unglaubwürdig geworden. Am 18. April 1966 lag das letzte Angebot vor. Die sozialistische Parteiführung verwarf es mit dreißig gegen zehn Stimmen. Und kurz vor sieben Uhr abends rief der sozialistische Parteivorsitzende, Bruno Pittermann, den Bundesparteiobmann der ÖVP, Josef Klaus, an und sagte ihm am Telefon: „Ich muß Ihnen leider mitteilen, daß auch das zuletzt gemachte Angebot der ÖVP als dem Auftrag des Sozialistischen Parteitages nicht Rechnung tragend mit 30:10 Stimmen abgelehnt wurde." Die Sozialisten hatten beschlossen, in die Opposition zu gehen. Die Große Koalition war zu Ende, und was Menschen verbunden hatten, war von Menschen getrennt worden . . . Für Österreich war eine Periode seiner Nachkriegsgeschichte zu Ende.

Schlußbemerkungen und Dank

Läßt sich eigentlich schon Bilanz ziehen über die Große Koalition zwischen 1945 und 1966? Geht man von der verhältnismäßig kurzen Zeit aus, die uns von ihr trennt, dann kann das Urteil noch kein verbindliches und vor allem kein endgültiges sein. Zu sehr stehen wir noch mittendrin im historischen Prozeß, der sie geformt hat und der uns mit jener Zeit verbindet. Allein die auch hier zum Ausdruck gekommenen Probleme der Periodisierung und noch viel mehr jene der Benennung der Epoche, die durch die Große Koalition gestaltet wurde, lassen erkennen, daß diese Zeit noch etwas ist, das als historisch unfertig bezeichnet werden muß. Wenn es also auch noch nicht wirklich möglich ist, der Großen Koalition schon ihren endgültigen Stellenwert zuzuweisen, dann wird man eines doch schon relativ gut können, nämlich aufzählen, was diese besondere und als typisch österreichisch angesehene Form der Zusammenarbeit erbracht hat, an Positivem wie an Negativem.

Das meiste davon ist im Vorstehenden behandelt worden. Ausgehend davon, daß wir beim Zustandekommen der Großen Koalition nur wenig vom historischen Kompromiß verspürt haben, daß immer auch auf das Ende spekuliert und das Ende geprobt wurde, ließ sich dennoch erkennen, wie die „Stationen einer Ehe" durchlaufen wurden. Von der Verlobung über die Hochzeit bis zu dem auch für Ehen nicht seltenen Ende, nämlich der Scheidung. Sicherlich wäre auch eine weniger „familiäre" Bezeichnung der Perioden möglich gewesen, doch der Begriff der Ehe, der von der Liebesheirat über die Zwangsehe bis zu jenem Raab-Wort von den zum Zusammenleben Verdammten reicht, haftet der Großen Koalition wie kaum ein anderer an.

Über die unmittelbar erkennbar gewordenen Leistungen und das Versagen hinaus lassen sich aber wohl auch schon im Abstand von etwas mehr als zwei Jahrzehnten historische Beurteilungen finden, die die Große Koalition in ein größeres Ganzes einbetten. Zwei Parteien, die ja für zwei historisch gewachsene, sozial differenzierte, aber auch durch ihre Einstellung zum Ursprung und Wert des Seins verschiedene

Bevölkerungsgruppen standen, die außerdem die Erbschaft von zwanzig Jahren Nichtverstehens und offener Feindschaft aus der Ersten Republik herumtrugen, verdrängten das Gestern und lebten vor allem dem Heute und Morgen. Dort, wo schon kein Verständnis für den anderen da war, wurde zumindest Respekt deutlich. Gefährlich wurde es freilich immer dann, wenn an das Aufrechnen des Vorlebens gegangen wurde. Das zeigte schon in aller Deutlichkeit, daß Geschichte kaum einmal dazu verwendet wird, nach gemeinsam erlebten Wahrheiten zu suchen, wohl aber, um Argumente für oder wider etwas zu finden. Solcherart wird Geschichte nicht mehr als Erklärungsmodell, sondern als Fallbeil verwendet. Und gerade für die parteiische Geschichte haben sich die Fälschungsmethoden seit dem Privilegium minus nur verfeinert; sie sind aber nicht grundsätzlich anders geworden.

Die Große Koalition hat insofern einen auch als historisch zu wertenden Erfolg gehabt, als es ihr gelang, Vergangenheit zu „bewältigen“. Und zwar so, wie dies immer nur sein kann, durch Abstand gewinnen oder auch dadurch, daß bestimmten Kapiteln der Vergangenheit kein Platz in der Gegenwart eingeräumt, daß verdrängt wurde. Obwohl die Jahre des Dritten Reiches fast tagtäglich in die Politik hineinspielten, wurde darin lediglich ein Bereich gesehen, der pragmatisch aufgearbeitet werden mußte, nicht aber etwas, das geeignet gewesen wäre, zu einer Streitfrage gemacht zu werden. Das hätte nur zu leicht an den Bestand des Staates gerührt. Dabei erzielte die Große Koalition einen ihrer wichtigsten Erfolge und erbrachte eine historische Leistung: Ohne viel Aufhebens wurde der großdeutsche Traum ausgeträumt. Was für die deutschen Erblande der Habsburgermonarchie jahrzehntelang von eminenter Wichtigkeit gewesen war, was der Ersten österreichischen Republik zu einer nicht zu bezahlenden Hypothek wurde und das Land schon 1918 für den Anschluß an das größere Deutschland „reif“ sein ließ, spielte nach 1945 keine Rolle mehr. Und das nicht nur, weil man mit dem Dritten Reich zu schlechte Erfahrungen gemacht, weil es die Besatzungsmächte nicht geduldet und schließlich der Staatsvertrag regelrecht verboten hatten: Der Großdeutsche Traum war auf jeden Fall ausgeträumt und wurde sang- und klanglos durch anderes ersetzt. Darin wird eine der historischen Leistungen der Großen Koalition zu erblicken sein, ungeachtet dessen, wie sie das zustande gebracht hat und wie damit auch Probleme der Aufarbeitung einer anderen, nachfolgenden Generation übertragen wurden. Aber schließlich ist dies ja eines der immer wieder zu beobachtenden historischen Phänomene, daß bestimmte Probleme an die nachfolgenden Generationen weitergereicht werden. Dadurch setzt die Aufarbeitung, auch Vergangenheitsbewältigung genannt, zeitversetzt ein. Und wir sind derzeit mitten drin und dabei, die Zeit der nationalsozialistischen Herrschaft in Österreich aufzuarbeiten.

Wenn es kein historischer Kompromiß war, der dazu führte, daß sich „die Zwei“ über zwei Jahrzehnte in einer Ehe fanden, was war es dann? Eine Interessengemeinschaft, um ein bestimmtes politisches Ziel zu erreichen? Das wurde schon gesagt. Daß beim Fortbestehen ein wenig Beharrungsvermögen mit im Spiel war, kann durchaus angenommen werden. Daß es wenig Alternativen gab, ja im Grunde genommen überhaupt nur eine, nämlich die Bildung einer kleinen Koalition mit der nationalliberalen Partei, einmal VdU, dann FPÖ genannt, spielte sicherlich auch eine Rolle. Aber außer Beharrungsvermögen und geringen Alternativen muß doch auch noch anderes von Bedeutung gewesen sein. Der wesentlichste Indikator dafür war die fast unverändert hohe Präferenz großer Bevölkerungsteile für die Große Koalition, wie sie aus den Lageberichten der Sicherheitsdirektionen erkennbar wurde. Doch man muß nur weitersehen und der Großen Koalition bis in unsere Zeit folgen. Auch später und noch jüngst war die grundsätzliche Bereitschaft, einer großen Koalition die Zustimmung zu geben, größer als im Falle irgendeiner anderen Regierungsform, ausgenommen vielleicht eine Allparteienregierung nach dem Prinzip der Verhältnismäßigkeit, wie wir sie in den meisten österreichischen Bundesländern haben. Nun gilt es abermals zu fragen, warum das so ist. Ist es eine Restangst, daß „die Zwei" sich wieder so auseinanderleben könnten, daß sie sich ähnlich wie in der Ersten Republik feindselig gegenüberstehen? Ist es eine Art Gerechtigkeitssinn, der auch den Andersdenkenden einen verhältnismäßigen Anteil an der Macht, am Einfluß und auch an der Verantwortung zubilligen möchte? Ist es Phantasielosigkeit und geringe Risikobereitschaft? Traut man einer einzigen Partei vielleicht auch nicht zu, genügend qualifizierte Leute zu haben, um eine komplette Regierung zu bilden? Das meiste davon wird zu verwerfen sein, und zwar auf Grund der mittlerweile gewonnenen Erfahrungen. Österreich hat 17 Jahre hindurch trotz der Präferenz für die Großen Koalition eine einzelne Partei mit so viel Mandaten ausgestattet, daß sie allein regieren konnte. Was durch fast 35 Jahre vermieden wurde und eine Zeitlang als unmöglich und als unschicklich galt, nämlich die Bildung einer kleinen Koalition, wurde schließlich von jener Partei vorgenommen, die diese kleine Partei schaffen geholfen hatte. Das allerdings zu einer Zeit, die keinerlei Zusammenhänge mehr mit dem Jahr 1938 aufzuweisen hatte. Auch dabei dominierte das Bewußtsein, daß der großdeutsche Traum bedeutungslos geworden war.

Was schließlich ebenfalls als Verdienst der Großen Koalition gewertet werden kann, das ist der Umstand, daß durch zwanzig Jahre hindurch nicht auf das Ende von irgend etwas, und sei es der Zusammenarbeit, spekuliert wurde, sondern auf die Fortsetzung. Und Österreich hat nichts nötiger gehabt, als diese Demonstration und dieses Bewußtsein, daß es auch einmal anderes zu denken gibt, als wann denn dieser Staat zugrunde und untergeht. Auch das war eine neue Erfahrung. Sie war weder aus dem Ende der Monarchie noch aus der Ersten Republik zu gewinnen gewesen. Der wohl unbewußte Versuch der in der Einleitung genannten Namenlosen, zur Fortsetzung der Großen Koalition beizutragen, kann daher letztlich als etwas gesehen werden, das dem eigenen Leben und Zusammenleben Sinnhaftigkeit und Zukunft geben sollte. Auch in der Großen Koalition stellte sich die Frage nach dem Lebenssinn. Und jeder mußte sich diese Frage beantworten, früher oder später.

☆ ☆ ☆

Die Arbeit an diesem Buch reicht viele Jahre zurück. Sie wurde durch das Bestreben vorangetrieben, meiner Studie über die Besatzungszeit in Österreich noch eine Fortsetzung zu geben. Ebenso wirkte sich aus, daß mit Recht gesagt wurde, in der Arbeit über die Besatzungszeit wäre der Zeitraum ab 1950 viel zu knapp ausgefallen. Dann aber waren wieder andere Gewichtungen zu setzen. Schließlich wurde ich durch die sich deutlich verschlechternden Bedingungen für die zeitgeschichtliche Forschung in Österreich herausgefordert. Eine im Wintersemester 1982 an der

Wiener Universität begonnene Vorlesung über „Österreich von Raab bis Klaus“ bot daher Gelegenheit, in einen forschungsmäßig noch wenig abgedeckten Zeitraum einzudringen und das vorhandene Material zu sichten und zu ordnen. Dabei entstanden erste Manuskriptteile, denen sich allmählich weitere anfügen ließen. Abgesehen von den Vorarbeiten, die bis in den Anfang der sechziger Jahre zurückreichen, ist daher dieses Buch das Ergebnis einer rund fünfjährigen Arbeit, die freilich wegen vieler anderer Verpflichtungen nur langsam vorankam. Mittlerweile hat sich an der österreichischen Forschungssituation so gut wie nichts geändert. Eine vierzigjährige Sperre der staatlichen Archive und willkürlich erscheinende administrative Schwierigkeiten haben das Dasein eines Zeitgeschichtlers noch enttäuschungsreicher werden lassen, als es ohnedies ist, denn der Zeitgeschichtler muß immer in dem Bewußtsein leben, daß seine Arbeit relativ bald durch andere, die wiederum neue Erkenntnisse präsentieren, abgelöst und überholt wird. Doch wenn man mit diesem Handikap nicht leben kann, dann darf man nicht Zeitgeschichte betreiben. Das Buch kämpft aber nicht nur mit Forschungs-, sondern auch mit Darstellungsproblemen. Das Gestalten eines großen Themas erfordert es, daß immer wieder auf an sich wichtige Bereiche und auf so und so viele Details verzichtet werden muß. Manches fällt auch dem Bemühen zum Opfer, trotz einer gewissen Sperrigkeit des Themas lesbar und allgemein verständlich zu schreiben. Das ergibt bestimmte Gewichtungen und Ausdrucksweisen, die durchaus gewollt sind.

Die quellenmäßige Basis für das Buch ist relativ leicht darstellbar. Zu den Akten des österreichischen Haus-, Hof- und Staatsarchivs, größtenteils solche des Bundesministeriums für Auswärtige Angelegenheiten, die ich bereits vor 1981 einsehen konnte, kamen an österreichische Akten solche der Präsidentschaftskanzlei, die ebenfalls schon vor 1979 eingesehen wurden, und des Bundesministeriums für Landesverteidigung, die bereits Eingang in andere Arbeiten gefunden haben. Ferner Akten der Bundes-Polizeidirektion Wien, des Gendarmeriezentralkommandos, des Wiener- und des Kärntner Landesarchivs sowie Splitter aus anderen Archiven. Eine wesentliche Quelle war der Nachlaß von Leopold Figl, dessen Benützung mir im Niederösterreichischen Landesarchiv durch das besondere Entgegenkommen von Hofrat Dr. Franz Stundner ermöglicht wurde. Dem Karl-von-Vogelsang-Institut verdanke ich den Einblick in einige Akten der Bundesparteileitung der ÖVP, insbesondere zu den Koalitionsverhandlungen. Schließlich verwahre ich selbst die Nachlässe von Dr. Julius Deutsch und Dr. Heinrich Drimmel. Das österreichische Material wurde durch solches ausländischer Archive ergänzt und teilweise an Wichtigkeit übertroffen. In erster Linie gilt dies für die Akten in den National Archives, Washington, und für jene des Public Record Office in London. Zu diesen traditionellen Quellen kamen jene, die gesprächsweise erschlossen wurden, das heißt die Zeugen der Zeit, die hier in alphabetischer Reihenfolge und nicht im Hinblick auf die Länge der zustande gekommenen Gesprächsprotokolle aufgezählt werden sollen: Bundesminister a. D. Dr. Fritz Bock, Bundesminister a. D. Dr. Heinrich Drimmel, Zentralsekretär Friedl Fürnberg (†), Bundesminister a. D. Dr. Karl Gruber, Botschafter a. D. Dr. Heinrich Haymerle, Abgeordneter zum Nationalrat Dr. Leopold Hofeneder, Polizeipräsident i. R. Josef Holaubek, Präsident Dr. Hans Igler, Bundeskanzler Dr. Josef Klaus, Bundeskanzler Dr. Bruno Kreisky, Präsident

Dr. Alfred Maleta, Bundesminister a. D. Franz Olah, Bundesminister a. D. Otto Rösch, Adrienne Thomas-Deutsch (†), Hofrat Dr. Hans Vanura (†) und Landeshauptmann Ferdinand Wedenig (†).

Die auf Jahre verteilten Archivstudien in den USA wurden durch die österreichischen Militärattachés in Washington, zunächst Brigadier Ing. Hannes Christian Clausen, dann Brigadier Walter Schmit sowie durch Herrn Gunther Fritz, bedeutend erleichtert und teilweise überhaupt erst möglich gemacht.

Ebenfalls und besonders zu Dank verpflichtet bin ich jenen, die sich der Mühe unterzogen haben, das Manuskript zur Gänze oder in Teilen zu lesen, es zu kritisieren, zu besprechen und in jedem Fall zu verbessern. Das gilt für Bundesminister a. D. Dr. Heinrich Drimmel, Universitätsprofessor Dr. Gerald Stourzh, Ministerialrat Dr. Helmut Slaby, Dr. Hugo Portisch und Dr. Erwin Schmidl, der sich besonders viel Zeit genommen hat.

Im Verlag wurde die Arbeit von Dr. Othmar Spachinger, Dr. Gabriela Asmera und Fritz Vesely betreut; allen habe ich zu danken. Schließlich soll noch jener gedacht werden, die die Konzepte in Reinschrift umgewandelt haben, nämlich Christa Schönecker, Romana Lanner und Renate Geron. Ohne die Hilfe meiner Frau wäre das Buch aber wahrscheinlich nie fertig geworden.

Wien, im Juni 1987

Anmerkungen

Einleitung: Der Friedhof der Namenlosen

[1] Wiener Zeitung 19. 4. 1966, 1.

[2] Die Koalition in Österreich nach 1945. Referat *Bruno Kreisky.* In: Koalitionsregierungen in Österreich. Ihr Ende 1920 und 1966. Protokoll des Symposiums „Bruch der Koalition" in Wien am 28. 4. 1980 (= Wissenschaftliche Kommission des Theodor-Körner-Stiftungsfonds und des Leopold-Kunschak-Preises, Veröffentlichungen 8, Wien 1985), 11f.

[3] Ebenda, 15f.

[4] Meyers Taschenlexikon der Geschichte 3 (Mannheim/Wien/Zürich 1982), 251; Rechtswörterbuch, hg. *Carl Creifelds* (München [3]1973), 623f.; Meyers Großes Universal Lexikon 8 (Mannheim/Wien/Zürich 1983), 7.

[5] Diskussionsbeitrag *Felix Ermacora.* In: Koalitionsregierungen in Österreich, 28.

1 Kennenlernen im Untergrund

[1] *Adam Wandruszka,* Österreichs politische Struktur. In: Geschichte der Republik Österreich, hg. Heinrich Benedikt (Wien 1954), 291–485. Zu den vorher angestellten Überlegungen *Lothar Gall,* Die Bundesrepublik in der Kontinuität der deutschen Geschichte. In: Historische Zeitschrift 239 (1984), 603–613.

[2] *Fritz Bock,* Zeitzeuge, hg. Maria Sporrer und Herbert Steiner (Wien/München/Zürich 1984), 55f.

[3] Welchen Einfluß der Luftkrieg auf die Moral der Bevölkerung und vor allem auch auf ein Österreich-restauratives Denken hatte, ist noch kaum untersucht worden. Zum ersten strategischen Luftangriff auf ein österreichisches Ziel vgl. *Manfried Rauchensteiner,* Der Luftangriff auf Wiener Neustadt am 13. August 1943 (= Militärhistorische Schriftenreihe 49, Wien 1983).

[4] Zum nachfolgend behandelten Komplex vor allem *Robert Kriechbaumer,* Von der Illegalität zur Legalität. Die ÖVP im Jahr 1945. Politische und geistesgeschichtliche Aspekte des Entstehens der Zweiten Republik (Wien 1985).

[5] Ebenda, bes. 30–44 und 60–62.

[6] Vgl. weiter hinten, S. 46f.

[7] Ausspruch gegenüber Hans Eidlitz, zitiert bei *Kriechbaumer,* Illegalität, 61.

[8] Allgemein, wenngleich nicht sehr gründlich: *Fritz Kaufmann,* Sozialdemokratie in Österreich. Idee und Geschichte einer Partei. Von 1889 bis zur Gegenwart (Wien/München 1979). In dem Zusammenhang besser *Kriechbaumer,* Illegalität, bes. 94ff.

[9] Ebenda.

[10] *Michaela Regelsperger,* Felix Hurdes. Zwischen christlichen Ideen und Politik. Phil. Diss. (Salzburg 1983), 44.

[11] *Kriechbaumer,* Illegalität, 95.

[12] Ebenda und *Karl Stadler,* Adolf Schärf. Mensch, Politiker, Staatsmann (Wien/München/Zürich 1982), vor allem Kapitel VI.

[13] *Adolf Schärf,* Österreichs Erneuerung. Das erste Jahrzehnt der Zweiten Republik (Wien 1955), 20.

[14] Derselbe, April 1945 in Wien. Nachdruck, in: *Adolf Schärf,* Österreichs Wiederaufrichtung im Jahre 1945 (Wien 1960), 58. Erwin Scharf, 1945 bis 1948 Zentralsekretär der SPÖ, vertritt die Ansicht, Schärf hätte mit dieser Äußerung Renner gemeint. Vgl. dazu Karl Renner in Dokumenten und Erinnerungen, hg. *Siegfried Nasko* (Wien 1982), 255.

[15] Allerdings ist *Stadler,* Schärf, 185, zuzustimmen, der der Behauptung von Erwin Scharf widerspricht, Schärf hätte den illegalen Kampf sabotiert und sei im Schmollwinkel gesessen. Auch *Kriechbaumer,* Illegalität, widerlegt diese Behauptung klar.

[16] *Schärf,* Erneuerung, 48.

[17] Zur Gesamtproblematik nach wie vor am umfassendsten *Otto Molden,* Der Ruf des Gewissens. Der österreichische Freiheitskampf 1938–1945 (= Das einsame Gewissen 5, Wien 1958). Besonders anschaulich auch *Fritz Molden,* Fepolinski und Waschlapski auf dem berstenden Stern. Bericht einer unruhigen Jugend (Wien/München/Zürich 1976), bes. 343ff.

[18] Zur alliierten Österreichpolitik *Fritz Fellner,* Die außenpolitische und völkerrechtliche Situation Österreichs 1938. Österreichs Wiederherstellung als Kriegsziel der Alliierten. In: Österreich. Die Zweite Republik 1, hg. Erika Weinzierl und Kurt Skalnik (Graz/Wien/Köln 1972), ferner *Manfried Rauchensteiner,* Der Sonderfall. Die Besatzungszeit in Österreich 1945–1955 (Graz/Wien/Köln 1979), 15–62.

[19] Außer den unter Anm. 18 genannten Arbeiten *Guy D. Stanley,* Great Britain and the Austrian Question. Phil. Diss. (London 1973); *Reinhold Wagnleitner,* Großbritannien und die Wiedererrichtung der Republik Österreich. Phil. Diss. (Salzburg 1975); sowie exemplarisch zur amerikanischen Österreichpolitik *Josef Leidenfrost,* Die amerikanische Besatzungsmacht und der Wiederbeginn des politischen Lebens in Österreich 1944–1947. Geisteswiss. Diss. (Wien 1986).

[20] Zur sowjetischen Österreichpolitik und zur Rolle der österreichischen Exilkommunisten *Wilfried Aichinger,* Sowjetische Österreichpolitik 1943–1945. Phil. Diss. (Wien 1977). Die diesbezüglichen Äußerungen bei *Rauchensteiner,* Sonderfall, 51f.

[21] Die militärischen Operationen bei *Manfried Rauchensteiner,* Der Krieg in Österreich 1945 (= Schriften des Heeresgeschichtlichen Museums 5, Wien ²1984), hier bes. 103–122.

[22] *Sergej Matwejewitsch Schtemenko,* Im Generalstab 2 (Berlin 1975), 403. Die russische Ausgabe erschien 1973, deutsche Vorabdrucke in „Neue Zeit" (Moskau) 1972. (Übersetzungsvarianten). Da die zweifellos interessanten Äußerungen Schtemenkos mittlerweile nicht nur auszugsweise vorliegen, empfiehlt es sich in jedem Fall, auf den hier genannten Text der Ost-Berliner Ausgabe von 1975 zurückzugreifen.

[23] Diesbezüglich gibt leider auch Schtemenko keine Auskünfte.

[24] Der gesamte Vorgang bei *Karl Renner,* Denkschrift über die Geschichte der Unabhängigkeitserklärung Österreichs und die Einsetzung der provisorischen Regierung der Republik (Wien 1945).

[25] Karl Renner in Dokumenten, 150f.

[26] Ebenda, 148ff.

[27] Die Bezeichnung ist willkürlich. Die Aufzeichnungen selbst im Institut für Zeitgeschichte, Wien. Die entsprechenden Zitate und Ausführungen dazu bei *Aichinger,* Österreichpolitik, 187ff.

[28] *Schärf,* Österreichs Wiederaufrichtung, 69.

[29] *Kurt Skalnik,* Parteien. In: Österreich. Die Zweite Republik 2, hg. Erika Weinzierl und Kurt Skalnik (Graz/Wien/Köln 1972), 203.

[30] *Kriechbaumer,* Illegalität, 130.

[31] Ebenda, 135–147.

[32] *Aichinger,* Österreichpolitik, 175f.

[33] Zur Zusammensetzung und Situation des Siebenerausschusses *Kriechbaumer,* Illegalität, 113–115; ferner *Fritz Molden,* Besetzer, Toren, Biedermänner. Ein Bericht aus Österreich 1945–1962 (Wien/München/Zürich/New York 1980), bes. 69. Zum nachfolgenden auch *Lois Weinberger,* Tatsachen, Begegnungen und Gespräche (Wien 1948), 245 und *Oskar Helmer,* 50 Jahre erlebte Geschichte (Wien o. J.), 200, sowie *Aichinger,* Österreichpolitik, 163.

[34] *Schtemenko,* Generalstab, 411f.

[35] Dazu *Manfried Rauchensteiner,* Die Entmilitarisierung und Wiederbewaffnung in Österreich 1945 bis 1955. In: Vorträge zur Militärgeschichte 4: Entmilitarisierung und Aufrüstung in Mitteleuropa 1945–1956, hg. Militärgeschichtliches Forschungsamt (Herford/Bonn 1983), 57f.

[36] *Fritz Molden,* Besetzer, 70.

[37] *Aichinger,* Österreichpolitik, 169. Der entsprechende Befehl im Anhang II/10.

[38] Ebenda, 191.

[39] Der komplizierte Vorgang der Kräfteverteilung innerhalb der Provisorischen Staatsregierung ist dargestellt bei *Schärf,* Erneuerung, 35, ferner *Ernst Fischer,* Das Ende einer Illusion. Erinnerungen 1945–1955 (Wien 1973), 66, und *Stadler,* Schärf 196f. Außerdem das entsprechende Dokumentenmaterial und die Darstellung bei *Karl Renner,* Denkschrift über die Geschichte der Unabhängigkeitserklärung.

[40] *Fischer,* Ende, 50 und 56.
[41] *Stadler,* Schärf, 196.
[42] Ebenda.
[43] *Fischer,* Ende, 66.
[44] Ebenda. Der Vorgang, daß sich Kommunisten für Vertreter des bürgerlichen oder sozialistischen Lagers einsetzten, fand hier seine umgekehrte Entsprechung.
[45] *Schärf,* April, 54, differenziert: Die KPÖ hätte nicht an die Einigung von Sozialdemokraten und Revolutionären Sozialisten geglaubt und daher an zwei Parteien gedacht.
[46] *Regelsperger,* Hurdes, 53.
[47] *Aichinger,* Österreichpolitik, 191 f.
[48] Ebenda, 194, unter Verwendung eines Interviews mit Dr. Felix Slavik.
[49] *Regelsperger,* Hurdes, 53.
[50] Die Kabinettsliste der Provisorischen Staatsregierung in der ursprünglichen Form, in: Bildung der österreichischen Regierung. Offizielle Dokumente (Wien 1945), 7 f.
[51] *Bock,* Zeitzeuge, 58.
[52] Wiederum die Kabinettsliste in: Bildung der österreichischen Regierung, a. a. O.
[53] *Stadler,* Schärf, 197.

2 Die Provisorische Regierung

[1] *Fischer,* Ende, 73.
[2] *Erwin Scharf,* In der Erdölfrage stand ich auf der Seite Renners. In: Karl Renner in Dokumenten, 256.
[3] *Stadler,* Schärf, 198.
[4] Ebenda.
[5] Bildung der österreichischen Bundesregierung, enthalten in der Proklamation.
[6] *Schärf,* Erneuerung, 48. Fischer betont, daß an der „Formulierung" kein Kommunist mitgewirkt habe. Das eine schließt das andere aber nicht aus.
[7] Hintergründe und Einzelheiten dazu bei *Rauchensteiner,* Sonderfall, 72 f., und aus jüngerer Zeit und detaillierter *Alfons Schilcher,* Die Politik der Provisorischen Regierung und der Alliierten Großmächte bei der Wiedererrichtung der Republik Österreich. Geisteswiss. Diss. (Wien 1985), 107–129.
[8] *Rauchensteiner,* Krieg in Österreich.
[9] *Schtemenko,* Generalstab, 416.
[10] *Fischer,* Ende, 46.
[11] Ebenda. In diesem Zusammenhang ist ein Ausspruch Fischers überliefert: „Ein anständiger Kommunist stellt sich nicht vor, sondern hinter Leopold Kunschak." Vgl. dazu auch *Gustav Blenk,* Leopold Kunschak und seine Zeit. Porträt eines christlichen Arbeiterführers (Wien/Frankfurt/Zürich 1966), 211.
[12] Diese bemerkenswerte Passage, die über die Kenntnislage des gebildeten, politisch interessierten und durchschnittlich gut informierten Menschen im NS-Staat Auskunft gibt, findet sich in einem OSS-Interview vom 20. August 1945, gedruckt in: Gesellschaft und Politik am Beginn der Zweiten Republik, hg. *Oliver Rathkolb* (Graz/Wien/Köln 1985), 119. Körner bezeichnete die Berichte über Konzentrationslager wörtlich als „Schwindel".
[13] *Rauchensteiner,* Sonderfall, 79–82 und *Aichinger,* Österreichpolitik, 208–221.
[14] *August Ernst,* Zur Wiedererrichtung des Burgenlandes 1945. In: Burgenländische Heimatblätter 30 (1968), 105–122 und *Felix Tobler,* Zur Verwaltung des Burgenlandes 1918–1946. In: Das Burgenland im Jahr 1945. Beiträge zur Landessonderausstellung 1985, hg. Stefan Karner (Eisenstadt 1985), bes. 46 f.
[15] Ebenda.
[16] Zur Steiermark *Rauchensteiner,* Sonderfall, 84 f. und ausführlicher *Josef F. Desput,* Das Jahr 1945 in der Steiermark. In: Österreich in Geschichte und Literatur (1986), Nr. 2/3, bes. 128–132.
[17] *Rauchensteiner,* Sonderfall 85–91 und *Wilhelm Wadl,* Das Jahr 1945 in Kärnten. Ein Überblick (Klagenfurt 1985).

[18] *Wadl,* Das Jahr 1945, 24 und *Ludwig Reichhold,* Geschichte der ÖVP (Graz/Wien/Köln 1975), 61.
[19] *Wadl,* Das Jahr 1945, 52.
[20] *Rauchensteiner,* Sonderfall, 94f. und *Ulrich Ilg,* Meine Lebenserinnerungen (Dornbirn 1985), 37–51.
[21] Es war dies Max Haller. Vgl. dazu *Ilg,* Lebenserinnerungen, 63.
[22] *Gerhard Wanner,* Die österreichische demokratische Widerstandsbewegung, Land Vorarlberg. In: 1945. Ende und Anfang (= Landesbildungszentrum Schloß Hofen Informationsbuch Nr. 2, Lochau 1986), 69–88.
[23] *Gretl Köfler,* Widerstandsbewegung und politische Parteien in Tirol. In: Österreich und die Sieger, hg. Anton Pelinka und Rolf Steininger (Wien 1986), 37–51.
[24] Ebenda, 42–48.
[25] *Robert Kriechbaumer,* Die ÖVP in Salzburg im Jahr 1945. Versuch einer Rekonstruktion. In: Im Dienste Salzburgs. Zur Geschichte der Salzburger ÖVP, hg. Franz Schausberger (Salzburg 1985), bes. 26–29.
[26] Ebenda.
[27] *Harry Slapnicka,* Oberösterreich – zweigeteiltes Land 1945–1955 (= Beiträge zur Zeitgeschichte Oberösterreichs 11, Linz 1986), bes. 57–62.
[28] Dazu *Reichhold,* ÖVP, 93–102 und *Kriechbaumer,* ÖVP Salzburg, 39–51.
[29] Diese Mission wurde schon mehrfach geschildert, authentisch am besten Herbert *Braunsteiner,* Ich durchschwamm die Enns. Ein Erlebnisbericht. In: Österreichische Monatshefte, Jg. 16 (1960), Nr. 5, 10–12.
[30] *Kriechbaumer,* ÖVP Salzburg, 39f. und derselbe, Illegalität 144f. Darstellungen von der freudigen Aufnahme Braunsteiners in Innsbruck werden durch den mühsamen Weg bis zur Länderkonferenz und die Vorgänge um die Bildung eines Generalsekretariats West relativiert.
[31] *Kriechbaumer,* ÖVP Salzburg, 43f.
[32] *Karl Gruber,* Zwischen Befreiung und Freiheit. Der Sonderfall Österreich (Wien 1953), 27.
[33] Die Texte bei *Rauchensteiner,* Sonderfall, Anhänge 1 und 2, 339–343.
[34] Ebenda, 110f.
[35] *Kriechbaumer,* ÖVP, Salzburg, 48.
[36] Die unmittelbare Folge der drohenden Spaltung war eine Reise von sechs ÖVP-Spitzenpolitikern, geführt von Raab, nach Salzburg. Dabei wurde zumindest erreicht, daß für den 23. 9. eine gesamtösterreichische Konferenz der Volkspartei einberufen wurde. Auf ihr sollte dann Endgültiges beschlossen werden.
[37] *Schilcher,* Politik, 177f.
[38] *Schärf,* Erneuerung, 49–57.
[39] Zu diesem Fragenkomplex bereitet *Renate Tuma* an der Universität Wien eine Dissertation vor, die detailliert die Probleme der territorialen Abgrenzung Österreichs nach dem Zweiten Weltkrieg behandeln wird.
[40] *Stadler,* Schärf, 223f.
[41] SSSR–Avstrija. Dokumenty i materialy 1938–1979 gg (deutsch: UdSSR–Österreich 1938–1979. Dokumente und Materialien, Moskau 1980), 26f., bzw. in der deutschen Ausgabe 31.
[42] Ebenda.
[43] *Rauchensteiner,* Sonderfall, 117.
[44] Der Wortlaut u. a. in Neues Österreich 12. 9. 1945, 1.
[45] *Rauchensteiner,* Sonderfall, 111–118. Die anschaulichste Schilderung einer solchen „Quartiermachermission" durch *Martin F. Herz,* Allied Occupation of Austria. The early Years. In: The Austrian Solution. International Conflict and Cooperation, hg. Robert Bauer (Charlottesville 1982), 17–55.
[46] Zu der Frage einer österreichisch-sowjetischen Erdölgesellschaft die entsprechenden Stellen bei *Schärf,* Erneuerung; *Stadler,* Schärf; *Rauchensteiner,* Sonderfall; *Schilcher,* Politik und *Fischer,* Ende.
[47] Zu den unter Anm. 46 genannten Werken auch *Ludwig Reichhold,* Julius Raab als Staatssekretär in der provisorischen Staatsregierung. In: Julius Raab. Eine Biographie in Einzeldarstellungen, hg. Alois Brusatti und Gottfried Heindl (Linz/Wien 1986), 119–127.
[48] *Rauchensteiner,* Sonderfall, 116ff.
[49] *Kriechbaumer,* ÖVP Salzburg, 48f. und *Gruber,* Zwischen Befreiung, 36f.

[50] Dazu umfassend, wenngleich in etlichen Teilen überholt, *Franz Josef Feichtenberger,* Die Länderkonferenzen 1945. Die Wiedererrichtung der Republik Österreich. Phil. Diss. (Wien 1965), ferner *Schilcher,* Politik, 198–244.

[51] Neues Österreich, 23. 9. 1945. Das Zitat auch bei *Feichtenberger,* Länderkonferenzen, 37. Ferner umfassend *Stanley,* Great Britain, 338–349 und *Leidenfrost,* Amerikanische Besatzungsmacht, 224–228.

[52] *Feichtenberger,* Länderkonferenzen, 78–81.

[53] *Rauchensteiner,* Sonderfall, 125f.

[54] *Feichtenberger,* Länderkonferenzen, 84–98, *Stadler,* Schärf, 272–275 und zum gesamten Problem *Dieter Stiefel,* Entnazifizierung in Österreich (Wien/München/Zürich 1981) sowie Verdrängte Schuld, verfehlte Sühne. Entnazifizierung in Österreich 1945–1955, hg. *Sebastian Meissl, Klaus-Dieter Mulley* und *Oliver Rathkolb* (Wien 1986).

[55] Karl Renner in Dokumenten, 154.

[56] *Schärf,* Erneuerung, 72.

[57] *Kriechbaumer,* Illegalität, 186–191.

[58] Zur Erfassung der Gedankengänge Figls und seiner Einschätzung der politischen Situation besonders instruktiv ein Interview mit Edgar Johnson und Paul Sweet (OSS) vom 10. 9. 1945. In: Gesellschaft und Politik, 142–145. Die Äußerungen vom Oktober ebenda, 146.

[59] *Friedrich Weber,* Die linken Sozialisten 1945–1949. Parteiopposition im beginnenden Kalten Krieg. Phil. Diss. (Salzburg 1977), bes. 154.

[60] Ebenda, 153–156.

[61] Ebenda.

[62] Das Scheitern der Bemühungen datiert mit 15. 9. 1945.

[63] *Weber,* Sozialisten, 155.

[64] Ebenda, 160f. Zur Thematik auch *Erwin Scharf,* Ich darf nicht schweigen. Drei Jahre Politik des SPÖ-Parteivorstandes – von innen gesehen (Wien 1948).

[65] Der Österreichische Gewerkschaftsbund war an diesem Tag von den Sowjets zugelassen worden. Johann Böhm, Gottlieb Fiala und Lois Weinberger waren seine ersten Präsidenten. Die Gründung von 16 Gliedgewerkschaften erfolgte erst anschließend.

[66] *Weber,* Sozialisten, 156–160.

[67] *Martin F. Herz,* Understanding Austria. The Political Reports and Analyses of Martin F. Herz, hg. Reinhold Wagnleitner (= Quellen zur Geschichte des 19. und 20. Jahrhunderts, hg. Fritz Fellner 4, Salzburg 1984), 52–55.

[68] Ebenda, Memorandum über ein Interview mit Ernst Fischer, vom 11. 11. 1945, 64f.

[69] Ebenda, Memorandum vom 8. 10. 1945, 54.

[70] *Rauchensteiner,* Sonderfall, 133.

[71] *Ilg,* Lebenserinnerungen, 59.

[72] Das kam auch noch in einem Gespräch zum Ausdruck, das der Verfasser 1972 mit dem Zentralsekretär der KPÖ, Friedl Fürnberg, führte. Die Haltungen und Einschätzungen von Fischer, Honner und Koplenig, in: Gesellschaft und Politik, 153–159.

[73] Gesellschaft und Politik, 135–140. In der Gesprächsanalyse von Paul Sweet zu der Unterredung mit Kunschak vom 21. 8. 1945 kommt allerdings zum Ausdruck, daß Kunschak keinen wie immer gearteten Überblick mehr hatte und nur „alt und lieb“ war.

[74] Ebenda, 143, Figl am 10. 9. 1945.

[75] *Renate Deutsch,* Chronologie eines Kampfes. Geschichte der Verstaatlichung in Österreich I (= In Sachen 5, Wien 1979), bes. 54–57.

[76] *Rauchensteiner,* Sonderfall, 130.

[77] Gesellschaft und Politik, 187f., Intelligence Summary, 15. 10. 1945.

[78] Ebenda, 197, Intelligence Summary, 21. 11. 1945.

[79] Ebenda 146, Report 26. 10. 1945, ferner *Rauchensteiner,* Sonderfall, 132ff. In dem OSS-Bericht vom 26. 10. 1945 über die ÖVP und die Sowjets ist die Stelle nicht undelikat, daß die Sowjets Figl, Weinberger, Reither und Hurdes zum Abschluß versichert haben sollen, wenn die ÖVP etwas von Marschall Konev wollte, müßte sie nur eine bestimmte Nummer anrufen und die Angelegenheit würde sofort geregelt werden.

[80] Dazu die entsprechenden Passagen bei *Herz,* Understanding, 64 und Gesellschaft und Politik, 194–197.
[81] Das geht aus den erwähnten Interviews hervor.
[82] Die Zukunft (1974), Nr. 12, 26.
[83] *Herz,* Understanding, 54.
[84] Ebenda.
[85] *Rauchensteiner,* Sonderfall, 135.
[86] *Herz,* Understanding, 67. Figl wollte diese Dinge allerdings nicht überbewertet wissen und sprach unmittelbar darauf davon, daß die Zusammenarbeit sogar auf eine fünfjährige Regierungsperiode ausgedehnt werden sollte.
[87] *Reichhold,* Julius Raab, 126, äußert in diesem Zusammenhang den Verdacht, daß Raab aus der Regierung entfernt wurde, weil er den Sowjets in der Frage der Sanaphta widersprochen hatte. Doch der Einwand hätte auf Schärf in noch höherem Maß zugetroffen. Wenn außerdem nicht alles trügt, und dazu gibt die Arbeit von *Leidenfrost,* Amerikanische Besatzungsmacht, 395, einige Anhalte, waren die Amerikaner für die Entfernung von Raab, Korp und Schumy mindestens ebenso verantwortlich wie die Sowjets.

3 Die Rückkehr der Ideologie

[1] *Stadler,* Schärf, 282.
[2] *Herz,* Understanding, 66, Memorandum vom 26. 11. 1945.
[3] *Stadler,* Schärf 283.
[4] Ungedrucktes Referat von Walter Göhring im Rahmen der Schlaininger Gespräche am 18. 10. 1985 zum Problem der Entnazifizierung. Zum Gesamtproblem *Stiefel,* Entnazifizierung, sowie Verdrängte Schuld. Rund 4000 Lehrer wurden 1945 unmittelbar nach Kriegsende entlassen. 10.000 wurden suspendiert und sollten erst nach einer Überprüfung durch eine Sonderkommission – wenn überhaupt – wieder eingestellt werden. Die Schulbücher sollten gesammelt und bei den Landesregierungen unter Aufsicht der Alliierten eingestampft werden.
[5] *Otto Stammer,* Die politische Einstellung der österreichischen Beamten. Grund- und integrativwiss. Diss. (Wien 1977), 248–323.
[6] Zur Ernährungssituation nach dem Zweiten Weltkrieg die grundlegende Arbeit von *Wilfried Mähr,* Von der UNRRA zum Marshallplan. Die amerikanische Finanz- und Wirtschaftshilfe an Österreich 1945–1950. Geisteswiss. Diss. (Wien 1985), hier 11f.
[7] Ebenda.
[8] Ebenda, 12–15.
[9] Ebenda, 19–21.
[10] Ebenda, 39–45.
[11] Memorandum von S. L. W. Mellen an Burke Knapp vom 20. 10. 1944, zitiert bei *Mähr,* UNRRA, 39.
[12] Über die Gründe dazu ist man freilich auf Spekulationen angewiesen. Am ehesten dürfte die jugoslawische Haltung damit zu begründen sein, daß die Jugoslawen Österreich nicht aus der Gruppe der Feindstaaten ausgenommen wissen wollten, da ansonsten jegliche Reparationsforderung fragwürdig werden mußte.
[13] Das Problem der „totalen Kontrolle" dargestellt in *Rauchensteiner,* Sonderfall, 139–156.
[14] Foreign Relations of the United States 1946, 5 (Washington 1970), 283–286, Gesprächsmemorandum 2. 1. 1946.
[15] *Rauchensteiner,* Entmilitarisierung, 58–63.
[16] Militärwissenschaftliches Institut, Wien (MWI) Unterlagen Besatzungszeit BZ/10, Amtsbefehl Franz Winterer, Abschied vom Heeresamt.
[17] Stenographische Protokolle des Nationalrates, V. Gesetzgebungsperiode (= G. P.), 4. Sitzung am 18. 1. 1946.
[18] Präsidentschaftskanzlei, Wien, PräsKzl Zl. 476/PrK/46.
[19] National Archives, Washington (NA), 711.63/3-846, Telegr. Gray, 8. 3. 1946.
[20] Ebenda, 863.00/1-2146, Telegr. No. 730.

[21] Diplomatie zwischen Parteiproporz und Weltkonflikt. Dokumente und Memoranden aus dem Nachlaß Walter *Wodaks* 1945–1950, hg. Reinhold Wagnleitner (= Quellen zur Geschichte des 19. und 20. Jahrhunderts 3, hg. Fritz Fellner, Salzburg 1980), 62f.

[22] Ebenda, 81.

[23] Dazu *Rauchensteiner,* Sonderfall, 149–153.

[24] *Wodak,* Diplomatie, 105 Anm. 1.

[25] Dazu die Darstellung von *Ware Adams,* The Negative Veto – A Breakthrough. In: *Bauer,* Austrian Solution, 76–84.

[26] Ebenda.

[27] Die Genesis des Zweiten Kontrollabkommens bei *Rauchensteiner,* Sonderfall, 167ff., ferner *Leidenfrost,* Amerikanische Besatzungsmacht, 611–622.

[28] *Adams,* Negative Veto, 80.

[29] *Rauchensteiner,* Sonderfall, 168.

[30] Details der Verhandlungen in den Minutes of the Allied Commission for Austria (Österreichische Nationalbibliothek MF 183), Protokolle des Exekutivkomitees und des Alliierten Rates 15. 2.–28. 6. 1946. Ferner Reports of the United States Military (High) Commissioner, Monatsberichte ab Februar 1946 (Wien 1946ff.).

[31] *Carl J. Friedrich,* Der Verfassungsstaat der Neuzeit (Berlin 1953), 694.

[32] Minutes Allied Commission, Exekutivkomitee, Vorlage 422 für den 21. 5. 1946.

[33] Diese Kernbestimmung vor allem in der Darstellung von *Adams,* Negative Veto.

[34] Der Text u. a. bei *Rauchensteiner,* Sonderfall, Anhang 3, 344–349.

[35] *Wodak,* Diplomatie, 84f.

[36] Ebenda, 162.

[37] *Rauchensteiner,* Sonderfall, 164.

[38] Wodak, Diplomatie, 150f.

[39] *Rauchensteiner,* Sonderfall, 164. Dazu Näheres in Kürze in der erwähnten Dissertation von *Renate Tuma.*

[40] Zum Streit über das Anbringen der Kruzifixe in Schulklassen das Schreiben von Franz Popp an Walter Wodak vom 7. 5. 1946. In: *Wodak,* Diplomatie, 135–137.

[41] Tonbandprotokoll Minister a. D. Dr. Karl Gruber, vom 23. 11. 1978, beim Verfasser.

[42] *Marie Emile Béthouart,* Die Schlacht um Österreich (Wien 1967), 100.

[43] Dazu vor allem *Lydia Lettner,* Die französische Österreichpolitik von 1943 bis 1946. Phil. Diss. (Salzburg 1980), 155–189.

[44] SSSR v bor'be za nezavisimost' Avstrii (Die UdSSR im Kampf um Österreich, Moskau 1965), 110.

[45] *Reichhold,* ÖVP, 146.

[46] *Stadler,* Schärf, 285ff.

[47] Dazu vor allem *Waltraud Brunner,* Das Deutsche Eigentum und das Ringen um den österreichischen Staatsvertrag 1945–1955. Phil. Diss. (Wien 1976), ferner: Die USIA-Betriebe in Niederösterreich. Geschichte, Organisation, Dokumentation (= Studien und Forschungen aus dem niederösterreichischen Institut für Landeskunde, hg. Helmuth Feigl und Andreas Kusternig, Wien 1983) sowie *Rauchensteiner,* Sonderfall, 174–177.

[48] Ebenda.

[49] Dazu die schon erwähnte Arbeit von *Renate Deutsch,* Chronologie eines Kampfes. In diesem Zusammenhang aber auch der zweite Band der Autorin, Geschichte der Verstaatlichung in Österreich II (= In Sachen 7, Wien 1979) und *Siegfried Hollerer,* Verstaatlichung und Wirtschaftsplanung in Österreich 1946–1949. Sozialwiss. Diss. (Wien 1972).

[50] *Deutsch,* Verstaatlichung I, 50ff., ferner *Rauchensteiner,* Sonderfall, 18f.

[51] Stenographische Protokolle V. G. P., 30. Sitzung am 26. 7. 1946. Im Falle der Verstaatlichung haben wir den ersten eklatanten Fall von Junktimierung, einem aus der späteren Koalitionszeit typischen Vorgang, da die Zustimmung der ÖVP zum Verstaatlichungsgesetz mit der Zustimmung der SPÖ zum Werksgenossenschaftsgesetz gekoppelt war. Gegen letzteres stimmten allerdings die Kommunisten. In der Debatte über das erste Verstaatlichungsgesetz meinte der ÖVP-Abgeordnete Alfred Maleta unter Anspielung auf die in diesem Jahr stattfindenden Feiern zum 950. Geburtstag Österreichs, daß die im Zusammenhang mit der Verstaatlichung bewiesene politische Reife Öster-

reichs von den Alliierten durch ein Geburtstagsgeschenk – nämlich den Abzug aus Österreich – honoriert werden sollte.

[52] *Wodak,* Diplomatie, 186.

[53] Ebenda, 106f., Marianne Pollak an Walter Wodak, 12. 4. 1946.

4 Das Ende der Illusionen

[1] Zur Südtirolfrage umfassend *Karl Heinz Ritschel,* Diplomatie um Südtirol (Stuttgart 1966); ferner *Felix Ermacora,* Südtirol und das Vaterland Österreich (Wien/München 1984); Innsbruck-Venedig. Österreichisch-italienische Historikertreffen 1971 und 1972, hg. Adam Wandruszka und Ludwig Jedlicka (Wien 1975), besonders der Aufsatz von *Ruggero Moscati,* Das Gruber-De Gasperi-Abkommen, 471–489. Der Text auch bei *Heinrich Siegler,* Österreichs Weg zur Souveränität, Neutralität, Prosperität (Bonn/Wien/Zürich 1959), 81f. Neuestens *Rolf Steininger,* Los von Rom? Die Südtirolfrage 1945/46 und das Gruber-De Gasperi-Abkommen (= Innsbrucker Forschungen zur Zeitgeschichte 2, Innsbruck 1987).

[2] *Wodak,* Diplomatie, 208.

[3] Dazu die grundlegende Arbeit von *Gerald Stourzh,* Geschichte des Staatsvertrags. Österreichs Weg zur Neutralität. Studienausgabe (Graz/Wien/Köln 1985).

[4] *Mähr,* UNRRA, 71–80.

[5] Ebenda, 80–108.

[6] NA 740.00119 Control (Austria), 12–546, Erhardt an Williamson, Telegr. 5. 12. 1946.

[7] *Herz,* Understanding, 96f., Despatch 7. 1. 1947. Die kommunistische Neuwahloffensive begann bereits im Dezember 1946 und wurde mit einer Agitation verbunden, sozialistische Arbeiter für die KPÖ zu gewinnen. Sie sollten die Parteigrenzen überwinden.

[8] *Stiefel,* Entnazifizierung, bes. 101–105 und die Fallstudien in Verdrängte Schuld, 100–348. Zur damals aktuellen amerikanischen Einschätzung auch bes. instruktiv der von Martin Herz für den amerikanischen Gesandten in Wien, John Erhardt, zusammengestellte Bericht in *Herz,* Understanding, 98–101, Despatch 7. 1. 1947.

[9] *Stiefel,* Entnazifizierung, 105–111.

[10] Ebenda.

[11] *Rauchensteiner,* Sonderfall, 282.

[12] *Herz,* Understanding, 130, Despatch 18. 3. 1947 über die öffentliche Meinung in Österreich.

[13] Ebenda, 127–133.

[14] Erste diesbezügliche Äußerungen fielen schon andeutungsweise 1946. Auch die Ankündigung von Schärf vom 2. 3. 1946 (NA 863.00/3-246), die Koalition würde zumindest ein Jahr lang fortgesetzt werden, zielte schon in diese Richtung.

[15] *Mähr,* UNRRA, 128. Das Gesetz trug die Bezeichnung „Foreign Relief Act of 1947".

[16] Ebenda, 115–133.

[17] Ebenda.

[18] NA 740.00119 Control (Austria) 12–1846, Memorandum Hildring an Williamson, 18. 12. 1946.

[19] Die Kenntnis über diese Absprache bzw. das Stillhalteabkommen dürfte nicht begrenzbar gewesen sein, da auch Ernst Fischer darauf zu sprechen kam. Dazu *Herz,* Understanding, 144, Despatch 3. 4. 1947, Encl. 1.

[20] *Herz,* Understanding, 147f., Memorandum 20. 4. 1947. Die Vorgänge am Parteitag wurden vom Pressechef der ÖVP, Sektionschef Dr. Edmund Weber, ausführlich den Amerikanern geschildert.

[21] Ebenda.

[22] Ebenda, 150ff., Memorandum 12. 5. 1947. Die diesbezüglichen Äußerungen wurden an diesem Tag von Martin Herz dem Gesandten Erhardt zur Kenntnis gebracht.

[23] Ebenda.

[24] Ebenda, 152, Despatch 12. 5. 1947.

[25] *Rauchensteiner,* Sonderfall, 203.

[26] NA 740.00199 Control (Austria)/5-1547. Migsch wurde von amerikanischen Repräsentanten als einer der kommenden Männer eingeschätzt. Daher schenkte man seinen Äußerungen besondere Aufmerksamkeit. Er vertrat die Auffassung, die Sowjets seien auf raschen Profit aus, und wenn man

ihre Betriebe unrentabel mache, würde man diese billig zurückkaufen können. In diesem Punkt traf er sich vollständig mit dem ÖVP-Finanzminister Dr. Margarétha.

27 Ebenda.

28 *Herz,* Understanding, 198ff., Despatch für Rankin. Herz interviewte Fischer am 29. Mai 1947.

29 Ebenda. Herz kamen bei solchen Gesprächen seine ausgezeichneten Deutschkenntnisse zugute, da er in der Zwischenkriegszeit nach Österreich gekommen war und hier die Schule besuchte. Sein Vater stammte aus Neutitschein und war nach den USA emigriert, wo Martin Herz 1917 geboren wurde.

30 *Fischer,* Ende, 215.

31 NA 863.00/6-1047, Telegr. 508, vom 10. 6. 1947.

32 NA 863.00/6-2747, Bericht 3217, vom 27. 6. 1947.

33 Ebenda. Über die Langzeitwirkung der „Figl-Fischerei", die schließlich 1953 zum Sturz von Minister Gruber führte, machte sich damals wohl niemand Vorstellungen.

34 Stenographische Protokolle, V. G.P., 54. Sitzung am 11. 6. 1947.

35 *Stadler,* Schärf, 298f.

36 Ebenda, 300.

37 Ebenda.

38 Ebenda, 301ff.

39 Ebenda, 303ff. Der zugrundeliegende Vorfall bei *Herz,* Understanding, 149, Telegramm 5. 5. 1947.

40 *Stadler,* Schärf, 309f.

41 Ebenda, 312.

42 *Mähr,* UNRRA, 141–151.

43 Kurasov sah darin eine „Bedrohung der Unabhängigkeit Österreichs" und ein Abhängigwerden von den Amerikanern.

44 *Mähr,* UNRRA, 96 und 155.

45 Foreign Relations 1947/2, 1195ff., Keyes an Joint Chiefs of Staff, 19. 8. 1947.

46 *Mähr,* UNRRA, 126ff.

47 Ebenda. Der Text der Figl-Rede in der Wiener Zeitung 26. 6. 1947.

48 Dazu wieder grundlegend *Mähr,* UNRRA, 199–231.

49 Über die Reaktionen Ostmitteleuropas auf den Marshallplan und die Verhinderung der Teilnahme durch die Sowjetunion *Wilfried Loth,* Die Teilung der Welt 1941–1955 (dtv 1983), 150–177.

50 *Mähr,* UNRRA, 247.

51 Der Beschluß in der Wiener Zeitung 9. 7. 1947.

52 Die Einschränkungen, die aber mehr auf ein Mentalreservat hinausliefen, in der Volksstimme 9. 7. 1947.

53 *Rauchensteiner,* Sonderfall, bes. 193–248.

54 *Herz,* Understanding, 279–282, Despatch 19. 11. 1947, bes. 281f. Dabei interpretierten die Amerikaner die Haltung Grubers so, daß er im Beitritt zum Marshallplan das Abgehen von der strikten Neutralität sehe. Das ist um so bemerkenswerter, als es ja 1953 den Anschein hatte, Gruber würde ein Gegner der Neutralitätsinitiative von Raab sein.

55 Wiener Zeitung 9. 7. 1947, Erklärung des Vizekanzlers.

56 *Mähr,* UNRRA, 269–271.

57 Ebenda, 273.

58 Zur Entstehung des Cherrièreplans *Margit Sandner,* Die französisch-österreichischen Beziehungen während der Besatzungszeit von 1947 bis 1955 (Wien [2]1985), bes. 128–158.

59 *Weber,* Sozialisten, 509–543.

60 Ebenda, 533.

61 Die Versetzung Dürmayers wurde mehrfach dargestellt u. a. bei *Helmer,* 50 Jahre, 235ff. oder auch *Stadler,* Schärf, 323ff.

62 Minister Altmann ging so weit, zu versichern, daß der neue Präsident, Josef Holaubeck, von der KP durchaus akzeptiert würde. Er mißbilligte nur die Art des Vorgehens gegen Dr. Dürmayer.

63 Eine genaue Darlegung der Hintergründe des ersten Lohn- und Preisabkommens bei *Herz,* Understanding, 288–292, Despatch 2. 12. 1947.

64 Ebenda.

[65] Dazu die entsprechenden Abschnitte in den Stenographischen Protokollen des Nationalrates, V. G.P. Von keinem der Redner wurde das als historischer Einschnitt angesehen.
[66] *Herz,* Understanding, 290, Despatch 2. 12. 1947.
[67] Ebenda.
[68] *Rauchensteiner,* Sonderfall, 218f.
[69] *Mähr,* UNRRA, 168–198.
[70] Die entsprechenden Erläuterungen wieder bei *Mähr,* UNRRA, 191ff.
[71] *Stourzh,* Staatsvertrag, 71ff.
[72] Die Diskussionen dazu bei *Mähr,* UNRRA, 266–284 und *Herz,* Understanding, 327–330, Despatch 10. 2. 1948.
[73] *Herz,* Understanding, 279, Memorandum, in dem Raab am 14. 11. 1947 schlicht als der mächtigste Mann in der ÖVP und als Berater Figls dargestellt wird.

5 Bündnis auf Widerruf

[1] *Rauchensteiner,* Sonderfall, 224.
[2] NA 863.00/3-148, Telegr. 296, vom 14. 3. 1948, ferner *Herz,* Understanding, 340f., Airgram A-74.
[3] Ebenda.
[4] Ebenda.
[5] Die Einzelheiten sind im Zwei-Monatsbericht für Februar und März 1948, vom 12. 4. 1948 enthalten, dazu *Herz,* Understanding, 365, Despatch 12. 4. 1948.
[6] *Rauchensteiner,* Sonderfall 229. Diese Einigung war gleichzeitig ein Sieg der Gemäßigten in beiden Parteien gegen jene Flügel, die ein Ende der Koalition forderten. Einzelheiten bei *Herz,* Understanding, 342, Memorandum 3. 3. 1948, und 365f., Despatch 12. 4. 1948.
[7] Einzelheiten bei *Stourzh,* Staatsvertrag, 50–53.
[8] *Béthouart,* Schlacht, 158f.
[9] Die Darstellung dieser schriftlich kaum verfolgbaren Angelegenheit in *Hugo Portisch/Sepp Riff,* Österreich II. Der lange Weg zur Freiheit (Wien 1986), 303–307.
[10] *Wodak,* Diplomatie, 586f.
[11] Die Passagen über die Wehrpolitik der Zweiten Republik sind einem Manuskript des Autors, Die Armee in Staat und Gesellschaft Österreichs nach 1945, entnommen. Die Unterlagen dazu befinden sich im Militärwissenschaftlichen Institut.
[12] NA 836.00/5-2846, Telegr. 1228, vom 28. 5. 1946.
[13] Zur französischen Haltung in der Frage der österreichischen Sicherheitspolitik und euro-strategischen Problemen vgl. *Sandner,* Französisch-österreichische Beziehungen, 260–271.
[14] Dazu *Gerhard Böhner,* Die Wehrprogrammatik der SPÖ. Rechtswiss. Diss. (Würzburg 1976), 183–192.
[15] NA Intelligence Documents File, Central Intelligence Group, Report SO-4780, vom 8. 3. 1947.
[16] *Julius Deutsch,* Warum braucht Österreich eine Wehrmacht. In: Arbeiter Zeitung 26. 5. 1948 und SPÖ-Broschüre: Unsere Stellung zur Wehrfrage (Wien 1948).
[17] *Rauchensteiner,* Sonderfall, 225.
[18] Dazu der bes. informative Beitrag von *Johann Christoph Allmayer-Beck,* Landesverteidigung und Bundesheer. In: Weinzierl, Skalnik, Zweite Republik I, 347–414.
[19] Analyse der Befragung bei *Anton Staudinger,* Zur Geschichte der B-Gendarmerie. In: Österreichische Militärische Zeitschrift, 10. Jahrg. (1972), Heft 5, 343–347.
[20] *Rauchensteiner,* Manuskript Armee.
[21] Ebenda.
[22] *Rauchensteiner,* Entmilitarisierung, 67ff.
[23] *Rauchensteiner,* Sonderfall, 231f.
[24] Ebenda.
[25] Den diesbezüglichen Überlegungen des Verfassers wurde von mehreren Seiten widersprochen, so vor allem von *Hanns Haas,* Kein „Sonderfall“: Österreich von der Befreiung zum Staatsvertrag. In: Zeitgeschichte 7. Jg. (1980), Heft 8, 308–314 und *Willibald I. Holzer,* Der Kalte Krieg und Österreich. In: Jahrbuch für Zeitgeschichte (Wien 1983), 133–223. Dabei wird von anderen Interpre-

tationsmodellen des Kalten Kriegs ausgegangen und vor allem die wirtschaftliche Verflechtung Österreichs mit dem Westen als Indiz für Österreichs Teilnahme am Kalten Krieg gewertet. Insofern ist den Autoren zuzustimmen, daß es in einem Wirtschaftskrieg, der aber nicht „kalt" war, keinen wirklich Neutralen geben konnte. Im sicherheitspolitischen Bereich trifft dies jedoch nur bedingt zu und sind die Bemühungen der Besatzungsmächte wie Österreichs, das Land aus der Auseinandersetzung auszusparen, überdeutlich. Die Unzulässigkeit, Österreich mit den Schauplätzen des Kalten Kriegs gleichzusetzen, hat daher den Verfasser bewogen, Österreich als „Niemandsland" im Kalten Krieg zu charakterisieren. Dies z. B. in Übereinstimmung mit Martin Herz und fernab von so fragwürdigen Zuordnungen wie Revisionismus, Contra-, Neo- oder anderen -ismen.
Die genannten Arbeiten sind Beispiele dafür.

26 Diesbezügliche Ausarbeitungen wurden von General Béthouart gemacht. Sie finden sich im Nachlaß von Julius Deutsch im Militärwissenschaftlichen Institut.

27 Details dazu bei *Sandner,* Französisch-österreichische Beziehungen, 276–285.

28 *Rauchensteiner,* Sonderfall, 233.

29 *Herz,* Understanding, 438ff.

30 Haus-, Hof- und Staatsarchiv, Wien (HHStA), Pol. 1948, P-Akten, Österreich 2, zu Zl. 114.356-pol/48, 17. 6. 1948.

31 Report of the US-High Commissioner June 1948, 11f.

32 *Rauchensteiner,* Sonderfall, 233.

33 Dazu vor allem *Loth,* Teilung. Hier auch die wesentliche weiterführende Literatur.

34 Ebenda.

35 Ebenda. Hier gleich einleitend die Interpretationsmodelle, 9–18.

36 *Mähr,* UNRRA, 404. Zum Zeitpunkt 31. Mai 1948 belief sich allerdings der Kontostand der Counterpartmittel aus früheren Programmen bereits auf rund 1,4 Milliarden Schilling.

37 *Rauchensteiner,* Staatsvertrag und bewaffnete Macht. In: Österreichische Militärische Zeitschrift, 18. Jahrg. (1980), Heft 3, 185–197, hier bes. 188.

38 NA 740.00119 Control (Austria) 1-1949, Despatch 39 „A Survey of Austrian Occupation Problems and External Relations 1948", 19. 1. 1949.

6 Bilanz der ersten Saison

1 Public Record Office, London (PRO), Foreign Office (FO) 371/ 84920/CC 214 Review of Political Events in Austria 1949, 10. 1. 1950.

2 *Rauchensteiner,* Sonderfall, 250f.

3 Ebenda, 253f. Für die Erläuterungen zur niederösterreichischen Situation in der Besatzungszeit und die Charakteristik einzelner Personen bin ich dem verstorbenen Hofrat der NÖ. Landesregierung, Dr. Hans Vanura, immer zu Dank verpflichtet.

4 *Rauchensteiner,* Sonderfall, 256f.

5 Dazu *Isolde von Mersi,* Ziele und Praxis der Öffentlichkeitsarbeit der österreichischen Schutzvereine für Südtirol 1918–1938, 1945–1976. Grund- und integrativwiss. Diss. (Wien 1979)

6 *Rauchensteiner,* Sonderfall, 259f. und *Herz,* Understanding, 475f., Report No. 7.

7 Die entsprechenden Handhaben leiteten sich aus dem Zweiten Kontrollabkommen her.

8 Die Sitzungsprotokolle der Alliierten Kommission (Alliierter Rat und Exekutivkommittee) geben darüber detailliert Auskunft. Vgl. die entsprechenden Partien anhand der Mikrofilme (Österr. Nationalbibliothek MF 183).

9 *Ursula Benedikt,* Vinzenz Schumy 1878–1961 eine politische Biographie. Phil. Diss. (Wien 1966), 243.

10 *Max E. Riedlsperger,* The Lingering Shadow of Nazism: The Austrian Indespendent Party Movement since 1945 (New York 1978).

11 Zu der mittlerweile durch Literatur gut abgedeckten Parteiengeschichte des „Dritten Lagers" oder der – 1949 – „vierten Partei" außer *Riedlsperger,* Shadow, noch *Viktor Reimann,* Die dritte Kraft in Österreich (Wien 1980) und *Kurt Piringer,* Geschichte der Freiheitlichen (Wien 1982). Vor allem in den beiden ersten Büchern ausführlich die Vorgeschichte und die Persönlichkeit von Dr. Herbert Kraus.

[12] Die auch in anderen Zusammenhängen besonders lesenswerten Erinnerungen von *Hans Reichmann,* Vom Fremdenlegionär zum Botschafter beim Hl. Stuhl (= Materialien zur Zeitgeschichte 3, hg. Erika Weinzierl, Rudolf G. Ardelt und Karl Stuhlpfarrer, Wien/Salzburg 1982).

[13] Berichte und Informationen des Österreichischen Forschungsinstituts für Wirtschaft und Politik, Nr. 72, 12. 9. 1947.

[14] Ebenda und Folgenummern. Zur Interpretation *Riedlsperger,* Shadow, 35 und *Reimann,* Dritte Kraft, 44f.

[15] Ebenda.

[16] *Wodak,* Diplomatie, 786. Hier der Wortlaut der Rede von Gorbach aus der Salzburger Volkszeitung, 2. 6. 1949.

[17] *Riedlsperger,* Shadow, 36.

[18] Damit dürfte allerdings auch schon eine Absage Schärfs an das von dem noch nicht formierten Lager der „vierten Partei" gemachte Angebot verbunden gewesen sein, eine Koalition mit dieser „vierten Partei" zu bilden, so daß dann die drei Parteien, die den Marshallplan befürworteten, eine Koalition gegen die Kommunisten bilden würden.

[19] *Wodak,* Diplomatie, 631. Diesbezüglich schrieb Schärf am 26. 7. 1948 an Wodak. Er bezog sich dabei auf eine angebliche Äußerung Ernst Fischers, der in Budapest sogar von einem Abschluß des Staatsvertrags im Frühjahr 1949, dem anschließenden Abzug der Besatzungstruppen, Neuwahlen und „dann Volksdemokratie" gesprochen haben soll.

[20] Ebenda, 711–821.

[21] Ebenda, 723–726.

[22] Ebenda.

[23] Ebenda, 731.

[24] Ebenda, 740.

[25] Ebenda. Das ist ein deutliches Indiz dafür, daß die amerikanischen und französischen Vertreter in Wien zu diesem Zeitpunkt den SPÖ-Kurs noch strikt ablehnten.

[26] Ebenda, 751.

[27] Ebenda, 743f.

[28] *Rauchensteiner,* Sonderfall, 264.

[29] *Wodak,* Diplomatie, 751.

[30] Das Gesetz wurde vom Nationalrat am 18. Mai verabschiedet und erhielt am 24. Juni die Zustimmung des Alliierten Rates. Vgl. dazu MF 183, ALCO 101. Sitzung, Minute 1035.

[31] *Wodak,* Diplomatie, 755. In der Frage der Zulassung einer oder mehrerer neuer Parteien spielte Innenminister Helmer naturgemäß eine besondere und besonders wichtige Rolle. Da britischerseits suggeriert wurde, an ihm läge es schließlich, die Unbedenklichkeit von politischen Gruppierungen festzustellen, ebenso wie es an ihm läge, politische Parteien auf Grund des Vereinsgesetzes zuzulassen, worauf dann der Alliierte Rat einen einstimmigen gegenteiligen Beschluß fassen müßte, der aber auf Grund eines britischen Einspruchs nicht zustande kommen würde, ließ Helmer schließlich am 30. April 1949 in einer Versammlung von SPÖ-Funktionären verlauten, daß die Zulassung von Parteien keine Angelegenheit der Alliierten sei. Damit rief er aber einige Aufregung hervor.

[32] *Riedlsperger,* Shadow, 49.

[33] Zum Treffen von Oberweis *Rauchensteiner,* Sonderfall, 265f. ferner *Riedlsperger,* Shadow, 63f. Für zusätzliche Erläuterungen ist der Autor Präsident Dr. Maleta sehr verpflichtet.

[34] Für Auskünfte zum Nachspiel von Oberweis ist der Autor Univ.-Prof. Dr. Borodajkewycz zu Dank verpflichtet.

[35] *Riedlsperger,* Shadow, 64.

[36] *Stourzh,* Staatsvertrag, 56.

[37] *Wodak,* Diplomatie, 784. Das Projekt sei von Unterstaatssekretär Cullis und Karl Gruber ausgeheckt worden, meinte Wodak.

[38] *Rauchensteiner,* Sonderfall, 266f.

[39] Ebenda.

[40] Die Zustimmung der Alliierten erfolgte am 9. September 1949. Die letzten Diskussionen dazu, die Entscheidung und das „Mentalreservat" MF 183, EXCO 145. Sitzung, Minute 1885. Dazu auch Report of the US-High Commissioner, No. 47, September 1949.

[41] Karl von Vogelsang Institut, Wien (KVI), Akten der ÖVP-Bundesparteileitung (BPL), 213/8, Junge Front.

[42] *Rauchensteiner,* Sonderfall, 250.

[43] Vgl. dazu 298f.

7 Der Katzenjammer

[1] *Stadler,* Schärf, 331ff. und 340.

[2] *Wodak,* Diplomatie, 831. Der Erfolg für die Sozialisten bestand darin, daß sie ihren Einfluß im Bereich der verstaatlichten Industrie ausweiten und mit der Bestellung von Dipl.-Ing. Karl Waldbrunner einen sehr durchschlagskräftigen Minister in die Regierung entsenden konnten.

[3] *Wodak,* Diplomatie, 834ff.

[4] NA 763.00/1-350, Telegr. A-3, vom 3. 1. 1950, Erhardt an Secretary of State.

[5] *Reichhold,* ÖVP, 195 gibt an, daß sich der ÖAAB geweigert hätte, in die Regierung einzutreten. Das unter Anm. 4 zitierte Dokument, das ein Gespräch des amerikanischen Gesandten mit Weinberger wiedergibt, erwähnt allerdings nichts dergleichen. Außerdem hätte Figl dem ÖAAB nicht anderweitige Kompensationen anbieten und am 9. 11. 1949 schriftlich zusichern müssen, wenn der Entschluß des ÖAAB ein freiwilliger gewesen wäre. Der Brief findet sich bei der Koalitionsvereinbarung von 1949 in KVI, Karton Koalitionsverhandlungen 1949–1970.

[6] Ein ausführlicher Bericht über die strukturellen Gegebenheiten und Veränderungen innerhalb der Volkspartei findet sich in NA 763.00/4-2650, vom 26. 4. 1950, den Walter Dowling im Namen des Gesandten Erhardt an das Department of State sandte.

[7] Ebenda.

[8] Ebenda.

[9] Ebenda.

[10] Auch diese Vorgangsweise spricht dagegen, daß der ÖAAB freiwillig auf eine Regierungsmitgliedschaft verzichtete.

[11] Damit zeigte Raab ein weiteres Mal, daß nicht der Bundesparteiobmann Figl, sondern der Klubobmann die Führung der ÖVP innehatte.

[12] NA 763.00/1-350 (wie Anm. 4).

[13] NA 763.00/3-2950, Desp. 29. 3. 1950, Latest Developments in the Union of Independents.

[14] *Wodak,* Diplomatie, 794, bes. Anm. 4.

[15] Ebenda. Zu dieser Phase der Verhandlungen vgl. *Stourzh,* Staatsvertrag, 62–65.

[16] *Wodak,* Diplomatie, 801.

[17] *Stourzh,* Staatsvertrag, 108 und Anmerkung 58 auf 199 sowie *Rauchensteiner,* Sonderfall, 279 und 395, Anm. 88.

[18] *Rauchensteiner,* Sonderfall, 270 und 275.

[19] *Wodak,* Diplomatie, 873.

[20] Der Brief im deutschen Volltext bei *Wodak,* Diplomatie, 860–863. Die englische Übersetzung in NA 663.001/1-1850. Diese Übersetzung wurde von Walter Wodak angefertigt, der bei der Übergabe der Übersetzung an Samuel Reber darauf verwies, daß Gesandter Dr. Schmidt, der österreichische Vertreter in London, informiert sei. Damit sollte klargestellt sein, daß dieser Brief Schärfs auch den wichtigsten ÖVP-Politikern bekannt war. Die Meinung von *Stadler,* Schärf, 377, daß mit der Publizierung dieses Briefes widerlegt würde, daß Schärf eine Eingliederung Österreichs in die NATO in Aussicht gestellt hätte, kann der Verfasser jedoch nicht teilen.

[21] NA 663.00/1-2650, Telegr. No. 139, Erhardt an Secretary of State, 26. 1. 1950.

[22] Ebenda.

[23] NA 663.00/2-250, Telegr. No. 511, Eyes only, Bohlen an Perkins, 2. 2. 1950.

[24] NA 663.0001/2-2350, Perkins an Secretary of State, 23. 2. 1950.

[25] NA 763.00/3-150, Übersetzung des österreichischen Memorandums, eingelangt 1. 3. 1950.

[26] Foreign Relations 1950, vol. IV, 382, Anm. 2 zu dem hier gedruckten Memorandum der österreichischen Bundesregierung (vgl. Anm. 25).

[27] *Wodak,* Diplomatie, 919f. Auf britischer Seite ging man in der ersten Entrüstung so weit, daß Unterstaatssekretär Cullis an der Zurechnungsfähigkeit von Minister Gruber Zweifel äußerte, den er für das Memorandum und eine Note an die britische Regierung verantwortlich machte.

[28] *Wodak,* Diplomatie, 922ff. und 919, Anm. 2. Die Unterredung mit dem Assistant Undersecretary of State, Mallet, führte Legationssekretär Coreth.
[29] NA 763.13/7-1450, Dowling an Department of State, über ein Gespräch mit Schärf am 30. 6. 1950.
[30] Damit war also offenbar nicht der Fall Krauland gemeint, der dann noch viel Staub aufwirbeln sollte.
[31] Die diesbezügliche Auffassung in dem Buch von *Henry Kissinger,* Kernwaffen und auswärtige Politik (München 1959).
[32] NA 763.00/9-1350, Kidd an Williamson über eine Unterredung mit Gruber am 18. 8. 1950.
[33] Ebenda über eine Dinner-Rede Helmers am 30. 8. 1950.
[34] *Sandner,* Französisch-österreichische Beziehungen, 276ff. In drei Prioritätsstufen sollten die wichtigsten politischen Funktionäre und ihre Verwandten evakuiert werden. Der Plan „Wagram I" basierte auf Absprachen der drei westlichen Stadtkommandanten. Interessant ist, daß dieser Plan vor Ausbruch des Koreakriegs und vor der Streikbewegung im Herbst ausgearbeitet worden war.
[35] NA 763.5/8-1150 TSF, Tripartite Conversations – Austria, Doc. 4–6, jeweils Revision 1.
[36] NA 763.00/9-1350 (wie Anm. 33).
[37] Die Interpretation der Streikbewegung im Herbst 1950 schließt an jene in *Rauchensteiner,* Sonderfall, Kapitel „Das Konzert" an. Die mittlerweile publizierten Forschungsergebnisse haben nichts zutage gefördert, das zu einer Änderung der Auffassung geführt hätte, bei dieser Streikbewegung hätte es sich keinesfalls um einen kommunistischen Putsch gehandelt. Das soll jedoch nicht darüber hinwegtäuschen, daß es sich bei den teilweise sehr gewaltsamen Aktionen und Gegenaktionen um durchaus gefährliche Vorgänge gehandelt hat, die damals subjektiv sicherlich anders empfunden wurden als im Abstand von mehr als 35 Jahren.
[38] Über die den Auseinandersetzungen um das vierte Lohn- und Preisabkommen vorausgegangenen Streiks informiert *Hans Prader,* Die Angst der Gewerkschaften vorm Klassenkampf. Der ÖGB und die Weichenstellung 1945–1950 (= In Sachen 1, Wien 1975). Hier auch Angaben zu den Vorgängen um das vierte Lohn-Preisabkommen, 67–70.
[39] Detailliert die Abläufe in NA 763.00/10-1750, Telegramme 552, 553, 571 und 688, 26.–28. 9. 1950, Dowling an Department of State.
[40] Ebenda.
[41] Ebenda.
[42] Ebenda.
[43] Ebenda.
[44] Ein solches Eindringen wäre wohl zu bewerkstelligen gewesen. Daher wurden auch nachher immer wieder Überlegungen angestellt, wie sehr die Situation an den 25. Juli 1934 erinnerte.
[45] Zur Rolle des VdU in den Septemberstreiks vgl. *Riedlsperger,* Shadow, 89f.
[46] *Fischer,* Ende, 297–330. Kapitel „Der große Streik".
[47] Zum weiteren Verlauf wieder NA 763.00/10-1750, Telegr. 345, 17. 10. 1950.
[48] NA CCS 388.1 Austria (6-8-46) (sec. 6), Telegr. P-5633, Keyes an Department of the Army, 5. 10. 1950.
[49] NA 611.63/10-550. Hier auch die Antwort von Acheson vom nächsten Tag.
[50] Ebenda.
[51] An dieser Stelle sollte angemerkt werden, daß eine Biographie Dobretsbergers ein ausgesprochenes Desideratum wäre.
[52] NA 763.00/6-1450, Dowling an Secretary of State, Telegr. 546, 14. 6. 1950: The Collaborationist Argument.
[53] NA 763.13/11-3050, Dowling an Department of State über ein Gespräch mit Ferdinand Graf am 25. 11. 1950.
[54] NA 763.00/11-950, Desp. 421, Dowling an Department of State, 9. 11. 1950.
[55] NA 763.00/1-951, Desp. 639, Dowling an Department of State, 9. 1. 1951.
[56] Ebenda.
[57] Zur Kandidatenauswahl NA 763.00/2-151, Desp. 757, Dowling an Department of State, 1. 2. 1951.
[58] Ebenda.
[59] NA 763.00/1-2651, Desp. 1582, Donnelly an Secretary of State, 26. 1. 1951.
[60] Wie Anm. 57.
[61] Ebenda.

[62] Ebenda.
[63] Ebenda.
[64] *Reimann,* Dritte Kraft, 234–242, *Riedlsperger,* Shadow, 97–100 und NA 763.00/2-151, Desp. 757, Dowling an Department of State, 1. 2. 1951.
[65] Ebenda.
[66] *Maximilian Liebmann,* Johannes Ude – sein Leben, sein Wirken und seine Lehren. In: Ausseer Beiträge zur Zeit- und Kulturgeschichte 7, hg. Hans Michael Roithner (Bad Aussee 1985), 127–143.
[67] NA 763.00/3-2051, Desp. 977, Dowling an Department of State, 20. 3. 1951.
[68] Ebenda.

8 Die Schicksalsgemeinschaft

[1] NA 763.00/5-3151, Desp. 2862, Donnelly an Secretary of State, 31. 5. 1951.
[2] Ebenda.
[3] Dieser Vorgang im Detail in NA 763.00/6-751, Desp. 1342, Dowling an Department of State, 7. 6. 1951. Die Amerikaner setzten in diesen Wochen alles daran, die Entwicklung innerhalb der Parteien und vor allem den Zusammenhalt der Koalition minutiös zu recherchieren, da sie immer bereit waren, für die Fortsetzung der Großen Koalition zu intervenieren.
[4] Ebenda.
[5] NA 763.00/6-1851, Desp. 3079, Dowling an Department of State, 18. 6. 1951. Das „Revirement in der Kärntnerstraße" auch ausführlich bei *Reichhold,* ÖVP, 208–211.
[6] Die ersten diesbezüglichen Äußerungen fielen schon unmittelbar nach der Wahl. Schärf ließ aber auch dann im Juni immer wieder einfließen, wie sehr er am Erhalt einer arbeitsfähigen Koalition interessiert war. Vgl. dazu auch NA 763.00/6-2651, Desp. 1435, Dowling an Department of State, 26. 6. 1951.
[7] NA 763.00/9-651, Telegr. 900, Donnelly an Secretary of State, 6. 9. 1951.
[8] Zum fünften Lohn-Preisabkommen wieder *Prader,* Angst, 70f. und NA 763.00/8-2251, Monthly Report July 1951, 22. 8. 1951.
[9] Zur Thematik des Kurzvertrags *Stourzh,* Staatsvertrag, 76ff. und zu der hier angeschnittenen Diskussion NA 663.001/10-1751, Memorandum „Amendments to Operations Report for Austria", 17. 10. 1951.
[10] NA 763.00/10-2951, Desp. No. 650, Kidd an Department of State, Bericht Imhof: Current Status of the Peoples Party, 29. 10. 1951.
[11] Ebenda.
[12] Ebenda.
[13] NA 763.00/12-1751, Desp. 919, Botschaft Wien an Department of State, Summary of Political Developments in Austria during November, 1951.
[14] NA 763.00/1-2252, Telegr. 2403, Donnelly an Secretary of State, 22. 1. 1952. Der Inhalt der Mitteilungen Donnellys basierte auf einer persönlichen Information Figls, die dieser dem amerikanischen Botschafter vertraulich und noch vor der offiziellen Ankündigung gegeben hatte.
[15] Ebenda. Die Information hinsichtlich eines kirchlichen Vorbehalts ist Minister a. D. Dr. Fritz Bock bisher unbekannt gewesen und unerklärlich. Möglicherweise beruht sie auf einer ungenauen Wiedergabe des Gesprächs mit Figl.
[16] Dieses Detail findet sich in NA 763.00/3-1252, Desp. 1454, Political Summary for January and February 1952, 12. 3. 1952.
[17] Der 64 Seiten umfassende Bericht Hans J. Morgenthaus, der über Ersuchen des State Department angefertigt wurde, liegt in NA 611.63/10-151. Eine kurze Erwähnung desselben in dem Beitrag von *Thomas Nowotny,* Massenparteien und -medien. In: Conturen, vip. Nr. 27A, 8. Jg. (Wien 1987), 45–57.
[18] Details wieder im Monatsbericht für Jänner/Februar 1952 (wie Anm. 16). Ergänzend dazu *Ernst Rüdiger Starhemberg,* Memoiren (Wien/München 1971), 324f.
[19] Ebenda.
[20] *Fritz Diwok/Hildegard Koller,* Reinhard Kamitz (Wien 1977), hier vor allem die auf einer Dissertation von H. Koller basierenden Abschnitte, bes. 103–123.

[21] PRO FO 371/98055/CA 10345/3 und /4 über die Aufregungen, die die unrichtig wiedergegebenen Äußerungen verursachten und die Auswirkungen auf die Koalition.

[22] PRO FO 371/93611/CA 1102/6, Caccia an Foreign Office, 25. 7. 1951. Dabei ging es um die Firma „Limor". Die Creditanstalt widersetzte sich einer Untersuchung der Gebarung dieser Firma, was von den amerikanischen Stellen, u. a. von Botschafter Donnelly, als Indiz für die unerlaubten Transaktionen gewertet wurde.

[23] NA 763.00/7-1852, Desp. 135, Summary of Political Developments in Austria during June, 1952, 18. 7. 1952.

[24] Ein ausführlicher Bericht über die Genesis des Gesetzes, seine Behandlung im Alliierten Rat und die amerikanische Haltung in NA 763.0221/6-2452, Desp. 2101, Dowling an Department of State, 24. 6. 1952.

[25] Ebenda.

[26] Ebenda.

[27] Ebenda.

[28] Die Wiedergabe der wichtigsten Gesprächsinhalte in zwei Memoranden von Botschafter Thompson, beide mit der Aktenbezeichnung NA 763.00/9-452, vom 4. 9. 1952.

[29] Details und Hintergründe in Depeschen der britischen Botschaft, Wien, an das Foreign Office, PRO FO 371/98043/CA 1019/23, 16. 9. 1952.

[30] Über die Einrichtung der Ausschüsse vgl. den Text des Koalitionsabkommens im Anhang 3/2. Die Protokolle der Ausschußsitzungen in den Akten des KVI, BPL 261/1 bis 6.

[31] Zur mittlerweile schon recht ansehnlich gewordenen Literatur über die B-Gendarmerie *Rauchensteiner,* Die B-Gendarmerie – mehr als eine Episode. In: Truppendienst Nr. 4 (1982). Weiterführende Literatur, in: Das Bundesheer der Zweiten Republik. Eine Dokumentation (= Schriften des Heeresgeschichtlichen Museums/Militärwissenschaftliches Institut 9, Wien 1980), 219ff.

[32] PRO FO 371/98043/CA 1019/32 und 33, Telegramme Caccia an Foreign Office, 23. 10. 1952. Zum Scheitern der Budgetverhandlungen auch *Schärf,* Erneuerung, 320f.

[33] Ebenda.

[34] Ebenda.

[35] PRO FO 371/98043/CA 1019/42, Caccia an Eden, 28. 11. 1952.

[36] An dieser Stelle sollte angemerkt werden, daß es für die Bundesländer und die Zeit nach dem Zweiten Weltkrieg kaum gute Ländergeschichten gibt. Eine Ausnahme ist Oberösterreich. Eine gewisse Hilfe stellen die Österreichischen Jahrbücher dar.

[37] Über die Ausgangslage der Länder und Parteien informiert u. a. der Bericht Status and Prospects of the Coalition Parties on the Eve of the 1953 Campaign, NA 763.00/1-853, Desp. 832 der amerikanischen Botschaft, Wien, 8. 1. 1953.

[38] Ebenda.

[39] Ebenda. Bereits früher der Bericht Latest Developments in the Non-Communist Opposition, vom 13. 10. 1952, NA 763.00/10-1352; *Riedlsperger,* Shadow, 107–128 und *Reimann,* Dritte Kraft, 243–249.

[40] *Reimann,* Dritte Kraft, 248.

[41] NA 763.00/2-1053, Desp. 283 „Austrian Provincial Politics – The Political Situation in Styria on the Eve of the National and Provincial Elections", 22. 2. 1953.

[42] NA 763.00/2-1253, Desp. 1383 „Austrian Provincial Politics – The Political Situation in Carinthia on the Eve of the Elections", 22. 2. 1953.

[43] Wie Anm. 37. Dazu ergänzend NA 763.00/10-2152, Desp. 735 „Minister Gruber, the VdU and the Salzburg Press".

[44] Wieder nur allgemein der in Anm. 37 genannte Bericht.

[45] Hiezu vor allem *Harry Slapnicka,* Oberösterreich – zweigeteiltes Land 1945–1955 (= Beiträge zur oberösterreichischen Zeitgeschichte 11, Linz 1986) und speziell NA 763.0221/5-1452, Donnelly an Department of State, Political and Economic Situation in the American Zone of Austria, 14. 5. 1952.

[46] Zu diesem Bundesland gibt es die meisten amerikanischen Berichte. Außer den schon genannten NA 763.00/2-1153, Desp. 1379 „Memorandum Concerning Political Developments in Land Salzburg", 11. 2. 1953.

[47] Ebenda.

[48] Ebenda.

9 Der Machtwechsel

[1] Erschienen im Londoner „Observer", zitiert nach Arbeiter Zeitung 1. 1. 1953.

[2] Die Wahlergebnisse an verschiedenen Stellen, besonders übersichtlich in *Wolfgang E. Oberleitner,* Politisches Handbuch Österreichs 1945–1980 (Wien 1981), 17f.

[3] Niederösterreichisches Landesarchiv, Nachlaß Figl (NL Figl), O(rdner) 33. Für die Möglichkeit, in den Nachlaß Figl Einblick zu nehmen und diesen bes. wichtigen Bestand in die vorliegende Darstellung einbeziehen zu können, bin ich dem Direktor des Archivs, Hofrat Dr. Franz Stundner, zu besonderem Dank verpflichtet.

[4] PRO FO 371/103742/CA 1016/16, Caccia an Foreign Office, 3. 3. 1953.

[5] Ebenda.

[6] Über die innerparteilichen Vorgänge bei der ÖVP, die zu dem Vorschlag einer Dreierkoalition führten, informiert *Reichhold,* ÖVP, 224f. Die Äußerung von Schärf bei *Reimann,* Dritte Kraft, 257.

[7] *Reimann,* Dritte Kraft, 257.

[8] PRO FO 371/103742/CA 1016/19, Telegr. Foreign Office nach Wien, 18. 3. 1953.

[9] Tonbandinterview mit Minister a. D. Dr. Karl Gruber, Wien, 21. 11. 1978. Für seine große Geduld in vielen Gesprächen bin ich Minister Dr. Gruber zu besonderem Dank verpflichtet.

[10] *Reimann,* Dritte Kraft, 258, ferner *Stadler,* Schärf, 394 und *Eric C. Kollmann,* Theodor Körner, Militär und Politik (Wien 1973), 373f.

[11] *Kurt Skalnik,* Parteien. In: Österreich. Die Zweite Republik II, 210. Die mittlerweile ausführlichste biographische Darstellung: Julius Raab. Eine Biographie in Einzeldarstellungen, hg. Alois Brusatti und Gottfried Heindl (Linz 1986). Hier auch in den Anmerkungen nach jedem Kapitel weiterführende bibliographische Hinweise.

[12] Der Nachlaß von Julius Raab im Karl-von-Vogelsang-Institut der ÖVP ist leider ein Torso und gibt nur punktuelle Aufschlüsse, so z. B. die Korrespondenz mit Fritz Eckert. Hier auch Äußerungen über das „Heiligmäßige" an Julius Raab.

[13] Für Auskünfte zur Person Raabs bin ich Präsident Dr. Alfred Maleta, Bundeskanzler Dr. Josef Klaus und Dr. Hugo Portisch besonders verpflichtet.

[14] PRO FO 371/103742/CA 1016/24, Telegr. Caccia an Foreign Office, vom 25. 3. 1953.

[15] Mitteilung Dr. Grubers an den Verfasser.

[16] Die diesbezügliche Zusammenstellung im Zusammenhang mit einem formellen Protest und der Forderung nach Aufklärung in einer Reihe von Vorkommnissen in einem Schreiben Helmers an den Direktor der Inneren Abteilung des sowjetischen Elements des Alliierten Rates, vom 5. 12. 1952, NL Figl O 134.

[17] Ebenda, O 2.

[18] *Rauchensteiner,* Sonderfall, 311.

[19] Österreichische Monatshefte, Jg. 11 (1955), Nr. 4, 18f. Zusammenstellung und Erläuterung der Besatzungskosten. Ferner eine Zusammenstellung im NL Figl O 134.

[20] Dazu die Dissertation von *Elfriede Sieder,* Die alliierten Zensurmaßnahmen zwischen 1945 und 1955. Geisteswiss. Diss. (Wien 1983).Exakte Angaben zur Brief-, Telegramm- und Telefonzensur in Österreich in einer Zusammenstellung von Bruno Pittermann aus dem Jahr 1952 im NL Figl, O 134.

[21] The Observer 6. 12. 1953: Between the Cold War Fronts.

[22] Zur Diskussion um den Kurzvertrag *Stourzh,* Staatsvertrag, 76–81.

[23] Datiert 30. 4. 1953. Die Einsichtnahme erfolgte dank der Zustimmung der Sicherheitsdirektion für das Bundesland Kärnten.

[24] Derartige Stellungnahmen finden sich in den Monatsberichten der Sicherheitsdirektionen sehr häufig und haben ihre Entsprechung in den amerikanischen, britischen und französischen Dokumenten. Eine ausführliche Würdigung des politischen Werdegangs Raabs und die Darstellung der Verhältnisse in der ÖVP zur Zeit des Wechsels von Figl auf Raab in NA 763.13/4-853, Desp. 1720, 8. 4. 1953.

[25] Ebenda.

[26] NA 763.00/4-1153, Telegr. 2926, Thompson an Secretary of State, 11. 4. 1953.

[27] Die Angaben wurden in der Regierungserklärung am 15. 4. gemacht.
[28] Freundliche Mitteilung von Dr. Hans Igler an den Verfasser. Dr. Igler ist an dieser Stelle für seine vielfältigen Erläuterungen insbesondere auch zum Problem Deutsches Eigentum und Wiener Memoranden zu danken.
[29] Die Regierungserklärung in den Stenographischen Protokollen des Nationalrates, VII. G. P., 3. Sitzung am 15. 4. 1953, 21–26, in der Wiener Zeitung vom 16. 4. 1953 und im NL Figl.
[30] *Ludwig Steiner,* Die Außenpolitik Julius Raabs als Bundeskanzler, in: Julius Raab, 217 und 240, Anm. 2. Der Begriff als Schlagwort in *Rauchensteiner,* Sonderfall, 299.

10 Der Schwanz des russischen Bären

[1] *Karl Heinz Ritschel,* Julius Raab. Der Staatsvertragskanzler (Salzburg 1975), ohne Seitenangaben.
[2] Hiezu sehr hilfreich die entsprechenden Teile einer 62 Seiten umfassenden „Chronologie der wichtigsten Österreich betreffenden Daten von März 1945 bis Februar 1955" im NL Figl, K(arton) 201.
[3] *Schärf,* Erneuerung, 346f., ebenso 344f., wo Schärf die Erleichterungen in der sowjetischen Zone auf ein Gespräch Bundespräsident Körners mit Hochkommissar Sviridov zurückführt.
[4] PRO FO 371/103743/CA 1016/40 und ähnlich im Jahresbericht für 1953.
[5] *Schärf,* Erneuerung, 346.
[6] Zur Gestaltung des österreichisch-deutschen Verhältnisses und vor allem auch der hier behandelten Phase *Alfred Ableitinger,* Österreichisch-deutsche Nachkriegsbeziehungen seit 1945. In: Deutschland und Österreich. Ein bilaterales Geschichtsbuch, hg. Robert A. Kann und Friedrich Prinz (Wien/München 1980), 205f.
[7] *Gerhard Ritter,* Geschichte als Bildungsmacht (Stuttgart 1946), 29.
[8] HHStA Pol 1953, Österreich 2, Zl. 324.346-pol/53.
[9] PRO FO 371/103743/CA 1016/41, Gesprächsnotiz zu Vorsprache Wimmer, 31. 8. 1953.
[10] Über die diesbezüglichen Äußerungen und die gedanklichen Präfigurationen der Neutralität informiert *Stourzh,* Staatsvertrag, 93–111.
[11] Die entsprechende Beobachtung und Information in einem Telegramm Lord Caccias an das Foreign Office vom 10. 4. 1953, PRO FO 371/103743/CA 1016/31.
[12] Die Meldungen aus Washington 114/pol/52 und 11/pol/52 im NL Figl.
[13] Ebenda.
[14] Die diesbezüglichen Darstellungen bei *Gruber,* Befreiung, 309f.
[15] Eine entsprechende Äußerung fiel im Rahmen einer von Ludwig Jedlicka geleiteten Befragung Julius Raabs. Das diesbezügliche Protokoll liegt im Institut für Zeitgeschichte in Wien.
[16] Das Schriftstück im Nachlaß Figl K 201.
[17] Für weiterführende Aufschlüsse bin ich Minister Dr. Gruber verpflichtet.
[18] *Gruber,* Befreiung, 310. An dieser Stelle dementierte Gruber noch eine indische Vermittlungsaktion. In seinem zweiten Memoirenband, Ein politisches Leben, 122, geschieht das nicht mehr.
[19] David J. Dallin, Sowjetische Außenpolitik nach Stalins Tod (Köln/Berlin 1961), 145.
[20] Diesbezügliche Angaben bei *Christine Mitterwenger-Fessl,* Julius Raab und das Bundesheer der Zweiten Republik. In: Brusatti, Heindl, Julius Raab, 308. In dem Zusammenhang auch liebenswürdige Mitteilungen von Botschafter Dr. Ludwig Steiner an den Verfasser.
[21] *Heinz Vetschera,* Neutralität, Neutralismus, Blockfreiheit. In: Österreichische Militärische Zeitschrift (1977), Heft 5, 369–374.
[22] Die Aussendung der Austria Presse Agentur bei *Schärf,* Erneuerung, 345.
[23] Ebenda.
[24] Der Bericht gedruckt bei *Alfons Schilcher,* Österreich und die Großmächte. Dokumente zur österreichischen Außenpolitik 1945–1955 (= Materialien zur Zeitgeschichte 2, Wien/Salzburg 1980), 174ff.
[25] Ebenda, 177f. Die ausstelligen Bemerkungen Bischoffs und Grubers als Nachsatz bzw. Anm. 1.
[26] Ebenda, 178f.
[27] Ebenda.
[28] Wie Anm. 25.

[29] Zur Genesis der Neutralitätsdebatte *Stourzh,* Staatsvertrag, 93–111, ferner *Knight,* British Policy, u. a. 226, wo ausgeführt wird, weshalb Karl Gruber gegen das Einbringen der Neutralität in die Staatsvertragsverhandlungen war. Er meinte nämlich, daß dies die österreichische Verhandlungsposition schwächen würde. Das hier bezeichnete Dokument in den NA 663.001/4-2253, „Soviet Austrian Treaty Tactics and Austrian Neutrality", 22. 4. 1953.

[30] Deptel 171. Die daraufhin angefertigte Ausarbeitung „Austrian Neutralization and the State Treaty" NA 663.001/8-2653, 26. 8. 1953.

[31] NA 663.001/9-1553, Secret Security Information, 15. 9. 1953.

[32] PRO FO 371/117818/RR 1091/2, Ausarbeitung Crossley, 30. 3. 1955. Hier wird auch die Entwicklung des Jahres 1953 reflektiert.

[33] Ebenda.

[34] Die Etappen und genauen Daten am besten verfolgbar in Kessing's Archiv der Gegenwart, Jg. 1953.

[35] Die Äußerungen Botschafter Wimmers vom 13. 8. 1953 in HHStA Mikrofilm-Archiv XX/3, Rolle 2.

[36] Die offizielle Mitteilung erfolgte am 19. August. Am 4. September teilten die Briten mit, daß sie ihre Truppen in Österreich auf ein Bataillon reduzieren würden.

[37] Die Evaluierung der durch den britischen Entschluß geschaffenen Situation und die Absicht der Franzosen, ihre Truppen auf ein symbolisches Kontingent zu reduzieren in NA 763.0221/9-1053, Merchant an Freeman Matthews, 10. 9. 1953.

[38] Die beiden Lageberichte in der Sicherheitsdirektion für Kärnten, Klagenfurt.

[39] Der Bericht von Botschafter Löwenthal in HHStA Mikrofilm-Archiv XX/3, Rolle 3, 28. 10. 1953.

[40] NA Policy Papers, NSC 164, 5. 10. 1953 „U. S. Objectives and Policies with Respect to Austria".

[41] NA CCS 388.1. Austria (6-8-46), Sec. 11.

[42] Ebenda.

[43] Die entsprechenden Abkommen in der Studiensammlung zur Frühgeschichte des Bundesheeres im Militärwissenschaftlichen Institut BZ/10.

[44] NL Figl, K 194. Das Elaborat datiert mit 7. 1. 1954.

[45] *Rauchensteiner,* B-Gendarmerie, 344.

[46] Die Schreiben im NL Figl, K 199.

[47] Die entsprechenden Überlegungen in der Charakteristik Raabs NA 763.13/4-853, 8. 4. 1953.

[48] Die Vorstellungen liefen etwa darauf hinaus, daß Italien, das durch den Verbleib von Triest ohnedies einen Erfolg zu verzeichnen gehabt hätte, dafür in der Südtirolfrage unter Druck gesetzt werden könnte. Diesbezügliche Mitteilungen von Minister Dr. Gruber an den Verfasser.

[49] Das war am 5. 5. 1952 von der Botschaft Washington nach Wien einberichtet worden. NL Figl, K 194.

[50] *Gruber,* Ein politisches Leben, 130.

[51] Ebenda und Mitteilung Dr. Grubers an den Verfasser.

[52] Die Furche Nr. 46, 14. 11. 1953.

[53] NA 763.00/7-353 „Items of Interest Developed from Conversation with People's Party Leaders at Embassy Function on June 29", 3. 7. 1953.

[54] Ebenda.

[55] NA 663.001/8-353, Telegr. 297, Thompson an Secretary of State, 3. 8. 1953.

[56] Wie immer in Zeiten erhöhter politischer Tätigkeit fertigten die amerikanischen Stellen in Wien im Herbst und Spätherbst 1953 eine Fülle von Berichten an. Der gegenständliche NA 763.00/11-1753, Desp. 723, vom 17. 11. 1953.

[57] Bundes-Polizeidirektion Wien, Lagebericht für November 1953. Für die Einsichtnahme in die Lageberichte bin ich meinem verstorbenen Freund Dr. Eduard Hochenbichler zu Dank verpflichtet.

[58] *Stourzh,* Staatsvertrag, 115.

[59] NL Figl, K 160.

[60] NL Figl, K 194, 14. 12. 1953.

[61] Die entsprechenden Äußerungen von Hermann Mailler und Oscar Pollak in NA 763.00/12-1653, Desp. 888, 16. 12. 1953.

[62] Ebenda.

11 Berlin und die Folgen

[1] *Schilcher,* Österreich, 187 ff. Zum Ablauf der Ereignisse und insbesondere zum Verlauf der Berliner Konferenz und ihrer Bedeutung im Rahmen der Staatsvertragsverhandlungen *Stourzh,* Staatsvertrag, 111–125.

[2] Enthalten in einem Konvolut von Berichten im NL Figl, K 194.

[3] *Stourzh,* Staatsvertrag, 122.

[4] Der Bericht mit den diesbezüglichen Äußerungen in den Stenographischen Protokollen des Nationalrates VII. G. P., 33. Sitzung am 24. 2. 1954, 1353–1361, und im Nachlaß Figl, K 194.

[5] *Stourzh,* Staatsvertrag, 121.

[6] Europa Archiv 1954, 6522.

[7] *Schilcher,* Österreich, 193–196.

[8] Ebenda, 197–200.

[9] Das Gespräch von Pittermann mit dem stellvertretenden amerikanischen Hochkommissar Yost am 11. 1. 1954 in NA 763.00/1-1254, Desp. 990, 12. 1. 1954.

[10] NA 763.00/2-1154, Desp. 1178, „Memorandum of Conversation with Minister of Interior Helmer", 11. 2. 1954.

[11] NA 763.00/1-2554, Desp. 1066, „Conversation with State Secretary Kreisky", 25. 1. 1954.

[12] Ebenda.

[13] Wie Anm. 10.

[14] Dies geht aus einem streng vertraulichen Bericht des Gesandten Schöner vom 8. 2. 1954 hervor. Gedruckt bei *Schilcher,* Österreich, 205.

[15] Ebenda.

[16] NA CCS 388.1 Austria (6-8-46), Sec. 14.

[17] Lagebericht der Bundes-Polizeidirektion Wien für Februar 1954.

[18] NL Figl, K 194.

[19] *Kurt Skalnik,* Die erste Bürgerpflicht. In: Die Furche, Nr. 47 (1956), 17. 11. 1956.

[20] Dazu die zusammenfassenden Lageberichte des Innenministeriums für Februar und März 1954.

[21] Die Aufarbeitung der Berliner Konferenz durch das österreichische Parlament bei *Johann Luger,* Parlament und alliierte Besetzung. Geisteswiss. Diss. (Wien 1976), hier bes. 191 f.

[22] Die Haltung Raabs geht am deutlichsten aus einem Bericht von Yost über ein Gespräch mit dem Kanzler am 15. 2. 1954 hervor, NA 763.13/2-1654, Desp. 1203.

[23] *Rauchensteiner,* Sonderfall, 326.

[24] Der Begriff wanderte nicht nur durch die österreichische Presse, er fand z. B. auch Eingang in die regelmäßige britische Berichterstattung.

[25] Die Listenkoppelung in Kärnten war allerdings eine Folge der Salzburger Bürgermeisterwahl, die nach einigem Hin und Her durch eine Koalition von SPÖ und VdU entschieden wurde, wobei die ÖVP das Nachsehen hatte.

[26] Die diesbezüglichen Äußerungen und eine aufwendige Darstellung der innenpolitischen Verhältnisse in Österreich zur Zeit des „eisigen Winds", in: NA 763.0221/3-954, Desp. 1310, 9. 3. 1954 und NA 763.00/4-554, Desp. 1459 „The Austrian Coalition: Post-Berlin", vom 5. 4. 1954.

[27] *Kollmann,* Körner, 375.

[28] Ebenda.

[29] Ebenda.

[30] Ebenda. In dem zweiten, der unter Anm. 26 zitierten Berichte wird allerdings behauptet, der Eingriff Körners sei nicht wirklich notwendig gewesen, denn zu diesem Zeitpunkt wäre die Krise der Koalition bereits bereinigt gewesen. Nichtsdestoweniger wurde konzediert, daß der Präsident zur Stabilisierung der Koalition immer wieder einen nützlichen Beitrag leisten könne.

[31] Zu dieser Phase der VdU-Politik *Reimann,* Dritte Kraft, 261–266, *Riedlsperger,* Shadow, 129–141 und *Fritz Stüber,* Ich war Abgeordneter (Graz/Stuttgart 1974), 233–262.

[32] Monatlicher Lagebericht der Bundes-Polizeidirektion Wien für April 1954, 3. Hier wird auch ausgeführt, daß bei den Kranzniederlegungen, die dessenungeachtet stattfanden, die sowjetischen Vertreter fehlten, um auf diese Weise gegen die bekannt gewordene Maßnahme der Regierung zu protestieren.

[33] Nationalbibliothek MF 183, ALCO 218. Treffen, 14. Mai 1954, Minute 1872.
[34] Die Kernsätze der Anschuldigungen sind in der ‚Volksstimme' und in der ‚Österreichischen Zeitung' in den Ausgaben vom 14. bis 18. 5. 1954 nachzulesen.
[35] *Heinrich Brandweiner,* Die Anschlußgefahr (Wien 1954).
[36] Das Atmosphärische der Vorsprache in dem Bericht der amerikanischen Botschaft, Wien, Nr. 1657, NA 763.0221/5-1854, 18. 5. 1954. Die Verbalnote Il'ičevs und die Antwort Raabs wurden noch im Laufe des 17. Mai über die Agenturen verbreitet und finden sich in der Österreichischen Zeitung sowie in der Wiener Zeitung vom 18. 5. 1954.
[37] Despatch 1657 (wie Anm. 36).
[38] Stenographische Protokolle, VII. G. P., 39. Sitzung am 19. 5. 1954, 1624–1651.
[39] *Dallin,* Soviet Foreign Policy, 253. Dazu auch die Erinnerungen von *Nikolaj Chochlov,* Ein Recht auf Gewissen (Stuttgart ²1959).
[40] Das kam in den Debattenbeiträgen der Nationalratssitzungen zum Ausdruck (vgl. VII. G. P., 39. Sitzung vom 19. 5. 1954, 1624–1629), findet sich aber auch in den Lageberichten der Bundes-Polizeidirektion Wien wieder. Exemplarisch dazu auch: Die Furche, 27. 3. 1954.
[41] Das Manuskript Kienböcks im NL Figl, K 2.
[42] Die Abgeordneten Pittermann, Stürgkh und Genossen stellten am 16. 12. 1953 im Parlament den Antrag, die Bundesregierung möge prüfen, ob die Voraussetzungen für einen Beitritt Österreichs zum Europarat gegeben seien. Es wurde ein Ausschuß eingesetzt, der seinerseits wieder die Bundesregierung ersuchte, die Voraussetzungen zu prüfen und dem Ausschuß zu berichten. Damit wurde in die Diskussion zwar erstmals die Bundesregierung eingeschaltet, doch angesichts der ablehnenden Haltung Raabs bestand der im Mai 1954 erreichte Fortschritt lediglich darin, daß die österreichische Beobachterdelegation beim Europarat auch Sprecherlaubnis bekam.
[43] Die Verweisung auf die genannten Personen in dem Bericht der amerikanischen Botschaft Wien, Nr. 1459, NA 763.00/4-554, 5. 4. 1954, 28.
[44] *Stadler,* Schärf, 414f. führt diesen Beschluß auf ein Vorkommnis des April 1954 zurück, als der Obmann der sozialistischen Bezirksorganisation von Kufstein eine Einladung in die Sowjetunion annahm und dann bei den Maifeiern in Moskau in Erscheinung trat.
[45] NA 611.63/7-2354, Desp. Nr. 118 „U. S. Policy in Austria", 23. 7. 1954.
[46] *Rauchensteiner,* B-Gendarmerie, 344 und derselbe, Entmilitarisierung, 74ff.
[47] *Sven Allard,* Diplomat in Wien. Erlebnisse, Begegnungen und Gedanken um den österreichischen Staatsvertrag (Köln 1965), 39.
[48] Berichte und Informationen, 26. 2. 1954.
[49] NL Figl, K 2, Interview mit Mr. Gladstone, 18. 5. 1954.
[50] Ebenda, K 194, handschriftliche Datierung des Entwurfs 26. 2. (1954). Zur Vorgeschichte und zum Verlauf der Gespräche über ein drittes Kontrollabkommen NA 763.0221/3-954, Desp. 1310, 9. 3. 1954, 763.00/12-1853, Desp. 902, 18. 12. 1953 und 763.00/3-354, 1289, 3. 3. 1954.
[51] Die entsprechende Äußerung in einem Bericht des österreichischen Botschafters in London, Wimmer, an das Außenamt, 28. 4. 1954, in: *Schilcher,* Österreich, 223f.
[52] Die Note bei *Schilcher,* Österreich, 224f. Zur Reaktion der Wiener Öffentlichkeit der Lagebericht der Bundes-Polizeidirektion Wien für Juli 1954.
[53] Wiener Zeitung, 7. 8. 1954.
[54] *Schilcher,* Österreich, 225, Anm. 1.
[55] Zum sogenannten Randgemeindenproblem *Wolfgang Mayer,* Territoriale Veränderungen im Raume Wien 1938–1954. In: Wiener Geschichtsblätter, Sonderheft: Wien 1945 (1975). Allgemein zur sowjetischen Politik in dieser Zeit: *Rauchensteiner*, Sonderfall, 326ff.
[56] Zu dieser Initiative *Stourzh,* Staatsvertrag, 128f. und NA 611.63/11-2254, Gesprächsnotiz zum Treffen von Bundeskanzler Raab mit Außenminister Dulles in Washington am 22. 11. 1954. Dabei kamen die ersten Eindrücke zur Sprache.
[57] Europa-Archiv 5. 9. 1954.
[58] *Rauchensteiner,* Sonderfall, 258f.
[59] Berichte und Informationen, Nr. 378 (1953).
[60] Diese Zahl, der jedoch auch andere Zahlen wie 53.000 und 60.000 gegenüberstehen, in dem Aufsatz von *Fritz Weber,* Österreichs Wirtschaft in der Rekonstruktionsperiode nach 1945. In: Zeitgeschichte 14. Jg. (1987), H. 7, 281.

[61] PRO FO 371/117776/R 1011/1, Annual political review for 1954, 1. 1. 1955.
[62] Ebenda.

12 Ein prächtiger Frühlingstag

[1] Europa-Archiv 5. 9. 1954.
[2] NL Figl, K 320, Personalia. Im November 1954 zog Bischoff allerdings sein Gesuch zurück.
[3] Der diesbezügliche Amtsvermerk gedruckt bei *Schilcher,* Österreich, 233 f. Ähnliche Andeutungen waren wohl auch bei anderen Gelegenheiten gemacht worden, und zwar unmittelbar nach der Ablehnung der österreichischen Note vom 22. Juli wegen des dritten Kontrollabkommens. Doch hatte offenbar niemand die verklausulierten Sätze richtig gedeutet.
[4] Zur Entstehungsgeschichte des Warschauer Paktes und vor allem über das Moskauer Treffen siehe *Michael Csizmas,* Der Warschauer Pakt (= Schweizerisches Ost-Institut 17, Bern 1972), 11.
[5] *Rauchensteiner,* Sonderfall, 329.
[6] Ebenda.
[7] *Stourzh,* Staatsvertrag, 129.
[8] Der Vorfall außer in der Tagespresse im Lagebericht der Bundes-Polizeidirektion Wien für Jänner 1955.
[9] Österreichische Zeitung 10. 2. 1955.
[10] Abgesehen von den unmittelbaren Reaktionen wurde aber auch noch im April die amerikanische Einschätzung in einem Memorandum für den Nationalen Sicherheitsrat der USA erkennbar, wo die sowjetische Initiative lediglich als Manöver zur Einberufung einer weiteren Konferenz über die Deutschlandfrage dargestellt wird. Dazu NA NSC 164 (background) samt Staff Study, 25. 4. 1955.
[11] Diese Äußerung schon im Zusammenhang mit der Raabschen Neutralitätsoffensive 1953. Dazu *Schärf,* Erneuerung, 345.
[12] Die Interpretation dazu und auch Erläuterungen zur Forderung nach einer Garantie der Neutralität bei *Julius Deutsch,* Was wollen die Sozialisten? (Wien 1949), 193 ff.
[13] Die Dokumente bei *Schilcher,* Österreich, 238 ff. und 245 ff.
[14] *Dallin,* Soviet Foreign Policy, 239.
[15] *Schilcher,* Österreich, 142–145.
[16] NL Figl, K 328.
[17] *Otto Forst de Battaglia,* Zwischeneuropa von der Ostsee bis zur Adria (Frankfurt/Main 1954).
[18] *Schilcher,* Österreich, 245 ff.
[19] Ebenda.
[20] Ebenda, 236 ff.
[21] *Lujo Tončić-Sorinj,* Erfüllte Träume. Kroatien – Österreich – Europa (Wien/München 1982), 207.
[22] *Allard,* Diplomat, 171–174.
[23] Eine diesbezügliche Kontroverse gab es noch in der Nationalratssitzung am 30. 11. 1982. Dazu *Rauchensteiner,* Parlament und Neutralität. In: Die Furche, 38. Jg. (1982), Nr. 49, 7. 12.
[24] *Schilcher,* Österreich, 254–264, hier 261 f.
[25] Ebenda, 258.
[26] *Stadler,* Schärf, 414 f.
[27] Das wurde auch in einer Besprechung bei Außenminister Figl am 2. 4. 1955 deutlich, als Staatssekretär Graf nicht nur auf diesbezügliche Überlegungen sozialistischer Politiker, sondern auch auf die idente Haltung Raabs zu sprechen kam. Dazu *Schilcher,* Österreich, 279.
[28] Dies wurde in den Beratungen der österreichischen Regierungsspitze aber auch in Vorgesprächen im Außenamt deutlich. Dazu die Dokumente bei *Schilcher,* Österreich, 254–275.
[29] PRO FO 371/117818/RR 1091/1, Crossley über Erhebungen des Southern Department, 30. 3. 1955.
[30] Die diesbezüglichen Erwägungen in der Defense Staff Study „Austrian State Treaty" vom 25. 4. 1955, Beilage zu NA NSC 164.
[31] PRO FO 371/117818/RR 1091/2, Crossley am 30. 3. 1955. Dazu im Gegensatz stand allerdings eine Äußerung von Botschafter Schwarzenberg bei der Konferenz im Kanzleramt am 28. 3., wo Schwarzenberg meinte, Österreich könnte die britischen Bedenken damit ausräumen, daß von

England weitere Garantien der österreichischen Unabhängigkeit gefordert würden. *Schilcher,* Österreich, 260.

32 *Schilcher,* Österreich, 281.

33 Die entsprechende Formulierung in den stenographischen Notizen von Schärf bei *Stadler,* Schärf, 442. Ergänzend *Stourzh,* Staatsvertrag, 323f.

34 *Stadler,* Schärf, 449.

35 Ebenda, 434.

36 Der Text der beiden bis zu ihrer Veröffentlichung im Amtsblatt der Wiener Zeitung am 2. 12. 1955 geheimen Dokumente bei *Stourzh,* Staatsvertrag, 230–238.

37 In diesem Zusammenhang bin ich Dr. Igler für seine detailreichen Auskünfte sehr zu Dank verpflichtet.

38 *Livingston T. Merchant,* Limited Objectives, Limited Success. In: Foreign Service Journal, August 1966, 17.

39 Dazu ein Manuskript des Verfassers zu einem Vortrag im Karl-von-Vogelsang-Institut am 28. 3. 1985: Die Kriegsschuldklausel im Österreichischen Staatsvertrag. Zur Erarbeitung dieses Vortrags konnten – allerdings nur noch unter beträchtlichen Schwierigkeiten – die im österreichischen Staatsarchiv liegenden Akten der Botschafterkonferenz benützt werden. Seit damals wurden Benützungsansuchen des Verfassers nicht mehr erledigt.

40 *Rauchensteiner,* Staatsvertrag, 193ff.

41 Das Scheiben Karwinskys vom 3. 5. im NL Figl, K 326. Karwinsky führte aus, der Artikel verstoße gegen die Deklaration der Menschenrechte und seine Beibehaltung würde schwere innenpolitische Folgen nach sich ziehen.

42 Das Manuskript im NL Figl, K 201.

43 *Stadler,* Schärf, 425–428.

44 Dieses interessante Dokument in dem Beitrag von *Alfred Ableitinger,* Theodor Hornbostel und Friedrich Funder. Eine innerösterreichische Diskussion um den Staatsvertrag. In: Neue Fakten zu Staatsvertrag und Neutralität, hg. Alois Mock, Ludwig Steiner und Andreas Khol (Studienreihe der Politischen Akademie 12, Wien 1980), 125–133.

45 *Stourzh,* Staatsvertrag, 139f. und 165. Die Haltung Adenauers findet bis heute in Österreich nur bedingt Verständnis.

46 Der Kontakt zur SPD wurde durch Fritz Heine hergestellt. Dazu *Stadler,* Schärf, 431–436. Ein ähnlicher Kontakt mit der CDU/CSU kann als sicher angenommen werden.

47 Zur Rückberufung des deutschen Repräsentanten, des Leiters der Handelsvertretung (der damals einzigen westdeutschen diplomatischen Vertretung in Wien) *Ableitinger,* Österreichisch-deutsche Nachkriegsbeziehungen, 207.

48 *Stadler,* Schärf, 453.

49 Dazu das Tonbandinterview eines Gesprächs mit Dr. Maleta am 10. 3. 1983 beim Verfasser.

50 *Heinrich Drimmel,* Österreichs Geistesleben zwischen Ost und West. In: Österreich. Die Zweite Republik II, 565f.

51 Österreichisches Jahrbuch 1955 (Wien 1956), 288.

52 Dies geschah in der bereits erwähnten Rede vor dem außerodentlichen Bundesparteitag in den Wiener Sophiensälen am 18. 5. 1955.

53 *Luger,* Parlament, 217.

54 Eine chronologische Zusammenstellung der Daten zu Staatsvertrag und Neutralität im NL Figl, K 201.

55 Das Abkommen in HHStA Pol 1955, Österreich 5, ad 307.688-K/55.

56 Die entsprechenden Dokumente, in: Das Bundesheer der Zweiten Republik, 17f. und 25f.

57 Die Situationsberichte und vertraulichen Meldungen sowie die sowjetischen Mitteilungen im Nachlaß Figl, K 201.

58 Berichte aus dem Erdölgebiet im NL Figl, K 194 und Chronik des Landesgendarmeriekommandos für Niederösterreich für die Monate Mai bis September 1955. Für die Erlaubnis zur Einsichtnahme in die Chronik bin ich Gendarmeriegeneral i. R. Otto Rauscher sehr zu Dank verpflichtet.

59 Ebenda.

60 *Rauchensteiner,* Das Amt für Landesverteidigung. Die Anfänge des Bundesheeres 1955/56. In: Truppendienst (1980), Nr. 5, 444ff.

61 HHStA Pol 1955, Österreich 5, ad 307. 691-K/55, Schreiben Chaloupka an Figl, 21. 9. 1955.
62 *Rauchensteiner,* Sonderfall, 401, Anm. 49.
63 PRO FO 371/117778/RR 1016/7, Wallinger an Macmillan, 2. 6. 1955.
64 PRO FO 371/124080/RR 1011/1, Annual report 1955, Wallinger, 18. 1. 1956. Im Zusammenhang mit der Charakterisierung des Staatsvertragsjahrs verwendet auch Wallinger den in Österreich mittlerweile geläufigen Begriff „annus mirabilis". Dazu *Stourzh,* Staatsvertrag, Kapitel 6 „Österreichs Annus Mirabilis".
65 Wie Anm. 63.

13 Die Zeit „danach"

1 *Günter Nenning,* Anschluß an die Zukunft (Wien 1963), 194.
2 *Otto Schulmeister,* Die Zukunft Österreichs (Wien/München/Zürich 1968), 239.
3 Erschienen Wien 1954.
4 Erläuterungen über die rechtliche Materie und ihre Aufarbeitung in: Berichte und Informationen, 17. 6. 1955.
5 Volks-Gerichtsbarkeit und Verfolgung von nationalsozialistischen Gewaltverbrechen in Österreich (1945 bis 1972). Eine Dokumentation, hg. Bundesministerium für Justiz (Wien 1977).
6 NL Figl, K 326. Im Konvolut über Kriegsgefangene und Spätheimkehrer der Akt Pol 1955, Österreich 6 A, 307.506-K/55. Die Sowjetunion ließ über 500 verurteilte österreichische Kriegsgefangene frei. 92 Österreicher, deren Freilassung den Sowjets nicht möglich schien, wurden als Kriegsverbrecher an Österreich übergeben; 17 Österreicher, die in Zwangsverschickung waren, wurde die Rückkehr gestattet, und schließlich durften 31 Personen, die wegen Spionage gegen die Sowjetunion verurteilt worden waren, wieder nach Hause. Allerdings war ihre Rückkehr erst für die Zeit nach dem Abzug der letzten sowjetischen Besatzungstruppen vorgesehen. Damit wurden 746 Schicksale geklärt. Das Schicksal von rund 500 weiteren Österreichern, die sich in der Sowjetunion befanden, blieb ungeklärt.
7 Die Äußerung Raabs in einer Formulierung Schärfs bei *Margarete Mommsen-Reindl,* Die österreichische Proporzdemokratie und der Fall Habsburg (= Böhlaus zeitgeschichtliche Bibliothek 1, Wien/Graz/Köln 1976), 56.
8 *Stadler,* Schärf, 463.
9 *Reichhold,* ÖVP, 271. Der Ausspruch ist in verschiedenen Varianten überliefert.
10 Figl vor dem ÖVP-Landesparteitag Niederösterreich am 5. 11. 1955, NL Figl, K 326.
11 Die diesbezügliche Eingabe datiert vom 15. 6. 1955. Im Zuge des Aufholprogramms wurde auch die Errichtung von möglichst vielen Garnisonen, Ausbildungsstätten und sonstigen Einrichtungen des Bundesheeres gefordert. Dazu HHStA Pol 1955, Österreich 5, 500.652. Auch das Mühlviertel legte einen ähnlichen Forderungskatalog vor.
12 Die Aspekte der sowjetischen Anleihe werden diskutiert in PRO FO 371/124082/RR 1013/1, Twice monthly report Jänner/Februar 1956 und FO 371/124083/RR 1016/2, Wallinger an Foreign Office 26. 1. 1956. Hier auch der Hinweis auf Hainburg.
13 Die amerikanische Intervention dargelegt in den Dokumenten Zl 433/227-Wpol/55 und 433.228-Wpol/55, jeweils vom 16. 12. 1955. Beide Dokumente im NL Figl, K 201.
14 Einzelheiten der Reaktionen der an Österreich grenzenden Staaten bei *Rauchensteiner,* Spätherbst 1956. Die Neutralität auf dem Prüfstand (Wien 1981), 8.
15 *Jan Sejna,* We Will Bury You (London 1982), 119.
16 Die Äußerung Kardeljs in einem Amtsvermerk Botschafter Wodaks vom 27. 10. 1955, HHStA Pol 1955, Jugoslawien 2, 326.085-pol/55. Ausführlicher und noch positiver über das Verhältnis zu Österreich: Außenminister Popović am 12. 11. 1955 im außenpolitischen Bericht vor beiden Häusern der jugoslawischen Nationalversammlung, gedruckt in: Zeitschrift für Internationale Politik, Nr. 135 (Belgrad 1955), 16. 11. 1955.
17 *Rauchensteiner,* Spätherbst, 7.
18 *Ritschel,* Diplomatie, 271.
19 Ebenda, 274.
20 Die entsprechenden, Außenminister Figl direkt zugesandten Berichte und Ausarbeitungen über die Konkordatsproblematik im NL Figl, O 9. Zur Haltung Schärfs *Stadler,* Schärf, 356–362, ferner

die interessanten Ausführungen von *Stephan Verosta,* Begegnung mit Karl Renner. In: Karl Renner in Dokumenten, 267–274. Hier wird die mit dem Konkordat eng zusammenhängende Frage der Annexion oder Okkupation Österreichs 1938 mit verarbeitet. Zur Gesamtproblematik des Verhältnisses zum Heiligen Stuhl und der Gültigkeit des Konkordats *Erika Weinzierl,* Die Kirche in Österreich 1918 bis 1968. In: 1918–1968. Österreich – 50 Jahre Republik, hg. Institut für Österreichkunde (Wien 1968), 303–314.

21 *Rauchensteiner,* Spätherbst, 7f., ferner *Ableitinger,* Nachkriegsbeziehungen, 207.

22 Zur Diskussion um den Wahltermin *Reichhold,* ÖVP, 268–271.

23 Eine eingehende Auflistung und Interpretation in PRO FO 371/124082/RR 1013/1, Twice monthly memorandum Jänner/Februar 1956.

24 PRO FO 371/117778/RR 1016/25, Wallinger an Foreign Office, 1. 12. 1955. Damals rechnete Raab erst mit Wahlen im Oktober 1956.

25 Bundes-Polizeidirektion Wien, Lagebericht für November 1955.

26 Ebenda.

27 Ebenda, Lagebricht für Jänner und Februar 1956.

28 Wie Anm. 23.

29 Ebenda, und Bundes-Polizeidirektion Wien, Lageberichte für Jänner und Februar 1956.

30 Stenographische Protokolle des Nationalrates, VII., G. P., 95. Sitzung am 1. 3. 1956, 682.

31 Österreichische Parteiprogramme 1868–1966, hg. *Klaus Berchtold* (Wien 1967), 488–492, hier 489f.

32 *Kurt Piringer,* Geschichte der Freiheitlichen. Beitrag der Dritten Kraft zur österreichischen Politik (Wien 1982), 24.

33 Ebenda, 26.

34 Ebenda.

35 *Ingfried Schütz-Müller,* „Europa" – in der österreichischen Nachkriegspolitik 1945–1956. Rechtswiss. Diss. (Wien 1974), 102–110.

36 Das Resultat detailliert bei *Oberleitner,* Handbuch, 15.

37 *Robert A. Kann,* Theorie des Geschichtsablaufs in Österreich von 1918 bis zur Gegenwart. In: Wissenschaft und Weltbild. Festschrift für Hertha Firnberg, hg. Wolf Frühauf (Wien 1975), 433–440.

38 *Fritz Fellner,* Tradition und Innovation aus historischer Perspektive. In: 25 Jahre Staatsvertrag. Protokolle des Staats- und Festaktes sowie der Jubiläumsveranstaltungen im In- und Ausland (Wien 1981), 237–245.

39 Die Furche, 19. 5. 1956.

40 Freundliche Mitteilung von Präsident Dr. Maleta an den Verfasser.

41 Eine sehr anschauliche Schilderung der Kompetenzverflechtung gibt *Alexander Vodopivec,* Die Balkanisierung Österreichs. Folgen einer großen Koalition (Wien/München 1966), 179–199.

42 Zu den Verhandlungen über die Regierungsbildung *Reichhold,* ÖVP, 272–276. Grundsätzlicher und in der Analyse die wohl herausragendste Arbeit: *Karl-Heinz Naßmacher,* Das österreichische Regierungssystem. Große Koalition oder alternierende Regierung? (Köln/Opladen 1968), hier bes. 110ff.

43 Die Passagen eines Interviews mit den Salzburger Nachrichten bei *Stadler,* Schärf, 470.

44 Die Furche, 12. 5. 1956.

45 Eine Fülle von Details der Regierungsverhandlungen, persönlicher Einschätzungen und Analysen in den Akten des britischen Außenamtes PRO FO 371/124083/RR 1016/18, 19, 20 und 28, Korrespondenzen der britischen Botschaft Wien, vom 17. 5. bis 22. 7. 1956.

46 PRO FO 371/124083/RR 1016/19, Wallinger an Foreign Office, 18. 5. 1956.

47 KVI BPL 173, Gedächtnisprotokoll Rundfunkfragen, September 1956.

48 Ebenda.

49 PRO FO 371/124083/RR 1016/20, Wallinger an Foreign Office, 25. 5. 1956.

50 *Rauchensteiner,* Amt für Landesverteidigung.

51 Dieser Hinweis bei *Stadler,* Schärf, 460.

52 *Stadler,* Schärf, 463.

53 Ebenda, 465.

54 Die Vorbehalte Raabs gegen seinen Parteifreund Graf waren so deutlich, daß der britische Bot-

schafter schon am 18. Mai 1956 an sein Ministerium schrieb, daß Raab für ein eigenes Verteidigungsministerium unter Graf den Sozialisten wohl keinen hohen politischen Preis zahlen würde. PRO FO 371/124083/RR 1016/19, Telegramm vom 18. 5.

[55] Ebenda, 28, Telegramm vom 22. 7. 1956.

14 Der Mut ist billiger geworden

[1] *Karl Gruber,* Freunde im Westen. In: Die Ära Kreisky, Schwerpunkte der österreichischen Außenpolitik, hg. Erich Bielka, Peter Jankowitsch und Hans Thalberg (Wien/München/Zürich 1983), 107.

[2] Stenographische Protokolle des Nationalrates VIII. G. P., 3. Sitzung am 6. 7. 1956, 41.

[3] *Mommsen-Reindl,* Proporzdemokratie, 62.

[4] Diese Tendenz ist in der Auseinandersetzung besonders der frühen sechziger Jahre häufig anzutreffen. Das Abwertende tritt aber auch z. B. in einem Buch wie Die Balkanisierung Österreichs von *Vodopivec* zutage.

[5] *Mommsen-Reindl,* Proporzdemokratie, 48 und 62.

[6] Zur Reform der österreichischen Innenpolitik 1955–1965. Dokumentation, hg. *René Marcic* u. a. (= Salzburger Universitätsschriften, Wien/Frankfurt/Zürich 1968). Hier eine besonders instruktive Sammlung über Mängelfeststellungen, Probleme und Kosten der Großen Koalition.

[7] Ebenda, 96f. Zitiert nach: Forum, 69 (Sept. 1959), 318ff.

[8] Zur Reform der Innenpolitik. Hier auch zahlreiche Beispiele zur Begrifflichkeit, etwa: Koalitionspakt als Nichtangriffspakt.

[9] Stenographische Protokolle des Nationalrates V. G.P., 13. Sitzung am 12. 4. 1946.

[10] Die entsprechenden Darlegungen bei *Schärf,* Erneuerung, 218ff. Dazu auch die Ausführungen von *Verosta,* Begegnung mit Karl Renner, 264–274.

[11] Die diesbezüglichen Dokumente, vor allem Schreiben des österreichischen Botschafters beim Heiligen Stuhl, Joseph Kripp, im Nachlaß Figl, O 9 und K 158. Der Hinweis auf die Gefahr einer Abspaltung einer betont katholischen Partei in einem streng vertraulichen Schreiben vom 24. 6. 1956. Eine Abschrift ging Bundesminister Dr. Drimmel zu.

[12] NL Figl, K 158 ad 200.823-K/57.

[13] Sogar damit waren innenpolitische Probleme verbunden, da die Note dem Staatssekretär im Außenministerium, Dr. Kreisky, erst zu einem Zeitpunkt bekannt gemacht wurde, als er keine Möglichkeit zur Änderung des Textes mehr hatte.

[14] Bundes-Polizeidirektion Wien, Lageberichte für die Monate Jänner bis April 1956.

[15] Die Haltung Raabs in der Europaratsfrage ist dafür bezeichnend. Möglicherweise spielte bei der isolationistischen Sicht auch die bereits in anderen Zusammenhängen erwähnte Korrespondenz mit Heinrich Raab in der Schweiz eine Rolle.

[16] Details dazu in den Österreichischen Jahrbüchern 1953 bis 1956.

[17] Bundes-Polizeidiektion Wien, Lagebericht für Dezember 1955.

[18] Ein Exemplar dieser Ausarbeitung (Pol 64-res/56) im NL Figl, K 201.

[19] *Allard,* Diplomat, 188.

[20] *Reiner Eger,* Krisen an Österreichs Grenzen. Das Verhalten Österreichs während des Ungarnaufstandes 1956 und der tschechoslowakischen Krise 1968. Ein Vergleich (Wien/München 1981), 24.

[21] Ebenda, 25.

[22] *Schilcher,* Österreich, 281.

[23] Ebenda, 299. Die Äußerung fiel in einem Gespräch mit dem österreichischen Gesandten Schleinitz am 21. 4. 1955.

[24] Ebenda, 337f.

[25] Ebenda, 341.

[26] *Edgar Bonjour,* Geschichte der schweizerischen Neutralität. Drei Jahrhunderte eidgenössische Außenpolitik (Basel 1946), bes. 142–145.

[27] Beide Reden im NL Figl, K 201 zu 308.576-K/55 und 308.660-K/55.

[28] Das Dokument zitiert bei *Rauchensteiner,* Spätherbst, 113 Anm. 7.

[29] Zur Analyse des Wiener Außenamtes über die britischen und amerikanischen Äußerungen im Zusammenhang mit der Garantiefrage NL Figl, K 201, zu Zl. 514.003-Pol/56, 23. 5. 1956.

[30] PRO FO 371/117818/RR 1091/8.
[31] NA NSC 164 (background) U. S. Position on an Austrian State Treaty.
[32] PRO FO 371/124095/RR 1071/30, Wallinger an Young, Foreign Office, 17. 2. 1956.
[33] „Draft Austrian Territorial Guarantee" vom 2. 3. 1956, PRO FO 371/124096/RR 1071/46.
[34] PRO FO 371/124096/RR 1071/34, Wallinger an Foreign Office, 23. 2. 1956. Dazu auch *Bruno Kreisky*, Zwischen den Zeiten. Erinnerungen aus fünf Jahrzehnten (Berlin 1986) bes. 469 ff. Die hier getroffene Feststellung: „Einer gemeinsamen Garantieerklärung der vier Mächte war ich schon in Wien entschieden entgegengetreten, weil ich fürchtete, daß dann überall, nur nicht am Ballhausplatz entschieden werde, wann Österreichs Unabhängigkeit gefährdet sei", dürfte zu sehr von Erfahrungen der Jahre nach 1956 geprägt worden sein. Sie steht jedenfalls in einem nicht unbeträchtlichen Widerspruch vor allem zu britischen Dokumenten.
[35] PRO FO 371/124097/RR 1071/72, Information für Macmillan, 5. 4. 1956.
[36] PRO FO 371/124080/RR 1011/1 Annual Report 1955, Wallinger, 18. 1. 1956.
[37] PRO FO 371/124095/RR 1071/37, Foreign Office an Wallinger, 8. 3. 1956.
[38] PRO FO 371/124096/RR 1071/46, Notiz Harrison, 29. 2. 1956.
[39] NA NSC 5603, 23. 3. 1956 „U. S. Policy Toward Austria".
[40] PRO FO 371/124095/RR 1071/41, Telegr. Foreign Office nach Wien, 28. 2. 1956.
[41] PRO FO 371/124079/RR 1071/88, Gesprächsprotokoll Wallinger, 26. 4. 1956.
[42] PRO FO 371/124095/RR 1071/37, Telegramm Wallinger, 22. 2. 1956.
[43] PRO FO 371/124097/RR 1071/89, Wallinger an Foreign Office, 27. 4. 1956.
[44] Ebenda.
[45] NL Figl, K 201, zu Zl. 514.499-pol/56, 22. 5. 1956.
[46] Ebenda, zu Zl. 514.605-pol/56, 22. 5. 1956.
[47] PRO FO 371/124096/RR 1071/54, Notiz Crossley über Gespräch mit Knox, 14. 3. 1956.
[48] Ein Artikel, in dem diese Vorwürfe erhoben wurden, erschien am 22. 2. 1956 in der sowjetischen Regierungszeitung Izvestija.
[49] *Rauchensteiner,* Spätherbst, 23 f.
[50] Diesbezügliche Überlegungen waren vom Nationalen Sicherheitsrat der USA schon im „Progress Report" zu NSC 164, vom 11. 4. 1955 angestellt worden. Auch die amerikanische Haltung in der Garantiefrage hing damit zusammen, da man meinte, wenn Österreich eine Garantie seiner Unabhängigkeit und territorialen Integrität gegeben würde, könnten auch andere Länder mit ähnlichen Wünschen kommen.
[51] Die Furche, 11. 2. 1956.
[52] Ebenda. Der Vorwurf des Technologietransfers und des unerlaubten Handels hing damit zusammen, daß die USA nach Ausbruch des Koreakriegs auf Grund des sogenannten „Battle-Act" Länder, die Empfänger der Marshallplanhilfe und Begünstigte der Counterpartmittel waren, verpflichteten, Waren einer immer wieder revidierten Liste nicht nach dem Osten zu liefern. Österreich gehörte allerdings nicht der zur Durchführung des Embargos geschaffenen Organisation COCOM an. Nichtsdestoweniger wurde die Einhaltung der Embargobestimmungen noch im Februar 1956 durch Ministerratsbeschluß neuerlich bekräftigt.
[53] NL Figl, K 201, zu Zl. 514.003-pol/56.
[54] PRO FO 371/124083/RR 1016/2, Wallinger an Foreign Office, 26. 1. 1956.
[55] *Heinrich Benedikt,* Das Zeitalter der Emanzipationen 1815–1848 (Wien/Köln/Graz 1977).
[56] *Karl Mauk,* Österreich und die UNO 1945–1955. Geisteswiss. Diss. (Wien 1981).
[57] Aktenmäßige Unterlagen über die Errichtung der Internationalen Atomenergiebehörde in Wien im NL Figl, K 152 und K 203.
[58] Die Ausarbeitung mit dem Titel „Austria in the Framework of a World Organization. Geneva or Vienna?" in dem vom Verfasser betreuten Nachlaß von Julius Deutsch.
[59] NL Figl, K 152, Memorandum vom 26. 6. 1956.
[60] *Konrad Ginther,* Neutralität und Neutralitätspolitik. Die österreichische Neutralität zwischen Schweizer Muster und sowjetischer Koexistenzdoktrin (= Forschungen aus Staat und Recht 31, Wien/New York 1975).
[61] Dazu die Beiträge von *Christian Greiner, Hans-Erich Volkmann* und *Klaus A. Maier* in dem Band: Entmilitarisierung und Aufrüstung in Mitteleuropa 1945–1956 (= Vorträge zur Militärgeschichte 4, hg. Militärgeschichtliches Forschungsamt, Herford/Bonn 1983).

[62] *Theodor Heuss,* Tagebuchbriefe 1955/1963 (Tübingen/Stuttgart 1970), 200.
[63] *Rauchensteiner,* Spätherbst, 22.
[64] Ebenda, 23.
[65] HHStA Pol 1956, Ungarn 3 A, 611.109, Braunias an Figl, 7. 1. 1956.
[66] Zum weiteren *Rauchensteiner,* Spätherbst 1956. Ferner *Eger,* Krisen, bes. 15–72, und *Wolfgang Fasching,* Die ungarische Revolution 1956 – eine Bewährungsprobe für die österreichische Neutralität. Diplomarbeit (Wien 1981), allerdings ohne wesentlich neue Ergebnisse.
[67] Details des Tagesablaufs Figl in seinen Tagebüchern. Sie enthalten allerdings keine persönlichen Eintragungen, sondern sind detaillierte Terminkalender.
[68] NL Figl, K 201, zu Zl. 519.544-pol/56, Amtsvermerk, 25. 10. 1956.
[69] 1967 erfolgte lediglich ein Assistenzeinsatz entlang der österreichisch-italienischen Grenze, und 1968 wurden angesichts einer „krisenhaften Situation" die Garnisonsbereiche nördlich der Donau verstärkt.
[70] Für die Überlassung des Konzepts dieser Resolution und die notwendigen Erläuterungen bin ich Bundesminister a. D. Dr. Heinrich Drimmel besonders vepflichtet.
[71] *Eger,* Krisen, 34.
[72] HHStA Pol 1956, Ungarn 3 A, 792.164-pol 56, Gesprächsnotiz zu Peinsipp, 3. 11. 1956.
[73] *Dallin,* Sowjetische Außenpolitik, 310.

15 Die Nacht der Republik

[1] Gesprächsprotokoll Botschafter Dr. Heinrich Haymerle vom 19. 2. 1983 im Besitz des Verfassers.
[2] *Rauchensteiner,* Spätherbst, 69.
[3] Ebenda, 72.
[4] Ebenda, 93–97.
[5] Die Masse davon war bis Ende Dezember 1956 nach Österreich gekommen. Die Zählung wurde allerdings bis September 1957 fortgesetzt.
[6] *Eger,* Krisen, 53.
[7] Information für Figl (ohne Datum), NL Figl, K 154.
[8] *Rauchensteiner,* Spätherbst, 107, ferner *Siegler,* Österreichs Weg, 114 und zum folgenden *Eger,* Krisen, 53.
[9] NL Figl, K 201.
[10] Diese Stimmungsbilder finden sich in den Lageberichten der Bundes-Polizeidirektion Wien und in den Meldungen an das Landesgendarmeriekommando Niederösterreich, vor allem Meldungen über Stimmung und Zustände in Traiskirchen. Für die Benützung der Unterlagen des Landesgendarmeriekommandos Niederösterreich für 1956 bin ich wieder Gendarmeriegeneral Otto Rauscher sehr zu Dank verpflichtet.
[11] HHStA Pol 1956, Ungarn 3 B, 511.190-pol/56, Verbalnote vom 23. 11. 1956.
[12] *Rauchensteiner,* Spätherbst, 99.
[13] Lagebericht der Bundes-Polizeidirektion Wien für Jänner 1957.
[14] Über die Angstkäufe im November 1956 wieder der monatliche Lagebericht der Bundes-Polizeidirektion Wien.
[15] *Eger,* Krisen, 65 und 71 f. Grubhofer war auch einer jener Politiker, die am nachhaltigsten ein Neutralitätsschutzgesetz forderte.
[16] NL Figl, K 165, zu Zl. 219.707-pol/57, 30. 4. 1957, Ergebnis des Staatsbesuchs des sowjetischen Stellvertretenden Ministerpräsidenten Mikojan in Wien. Erläuterungen dazu verdanke ich Botschafter Dr. Ludwig Steiner, dem damaligen Sekretär Raabs.
[17] Z. B. *Manfred Sell,* Die neutralen Alpen (Stuttgart 1965), 150.
[18] An dieser Stelle sei ein Forschungsdefizit besonderer Art angemerkt. Über die Stellung der politischen Parteien zu Europa aber auch über die österreichische Europapolitik gibt es noch kaum Untersuchungen, die den geistesgeschichtlichen Phänomenen nachgehen.
[19] *Richard Coudenhove-Kalergi,* Die europäische Nation (Stuttgart 1953).
[20] *Tončić,* Träume, 244 f.
[21] Eine knappe Darstellung (mit Dokumenten) der europäischen Einigungsbestrebungen: *Curt Ga-*

steyger, Einigung und Spaltung Europas 1942–1965. Eine Darstellung und Dokumentation über die Zweiteilung Europas (Frankfurt/Hamburg 1965).

[22] *Kollmann,* Körner, 346ff. und *Stadler,* Schärf, 379f.

[23] Gesprächsweise an den Verfasser.

[24] Über die Kandidatenauswahl *Stadler,* Schärf, 475–478, *Reichhold,* ÖVP 283–285 und *Piringer,* Geschichte, 50ff. Dazu auch Gesprächsprotokoll mit Alfred Maleta, vom 10. 3. 1983.

[25] *Stadler,* Schärf, 476.

[26] *Reichhold,* ÖVP, 285.

[27] *Piringer,* Geschichte, 51f.

[28] *Tončić,* Träume, 262.

[29] Eine Biographie Pittermanns ist bedauerlicherweise noch nicht geschrieben worden. Die Charakterisierung durch Heinrich Drimmel, Alfred Maleta und Otto Rösch.

[30] Dazu die diversen Korrespondenzen von Figl in dessen Nachlaß.

16 Friedliche Koexistenz

[1] Zitiert nach *Mommsen-Reindl,* Proporzdemokratie, 86.

[2] Lageberichte der Bundes-Polizeidirektion Wien für Juli 1957 bis Oktober 1962. Ab Juni 1961 wurden die Lageberichte nur noch zweimonatig geführt. Mit Mai 1963 endete schließlich die Erstellung der Lageberichte. Damit versiegte jedoch eine historisch einzigartige Quelle.

[3] *Gertrud Neuhauser,* Die verbandsmäßige Organiation der österreichischen Wirtschaft. Systematische Gesamtdarstellung. In: Verbände und Wirtschaftspolitik in Österreich (= Schriften des Vereins für Socialpolitik 39, Berlin 1966), bes. 66–105. Ferner: Sozialpartnerschaft in Österreich. In: Zeitschrift für Politikwissenschaft 11. Jg. (1982), Heft 3.

[4] *Mommsen-Reindl,* Proporzdemokratie, 87.

[5] Neues Forum, September 1959, zitiert nach: Zur Reform der österreichischen Innenpolitik 2, 95.

[6] Der Band 2 von Zur Reform der österreichischen Innenpolitik gibt davon auf 1197 Textseiten beredtes Zeugnis.

[7] *Reichhold,* ÖVP, 296.

[8] *Kurt Shell,* Jenseits der Klassen. Österreichs Sozialdemokratie seit 1934 (Wien/Frankfurt/Zürich 1969), 144.

[9] *Reichhold,* ÖVP, 296.

[10] KVI BPL 7/1, Generalsekretariat.

[11] Zur Vorbereitung und Sprachregelung NL Figl, K 165 zu Zl. 221.101-pol/57 (ohne Datum). Über die Ergebnisse, Keesing's Archiv der Gegenwart, Jg. 1957, 6493 A, 15. 6. 1957.

[12] Für die Erläuterungen zur Erfüllung des österreichisch-französischen Memorandums bin ich Dr. Igler zu besonderem Dank verpflichtet. Die Bundesregierung setzte am 9. 7. 1957 ein Beamtenkomitee ein, das über die Regelung der im Memorandum angesprochenen Fragen verhandeln sollte.

[13] Der Text des Memorandums bei *Stourzh,* Staatsvertrag, 230–238, Akten über die Verhandlungen, insbesondere auch die amerikanische Haltung im NL Figl, K 201 und 203.

[14] Raab war allerdings darauf vorbereitet gewesen, vor allem im State Department Vorwürfe wegen einer Saumseligkeit Österreichs zu hören zu bekommen.

[15] Der diesbezügliche Bericht vom 9. 12. 1958.

[16] Ebenda.

[17] Die Noten, die Darlegungen Raabs vom 23. 1. 1958 und die weitere Behandlung der sowjetischen Fragen im NL Figl, K 161.

[18] Ebenda, Amtsvermerk Fuchs vom 11. 4. 1958, zu Zl. 574.028-GS/58.

[19] NL Figl, K 315.

[20] NL Figl, K 201. Bereits im Februar 1956 erfolgte eine erste Demarche beim amerikanischen Botschafter, die aber offenbar nicht sehr viel fruchtete. Botschafter Thompson versicherte Außenminister Figl, daß es sich bei den beanstandeten Luftraumverletzungen am 6. 1., 19. 1., 22. 1. und 23. 1. 1956 nicht um amerikanische Flugzeuge gehandelt habe. (In den meisten Fällen war freilich das amerikanische Hoheitszeichen deutlich erkennbar gewesen.) Die Angelegenheit beschäftigte

schließlich nicht nur die sowjetischen Medien, die nachdrücklich auf diese Luftraumverletzungen, aber auch noch auf andere vermutete Mißachtungen neutralitätsrechtlicher Bestimmungen hinwiesen. Auch im britischen Außenamt kam man darauf zu sprechen. Als schließlich Mr. Crossley am 14. 3. 1956 Mr. Knox von der amerikanischen Botschaft in London darauf ansprach, erzählte der, die Flugzeuge hätten immer eine Erlaubnis zum Überflug gehabt. Crossley kommentierte dies mit der Bemerkung „There are strong indications to the contrary." (PRO FO 371/124096/ RR 1071/52.)

21 Zur Libanonkrise 1958 sind von amerikanischer Seite eine Reihe wichtiger Ausarbeitungen gemacht und mittlerweile freigegeben worden. Veröffentlicht: *Roger J. Spiller,* Not War But Like War. The American Intervention in Lebanon (= Leavenworth Papers 3, Fort Leavenworth 1981). Unveröffentlicht: *Royce E. Eckwright,* USAFE Support of the Lebanon Operation (Historical Division U. S. Air Forces in Europe, 10 June 1959); *Robert D. Little* and *Wilhelmine Burch,* Air Operations in the Lebanon Crisis of 1958 (USAF Historical Division, October 1962). Beide Manuskripte im Besitz des Verfassers.

22 NL Figl, K 313, Bericht Platzer, Washington, 21. 7. 1958.

23 Wie Anm. 21.

24 Ebenda.

25 NL Figl, K 315.

26 Ebenda.

27 Abgesehen von wenigen geklärten Einzelfällen waren noch immer rund 500 Österreicher in der Sowjetunion vermißt. Zu den Wirtschaftsverhandlungen gab es in Wien schon eine Reihe von Vorgesprächen, die dann das Vorbringen der österreichischen Wünsche auf Reduktion der staatsvertraglichen Lieferungen aussichtsreich erscheinen ließen. Für die Warenlieferungen hatte die „Gesellschaft für Ablöselieferungen" die notwendigen Vorarbeiten geleistet.

28 Das war das zweitemal, daß diese Forderung erhoben wurde. Das erstemal war im November 1956 versucht worden, mit einem Entschließungsantrag zum Bundesfinanzgesetz, Gruppe XII (Landesverteidigung) eine Streichung der einschränkenden Bestimmungen des Staatsvertrags zu erreichen. Auch dabei spielte Staatssekretär Stephani eine wichtige Rolle. Der Antrag mußte aber auf dringendes Anraten der Völkerrechts- und der Politischen Abteilung des österreichischen Außenministeriums zurückgestellt werden.

29 Das Bundesheer der Zweiten Republik, 41f.

30 NL Figl, K 203, zu Zl. 552.316-pol/58. Dies wurde in einem Gespräch Botschafter Platzers mit dem Direktor für westeuropäische Angelegenheiten im State Department am 6. 8. 1958 erwähnt.

31 Ebenda, Berichte der österreichischen Botschaft Washington vom 31. 7., 6. 8., 28. 9. und 9. 12. 1958.

32 Ebenda.

17 Der Ausklang der Fünfziger

1 Autor *Josef Bös.*

2 *Reichhold,* ÖVP, 303f.

3 NL Figl, K 309, zu Zl. 279.822-K/59.

4 *Reichhold,* ÖVP, 298ff.

5 Zur Mitgliederbewegung der SPÖ *Vodopivec,* Balkanisierung, 79f.

6 *Herbert Dachs,* Bundespolitik. In: Landeshauptmann Klaus und der Wiederaufbau Salzburgs, hg. Wolfgang Huber (Salzburg 1980), bes. 238–241.

7 Ebenda, 236–248.

8 Vgl. dazu 418f.

9 Vgl. dazu bes. 414.

10 *Ernst Trost,* Figl von Österreich (Wien/München/Zürich 1972), 326. Zum Gesamtproblem *Karl Heinz Ritschel,* Diplomatie um Südtirol. Politische Hintergründe eines europäischen Versagens (Stuttgart 1966). Für Erläuterungen bin ich Botschafter a. D. Dr. Heinrich Haymerle zu besonderem Dank verpflichtet.

11 Dazu besonders einfühlsam *Rudolf Kirschläger,* Integration und Neutralität. In: Die Ära Kreisky. Schwerpunkte der österreichischen Außenpolitik, hg. *Erich Bielka, Peter Jankowitsch* und *Hans*

Thalberg (Wien/München/Zürich 1983), bes. 64–67. Die einzelnen Stufen der Integration bei *Hellmuth Straßer,* Der Weg Österreichs zu den Verträgen mit Brüssel (= Informationen zur Außenpolitik 1, Wien 1972).

12 *Bruno Kreisky,* Gedanken zu den Wahlen. In: Die Zukunft (1959), Heft 3, 65–67.

13 *Oscar Pollak,* Wem gehört der Staat? In: Die Zukunft (1959), Heft 4/5, 97ff.

14 Ebenda, *Friedrich Scheu,* Das österreichische politische Wunder, 99–102.

15 Rundfunkansprache am 6. 5. 1959, NL Figl, K 309.

16 *Reichhold,* ÖVP, 303–309.

17 Gesprächsprotokoll Maleta, vom 10. 3. 1983.

18 *Piringer,* Geschichte, 61.

19 Gesprächsprotokoll Maleta, 10. 3. 1983.

20 Zitiert bei *Friedrich Weigend-Abendroth,* Zwischen katholischer Soziallehre und Neo-Liberalismus. In: Um Parlament und Partei. Alfred Maleta zum 70. Geburtstag, hg. Andreas Khol, Robert Prantner und Alfred Stirnemann (Graz/Wien/Köln 1976), 137.

21 Ebenda und *Reichhold,* ÖVP, 307f.

22 *Stadler,* Schärf, 498.

23 Gesprächsprotokoll Maleta, 10. 3. 1983.

24 *Dachs,* Bundespolitik, 254.

25 Ebenda.

26 Die Furche, 18. 7. 1959.

27 *Trost,* Figl, 332f.

28 Über die abschätzigen Urteile *Trost,* Figl, 327–334.

29 *Reichhold,* ÖVP, 316.

30 Ebenda, 309.

31 Geschichten aus der Geschichte Österreichs 1945–1983, hg. Michael Scharang (Darmstadt und Neuwied 1984).

32 Annotation „Flegeljahre". In: Wiener Journal, Nr. 61 (Oktober 1985).

33 *Peter Handke,* Persönliche Bemerkungen zum Jubiläum der Republik. In: Geschichten aus der Geschichte, 268–270.

34 *Marie-Thérèse Kerschbaumer,* Pius – Enteignung aber nicht durch Sozialismus. In: Geschichten aus der Geschichte, 24–36.

35 *Alois Brandstetter,* Die Fremdenangst oder Feinsein, beinander bleiben. In: Geschichten aus der Geschichte, 106–114.

36 *Theodor Piffl-Perčević,* Zuspruch und Widerspruch (Graz/Wien/Köln 1977), 168f.

18 Vor Sonnenuntergang

1 Exemplarisch zusammengestellt in den beiden Bänden: Zur Reform der österreichischen Innenpolitik 1955–1965. Bereits teilweise retrospektiv der Band: Demokratiereform. Die Existenzfrage Österreichs, hg. *Karl Heinz Ritschel* (Wien/Hamburg 1969). Ferner: Bestandaufnahme Österreich, hg. *Jacques Hannak* (Wien 1963) und *Alexander Vodopivec,* Wer regiert in Österreich? (Wien ²1962). Sehr analytisch auch *René Marcic,* Die Koalitionsdemokratie. Das österreichische Modell im Lichte der Wiener rechtshistorischen Schule (= Juristische Studiengesellschaft Karlsruhe, Schriftenreihe 71/72, Karlsruhe 1966).

2 Über die Gründungsdaten, die Organisation und die Führung informiert *Oberleitner,* Politisches Handbuch Österreichs 1945–1972 (Wien 1972).

3 Der Begriff, der aus dem niederländischen Sprachgebrauch stammt, wurde dem amerikanischen „Sektionalismus" („sectional organization") gegenübergestellt. Dazu *Gerhard Lehmbruch,* Proporzdemokratie. Politisches System und politische Kultur in der Schweiz und in Österreich (= Recht und Staat in Geschichte und Gegenwart 335/336, Tübingen 1967) und weiter ausführend bzw. in anderen Zusammenhängen *Rudolf Steininger,* Polarisierung und Integration. Eine vergleichende Untersuchung der strukturellen Versäulung der Gesellschaft in den Niederlanden und in Österreich (= Politik und Wähler 14, Meisenheim am Glan 1975).

4 Die Furche, 3. 9. 1955.

[5] Das Bundesheer der Zweiten Republik, 51 f.

[6] NA OCB 091 Austria, Operations Coordinating Board, Washington D. C., Report on Austria (NSC 5603), 25. 11. 1959.

[7] Diesbezügliche Kritik war bereits seit dem Sommer 1958 angeklungen. Sie setzte sich, wie aus Berichten an den Bundesminister für Auswärtige Angelegenheiten vom 9. 1. und 11. 5. 1959 hervorgeht (NL Figl, K 203) auch im Frühjahr 1959 fort.

[8] *Fritz Molden*, Besatzer, Toren, Biedermänner. Ein Bericht aus Österreich 1945–1962 (Wien/München/Zürich/ New York 1980), Kapitel: Das Festival, 275–303.

[9] Gesprächsprotokoll eines Interviews mit dem Vorsitzenden des Staatskomitees für Radio und Fernsehen der UdSSR, Sergej Georgevič Lapin, am 17. 4. 1980. Die Aufzeichnung des Gesprächs nahm dankenswerterweise Dr. Ralph Scheide vor.

[10] Der Initiator dieses Projekts, Dr. Bruno Buchwieser, von der Österreichischen Jungarbeiterbewegung, wurde durch ein Gespräch mit Pater Denis Tabsoba auf Obervolta aufmerksam gemacht.

[11] Die Unterlagen dazu im NL Figl, K 203.

[12] Ebenda, Gesprächsunterlagen für den Besuch Außenminister Maliks, März 1958.

[13] Dazu grundlegend das bereits mehrfach erwähnte Buch von *Ritschel,* Diplomatie um Südtirol. Ferner *Ermacora,* Südtirol und das Vaterland Österreich und vom selben Autor, Geheimbericht. Zusätzlich *Werner Wolf,* Südtirol in Österreich. Die Südtirolfrage in der österreichischen Diskussion von 1945 bis 1969 (Würzburg 1972). In allen Büchern weiterführende Literatur.

[14] NL Figl, K 320, Schreiben Wimmer an Figl, 6. 3. 1957.

[15] NL Figl, K 309, Bericht an den Nationalrat (undatiert), zu Zl. 279.872-K/59.

[16] *Reichmann,* Fremdenlegionär, 117.

[17] Außer der in Anm. 13 genannten Literatur, Unterlagen im NL Figl, K 309.

[18] NL Figl, K 309, Bericht an den Nationalrat, zu Zl. 279.872-K/59.

[19] NL Figl, K 309.

[20] *Reichmann,* Fremdenlegionär, 128.

[21] Report on Austria (wie Anm. 6).

[22] Gesprächsprotokoll Haymerle vom 19. 2. 1983. Über die Vorgangsweise von Außenminister Kreisky in der Südtirolfrage vor allem *Ritschel,* Diplomatie, 333–395.

[23] *Ritschel,* Diplomatie, 365–380.

[24] *Wolf,* Südtirol, 34?

[25] Diese Feststellung bezieht sich auf die Ergebnisse einer Untersuchung, die der Verfasser im Zusammenhang mit dem „Fall Waldheim" an Hand von jugoslawischen Akten, insbesondere an Hand des sogenannten „odluka", durchzuführen hatte. Die Anfertigung eines UNO-Aktes stand nachweislich damit im Zusammenhang, daß der damalige Sekretär von Minister Gruber, Dr. Kurt Waldheim, als „belastet" dargestellt werden sollte. Damit wäre, den Vorstellungen jugolawischer Kreise zufolge, die Position Grubers zu erschüttern gewesen. Der Waldheim-Akt (odluka) fand aber interessanterweise 1948, als er seine Wirkung hätte tun sollen, keine Verwendung.

[26] Ausführlich dazu *Stourzh,* Staatsvertrag, 57–62.

[27] Hier nur die wichtigste Literatur aus jüngerer Zeit: Das Minderheitenproblem in den jugoslawisch-österreichischen Beziehungen. Aufsätze und Dokumente. Jugoslovenska stvarnost (Beograd 1977); Volksgruppen in Österreich. Eine Dokumentation, hg. Bundeskanzleramt (Wien 1976) und Die rechtliche Stellung der Volksgruppen in Österreich. Eine Dokumentation, hg. Bundeskanzleramt (Wien 1977); *Ralf Unkart, Gerold Glantschnig* und *Alfred Ogris,* Zur Lage der Slowenen in Kärnten. Die slowenische Volksgruppe und die Wahlkreiseinteilung 1979 – eine Dokumentation (= Das Kärntner Landesarchiv 11, Klagenfurt 1984); *Arnold Suppan,* Die österreichischen Volksgruppen. Tendenzen ihrer gesellschaftlichen Entwicklung im 20. Jahrhundert (= Österreich Archiv, Wien 1983).

[28] NL Figl, K 308, zu Zl. 200.263-K/57.

[29] Der Einsetzung der Kommission ging in der zweiten Jahreshälfte 1957 eine Verschlechterung der österreichisch-jugoslawischen Beziehungen voraus, da sich Jugoslawien in der Vermögensfrage über österreichische Wünsche hinwegsetzte und daraufhin Außenminister Figl einen geplanten Besuch in Belgrad verschob. Zu diesem Zeitpunkt war der alte Schulgesetzentwurf auch bereits „schubladiert" und durch neue Vorschläge ersetzt worden, in denen für die Zweisprachigkeit von einem Prozentsatz von 30 Prozent ausgegangen wurde. Das lehnte Jugoslawien vehement ab.

[30] NL Figl, K 315, zu Zl. 550.246-pol/58, samt Verhandlungsstand in vermögensrechtlichen- und Minderheitsfragen.

[31] NL Figl, K 203, Information vom 9. 7. 1958.

[32] Ebenda, Information vom 17. 11. 1958.

[33] *Josef Feldner,* Grenzland Kärnten. Kärntner Weißbuch, 2. Teil (Klagenfurt 1982), 104.

[34] NL Figl, K 203, Information für Missionschefs vom 19. 3. 1959 über die österreichisch-jugoslawischen Beziehungen.

[35] Ebenda.

[36] Gesprächsprotokoll Haymerle, 19. 2. 1983.

[37] Dazu wieder die bereits genannte Literatur über die europäische Integration, vor allem *Straßer,* Österreichs Weg.

[38] *Trost,* Figl, 328.

[39] HHStA, Pol 1959, Bericht Botschaft Washington, Zl. 104-pol/59, Aktenvermerk.

[40] Über die jüdischen Forderungen informiert *Dietmar Walch,* Die jüdischen Bemühungen um Wiedergutmachung durch die Republik Österreich (= Veröffentlichungen des Historischen Instituts der Universität Salzburg 1, Wien 1971).

[41] Wie Anm. 39.

[42] Auch heute sind noch eine Reihe von Forderungen nicht erfüllt. So harrt beispielsweise die Rückgabe von in Mauerbach bei Wien gelagerten Bildern noch immer der Durchführung.

[43] NA NSC 6020 „U. S. Policy Toward Austria", 9. 12. 1960. An dieser Stelle sollte vielleicht wieder einmal auf den bemerkenswerten Umstand hingewiesen werden, daß die USA diesen Teil ihrer Dokumente aus jüngerer Zeit bereits freigegeben haben, so daß sie in den National Archives verfügbar sind.

[44] *Josef Klaus,* Macht und Ohnmacht in Österreich. Konfrontationen und Versuche (Wien/München/Zürich 1971), 222–229.

[45] *Trost,* Figl, 30 f.

[46] *Mayrzedt-Hummer,* Neutralitäts- und Europapolitik I, 113f.

[47] *Stadler,* Schärf, 361f.

[48] *Robert Kriechbaumer,* Alfons Gorbach (Manuskript). Dr. Kriechbaumer hat das Manuskript dem Autor dankenswerterweise zur Verfügung gestellt. Es geht weit über die Druckfassung, in: Die österreichischen Bundeskanzler, hg. Friedrich Weissensteiner und Erika Weinzierl (Wien 1983) hinaus. Im weiteren wird nur nach dem Manuskript zitiert.

[49] *Klaus,* Macht, 105. Dazu auch *Dachs,* Klaus, 253.

[50] U. a. zitiert bei *Brusatti/Heindl,* Julius Raab, 366, Anm. 5 und *Klaus,* Macht, 103.

[51] Nachlaß von Bundesminister Dr. Heinrich Drimmel, Mappe „Wie es 1964 am Minoritenplatz endete".

[52] *Hermann Withalm,* Aufzeichnungen (Graz/Wien/Köln ^{2}1974), 77f.

[53] Vgl. dazu, 143.

[54] *Kriechbaumer,* Gorbach, 23f.

19 Alfons Gorbach

[1] Stellvertretend für andere *Erika Weinzierl* und *Peter Hofrichter,* Österreich. Zeitgeschichte in Bildern 1918–1968 (Innsbruck/Wien/München 1968), 238 oder *Helmuth Andic,* 50 Jahre unseres Lebens (Wien/München/Zürich 1968), 644f.

[2] Hier galt die Grundsatzlinie des Nationalen Sicherheitsrats, wie sie Ende 1960 in dem Papier NSC 6020 niedergelegt worden war.

[3] Zu dem Treffen in Wien und zur Einschätzung Kennedys *Raymond Cartier,* Nach dem Zweiten Weltkrieg. Mächte und Männer 1945–1965 (München/Zürich 1976), 952–956.

[4] Chruschtschow erinnert sich, hg. *Strobe Talbott* (Reinbeck b. Hamburg 1971), hier 459f.

[5] *Pierre Salinger,* Mit J. F. Kennedy. Der Bericht eines seiner engsten Mitarbeiter (Düsseldorf/Wien 1967), 226–235.

[6] Dankenswerte Mitteilung von Botschafter Dr. Steiner.

[7] Äußerung von Dr. Alfred Maleta im Rahmen einer vom Verfasser im Sommersemester 1963 an der Universität Wien gehaltenen Vorlesung „Österreich von Raab bis Klaus" am 17. 5. 1983.
[8] *Reichhold,* ÖVP, 327f.
[9] Wie Anm. 7.
[10] Die Rede Gorbachs, gehalten auf der Semmeringtagung des Parlamentsklubs der ÖVP am 16. 2. 1961, im NL Figl, K 334.
[11] Über das Ausscheiden Grafs aus dem Verteidigungsministerium informierte den Verfasser dankenswerterweise der ehemalige Adjutant Grafs und jetzige Ministerialrat Dr. Walter Zeininger.
[12] Gesprächsprotokoll Maleta, 23. 3. 1963.
[13] Zur Biographie Gorbachs: *Kriechbaum,* Gorbach, hier Seite 2.
[14] Ebenda, 5.
[15] Ebenda, 9, Brief des Kaplans von Groß St. Florian, Hans Köberl, an Gorbach, 16. 1. 1960.
[16] Ebenda, 23, Anm. 1.
[17] Über die Rolle des Parlaments die ungedruckte Seminararbeit von *A. E. Hofer* (beim Verfasser), Das Parlament in der Großen Koalition: Entscheidungsinstanz oder Abstimmungsmaschine, Univ. Wien (1984).
[18] Stenographische Protokolle des Nationalrates, VIII., G. P., 36. Sitzung, 18. 7. 1957, 1459.
[19] *Kriechbaumer,* Gorbach, 24.
[20] *Vodopivec,* Balkanisierung, 208.
[21] *Erhard Busek,* Die Unvollendete Republik (= Österreich ohne Phrase. Schriften zur politischen Orientierung, hg. Erhard Busek und Meinrad Peterlik, Wien 1968), 89.
[22] Bundes-Polizeidirektion Wien, Lagebericht für Februar und März 1961.
[23] Vgl. dazu 178.
[24] *Klaus,* Macht, 106 und *Kriechbaumer,* Gorbach, 25f.
[25] *Klaus,* Macht, 71.
[26] NL Drimmel, Mappe 1961: Androhung der Demission im Kampf um das Kulturbudget.
[27] Dazu wieder das sehr umfangreiche Material im Nachlaß Drimmel und die Problematik kurz zusammenfassend *Max Neugebauer,* Schulwesen. In: Österreich. Die Zweite Republik II, 323–345.
[28] Zu dieser Grundhaltung *Dachs,* Bundespolitik, 233–261 und *Klaus,* Macht (mehrere Stellen).
[29] Bundes-Polizeidirektion Wien, Lagebericht für Juni und Juli 1961.
[30] Ebenda.
[31] *Kriechbaumer,* Gorbach, 26.
[32] *Straßer,* Der Weg Österreichs, 25.
[33] *Kriechbaumer,* Gorbach, 24. Zum Problem grundsätzlich *Naßmacher,* Regierungssystem, bes. 99–102 und 105–117. Zusätzlich *Hermann Withalm,* Versagt der koalitionsfreie Raum? In: Österreichische Monatshefte (1964), Nr. 5.
[34] *Klaus,* Macht, 59f.
[35] Ebenda, 106.
[36] Dazu grundlegend *Mommsen-Reindl,* Proporzdemokratie. Die Habsburgfrage wird darüber hinausgehend in den meisten der für diesen Zeitabschnitt relevanten Arbeiten behandelt, da sie zum einen symptomatisch für die Verhältnisse in der Großen Koalition und zum anderen für deren Ende war.
[37] *Rainer Leignitz* in: Neues Forum, Nr. 115/16 (1963).
[38] Außer der bereits im Zusammenhang mit dem Raab-Böhm-Abkommen genannten Literatur die entsprechenden Abschnitte, in: Die österreichische Gesellschaft. Entwicklung-Struktur-Probleme, hg. *Erich Bodzenta* (Wien/New York 1972), *Maria Szecsi,* Social Partnership in Austria. In: Modern Austria, hg. Kurt Steiner (Palo Alto 1981), 185–201 und *Egon Matzner,* Funktion der Sozialpartnerschaft. In: Das politische System Österreichs, hg. *Heinz Fischer* (Wien/München/Zürich [3]1982). 429–451 (hier auch weiterführende Literatur).
[39] *Neuhauser,* Die verbandsmäßige Organisation, 77–81 und *Gottfried Heindl,* Die letzten Lebensjahre Julius Raabs. In: Brusatti, Heindl, Julius Raab, 359f.
[40] *Neuhauser,* Die verbandsmäßige Organisation, 80.
[41] Zitiert nach *Vodopivec,* Balkanisierung, 15.

20 Um die Macht

[1] „Information“ (ohne Datum) über den Besuch einer österreichischen Regierungsdelegation in der Sowjetunion vom 28. 6. bis 5. 7. 1962, NL Figl, K 341.

[2] Die hier dargestellte Unterredung fand am 27. 9. 1962 in Washington statt. Der wichtigste Gesprächspartner war Unterstaatssekretär Ball.

[3] *Hölzl,* Propagandaschlachten, 103–116.

[4] *Piringer,* Geschichte, 80f.

[5] NL Figl, K 332, Gedanken zur Regierungsbildung, 19. 11. 1962.

[6] Das war es schließlich, was von seinen Anhängern immer schärfer kritisiert wurde. Gorbach war zu leicht unter Druck zu setzen, wenn ihm mit der Koalitionsfrage gedroht wurde.

[7] *Piringer,* Geschichte, 80f. und *Walter Pollak,* Sozialismus in Österreich. Von der Donaumonarchie bis zur Ära Kreisky (Wien/Düsseldorf 1979), 266.

[8] *Naßmacher,* Regierungssystem, 127 und 207, Anm. 140a. Ferner *Helmut Konrad,* Zur politischen Kultur der Zweiten Republik am Beispiel des „Falles Olah“. In: Geschichte und Gegenwart (1968), Heft 1, 31–53, bes. 41.

[9] *Naßmacher,* Regierungssystem, 127.

[10] *Kriechbaumer,* Gorbach, 29.

[11] *Heinrich Drimmel,* Die Häuser meines Lebens (Wien/München 1975), 340.

[12] *Klaus,* Macht, 141.

[13] *Otto Tschadek,* Jahre der Freiheit. Österreich seit dem Staatsvertrag (Wien/Frankfurt/Zürich 1967), 42f. Dieses zeitweilig mit einem Verbreitungsverbot belegte Buch erregte wegen seiner Einblicke in die Interna vor allem der sozialistischen Parteipolitik und seiner Äußerungen über einzelne Personen Aufsehen.

[14] Ebenda, 43.

[15] Die nachfolgende biographische Skizze nach *Konrad,* Zur politischen Kultur.

[16] *Heindl,* Die letzten Lebensjahre, 361f.

[17] Ebenda, 362.

[18] Zu den Bundespräsidentenwahlen 1963 einiges Material im NL Figl, K 334. Zu Schärf der Abschnitt bei *Stadler,* Schärf, 503–508.

[19] *Heindl,* Die letzten Lebensjahre, 362.

[20] *Mommsen-Reindl,* Proporzdemokratie, 106.

[21] Ebenda und die entsprechenden Abschnitte in den meisten der zeitlich relevanten Arbeiten.

[22] Zur Rolle der FPÖ in der Habsburgkrise: *Piringer,* Geschichte, 85–89.

[23] *Mommsen-Reindl,* Proporzdemokratie, 205 und Die Presse, 10. 7. 1963.

[24] Details bei *Klaus,* Macht, 107–143.

[25] Vertrauliche Informationen für Mitarbeiter der ÖVP, September 1963. Der darin zum Abdruck gekommene Beitrag „Koalition und Demokratie“ ist ein Auszug aus dem Band: *Hermann Withalm und Karl Pisa,* Österreich 1970 – Herausforderung und Antwort (Wien 1963).

[26] Dankenswerte Information durch Minister a. D. Dr. Drimmel.

[27] *Straßer,* Der Weg Österreichs, 43f.

[28] Dazu die sehr gründliche Arbeit von *Gerhard Böhner,* Die Wehrprogrammatik der SPÖ. Rechtswiss. Diss. (Würzburg 1976), bes. 240–251.

[29] Ebenda, 250f.

[30] *Hans Thirring,* Sicherheitsgürtel statt Waffen. Aus einer Denkschrift an das österreichische Volk und seine gewählten Vertreter (Wien 1963) und vom selben Autor: Mehr Sicherheit ohne Waffen (Wien 1963).

[31] NL Figl, K 343, mit dem Vermerk „Konferenz der ÖVP-Chefredakteure f. Mittwoch 26. 2. 1964 – nicht teilgenommen“.

[32] Zum Tod Julius Raabs: *Heindl,* Die letzten Lebensjahre, 364f. Dazu auch *Trost,* Figl, 330 und *Drimmel,* Häuser, 207f.

[33] Kurt *Skalnik,* Republikanische Mitte. Überlegungen und Überzeugungen (Wien/Frankfurt/Zürich, 1966), 128–132. (Kein Requiem in Rotweißrot. Aus: Die Furche, 18. 1. 1964.)

[34] Unterlagen zum Ende der Kanzlerschaft Gorbachs im KVI, Karton „Koalitionsabkommen“. Für die Möglichkeit der Benützung bin ich Mag. Rainer Stepan sehr verbunden. Auch er konnte freilich

keine weitergehende Aktenfreigabe durch das ÖVP-Generalsekretariat erwirken. Ebenfalls zu diesen Vorgängen *Klaus,* Macht, 146f.

[35] *Erika Weinzierl,* Josef Klaus. In: Josef Klaus und der Wiederaufbau Salzburgs, hg. Wolfgang Huber (Salzburg 1980), 7–22.

[36] *Klaus,* Macht, 147.

[37] Ebenda, 148.

[38] *Konrad,* Zur politischen Kultur, 38.

[39] Vgl. dazu 450.

[40] *Konrad* Zur politischen Kultur, 38 und Arbeiter Zeitung, 4. 11. 1964.

21 Der Betriebsunfall

[1] *Klaus,* Macht, 150.

[2] Ebenda, 147f.

[3] *Tschadek,* Jahre der Freiheit, 49.

[4] *Dachs,* Bundespolitik, 254, zitiert nach Salzburger Nachrichten (1960), 28. 11.: *Krainer,* Fruchtbare Koalition ist eine Utopie.

[5] Diese Auffassung spielte im Wahlkampf 1983 eine beträchtliche Rolle und führte – zumindest nach außen hin – dann auch dazu, daß Kreisky nicht an die Spitze einer kleinen Koalition treten wollte.

[6] *Klaus,* Macht, 149.

[7] Zitiert bei *Klaus,* Macht, 152.

[8] Einer im Vordergrund: Taras Borodajkewycz. Eine Dokumentation, hg. *Heinz Fischer* (Wien 1966). Zusammenfassend auch: Rechtsextremismus in Österreich nach 1945, hg. Dokumentationsarchiv des österreichischen Widerstandes (Wien [5]1981), 144f.

[9] *Skalnik,* Republikanische Mitte, 136 (Die Republik „Zweieinhalb"? Aus: Die Furche, 15. 5. 1965).

[10] Jg. 1962, Nr. 4.

[11] Zitiert nach *Gottfried Huber,* Die Krisenjahre der Großen Koalition. Österreichische Innenpolitik 1963/1964. Diplomarbeit (Klagenfurt 1984), 107 und Anm. 374.

[12] Die informativste Arbeit dazu *Gerhard Wanner,* Schiffstaufe Fußach (Bregenz 1980).

[13] Ebenda.

[14] Unterlagen über diesen Vorgang beim Verfasser.

[15] *Alois Brandstetter,* Von den Halbschuhen der Flachländer und der Majestät der Alpen. Frühe Prosa (Salzburg/Wien 1980), 48.

[16] *Erhard Busek/Meinrad Peterlik/Alfred Stirnemann,* Republik und Demokratie. In: Die unvollendete Republik, 151.

[17] *Viktor Ergert,* 50 Jahre Rundfunk in Österreich, Bd. 3 (Salzburg 1977), 174–219.

[18] *Norbert Schausberger,* Franz Jonas. In: Die österreichischen Bundespräsidenten, hg. Friedrich Weissensteiner (Wien 1982), 287.

[19] *Hans Magenschab,* Die Zweite Republik zwischen Kirche und Parteien (Wien/München 1968), 77.

[20] *Schausberger,* Jonas, 290. Gorbach hatte in der Steiermark aber auch gegen besondere Vorbehalte anzukämpfen.

[21] Die Hochwässer begannen Anfang Juni 1965 mit Überschwemmungen in Niederösterreich, Burgenland und Steiermark. Mitte Juni kamen Vorarlberg und Ende Juni Tirol dazu. Bis Ende Juli gab es immer wieder Hochwasseralarme in den genannten Ländern. Dann kamen neue Katastrophenmeldungen aus Kärnten, vor allem im September.

[22] *Otto Schulmeister,* in: Die Presse, 19./20. 2. 1966.

[23] Kurier, 5. 3. 1966.

[24] Der Spiegel, Nr. 50 (1964), 128. Zum Fall Olah aus gewerkschaftlicher Sicht *Fritz Klenner,* Die österreichischen Gewerkschaften. Vergangenheit und Gegenwartsprobleme 3 (Wien 1979), 2451.

[25] Neue Kronen Zeitung, 26. 11. 1964.

[26] Österreichisches Jahrbuch 1966 (Wien 1967), 45.

[27] *Alexander Vodopivec,* Die Quadratur des Kreisky. Österreich zwischen parlamentarischer Demokratie und Gewerkschaftsstaat (Wien/München/Zürich 1973), 296–304.

[28] Salzburger Nachrichten, 21. 3. 1961 (Stalinisten und Pekinger treffen sich in Wien) und Volksstimme, 18. 3., 2., 5., 6. und 14. 4. 1961.

[29] Die Presse, 13. 12. 1965: *Hans Thür,* Parole heißt Aktionseinheit.

[30] Zitiert nach *Robert Kriechbaumer,* Österreichs Innenpolitik 1970–1975 (= Österreichisches Jahrbuch für Politik, Sonderband 1, München/Wien 1981), 6.

[31] *Magenschab,* Zweite Republik, 95.

[32] *Ladislav Bittmann,* Geheimwaffe D (Bern 1973), 81.

[33] *Klaus,* Macht, 110–121.

[34] *Naßmacher,* Regierungssystem, 130–134.

[35] *Sabine Huber,* Politische Skandale in Österreich 1955–1970, Seminararbeit beim Verfasser (Univ. Wien, Wintersemester 1982/83).

[36] *Klaus,* Macht, 154.

[37] *Naßmacher,* Regierungssystem, 138f. Dazu auch ein umfangreicheres Konvolut von Unterlagen (Grundsatzpapiere, Verhandlungsniederschriften) im KVI, Karton „Koalitionsabkommen“.

[38] Das wurde von ihm in den Verhandlungen aber auch bei den Referaten vor SPÖ-Parteigremien unmißverständlich gesagt. Vgl. dazu Protokolle des außerordentlichen Parteitages der SPÖ 1966, 181, Rede Dr. Kreisky.

[39] Ebenda.

Anhang 1

Nationalratswahlen und Zusammensetzung des Nationalrates 1945–1966

	Stimmen (Mandate in Klammern)				
	Österreichische Volkspartei	Sozialistische Partei Österreichs	Kommunistische Partei Österreichs	Wahlpartei d. Unabhängigen (ab 1956 Freiheitliche Partei Österreichs)	Demokratisch Fortschrittliche Partei
25. 11. 1945	1,602.227	1,434.898	174.257	–	–
	(85)	(76)	(4)	(–)	(–)
9. 10. 1949	1,846.581	1,623.524	213.066	489.273	–
	(77)	(67)	(5)	(16)	(–)
22. 2. 1953	1,781.777	1,818.517	228.159	472.866	–
	(74)	(73)	(4)	(14)	(–)
13. 5. 1956	1,999.986	1,873.295	192.438	283.749	–
	(82)	(74)	(3)	(6)	(–)
10. 5. 1959	1,928.043	1,953.935	142.578	336.110	–
	(79)	(78)	(–)	(8)	(–)
18. 11. 1962	2,024.501	1,960.685	135.520	313.895	–
	(81)	(76)	(–)	(8)	(–)
6. 3. 1966	2,191.109	1,928.985	18.636	242.570	148.528
	(85)	(74)	(–)	(6)	(–)

Anhang 2

Die Bundesregierungen vom 27. April 1945 bis 19. April 1966

(Die Zusammenstellung erfolgt nach dem Österreichischen Amtskalender.)

Renner (IV)

Provisorische Staatsregierung
27. April 1945 bis 20. Dezember 1945

Staatskanzlei

Staatskanzler: Dr. Karl Renner
Staatssekretär (ohne Portefeuille): Dr. Adolf Schärf
Staatssekretär (ohne Portefeuille): Dipl.-Ing. Leopold Figl
Staatssekretär (ohne Portefeuille): Johann Koplenig
Unterstaatssekretär (für Heerwesen): Franz Winterer
Unterstaatssekretär: Dr. Heinrich Herglotz (seit 4. Mai 1945)
Unterstaatssekretär (für Äußeres): Dr. Karl Gruber (seit 26. September 1945)

Staatsamt für Inneres

Staatssekretär: Franz Honner
Unterstaatssekretär: Oskar Helmer
Unterstaatssekretär: Raoul Bumballa
Unterstaatssekretär: Dr. Josef Sommer (seit 26. September 1945)

Staatsamt für Justiz

Staatssekretär: Dr. Josef Gerö
Unterstaatssekretär: Dr. Karl Altmann
Unterstaatssekretär: Dr. Max Scheffenegger
Unterstaatssekretär: Dr. Ferdinand Nagl

Staatsamt für Volksaufklärung, für Unterricht und Erziehung und für Kultusangelegenheiten

Staatssekretär: Dr. Ernst Fischer
Unterstaatssekretär: Dr. Karl Lugmayer
Unterstaatssekretär: Josef Enslein
Unterstaatssekretär (für Kultus): DDr. Ernst Hefel

Staatsamt für soziale Verwaltung

Staatssekretär: Johann Böhm
Unterstaatssekretär: Dr. Franz David
Unterstaatssekretär: Alois Weinberger

Staatsamt für Finanzen

Staatssekretär: Dr. Georg Zimmermann
Unterstaatssekretär: Dr. Hans Rizzi (seit 4. Mai 1945)

Staatsamt für Land- und Forstwirtschaft

Staatssekretär: Rudolf Buchinger (bis 26. September 1945)
Unterstaatssekretär: Josef Kraus (seit 26. September 1945)
Unterstaatssekretär: Alois Mentasti
Unterstaatssekretär: Laurenz Genner

Staatsamt für Industrie, Gewerbe, Handel und Verkehr

Staatssekretär: Eduard Heinl
Unterstaatssekretär: Dipl.-Ing. Karl Waldbrunner
Unterstaatssekretär: Hermann Lichtenegger (seit 4. Mai 1945)

Staatsamt für Volksernährung

Staatssekretär: Andreas Korp
Unterstaatssekretär: Helene Postranecky
Unterstaatssekretär: Josef Kraus (bis 26. September 1945)
Unterstaatssekretär: Ernst Winsauer (seit 26. September 1945)

Staatsamt für öffentliche Bauten

Staatssekretär: Julius Raab
Unterstaatssekretär: Heinrich Schneidmadl
Unterstaatssekretär: Otto Mödlagl (seit 4. Mai 1945)

Staatsamt für Vermögenssicherung und Wirtschaftsplanung

Staatssekretär: Vinzenz Schumy (seit 26. September 1945)
Unterstaatssekretär: Franz Rauscher (seit 26. September 1945)
Unterstaatssekretär: Dr. Alfred Neumann (seit 26. September 1945)

Figl (I)

20. Dezember 1945 bis 11. Oktober 1949;
mit der Fortführung der Geschäfte betraut bis 8. November 1949

Bundeskanzleramt

Bundeskanzler: Dipl.-Ing. Leopold Figl
Vizekanzler: Dr. Adolf Schärf
Bundesminister (für die Auswärtigen Angelegenheiten): Dr. Karl Gruber
Bundesminister (im Bundeskanzleramt): Alois Weinberger (bis 11. Jänner 1947)
Bundesminister (im Bundeskanzleramt): Erwin Altenburger (seit 11. Jänner 1947)

Bundesministerium für Inneres

Bundesminister: Oskar Helmer
Staatssekretär: Ferdinand Graf

Bundesministerium für Justiz

Bundesminister: Dr. Josef Gerö

Bundesministerium für Unterricht

Bundesminister: Dr. Felix Hurdes

Bundesministerium für soziale Verwaltung

Bundesminister: Karl Maisel

Bundesministerium für Finanzen

Bundesminister: Dr. Georg Zimmermann

Bundesministerium für Land- und Forstwirtschaft

Bundesminister: Josef Kraus

Bundesministerium für Handel und Wiederaufbau

Bundesminister: Dr. Eugen Fleischhacker (bis 31. Mai 1946)
Bundesminister: Eduard Heinl (seit 31. Mai 1946 bis 18. Februar 1948)
Bundesminister: Dr. Ernst Kolb (seit 18. Februar 1948)

Bundesministerium für Volksernährung

Bundesminister: Dr. Hans Frenzel (bis 11. Jänner 1947)
Bundesminister: Otto Sagmeister (seit 11. Jänner 1947)

Bundesministerium für Vermögenssicherung und Wirtschaftsplanung

Bundesminister: Dr. Peter Krauland
Staatssekretär: Dipl.-Ing. Karl Waldbrunner (bis 28. März 1946)
Staatssekretär: Franz Rauscher (seit 28. März 1946 bis 11. Jänner 1947)
Staatssekretär: Karl Mantler (seit 11. Jänner 1947)

Bundesministerium für Verkehr

Bundesminister: Vinzenz Übeleis

Bundesministerium für Elektrifizierung und Energiewirtschaft

Bundesminister: Dr. Karl Altmann (bis 20. November 1947)
Mit der Leitung betraut: Eduard Heinl (seit 20. Nov. 1947 bis 24. Nov. 1947)
Bundesminister: Dr. Alfred Migsch (seit 24. November 1947)

Figl (II)

8. November 1949 bis 28. Oktober 1952

Bundeskanzleramt

Bundeskanzler: Dipl.-Ing. Leopold Figl
Vizekanzler: Dr. Adolf Schärf
Bundesminister (für die Auswärtigen Angelegenheiten): Dr. Karl Gruber

Bundesministerium für Inneres

Bundesminister: Oskar Helmer
Staatssekretär: Ferdinand Graf
Staatssekretär: Andreas Korp (seit 23. Jänner 1952)

Bundesministerium für Justiz

Bundesminister: Dr. Otto Tschadek (bis 16. September 1952)
Bundesminister: Dr. Josef Gerö (seit 16. September 1952)

Bundesministerium für Unterricht

Bundesminister: Dr. Felix Hurdes (bis 23. Jänner 1952)
Bundesminister: Dr. Ernst Kolb (seit 23. Jänner 1952)

Bundesministerium für soziale Verwaltung

Bundesminister: Karl Maisel

Bundesministerium für Finanzen

Bundesminister: Dr. Eugen Margarétha (bis 23. Jänner 1952)
Bundesminister: Dr. Reinhard Kamitz (seit 23. Jänner 1952)

Bundesministerium für Land- und Forstwirtschaft

Bundesminister: Josef Kraus (bis 23. Jänner 1952)
Bundesminister: Franz Thoma (seit 23. Jänner 1952)

Bundesministerium für Handel und Wiederaufbau

Bundesminister: Dr. Ernst Kolb (bis 23. Jänner 1952)
Bundesminister: Josef C. Böck-Greissau (seit 23. Jänner 1952)
Staatssekretär: Dr. Fritz Bock (seit 23. Jänner 1952)

Bundesministerium für Verkehr und verstaatlichte Betriebe

Bundesminister: Dipl.-Ing. Karl Waldbrunner
Staatssekretär: Vinzenz Übeleis

Figl (III)

28. Oktober 1952 bis 25. Februar 1953; mit der Fortführung der Geschäfte betraut bis 2. April 1953

Bundeskanzleramt

Bundeskanzler: Dipl.-Ing. Leopold Figl
Vizekanzler: Dr. Adolf Schärf
Bundesminister (für die Auswärtigen Angelegenheiten): Dr. Karl Gruber

Bundesministerium für Inneres

Bundesminister: Oskar Helmer
Staatssekretär: Ferdinand Graf
Staatssekretär: Andreas Korp

Bundesministerium für Justiz

Bundesminister: Dr. Josef Gerö

Bundesministerium für Unterricht

Bundesminister: Dr. Ernst Kolb

Bundesministerium für soziale Verwaltung

Bundesminister: Karl Maisel

Bundesministerium für Finanzen

Bundesminister: Dr. Reinhard Kamitz

Bundesministerium für Land- und Forstwirtschaft

Bundesminister: Franz Thoma

Bundesministerium für Handel und Wiederaufbau

Bundesminister: Josef C. Böck-Greissau
Staatssekretär: Dr. Fritz Bock

Bundesministerium für Verkehr und verstaatlichte Betriebe

Bundesminister: Dipl.-Ing. Karl Waldbrunner
Staatssekretär: Vinzenz Übeleis

Raab (I)

vom 2. April 1953 bis 14. Mai 1956; mit der Fortführung der Geschäfte betraut bis 29. Juni 1956

Bundeskanzleramt

Bundeskanzler: Julius Raab
Vizekanzler: Dr. Adolf Schärf
Bundesminister (für die Auswärtigen Angelegenheiten): Dr. Karl Gruber (bis 26. Nov. 1953)
Bundesminister (für die Auswärtigen Angelegenheiten): Dipl.-Ing. Leopold Figl (seit 26. Nov. 1953)
Staatssekretär (für die Auswärtigen Angelegenheiten): Dr. Bruno Kreisky

Bundesministerium für Inneres

Bundesminister: Oskar Helmer
Staatssekretär: Ferdinand Graf

Bundesministerium für Justiz

Bundesminister: Dr. Josef Gerö (bis 28. Dezember 1954)
Bundesminister: Dr. Hans Kapfer (seit 17. Jänner 1955)

Bundesministerium für Unterricht

Bundesminister: Dr. Ernst Kolb (bis 31. Oktober 1954)
Bundesminister: Dr. Heinrich Drimmel (seit 1. November 1954)

Bundesministerium für soziale Verwaltung

Bundesminister: Karl Maisel (bis 23. Jänner 1956)
Bundesminister: Anton Proksch (seit 23. Jänner 1956)

Bundesministerium für Finanzen

Bundesminister: Dr. Reinhard Kamitz
Staatssekretär: Dr. Fritz Bock (seit 7. Juli 1955)

Bundesministerium für Land- und Forstwirtschaft

Bundesminister: Franz Thoma

Bundesministerium für Handel und Wiederaufbau

Bundesminister: Josef C. Böck-Greissau (bis 21. April 1953)
Mit der Führung der Geschäfte betraut: Julius Raab (21. April 1953 bis 28. April 1953)
Bundesminister: DDDr. Udo Illig (seit 28. April 1953)
Staatssekretär: Dr. Fritz Bock (bis 7. Juli 1955)
Staatssekretär: Dipl.-Ing. Raimund Gehart (bis 31. Juli 1954)
Staatssekretär: Dr. Rudolf Fischer (seit 2. August 1954)

Bundesministerium für Verkehr und verstaatlichte Betriebe

Bundesminister: Dipl.-Ing. Karl Waldbrunner

Raab (II)

vom 29. Juni 1956 bis 12. Mai 1959; mit der Fortführung der Geschäfte betraut bis 16. Juli 1959

Bundeskanzleramt

Bundeskanzler: Julius Raab
Vizekanzler: Dr. Adolf Schärf (bis 22. Mai 1957)
Vizekanzler: DDr. Bruno Pittermann (seit 22. Mai 1957)
Bundesminister (für die Auswärtigen Angelegenheiten): Dipl.-Ing. Leopold Figl (bis 10. Juni 1959), mit der Leitung der Auswärtigen Angelegenheiten betraut: Julius Raab (seit 10. Juni 1959)
Staatssekretär (für die Auswärtigen Angelegenheiten): Dr. Bruno Kreisky
Staatssekretär (für die Auswärtigen Angelegenheiten): Dr. Franz Gschnitzer
Bundesminister (für die Angelegenheiten der Landesverteidigung): Ferdinand Graf (bis 15. Juli 1956)
Staatssekretär (für die Angelegenheiten der Landesverteidigung): Dr. Karl Stephani (bis 15. Juli 1956)

Bundesministerium für Inneres

Bundesminister: Oskar Helmer
Staatssekretär: Franz Grubhofer

Bundesministerium für Justiz

Bundesminister: Dr. Otto Tschadek

Bundesministerium für Unterricht

Bundesminister: Dr. Heinrich Drimmel

Bundesministerium für soziale Verwaltung

Bundesminister: Anton Proksch

Bundesministerium für Finanzen

Bundesminister: Dr. Reinhard Kamitz
Staatssekretär: Dr. Fritz Bock (bis 19. September 1956)
Staatssekretär: Dr. Hermann Withalm (seit 12. Oktober 1956)

Bundesministerium für Land- und Forstwirtschaft

Bundesminister: Franz Thoma

Bundesministerium für Handel und Wiederaufbau

Bundesminister: DDDr. Udo Illig (bis 19. September 1956)
Bundesminister: Dr. Fritz Bock (seit 19. September 1956)
Staatssekretär: Eduard Weikhart

Bundesministerium für Verkehr und Elektrizitätswirtschaft

Bundesminister: Dipl.-Ing. Karl Waldbrunner

Bundesministerium für Landesverteidigung

Bundesminister: Ferdinand Graf (seit 15. Juli 1956)
Staatssekretär: Dr. Karl Stephani (seit 15. Juli 1956)

Raab (III)

vom 16. Juli 1959 bis 3. November 1960

Bundeskanzleramt

Bundeskanzler: Julius Raab
Vizekanzler: DDr. Bruno Pittermann (seit 29. Juli 1959)
Bundesminister (für die Auswärtigen Angelegenheiten): Dr. Bruno Kreisky (bis 31. Juli 1959)
Staatssekretär (für die Auswärtigen Angelegenheiten): Dr. Franz Gschnitzer (bis 31. Juli 1959)

Bundesministerium für Inneres

Bundesminister: Josef Afritsch
Staatssekretär: Franz Grubhofer

Bundesministerium für Justiz

Bundesminister: Dr. Otto Tschadek (bis 23. Juni 1960)
Bundesminister: Dr. Christian Broda (seit 23. Juni 1960)

Bundesministerium für Unterricht

Bundesminister: Dr. Heinrich Drimmel

Bundesministerium für soziale Verwaltung

Bundesminister: Anton Proksch

Bundesministerium für Finanzen

Bundesminister: Dr. Reinhard Kamitz (bis 17. Juni 1960)
Bundesminister: Dr. Eduard Heilingsetzer (seit 17. Juni 1960)

Bundesministerium für Land- und Forstwirtschaft

Bundesminister: Dipl.-Ing. Eduard Hartmann

Bundesministerium für Handel und Wiederaufbau

Bundesminister: Dr. Fritz Bock
Staatssekretär: Eduard Weikhart

Bundesministerium für Verkehr und Elektrizitätswirtschaft

Bundesminister: Dipl.-Ing. Karl Waldbrunner

Bundesministerium für Landesverteidigung

Bundesminister: Ferdinand Graf
Staatssekretär: Max Eibegger (bis 19. Oktober 1959)
Staatssekretär: Otto Rösch (seit 19. Oktober 1959)

Bundesministerium für Auswärtige Angelegenheiten

Bundesminister: Dr. Bruno Kreisky (seit 31. Juli 1959)
Staatssekretär: Dr. Franz Gschnitzer (seit 31. Juli 1959)

Raab (IV)

vom 3. November 1960 bis 11. April 1961

Bundeskanzleramt

Bundeskanzler: Julius Raab
Vizekanzler: DDr. Bruno Pittermann

Bundesministerium für Inneres

Bundesminister: Josef Afritsch
Staatssekretär: Franz Grubhofer

Bundesministerium für Justiz

Bundesminister: Dr. Christian Broda

Bundesministerium für Unterricht

Bundesminister: Dr. Heinrich Drimmel

Bundesministerium für soziale Verwaltung

Bundesminister: Anton Proksch

Bundesministerium für Finanzen

Bundesminister: Dr. Eduard Heilingsetzer

Bundesministerium für Land- und Forstwirtschaft

Bundesminister: Dipl.-Ing. Eduard Hartmann

Bundesministerium für Handel und Wiederaufbau

Bundesminister: Dr. Fritz Bock
Staatssekretär: Eduard Weikhart

Bundesministerium für Verkehr und Elektrizitätswirtschaft

Bundesminister: Dipl.-Ing. Karl Waldbrunner

Bundesministerium für Landesverteidigung

Bundesminister: Ferdinand Graf
Staatssekretär: Otto Rösch

Bundesministerium für Auswärtige Angelegenheiten

Bundesminister: Dr. Bruno Kreisky
Staatssekretär: Dr. Franz Gschnitzer

Gorbach (I)

vom 11. April 1961 bis 20. November 1962; mit der Fortführung der Geschäfte betraut bis 27. März 1963

Bundeskanzleramt

Bundeskanzler: Dr. Alfons Gorbach
Vizekanzler: DDr. Bruno Pittermann

Bundesministerium für Inneres

Bundesminister: Josef Afritsch
Staatssekretär: Dr. Otto Kranzlmayr

Bundesministerium für Justiz

Bundesminister: Dr. Christian Broda

Bundesministerium für Unterricht

Bundesminister: Dr. Heinrich Drimmel

Bundesministerium für soziale Verwaltung

Bundesminister: Anton Proksch

Bundesministerium für Finanzen

Bundesminister: Dr. Josef Klaus

Bundesministerium für Land- und Forstwirtschaft

Bundesminister: Dipl.-Ing. Eduard Hartmann

Bundesminister für Handel und Wiederaufbau:

Bundesminister: Dr. Fritz Bock
Staatssekretär: Eduard Weikhart

Bundesministerium für Verkehr und Elektrizitätswirtschaft

Bundesminister: Dipl.-Ing. Karl Waldbrunner (bis 14. Dezember 1962)
mit der Leitung betraut: DDr. Bruno Pittermann (seit 14. Dezember 1962)

Bundesministerium für Landesverteidigung

Bundesminister: Dipl.-Ing. Dr. Karl Schleinzer
Staatssekretär: Otto Rösch

Bundesministerium für Auswärtige Angelegenheiten

Bundesminister: Dr. Bruno Kreisky
Staatssekretär: Dr. Ludwig Steiner

Gorbach (II)

vom 27. März 1963 bis 2. April 1964

Bundeskanzleramt

Bundeskanzler: Dr. Alfons Gorbach (bis 25. Februar 1964)
Mit der Weiterführung der Geschäfte betraut: (bis 2. April 1964)
Vizekanzler: DDr. Bruno Pittermann

Bundesministerium für Inneres

Bundesminister: Franz Olah
Staatssekretär: Dr. Otto Kranzlmayr (bis 5. November 1963)
Staatssekretär: Franz Soronics (seit 5. November 1963)

Bundesministerium für Justiz

Bundesminister: Dr. Christian Broda
Staatssekretär: Dr. Franz Hetzenauer

Bundesministerium für Unterricht

Bundesminister: Dr. Heinrich Drimmel

Bundesministerium für soziale Verwaltung

Bundesminister: Anton Proksch

Bundesministerium für Finanzen

Bundesminister: Dr. Franz Korinek

Bundesministerium für Land- und Forstwirtschaft

Bundesminister: Dipl.-Ing. Eduard Hartmann

Bundesministerium für Handel und Wiederaufbau

Bundesminister: Dr. Fritz Bock
Staatssekretär: Eduard Weikhart
Staatssekretär: Dr. Vinzenz Kotzina

Bundesministerium für Verkehr und Elektrizitätswirtschaft

Bundesminister: Otto Probst

Bundesministerium für Landesverteidigung

Bundesminister: Dipl.-Ing. Dr. Karl Schleinzer
Staatssekretär: Otto Rösch

Bundesministerium für Auswärtige Angelegenheiten

Bundesminister: Dr. Bruno Kreisky
Staatssekretär: Dr. Ludwig Steiner

Klaus (I)

vom 2. April 1964 bis 25. Oktober 1965; mit der Fortführung der Geschäfte betraut bis 19. April 1966

Bundeskanzleramt

Bundesminister Dr. Josef Klaus
Vizekanzler: DDr. Bruno Pittermann

Bundesministerium für Inneres

Bundesminister: Franz Olah (bis 21. September 1964)
Bundesminister: Hans Czettel (seit 21. September 1964)
Staatssekretär: Franz Soronics

Bundesministerium für Justiz

Bundesminister: Dr. Christian Broda
Staatssekretär: Dr. Franz Hetzenauer

Bundesministerium für Unterricht

Bundesminister: Dr. Theodor Piffl-Perčević

Bundesministerium für soziale Verwaltung

Bundesminister: Anton Proksch

Bundesministerium für Finanzen

Bundesminister: Dr. Wolfgang Schmitz

Bundesministerium für Land- und Forstwirtschaft

Bundesminister: Dipl.-Ing. Dr. Karl Schleinzer

Bundesministerium für Handel und Wiederaufbau

Bundesminister: Dr. Fritz Bock
Staatssekretär: Eduard Weikhart
Staatssekretär: Dr. Vinzenz Kotzina

Bundesministerium für Verkehr und Elektrizitätswirtschaft

Bundesminister: Otto Probst

Bundesministerium für Landesverteidigung

Bundesminister: Dr. Georg Prader
Staatssekretär: Otto Rösch

Bundesministerium für Auswärtige Angelegenheiten

Bundesminister: Dr. Bruno Kreisky
Staatssekretär: Dr. Carl H. Bobleter

Anhang 3

Die Koalitionsabkommen 1945–1963

Vorbemerkungen:

Seit 1945 wurde die Zusammenarbeit der politischen Parteien – und nicht nur der Regierungen – durch Abkommen geregelt. Damit wurden Arbeitsgrundlagen geschaffen, in denen grundsätzliche Fragen der Aufteilung des Einflusses, der Teilung der politischen Macht und der Funktionsmechanismen festgeschrieben waren. Schließlich wurden auch Absichtserklärungen in die Abkommen aufgenommen.

Die Provisorische Staatsregierung hatte als einzige Koalitionsregierung der Zweiten Republik kein Koalitionsabkommen zur Grundlage. Doch bereits die Regierung Figl I legte die wesentlichen Grundsätze der Zusammenarbeit in einem Koalitionsabkommen nieder. Dieses soll zwar nur mündlich abgeschlossen worden sein, doch ist nahezu auszuschließen, daß es lediglich eine mündliche Absprache gab. Eine vielleicht nur formlose schriftliche Fixierung war schon deshalb notwendig, weil man sich bei Meinungsverschiedenheiten über das einmal Besprochene auf irgend etwas berufen können mußte. Obgleich aber bis jetzt keine derartige schriftliche Fixierung des Arbeitsübereinkommens aufgetaucht ist, sind die wesentlichsten Punkte des ersten Koalitionsübereinkommens verhältnismäßig genau zu bezeichnen.

Ab 1949 wurden die Koalitionsabkommen schriftlich und in aller Form niedergelegt, wenngleich zunächst nicht publiziert. Dabei dürfte vor allem ausschlaggebend gewesen sein, daß man den Besatzungsmächten keine Einflußmöglichkeit auf diese Vereinbarungen einräumen wollte. Dabei blieb das Abkommen von 1949 bis jetzt weitestgehend unbekannt und erst das dritte Koalitionsabkommen, jenes von 1953, das zwar auch geheim bleiben sollte, wurde am 9. Jänner 1954 durch eine Indiskretion publik. Daraufhin wurde von der Geheimhaltung der Koalitionsabkommen überhaupt abgegangen. Ab 1956 finden sich sämtliche Abkommen publiziert. Bei der amtlichen Veröffentlichung des Abkommens von 1956 fehlte jedoch noch immer ein Abschnitt über die Kompetenzverteilung. Somit wurden lediglich die Koalitionsabkommen von 1959 und 1963 wirklich im vollen Umfang und verhältnismäßig rasch veröffentlicht.

1. Abkommen vom Dezember 1945[1]

Der Proporz soll nicht nur bei der Bildung der Bundes-, sondern auch bei der Bildung der Landesregierungen und bei den Gemeindeverwaltungen gelten.

Staatssekretäre sollen nur in Ausnahmefällen neben dem Minister bestellt werden.

Das Programm der Parteien soll in der Erklärung der Regierung im Nationalrat seinen Ausdruck finden.

Die Österreichische Volkspartei bietet den Sozialisten folgende Funktionen an: Das Amt des

[1] Das genaue Datum des Abschlusses ist unbekannt. Nachforschungen im Dr.-Karl-Renner-Institut der SPÖ, im Karl-von-Vogelsang-Institut der ÖVP und im Generalsekretariat der ÖVP förderten nicht den geringsten Anhalt für ein schriftliches Abkommen zutage. Die inhaltliche Fixierung der Vereinbarung zwischen ÖVP undf SPÖ bei Schärf, Österreichs Erneuerung, 82f. Schärf führte an, daß diese Vereinbarung nur zwischen Volkspartei und Sozialisten getroffen worden sei und vermutete, daß zwischen Volkspartei und Kommunisten eine separate Vereinbarung geschlossen wurde. Zwischen Sozialisten und Kommunisten sei hingegen kein Abkommen entstanden. Es hat den Anschein, daß Schärf vor allem jene Punkte aufzählte, die der SPÖ zugute kamen.
Im folgenden wird der von Schärf wiedergegebene Inhalt etwas anders gegliedert und sprachlich an die nachfolgenden Koalitionsübereinkommen angeglichen sowie geringfügig ergänzt.

Bundespräsidenten unter der Voraussetzung, daß dafür Dr. Renner vorgeschlagen werde,
das Amt des Vizekanzlers,
dann die Ministerien für Inneres, für soziale Verwaltung, für Volksernährung und für Verkehr, ferner das Justizministerium.

Die Volkspartei behält sich den Bundeskanzler vor, einen Minister ohne Portefeuille, einen Minister für Äußeres, dann die Ministerien für Unterricht, für Land- und Forstwirtschaft, für Handel und Wiederaufbau, für Vermögenssicherung und Wirtschaftsplanung und das Finanzministerium.

Ein Vertreter der Volkspartei soll in das Innenministerium, ein Sozialist in das Planungsministerium als Staatssekretär berufen werden.

Beide Parteien einigen sich darauf, in das Justizministerium und in das Finanzministerium – unbeschadet des Anspruchs der Parteien auf diese Ressorts – nicht Politiker, sondern beamtete Fachmänner zu berufen.

Den Kommunisten soll ein Minister ohne Portefeuille, allenfalls ein zu schaffendes Ministerium für Elektrifizierung eingeräumt werden. Die Sozialisten und die Volkspartei sind sich darüber einig, daß die Kommunisten in der Regierung vertreten sein sollten, obwohl ihre parlamentarische Stärke ihnen einen Anspruch darauf nicht gibt. Es wird ein Verbindungsausschuß (Koalitionsausschuß) gebildet, dem die Austragung von Meinungsverschiedenheiten und die Vorbereitung von Gesetzesentwürfen obliegt.[2]

Für das den Arbeiterorganisationen im März 1934 rechtswidrig entzogene Vermögen soll Ersatz geleistet werden. Bei der Bestellung von staatlichem Vertretungspersonal im Ausland soll einvernehmlich vorgegangen werden.

Die Schaffung eines einheitlichen Dienst- und Besoldungsrechtes für die Lehrpersonen wird in Aussicht genommen. Der Stadt Wien soll die Wiedererrichtung eines Stadtschulrates mit sozialistischer Mehrheit ermöglicht werden. Der Gemeinde Wien soll, wenn die Sozialistische Partei es verlangt, durch eine Änderung der Verfassung die Einrichtung einer zweiten Instanz ermöglicht werden.

Abmachungen über die Beamtenbesoldung, über die Behandlung der Nationalsozialisten sowie über die Verstaatlichung werden in Aussicht genommen, ebenso weitere Besprechungen über die Verwaltungsorgane der Arbeiterkammern, der Krankenkassen, der Gewerkschaften und über die Betriebsräte.

2. Abkommen vom 6. November 1949

Vereinbarung[3]
zwischen der Österreichischen Volkspartei und der Sozialistischen Partei Österreichs vom 6. November 1949 anläßlich der Regierungsbildung.

I. Grundsätze der Zusammenarbeit:

1. Die ÖVP und die SPÖ bilden eine Regierung zu zweit, also unter Ausschließung dritter Parteien.
2. Im Verhältnis zwischen ÖVP und SPÖ gilt der bei den Wahlen am 9. Oktober 1949 erzielte Proporz. Dieser Proporz ist auch bei den Vorschlägen für Leitungsfunktionen der verstaatlichten Unternehmungen anzuwenden.

---

[2] Eine Passage dieser Textierung muß enthalten gewesen sein, auch wenn dies von Schärf nicht erwähnt wird. In den von Herbert Kraus 1947 angestellten Umfragen über die Ursachen der Unzufriedenheit mit den politischen Parteien und mit der Koalition spielte jedoch die Existenz eines Koalitionsausschusses eine Rolle. Dieser Auschuß könnte auch mit dem aus der „Formula Krauland" bekannten Vermittlungsausschuß ident sein.

[3] Gedruckt in: Wahlen und Parteien in Österreich. Österreichisches Wahlhandbuch, hg. Rodney Stiefbold, Arlette Leupold-Löwenthal u. a., Band 4 (Wien 1968), D 24: Georg Ress, Ergänzende Dokumentation der Koalitionsübereinkommen D 214–217. Das Abkommen war am 6. November 1949 fertiggestellt, wurde aber offenbar erst drei Tage später geringfügig korrigiert zu Protokoll gegeben.

3. Die Zusammenarbeit der beiden Parteien gilt für die Dauer der Legislaturperiode. Neuwahlen vor Ablauf der Legislaturperiode können nur im Einvernehmen beider Parteien festgelegt werden. Die nächsten Wahlen werden von dem von den beiden Parteien gebildeten Kabinett durchgeführt.
4. Die Zusammenarbeit wirkt sich auch auf die Landesregierungen und die Gemeinden von mehr als 10.000 Einwohnern aus. Die Grundsätze des Proporzes und der sich daraus ergebenden Zusammenarbeit der ÖVP und der SPÖ gelten auch für die Landesregierungen und Gemeinden von mehr als 10.000 Einwohnern, soweit nicht durch gesetzliche Bestimmungen oder höhere Gewalt (Besatzungsmacht) die Durchführung dieser Grundsätze unmöglich gemacht wird.
5. Verkleinerungen von Landesregierungen mit der Spitze gegen eine der beiden Regierungsparteien haben zu unterbleiben.
6. Personen, die für leitende Funktionen in verstaatlichten Unternehmungen berufen werden, haben die fachlichen und sachlichen Voraussetzungen mitzubringen.
7. Es wird je 1 Verbindungsausschuß
   a) der beiden Parteien,
   b) ihrer Fraktionen in der Regierung,
   c) ihrer Fraktionen im Nationalrat und im Bundesrat

gebildet, denen die Austragung von Meinungsverschiedenheiten und die Vorbereitung von Gesetzesentwürfen und -anträgen obliegt.

II. Neubildung der Regierung:

1. Die Bundes*regierung* soll bestehen aus:
   1. dem Bundeskanzler,
   2. dem Vizekanzler,
   3. dem Bundesminister für Inneres,
   4. dem Bundesminister für Justiz,
   5. dem Bundesminister für Unterricht,
   6. dem Bundesminister für soziale Verwaltung
   7. dem Bundesminister für Finanzen,
   8. dem Bundesminister für Land- und Forstwirtschaft,
   9. dem Bundesminister für Handel und Wiederaufbau,
   10. dem Bundesminister für Auswärtige Angelegenheiten,
   11. dem Bundesminister für Verkehr und verstaatlichte Betriebe,
   12. dem Staatssekretär im Bundesministerium für Inneres,
   13. dem Staatssekretär für die Bundesbahnen.
2. Das Bundesministerium für *Volksernährung* wird aufgelassen.
   Bis zum Ablauf des Lebensmittelbewirtschaftungsgesetzes 1948 (31. Dezember 1949), des Wirtschaftsverbändegesetzes, des Preisregelungsgesetzes, des Lebensmittelaufbringungsgesetzes und der landwirtschaftlichen Kontingentierungsverordnung sollen die in diesen Gesetzen für das bisherige Ernährungsministerium vorgesehenen Kompetenzen auf das Innenministerium übergehen.

   I. Weiters wurde ein Einvernehmen darüber erzielt, daß auf Grund einer Parteienvereinbarung nach Ablauf obiger Gesetze für die Fortführung der noch notwendigen Lebensmittelbewirtschaftung und Preisregelung, soweit es Lebensmittel betrifft, eine Kommission errichtet werden soll, deren Führung ein höherer Beamter innehaben soll. Die Kommission setzt sich zusammen aus Vertretern der drei Kammern und des Gewerkschaftsbundes. Die Kommission kann in fachlichen Fragen weitere Experten beiziehen. Die Beschlüsse der Kommission bedürfen der Einstimmigkeit. Stimmberechtigt sind nur die Vertreter der delegierenden Organisationen (der leitende Beamte stimmt nicht mit). Für den Fall des einstimmigen Beschlusses, ist für die Durchführung, soweit es sich nur um Fragen der Aufbringung und Produktionsplanung handelt, der Landwirtschaftsminister, hinsichtlich der Preisregelung und Verteilung der Innenminister zuständig. Für den Fall, daß die Kommission zu keinem einstimmigen Beschluß kommt, ist die Angelegenheit dem Ministerrat zur Entscheidung vorzubringen. Für die Vorlage hinsichtlich Aufbringung und Produktionsplanung ist der Landwirtschaftsminister verpflichtet, für die Preisregelung und Verteilung der Innenminister.

II. Die Kommission hat zur Aufgabe:
1. Die Bedarfsplanung zu erstellen durch Aufstellung von jährlichen Bedarfsdeckungsplänen. Sie wird die Feststellung treffen, wieviel aus der eigenen Produktion für den Verbrauch verfügbare Lebensmittel vorhanden sind. Die Lebensmitteleinfuhr sowohl aus regulären Handelsgeschäften als auch aus der Marshall-Plan-Hilfe festsetzen.
2. Die Lenkung und Verteilung der Lebensmittel im großen durch Festsetzung der Transportscheinpflicht, Bezugsscheinpflicht und sonstiger Verteilungsvorschriften und Gütevorschriften.
3. Be- und Verarbeitung, Lenkung und Vorratshaltung von Lebensmitteln.
4. Lenkung und Verteilung im kleinen:
a) Bezugsscheinpflicht,
b) Rationierung
5. Beobachtung und Regelung der Preise:
a) Festsetzung der Produzentenpreise,
b) Festsetzung der Preise für ERP-Lebensmittel,
c) Preisausgleich wegen Transport- oder Produktionskosten und damit die Konsumentenpreise.
Die Kommission erfüllt ihre Tätigkeit auf Grund der jeweiligen Gesetze über Bewirtschaftung und Preisregelung.

3. Das Bundesministerium für *Vermögenssicherung und Wirtschaftsplanung* wird aufgelassen, und zwar nach folgenden Gesichtspunkten:
a) Planungaufgaben entfallen überhaupt
b) Angelegenheiten der verstaatlichten Betriebe mit Ausnahme der drei verstaatlichten Banken werden dem Bundesministerium für Verkehr und verstaatlichte Betriebe zugewiesen.
c) Die Angelegenheiten der Vermögenssicherung werden dem Bundesministerium für Finanzen zugewiesen.

3A. Die Aufgaben des Bundesministeriums für *Energiewirtschaft und Elektrifizierung* werden wie folgt aufgeteilt:
Zum Wirkungsbereich des Bundesministers für Verkehr und verstaatlichte Betriebe gehören von den Angelegenheiten des Elektrizitätswesens die Elektrizität und deren Planung sowie die Bewirtschaftung von elektrischer Energie (Lastverteiler).
Hinsichtlich der übrigen Kompetenzen tritt an Stelle des Bundesministeriums für Energiewirtschaft und Elektrifizierung das Bundesministerium für Handel und Wiederaufbau, jedoch ist in diesen Angelegenheiten seitens des nunmehr zuständigen Ministeriums das Einvernehmen mit dem Bundesministerium für Verkehr und verstaatlichte Betriebe zu pflegen. Die bisherige Kompetenz des Bundesministeriums für Land- und Forstwirtschaft bleibt unberührt. Soferne das Einvernehmen dieses Ministeriums mit dem Bundesministerium für Energiewirtschaft und Elektrifizierung zu pflegen war, ist es nunmehr mit dem Bundesministerium für Handel und Wiederaufbau und mit dem Bundesministerium für Verkehr und verstaatlichte Betriebe aufzunehmen.

4. Im Bundesministerium für *Inneres* ist mit dem Staatssekretär das Einvernehmen herzustellen, widrigenfalls jeder Teil das Recht hat, die strittige Sache vor den Kanzler zu bringen. Das Nähere wird durch eine zu vereinbarende Geschäftsordnung geregelt.

5. Bundesministerium für *Verkehr und verstaatlichte Betriebe:*
a) Ressortbereich: Verkehrsministerium wie bisher, Kompetenz aus dem Energieministerium wie oben Punkt 3A, verstaatlichte Betriebe auf Grund der beiden Verstaatlichungsgesetze mit Ausnahme der drei verstaatlichten Banken, bezüglich der Ravag auch die Kompetenzen, die bisher dem Bundesministerium für Vermögenssicherung und Wirtschaftsplanung zustanden (die Kompetenz des Bundesministeriums für Unterricht laut Behördenüberleitungsgesetz bleibt unberührt).
Die Zuständigkeiten des bisherigen Bundesministeriums für Vermögenssicherung und Wirtschaftsplanung, soweit sie auf obige Verwaltungszweige Bezug haben, gehen an dieses Ministerium über (Verwaltergesetze, Durchführung der Verstaatlichungsgesetze).
b) Soweit aus der Liquidation des deutschen Eigentums und anderer verfallener Vermögen industrielle Betriebe auf Grund noch zu schaffender Gesetze dem Staate verbleiben und von ihm weitergeführt werden (mit Ausnahme einer Führung als Hoheitsbetrieb, wie z. B. Staatsdruckerei), fallen diese in den Ressortbereich dieses Ministeriums.
c) Parteienkommission beim Ministerium: Beim Ministerium wird eine paritätische Kommission der beiden Parteien ÖVP und SPÖ (je 3 Mitglieder) gebildet, die unter Vorsitz des Ministers

arbeitet. Die Befugnisse beruhen nicht auf Gesetz, sondern auf Grund dieser Parteienvereinbarungen. Die Tatsache des Bestandes und die Befugnisse der Kommission können gemeinsam veröffentlicht werden. Die Kommission hat sich mit dem organisatorischen Aufbau und der personellen Besetzung der leitenden Organe der verstaatlichten Unternehmungen zu beschäftigen. Der Ressortbereich des bisherigen Verkehrsministeriums bleibt von dieser Kommission unberührt. Jedoch fällt auch die Ravag in die Kompetenz dieser Kommission.
Unter organisatorischem Aufbau ist zu verstehen:
1. Die Festlegung der Geschäftsordnung und der Statuten der Vorstände und der Aufsichtsräte dieser Unternehmungen;
2. der organisatorische Zusammenschluß der Unternehmungen in übergeordnete Gesellschaftsorgane (Holding, Generaldirektion).
Unter personeller Besetzung ist zu verstehen, die Besetzung der Vorstände, der Aufsichtsräte und öffentlichen Verwaltungen der in den Zuständigkeitsbereich fallenden verstaatlichten Unternehmungen. Im Verhältnis zwischen ÖVP und SPÖ gilt der bei den Wahlen am 9. 10. 1949 erzielte Proporz. Der Proporz ist derart anzuwenden, daß innerhalb der Spitzenfunktionen (Generaldirektoren, Präsidenten) auch dieses Verhältnis gilt. Für die Auswahl der in Betracht kommenden Personen hat selbstverständlich die fachliche und sachliche Eignung zu gelten.

6. Beim Bundesministerium für *Finanzen,* dem die Liquidation des deutschen Eigentums und anderer verfallener Vermögen und die Zuständigkeit hinsichtlich der drei verstaatlichten Banken aus dem bisherigen Ressortbereich des Ministeriums für Vermögenssicherung zufällt, wird eine gleiche Kommission wie beim Verkehrsministerium (s. Pkt. 5 (c),) errichtet. Diese Kommission hat sich mit der Liquidation dieser Vermögenschaften zu beschäftigen.
7. Für beide Kommissionen (Kommission im Ministerium für Verkehr und verstaatlichte Betriebe und Kommission im Finanzministerium) gilt das Rekursrecht an die Regierung für den Fall, daß keine Einigung in der Kommission erzielt wird. Für die Kommissionen in beiden Ministerien gilt als Grundsatz, daß sie mindestens einmal im Monat zusammentreten sollen und daß sie weiters einzuberufen sind, wenn einer der beiden Teile es verlangt.
8. Über Änderungen der Statuten und Geschäftsordnung sowie der Besetzung der Aufsichtsräte und der Vorstände bei den verstaatlichten Banken entscheidet die Bundesregierung.

III. Einzelne Richtlinien für die Arbeit in der Regierung

1. Die Währungsfrage soll wie in der provisorischen und in der ersten Regierung eine für beide Parteien gemeinsame sein. Öffentliche Erklärungen über Währungsmaßnahmen, vor allem durch Regierungsmitglieder, können nur mit Genehmigung des Bundeskanzlers erfolgen.
2. Für die Nationalbank ist ein Statut zu schaffen für eine handlungsfähige Direktion und einen Aufsichtsrat (Nationalbankgesetz).
3. Notwendig werdende finanzpolitische Maßnahmen zu Gunsten der Kreditinstitute sollen im Einvernehmen geschehen.
4. Zwischen den Parteien soll ein Abkommen über die beiderseitige Berücksichtigung im staatlichen oder staatlich beeinflußten Nachrichten- oder Propagandadienst getroffen werden.
5. Es wird versucht, einen Weg zu finden, um das seinerzeitige Versprechen einzulösen, daß für die Stelle des Parlamentsdirektor-Stellvertreters der Vorschlag der Sozialistischen Partei maßgebend sein soll.
6. Mit der vorbereitenden Arbeit zur Aufstellung der Wehrmacht ist das Bundeskanzleramt zu betrauen. Eine Generaldirektion für Landesverteidigung ist entsprechend den vereinbarten Organisationsgrundsätzen nach Gestattung durch die Alliierten im Bundeskanzleramt zu errichten.
7. In Niederösterreich sollen die alten Bezirksvertretungen in irgendeiner Form wieder errichtet werden.
8. In dem Wunsche, einen Kulturkampf zu vermeiden und diesbezügliche Zweifel auszuschließen, verpflichten sich beide Parteien, wenn eine der beiden Parteien es verlangt, die nachfolgenden Fragen zu erörtern und vor einer Befassung des Ministerrates einvernehmlich zu klären:
a) Auf dem Gebiete der Schulgesetzgebung, insbesondere die Frage des Privatschulwesens, wobei seitens der Sozialistischen Partei Österreichs erklärt wird, daß sie grundsätzlich damit einverstanden wäre, auf diesem Gebiete den gesetzlichen Zustand, der am 5. 3. 1933 gegolten hat, zur unverbindlichen Grundlage der Erörterung zu machen.

b) Gesetz zum Schutz der Jugend gegen sittliche Gefährdung.
c) Volksbildungsgesetz.
d) Klärung der durch die n. s. Maßnahmen aufgeworfenen güterrechtlichen Fragen der Kirchen- und Religionsgemeinschaften.
Beide Parteien nehmen zur Kenntnis, daß zur Regelung einzelner strittiger Fragen auf den Hochschulen die eheste Erlassung eines Bundesgesetzes über die Studien an den wissenschaftlichen Hochschulen (Hochschulstudiengesetz) erforderlich ist.

9. Die bisherige Kompetenzverteilung zwischen Bundesministerium für Handel und Wiederaufbau und dem Bundesministerium für Verkehr (jetzt Bundesministerium für Verkehr und verstaatlichte Betriebe) hinsichtlich des Personen- und Güterverkehrs bleibt aufrecht.
10. Für die verstaatlichten Betriebe gilt wie bisher das Handelskammergesetz.

Protokollierung entspricht der tatsächlichen Vereinbarung. Korrekturen einvernehmlich vorgenommen.
Wien, am 9. November 1949

Karl Waldbrunner
Hurdes

3. Abkommen vom 2. April 1953[4]

1. Die Österreichische Volkspartei und die Sozialistische Partei Österreichs bilden eine Regierung unter Ausschluß dritter Parteien und verpflichten sich, gemeinsam die Verantwortung für die Regierungsmaßnahmen zu übernehmen.
2. Im Verhältnis zwischen ÖVP und SPÖ gilt grundsätzlich der bei den Wahlen am 22. Februar 1953 erzielte Proporz. Dieser Proporz ist auch bei den Vorschlägen für die Leitungsfunktionen bei den verstaatlichten Unternehmungen anzuwenden.
3. Die Zusammenarbeit beider Parteien gilt für die Dauer der Legislaturperiode. Neuwahlen vor Ablauf der Legislaturperiode können nur im Einvernehmen beider Parteien festgelegt werden. Die nächsten Wahlen werden von dem von den beiden Parteien gebildeten Kabinett durchgeführt.
4. Die Zusammenarbeit in den Landesregierungen und Gemeinden wird den lokalen Organisationen überlassen.
5. Zum Zwecke einer reibungslosen Erledigung der Regierungsvorlagen wird zwischen beiden Parteien im Parlament ein Koordinationsausschuß gebildet, dem auch die Austragung von Meinungsverschiedenheiten und die Vorberatung von Gesetzesentwürfen und Anträgen obliegt. Kanzler und Vizekanzler gehören ihm an.
6. Die in der Regierung beschlossenen Gesetzesvorlagen sind für die beiden Parlamentsklubs verpflichtend. Abänderungen können nur nach Absprache unter Zustimmung der daran interessierten Ressortminister vorgenommen werden.
7. (1) Die Regierung ist verpflichtet, ein Arbeitsprogramm festzulegen, das die beiden Koalitionsparteien in der Regierung und im Parlament zu gemeinsamem Vorgehen veranlaßt.
(2) Die beiden Parteien werden bei allen sonstigen wichtigen Vorlagen und Anträgen im Parlament die Art der Abstimmung und nötigenfalls auch die Freigabe der Abstimmung absprechen; der koalitionsfreie Raum wird besonders vereinbart.
8. Beim Ministerium für Verkehr und verstaatlichte Betriebe wird eine paritätische Kommission der ÖVP und SPÖ (je drei Mitglieder) gebildet, die unter Vorsitz des Ministers arbeitet. Die Befugnisse beruhen nicht auf Gesetz, sondern auf dieser Parteienvereinbarung. Die Kommission hat sich mit dem organisatorischen Aufbau und der personellen Besetzung der leitenden Organe der verstaatlichten Unternehmungen zu beschäftigen. Der Ressortbereich des bisherigen Verkehrsministeriums bleibt von dieser Kommission unberührt, jedoch fällt auch die Ravag in die Kompetenz dieser Kommission.

---

[4] Gedruckt in: Wahlen und Parteien 2, B 780–782. Die Datierung differiert. Als Tag des Abschlusses wird auch der 31. März genannt. Auffallend ist, daß die Zusammensetzung der Regierung und die Ressortverteilung offenbar nicht Gegenstand dieses Koalitionsübereinkommens waren.

Unter organisatorischem Aufbau ist zu verstehen:
a) Die Festlegung der Geschäftsordnung und der Statuten der Vorstände und der Aufsichtsräte dieser Unternehmungen;
b) der organisatorische Zusammenschluß der Unternehmungen in übergeordnete Gesellschaftsorgane (Holding, Generaldirektion).
Unter personeller Besetzung ist zu verstehen die Besetzung der Vorstände, der Aufsichtsräte und öffentlichen Verwaltungen der in den Zuständigkeitsbereich fallenden verstaatlichten Unternehmungen.
Im Verhältnis zwischen ÖVP und SPÖ gilt der bei den Wahlen am 22. Februar 1953 erzielte Proporz. Der Proporz ist derart anzuwenden, daß innerhalb der Spitzenfunktion (Generaldirektoren, Präsidenten) auch dieses Verhältnis gilt. Für die Auswahl der in Betracht kommenden Personen hat selbstverständlich die fachliche und sachliche Eignung zu gelten.

9. Beim Bundesministerium für Finanzen, dem die Liquidation des deutschen Eigentums und anderer verfallender Vermögen und die Zuständigkeit hinsichtlich der drei verstaatlichten Banken zufällt, wird eine gleiche Kommission wie beim Verkehrsministerium errichtet. Diese Kommission hat sich mit der Liquidation dieser Vermögenschaften zu beschäftigen.
10. Für beide Kommissionen gilt das Rekursrecht an den Bundeskanzler und Vizekanzler gemeinsam (für den Fall, daß keine Einigung in der Kommission erzielt wird). Für beide Kommissionen in beiden Ministerien gilt der Grundsatz, daß sie mindestens einmal im Monat zusammentreten sollen und daß sie weiter einzuberufen sind, wenn einer der beiden Teile es verlangt.
11. Über Änderungen der Statuten und Geschäftsordnung sowie der Besetzung der Aufsichtsräte und der Vorstände bei den verstaatlichten Banken entscheidet die Bundesregierung.
12. Die Währungsfrage soll wie bisher für beide Parteien gemeinsam sein. Öffentliche Erklärungen über Währungsmaßnahmen, vor allem durch Regierungsmitglieder, können nur mit Genehmigung des Bundeskanzlers und des Vizekanzlers erfolgen.
13. Für die Nationalbank ist ein Statut zu schaffen für eine handlungsfähige Direktion und einen Aufsichtsrat (Nationalbankgesetz).
14. Notwendig werdende finanzpolitische Maßnahmen zugunsten der Kreditinstitute sollen im Einvernehmen geschehen.
15. Zwischen den Parteien soll ein Abkommen über die beiderseitige Berücksichtigung im staatlichen oder staatlich beeinflußten Nachrichten- oder Propagandadienst getroffen werden.
16. Mit der vorbereitenden Arbeit zur Aufstellung der Wehrmacht ist das Bundeskanzleramt zu betrauen. Eine Generaldirektion für Landesverteidigung ist entsprechend den vereinbarten Organisationsgrundsätzen nach Gestattung durch die Alliierten im Bundeskanzleramt zu errichten.

Raab — Schärf
Maleta — Waldbrunner

4. Abkommen vom 26. Juni 1956[5]

I. Grundsätze der Zusammenarbeit

1. Die Österreichische Volkspartei und die Sozialistische Partei Österreichs bilden eine Regierung unter Ausschluß dritter Parteien und verpflichten sich, gemeinsam die Verantwortung für die Regierungsmaßnahmen zu übernehmen.
2. Im Verhältnis zwischen Österreichischer Volkspartei und Sozialistischer Partei Österreichs gilt grundsätzlich der bei den Wahlen vom 13. Mai 1956 erzielte Proporz. Dieser Proporz ist insgesamt bei den Vorschlägen für die Leitungsfunktionen bei den verstaatlichten Unternehmungen anzuwenden. Dies gilt auch für die Besetzung der Aufsichtsräte und der Vorstände bei den verstaatlichten Banken. Über deren Berufung sowie die Änderungen der Statuten und der Geschäftsordnung der Banken entscheidet die Bundesregierung.

[5] Die Veröffentlichung der wichtigsten Punkte erfolgte am 27. Juni, die des gesamten Textes, allerdings ohne Annex, in der Wiener Zeitung vom 27. Juli 1956. Der komplette Text in: Wahlen und Parteien 4. D 218 221.

3. Die Zusammenarbeit der beiden Parteien gilt für die Dauer der Legislaturperiode. Neuwahlen vor Ablauf der Legislaturperiode können nur im Einvernehmen beider Parteien festgelegt werden. Die nächsten Wahlen werden von dem von den beiden Parteien gebildeten Kabinett durchgeführt.
4. Zur Sicherung einer reibungslosen Zusammenarbeit wird ein Koalitionsausschuß, bestehend aus je 5 Vertretern beider Parteien einberufen. Er soll regelmäßig, jedenfalls aber im Falle von Differenzen zwischen den beiden Regierungsparteien oder deren Ministern einberufen werden. Den Vorsitz führt der Bundeskanzler, in seiner Vertretung der Vizekanzler. Dem Koalitionsausschuß gehören die beiden Klubobmänner an.
5. a) Regierungsvorlagen, über die ein einstimmiger Beschluß der beiden in der Bundesregierung vertretenen Koalitionsparteien in materieller und formeller Hinsicht erzielt worden ist, sind für die im Nationalrat vertretenen beiden Koalitionsparteien verbindlich. Grundlegende Abänderungsvorschläge bedürfen der Zustimmung des Koalitionsausschusses.
   b) Ist anläßlich der Beschlußfassung über eine Regierungsvorlage ein Beschluß der Regierung gefaßt worden, die parlamentarische Behandlung der Regierungsvorlage im Nationalrat den Koalitionsparteien freizugeben, so haben die beiden Koalitionsparteien bei der Behandlung einer solchen Regierungsvorlage im Nationalrat freie Hand.
6. Bei allen sonstigen Vorlagen und Anträgen werden die beiden Parteien im Parlament die Art der Abstimmung und nötigenfalls auch die Freigabe der Abstimmung absprechen.
7. Die Währungsfrage soll wie bisher für beide Parteien gemeinsam sein. Daher können öffentliche Erklärungen über Währungsmaßnahmen vor allem durch Regierungsmitglieder nur mit Genehmigung des Bundeskanzlers und des Vizekanzlers erfolgen.

II. Grundlagen der Regierungsbildung und die sich daraus ergebenden Konsequenzen für die Verteilung der sachlichen Zuständigkeiten der Bundesministerien

1. Die Bundesregierung soll bestehen aus
   a) Bundeskanzler .... ÖVP
   b) Vizekanzler .... SPÖ
   c) Bundesminister für Inneres .... SPÖ
   d) Bundesminister für Justiz .... SPÖ
   e) Bundesminister für Unterricht .... ÖVP
   f) Bundesminister für soziale Verwaltung .... SPÖ
   g) Bundesminister für Finanzen .... ÖVP
   h) Bundesminister für Land- und Forstwirtschaft .... ÖVP
   i) Bundesminister für Handel- und Wiederaufbau .... ÖVP
   j) Bundesminister für Verkehr und Elektrizitätswirtschaft .... SPÖ
   k) Bundesminister für Auswärtige Angelegenheiten .... ÖVP
   l) Bundesminister für Landesverteidigung .... ÖVP
   Es werden zugeteilt:
   m) dem Bundesministerium für Inneres ein Staatssekretär .... ÖVP
   n) dem Bundesministerium für Finanzen ein Staatssekretär .... ÖVP
   o) dem Bundesministerium für Handel und Wiederaufbau ein Staatssekretär .... SPÖ
   p) dem Bundesministerium für Auswärtige Angelegenheiten ein Staatssekretär .... SPÖ
   q) ein Staatssekretär für besondere Aufgaben .... ÖVP
   r) dem Bundesministerium für Landesverteidigung ein Staatssekretär .... SPÖ
   Die Stellung der Staatssekretäre im Bundesministerium für Inneres und im Bundesministerium für Landesverteidigung wird durch den Bundesminister für Inneres und den Bundesminister für Landesverteidigung einvernehmlich festgelegt (siehe hiezu den beiliegenden Vorschlag des Bundesministers für Inneres, Helmer).
   Der Präsident des Rechnungshofes verbleibt der SPÖ.
2. Rundfunk:
   a) Die Angelegenheiten des Rundfunks einschließlich der grundsätzlichen Richtlinien für die Programmgestaltung und die technische Ausgestaltung des Rundfunks gehen auf die Bundesregierung über. Die Bestimmungen des Fernmeldegesetzes BGBl. Nr. 170/1949, das aber die

Programmgestaltung des Rundfunks nicht zum Gegenstand hat, werden hiedurch nicht betroffen. Mit der Vorbereitung und Durchführung der Beschlüsse der Bundesregierung und sonstiger mit diesen Angelegenheiten verbundenen Aufgaben wird das Bundeskanzleramt betraut.
b) Die Verleihung einer Konzession an die zu gründende Gesellschaft gemäß dem Fernmeldegesetz ist Sache des Bundesministeriums für Verkehr und Elektrizitätswirtschaft, das einem Konzessionsansuchen der zu gründenden Gesellschaft bei Zutreffen der gesetzlichen Voraussetzungen bis 1. Jänner 1957 entsprechen wird.
c) Die Festlegung der grundsätzlichen Richtlinien für die Programmgestaltung und die technische Ausgestaltung des Rundfunks übt die Bundesregierung durch ein Ministerkomitee aus, das aus dem Bundeskanzler als Vorsitzenden, dem Vizekanzler, dem Bundesminister für Unterricht und dem Bundesminister für Verkehr und Elektrizitätswirtschaft besteht.

3. Das neu zu errichtende Bundesministerium für Landesverteidigung übernimmt die bisher im Bundeskanzleramt/Sektion VI gemäß dem Bundesgesetz BGBl. Nr. 142/1955 besorgten Aufgaben.

4. Das bisherige Bundesministerium für Verkehr und verstaatlichte Betriebe wird in ein Bundesministerium für Verkehr und Elektrizitätswirtschaft umgewandelt.

5. Aus dem Wirkungsbereich des bisherigen Bundesministeriums für Verkehr und verstaatlichte Betriebe werden auf die Bundesregierung übertragen:
a) Die von ihm bisher auf Grund des Verstaatlichungsgesetzes vom 26. Juli 1946, BGBl. Nr. 168, hinsichtlich der jeweiligen Beteiligungen des Bundes an Unternehmungen oder der Verwaltung solcher Unternehmungen wahrzunehmenden Aufgaben;
b) die Angelegenheiten der jeweiligen Beteiligung des Bundes an Unternehmungen, die mit verstaatlichten Unternehmungen und Betrieben wirtschaftlich zusammenhängen und durch Verordnung der Bundesregierung vom 1. Feber 1950, BGBl. Nr. 47, zur Durchführung des Bundesgesetzes vom 16. Dezember 1949, BGBl. Nr. 24/1950, über die Auflösung von Bundesministerien und die Neuordnung des Wirkungsbereiches einiger Bundesministerien bestimmt worden sind;
c) die Angelegenheiten der Werksgenossenschaften, soweit sie Unternehmungen betreffen, deren Verwaltung bisher in den Wirkungsbereich des Bundesministeriums für Verkehr und verstaatlichte Betriebe gefallen ist;
d) die Angelegenheiten der öffentlichen Verwaltung und öffentlichen Aufsicht über Unternehmungen und sonstige Vermögen (Vermögenschaften und Vermögensrechte), soweit sie sich auf dem Verstaatlichungsgesetz vom 26. Juli 1946, BGBl. Nr. 168, unterliegende Unternehmungen beziehen;
e) die Befugnisse hinsichtlich der dem österreichischen Rundfunkwesen dienenden Vermögen (Vermögenschaften und Vermögensrechte).
Mit der Vorbereitung und Durchführung der Beschlüsse der Bundesregierung und der sonstigen mit den vorgenannten Angelegenheiten verbundenen Aufgaben wird das Bundeskanzleramt betraut.
Die dem Bund als jeweiliger Anteilseigner an den in den vorgenannten lit. a) bis d) angeführten Unternehmungen gemäß den Bestimmungen des Gesellschaftsrechtes und sonstiger Bestimmungen zustehenden Rechte sowie die Verwaltung der gemäß Art. 22 des Staatsvertrages in das Eigentum des Bundes übertragenen, dem Erdölbetrieb gewidmeten Vermögenschaften, werden von einer vom Bund zu gründenden Gesellschaft m.b.H. wahrgenommen. Die jeweiligen Anteilsrechte in der Generalversammlung dieser Gesellschaft werden von der Bundesregierung ausgeübt.
Der Aufsichtsrat dieser Gesellschaft besteht aus dem Bundeskanzler, dem Vizekanzler, dem Bundesminister für Finanzen, dem Bundesminister für Handel und Wiederaufbau, dem Bundesminister für Verkehr und Elektrizitätswirtschaft und dem Bundesminister für soziale Verwaltung.
Der Generalversammlung der Gesellschaft obliegt, soferne sie nichts anderes beschließt:
a) Beschlußfassung über Verschmelzung, Umwandlung und Vermögensübertragungen der unter c) bis d) genannten Unternehmungen;
b) Anträge an den Hauptausschuß des Nationalrates auf Veräußerungen von Beteiligungen der von dieser Gesellschaft verwalteten Unternehmungen, soweit hiefür die Zustimmung des Hauptausschusses des Nationalrates gemäß dem 1. Verstaatlichungsgesetz erforderlich ist;

c) Beschlußfassung über die Durchführung internationaler Abkommen, die im Zusammenhang mit dem österreichischen Staatsvertrag stehen.

Der Beschlußfassung des Aufsichtsrates ist vorbehalten:

a) die Errichtung, Auflösung und Veräußerungen von Konzernunternehmungen, Zweigniederlassungen und Betrieben, ferner die Übernahme oder Abgabe dauernder Beteiligungen an anderen Unternehmungen.

b) Die Beschlußfassung über die Grundsätze der Gewinnverteilung und Kapitalerhöhung von Unternehmungen der vorhin genannten Art.

c) Die Zustimmung zu Maßnahmen der Geschäftsführung der Gesellschaft hinsichtlich der von ihr verwalteten Unternehmungen;

aa) soweit sie die Erlassung und Abänderung von Satzungen der genannten Unternehmungen und

bb) die Wahl und Abberufung des Aufsichtsrates einer der genannten Aktiengesellschaften oder der Geschäftsführer einer der genannten Gesellschaften m.b.H. betreffen;

cc) soweit Einstimmigkeit in der Geschäftsführung nicht erzielt wird.

Der Aufsichtsrat der Gesellschaft faßt seine Beschlüsse mit Stimmenmehrheit, bei Stimmengleichheit entscheidet der Vorsitzende.

Die Mitglieder, die in der zu gründenden Gesellschaft die Funktionen der Generalversammlung bzw. des Aufsichtsrates ausüben, nehmen diese Funktionen ehrenamtlich, ohne Anspruch auf irgendwelche Vergütungen oder Entschädigungen wahr. Die Geschäftsführung besteht aus drei Geschäftsführern. Die Gesellschaft hat dafür zu sorgen, daß in den durch dieses Bundesgesetz erfaßten Unternehmungen Personen Organfunktionen ausüben, die in wirtschaftlichen Fragen fachlich vorgebildet und befähigt sind. Bei der Bestellung ist das Kräfteverhältnis der im Nationalrat vertretenen politischen Parteien und deren Vorschläge zu berücksichtigen.

6. Das zwischen dem Bundesminister für Handel und Wiederaufbau und dem bisherigen Bundesminister für Verkehr und verstaatlichte Betriebe über die Verwaltung der den Flugplätzen gewidmeten Liegenschaften und Gebäude getroffenen Verwaltungsübereinkommen bleibt mit seinem bisherigen Inhalt in Geltung.

Annex zum Koalitionspakt vom 26. 6. 1956

Es wird vereinbart, daß für die Staatssekretäre im Bundesministerium für Inneres und im Bundesministerium für Landesverteidigung folgende Richtlinien des Geschäftsverkehrs zwischen ihnen, ihren zuständigen Ministern und Dienststellen gelten sollen:

1. Der dienstliche Verkehr der Staatssekretäre mit den Beamten seines Bundesministeriums wird in keiner Weise unterbunden.
2. Einlaufende Informationen, Wahrnehmungsmeldungen und Berichte aller Art von entscheidender Bedeutung sind dem Staatssekretär zur Kenntnis zu bringen.
3. Der Staatssekretär kann jederzeit von den Sektionsleitern, Abteilungsvorständen und selbständigen Referenten des Bundesministeriums unmittelbar Auskünfte verlangen und sich unbeschadet der dienstlichen Unterstellung der Abteilungsvorstände und selbständigen Referenten unter die Leiter der Sektionen von ihnen über alle Gegenstände berichten lassen.
   Im Interesse eines geordneten Dienstbetriebes sind jedoch derartige Auskunftserteilungen und Berichterstattungen durch Abteilungsvorstände und Referenten jeweils zuerst dem Leiter der Sektion zur Kenntnis zu bringen und von ihm Auskünfte zu verlangen.
4. Der Staatssekretär wird die Einsichtnahme in die von ihm abverlangten Akten in der Regel anläßlich der Auskunftserteilung durch den zuständigen Sektionschef vornehmen. Er wird auch die Akten zur näheren Einsichtnahme nicht länger als 3 Tage bei sich behalten.
5. Vor der Behandlung von Fragen und Akten wird der Staatssekretär seine Stellungnahme entweder direkt dem Bundesminister zuleiten oder sich eine persönliche Aussprache mit diesem vorbehalten.
6. Die nach der Verfassung zur eigenhändigen Unterfertigung durch den Bundesminister bestimmten Angelegenheiten haben in allen Fällen die rechtzeitig einzuholende Unterschrift des zuständigen Sektionschefs zu enthalten.
7. Akte über Gesetze, Verordnungen und sonstige allgemeine Anordnungen sind dem Staatssekretär vor Genehmigung durch den Bundesminister vorzuschreiben.

Allfällige Einwände gegen die beabsichtigte Erledigung wird der Staatssekretär auf dem Akte vornehmen oder schriftlich dem Bundesminister zuleiten oder sich eine persönliche Aussprache mit ihm vorbehalten.
Der Bundesminister und der Staatssekretär werden in solchen Fällen in unmittelbare Fühlung treten und eine Übereinstimmung zu erzielen trachten.

8. Dienstliche Aufträge und Weisungen an die Abteilungen des Bundesministeriums und die nachgeordneten Dienststellen erfolgen ausschließlich nur durch den Bundesminister.
9. Das Sekretariat des Staatssekretärs kann Akte nur über persönliche Weisung des Staatssekretärs anfordern. Von dieser Stelle (Sekretariat) verlangte Auskünfte sind nur im Wege des zuständigen Sektionschefs einzuholen.
10. Im Interesse eines geordneten Amtsbetriebes wird sich im übrigen der gesamte Dienstverkehr auch mit den nachgeordneten Dienststellen unter strikter Beachtung des Dienstweges abwickeln. Wo Dringlichkeit ein ausnahmsweises Abweichen von diesem Verwaltungsgrundsatz unvermeidlich erscheinen läßt, wird für die gleichzeitige schriftliche Verständigung, bei mündlichen Besprechungen für die Beiziehung des dienstplan- und geschäftsordnungsmäßig sachlich zuständigen Sektionschefs bzw. Behördenleiters Sorge getragen werden.

Schärf — Julius Raab
Waldbrunner — Dr. Maleta

5. Abkommen vom 16. Juli 1959[6]

I. Grundsätze der Zusammenarbeit

1. Die ÖVP und die SPÖ bilden eine Regierung und verpflichten sich zur gemeinsamen Verantwortung für alle Regierungsmaßnahmen.
2. Im Verhältnis zwischen ÖVP und SPÖ gilt grundsätzlich der bei den Wahlen vom 10. Mai 1959 erzielte Proporz.
3. Die Zusammenarbeit der beiden Parteien gilt für die Dauer der Legislaturperiode, vorzeitige Neuwahlen können nur im Einvernehmen beider Parteien festgelegt werden. Die nächsten Wahlen werden von dem von beiden Parteien gebildeten Kabinett durchgeführt.
4. Zur Sicherung einer reibungslosen Zusammenarbeit wird ein Ausschuß, bestehend aus je fünf Vertretern beider Parteien bestellt, dem auch die beiden Klubobmänner angehören müssen. Er soll regelmäßig, jedenfalls aber im Falle von Differenzen zwischen den beiden Regierungsparteien oder deren Ministern, einberufen werden. Vorsitz führt der Bundeskanzler, in seiner Vertretung der Vizekanzler.
5. Über die Behandlung von Regierungsvorlagen und sonstiger Anträge wird vereinbart:
   a) Regierungsvorlagen, über die ein einstimmiger Beschluß der beiden in der Bundesregierung vertretenen Koalitionsparteien in materieller und formeller Hinsicht erzielt worden ist, sind wegen ihrer Bedeutung für die im Nationalrat vertretenen beiden Koalitionsparteien grundsätzlich verbindlich. Grundlegende Abänderungsvorschläge bedürfen der Zustimmung des Koalitionsausschusses.
   b) Wurde eine solche Verbindlichkeit nicht beschlossen, so haben beide Koalitionsparteien für die Behandlung im Parlament freie Hand.
   c) Bei allen sonstigen Vorlagen und Anträgen werden die Koalitionsparteien im Parlament die Art der Abstimmung und nötigenfalls auch die Freigabe der Abstimmung absprechen.

II. Zusammensetzung der Bundesregierung und Arbeitsbereich der Staatssekretäre

1. Die Ressorts werden wie folgt aufgeteilt:
   a) Bundeskanzler .... ÖVP
   b) Vizekanzler .... SPÖ
   c) Bundesminister für Auswärtige Angelegenheiten .... SPÖ

[6] Die Veröffentlichung in der Wiener Zeitung erfolgte am 26. Juli 1959.

d) Bundesminister für Inneres .... SPÖ
c) Bundesminister für Justiz .... SPÖ
f) Bundesminister für Unterricht .... ÖVP
g) Bundesminister für soziale Verwaltung .... SPÖ
h) Bundesminister für Finanzen .... ÖVP
i) Bundesminister für Land- und Forstwirtschaft .... ÖVP
j) Bundesminister für Handel und Wiederaufbau .... ÖVP
k) Bundesminister für Verkehr und Elektrizitätswirtschaft .... SPÖ
l) Bundesminister für Landesverteidigung .... ÖVP

Zugeteilt werden dem:

m) Bundesminister für Inneres, ein Staatssekretär .... ÖVP
n) Bundesminister für Auswärtige Angelegenheiten, ein Staatssekretär .... ÖVP
o) Bundesminister für Handel und Wiederaufbau, ein Staatssekretär .... SPÖ
p) Bundesminister für Landesverteidigung, ein Staatssekretär .... SPÖ

2. Die Stellung der Staatssekretäre regelt ein Arbeitsübereinkommen.

III. Verteilung der sachlichen Zuständigkeiten

1. Verstaatlichte Banken und verstaatlichte Betriebe:

   a) Die Vereinbarungen über die Auflösung der IBV, der Vertretung der Eigentumsrechte des Bundes, die Gewinnverteilung sowie die Bestellung, Abberufung und Zusammensetzung der Organe sind aus dem Kompetenzgesetz ersichtlich.

   b) Die Parteien verpflichten sich, daß es bei Abstimmungen in den Aufsichtsräten nur zur Bildung von solchen Abstimmungsmehrheiten kommen kann, die auch ohne Berücksichtigung der Stimmenabgabe (Stimmenenthaltung) der vom Betriebsrat entsendeten Mitglieder des Aufsichtsrates zustande kommen würden. In Gesellschaften, in denen der Vorsitzende des Aufsichtsrates der SPÖ zugehört, wird ein Vorsitzender des Vorstandes bestellt, der der ÖVP angehört und umgekehrt.

   c) Die sich aus vorstehender Vereinbarung bzw. dem Kompetenzgesetz ergebenden Änderungen in den Organen der verstaatlichten Banken und Betriebe werden bis Ende 1959 durchgeführt. Jedoch sollen die Organe bei VOEST und Alpine so rasch wie möglich gebildet werden.

   d) Von diesen Bestimmungen bleibt vorläufig folgende Ausnahmebestimmung bestehen: Bei der Kreditanstalt verbleiben der Vorsitzende des Vorstandes, der Vorsitzende des Aufsichtsrates und sein Stellvertreter bei der ÖVP. Bei der Länderbank stehen die analogen Funktionen der SPÖ zu. Damit geht der Vorsitzende des Aufsichtsrates der Länderbank an die SPÖ über.

   e) Für die Verbundgesellschaft gelten auf Grund dieser Parteienvereinbarung sinngemäß die gleichen Bestimmungen.

2. Tabakregie: Für die Tabakregie sind die Bestimmungen des Abs. III sinngemäß anzuwenden. Es wird vereinbart, daß die SPÖ sofort ein weiteres Vorstandsmitglied vorschlagen kann.
3. Ehemaliges deutsches Eigentum: Im Prinzip ist zur Verwaltung und Verwertung des ehemaligen deutschen Eigentums eine Holding zu bilden, deren Organe paritätisch zusammengesetzt sind:

   a) Vorsitz und Dirimierungsrecht werden durch den Finanzminister ausgeübt.

   b) Die Holding soll das ehemalige deutsche Eigentum liquidieren.

   c) Sollte es aus Zweckmäßigkeitsgründen nicht zur Gründung der Holding kommen, so verbleibt es bei der bisherigen Regelung, daß zwischen den beiden Parteien das Einvernehmen herzustellen ist.

4. Rundfunk: Zu den im Kompetenzgesetz[7] vorgesehenen Bestimmungen wird zusätzlich vereinbart:

   a) Die Zusammensetzung des Aufsichtsrates (derzeit 26 Mitglieder) wird wie bei den parlamentarischen Ausschüssen dem Wahlergebnis angepaßt. Dies ergibt eine Zusammensetzung von 12:12:1.

[7] Bundesgesetz, mit dem der Wirkungsbereich der Bundesregierung und der Bundesministerien einschließlich verstaatlichte Unternehmungen neu bestimmt wird und sonstige organisatorische Maßnahmen im Bereich der Bundesverwaltung getroffen werden, BGBl. Nr. 173/1959.

b) Die ÖVP stellt den Vorsitzenden des Vorstandes, die SPÖ den Vorsitzenden des Aufsichtsrates.
c) Die Bundesregierung wird an den Vorstand der Rundfunk Ges.m.b.H. die Aufforderung richten, Verunglimpfungen und Verspottungen der demokratischen Einrichtungen und ihrer Träger sowie von Persönlichkeiten des öffentlichen Lebens in Rundfunk und Fernsehen zu unterbinden.
d) Differenzen über die Programmgestaltung bei Rundfunk und Fernsehen sind durch den Vorsitzenden des Aufsichtsrates und seinen Stellvertreter beizulegen.

5. Rechnungshof: Die ÖVP erhält das Recht, den Vizepräsidenten vorzuschlagen. Durchführung mittels Verfassungsbestimmung.
6. Sektion II im Bundeskanzleramt: Das Einschaurecht des Vizekanzlers ist im Annex zu diesen Vereinbarungen festgehalten.
7. Errichtung der Sektion „Verstaatlichte Industrie" im Bundeskanzleramt gemäß Artikel 77 B.-VG. siehe Kompetenzgesetz.
8. Außenministerium: Über die vereinbarte Errichtung des Außenministeriums als Vollministerium und seine Kompetenzabgrenzungen siehe Kompetenzgesetz.
9. Landesverteidigung: Die Vereinbarungen über den Verfügungsermächtigungskatalog wurden im letzten Ministerrat festgelegt.
10. Wohnbauprobleme: Anstelle der bisher rund 40.000 Wohnungen sollen schon vom nächsten Jahr an möglichst 50.000 pro Jahr gebaut werden. Die geplanten Neuregelungen erfordern zusätzlich zu den bisherigen Mitteln etwa 1,4 Milliarden Schilling pro Jahr. Die dafür notwendigen Gesetzesentwürfe werden gesondert verhandelt.

Wien, am 16. Juli 1959

Raab	Pittermann
Maleta	Waldbrunner

6. Abkommen vom 29. März 1963[8]

Arbeitsübereinkommen

1. Die Österreichische Volkspartei und die Sozialistische Partei Österreichs bekennen sich zur Wahrung der Verfassung und des Rechtsstaates.
2. Die Österreichische Volkspartei und die Sozialistische Partei Österreichs bilden eine gemeinsame Regierung.

Regierungsliste:

Bundeskanzler Dr. Alfons Gorbach	ÖVP
Vizekanzler Dr. Bruno Pittermann	SPÖ
Bundesminister für Äußeres Dr. Bruno Kreisky	SPÖ
Staatssekretär Dr. Ludwig Steiner	ÖVP
Bundesminister für Handel und Wiederaufbau Dr. Fritz Bock	ÖVP
Staatssekretäre Dr. Vinzenz Kotzina	ÖVP
Staatssekretär Eduard Weikhart	SPÖ
Bundesminister für Justiz Dr. Christian Broda	SPÖ
Staatssekretär Dr. Franz Hetzenauer	ÖVP
Bundesminister für Inneres Franz Olah	SPÖ
Staatssekretär Dr. Otto Kranzlmayr	ÖVP
Bundesminister für Finanzen Dr. Franz Korinek	ÖVP
Bundesminister für Verkehr und Elektrizitätswirtschaft Otto Probst	SPÖ
Bundesminister für Unterricht Dr. Heinrich Drimmel	ÖVP
Bundesminister für soziale Verwaltung Anton Proksch	SPÖ
Bundesminister für Landesverteidigung Dr. Karl Schleinzer	ÖVP
Staatssekretär Otto Rösch	SPÖ
Bundesminister für Land- und Forstwirtschaft Dipl.-Ing. Eduard Hartmann	ÖVP

[8] Aus: Wahlen und Parteien 2, B 786–819. Erläuterungen dazu an dieser Stelle.

3. Die beiden politischen Parteien werden die von ihnen gebildete Regierung nach den in diesem Arbeitsübereinkommen gemeinsam festgelegten Grundsätzen führen und diese Grundsätze in einer Regierungserklärung erläutern.
Die Regierungsparteien verpflichten sich zur Zusammenarbeit grundsätzlich bis zum Ablauf der Gesetzgebungsperiode.
Vorzeitige Neuwahlen werden nur einvernehmlich festgelegt und durch die von beiden Parteien gebildete Regierung durchgeführt.
Im Verhältnis zwischen Österreichischer Volkspartei und Sozialistischer Partei Österreichs gilt grundsätzlich das von jeder der beiden Parteien bei der Wahl am 18. November 1962 erzielte Mandatsverhältnis.

4. a) Über Regierungsvorlagen soll in der Regel ein einstimmiger Beschluß der beiden Koalitionsparteien in materieller und formeller Hinsicht erzielt werden.
ÖVP und SPÖ verpflichten sich, ihren Abgeordneten zu empfehlen, daß diese Vorlagen im Nationalrat gemeinsam vertreten werden, soferne sie nicht von beiden Parteien einvernehmlich für die Behandlung im Nationalrat freigegeben werden. Die gleiche Vorgangsweise gilt über Verlangen einer Partei für Beharrungsbeschlüsse des Nationalrates.

b) Kommt über eine vom zuständigen Bundesminister in der Bundesregierung eingebrachte Vorlage in der Bundesregierung kein Beschluß zustande, so ist das Verhandlungskomitee (Punkt 5) mit dieser Angelegenheit zu befassen. Stellt eine Regierungspartei fest, daß auch im Verhandlungskomitee über diese Angelegenheit eine Einigung nicht erzielbar ist, so steht es jeder der beiden Regierungsparteien frei, nach Ablauf von drei Monaten nach dieser Feststellung zur beabsichtigten Vorlage einen Initiativantrag einzubringen.
c) Kommt bei solchen Initiativanträgen zwischen den Klubs der beiden Regierungsparteien binnen fünf Monaten keine Einigung über einen einvernehmlichen Vorgang zustande, so kann außer in den unter lit. d) angeführten Angelegenheiten jede der beiden Parteien die freie Mehrheitsbildung (selbständiges Vorgehen in zuständigen Ausschüssen und im Plenum des Nationalrates) herbeiführen. Zu diesem Zweck werden die Ausschußmitglieder der beiden Parteien im Nationalrat in gleicher Zahl bestellt.
d) In nachstehenden Angelegenheiten ist jedoch auf jeden Fall zwischen den Klubs der beiden Regierungsparteien eine Einigung über die gemeinsame Vorgangsweise herbeizuführen:
aa) Im Bereich des Zivil- und Strafrechtes hinsichtlich von Fragen, die Weltanschauungs- oder Gewissensfragen betreffen und als solche von einer der beiden Koalitionsparteien geltend gemacht werden;
bb) die eine finanzielle Belastung von Bundesbürgern (physische oder juristische Personen) betreffen;
cc) die für Bund, Länder, Gemeinden oder Gemeindeverbände Mehrausgaben oder Mindereinnahmen verursachen, jedoch mit Ausnahme des zur Durchführung eines Gesetzes notwendigen Verwaltungsaufwandes,
dd) die eine Änderung des Bundesfinanzgesetzes oder der Beilagen zum Bundesfinanzgesetz innerhalb des geltenden Finanzjahres,
ee) die eine Veräußerung von Staatsgut betreffen.
e) Jede der beiden Regierungsparteien verpflichtet sich, ihren Abgeordneten zu empfehlen, für die Durchführung einer Volksabstimmung gemäß Art. 43 B.-VG. über Gesetzesbeschlüsse dieser Art – abgesehen von den in lit. d) genannten Gegenständen – zu stimmen, falls dies von der überstimmten Partei verlangt wird.
Sollte trotz Empfehlung ein Abgeordnetenklub die Zustimmung zur Durchführung der Volksabstimmung verweigern, so kann die andere Partei verlangen, daß gemeinsam die Auflösung des Nationalrates und die Ausschreibung von Neuwahlen beschlossen wird.
f) Bei allen anderen Initiativanträgen und sonstigen Vorlagen werden die Klubs der beiden Regierungsparteien im Parlament die Art der Behandlung und der Abstimmung absprechen.

5. Zur Koordination der Arbeit der beiden Parteien und zur Beilegung allfälliger Meinungsverschiedenheiten wird von den beiden Regierungsparteien ein Verhandlungskomitee gebildet. Jede der beiden Parteien wird jeweils nicht mehr als sieben Personen in dieses Komitee entsenden. Den Vorsitz führt der Bundeskanzler, in seiner Vertretung der Vizekanzler.

6. Unabhängig von der Vereinbarung des Punktes 4 wird festgelegt, daß über die Neuregelung der Wohnungsfrage bis 31. Dezember 1964 zwischen den Regierungsparteien eine einvernehmliche gesetzliche Regelung zustande kommen soll.
   Sollte bis zu diesem Zeitpunkt keine einvernehmliche Lösung erzielt worden sein, so steht es jeder der beiden Regierungsparteien frei, Gesetzesentwürfe zur Regelung der Wohnungsfrage in Form von Initiativanträgen im Parlament einzubringen und unverzüglich eine Beschlußfassung im Wege der freien Mehrheitsbildung herbeizuführen. Beide Regierungsparteien verpflichten sich, ihren Abgeordneten zu empfehlen, für die Durchführung einer Volksabstimmung über einen in dieser Angelegenheit zustande gekommenen Gesetzesentwurf zu stimmen, soferne dies von der überstimmten Partei verlangt wird.

Wirkungsbereich der Staatssekretäre

1. Der dienstliche Verkehr des Staatssekretärs mit den Beamten seines Bundesministeriums wird in keiner Weise unterbunden.
2. Einlaufende Informationen, Wahrnehmungsmeldungen und Berichte aller Art von entscheidender Bedeutung sind dem Staatssekretär zur Kenntnis zu bringen.
3. Der Staatssekretär kann jederzeit von den Sektionsleitern, Abteilungsvorständen und selbständigen Referenten des Bundesministeriums unmittelbar Auskünfte verlangen und sich unbeschadet der dienstlichen Unterstellung der Abteilungsvorstände und selbständigen Referenten unter die Leiter der Sektionen von ihnen über alle Gegenstände berichten lassen.
   Im Interesse eines geordneten Dienstbetriebes sind jedoch derartige Auskunftserteilungen und Berichterstattungen durch Abteilungsvorstände und Referenten jeweils zuerst dem Leiter der Sektion zur Kenntnis zu bringen und von ihm Auskünfte zu verlangen.
4. Der Staatssekretär wird die Einsichtnahme in die von ihm abverlangten Akten in der Regel anläßlich der Auskunftserteilung durch den zuständigen Sektionschef vornehmen. Er wird auch die Akten zur näheren Einsichtnahme nicht länger als drei Tage bei sich behalten.
5. Vor der Behandlung von Fragen und Akten wird der Staatssekretär eine Stellungnahme entweder direkt dem Bundesminister zuleiten, oder sich eine persönliche Aussprache mit diesem vorbehalten.
6. Akten über Gesetze, Verordnungen und sonstige allgemeine Anordnungen sind dem Staatssekretär vor Genehmigung durch den Bundesminister vorzuschreiben.
   Allfällige Einwände gegen die beabsichtigte Erledigung wird der Staatssekretär auf dem Akte vornehmen oder schriftlich dem Bundesminister zuleiten oder sich eine persönliche Aussprache mit ihm vorbehalten.
   Der Bundesminister und der Staatssekretär werden in solchen Fällen in unmittelbare Fühlung treten und eine Übereinstimmung zu erzielen trachten.
7. Dienstliche Aufträge und Weisungen an die Abteilungen des Bundesministeriums und die nachgeordneten Dienststellen erfolgen ausschließlich nur durch den Bundesminister.
8. Das Sekretariat des Staatssekretärs kann Akten nur über persönliche Weisung des Staatssekretärs anfordern. Von dieser Stelle (Sekretariat) verlangte Auskünfte sind nur im Wege des zuständigen Sektionschefs einzuholen.
9. Im Interesse eines geordneten Amtsbetriebes wird sich im übrigen der gesamte Dienstverkehr auch mit den nachgeordneten Dienststellen unter strikter Beachtung des Dienstweges abwickeln. Wo Dringlichkeit ein ausnahmsweises Abweichen von diesem Verwaltungsgrundsatz unvermeidlich erscheinen läßt, wird für die gleichzeitige schriftliche Verständigung, bei mündlichen Besprechungen für die Beiziehung des dienstplan- und geschäftsmäßig sachlich zuständigen Sektionschefs bzw. Behördenleiters Sorge getragen werden.

Erweiterung der Kompetenzen des Handelsministeriums

Dem Bundesministerium für Handel und Wiederaufbau obliegt
a) die Wahrnehmung der Außenhandelsinteressen gegenüber dem Ausland einschließlich der Angelegenheiten der europäischen wirtschaftlichen Integration,
b) die Vorbereitung und Verhandlung von Staatsverträgen, soweit sie wirtschaftliche Angelegenheiten (Angelegenheiten des Handels- und Wirtschaftsverkehrs mit dem Ausland) zum Gegenstand haben,

c) die Vertretung der Republik Österreich gegenüber zwischenstaatlichen und überstaatlichen Organisationen, soweit deren Aufgabenbereich rein wirtschaftlicher Natur ist.
Soweit Angelegenheiten multilateraler und bilateraler Staatsverträge, die Fragen des Handels- oder Wirtschaftsverkehrs mit dem Ausland zum Gegenstand haben, eine Antragstellung an die Bundesregierung erfordern, hat das Bundesministerium für Auswärtige Angelegenheiten nach Herstellung des Einvernehmens mit den sonst zuständigen Bundesministerien zu stellen.
Das Bundesministerium für Handel und Wiederaufbau erhält das Weisungsrecht gegenüber den österreichischen Vertretungsbehörden bei der EWG, bei der EFTA, beim EURATOM und bei der Europäischen Gemeinschaft für Kohle und Stahl. Auch sonstige österreichische Vertretungsbehörden werden bei Wahrnehmung handelspolitischer Aufgaben dem Weisungsrecht des Bundesministeriums für Handel und Wiederaufbau unterstehen.

1. Brief des Außenministers Dr. Kreisky an Handelsminister Dr. Bock (23. März)
   Zur Erleichterung der Geschäftsführung des Bundesministeriums für Handel und Wiederaufbau bin ich bereit, diesem Bundesministerium eine noch zu vereinbarende Anzahl von Beamten aus dem Personalstand des Bundesministeriums für Auswärtige Angelegenheiten gemäß § 22 DP vorübergehend zuzuteilen.
   Ich gehe bei dieser Zusage von den folgenden Voraussetzungen aus: Durch eine solche vorübergehende Zuteilung dürfen den zugeteilten Beamten keinerlei Nachteile in ihrer Laufbahn entstehen und insbesondere hiedurch auch eine Versetzung in das Ausland gemäß der im Bundesministerium für Auswärtige Angelegenheiten bestehenden Übung nicht behindert werden. Ich werde jedoch vor jeder Aufhebung einer solchen Zuteilung mit Ihnen das Einvernehmen pflegen und, solange die gegenwärtigen Verhältnisse andauern, auch im Einvernehmen mit Ihnen dafür sorgen, daß als Ersatz ein Beamter entsprechenden Ranges und entsprechender Verwendungsmöglichkeit dem Bundesminister für Handel und Wiederaufbau zugeteilt wird.
   Diese Zusage kann ich jedoch nur solange aufrechterhalten, als das Bundeskanzleramt die Organisationsänderung nicht zum Anlaß nimmt, eine Verminderung der Dienstposten des Bundesministeriums für Auswärtige Angelegenheiten vorzunehmen oder eine durch eine Ausweitung der Aufgaben dieses Bundesministeriums erforderliche Vermehrung der Dienstposten (z. B. Eröffnung neuer Vertretungsbehörden) mit dem Hinweis auf die Abgabe von Agenden an das Bundesministerium für Handel und Wiederaufbau abzulehnen.
   Ich bin damit einverstanden, daß wir gemeinsam über diese meine Zusage und ihre Annahme den Ministerrat informieren, wobei ich annehme, Sie mit mir einer Meinung zu wissen, daß durch diese Information eine Zuständigkeit des Ministerrates in der Frage der Zuteilung oder der Aufhebung einer Zuteilung von Beamten nicht begründet wird.
2. Brief des Außenministers Dr. Kreisky an Handelsminister Dr. Bock (23. März)
   Im Verfolge unserer Besprechungen über den Entwurf eines Bundesgesetzes, mit dem die Zuständigkeitsverteilung zwischen den Bundesministerien in Angelegenheiten des Außenhandels neu geregelt wird, erkläre ich mich bereit, nach dem Inkrafttreten dieses Gesetzes folgendes zu veranlassen:
   1. Es wird im Bundesministerium für Auswärtige Angelegenheiten Vorsorge dafür getroffen werden, daß die im § 4 (2) des erwähnten Gesetzesentwurfes vorgesehenen Weisungen des Bundesministeriums für Handel und Wiederaufbau an die österreichischen Vertretungsbehörden im Ausland unverzüglich und, soweit sie sich auf die im § 2 des Gesetzesentwurfes angeführten Angelegenheiten beschränken, ohne sachliche Einflußnahme weitergeleitet werden. Hiebei wird den Wünschen des Bundesministeriums für Handel und Wiederaufbau, betreffend die Art der Weitergabe (telegraphisch, Luftpost, Luftfracht etc.), Rechnung getragen werden.
   2. Ich bin einverstanden, daß derartige Weisungen, soferne sie nur rein technischen Charakter haben, auch direkt vom Bundesministerium für Handel und Wiederaufbau an die österreichischen Vertretungsbehörden ergehen können.
   3. Vom Bundesministerium für Auswärtige Angelegenheiten wird eine Zirkularnote an die hiesigen diplomatischen Missionen gesandt werden, die im Einvernehmen mit dem Bundesministerium für Handel und Wiederaufbau verfaßt und in der diesen Missionen bekanntgegeben werden wird, daß sich deren Funktionäre in allen unter § 2 des Gesetzesentwurfes angeführten Angelegenheiten direkt mit dem Bundesministerium für Handel und Wiederaufbau in Verbindung setzen können.

Übereinkommen: Kompetenzen und Agrarfragen

Kompetenzfragen des Bundesministeriums für Inneres:

Lebensmittelbewirtschaftungs-Gesetz:

Das Bundesministerium für Inneres tritt alle Kompetenzen zur Vollziehung dieses Gesetzes an das Bundesministerium für Land- und Forstwirtschaft ab.

Außenhandelsgesetz

a) Die bisherigen Alleinkompetenzen des Bundesministeriums für Inneres hinsichtlich der Einfuhr und der Ausfuhr gehen auf das Bundesministerium für Handel und Wiederaufbau über.

b) In den Fällen, in denen bisher das Bundesministerium für Inneres im Einvernehmen mit dem Bundesministerium für Land- und Forstwirtschaft oder das Bundesministerium für Land- und Forstwirtschaft im Einvernehmen mit dem Bundesministerium für Inneres entschieden hat, wird das Bundesministerium für Land- und Forstwirtschaft mit der Maßgabe allein zuständig, da es lediglich bei der Ausfuhr folgender Waren das Einvernehmen mit dem Bundesministerium für Inneres herzustellen hat: ex Zolltarif Nr. 01.01 A Schlachtpferde, Zolltarif Nr. 01.02 A1 Schlachtrinder, Zolltarif Nr. 01.03 B, C Schlachtschweine, ex Zolltarif Nr. 02.01 Kälber (tot), Zolltarif Nr. 02.02 Geflügel (tot), ex Zolltarif Nr 07.01 Gemüse, frisch, einschließlich Kartoffeln, Zolltarif Nr. 08.07 A Marillen, ex Zolltarif Nr. 08.07 E Zwetschken, Zolltarif Nr. 08.08 A Erdbeeren.

c) In den Fällen, in denen das Bundesministerium für Land- und Forstwirtschaft im Einvernehmen mit dem Bundesministerium für Inneres zu entscheiden hat, gilt dieses Einvernehmen als hergestellt, wenn das Bundesministerium für Inneres nicht binnen 10 Tagen nach der Einladung zur Stellungnahme ausdrücklich eine gegenteilige Erklärung abgibt.

Sonstige Maßnahmen

Die Vertreter der Kammern werden laufend über die insbesondere im Zusammenhang mit der Integration beabsichtigten Stellungnahmen und Beschlüsse rechtzeitig eingehendst informiert werden, so daß sie in der Lage sind, auch an den Arbeiten zur Vorbereitung der Verhandlungen teilzunehmen. Zu diesem Zweck werden ihnen zum frühestmöglichen Zeitpunkt die vorhandenen Unterlagen im größtmöglichen Umfang zur Verfügung gestellt werden. Die Vertreter der Kammern werden jeweils zur gleichen vertraulichen Behandlung wie die zuständigen Ressortbeamten verpflichtet werden.

Den Vertretern der Kammern wird die Möglichkeit eröffnet werden, bei den zuständigen Stellen des Auslandes periodisch oder im Einzelfall Erhebungen, die von Interesse für die Stellungnahme der Interessenvertretung sind, durchzuführen. Solche Reisen werden auf Grund des § 5 Z. 3 des Außenhandelsförderungsbeitragsgesetzes, BGBl. Nr. 214/1954, als Tätigkeit im Interesse der Außenhandelsförderung angesehen werden.

Auch in Zukunft werden Vertreter der Kammern an den Verhandlungen und deren Vorbereitung teilnehmen. Soferne eine Teilnahme der Kammervertreter an den Verhandlungen selbst nicht möglich sein sollte, wird es den Kammern dennoch ermöglicht, Vertreter zu entsenden, die sodann an den internen Delegationssitzungen teilnehmen; auf diese Art wird den Kammervertretern rechtzeitig Gelegenheit gegeben, den Standpunkt ihrer Organisation zu vertreten. Diese Regelung gilt für bilaterale und multilaterale Verhandlungen mit dem Ausland.

Preisregelung

a) Preisregelungsgesetz: Das Bundesministerium für Inneres tritt hinsichtlich der Waren des Ernährungssektors (Abschnitte I bis IV, das sind die Kapitel 1 bis 24 des Zolltarifes) die Führung in der Vollziehung des Preisregelungsgesetzes hinsichtlich der Preisbestimmung an das Bundesministerium für Land- und Forstwirtschaft ab; dieses hat jedoch das Einvernehmen mit dem Bundesministerium für Inneres herzustellen.

b) Landwirtschaftsgesetz: Die führende Zuständigkeit des Bundesministeriums für Inneres bei der Bestimmung von Richtpreisen für inländische landwirtschaftliche Erzeugnisse (§ 4) geht auf das Bundesministerium für Land- und Forstwirtschaft über; dieses hat jedoch das Einvernehmen mit dem Bundesministerium für Inneres herzustellen.

Regelung milchwirtschaftlicher Fragen

Es ist Einvernehmen darüber erzielt worden, daß der Erzeugerpreis für Milch zu einem möglichst frühen Zeitpunkt um 20 Groschen je Liter erhöht wird. Zur Bedeckung dieser Erhöhung ist ein Betrag von 372 Millionen Schilling im Jahr erforderlich.

Gleichzeitig mit dieser Erhöhung des Erzeugerpreises soll die schon seinerzeit vereinbarte Erhöhung des Verbraucherpreises für Trinkmilch um 16 Groschen je Liter zur Abgeltung der erhöhten Löhne und Gehälter der Molkereibediensteten (Anteil 10,2 Groschen) sowie zur Verbesserung der Handelsspanne (Anteil 5,8 Groschen) vorgenommen werden. Diese Erhöhung soll jedoch um 4 Groschen vermehrt werden, also 20 Groschen betragen, damit Mittel zur Abdeckung der bereits zugestandenen Sonn-, Feiertags- und Nachtarbeitszuschläge der Molkereibediensteten geschaffen werden. Darüber hinaus soll der Verbraucherpreis um weitere 20 Groschen, also insgesamt um 40 Groschen, erhöht werden, wodurch die Erhöhung des Erzeugerpreises aber nur zum Teil abgegolten werden kann. Neben dieser Erhöhung des Verbraucherpreises müssen daher noch andere Maßnahmen getroffen werden.

Die Erhöhung des Trinkmilchpreises um den vorstehend genannten Teilbetrag von 20 Groschen je Liter ergibt	110 Mill. S/Jahr
Ein Zuschlag von 20 Groschen je Liter Milchbasis für Rahmprodukte (Schlagobers, Sauerrahm, Kaffeeobers) ergibt	15 Mill. S/Jahr
Eine Erhöhung des Verbraucherpreises für Butter um 1,60 S auf 36,80 S pro Kilogramm bringt	56 Mill. S/Jahr
Die Einhebung einer Umlage auf Bier in der Höhe von 20 Groschen je Liter ergibt	116 Mill. S/Jahr
Eine Umlage auf gebrannte geistige Getränke in der Höhe von 3 S je Liter ergibt	48 Mill. S/Jahr
Summe	345 Mill. S/Jahr

Den verbleibenden Abgang wird der Landwirtschaftsminister aus den Erträgnissen des Krisenfonds decken, der eigentlich zur Exportförderung von Molkereiprodukten bestimmt ist.

Verlängerung der Geltungsdauer des Landwirtschaftsgesetzes und des Marktordnungsgesetzes

Die Geltungsdauer des Marktordnungsgesetzes wird noch im Frühjahr um 2 Jahre, d. i. bis 31. Dezember 1965, verlängert.

Im übrigen haben die Vertreter der ÖVP die Erklärung der SPÖ zur Kenntnis genommen, daß diese unter der Voraussetzung des weiteren Bestandes der Regierungskoalition den von der Österreichischen Volkspartei zur gegebenen Zeit vorgeschlagenen, kompetenzmäßig und materiell unveränderten Verlängerungen beider Gesetze und des Außenhandelsgesetzes ohne Bedingungen oder Kompensationsforderungen zustimmen wird.

Gesetzliche Regelung des land- und forstwirtschaftlichen Schulwesens

Die diesbezüglichen Maßnahmen sind nach der Regierungsbildung ehesttunlich in einem Komitee zu beraten, dem je drei bis vier Vertreter der beiden Regierungsparteien sowie die notwendigen Experten angehören. Den Vorsitz wird ein von der Österreichischen Volkspartei namhaft gemachter Vertreter führen.

Übereinkommen Verstaatlichte und Verbund

1. Beim Bundeskanzleramt – Verstaatlichte Unternehmungen, Sektion IV, wird ein aus vier Vertretern der Regierungsparteien und dem Vizekanzler als Vorsitzenden zusammengesetzter

   Beirat

   eingerichtet. Der Beirat wird vom Vizekanzler mindestens einmal im Monat zu ordentlichen Sitzungen einberufen. Der Vizekanzler kann den Beirat in dringenden Fällen unter Einhaltung einer dreitägigen Frist zu einer außerordentlichen Sitzung einberufen. Eine außerordentliche Sitzung ist auch sofort einzuberufen, wenn dies von zwei Beiratsmitgliedern unter Angabe der Tagesordnung und Darlegung der Dringlichkeit schriftlich verlangt wird.

Der Beirat ist beschlußfähig, wenn alle Mitglieder ordnungsgemäß geladen und von jeder Regierungspartei mindestens ein Vertreter anwesend ist. Beschlüsse können nur mit Stimmeneinhelligkeit aller anwesenden Mitglieder gefaßt werden.

Der Beirat hat in folgenden Angelegenheiten Beschluß zu fassen:
a) Zu Beschlüssen von Organen der Unternehmungen (§ 1 Bundesgesetz BGBl. Nr. 173/1959), die der Genehmigung der Bundesregierung bedürfen (§ 3 Abs. 1 Bundesgesetz BGBl. Nr. 173/1959), vor Beschlußfassung in der Haupt- bzw. Generalversammlung, wo aber die Haupt- bzw. Generalversammlung nicht zu befassen ist, vor Antragstellung an die Bundesregierung.
b) Veräußerung von Anteilrechten in den in a) genannten Unternehmungen, gleichgültig, ob hiezu die Zustimmung des Hauptausschusses des Nationalrates, ein Bundesgesetz oder sonstige Maßnahmen erforderlich sind (§ 3 Abs. 2 lit. a Bundesgesetz BGBl. Nr. 173/1959).
c) Zu allen sonstigen Anträgen an den Ministerrat.
d) Verwendung von Mitteln des Investitionsfonds für verstaatlichte Unternehmungen (§ 4 Bundesgesetz BGBl. Nr. 173/1959). Bei Gefahr im Verzug kann der Vizekanzler über Einzelbeträge bis S 10,000.000,– auch ohne Einberufung einer außerordentlichen Beiratssitzung selbständig verfügen, worüber er in der nächsten Sitzung zu berichten hat.
e) Beschlüsse der Haupt- und Generalversammlungen über die Verteilung des Reingewinnes (§ 126 Aktiengesetz).
f) Festsetzung der Tagesordnung für Sitzungen des Ausschusses gemäß Z. 3, des Sozialbeirates und allfälliger weiterer beratender Einrichtungen der Sektion IV.
g) Grundsätzliche Fragen der Geschäftsordnungen für den Vorstand und den Aufsichtsrat.
h) Fragen, die eine Änderung des organisatorischen Verhältnisses der Sektion IV zu den Unternehmungen und des Verhältnisses der Unternehmungen zueinander betreffen.

Zu den Aufgaben des Beirates gehört überdies:
i) Die Aussprache über die den politischen Parteien zustehenden Personenvorschläge für die Bestellung der Organe (§ 6 Bundesgesetz BGBl. Nr. 173/1959), um eine den Aufgaben des Unternehmens und der Geschäftsverteilung entsprechende Zusammensetzung dieser Organe zu sichern.
j) Die Kenntnisnahme von Vierteljahresberichten über die Tätigkeit der Sektion IV.
k) Die Mitglieder des Beirates sind von der Abhaltung der Hauptversammlungen der einzelnen Unternehmungen in Kenntnis zu setzen.
l) Schriftliche Anfragen der Beiratsmitglieder sind in der nächsten ordentlichen Beiratssitzung zu beantworten.

Die Aufsichtsräte

2. Von jeder Regierungspartei sind für die Bestellung zu Mitgliedern des Aufsichtsrates eines Unternehmens grundsätzlich die gleiche Zahl von Mitgliedern vorzuschlagen, doch muß unter Einrechnung der vom Betriebsrat delegierten Aufsichtsratsmitglieder das Dirimierungsrecht des Vorsitzers gesichert bleiben. Daher sind von einer Regierungspartei so viele Aufsichtsratsmitglieder weniger vorzuschlagen, als vom Betriebsrat delegierte Aufsichtsratsmitglieder dieser Partei angehören.
Sofern vom Betriebsrat delegierte Aufsichtsratsmitglieder keiner der beiden Regierungsparteien angehören bzw. beim Gewerkschaftsbund nach ihrer Wahl zum Betriebsrat sich zu keiner der beiden Regierungsparteien nahestehenden Gewerkschaftsfraktionen bekannt haben, wird jener Regierungspartei, die den Aufsichtsratsvorsitzenden stellt, die Ergänzung ihrer Aufsichtsratsmitglieder um die Anzahl dieser keiner Regierungspartei angehörenden delegierten Aufsichtsratsmitglieder zugestanden. Ist jedoch die gesetzlich zulässige Anzahl von Aufsichtsratsmitgliedern bereits erreicht, wird die andere Regierungspartei entsprechend weniger Aufsichtsratsmitglieder vorschlagen.
In Gesellschaften, in denen der Vorsitzende des Vorstandes der SPÖ angehört, wird ein Vorsitzender des Aufsichtsrates mit Dirimierungsrecht bestellt, der der ÖVP angehört und umgekehrt. Die auf Grund dieser Bestimmung erforderlichen Änderungen in den Organen sind binnen drei Monaten nach Bildung der Regierung durchzuführen.

Ausschuß „Gesamtprobleme“

3. Zur Beratung über Vorschläge für eine dauernde Lösung der Gesamtprobleme der verstaatlichten Unternehmungen (politische Neutralisierung, allgemeine Wirtschaftspolitik, Finanzprobleme, Aktienemission, Strukturprobleme etc.) wird ein von beiden Regierungsparteien paritätisch beschickter Ausschuß beim Bundeskanzleramt – Verstaatlichte Unternehmungen, Sektion IV, gebildet. Dieser ist beauftragt, unverzüglich die Beratung aller Probleme in Angriff zu nehmen und bis 30. Juni 1964 einvernehmlich Vorschläge für eine Lösung dieser Probleme auszuarbeiten. Dieser Ausschuß hat sich binnen einem Monat nach der Bildung der Regierung zu konstituieren. Den Vorsitz führt der Vizekanzler.
4. Zur Vereinheitlichung der Rechtsform wird angestrebt, alle unter Punkt 1a) fallenden Gesellschaften mit beschränkter Haftung, mit Ausnahme der vor der Liquidation stehenden Bergbau-Betriebsgesellschaft m.b.H. und der Gemeinnützigen Wohnungsgesellschaften, in Aktiengesellschaften umzuwandeln.
5. Für die Verbundgesellschaft und die ihr angeschlossenen Unternehmungen gelten auf Grund dieser Parteienvereinbarungen sinngemäß die gleichen Bestimmungen.

11. März 1963.

Übereinkommen Rundfunk–Fernsehen

I. Kompetenzen in der Bundesregierung:
Änderung des Kompetenzgesetzes vom 11. Juli 1956 (BGBl. Nr. 134/56).
a) Die gemäß § 3 (1) Z. 2 der Bundesregierung übertragenen Kompetenzen (Angelegenheiten des Rundfunks einschließlich der grundsätzlichen Richtlinien für die Programmgestaltung und die technische Ausgestaltung des Rundfunks) gehen in eine gemeinsame Kompetenz der Bundesministerien für Verkehr und Elektrizitätswirtschaft und des Bundesministeriums für Unterricht über.
b) Die Bestimmungen des § 3 (2) des Bundesgesetzes vom 11. Juli 1956 (BGBl. Nr. 134/56) werden nicht geändert. (Die Zuständigkeitsbestimmungen des Fernmeldegesetzes, BGBl. Nr. 170/1949, das die Programmgestaltung des Rundfunks jedoch nicht zum Gegenstand hat . . .)
c) Sinngemäß sind die Bestimmungen des Gesellschaftsvertrages der „Österreichischen Rundfunk Ges.m.b.H.“ vom 11. Dezember 1957 dahin zu ändern, daß an Stelle der „Bundesregierung“ die Bundesminister für Verkehr und Elektrizitätswirtschaft und Unterricht treten.
Insbesondere ist der § 6 des Gesellschaftsvertrages der „Österreichischen Rundfunk Ges.m.b.H.“ vom 11. Dezember 1957 abzuändern, daß in der Generalversammlung der Bund als Gesellschafter von den Bundesministern für Verkehr und Elektrizitätswirtschaft und Unterricht gemeinsam vertreten wird. Willensäußerungen des Bundes als Gesellschafter können nur durch die beiden Bundesminister einverständlich abgegeben werden.
Den Vorsitz in der Generalversammlung der „Österreichischen Rundfunk Ges.m.b.H.“ führt der Bundesminister für Unterricht.

II. Zukünftige Organisation von Rundfunk und Fernsehen:
Zur Beratung über Vorschläge für eine dauernde Lösung der Gesamtprobleme von Rundfunk und Fernsehen im Sinne einer zeitgemäßen und den modernen technischen Erfordernissen entsprechenden, wirtschaftlich rationellen Betriebsführung, wird ein von beiden Regierungsparteien paritätisch beschickter Ausschuß gebildet. In diesen Ausschuß entsendet jede der beiden Parteien drei Vertreter. Dem Ausschuß steht es frei, zu seinen Beratungen jeweils auch andere Fachleute des Rundfunk- und Fernsehwesens zuzuziehen. Der Ausschuß ist beauftragt, unverzüglich die Beratung aller offenen Probleme von Rundfunk und Fernsehen in Angriff zu nehmen und bis 30. Juni 1964 einvernehmliche Vorschläge für eine Lösung dieser Probleme auszuarbeiten. Der Ausschuß hat sich binnen einem Monat nach Bildung der Regierung zu konstituieren.

III. Verbesserung der Geschäftsverteilung:
A) „Programmleiter Fernsehen“ und „Leiter der Programmplanung“ im Hörfunk.
1. Fernsehen: Die Funktionen des bisherigen „Programmleiters“ werden geteilt:
a) „Programmleiter Fernsehen“,
b) „Produktionsgruppe Kultur und Volksbildung“.

2. Hörfunk: Entsprechend der Neugestaltung im Fernsehen wird die Funktion eines „Leiters der Programmplanung" geschaffen. Dieser wird aus dem Kreis der bisherigen Programmkoordinatoren des Hörfunks berufen. Die Tätigkeit des „Leiters der Programmplanung" erstreckt sich auch auf die Programmplanung der Ringsendungen, jedoch nicht auf die Gestaltung des Lokalprogramms der Länderstudios.
Inhaltlich sind die Funktionen „Programmleiter Fernsehen" und „Leiter der Programmplanung" im Hörfunk identisch.
Die Funktionen des „Programmleiters Fernsehen" bzw. „Leiters der Programmplanung" im Hörfunk werden wie folgt abgegrenzt:
Der „Programmleiter Fernsehen" bzw. „Leiter der Programmplanung" im Hörfunk ist dem Fachdirektor unmittelbar unterstellt. Er koordiniert die Programmvorschläge, vidiert deren Vorkalkulation und paraphiert den diesbezüglichen Schriftverkehr nach innen und außen.
B) Nachrichtendienst und aktueller Dienst.
1. Fernsehen: Es wird die Funktion eines Stellvertreters des Chefredakteurs des aktuellen Dienstes einschließlich des Nachrichtendienstes geschaffen.
2. Hörfunk:
a) Es wird die Funktion eines Stellvertreters des Chefredakteurs des Nachrichtendienstes reaktiviert.
b) Es wird die Funktion eines Stellvertreters des Leiters des aktuellen Dienstes 6 (im Studio Wien) geschaffen.

C) Beilegung von Meinungsverschiedenheiten im aktuellen Programm.
Bei grundsätzlichen Meinungsverschiedenheiten über die Auslegung des Gesellschaftsbeschlusses betreffend die Richtlinien für die Gestaltung des Rundfunk- und Fernsehprogramms sind die unter a) und b) angeführten Funktionäre sowie deren Stellvertreter berechtigt, eine einverständliche Entscheidung zu beantragen, falls die Beilegung des Streitfalles nicht intern mit den jeweiligen Fachdirektoren möglich ist.
In einem solchen Fall soll die Entscheidung des Generaldirektors und des Generaldirektor-Stellvertreters (oder der von diesen hiezu nominierten Vertreter) herbeigeführt werden.
Wenn durch die vorgenannte Entscheidungsinstanz einverständlich eine Verletzung des Gesellschafterbeschlusses durch eine Sendung in einem Einzelfall festgestellt wird, soll zunächst auf Grund einer einverständlichen Entscheidung eine Eliminierung der beanstandeten Sendung versucht werden; sollte dies nicht möglich sein, ist eine Ausgleichssendung gleichen Umfanges und gleicher Bedeutung innerhalb von zwei Wochen anzuberaumen.

IV. Allfälliges
Änderungen der Geschäftsordnung des Vorstandes, wie sie im Laufe der Regierungsverhandlungen von beiden Seiten angemeldet worden sind, sollen sofort nach Bildung des paritätischen Ausschusses der beiden Regierungsparteien (Punkt II) behandelt und einer Lösung zugeführt werden.
Der bereits derzeit im Fernsehen tätige Prof. Dr. Helmut Zilk ist vom Fernsehdirektor als 2. Hauptreferent der „Abteilung Jugend und Familie" im Fernsehen vorgesehen. Es wird die dem Wirkungskreis und der Vorbildung des Herrn Dr. Zilk entsprechende dienstvertragliche Einstufung unter einem mit der Durchführung der anderen Maßnahmen gemäß III. erfolgen.

Personalfragen – Brief der SPÖ an die ÖVP

Der Ordnung halber halten wir fest, daß im Zusammenhang mit den Vereinbarungen zur Bildung einer neuen Bundesregierung unter dem Abschnitt „Sonstiges" auch noch folgende Vereinbarungen getroffen wurden:

1. Rundfunk: Der Vorsitzende des Aufsichtsrates der Rundfunk Ges.m.b.H. wird von der ÖVP gestellt. Sein Stellvertreter von der SPÖ.
2. Verstaatlichte Banken. Bei der Creditanstalt-Bnkverein werden die Vorsitzende des Vorstandes, der Vorsitzende des Aufsichtsrates und sein Stellvertreter von der ÖVP gestellt. Bei der Länderbank stehen die analogen Funktionen der SPÖ zu. Für die Besetzung der Funktionen beim ÖCI

gelten wie bisher die analogen Bestimmungen wie für verstaatlichte Unternehmungen und die Verbundgesellschaft.

3. Beschwerdekommission – Landesverteidigung. Als Vorsitzender der Beschwerdekommission nach dem Wehrgesetz wird den Abgeordneten beider Parteien einvernehmlich Herr Kabinettsdirektor a. D. Dr. Toldt vorgeschlagen.
4. Sektion II im Bundeskanzleramt. Das Einschaurecht des Vizekanzlers im Bundeskanzleramt bleibt im bisherigen Umfange aufrecht.
5. Ehemaliges Deutsches Eigentum. Die Abwicklung der restlichen Fragen des Deutschen Eigentums soll im bisherigen Umfange einvernehmlich erfolgen. Jede Partei stellt nach wie vor einen Vertrauensmann, bisher für die ÖVP Reisetbauer, für die SPÖ Gehart.
6. Tabakregie. In der Austria Tabak A.G. wird nach Ablauf des Vertrages für das Vorstandsmitglied Hofegger keine Neubesetzung erfolgen. Es bleibt daher in Zukunft beim Dreiervorstand.
7. Personalangelegenheiten. Die der gleichmäßigen Behandlung des Bundesbediensteten dienenden Mitwirkungsrechte des Bundeskanzleramtes in Personalangelgenheiten sind, soweit sie bisher in Verordnungen oder im Bundesfinanzgesetz (Allgemeiner Teil des Dienstpostenplanes) festgelegt sind, ohne materielle Änderung der bisherigen Kompetenzen des Bundeskanzleramtes durch Bundesgesetz (Nationalrats- und Bundesratsbeschluß) zu regeln.
   Dasselbe gilt hinsichtlich der bisher in den genannten Rechtsvorschriften enthaltenen Befugnisse der Bundesregierung in Personalangelegenheiten.
8. Bau- und Liegenschaftsverwaltung. Es besteht Übereinstimmung, daß zwischen dem Bundesminister für Landesverteidigung und dem Bundesminister für Handel und Wiederaufbau hinsichtlich der militärischen Angelegenheiten auf dem Gebiet der militärischen Bau- und Liegenschaftsverwaltung eine Klärung im Sinne des Gesetzes (Bundesgesetz BGBl. Nr. 142/1955 im Zusammenhalt mit Bundesgesetz BGBl. Nr. 134/1956) herbeigeführt wird.

Gorbach
Klaus

Pittermann
Probst

Bibliographie

Nicht separat in die Bibliographie aufgenommen wurden Artikel aus Tages- und Wochenzeitungen wie „Wiener Zeitung“, „Arbeiter Zeitung“, (Wiener) „Kurier“, „Die Presse“, und „Die Furche“ sowie aus den politischen Zeitschriften „Österreichische Monatshefte“, „Die Zukunft“, „Berichte und Informationen“, „Weg und Ziel“, „Neues Forum“ und „Der Spiegel“.

Ableitinger, Alfred, Österreichisch-deutsche Nachkriegsbeziehungen seit 1945. In: Deutschland und Österreich. Ein bilaterales Geschichtsbuch, hg. Robert A. Kann/Friedrich Prinz (Wien/München 1980)

Ableitinger, Alfred, Theodor Hornbostel und Friedrich Funder. Eine innerösterreichische Diskussion um den Staatsvertrag. In: Neue Fakten zu Staatsvertrag und Neutralität, hg. Alois Mock/Ludwig Steiner/Andreas Khol (Studienreihe der politischen Akademie 12, Wien 1980)

Adams, Ware, The Negative Veto – A Breakthrough. In: The Austrian Solution. International Conflict and Cooperation, hg. Robert Bauer (Charlottesville 1982)

Adenauer, Konrad, Erinnerungen 1953–1955 (Stuttgart 1966)

– Erinnerungen 1955–1959 (Stuttgart 1967)

Aebi, Alfred, Der Beitrag der neutralen Staaten zur Friedenssicherung untersucht am Beispiel Österreichs und der Schweiz (= Schriften des SAD 14, Zürich 1976)

Aichinger, Wilfried, Sowjetische Österreichpolitik 1943–1945. Phil. Diss. (Wien 1977)

Aktion 20: Symbiose von Politik und Wissenschaft, hg. von der Österreichischen Gesellschaft für Politik (Wien/München 1967)

Allard, Sven, Diplomat in Wien. Erlebnisse, Begegnungen und Gedanken um den österreichischen Staatsvertrag (Köln 1965)

Allied Commission for Austria. Backgrounds, Principles and Procedures. A Guide (Wien 1947)

Andics, Hellmut, 50 Jahre unseres Lebens (Wien/München/Zürich 1968)

Aufforderung zum Mißtrauen. Literatur, Bildende Kunst, Musik in Österreich seit 1945, hg. Otto Breicha/Gerhard Fritsch (Salzburg 1967)

Bader, William B., Austria between East and West 1945–1955 (Stanford–California 1966)

Bahn, Georg, Die europäische Integration als Problem der Amerikanischen Außenpolitik 1947–1967. Versuch einer historisch-politischen Analyse. Rechts- und staatswiss. Diss. (Wien 1969)

Barker, Elisabeth, Austria 1918–1972 (London 1973)

Battaglia, Otto Forst de, Zwischeneuropa von der Ostsee bis zur Adria, Teil I: Polen, Tschechoslowakei, Ungarn (Frankfurt/Main 1954)

Behrmann, Lilly-Ralou/Peter Proché/Wolfgang Strasser, Bibliographie zur Außenpolitik der Republik Österreich seit 1945 (= Schriftenreihe der österreichischen Gesellschaft für Außenpolitik und internationale Beziehungen 7, Wien 1974)

Beiträge zur Bevölkerungs- und Sozialgeschichte Österreichs, hg. Heimold Helczmanovski (Wien 1973)

Benedikt, Heinrich, Das Zeitalter der Emanzipationen 1815–1848 (Wien/Köln/Graz 1977)

Benedikt, Ursula, Vinzenz Schumy 1878–1962 eine politische Biographie. Phil. Diss. (Wien 1966)

Bestandaufnahme Österreich, hg. Jacques Hanak (Wien 1963)

Béthouart, Marie Emile, Die Schlacht um Österreich (Wien 1967)

Bildung der Österreichischen Regierung. Offizielle Dokumente (Wien 1945)

Bittmann, Ladislav, Geheimwaffe D (Bern 1983)

Blenk, Gustav, Leopold Kunschak und seine Zeit. Porträt eines christlichen Arbeiterführers (Wien/Frankfurt/Zürich 1966)
Blöchl, Johann, Lebenserinnerungen (Linz 1975)
Bluhm, William T., Building an Austrian Nation. The Political Integration of a Western State (New Haven/London 1973)
Bock, Fritz, Das Durchführungsgesetz zum Deutschen Eigentum (Wien 1956)
– Zeitzeuge, hg. Maria Sporrer/Herbert Steiner (Wien/München/Zürich 1984)
Böhner, Gerhard, Die Wehrprogrammatik der SPÖ. Rechtswiss. Diss. (Würzburg 1976)
Bonjour, Edgar, Geschichte der schweizerischen Neutralität. Drei Jahrhunderte eidgenössische Außenpolitik (Basel 1946)
Bollmus, Reinhard, Staatliche Einheit trotz Zonentrennung. Zur Politik des Staatskanzlers Renner gegenüber den Besatzungsmächten in Österreich im Jahre 1945. In: Soziale Bewegung und politische Verfassung. Beiträge zur Geschichte der modernen Welt. Festschrift für Werner Conze (Stuttgart 1976)
Brandstetter, Alois, Von den Halbschuhen der Flachländer und der Majestät der Alpen. Frühe Prosa (Salzburg/Wien 1980)
– Die Fremdenangst oder Feinsein, beinander bleiben. In: Geschichten aus der Geschichte Österreichs 1945–1983, hg. Michael Scharang (Darmstadt und Neuwied 1984)
Brandweiner, Heinrich, Die Anschlußgefahr (Wien 1954)
Braumann-Lettner, Lydia, Die französische Österreichplanung und Österreichpolitik von 1943 bis zur Anerkennung der Regierung Figl. In: Jahrbuch für Zeitgeschichte 1982/83 (Wien 1983)
Bruckmüller, Ernst, Sozialgeschichte Österreichs (Wien/München)
– Nation Österreich. Sozialhistorische Aspekte ihrer Entwicklung (= Studien zur Politik und Verwaltung 4, Wien/Köln/Graz 1984)
Brunner, Waltraud, Das Deutsche Eigentum und das Ringen um den österreichischen Staatsvertrag 1945–1955. Phil. Diss. (Wien 1976)
Brusatti, Alois/Gottfried Heindl (Hg.), Julius Raab. Eine Biographie in Einzeldarstellungen (Linz/Wien 1986)
Buchmüller, Friedrich, Österreich und der europäische Freihandel. Diplomarbeit Wirtschaftsuniversität (Wien 1976).
Buchner, Johann, Interessengruppen in der politischen Struktur des postklassischen Parlamentarismus. Am Beispiel Österreichs. Phil. Diss. (Salzburg 1977)
Busek, Erhard/Meinrad Peterlik/Alfred Stirnemann, Republik und Demokratie. In: Die unvollendete Republik (= Österreich ohne Phrase, Schriften zur politischen Orientierung, Wien 1968)
Carsten, Catarina, Der Fall Ottillinger. Eine Frau im Netz politischer Intrigen (Wien/Freiburg/Basel 1983)
Cartier, Raymond, Nach dem Zweiten Weltkrieg. Mächte und Männer 1945–1965 (München/Zürich 1976)
Nikolaj Chochlov, Ein Recht auf Gewissen (Stuttgart ²1959)
Chruschtschow erinnert sich, hg. Strobe Talbott (Reinbek bei Hamburg 1971)
Coudenhove-Kalergi, Richard, Die europäische Nation (Stuttgart 1953)
Csáky, Eva-Marie, Der Weg zur Freiheit und Neutralität. Dokumentation zur österreichischen Außenpolitik 1945–1955 (= Schriftenreihe der österreichischen Gesellschaft für Außenpolitik und internationale Beziehungen 10, Wien 1980)
Dachs, Herbert, Bundespolitik. In: Landeshauptmann Klaus und der Wiederaufbau Salzburgs, hg. Wolfgang Huber (Salzburg 1980)
– Das politische, soziale und wirtschaftliche System im Bundesland Salzburg. Festschrift zum Jubiläum „40 Jahre Salzburger Landtag in der zweiten Republik" (Salzburg 1985)
Dallin, David J., Sowjetische Außenpolitik nach Stalins Tod (Köln/Berlin 1961)
Das Bundesheer der Zweiten Republik. Eine Dokumentation (= Schriften des Heeresgeschichtlichen Museums/Militärwissenschaftliches Institut 9, Wien 1980)
Das Burgenland im Jahr 1945, hg. Stefan Karner (Eisenstadt 1985)

Das Minderheitenproblem in den jugoslawisch-österreichischen Beziehungen. Aufsätze und Dokumente, hg. Jugoslovenska stvarnost (Beograd 1977)
Das politische System Österreichs, hg. Heinz Fischer (Wien/München/Zürich ³1982)
Demokratiereform. Die Existenzfrage Österreichs, hg. Karl Heinz Ritschel (Wien/Hamburg 1969)
Der Weg zur europäischen Integration, hg. Donaueuropäisches Institut (Graz 1960)
Desput, Josef F., Das Jahr 1945 in der Steiermark. In: Österreich in Geschichte und Literatur 2/3 (1986)
Deutsch, Julius, Was wollen die Sozialisten? (Wien ⁴1949)
– Austria in the Framework of a World Organization. Geneva or Vienna? hg. Free World Association (New York 1944)
Deutsch, Renate, Chronologie eines Kampfes. Geschichte der Verstaatlichung in Österreich I (= In Sachen 5, Wien 1979)
– Chance auf Veränderung. Geschichte der Verstaatlichung in Österreich II (= In Sachen 7, Wien 1979)
Die Ära Kreisky. Schwerpunkte der österreichischen Außenpolitik, hg. Erich Bielka/Peter Jankowitsch/Hans Thalberg (Wien/München/Zürich 1983)
Die Aufrüstung Österreichs. Dokumente und Tatsachen, hg. Österreichischer Friedensrat (Wien 1951)
Die Koalition in Österreich nach 1945. Referat Bruno Kreisky. In: Koalitionsregierungen in Österreich. Ihr Ende 1920 und 1966. Protokoll des Symposiums „Bruch der Koalition" in Wien am 28. April 1980 (= Wissenschaftliche Kommission des Theodor-Körner-Stiftungsfonds und des Leopold-Kunschak-Preises, Veröffentlichungen 8, Wien 1985)
Die österreichischen Bundeskanzler. Leben und Werk, hg. Friedrich Weissensteiner/Erika Weinzierl (Wien 1983)
Die österreichischen Bundespräsidenten. Leben und Werk, hg. Friedrich Weissensteiner (Wien 1982)
Die österreichische Gesellschaft. Entwicklung – Struktur – Probleme, hg. Erich Bodzenta (Wien/New York 1972)
Die rechtliche Stellung der Volksgruppen in Österreich. Eine Dokumentation, hg. Bundeskanzleramt (Wien 1977)
Die unvollendete Republik, hg. Erhard Busek/Meinrad Peterlik (= Österreich ohne Phrase. Schriften zur politischen Orientierung, Wien 1968)
Die USIA-Betriebe in Niederösterreich. Geschichte, Organisation, Dokumentation (= Studien und Forschungen aus dem niederösterreichischen Institut für Landeskunde, hg. Helmut Feigl/Andreas Kusternig 5, Wien 1983)
Diplomatie zwischen Parteiproporz und Weltkonflikt. Briefe, Dokumente und Memoranden aus dem Nachlaß Walter Wodaks 1945–1950, hg. Reinhold Wagnleitner (= Quellen zur Geschichte des 19. und 20. Jahrhunderts 3, hg. Fritz Fellner, Salzburg 1980)
Deutschland und Österreich, hg. Robert A. Kann/Friedrich E. Prinz (München 1980)
Dokumentation zur österreichischen Zeitgeschichte 1945–1955, hg. Albert Kocensky (Wien/München ³1980)
Dokumentation zur österreichischen Zeitgeschichte 1955–1980, hg. Peter Eppl/Heinrich Lotter (Wien/München 1981)
Drimmel, Heinrich, Die Häuser meines Lebens (Wien/München 1975)
– Österreichs Geistesleben zwischen Ost und West. In : Österreich. Die Zweite Republik II, hg. Erika Weinzierl/Kurt Skalnik (Graz/Wien/Köln 1972)
Diwok, Fritz/Hildegard Koller, Reinhard Kamitz (Wien 1977)
Durchbruch in die Moderne. Von der industriellen zur nachindustriellen Gesellschaft, hg. Alois Mock (Graz 1981)
Eger, Reiner, Krisen an Österreichs Grenzen. Das Verhalten Österreichs während des Ungarnaufstandes 1956 und der tschechoslowakischen Krise 1968. Ein Vergleich (Wien/München 1981)
Einer im Vordergrund. Taras Borodajkewycz. Eine Dokumentation, hg. Heinz Fischer (Wien 1966)

Einwitschläger, Arno, Amerikanische Wirtschaftspolitik in Österreich 1945–1949 (Wien/Köln/Graz 1986)
Er diente seiner Klasse. Eine Biographie mit Reden und Schriften von Johann Koplenig, hg. Erwin Zucker-Schilling (Wien 1971)
Ergert, Viktor, 50 Jahre Rundfunk in Österreich 3 (Salzburg 1977)
Ermacora, Felix, Südtirol und das Vaterland Österreich (Wien/München 1984)
Ernst August, Auflösung und Wiedererrichtung des Burgenlandes (1938–1945). In: Österreich in Geschichte und Literatur 15 (1971)
– Zur Wiedererrichtung des Burgenlandes 1945. In: Burgenländische Heimatblätter 30 (1968)
Fasching, Wolfgang, Die ungarische Revolution eine Bewährungsprobe für die österreichische Neutralität. Diplomarbeit (Wien 1985)
Feichtenberger, Franz Josef, Die Länderkonferenzen 1945. Die Wiedererrichtung der Republik Österreich. Phil. Diss. (Wien 1965)
Feldl, Peter, Schläft Österreich? (Wien/Hamburg 1969)
Fellner, Fritz, Die außenpolitische und völkerrechtliche Situation Österreichs 1938. Österreichs Wiederherstellung als Kriegsziel der Alliierten. In: Österreich. Die Zweite Republik I, hg. Erika Weinzierl/Kurt Skalnik (Graz/Wien/Köln 1972)
– Tradition und Innovation aus historischer Perspektive. In: 25 Jahre Staatsvertrag. Protokolle des Staats- und Festaktes sowie der Jubiläumsveranstaltungen im In- und Ausland (Wien 1981)
Fischer, Ernst, Das Ende einer Illusion. Erinnerungen 1945–1955 (Wien 1973)
Fischer, Heinz, Überlegungen zur Verteilung politischer Macht in Österreich, In: Wissenschaft und Weltbild. Festschrift für Hertha Firnberg, hg. Wolf Frühauf (Wien 1975)
Foreign Relations of the United States, hg. Department of State, 1945/II und III, 1946/II und V, 1947/II, 1948/II, 1949/III, 1950/IV und Sonderbände: The Conferences at Malta and Yalta 1945 und The Conference of Berlin 1945 (Potsdam Conference) (Washington D. C. 1967–1980)
Friedrich, Carl J., Der Verfassungsstaat der Neuzeit (Berlin 1953)
Gall, Lothar, Die Bundesrepublik in der Kontinuität der Deutschen Geschichte. In: Historische Zeitschrift 239 (1984)
Gärtner, Heinz, Zwischen Moskau und Österreich. Die KPÖ-Analyse einer sowjetabhängigen Partei (= Studien zur österreichischen und internationalen Politik 3, Wien 1979)
Gasteyger, Curt, Einigung und Spaltung Europas 1942–1965. Eine Darstellung und Dokumentation über die Zweiteilung Europas (Frankfurt/Hamburg 1965)
Geheimbericht der Südtiroler Delegation zur Pariser Konferenz 1946, hg. Felix Ermacora (Wien/München 1987)
Geschichten aus der Geschichte Österreichs 1945–1983, hg. Michael Scharang (Darmstadt und Neuwied 1984)
Gesellschaft und Politik am Beginn der Zweiten Republik. Vertrauliche Berichte der US-Militäradministration aus Österreich 1945 in englischer Originalfassung, hg. Oliver Rathkolb (Wien/Köln/Graz 1985)
Ginther, Konrad, Neutralität und Neutralitätspolitik. Die österreichische Neutralität zwischen Schweizer Muster und sowjetischer Koexistenzdoktrin (= Forschungen aus Staat und Recht 31, Wien/New York 1975)
Gorbach, Alfons, Gedanken zur Politik (Wien/Stuttgart/Zürich 1961)
Greiner, Christian/Hans-Erich Volkmann/Klaus A. Maier, Entmilitarisierung und Aufrüstung in Mitteleuropa 1945–1956 (= Vorträge zur Militärgeschichte 4, hg. Militärgeschichtliches Forschungsamt, Herford/Bonn 1983)
Gruber, Hermann, Die Jahre in der Politik. Erinnerungen (Klagenfurt 1982)
Gruber, Karl, Zwischen Befreiung und Freiheit. Der Sonderfall Österreich (Wien 1953)
– Ein politisches Leben. Österreichs Weg zwischen den Diktaturen (Wien/München/Zürich o. J.)
Gruber, Ronald, Der Massenstreik gegen das 4. Lohn-Preis-Abkommen im September/Oktober 1950. Phil. Diss. (Wien 1975)
Gutkas, Karl, Die Zweite Republik. Österreich 1945–1985 (Wien 1985)

Haas, Hanns, Österreich 1949: Staatsvertragsverhandlungen und Wiederbewaffnungsfrage. In: Jahrbuch für Zeitgeschichte 1978 (Wien 1979)
– Kein „Sonderfall“: Österreich von der Befreiung zum Staatsvertrag. In: Zeitgeschichte 7. Jg., 8 (1980)
Hackl, Dietrich, Im Zentrum der Politik. Als Parlamentsstenograph im Hohen Haus (Wien/Köln/Graz 1984)
Handke, Peter, Persönliche Bemerkungen zum Jubiläum der Republik. In: Geschichten aus der Geschichte Österreichs 1945–1983, hg. Michael Scharang (Darmstadt und Neuwied 1984)
Heindl, Gottfried, Die letzten Lebensjahre Julius Raabs. In: Julius Raab, hg. Alois Brusatti/Gottfried Heindl (Linz/Wien 1986)
Helmer, Oskar, 50 Jahre erlebte Geschichte (Wien 1957)
Herz, Martin F., Allied Occupation of Austria. The Early Years. In: The Austrian Solution. International Conflict and Cooperation, hg. Robert Bauer (Charlottesville 1982)
– Understanding Austria, hg. Reinhold Wagnleitner (= Quellen zur Geschichte des 19. und 20. Jahrhunderts 4, hg. Fritz Fellner, Salzburg 1984)
Heuss, Alfred, Vom geschichtlichen Wissen, In: Historische Zeitschrift 239 (München 1984)
Heuss, Theodor, Tagebuchbriefe 1955/1963 (Tübingen/Stuttgart 1978)
Hillgruber, Andreas, Europa in der Weltpolitik der Nachkriegszeit 1945–1963 (= Grundriß der Geschichte 18, München/Wien 1979)
Historische Wurzeln der Sozialpartnerschaft, hg. Gerald Stourzh (= Wiener Beiträge zur Geschichte der Neuzeit 12, Wien 1986)
Hollerer, Siegfried, Verstaatlichung und Wirtschaftsplanung in Österreich 1946–1949, Sozial- und Wirtschaftswiss. Diss. (Wien 1972)
Holzer, Willibald Ingo, Der Kalte Krieg und Österreich. In: Jahrbuch für Zeitgeschichte 1982 (Wien 1983)
Hölzl, Norbert, Propagandaschlachten. Die österreichischen Wahlkämpfe 1945–1971 (Wien 1974)
Huber, Gottfried, Die Krisenjahre der Großen Koalition. Österreichische Innenpolitik 1963/64. Diplomarbeit (Klagenfurt 1984)
Illés, Irene, Die politische und wirtschaftliche Entwicklung des Burgenlandes und seine besonderen Beziehungen zu den beiden Nachbarstaaten Jugoslawien und Ungarn auf regionaler Ebene. Diplomarbeit (Wien 1985)
Ilg, Ulrich, Meine Lebenserinnerungen (Dornbirn 1985)
Im Dienste Salzburgs. Zur Geschichte der Salzburger ÖVP, hg. Franz Schausberger (Salzburg 1985)
Innsbruck–Venedig. Österreichisch-italienische Historikertreffen 1971 und 1972, hg. Adam Wandruszka/Ludwig Jedlicka (Wien 1975)
Kadan, Albert/Anton Pelinka, Die Grundsatzprogramme der österreichischen Parteien. Dokumentation und Analyse (St. Pölten 1979)
Kann, Robert A., Theorie des Geschichtsablaufs in Österreich von 1919 bis zur Gegenwart. In: Wissenschaft und Weltbild. Festschrift für Hertha Firnberg, hg. Wolf Frühauf (Wien 1975)
Karisch, Arthur, Staat, Parteien und Verbände in Österreichs Wirtschaftsordnung, hg. vom Institut für angewandte Sozial- und Wirtschaftsforschung (= Schriftenreihe 8, Wien 1965)
Karl Renner in Dokumenten und Erinnerungen, hg. Siegfried Nasko (Wien 1982)
Kaufmann, Fritz, Sozialdemokratie in Österreich. Idee und Geschichte einer Partei (Wien/München 1979)
Keller, Fritz/Elisabeth Hirt, Die CIA als Mäzen: oder Wie autonom ist die autonome Kunst? In: Zeitgeschichte 9/10 (1986)
Keyserlingk, Robert H., Grundsatz oder Praxis: Kanada und Österreich 1938–1948. In: Zeitgeschichte 6 (1983)
Kirchschläger, Rudolf, Erinnerungen an die Wiener Botschafterkonferenz 1955. In: Zeitgeschichte 2 (1975)
– Integration und Neutralität. In: Die Ära Kreisky. Schwerpunkte der österreichischen Außenpolitik, hg. Erich Bielka/Peter Jankowitsch/Hans Thalberg (Wien/München/Zürich 1983)

Kissinger, Henry, Kernwaffen und auswärtige Politik (München 1959)
Klambauer, Otto, Die Frage des deutschen Eigentums in Österreich. In: Jahrbuch für Zeitgeschichte 1978 (Wien 1979)
Klaus, Josef, Macht und Ohnmacht in Österreich. Konfrontationen und Versuche (Wien/München/Zürich 1971)
Kleindel, Walter, Österreich. Daten zur Geschichte und Kultur (Wien/Heidelberg 1978)
Klenner, Fritz, Die österreichischen Gewerkschaften. Vergangenheit und Gegenwartsprobleme 3 (Wien 1979)
Klose, Alfred, Ein Weg zur Sozialpartnerschaft. Das österreichische Modell (München 1970)
Knight, Robert Graham, British Policy Towards Occupied Austria 1945–1950. Diss. (London 1986)
Knoll, Reinhold/Anton Mayer, Österreichische Konsensdemokratie in Theorie und Praxis. (Wien/Köln/Graz 1976)
Köfler, Gretl, Widerstandsbewegung und politische Parteien in Tirol. In: Österreich und die Sieger, hg. Anton Pelinka/Rolf Steininger (Wien 1986)
Kolb, Fritz, Es kam ganz anders. Betrachtungen eines alt gewordenen Sozialisten (Wien 1981)
Koller, Hildegard, Finanzminister Kamitz. Die österreichische Finanz- und Wirtschaftspolitik von 1952 bis 1960. Wirtschaftswiss. Diss. (Wien 1975)
Kollman, Eric C., Theodor Körner, Militär und Politik (Wien 1973)
Konrad, Helmut, Zur politischen Kultur der Zweiten Republik am Beispiel des „Falles Olah". In: Geschichte und Gegenwart 1 (1986)
Kreisky, Bruno, Neutralität und Koexistenz. Aufsätze und Reden (München 1975)
– Zwischen den Zeiten. Erinnerungen aus 5 Jahrzehnten (Berlin 1986)
Kreissler, Felix, Die Entwicklung der SPÖ in ihren Programmen und in ihrer Politik: Vom Austromarxismus zu „Austrosozialismus" (1945–1973). In: Geschichte und Gesellschaft. Festschrift für Karl R. Stadler (Wien 1974)
– Der Österreicher und seine Nation. Ein Lernprozeß mit Hindernissen (Wien/Köln/Graz 1984)
Kriechbaumer, Robert, Österreichs Innenpolitik 1970–1975 (= Österreichisches Jahrbuch für Politik, Sonderband 1, München/Wien 1981)
– Alfons Gorbach. In: Die österreichischen Bundeskanzler, hg. Friedrich Weissensteiner/Erika Weinzierl (Wien 1983)
– Von der Illegalität zur Legalität. Die ÖVP im Jahre 1945. Politische und geistesgeschichtliche Aspekte des Entstehens der Zweiten Republik (Wien 1985)
– Die ÖVP in Salzburg im Jahre 1945. Versuch einer Rekonstruktion. In: Im Dienste Salzburgs. Zur Geschichte der Salzburger ÖVP, hg. Franz Schausberger (Salzburg 1985)
Kurth-Cronin, Audrey, Great Power Politics and the Struggle over Austria, 1945–1955 (Ithaca/New York 1986)
Landeshauptmann Klaus und der Wiederaufbau Salzburgs, hg. Wolfgang Huber (Salzburg 1980)
Lehmbruch, Gerhard, Proporzdemokratie. Politisches System in der Schweiz und in Österreich (= Recht und Staat in Geschichte und Gegenwart 335/336, Tübingen 1967)
Leidenfrost, Josef, Die amerikanische Besatzungsmacht und der Wiederbeginn des politischen Lebens in Österreich 1944–1947. Geisteswiss. Diss. (Wien 1986)
Leser, Norbert, Die Sozialistische Partei Österreichs (SPÖ). In: Österreich. Von der Staatsidee zum Nationalbewußtsein, hg. Georg Wagner (Wien 1982)
Lettner, Lydia, Die französische Österreichpolitik von 1943 bis 1946. Phil. Diss. (Salzburg 1980)
Liebmann, Maximilian, Johannes Ude. Sein Leben, sein Wirken und seine Lehren. In: Ausseer Beiträge zur Zeit- und Kulturgeschichte 7, hg. Hans Michael Roithner (Bad Aussee 1985)
Loth, Wilfried, Die Teilung der Welt 1941–1955 (dtv 1983)
Luger, Johann, Parlament und alliierte Besatzung. Geisteswiss. Diss. (Wien 1976)
Magenschab, Hans, Die 2. Republik zwischen Kirche und Parteien (Wien/München 1968)
Mähr, Wilfried, Von der UNRRA zum Marshallplan. Die amerikanische Finanz- und Wirtschaftshilfe an Österreich 1945–1950. Geisteswiss. Diss. (Wien 1985)

Mai, Gunther, Containment und militärische Intervention. In: Vierteljahreshefte für Zeitgeschichte, 32. Jg., 4 (1984)
Malina, Peter/Gustav Spann, Bibliographie zur österreichischen Zeitgeschichte 1918–1985. Eine Auswahl (= Politische Bildung 47–49, Wien 1985)
Marcic, René, Die Koalitionsdemokratie. Das österreichische Modell im Lichte der Wiener rechtstheoretischen Schule (= Juristische Studiengesellschaft Karlsruhe, Schriftenreihe 71/72, Karlsruhe 1966)
Matzner, Egon, Funktion der Sozialpartnerschaft. In: Das politische System Österreichs, hg. Heinz Fischer (Wien/München/Zürich 1982)
Mayrzedt, Hans/Hans-Christoph Binswanger, Die Neutralen in der Europäischen Integration (= Schriftenreihe der österreichischen Gesellschaft für Außenpolitik und internationale Beziehungen 5, Wien 1970)
Mayrzedt, Hans/Waldemar Hummer, 20 Jahre österreichische Neutralitäts- und Europapolitik (1955–1975) Dokumentation (Wien 1976)
Merchant, Livingston T., Limited Objectives, Limited Success. In : Foreign Service Journal, August 1966 (Washington 1966)
Mersi, Isolde von, Ziele und Praxis der Öffentlichkeitsarbeit der österreichischen Schutzvereine für Südtirol 1918–1938, 1945–1976. Grund- und integrativwiss. Diss. (Wien 1979)
Meyers Großes Universal Lexikon 8 (Mannheim/Wien/Zürich 1983)
Meyers Taschenlexikon der Geschichte 3 (Mannheim/Wien/Zürich 1982)
Mitterwenger-Fessl, Christine, Julius Raab und das Bundesheer der Zweiten Republik. In: Julius Raab, eine Biographie in Einzeldarstellungen, hg. Alois Brusatti und Gottfried Heindl (Linz/Wien 1986)
Mock, Alois/Ludwig Steiner/Andreas Khol, Neue Fakten zu Staatsvertrag und Neutralität (= Studienreihe der Politischen Akademie 12, Wien 1980)
Modern Austria, hg. Kurt Steiner/Fritz Fellner/Hubert Feichtelbauer (Palo Alto 1981)
Molden Fritz, Fepolinski und Waschlapski auf dem berstenden Stern (Wien/Zürich/München 1976)
– Besetzer, Toren, Biedermänner. Ein Bericht aus Österreich 1945–1962 (Wien/München/Zürich/New York 1980)
Molden, Otto, Der Ruf des Gewissens. Der österreichische Freiheitskampf 1938–1945 (= Das einsame Gewissen 5, Wien 1958)
Mommsen-Reindl, Margarete, Die österreichische Proporzdemokratie und der Fall Habsburg (= Böhlaus zeitgeschichtliche Bibliothek 1, Wien/Graz/Köln 1976)
Moser, Aurel B., Die Stellung der Kommunistischen Partei Österreichs zur österreichischen Neutralitätspolitik von 1955–1972 (Wien/Salzburg 1974)
Müller, Karl, Das Überleben der „belasteten" Literatur. Ein Aspekt des literarischen Lebens nach 1945. In: Zeitgeschichte 5 (1987)
Naßmacher, Karl-Heinz, Das österreichische Regierungssystem. Große Koalition oder alternierende Regierung? (Köln/Opladen 1968)
Nećak, Dušan, Die Wahlen in Kärnten nach dem Zweiten Weltkrieg. Eine Analyse der Wahlresultate. In: Jahrbuch für Zeitgeschichte 1978 (Wien 1979)
Neugebauer, Max, Schulwesen. In: Österreich. Die Zweite Republik II, hg. Erika Weinzierl/Kurt Skalnik (Graz/Wien/Köln 1972)
Neuhauser, Gertrud, Die verbandsmäßige Organisation der österreichischen Wirtschaft. Systematische Gesamtdarstellung. In: Verbände und Wirtschaftspolitik in Österreich (= Schriften des Vereins für Sozialpolitik 39, Berlin 1966)
Nolte, Ernst, Was ist bürgerlich? und andere Artikel, Abhandlungen, Auseinandersetzungen (Stuttgart 1979)
Nowotny, Thomas, Massenparteien und -medien. In: Conturen vip Nr. 27A (Wien 1987)
Oberleitner, Wolfgang E., Politisches Handbuch Österreichs 1945–1980 (Wien 1981)
Österreich. Von der Staatsidee zum Nationalbewußtsein. Studien und Ansprachen mit einem Bildteil zur Geschichte Österreichs, hg. Georg Wagner (Wien 1982)
Österreich und die Sieger. 40 Jahre 2. Republik – 30 Jahre Staatsvertrag, hg. Anton Pelinka/Rolf Steininger (Wien 1986)

Österreichische Parteiprogramme 1868–1966, eingeleitet und hg. Klaus Berchtold (Wien 1967)
Piffl-Perčević, Theodor, Zuspruch und Widerspruch (Graz/Wien/Köln 1977)
Piringer, Kurt, Geschichte der Freiheitlichen. Beitrag der Dritten Kraft zur österreichischen Politik (Wien 1982)
Pittermann, Bruno, Das Zeitalter der Zusammenarbeit. Reden aus zwei Jahrzehnten (Wien 1966)
Plasser, Fritz/Peter A. Ulram, Unbehagen im Parteienstaat. Jugend und Politik in Österreich (Wien/Köln/Graz 1982)
Pollak, Walter, Sozialismus in Österreich. Von der Donaumonarchie bis zur Ära Kreisky (Wien/Düsseldorf 1979)
Portisch, Hugo/Sepp Riff, Österreich II. Die Wiedergeburt unseres Staates (Wien 1985)
– Österreich II. Der lange Weg zur Freiheit (Wien 1986)
Prader, Hans, Die Angst der Gewerkschaften vorm Klassenkampf. Der ÖGB und die Weichenstellung 1945–1950 (= In Sachen 1, Wien 1975)
Priester, Eva, Der große Streik. Tatsachenbericht über den Oktoberstreik 1950 (Wien o. J.)
Raab, Julius, Verantwortung für Österreich (Wien 1961)
Rauchensteiner, Manfried, Der Sonderfall. Die Besatzungszeit in Österreich 1945–1955 (Graz/Wien/Köln 1979)
– Das Amt für Landesverteidigung. Die Anfänge des Bundesheeres 1955/56. In: Truppendienst 5 (1980)
– Spätherbst 1956. Die Neutralität auf dem Prüfstand (Wien 1981)
– Die B-Gendarmerie – mehr als eine Episode. In: Truppendienst 4 (1982)
– Der Luftangriff auf Wiener Neustadt am 13. August 1943 (= Militärhistorische Schriftenreihe 49, Wien 1983)
– Die Entmilitarisierung und Wiederbewaffnung in Österreich 1945 bis 1955. In: Entmilitarisierung und Aufrüstung in Mitteleuropa 1945–1956, hg. Militärgeschichtliches Forschungsamt (Herford/Bonn 1983)
– Der Krieg in Österreich 1945 (Schriften des Heeresgeschichtlichen Museums 5, Wien ²1984)
Rechtsextremismus in Österreich nach 1945, hg. Dokumentationsarchiv des österreichischen Widerstandes (Wien ⁵1981)
Rechtswörterbuch, hg. Carl Creifelds (München ³1973)
Regelsperger, Michaela, Felix Hurdes. Zwischen christlichen Ideen und Politik. Phil. Diss. (Salzburg 1983)
Reichhold, Ludwig, Scheidewege einer Republik. Österreich 1919–1968 (Wien 1968)
– Geschichte der ÖVP (Graz/Wien/Köln 1975)
– Julius Raab als Staatssekretär in der provisorischen Staatsregierung. In: Julius Raab. Eine Biographie in Einzeldarstellungen, hg. Alois Brusatti und Gottfried Heindl (Linz/Wien 1986)
Reichmann, Hans, Vom Fremdenlegionär zum Botschafter beim Heiligen Stuhl (= Materialien zur Zeitgeschichte 3, hg. Erika Weinzierl/ Rudolf G. Ardelt/Karl Stuhlpfarrer (Wien/Salzburg 1982)
Reimann, Viktor, Die dritte Kraft in Österreich (Wien/München/Zürich/New York 1980)
Renner, Karl, Denkschrift über die Geschichte der Unabhängigkeitserklärung Österreichs und die Einsetzung der provisorischen Regierung der Republik (Wien 1945)
Riedlsperger, Max E., The Lingering Shadow of Nazism: The Austrian Independent Party Movement since 1945 (New York 1978)
Ritschel, Karl Heinz, Diplomatie um Südtirol (Stuttgart 1966)
– Julius Raab. Der Staatsvertragskanzler (Salzburg 1975)
Ritter, Gerhard, Geschichte als Bildungsmacht (Stuttgart 1946)
Salinger, Pierre, Mit J. F. Kennedy (Düsseldorf/Wien 1967)
Sandner, Margit, Die französisch-österreichischen Beziehungen während der Besatzungszeit von 1947–1955 (Wien ²1985)
Scharf, Erwin, Ich darf nicht schweigen. Drei Jahre Politik des SPÖ-Parteivorstandes – von innen gesehen (Wien 1948)

– In der Erdölfrage stand ich auf der Seite Renners. In: Karl Renner in Dokumenten und Erinnerungen, hg. Siegfried Nasko (Wien 1980)
Schärf, Adolf, Österreichs Erneuerung 1945–1955. Das erste Jahrzehnt der Zweiten Republik (Wien 1955)
– Österreichs Wiederaufrichtung im Jahre 1945 (Wien 1960)
Schausberger, Norbert, Österreich. Der Weg der Republik 1918–1980 (Graz/Wien 1980)
– Franz Jonas 1899 bis 1974. In: Die österreichischen Bundespräsidenten, hg. Friedrich Weissensteiner (Wien 1982)
Scheuringer, Brunhilde, Dreißig Jahre danach. Die Eingliederung der volksdeutschen Flüchtlinge und Vertriebenen in Österreich (= Forschungsgesellschaft für das Weltflüchtlingsproblem XIII, hg. Theodor Veiter, Wien 1983)
Schilcher, Alfons, Österreich und die Großmächte. Dokumente zur österreichischen Außenpolitik 1945–1955 (= Materialien zur Zeitgeschichte 2, hg. Erika Weinzierl/Rudolf G. Ardelt/Karl Stuhlpfarrer, Wien/Salzburg 1980)
– Die Politik der Provisorischen Regierung und der Alliierten Großmächte bei der Wiedererrichtung der Republik Österreich. Geisteswiss. Diss. (Wien 1985)
Schleinzer, Karl, Der Mann und das Werk, hg. Gerd Bacher/Peter Bochskanl/Peter Gerlich u. a. (Wien/Köln/Graz 1983)
Schlesinger, Thomas O., Austrian Neutrality in Postwar Europe. The Domestic Roots of a Foreign Policy (Wien/Stuttgart 1972)
Schtemenko, Sergej Matwejewitsch, Im Generalstab 2 (Berlin 1975)
Schulmeister, Otto, Die Zukunft Österreichs (Wien/München/Zürich 1967)
Schütz-Müller, Ingfried, „Europa“ – in der österreichischen Nachkriegspolitik 1945–1956. Rechtswiss. Diss. (Wien 1974)
Schwarz, Hans-Peter, Die europäische Integration als Aufgabe der Zeitgeschichtsforschung. In: Vierteljahreshefte für Zeitgeschichte 4 (1983)
Sejna, Jan, We Will Bury You (London 1982)
Sell, Manfred, Die neutralen Alpen (Stuttgart 1965)
Sieder, Elfriede, Die alliierten Zensurmaßnahmen zwischen 1945 und 1955. Geisteswiss. Diss. (Wien 1983)
Siegler, Heinrich, Österreichs Weg zur Souveränität, Neutralität, Prosperität (Bonn 1959)
Shell, Kurt L., Jenseits der Klassen? Österreichs Sozialdemokratie seit 1934 (Wien/Frankfurt/Zürich 1969)
Skalnik, Kurt, Republikanische Mitte. Überlegungen und Überzeugungen (= Österreichprofile 12, Wien/Frankfurt/Zürich 1966)
– Parteien. In: Österreich. Die Zweite Republik II, hg. Erika Weinzierl/Kurt Skalnik (Graz/Wien/Köln 1972)
Slapnicka, Harry, Oberösterreich – zweigeteiltes Land 1945–1955 (Beiträge zur Zeitgeschichte Oberösterreichs 11, Linz 1986)
Spiller, Roger J., Not War But Like War. The American Intervention in Lebanon (= Leavenworth Papers 3, Fort Leavenworth 1981)
SSSR-Avstrija. Dokumenty i materialy 1938–1979 (deutsch: UdSSR–Österreich 1938–1979. Dokumente und Materialien, Moskau 1980)
SSSR v bor'be za nezavisimost' Avstrii (die UdSSR im Kampf um Österreich, Moskau 1965)
Stadler, Karl, Adolf Schärf. Mensch, Politiker, Staatsmann (Wien/München/Zürich 1982)
– Zwischen Paktfreiheit und Neutralität. Zur Vorgeschichte des österreichischen Neutralitätsgesetzes. In: Politik und Gesellschaft im Alten und Neuen Österreich. Festschrift für Rudolf Neck zum 60. Geburtstag 2, hg. Isabella Ackerl/Walter Hummelberger/Hans Mommsen (Wien 1981)
Stammer, Otto, Die politische Einstellung der österreichischen Beamten. Grund- und integrativwiss. Diss. (Wien 1977)
Stanley, Guy D., Great Britain and the Austrian Question. Diss. (London 1973)
Starhemberg, Ernst Rüdiger, Memoiren (Wien/München 1971)
Staudinger, Anton, Zur Geschichte der B-Gendarmerie. In: Österreichische Militärische Zeitschrift 5 (1972)

Stedingk, Yvonne von, Die Organisation des Flüchtlingswesens in Österreich seit dem Zweiten Weltkrieg (= Abhandlungen zu Flüchtlingsfragen VI, Wien/Stuttgart 1970)
Steiner, Kurt, Politics in Austria (Boston 1972)
Steiner, Ludwig, Die Außenpolitik Julius Raabs als Bundeskanzler. In: Julius Raab. Eine Biographie in Einzeldarstellungen, hg. Alois Brusatti/Gottfried Heindl (Linz/Wien 1986)
Steininger, Rudolf, Polarisierung und Integration. Eine vergleichende Untersuchung der strukturellen Versäulung der Gesellschaft in den Niederlanden und in Österreich (= Politik und Wähler 14, Meisenheim am Glan 1975)
Steirische Berichte: 1945. Ende und Anfang (Graz 1985)
Stiefel, Dieter, Entnazifizierung in Österreich (Wien/München/Zürich 1981)
Stourzh, Gerald, Geschichte des Staatsvertrages 1945–1955. Österreichs Weg zur Neutralität. Studienausgabe (Graz/Wien/Köln 1985)
– Vertrauen und Mißtrauen in der internationalen Politik. In: Österreichische Zeitschrift für Außenpolitik 1 (1983)
Straßer, Hellmuth, Der Weg Österreichs zu den Verträgen mit Brüssel (= Informationen zur Außenpolitik 1, Wien 1972)
Stüber Fritz, Ich war Abgeordneter. Die Entstehung der freiheitlichen Opposition in Österreich (Graz/Stuttgart 1974)
Stuhlpfarrer, Karl, Die Kärntner Slowenen im österreichischen Geschichtslehrbuch. In: Zeitgeschichte 11/12 (1984)
Suppan, Arnold, Die österreichischen Volksgruppen. Tendenzen ihrer gesellschaftlichen Entwicklung im 20. Jahrhundert (Österreich-Archiv, Wien 1983)
Szecsi, Maria, Social Partnership in Austria. In: Modern Austria, hg. Kurt Steiner/Fritz Fellner/Hubert Feichtlbauer (Palo Alto 1981)
Tesarek, Paul, Geschichte der Jungen ÖVP 1945–1972. Geisteswiss. Diss. (Wien 1983)
Tinschmidt, Alexander, Zur Vorgeschichte und zum Abschluß der Donau-Konvention von 1948. In: Zeitschrift für Geschichtswissenschaft 7 (Berlin 1978)
Tobler, Felix, Zur Verwaltung des Burgenlandes 1918–1946. In: Das Burgenland im Jahr 1945. Beiträge zur Landessonderausstellung 1985, hg. Stefan Karner (Eisenstadt 1985)
Tončić, Lujo, Erfüllte Träume. Kroatien, Österreich, Europa (Wien/München 1982)
Trost, Ernst, Figl von Österreich (Wien/München/Zürich 1972)
Tschadek, Otto, Jahre der Freiheit. Österreich seit dem Staatsvertrag (Wien/Frankfurt/Zürich 1967)
Unkart, Ralf/Gerold Glantschnigg/Alfred Ogris, Zur Lage der Slowenen in Kärnten. Die slowenische Volksgruppe und die Wahlkreiseinteilung 1979 – eine Dokumentation (= Das Kärntner Landesarchiv 11, Klagenfurt 1984)
Verdrängte Schuld, verfehlte Sühne. Entnazifizierung in Österreich 1945–1955, hg. Sebastian Meissl/Klaus-Dieter Mulley/Oliver Rathkolb (Wien 1986)
Veiter, Theodor, Die französische Militärgerichtsbarkeit in Vorarlberg am Ende des 2. Weltkriegs. In: Montfort. Vierteljahresschrift für Geschichte und Gegenwart Vorarlbergs 1 (1986)
Verosta, Stephan, Die Internationale Stellung Österreichs. Eine Sammlung von Erklärungen und Verträgen aus den Jahren 1938 bis 1947 (Wien 1947)
– Begegnung mit Karl Renner. In: Karl Renner in Dokumenten und Erinnerungen, hg. Siegfried Nasko (Wien 1982)
Vetschera, Heinz, Neutralität, Neutralismus, Blockfreiheit. In: Österreichische Militärische Zeitschrift 5 (1977)
Vigor, P. H., The Soviet View of War, Peace and Neutrality (London/Boston 1975)
Vodopivec, Alexander, Wer regiert in Österreich? (Wien ²1962)
– Die Balkanisierung Österreichs. Folgen einer großen Koalition (Wien/München 1966)
– Die Quadratur des Kreisky. Österreich zwischen parlamentarischer Demokratie und Gewerkschaftsstaat (Wien/München/Zürich 1973)
Volks-Gerichtsbarkeit und Verfolgung von nationalsozialistischen Gewaltverbrechen in Österreich (1945 bis 1972). Eine Dokumentation, hg. Bundesministerium für Justiz (Wien 1977)

Volksgruppen in Österreich. Eine Dokumentation, hg. Bundeskanzleramt (Wien 1976)
Wadl, Wilhelm, Das Jahr 1945 in Kärnten. Ein Überblick (Klagenfurt 1985)
Wagnleitner, Reinhold, Großbritannien und die Wiedererrichtung der Republik Österreich. Phil. Diss. (Salzburg 1975)
– Walter Wodak in London 1947 oder die Schwierigkeit Sozialist und Diplomat zu sein. In: Bewegung und Klasse, hg. Gerhard Botz u. a. (Wien 1978)
Wahlen und Parteien in Österreich. Österreichisches Wahlhandbuch, hg. Rodney Stiefbold/Arlene Leupold-Löwenthal u. a., 4 Bde. (Wien 1966–1968)
Walzl, August, Das Schicksal der österreichischen Freiheitsfront in Kärnten. In: Zeitgeschichte 6 (1986)
Wandruszka, Adam, Österreichs politische Struktur. In: Geschichte der Republik Österreich, hg. Heinrich Benedikt (Wien 1954)
Wanner, Gerhard, Die österreichische demokratische Widerstandsbewegung, Land Vorarlberg. In: 1945. Ende und Anfang (= Landesbildungszentrum Schloß Hofen Informationsbuch Nr. 2, Lochau 1986)
– Schiffstaufe Fußach (Bregenz 1980)
Weber, Friedrich, Die linken Sozialisten 1945–1949. Parteiopposition im beginnenden Kalten Krieg. Phil. Diss. (Salzburg 1977)
Weber, Fritz, Österreichs Wirtschaft in der Rekonstruktionsperiode nach 1945. In: Zeitgeschichte 7 (1987)
Weigend-Abendroth, Friedrich, Zwischen katholischer Soziallehre und Neoliberalismus. In: Um Parlament und Partei. Alfred Maleta zum 70. Geburtstag, hg. Andreas Khol/Robert Prantner/Alfred Stirnemann (Graz/Wien/Köln 1976)
Weinberger, Lois, Tatsachen, Begegnungen und Gespräche (Wien 1948)
Weinzierl, Erika, Die Kirche in Österreich 1918 bis 1968. In: 1918–1968. Österreich – 50 Jahre Republik, hg. Institut für Österreichkunde (Wien 1968)
Weinzierl, Erika/Peter Hofrichter, Österreich. Zeitgeschichte in Bildern 1918–1968 (Innsbruck/Wien/München 1968)
Weinzierl, Erika, Josef Klaus. In: Josef Klaus und der Wiederaufbau Salzburgs, hg. Wolfgang Huber (Salzburg 1980)
Wien 1945 (= Wiener Geschichtsblätter, Sonderheft, hg. Verein für Geschichte der Stadt Wien, Wien 1975)
Wimmer, Lothar, Zwischen Ballhausplatz und Downingstreet (Wien/München 1958)
Withalm, Hermann/Karl Pisa, Österreich 1970 – Herausforderung und Antwort (Wien 1963)
Withalm, Hermann, Antworten (Graz/Wien/Köln 1974)
– Aus meinem Gästebuch (Graz/Wien/Köln 1977)
Wolf, Werner, Südtirol in Österreich. Die Südtirolfrage in der österreichischen Diskussion von 1945 bis 1969 (Würzburg 1972)
Zapotoczky, Klaus, Österreich als Entwicklungsmodell? In: Politik für die Zukunft. Festschrift für Alois Mock, hg. Stephan Koren/Karl Pisa/Kurt Waldheim (Wien/Köln/Graz 1984)
Zeitzeugen in Kärnten 1945–1955, hg. Norbert Schausberger (Klagenfurt 1985)
Zwischen Koalition und Konkurrenz. Österreichs Parteien seit 1945, hg. Peter Gerlich/Wolfgang C. Müller (Wien 1983)
Zur Reform der österreichischen Innenpolitik 1955–1965. 2 Bde. Dokumentation, hg. René Marcic u. a. (= Salzburger Universitätsschriften, Wien/Frankfurt/Zürich 1968)

Personenregister

Manfried Rauchensteiner

Der Krieg in Österreich 1945

3., neu bearbeitete und erweiterte Auflage
Band 5 der Reihe „Schriften des Heeresgeschichtlichen Museums in Wien"

Leinen mit Schutzumschlag, 540 Seiten, 16,5 × 23,5 cm
ISBN 3-215-01672-9

Erwin A. Schmidl

März 38

Der deutsche Einmarsch in Österreich
Eine Veröffentlichung des Heeresgeschichtlichen Museums

Cellophanierter Pappband, 336 Seiten, 16,5 × 23,5 cm
ISBN 3-215-06694-7

ÖBV
Österreichischer Bundesverlag